HENRY CHARLES LEA
GESCHICHTE DER INQUISITION IM MITTELALTER
3

HENRY CHARLES LEA

GESCHICHTE DER INQUISITION IM MITTELALTER

AUTORISIERTE ÜBERSETZUNG,
BEARBEITET VON
HEINZ WIECK UND MAX RACHEL

REVIDIERT UND HERAUSGEGEBEN VON
JOSEPH HANSEN

In 3 Bänden

BAND 3

DIE TÄTIGKEIT DER INQUISITION
AUF BESONDEREN GEBIETEN

Unveränderter Nachdruck der 1905 bei Georgi, Bonn erschienen Ausgabe
Umschlaggestaltung: Christina Hucke
Umschlagmotiv: AKG, Berlin
Gesamtherstellung: Ebner Ulm
Printed in Germany
ISBN 3-8289-0375-4

Inhalt.

Dritter Band.
Die Tätigkeit der Inquisition auf besonderen Gebieten.

Erstes Kapitel.
Die Franziskanerspiritualen.

	Seite
Streitigkeiten im Franziskanerorden nach dem Tode des Stifters bis auf Johann von Parma (1247)	1
Joachim von Floris (1130—1202). — Sein Ruf als Prophet	11
Seine apokalyptischen Spekulationen über das Dritte Zeitalter	16
Ihre Annahme durch die Franziskanerspiritualen	20
Das 'Evangelium aeternum'. — Seine Verurteilung im Jahre 1255	22
Angriff auf die Spiritualen. — Abdankung Johanns von Parma im J. 1257	25
Hartnäckigkeit der Joachimiten	27
Wachsender Streit über die Armut	29
Die Bulle 'Exiit qui seminat' (1279 August 24)	33
Verfolgung der italienischen Spiritualen	35
Die Spiritualen in Frankreich. — Petrus Johannis Olivi (1248—1298)	46
Arnald von Villanova († 1311)	57
Disputation vor Papst Clemens V. (1311). — Entscheidung des Konzils von Vienne	64
Neue Verfolgung der Spiritualen	67
Beginn des Widerstandes. — Uneinigkeit	69
Wahl Papst Johanns XXII. (1316). — Sein Charakter	73
Er erzwingt Gehorsam und schafft eine Ketzerei	77
Blutige Verfolgung der Olivisten	81
Die Spiritualen bilden eine neue Kirche	89
Ihr Fanatismus. — Naprous Boneta von Montpellier († 1325)	91
Unterdrückung der Sekte. — Ihre Schicksale in Aragonien	94
Johannes von Rupescissa (um 1350). — Überreste des Joachimismus	96

Zweites Kapitel.
Guglielma und Dolcino.

Verkörperung des Hl. Geistes in Guglielma (um 1276)	102
Die Guglielmiten bilden eine neue Kirche in Mailand (um 1280)	106

	Seite
Eingreifen der Inquisition	110
Prozess im Jahre 1300	112
Die 'Apostel' in Parma (um 1260). — Spiritualistische Neigungen	116
Gerhard Segarelli. — Seine Verbrennung im Jahre 1300	117
Frà Dolcino wird Führer der Sekte	123
Seine offene Empörung (1304). — Vier Kreuzzüge gegen ihn	127
Hinrichtung Dolcinos (1307). — Spätere Schicksale der 'Apostel'	134
Die Anhänger des 'Geistes der Freiheit' (nach 1309)	140

Drittes Kapitel.

Die Fraticellen.

Die Streitfrage über die Armut Christi um das Jahr 1320	145
Reaktion gegen die Heiligkeit der Armut	146
Die Lehre von der Armut Christi als Ketzerei erklärt (1323)	151
Verquickung mit dem Kampf Johanns XXII. gegen Ludwig den Bayern	152
Marsilius von Padua und Wilhelm von Occam	156
Die verschiedenen Strömungen im Franziskanerorden	160
Ludwig der Bayer setzt Johann XXII. ab (1328)	163
Vorgehen Johanns XXII. gegen Michael von Cesena	165
Verwendung der Inquisition in Italien. — Unterwerfung des Gegenpapstes	167
Die Kämpfe in Deutschland. — Der Franziskanerorden auf der Seite Ludwigs des Bayern	172
Tod Ludwigs des Bayern (1347)	176
Die Fraticellen in Italien bis zum Jahre 1375	177
Sympathieen und Zufluchtsstätten	180
Ihre Lehrmeinungen	182
Fraticellen im Orient, in Frankreich und in Spanien	187
Fortdauer der asketischen Bestrebungen. — Jesuaten (1367). — Observanten (1368)	192
Die Observanten treten an die Stelle der Fraticellen	196

Viertes Kapitel.

Die politische Ketzerei und die Kirche.

Leugnung der päpstlichen Ansprüche als Ketzerei betrachtet	205
Die Stedinger (1187—1234). — Zehnten durch Kreuzzüge erzwungen	207
Kreuzzüge im Dienst der italienischen Interessen der Kurie	214
Bedeutung der Inquisition als Hilfsmittel päpstlicher Politik	215
Die Anklage wegen Ketzerei als politisches Hilfsmittel	216
Kreuzzug gegen König Manfred († 1266). — Kampf um Ferrara (1309)	218
Johann XXII. und die Visconti in Mailand (1317—1337)	222
Cola di Rienzo (1350). — Die Maffredi in Faenza (1345—1356)	230
Verwendung der Inquisition während des Grossen Schisma	231
Johann Malkaw (1390—1415)	232
Thomas Connecte (1428—1433)	235
Girolamo Savonarola (1481—1498)	237

Inhalt.

Fünftes Kapitel.
Die politische Ketzerei und der Staat.

	Seite
Verwendung der Inquisition durch weltliche Machthaber	269
Der Templerorden	270—378
Wachstum, Blüte und Verfall des Ordens	271
Verdachtsmomente gegen den Orden	281
Philipp der Schöne sucht die Mitwirkung Clemens' V.	290
Das Eingreifen der Inquisition im Jahre 1307	292
Die dem Orden zur Last gelegten Vergehen	296
Die Schuldfrage	297
Die Beichtpraxis	307
Schwankende Haltung Clemens' V.	314
Die Nationalversammlung in Tours im Jahre 1308	318
Übereinkommen zwischen Philipp dem Schönen und Clemens V.	320
Die Bullen Clemens' V. vom Jahre 1308. — Allgemeine Verfolgung	323
Die Methode der Verfolgung in Frankreich	324
Die päpstliche Kommission vom 12. August 1308	328
Hinrichtung der Templer in Paris am 12. Mai 1310	334
Vorgehen in England. — Unentbehrlichkeit der Inquisition	338
Vorgehen in Lothringen und in Deutschland	341
Italien und der Orient, Cypern	344
Spanien und Mallorca, Portugal	351
Die Folter als Vorbereitung des Konzils von Vienne	360
Formlose Verhandlung in Vienne (1311)	362
Verfügung über das Vermögen und die Mitglieder des Ordens	366
Hinrichtung des Jakob v. Molay (1314)	368
Sympathieen für den Orden	369
Verteilung des Ordensvermögens	372
Vorgehen gegen den Professor an der Sorbonne Johann Petit (1414)	379
Die Jungfrau von Orléans. — Lage der Monarchie in Frankreich	383—425
Johannas Laufbahn bis zu ihrer Gefangennahme (1430)	385
Eingreifen der Inquisition. — Auslieferung an den Bischof von Beauvais	404
Der Prozess	407
Verurteilung und Hinrichtung (1431 Mai 30)	420
Nachahmerinnen. — Rehabilitation der Jungfrau von Orléans	425

Sechstes Kapitel.
Zauberei und geheime Künste.

Satan und die Geisterwelt	429
Incubi und Succubi	433
Der Pakt mit dem Teufel. — Zauberer	436
Bestrafung der Zauberei durch das römische Recht	443
Kampf zwischen heidnischer und christlicher Magie	445
Unterdrückung der Zauberei durch die christliche Kirche (4.—6. Jh.)	447
Zauberwahn bei den barbarischen Völkern	452

	Seite
Milde der Gesetzgebung unter ihnen	460
Gesetzgebung von Kirche und Staat unter den Karolingern	464
Schwankende Haltung in der Folgezeit	469
Gleichgültigkeit der weltlichen Gesetzgebung und Justiz	480
Eingreifen der Inquisition seit dem Jahre 1258	489
Zauberei als Ketzerei betrachtet und behandelt	490
Astrologie	492
Peter von Abano (1250—1316) und Cecco von Ascoli (1250—1327)	496
Traumdeutung	503
Wachstum des Zauberwahns durch die Inquisitionsverfolgung	505
Verhängnisvoller Einfluss Papst Johanns XXII. (1316—1334)	511
Weiteres Anwachsen des Zauberwahns im 14. Jahrhundert	513
Stärkeres Anschwellen im 15. Jahrhundert	524
Prozess gegen Gilles von Rais (1440)	529
Don Enrique de Villena († 1434)	546

Siebentes Kapitel.

Hexenwahn und Hexenverfolgung.

Beginn des neuen Hexenwahns um 1400	549
Der Hexensabbat. — Ursprünglich als Blendwerk des Teufels betrachtet	550
Von der Kirche als Realität anerkannt (um 1450)	556
Die Ceremonien auf dem Hexensabbat	559
Macht und Bosheit der Hexe	560
Hilflosigkeit der Kirche gegenüber der Hexe	566
Der gesteigerte Wahn verstärkt die Verfolgung	568
Macht der weltlichen Justiz über die Hexe	569
Weltliche und geistliche Gerichtsbarkeit über Hexen	571
Der Inquisitionsprozess gegen Hexen	574
Hexenverfolgung im Val Canavese bei Turin (1474)	579
Die 'Vauderie' in Arras (1459/60)	580
Epidemische Ausbreitung des Hexenwahns	596
Sie wird befördert durch die organisierte Verfolgung	601
Die Hexenbulle Innocenz' VIII. vom 5. Dezember 1484	603
Der 'Malleus maleficarum' (1486)	607
Hexenprozess in Frankreich. — Cornelius Agrippa v. Nettesheim	609
Einspruch von Venedig gegen die Hexenprozesse der Inquisition	610
Weiterführung der Hexenprozesse im 16. Jahrhundert	613

Achtes Kapitel.

Verstand und Glaube.

Verstand und Gemüt als Grundlage ketzerischer Bewegungen	615
Die Tendenzen der theologischen Entwicklung	616
Roger Bacon (1214—1294) und die Scholastik	617
Nominalismus und Realismus	620
Rivalität zwischen Philosophie und Theologie	623

Inhalt. VII

	Seite
Averrhoes und der Averrhoismus im 13.—15. Jahrhundert	624
Toleranz in Italien während des 15. Jahrhunderts	632
Der Averrhoismus in Italien während des 16. Jahrhunderts	642
Pietro Pomponazzi (1473—1525) und Agostino Nifo	643
Raimund Lullus (1235—1315)	646
Entwicklung des Dogma. — Die Anschauung der Seligen	659
Die unbefleckte Empfängnis. — Der Jetzerprozess in Bern (1509)	666
Die Censur der Bücher	687

Neuntes Kapitel.

Schluss.

Unterlassungen der Inquisition. — Die griechische Kirche	691
Der Ablasshandel	697
Die Simonie	700
Demoralisation der Kirche	703
Der moralische Zustand der Laienwelt	719
Material für die Vervollkommnung des Menschengeschlechts	724
Die Reformation unvermeidlich	726
Fortschritt des Menschengeschlechts	728

Anhang.

I. Geständnis eines Mannes, der Spiritualen und Begarden Unterkunft gewährt hatte (um 1330)	731
II. Papst Johann XXII. befiehlt die Auslieferung des Peter Trencavel und seiner Tochter an den Inquisitor von Carcassonne (1327 März 21)	732
III. Urteil über die Naprous Boneta aus Montpellier (1325)	733
IV. Geständnis eines Fraticellen in Languedoc (1329)	734
V. Auszug aus dem Geständnis des Cecco von Ascoli (1327 Dezember)	735
VI. Verurteilung des Karmelitermönchs Petrus Recordi in Pamiers (1329 Januar 17)	737
VII. Papst Johann XXII. ersucht den Erzbischof von Toulouse und seine Suffragane sowie den Inquisitor von Toulouse, die schwebenden Zaubereiprozesse zu Ende zu führen und die Akten nach Avignon zu schicken; er verbietet dem Inquisitor, bis auf weiteres neue Zaubereiprozesse zu beginnen (1330 November 4)	740
VIII. Beschluss des Rates von Venedig in Sachen der Hexen von Brescia (1521 März 21)	741
IX. Geständnis eines Ablasskrämers (1289 März 28)	742
Druckfehler, Berichtigungen und Zusätze	744
Register zu Band I—III	745

Erstes Kapitel.

Die Franziskanerspiritualen.

In einem früheren Kapitel haben wir gesehen, eine wie wichtige Rolle die Bettelmönche bei der Unterdrückung der Ketzerei spielten. Der eine der beiden Orden begnügte sich aber keineswegs mit dieser Tätigkeit, wir haben vielmehr jetzt zu untersuchen, wie die Franziskaner selbst unter dem Geiste der Verfolgung zu leiden hatten, der alle unter dasselbe Dogma zwingen wollte, und dem sie in so hohem Masse mit zur Herrschaft verholfen hatten.

Während die gemeinsame Aufgabe der beiden Orden darin bestand, die Kirche aus dem Abgrund ihrer tiefen Entartung zu erlösen, hatten die Dominikaner ihr besonderes Streben auf die Tätigkeit in der Welt gerichtet. Sie zogen daher die mehr unruhigen und angriffslustigen Geister an; sie passten sich der Welt an, wie es die Jesuiten der späteren Tage taten, und die Weltlichkeit, welche zugleich mit dem Erfolge in ihren Orden einziehen musste, erweckte wenig Widerspruch innerhalb der Organisation. Macht und Luxus waren willkommen, und man bediente sich ihrer. Sogar Thomas von Aquino, der, wie wir gesehen haben, gegen Wilhelm von Saint-Amour in beredten Worten die absolute Armut als den höchsten Grad der Heiligkeit verteidigte, gab später zu, dass die Armut in dem richtigen Verhältnis zu der Aufgabe stehen müsse, die ein Orden zu erfüllen habe[1]).

Anders war es mit den Franziskanern. Obgleich es, wie wir erörtert haben, nicht in der Absicht der Gründer dieses Ordens lag, eine rein beschauliche Genossenschaft ins Leben zu rufen, so war doch die Rettung des Einzelwesens durch die Flucht aus der Welt und ihren Versuchungen bei dieser Gründung in weit höherem Grade massgebend gewesen, als bei der Ordensgründung des Domi-

---

1) Thomas Aquin., Summa, Sec. Sec., Qu. CLXXXVIII art. 7. ad 1. — *Vgl. Bd. I, 320 ff.

nikus und seiner Anhänger[1]). Vollständige Armut und Selbstverleugnung waren die ursprünglichen Grundsätze des Franziskanerordens; er zog demgemäss unvermeidlich vor allem diejenigen Geister an, welche den Versuchungen des Lebens durch Beschaulichkeit, träumerische Spekulation und durch Verzichtleistung auf alles das zu entgehen suchten, was das Leben für den Durchschnittsmenschen anziehend macht. In dem Masse, wie der Orden an Reichtum und Macht zunahm, entwickelten sich daher von selbst in seinem Schosse zwei einander widerstreitende Richtungen. Auf der einen Seite pflegte er den Geist des Mystizismus, der, wenn auch anerkannt durch die Lieblingsbezeichnung „Seraphischer Orden", bisweilen die orthodoxen Fesseln drückend empfand. Auf der anderen Seite konnten sich diejenigen Männer, welche die Ansicht der Gründer über die strenge Verpflichtung zur vollständigen Armut weiter pflegten, in ihrem Gewissen nicht mit der Anhäufung von Schätzen und mit der Prachtentfaltung versöhnen; sie verwarfen daher die spitzfindigen Ausflüchte, durch welche man den Besitz von Reichtum mit der Verzichtleistung auf alles Eigentum in Einklang zu bringen suchte.

Die drei Gelübde der Armut, des Gehorsams und der Keuschheit vollkommen zu erfüllen, war in der Tat gleichmässig unmöglich. Das erste war unvereinbar mit den menschlichen Bedürfnissen, die beiden andern fanden ein Hindernis in den menschlichen Leidenschaften. Was die Keuschheit angeht, so zeigt die Geschichte der Kirche von Anfang bis zu Ende, dass man ihre Durchführung nicht erzwingen kann. Und in bezug auf den Gehorsam, in dem Sinne, dass er die vollständige Verzichtleistung auf den eignen Willen bedeutet, zeigte sich schon früh, dass die Erfüllung dieses Gelübdes unverträglich ist mit der Führung menschlicher Geschäfte; es trat zutage, als der Minorit Haymo von Faversham den Provinzial von

---

[1] Selbst der grosse Franziskanerprediger Berthold von Regensburg (der im Jahre 1272 starb) räumt den Bemühungen, die Seelen der Mitmenschen zu retten, nur ein bedingtes Verdienst ein, und er meint, dass diese Bemühungen leicht zu weit gehen könnten. Die Pflicht des Gebets und der Frömmigkeit, welche ein Mensch seiner eignen Seele schulde, sei von weit grösserer Bedeutung. — Beati Fr. Bertholdi a Ratisbona Sermones (Monachii, 1882) p. 29. Man beachte auch den Vergleich, welchen er zwischen dem beschaulichen und tätigen Leben zieht. Das erstere ist Rahel, das zweite Lea, und dieses letztere ist sehr gefährlich, wenn es ganz den guten Werken gewidmet ist (Ib. pp. 44—5).

Ebenso erklärt der grosse Franziskanerspiritual Petrus Johannes Olivi: „Est igitur totius rationis summa, quod contemplatio est ex suo genere perfectior omni alia actione." Doch gibt er zu, dass der Rettung der Mitmenschen ein mässiger Zeitraum gewidmet werden dürfe. — Ehrle, im Archiv für Literatur- und Kirchengeschichte, III (1887), 503.

Frankreich, Gregor, stürzte und nicht lange nachher sich dem General Elias widersetzte und dessen Absetzung bewirkte (1239). Hinsichtlich der Armut aber werden wir sehen, zu wie unlösbaren Verwicklungen sie trotz der Bemühungen späterer Päpste führte, bis der gebieterische Wille und der entschlossene gesunde Menschenverstand Papst Johanns XXII. den Orden von seinen seraphischen Höhen zu den Alltagsbedürfnissen des menschlichen Lebens hinabführte, freilich, wie man gestehen muss, auf Kosten eines Schismas. Die Verwirrung war um so grösser, als der hl. Franziskus die zukünftigen Versuche, den Geist der Regel zu umgehen, vorausgesehen und in seinem Testamente alle Änderungen, Glossen und Erläuterungen derselben strenge verboten und befohlen hatte, dass diese Vorschriften auf allen Ordenskapiteln vorgelesen werden sollten. Mit der Zeit, da die Franziskanerlegende an Umfang immer mehr zunahm, wurde die Regel als eine Art göttlicher Offenbarung betrachtet, die dem Evangelium an Autorität gleich sei, und der hl. Franziskus wurde so lange verherrlicht, bis er schliesslich mehr einem göttlichen als einem menschlichen Wesen glich[1]).

Noch ehe der Gründer im Jahre 1226 die Augen für immer geschlossen hatte, trat in Paris ein Franziskaner auf, der offen Ketzereien lehrte. Welcher Art sie waren, erfahren wir nicht; wahrscheinlich waren es die mystischen Träumereien eines überreizten Gehirns. Damals gab es noch keine Inquisition, und da er der bischöflichen Jurisdiktion nicht unterstand, so wurde er dem päpstlichen Legaten vorgeführt. Ihm gegenüber behauptete er viele Dinge, die sich mit dem orthodoxen Glauben nicht vertrugen, weshalb er auf Lebenszeit eingekerkert wurde. Dieses Ereignis warf seinen Schatten schon im voraus auf die kommenden Dinge, obwohl wir erst lange nachher wieder von ähnlichen Beispielen hören[2]).

Ernstere Schwierigkeiten sollten sich bald hinsichtlich der

---

1) Thom. de Eccleston, De adventu fr. Minorum in Angliam (Analecta Franciscana 1) Coll. v. — S. Francisci Testament. (Opp. 1849, p. 48). — Nicolai PP. III. Bull. Exiit qui seminat (Lib. v. Sexto XII. 3).. — Lib. Sententt. Inq. Tolos. pp. 301, 303 — *Holzapfel, Handbuch der Geschichte des Franziskanerordens (1909) S. 19, 27.

Noch im Jahre 1662 erzählt ein gelehrter Franziskaner, dass „La Regola apostolica di S. Francesco non fù dettata nè composta dall' intelletto e prudenza sua humana, ma dell' istesso Christo, ed ogni parola che in quella si contiene fù inspirata dal Spirito santo." — Michel Angelo di Bogliasco, Indulgenza di Portiuncula, Livorno, 1662, p. 146.

2) Chron. Turonense ann. 1226 (Bouquet, XVIII, 319). — Albericus Trium Font. Chron. ann. 1228 (*Mon. Germ. Hist. SS. XXIII, 922).

Frage der Armut erheben. Dem hl. Franziskus stand im Orden am nächsten Elias. Bevor er im J. 1212 seine Bekehrungsreise zu dem Sultan von Ägypten unternahm, hatte er den Elias als Provinzial über das Meer geschickt, und bei der Rückkehr von seiner Reise hatte er ihn wieder mit nach Hause genommen. Im Jahre 1221 wurde das erste Generalkapitel abgehalten. Da Franziskus zu entkräftet war, um den Vorsitz zu führen, so übernahm Elias dieses Amt, während Franziskus zu seinen Füssen sass und ihn am Gewande zupfte, wenn er wünschte, dass etwas gesagt werden sollte. 1223 ging Caesarius, der Provinzial von Deutschland, nach Italien zu dem „heiligen Franziskus oder dem Bruder Elias". Und als Franziskus, weil er krank war oder sich zu schwach fühlte, um die Disziplin des Ordens aufrechtzuerhalten, das Generalat niederlegte, wurde Elias Generalvikar des Ordens, und Franziskus unterwarf sich ihm ebenso demütig wie der niedrigste Bruder. Als der Heilige am 3. Oktober 1226 starb, war es Elias, der den Brüdern in ganz Europa dieses Ereignis anzeigte und ihnen zugleich Mitteilung von den Wundmalen machte, welche Franziskus aus Bescheidenheit immer verborgen hatte. Obgleich im Februar 1227 Johannes Parenti von Florenz zum General gewählt wurde, scheint in Wirklichkeit Elias die Oberaufsicht ausgeübt zu haben. Ein Weltkind und von Ehrgeiz erfüllt, stand er in dem Rufe, einer der gewandtesten Geschäftsmänner in Italien zu sein. Er erkannte, welche Machtfülle in der Herrschaft über den Orden lag, und er machte sich keine Skrupel über die Mittel, in den Besitz dieser Herrschaft zu gelangen. Er unternahm den Bau einer prächtigen Kirche in Assisi, um darin die Gebeine des demütigen Franziskus beizusetzen, und wurde nicht müde in seinen Geldforderungen, um den Bau zu fördern. Alle Provinzen wurden zur Beisteuer aufgefordert, obwohl in den Augen aller wahren Brüder schon das blosse Umgehen mit Geld verabscheuungswürdig war. Um die Gaben der Frommen aufzunehmen, wurde ein marmorner Schrein vor dem Gebäude aufgestellt. Das war unerträglich, und Bruder Leo ging nach Perugia, um mit dem seligen Ägidius zu beraten, der sich einst als dritter Genosse dem hl. Franziskus angeschlossen hatte. Dieser war der Meinung, dass das Verfahren den Vorschriften des Gründers zuwiderlaufe. „Soll ich also den Schrein zerbrechen?" fragte Leo. „Ja," erwiderte Ägidius, „wenn du tot bist; solange du lebst, unterlass es, denn du wirst die Verfolgung des Elias nicht aushalten können." Trotz dieser Warnung ging Leo nach Assisi und zerbrach mit Hilfe einiger Gefährten den Schrein. Elias aber erfüllte ganz

Assisi mit seinem Zorn, und Leo musste Zuflucht in einer Einsiedelei suchen[1]).

Als der Bau genügend vorgeschritten war, wurde im Jahre 1230 ein Generalkapitel abgehalten, um die feierliche Überführung des hl. Leichnams vorzunehmen. Diese Gelegenheit suchte Elias für seine eigne Wahl zum General auszunutzen, indem er nur diejenigen Brüder einlud, auf deren Unterstützung er rechnen konnte. Parenti aber bekam Wind von der Sache und liess Einladungen an alle ergehen. Nun befahl Elias, sofort zu der Überführung zu schreiten, bevor die Brüder versammelt waren, und seine Partei versuchte, im voraus dadurch auf die Entschliessungen des Kapitels einzuwirken, dass sie ihn aus seiner Zelle herausführten, die Türen erbrachen und ihn auf den Stuhl des Generals setzten. Als aber Parenti erschien, entstand ein Tumult, bei dem die Freunde des letzteren die Oberhand behielten. Die Störenfriede wurden in die Provinzen zerstreut; Elias selbst zog sich in eine Einsiedelei zurück, wo er sich das Haar und den Bart wachsen liess. Durch diesen Schein der Heiligkeit erlangte er die Versöhnung mit dem Orden, und schliesslich wurde auch sein Ehrgeiz belohnt. Das Kapitel des Jahres 1232 setzte Parenti ab und wählte Elias zum General[2]).

Diese stürmischen Intriguen zeigen, wie schnell sich innerhalb des Ordens Parteien bildeten. Fast von Anfang an hatte es Meinungsverschiedenheiten gegeben über die verwickelte Frage, welche den Hauptgegenstand der Ordensregel bildete, die Frage der absoluten Armut. In dem Bericht über das Leben des Franziskus, der von seinem Lieblingsschüler, Bruder Leo, herrührt, und den Sabatier in das Jahr 1227 verlegt, wird erzählt, dass Franziskus mit seiner ersten Regel unzufrieden gewesen sei und eine zweite aufgestellt habe, die, wie Bonaventura sagt, durch Elias gelegentlich verloren ging. Da sei der Heilige mit den Brüdern Leo und Bonizo abermals auf den Berg Alverno gestiegen, um eine dritte Regel nach dem Diktate Christi aufzusetzen. Mehrere Mitglieder des Ordens, die befürchteten, sie möchte unerträglich strenge sein, wären ihm mit Elias gefolgt und hätten erklärt, dass sie sich nicht an diese Regel binden würden. Da habe er

---

1) Fratris Jordani Chron. c. 9, 14, 17, 31, 50 (Analecta Franciscana, I (1885) S. 4—6, 11, 16) — S. Francisci Testament. (Opp. p. 47); Ejusd. Epistt. VI, VII, VIII (Ibid. 10—11) — Amoni, Legenda S. Francisci, p. 106 (Roma, 1880). — Wadding. ann. 1229, nr. 2. — Chron. Glassberger, ann. 1227 (Analecta Franciscana II. p. 45).
2) Thomae de Eccleston, Collat. XII. — Jordani Chron. c. 61 (Analecta Franc. I. 19). — Chron. Anon. (Ib. I. 289). — *Holzapfel a. a. O. S. 22ff.

zum Himmel aufgeblickt und gesagt: „Herr, sagte ich Dir nicht, dass sie mir nicht glauben würden?", und eine Stimme von oben habe geantwortet: „Franziskus, in der Regel ist nichts von Dir enthalten, es ist alles mein, und mein Wille ist, dass sie buchstäblich, ohne weitere Erörterung, befolgt wird. Ich weiss, was menschliche Schwäche ertragen kann; mögen diejenigen, welche ihr nicht gehorchen wollen, den Orden verlassen." Obgleich die Brüder sich verdutzt und erschreckt zurückzogen, tilgten sie doch aus der Regel das göttliche Gebot: „Ihr sollt nichts mit euch nehmen auf den Weg, weder Stab, noch Taschen, noch Brot, noch Geld; es soll auch einer nicht zwei Röcke haben" (Luc. IX, 3). Wieviel wir auch immer von dieser Wundergeschichte auf Rechnung späterer Einfügung setzen mögen, so geht doch aus ihr hervor, welchen Kampf der hl. Franziskus mit seinen unmittelbaren Jüngern zu bestehen hatte, und wir können glauben, was uns von den Schwierigkeiten erzählt wird, mit denen er zu ringen hatte, um die Vorschrift durchzusetzen, dass das Eigentum der Brüder sich auf ein einziges Gewand, einen Strick und eine Unterhose beschränken sollte[1]). Die Parteien, die sich so schon früh in dem Orden bildeten, waren unversöhnlich, und je mehr sie sich entwickelten, desto schärfer wurde der Gegensatz zwischen ihnen.

Die laxer gesinnte Partei suchte alsbald Befreiung von den drückenden Einschränkungen, die ihnen der Gründer auferlegt hatte. Das Testament des Franziskus war noch nicht fünf Jahre alt, als man sich schon nicht mehr um das Verbot des Heiligen kümmerte, die Regel durch spitzfindige Deutungen zu umgehen. Das Kapitel vom Jahre 1230 hatte sich an Gregor IX. gewandt, um zu erfahren, ob das Testament in dieser Hinsicht für sie bindend sei. Der Papst antwortete am 28. September in verneinendem Sinne, denn Franziskus könne seine Nachfolger nicht binden. Die Brüder fragten auch an wegen des Verbotes, Geld und Eigentum zu besitzen, und Gregor gab spitzfindigerweise zu verstehen, dass sie sich dazu dritter Personen, die Geld für sie aufbewahrten und Schulden für sie zahlten, bedienen könnten, indem er geltend machte, dass solche Personen

---

1) Speculum perfectionis, Cap. 1—10 (hrsg. von Sabatier, Paris, 1898; vgl. pp. 249—54). — *Goetz, Die Quellen zur Gesch. des h. Franz von Assisi (1904) S. 216; Schnürer, im Hist. Jahrbuch XXVIII (1907), 40. Bedeutungsvoll ist die Art und Weise, wie Thomas von Celano in seiner ersten, 1228 verfassten, Lebensbeschreibung des hl. Franziskus über die Frage der Armut hinweggeht, und die Wichtigkeit, die er ihr in der zweiten nach dem Falle des Elias hergestellten Fassung beilegt.

nicht als ihre Agenten, sondern als die Agenten derer anzusehen seien, die ihnen das Geld gäben, oder derer, an die es gezahlt werden müsse. Diese schiefen Auslegungen der Regel wurden aber nicht ohne einen heftigen, die Einheit des Ordens bedrohenden Widerstand angenommen, und man kann sich leicht vorstellen, mit wie bitterer Empfindung die ehrlichen Mitglieder den schnellen Verfall des Ordens beobachteten, einer Bitterkeit, die noch gesteigert wurde durch den Gebrauch, den Elias von seiner Stellung machte. Seine weltliche Sinnesart und seine Grausamkeit, heisst es, brachten den ganzen Orden in Verwirrung. Seine Regierung war willkürlich: sieben Jahre lang hielt er, den Bestimmungen zum Trotz, kein Generalkapitel ab. Er erhob Steuern von allen Provinzen, um den grossen Bau in Assisi zu vollenden. Die, welche ihm Widerstand leisteten, wurden nach fernen Orten verbannt. Schon als Vikar hatte er den hl. Antonius von Padua, der nach Assisi gekommen war, um Franziskus an seinem Grabe zu verehren, bis aufs Blut geisseln lassen, was Antonius ruhig ertragen hatte mit dem Ausrufe: „Mag der liebe Gott Euch vergeben, Brüder!" Schlimmer erging es dem Caesarius von Speyer, der im Jahre 1221 von dem hl. Franziskus selbst zum Provinzial von Deutschland ernannt worden war und den Orden nördlich von den Alpen ausgebreitet hatte. Er war der Führer der als Caesarianer bekannten unzufriedenen Puritaner und bekam den Zorn des Elias in vollem Masse zu fühlen. Er wurde ins Gefängnis geworfen und musste zwei Jahre lang in Ketten liegen. Als dann seine Fesseln gelöst wurden und zu Anfang des Jahres 1239 der Wärter die Tür seiner Zelle einmal offen gelassen hatte, wagte der Gefangene sich hinaus, um seine erstarrten Glieder in der Wintersonne auszustrecken. Von dem zurückkehrenden Schliesser aber, der dies für einen Fluchtversuch hielt und sich vor dem erbarmungslosen Zorne des Elias fürchtete, wurde er mit einem Knüttel totgeschlagen. Caesarius war der erste, aber keineswegs der letzte Märtyrer, der für die strenge Beobachtung einer Regel sein Blut vergoss, die nichts als Liebe und Menschenfreundlichkeit atmete [1]).

1) Gregor. PP. IX. Bull. Quo elongati vom 28. Sept. 1230 (Pet. Rodulphii Hist. seraph. relig. lib. II. fol. 164—5; *Bullarium Franciscanum I, S. 68). — Rodulphii op. cit. lib. II. fol. 177. — Chron. Glassberger, ann. 1230, 1231 (Analecta, II. 50, 56). — Frat. Jordani Chron. c. 18, 19, 61 (Analecta, I. 7, 8, 19) — Ehrle, im Archiv für Lit.- u. Kirchengeschichte II (1886) S. 123. — Wadding. ann. 1239, nr. 5.

Die scharfsinnige Kasuistik, auf Grund deren die Konventualen sich damit zufrieden gaben, dass die schlaue Auskunft Gregors IX. sie instand setzte, reich zu werden, ohne die Regel zu übertreten, ersieht man aus ihrer Ver-

Endlich war das Mass zum Überlaufen voll. Im Jahre 1237 hatte Elias in die verschiedenen Provinzen Visitatoren geschickt, deren Verhalten allgemeine Erbitterung verursachte. Die sächsischen Brüder wandten sich wegen ihres Visitators an ihn, und da sie fanden, dass das nutzlos war, an Gregor IX. Dieser sah sich endlich veranlasst, einzuschreiten. Es wurde 1239 ein Generalkapitel nach Rom berufen, auf dem nach einer stürmischen, vor den Augen von neun Kardinälen sich abspielenden Szene der Papst dem Elias schliesslich zu verstehen gab, dass seine Amtsniederlegung angenommen werden würde. Die Beweggründe für das Verhalten Gregors waren vermutlich teils politischer, teils asketischer Art. Denn Elias war ein geschickter Diplomat. Er hatte um diese Zeit den Versuch gemacht, den unheilbaren Bruch zwischen dem Papste und dem Kaiser zu heilen, und Friedrich II. war ihm daher freundlich gesinnt. Dieser erklärte sofort, die Entlassung geschehe ihm zum Trotz, nahm Elias bei sich auf und machte ihn zu seinem vertrauten Freunde. Der Papst versuchte, ihn gefangen zu nehmen, indem er ihn zu einer Konferenz einlud. Da dieser Anschlag misslang, wurde er angeklagt, ohne Erlaubnis zu Cortona arme Frauen besucht zu haben, und dann, als er sich weigerte, einer Vorladung Folge zu leisten, exkommuniziert[1]).

So bildeten sich in dem Franziskanerorden zwei deutlich voneinander unterschiedene Parteien, die als die der Spiritualen und der Konventualen bekannt geworden sind, und von denen die eine strenge am Buchstaben der Ordensregel festhielt, während die andere zur Entschuldigung für ihren mangelnden Gehorsam auf die Bedürfnisse der menschlichen Natur und die Forderungen der Weltlichkeit sich berief. Nach dem Sturz des Elias hatte die erstere die Oberhand während der kurzen Generalate des Albert von Pisa und des Haymo von

---

teidigung vor Clemens V. im Jahre 1311, die Ehrle im Archiv für Lit.- und Kirchengeschichte III (1887) S. 107—8 veröffentlicht hat.

1) Jordani Chron. c. 62, 63 (Analecta, I. 18—19). — Thomas de Eccleston, Collat. XII. — Chron. Glassberger, ann. 1239 (Analecta, II. 60–1). — Huillard-Bréholles, Introd. p. DIII; Ib. VI. 69—70.

Elias gelang es trotzdem noch, Unordnung in dem Orden zu stiften; er starb als Exkommunizierter, und ein eifriger Franziskanerguardian liess seine Gebeine ausgraben und auf einen Düngerhaufen werfen. Frà Salimbene gibt ausführliche Einzelheiten von seinem schlechten Lebenswandel und der tyrannischen Misswirtschaft, welche seinen Sturz beschleunigte. Nach seinem Anschluss an Friedrich II. lief ein Volksreim in Italien von Mund zu Munde:
„Hor attorna fratt Helya
Ke pres' ha la mala via."
(Salimbene Chronica, Parma, 1857, pp. 401–13.) Affò behauptet jedoch, dass er auf seinem Totenbette absolviert wurde. — Affò, Vita del b. Giovanni di Parma (Parma, 1777) p. 31. Cf. Chron. Glassberger, ann. 1243—4.

Faversham. Im Jahre 1244 aber triumphierten die Konventualen durch die Wahl des Crescentius Grizzi von Jesi, unter dem sich das ereignete, was die Spiritualen als die „dritte Tribulation" ansahen. Gemäss ihren apokalyptischen Spekulationen glaubten sie nämlich, dass sie sieben Heimsuchungen erdulden müssten, ehe die tausendjährige Herrschaft des Hl. Geistes anbrechen könne. Crescentius folgte den Fussstapfen des Elias. Unter Haymo war im Jahre 1242 der Versuch gemacht worden, die Erklärung Gregors IX. vom Jahre 1230 mit der Regel des Ordens in Einklang zu bringen. Vier führende Gelehrte des Ordens, an deren Spitze Alexander von Hales, hatten die 'Declaratio quatuor magistrorum' veröffentlicht; aber selbst ihre logische Spitzfindigkeit war fehlgeschlagen. Der Orden wuchs beständig, das Eigentum vermehrte sich fortwährend, und seine materiellen Bedürfnisse nahmen täglich zu. Eine Bulle Gregors IX. vom Jahre 1240, welche die Pariser Franziskaner ermächtigte, neuen Grundbesitz zu erwerben, um ihr Kloster Saint-Germain-des-Prés zu erweitern, zeigt, wie man in ganz Europa vorging. Auf dem Kapitel, welches den Crescentius im Jahre 1244 wählte, gelang es dem Engländer Johann Kethene, trotz des Widerspruchs fast der gesamten Versammlung, die Verwerfung der Erklärung Gregors durchzusetzen; aber das war doch nur ein kurzer Triumph der Puritaner. Crescentius sympathisierte mit der laxeren Partei und wandte sich um die Gewährung von Erleichterungen an Innocenz IV. In der Antwort, die dieser am 14. November 1245 gab, wiederholte er nicht nur den Kunstgriff Gregors IX., indem er erlaubte, Geld bei Personen zu deponieren, die als Agenten der Geber und Gläubiger angesehen werden sollten, sondern deutete er auch die Regel spitzfindigerweise dahin um, dass er erklärte, Häuser und Ländereien, deren Besitz dem Orden verboten war, sollten als Eigentum des Hl. Stuhles gelten, der ihren Gebrauch den Brüdern gestatte. Aber selbst die päpstliche Autorität konnte mit diesen durchsichtigen Ausflüchten die Gewissen der Spiritualen nicht beruhigen, und die wachsende Verweltlichung des Ordens rief beständige Aufregung hervor. Bevor Crescentius die Gelübde abgelegt hatte, war er Jurist und Mediziner gewesen. So erklärt sich die später gegen ihn erhobene Klage, er ermutige die Brüder, sich lieber die eitle und unfruchtbare Wissenschaft des Aristoteles anzueignen, als die göttliche Weisheit zu studieren. Als man Crescentius taub gegen die Vorstellungen fand, wollten sich unter Führung des Simon von Assisi, Giacopo Manfredo, Matteo von Monte Rubiano und Lucido zweiundsiebzig ernste Brüder an Innocenz IV. wenden. Crescentius aber kam ihnen zuvor und erlangte im voraus von dem Papste eine Entscheidung, kraft deren er die Aufsässigen zur Strafe paarweise in die verschiedenen Provinzen zerstreute. Glücklicherweise war seine Herrschaft von kurzer Dauer. Da ihn das Bistum Jesi lockte, legte er sein Amt nieder. Ihm folgte im Jahre 1247 Johann Buralli, der bekannter ist unter dem Namen Johann von Parma und zu jener Zeit Professor der Theologie an der Universität Paris war[1]).

Die Wahl Johanns von Parma bezeichnete eine Reaktion zugunsten der strengeren Observanz. Der neue General war mit einem heiligen Eifer für die Erfüllung des Ideals des hl. Franziskus beseelt. Die verbannten Spiritualen wurden zurückgerufen und durften sich selbst ihre Wohnsitze wählen. Während der ersten drei Jahre besuchte Johann zu Fuss den ganzen Orden, bisweilen von zwei, bisweilen von nur einem Gefährten begleitet. Er war sehr einfach gekleidet, so dass er unerkannt mehrere Tage in einem Kloster weilen und dessen Haltung beobachten konnte. Dann gab er sich zu erkennen und besserte die Missbräuche, die ihm entgegengetreten waren. In seinem glühenden Eifer schonte er keine persönlichen Empfindungen. Ein Lektor aus der Mark Ancona kennzeichnete bei seiner Rückkehr von Rom die übermässige Strenge, die der General in einer Predigt an den Tag gelegt habe, indem er sagte, die Brüder der Mark würden niemals jemandem erlaubt haben, ihnen solche Dinge vorzuwerfen. Als man ihn fragte, warum die anwesenden

---

1) Thomas de Eccleston, Collat. VIII., XII. — Wadding. ann. 1242, Nr. 2; ann. 1245, Nr. 16. — Potthast Nr. 10 825, (*10 969, Bullarium Franciscanum I, S. 286). — Angeli Clarineni. Epist. excusatoria (Ehrle, im Archiv für Lit.- und Kirchengeschichte I (1885) S. 535; II (1886) S. 113, 117, 120). — Hist. tribulationum (Ib. II S. 256 ff.).

Die Historia tribulationum spiegelt die Verachtung der Spiritualen gegenüber menschlicher Gelehrsamkeit wieder. Adam sei durch seinen Durst nach Erkenntnis zum Ungehorsam verleitet worden, und zur Gnade zurückgelangt durch Glauben, nicht durch Dialektik oder Geometrie oder Astrologie. Das unheilvolle Studium der Künste des Aristoteles und die verführerische Süssigkeit der Beredsamkeit Platos seien ägyptische Plagen in der Kirche (Ib. 264—5). In dem Orden bestand schon früh die Überlieferung, dass er nach der Prophezeiung des Franziskus infolge von allzu grosser Gelehrsamkeit untergehen werde (Amoni, Legenda S. Francisci, App. c. XI).

Karl Müller (Die Anfänge des Minoritenordens und die Bussbrüderschaften [1885] p. 180) behauptet, dass die Wahl des Crescentius einen Triumph der Puritaner bedeutet habe, da dieser wegen seines Feuereifers für die strenge Beobachtung der Regel bekannt gewesen wäre. Dagegen spricht aber der Umstand, dass er noch am Abende seiner Wahl die Zeloten schalt (Th. Eccleston, Collat. XII), und die Geschichte seines Generalats bestätigt das Bild, das in der Historia tribulationum von ihm entworfen wird. — Affò (Vita di Giovanni di Parma, pp. 31—2) nimmt an, dass er einen Mittelweg einzuschlagen versuchte, aber mit der Verfolgung der Unversöhnlichen endete.

Meister nicht eingeschritten seien, erwiderte er: „Wie konnten sie? Es war ein Feuerstrom, der von seinen Lippen floss." Johann hob die Erklärung Innocenz' IV. auf, bis der besser unterrichtete Papst um seine Meinung gefragt werden könne. Aber auch er vermochte die immer stärker werdende Neigung des Ordens zur Milderung der Regel nicht zu unterdrücken, und seine Bemühungen in dieser Hinsicht dienten nur dazu, die Abneigung gegen ihn so zu steigern, dass sie schliesslich zu entschlossenem Widerstande führte. Einige einflussreiche Mitglieder des Ordens hielten Rat miteinander und kamen überein, bei Alexander IV. gegen ihn und die ihn umgebenden Freunde formell Anklage zu erheben. In der Tat forderte die Haltung der Spiritualen in gewissem Sinne zum Angriff heraus[1]).

Um den Standpunkt der Spiritualen damals und in der späteren Zeit zu verstehen, müssen wir einen Blick werfen auf eine der bemerkenswertesten geistigen Bewegungen des dreizehnten Jahrhunderts. Die ersten Jahre desselben hatten (am 3. März 1202) den Tod Joachims von Floris gesehen, eines Mannes, der als der Gründer des modernen Mystizismus betrachtet werden kann. Einer reichen und edlen Familie in Süd-Italien entsprossen (im Jahre 1130) und für das Leben eines Hofmanns unter Roger II. von Sizilien erzogen, wurde er noch in seiner Jugend von dem plötzlichen Wunsche ergriffen, die heiligen Stätten des Ostens zu sehen, und brach mit einem Gefolge von Dienern dahin auf. Als er Konstantinopel erreichte, wütete dort eine Pest, und das Elend und die Eitelkeit des menschlichen Lebens machten einen so tiefen Eindruck auf ihn, dass er sein Gefolge entliess und als bescheidener Pilger mit nur einem Gefährten die Reise fortsetzte. Die Legende erzählt, dass er, von Durst übermannt, in der Wüste hingefallen sei und die Erscheinung eines an einem Ölflusse stehenden Mannes gehabt habe, der zu ihm sagte: „Trinke von diesem Strome," was er auch bis zur Sättigung getan habe. Während er vorher ganz unwissend gewesen sei, habe er bei seinem Erwachen die ganze Hl. Schrift gekannt. Die folgende Fastenzeit habe er in einem alten Brunnen auf dem Berge Tabor verbracht. In der Auferstehungsnacht sei ihm ein grosser Glanz erschienen, er sei mit göttlichem Lichte erfüllt worden und habe die Übereinstimmung des Alten und Neuen Testaments verstanden; jede Schwierigkeit und jede Dunkelheit sei verschwunden gewesen. Diese bis zum siebzehnten Jahr-

---

1) Hist. tribulat., im Archiv für Lit.- und Kirchengeschichte II (1886) S. 267—8, 274. — Affò, pp. 38—9, 54, 97—8. — Wadding. ann. 1256, Nr. 2.

hundert wiederholte Erzählung zeigt, einen wie tiefen und dauernden Eindruck Joachim in den Herzen der Menschen hinterlassen hatte[1]).

Von nun an war sein Leben dem Dienste Gottes geweiht. In die Heimat zurückgekehrt, mied er seines Vaters Haus und begann dem Volke zu predigen. Da dies jedoch einem Laien nicht gestattet war, so wurde er Priester und trat dann in den strengen Cistercienserorden ein. Zum Abte von Corazzo gewählt, floh er, wurde aber zurückgebracht und gezwungen, die Pflichten seines Amtes zu übernehmen, bis er im Jahre 1181 Rom besuchte und von Lucius III. die Erlaubnis erhielt, es niederzulegen. Selbst die strenge Cistercienserregel befriedigte seinen Durst nach einem strengen Lebenswandel nicht, und er zog sich in eine Einsiedelei bei Pietralata zurück, wo der Ruf seiner Heiligkeit Jünger um ihn scharte, so dass er, trotz seines Verlangens nach Einsamkeit, bald an der Spitze eines neuen Ordens stand, dessen Regel, das Verlangen der Bettelmönche nach Armut vorwegnehmend, von Cölestin III. im Jahre 1196 gebilligt wurde. Bald breitete sich der Orden von dem Mutterhause San Giovanni in Fiore (bei Cosenza) weiter aus und zählte verschiedene andere Klöster[2]).

Joachim betrachtete sich als inspiriert, und obwohl er im Jahre 1200 seine Schriften rückhaltlos dem Hl. Stuhle unterwarf, trug er doch kein Bedenken, sie als göttliche Offenbarung zu bezeichnen. Während seiner Lebenszeit genoss er den Ruf eines Propheten. Als die Könige Richard von England und Philipp August von Frankreich in Messina waren, liessen sie ihn holen, um ihn nach dem Erfolge ihres Kreuzzuges zu fragen; er soll ihnen gesagt haben, dass die Stunde der Befreiung Jerusalems noch nicht gekommen sei. Diese und andere angeblich in Erfüllung gegangene Prophezeiungen, sowie der mystische Charakter der apokalyptischen Spekulationen, die er hinterliess, trugen nach seinem Tode zu der Erhöhung seines Rufes als Seher bei. Sein Name wurde jahrhundertelang gerne angewandt, wenn ein Träumer oder Betrüger die Aufmerksamkeit auf sich zu ziehen wünschte, und eine ganze Literatur gefälschter Schriften sammelte sich an, die ihm zugeschrieben wurde. Etwas mehr als ein Jahrhundert nach seinem Tode zählt der Dominikaner Franz Pipinus eine

---

1) Tocco, L'eresia nel medio evo (Firenze 1884), pp. 265—70. — Profetie dell' Abbate Gioachino, Venezia, 1646, p. 8. — *Ehrle, in Wetzer und Weltes Kirchenlexikon ²vi (1889), 1471ff.; Deutsch, in der Realencyklopädie ³ix (1901), 227ff. — *Schott, Joachim der Abt von Floris (in der Zeitschrift für Kirchengeschichte xxii (1901), xxiii (1902); Hefele, Die Bettelorden und das religiöse Volksleben Ober- und Mittel-Italiens im 13. Jahrh. (1910) S. 128ff.

2) Tocco, op. cit. pp. 271—281. — Coelestin. PP. III., Epist. 279.

lange Reihe seiner Werke auf und bezeugt die höchste Achtung für seine Voraussagungen. Im Jahre 1319 äusserte Bernhard Délicieux sein unbegrenztes Vertrauen in eines der prophetischen Bücher Joachims, welches bildliche Darstellungen aller zukünftigen Päpste mit Inschriften und Symbolen darunter enthielt. Dabei wies Bernhard hin auf die verschiedenen Päpste seiner eignen Zeit, sagte das Schicksal Johanns XXII. voraus und erklärte, dass es seit zweihundert Jahren kein menschliches Wesen gegeben habe, dem soviel wie Joachim offenbart worden sei. Cola di Rienzo fand in den Pseudo-Prophezeiungen Joachims die Ermutigung zu seinem zweiten Versuch, die Herrschaft über Rom zu gewinnen. Die franziskanische Abhandlung 'De ultima aetate ecclesiae', die im Jahre 1356 verfasst und lange Zeit Wiclif zugeschrieben wurde, drückt die höchste Verehrung für Joachim aus und führt seine Prophezeiungen oft an. Der 'Liber conformitatum' aus dem Jahre 1385 erwähnt wiederholt die Joachim zugeschriebene Prophezeiung von der Gründung der beiden Bettelorden unter den Symbolen der Taube und der Krähe, und die Trübsale, denen die erstere ausgesetzt sein würde. Nicht lange darauf schöpfte der Eremit Telesphorus von Cosenza aus derselben Quelle Prophezeiungen über den Verlauf und das Ende des grossen Schismas und die Reihe der zukünftigen Päpste bis zum Erscheinen des Antichrist. Diese Prophezeiungen erregten ein solches Aufsehen, dass sie Heinrich von Langenstein, einen der führenden Theologen jener Zeit, zu einer Widerlegung veranlassten. In dem fernen Katalonien wurden, wie berichtet wird, die Prophezeiungen Joachims benutzt, um den Grafen Jakob von Urgel zu dem Versuch anzuspornen, nach dem Tode König Martins im Jahre 1410 die Krone von Aragonien zu erlangen. Kardinal Peter d'Ailly spricht mit Hochachtung von Joachims Prophezeiungen über den Antichrist und stellt ihn der Prophetin St. Hildegard gleich, während der rationalistische Cornelius Agrippa seine Voraussagungen durch die geheimen Mächte der Zahlen zu erklären versucht. Noch 1530 hielt es Dr. Johann Eck für nötig, den Irrtum des Abtes Joachim in betreff des dritten Evangeliums zu widerlegen und zu erklären, dass ein neues Evangelium nicht zu erwarten sei. Die menschliche Leichtgläubigkeit bewahrte seinen Ruf als Prophet bis in die neuere Zeit, und noch im siebzehnten Jahrhundert wurden unter seinem Namen Prophezeiungen über die Reihenfolge der Päpste mit symbolischen Figuren, Inschriften und Erläuterungen veröffentlicht, augenscheinlich von der Art jener 'Vaticinia pontificum', welche so vollständig das Vertrauen des Bernhard Délicieux besassen. Gleichfalls im siebzehnten Jahrhundert druckten die Karmeliter das 'Oraculum angelicum' des Cyrillus mit dem Pseudo-Joachimitischen Kommentar als Beweis für das Alter ihres Ordens, und im Jahre 1660 veröffentlichte der Abt von Lauro in Neapel zwei Foliobände zur Verteidigung der prophetischen Gaben Joachims[1]).

Joachim verdankte seinen ausgebreiteten und dauerhaften Ruf als Prophet nicht so sehr seinen echten, als vielmehr den zahlreichen apokryphen Werken, die unter seinem Namen gingen. Es waren das die Prophezeiungen des Cyrillus und der erythräischen Sybille, Kommentare über Jeremias, die 'Vaticinia pontificum', die Abhandlungen 'De oneribus ecclesiae' und 'De septem temporibus ecclesiae'. Nach einem in mehreren dieser Werke vorkommenden Hinweise auf Kaiser Friedrich II. dürften sie um das Jahr 1250, wo der Streit zwischen dem Papsttum und dem Kaisertum am heftigsten war, entstanden sein. Bei ihrer weitern Ausgestaltung wurden die landläufigen Prophezeiungen Merlins in freier Weise angezogen. Die Verfasser dieser Apokryphe waren wohl sicher Franziskaner der puritanischen Partei; die Kühnheit, womit sie die vorhandenen Übelstände geisseln, zeigt, wie ungeduldig der Geist der Unzufriedenheit geworden war. Die apokalyptischen Prophezeiungen wurden freimütig ausgelegt und auf die fleischliche und weltliche Sinnesart bezogen, welche alle Stände der Kirche durchdrungen hatte: Alle sind verworfen, niemand auserlesen; Rom ist die Hure von Babylon, die päpstliche Kurie der verkäuflichste und raubsüchtigste

---

1) Lib. Concordiae, Praefatio (Venet. 1519). — Fr. Francisci Pipini Chron. (Muratori S. R I., IX. 498—500). — Rog. Hovedens. ann. 1190 (Chronicles and Memorials Nr. 51). — MSS. Bib. Nat., fonds latin, Nr. 4270, fol. 260—2. — Comba, La riforma in Italia, I. 388. — Lechler, Leben Wiclifs II. 321. — Lib. conformitatum, Lib. I. Fruct i. P. 2; Fruct. IX, P. 2 (fol. 12, 91). — Telesphorus, De magnis tribulationibus, Prooemium. — Henric. de Hassia, Contra vaticin. Telesphori c. XI. (Pez, Thesaur. I., II. 521). — Ehrle, im Archiv für Lit.- und Kirchengeschichte II (1886) S. 331. — Documentos ineditos de Aragon, T. X. p. 453. — P. d'Ailly, Concord. astron. veritat. c. LIX (August. Vindel. 1490). — Joh. Eckii Homiliarum T. I. p. 49. — H. Cornel. Agrippa, De occulta philosophia Lib. II. c. II.

Die Vaticinia pontificum des Pseudo-Joachim blieben lange ein volkstümliches Orakel. Sie wurden u. a. 1585 in Vico de Sorrento, 1527, 1589, 1600, 1605 und 1646 in Venedig, 1591 in Ferrara, 1570 in Köln, 1608 in Frankfurt, 1625 in Padua, 1660 in Neapel veröffentlicht. Zweifellos gibt es noch zahlreiche andere Ausgaben. Dante stellt Bonaventura dar, wie er ihm die Heiligen bezeichnet:

„Raban è quivi, e lucemi dallato
Il Calavrese abate Giovacchino
Di spirito profetico dotato." (Paradiso XII.)

aller Gerichtshöfe; die römische Kirche ist der unfruchtbare Feigenbaum, der von Christus verflucht ist, und der den Völkern zur Plünderung überlassen werden soll. Die bittere Feindschaft, die diese Schriften durchzieht, und die soweit geht, dass sie sogar das Kaisertum als das Werkzeug Gottes betrachten, um den Stolz der Kirche zu beugen, konnte kaum überboten werden. Solche Ermunterungen zu offener Empörung fanden willige Ohren, besonders innerhalb des Ordens selbst. Adam von Marisco, der bedeutendste Franziskaner in England um 1250, schickte seinem Freunde Robert Grosseteste, dem Bischofe von Lincoln, einige Auszüge aus den Werken Joachims, die ihm aus Italien mitgebracht worden seien. Er bezeichnete Joachim als einen Menschen, der mit Recht als ein Mann mit göttlicher Einsicht in die prophetischen Mysterien angesehen werde, und er bat, Abschrift von den Bruchstücken zu nehmen und diese ihm dann zurückzusenden. Inzwischen riet er dem Bischofe, das drohende Gericht der Vorsehung zu beachten, das durch die übergrosse Schlechtigkeit der Zeit heraufbeschworen würde[1]).

Von Joachims echten Schriften fand seinerzeit die Abhandlung über die Natur der Dreifaltigkeit vielleicht die grösste Beachtung. Sie griff die Definition des Petrus Lombardus an, indem sie behauptete, diese schreibe Gott eine Quaternität zu. Die Spitzfindigkeiten der Theologie waren indessen gefährlich; anstatt darzutun, dass der Meister der Sentenzen ein Ketzer war, entging Joachim selbst nur mit knapper Not der Ketzerei. Dreizehn Jahre nach seinem Tode, 1215, hielt das grosse Laterankonzil seine Spekulation für wichtig genug, um sie in einer ausführlichen Widerlegung, welche in das kanonische Recht aufgenommen wurde, als irrtümlich zu verdammen. Papst Innocenz III. hielt vor den versammelten Vätern eine Predigt über diesen Gegenstand. Glücklicherweise hatte Joachim im Jahre 1200 alle seine Schriften ausdrücklich dem Urteil des Hl. Stuhles unterworfen und erklärt, dass er denselben Glauben wie Rom habe. Das Konzil nahm daher davon Abstand, ihn persönlich zu verurteilen, und approbierte seinen Orden von Floris. Trotzdem aber sahen sich die

---

1) Pseudo-Joachim, De oneribus ecclesiae c. III, XV, XVI, XVII, XX, XXI, XXII, XXIII, XXX. — Ejusd. Super Hieremiam c. I, II, III etc. — Salimbene, p. 107. — Monumenta Franciscana, in Rerum britanicarum medii aevi scriptores, ed. Brewer, IV (1858) p. 147.
Der Verfasser des Kommentars zu Jeremias war wahrscheinlich wegen seiner freimütigen Sprache auf der Kanzel diszipliniert worden; denn im Kap. 1 erklärte er, eine Redefreiheit, die den Geist in Fesseln schlage und dem Prediger lediglich erlaube, über fleischliche Laster zu reden, sei nichts anderes als die Freiheit eines Tieres.

Mönche als Anhänger eines Ketzers verspottet und beschimpft, bis sie im Jahre 1220 von Honorius III. eine Bulle erlangten, welche ausdrücklich erklärte, dass Joachim ein guter Katholik gewesen sei, und zugleich jegliche Verleumdung seiner Jünger untersagte[1]).

Seine wichtigsten Schriften jedoch waren seine Kommentare zur Hl. Schrift, die er auf das Ersuchen von Lucius III., Urban III. und Clemens III. verfasste. Es waren ihrer drei: die 'Concordia', das 'Decachordon' oder 'Psalterium decem cordarum', und die 'Expositio in Apocalypsin'. Das System seiner Exegese besteht darin, dass er in jedem Ereignis des Alten Testamentes das Vorbild für eine entsprechende Tatsache des Neuen Testamentes sieht und durch einen willkürlichen Parallelismus der Daten die Zukunft zu enthüllen und zu bestimmen sucht. So kommt er zu dem Schluss, dass die Menschheit drei Phasen durchzumachen habe: die erste unter der Herrschaft des Vaters, welche endigte mit der Geburt Christi, die zweite unter derjenigen des Sohnes und die dritte unter dem Hl. Geiste. Die Herrschaft des Sohnes oder des Neuen Testamentes wird, so schliesst er aus verschiedenen apokalyptischen Spekulationen, zweiundvierzig Generationen oder 1260 Jahre dauern. Judith blieb nämlich dreiundeinhalb Jahre oder zweiundvierzig Monate oder zwölfhundertsechzig Tage Witwe; diese letztere Zahl gibt die Anzahl der Jahre an, während deren das Neue Testament Gültigkeit hat, so dass dieses im Jahre 1260 von der Herrschaft des Hl. Geistes abgelöst werden wird. In der zweiundvierzigsten Generation wird eine Reinigung stattfinden, welche den Weizen von der Spreu sondert, unter Trübsalen, wie sie die Menschen noch nie erduldet haben; glücklicherweise werden sie von kurzer Dauer sein, sonst würde die Menschheit vollständig untergehen. Hiernach wird die Religion erneuert werden; der Mensch wird in Frieden, Gerechtigkeit und Freuden leben wie an dem Sabbat, der auf die Arbeiten der Schöpfung folgte. Alle werden Gott erkennen, von einem Meere bis zum andern und bis an die Grenzen der Erde, und die Glorie des Hl. Geistes wird vollkommen sein. In dieser schliesslichen Überfülle geistiger Gnade werden die Religionsgebräuche nicht mehr erforderlich sein. Wie das Osterlamm durch

---

1) Concil. Lateran. IV, c. 2. — Theiner, Monument. Slavor. meridional. I, 63. — Lib. I. Sexto, 1, 2 (Cap. Damnamus). — Wadding. ann. 1256, Nr. 8, 9. — Salimbene, Chron. p. 103.

Ungefähr ein halbes Jahrhundert später hielt Thomas von Aquino Joachims Spekulationen über die Dreieinigkeit noch einer ausführlichen Widerlegung wert, und gegen Ende des vierzehnten Jahrhunderts erörterte Nicolaus Eymerici die ganze Controverse. — Directorium Inquisit. pp. 4—6, 15—17.

die Eucharistie ersetzt wurde, so wird das Opfer des Altars überflüssig werden. Ein neuer Mönchsorden wird entstehen, welcher die Welt verwandeln wird. Beschauliches Mönchtum ist die höchste Stufe der Entwicklung der Menschheit, und die Welt wird gleichsam ein grosses Kloster werden [1]).

In diesem Schema einer zukünftigen Erhöhung der Menschheit erkannte Joachim die Gebrechen seiner Zeit völlig an. Die Kirche sei ganz und gar dem Geiz und der Habsucht verfallen. Vollständig der Fleischeslust ergeben, vernachlässige sie ihre Kinder, welche von eifrigen Ketzern verführt würden. Die Kirche der zweiten Phase sei Hagar, die der dritten aber werde Sara sein. Mit übermässiger Ausführlichkeit schildert er, wie die Beziehungen zwischen Gott und dem Menschen in den aufeinander folgenden Zeitaltern immer grössere Fortschritte machen. Der erste Zustand, unter Gott, ist der der Beschneidung, der zweite, unter Christus, der der Kreuzigung, der dritte, unter dem Hl. Geiste, wird der der Ruhe und des Friedens sein. Die erste Phase wird bezeichnet durch den Orden der Verheirateten, die zweite durch die Priesterschaft, die dritte durch das Mönchtum, das seinen Vorläufer schon in dem hl. Benedikt hatte. Die erste bildete die Herrschaft des Saul, die zweite diejenige Davids, die dritte wird die Salomons sein und die Fülle des Friedens geniessen. In der ersten stand der Mensch unter dem Gesetz, in der zweiten unter der Gnade, in der dritten wird er sich der Fülle der Gnaden erfreuen. Die Menschen der ersten Phase werden symbolisiert durch den Priester Zacharias, die der zweiten durch Johannes den Täufer, die der dritten durch Christus selbst. Die erste ist ausgezeichnet durch Erkenntnis, die zweite durch Frömmigkeit, die dritte durch die Fülle der Erkenntnis. Der erste Zustand war Knechtschaft, der zweite ist kindlicher Gehorsam, der dritte wird Freiheit sein. Der erste Zustand verging in Geisselung, der zweite mit Handeln, der dritte wird vergehen in Beschaulichkeit. Der erste zeigte Furcht, der zweite Glauben, der dritte wird die Liebe sein. Der erste hatte Sklaven, der zweite freie Männer, der dritte wird Freunde haben. Der erste hatte alte Männer, der zweite Jünglinge, der dritte wird Kinder haben. In dem ersten herrschte Sternenlicht, in dem zweiten Dämmerung, in dem dritten wird es lichter Tag sein. Der erste war Winter, der zweite Frühlings-

---

1) Joachimi Concordiae Lib. IV, c. 31, 34, 38; Lib. V, c. 58, 63, 65, 67, 68, 74, 78, 89, 118 (*Schott a. a. O. XXIII, 167 ff.).
Man behauptete, Joachim habe die Entstehung der Bettelorden (V, 43) vorausgesagt, aber er hatte ein vollständig beschauliches Mönchtum im Sinne.

anfang, der dritte wird Sommer sein. Der erste liess Nesseln, der zweite Rosen wachsen, der dritte wird Lilien hervorbringen. Der erste war Gras, der zweite Korn in den Ähren, der dritte wird reifer Weizen sein. Der erste war Wasser, der zweite Wein, der dritte wird Öl sein. Endlich gehörte die erste Periode dem Vater, dem Schöpfer aller Dinge, die zweite dem Sohne, der unsere sterbliche Hülle annahm, die dritte wird dem reinen Hl. Geiste gehören[1]).

Es ist eine sehr merkwürdige Tatsache, dass, während Joachims metaphysische Spitzfindigkeiten in betreff der Dreifaltigkeit ostentativ als gefährliche Ketzereien verurteilt wurden, niemand in jener Zeit die weit gefährlicheren Schlüsse erkannt zu haben scheint, die aus diesen apokalyptischen Träumereien gezogen werden konnten. Weit davon entfernt, als ketzerisch verbrannt zu werden, wurden sie von Päpsten gepriesen, und Joachim wurde als Prophet geehrt, bis seine kühnen Nachahmer und Anhänger aus seinen Darlegungen die revolutionären Lehren entwickelten, zu denen sie notwendigerweise führen mussten. Für uns hier liegt ihre Hauptbedeutung darin, dass sie uns zeigen, wie gerade die frömmsten Gemüter die Meinung vertraten, das Christentum habe in der Praxis versagt. Die Menschheit war unter dem neuen Gesetze kaum besser geworden. Die Laster und Leidenschaften waren ebenso ungezügelt, wie sie vor der Ankunft des Erlösers gewesen. Die Kirche selbst war weltlich und fleischlich gesinnt; anstatt den Menschen zu erheben, war sie auf sein Niveau herabgestiegen; sie hatte das ihr geschenkte Vertrauen getäuscht und war eher ein Beispiel zum Schlechten als ein Vorbild zum Guten. Männer wie Joachim konnten unmöglich annehmen, dass Verbrechen und Elend der letzte und unverbesserliche Zustand des Menschengeschlechts sein sollten; und doch hatte das göttliche Sühnopfer bis dahin das Menschenleben seinem Ideale so wenig zu nähern vermocht. Daher konnte die Christenheit nicht der letzte Zustand

---

1) Joachimi Concordiae Lib. I, Tract. II, c. 6; IV, 25, 26, 33; V, 2, 21, 60, 65, 66, 84.
Auf Grund der erkünstelten Auslegung einer Stelle in der Concordia (II, I. 7) klagte die Kommission von Anagni im Jahre 1255 Joachim an, das Schisma der Griechen gebilligt zu haben (Denifle, im Archiv für Lit.- u. K. 1 (1885) S. 120). Daran dachte er so wenig, dass er im Gegenteil keine Gelegenheit versäumte, die orientalische Kirche zu verwünschen, besonders wegen der Heirat ihrer Priester (vgl. z. B. S. 70, 72). Als er aber behauptete, der Antichrist sei schon in Rom geboren, und ihm entgegengehalten wurde, dass Babylon als der Geburtsort desselben bezeichnet sei, trug er kein Bedenken zu erklären, Rom sei das mystische Babylon. — Radulphus de Coggeshall, Chron. (Bouquet, XVIII, 76).

der Menschheit auf der Erde sein; sie war vielmehr bloss ein Übergangszustand, dem eine Weiterentwicklung folgen musste. In ihr würde unter der Herrschaft des Hl. Geistes das Gesetz der Liebe, das das Evangelium vergebens gepredigt hatte, zum herrschenden Grundsatz werden, und die Menschen würden, befreit von fleischlichen Leidenschaften, die glänzenden Versprechungen erfüllt sehen, u.. ihnen so beständig gemacht, aber bisher so mangelhaft verwirklicht worden waren. Joachim selbst ist vielleicht absichtlich diesen Schlüssen aus seinen Prämissen aus dem Wege gegangen, andere aber mussten sie unfehlbar ziehen, und nichts konnte für die bestehende geistliche und weltliche Ordnung der Kirche gefährlicher und grundstürzender sein.

Allerdings fanden eine Zeitlang seine Spekulationen wenig Beachtung und keinen Tadel. Vielleicht hatte die Verurteilung seiner Lehre von der Dreifaltigkeit einen Schatten über seine exegetischen Werke geworfen und war daher ihrer allgemeinen Verbreitung hinderlich. Verwandte Geister jedoch sammelten sie, und Abschriften von ihnen wurden in verschiedene Länder verbreitet und sorgfältig aufbewahrt. Merkwürdigerweise erfolgte die erste Entgegnung auf diese Lehren durch die als Amalricianer bekannten kühnen Ketzer, deren rücksichtslose Unterdrückung in Paris um das Jahr 1210 wir schon (Bd. II, 363 ff.) betrachtet haben. Unter ihren Irrtümern wurde die Lehre von den drei Zeitaltern aufgeführt, die sie offenbar von Joachim entlehnten, aber mit dem Unterschiede, dass nach ihrer Ansicht das dritte Zeitalter schon begonnen hatte. Die Herrschaft des Vaters habe nur unter dem mosaischen Gesetze bestanden; mit der Ankunft Christi seien alle Sakramente des Alten Testamentes durch neue ersetzt worden. Die Herrschaft Christi habe bis zu der gegenwärtigen Zeit gedauert, aber jetzt beginne die Oberherrschaft des Hl. Geistes; die Sakramente des Neuen Testamentes — Taufe, Abendmahl, Busse und die übrigen — seien veraltet und abzuschaffen, und die Macht des Hl. Geistes werde sich offenbaren durch die Personen, in denen er verkörpert sei. Die Amalricianer verschwanden schnell, wie wir gesehen haben, und die aus ihnen hervorgehenden Sekten, die Ortlieber und die Brüder des freien Geistes, scheinen diese Irrlehren über Bord geworfen zu haben. Auf jeden Fall hören wir aus diesem Bereich nichts weiter davon[1]).

Allmählich aber fanden die Schriften Joachims Verbreitung,

---

1) Rigordus, De gestis Phil. Aug. ann. 1210. — Guillel. Nangiac. ann. 1210. — Caesar. Heisterb., Dialogus miraculorum dist. v, c. XXII.

und als ihm auch die falschen Prophezeiungen, welche um die Mitte des 13. Jahrhunderts erschienen, zugeschrieben wurden, wurde sein Name weit und breit bekannt und sein Ansehen grösser. Besonders in der Provence und Languedoc wurden seine Lehren eifrig angenommen. Nacheinander von den Kreuzzügen und der Inquisition verheert und kaum wieder einigermassen mit der Kirche vereinigt, brachten diese Gegenden eine reiche Fülle ernster Persönlichkeiten hervor, welche in der Hoffnung auf schnelle Erfüllung der Träume Joachims eine Entschädigung für das Elend der Gegenwart suchten. Und es fehlte diesen Träumen auch nicht an einem Apostel, dessen Rechtgläubigkeit ausser Frage stand. Hugo von Digne, ein Einsiedler von Hyères, erfreute sich eines weiten Rufes wegen seiner Gelehrsamkeit, Beredsamkeit und Heiligkeit. Er war früher Franziskanerprovinzial der Provence gewesen, hatte aber diese Würde niedergelegt, um seine Sehnsucht nach einem strengen Lebenswandel zu stillen, und seine Schwester, die selige Douceline, verbrachte ihr Leben in einer Reihe von Extasen, in denen sie der Erde entrückt ward. Hugo stand mit den Führern des Ordens auf vertrautem Fusse. Alexander von Hales, Adam von Marsh und der General Johann von Parma werden unter seinen nahen Freunden genannt, und mit dem letzteren insbesondere verknüpfte ihn das gemeinsame Band, dass sie beide eifrige Joachimiten waren. Er besass alle Werke Joachims, die echten und unechten, er hatte das grösste Vertrauen zu ihren Prophezeiungen, die er als göttliche Inspiration ansah, und trug viel zu ihrer Verbreitung bei, was um so leichter war, als er selbst in dem Rufe eines Propheten stand [1]).

Der spiritualistische Zweig der Franziskaner wurde schnell von diesen Ideen durchdrungen. Für Gemüter, die, zum Mystizismus geneigt, von Unruhe erfüllt und mit der tatsächlichen Nichterfüllung des Ideals unzufrieden waren, nach dessen Verwirklichung sie sich ernstlich sehnten, musste ein unwiderstehlicher Zauber in den ihre Erfüllung so nahe rückenden Verheissungen des kalabresischen Abtes liegen. Wenn diese Joachimitischen Franziskaner die Ideen ihres Lehrers mit noch grösserer Kühnheit und Bestimmtheit weiter ausbildeten, so war ihr Eifer gewiss besonders entschuldbar. Sie waren Augenzeugen des sittlichen Misserfolges eines Versuches, auf den man alle Hoffnungen für die Wiedergeburt der Menschheit gesetzt hatte. Sie hatten gesehen, wie die heiligen Lehren des Franziskus

---

1) Salimbene, Chron. pp. 97—109, 124, 318—20. — Chron. Glassberger, ann. 1286. — Vie de Douceline (Meyer, Recueil d'anciens textes I, 142—6).
Bei der Aufzählung der besonderen Vertrauten Johanns von Parma bezeichnet Salimbene mehrere von ihnen als „grosse Joachimiten".

und die neue Offenbarung, deren Werkzeug er gewesen war, von weltlich gesinnten Männern ihren ehrgeizigen und habgierigen Zwecken dienstbar gemacht wurden, wie der Orden, der der Keim der menschlichen Erlösung hätte sein sollen, immer mehr verweltlichte, und wie seine Heiligen von ihren Mitbrüdern selbst zu Märtyrern gemacht wurden. Wenn nicht das ganze Weltall ein Irrtum und die Versprechungen Gottes Lügen waren, dann musste es ein Ende für menschliche Schlechtigkeit geben; und da das Evangelium Christi und die Regel des hl. Franziskus die Erlösung der Menschheit nicht gebracht hatten, so war ein neues Evangelium unerlässlich. Überdies hatte Joachim die Entstehung eines neuen Ordens vorausgesagt, der die Welt und die Kirche in dem seligen Zeitalter des Hl. Geistes regieren würde. Es konnte für sie nicht zweifelhaft sein, dass diese Weissagung sich auf den spiritualistischen Zweig der Franziskaner bezog, der die Regel des verehrten Gründers in ihrer ganzen Strenge aufrechtzuerhalten sich bemühte[1]).

Das waren, wie wir annehmen können, die Gedanken, welche die Herzen der ernsten Spiritualen beunruhigten, wenn sie über die Prophezeiungen Joachims nachsannen. In ihrer übergrossen Freude erlebten viele von ihnen selbst Verzückungen und Visionen voll prophetischer Erleuchtung. Hervorragende Mitglieder des Ordens hatten offen die Joachimitischen Lehren angenommen, und seine Prophezeiungen, mochten sie echt oder falsch sein, wurden auf alle vorkommenden Ereignisse angewendet. Im Jahre 1248 traf der Chronist Salimbene, der schon ein überzeugter Gläubiger war, in dem Franziskanerkloster zu Provins (in der Champagne) zwei eifrige Ordensgenossen, Gerhard von Borgo San Donnino und Bartolommeo Ghiscolo von Parma. Ludwig der Heilige stand gerade im Begriffe, seinen unglücklichen Kreuzzug nach Ägypten anzutreten. Unter Berufung auf die Kommentare des Pseudo-Joachim zu Jeremias sagten die Joachimiten voraus, dass der Kriegszug fehlschlagen, dass der König in Gefangenschaft geraten und dass die Pest das Heer aufreiben würde. Diese Weissagungen waren nun gerade nicht geeignet, sie beliebt zu machen. Auch wurde der Friede der guten Brüder betrüblicher Weise durch Streitigkeiten gestört, und die Joachimiten fanden es für ratsam, den Ort zu verlassen. Salimbene ging nach Auxerre, Ghiscolo nach Sens und Gerhard nach Paris, wo ihm seine Gelehrsamkeit die Zulassung zur Universität als Vertreter Siziliens

---

1) Protokoll der Kommission zu Anagni, hrsg. von Denifle, im Archiv für Literatur- und Kirchengeschichte I (1885), S. 111—121.

sicherte, und wo er einen Lehrstuhl für Theologie erhielt. Hier setzte er vier Jahre lang seine apokalyptischen Studien fort[1]).

Plötzlich wurde im Jahre 1254 Paris in Aufregung versetzt durch das Erscheinen eines Buches mit dem Titel: 'Introductorius in Evangelium aeternum.' Der Name war der Apokalypse entlehnt: „Und ich sah einen andern Engel fliegen mitten durch den Himmel, der hatte ein ewig Evangelium zu verkündigen denen, die auf Erden wohnen, und allen Heiden und Geschlechtern und Sprachen und Völkern." (Apoc. 14, 6). Das Buch bestand aus den drei echten Werken Joachims mit erläuternden Anmerkungen und einer langen Einleitung, in welcher der kühne Verfasser die Ideen des Propheten mutig und ohne Einschränkung entwickelte. Das kühne Wagnis war von einem unmittelbaren und gewaltigen Erfolge in weitem Umkreis begleitet, der beweist, wie sehr die darin vorgetragene Überzeugung von allen Bevölkerungsklassen geteilt wurde. Die folgenden Verse Johanns von Meung lassen erkennen, dass seine Lektüre mehr noch von den Laien als von den Klerikern begehrt wurde, und dass nicht nur Männer, sondern auch Frauen das Buch verlangten:

> Ung livre de par le grant diable
> Dit l'Évangile pardurable . . .
> A Paris n'eust home ne feme
> Au parvis devant Nostre-Dame,
> Qui lors avoir ne le péust
> A transcrire, s'il li pléust[2]).

---

1) Hist. tribulat. (a. a. O., pp. 178—79). — Salimbene, pp. 102, 233.
Nach der Auslegung der Joachimiten sollte Friedrich II. ein Alter von siebzig Jahren erlangen. Als nun der Kaiser 1250 starb, wollte Salimbene es nicht glauben und blieb ungläubig, bis Innocenz IV., fast zehn Monate später, auf seinem Triumphzuge von Lyon, nach Ferrara kam und man sich wegen des Todes des Kaisers gegenseitig beglückwünschte. Der Bruder Gherardino von Parma wandte sich damals an den anwesenden Salimbene mit den Worten: „Jetzt wisst ihr es; so gebt also euren Joachim auf und wendet euch der Weisheit zu." (Ibid. pp. 107, 227.)

2) Renan, Nouvelles études d'histoire religieuse (1884) p. 296.
Schon Joachim hatte den Ausdruck „Ewiges Evangelium" gebraucht zur Bezeichnung der spiritualistischen Auslegung der Evangelien, die hinfort die Welt regieren sollte. Sein Schüler glaubte natürlich, dass Joachims Kommentare diese spiritualistische Auslegung und demgemäss das „Ewige Evangelium" seien, zu dem er selbst dann noch die Glosse und die Einleitung fügte. Die Franziskaner waren für ihn notwendigerweise der beschauliche Orden, der mit der Verbreitung dieses Evangeliums betraut war (Denifle, im Archiv für Literatur- und Kirchengeschichte I (1885) S. 54—59, 61). Nach Denifle (S. 67—70) bestand die Veröffentlichung Gerhards aus dem Jahre 1254 nur aus der Einleitung und der Concordia; die Apokalypse und das Decachordon sollten folgen, doch wurde das kühne Unternehmen unterbrochen. — *Vgl. auch Schönbach, Das Wirken Bertholds von Regensburg gegen die Ketzer (1904) S. 118; René de Nantes, Histoire des Spirituels dans l'Ordre de S. François (1909); Holzapfel a. a. O. S. 32.

Man kann sich keine von revolutionärerem Geiste erfüllten und für die bestehende Ordnung der Kirche gefährlicheren Darlegungen denken als die, welche auf solche Weise die Sympathie und den Beifall der Menge erweckten. Die Berechnungen Joachims wurden als richtig angenommen und daraus bestimmt geschlossen, dass in sechs Jahren, also 1260, die Herrschaft Christi zu Ende gehen und die Herrschaft des Hl. Geistes beginnen würde. Schon im Jahre 1200 hätte der Geist des Lebens das Alte und Neue Testament verlassen, um dem „Ewigen Evangelium" Platz zu machen, das die Concordia, die Expositio und das Decachordon umfasse, also gleichsam eine Entwicklung und Vergeistigung alles dessen bilde, was ihm vorangegangen wäre. Ähnlich wie dies Joachim bezüglich der Stufenfolge der drei Zeitalter getan, kennzeichnet der Verfasser der Einleitung die fortschreitende Reihenfolge der drei Schriften. Das Alte Testament ist der erste Himmel, das Neue Testament der zweite Himmel, das Ewige Evangelium der dritte Himmel; das erste ist gleichsam das Licht der Sterne, das zweite das des Mondes, das dritte das der Sonne; das erste ist der Vorhof, das zweite das Heilige, das dritte das Allerheiligste; das erste ist die grüne Schale, das zweite die Nuss, das dritte der Kern; das erste ist die Erde, das zweite das Wasser, das dritte das Feuer; das erste ist buchstäblich, das zweite geistig, und das dritte ist das von Jeremias c. 31 versprochene Gesetz. Das Predigen und die Verbreitung dieses obersten und ewigen Gesetzes Gottes ist dem Barfüsserorden (den Franziskanern) anvertraut. Auf der Schwelle des Alten Gesetzes standen drei Männer: Abraham, Isaak und Jakob; auf der des Neuen Gesetzes drei andere Männer, nämlich Zacharias, Johannes der Täufer und Christus; auf der des kommenden Zeitalters ebenfalls drei, nämlich der Mann in Leinen (Joachim), der Engel mit der scharfen Sichel und der Engel mit dem Zeichen des lebendigen Gottes (Franziskus). Während der gesegneten kommenden Herrschaft des Hl. Geistes werden die Menschen unter dem Gesetze der Liebe leben, wie sie in dem ersten Zeitalter in der Furcht und in dem zweiten in der Gnade lebten. Joachim hatte sich gegen die Fortdauer der Sakramente ausgesprochen; Gerhard betrachtete sie als Symbole und Rätsel, von denen der Mensch in der kommenden Zeit befreit werden würde; denn die Liebe würde alle die Gebräuche ersetzen, die auf der zweiten Periode beruhten. Eine derartige Theorie war gleichbedeutend mit der Vernichtung des ganzen Priestersystems, welches beseitigt und dem Schoss der Vergangenheit und Vergessenheit überliefert werden sollte. Und kaum weniger revolutionär war die kühne Erklärung Gerhards, dass den Höhepunkt der Gottverlassenheit ein simonistischer Papst darstelle, der gegen Ende des soeben angebrochenen sechsten Zeitalters den päpstlichen Stuhl besteigen würde[1]).

Als Urheber dieser kühnen Herausforderung an die unfehlbare Kirche wurde lange Zeit Johann von Parma angesehen, der im Jahre 1247 zum General des Franziskanerordens erwählt worden war. Indessen dürfte es wohl keinem Zweifel unterliegen, dass sie das Werk Gerhards war — das Ergebnis seiner Studien und Träumereien während der vier Jahre, die er an der Universität Paris zubrachte. Doch ist es möglich, dass Johann von Parma seine Hand dabei im Spiele hatte. Auf alle Fälle sympathisierte er, wie Tocco richtig hervorhebt, mit dem Verfasser; denn er bestrafte ihn niemals, trotz des Ärgernisses, das er dem Orden bereitete. Nach der Mitteilung des Bernhard Guidonis wurde das Buch zu dessen Lebzeiten (um das Jahr 1320) ihm gewöhnlich zugeschrieben. Wir sahen, mit welcher Freude Wilhelm von Saint-Amour in dem Streite zwischen der Universität und den Bettelmönchen diese Waffe ergriff, und welchen Vorteil sie der ersteren für den Augenblick wenigstens gewährte. Wie die Verhältnisse damals lagen, konnte das Buch keine Freunde oder Ver-

---

1) Protokoll der Kommission zu Anagni, hrsg. von Denifle, im Archiv für Literatur- und Kirchengeschichte I (1885) S. 99—102, 109, 126, 135—6.

Die eindringlichen Forschungen von Denifle haben, wie mir scheint, hinreichend bewiesen, dass die Irrtümer, die gewöhnlich dem „Ewigen Evangelium" zugeschrieben werden (d'Argentré I. I. 162—5; Eymericus, Direct. Inq. P. II. Qu. 9; *Henr. de Herfordia, Liber de rebus memorabilioribus ed. Potthast S. 181), auf die schweren und parteiischen Anklagen zurückzuführen sind, die Wilhelm von Saint-Amour (a. a. O. S. 76—86) nach Rom sandte und die zu den übertriebenen Missverständnissen bezüglich seiner aufrührerischen Tendenzen geführt haben. Denifle führt jedoch weiter aus, dass das Ergebnis der Kommission von Anagni (Juli 1255) nur in der Verurteilung der Ansichten Gerhards bestand, und dass die Werke Joachims (mit Ausnahme seiner Abhandlung gegen Petrus Lombardus) von der Kirche niemals verurteilt worden seien. Wenn man aber von den Übertreibungen Wilhelms von Saint-Amour absieht, dann bleibt im Prinzip nur weniges übrig, was Joachim von Gerhard unterscheidet. Und wenn der erstere nicht verurteilt wurde, so war dies nicht der Fehler der Kommission von Anagni, die beide auf dieselbe Stufe stellte und energisch zu beweisen versuchte, dass Joachim ein Ketzer war, ja sogar so weit ging, zu zeigen, dass er seine Ketzerei über die Trinität niemals aufgegeben habe (a. a. O. S. 137—41).

Wenn jedoch auch dem Buchstaben nach nur ein geringer Unterschied zwischen Joachim und seinem Kommentator vorhanden war, so bestand zwischen ihnen eine unverkennbare Verschiedenheit dem Geiste nach: der erstere verhielt sich gegenüber der bestehenden Kirche aufbauend, der letztere zerstörend. Vgl. *Haupt, in der Zeitschrift für Kirchengeschichte VII (1886) 372 ff., und Tocco, im Archivio storico Italiano, Ser. IV, Bd. XVII (1886), 243 ff.

teidiger haben. Es war ein zu rücksichtsloser Angriff auf alle bestehenden Einrichtungen, weltliche sowohl wie geistliche. Das einzige, was damit geschehen konnte, war, es möglichst stillschweigend zu unterdrücken. Das verlangte sowohl die Rücksicht auf den Franziskanerorden als auch die Klugheit, welche dem Buche keine unzeitgemässe Beachtung zu verschaffen riet, obgleich schon Hunderte von Opfern für weit ungefährlichere Ketzereien verbrannt worden waren. Die Kommission, welche im Juli 1255 zu Anagni zusammentrat, um das Buch zu verurteilen, hatte eine Aufgabe, über die kein Streit herrschen konnte; es wurde aber schon hingewiesen auf den Gegensatz zwischen der vorsichtigen Zurückhaltung, womit man dieses Buch unterdrückte, und dem Rachegeschrei, womit die Verbrennung des Buches Saint-Amours gegen die Bettelmönche angeordnet wurde [1]).

Der spiritualistische Zweig der Franziskaner war in bedenklichem Masse blossgestellt, und die weltlich gesinnte Partei, die nur mit Unwillen die strenge Regierung Johanns von Parma ertragen hatte, sah die Gelegenheit gekommen, ihrerseits die Oberhand zu gewinnen. Unter Führung des Bernhard von Bessa, des Gefährten Bonaventuras, brachte man förmliche Anklageartikel gegen den General beim Papst Alexander IV. vor. Man klagte ihn an, dass er keine Erklärungen der Regel und des Testamentes zulasse, und dass er die Privilegien und Erklärungen der Päpste als bedeutungslos hinstelle. Und wenn man ihn auch nicht in die Angelegenheit des „Ewigen Evangeliums" verwickelte, so wies man doch darauf hin, dass er sich den Geist der Weissagung beilege und eine Teilung des Ordens voraussage zwischen denen, welche sich päpstliche Milderungen verschafften, und denen, die an der Regel festhielten und die

---

1) *Vgl. Bd. I S. 319 ff. — Matt. Paris. ann. 1256 (*Mon. Germ. Hist. SS. XXVIII, 363). — Salimbene, p. 102. — Bern. Guidon. Vita Alex. PP. IV. (Muratori, S. R. I., III 1. 593). Cf. Amalr. Auger. Vita Alex. PP. IV. (ibid. III. II. 404).
In bezug auf den Verfasser des Ewigen Evangeliums s. Tocco, L'eresia nel medio evo, pp. 473—4, und seinen Aufsatz über Denifle und Haupt in dem Archivio storico Italiano a. a. O. S. 243 ff; Renan, a. a. O. S. 248, 277; Denifle, a. a. O. S. 57—8.
Einer von den gegen Wilhelm von Saint-Amour erhobenen Anklagepunkten bestand darin, dass er die Verzögerung in der Verurteilung des Ewigen Evangeliums beklage. Er antwortete darauf mit dem Hinweis auf den Einfluss derer, die die Joachimitischen Irrtümer verteidigten. — Dupin, Bibl. des auteurs ecclés. T. X. ch. VII. — Wie Thomas von Chantimpré versichert, würde St. Amour ohne die Gelehrsamkeit und Beredsamkeit des Albertus Magnus das Feld gegen die Bettelorden behauptet haben. — Bonum universale, Lib. II. c. IX. — *F. X. Seppelt, Der Kampf der Bettelorden an der Universität Paris, in Kirchengeschichtliche Abhandlungen, hrsg. von Sdralek VI (1908), 75 ff.

dafür unter dem Tau des Himmels und dem Segen Gottes aufblühen würden. Ausserdem machte man ihm Mangel an Rechtgläubigkeit zum Vorwurfe: er verteidige die Irrtümer Joachims in betreff der Trinität, und seine unmittelbaren Gefährten hätten kein Bedenken getragen, in Predigten und Abhandlungen Joachim über die Maßen zu loben und die führenden Männer des Ordens anzugreifen. Sowohl hierbei als auch in dem weiteren Verlaufe der Sache zeigt das über das „Ewige Evangelium" beobachtete, offenbar absichtliche Stillschweigen, wie gefährlich dieser Gegenstand war, und wie sogar die erregten Leidenschaften des Kampfes davor zurückschreckten, den Orden blosszustellen durch das Zugeständnis, dass einzelne seiner Mitglieder für dieses aufreizende literarische Produkt verantwortlich seien[1]).

Alexander IV. wurde leicht überredet, und am 2. Februar 1257 wurde unter dem persönlichen Vorsitze des Papstes zu Rom ein Generalkapitel in der Kirche Aracoeli abgehalten. Man riet dem Johann von Parma abzudanken, was er auch unter Berufung auf sein Alter, seine Ermüdung und seine Schwäche tat. Nachdem man anstandshalber eine Zeitlang widersprochen, nahm man seine Abdankung an und bat ihn um die Ernennung eines Nachfolgers. Seine Wahl fiel auf Bonaventura, der damals erst 34 Jahre alt war und durch seine Teilnahme am Kampfe mit der Universität Paris zu den höchsten Hoffnungen berechtigte, während er sich keiner Partei angeschlossen hatte. Er wurde daher auch gewählt, und nun verlangten die Führer der Bewegung von ihm, dass er gegen Johannes und seine Anhänger vorgehen solle. Bonaventura zauderte eine Zeitlang, willigte aber schliesslich ein. Gerhard weigerte sich, zu widerrufen, und wurde von Bonaventura nach Paris vorgeladen. Als er durch Modena kam, traf er Salimbene, der sich vor dem Sturme geduckt und dem Joachimitismus als einer Torheit entsagt hatte. Die beiden Freunde hatten eine lange Unterredung, in welcher Gerhard sich erbot zu beweisen, dass der Antichrist bereits in der Person König Alfons des Weisen von Kastilien erschienen sei. Gerhard war gelehrt, reinen Herzens, milde, bescheiden, liebenswürdig, mit einem Worte

---

1) Wadding. ann. 1256, Nr. 2. — Affò (Lib. II. c. IV) behauptet, die Abdankung Johanns von Parma sei vollkommen freiwillig gewesen; es seien keine Anklagen gegen ihn erhoben worden, und sowohl der Papst wie auch die Franziskaner seien nur mit Mühe dazu bewogen worden, ihn ziehen zu lassen. Bezüglich der Weigerung des Kapitels, die Abdankung anzunehmen, bezieht sich Affò auf Salimbene (Chronica p. 137); er erwähnt dabei aber nichts von der Behauptung desselben Salimbene, dass Johann wegen seines allzu eifrigen Glaubens an Joachim sowohl dem Papste Alexander wie vielen Mitgliedern des Ordens missliebig war (ibid. p. 131).

ein höchst vortrefflicher, lobenswerter Charakter. Aber nichts konnte ihn von seiner joachimitischen Überzeugung abbringen, obwohl bei seinem Prozesse wie gewöhnlich ein vorsichtiges Schweigen in bezug auf das Ewige Evangelium beobachtet und er nur als ein Verteidiger der Spekulationen Joachims über die Trinität verurteilt wurde. Wäre er kein Franziskaner gewesen, so würde er verbrannt worden sein. Nun warf man ihn aus „Gnade" 18 Jahre lang in den Kerker, wo er in Ketten bei Wasser und Brot bis zum Ende seines qualvollen Lebens verblieb. Niemals bis zum letzten Augenblicke wurde er schwankend. Seine Überreste setzte man in einer Ecke im Garten des Klosters bei, wo er gestorben war. Dasselbe Los traf seinen Gefährten Leonardo und einen andern Mönch namens Piero de' Nubili, der eine Abhandlung Johanns von Parma nicht ausliefern wollte[1]).

Hierauf wurde Johann selbst der Prozess gemacht, und zwar durch einen besondern Gerichtshof, dessen Vorsitz Alexander dem Kardinal Caietano, dem späteren Papst Nikolaus III., übertrug. Der Angeklagte widerrief bereitwillig seine Verteidigung Joachims; aber durch sein Verhalten erzürnte er die Richter und würde mit Bonaventuras Zustimmung das Schicksal seiner Gefährten geteilt haben, wenn nicht der Kardinal Ottoboni von S. Adriano, der spätere Papst Hadrian V., sich ernstlich ins Mittel gelegt hätte. Bonaventura überliess ihm die Wahl eines Zufluchtsortes, und er entschied sich für ein kleines Kloster in der Nähe von Rieti. Dort soll er 32 Jahre lang das Leben eines Engels geführt haben, ohne seine joachimitischen Anschauungen aufzugeben. Johann XXI., der ihn sehr liebte, beabsichtigte, ihn im Jahre 1277 zum Kardinal zu machen, wurde aber durch den Tod daran gehindert. Nikolaus III., der bei dem Prozesse gegen ihn den Vorsitz geführt hatte, bot ihm einige Jahre später den Kardinalshut an, um sich auf diese Weise seines Rates zu versichern; er antwortete jedoch ruhig: „Ich könnte guten Rat nur dann geben, wenn es Leute gäbe, die auf mich hören würden; an der römischen Kurie ist aber nur von Kriegen und Triumphen, nicht von der

---

1) Wadding. ann. 1256, Nr. 3—5. — Salimbene, pp. 102, 233—6. — Hist. tribulat. (Archiv f. L.- u. K. II (1886) S. 285). Obgleich Salimbene den Joachimitismus vorsichtigerweise preisgab, verlor er doch niemals seinen Glauben an die Prophetengabe Joachims. Viele Jahre später führte er als Grund für seinen Verdacht gegen die Segarellisten an, dass, wenn sie von Gott wären, Joachim von ihnen geweissagt haben würde, wie er es auch von den Bettelmönchen getan habe (ibid. 123—4).
Bemerkenswert ist das Schweigen der Historia tribulationum in betreff des „Ewigen Evangeliums". Dieses gefährliche Werk scheint durch ein gemeinsames Übereinkommen von allen Parteien ignoriert worden zu sein.

Erlösung der Seelen die Rede." Trotz seines hohen Alters nahm er indessen von Nikolaus IV. 1289 eine Mission an die griechische Kirche an, starb aber bald nach seiner Abreise in Camerino. Nachdem er dort begraben worden war, begann bald seine Wunderkraft zu leuchten. Er wurde der Gegenstand einer dauernden Verehrung und im Jahre 1777 offiziell selig gesprochen, trotz des Widerspruches, der sich wegen seiner angeblichen Autorschaft an der Einleitung zum „Ewigen Evangelium" erhob[1]).

Diese Schicksalsschläge erschütterten indessen keineswegs den Glauben der Joachimiten. Wilhelm von Saint-Amour hielt es für nötig, den Kampf gegen sie mit einer weiteren beissenden Abhandlung von neuem zu eröffnen. Er teile ihren Glauben an einen bevorstehenden Wechsel der Dinge, aber dieser würde nicht die Herrschaft der Liebe unter dem Hl. Geiste, sondern die Herrschaft des Antichrist bringen, der mit den Mönchen identisch sei. Die Verfolgung habe zwar der offenen Verteidigung der vergiftenden Lehren des „Ewigen Evangeliums" ein Ende gemacht, aber im geheimen habe es noch viele Gläubige. Das Hauptquartier der Sekte war Südfrankreich. Der Bischof Florentius von Accon war der öffentliche Ankläger vor der Kommission von Anagni im Jahre 1255 gewesen; er wurde 1262 Erzbischof von Arles und hielt dort 1265 eine Provinzialsynode zur Verurteilung der Joachimiten ab, die in seiner Provinz noch immer zahlreich vertreten waren. Eine ausführliche Widerlegung der Irrtümer des „Ewigen Evangeliums" wurde für nötig erachtet. Man beklagte, dass viele gelehrte Männer sich noch immer dadurch verleiten liessen, und dass noch immer diese Schrift enthaltende Bücher abgeschrieben würden und von Hand zu Hand gingen. Hiergegen wurde zwar das Anathem beschlossen, doch scheint man Massregeln zu einer tätigen Verfolgung nicht ergriffen zu haben. Auch hören wir nichts von Schritten, die die Inquisition zur Unterdrückung dieser Ketzerei unternahm. Wie wir später sehen werden, blieb der Gärstoff noch lange in Languedoc und in der Provence erhalten und gab dem franziskanischen Spiritualismus jener Gegenden entscheidende Anregung. Es bedeutete wenig, dass das ersehnte Jahr 1260 kam und verging, ohne eine Erfüllung der Propheceiung zu bringen. Wahrhaft Gläubige finden immer Entschuldigungen für solche Irrtümer in der Berechnung, und

---

1) Wadding. ann. 1256, Nr. 6; ann. 1289, Nr. 26. — Hist. tribulat. (loc. cit. p. 285). — Salimbene, Chron. pp. 131—33, 317. — Tocco a. a. O. pp. 476—77. — P. Rodulphii Hist. seraph. relig. Lib. I. fol. 117. — Affò a. a. O. Lib. III. c. x.

die Zeit der Ankunft des Hl. Geistes konnte von Tag zu Tag aufgeschoben werden, um so immer wieder die Hoffnung auf eine nahe bevorstehende Zukunft zu erneuern, welche die Befreiung der Geister bringen sollte[1]).

Obgleich die Entfernung Johanns von Parma aus dem Amte des Ordensgenerals einen Sieg der Konventualen bedeutete, so konnte es doch scheinen, als ob die Wahl Bonaventuras den Spiritualen die Gewissheit eines fortdauernden Übergewichts gäbe. In seinem Streite mit Wilhelm von Saint-Amour hatte sich der neue General sehr weit gewagt, indem er leugnete, dass Christus und die Apostel Vermögen irgendwelcher Art besessen hätten, und indem er die Armut mit der Vollkommenheit identifizierte. „Grosse Armut", so sagte er, „ist lobenswert; das ist wahr an sich. Daher ist eine grössere Armut noch lobenswerter, und die grösste am lobenswertesten. Das ist aber die Armut dessen, der weder einen persönlichen noch einen mit andern gemeinsamen Besitz in Anspruch nimmt. . . . Auf alle Dinge, mögen sie persönlich oder gemeinsam sein, zu verzichten, das ist christliche Vollkommenheit, und zwar nicht bloss eine hinreichende, sondern eine überreiche. Das ist der Hauptrat evangelischer Vollkommenheit, das ihr fundamentales Prinzip und ihre erhabene Grundlage." Ausserdem war Bonaventura tief vom Mystizismus erfüllt, und er gab zuerst dem Illuminismus, der in der Folgezeit der Kirche so viel Unruhe bereitete, einen autoritativen Ausdruck. Seine 'Mystica Theologia' steht in scharfem Gegensatze zu der trockenen scholastischen Theologie jener Zeit, wie sie durch Thomas von Aquino dargestellt wird. Die Seele wird Gott von Angesicht zu Angesicht gegenübergestellt; ihre Sünden müssen bereut werden in stillen Nachtwachen, und sie muss Gott suchen durch eigene Anstrengung. Sie soll nicht Hilfe oder Führung von anderen erwarten, sondern sich auf sich selbst verlassen und nach der Erscheinung des Göttlichen streben. Auf diesem „Pfade der Reinigung" steigt sie empor zum „Pfade der Erleuchtung" und bereitet sich vor zur Aufnahme des „göttlichen Glanzes". Schliesslich erreicht sie den dritten Pfad, der zur Vereinigung mit der Gottheit und zur Teilnahme an der göttlichen Weisheit führt. Michael Molinos und Madame

---

1) Lib. de Antichristo P. I. c. X. XIII. XIV (Martène Ampl. Coll. IX. 1273, 1313, 1825—35). — Thomae Aquinat. Opusc. contra impugn. relig. c. XXIV, 5, 6. — Concil. Arelatens. ann. 1260 (1265) c. 1 (Harduin. VII. 509—12). — Fisquet, La France pontificale, Métropole d'Aix, p. 577. — Renan a. a. O. p. 254.

Guyon, die Gründer des Quietismus, gaben sich keinen gefährlicheren Spekulationen hin, und die mystischen Neigungen der Spiritualen erhielten durch solche Lehren einen mächtigen Antrieb[1]).

Es war unvermeidlich, dass der Streit innerhalb des Ordens über Eigentum und Armut immer heftiger wurde. Beständig tauchten Fragen auf, die zeigten, wie die vom hl. Franziskus angeordneten Gelübde unvereinbar waren mit den Funktionen einer Organisation, die einer der führenden Faktoren in der reichen und verweltlichten Kirche geworden war. Im Jahre 1255 beklagten sich die Schwestern des Klosters der hl. Elisabeth in Rheims bei Alexander IV., dass sie, wenn ihnen Eigentum geschenkt oder vermacht würde, von seiten der kirchlichen Behörden gezwungen würden, die Vorschriften der Regel zu beachten und innerhalb eines Jahres durch Verkauf oder Schenkung sich davon zu trennen. Der Papst sagte ihnen gnädig zu, dass dieses Verfahren in Zukunft nicht wieder erzwungen werden solle. Um dieselbe Zeit beklagte sich Johann von Parma, dass seine Ordensbrüder, wenn sie zur bischöflichen Würde befördert würden, ihre Bücher und andere Dinge mit sich nähmen, von denen ihnen eigentlich nur die Nutzniessung zustehe, da sie nichts besitzen dürften bei Gefahr ihrer Seelen. Abermals erwiderte Alexander zustimmend, dass die Mönche bei ihrer Beförderung alles, was sie in Händen hätten, dem Provinzial ausliefern müssten. Derartige Wirren müssen fast täglich vorgekommen sein, und es war unvermeidlich, dass die zunehmende Reibung schliesslich zu einer Spaltung führte. Als der selige Ägidius, der dritte Schüler des hl. Franziskus, nach Assisi kam, um die zu Ehren des demütigen Heiligen errichteten prächtigen Gebäude zu sehen, und als er durch drei prächtige Kirchen geführt wurde, die mit einem geräumigen Speisesaale, einem grossen Schlafsaale und anderen Räumen und mit Kreuzgängen verbunden und mit hohen Gewölben und weiten Portalen geschmückt waren, blieb er schweigsam, bis ihn einer seiner Führer aufforderte, seiner Bewunderung Ausdruck zu geben. „Brüder", rief er aus, „da fehlen nur noch eure Weiber!" Da sie den Sinn dieser Worte nicht gleich verstanden, so erklärte ihnen Ägidius, dass die Gelübde der Armut und Keuschheit gleichmässig bindend seien, und dass, da jetzt das eine abgeschafft sei, auch das andere folgen könne. Salimbene erzählt, dass er im Kloster zu Pisa einen Bruder Buoncompagno von Prato antraf, der an Stelle der beiden neuen Unterkleider, die jährlich einem jeden

---

1) S. Bonaventura de paup. Christi, Art. I. Nr. I, II. — Eiusd. Mystic. Theol. Cap. I. Partic. 2; Cap. II. Partic. 1, 2; Cap. III. Partic. 1.

der Brüder geliefert wurden, nur ein einziges altes annehmen wollte, mit dem Bemerken, dass er kaum für die Annahme dieses einen Gott Genugtuung leisten könne. Solche übertriebene Gewissensskrupel mussten die mehr weltlich gesinnten Mitglieder besonders erregen[1]).

Die Konventualen verloren keine Zeit, um aus ihrem Siege über Johann von Parma Vorteil zu ziehen. Sogleich nach seiner Abdankung und noch ehe Bonaventura von Paris ankommen konnte, erlangten sie von Alexander IV. am 20. Februar 1257 eine Wiederholung der Erklärung Innocenz' IV., durch welche der Orden ermächtigt wurde, Geld zu verwalten und Eigentum zu besitzen, und zwar mit Hilfe der durchsichtigen Vorspiegelung von Agenten und des Hl. Stuhles. Der Abscheu der puritanischen Partei war gross. Selbst die stillschweigend dem Papsttum zugestandene Verehrung konnte bedenkliche Äusserungen des Ungehorsams nicht verhindern, wobei über den Umfang der päpstlichen Binde- und Lösegewalt diskutiert wurde in Ausdrücken, die mit der Zeit zu einer offenen Empörung ausreifen mussten. Da die Ordensregel als eine Offenbarung verkündet worden war, der gleiches Ansehen mit den Evangelien gebührte, so konnte allerdings die Frage aufgeworfen werden, ob der Nachfolger Petri sie abschaffen könne. Wahrscheinlich um diese Zeit war es, dass Berthold von Regensburg, der berühmteste Franziskanerprediger seiner Zeit, bei einer Rede vor seinen Brüdern über den Mönchsstand kühn erklärte, die Gelübde der Armut, des Gehorsams und der Keuschheit seien so bindend, dass selbst der Papst nicht davon dispensieren könne. Das wurde auch tatsächlich ein allgemein anerkannter Grundsatz. Um 1290 nahm der Dominikanerprovinzial von Deutschland, Hermann von Minden, in einem Rundschreiben darauf Bezug als auf eine selbstverständliche Wahrheit. Aber schon binnen wenig mehr als einem Vierteljahrhundert wurden, wie wir sehen werden, solche Äusserungen als Ketzereien betrachtet und mit Hilfe des Scheiterhaufens strenge unterdrückt[2]).

---

1) Wadding. ann. 1255, Nr. 25; Regest. Alex. PP. IV. Nr. 38—39; Annal. ann. 1262, Nr. 36. — Salimbene, p. 122. — *Vgl. Balthasar, Geschichte des Armutsstreites im Franziskanerorden bis zum Konzil von Vienne (1910) S. 27 ff.

2) Wadding. ann. 1256, Nr. 4; Regest. Alex. PP. IV. Nr. 66. — Bertholdi a Ratispona Sermones (Monachii, 1882) p. 68. — Denifle, im Archiv für Lit.- u. Kirchengeschichte II (1886) S. 649. — *Holzapfel a. a. O. S. 35.

Für den echten Franziskaner waren die Ordensregel und das Evangelium ein und dasselbe. Thomas von Celano drückt dies aus in den Worten: „Il perfetto amatore dell' osservanza del santo vangelio e della professione della nostra regola, che non è altro che perfetta osservanza del vangelio, questo [Francesco] ardentissimamente amava, e quelli che sono e saranno veri

Wie wir gesehen haben, hatte Bonaventura das aufrichtige Bestreben, die zunehmende Laxheit des Ordens zu zügeln. Bevor er Paris verliess, richtete er am 23. April 1257 an die Provinziale ein Rundschreiben, worin er sie auf die herrschenden Laster der Brüder und auf die Verachtung hinwies, in die dadurch der ganze Orden gerate. Und wiederum etwa zehn Jahre später erliess er auf Drängen des Papstes Clemens IV. ein anderes, ähnliches Schreiben, in welchem er mit scharfen Worten seinen Abscheu über die Vernachlässigung der Regel ausdrückte, wie sie sich kundgebe in der schamlosen Habgier so vieler Ordensmitglieder, in dem eifrigen Streben nach Gewinn, in den durch ihre Jagd auf Legate und Begräbnisspenden hervorgerufenen endlosen Streitigkeiten und in dem Glanze und Luxus ihrer Gebäude. Die Provinziale wurden angewiesen, durch Bussen, Einkerkerung oder Ausstossung diesen Unordnungen ein Ende zu machen. Wie ernst aber auch Bonaventura in seinem Eifer und wie selbstverleugnend er in seinem eigenen Leben war, so fehlte ihm doch die feurige Tatkraft, die Johann von Parma befähigte, seine innere Überzeugung mutig in Handlungen umzusetzen. Die schlimme Entartung des Ordens zeigt sich auch in der Klage, die im Jahre 1265 dem Papst Clemens IV. vorgetragen wurde, dass an vielen Orten die kirchlichen Behörden den Standpunkt verträten, Mönche, die für die Welt tot seien, könnten nicht erben. Man bat um Hilfe dagegen, und Clemens IV. erliess in der Tat eine Bulle, in der er sie für erbfähig erklärte und ihnen das Recht zuerkannte, ihr Erbe zu behalten oder zu verkaufen, und das Eigentum oder den Kauferlös so zu verwenden, wie es ihnen am besten scheine[1]).

Die Frage der Armut konnte offenbar weder dauernd noch befriedigend gelöst werden, und die Zwietracht im Orden war infolgedessen unheilbar. Vergebens wandte man sich um das Jahr 1275 an Gregor X., welcher entschied, dass die Vorschrift der Ordensregel gegen den Besitz von Eigentum, persönlichem wie gemeinsamem,

---

amatori, donò a essi singular benedizione. Veramente, dicea, questa nostra professione a quelli che la seguitano, esser libro di vita, speranza di salute, aura di gloria, melodia del vangelo, via di croce, stato di perfezione, chiave di paradiso, e patto di eterna pace." — Amoni, Legenda S. Francisci, App. c. XXIX.

1) S. Bonaventurae Opera omnia (ed. Quaracchi) VIII, 468. — Wadding. ann. 1257, Nr. 9; Regest. Clem. PP. IV. Nr. 1.

Peter Johann Olivi behauptet, er habe selbst gehört, wie Bonaventura auf einem in Paris abgehaltenen Kapitel sich bereit erklärte, sich jederzeit zu Pulver mahlen zu lassen, wenn er dadurch den Orden wieder in den Zustand versetzen könne, den ihm der hl. Franziskus angewiesen habe. — Ehrle, im Archiv für Lit.- u. Kirchengeschichte III (1887) S. 517.

strenge beobachtet werden müsse. Die weltlich gesinnte Partei wies nach wie vor darauf hin, dass diese Vorschrift unverträglich sei mit den Bedürfnissen der menschlichen Natur; sie laufe auf eine Versuchung Gottes und einen Selbstmord des Individuums hinaus. Der Streit wurde immer bitterer und giftiger, so dass Nikolaus III. im Jahre 1279 den Versuch machte, ihn durch eine ausdrückliche Erklärung, die allen Zänkereien ein Ende bereiten sollte, beizulegen. Zwei Monate arbeitete er im geheimen daran, indem er die beiden Franziskaner-Kardinäle von Palestrina und Albano, den Ordensgeneral Bonagratia und einige Provinziale als Ratgeber zuzog. Dann wurde sie einer Kommission unterbreitet, der auch Benedikt Gaetani, der spätere Papst Bonifaz VIII., angehörte. Schliesslich wurde sie vor versammeltem Konsistorium verlesen und angenommen, am 24. August 1279 publiziert und zwanzig Jahre später den auf Befehl Bonifaz' VIII. gesammelten und veröffentlichten Zusätzen zum kanonischen Rechte einverleibt. Keine Erklärung des Hl. Stuhles konnte sorgfältiger erwogen und mit höherem Ansehen bekleidet sein als die unter dem Namen 'Exiit qui seminat' bekannte Bulle, die damals in die Welt hinausgeschickt wurde, und die später der Gegenstand so unversöhnlichen Streites werden sollte[1]).

In der Bulle wird erklärt, die Franziskanerregel sei eine Inspiration des Hl. Geistes durch Vermittlung des hl. Franziskus. Der Verzicht auf jegliches Eigentum, sowohl persönliches als auch gemeinsames, sei verdienstlich und heilig; er sei auch von Christus und den Aposteln geübt und von diesen ihren Schülern vorgeschrieben worden; er sei nicht nur verdienstlich und vollkommen, sondern auch gesetzmässig und möglich, da man unterscheiden müsse zwischen dem Gebrauche, welcher erlaubt, und dem Besitze, welcher verboten sei. Dem Beispiele Innocenz' IV. und Alexanders IV. folgend, erklärt der Papst, dass das Eigentumsrecht an allem, was die Franziskaner gebrauchten, jetzt und für immer der römischen Kirche und dem Papste zustehe, und dass den Mönchen nur der Niessbrauch gestattet sei. Das Verbot, Geld anzunehmen oder zu verwalten, wird von neuem eingeschärft, und das Borgen ganz besonders untersagt. Nur im Notfall dürften dergleichen Geldgeschäfte durch Vermittlung dritter Personen ausgeführt werden, während die Brüder sich enthalten müssten, Geld zu verwalten, zu gebrauchen oder auszugeben. Was die Vermächtnisse angehe, so dürften sie

---
1) Lib. v. Sexto XII, 3. — Wadding. ann. 1279, Nr. 11. — *Holzapfel a. a. O. S. 46; Balthasar a. a. O. S. 82.

den Mönchen nicht unmittelbar überwiesen werden, sondern nur zu ihrem Gebrauche. Über den Austausch oder den Verkauf von Büchern und Gebrauchsgegenständen wurden genaue Vorschriften gegeben. Die Bulle schliesst mit dem Befehle, dass sie in den Schulen verlesen und gelehrt werden soll; aber keiner dürfe, bei Strafe der Exkommunikation und des Verlustes seines Amtes und seiner Pfründe, etwas anderes tun als sie buchstäblich auslegen; sie dürfe nicht glossiert oder kommentiert oder diskutiert oder wegerläutert werden. Alle Zweifel und Fragen müssten dem Hl. Stuhle unmittelbar unterbreitet werden, und jeder, der über die Franziskanerregel oder die Erklärungen der Bulle disputiere oder sie kommentiere, solle der Exkommunikation verfallen, die nur vom Papste wieder aufgehoben werden könne.

Hätte die Frage sich in diesem Sinne dauernd lösen lassen, dann würde dieser feierliche Befehl allen weiteren Wirren ein Ende gemacht haben. Leider aber blieb die menschliche Natur auch jenseits der Schwelle eines Franziskanerklosters noch menschliche Natur mit ihren Leidenschaften und Bedürfnissen. Leider waren die päpstlichen Erlasse nur Spinngewebe, wenn sie die unausrottbaren Laster und Schwächen der Menschen zu zügeln suchten. Und leider gab es noch Gewissen, die zu zart waren, um sich mit all den feinen Unterscheidungen und scharfsinnigen Spitzfindigkeiten zu begnügen, die man ausgeklügelt hatte, um die Wahrheit zu umgehen. Wohl ersparte die Bulle 'Exiit qui seminat' dem päpstlichen Stuhl eine Zeitlang jede weitere Erörterung, aber den innern Zwiespalt im Orden konnte sie nicht schlichten. Und wenn auch die Partei der Widerspenstigen nicht zahlreich war, so ragte sie doch hervor durch die Frömmigkeit und die Tugend ihrer Mitglieder, die sich mit diesen Ausflüchten nicht befreunden konnten. Diese Widerspenstigen stuften sich allmählich in zwei verschiedene Gruppen ab, die eine in Italien, die andere in Südfrankreich. Anfangs waren die Unterschiede zwischen ihnen nur gering, und eine Zeitlang gingen sie sogar gemeinsam vor. Aber allmählich bildete sich ein Gegensatz zwischen ihnen, und dieser wurde immer stärker infolge des grössern Einflusses, den die Überlieferungen Joachims und des Ewigen Evangeliums in Languedoc und in der Provence ausübten.

Wir haben gesehen, wie der Durst nach asketischer Armut, der in vielen Fällen zweifellos gepaart war mit dem Wunsche, den niedrigen Sorgen für das tägliche Leben zu entgehen, Tausende veranlasste, die Laufbahn eines wandernden Bettelbruders einzuschlagen. Sarabiten und Circumcellionen — fahrende Mönche, die keiner Regel unterworfen waren, — bildeten schon seit der Entstehung des Mönchswesens einen Fluch für die Kirche, und die Lobpreisungen der Armut im 13. Jahrhundert hatten den Scharen, die den Müssiggang auf der Strasse oder in der Einsiedelei den Mühen und Sorgen einer gesitteten Existenz vorzogen, neuen Antrieb gegeben. Vergebens hatte das Laterankonzil im Jahre 1215 die Bildung neuer, nicht bestätigter Orden verboten. Der glänzende Erfolg der Bettelmönche war zu verlockend und führte zur Bildung weiterer Orden auf derselben Grundlage, ohne dass die erforderliche päpstliche Approbation vorher nachgesucht wurde. Die Scharen frommer Bettler wurden ein ernstes Übel, eine Last für das Volk und eine Schande für die Kirche. Als Gregor X. das Generalkonzil von Lyon im Jahre 1274 einberief, gehörte dieses Übel mit zu denen, die geheilt werden sollten. Der Kanon des Laterankonzils, der die Bildung nicht erlaubter Orden verbot, wurde erneuert. Gregor schlug vor, alle Vereinigungen von Einsiedlern zu unterdrücken; doch wurde auf das Drängen des Kardinals Richard den Karmelitern und Augustinern bis auf weitern Befehl Duldung bewilligt, dagegen die Dreistigkeit anderer Genossenschaften, die bis dahin noch nicht approbiert waren, verurteilt, besonders die der Bettelmönche, deren Menge, wie man erklärte, jedes Mass und Ziel überstieg. Nur diejenigen Bettelorden, die seit dem Laterankonzile bestätigt worden waren, wurden auch weiterhin geduldet; doch wurde ihnen anbefohlen, keine neuen Mitglieder aufzunehmen, keine neuen Häuser zu erwerben und keinen Besitz zu veräussern ohne ausdrückliche Erlaubnis des Hl. Stuhles. Offenbar fühlte man, dass die Zeit für entschiedene Massregeln gekommen war, um die Hochflut des frommen Bettlertums einzudämmen[1]).

Unbestimmte und ungenaue Gerüchte von diesen Bestimmungen drangen nach Italien, führten dort zu einer Katastrophe und gaben so Anlass zu einer Reihe der ungewöhnlichsten Verfolgungen, die die Geschichte der menschlichen Verderbtheit darbietet. Auf der einen Seite sehen wir eine wunderbare Standhaftigkeit, welche um einer für den modernen Geist fast unverständlichen Idee willen das ganze Leben lang das Martyrium duldete. Auf der andern

---

1) Concil. Lugdunense II. c. 23 (Harduin VII. 715). — Salimbene, pp. 110—11. — *Glaser, Die franziskanische Bewegung. Ein Beitrag zur Geschichte sozialer Reformideen im Mittelalter (1903) S. 32 ff.

Seite macht sich eine auf den ersten Blick grundlose Grausamkeit bemerkbar, die zu verfolgen scheint aus blossem Vergnügen an der Verfolgung, und die ihre einzige Erklärung findet in der Bitterkeit des Streites, der in dem Franziskanerorden herrschte, und in der harten Entschlossenheit, womit man Unterwerfung unter allen Umständen zu erzwingen suchte.

Das Konzil von Lyon, so ging das Gerücht, habe den Bettelmönchen erlaubt, Eigentum zu besitzen. Die meisten Brüder gaben sich sofort zufrieden. Diejenigen aber, welche die Ordensregel als eine göttliche Offenbarung ansahen, an der keine irdische Autorität rütteln dürfe, erklärten, diese Bestimmung sei eine Apostasie und etwas, das man unter keinen Umständen dulden dürfe. Verschiedene Disputationen wurden abgehalten, die indessen eine jede Partei nur in ihren Ansichten bestärkten. Ein Punkt, welcher eine besondere Animosität erweckte, war die Weigerung der Spiritualen, an den täglichen Rundgängen zum Einsammeln von Almosengeldern teilzunehmen, die an den meisten Orten Sitte geworden waren. Man kann sich leicht denken, zu wie bitterer Feindschaft ein solcher Ungehorsam geführt haben muss. Die Beziehungen zwischen beiden Parteien wurden so gespannt, dass man alsbald gegen diese Zeloten ein Verfahren wegen Ketzerei eröffnete. Zwar erwies sich dann das Gerücht als falsch; die Aufregung legte sich infolgedessen, und die Verfolgungen schlummerten einige Jahre lang ganz ein, brachen aber wieder aus, als man befürchtete, diese extremen Ansichten könnten, wenn sie ungestraft blieben, die Mehrheit auf ihre Seite ziehen. Liberatus von Macerata, Angelus von Cingoli (von Clarino), Raymundus, Thomas von Tolentino und einer oder zwei andere, deren Namen nicht auf uns gekommen sind, waren die verstocktesten, die wenigstens in der Theorie kein Zugeständnis machen wollten. Angelus, dem wir einen Bericht hierüber verdanken, erklärte, dass sie bereit seien, stillschweigend Gehorsam zu leisten, und dass man ihnen kein Vergehen nachgewiesen habe. Nichtsdestoweniger habe man sie als Schismatiker und Häretiker zu lebenslänglicher Einkerkerung in Ketten verurteilt. Das Urteil war unmenschlich hart: die Sakramente sollten ihnen entzogen werden, und zwar sogar auf dem Sterbebette, was so viel hiess als Leib und Seele zugleich töten; ferner durfte während ihres ganzen Lebens niemand mit ihnen sprechen, nicht einmal der Schliesser, der ihnen den täglichen Bissen Brot und das Wasser in ihre Zellen brachte und ihre Fesseln prüfte, um sich zu vergewissern, dass sie keinen Fluchtversuch unternahmen. Zur Warnung sollte ausserdem das Urteil wöchentlich in allen Konventen vorgelesen werden, und niemand durfte sich anmassen, dasselbe als ungerecht zu tadeln. Das letztere war nicht etwa nur eine leere Drohung. Denn als der Bruder Thomas von Castromili bei der Verlesung erklärte, dass es Gott missfalle, wurde er in ein ähnliches Gefängnis geworfen, wo er in einigen Monaten zu Tode vermoderte. Die harten Köpfe, die den Orden leiteten, waren offenbar entschlossen, dafür zu sorgen, dass wenigstens das Gelübde des Gehorsams beobachtet wurde[1]).

Die Gefangenen blieben, wie es scheint, eingekerkert, bis Raimund Gaufredi im Mai 1289 zum Ordensgeneral gewählt wurde. Auf seiner Visitationsreise durch die Mark Ancona, wo sie eingekerkert lagen, untersuchte er den Fall, tadelte scharf die Urheber dieser Ungerechtigkeit und setzte 1290 die Märtyrer in Freiheit. Trotz der Bulle 'Exiit qui seminat' war der Orden in der Beobachtung der Regel laxer denn je geworden. Matthäus von Acquasparta, der von 1287 bis 1289 General war, war milde und freundlich, voll guter Absichten, aber zu schwach gegen sich selbst und keineswegs zu den Anstrengungen geneigt, welche die zwangsweise Durchführung der Ordensregel erforderte. So nahm denn die Achtung vor ihr von Tag zu Tag ab. Es wurden Kasten in den Kirchen aufgestellt, um die Opferspenden aufzunehmen; es wurden Geschäfte abgeschlossen über den Preis von Messen und über die Lossprechung von Sündern; an die Kirchentüren wurden Knaben gestellt, um zu Ehren der Heiligen Wachskerzen zu verkaufen; die Brüder bettelten gewohnheitsmässig in den Strassen um Geld und waren von Knaben begleitet, die es in Empfang nahmen und wegtrugen; auf die Begräbnisse der Reichen wurde eifrig gefahndet, was zu hässlichen Streitigkeiten mit den Erben und mit dem Weltklerus führte. Überall herrschte die Selbstsucht und der Wunsch nach dem Genusse eines Lebens in Müssiggang und Luxus. Wohl wurden die Fleischessünden noch immer strenge bestraft. Aber die Häufigkeit derartiger Vergehen beweist, dass vielfach Grund vorhanden

---

1) Angelus Clarinensis, Epist. excusatoria (Archiv für Lit.- u. Kirchengesch. I (1885) S. 523—4). — Historia tribulat. (ebd. II (1886) S. 302—4). — Ubertini Responsio (ebd. III [1887] S. 68). — Vgl. Rodulphii Hist. seraph. relig. Lib. II fol. 180. Wir können jetzt zum ersten Male die Entwicklung und die Geschichte der Franziskanerspiritualen mit einiger Genauigkeit verfolgen, dank dem Jesuiten Franz Ehrle, der die wichtigsten, auf die Spaltung im Orden bezüglichen Dokumente gedruckt und mit allen Mitteln einer exakten Forschung beleuchtet hat. Meine zahlreichen Hinweise auf seine Schriften zeigen, wie viel ich ihnen verdanke. — *Garavani, Gli Spirituali Francescani nelle Marche (1905).

war zu dem Ärgernis eines verbotenen vertraulichen Umgangs mit Frauen, den sich die Brüder gestatteten. Die allgemeine Sittenverderbnis war so gross, dass der Provinzial von Frankreich, Nikolaus, sogar eine Abhandlung zu schreiben wagte, worin er die Bulle 'Exiit qui seminat' und ihre Erläuterung der Ordensregel in Frage zog. Das stand im direkten Gegensatze zur Bulle selbst, und darum fühlte sich Acquasparta verpflichtet, das Werk zu verurteilen und den Verfasser und seine Verteidiger zu bestrafen. Aber das Übel wirkte weiter. In der Mark Ancona und an einigen anderen Orten war die Reaktion gegen das Asketentum so stark, dass man amtlich befahl, das Testament des ehrwürdigen Franziskus zu verbrennen. Dieses war das Hauptbollwerk der Spiritualen gegen die Milderung der Regel. In einem Falle wurde es auch tatsächlich auf dem Kopfe eines Mönches, des Nikolaus von Recanati, verbrannt, der sich vermutlich dadurch gefährlich gemacht hatte, dass er auf der Autorität des Testamentes bestand[1]).

Raimund Gaufredi war ernstlich darauf bedacht, die Disziplin wieder herzustellen; aber die Erschlaffung des Ordens war unheilbar geworden. Die Freilassung der Spiritualen in Ancona rief grosse Unzufriedenheit hervor; man verspottete Raimund als Schutzpatron phantastischer und abergläubischer Männer, und Verschwörungen entstanden, die unaufhörlich weiter wühlten, bis im Oktober 1295 seine Absetzung erfolgte. Vielleicht um diesen Intriguen zuvorzukommen, schickte Raimund den Liberatus, Angelus, Thomas und zwei verwandte Geister, Marcus und Petrus, nach Armenien, wo sie den König Hayton II. veranlassten, in den Franziskanerorden einzutreten, und von ihm die wärmsten Lobsprüche ernteten. Aber selbst im Osten nahm der Hass ihrer Missionsbrüder eine so schroffe und demonstrative Form an, dass sie im Jahre 1293 zurückkehren mussten. Bei ihrer Ankunft in Italien weigerte sich der Provinzial Monaldus, sie aufzunehmen oder ihnen zu erlauben, so lange im Lande zu bleiben, bis sie sich mit Raimund in Verbindung setzen könnten, indem er erklärte, er wolle lieber Hurer unterhalten[2]).

---

1) Historia tribulat. (a. a. O. II [1886], S. 305). — Ubertini Responsio (ebd. III [1887], S. 69, 77). — Articuli transgressionum (ebd. S. 105—7). — Wadding. ann. 1289, Nr. 22—3. — Ubertini Declaratio (ebd. III, 168—9). — Dante stellt den Acquasparta dem Ubertinus von Casale, von dem wir weiter unten noch ausführlicher sprechen werden, gegenüber, indem er sagt:
„Ma non sia da Casal ne d'Acquasparta
La onde vegnon tali alla Scrittura
Ch'uno la fugge e l'altro la coarta." (Paradiso, XII.)
2) Historia tribulat. (a. a. O. II, S. 306—8). — Angelus Clarinensis, Epist. (ebd. I, S. 524—5). — Wadding. ann. 1292, Nr. 14. — *Vgl. Holzapfel a. a. O. S. 50ff.

Die unsinnige Wut, womit man gegen diese Jünger der Armut vorging, wurde gemildert, als im Juli 1294 die Papstwahl des erschöpften Konklave durch Zufall auf den Einsiedler Peter von Murrone fiel, der sich plötzlich aus seiner Berghütte in den päpstlichen Palast versetzt sah. Cölestin V. bewahrte sich auch auf dem päpstlichen Stuhle die Liebe zur Einsamkeit und zu körperlichen Kasteiungen, die ihn dem Leben eines Einsiedlers zugeführt hatte. Ihm legte Raimund die Sache der Spiritualen ans Herz, die er selbst anscheinend nicht beschützen konnte. Cölestin hörte ihn freundlich an und forderte sie auf, in seinen Lieblingsorden — den der Cölestiner-Benediktiner — einzutreten. Sie setzten ihm aber den Unterschied in den Gelübden beider Orden auseinander und beklagten, dass ihre Brüder die Beobachtung der Regel verabscheuten. Bei einer öffentlichen Audienz befahl er ihnen sodann, die Regel und das Testament des Franziskus strenge zu beobachten. Er dispensierte sie vom Gehorsam gegen alle, ausser gegen ihn selbst und Petrus von Macerata, den er unter dem Namen Liberatus zu ihrem Obern machte. Der Kardinal Napoleon Orsini wurde zu ihrem Protektor ernannt, und dem Abte der Cölestiner wurde aufgetragen, ihnen Einsiedeleien anzuweisen. So waren sie ungefährdet aus dem Orden ausgetreten, durften sich aber nicht mehr Minoriten oder Franziskaner nennen. Man sollte vermuten, dass ihre Mitbrüder sich ebenso sehr freuten, sie und ihre Anmassung einer höheren Heiligkeit los zu sein, wie es ihnen lieb war, der Verfolgung ledig zu sein [1]).

Aber der durch den Streit erzeugte Hass war zu tief und zu bitter, um seine Opfer zu schonen. Die ihnen vergönnte Ruhepause war daher nur von kurzer Dauer. Das Pontifikat Cölestins nahm ein plötzliches Ende. Ganz und gar untauglich für sein Amt und schnell zum Werkzeug verschlagener Männer geworden, liess er sich nach weniger als sechs Monaten überreden, die Last, die er, wie er selbst fühlte, doch nicht zu tragen vermochte, niederzulegen und am 13. Dezember 1294 abzudanken. Sein Nachfolger, Bonifaz VIII., liess ihn sofort ins Gefängnis werfen, aus Furcht, er könne dahin gebracht werden, sich seine Abdankung, deren Gesetzmässigkeit fraglich war, noch einmal zu überlegen. Auch alle Erlasse und Privilegien Cölestins wurden unverzüglich aufgehoben, und so vollständig wurde jede Spur seiner Tätigkeit beseitigt, dass

---

1) Angelus Clarinensis, Epist. (a. a. O. I, S. 526). — Hist. tribulat. (a. a. O. II, S. 308—9). — *Tocco, I fraticelli o poveri eremiti di Celestino (Bolletino della Società storica Abruzzese VII (1895), 117ff.).

sogar für die Ernennung eines Notars eine Bestätigung und eine neue Amtsübertragung für nötig erachtet wurde. Bei der Verachtung, die Bonifaz VIII. für die weltfremde Begeisterung der asketischen Richtung empfand, war von ihm nicht zu erwarten, dass er etwa Ausnahmen zugunsten der Spiritualen machen würde. In seinen Augen war der Franziskanerorden nur ein Werkzeug zur Förderung seiner ehrgeizigen Pläne, und seine Weltlichkeit musste deshalb eher gefördert als unterdrückt werden. Zwar nahm er die Bulle 'Exiit qui seminat' in sein sechstes Buch der Dekretalen auf, zeigte aber in zwei am 17. Juli 1296 erlassenen Bullen, wie er ihre Bestimmungen praktisch auffasste. In der einen Bulle wies er den Franziskanern von Paris tausend Mark an, die sie aus den Vermächtnissen für fromme Zwecke nehmen sollten, und durch die andere wendete er ihnen ein Legat von dreihundert Pfund zu, das eine Dame aus Pernes, namens Ada, zugunsten des hl. Landes vermacht hatte. Unter solchen Auspizien musste der Orden unfehlbar schnell verfallen. Ehe noch sein erstes Regierungsjahr vergangen war, hatte Bonifaz die Absetzung des Generals Raimund beschlossen. Am 29. Oktober 1295 bot er ihm das Bistum Pavia an, und als Raimund erklärte, er sei nicht stark genug für diese Last, entgegnete ihm Bonifaz: dann könne er für die noch schwerere Last des Generalats unmöglich tauglich sein, und setzte ihn sofort ab. Wir können den Übermut wohl verstehen, der die Partei der Konventualen veranlasste, dem Cölestin in seinem Gefängnisse einen Besuch abzustatten und ihn wegen der Gunst, die er den Spiritualen erwiesen, zu verhöhnen und zu verspotten. Eine Verfolgung wegen Ketzerei, die Bonifaz im März 1295 gegen Frà Pagano von Pietra-Santa anordnete, war zweifellos von demselben Geiste eingegeben[1]).

Aber Bonifaz ging noch weiter. Für seinen weltlichen und praktischen Sinn waren die keiner Autorität unterworfenen Scharen von wandernden Bettelmönchen ein unerträgliches Ärgernis, mochten sie angetrieben sein durch einen schlecht geregelten Geist der Askese oder durch die Lust zu müssigem Umherstreifen. Das Dekret des Konzils von Lyon hatte das Übel nicht zu unterdrücken vermocht. Bonifaz gab daher in den Jahren 1296 und 1297 allen Bischöfen die Anweisung, solche Wanderer oder Eremiten, die im Volksmunde Bizocchi hiessen, zu zwingen, entweder ihre angeblichen religiösen Ge-

---

1) Hist. tribulat. (a. a. O. II, S. 309—10). — Faucon et Thomas, Registres de Boniface VIII., Nr. 37, 1232, 1233, 1292, 1825 — Wadding. ann. 1295, Nr. 14. — *Bullarium Franciscanum IV, S. 403f.

wänder abzulegen und ihre Lebensweise aufzugeben oder in irgendeinen anerkannten Orden einzutreten. Die Inquisitoren wurden beauftragt, den Bischöfen alle verdächtigen Personen anzugeben, und wenn die Bischöfe in ihrer Pflichterfüllung säumig sein sollten, sie dem Hl. Stuhle anzuzeigen. Eine beachtenswerte Klausel gab den Inquisitoren noch das besondere Recht, auch diejenigen von diesen Bizocchi, welche Mitglieder ihrer eigenen Orden wären, zu verfolgen — eine Bestimmung, die zeigt, dass hier keine Ketzerei vorlag, sonst hätten die Inquisitoren keiner zusätzlichen Vollmachten bedurft[1]).

Im Jahre 1297 schritt Bonifaz zu noch energischeren Massregeln. Er befahl dem Franziskaner Matthäus von Chieti, dem Inquisitor von Assisi, persönlich die Berggegenden der Abruzzen und die Mark Ancona zu visitieren, um die Apostaten verschiedener religiöser Orden sowie die Bizocchi, die jene Gegenden vergifteten, aus ihren Schlupfwinkeln zu vertreiben. Wahrscheinlich waren seine früheren Massregeln unwirksam geblieben; möglicherweise ist er auch durch die rebellische Haltung der Spiritualen und der geächteten Bettelmönche zu nachdrücklicherm Vorgehen veranlasst worden. Diese zogen nämlich nicht bloss die päpstliche Autorität in Frage, sondern sie behaupteten sogar, der päpstliche Stuhl selbst sei erledigt. Weit entfernt, die Bulle 'Exiit qui seminat' anzuerkennen, behaupteten sie, dass Gott dem Urheber derselben, Nikolaus III., die päpstlichen Amtsbefugnisse entzogen und dass er infolgedessen keine rechtmässigen Nachfolger habe. Seit jener Zeit hätte keine gültige Ordination eines Priesters oder eines Bischofs stattgefunden, und sie allein bildeten die wahre Kirche. Um diesem Zustand abzuhelfen, kam Bruder Matthias von Bodici mit den Büchern des Petrus Johannis Olivi aus der Provence herbei und wurde in der Peterskirche zu Rom von fünf Spiritualen und dreizehn Frauen zum Papste gewählt. Bonifaz machte sofort die Inquisition auf sie aufmerksam; sie flohen aber nach Sizilien, welches, wie wir sehen werden, später das Hauptquartier der Sekte wurde[2]).

Bruder Jordanus, dem wir diese Einzelheiten verdanken, nimmt an, dass Liberatus und seine Genossen an diesen Bewegungen be-

---

1) Ehrle, im Archiv für Lit.- und Kirchengeschichte II (1886), S. 157—8.
2) Raynald. ann. 1297, Nr. 55. — *Bullarium Franciscanum IV, S. 434 (1297 Mai 7). — Jordani Chron. cap. 236, Partic. 3 (Muratori Antiq. XI, 766).
Petrus Johannis Olivi nahm an diesen rebellischen Bewegungen so wenig Anteil, dass er vielmehr durch eine Abhandlung die Rechtmässigkeit der Abdankung Cölestins und der Nachfolge Bonifaz' VIII. zu beweisen suchte (Ehrle, im Archiv für Lit.- u. Kirchengeschichte III (1887), S. 525).

teiligt waren. Die Daten und die Reihenfolge der Ereignisse befinden sich zwar in einer hoffnungslosen Verwirrung, aber immerhin hat es doch eher den Anschein, als ob die Gruppe der Spiritualen, die durch Liberatus vertreten war, sich von allen diesen revolutionären Plänen fernhielt. Zwar waren ihre Leiden fühlbar und langdauernd; aber wären sie tatsächlich der Teilnahme an der Aufstellung eines Gegenpapstes schuldig gewesen, dann würden sie nur die Wahl zwischen lebenslänglicher Gefangenschaft und dem Scheiterhaufen gehabt haben. Sie wurden angeklagt, weil sie lehrten, Bonifaz VIII. sei kein rechtmässiger Papst, die Autorität der Kirche ruhe in ihnen allein, und die griechische Kirche sei der lateinischen vorzuziehen, mit anderen Worten, man beschuldigte sie des Joachimitismus. Aber Angelus von Clarino erklärt nachdrücklich, nichts von alledem sei wahr, und seine Ausdauer in dem Ertragen von Leiden während einer fünfzigjährigen Verfolgung berechtigt uns, seiner Behauptung Glauben zu schenken. Er berichtet, nach ihrer Anerkennung durch Cölestin V. hätten sie als Einsiedler gehaust, entsprechend dem vom Papst bewilligten Privilegium. Wo immer sie einen Zufluchtsort finden konnten, da hätten sie als Arme und Fremdlinge gelebt und sich des Predigens und Beichtehörens strenge enthalten, ausser wenn es ihnen die Bischöfe, denen sie Gehorsam schuldig wären, ausdrücklich anbefohlen hätten. Schon vor der Abdankung Cölestins hatte die Ordensleitung der Franziskaner, die über das Entschlüpfen ihrer Opfer erbittert war, in Missachtung der päpstlichen Autorität versucht, sie mit bewaffneter Macht gefangen zu nehmen. Cölestin selbst scheint ihnen eine Warnung erteilt zu haben, so dass die Zeloten in der Erkenntnis, dass es in ihrem Vaterlande für sie doch keinen Frieden gebe, beschlossen, Italien zu verlassen und irgendeinen fernen Winkel aufzusuchen, wo sie ihre Sehnsucht nach Askese befriedigen und Gott ohne menschliche Vermittlung verehren konnten. Sie fuhren über das Adriatische Meer und liessen sich auf einer einsamen Insel, nahe bei der Küste von Achaja, nieder. Hier genossen sie, den Blicken ihrer Verfolger entzogen, zwei Jahre lang die einzige Friedenszeit in ihrem unruhigen Dasein. Schliesslich aber drang die Kunde von ihrem Zufluchtsort doch in ihre Heimat, und sofort wurden Briefe an die Adligen und die Bischöfe des Festlandes abgesandt, worin sie als Katharer verdächtigt wurden; gleichzeitig teilte man Bonifaz VIII. mit, sie erkennten ihn nicht als Papst an, sondern hielten sich selbst für die einzig wahre Kirche. Im Jahre 1299 beauftragte Bonifaz den Patriarchen Peter von Konstantinopel, sie vor seinen Richterstuhl zu laden, und hier wurden sie verurteilt, ohne gehört zu werden. Karl II. von Neapel erhielt als Oberlehnsherr von Morea den Befehl vom Papste, sie zu vertreiben, und Karl gab den Auftrag an die Fürstin von Achaja, Isabella von Villehardouin, weiter. Inzwischen hatten die Ortsbehörden die Unrichtigkeit der Anklagen erkannt. Denn die Flüchtlinge zelebrierten täglich die Messe, sie beteten für Papst Bonifaz und waren bereit, Fleisch zu essen. Aber alles das befreite sie nicht von Überwachung und Belästigungen. Einer ihrer Hauptverfolger wurde ein gewisser Hieronymus, der mit einigen Büchern Olivis zu ihnen gekommen war, aber wegen seiner Unsittlichkeit von ihnen wieder ausgestossen werden musste; dieser machte sich nun zu ihrem Ankläger und wurde dafür mit der Bischofswürde belohnt[1]).

Die Bedrückungen wurden allmählich so stark, dass die kleine Gemeinde sich auflöste. Ihre Absicht, den Bruder Johann von Monte auf einer Mission nach der Tartarei zu begleiten, mussten sie aufgeben wegen der Exkommunikation, die infolge des vom Patriarchen von Konstantinopel gefällten Urteils auf ihnen lastete. Liberatus schickte zwar zwei Brüder, um Berufung bei Bonifaz VIII. einzulegen, und später noch zwei andere; aber alle wurden verhaftet und gehindert, zum Papste zu gelangen. Dann brach Liberatus selbst im geheimen auf und erreichte Perugia; aber der plötzliche Tod des Papstes (am 11. Oktober 1303) vereitelte seine Absicht. Die übrigen kehrten zu verschiedenen Zeiten zurück, Angelus war der letzte, der 1305 wieder nach Italien kam. Er fand seine Brüder in übler Lage. Der Dominikanerinquisitor Thomas von Aversa hatte sie vorgeladen, und gehorsam waren sie der Aufforderung nachgekommen. Anfangs war das Ergebnis günstig. Nach einem Verhöre von mehreren Tagen erklärte Thomas sie für rechtgläubig und entliess sie, indem er öffentlich die Worte an sie richtete: „Bruder Liberatus, ich schwöre bei dem, der mich erschaffen, dass noch niemals das Fleisch eines armen Mannes für solch einen Preis verkauft werden konnte, wie er mir für das deinige zu bekommen möglich war; deine Mitbrüder würden dein Blut trinken, wenn sie könnten!" Er führte sie sogar in Sicherheit in ihre Einsiedeleien zurück, und als sich herausstellte, dass die Wut der

---

1) Angelus Clarinensis, Epist.(Archiv für Lit.- u. Kirchengeschichte I (1885), S. 522—3, 527—9). — Hist. tribulat. (ebd. II (1886), S. 314—18). — Ehrle (ebd. S. 335).
Ehrle nimmt an, die Insel Trixonia im Meerbusen von Korinth sei der Zufluchtsort der Spiritualen gewesen (ebd. S. 313).

Konventualen nicht zu beschwichtigen sei, gab er ihnen den Rat, noch in derselben Nacht das Königreich Neapel zu verlassen und auf geheimen Wegen den Papst aufzusuchen. Könnten sie ihm dann Briefe vom Papste oder von irgendeinem Kardinale beibringen, so würde er sie verteidigen, solange er im Amte sei. Der Rat wurde angenommen. Liberatus verliess noch in derselben Nacht Neapel, wurde aber unterwegs krank und starb, nachdem er zwei Jahre dahin gesiecht hatte. Mittlerweile aber erregte, wie wir später sehen werden, das Auftreten Dolcinos in der Lombardei allgemeinen Schrecken und machte alle irregulären Bruderschaften zu Gegenständen des Argwohnes und der Befürchtung. Die Konventualen zogen daraus Nutzen und trieben den Inquisitor Thomas an, alle vor seinen Richterstuhl zu fordern, welche nicht anerkannte religiöse Gewänder trugen. Wiederum wurden die Spiritualen vorgeladen, 42 an der Zahl, und dieses Mal kamen sie nicht so leichten Kaufes davon. Sie wurden als Ketzer verurteilt, und als Andreas von Segna, unter dessen Schutz sie gelebt hatten, sich zu ihren Gunsten ins Mittel legte, brachte Thomas sie nach Trivento, wo sie fünf Tage lang gefoltert wurden. Da dies das Mitleid des Bischofs und der Adeligen der Stadt erregte, wurden sie nach Castro Mainardo, einem einsamen Orte, gebracht, wo sie fünf Monate lang den schärfsten Folterqualen unterworfen wurden. Zwei der jüngeren Brüder wurden schwach und klagten sich und ihre Kameraden an, widerriefen aber, als sie von der Folter frei waren. Einige von ihnen starben; die Überlebenden wurden verurteilt, nackt durch die Strassen Neapels gegeisselt und aus dem Königreiche verbannt zu werden, obwohl in dem Urteil gegen sie von einer bestimmten Ketzerei keine Rede ist. Trotz alledem aber wurde die Entschlossenheit der kleinen Schar niemals wankend. Überzeugt, dass sie allein auf dem Wege des Heiles seien, wollten sie sich nicht in den Orden zurückzwingen lassen. Beim Tode des Liberatus wählten sie Angelus zu ihrem Führer und bildeten inmitten der Verfolgungen und Anfeindungen eine Kongregation in der Mark Ancona, die nach dem Beinamen ihres Oberhauptes die 'Clarener' hiess und unter dem Protektorate des Kardinals Napoleon Orsini stand [1]).

Diese Gruppe war keineswegs die einzige gewesen, die sich der Laxheit der Konventualen widersetzte, wenn sie auch die einzige blieb, der es glückte, das Joch ihrer Gegner abzuschütteln. Die Spi-

---

1) Angelus Clarinensis, Epist. (a. a. O. I, S. 529—31). — Hist. tribulat. (a. a. O. II, S. 320–6). — Wadding. ann. 1302, Nr. 8; 1307, Nr. 2—4.

ritualen waren im Orden selbst zahlreich vertreten, aber die Politik Bonifaz' VIII. unterstützte die Bemühungen der Konventualen, sie im Zaume zu halten. Jacopone von Todi, der Verfasser des 'Stabat mater', war vielleicht der hervorragendste von ihnen; seine aufreizenden Verse gegen den Papst waren nicht darnach angetan, die Wirren zu beruhigen. Nach der Eroberung von Palestrina im Jahre 1298 warf ihn Bonifaz in einen moderigen Kerker, wo er sich in seiner Gefangenschaft tröstete mit Gesängen voll mystischer Glut und göttlicher Liebe. Als Bonifaz eines Tages am Gitter seiner Zelle vorüberging, soll er ihn spöttisch gefragt haben: „Jacopo, wann willst du heraus?", worauf er sofort die Antwort erhielt: „Sobald du hineinkommst!" In einer Hinsicht erwies sich die Prophezeiung als wahr; denn eine der ersten Regierungshandlungen Benedikts XI. im Dezember 1303 bestand darin, Jacopone sowohl aus der Gefangenschaft wie von der Exkommunikation zu befreien[1]).

Ein anderes hervorragendes Mitglied der Spiritualen war der selige Konrad von Offida. Er war ein Freund Johanns von Parma gewesen. 55 Jahre lang trug er nur ein einziges Gewand, immer und immer wieder geflickt, wie die Not es erforderte, und dieses samt seinem Strickgürtel war das einzige weltliche Eigentum, das er besass. Infolge der mystischen Überschwenglichkeit, welche die Sekte kennzeichnete, hatte er häufig Visionen und Verzückungen, wobei er nach der Weise der Heiligen vom Erdboden aufgehoben wurde. Die Legende berichtet, dass er nicht weniger als sechs Tote auferweckt habe. Als Liberatus und seine Gefährten in ihrem Schlupfwinkel in Achaja weilten, beabsichtigte er, sie mit Jacopo de' Monti und mehreren anderen zu vereinigen. Aber die Ausführung des Planes wurde auf irgendeine Weise verhindert[2]).

---

1) Cantù, Eretici d'Italia I, 129. — Comba, La riforma in Italia, I, 314. Eine Probe der Angriffe Jacopones gegen Bonifaz wird den Geist jener Zeit veranschaulichen können:

„Ponesti la tua lingua
Contra religione
A dir blasfemia
Senza niun cagione.

O pessima avarizia
Sete induplicata
Bever tanta pecunia
E non esser saziata!"
(Comba, a. a. O. S. 312.)

In einer Predigt erzählt Savonarola folgende, anscheinend wahre Geschichte: Eines Tages sei Jacopone in das Konsistorium der Kardinäle gebracht und ersucht worden, eine Predigt zu halten; er habe hierauf feierlich dreimal wiederholt: „Ich wundere mich, dass nicht ob eurer Sünden die Erde sich auftut und euch verschlingt!" — Villari, Frà Savonarola, [2]II, S. 3. — *Vgl. auch Glaser a. a. O. S. 123ff.

2) Hist. tribulat. (a. a. O. S. 311—13). — Tofi da Bettona, Trattato dall' indulgenza plenaria, Urbino, 1644, p. 150.

Solche Männer, die mit der tiefsten Überzeugung von ihrem heiligen Berufe erfüllt waren, konnten weder durch Güte noch durch Strenge davon abgebracht werden. Vergebens erliess der General Johannes von Murro auf dem 1302 zu Genua abgehaltenen Kapitel eine Bestimmung, worin er darüber klagt, dass der Orden die heilige Armut aufgegeben habe, wie dies der Besitz von Ländereien, Landhäusern, Weingärten und die Übernahme von Geschäften durch die Brüder beweise, wodurch sie in weltliche Angelegenheiten, Streitigkeiten und Prozesse verwickelt würden. Er befahl den Verkauf alles Eigentums und verbot den Mitgliedern des Ordens, vor irgendeinem Gerichtshofe aufzutreten. Während er aber so gegen den Besitz von Eigentum strenge vorging, war er nachsichtig hinsichtlich des Gebrauches desselben und verurteilte als schädlich die Lehre, dass das Gelübde der Armut auch die Enthaltung vom Genusse des Eigentums einschliesse. Ausserdem war er entschlossen, die Spaltung im Orden zu beseitigen, und sein Einfluss bei Bonifaz VIII. war eine der treibenden Ursachen, weshalb die Spiritualen andauernd verfolgt wurden. Hartnäckig verwarfen sie aber alle Vermittlungsversuche und setzten grosses Vertrauen auf diese Reformbestrebungen. Bevor das Jahr zu Ende war, wurde Johannes zum Kardinalbischof von Porto ernannt und erhielt die Erlaubnis, den Orden durch einen Stellvertreter zu leiten. Die Reformen wurden zwar zum Teil in einigen Provinzen für kurze Zeit durchgesetzt; dann gerieten sie in Vergessenheit, und die Dinge gingen weiter wie vorher[1]).

In Frankreich, wo der Einfluss Joachims und des Ewigen Evangeliums viel dauerhafter und wirksamer war als in Italien, dreht sich die Geschichte der Spiritualen um eine der hervorragendsten Persönlichkeiten jener Zeit, um Petrus Johannis Olivi. Im Jahre 1248 geboren, wurde er mit vierzehn Jahren dem Franziskanerorden übergeben und auf der Universität Paris ausgebildet, wo er den Grad eines Baccalaureus erlangte. Sein ernstes Wesen, gepaart mit einem lebhaften Geiste, sein untadliges sittliches Verhalten, seine feurige Beredsamkeit und seine umfassende Gelehrsamkeit gewannen ihm allgemeine Achtung, während seine Frömmigkeit, seine Sanftmut, seine Demut und sein Eifer für die heilige Armut ihm den Ruf einer Heiligkeit verschafften, mit der die Gabe der Weissagung verbunden

---

1) Wadding. ann. 1302, Nr. 1—3, 7; ann. 1310, Nr. 9. — Ehrle, im Archiv für Literatur- und Kirchengeschichte II (1886), S. 385.

sein sollte. Dass ein solcher Mann sich den Spiritualen anschliessen würde, war selbstverständlich; nicht weniger selbstverständlich war die Feindschaft, die er sich zuzog, weil er die Laxheit in der Beobachtung der Vorschriften, zu welcher der Orden herabgesunken war, mit schonungsloser Strenge tadelte. In seinen umfangreichen Schriften lehrte er, dass vollständige Armut die Quelle aller Tugenden und eines heiligen Lebens sei, dass die Ordensregel jegliches Eigentum, möge es persönlich oder gemeinsam sein, verbiete, und dass das Gelübde die Mitglieder zum sparsamsten Gebrauche aller Lebensbedürfnisse, zu schlichtester Kleidung, zur Nichtbenutzung von Schuhen usw. verpflichte. Der Papst habe kein Recht, davon zu dispensieren oder zu absolvieren, und noch viel weniger irgend etwas zu befehlen, was der Ordensregel widerspreche. Das Kloster von Béziers, dem er angehörte, wurde der Mittelpunkt der Sekte der Spiritualen, und das Beispiel der Frömmigkeit, das er gab, fand nicht nur bei seinen Mitbrüdern, sondern auch in der ganzen Bevölkerung Nachahmung. Seine Charakterstärke bewies Olivi, als er den ersten Verweis erhielt. Im Jahre 1278 gerieten einige seiner Schriften zum Lobe der hl. Jungfrau in den Verdacht, allzusehr an Marienvergötterung zu grenzen. Der Orden hatte sich diesem Kultus damals noch nicht hingegeben, und so wurde bei dem General Hieronymus von Ascoli, dem späteren Papst Nikolaus IV., Anklage gegen Olivi erhoben. Der General las die Traktate und verurteilte ihn dazu, dieselben mit eigener Hand zu verbrennen. Sofort gehorchte Olivi ohne ein Zeichen von Unruhe. Als ihn seine Brüder voll Verwunderung fragten, wie er eine solche Demütigung so ruhig hinnehmen könne, erwiderte er, er habe das Opfer mit vollständiger Ruhe im Gemüte gebracht, und er habe bei der Abfassung der Abhandlungen kein grösseres Vergnügen empfunden als jetzt, da er sie auf das Geheiss seiner Vorgesetzten verbrannt habe; der Verlust bedeute für ihn nichts; denn wenn nötig, könne er sie leicht in besserer Form noch einmal schreiben. Ein Mann von so unerschütterlicher Selbstbeherrschung musste notwendigerweise seine Überzeugungen auf seine Umgebung übertragen[1]).

---

1) Wadding. ann. 1278, Nr. 27—8. — Ehrle, im Archiv für Lit.- und Kirchengeschichte III (1887) S. 505—11. 528—9. — *Glaser a. a. O. S. 128 ff.
Als Hieronymus von Ascoli zum Papste gewählt war und man ihn zur Verfolgung Olivis drängte, weigerte er sich, indem er seiner hohen Verehrung für das Talent und die Frömmigkeit desselben Ausdruck gab, und bemerkte, wenn er ihn ehemals bestraft habe, so habe er es nur getan, um ihn zu warnen. (Hist. trib., a. a. O. II, S. 289.)

Worin aber seine Überzeugungen in Wirklichkeit bestanden, das ist ein Problem, das sich bis auf den heutigen Tag nicht leicht lösen lässt. Die heftigen Gegnerschaften, die er durch seine leidenschaftlichen Angriffe gegen einzelne Personen wie gegen die allgemeine Laxheit des Ordens erweckte, zogen ihm in späteren Jahren eine Reihe von Untersuchungen wegen Ketzerei zu. Auf dem Generalkapitel von Strassburg 1282 wurde bestimmt, dass seine Schriften geprüft werden sollten. 1283 kam der General Bonagratia von S. Giovanni nach Frankreich, zog seine Schriften ein und legte sie sieben der hervorragendsten Mitglieder des Ordens zur Prüfung vor. Diese fanden in ihnen verschiedene Sätze, die sie als falsch, ketzerisch, vermessen und gefährlich bezeichneten, und ordneten an, dass die sie enthaltenden Traktate von allen ihren Besitzern auszuliefern seien. Olivi unterschrieb dieses Urteil im Jahre 1284, beklagte sich aber darüber, dass er nicht selbst vor den Richtern hätte erscheinen dürfen, um die getadelten Stellen, deren Sinn entstellt sei, zu erläutern. Mit einiger Mühe verschaffte er sich Abschriften seiner beanstandeten Schriften und begann, sich zu rechtfertigen. Unterdessen wurde der Kreis seiner Anhänger immer grösser. Da diese aber nicht die Selbstbeherrschung ihres Lehrers besassen und im geheimen von Joachimitischen Ideen erfüllt waren, so begnügten sie sich nicht mit einer ruhigen Ausbreitung ihrer Grundsätze, sondern erregten Tumulte und Aufstände, für die man dann Olivi verantwortlich machte. Das Generalkapitel zu Mailand wählte im Jahre 1285 Arlottus von Prato zum Generalminister; dieser war einer der sieben, die Olivi verurteilt hatten, und erliess sofort ein scharfes Gebot, nach allen seinen Schriften zu forschen und sie mit Beschlag zu belegen. Ausserdem liess ihn der neue General zu einer weiteren Untersuchung seines Glaubens nach Paris kommen. Hier traten zwei andere Mitglieder der erwähnten Kommission, Richard von Middleton und Johannes von Murro, der spätere General, als Ankläger gegen ihn auf. Die Sache zog sich bis zum Jahre 1286 hin; in diesem Jahre starb Arlottus, ohne dass etwas geschehen war. Matthäus von Acquasparta bezeugte öffentlich die Rechtgläubigkeit Olivis, indem er ihn zum Lehrer der Ordensschule in Florenz ernannte. Raimund Gaufredi, der im Jahre 1289 dem Matthäus von Acquasparta folgte, war ein Freund und Bewunderer Olivis, konnte aber ein erneutes Verfahren gegen ihn nicht verhüten, wenn er ihn auch zum Lehrer in Montpellier ernannte. Die Aufregung hatte in Languedoc eine solche Höhe erreicht, dass Nikolaus IV. im Jahre 1290 sich veranlasst sah,

Raimund zu befehlen, er solle die Friedensstörer zum Schweigen bringen. Raimund gab dem Inquisitor in der Grafschaft Venaissin, Bertrand von Cigotier, den Auftrag, eine Untersuchung anzustellen und Bericht zu erstatten, damit die Angelegenheit vor das nächste in Paris abzuhaltende Generalkapitel gebracht werden könne. Demgemäss erschien Olivi im Jahre 1292 vor dem Kapitel, bekannte sich zur Bulle 'Exiit qui seminat', versicherte, dass er niemals absichtlich anders gelehrt oder geschrieben habe, und widerrief und schwur alles ab, was er etwa unachtsamerweise im Widerspruche damit gesagt haben könnte. Er wurde in Frieden entlassen, aber 29 seiner eifrigen und starrköpfigen Anhänger, welche Bertrand von Cigotier für schuldig befunden hatte, wurden gebührend bestraft. Die wenigen Jahre, die ihm noch übrigblieben, scheint Olivi ziemlich unbehelligt verbracht zu haben. Im Jahre 1295 schrieb er zwei Briefe, einen an Konrad von Offida, den andern an die Söhne König Karls II. von Neapel, die damals in Katalonien als Geiseln festgehalten wurden und ihn um seinen Besuch gebeten hatten. Diese Briefe zeigen, dass er in hoher Achtung stand, dass er den fanatischen Eifer der radikalen Spiritualen zu zügeln wünschte, dass er aber selbst sich der apokalyptischen Spekulationen nicht enthalten konnte. Auf seinem Sterbebette, 1298, sprach er ein Glaubensbekenntnis, worin er sich der römischen Kirche und dem Papste Bonifaz VIII. als ihrem Oberhaupte rückhaltlos unterwarf. Ebenso unterwarf er auch alle seine Werke dem Heiligen Stuhle und gab über die Fragen, über welche Meinungsverschiedenheit im Orden herrschte, eine Erklärung ab, die nichts enthielt, was nicht auch Bonaventura würde unterzeichnet haben oder was Nikolaus III. als im Widerspruche mit der Bulle 'Exiit' stehend hätte anfechten können. Nichtsdestoweniger tadelte er aber in scharfen Worten die geldgierigen Praktiken und das Nachlassen der Ordensdisziplin[1]).

---

1) Wadding. ann. 1282, Nr. 2; ann. 1283, Nr. 1; ann. 1285, Nr. 5; ann. 1290, Nr. 11; ann. 1292, Nr. 13; ann. 1297, Nr. 33--4. — Chron. Glassberger, ann. 1283. — Hist. tribulat. (a. a. O. S. 294—5). — Ehrle, a. a. O. II, S. 383, 389; III, S. 417—27, 429, 433, 438, 534. — Raym. de Fronciacho (ebd. S. 15). — *Zöckler, in der Realencyklopädie ³XIV (1904), 364; Jeiler, in Wetzer und Weltes Kirchenlexikon ²IX, 827.

Olivis Tod wird gewöhnlich in das Jahr 1297 verlegt; aber der 'Transitus sancti patris', der eines der Lieblingsbücher seiner Schüler war, gibt an, dass er am Freitag, den 14. März 1297, erfolgte (Bern. Guidonis, Practica inquisitionis heretice pravitatis [ed. Douais, 1886] S. 287). Nun fiel aber der 14. März im Jahre 1298 auf einen Freitag. Die damalige Sitte, das Jahr mit Ostern zu beginnen, erklärt die Datierung 1297.

Es wird allgemein angenommen, dass Olivis Gebeine einige Monate nach seiner Beerdigung ausgegraben und verbrannt worden seien, und zwar

Olivi wurde ehrenvoll in Narbonne begraben. Alsbald entstand lebhafter Streit über sein Andenken, und es war fast unmöglich, zu bestimmen, für welche der Ansichten, die ihm von Freunden wie von Feinden zugeschrieben wurden, er verantwortlich war. Dass seine Gebeine trotz wiederholter Verbote der Gegenstand einer eifrigen Verehrung wurden, dass zahllose Wunder an seinem Grabe geschahen, dass Scharen von Pilgern dorthin strömten, dass sein Todestag als einer der höchsten Feiertage des Jahres und er als einer der wirksamsten Heiligen des Kalenders angesehen wurde — alles das zeigt, wie sehr das Volk seine Tugenden schätzte, und wie gross der Eifer derer war, die sich als seine Jünger betrachteten. Sicher ist, dass das Konzil von Vienne 1312 sein Andenken mit grosser Milde behandelte. Während es die mystischen Ausschreitungen der Brüder des freien Geistes mit erbarmungsloser Strenge verurteilte, fand es in den umfangreichen Schriften Olivis nur vier Irrtümer rein spekulativer Art, wie sie bei den Scholastikern jener Zeit häufig vorkommen; diese zählte das Konzil auf aber ohne sie ihm zuzuschreiben, ja ohne überhaupt seinen Namen zu nennen. Seine unmittelbaren Nachfolger leugneten übrigens, dass er diese Sätze vertreten habe, obgleich in der Folgezeit einer derselben seltsamerweise eine Art Schibboleth für die Olivisten wurde. Es war die Behauptung, dass Christus am Kreuze noch gelebt habe, als er von der Lanze durchbohrt wurde. Diese Behauptung stützte sich auf die andere, dass der Bericht des Matthäus in diesem Punkte ursprünglich von dem des Johannes abgewichen und später geändert worden sei, damit beide übereinstimmend würden. Alle übrigen die Lehren Olivis betreffenden Fragen wurden, nachdem sie von Bonagratia von Bergamo als Ankläger und von Ubertinus von Casale als Verteidiger erschöpfend vor den Vätern erörtert waren, vom Konzile den Franziskanern zur Entscheidung zugewiesen, woraus hervorgeht, dass man ihnen nur eine untergeordnete Bedeutung beimass. So verurteilte das Konzil weder seine Person noch seine Schriften.

---

auf Befehl des Generals Johannes von Murro (Tocco a. a. O. S. 503). Wadding behauptet sogar, sie seien zweimal exhumiert worden (ann. 1297, Nr. 36). Eymericus erwähnt eine Überlieferung, wonach sie nach Avignon gebracht und nächtlicherweise in die Rhône geworfen worden seien (Eymericus, Direct. inquis. p. 313). Die Verehrung, die man später seinen Reliquien erwies, zeigt aber, dass diese Überlieferung falsch ist. Bernhard Guidonis, die beste Autorität, die wir besitzen, stellt in seinem Kommentar über den Transitus fest, dass sie im Jahre 1318 entfernt und an einem Orte verborgen worden seien, den niemand wisse — zweifellos von Schülern, die der durch eine Ausgrabung ihnen drohenden Profanierung zuvorkommen wollten.

Dass man in diesem Ergebnis eine Anerkennung seiner Rechtgläubigkeit erblickte, beweist die Tatsache, dass im Jahre 1313 sein Jahrestag in Narbonne mit beispielloser Begeisterung gefeiert wurde, und dass das Volk in solchen Scharen herbeiströmte, wie sie sonst nur am Portiunkulafeste zu sehen waren. Und nachdem in der Folgezeit die Wogen des Streites sich gelegt hatten, wurde die 1318 und 1326 durch Johann XXII. vollzogene Verurteilung seiner Schriften gegen Ende des fünfzehnten Jahrhunderts von Sixtus IV. zum Teil wieder aufgehoben. Daraus darf man wohl mit Recht den Schluss ziehen, dass die Schriften Olivis keine sehr revolutionären Lehren enthielten. Trotzdem wurden bald nach seinem Tode alle Franziskaner der Provence aufgefordert, eine Abschwörung seiner Irrtümer zu unterzeichnen, unter denen sich auch die Irrlehre über die Wunde Christi befand. Doch wurde nichts erwähnt von den schwereren Verirrungen, die ihm später zugeschrieben wurden[1]).

Olivi war aber sowohl in Frankreich wie in Italien unzweifelhaft der Häresiarch der Spiritualen, und er wurde von ihnen als der direkte Nachfolger des Abtes Joachim und des Franziskus angesehen. Die 'Historia tribulationum' findet in den pseudojoachimitischen Prophezeiungen eine deutliche Ankündigung aller Ereignisse in seiner Laufbahn, und begeisterte Spiritualen, welche die revolutionären Lehren des Ewigen Evangeliums vertraten, bezeugten vor der Inquisition, dass das dritte Zeitalter der Kirche seinen Anfang in Olivi habe, der so an die Stelle des hl. Franziskus selbst getreten sei. Er sei vom Himmel inspiriert und seine Lehre, wie einige behaupteten, ihm in Paris offenbart worden, als er sich die Hände wusch, während andere angaben, die Erleuchtung sei ihm von Christus gekommen, als er in der dritten Tagesstunde in der Kirche weilte. Deshalb käme seinen Aussprüchen dieselbe Autorität zu wie denen des hl. Paulus, und die Kirche müsse ihnen gehorchen, ohne einen Buchstaben zu ändern. Kein Wunder, dass man ihn verantwortlich machte für die Ausschreitungen derer, die mit solcher Ver-

---

1) Wadding. ann. 1291, Nr. 13; 1297, Nr. 35; 1312, Nr. 4. — Lib. sententt. inquis. Tolos. pp. 306, 319. — Coll. Doat XXVII. fol. 7 sqq. — Lib. I. Clement. I. 1. — Tocco a. a. O. S 509—10. — Mss. Bibl. Nat. Nr. 4270, fol. 168. — Ehrle (a. a. O. I [1885] S. 544; II [1886] S. 389—98, 402—5; III [1887] S. 449, 491). — Raymond de Fronciacho (ebd. 1887, S. 17).

Der altüberlieferte Groll der Konventualen war im Jahre 1500 noch stark genug, um das in Terni abgehaltene Generalkapitel zu veranlassen, jedem Mitgliede des Ordens bei Strafe der Einkerkerung den Besitz irgendwelcher Schriften Olivis zu verbieten. — Ehrle (a. a. O. III [1887] S. 457—8).

ehrung zu ihm aufblickten und in ihm ihren Führer und Meister sahen[1]).

Als Olivi 1298 starb, war sein ehemaliger Verfolger, Johannes von Murro, General des Ordens. Wie stark auch seine eigenen asketischen Neigungen waren, so verlor er doch keine Zeit, um das Werk zu vollenden, das er früher vergebens zu vollbringen gesucht hatte. Olivis Andenken wurde verurteilt als das eines Ketzers, und es wurde das Gebot erlassen, alle seine Schriften auszuliefern, ein Gebot, welches mit unnachsichtiger Strenge durchgeführt und von Murros Nachfolger, Gonsalvus von Valboa, aufrechterhalten wurde. Pontius Bautugati, ein durch Frömmigkeit und Beredsamkeit ausgezeichneter Franziskaner, weigerte sich, einige der verbotenen Traktate zur Verbrennung auszuliefern. Er wurde dafür enge an die Mauer eines feuchten und schmutzigen Kerkers angekettet, wo ihm Brot und Wasser nur in kärglichen Mengen zugeteilt wurden, und wo er bald im Schmutze zu Tode faulte; denn als sein Leichnam in aller Eile in ein ungeweihtes Grab gelegt wurde, fand man, dass das Fleisch schon von Würmern angefressen war. Eine Anzahl anderer Widerspenstiger wurde gleichfalls mit fast derselben Härte eingekerkert, und auf dem nächsten Generalkapitel wurde das Lesen sämtlicher Schriften Olivis ausdrücklich verboten. Dass noch viel Zündstoff im Umlauf war, der ihm direkt oder indirekt zugeschrieben wurde, ergibt sich aus einem Verzeichnis Olivistischer Traktate, wonach in diesen über so gefährliche Fragen gehandelt war wie über die Befugnis des Papstes, von den Gelübden zu dispensieren, über sein Recht, in Sachen des Glaubens und der Moral unbedingten Gehorsam zu fordern, und über andere gleich aufrührerische Dinge[2]).

Das Werk Olivis, welches am meisten erörtert wurde, und hinsichtlich dessen die Zeugnisse sich ganz besonders widersprechen, war seine Postille über die Apokalypse. Aus dieser Schrift wurden die wichtigsten Beweise für seine Verurteilung entnommen. In einem

---

1) Hist. tribulat. (a. a. O. III, S. 288—9). — Coll. Doat XXVII, fol. 7 sqq. — Lib. sententt. inquis. Tolos. pp. 306, 308. — Bernard. Guidon., Practica inquisitionis heretice pravitatis (ed. Douais, 1886) S. 142, 149, 265—287.
2) Hist. tribulat. (a. a. O. S. 300—1). — Tocco a. a. O. S. 489—91, 503—4. — *Holzapfel a. a. O. S. 56ff.
Wadding (ann. 1297, Nr. 33—5) identifiziert den Pontius Bautugati mit dem hl. Pontius Carbonelli, dem berühmten Lehrer des hl. Ludwig von Toulouse. Ehrle (Archiv für Lit.- und Kirchengeschichte II [1886] S 300) erklärt, dass er hierfür keinen Beweis finden könne, und der Verfasser der Historia tribulationum würde in seinem genauen Berichte über die Angelegenheit eine seiner Sache so förderliche Tatsache kaum ausgelassen haben.

Inquisitionsurteil aus dem Jahre 1318 hören wir, dass damals seine Schriften auf Befehl Johanns XXII. abermals geprüft wurden, dass man sie für die Quelle aller der Irrtümer ansah, für welche damals die Sektierer auf dem Scheiterhaufen büssen mussten, und dass für das wichtigste seiner Werke eben das Buch über die Apokalypse galt; es dürfe daher bis zur Entscheidung des Papstes keiner ihn für einen Heiligen oder auch nur einen Katholiken halten. Als das ihn verurteilende Gutachten von acht Magistern der Theologie im Jahre 1319 erstattet wurde, behaupteten die Spiritualen, dass der dadurch dem Glauben zugefügte Schimpf das Sakrament des Altares aller Kraft beraube. Ein förmliches Urteil wurde jedoch erst am 8. Februar 1326 gefällt, als Johann XXII. die Postille zur Apokalypse, nachdem sie im Konsistorium einer sorgfältigen Prüfung unterworfen worden war, endgültig verdammte, worauf das Generalkapitel des Ordens jedem verbot, sie zu lesen oder zu besitzen. Eines der Gutachten der Sachverständigen über dieses Werk ist auf uns gekommen. Man kann unmöglich annehmen, dass diese Leute die Auszüge aus dem Werke, auf welche sie ihre Schlüsse gründeten, mit voller Überlegung selbst verfertigt hätten. Diese Auszüge zeigen aber deutlich genug, dass das Werk ein Echo der gefährlichsten Lehren des Ewigen Evangeliums war. Das Ende des fünften Zeitalters wird als bevorstehend bezeichnet, und unter der Gestalt des mystischen Antichristes werden Prophezeiungen über den Pseudopapst, über den Pseudo-Christus und über die Pseudopropheten vorgebracht in Ausdrücken, die klar und deutlich auf die damalige Hierarchie anspielen. Den Pseudopapst werde man erkennen an seinen Irrlehren über die Vollkommenheit evangelischer Armut, wie sie später, wie wir sehen werden, von Johann XXII. aufgestellt wurden. Die pseudojoachimitischen Prophezeiungen über Friedrich II. werden zitiert, um zu zeigen, wie die Prälaten und Geistlichen, die die Ordensregel verteidigten, verworfen werden würden. Die sichtbare Kirche ist die grosse Hure Babylons; sie macht trunken, verdirbt die Völker durch ihre fleischliche Gesinnung und unterdrückt die wenigen noch übriggebliebenen Gerechten, wie ehemals zur Zeit des Heidentums die Götzendiener sie unterdrückten. Nach 40 Generationen, von der Ernte der Apostel an gerechnet, wird es eine neue Ernte der Juden und der ganzen Welt geben; diese wird eingesammelt werden von dem Evangelischen Orden, dem alle Macht und alle Autorität übertragen werden wird. Dann wird es noch ein 6. und 7. Zeitalter geben, und darauf wird der Tag des Gerichtes folgen. Der Zeitpunkt des letztern kann nicht berechnet werden; das

6. Zeitalter dagegen wird am Ende des 13. Jahrhunderts beginnen. Die fleischliche Kirche oder Babylon wird untergehen und der Sieg der geistigen Kirche beginnen[1]).

Es ist bei den Geschichtschreibern Sitte geworden, diese Wiedererweckung des Ewigen Evangeliums als Werk Olivis zu bezeichnen, obgleich aus den letzten Jahren seines Lebens klar hervorgeht, dass er sich der Aufstellung solch aufreizender Lehren nicht schuldig gemacht haben kann. Das bestätigt auch das Schweigen des Konzils von Vienne (1312) über diese Lehren, während es andere viel geringfügigere Irrlehren verurteilte, nachdem seine Feinde und Freunde die Fragen gründlich erörtert hatten. Wohl griff Bonagratia von Bergamo seit 1310 namens der Konventualen sein Andenken heftig an und stellte eine lange Liste seiner Irrtümer auf, worin er nebenbei gewisse falsche und phantastische Prophezeiungen in der Postille über die Apokalypse und die von ihm gebrauchte Bezeichnung der Kirche als der grossen Hure erwähnt. Wären indessen solche Stellen, wie die oben angeführten, vorhanden gewesen, so würde der Ankläger sie unzweifelhaft vorgebracht haben, und jede Verteidigung wäre unmöglich gewesen. In seiner Erwiderung bezeichnete jedoch Ubertinus von Casale die Anklage als äusserst lügenhaft und gottlos. Olivi, so sagte er, habe immer mit der grössten Verehrung von der Kirche und dem Hl. Stuhle gesprochen; die Postille schliesse mit einer Huldigung an die römische Kirche als die Herrin der Welt; in dem Werke selbst werde der Hl. Stuhl wiederholt als der Stuhl Gottes und Christi, und die 'ecclesia militans' und die 'ecclesia triumphans' als die Sitze Gottes bezeichnet, die bis zum Ende der Zeiten dauern würden, während die Verworfenen Babylon und die grosse Hure seien. Unmöglich kann Ubertinus diese Stellen fälschlicherweise zitiert haben; denn Bonagratia würde ihn sofort widerlegt und das Konzil von Vienne ein ganz anderes Urteil gefällt haben. Wir wissen aus sicherer Quelle, dass die gewöhnlich dem Olivi zugeschriebenen revolutionären Lehren von denen vorgetragen wurden, die sich als seine Jünger betrachteten und als solche auch angesehen wurden. Wir können also nur annehmen, dass diese in falsch angebrachtem Eifer seine Postille

---

1) Baluz. et Mansi, II, 249—50. — Bern. Guidon. Practica a. a. O. S. 270. — Doat XXVII, fol. 7 sqq. — Bern. Guidon. Vit. Johann. PP. XXII (Muratori, S. R. I. III. II. 491). — Wadding. ann. 1325, Nr. 4. — Alvarus Pelagius, De planctu eccles. lib. II, art. 59. — Baluz. et Mansi, II, 266—70. — *Einen Auszug aus Olivis Postille über die Apokalypse s. bei Döllinger, Beiträge zur Sektengeschichte des Mittelalters II (1890), S. 527—585.

interpolierten und so ihre eigenen mystischen Träume mit der Autorität seines grossen Namens bekleideten[1]).

Nach dem Tode Olivis scheint die Leitung des Franziskanerordens sich nicht fähig gefühlt zu haben, die Sekte, die sich in ganz Languedoc ausbreitete und organisierte, zu unterdrücken. Aus einem nicht offensichtlichen Grunde (wofern es nicht Eifersucht gegen die Dominikaner war) rief man die Hülfe der Inquisition nicht an, und die Inquisitoren ihrerseits legten ihre Hand nicht an die Gegner des rivalisierenden Ordens. Doch wandte man sich an die ordentlichen Kirchenbehörden, und im Jahre 1299 hielt der Erzbischof Aegidius von Narbonne zu Béziers eine Provinzialsynode ab, welche die Beguinen beiderlei Geschlechts verurteilte, die unter der Führung gelehrter Männer eines ehrenwerten Ordens (der Franziskaner) sich an religiösen, von der Kirche nicht vorgeschriebenen Übungen beteiligten, besondere von anderen Leuten verschiedene Kleider trugen, neue Buss- und Abstinenzübungen verrichteten, Gelübde der Keuschheit ablegten, aber oft nicht beobachteten, nächtliche Konventikel abhielten, mit Ketzern umgingen und verkündeten, dass das Ende der Welt bevorstehe und die Herrschaft des Antichristes schon begonnen habe. Sie hätten schon vielfach Anlass zu Ärgernissen gegeben und bildeten eine Gefahr weiterer und grösserer Unruhen für die Zukunft. Daher wurde den Bischöfen befohlen, in ihren verschiedenen Diözesen auf diese Sektierer scharf zu fahnden und sie zu unterdrücken. Die neue Ketzerei, die auf dem Ewigen Evangelium beruhte, war also in schneller Entwicklung begriffen, die strengeren Franziskaner bildeten ihren Kern, und sie breitete sich auch unter dem Volke aus. Diese Propaganda unter dem Volke wurde durch den Orden der Tertiarier besonders erleichtert. Wir werden später sehen, dass die Beguinen, wie sie allgemein genannt wurden, zum grossen Teil Tertiarier waren, wenn nicht ordentliche Mitglieder des Ordens.

51 Es hatte indessen für die bischöflichen Beamten nichts Verlockendes,

---

1) Ehrle, im Archiv für Lit.- und Kirchengeschichte II (1886), S. 368—70, 407—9). — Wadding. ann. 1297, Nr. 36—47. — Baluz et Mansi, II, 276. — *Knoth, Ubertino von Casale, ein Beitrag zur Gesch. der Franziskaner an der Wende des 13. und 14. Jhs. (1903); Huck, Ubertin von Casale und dessen Ideenkreis (1903).

Tocco (Archivio storico Italiano. T. XVII, Nr. 2; vgl. Ehrle, im Archiv für Lit.- und Kirchengeschichte III [1887], S. 493) hat in der Laurentianischen Bibliothek zu Florenz ein Manuskript der Postille Olivis über die Apokalypse entdeckt. Es enthält alle in dem Urteil angeführten Stellen, woraus hervorgeht, dass die über das Werk urteilende Kommission diese Stellen nicht erfunden hat; da aber die Handschrift aus dem 15. Jahrhundert stammt, so entkräftet sie nicht die Vermutung, dass Olivis Schüler nach seinem Tode seine Werke interpolierten.

Leute zu verfolgen, deren oberster religiöser Grundsatz darin bestand, auf alle weltlichen Güter zu verzichten, und es ist nicht wahrscheinlich, dass sie in dieser Sache pflichteifriger waren als, wie wir gesehen haben, da, wo grössere Interessen auf dem Spiele standen. Das Vorgehen des Konzils kann man daher mit Sicherheit als erfolglos ansehen; höchstens gab es der Verfolgung innerhalb des Ordens einen Rechtstitel. Auf diese Weise erfreuten sich die Laienbeguinen in praxi also der Straffreiheit, während die Spiritualen allen den Peinigungen seitens ihrer Vorgesetzten preisgegeben waren, zu welchen das Klosterleben so reichliche Gelegenheit bot. So wurden zu Villefranche Raimund Aurioli und Johann Primi, weil sie nicht zugeben wollten, dass ihre Gelübde ihnen den freien Gebrauch weltlicher Dinge gestatteten, in Ketten gelegt und einem langsamen Siechtum preisgegeben, bis Raimund starb, als Ketzer der Sakramente beraubt, während Johann nur mit knapper Not mit dem Leben davonkam [1]).

So ging das unglückliche 13. Jahrhundert zu Ende, jenes Zeitalter voll stolzer Bestrebungen, die ihr Ziel nicht erreichten, voll glänzender Träume, die wesenlos blieben wie Visionen, voll Hoffnungen, die stets ihre Erfüllung erwarteten, aber stets getäuscht wurden. Der menschliche Verstand war zwar erwacht, aber das menschliche Gewissen schlummerte noch, ausser bei einigen seltenen Menschen, die in den meisten Fällen ihre vorzeitigen Skrupel mit Schande oder Tod bezahlen mussten. Jenes wunderbare Jahrhundert ging vorüber und hinterliess seinem Nachfolger als Erbe tatsächlich grosse Fortschritte in geistiger Hinsicht, dagegen in seelischer Hinsicht eine traurige Leere. Alle Bemühungen, die menschlichen Ideale auf eine höhere Stufe zu bringen, waren kläglich gescheitert. Die menschliche Gesellschaft war wilder und rauher, fleischlicher und weltlicher gesinnt als jemals, und daran hatte, wie wir unbedenklich behaupten dürfen, die Inquisition in hohem Grade Mitschuld dadurch, dass sie schon das blosse Streben nach Reformen bestrafte und die einzige Sicherheit für die Religion in einer rein mechanischen Übereinstimmung erblickte, unbekümmert um die Missbräuche und uneingedenk der Verderbtheit der Kirche. Die Ergebnisse dieses Jahrhunderts voll Kampf und Leid werden treffend versinnbildlicht

---

1) Concil. Biterrense ann. 1299, c. 4 (Martene, Thes aur. IV, 226). — Ubertini Declaratio (Archiv für Lit.- und Kirchengeschichte III (1887), S. 183—4).

durch die beiden Päpste, mit denen es anfing und endigte — Innocenz III. und sein Gegenstück, Bonifaz VIII. — der, nach einem volkstümlichen Ausdruck jener Zeit, „hereinkam wie ein Fuchs, herrschte wie ein Löwe und starb wie ein Hund." An Intelligenz und Gelehrsamkeit stand Bonifaz höher als sein Vorbild; an Herrscherstolz war er ihm gleich; an Ernst, an Selbstverleugnung, an Erhabenheit des Zieles und an allem, was den Ehrgeiz adelt, stand er unermesslich unter ihm. Kein Wunder, dass die apokalyptischen Spekulationen Joachims neuen Einfluss gewannen auf die Gemüter aller derjenigen, welche die seelische Leere ihrer Zeit nicht vereinbaren konnten mit ihrem Glauben an die gnädige Vorsehung Gottes. Sie hielten es für unmöglich, dass Gott jene grausame Schlechtigkeit, die die ganze Kirche durchdrungen hatte und durch die Kirche die ganze menschliche Gesellschaft ansteckte, noch länger könne fortdauern lassen. Und da die Bemühungen einiger ernsten Eiferer nicht ausreichten, um diese Missbräuche zu beseitigen oder wenigstens zu mildern, so schien die göttliche Vermittelung erforderlich, um einen neuen Erdkreis zu schaffen, den nur wenige tugendhafte Auserwählte bewohnen sollten unter der Herrschaft asketischer Armut und einer allumfassenden Liebe.

Einer der energischsten und ungestümsten Apostel dieser Glaubenssätze war Arnald von Villanova. Er war in gewisser Hinsicht vielleicht der merkwürdigste Mann seiner Zeit, den wir erst vor kurzem durch die Forschungen von Pelayo gründlich kennen gelernt haben. Als Arzt hatte er nicht seinesgleichen. Könige und Päpste stritten sich um seine Dienste, und seine umfangreichen Schriften über die Medizin und die Hygiene wurden während des 16. Jahrhunderts sechsmal in Gesamtausgaben gedruckt, abgesehen von zahlreichen Ausgaben einzelner Traktate. Als Chemiker soll er mehrere nützliche Entdeckungen gemacht haben; doch ist das nicht über allen Zweifel erhaben. Als Alchimist stand er in dem Rufe, am Hofe Roberts von Neapel, eines warmen Beschützers dieser Wissenschaft, Goldbarren gemacht zu haben, und seine Abhandlungen über diesen Gegenstand wurden selbst noch im 18. Jahrhundert in die gedruckten Gesamtausgaben der einschlägigen Werke aufgenommen. Des Arabischen und Hebräischen kundig, übersetzte er aus den Schriften des Costa ben Luca Abhandlungen über Zauberformeln, Ligaturen und andere magische Kunstgriffe. Er schrieb Bücher über die Astronomie und die Traumdeuterei (er war ein erfahrener Traumausleger), über die Feldmesskunst und die Weinbereitung. Er arbeitete für

König Friedrich III. von Sizilien Gesetze aus, die dieser aufgeklärte Monarch auch veröffentlichte und in Kraft setzte, und die Ratschläge, die er Friedrich und seinem Bruder Jakob II. von Aragonien über ihre Pflichten als Monarchen gab, kennzeichnen ihn als einen gewissenhaften Staatsmann. Als sich Jakob wegen der Auslegung eines geheimnisvollen Traumes an ihn wandte, stellte er den König nicht nur durch seine Auslegung zufrieden, sondern er wies ihn auch darauf hin, dass seine erste Pflicht darin bestehe, Gerechtigkeit zu üben, und zwar zuerst gegen die Armen und dann gegen die Reichen. Und als der König ihm auf seine Frage, wie oft er den Armen Audienz erteile, die Antwort gab: einmal in der Woche und ausserdem bei meinen Spazierritten, tadelte Arnald ihn streng. Der König verdiene, so bemerkte er, verdammt zu werden, weil er den Reichen jeden Tag morgens, mittags und abends, den Armen aber so selten Zutritt gewähre; er mache Gott zum Schwein des hl. Antonius, das sich auch nährte von dem, was alle sonst verschmähten. Wenn er sein ewiges Heil erlangen wolle, dann müsse er sich der Wohlfahrt der Armen widmen; andernfalls könnten trotz der Lehren der Kirche weder Psalmen, noch Messen, noch Fasten, noch auch Almosen etwas nützen. So war Arnald von dem Könige Jakob nicht nur als Arzt, sondern auch als Ratgeber verehrt und geliebt, und wiederholt wurde er von den Königen von Aragonien und Sizilien zu diplomatischen Sendungen verwandt [1]).

So vielfach indessen auch diese Beschäftigungen waren, so nahmen sie doch seine rastlose Tätigkeit nur zum Teil in Anspruch. Als er dem Könige Robert von Neapel seine Abhandlung über die Feldmesskunst widmete, entwarf er von sich selbst folgende Schilderung:

> „Yeu, Arnaut de Vilanova...
> Doctor en leys et en decrets,
> Et en siensa de stronomia,
> Et en l'art de medicina,
> Et en la santa teulogia."

Und obgleich er ein Laie, verheiratet und Familienvater war, so bildete doch die Theologie seine Lieblingsbeschäftigung. Er hatte sie bei den Dominikanern von Montpellier studiert und veröffent-

---

1) Menendez Pelayo, Heterodoxos españoles, I, 450—61, 475, 590—1, 726—7, 772. — M. Flacius Illyr., Catalogus testium veritatis, pp. 1732 sq. (ed. 1603). — *Haven, La vie et les oeuvres de maître Arnaud de Villeneuve (1896); Finke, Aus den Tagen Bonifaz' VIII. (1902), 101 ff.; Quellen S. CXVII ff. Arnaldus stammte aus Villanueva bei Valencia. Vgl. auch Finke, Acta Aragonensia (1908).

lichte im Jahre 1292 als sein erstes theologisches Werk eine Abhandlung über das Thetragrammaton oder über den unaussprechlichen Namen Jehovahs, worin er das Geheimnis der Trinität durch natürliche Gründe zu erklären suchte. Nachdem er einmal mit solchen Spekulationen begonnen, wurde er bald ein überzeugter Joachimit. Ein Mann von so hohem Idealismus und einem so zarten Mitgefühl für seine Mitmenschen musste unbedingt Abscheu empfinden vor der Schlechtigkeit und Grausamkeit der Menschen und vor allem vor den Verbrechen der Geistlichen, unter denen er die Bettelmönche für die schlimmsten hielt. Ihre Laster geisselte er schonungslos und verfiel dabei von selbst in die Spekulationen der pseudojoachimitischen Schriften, indem er die baldige Ankunft des Antichristes und des Gerichtstages vorhersagte. In zahllosen, in der lateinischen wie in der Volkssprache abgefassten Schriften erklärte er die joachimitischen Bücher und trug so zu ihrer Verbreitung unter dem Volke bei. Er ging sogar so weit, zu behaupten, dass die Offenbarung des Cyrillus wertvoller sei als die ganze Hl. Schrift. Ein solcher Mann stand natürlich mit seiner Sympathie auf seiten der verfolgten Spiritualen. Mutig unternahm er ihre Verteidigung in verschiedenen Abhandlungen, und als 1309 Friedrich von Sizilien sich an ihn wandte, um einen Traum ausgelegt zu erhalten, ergriff er die Gelegenheit, das Mitleid des Monarchen für ihre Leiden anzurufen. Er setzte ihm auseinander, wie ihre Mitbrüder sie, als sie sich an den Hl. Stuhl wandten, verfolgt und erschlagen hätten, und wie die evangelische Armut als das grösste Verbrechen behandelt würde. In ähnlicher Weise benutzte er auch seinen Einfluss am Hofe von Neapel und verschaffte ihnen dadurch, wie wir sehen werden, einen Zufluchtsort in ihrer Not[1]).

Mit seinem impulsiven Temperament konnte er unmöglich dem bittern Kampfe, der damals wütete, fernbleiben. Bevor das 13. Jahrhundert zu Ende ging, richtete er Briefe an die Dominikaner und Franziskaner von Paris und Montpellier, an die Könige von Frankreich und Aragonien und sogar an das hl. Kollegium, worin er das Ende der Welt als nahe bevorstehend ankündigte und die schlechten Katholiken, insbesondere den Klerus, als Glieder des kommenden Antichristes bezeichnete. Hierdurch rief er eine lebhafte Kontroverse hervor, worin keine Partei die andere schonte. Nach der literarischen

---

1) Pelayo a. a. O. I, 454, 458, 464—6, 468—9, 730—1, 779. — Ehrle, im Archiv für Lit.- und Kirchengeschichte II (1886), S. 327—8. — *Über das Thetragrammaton vgl. Finke a. a. O. Quellen S. CXXVII.

Fehde klagten ihn die katalonischen Dominikaner in aller Form bei dem Bischof von Gerona an. Arnald erwiderte, die Mönche hätten kein Recht, sich an die Gerichte zu wenden, da sie Ketzer und Wahnsinnige, Hunde und Betrüger seien, und er forderte sie auf, in der folgenden Fastenzeit vor dem Papste zu erscheinen. Nur durch die königliche Gunst konnte er vor dem Schicksale des Scheiterhaufens bewahrt bleiben, das schon viele weniger kühne Controversisten betroffen hatte. Als König Jakob ihn im Jahre 1299 mit einem Auftrage an Philipp den Schönen schickte, legte er sein Werk über die Ankunft des Antichristes kühn der Universität Paris vor. Die Theologen sahen es misstrauisch an, und trotz seiner Immunität als Gesandter wurde er am Abend vor seiner Abreise, ohne dass eine Warnung vorausgegangen wäre, von dem bischöflichen Offizial verhaftet. Der Erzbischof von Narbonne suchte vergebens zu vermitteln. Nur gegen eine Sicherheit von dreitausend Pfund, die der Vicomte von Narbonne und andere seiner Freunde aufbrachten, wurde er wieder auf freien Fuss gesetzt. Nachdem er alsdann vor die Magister der Theologie gebracht worden war, wurde er durch die Androhung seiner Gefangensetzung gezwungen, sofort zu widerrufen, ohne dass man ihm eine Verteidigung gestattet hätte; man darf wohl seiner Behauptung Glauben schenken, dass einer seiner strengsten Richter ein Franziskaner war, dessen Eifer zweifellos angefeuert wurde durch die Furcht vor diesem unheilvollen Erscheinen eines zweiten Olivi in dem an Ketzereien so fruchtbaren Süden[1]).

Arnald richtete nun an Bonifaz VIII. eine förmliche Berufung und erschien 1301 persönlich am päpstlichen Hofe. Anfangs mit Beifall aufgenommen, rief er durch seinen Eigensinn bald Einspruch hervor. Als rückfälliger Ketzer hätte er den Scheiterhaufen verdient; er wurde indessen nur eingekerkert und zu einem zweiten Widerrufe gezwungen. Trotzdem behauptete Philipp der Schöne auf der Versammlung im Louvre 1303, als er Bonifaz der Ketzerei anklagte: der Papst habe ein Buch Arnalds approbiert, das bereits von ihm selbst und von der Universität Paris verbrannt worden sei. In Wirklichkeit legte Bonifaz ihm bei seiner Freilassung nur Stillschweigen in theologischen Fragen auf, während er seine medizinischen Kenntnisse dadurch anerkannte, dass er ihn zum päpstlichen Arzt ernannte. Eine Zeitlang verhielt er sich ruhig; aber eine himmlische Aufforderung zwang ihn zu er-

---

1) Pelayo a. a. O. I, 460, 464—8, 739—45. — *Den Tractatus de tempore adventus Antichristi, dessen erster Teil im Jahre 1297 verfasst ist (der zweite 1300), hat Finke a. a. O. Quellen S. CXXIX—CLIX veröffentlicht.

neuter Tätigkeit. Er warnte Bonifaz feierlich vor der göttlichen Rache, die ihn treffen würde, wenn er noch länger gefühllos bliebe gegen seine Pflicht, den drohenden Zorn Gottes durch eine gründliche Reform der Kirche abzuwenden. Die Katastrophe von Anagni folgte bald, und Arnald, der den päpstlichen Hof wieder verlassen hatte, sah darin eine Bestätigung seiner Prophezeiung. Hinfort hielt er sich für einen Gesandten Gottes. Mit einer heftigen Anklage gegen die Verderbnis des Klerus wiederholte er seine Warnung bei Benedikt XI., der damit antwortete, dass er ihm eine Busse auferlegte und seine sämtlichen apokalyptischen Schriften beschlagnahmte. Im Juli 1304 starb auch Benedikt, und Arnald kündigte nun an, dass seinem Nachfolger eine dritte Botschaft gesandt werden würde „obgleich mir nicht offenbart worden ist, wann und durch wen; aber ich weiss, dass, wenn er auf sie achtet, die Allmacht Gottes ihn schmücken wird mit ihren höchsten Gaben; wenn er sie aber verwirft, dann wird Gott ihn mit einem so furchtbaren Strafgerichte heimsuchen, dass die ganze Welt staunen wird"[1]).

Für einige Jahre hören wir nichts von seinen weiteren Unternehmungen, obgleich seine fruchtbare Feder mit kurzer Unterbrechung emsig beschäftigt blieb und die Kirche vergebens versuchte, seine Schriften zu unterdrücken. Im Jahre 1305 wurde Gambaldo de Pilis, ein Diener des Königs Jakob, von dem Inquisitor von Valencia, dem Dominikaner Wilhelm, exkommuniziert und aus der Kirche gestossen, weil er diese Schriften besass und verbreitete. Der König wandte sich an Wilhelm und fragte ihn nach den Gründen für diese Massregel. Als er die Angabe der Gründe verweigerte, schrieb Jakob zornig an den Dominikanergeneral Eymericus. Er erklärte, dass Arnalds Schriften von ihm selbst, von seiner Gemahlin und seinen Kindern, von den Erzbischöfen und Bischöfen, von dem Klerus und der Laienwelt gelesen würden. Er verlangte, dass das Urteil als unkanonisch wieder aufgehoben werde, widrigenfalls er den Bruder Wilhelm strenge bestrafen und alle in seinen Ländern befindlichen Dominikaner mit seinem Unwillen heimsuchen würde. Wahrschein-

---

1) Pelayo a. a. O. I, 470—4, 729, 734. — D'Argentré, Collectio iudiciorum I. II 417. — Du Puy, Histoire du différend, Pr. 103. — *Finke a. a. O. S. 200 ff., 212 ff.; Quellen S. CLXXVII (1304 Juni 2).
Einer der im Jahre 1319 gegen Bernhard Délicieux erhobenen Anklagepunkte war der, dass er Arnald gewisse Zauberschriften gesandt habe, um den Tod Benedikts zu beschleunigen. Es fand sich auch ein Zeuge, welcher schwur, dass dieses die Ursache seines Todes gewesen sei. Mss. Bibl. Nat. fonds latin Nr. 4270, fol. 12, 50, 51, 61.

lich war es diese königliche Gunst, die Arnald rettete, als er in Santa-Christina beinahe verbrannt worden wäre; es traf ihn keine schlimmere Strafe, als dass er als Schwarzkünstler und Zauberer, als Ketzer und Papst der Ketzer verrufen wurde[1]).

Als in der Provence die Verfolgung der Spiritualen auf ihrem Höhepunkte war, verschaffte sich Arnald von Karl dem Lahmen von Neapel, der zugleich Graf von der Provence war, einen Brief an den General des Franziskanerordens, Gonsalvus, wodurch eine Zeitlang den Verfolgungen ein Ende gemacht wurde. Im J. 1309 finden wir ihn in Avignon als Gesandten Jakobs II.; hier wurde er von Klemens V., der seine Geschicklichkeit als Arzt hochschätzte, freundlich aufgenommen. Er benutzte diese Stellung mit Erfolg dazu, den Papst im geheimen zu überreden, er möge die Führer der Spiritualen kommen lassen, um von ihnen mündlich und schriftlich zu erfahren, worüber sie sich beklagten, und welche Reformen in ihrem Orden sie wünschten. In betreff seiner persönlichen Angelegenheiten war er nicht so glücklich. Bei einer öffentlichen Audienz vor dem Papste und den Kardinälen im Oktober 1309 kündigte er an, dass das Ende der Welt noch innerhalb des Jahrhunderts eintreten und der Antichrist innerhalb der ersten 40 Jahre desselben erscheinen werde. Er verbreitete sich ausführlich über die Schlechtigkeit des Klerus und der Laien und beklagte sich bitter über die Verfolgung derjenigen, die in evangelischer Armut zu leben wünschten. Das alles konnte noch hingehen; aber er beging weiter die unglaubliche Unvorsichtigkeit, einen ausführlichen Bericht über die Träume Jakobs II. und Friedrichs von Sizilien, über ihre Zweifel und seine Erläuterungen und Ermahnungen vorzulesen, Angelegenheiten, die samt und sonders einen ebenso vertraulichen Charakter hatten wie die Beichte eines Sünders. Der Kardinal Napoleon Orsini, der Beschützer der Spiritualen, beglückwünschte Jakob zwar schriftlich wegen seiner Frömmigkeit, wie sie durch jenen weisen, erleuchteten, von Liebe zu Gott erfüllten Mann, den Meister Arnald, offenbart worden sei. Aber dieser Versuch, den Sturm zu beschwören, nützte nichts. Der Kardinal von Porto und der Dominikanerprovinzial von Aragonien, Ramon Ortiz, berichteten sofort an Jakob, Arnald habe ihn und seinen Bruder als Männer hingestellt, die im Glauben schwankend seien und an Träume glaubten, und sie rieten ihm, sich eines solchen Ketzers wie Arnald nicht länger als Gesandten zu bedienen. Jakobs Stolz war tief ver-

---

1) Pelayo a. a. O. I, 481, 772.

letzt. Vergebens versicherte ihm Klemens, dass er den Reden Arnalds keine Aufmerksamkeit geschenkt habe. Der König schrieb an den Papst, an die Kardinäle und seinen Bruder, leugnete die Geschichte seines Traumes und stellte Arnald als Betrüger hin. Friedrich war weniger empfindlich. Er schrieb Jakob, dass die Sache ihnen nichts schaden könne, dass aber eine wirkliche Ehrlosigkeit darin läge, Arnald in der Stunde der Gefahr im Stiche zu lassen. Arnald nahm seine Zuflucht zu ihm und wurde nicht lange darauf von ihm abermals in einer Mission nach Avignon gesandt. Auf dieser Reise starb er. Das genaue Datum seines Todestages ist unbekannt; es liegt aber vor dem Februar 1311. Aus persönlichen Gründen beklagte Klemens V. seinen Verlust. Er erliess eine Bulle, worin er erklärte, Arnald sei sein Arzt gewesen und habe ihm ein höchst nützliches von ihm verfasstes Buch versprochen; er sei gestorben, ohne sein Versprechen einzulösen, und darum fordere er den, welcher den kostbaren Band besitze, auf, ihm denselben auszuliefern[1]).

Die Vermittlung Arnalds erweckte bei den Spiritualen eine unerwartete Aussicht auf Erlösung. Von Languedoc bis nach Venedig und Florenz erduldeten sie die bittersten Verfolgungen von seiten ihrer Vorgesetzen; sie wurden in Gefängnisse geworfen, wo sie vor Hunger umkamen, und den unendlichen Martern ausgesetzt, zu denen das Klosterleben so reiche Gelegenheit bot. Da überredete Arnald den Papst Klemens, einen energischen Versuch zu machen, die Spaltung im Orden zu beseitigen und die von den Konventualen gegen ihre Brüder erhobenen Anklagen zum Schweigen zu bringen. Eine Gelegenheit hierzu bot sich, als die Bürger von Narbonne an den Papst eine Berufungsschrift richteten und darin erklärten, dass die Bücher Olivis mit Unrecht verurteilt worden seien, dass die Ordensregel missachtet werde, und dass diejenigen, welche sie beobachteten, verfolgt würden; des weiteren baten sie um die Erlaubnis, den Gebeinen Olivis einen besondern Kultus erweisen zu dürfen. Eine Kommission angesehener Persönlichkeiten wurde eingesetzt, um den Glauben des Angelus von Clarino und seiner Gefährten, die noch immer in der Umgegend von Rom wohnten und für gute Katholiken galten, zu prüfen. Führende Spiritualen wie Raimund Gaufredi, der frühere General, Ubertinus von Casale, der geistige Führer der Sekte, Raimund von

---

1) Hist. tribulat. (a. a. O. II, S. 129). — Pelayo a. a. O. I, 481—3, 773, 776. — Wadding. ann. 1312, Nr. 7. — Vgl. Trithem. Chron. Hirsaug. ann. 1310; P. Langii Chron. Citicens. ann. 1320.

Giniac, der frühere Provinzial von Aragonien, Guido von Mirepoix, Bartolommeo Sicardi und andere wurden nach Avignon vorgeladen und erhielten dort den Befehl, schriftlich die Punkte aufzusetzen, die sie für eine Reform des Ordens für erforderlich hielten. Damit sie diese ihre Aufgabe in voller Sicherheit erfüllen könnten, wurden sie durch eine besondere Bulle unter den Schutz des Papstes gestellt. Die Bulle zeigt durch die genaue Angabe aller Einzelheiten, welchen grossen Gefahren tatsächlich diejenigen ausgesetzt waren, die den Orden in seiner ursprünglichen Reinheit wieder herstellen wollten. Wahrscheinlich durch diese Vorgänge gewarnt, liess der General Gonsalvo auf dem Kapitel von Padua 1310 zahlreiche Verordnungen beschliessen, um den Luxus zu vermindern und die Missbräuche zu beseitigen, die den Orden durchseuchten. Doch das Übel sass zu tief. Überdies war Gonsalvo entschlossen, die Spiritualen zum Gehorsam zu bringen, und der Hass zwischen beiden Parteien wurde bitterer als je[1]).

Die Klageartikel, fünfunddreissig an der Zahl, welche die Spiritualen, dem Befehle des Papstes entsprechend, Klemens V. vorlegten, bildeten eine furchtbare Anklage gegen die Sittenlockerung und die Verderbtheit, die sich in den Orden eingeschlichen hatte. Die Verteidigung der Konventualen war sehr schwach: teils leugneten sie die Behauptungen, teils suchten sie durch dialektische Spitzfindigkeiten zu beweisen, dass die Regel nicht die Bedeutung habe, welche die Spiritualen ihr gäben, teils klagten sie ihre Gegner der Ketzerei an. Klemens ernannte eine Kommission von Kardinälen und Theologen, um beide Parteien zu hören. Zwei Jahre lang tobte der Streit mit äusserster Schärfe weiter. Im Verlauf derselben starben Raimund Gaufredi, Guido von Mirepoix und Bartolommeo Sicardi — wie die einen sagen, von ihren Gegnern vergiftet, nach dem Berichte der andern dagegen gebrochen durch schlechte Behandlung und Beschimpfung. Klemens hatte für eine Zeitlang die Delegierten der Spiritualen von der Jurisdiktion ihrer Feinde befreit. Diese besassen nun die Kühnheit, am 1. März 1311 gegen diesen Schritt ausdrücklich Protest zu erheben

---

1) Ehrle, im Archiv für Lit.- und Kirchengeschichte II (1886) S. 380—1, 384, 386; III (1887) S. 36. — Raym. de Fronciacho (ebd. III, S. 18). — Eymerich, p. 316. — Angeli Clarini Litt. excus. (Archiv, 1885, p. 531—2). — Wadding. ann. 1310, Nr. 6. — Regestum Clement. PP. V. T. v, p. 379 sq. (Romae 1887).

Zur selben Zeit, wo der General Gonsalvus die Erwerbslust der Brüder zu unterdrücken suchte, setzten sie es durch, dass Kaiser Heinrich VII. ein Ortsstatut von Nürnberg aufhob, durch welches jedem Bürger verboten wurde, ihnen mehr als ein einziges Goldstück oder ein Mass Korn zu geben. — Chron. Glassberger, ann. 1310.

mit der Behauptung, die Spiritualen seien exkommunizierte Ketzer und hätten als solche kein Recht auf Schutz. In der langen Erörterung über diese Fragen standen sich als Führer beider Parteien gegenüber Ubertinus von Casale und Bonagratia (Boncortese) von Bergamo. Der erstere war, während er sich auf dem Berge Alverno, dem Schauplatze der Verklärung des hl. Franziskus, einem beschaulichen Leben hingab, von Christus gesalbt und zu einem hohen Grade spiritualistischer Erkenntnis erhoben worden. Sein bedeutendes Ansehen kennzeichnet folgende Geschichte. Während er mit grossem Erfolge in Toskana tätig war, wurde er von Benedikt XI. nach Rom vorgeladen, um sich wegen einiger gegen ihn erhobenen Anklagen zu verantworten. Bald darauf schickte das Volk von Perugia an den Papst eine feierliche Gesandtschaft mit zwei Bittgesuchen, dem einen, dass Ubertinus ihnen wiedergegeben würde, und dem andern, dass der Papst und die Kardinäle in Perugia residieren möchten; lächelnd erwiderte Benedikt: „Ich sehe, dass ihr uns nur wenig liebt, weil ihr uns den Bruder Ubertinus vorzieht." Ausserdem war Ubertinus ein Joachimit und trug kein Bedenken, die Abdankung Coelestins V. als eine erschreckliche Neuerung und die Thronbesteigung Bonifaz' VIII. als eine Usurpation zu bezeichnen. Bonagratia war seinem Gegner an Gelehrsamkeit vielleicht überlegen und stand ihm nicht nach an standhafter Hingebung an das, was er für wahr hielt. Ubertinus kennzeichnet ihn allerdings als einen Laiennovizen, der erfahren sei in allen schlauen Kniffen des Rechts. Wir werden später sehen, dass Ubertinus bereit war, für die Verteidigung seines Ideals der Armut Verfolgung zu erdulden. Der Gegensatz zweier solchen Männer über die strittigen Punkte beweist schlagend, wie unlösbar in Wirklichkeit die Fragen waren, die einen so hitzigen Streit entfachten und soviel Blut kosteten[1]).

Die Spiritualen hatten kein Glück mit ihren Bemühungen, einen päpstlichen Erlass zu erwirken, der es ihnen gestattete, sich von ihren Gegnern zu trennen und nach ihrer Auffassung der Regel in Frieden zu leben. Aber in anderer Beziehung war die Entscheidung der Kommission ganz günstig für sie, trotz der hartnäckigen Bemühungen der Konventualen, die Aufmerksamkeit von den wirklich schwebenden Fragen abzulenken und die angeblichen Irrtümer

---

1) Archiv für Lit.- und Kirchengeschichte III (1887) S. 93 ff. — Hist. tribulat. (ebd. II, S. 130, 132—4). — Ehrle (ebd. II, S. 366, 380). — Wadding. ann. 1310, Nr. 1—5. — Chron. Glassberger, ann. 1310. — Ubertini de Casali Tract. de septem statibus ecclesiae, c. IV. — *Balthasar a. a. O. Kap. 9.

Olivis in den Vordergrund zu stellen. Klemens V. nahm die Entscheidung an und befahl vor versammeltem Konsistorium und in Gegenwart beider Parteien allen, in gegenseitiger Liebe und Freundschaft zu leben, die Vergangenheit ins Meer der Vergessenheit zu versenken und sich wegen früherer Differenzen nicht mehr zu beschimpfen. Ubertinus erwiderte: „Heiliger Vater! Unsere Gegner nennen uns Ketzer und Verteidiger der Ketzerei; es finden sich in euren Archiven sowie in denen des Ordens ganze Bücher, die voll davon sind. Sie müssen entweder diese Anschuldigungen beweisen und uns unsere Verteidigung gestatten, oder sie müssen dieselben zurücknehmen. Andernfalls kann von Frieden zwischen uns keine Rede sein." Hierauf entgegnete Klemens: „Wir erklären als Papst, dass nach dem, was von beiden Seiten vor uns vorgebracht wurde, keiner das Recht hat, euch Ketzer und Verteidiger der Ketzerei zu nennen. Was in dieser Hinsicht in unseren Archiven oder sonstwo vorhanden ist, vernichten wir vollständig und erklären, dass es wider euch keine Geltung hat." Das Ergebnis dieser Unterredung trat zutage, als das Konzil von Vienne am 6. Mai 1312 einen Kanon annahm, der unter dem Namen 'Exivi de paradiso' bekannt ist und dazu bestimmt war, den schon so lange dauernden Streit für immer beizulegen. Angelus von Clarino erklärte, dass dieser Kanon vollständig auf den Vorschlägen Ubertinos beruhe, und dass er den Sieg der Spiritualen kröne. Sein Herz floss über vor Freude, als er die gute Nachricht seinen Brüdern verkündete. Der Kanon entscheide, sagte er, achtzig Fragen in betreff der Auslegung der Regel; hinfort seien diejenigen, welche dem Herrn in Einsiedeleien dienten und den Bischöfen gehorsam wären, gegen jegliche Belästigung geschützt. Die Inquisitoren würden unter die Oberaufsicht der Bischöfe gestellt, ein Punkt, den er offenbar für besonders wichtig hielt. Denn in der Provence und in Toskana lag die Inquisition in den Händen der Franziskaner und demgemäss der Konventualen. Wir haben gesehen, dass Klemens V. mit der Veröffentlichung der Konzilsbeschlüsse zögerte. Als er nach einer sorgfältigen Revision derselben eben im Begriffe stand, dies zu tun, starb er im April 1314, und das lange Interregnum, das nun folgte, verursachte einen neuen Aufschub. Johann XXII. wurde im August 1316 gewählt; auch er verlangte Zeit für eine weitere Prüfung, und erst im November 1317 wurden die Kanones endlich in die Welt gesandt. Dass sie bei diesen Revisionen Veränderungen erlitten, ist mehr als wahrscheinlich, und der Kanon 'Exivi de paradiso' forderte vor allem zur Umarbeitung heraus. So, wie er auf uns gekommen ist, rechtfertigt er sicherlich nicht den Triumphgesang Angelos. Wohl besteht er auf einer strengeren Auslegung der Regel. Er verbietet die Aufstellung von Kasten in den Kirchen zum Zwecke der Geldsammlung; er erklärt die Mönche für unfähig zur Annahme von Erbschaften; er verwirft den Bau prächtiger Kirchen und Klöster, die eher Paläste seien; er untersagt den Erwerb ausgedehnter Gärten und grosser Weinberge, und selbst das Aufstapeln von Korn und das Anlegen von Weinkellern überall da, wo die Brüder von einem Tage zum andern durch Betteln leben könnten; er erklärt, dass alles, was dem Orden geschenkt werde, der römischen Kirche gehöre, und dass den Brüdern nur der Niessbrauch zustehe, denn sie könnten weder persönliches noch gemeinsames Eigentum besitzen — kurz, der Kanon rechtfertigte vollkommen die Klagen der Spiritualen und legte die Regel in ihrem Sinne aus. Aber er erlaubte ihnen nicht, wie Angelus erwartet hatte, in Frieden für sich zu leben, sondern unterwarf sie ihren Vorgesetzten. Das hiess, sie in die Sklaverei zurückführen, da die grosse Mehrheit des Ordens zu den Konventualen zählte, die eifersüchtig waren auf die höhere Heiligkeit, die die Spiritualen sich beilegten, und erbittert durch ihre Niederlage und durch die angedrohte strenge Durchführung der Ordensregel. Diese Erbitterung steigerte sich noch, als der General Gonsalvus sich eifrig daran machte, die von dem Kanon 'Exivi' vorgeschriebenen Reformen durchzuführen. Er reiste in den verschiedenen Provinzen umher und liess kostspielige Gebäude niederreissen, sowie die Geschenke und Vermächtnisse den Gebern und Erben zurückerstatten. Das erregte grossen Unwillen unter den laxeren Brüdern, und der schnelle Tod des Generals im Jahre 1313 wurde verbrecherischen Händen zugeschrieben. Die Wahl seines Nachfolgers, des Alexander von Alessandria, eines der eifrigsten Konventualen, zeigt, dass der Orden in seiner Majorität nicht gewillt war, sich dem Papste und dem Konzil ruhig zu unterwerfen[1]).

Wie vorauszusehen war, wurde der Streit zwischen den beiden Parteien heftiger denn je. Dass Klemens V. die asketische Richtung begünstigte, beweist die von ihm 1313 vollzogene Kanonisation

---

1) Ubertini Responsio (Archiv für Lit.- und Kirchengeschichte III (1887) S. 87). — Baluz. et Mansi, II, 278. — Ehrle, im Archiv für Lit.- und Kirchengeschichte I (1885) S. 541—2, 545; II (1886) S. 362. — Hist. tribulat. (ebd. 1886, S. 138—41). — C. 1, Clement. V, 11. — Wadding. ann. 1312, Nr. 9; ann. 1313, Nr. 1. — Chron. Glassberger, ann. 1312. — Alvar. Pelagius, De planctu eccles. Lib. II, art. 67. — *Vgl. bezüglich des Konzils von Vienne, Zeitschrift für katholische Theologie XXXII (1908), 471ff.; Holzapfel a. a. O. S. 59ff.

Cölestins V. Als jedoch die Spiritualen ihn um Schutz gegen ihre Brüder ersuchten, begnügte er sich damit, ihnen den Befehl zur Rückkehr in ihre Klöster zu geben, während er ihren Gegnern die Mahnung erteilte, sie freundlich zu behandeln. Diese Gebote wurden indessen missachtet; denn der gegenseitige Hass war zu bitter, als dass die stärkere Partei des Missbrauchs ihrer Macht sich hätte enthalten können. Klemens V. tat sein Bestes, um die Konventualen zur Unterwerfung zu zwingen. Schon im Juli 1311 hatte er Bonagratia befohlen, sich in das Kloster Valcabrère in der Grafschaft Comminges zurückzuziehen und es nicht ohne besondere Erlaubnis des päpstlichen Stuhles zu verlassen. Gleichzeitig liess er den Provinzial der Provence, Guiraud Vallette, sowie fünfzehn der ersten Vertreter des Ordens in ganz Südfrankreich, die als die Führer bei der Bedrückung der Spiritualen galten, vor sich kommen. Im öffentlichen Konsistorium wiederholte er seine Befehle, schalt sie wegen ihres Ungehorsams und ihrer Auflehnung und setzte die, welche ein Amt bekleideten, ab, während er diejenigen, die ohne Amt waren, für nicht wählbar erklärte. Die Abgesetzten ersetzte er durch geeignete Personen, denen er strenge einschärfte, Frieden zu halten und die so schwer bedrückte Minderheit gut zu behandeln. Trotzdem dauerten die Ärgernisse und Klagen fort, bis der General Alexander den Spiritualen die drei Klöster in Narbonne, Béziers und Carcassonne einräumte mit dem Befehle, nur annehmbare Personen als Vorgesetzte an die Spitze derselben zu stellen. Doch vollzog sich auch diese Änderung nicht ohne Anwendung von Gewalt, wobei die Spiritualen die Sympathie des Volkes für sich hatten, und die so begünstigten Klöster wurden Zufluchtsstätten für alle Brüder, die anderswo unzufrieden waren. Eine Zeitlang scheint nun Ruhe geherrscht zu haben. Mit dem Tode des Papstes Klemens im Jahre 1314 erneuerte sich indessen der Streit. Eine Krankheit vorschützend, verliess Bonagratia schleunigst den Ort seiner Verbannung und beteiligte sich voll Eifer an den neuen Unruhen. Die entlassenen Amtsinhaber machten wieder ihren Einfluss geltend, und die Spiritualen beklagten sich, dass sie im geheimen und öffentlich beleidigt und verleumdet, mit Schmutz und Steinen beworfen, der Nahrung und Kleidung, ja sogar der Sakramente beraubt und an ferne Orte zerstreut oder eingekerkert würden[1]).

---

1) Jordan. Chron. c. 326, Partic. III (Muratori, Antiq. XI, 767). — Hist. tribulat. (Archiv, II [1886] S. 140—1). — Ehrle (ebd. II [1886], S. 158—64; III [1887], S. 33, 40). — Raym. de Fronciacho (ebd. III [1887], S. 27).

Vielleicht wäre es Klemens V. doch geglückt, Mittel und Wege ausfindig zu machen, um eine Einigung der unversöhnlichen Parteien herbeizuführen, wenn nicht die italienischen Spiritualen sich unbotmässig gezeigt hätten. Diese waren während der langen dem Konzile von Vienne vorausgehenden Verhandlungen ungeduldig geworden. Täglichen Bedrückungen unterworfen und an der Ruhe innerhalb des Ordens verzweifelnd, hörten sie eifrig auf den Rat eines weisen und heiligen Mannes, des Kanonikus Martin von Siena, der sie versicherte, dass sie, möge auch ihre Anzahl klein sein, doch das Recht hätten, sich von ihren Mitbrüdern zu trennen und sich einen eigenen General zu wählen. Unter der Führung Jakobs von San Gimignano taten sie das und brachten eine unabhängige Organisation zustande. Das bedeutete aber offene Empörung und musste die Sache der Spiritualen von Avignon sehr schädigen. Klemens V. wollte von keinem Zugeständnisse wissen an Leute, die so ihrem eidlich gelobten Gehorsam untreu wurden. Er schickte sofort Kommissionen ab, um dieselben zu verhören, und sie wurden als Schismatiker und Rebellen, als Gründer einer abergläubischen Sekte und als Verbreiter falscher und giftiger Lehren vorschriftsmässig exkommuniziert. Ihre Verfolgung wurde von Tag zu Tag heftiger. An einigen Orten aber vertrieben sie, von den Laien unterstützt, die Konventualen aus ihren Häusern und verteidigten sich mit Waffengewalt, die zahlreichen über sie verhängten kirchlichen Censuren missachtend. Andere suchten, so gut sie konnten, einen Weg nach Sizilien zu gewinnen. Noch andere schrieben kurz vor dem Tode des Papstes Klemens Briefe an diesen, worin sie ihre Unterwerfung und ihren Gehorsam beteuerten; aber die Freunde der Spiritualen fürchteten, sich selbst zu schaden, wenn sie diese Briefe auch nur vorlegten. Als Johann XXII. 1316 den päpstlichen Stuhl bestiegen hatte, machten sie einen neuen Versuch, zum Papste zu gelangen; aber die Konventualen hatten damals ganz die Oberhand gewonnen, und die Gesandten wurden als exkommunizierte Ketzer eingekerkert. Diejenigen, welche entkommen konnten, flüchteten nach Sizilien. Es verdient bemerkt zu werden, dass diese sogenannten Ketzer überall durch ihre Tugenden und ihre Heiligkeit die Volksgunst gewannen und sich dadurch mehr oder weniger wirksamen Schutz sicherten, was namentlich in Sizilien der Fall war. Eingedenk der Lehren, die Arnald von Villanova ihm gegeben, nahm König Friedrich die Flüchtlinge freundlich auf und erlaubte ihnen, trotz wiederholter Vorstellungen von seiten Johanns XXII., sich niederzulassen. Dort hatte Heinrich von Ceva, dem wir später noch einmal begegnen werden, schon eine Zuflucht vor den Verfolgungen des Papstes Bonifaz' VIII. gesucht und so den späteren Flüchtlingen den Weg bereitet. Im Jahre 1313 wird ein „Papst" namens Cölestin erwähnt, den die „armen Männer" in Sizilien gewählt hatten, mit einem Kollegium von Kardinälen, welche die einzige wahre Kirche darstellen wollten und auf den Gehorsam der Gläubigen Anspruch erhoben. Mochte auch diese Bewegung damals noch sehr unbedeutend sein, so trug sie in der Folgezeit viel zur Gründung der Sekte bei, die unter dem Namen der Fraticellen bekannt ist, und die mit bewundernswerter Standhaftigkeit der schonungslosen Strenge der italienischen Inquisition so lange Trotz bot[1]).

Die ursprünglichen Führer der italienischen Spiritualen brauchten diese gefährlichen Pfade der Empörung nicht zu betreten, da sie von der Unterwerfung unter die Konventualen befreit waren und im Gehorsam gegen Rom verharren konnten. Angelus von Clarino schrieb an seine Jünger: Folter und Tod seien der Trennung von der Kirche und ihrem Oberhaupte vorzuziehen; der Papst sei der Bischof der Bischöfe, der alle kirchlichen Würden ordne; die Schlüsselgewalt käme von Christus her, und unterwerfen müsse man sich, auch wenn man verfolgt werde. Neben diesen Ermahnungen finden sich indessen andere bei ihm, die zeigen, wie unhaltbar die Lage war, die der Glaube an den hl. Franziskus als einen neuen Evangelisten und an seine Regel als eine göttliche Offenbarung geschaffen hatte. Wenn Könige oder Prälaten etwas befehlen würden, was gegen den Glauben sei, dann müsse man Gott gehorchen und den Tod willkommen heissen; Franziskus habe nichts in die Regel aufgenommen, was nicht Christus ihm eingegeben habe niederzuschreiben, und ihr müsse man mehr als den Bischöfen folgeleisten. Nach der Verfolgung unter Johann XXII. führte Angelus sogar eine dem Franziskus zugeschriebene Prophezeiung an, welche besagt: es würden Männer auftreten, die den Orden verhasst machen und die ganze Kirche ver-

---

1) Hist. tribulat. (a. a. O. S. 139—40). — Lami, Antichità Toscane, p. 596—99. — Ehrle, im Archiv II, S. 156—8. — Johann. S. Victor. Chron. ann. 1319 (Muratori, S. R. I. III. II, 479). — Wadding. ann. 1313, Nr. 4—7. — D'Argentré, I. I, 297. — Arch. de l'Inq. de Carcass. (Doat, XXVII, fol. 7ff.). — Raym. de Fronciacho, im Archiv für Lit.- und Kirchengeschichte III (1887), S. 31.

Frà Francesco von Borgo San Sepolcro, der 1311 von der Inquisition zu Assisi vor Gericht gezogen wurde, weil er sich die Gabe der Weissagung beilegte, war wahrscheinlich ein toskanischer Joachimit, der seine Unterwerfung verweigerte (ebd. 1887, S. 11).

derben würden; es würde ein nicht den kanonischen Vorschriften gemäss gewählter Papst kommen, der nicht den richtigen Glauben an Christus und die Regel habe; dann würde eine Spaltung im Orden eintreten und der Zorn Gottes diejenigen heimsuchen, die am Irrtum festhielten. Mit deutlicher Anspielung auf Johann XXII. sagt er, dass, wenn ein Papst die evangelische Wahrheit als Irrtum verdamme, er dem Urteile Christi und der Doktoren überlassen bleiben müsse; und wenn er die evangelische Armut als Ketzerei exkommuniziere, so sei er aus der Gemeinschaft mit Gott ausgeschlossen und ein Ketzer in den Augen Christi. Obwohl auf diese Weise sein Glaube und sein Gehorsam schwere Prüfungen durchzumachen hatten, versuchten Angelus und seine Anhänger doch nie, ein Schisma herbeizuführen. Er starb im Jahre 1337, gebrochen durch die sechzigjährigen Leiden und Verfolgungen, als ein Mann von festestem und vornehmstem Geist und von den heiligsten Bestrebungen erfüllt, der aber in einer unglücklichen Zeit lebte und sich in dem hoffnungslosen Bemühen erschöpfte, das Unversöhnliche zu versöhnen. Obgleich Johann XXII. ihm erlaubt hatte, das Gewand und die Regel der Cölestiner anzunehmen, musste er doch im verborgenen leben, und nur wenigen zuverlässigen Freunden und Anhängern — von denen einige im Jahre 1334 als Fraticellen vor dem Richterstuhle der Inquisition erschienen — war seine Wohnung bekannt. Es war die verlassene Einsiedelei zu Santa Maria von Aspro in der Basilicata. Drei Tage vor seinem Tode verbreitete sich daselbst das Gerücht, ein Heiliger liege im Sterben; sofort strömte das Volk in solchen Scharen zusammen, dass man Wachen an den Eingang seines Zufluchtsortes stellen und die Menge paarweise eintreten lassen musste, um seinen Todeskampf zu schauen. Seine Wunderkraft fing bald an zu leuchten; schliesslich wurde er von derselben Kirche selig gesprochen, die zwei Generationen hindurch ihn unaufhörlich mit Füssen getreten hatte. Seine kleine Kongregation trat zwar gegenüber dem tatkräftigern Vorgehen der Fraticellen in den Hintergrund, lebte aber weiter, besonders nachdem die überlieferte Lehre von der Selbstverleugnung unter günstigeren Auspizien von den Observanten wieder aufgegriffen worden war, bis sie schliesslich bei der Reorganisation des Ordens unter Papst Leo X. im Jahre 1517 in den letzteren aufging [1]).

---

1) Ehrle, im Archiv für Lit.- u. Kirchengeschichte I (1885), S. 534—9, 553—5, 558—9, 561, 563—4, 566—9; III (1887), S. 406). — S. Francisci Prophet. XIV, (Op. Ed. 1849, p. 270—1). — Chron. Glassberger, ann. 1502, 1506, 1517. — *Vgl. Holzapfel a. a. O. S. 63, 91, 137.

In der Provence gab es kurz vor dem Tode Klemens' V. eifrige Köpfe, welche die Träumereien des Ewigen Evangeliums pflegten und nicht zufrieden waren mit dem Siege, den sie auf dem Konzil von Vienne errungen hatten. Als im Jahre 1311 die Konventualen das Andenken Olivis angriffen, war einer ihrer Anklagepunkte der, dass er Sekten ins Leben gerufen habe, die behaupteten, seine Lehre sei von Christus offenbart; diese habe die nämliche Autorität wie das Evangelium; ihnen sei seit Nikolaus III. die päpstliche Suprematie übertragen, und darum hätten sie ihren eigenen Papst gewählt. Ubertinus leugnete das nicht, machte aber geltend, er wisse nichts davon, und wenn es wahr sei, so dürfe Olivi nicht dafür verantwortlich gemacht werden, da diese Irrtümer vollständig im Widerspruch mit seiner Lehre ständen und aus ihr auch nicht ein Wort zur Stütze eines solchen Wahnsinns angeführt werden könne. Trotzdem gab es unzweifelhaft Sektierer, die sich Jünger Olivis nannten, unter denen der revolutionäre Sauerteig weiterwirkte, und die keinen Wert und keine Autorität in der fleischlich und weltlich gesinnten Kirche anerkennen wollten. Zum Jahre 1313 hören wir von einem Bruder Raimund Johannis, der in einer öffentlichen Predigt zu Montréal prophezeite, sie würden um des Glaubens willen Verfolgungen erdulden, und der, als er nach der Predigt gefragt wurde, was er damit meine, in Gegenwart mehrerer Personen die kühne Antwort gab: „Die Feinde des Glaubens sind in unserer eigenen Mitte. Die Kirche, welche uns beherrscht, hat ihr Symbol in der grossen Hure der Apokalypse, welche die Armen und die Diener Christi verfolgt. Ihr seht, wir wagen es nicht, offen vor unseren Brüdern aufzutreten." Er fügte noch hinzu, der einzige wahre Papst sei der in Sizilien gewählte Cölestin, und seine Organisation sei die einzig wahre Kirche[1]).

So waren die Spiritualen keineswegs eine geschlossene Partei. Sobald einmal die Fesseln der Autorität abgeschüttelt waren, herrschten unter ihnen viel zu viele individuelle Anschauungen und ein zu glühender Fanatismus, als dass sie zu genau denselben Überzeugungen hätten gelangen können. So teilten sie sich in kleinere Gruppen und Sekten und hoben durch diese Zersplitterung den bescheidenen Einfluss wieder auf, den sie andernfalls gehabt hätten, um der mächtigen Organisation der Hierarchie ernstere Schwierigkeiten zu bereiten. Ob indessen ihre Lehre unterwürfig war, wie die Angelos, oder aufrührerisch, wie die des Raimund Johannis: auf alle Fälle machten sie

---

1) Ehrle, im Archiv a. a. O. II (1886), S. 371, 411. — Arch. de l'Inq. de Carcassonne (Doat, XXVII, fol. 7, vgl. den Anhang dieses Bandes Nr. I).

sich des unverzeihlichen Verbrechens der Unabhängigkeit schuldig, indem sie ihre eigenen Gedanken hegten, wo das Denken verboten war, und an ein höheres Gesetz als das der päpstlichen Dekretalen glaubten. Ihre Standhaftigkeit sollte bald auf die Probe gestellt werden. Im Oktober 1314 starb der General Alexander; nach einer Zwischenzeit von zwanzig Monaten, am 29. Mai 1316, wurde Michael von Cesena zu seinem Nachfolger gewählt. Dem Generalkapitel von Neapel, das ihn wählte, schickten die Spiritualen von Narbonne eine lange Denkschrift, worin sie das Unrecht und die Trübsal schilderten, die sie erlitten hätten, seitdem der Tod des Papstes Klemens sie des päpstlichen Schutzes beraubt habe. Die Erhebung Michaels konnte als ein Sieg über die Konventualen erscheinen. Er war ein ausgezeichneter Theologe, ein entschiedener und unbeugsamer Charakter und fest entschlossen, die strenge Beobachtung der Regel durchzusetzen. Schon drei Monate nach seiner Wahl erliess er eine allgemeine Verordnung, worin er strengen Gehorsam gegen die Regel einschärfte. Über die Kleider, die die Brüder tragen sollten, wurden genaue Vorschriften aufgestellt; Geld dürfte, ausser im Falle unbedingter Notwendigkeit, nicht angenommen, Feldfrüchte dürften nicht verkauft, prächtige Gebäude nicht errichtet werden; die Mahlzeiten müssten einfach und knapp sein; die Brüder dürften niemals reiten und nicht einmal Schuhe tragen, ausser mit schriftlicher Erlaubnis ihres Klosters, wenn die Not es erfordere. Die Spiritualen durften hoffen, endlich einen General nach ihrem Herzen gefunden zu haben. Aber sie waren unbewussterweise vom Gehorsam abgewichen, und Michael war fest entschlossen, vor allem die Einheit des Ordens aufrechtzuerhalten und alle verirrten Schafe wieder in die Hürde zurückzutreiben [1]).

Vierzehn Tage vor Veröffentlichung dieser Vorschriften, am 17. August 1316, war das lange päpstliche Interregnum durch die Wahl Johanns' XXII. beendigt worden. Es hat wenig Päpste gegeben, die so vollständig die herrschenden Strömungen ihrer Zeit verkörpert haben wie er, und wenige, die auf die Kirche im Guten wie im Bösen einen so grossen Einfluss ausübten. Von verhältnismässig geringer Herkunft, war Johann durch seine Fähigkeiten und seine Willenskraft von einer Stufe zur andern gestiegen, bis er zuletzt den Stuhl Petri erreichte. Er war von kleiner Gestalt, aber von robuster Gesundheit; in seinem Wesen war er aufgeregt und leicht zum Zorne ge-

---

1) Ehrle, a. a. O. II (1886), S. 160—4. — Wadding. ann. 1317, Nr. 5. — *Bullarium Franciscanum V (1898), Nr. 601.

neigt, und seine Feindschaft war, wenn sie einmal geweckt war, auch dauernd. Die Freude, die er empfand, wenn es seinem Feinde schlecht ging, liess wenig von der Liebe des Oberhirten der Christenheit verspüren. Hartnäckig und unbeugsam, wie er war, hielt er an einer einmal gefassten Absicht fest, ohne alle Rücksicht auf den Widerstand, den er bei Freunden oder Feinden fand. Besonders stolz war er auf seine theologische Gelehrsamkeit, voll Feuer in der Kontroverse, aber auch unfähig, einen Widerspruch zu ertragen. Im Sinne der damaligen Zeit war er fromm; denn er zelebrierte fast täglich die Messe und stand fast jede Nacht auf, um das Offizium zu beten oder zu studieren. Unter seinen guten Werken wird eine poetische Beschreibung der Passion Christi erwähnt, die mit einem Gebete schloss. Er schmeichelte seiner Eitelkeit als Verfasser damit, dass er allen, die sie durchlesen würden, zur Belohnung zahlreiche Ablässe in Aussicht stellte. Seine Hauptcharaktereigenschaften jedoch waren Ehrgeiz und Habsucht. Um den erstern zu befriedigen, führte er mit den Visconti von Mailand endlose Kriege, von denen ein Zeitgenosse versichert, das in ihnen vergossene Blut würde das Wasser des Bodensees rotgefärbt, und die Leichen der Erschlagenen würden ihn von einem Ufer zum andern überbrückt haben. Was seine Habsucht angeht, so offenbarte er eine unerschöpfliche Fruchtbarkeit in der Erfindung von Mitteln, um die Schätze des Heiles in klingende Münze umzusetzen. Er war es, der zuerst die Taxen der Poenitentiarie in ein System brachte, das für jede mögliche Form menschlicher Schlechtigkeit Absolution zu bestimmten Preisen anbot, von fünf Groschen an für Mord und Blutschande bis zu dreiunddreissig Groschen für eine Ordination vor dem kanonischen Alter[1]). Ehe zwei Jahre nach seiner Thronbesteigung vergangen waren, behielt er sich das Recht vor, alle Kollegiatpfründen in der Christenheit zu verleihen unter dem bequemen Vorwande, die Simonie unterdrücken zu wollen. Aus dem Verkaufe derselben häufte er dann einen bedeutenden Schatz an. Ein anderer, noch gewinnbringenderer Kunstgriff bestand darin, dass er frei gewordene Bistümer nicht der Reihe nach besetzte, sondern systematisch den Inhaber eines ärmern Bistums zu einem reichern und dann zu einem Erzbistum beförderte; auf diese Weise bot

---

1) *Vgl. Tangl, Das Taxwesen der päpstlichen Kanzlei vom 13. bis zur Mitte des 15. Jahrhunderts (Mitteilungen des Instituts für österr. Geschichtsforschung XIII [1892], 18ff.); Tangl, Die päpstlichen Kanzleiordnungen von 1200—1500 (1894), S. XLVIff.; Göller, Die päpstliche Poenitentiarie von ihrem Ursprung bis zu ihrer Umgestaltung unter Pius V. (1907).

jede Vakanz ihm Gelegenheit, zahlreiche Veränderungen vorzunehmen und von jeder einen Tribut zu erheben. Ausser diesen regelmässigen Quellen unheiligen Gewinnes war er erfindungsreich in ausserordentlichen Mitteln, so z. B. als er im Jahre 1326, wo er Geld für seine lombardischen Kriege nötig hatte, Karl den Schönen um die Erlaubnis bat, ein Subsidium von den Kirchen Frankreichs zu erheben, da Deutschland ihm damals durch seinen Streit mit Ludwig dem Bayern verschlossen war. Anfangs weigerte sich Karl; schliesslich aber willigte er ein unter der Bedingung, dass der Ertrag geteilt werde und der Papst ihm als Entgelt für seine Genehmigung einen Zehnten von zwei Jahren gewähre — wie ein Zeitgenosse bemerkt: „et ainsi saincte yglise, quant l'un le tont, l'autre l'escorche". Johann erpresste eine grosse Summe: von den einen bekam er einen vollen Zehnten, von den andern einen halben, von wieder andern so viel, als er erlangen konnte, während alle, die durch den päpstlichen Stuhl eine Pfründe erhalten hatten, die Einkünfte eines vollen Jahres beisteuern mussten. Zur Entschuldigung für diese unersättliche Habgier erklärte er, das Geld sei für einen Kreuzzug bestimmt. Da er indessen neunzig Jahre alt wurde, ohne diese Absicht auszuführen, so dürfte der zeitgenössische Villani wohl berechtigt gewesen sein zu der vorsichtigen Bemerkung: „Vielleicht hatte er eine solche Absicht!" Obwohl er im allgemeinen knauserig war, gab er doch ungeheure Summen aus, um das Glück seines Neffen, des Kardinallegaten Bertrand von Poyet, zu fördern, der darauf ausging, in Norditalien ein Fürstentum zu gründen. Ausserdem verwendete er viel Geld, um Avignon zu einer dauernden Residenz für das Papsttum zu machen, wenngleich es Benedikt XII. vorbehalten war, den gewaltigen Festungspalast der Päpste dort zu kaufen und zu erweitern. Nach der stark übertriebenen Angabe seines Zeitgenossen Villani fanden sich bei seinem Tode, als man ein Inventar über sein Vermögen aufstellte, in seinem Schatze achtzehn Millionen Goldgulden vor, sowie Juwelen und Kleider, die auf sieben weitere Millionen geschätzt wurden. Selbst in den Augen der florentinischen Kaufleute erschien diese Summe so ungeheuerlich, dass Villani, dessen Bruder einer der Taxatoren war, glaubte bemerken zu müssen, dass eine Million tausendmal tausend sei. In Wirklichkeit betrug der Nachlass etwa acht Millionen Mark heutiger Währung an barem Gelde, wozu noch etwa drei Millionen an Juwelen und sonstigen Kostbarkeiten kamen. Der Nachlass Johanns' XXII. war also bedeutend geringer, als die Angabe Villanis besagt. Um aber seine Grösse richtig zu würdigen, muss man in Anschlag bringen, dass die Kaufkraft des Geldes im 14. Jahrhundert im allgemeinen um das Drei- bis Vierfache höher war, als heute. Und wenn man sich die verhältnismässige Armut jener Zeit vergegenwärtigt und die Seltenheit der Edelmetalle, so erhält man einen Begriff davon, welche Fülle von Leiden an einem solchen Schatze klebte. Er war doch in seinen letzten Quellen zum guten Teil armen Bauern abgerungen, die im besten Falle ein kärgliches Dasein von dem Ertrage einer unvollkommenen Landwirtschaft führten. Man kann sich ausserdem vorstellen, was dieser Schatz auf seinem Wege zur päpstlichen Kammer erlebt hatte an Simonie, an Gerechtigkeit, die den armen Parteien an der Kurie verkauft oder verweigert wurde, an erlassenen Fegfeuerstrafen und an Sündenvergebungen, die den zahlreichen Bittstellern gewährt wurden, wenn sie von der Kirche einen Anteil an ihren Heilsschätzen erbaten [1]).

---

1) Villani, Historie Fiorentine lib. xi, c. 20. (*Über den Schatz Johanns XXII. vgl. Ehrle, im Archiv für Literatur- und Kirchengeschichte v [1889], 159 ff.; Sägmüller, im Historischen Jahrbuch der Görresgesellschaft xviii [1897], S. 37 ff.; Göller, Die Einnahmen der Apostolischen Kammer unter Johann XXII. [1910], S. 130 ff.) — Chron. Glassberger, ann. 1334. — Alvarus Pelagius, De planctu ecclesiae l. 2, art. 7, 15. — Friedrich, Statut. Synod. Wratislav. (Hannoverae, 1827) p. 37, 38, 41. — Grandes Chroniques, v, 300. — Guillel. Nangiac. Contin. ann. 1326.

Die Sammlung der päpstlichen Urkunden, die sich auf Sachsen beziehen, und die von Schmidt (Päpstliche Urkunden und Regesten, die Gebiete der heutigen Provinz Sachsen betreffend, I. Band, die Jahre 1295—1352 [1886], S. 87—295) veröffentlicht worden sind, zeigt, welch ungeheure Summen Johann XXII. aus dem Verkaufe von Kanonikaten erhob. Es ist nicht übertrieben, dass mehr als die Hälfte der während seines Pontifikates ergangenen Verfügungen derartige Geschäfte betreffen.

Die Berichte des päpstlichen Kollektors für Ungarn aus dem Jahre 1320 lassen erkennen, mit welcher Gründlichkeit man die ersten Einkünfte einer jeden kleinen Pfründe eintrieb, und wie unverhältnismässig hohe Kosten das Eintreibungsverfahren selbst verursachte. So erhob der Kollektor 1913 Goldgulden, von denen aber nur 732 die päpstliche Schatzkammer erreichten (Theiner, Monumenta Slavorum meridion. I, 147). — *Vgl. auch Kirsch, Die päpstlichen Kollektorien in Deutschland während des 14. Jahrhunderts (1894), S. 33 ff.; Kirsch, Die päpstlichen Annaten in Deutschland während des 14. Jahrhunderts I (1903), S. 3 ff.

Neuere Apologeten haben sich bemüht, den durch die Taxen der päpstlichen Kanzlei und der Pönitentiarie gewährten Nachlass von Verbrechen und Sünden durch verschiedene scharfsinnige Argumente hinweg zu erklären. Es genügt indessen die Feststellung, dass, was auch immer die Theorie bestimmen mochte, die Praxis ein- kaum verhüllter Verkauf der Straflosigkeit war, der niemanden unklar blieb. Als der Ruf nach einem allgemeinen Konzile immer lauter wurde, um den Fortschritten des Luthertums dadurch Einhalt zu tun, und als Rom versuchte, durch Versprechungen von Reformen der Berufung auszuweichen, wandte sich Pius' III. um das Jahr 1536 an seine Kardinäle um Rat. Einer der ihm vorgelegten Berichte gibt zu, dass

Der andauernde Übelstand, den Johann XXII. durch seinen schamlosen Handel mit Pfründen verursachte, und der Ruf, den er hinterliess, zeigen sich in den bitteren Klagen, die ein Jahrhundert später auf dem Konzil von Siena von den Vertretern des Gallikanismus erhoben wurden. Sie erklärten, dass während des Pontifikates Johanns XXII. der Hl. Stuhl alle Pfründen für sich behalten, sowie dass er Würden, Expektanzen usw. öffentlich an den Meistbietenden, ohne Rücksicht auf seine Qualifikation, verkauft habe, so dass in Frankreich viele Pfründen durch die ihnen aufgebürdeten unerträglichen Lasten vollständig ruiniert seien. Man kann sich daher auch nicht wundern über das Zeugnis, das die hl. Jungfrau in der zweiten Hälfte des 14. Jahrhunderts über Johann XXII. abgegeben haben soll. Damals wandten sich mehrere Franziskaner an die hl. Brigitta von Schweden, um von ihr zu erfahren, ob die Dekretalen Johanns XXII. über die Armut Christi richtig seien. Zweimal erschien ihr die hl. Jungfrau, um ihre Gewissenszweifel zu lösen, und erklärte ihr, dass die Dekretalen zwar richtig seien, dass es ihr aber nicht freistehe, zu sagen, ob die Seele des Papstes im Himmel oder in der Hölle wäre. Das war der Mann, dem eine grausame Ironie des Schicksals die Lösung der heikeln Gewissensskrupel übertrug, mit denen die Spiritualen sich quälten[1]).

Johann hatte an den Verhandlungen des Konzils von Vienne eifrig Anteil genommen und war mit allen Einzelheiten der Frage gründlich vertraut. Als sich daher der Ordensgeneral Michael kurz nach seiner Thronbesteigung an ihn mit der Bitte wandte, die Eintracht in dem entzweiten Orden wiederherzustellen, liess er sich durch sein heftiges Temperament dazu hinreissen, sofort und energisch

---

die Taxen der Kanzlei ein Ärgernis für viele fromme Seelen seien, versucht aber gleichzeitig sie zu rechtfertigen durch den Hinweis, dass das Geld nicht für die Absolution, sondern als „Genugtuung" oder als Busse für die Sünde bezahlt werde, und dass es durchaus schicklich sei, dasselbe für die zahllosen frommen Werke des hl. Stuhles zu verwenden. (Döllinger, Beiträge zur politischen, kirchlichen und Kulturgeschichte, III. 210.) Diese Erklärung befriedigte jedoch nicht die Kardinalskommission, die 1538 das berühmte Consilium de emendanda ecclesia aufstellte. Sie erklärte offen, dass die Poenitentiarie und die Datarie der Zufluchtsort aller Schlechten seien, die sich Straflosigkeit durch Geld erkaufen wollten, und dass sie auf diese Weise ein unbeschreibliches Ärgernis in der ganzen Christenheit verursachten; die Kirche, so erklärte die Kommission, mache sich kein Gewissen daraus, Missbräuche aufrecht zu erhalten, die jedes Königreich und jede Republik ins Verderben bringen würden (Le Plat, Monument. Concil. Trid. II, 601).

1) Jo. de Ragusio, Initium et prosecut. Basil. concilii (Monument. concil. saec. XV. T. I. p. 32). — Revelat. S. Brigittae Lib. VII. c. VIII. — *Haller, Papsttum und Kirchenreform I (1903), S. 202ff.

vorzugehen. Dem Könige Friedrich II. von Sizilien befahl er am 15. März 1317, die Flüchtlinge in seinem Reiche zu ergreifen und sie ihren Oberen zur Bestrafung auszuliefern. Der Provinzial von Aquitanien, Bertrand de la Tour, wurde angewiesen, die Rebellen der Klöster von Béziers, Narbonne und Carcassonne zum Gehorsam zurückzuführen. Bertrand versuchte es zunächst mit gütiger Überredung. Das äussere Abzeichen der Spiritualen war ihr Gewand. Sie trugen kleinere Kapuzen und kürzere, engere und gröbere Kutten als die Konventualen, und da sie glaubten, hierin dem vom hl. Franziskus gegebenen Beispiele zu folgen, so war diese Frage für sie ebensosehr ein Glaubensartikel, wie der Verzicht auf Kornspeicher und Weinkeller und die Weigerung, mit Geld umzugehen. Als nun der Provinzial in sie drang, diese Kleidung abzulegen, erklärten sie, das sei eine Sache, worin sie ihm keinen Gehorsam leisten könnten. Und als jener, unter Berufung auf das päpstliche Reskript, einen gebieterischen Ton annahm, wandten sie sich an den besser zu informierenden Papst mit einer Berufung, die von fünfundvierzig Brüdern von Narbonne und fünfzehn von Béziers unterzeichnet war. Sobald Johann diese Berufung erhielt, gab er am 27. April 1317 den peremptorischen Befehl, dass alle Appellanten bei Strafe der Exkommunikation binnen zehn Tagen sich bei ihm einfinden sollten. Sie brachen auf, vierundsiebzig an der Zahl, mit Bernhard Délicieux an der Spitze. Als sie Avignon erreichten, wagten sie es nicht, in dem Franziskanerkloster zu herbergen, sondern schlugen auf dem öffentlichen Platze vor den Toren des päpstlichen Palastes ihr Nachtlager auf[1]).

Man hielt sie für weit gefährlichere Rebellen als die italienischen Spiritualen. Diesen war schon eine Audienz gewährt worden, worin Ubertinus von Casale die gegen sie erhobenen Anklagen widerlegt hatte. Zwar bezeugten Ubertinus, Gottfried von Cornone und Philipp von Caux ihre Sympathie für Olivi und erklärten sich bereit, ihn und seine Anhänger zu verteidigen, liessen aber doch offen durchblicken, dass sie sich persönlich mit jenen nicht solidarisch fühlten. Auch Johann XXII. machte denselben Unterschied, und wenn auch Angelus von Clarino eine Zeitlang eingekerkert wurde auf Grund einer ältern Verurteilung durch Bonifaz VIII., so wurde er doch bald wieder freigelassen und ermächtigt, das Gewand und die Regel der Cölestiner

---

1) Wadding. ann. 1317, Nr. 9—14. — Hist. tribulation. (Archiv für Lit.- u. Kirchengesch. II (1886), S. 142). — Joann. S. Victor. Chron. ann. 1311, 1316 (Muratori, S. R. I. III. II. 460, 478). — *Bullarium Franciscanum ed. Eubel v (1898), Nr. 256; vgl. auch Nr. 266.

anzunehmen. Dem Ubertinus wurde eröffnet, dass man, wenn er für ein paar Tage in das Franziskanerkloster zurückkehren wolle, für seine Zukunft in geeigneter Weise Sorge tragen werde. Hierauf gab er aber die bezeichnende Antwort: „Wenn ich einen einzigen Tag bei den Brüdern geblieben bin, will ich nichts mehr in der Welt von euch oder von irgend sonst jemand verlangen." Am 1. Oktober 1317 wurde ihm und mehreren Genossen erlaubt, in den Benediktinerorden einzutreten. Die ihm bewilligte Schonfrist war übrigens nicht von langer Dauer; denn 1325 musste er, wie wir später sehen werden, bei König Ludwig dem Bayer Zuflucht nehmen[1]).

Die Olivisten sollten nicht so leichten Kaufes davonkommen. Bald nach ihrer Ankunft, am 25. Mai 1317, wurden sie zur Audienz vorgelassen. Bernhard Délicieux führte ihre Sache so geschickt, dass man ihm mit nichts anderm zu antworten wusste als mit einer Anklage auf Behinderung der Inquisition, worauf der Papst ihn verhaften liess. Nun übernahm Franz Sancii die Verteidigung; er wurde aber angeklagt, den Orden öffentlich beschimpft zu haben, und von Johann den Konventualen ausgeliefert, die ihn sofort in einer Zelle in der Nähe der Latrinen einkerkerten. Nun trat Wilhelm von Saint-Amand als Verteidiger vor; aber die Brüder beschuldigten ihn der Vergeudung und der unerlaubten Entfernung aus dem Kloster Narbonne, und Johann befahl seine Verhaftung. Darauf versuchte es Gottfried von Cornone. Aber Johann unterbrach ihn mit den Worten: „Wir wundern uns sehr, dass ihr die strenge Beobachtung der Regel fordert und doch fünf Gewänder tragt", worauf Gottfried erwiderte: „Heiliger Vater, ihr seid falsch unterrichtet; denn unbeschadet der Verehrung, die ich euch schuldig bin, ist es nicht wahr, dass ich fünf Gewänder trage." Erregt antwortete Johann: „So lügen wir also!" und liess Gottfried festsetzen, bis man ermittelt hätte, wieviel Gewänder er trage. Nun erkannten die erschreckten Brüder, dass ihre Sache schon im voraus entschieden sei; sie fielen auf die Knie und riefen: „Heiliger Vater! Gerechtigkeit! Gerechtigkeit!" Der Papst liess sie alle in das Franziskanerkloster führen und dort bewachen, bis er bestimmt habe, was mit ihnen geschehen solle. Bernhard, Wilhelm und Gottfried und mehrere ihrer Gefährten wurden auf Befehl des Papstes in strengem Gewahrsam in Ketten geworfen. Bernhards Schicksal haben wir schon kennen gelernt (Band II, S. 80—110). Was die anderen angeht, so wurde ein Inquisitionsverfahren gegen sie er-

---

1) Hist. tribulat. (a. a. O. S. 142—44, 151—2). — Ehrle, im Archiv III (1887), S. 546.

öffnet; sie unterwarfen sich alle bis auf fünfundzwanzig und wurden von den triumphierenden Konventualen mit strengen Bussen belegt[1]).

Die fünfundzwanzig Widerspenstigen wurden der Inquisition von Marseille ausgeliefert, unter deren Jurisdiktion sie auch verhaftet worden waren. Inquisitor war der Bruder Michael Monachi, einer der Konventualen, die von Klemens V. wegen ihres Eifers in der Verfolgung der Spiritualen degradiert und eingekerkert worden waren. Jetzt konnte er seinen Rachedurst stillen. Er hatte Vollmacht, nach seinem freien Ermessen zu handeln; denn Johann XXII. hatte gar nicht erst die Verteidigung der Spiritualen abgewartet, ehe er sie verurteilte. Schon am 17. Februar hatte er die Inquisitoren von Languedoc angewiesen, alle, welche sich 'Fraticellen' oder 'Fratres de paupere vita' nannten, für Ketzer zu erklären. Am 7. Oktober 1317 aber erliess er die Bulle 'Quorumdam exigit' und entschied in dieser endgültig die beiden Fragen, um die der ganze Streit sich drehte, nämlich, welche Art von Kleidern die Mönche tragen sollten, und ob es zulässig sei, in Kornspeichern und Wein- und Ölkellern Vorräte aufzubewahren. Die Entscheidung dieser Fragen übertrug er mit bedingungsloser Vollmacht dem Ordensgeneral Michael. Auf Grund seiner Instruktionen sollten die Minister und Guardiane für jedes Kloster bestimmen, wieviel Vorräte es nötig habe, welcher Vorrat aufgestapelt werden dürfe, und in welchem Masse die Mönche darum betteln dürften. Die getroffenen Entscheidungen müssten unbedingt befolgt werden, und keiner dürfe glauben oder behaupten, sie wichen von der Regel ab. Die Bulle schloss mit den vielsagenden Worten: „Gross ist die Armut, aber grösser ist untadlige Führung, und das grösste Gut ist der vollkommene Gehorsam." Es lag in diesen Anordnungen ein gut Teil gesunder Menschenverstand, das wir als durchaus berechtigt anerkennen müssen. Aber sie entschieden die Streitfrage gegen die Spiritualen und stellten sie vor die nackte Alternative der Unterwerfung oder der Empörung[2]).

Diese Bulle bildete die Grundlage zu dem nun folgenden Inquisitionsverfahren gegen die fünfundzwanzig Widerspenstigen. Auf Grund derselben war die Sache vollkommen klar. Denn nun war das ganze Verhalten der Spiritualen, die Weigerung, ihre Kleidung zu ändern, sowie ihre Berufung an den besser zu informierenden

---

1) Hist. tribulat. (a. a. O. S. 145—6). — Raymond de Fronciacho, ebd. III (1887), S. 29.
2) Coll. Doat., XXXIV. 147. — Extrav. Joann. XXII. Tit. XIV. Cap. 1. — *Bullarium Franciscanum a. a. O. Nr. 289.

Papst, nichts anderes als offener Ungehorsam. · Bevor sie der Inquisition übergeben wurden, waren sie vor Michael von Cesena geführt worden. Ihre vor ihm gemachten Aussagen wurden alsdann im Konsistorium verlesen und von diesem für ketzerisch erklärt; ihre Urheber seien der Strafe für Ketzerei unterworfen. Natürlich hatte man versucht, ihre Unterwerfung zu sichern, aber es war vergebens gewesen. Erst am 6. November 1317 wiesen Johann XXII. und Michael von Cesena den Inquisitor Michael schriftlich an, den Prozess zu beginnen. Von seinen Einzelheiten haben wir keine Kenntnis; doch dürfen wir unbedenklich annehmen, dass den Angeklagten nichts von der Strenge erspart blieb, die in solchen Fällen üblich war, um den Geist der Auflehnung zu brechen und Gehorsam zu erzwingen. Bestätigt wird diese Annahme durch die Tatsache, dass sich das Verfahren genau ein halbes Jahr hinzog — das Urteil wurde erst am 7. Mai 1318 gefällt — und durch die weitere Tatsache, dass die meisten Angeklagten zur Reue und Abschwörung gebracht wurden. Nur vier von ihnen hatten die physische und geistige Kraft, bis ans Ende auszuhalten, nämlich Johann Barrani, Deodat Michel, Wilhelm Sainton und Pontius Rocha; sie wurden noch am selben Tage den weltlichen Behörden von Marseille ausgeliefert und demgemäss verbrannt. Ein fünfter, Bernhard Aspa, der im Gefängnisse erklärt hatte, er bereue, später aber sich weigerte, zu widerrufen und abzuschwören, wurde zu lebenslänglichem Gefängnis begnadigt, obgleich er auf Grund aller Vorschriften der Inquisition das Schicksal seiner Mitschuldigen hätte teilen müssen. Die übrigen mussten öffentlich abschwören und die von dem Inquisitor festgesetzte Busse auf sich nehmen; zugleich wurde ihnen die Warnung erteilt, dass sie, wenn sie es unterliessen, ihre Abschwörung überall da zu verkünden, wo sie ihren Irrtum gepredigt hatten, als Rückfällige verbrannt werden würden[1]).

Obgleich das Urteil erklärte, die Ketzerei der Angeklagten rühre her aus der vergifteten Lehre Olivis, und obgleich der Inquisitor durch ein Rundschreiben den Besitz und das Lesen der Schriften Olivis verbot, so findet sich in dem Urteil doch kein Hinweis auf irgendeinen joachimitischen Irrtum; ihr Vergehen bestand danach lediglich in ihrem Ungehorsam gegen die Bulle 'Quorumdam'. Sie behaupteten, die Bulle widerspräche dem Evangelium Christi, welches ihnen verbiete, andere Kleider, als die von ihnen angelegten, zu tragen, sowie

---

1) Baluze et Mansi, II. 248—51. — Hist. tribulat. (a. a. O. S. 147). — *Holzapfel a. a. O. S. 64.

Korn- und Weinvorräte aufzuspeichern. Hierzu aber könne sie der Papst nicht zwingen, und sie würden ihm deshalb nicht gehorchen und bei ihrer Meinung bis zum jüngsten Tage bleiben. Mochten also auch die schwebenden Fragen zweifellos geringfügig sein, so waren sie einerseits doch eine Gewissenssache, aus der infolge der Bitterkeit des Streites die Vernunft schon lange verbannt war, andrerseits aber sah sich die Autorität genötigt, den Gehorsam zu erzwingen. Wenn man es dem Ermessen des einzelnen überliess, die Gebote einer päpstlichen Dekretale zu befolgen oder beiseite zu setzen, dann war es um die moralische Macht des Papsttums und damit um seine ganze weltliche Oberherrschaft geschehen. In diesen Vorgängen wirkte der alte joachimitische Gärstoff nach, die Auffassung, dass die Kirche Roms keine geistliche Autorität besitze, und dass demgemäss ihre Dekrete für die Auserwählten nicht bindend seien. Als Bernhard Délicieux 1319 von Avignon nach Castelnaudary gebracht wurde, um dort verhört zu werden, sprach er unterwegs ganz freimütig mit seiner Begleitung und machte kein Hehl aus seiner Bewunderung für Joachim; er verstieg sich sogar zu der Erklärung, er habe aus seinem Exemplar des Dekrets den lateranensischen Kanon, welcher Joachims Irrtum über die Trinität verurteilte, getilgt, und er würde, wenn er Papst wäre, den Kanon abschaffen. Der Einfluss des Ewigen Evangeliums ergibt sich auch aus der Tatsache, dass von denjenigen, die zu Marseille widerrufen hatten und eingekerkert worden waren, eine Anzahl zu den Ungläubigen floh und ein Schriftstück hinterliess, in welchem sie trotzig ihren Glauben bekannten und prophezeiten, dass sie nach dem Tode Johanns XXII. triumphierend zurückkehren würden[1]).

Noch vor Ablauf des ersten Jahres seines Pontifikates war es

---

1) Raym. de Fronciacho (Archiv für Lit.- u. Kirchengesch., III[1887] S. 31). — Baluze et Mansi, II. 248—51, 271—2. — Joann. S. Victor. Chron. ann. 1319 (Muratori, S. R. I. III, II. 478—9). — Mss. Bib. Nat. fonds latin, Nr. 4270, fol. 188, 262. Allerdings leugnete Bernhard in seinem Verhöre diese Behauptungen ebenso ab wie die Lehre Olivis, dass Christus noch am Leben gewesen sei, als er am Kreuze mit der Lanze durchbohrt wurde — obgleich, wie er bemerkte, einige Handschriften des hl. Markus diese Meinung rechtfertigten (fol. 167—8).

Das Schicksal der anderen in Marseille Verurteilten ist ungewiss. Aus dem Wortlaut des Urteils scheint hervorzugehen, dass wenigstens einige von ihnen eingekerkert wurden; andere dagegen kamen wahrscheinlich mit leichteren Bussen davon. Denn im Jahre 1325 bekannte ein Schuster aus Narbonne, namens Blasius Boerii, in seinem Verhöre vor der Inquisition von Carcassonne, dass er einmal drei von ihnen und ein andermal vier in Häusern zu Marseille besucht, sowie sie in seinem eigenen Hause aufgenommen und auf den Weg gebracht habe (Doat, XXVII. 7ff.).

also Johann XXII. gelungen, eine neue Ketzerei zu schaffen, die darin
bestand, dass man für Franziskaner das Tragen loser Gewänder und
den Besitz von Kornspeichern und Weinkellern als unerlaubt erklärte. Unter den mannigfachen Entwicklungsformen menschlicher
Verderbtheit hat es wohl keine gegeben, die beklagenswerter und
lächerlicher war als diese, dass nämlich ein Mensch wegen solch
einer Frage seine Mitmenschen verbrennen konnte, und dass andererseits Menschen furchtlos genug waren, um wegen eines solchen
Grundsatzes den Flammen zu trotzen in dem Bewusstsein, sie seien
Märtyrer in einer hohen und heiligen Sache. Wahrscheinlich konnte
Johann XXII. infolge seiner Gemütsanlage und seiner Erziehung
nicht begreifen, dass sich Menschen so in die heilige Armut ver-
lieben konnten, dass sie sich ihr selbst zum Opfer brachten; in seinen
Augen waren das alles nur eigensinnige Rebellen, die man entweder
zum Gehorsam zwingen oder mit Bussen strafen müsse. Johann
hatte sich auf die Seite der Autorität Michaels von Cesena gestellt,
und jeder Widerstand, ob aktiv oder passiv, konnte ihn nur noch
mehr in seiner Haltung bestärken.

Die Bulle 'Quorumdam' hatte viel Staub aufgewirbelt. Eine von
dem Inquisitor von Carcassonne und Toulouse — es war wahrscheinlich
Johann von Beaune — geschriebene Verteidigung derselben zeigt,
wie ihre neuen Aufstellungen ernste Zweifel in den Köpfen der Gelehrten erregt hatten, die durchaus nicht von der Rechtgläubigkeit der Bulle überzeugt waren, wenn sie auch ihre abweichende
Meinung nicht offen kund zu geben wagten. Wir hören auch von
einem Priester, der bei seinen durch die Bulle verdammten Irrtümern
verblieb und dem weltlichen Arme ausgeliefert, jedoch zur Busse
zugelassen wurde, weil er widerrief, ehe der Scheiterhaufen angezündet war. Um jede weitere Erörterung abzuschneiden, versammelte
Johann eine Kommission von dreizehn Prälaten und Doktoren, unter
denen sich auch Michael von Cesena befand. Diese verurteilte nach
einer ordnungsmässigen Prüfung als ketzerisch die beiden Lehren,
dass der Papst kein Recht habe, eine solche Bulle zu erlassen, und
dass man denjenigen Bischöfen keinen Gehorsam schuldig sei, welche
vorschrieben, die kurzen und engen Kleider abzulegen und Korn und
Wein aufzustapeln. Alle diese Massregeln führten schnell zu einem
Schisma. Die Bullen 'Sancta Romana' vom 30. December 1317 und
'Gloriosam ecclesiam' vom 23. Januar 1318 waren gegen diejenigen
gerichtet, welche unter dem Namen Fraticellen, Beguinen, Bizocchi
und 'Fratres de paupere vita' in Sicilien, Italien und Südfrankreich

einen unabhängigen Orden organisierten unter dem Vorgeben, dass sie strenge die Regel des hl. Franziskus beobachteten, welche viele Mitglieder in ihre neue Sekte aufnahmen, Häuser bauten oder als Geschenk annahmen, öffentlich bettelten und Vorgesetzte wählten. Alle diese wurden für ipso facto exkommuniziert erklärt, und den Bischöfen wurde befohlen, für die baldige Ausrottung der Sekte schleunigst Sorge zu tragen[1]).

Im Volke argumentierten zwar die kühleren Köpfe, dass, wenn das Gelübde der Franziskaner jeden Besitz verbiete, es kein heiliges Gelübde sei; denn bei einigen Dingen, bei denen der Gebrauch zum Verbrauch werde, wie z. B. bei Brot und Käse, gehe der Gebrauch in den Besitz über; derjenige also, der ein solches Gelübde breche, verletze es schon durch die blosse Tatsache, dass er lebe, er könne sich daher nicht im Stande der Gnade befinden. Indessen war die höchste Heiligkeit der Armut hundert Jahre lang so emsig gepredigt worden, dass ein grosser Teil der Bevölkerung mit den verfolgten Spiritualen sympathisierte. Viele Laien, Verheiratete wie Unverheiratete, schlossen sich als Tertiarier ihnen an, und auch Priester bekannten sich zu ihren Lehren. Schon bald bildeten sie eine Sekte, die keineswegs auf die Franziskaner beschränkt blieb, und die nun der Inquisition an Stelle des schnell dahinschwindenden Katharismus Gelegenheit zur Tätigkeit bot. Es begann das alte Spiel der verfolgten Heiligen, denen die 'Familiaren' beständig auf den Fersen sind, die aber immer wieder eine Zuflucht bei gleichgesinnten Freunden finden. Peter Trencavel, ein Priester von Béziers, kann als Beispiel hierfür gelten. Sein Name kommt in den Verhören der Inquisition häufig vor als der eines Hauptführers der Sekte. Schliesslich wurde er ergriffen und in das Gefängnis von Carcassonne geworfen. Es gelang ihm aber zu entfliehen, worauf er in einem Autodafé als überführter Ketzer verurteilt wurde. Die Gläubigen veranstalteten nun unter sich eine Kollekte, um ihn nach dem Oriente zu schaffen. Nach einer Abwesenheit von einigen Jahren kehrte er zurück und entfaltete eine ebenso eifrige Tätigkeit wie früher, indem er verkleidet in ganz Südfrankreich umherzog und von den ihm Ergebenen sorgfältig beschützt wurde. Von seinem Ende erfahren wir nichts; doch kam er wohl schliesslich als rückfälliger Ketzer auf dem Scheiterhaufen

---

1) Baluze et Mansi, II. 270—1, 274—6. — Extravagant. Joann. XXII. Tit. VII. — Magnum Bullarium Romanum I. 193. — *Bullarium Franciscanum a. a. O. S. 134, 137. Die vom Papst in den Jahren 1321—23 eingeforderten Gutachten hat F. Tocco, La quistione della povertà nel secolo XIV. secondo nuovi documenti (1910) veröffentlicht.

um, denn im Jahre 1327 befand er sich mit seiner Tochter Andrea in den Händen des erbarmungslosen Inquisitors Michael von Marseille. Johann du Prat, damals Inquisitor von Carcassonne, benötigte der beiden, um von ihnen die Namen ihrer Anhänger und ihrer Beschützer zu erpressen. Anscheinend weigerte sich Michael, seine Beute auszuliefern, und es bedurfte eines peremptorischen Befehles Johanns XXII., um den Transport der Gefangenen durchzusetzen. Im Jahre 1325 gestand Bernhard Castillon von Montpellier, dass er eine Anzahl Beguinen in seinem Hause beherbergt, dann eine Wohnung für sie gekauft und in dieser sie besucht habe. Ein anderer Angeklagter bekannte sich schuldig, viele Flüchtlinge in sein Haus zu Montpellier aufgenommen zu haben. Es war also reiche Gelegenheit geboten, Sympathie für die Unglücklichen zu bekunden, und man bekundete sie in der Tat[1]).

Die Verbrennung der vier Märtyrer von Marseille im Jahre 1318 war das Signal zu einer eifrigen Tätigkeit der Inquisition. In der ganzen verseuchten Gegend widmete sich das Hl. Offizium eifrig der Unterdrückung der neuen Ketzerei. Und da niemand es bis dahin für nötig gefunden hatte, seine Ansichten zu verbergen, so hatte man leichtes Spiel, die Verdächtigen zu ergreifen. Die Ernte war demgemäss ergiebig. Mit welcher Strenge die Inquisition vorging, beweist der Befehl Johanns XXII. vom 26. Februar 1322, dass in den verdächtigen Gebieten alle Tertiarier vorgeladen und scharf verhört werden sollten. Das verbreitete allgemeinen Schrecken. In den Archiven von Florenz befinden sich zahlreiche Briefe,

---

1) Guill. Nangiac. Contin. ann. 1317. — Coll. Doat, xxvii. 7 (vgl. den Anhang dieses Bandes Nr. l), 170; xxxv. 18 (abgedruckt im Anhang Nr. II; *vgl. Bullarium Franciscanum v, Nr. 654). — Lib. sententt. inquis. Tolos. pp. 301, 312, 381.

Auch das Schicksal des Raimund Johannis ist ein Beispiel für das Leben der verfolgten Spiritualen. Schon 1312 hatte er die Kirche als die babylonische Hure bezeichnet und sein eigenes Schicksal vorausgesagt. Er war im Jahre 1317 einer der Angeklagten, die vor den Richterstuhl nach Avignon geladen wurden, wo er sich unterwarf. Zum Gehorsam in seinen Orden zurückgekehrt, wurde er von seinem Superior in das Kloster Andusa geschickt. Hier blieb er, bis er von dem Schicksal seiner standhaften Gefährten in Marseille hörte, worauf er mit einem Genossen floh. Als sie Béziers erreicht hatten, fanden sie Zuflucht in einem Hause und hielten sich hier mit einigen weiblichen Apostaten des Ordens drei Jahre lang verborgen. Alsdann führte Raimund, eine Zeit lang mit Peter Trencavel, ein unstätes Wanderleben, ging über das Meer, kehrte wieder zurück, nahm das Gewand eines Weltpriesters an und widmete sich der Seelsorge, zeitweise in der Gascogne, dann in Rodez oder östlich von der Rhône. Schliesslich wurde er 1325 ergriffen, vor den Inquisitor von Carcassonne gebracht und, nachdem ihm tüchtig zugesetzt worden, zum Widerruf veranlasst. Sein Urteil wird nicht mitgeteilt, lautete aber wohl auf lebenslängliche Gefangenschaft (Doat, xxvii. 7 ff.).

welche die Behörden und die Bischöfe der toskanischen Städte im Februar 1322 an die päpstliche Kurie richteten; sie traten darin für die Tertiarier ein und baten, man möge dieselben nicht mit der neuen Sekte der Beguinen verwechseln. Dies ist zweifellos ein Beispiel für das, was überall vorkam. Die Furcht, die alle ergriffen hatte, wurde gerechtfertigt durch die täglich länger werdende Liste der Märtyrer. Die Frage war einfach. Sie lautete, ob der Angeklagte glaube, dass der Papst die Macht habe, von Gelübden, besonders von denen der Armut und der Keuschheit, zu entbinden. Wie wir gesehen haben, ging die allgemeine, von Thomas von Aquino unwiderleglich bewiesene Ansicht der Schule dahin, dass er eine solche Macht nicht habe, und selbst noch 1311 hatten die Konventualen, als sie vor Clemens V. ihre Sache vertraten, zugegeben, dass kein Franziskaner auf Befehl des Papstes Eigentum besitzen oder eine Frau nehmen könne. Aber mittlerweile hatte sich die Sachlage vollständig geändert; diejenigen, welche der bestehenden Lehre treu blieben, standen nunmehr vor der Wahl des Widerrufes oder des Scheiterhaufens. Natürlich besass nur ein kleiner Teil der Angeklagten die Standhaftigkeit, bis zum Ende auszuhalten gegen die wirksamen Mittel, welche die Inquisition so vortrefflich anzuwenden verstand. Wenn trotzdem die Zahl der Opfer, die umkamen, keine unbedeutende ist, so beweist dies, wie zahlreich die Sekte gewesen sein muss. Die uns überlieferten Urkunden sind nur dürftig und lückenhaft; doch wissen wir, dass in Narbonne, wo die Bischöfe anfangs versuchten, die Unglücklichen zu beschützen, bis sie durch die Drohungen der Inquisition daran gehindert wurden, im Jahre 1319 drei, in der Fastenzeit 1321 siebzehn und im Jahre 1322 noch andere verbrannt wurden. In Montpellier war die Verfolgung schon im Jahre 1319 eifrig an der Arbeit. Zu Lunel wurden siebzehn verbrannt, zu Béziers einmal zwei und ein andermal sieben, zu Pézénas mehrere mit Johann Formayron an der Spitze; in der Gironde eine Anzahl im Jahre 1319; in Toulouse 1322 vier, und andere in Cabestaing und Lodève. 1319, 1320 und 1321 rauchten in Carcassonne die Scheiterhaufen. Heinrich von Chamay entfaltete dort seine Tätigkeit zwischen 1325 und 1330. Ein Teil von seinen Prozessakten ist noch vorhanden, in denen nur sehr wenige Fälle von Verbrennungen aufgeführt werden; aber Mosheim besass eine Liste von 113 Personen, die von 1318 bis etwa 1350 zu Carcassonne als Spiritualen hingerichtet wurden. In allen diesen Fällen waren Dominikaner als Inquisitoren tätig; doch zeigten sich die Franziskaner selbst noch eifriger, wenn

78 wir Wadding glauben dürfen, der rühmt, dass im Jahre 1323 einhundertvierzehn Unglückliche allein von Franziskaner-Inquisitoren verbrannt worden seien. Tatsächlich stand die Inquisition in Marseille, die in den Händen der Franziskaner ruhte, in dem Rufe, dass sie mit äusserster Strenge gegen die widerspenstigen Ordensbrüder vorgehe. In einem Falle aus dem Jahre 1329 stellte der Guardian von Béziers, Bruder Wilhelm von Salvelle, fest, dass die Angeklagten daselbst sehr hart behandelt und in überaus strenger Gefangenschaft gehalten wurden. Zweifellos war Angelus von Clarino berechtigt zu der Behauptung, dass die Konventualen ihren Sieg über ihre Gegner wie tolle Hunde und Wölfe ausgenutzt hätten, indem sie ohne Gnade folterten, töteten oder Lösegelder erpressten. Mag die Ursache des Streites uns auch als überaus kleinlich erscheinen, so können wir doch nicht umhin, dem schlichten Ernste, der so viele Eiferer veranlasste, ihre Überzeugung mit ihrem Blute zu besiegeln, unsere Hochachtung zu zollen. Viele von ihnen, so berichten die Quellen, sehnten sich förmlich nach dem Martyrium und suchten voll Eifer den Scheiterhaufen. Bernhard Leo von Montréal wurde verbrannt, weil er standhaft erklärte, er habe das Gelübde der Armut und der Keuschheit abgelegt und würde darum selbst dem Papst nicht gehorchen, wenn dieser ihm befehle, ein Weib oder eine Pfründe anzunehmen[1]).

Eine so harte Verfolgung wie diese musste die Dulder in ihrer Überzeugung und ihrem Gegensatze gegen den Hl. Stuhl notwendigerweise noch bestärken. Was den äussern Gegenstand der Kontroverse angeht, so erfahren wir von Peter Tort, der 1322 vor der Inquisition von Toulouse stand, dass den Franziskanern die Erlaubnis gegeben worden war, Korn- und Weinvorräte für acht bis vierzehn Tage und Vorräte an Salz und Öl für ein halbes Jahr sich zuzulegen. Bezüglich der Kleidung hatte Michael von Cesena

---

1) Raynald. ann 1322, Nr. 51 (*Bullarium Franciscanum v, Nr. 462; Bern. Guidonis, Practica inquisitionis heretice pravitatis [ed. Douais] S. 270). — Archivio di Firenze, Prov. del Convento di Santa Croce, Febr. 1322. — S. Thomas Aquin., Summa Sec. Sec. Q. LXXXVIII. Art. XI; Q. CLXXXVI. Art. VIII. ad. 3 (*A. Ott, Thomas von Aquin und das Mendikantentum, 1908). — Ehrle, im Archiv für Lit.- u. Kirchengeschichte III (1887) S. 156. — Lib. sententt. inquis. Tolos. p. 300, 313, 381—93. — Coll. Doat XXVII, XXVIII. (*Ein Teil dieser Aktenstücke aus der Sammlung Doat [1323—1329] ist jetzt abgedruckt von Douais, L'Inquisition [1906] S. 289—351.) — Mosheim, De beghardis, p. 499, 632. — Vaissette, Histoire générale de Languedoc IV. 182—3 (*vgl. Acta capitulorum generalium ordinis Praedicatorum, ed. Reichert, II [1899], 137). — Wadding. ann. 1317, Nr. 45. — Hist. tribulat. (a. a. O. S. 149). — Arch. de l'Inq. de Carcass. (Doat XXVII. 162). — Johann. S. Victor. Chron. ann. 1316—19 (Muratori, S. R. I. III, II 478—9).

auf Grund der durch die Bulle 'Quorumdam' ihm übertragenen Vollmachten im Jahre 1317 bestimmt, dass das Gewand aus grobem Stoffe bestehen und bis auf den halben Fuss herunterreichen, und dass der Strick von Hanf und nicht von Flachs sein solle. Zwar liess er hierbei die brennende Frage der Kapuze anscheinend ganz unberührt; aber trotzdem hätte seine Festsetzung vernünftige Skrupel gewiss beseitigen können — wenn diese Gewissensfrage einen Kompromiss zugelassen hätte. Die Spiritualen erklärten, dass sie trotz der Vorschriften des Papstes oder des Generals sich nicht für verpflichtet erachteten, die kürzeren und plumperen Gewänder aufzugeben, die ihre Überlieferung dem hl. Franziskus zuschrieb. Und die dieser Frage beigemessene Wichtigkeit war so gross, dass nach der Annahme des Volkes die vier Märtyrer von Marseille deshalb verbrannt wurden, weil sie die schlechten und enganliegenden Gewänder trugen, durch die sich die Spiritualen kennzeichneten[1]).

Theoretisch betrachtet, waren die Spiritualen gewiss im Rechte. Denn, wie wir oben gesehen haben, es war bis dahin allgemein zugegeben worden, dass der Papst nicht von Gelübden dispensieren könne, und selbst die noch weitergehende Behauptung Olivis, dass er auch nichts befehlen könne, was einem evangelischen Gelübde entgegenstehe, wurde nicht zu seinen, vom Konzil von Vienne verurteilten Irrtümern gezählt. Aber was bis dahin als theoretisches Postulat allgemein zugegeben war, das wurde, als man es den Geboten Papst Johanns XXII. gegenüberstellte, zu einer rebellischen, mit den strengsten Massregeln zu bekämpfenden Ketzerei. Gleichzeitig war es aber den Duldern unmöglich, die Autorität anzuerkennen, die sie nun dem Scheiterhaufen preisgab. Männer, die sich willig dem Feuertode darboten, weil sie dem Papste die Macht bestritten, sie von der Erfüllung ihrer Gelübde zu entbinden; die erklärten, dass, wenn es nur ein Weib auf der Welt gäbe und wenn dieses das Gelübde der Keuschheit abgelegt habe, der Papst sie davon nicht in gültiger Weise dispensieren könne, sei es auch, um zu verhindern, dass das Menschengeschlecht aussterbe; die behaupteten, dass Johann XXII. gegen das Evangelium Christi gesündigt habe, als er den Versuch machte, den Franziskanern den Besitz von Kornspeichern und Weinkellern zu gestatten; die glaubten, dass der Papst zwar über die anderen Orden Macht

---

1) Lib. sententt. inquis. Tolosanae pp. 320, 325. — Wadding. ann 1317, Nr. 23. — Coll. Doat XXVII, 7ff.

habe, dagegen keine über den Franziskanerorden, weil dessen Regel auf göttlicher Offenbarung beruhe und kein Wort an derselben geändert oder getilgt werden dürfe: — solche Männer konnten sich dem Papste gegenüber nur dadurch verteidigen, dass sie die Quelle seiner Autorität leugneten. Alle die verborgenen joachimitischen Lehren, welche bis dahin geschlummert hatten, lebten wieder auf und wurden führende Grundsätze der Sekte. Als Johann XXII. die Bulle 'Quorumdam' erliess, erschien er als der mystische Antichrist, als der Vorbote des wahren Antichristes. Die römische Kirche wurde für die fleischliche Kirche erklärt; nur die Spiritualen bildeten die wahre Kirche, die gegen den Antichrist kämpfen und unter Leitung des Hl. Geistes eine neue Ära herbeiführen würde, in der die Liebe herrschen und die Armut allgemein sein sollte. Einige verlegten diese Ereignisse in das Jahr 1325, andere ins Jahr 1330, noch andere vierzehn Jahre nach 1321. So war das Schema des Ewigen Evangeliums förmlich angenommen und zur Verwirklichung gebracht. Es gab nunmehr zwei Kirchen: die eine war die fleischliche Kirche Roms, die babylonische Hure, die Synagoge Satans, trunken vom Blute der Heiligen, über die Johann XXII. zu herrschen vorgab, obgleich er seit der Hinrichtung der Märtyrer von Marseille seine Stellung verwirkt hatte und ein Ketzer geworden war; die andere war die wahre Kirche, die Kirche des Hl. Geistes, die schnell mit den Waffen König Friedrichs von Sizilien triumphieren würde. Der hl. Franziskus würde fleischlich auferstehen, und dann würde das dritte Zeitalter und der siebente und letzte Zustand der Menschheit anheben. Inzwischen seien die Sakramente bereits abgeschafft und für das Seelenheil nicht mehr erforderlich. Dieser Zeit einer wahnerfüllten Zuversicht können wir wohl die erwähnten Interpolationen in den Schriften Olivis zuschreiben [1]).

Diese neue Kirche hatte auch eine gewisse Organisation. In dem Prozesse der Naprous Boneta, die 1325 in Carcassonne verurteilt wurde, findet sich eine Anspielung auf den Bruder Wilhelm Giraud; er sei von Gott zum Papste ordiniert worden an Stelle Johanns XXII., dessen Sünde ebenso gross wie die Adams gewesen, und der deshalb von Gott abgesetzt worden sei. Es fehlte dieser Kirche auch nicht an Heiligen und Märtyrern, zu denen nicht nur Franziskus und Olivi zählten. Die Überreste von den Leichen und

---

1) Lib. sententt. inquis. Tolos. p. 298—99, 302—6, 316. — Bern. Guidon. Practica, P. v. — Doat xxvii. 7 ff. — Johann. S. Victor. Chron. ann. 1316—19 (Muratori, S. R. I. III. ii. 478—9).

Gebeinen derjenigen, die auf dem Scheiterhaufen umkamen, ja sogar Stücke von den Pfählen, an denen sie gelitten, wurden als Reliquien aufbewahrt. Diese Reliquien stellte man vor den Hausaltären auf oder trug sie als Amulette mit sich. Die vier Märtyrer von Marseille genossen ganz besonders diese Verehrung, und ihre Fürsprache galt als ebenso wirksam wie die des hl. Laurentius oder des hl. Vinzenz, da in ihnen Christus gewissermassen geistig gekreuzigt worden sei, wie an den vier Armen des Kreuzes. Ein armer Unglücklicher, der 1322 in Toulouse verbrannt wurde, hatte in seine Litanei die Namen von siebzig Spiritualen eingefügt, die den Märtyrertod erlitten hatten. Er rief sie zusammen mit den andern Heiligen an und schrieb ihrer Fürsprache die gleiche Wirkung zu. Das war zweifellos ein bei diesen Leuten allgemein üblicher und anerkannter religiöser Brauch. Doch war im übrigen ihr Kultus einfacher als der der orthodoxen Kirche. Denn sie glaubten, dass die Heiligen keiner Opfer bedürften, und wenn einer einem Heiligen oder der hl. Jungfrau eine Kerze oder eine Pilgerfahrt nach Compostella gelobt habe, dann sei es besser, wenn er das dazu nötige Geld unter die Armen verteile[1]).

Die Kirche aber, die aus diesen begeisterten Fanatikern bestand, brach jede Verbindung mit den italienischen Spiritualen ab, da ihnen der geregelte Eifer dieser Gruppe viel zu lau und rückschrittlich erschien. Die Gefangenen, die Bernhard Guidonis 1322 zu Toulouse verhörte, erklärten, dass der Franziskanerorden in drei Abteilungen zerfalle: die Konventualen, die darauf beständen, Kornspeicher und Keller zu besitzen; die Fraticellen unter ihrem General Heinrich von Ceva in Sizilien und die Spiritualen oder Beguinen, die damals verfolgt wurden. Die zwei ersten Gruppen, behaupteten sie, beobachteten die Regel nicht und würden vernichtet werden, während ihre eigene Sekte bis zum Ende der Welt bestehen würde. Selbst der heiliglebende und vielgeprüfte Angelus von Clarino wurde als Apostat bezeichnet, und es gab heissblütige Zeloten, welche ihn für den mystischen Antichrist erklärten. Andere waren geneigt, diese zweifelhafte Ehre oder gar die Würde des grossen Antichristes dem Philipp von Mallorca zuzuerkennen, dem Bruder jenes Ferrand, dem, wie wir gesehen haben, die Oberherrschaft über Carcassonne angeboten wurde (Band II, S. 96). Philipps Durst nach Askese hatte ihn veranlasst,

---

1) Doat XXVII, 7 ff. (vgl. den Anhang dieses Bandes Nr. III). — Lib. sententt. inquis. Tolos. pp. 305, 307, 310, 383—5. — Bern. Guidon. Practica (ed. Douais) S. 267 ff.

den Hof seines Bruders zu verlassen und ein Tertiarier des hl.
Franziskus zu werden. Angelus spricht zu wiederholten Malen mit
grosser Bewunderung von ihm, als ob er würdig sei, denselben
Rang einzunehmen wie die alten vollkommenen Heiligen. In den
stürmischen Erörterungen, die bald nach der Thronbesteigung Johanns XXII. sich erhoben, hatte Philipp zugunsten der Spiritualen
vermittelt, indem er die Genehmigung zur Gründung eines besondern
Ordens für sie nachsuchte. Nachdem er alle Gelübde abgelegt hatte,
erneuerte er im Jahre 1328 diese Bitte. Sie wurde aber 1330 von dem
versammelten Konsistorium abgelehnt, worauf er als Bettler Europa
durchzog und von Almosen lebte. Im Jahre 1340 reichte er mit
Unterstützung Roberts von Neapel ein drittes Gesuch ein, welches
Benedikt XII. verwarf mit der Begründung, Philipp sei ein Helfer
und Verteidiger der Beguinen und habe sie sogar nach ihrer Verurteilung zu rechtfertigen versucht, indem er öffentlich viele grosse
und ketzerische Lügen über den Hl. Stuhl behauptet habe. Das
waren die Männer, deren Selbstaufopferung jenen bigotten Feuergeistern so lau erschien, dass sie nur mit Verachtung auf dieselben
herabsahen[1]).

Den Höhepunkt der Schwärmerei, zu dem sich ihr religiöser
Wahnsinn verstieg, kennzeichnet die Laufbahn der Naprous Boneta,
die von der Sekte als eine inspirierte Prophetin verehrt wurde. Schon
1315 war sie der Inquisition von Montpellier in die Hände gefallen
und ins Gefängnis geworfen, später aber wieder freigelassen worden.
Sie und ihre Schwester Alissette nahmen warmen Anteil an den
verfolgten Spiritualen und gewährten vielen Flüchtlingen in ihrem
Hause Zuflucht. Je heftiger die Verfolgungen wurden, um so mehr
nahm auch Bonetas Schwärmerei zu. Im Jahre 1320 hatte sie zum
ersten Male Visionen und Verzückungen, bei denen sie in den
Himmel versetzt und einer Zusammenkunft mit Christus gewürdigt
wurde. Schliesslich teilte ihr Christus am Gründonnerstage 1321
den Hl. Geist ebenso vollkommen mit, wie er der hl. Jungfrau gegeben worden war, indem er sagte: „Die hl. Jungfrau gebar den

---

1) Lib. sententt. inquis. Tolosanae p. 303, 309, 326, 330. — Bern. Guidonis,
Practica a. a. O. — Ehrle (a. a. O. I [1885], S. 540, 543, 557; *IV [1888], S. 67).
— Raym. de Fronciacho (ebd. III [1887], S. 29). — Guillel. Naugiac. Contin.
ann. 1330. — Wadding. ann. 1341, Nr. 21, 23. — *Bullarium Franciscanum V
[1898], Nr. 891, 894; VI (1902), Nr. 123.
Eine Unterabteilung der italienischen Fraticellen nahm den Namen
Brüder des Bruders Philipp von Mallorca an (Tocco, Archivio storico Napoletano, 1887, fasc. 1).

Sohn Gottes, du sollst den Hl. Geist gebären." So waren die Verheissungen des Ewigen Evangeliums auf den Punkt ihrer Erfüllung gekommen, und die Morgenröte des dritten Zeitalters brach an. Elias, sagte Boneta, war der hl. Franziskus; Enoch war Olivi. Die Christus gewährte Macht habe gedauert, bis Gott dem Mönche Olivi den Hl. Geist verliehen und ihn mit ebensoviel Glorie umkleidet habe, wie sie der menschlichen Natur Christi gewährt worden war. Das Papsttum habe aufgehört zu existieren. Die Sakramente des Altars und der Beichte seien überwunden; nur das der Ehe gelte noch. Das der Busse sei zwar auch noch vorhanden, aber es sei rein innerlich; denn die Zerknirschung des Herzens bewirke schon die Vergebung der Sünden ohne priesterliche Vermittlung oder Auferlegung der Busse. Eine Bemerkung, die sie zufällig vor ihren Richtern machte, verdient erwähnt zu werden, weil sie die grenzenlose Liebe und Menschenfreundlichkeit dieser armen Geschöpfe bekundet. Sie behauptete nämlich, die Spiritualen und die Aussätzigen, welche verbrannt worden seien, wären den von Herodes ermordeten unschuldigen Kindern zu vergleichen; Satan habe diesen Feuertod der Spiritualen und der Aussätzigen veranlasst. In diesen Worten spielt sie an auf die scheusslichen Grausamkeiten, welche, wie wir gesehen haben, im Jahre 1321 und 1322 an den Aussätzigen verübt worden waren, als ganz Frankreich wahnsinnig wurde vor Schrecken über die angebliche Vergiftung der Brunnen durch diese Ausgestossenen, und als, wie es scheint, die Spiritualen weise und menschlich genug waren, ihnen ihr Mitgefühl zu bekunden und ihre Ermordung zu verurteilen (Bd. II, S. 430). Schliesslich wurde Naprous im Jahre 1325 vor Heinrich von Chamay, den Inquisitor von Carcassonne, gebracht. Von aufrichtigem Glauben an ihre göttliche Sendung beseelt, erzählte sie aus freien Stücken und ohne Furcht ihre Geschichte und bekannte ihren Glauben. In ihren Antworten an ihre Richter war sie merkwürdig schlagfertig und klug. Als ihr Geständnis ihr vorgelesen wurde, bestätigte sie es; auf alle Ermahnungen zum Widerruf antwortete sie ruhig: sie wolle leben und sterben in dem Glauben, den sie für wahr halte. Demgemäss wurde sie dem weltlichen Arme ausgeliefert, und sie besiegelte ihre Überzeugung mit ihrem Tode[1]).

Mit solchen überspannten Ansichten verband sich übrigens nicht etwa eine extravagante Lebensführung. Selbst Bernhard

---

1) Coll. Doat XXVII. 7ff., 95 (vgl. den Anhang dieses Bandes Nr. III).

Guidonis findet an der Lebensweise dieser Ketzer nichts zu tadeln, ausser dass die Schule Satans die Schule Christi nachahme, so wie die Laien die Hirten der Kirche nachäfften. Sie alle gelobten Armut und führten ein Leben voll Selbstverleugnung. Die einen von ihnen arbeiteten mit ihren Händen, andere bettelten auf den Strassen. In den Städten und Dörfern bauten sie kleine Wohnungen, die sie Häuser der Armut nannten, und in denen sie zusammen wohnten. An Sonn- und Festtagen pflegten sich ihre Freunde zu versammeln, um der Vorlesung der Gebote, der Glaubensartikel, der Heiligenleben und ihrer in der Volkssprache abgefassten eigenen Religionsbücher zuzuhören. Zu den letzteren gehörten vor allem die Schriften Olivis, die sie für Offenbarungen Gottes ansahen, und der 'Transitus sancti patris', ein legendenhafter Bericht über den Tod Olivis. Das einzige äussere Anzeichen, an dem sie nach der Aussage Bernhards erkannt werden konnten, waren die Worte: „Gelobt sei Jesus Christus!" oder „Gelobt sei der Name des Herrn Jesu Christi!", mit denen sie sich zu begrüssen pflegten, wenn sie einander begegneten oder in ein Haus eintraten. Wenn sie in der Kirche oder sonstwo beteten, dann sassen sie da, den Kopf und das Gesicht mit der Kapuze bedeckt und nach der Wand gekehrt, ohne zu stehen oder zu knien oder die Hände zu falten, wie es bei den Rechtgläubigen üblich war. Bei dem Mittagessen pflegte einer von ihnen, nachdem er den Segen gesprochen, niederzuknien und das 'Gloria in excelsis', sowie nach dem Abendessen das 'Salve regina' zu beten. Das waren alles durchaus harmlose Gebräuche. Doch hatten die Ketzer eine Eigentümlichkeit, die Bernhard in seiner Eigenschaft als Inquisitor überaus tadelnswert fand: vor Gericht waren sie zwar gerne bereit, ihren Glauben zu bekennen, aber nichts konnte sie dahin bringen, ihre Freunde zu verraten. In ihrer Einfalt glaubten sie, dass dies eine Verletzung der christlichen Nächstenliebe sei, zu welcher sie gesetzlich nicht gezwungen werden könnten. Der Inquisitor verschwendete unendliche Mühe bei dem Bestreben, ihnen zu beweisen, dass es kein Unrecht, sondern im Gegenteil die wahre Nächstenliebe sei, wenn sie ihre Genossen anzeigten und ihnen dadurch Gelegenheit zur Bekehrung gäben[1]).

Augenscheinlich wären diese armen Leute ganz harmlos geblieben, wenn man sie in Ruhe gelassen hätte. Ihre Verfolgung

---

1) Bern. Guidonis, Practica inquisitionis S. 286.

konnte nur gerechtfertigt werden durch die Verpflichtung der Kirche, irrende Schafe vor dem Verderben zu bewahren. Eine Sekte, deren Hauptgrundsatz in der absoluten Verleugnung des Eigentums bestand, und die sich auf die apokalyptischen Träumereien des Ewigen Evangeliums aufbaute, konnte nie gefährlich werden, wenn auch ihr bald stiller, bald lebhafter Protest gegen den Luxus und die Weltlichkeit der Kirche gewiss unangenehm empfunden wurde. Hätte man sie gewähren lassen, so würde sie allmählich schon von selbst ausgestorben sein. Da sie indessen in einer Gegend und in einer Zeit auftrat, in welcher die Inquisition vollständig organisiert war, so hatte sie keine Aussicht auf ein langes Leben und unterlag bald der grausamen Energie des Verfahrens, das man gegen sie in Anwendung brachte. Das Datum ihres Unterganges können wir nicht genau feststellen; denn die Prozessakten sind unvollständig, und diejenigen, welche wir noch besitzen, machen keinen Unterschied zwischen den Spiritualen und den orthodoxen Franziskanern, welche, wie wir sehen werden, von Johann XXII. wegen der Frage der Armut Christi zur Empörung getrieben wurden. Dieses letztere Dogma erlangte eine um so grössere Bedeutung, je schneller die Träume der Spiritualen in Vergessenheit gerieten, und so dürfen wir wohl mit Recht annehmen, dass in den späteren Fällen die Opfer Fraticellen waren. Doch werden noch 1329 einige Verfolgungen in Carcassonne erwähnt, die zweifellos den Spiritualen galten. Eine von ihnen traf Johann Roger, einen Priester, der zu Béziers in hohem Ansehen stand, und der auch den Peter Trencavel auf seinen Wanderungen begleitet hatte. Die leichte Busse, womit er bestraft wurde, scheint anzudeuten, dass der Eifer der Verfolger in der Abnahme begriffen war. Doch gingen, wie wir erfahren, die Gebeine der Märtyrer von Marseille noch immer als Reliquien von Hand zu Hand. Und Johann XXII. war nicht geneigt, irgendeine Milderung der Strenge zu gestatten. Am 17. Februar 1331 erneuerte er vielmehr seine Bulle 'Sancta Romana' mit einer an die Bischöfe und Inquisitoren gerichteten Vorrede, worin er von der Voraussetzung ausgeht, dass die Sekte noch ebenso gefährlich sei wie vorher, und die rührigsten Massregeln zu ihrer Unterdrückung anordnet. Zweifellos gab es auch noch später Verfolgungen; doch verschwindet die Sekte als besondere Gruppe aus der Öffentlichkeit[1].

---

1) Collect. Doat XXVII. 156, 170, 178, 215; XXXII. 147 (*Douais, L'Inquisition [1906] S. 343 ff.; Bullarium Franciscanum V, Nr. 896).

Zu der Zeit, als sie noch öffentlich ihre Tätigkeit entfaltete, war
85 sie auch über die Pyrenäen nach Aragonien vorgedrungen. Schon
bevor das Konzil von Béziers im Jahre 1299 amtliche Kenntnis von
der entstehenden Ketzerei genommen hatte, ordneten die Bischöfe
von Aragonien in einer 1297 zu Tarragona abgehaltenen Versammlung Unterdrückungsmassregeln gegen die Beguinen an, die
ihre Irrtümer durch das Königreich verbreiteten, und alle Franziskanertertiarier wurden einer Beaufsichtigung unterworfen. Ihre in der
Volkssprache geschriebenen Bücher galten als besonders gefährlich
und sollten ausgeliefert werden. Diese Vorsichtsmassregeln verminderten indessen nicht das Übel. Wie wir gesehen haben, wurde
Arnald von Villanova ein warmer Fürsprecher der Spiritualen. Seine
Feder rührte sich unermüdlich in ihrem Dienste, seine Schriften
fanden weite Verbreitung, und sein Einfluss bei Jakob II. beschützte sie. Als Arnald und Papst Clemens V. gestorben waren, begannen die Verfolgungen. Unmittelbar nach dem Tode des Papstes
1314 unternahm einer der entschiedensten Gegner Arnalds, der
Inquisitor Bernhard von Puycerda, die Ausrottung der Sektierer.
An ihrer Spitze standen ein gewisser Peter Oler von Mallorka und
der Bruder Bonato. Weil sie hartnäckig blieben, wurden sie alle dem
weltlichen Arme ausgeliefert und verbrannt, mit Ausnahme Bonatos,
der widerrief, als er schon von den Flammen angesengt war. Er wurde
von dem brennenden Scheiterhaufen heruntergezogen, geheilt und
zu lebenslänglicher Gefangenschaft verurteilt. Nach etwa zwanzig
Jahren stellte sich aber heraus, dass er noch immer im geheimen
ein Spirituale war, und so wurde er 1335 als rückfälliger Ketzer
verbrannt. Durch die Thronbesteigung Papst Johanns' XXII. ermutigt, beriefen der Inquisitor Johann von Llotger und der Propst
des erledigten Bistums Tarragona, Gottfried von Cruilles, im November 1316 eine Versammlung von Dominikanern, Franziskanern und Cisterziensern, welche die apokalyptischen und spiritualistischen Schriften Arnalds verurteilte und befahl, dass dieselben
bei Strafe der Exkommunikation binnen zehn Tagen ausgeliefert
werden sollten. Wenn das Urteil Arnalds Irrtümer nicht übertreibt,
dann können wir wohl begreifen, dass die Mönche unwillig waren
über den Schutz, den Jakob II. dem kühnen Schriftsteller so lange
gewährte; soll doch Arnald danach gelehrt haben, dass Satan die
Kirche vom Höchsten bis zum Niedrigsten zur Apostasie verführt
habe. Die Verfolgungen dauerten fort. Durandus von Baldach
wurde mit noch einem Anhänger 1325 als Spirituale verbrannt. Um

dieselbe Zeit erliess Johann XXII. mehrere Bullen, worin er eine strenge Untersuchung in ganz Aragonien, Valencia und auf den Balearischen Inseln gegen sie anordnete und sie der Jurisdiktion der Bischöfe und der Inquisitoren unterwarf, ungeachtet aller Vorrechte und Immunitäten, die sie als Franziskaner geltend machen möchten. Die Ketzerei scheint indessen auf spanischem Boden niemals festen Fuss gefasst zu haben. Doch drang sie sogar bis nach Portugal vor; denn Alvarus Pelayo erzählt, in Lissabon habe es einige Pseudo-Franziskaner gegeben, welche der Lehre huldigten, dass Petrus und seine Nachfolger von Christus nicht die Macht empfangen hätten, die er auf der Erde besessen habe[1]).

Eine etwas andere Entwicklung fand die joachimitische Lehre bei dem Franziskaner Johannes von Pera-Tallada oder de Rupescissa, besser bekannt durch Froissart als Johann de la Rochetaillade. Als Prediger und Missionar nahm er eine hervorragende Stellung ein, und seine Stimme fand Gehör von seinem Heimatlande Katalonien aus bis nach dem fernen Moskau hin. Er war in etwa den geheimen Wissenschaften ergeben, und verschiedene Abhandlungen über Alchimie sind ihm zugeschrieben worden, bei denen es schwierig ist, die echten von den zweifelhaften zu unterscheiden. Aber nicht nur in dieser Hinsicht folgte er dem Beispiele Arnalds von Villanova, sondern auch in seiner schonungslosen Geisselung der kirchlichen Verderbnis und in seinen Kommentaren zu den Prophezeiungen des Pseudo-Joachim. Keiner aus dieser Schule scheint imstande gewesen zu sein, sich der Prophezeiungen zu enthalten, und Johann von Rupescissa erlangte einen ganz besondern Ruf dadurch, dass einige seiner Prophezeiungen sich erfüllten, wie die über die Schlacht von Poitiers und über das grosse Schisma. Diese Prophezeiungen hätte man ihm vielleicht noch verzeihen können, wenn er nicht gleichzeitig vorausgesagt hätte, der Kirche würde der Überfluss entzogen werden, den sie in so abstossender Weise missbraucht habe. Eine von ihm gebrauchte Metapher fand weite Verbreitung. Die Kirche,

---

1) Concil. Tarraconense ann. 1297, c. 1—4 (Martene, Ampl. Coll. VII. 305—6). — Eymericus, Directorium p. 265—6. — Raynald. ann. 1325, Nr. 20. — Mosheim, De beghardis, p. 641. — Pelayo, Heterodoxos españoles, I. 777—81, 783. — Villanueva, Viaje literario. T. XIX. p. 321.

In bezug auf das Schicksal der Schriften Arnalds von Villanova in dem Index expurgatorius s. Reusch, Der Index der verbotenen Bücher I. 33—34. Zwei der 1316 verurteilten Werke sind, ins Italienische übersetzt, in einer Handschrift der Bibliothek Magliabecchi zu Florenz von F. Tocco aufgefunden und von demselben beschrieben worden in dem Archivio storico Italiano, 1886, Nr. 6, und in dem Giornale storico della letteratura Italiana VIII. 3.

so sagte er, sei ein Vogel, der ohne Federn geboren sei; alle anderen Vögel hätten ihr von ihrem Gefieder beigesteuert, das sie nun aber ihres Stolzes und ihrer Tyrannei wegen zurückforderten. Wie die Spiritualen sah er gerne zurück auf die einfachen Tage vor Kaiser Konstantin, da der Grund des Glaubens in heiliger Armut gelegt wurde. Zwar scheint er die formelle Häresie in betreff der Armut Christi vermieden zu haben; trotzdem wurde er, als er 1349 nach Avignon kam, um seine Ansichten zu verkünden, sofort ins Gefängnis geworfen, wenn auch mehrere Versuche, ihn dem Scheiterhaufen zu überliefern, fehlschlugen. Er war 'durement grand clerc', und seine Ankläger konnten ihn nicht überführen. Aber es war zu gefährlich, ihn frei umhergehen zu lassen, und so wurde er im Gefängnis gehalten. Wann er schliesslich freigelassen wurde, wird nicht gesagt; aber wenn Pelayo recht hat mit seiner Angabe, dass er erst mit neunzig Jahren in seine Heimat zurückgekehrt sei, dann muss er lange im Kerker geschmachtet haben[1]).

Der vorgebliche Grund für seine Bestrafung waren seine joachimitischen Spekulationen über den Antichrist, obgleich, wie Wadding bemerkt, viele heilige Männer denselben Spekulationen sich hingaben, ohne getadelt zu werden, so der hl. Vinzenz Ferrer, der im Jahre 1412 nicht nur den Antichrist voraussagte, sondern auch behauptete, derselbe sei schon neun Jahre alt; trotzdem wurde Vinzenz nicht verfolgt, sondern heilig gesprochen. Auch Milicz von Kremsier wurde zwar, wie wir gesehen haben, verfolgt, jedoch freigesprochen (Bd. II, S. 499). Die Träumereien des Johann von Rupescissa aber streiften das Ewige Evangelium, wenn sie auch im Rahmen der Orthodoxie sich hielten. In seinem Gefängnisse verfasste er im November 1349 einen Bericht über eine wunderbare Erscheinung, die ihm im Jahre 1345 als Antwort auf ein langes Gebet und eine lange Peinigung gewährt worden sei. Ludwig der Bayer, so heisst es in diesem Berichte, sei der Antichrist, der Europa und Afrika im Jahre 1366 unterwerfen werde, während ein anderer Tyrann in Asien auftrete. Dann werde ein Schisma mit zwei Päpsten eintreten. Der Antichrist werde die ganze Erde beherrschen, und viele ketzerische Sekten würden entstehen. Nach dem Tode des Antichristes

---

1) Pelayo, Heterodoxos españoles, I 500—2. — Jo. de Rupescissa, Vade mecum (Fascic. rerum expetend. et fugiend. II 497). — Froissart, Liv. I P. II. ch. 124; Liv. III. ch. 27. — Rolevink, Fascic. temp. ann. 1364 — Mag. Chron. Belgic. (Pistorius III. 336). — Meyeri Annal. Flandr. ann. 1359. — Henr. Rebdorff, Annal. ann. 1351. — Pauli Aemylii, De reb. gest. Francor. (ed. 1569, p. 491—2). — M. Flacius Illyr., Cat. test. veritat. Lib. XVIII. p. 1786 (ed 1608).

würden fünfundfünfzig Kriegsjahre folgen; die Juden würden bekehrt werden, und mit der Zerstörung des Reiches des Antichristes werde das tausendjährige Reich beginnen. Dann würden die bekehrten Juden die Welt besitzen, alle würden Tertiarier des hl. Franziskus und die Franziskaner Vorbilder der Heiligkeit und Armut sein. Die Ketzer würden sich auf unzugängliche Berge und auf die Inseln des Ozeans flüchten, von wo sie am Ende des tausendjährigen Reiches wieder auftauchen würden. Der zweite Antichrist werde alsdann erscheinen und eine längere Leidenszeit herbeiführen, bis Feuer vom Himmel fallen und ihn und seine Anhänger vernichten würde, worauf das Ende der Welt und der jüngste Tag folgen werde[1]).

Infolge seiner im Gefängnisse angestellten Betrachtungen scheint Johannes seine prophetischen Visionen etwas umgeändert zu haben. Im Jahre 1356 schrieb er sein 'Vademecum in tribulatione', worin er prophezeite, dass die Laster des Klerus zu einer schnellen Verarmung der Kirche führen würden. In sechs Jahren werde sie auf den Zustand der apostolischen Armut zurückgeführt sein, und um 1370 werde der Prozess der Wiedergeburt beginnen, der die ganze Menschheit unter die Herrschaft Christi und seines irdischen Vertreters bringen werde. In der Zwischenzeit würde eine Reihe der schrecklichsten Plagen über die Welt kommen. Von 1360 bis 1365 würden die Würmer der Erde hervorkommen und alle wilden Tiere und Vögel vernichten; Sturm, Sündflut, Erdbeben, Hungersnot, Pestilenz und Krieg würden die Bösen hinwegraffen. Im Jahre 1365 werde der Antichrist kommen, und es würden soviele Menschen von der Kirche abfallen, dass nur wenige Gläubige übrigblieben. Seine Herrschaft werde aber von kurzer Dauer sein. Im Jahre 1370 werde ein kanonisch gewählter Papst die Menschheit zum Christentum zurückführen, worauf alle Kardinäle aus den Anhängern der griechischen Kirche gewählt werden würden. Während dieser Leidenszeit würden die Franziskaner fast vollständig ausgerottet werden zur Strafe dafür, dass sie die Regel gemildert hätten. Die Überlebenden würden sich aber reformieren, und der Orden würde die ganze Erde erfüllen, zahllos wie die Sterne am Himmel. Zwei Franziskaner von der allerdemütigsten Armut würden als Elias und Enoch auftreten und die Kirche durch diese Unglückszeit hindurchführen. Mittlerweile solle man, so riet er, grosse Vorräte von Bohnen,

---

1) Wadding. ann. 1357, Nr. 17. — Pelayo, a. a. O. I. 501—2. — *Jeiler in Wetzer u. Weltes Kirchenlexikon ²VI, 1761.

Honig, Pökelfleisch und getrocknetem Obst in Gebirgshöhlen aufstapeln für die, welche diese Revolutionen in der Natur und der menschlichen Gesellschaft überleben wollten. Nach dem Tode des Antichrists werde das tausendjährige Reich kommen; siebenhundert Jahre lang, also bis etwa zum Jahre 2000, würde die Menschheit tugendhaft und glücklich sein, dann aber werde der Verfall eintreten. Dieselben Laster, insbesondere unter dem Klerus, wie sie jetzt herrschten, würden wieder aufleben als Einleitung zur Ankunft des Gog und Magog, worauf dann der letzte Antichrist folgen werde. — Es ist bezeichnend für die Empfindlichkeit der damaligen Hierarchie, dass man diese harmlosen Hirngespinste einer strengen Verfolgung für wert erachtete[1]).

Der Einfluss des Ewigen Evangeliums war indessen damit noch nicht erschöpft. Es wurde oben auf Thomas von Apulien hingewiesen, der im Jahre 1388 den Parisern durchaus predigen wollte, dass die Herrschaft des Hl. Geistes begonnen habe, und dass er von Gott beauftragt worden sei, ihnen dieses anzukündigen (Bd. II, S. 143). Seiner Mission wurde aber menschenfreundlicherweise ein schnelles Ende gemacht, indem man ihn als einen Verrückten hinter Schloss und Riegel setzte. Mit Ausnahme des Endergebnisses stimmte mit seiner Laufbahn auffallend überein die des Nikolaus von Buldesdorf, der um das Jahr 1445 verkündete, Gott habe ihm befohlen zu melden, dass die Zeit des Neuen Testamentes ebenso verstrichen sei wie die des Alten, dass unter der Herrschaft des Hl. Geistes die dritte Ära und das siebente Zeitalter der Welt begonnen habe, in welchem der Mensch dem Zustande der ursprünglichen Unschuld zurückgegeben werden würde, und dass er der Sohn Gottes sei, beauftragt, die frohe Botschaft zu verbreiten. An das damals noch tagende Konzil von Basel schickte er verschiedene Abhandlungen, die diese Lehren enthielten; und er hatte sogar die Kühnheit, persönlich auf dem Konzil zu erscheinen. Seine Schriften wurden sofort den Flammen übergeben, und er selbst wurde eingekerkert. Man scheute keine Mühe, um ihn zum Widerrufe zu bewegen; aber es war vergebens. Doch waren die Baseler Väter weniger geneigt, Rücksicht auf Verrücktheit zu nehmen, als die Pariser Doktoren, und Nikolaus endigte 1446 auf dem Scheiterhaufen[2]).

Doch auch fernerhin behauptete sich noch immer die Über-

---

1) Fasciculus rerum expetendarum et fugiendarum II. 494—508.
2) Füsselin, Neue und unpartheyische Kirchen- und Ketzerhistorie, Frankfurt 1772, II. 63—66.

zeugung, dass die Sünde und das Elend der Welt kein endgültiger Zustand sein könne, und dass die verderbte Kirche, welche beteure, Christus zu vertreten, einer höhern, von einer neuen Offenbarung herbeigeführten Entwicklung Platz machen müsse. Janko und Levin von Wirsberg, zwei Laien von adliger Herkunft, verkündeten um das Jahr 1466 in Eger apokalyptische Prophezeiungen, die sie, wie sie behaupteten, von einem aus seinem Kloster ausgetretenen Mönche erhalten hatten. Sie lehrten, der Papst sei der Antichrist, und die Kardinäle und Prälaten seien seine Glieder; die Ablässe seien nutzlos und die kirchlichen Zeremonien eitel, aber die Zeit der Befreiung stehe bevor. Es sei schon von einer Jungfrau ein Mann geboren, der der Gesalbte Christi sei; er werde alsbald mit dem dritten Evangelium kommen und alle Gläubigen in die Hürde führen, nachdem der Klerus mit Ausnahme der vier Bettelorden erschlagen worden sei. Sein Vorläufer wäre ein gewisser Johannes aus dem Osten — wahrscheinlich Janko selbst —, der im Jahre 1467 erscheinen würde. In jenem unruhigen Zeitalter, das der Reformation vorausging, war es nicht schwer, Gläubige für revolutionäre Ideen zu finden, und die neue Ketzerei breitete sich schnell in Eger und der Umgegend aus. Georg Podiebrad war anfangs geneigt, sie zu begünstigen; als aber die kirchlichen Behörden anfingen, gegen sie vorzugehen, zog er seinen Schutz zurück. Am 5. Dezember 1466 wurden die beiden Brüder vor den Bischof Heinrich von Regensburg vorgeladen, worauf Jankos Namen aus den Protokollen verschwindet, sei es infolge seines Todes oder infolge seiner Flucht. Levin leistete der Vorladung keine Folge und wurde im Frühjahr 1467 auf Befehl des Pfalzgrafen Otto verhaftet. Die bischöfliche Inquisition stellte ihn vor die Wahl, zu widerrufen oder verbrannt zu werden. Er wählte das erstere und schwur seine Irrtümer feierlich in der Kathedrale ab, worauf er lebenslänglich eingekerkert wurde. In seiner Gefangenschaft wurde er rückfällig und kam in seinen Briefen an den Bischof wieder auf seine Irrtümer zurück. Das Verfahren gegen ihn wurde wieder aufgenommen, und nur durch einen rechtzeitigen Tod (1468) entging er seinem drohenden Schicksal. Von seinen Anhängern hörte man nichts mehr[1]).

Aber noch immer hatte die Welt nicht das letzte Wort von solchen apokalyptischen Spekulationen gehört. Auch die modernen

---

1) *Döllinger, Beiträge zur Sektengeschichte des Mittelalters II, 625 ff.; H. Haupt, in der Deutschen Biographie, s. v. Wirsberg. — Chron. Glassberger ann. 1466 (Analecta Franciscana II. 422—6).

Zeiten haben die Lage der Menschheit nicht so weit gebessert, dass
das Sehnen nach einer geistigen Umgestaltung der Gesellschaft ein
Ende finden könnte. Im Jahre 1840 gründete der Aufseher einer Papiermühle in der Nähe von Bayeux, Peter Michael Vintras, eine Gesellschaft, die unter den Namen 'L'oeuvre de la miséricorde' bekannt ist.
Ihr Zweck war, die dritte Ära oder das Reich des Hl. Geistes herbeizuführen, in welchem die Wiedergeburt der Menschheit sich vollziehen und die Erde ein Paradies werden sollte. In geschickter Weise
erweckte Vintras die Begeisterung der Gläubigen, indem er in sein
Lehrgebäude auch den von der Kirche damals noch nicht zum Dogma
erhobenen Satz von der unbefleckten Empfängnis, sowie die Wiedereinsetzung des unauffindbaren Königs Ludwig XVII. von Frankreich
aufnahm. Es war zwecklos, dass Gregor XVI. am 8. November 1843 die
neue Sekte verurteilte. Sie vermehrte sich in ganz Frankreich, und sie
wurde in den Jahren 1849 und 1850 durch die Konzilien von Paris,
Rouen, Tours, Avignon und Albi auf lange Zeit mit dem Anathem belegt.
Im Jahre 1851 verurteilte Pius IX. die Sekte abermals als eine verabscheuungswürdige Gesellschaft, jedoch mit wenig Erfolg. Glücklicherweise hatte die Kirche im 19. Jahrhundert nicht die Hilfsmittel
zur Verfügung, deren sie sich im 13.—15. Jahrhundert bediente, um
solche schwärmerischen Träume mit Blut und Feuer zu unterdrücken.
Aber sie war doch noch einflussreich genug, um im Jahre 1843 die
Verurteilung des Vintras zu einer fünfjährigen Gefängnisstrafe und
einer Busse von tausend Francs zu veranlassen, angeblich weil er
unter falschem Vorwand Geld angenommen habe, obwohl diejenigen,
die ihm Zahlungen geleistet hatten, zu seinen Gunsten aussagten. Sein
Verhalten im Gefängnisse war musterhaft, und als das Ende seiner
Haft beinahe verstrichen war, brachte ihm die Revolution von 1848
die Freiheit. Der Klerikalismus des zweiten Kaiserreiches war
weniger liberal; Vintras zog sich deshalb nach London zurück,
während die Sekte allmählich ausgestorben zu sein scheint[1]).

---

1) André, Affaire Rosette Tamisier, Carpentras, 1851. — Conciliorum
collectio Lacensis, T. IV. p. 16, 68, 281, 322, 421, 520. — Erdan, La France
mystique, I. 236 ff.

Zweites Kapitel.

Guglielma und Dolcino.

Die geistige Schwärmerei, welche unter den Franziskanern die im vorigen Kapitel geschilderten Unruhen hervorrief, beschränkte sich keineswegs auf die anerkannten Mitglieder dieses Ordens. Sie zeigte sich in einer noch viel ungeregeltern Form auch in der kleinen Gruppe von Sektierern, die unter dem Namen der Guglielmiten bekannt sind, und in dem gefährlichern Auftreten der Dolcinisten oder der Apostolischen Brüder.

Um das Jahr 1260 kam eine Frau nach Mailand, die sich selbst Guglielma nannte. Sie hatte einen Sohn bei sich, ein Beweis, dass sie ein weltliches Leben geführt und gewiss auch die Wechselfälle desselben erfahren hatte. Da wir im Verlauf ihrer Geschichte von dem Kinde nichts weiter hören, so ist es wahrscheinlich jung gestorben. Guglielma war reich und galt für die Tochter der Konstanze, der Gemahlin des Königs von Böhmen. Ihre königliche Herkunft ist zweifelhaft; doch ist die Frage kaum der Erörterung wert, zu der sie Anlass gegeben hat[1]). Guglielma war eine ausserordentlich fromme Frau, die sich guten Werken widmete, ohne indessen gerade einen besonders strengen Lebenswandel zu führen. Sie zog allmählich eine

---

1) Konstanze, die Tochter Belas III. von Ungarn, war die zweite Gemahlin des Königs Ottokar I. von Böhmen, der im Jahre 1230 im Alter von 80 Jahren starb. Sie selbst starb 1240 und hinterliess drei Töchter: Agnes, welche das Franziskanerkloster St. Januarius in Prag gründete und am 18. Mai 1236 in dasselbe eintrat; Beatrix, die Otto den Frommen von Brandenburg heiratete, und Ludmilla, welche die Gemahlin Ludwigs I. von Baiern wurde. Guglielma kann kaum eine von diesen dreien gewesen sein (Art de vérifier les dates, VIII. 17). Ihr Schüler Andreas Saramita bezeugte, dass er nach ihrem Tode nach Böhmen gereist sei, um gewisse Ausgaben zurückerstattet zu erhalten. Er erreichte zwar diesen Zweck nicht, stellte aber ihre Verwandtschaft mit dem königlichen Hause von Böhmen fest. (Andrea Ogniben, I Guglielmiti del secolo XIII., Perugia, 1867, pp. 10—11). — Andererseits behauptet ein zeitgenössischer deutscher Chronist, dass sie aus England gekommen sei (Annal. Dominicani Colmarienses ann. 1301, *Mon. Germ. Hist. SS. XVII, 226).

kleine Schar von Anhängern an sich, denen sie, wie einige uns überlieferte Äusserungen zeigen, eine gesunde ethische Unterweisung erteilte. Ihre Anhänger trugen ein einfaches braunes Gewand, wie sie es selbst zu tragen pflegte, und sie scheinen eine Art unorganisierter Kongregation gebildet zu haben, die lediglich durch die gemeinsame Hingebung an ihre Lehrerin verbunden war[1]).

Um jene Zeit war es den Menschen nicht leicht, der Verehrung Grenzen zu setzen. Man fühlte, dass die geistige Welt in engster Verbindung mit der materiellen stand, und die Entwicklung des Joachimitismus zeigt, wie bereitwillig man Suggestionen aufnahm wie die, dass eine grosse Veränderung bevorstehe, und dass eine neue Ära für die Menschheit anbreche. Guglielmas Anhänger sahen in ihr bald eine Heilige und schrieben ihr Wundermacht zu. Einige ihrer Jünger behaupteten, von ihr in wunderbarer Weise geheilt worden zu sein, so der Magister Beltramus von Ferno von einem Augenleiden und Albertonus von Novate von einer Fistel. Weiterhin erklärte man, sie habe die hohe Auszeichnung der Stigmata erhalten; zwar konnten diejenigen, welche später ihren Leichnam zur Beerdigung fertig machten, nichts davon bemerken, aber das schrieb man der Unwürdigkeit dieser Personen zu. Man sagte vertrauensvoll voraus, dass sie die Juden und Sarazenen bekehren und die ganze Menschheit zur Einheit des Glaubens bringen würde. Schliesslich flüsterten sich ums Jahr 1276 einige der begeistertsten ihrer Anhänger zu, sie sei die weibliche Verkörperung des Hl. Geistes, die dritte Person der Trinität, so wie Christus die männliche Verkörperung der zweiten Person gewesen; sie sei wahrer Gott und wahrer Mensch; nicht nur der Leib Christi habe in der Passion gelitten, sondern auch der des Hl. Geistes, so dass ihr Fleisch das nämliche sei wie das Fleisch Christi. Die Urheber dieses seltsamen Glaubens waren, wie es scheint, Andreas Saramita, eine hochgestellte Persönlichkeit in Mailand, und die Schwester Manfreda von Pirovano, eine Humiliatin im alten Kloster von Biassono und eine Base des Matteo Visconti. Es ist nicht wahrscheinlich, dass Guglielma diese albernen Geschichten unterstützt hat. Andreas Saramita war der einzige Zeuge, der vor Gericht behauptete, er habe sie direkt von ihr selber gehört; doch hatte er einige Tage vorher das Gegenteil bezeugt. Die anderen unmittelbaren Schüler der Guglielma sagten aus, dass sie keinen Anspruch

---

1) Ogniben, a. a. O. S. 56, 73—5, 103—4. — *Muratori, Antiquitates Italicae medii aevi v, 90ff.: F. Tocco, Il processo dei Guglielmiti (Rendiconti dell' Accademia dei Lincei, Serie v, Bd. viii [1899], S. 309—384).

auf irgendeine übernatürliche Macht erhoben habe. Wenn die Leute
sie baten, sie zu heilen oder von ihren Beschwerden zu befreien,
habe sie gewöhnlich erklärt: „Gehet eurer Wege, ich bin nicht Gott!"
Als man ihr die seltsamen Glaubenslehren mitteilte, die über sie im
Umlauf wären, erklärte sie mit Nachdruck, sie sei nur eine elende
Frau, ein gemeiner Erdenwurm. Marchisio Secco, ein Mönch von
Chiaravalle, bezeugte, dass er über diese Frage mit Andreas gestritten habe, und dass sie beide beschlossen hätten, sich deswegen
an Guglielma zu wenden; sie aber habe unwillig erwidert: sie sei
Fleisch und Bein, sie habe einen Sohn mit nach Mailand gebracht,
und jene würden, wenn sie wegen ihrer gotteslästerlichen Worte
keine Busse täten, zur Hölle verdammt werden. Doch für Gemüter,
die mit den Versprechungen des Ewigen Evangeliums vertraut
waren, mochte es durchaus nicht unwahrscheinlich sein, dass die
Ära des Hl. Geistes durch solch eine Inkarnation herbeigeführt
werden würde[1]).

Guglielma starb am 24. August 1281. Ihr Vermögen hinterliess
sie dem grossen Cisterzienserkloster Chiaravalle bei Mailand, wo sie
auch begraben zu werden wünschte. Damals herrschte Krieg zwischen
Mailand und Lodi, und da die Wege infolgedessen nicht sicher waren,
so wurde sie zunächst in der Stadt beerdigt, während Andreas Saramita und Dionysius Cotta den Markgrafen von Montferrat um eine militärische Eskorte für den Leichenzug baten. Die Überführung der
Leiche fand im Oktober statt und ging mit grossem Pomp vor sich.
Denn die Cisterzienser ergriffen mit Freuden die Gelegenheit, die Anziehungskraft und die Einkünfte ihrer Niederlassung zu vermehren.
In jener Zeit war die Ausbeutung neuer Heiligen ein ausserordentlich
einträgliches Geschäft, das mit entsprechender Energie betrieben
wurde. Salimbene klagte bitter darüber unter Bezugnahme auf das
spekulative Geschäft, das im Jahre 1279 zu Cremona mit den Überresten eines trunkenen Winzers namens Alberto getrieben wurde,
dessen Kultus Scharen frommer Geber anlockte und allen dabei Beteiligten reichen Gewinn brachte. Solche Missbräuche, wie wir sie
im Falle des Armanno Pongilupo u. a. (Bd. II, 271) gesehen haben,

---

1) Ogniben, a. a. O. S. 12, 20—1, 35—7, 69, 70, 74, 76, 82, 84—6, 101,
104—6, 116 (*Tocco a. a. O. S. 313ff., 326; über die Stigmatisationen im 13. Jahrh.
im allgemeinen vgl. Zeitschrift für Kirchengeschichte XXXII [1911], 89ff.).
Ogniben glaubt, dass Manfreda von Pirovano durch ihre Mutter Anastasia
von Pirovano eine Base des Matteo Visconti gewesen sei (op. cit. p. 23). Der
Fortsetzer des Wilhelm von Nangis bezeichnet sie als dessen Halbschwester
(Guillel. Nangiac. Contin. ann. 1317).

kamen häufig vor, wenn auch Salimbene erklärte, durch die Kanones sei die Verehrung eines neuen Heiligen verboten, bis die römische Kirche ihm einen Anspruch darauf in autoritativer Weise zuerkannt habe. Salimbene irrte darin. Zanchinus Ugolini, ein viel besserer Gewährsmann, versichert uns, die Verehrung nicht kanonisierter Heiligen gelte nicht als Ketzerei, wenn man nur glaube, dass die von ihnen gewirkten Wunder auf ihre Fürbitte durch Gott gewirkt seien. Wenn man dagegen glaube, dass sie ohne Zustimmung Gottes nur von ihren Reliquien gewirkt seien, dann dürfe die Inquisition einschreiten und strafen. Solange indessen ein Heiliger nicht kanonisiert sei, stehe seine Verehrung im Ermessen des Bischofs, der dieselbe in jedem Augenblick unterdrücken könne. Die Tatsache der Wunderwirkungen allein sei noch kein Beweis, da solche häufig von Teufeln herrührten, die dadurch die Gläubigen täuschen wollten [1].

Im vorliegenden Falle erhob der Erzbischof von Mailand keinen Einspruch, und die Verehrung der Guglielma erhielt bald eine feste Grundlage. Einen Monat nach der Überführung liess Andreas den Leichnam ausgraben und in die Kirche bringen, wo er ihn mit Wein und Wasser wusch und mit einem prächtigen gestickten Gewande bekleidete. Das Waschwasser wurde sorgfältig aufbewahrt, um als Heilmittel für Kranke zu dienen. Es wurde auf den Altar des Nonnenklosters von Biassono gestellt und von Manfreda zur Salbung der kranken Körperteile der Heilungsuchenden benutzt. Alsbald wurde eine Kapelle mit einem Altare über Guglielmas Grabe erbaut, und noch heute zeigt man in Chiaravalle das kleine Bethaus, worin sie der Sage nach gelegen haben soll, und ein an der Wand über dem leeren Grabe befindliches Porträt wird für das ihrige erklärt. Dieses stellt sie dar, wie sie vor der hl. Jungfrau niederkniet und von dem hl. Bernhard, dem Schutzpatron der Abtei, dieser vorgestellt wird. Eine Menge anderer Gestalten umgibt Guglielma, und das Ganze zeigt an, dass diejenigen, die ihr das Gemälde widmeten, in ihr nur eine Heilige, aber nicht eine Inkarnation der Gottheit sahen. Ein anderes Bild von ihr stellte Dionysius Cotta in der Kirche Santa Maria fuori di Porta Nuova auf und liess vor demselben beständig zwei Lampen brennen, um dadurch die Fürbitte der Guglielma für die Seele seines dort begrabenen Bruders zu erlangen. Andere Bilder wurden in

---

1) Ogniben, a. a. O. S. 30, 44, 115. — Salimbene, Chronica, p. 274—6 (*Mon. Germ. Hist. SS. XXXII, S. 501). — Chron. Parmense ann. 1279 (Muratori, S. R. I. IX. 791—2). — Zanchinus, Tract. de haereticis (verfasst um 1320, hrsg. Rom 1579, Venedig 1584) c. XXII.

der Kirche der hl. Euphemia und in dem Nonnenkloster von Biassono aufgehängt. Bei allen diesen Vorgängen wirkten die guten Mönche von Chiaravalle treulich mit. Sie unterhielten brennende Lampen vor ihrem Altare, und zwei Festtage wurden ihr zugewiesen, der Jahrestag ihres Todes und der ihrer Überführung. An diesen pflegten sich ihre Anhänger in der Abtei zu versammeln und die Mönche ein einfaches Gastmahl ausserhalb der Klostermauern zu veranstalten; denn die Cisterzienserregel verbot die Anwesenheit einer Frau innerhalb der heiligen Mauern als eine Profanation. Einige Mönche sprachen alsdann in beredten Worten über die Heiligkeit der Guglielma, indem sie dieselbe mit anderen Heiligen, mit dem Monde und den Sternen verglichen, und nahmen die von den frommen Verehrern dargebrachten Opfergaben in Empfang. Das war aber nicht der einzige Gewinn für die Abtei. Jakob von Novate, einer der Gläubigen, gehörte zu einer der vornehmsten Mailänder Familien; in seinem Schlosse hielten die Guglielmiten gewöhnlich ihre Versammlungen ab. Bei seinem Tode setzte er die Abtei zu seinem Erben ein, und die Erbschaft dürfte nicht unbeträchtlich gewesen sein. Es kamen wohl auch noch andere Beispiele ähnlicher Freigiebigkeit vor, wenngleich bestimmte Beweise hierfür nicht auf uns gekommen sind [1]).

Alles das war unschuldig genug. Aber unter den Verehrern Guglielmas gab es eine kleine Schar besonders Eingeweihter, die in ihr den fleischgewordenen Hl. Geist sahen. Die Geschichte der Joachimiten hat uns gezeigt, wie leicht man dazu bereit war, in dem Christentum nur einen vorübergehenden Zustand der Religion zu erblicken, dem bald die Herrschaft des Hl. Geistes folgen werde, wenn die römische Kirche einer neuen und höheren Organisation Platz machen würde. Für die Guglielmiten war es daher nicht schwer, sich einzureden, dass sie die Gesellschaft des Parakleten genossen hätten, der binnen kurzem erscheinen werde, wenn der Hl. Geist in feurigen Zungen auf die Jünger herabkommen und die Heiden und Juden bekehren und wenn die neue Kirche das Zeitalter der Liebe und der Seligkeit beginnen würde, nach welchem die Menschheit schon seit so vielen Jahrhunderten sich gesehnt habe. Andreas Saramita war der Hauptapostel dieser Lehre. Er behauptete, der erste und einzige geistige Sohn der Guglielma zu sein und von ihr die Offenbarung empfangen zu haben, die er, um sie der Leichtgläubig-

---

1) Ogniben, a. a. O. S. 20—1, 25—6, 31, 36, 49—50, 56—7, 61, 72—3, 74, 93—4, 104, 116. — Tamburini, Storia dell' inquisizione, II. 17—18.

keit seiner Jünger anzupassen, weiter ausschmückte. Der Erzengel Raphael habe der seligen Konstanze angekündigt, dass in ihr der Hl. Geist Fleisch werden würde; ein Jahr später, am hl. Pfingstfeste, sei alsdann Guglielma geboren worden; sie habe die weibliche Gestalt gewählt, weil, wenn sie als Mann erschienen wäre, sie wie Christus gestorben und mit ihr die ganze Welt untergegangen wäre. Eines Tages habe sie in ihrem Zimmer einen Stuhl in einen Ochsen verwandelt und Andreas befohlen, diesen festzuhalten, wenn er könne; als er es versucht habe, sei der Ochse verschwunden. Durch den Besuch ihres Grabes in Chiaravalle erlange man dieselben Ablässe wie durch eine Pilgerfahrt nach dem Hl. Grabe. Hostien, die man auf ihr Grab legte und dadurch weihte, wurden von ihren Jüngern eifrig als eine neue Form der Kommunion empfangen. Ausser den beiden regelmässigen Festtagen gab es für die Eingeweihten noch ein drittes Fest, das man bezeichnenderweise auf den Pfingsttag verlegte als den Tag, an dem man ihre Wiederkunft erwartete. Inzwischen wurde die Frömmigkeit der Gläubigen durch die Erzählung angefeuert, sie stehe mit ihren Vertretern in Verbindung, und zwar sowohl in ihrer eigentlichen Gestalt als auch in der einer Taube. Mit wie oberflächlichen Beweisen die Gläubigen sich begnügten, zeigt ein Vorfall, der ihnen im Jahre 1293 grossen Trost bereitete. Bei einem Festmahle im Hause des Jakob von Ferno erhob sich eine lebhafte Diskussion zwischen den Zweiflern und den überzeugten Gläubigen. Eine der eifrigen Gläubigen, Carabella, die Frau des Amizzone Toscano, hatte sich auf ihren Mantel gesetzt. Als sie aufstand, fand sie im Gürtel drei Knoten, die vorher nicht darin gewesen waren. Das wurde sofort als ein grosses Wunder angesehen und augenscheinlich als eine volle Bestätigung der Wahrheit betrachtet[1]).

Ohne die zum Schlusse erfolgende Tragödie müsste man den Guglielmitismus lediglich als eine Farce ansehen; denn diese Kirche, die das feste Gebäude der römischen Kirche ersetzen sollte, war ebenso lächerlich in ihrer allgemeinen Vorstellung wie in diesen Einzelheiten ihrer Glaubenslehren. Die Evangelien sollten ersetzt werden durch die hl. Schriften des Andreas, von denen er schon einige unter dem Namen verschiedener Eingeweihten vorbereitet hatte, wie: „Der Brief der Sibilia an die Novaresen", „Die Prophezeiung des Propheten Carmeo an alle Städte und Nationen" und

---

1) Ogniben a. a. O. S. 21, 25, 30, 36, 56, 70, 72, 96, 101. — *Tocco a. a. O. S. 371 ff.

eine Darlegung der Lehre der Guglielma, die mit den Worten begann: „In jener Zeit sprach der Hl. Geist zu seinen Jüngern . . ." Manfreda verfasste auch Litaneien zum Hl. Geiste und Gebete für den kirchlichen Gebrauch. Wenn bei der Wiederkunft der Guglielma das Papsttum verschwinden würde, dann würde Manfreda Papst werden als Stellvertreterin des Hl. Geistes; sie würde die Schlüssel des Himmels und der Hölle besitzen und die Juden und Sarazenen taufen. Ein neues Kardinalskollegium würde gebildet werden, von dem indessen nur ein Mitglied gewählt worden zu sein scheint, — ein junges Mädchen namens Taria, das, nach den Antworten, die es dem Inquisitor gab, und nach den verächtlichen Bemerkungen zu schliessen, womit einige von der Sekte auf dasselbe hinwiesen, eine würdige Vertreterin des ganzen unsinnigen Projektes war. Solange man Manfredas Beförderung zum Pontifikate erwartete, war sie der Gegenstand einer besondern Verehrung. Ihre Anhänger küssten ihre Hände und Füsse, und sie erteilte ihnen den Segen. Als das von Bonifaz VIII. für das Jahr 1300 verkündete Jubiläum Hunderttausende von Pilgern nach Rom lockte zur Gewinnung der angebotenen Ablässe, hatte die dadurch hervorgerufene geistige Erregung anscheinend zur Folge, dass die Guglielmiten sich veranlasst sahen, das Pfingstfest 1300 als den Tag der Ankunft des Hl. Geistes festzusetzen. In einer seltsamen Anwandlung weltlicher Gesinnung bereiteten die Gläubigen glänzende Gewänder zum Schmucke des erwarteten Gottes vor — einen Purpurmantel mit einer silbernen Spange, der dreissig Pfund Mailänder Terziolen kostete, ferner goldbestickte Seidengewänder und vergoldete Pantoffeln, wozu Petra von Alzate zweiundvierzig Dutzend Perlen und Catella de' Giozii eine Unze Perlen schenkte. Zur Vorbereitung auf ihre neuen und heiligen Funktionen unternahm es Manfreda, die Mysterien der Messe zu zelebrieren. Gelegentlich der Osterfeierlichkeiten konsekrierte sie in Priestergewändern die Hostie, während Andreas in einer Dalmatica das Evangelium las, und teilte sodann die Kommunion an die Anwesenden aus. Sobald die Auferstehung der Guglielma erfolgen würde, wollte sie diese Feierlichkeiten in Santa Maria Maggiore wiederholen. Hierfür waren bereits aussergewöhnlich kostbare Gefässe angeschafft, die mehr als zweihundert Lire kosteten [1]).

Die so vergeudeten Summen lassen erkennen, dass die Anhänger der Sekte zur wohlhabenden Bevölkerungsklasse gehörten. Am merk-

---

1) Ogniben a. a. O. S. 17, 20, 22, 23, 30, 34, 37, 40, 42, 47, 54, 62, 72, 80, 90, 94, 96. — *Tocco a. a. O. S. 340.

würdigsten aber ist die Tatsache, dass ein so unsinniger Glaube selbst bei gebildeten und klugen Leuten Aufnahme finden konnte. Gerade diese Erscheinung kennzeichnet treffend den Geist der Beunruhigung, der damals in der Welt herrschte; sie zeigt, wie bereitwillig man jedes, auch noch so unsinnige, Versprechen auf die Erlösung von den vorhandenen Übeln anzunehmen geneigt war. Es gab in Mailand nur wenige Familien, die hervorragender waren als die Garbagnati. Sie waren Ghibellinen und mit den Visconti eng verbündet. Gasparo Garbagnate bekleidete viele wichtige Stellungen; zwar wird sein Name nicht unter den Sektierern erwähnt, aber seine Frau Benvenuta, seine beiden Söhne, Ottorino und Francesco, und Bella, die Frau des Jakob, gehörten dazu. Francesco war ein hervorragender Diplomat und Jurist. Als er im Jahre 1309 von Matteo Visconti als Gesandter zum Kaiser Heinrich VII. geschickt wurde, gewann er hohe Gunst am kaiserlichen Hofe und erreichte den Zweck seiner Mission. Er beendete seine Laufbahn als Professor der Rechte an der berühmten Universität Padua. Und doch war dieser, wie man annehmen darf, gelehrte und kaltblütige Mann ein glühender Verehrer der Guglielma; er kaufte goldgestickte Seidenstoffe für ihre Auferstehung und verfasste Gebete zu ihren Ehren. Zu den Verbrechen, um derentwillen Matteo Visconti im Jahre 1323 von der Inquisition verurteilt wurde, gehörte auch das, dass er den Francesco Garbagnate noch in seinem Dienst behielt, als derselbe schon wegen seiner Teilnahme an der Ketzerei der Guglielma zum Kreuztragen verurteilt worden war. Papst Johann XXII. bestätigte im Jahre 1324 dieses Urteil mit dem Bemerken, dass Matteo die Inquisitoren terrorisiert habe, um seinen ebenfalls zu den Guglielmiten gehörenden Sohn Galeazzo zu retten[1]).

Als die Ketzerei bekannt wurde, schrieb das Volksgerede diesen Sektierern selbstverständlich dieselben geschlechtlichen Ausschweifungen zu wie allen andern, die vom wahren Glauben abirrten. Die uns überlieferte Legende erzählt über ihre Entdeckung dieselbe Geschichte, die, wie wir (Bd. II, 423) gesehen haben, in Köln über die Brüder des freien Geistes berichtet wird: ein Ehemann verfolgte die Spur seiner Frau nach ihrem nächtlichen Stelldichein und lernte so die obszönen Sitten der Sekte kennen. Im vorliegenden Falle heisst der Held der Geschichte Corrado Coppa, und

---

1) Ogniben a. a. O. S. 65—7, 83—4, 90—1, 110. — Ughelli, t. IV. p. 286—93 (Ed. 1652). — Raynaldus ann. 1324, Nr. 7—11.

seine Frau, die zu den eifrigsten Anhängern der Sekte zählte, Jacoba[1]. Es genügt darauf hinzuweisen, dass die amtlichen Protokolle des Prozesses, soweit sie auf uns gekommen sind, keine Anspielung irgendwelcher Art auf zügellose Lehren oder Gewohnheiten der Sektierer enthalten. Wenn aber die Inquisitoren keine Zeit vergeudeten, um in dieser Richtung Verhöre anzustellen, so beweist dies, dass sie die Sache eines Verhöres nicht für wert erachteten.

Die Zahl der Guglielmiten war klein. Zwar werden bei einem von den Mönchen von Chiaravalle zu Ehren der Guglielma gegebenen Festmahle hundertneunundzwanzig Personen als anwesend erwähnt; aber darunter befanden sich zweifellos viele, die Guglielma nur als eine Heilige verehrten. Der Kreis der wirklich Eingeweihten war offenbar viel enger. Die Zahl derer, die durch die Geständnisse vor der Inquisition belastet wurden, belief sich nur auf etwa dreissig, und somit dürfen wir annehmen, dass die Gesamtzahl der Sektierer zu keiner Zeit mehr als fünfunddreissig oder vierzig betrug[2]).

Man sollte kaum glauben, dass diese Vorgänge zwanzig Jahre lang der Wachsamkeit der Mailänder Inquisitoren entgehen konnten. Im Jahre 1284, wenige Jahre nach dem Tode der Guglielma, enthüllten zwei ihrer Jüngerinnen, Allegranza und Carabella, unvorsichtigerweise der Belfiore, der Mutter des Frà Enrico di Nova, die Geheimnisse ihres Glaubens. Diese machte sofort dem Inquisitor Manfred von Dovaria aus dem Dominikanerorden davon Mitteilung. Andreas wurde unverzüglich vorgeladen samt seiner Frau Riccadona, seiner Schwester Migliore und seiner Tochter Flordebellina; ebenso Manfreda, Bellacara dei Carentani, Jacoba dei Bassani und vielleicht noch einige andere. Sie waren bereit abzuschwören und wurden mit einer aussergewöhnlichen Milde behandelt; der Inquisitor absolvierte sie nämlich, indem er ihnen als Symbol der verdienten Geisselung mit einem Stock über die Schultern strich. Er legte, wie es scheint, der Sache nur geringe Bedeutung bei und zwang die Gefangenen auch nicht, ihre Mitschuldigen zu verraten. Im Jahre 1295 und 1296 wurde durch den Inquisitor Thomas von Como abermals eine Untersuchung eingeleitet; doch sind uns keine Einzelheiten darüber erhalten. Anscheinend kamen die Führer ohne Schaden davon[3]).

---

1) Philip. Bergomat., Supplem. Chron. ann. 1298. — Bern. Corio, Hist. Milanese ann. 1300.
2) Ogniben a. a. O. S. 1, 2, 34, 74, 110. — Tamburini a. a. O. II. 67—8.
3) Ogniben a. a. O. S. 14, 23, 33, 36, 39, 60, 72, 101, 110, 114. — *Tocco a. a. O. S. 322 ff.

Wir wissen nicht, wodurch im Frühjahr 1300 die Aufmerksamkeit der Inquisition auf die Sekte gelenkt wurde. Vermutlich hatten aber die für das folgende Pfingstfest erwartete Auferstehung der Guglielma und die für dieses Ereignis getroffenen Vorbereitungen eine gewisse Aufregung unter ihren Anhängern verursacht und möglicherweise unvorsichtige Äusserungen hervorgerufen. Um Ostern (am 10. April) luden die Inquisitoren Manfreda, Jacoba dei Bassani und wohl noch mehrere andere vor und verhörten sie, allerdings ohne Ergebnis. Doch überwachte man sie augenscheinlich und zog im geheimen Erkundigungen über sie ein. Im Juli war das hl. Offizium soweit vorbereitet, dass es einen wirksamen Schlag führen konnte. Am 18. dieses Monats meldete sich ein Frà Ghirardo bei dem Inquisitor Lanfranco de' Amizzoni und enthüllte ihm die ganze Sache unter gleichzeitiger Angabe der Namen der Hauptjünger. Andreas forschte ihn aus und suchte zu erfahren, was er ausgesagt hatte; aber man riet ihm nur, auf seine eigene Sicherheit bedacht zu sein, da die Inquisition eine drohende Haltung annahm. Am 20. wurde Andreas vorgeladen. Er behauptete, niemals gehört zu haben, dass Guglielma als etwas mehr denn eine gewöhnliche Heilige angesehen wurde; man schenkte offenbar seiner Aussage Glauben, denn er wurde entlassen mit dem Befehle, am nächsten Tage wiederzukommen und mittlerweile unbedingtes Stillschweigen zu beobachten[1]).

Andreas und Manfreda waren sehr erschreckt. Sie baten ihre Schüler, falls sie ebenfalls von den Inquisitoren vorgeladen würden, über ihre Person Stillschweigen zu beobachten, da sie sonst dem Tod verfallen wären. Es ist bezeichnend für die offenkundige Feindschaft zwischen den beiden Bettelorden, dass der erste Schritt der Sektierer darin bestand, bei den Franziskanern Hilfe zu suchen. Alsbald nach dem Empfang der Vorladungen begab sich Andreas in Begleitung des Doktors Beltramus von Ferno, eines der eifrigsten Anhänger der Sekte, nach dem Franziskanerkloster. Hier erfuhren sie von dem Bruder Daniel von Ferno, dass der Dominikaner Guido von Coconate und die übrigen Inquisitoren gar kein Recht zu ihrem Vorgehen hätten, da ihre Mandate vom Papst für nichtig erklärt worden seien; die darüber ausgestellte Bulle habe Frà Pagano von Pietra Santa in Händen. Offenbar lag hier eine Intrigue vor, deren Aufdeckung nicht ohne Interesse ist; denn wir treffen hier alte Bekannte wieder. Guido ist zweifellos derselbe Inquisitor, den wir im

---

1) Ogniben a. a. O. S. 13, 30—33, 39.

Jahre 1279 an der Bestrafung des Konrad von Venosta teilnehmen sahen (Bd. II, 267). Frà Pagano ist uns im Jahre 1295 begegnet, wo er wegen Ketzerei verfolgt wurde (oben S. 40). Dieser letztere Umstand stachelte wahrscheinlich seinen Eifer gegen die Inquisitoren an. Denn als die Guglielmiten am folgenden Tage bei ihm vorsprachen, legte er ihnen die Bulle vor und drängte sie, der Vorladung Folge zu leisten und ihm so den Nachweis zu liefern, ob die Inquisitoren tatsächlich ihre Funktion aufgegeben hätten, einen Nachweis, für den er, wie er sagte, gerne fünfundzwanzig Lire zu zahlen bereit sei. Frà Pagano hatte bis dahin eifrig, aber vergeblich, in Erfahrung zu bringen gesucht, auf wen die Funktionen des Inquisitionstribunals tatsächlich übergegangen waren — ein schlagender Beweis für die Geschicklichkeit, womit die Inquisition ihre Tätigkeit in ein undurchdringliches Geheimnis zu kleiden verstand. Als kurz vorher zu Balsamo ein Ketzer verbrannt worden war, hatte Pagano Boten dorthin geschickt, um zu erfahren, wer das Urteil gefällt habe, jedoch ohne Erfolg. Die Guglielmiten wandten sich nun an den Abt von Chiaravalle und an einen seiner Mönche, Marchisio von Veddano, der selbst des Guglielmitismus verdächtig war Diese Personen baten zunächst um eine Abschrift der Bulle, die auch von einem Notar ordnungsmässig hergestellt und ihnen übergeben wurde. Darauf brachten sie die Abschrift dem damals in Cassano weilenden Erzbischof von Mailand und ersuchten ihn, die Untersuchung der Sache in ihre Hände zu legen. Der Erzbischof versprach seine Vermittlung, hielt aber sein Versprechen nicht, und zwar wahrscheinlich deshalb, weil er aus einem den Angeklagten schnell entlockten Geständnisse ersah, dass sie Bonifaz VIII. nicht als Papst anerkannten; infolgedessen wäre auch der von diesem Papste ernannte Erzbischof in Wirklichkeit kein Erzbischof gewesen. Doch sei dem, wie ihm wolle: der Eifer des Prälaten erkaltete, und er stellte dem Verfahren keinen Einspruch entgegen[1]).

Das Inquisitionstribunal war damals gut besetzt. Ausser Guido, [100] den anscheinend sein Alter und seine Erfahrung zum Oberleiter des Dramas machten, und Lanfranco, der nur geringen Anteil an der

---

1) Ogniben a. a. O. S. 21, 40, 42. 78—9. Dionese de' Novati sagte aus (S. 93), dass Manfreda zu behaupten pflegte, Bonifaz sei nicht der richtige Papst und ein anderer Papst sei gewählt worden. Wir haben gesehen, dass die Franziskanerspiritualen tatsächlich einen neuen Papst gewählt hatten, ein Umstand, der beweist, dass, wenn auch zwischen ihnen und den Guglielmiten keine engere Gemeinschaft bestand, doch einige Beziehungen zwischen beiden Gruppen vorhanden waren.

Sache nahm, begegnet uns noch ein dritter Inquisitor, Rainerio von Pirovano; hierzu kamen noch Niccolò von Como, Niccolò von Varenna und Leonardo von Bergamo als Stellvertreter dieser drei. Sie betrieben die Sache mit rücksichtsloser Entschiedenheit. Dass man auch von der Folter ausgiebigen Gebrauch machte, dürfte nicht zu bezweifeln sein. Wenn in den Aussagen der Angeklagten nichts davon erwähnt wird, so beweist das nichts; denn das ist gewöhnlich so. Es sprechen nicht nur die Geschichtschreiber der Angelegenheit ohne Vorbehalt von der Anwendung der Folter, sondern auch der Charakter der aufeinanderfolgenden Verhöre der Hauptschuldigen beweist es unwiderleglich. Auf die anfänglich zuversichtlichen Behauptungen von Unwissenheit und Unschuld folgen nämlich nach längerer oder kürzerer Zwischenzeit rückhaltlose Geständnisse. Dieser Wechsel in den Aussagen zeigt sich besonders bei denen, die schon im Jahre 1284 abgeschworen hatten, bei Andreas, Manfreda und Giacobba. Als Rückfällige wussten sie, dass sie, wenn sie ihre hartnäckige Ketzerei zugaben, ohne Hoffnung auf Gnade sich selbst zum Flammentode verurteilten; sie konnten daher durch ein Geständnis nichts anderes gewinnen als die Befreiung von einer Wiederholung der Folterqualen[1]).

Die Dokumente sind zu unvollständig, als dass wir uns den Prozess rekonstruieren und das Schicksal der einzelnen Angeklagten genau feststellen könnten. In Languedoc wäre nach Aufnahme aller Beweismomente eine Versammlung zur Festsetzung des Urteils abgehalten worden. In einem feierlichen Sermo wäre dieses sodann verkündet worden, und darauf würde der Scheiterhaufen seine Opfer empfangen haben. In Mailand war indessen das Verfahren weit weniger förmlich. Das einzige auf uns gekommene Urteil wurde gefällt am 23. August in einer Versammlung, die der Erzbischof mit den Inquisitoren abhielt, und der Matteo Visconti als Beisitzer anwohnte. Das Urteil betraf die Schwester Giacobba dei Bassani, die als eine Rückfällige dem weltlichen Arme zur Verbrennung ausgeliefert

---

[1]) Vgl. das erste Verhör des Andreas vom 20. Juli (Ogniben a. a. O. S. 8—13; *Tocco a. a. O. S. 312) und sein zweites vom 10. August (p. 56—7) mit seiner trotzigen Behauptung, dass er rechtgläubig sei, am 13. August (p. 68—72); vgl. ferner Manfredas erstes Verhör vom 31. Juli (p. 23—6) mit ihrem Geständnis vom 6. August und der Enthüllung der Namen ihrer Anhänger (p. 33—5); desgl. die Ableugnung der Giacobba dei Bassani vom 3. August mit ihrem Geständnis vom 11. August (p. 39). Dasselbe ist der Fall bei den Nicht-Rückfälligen. Vgl. die bündige Ableugnung der Schwester Agnese dei Montanari vom 3. August und ihr Geständnis vom 11. August (p. 37—8).

werden musste. Schon früher scheint Ser Mirano von Garbagnate, ein in diese Sache tief verwickelter Priester, verbrannt worden zu sein. Andreas wurde wahrscheinlich zwischen dem 1. und 9. September hingerichtet, Manfreda um dieselbe Zeit. Über das Datum der übrigen Hinrichtungen, sowie über die Ausgrabung und Verbrennung der Gebeine der Guglielma wissen wir nichts. Die Verhöre der anderen Angeklagten zogen sich bis Mitte Oktober hin. Eine andere bemerkenswerte Eigentümlichkeit bestand darin, dass die Inquisitoren bei der Verhängung der geringeren Strafen keine Sachverständigen zuzogen, auch nicht einmal den Erzbischof um seine Meinung fragten, sondern ganz nach ihrem eigenen Ermessen handelten. Ein einziger Bruder absolvierte oder bestrafte nach seinem Gutdünken die Angeklagten. Offenbar nahm die lombardische Inquisition nur geringe Rücksicht auf den Episkopat, besonders den der Mailänder Kirche.[1])

Im übrigen bekundete die Inquisition in ihrem Verfahren eine Milde, die um so auffallender erscheint, wenn wir den revolutionären Charakter dieser Ketzerei berücksichtigen. Zwar kann die Zahl derer, die sicher verbrannt wurden, nicht mehr mit Gewissheit festgestellt werden. Doch ging sie wahrscheinlich nicht über vier oder fünf hinaus, und das waren solche, die bereits im Jahre 1284 abgeschworen hatten und als rückfällige und hartnäckige Ketzer keine Gnade erwarten konnten. Die anderen kamen dagegen mit auffallend leichten Bussen davon. Das war der Fall bei Sibilia Malcolzati. Sie gehörte mit zu den eifrigsten Mitgliedern der Sekte, hatte bei ihrem ersten Verhöre entschlossen einen Meineid geleistet und nur mit grosser Mühe zu einem Geständnis gebracht werden können. Als sie indessen am 6. Oktober vor dem Inquisitor Rainerio erschien und um Lossprechung von der Exkommunikation bat, der sie verfallen war, liess der Inquisitor sich von ihren Bitten erweichen und willigte ein unter der üblichen Bedingung, dass sie den Befehlen der Kirche und der Inquisition gehorchen und die ihr auferlegten Bussen erfüllen würde. Noch auffallender ist die Milde, mit welcher zwei Schwestern, Catella und Pietra Oldegardi, behandelt wurden. Der Inquisitor Guido absolvierte sie, nachdem sie ihre Ketzerei abgeschworen hatten, und begnügte sich damit, sie wegen der ihnen aufzuerlegenden Bussen einfach an ihre Beichtväter zu verweisen. Die schwerste Strafe der Nichtrückfälligen, von der uns in den Akten berichtet wird,

---

1) Ogniben a. a. O. S. 19—20, 77, 91.

bestand in dem Tragen von Kreuzen; doch wurde auch diese im September und Oktober auferlegte Strafe im Dezember in eine im Monat Februar zu zahlende Geldbusse von fünfundzwanzig Lire umgewandelt, woraus wir ersehen, dass mit den verhängten Strafen nicht die Konfiskation verbunden war. Sogar Taria, die Anwärterin auf die Kardinalswürde in der neuen Kirche, kam mit einer so milden Strafe davon. Bei den zum Tode Verurteilten säumte allerdings die Inquisition nicht mit der Konfiskation: sofort nach der Hinrichtung des Andreas musste seine Frau Riccadona über das Mobiliar in ihrem Hause und den Wein in ihrem Keller ein Verhör bestehen. Ein noch erhaltenes Bruchstück aus dem Verhöre des Marchisio Secco, eines Mönches von Chiaravalle, vom 12. Februar 1302 beweist, dass das hl. Offizium damals mit der Abtei im Streite lag, um den Mönchen das von Guglielma hinterlassene Vermächtnis zu entreissen, da die Ketzerei, um derentwillen sie verurteilt worden sei, alle ihre Verfügungen über ihr Eigentum selbstverständlich null und nichtig machte. Wir wissen nicht, wie der Streit endete. Die Abtei wird sich aber haben unterwerfen müssen, zumal die Mitschuld der Mönche an der Ketzerei so klar auf der Hand lag, dass man sich nur darüber wundern muss, keinen ihrer Namen in der Liste der Verurteilten anzutreffen[1]).

So endete die kleine Episode der guglielmitischen Ketzerei, einer Ketzerei, die weder nach ihrem Ursprung noch nach ihrem Ergebnisse irgendwelche Bedeutung besitzt, aber doch von Interesse ist, einerseits wegen des Einblicks, den sie uns in die geistigen Verirrungen jener Zeit gewährt, und andererseits mit Rücksicht auf das Verfahren der lombardischen Inquisition. Ausserdem verdient sie hervorgehoben zu werden als ein seltenes Beispiel inquisitorischer Milde[2]).

---

1) Ogniben a. a. O. S. 42—4, 63, 67—8, 81—2, 91—2, 95—6, 97, 100, 110, 113, 115—116; *vgl. Tocco a. a. O. und Rendiconti Bd. x (1901).

2) Solche religiöse Excentricitäten, wie sie bei den Guglielmiten zutage traten, sind übrigens nicht einem bestimmten Zeitalter oder Zustande der Civilisation eigentümlich. Die Geschichte der Johanna Southcote ist wohlbekannt, und die Southcotische Kirche behauptete ihr Dasein in London bis in die Mitte des 19. Jahrhunderts. Im Juli 1886 berichteten amerikanische Zeitungen, dass in Cincinnati eine Sekte entdeckt worden sei, die sich noch enger mit den Guglielmiten berührte und ungefähr ebenso zahlreich war wie diese. Sie bezeichneten sich als Perfectionisten und hielten zwei verheiratete Schwestern für Inkarnationen der Gottheit, nämlich Frau Martin für die Gottes und Frau Brooke für die Christi. Wie ihre Vorgängerin in Mailand beschränkte sich auch diese Sekte keineswegs nur auf die Ungebildeten, sondern umfasste auch gebildete Leute, die in der Erwartung des kommenden tausendjährigen Reiches — der „letzten Ära" des Ewigen Evangeliums —

Um dieselbe Zeit, da Guglielma sich in Mailand niederliess, war Parma Zeuge des Anfanges einer andern anormalen Entwicklung der grossen Franziskanerbewegung. Die Erfolge der Bettelorden, die Erhebung der Armut zur grössten aller Tugenden, die Anerkennung der Bettelei als der heiligsten Lebensart, alles das hatte die Bildung zahlreicher Genossenschaften nach dem Muster der Bettelorden zur Folge, wobei es sich nur schwer feststellen lässt, wieviel auf Rechnung des Sehnens nach religiöser Vervollkommnung zu setzen ist und wie viel auf Kosten der Anziehungskraft, die die Lebensweise eines umherwandernden Müssiggängers unter dem milden Himmel Italiens ausübte. Das im Jahre 1215 vom Laterankonzil erlassene Verbot nicht zugelassener religiöser Orden konnte nicht durchgeführt werden und konnte nicht verhindern, dass Menschen in Höhlen und Einsiedeleien, in den Strassen der Städte und in verlassenen Wohnungen oder in den am Wege liegenden Kirchen zu mehr oder weniger geregelten Organisationen sich zusammenschlossen. Zwar gelang es den Karmelitern und Augustinern nach längerm Kampfe, ihre Anerkennung durchzusetzen; sie bildeten hinfort mit den Franziskanern und Dominikanern die vier Bettelorden. Andere indessen, die weniger angesehen oder unabhängiger in ihrer Gesinnung waren, wurden verurteilt, und wenn sie sich weigerten, sich aufzulösen, wie Rebellen und Ketzer behandelt. Die religiöse Atmosphäre war gleichsam so hoch gespannt, dass ein jeder, der

---

alle weltlichen Beschäftigungen aufgegeben hatten. Die öffentliche Blossstellung trieb die Sekte nach einiger Zeit wieder auseinander; einige ihrer Anhänger zogen sich zurück, andere schlossen sich mit den beiden Schwestern der Methodisten-Kirche an. Ihr Glaube liess sich aber nicht erschüttern, so dass im Juni 1887 die methodistische Kirche sie wieder ausschloss. Eine der gegen sie erhobenen Beschuldigungen war die, dass sie die gegenwärtige Kirche für Babylon und für den Abschaum der Erde hielten. — In England ereignete sich vor kurzem ein ähnlicher Vorfall. Dort wurde eine Bäuerin, die noch nicht einmal ein streng sittliches Leben führte, fünfzehn Jahre lang bis zu ihrem am 18. September 1886 erfolgten Tode von ihren Anhängern für eine neue Inkarnation Christi gehalten. Sie selbst gab von sich folgende Definition: „Ich bin die zweite Erscheinung und die zweite Menschwerdung Jesu, des Gesalbten Gottes, die Braut, die Gemahlin des Lammes, die Mutter Gottes, der Heiland, das himmlische Leben usw.". Sie unterzeichnete sich als „Jesus, der Anfang und das Ende, Mary Ann Girling". Eine Zeitlang zählte ihre Sekte hundertfünfundsiebzig Mitglieder, von denen einige so reich waren, dass sie ihr beträchtliche Schenkungen machen konnten. Infolge der kleinlichen Verfolgungen seitens der Bevölkerung schrumpfte sie in kurzer Zeit auf einige wenige zusammen und verschwand schliesslich ganz. Derartige Verirrungen gehören, wie gesagt, keinem besondern Zustande der geistigen Entwicklung an. Der einzige Fortschritt, den man in der modernen Zeit gemacht hat, besteht in der Art und Weise, wie man sie behandelt.

eine Lebensweise ersann und in die Praxis umsetzte, welche ihn den
wilden Tieren möglichst nahebrachte, unfehlbar Bewunderer und
Anhänger fand. Besass er weiter noch die Fähigkeit, zu befehlen
und zu organisieren, dann war es ihm leicht, eine Bruderschaft zu
bilden und ein Gegenstand der Verehrung zu werden, dem die
Frommen gerne reiche Gaben spendeten.

Im Jahre 1260 sollte gemäss den Prophezeiungen des Abtes
Joachim die Ära des Hl. Geistes beginnen. Die religiöse Erregung,
welche die Bevölkerung damals ergriffen hatte, kam zum Ausdruck
in dem plötzlichen Auftreten der Flagellanten. Ganz Norditalien
füllte sich mit Prozessionen von Büssern, die sich geisselten und
durch die gegenseitige Vergebung der Beleidigungen eine Zeitlang
Frieden in das zerrissene Land brachten. In einem solchen Zustande allgemeiner Empfindsamkeit kann die Begeisterung der
Massen leicht auf das gerichtet werden, was der Stimmung des
Augenblicks entspricht, und so fand denn auch die Selbstpeinigung
eines jungen Mannes aus Parma, namens Gerhard Segarelli, zahlreiche Nachahmer. Segarelli, ein Mann von niederer Herkunft,
ungebildet und dumm, hatte um das Jahr 1260 vergebens Aufnahme
in den Franziskaner-Orden nachgesucht. Abgewiesen verbrachte er
seine Zeit damit, müssig in der Franziskanerkirche seinen Träumereien
nachzuhängen. Die bis zur Vernichtung des Bewusstseins gesteigerte
Seligkeit ekstatischer Verzückung ist keineswegs auf die Tapas und
Samadhi der Brahmanen und Buddhisten beschränkt geblieben;
auch die Mönche des Berges Athos, die wegen der frommen Betrachtung ihres Nabels den Namen 'Umbilicani' führten, kannten sie
wohl, und Jacopone von Todi zeigt uns, dass diese gefährlichen Verzückungen den Zeloten jener Zeit ebenfalls vertraut waren[1]). Segarelli war indessen gegen äussere Eindrücke nicht so abgestumpft,
dass er nicht auf den die Wände der Kirche schmückenden biblischen Darstellungen die Apostel in der Kleidung, welche die Kunst
ihnen zuschrieb, bemerkt hätte. So erwachte in ihm der Gedanke,
dass das Leben und die Tracht der Apostel das Ideal eines religiösen
Daseins bilden würden, welches sogar noch über die ihm versagte

---

[1])   „O glorioso stare
In nihil quietato!
Lo intelletto posato
E l'affetto dormire!
Annichilarsi bene
Non è potere humano
Anzi è virtù divina!"
(Comba, La Riforma in Italia, i. 310.)

Lebensführung der Franziskaner hinausginge. Infolgedessen verkaufte er zunächst seine geringe Habe, bestieg die Tribüne der Piazza und warf den Erlös unter die dort sich sonnenden Müssiggänger, die nichts eiligeres zu tun hatten, als das Geld unter einer Flut gotteslästerlicher Ausdrücke zu verspielen. Indem er sodann das Leben Christi buchstäblich nachahmte, liess er sich beschneiden, in Windeln wickeln, in eine Wiege legen und von einer Frau säugen. Nach Ablauf dieses Noviziates begann er die Laufbahn eines Apostels: er liess Haar und Bart wachsen, hüllte sich in einen weissen Mantel, umgürtete seine Lenden mit einem Franziskanerstrick und zog Sandalen an seine Füsse. So ausgestattet, wanderte er durch die Strassen von Parma und rief von Zeit zu Zeit: „Penitenz agite!", womit er in seiner Unbildung die übliche Aufforderung zur Busse: „Poenitentiam agite!" wiedergab [1]).

Eine Zeitlang fand er keine Nachahmer. Auf der Suche nach Anhängern wanderte er nach dem benachbarten Dorfe Collechio, wo er, am Wege stehend, ausrief: „Tretet ein in meinen Weinberg!" Die Vorübergehenden, die seine Verrücktheit kannten, schenkten ihm keine Beachtung; Fremde dagegen hielten seinen Ruf für eine Einladung, sich an den reifen Trauben eines benachbarten Weinbergs gütlich zu tun, und plünderten diesen. Endlich schloss sich ihm ein gewisser Robert, ein Laienbruder der Franziskaner, an. Wie Salimbene berichtet, war dieser ein Lügner, ein Dieb und ein Feind jeglicher Arbeit. Eine Zeitlang besass er unter dem Namen Frà Glutto ein hohes Ansehen in der Sekte, bis er schliesslich wieder abfiel und eine Einsiedlerin heiratete. Diese beiden nun, Gerhard und Glutto, zogen hinfort in ihren weissen Mänteln und ihren Sandalen durch die Strassen Parmas und forderten das Volk zur Busse auf. Sie scharten bald Anhänger um sich, und ihre Zahl wuchs schnell auf dreihundert. Sie erwarben sich ein Haus, in dem sie ihre Mahlzeiten einnahmen und schliefen, und es fehlte ihnen an nichts, da die Almosen ihnen reichlicher zuflossen als den regulären Bettelmönchen. Diese letzteren waren sehr überrascht von den Erfolgen ihrer Konkurrenten. Denn die selbstgeschaffenen Apostel gaben gar kein Entgelt für die ihnen gespendeten Almosen; sie konnten weder predigen, noch Beichte hören, noch Messe lesen, ja sie beteten nicht einmal für ihre Wohltäter. Der Mehrzahl nach waren die Apostel unwissende Bauern, Schweine- und Kuhhirten, die ange-

---

1) Salimbene, Chronica p. 112—13 (Mon. Germ. Hist. SS. xxxii, 256 ff.). — *Hausrath, Die Arnoldisten (1895), S. 279—330.

lockt wurden durch ein Leben, welches keine Arbeit von ihnen forderte und sie doch mit reichen Lebensmitteln und der Verehrung des Volkes belohnte. In ihren Versammlungen pflegten sie Segarelli mit träumerischer Miene zu betrachten und von Zeit zu Zeit ihm zu Ehren auszurufen: „Vater! Vater! Vater!"[1]).

Als das Konzil von Lyon im Jahre 1274 versuchte, die Seuche der nichtautorisierten Bettlergesellschaften auszurotten, verlangte es nicht, dass sie sich auflösten, sondern begnügte sich damit, ihnen die Aufnahme weiterer Mitglieder zu verbieten, in der Erwartung, dass sie so allmählich aussterben würden. Die 'Apostel' wussten indessen dieses Verbot zu umgehen. Wenn nämlich ein Neophyt sich ihnen anschliessen wollte, dann legten sie ihm ein Gewand vor mit den Worten: „Wir wagen nicht, dich aufzunehmen, da uns dies verboten ist; aber dir ist es nicht verboten, zu uns zu kommen. Handle, wie du es für das beste hältst!" So vermehrte sich der Orden trotz der päpstlichen Verbote und wuchs, wie es heisst, ins Ungemessene. Im Jahre 1284 wird von einer Schar von zweiundsiebzig Postulanten berichtet, die durch Modena und Reggio nach Parma zogen, um sich dort von Segarelli aufnehmen zu lassen. Einige Tage später erschienen zwölf junge Mädchen auf demselben Wege, die in weisse Mäntel gehüllt waren und sich „Apostolinnen" nannten. Nach dem Beispiele des Dominikus und Franziskus sandte Segarelli seine Anhänger in in ganz Europa umher, ja sogar bis über die Meere, um die Welt zu evangelisieren. Sie drangen weit vor; denn schon im Jahre 1287 bezeichnet das Konzil von Würzburg die wandernden Apostel als Müssiggänger und verbietet jedem, ihnen auf Grund ihres religiösen Aussehens und ihrer ungewöhnlichen Kleidung Nahrung zu geben. Peter von Lugo in Galizien, der im Jahre 1322 vor der Inquisition von Toulouse abschwor, bekannte, er sei zwanzig Jahre vorher von einem gewissen Richard, einem von Alessandria in der Lombardei gekommenen Apostel, der die Ketzerei mit grossem Eifer bis über Compostella hinaus ausgebreitet habe, in die Sekte aufgenommen worden. Die Anwesenheit anderer Schüler dieses Richard in Catalonien war wohl auch der Grund, weshalb das Konzil von Tarragona 1305 die Verhaftung und Vertreibung der Ketzer befahl[2]).

Trotz der von den Brüdern ihm erwiesenen Verehrung weigerte

---

1) Salimbene, p. 114—116.
2) Concil. Lugdun. ann. 1274, c. 23. — Salimbene, p. 117, 119, 329—30. — Concil. Herbipolense ann. 1287 (Harduin. VII. 1141). — Lib. sentent. inquis. Tolosanae p. 360. — Aguirre, Collectio conciliorum Hispaniae (1753) VI. 372.

sich Segarelli standhaft, die Leitung des Ordens zu übernehmen, mit der Erklärung, dass jeder seine eigene Last tragen müsse. Wäre er ein energischer Organisator gewesen, so hätte er mit den ihm zur Verfügung stehenden Anhängern der Kirche viel Verdruss bereiten können. Er war aber träge und nicht geneigt, seinen beschaulichen Müssiggang aufzugeben. Eine Zeitlang scheint er geschwankt zu haben über die Form, die er seiner Gesellschaft geben sollte; er fragte deshalb den Albert von Parma, einen der sieben Notare der bischöflichen Kurie, um Rat, ob sie einen Obern wählen sollten. Albert wies ihn an den Cisterzienserabt von Fontanaviva, und dieser riet, sie sollten keine Häuser bauen, sondern weiter fortfahren, in ihre Mäntel gehüllt im Lande umherzuziehen; dann würde ihnen der Schutz der Barmherzigen nicht fehlen. Segarelli war durchaus geneigt, diesem Rate zu folgen. Aber Guido Putagi, ein Bruder des Podestà von Bologna, der sich mit seiner Schwester Tripia dem Orden angeschlossen hatte, war energischer als er, und da er fand, dass Segarelli nicht regieren wollte, so ergriff er die Zügel der Regierung und leitete die Gesellschaft viele Jahre lang. Schliesslich aber erregte er Anstoss, weil er die Armut aufgab, die doch die wesentliche Grundlage der Vereinigung war. Er lebte, wie erzählt wird, auf grossem Fusse, hielt sich viele Pferde und vergeudete das Geld wie ein Kardinal oder päpstlicher Legat, so dass zuletzt die Brüder es müde wurden und den Matteo von Ancona zu seinem Nachfolger wählten. Das hatte eine Spaltung zur Folge. Denn Guido bemächtigte sich Segarellis und brachte ihn nach Faënza. Die Anhänger des Matteo aber kamen ebenfalls dorthin und versuchten, Segarelli in ihre Gewalt zu bringen. Schliesslich kam es zu Prügeleien zwischen beiden Parteien, und die Anconitaner wurden besiegt. Da Guido indessen für seine Sicherheit sehr besorgt war, so verliess er die Apostel und schloss sich den Templern an[1]).

Der Bischof Obizzo von Parma, ein Neffe Papst Innocenz' IV., empfand Sympathien für Segarelli und beschützte um seinetwillen die Apostel, wodurch sich auch das stetige Wachstum der Sekte erklärt. Im Jahre 1286 machten sich jedoch drei der Brüder in Bologna eines offenkundigen Vergehens schuldig und wurden auf Befehl des Podestà kurzerhand gehängt. Dieses Ereignis scheint die Aufmerksamkeit des Papstes Honorius' IV. auf die Sekte gerichtet zu haben. Denn am 11. März 1286 erliess er gegen sie eine besondere Bulle, worin er ihnen

---

1) Salimbene, p. 114—116.

gebot, ihre Tracht abzulegen und irgendeinem anerkannten Orden sich anzuschliessen. Den Bischöfen befahl er, sie nötigenfalls durch Einkerkerung zum Gehorsam zu zwingen oder im äussersten Falle ihre Zuflucht zum weltlichen Arme zu nehmen; den Gläubigen aber wurde allgemein untersagt, ihnen Almosen zu geben oder Gastfreundschaft zu gewähren. Damit war der Orden förmlich geächtet. Bischof Obizzo gehorchte sofort: er verbannte die Brüder aus seiner Diözese und liess Segarelli in Ketten ins Gefängnis werfen. Später milderte er die Strafe, indem er ihn angeblich als Hofnarren in seinen Palast aufnahm, da der 'Apostel', wenn er voll Weines war, sehr belustigend sein konnte [1]).

Einige Jahre hindurch hören wir wenig über Segarelli und seine Anhänger, da das päpstliche Verdammungsurteil sie entmutigt hatte. Doch fand das Urteil nur spärlichen Gehorsam. Denn mochte auch die Zahl der 'Apostel' abgenommen haben und die allgemeine Nächstenliebe ihnen bis zu einem gewissen Masse entzogen worden sein, so waren sie doch noch immer zahlreich und fuhren fort, den weissen Mantel zu tragen und als wandernde Bettler sich unterstützen zu lassen. Dass in der Tat die Bulle des Papstes Honorius ihren Zweck nicht erreichte, beweist ihre Erneuerung durch Papst Nikolaus IV. im Jahre 1291. Von diesem Augenblick an standen die Apostel in offener Feindschaft zum Hl. Stuhle als Rebellen und Schismatiker, die sich sehr schnell zu Ketzern entwickelten und als solche Gegenstand der Verfolgung wurden. So hören wir denn auch, wie 1294 vier von ihnen, zwei Frauen und zwei Männer, zu Parma verbrannt werden. Segarelli selbst wurde von Bischof Obizzo zu lebenslänglichem Kerker verurteilt. Des weitern wird ein eifriger Missionar der Sekte, namens Stephan, erwähnt, der sich wegen seiner Beredsamkeit als Prediger gefährlich gemacht hatte und von der Inquisition verbrannt wurde. Segarelli hatte sein Leben durch Abschwörung gerettet und scheint sogar einige Jahre später wieder freigelassen worden zu sein. Doch gab er seine Irrtümer nicht auf und wurde infolgedessen vom Inquisitor von Parma, Frà Manfredo, als rückfälliger Ketzer verurteilt und im Jahre 1300 in Parma verbrannt. Seine Hinrichtung zog eine eifrige Verfolgung seiner Anhänger nach sich. Viele von ihnen wurden von der Inquisition verhaftet und verschiedenen Strafen unterworfen, bis schliesslich

---

1) Salimbene, p. 117, 371 (*Hausrath a. a. O. S. 297). — **Magnum Bullarium Rom.** I. 158. — Zu derselben Zeit approbierte Honorius die Orden der Karmeliter und des hl. Wilhelm von der Wüste (Raynald. ann. 1286, Nr. 36, 37).

Parma sich beglückwünschte, dass die Ketzerei gründlich ausgerottet sei[1]).

Die Verfolgung hatte, wie gewöhnlich, den unmittelbaren Erfolg, dass die Ketzer zwar zerstreut, aber in ihrem Glauben nur bestärkt wurden, und dass ihre Ketzerei sich zu einer entschiedenern Feindschaft gegen die Kirche entwickelte. Segarellis Anhänger waren übrigens nicht sämtlich unwissende Bauern. In Toscana gehörte sogar ein wegen seiner Frömmigkeit und Gelehrsamkeit hochangesehener Franziskaner im geheimen zu ihren eifrigen Missionaren. Dieser versuchte auch, Ubertino von Casale für die Sekte zu gewinnen. Ubertino bestärkte ihn anfangs, verriet ihn aber später. Der Apostel musste die Namen seiner Anhänger angeben, woraus wir ersehen, dass er dem üblichen Inquisitionsverfahren unterworfen wurde. Immerhin beweist der Vorfall, dass zwischen den Aposteln und den missvergnügten Franziskanern gewisse Beziehungen bestanden. Bestätigt wird diese Tatsache durch den Eifer, womit die Spiritualen jeden Zusammenhang mit diesen Ketzern in Abrede stellten. Die Apostel waren vom Joachimitismus stark beeinflusst; die Spiritualen aber suchten diese Tatsache dadurch zu entkräften, dass sie ihre Irrtümer dem verhassten ketzerischen Nachahmer Joachims, dem vergessenen Amalrich von Bena, zuschrieben. Übrigens machten sich die Konventualen diesen Umstand zunutze, und in der vor Clemens V. abgehaltenen Disputation mussten die Spiritualen jeden Zusammenhang mit den Dolcinisten ableugnen[2]).

Von besonderen Glaubenslehren Segarellis wird uns nichts berichtet. Seinem ganzen Charakter nach scheint er für tiefere Spekulationen gar nicht befähigt gewesen zu sein; ausserdem hielt auch die Duldung, deren er sich bis beinahe an sein Lebensende erfreute, ihn wahrscheinlich davon ab, irgendwelche revolutionären Lehren aufzustellen. Das Gewand der Gruppe zu tragen, in vollständiger Armut zu leben, jeder Arbeit sich zu enthalten und nur auf die täglich sich erneuernde Barmherzigkeit seiner Mitmenschen sich zu verlassen, nicht an den kommenden Tag zu denken, ohne Heimat umherzuwandern, das Volk zur Busse aufzufordern und selbst die strengste Keuschheit zu beobachten: das war, soweit wir wissen, der Hauptinhalt seiner Lehren, und das blieb bis zuletzt die äussere Regel

---

1) Magnum Bullarium Rom. I. 158. — Chron. Parmens. ann. 1294 (Muratori, S. R. I. IX. 826). — Hist. tribulat. (Archiv für Lit.- u. Kirchengeschichte II (1886), S. 130). — Addit. ad Hist. fratris Dulcini (Muratori, IX. 450).
2) Hist. tribulat. (a. a. O.). — Ubertini Responsio (Archiv für Lit.- u. Kirchengeschichte III (1887), S. 51).

der Apostel. Sie wurde auch mit aller Strenge durchgesetzt. Während selbst die strengsten Franziskaner jedem Bruder zwei Gewänder erlaubten als Zugeständnis an die Gesundheit und Bequemlichkeit, durften die Apostel nur ein Gewand besitzen und mussten, wenn dieses gewaschen wurde, im Bette bleiben, bis es trocken war. Wie die Waldenser und Katharer scheinen auch die Apostel die Ablegung des Eides als ungesetzlich angesehen zu haben. Die herkömmliche Anklage ritueller Unsittlichkeit wurde auch gegen sie erhoben. Diese Anklage stützte sich, wie es scheint, auf die Tatsache, dass beide Geschlechter auf ihren Wanderzügen vereinigt waren, und dass sie sich zum Zwecke qualvoller Erprobung der Enthaltsamkeit nach dem Beispiele der ersten Christen nackt nebeneinander ins Bett zu legen pflegten. Doch findet sich in dem Verzeichnis ihrer Irrtümer, welches die Inquisitoren, die sie kannten, zur Information ihrer Kollegen aufstellten, keine Andeutung, dass sittliche Exzesse ein Teil ihres Glaubens gewesen seien. Andererseits kann nicht bezweifelt werden, dass ihr Müssiggang und ihr sorgloses Wanderleben auch Männer und Frauen von schlechtem Lebenswandel veranlasste, sich ihnen anzuschliessen[1]).

Zu der Zeit jedoch, wo Gerhard starb, war die Verfolgung schon hart und lang genug gewesen, um die Apostel zu veranlassen, die Autorität des Hl. Stuhles zu verwerfen und Lehren aufzustellen, die der Kirche direkt feindlich waren. Ein von Frà Dolcino etwa einen Monat nach der Hinrichtung Segarellis geschriebener Brief zeigt, dass nunmehr stärkere Geister, als der Gründer es gewesen, sich bemühten, in ihren Lehren die Anschauungen von Eiferern wiederzugeben, welche nur unwillig die Herrschaft einer verderbten Kirche ertrugen und sich nach einer höheren Lebensauffassung, als diese sie gewähren konnte, sehnten. Nach der Verheissung des Abtes Joachim sollte die Ära des Hl. Geistes im Jahre 1260 beginnen; diese Prophezeiung war durch das Erscheinen Segarellis, der seine Mission in diesem Jahre begonnen

---

1) Salimbene, p. 113, 117, 121. — Lib. sententt. inquis. Tolos. p. 360—1. — Muratori, S. R. I. ix. 455—7. — Bern. Guidonis, Practica inquisitionis (ed. Douais), S. 327ff.; *Sachsse, B. Guidonis Inquisitor und die Apostelbrüder (1891). — Eymeric. P. ii. Q. 11.
Die Probe der Enthaltsamkeit war zwar für die Inquisitoren ein Gegenstand des Schauders; als aber der hl. Aldhelm sie ausübte, wurde sie als ein hervorragender Beweis seiner Heiligkeit angesehen (Giraldi Cambrensis Gemma Eccles. Dist. ii. c. xv). Übrigens findet sich auch sonst eine auffallende Übereinstimmung zwischen den gefährlichen Torheiten der 'Apostel' und denen der christlichen Eiferer des dritten Jahrhunderts, wie sie von Cyprian geschildert und verurteilt werden (Epist. iv. ad Pompon.).

hatte, in Erfüllung gegangen. Indem nun Dolcino dieses Zusammentreffen stillschweigend acceptierte, ging er einen Schritt weiter und beschrieb die vier aufeinander folgenden Zustände der Kirche. Der erste reichte von der Erschaffung bis zur Zeit Christi; der zweite von Christus bis auf Silvester und den Kaiser Konstantin, die Periode der Heiligkeit und Armut der Kirche; der dritte von Silvester bis auf Segarelli, eine Periode, in welcher die Kirche trotz der von Benedikt, Dominikus und Franziskus eingeführten Reformen verfiel, bis sie zuletzt die göttliche Liebe ganz verlor; der vierte Zustand hatte demnach mit Segarelli begonnen und sollte dauern bis zum Jüngsten Gericht. Dann lässt Dolcino Prophezeiungen folgen, die sich anscheinend auf die des Pseudo-Joachim in den Kommentaren zu Jeremias stützen. Jetzt, sagt er, sei die Kirche geehrt, reich und verderbt, und sie werde es bleiben, bis alle Geistlichen, Mönche und Brüder einen grausamen Tod gefunden hätten, was binnen drei Jahren der Fall sein werde. König Friedrich von Sizilien (der damals noch nicht seinen Frieden mit dem Hl. Stuhle gemacht hatte) werde als der Rächer der Zukunft erscheinen — eine Rolle, die ihm zweifellos wegen seiner Beziehungen zu den Spiritualen und der Begünstigung derselben zugeschrieben wurde. Die Epistel schliesst mit einer Menge apokalyptischer Prophezeiungen über die demnächst bevorstehende Ankunft des Antichrists, über den Sieg der Heiligen und über die Herrschaft der heiligen Armut und Liebe, die unter einem frommen Papste eintreten werde. Die sieben apokalyptischen Engel der Kirchen sollten sein: Benedikt für Ephesus, Silvester für Pergamon, Franziskus für Sardes, Dominikus für Laodicea, Segarelli für Smyrna, Dolcino selbst für Thyatira und der zukünftige heilige Papst für Philadelphia. Dolcino erklärte von sich selbst, dass Gott ihn ausdrücklich gesandt habe, um die Schrift und die Prophezeiungen zu erläutern. Der Klerus und die Mönchsorden seien Diener Satans, die jetzt die Verfolgung betrieben, aber binnen kurzem vernichtet sein würden, wenn er und seine Anhänger und alle die, welche sich ihnen anschliessen würden, endgültig die Oberhand erhalten hätten[1]).

Segarelli war am 18. Juli 1300 auf dem Scheiterhaufen umgekommen, und schon im August trat in Dolcino ein Mann auf, der mit Kühnheit und Sicherheit die gefährliche Rolle eines Häresiarchen übernahm, indem er sich für den Dolmetscher Gottes erklärte und

---

1) Muratori, IX. 449—53. — Guill. Nangiac. Contin. ann. 1306. — R. Francisci Pipini Chron. cap. XV (Muratori, IX. 599). — Vgl. Lib. sententt. inquis. Tolos. p. 360 — Pelayo, Heterodoxos españoles, I. 720.

seinen Anhängern einen schnellen Sieg versprach zur Belohnung für das, was sie etwa unter seiner Führung erdulden müssten. Ob er an seine Prophezeiungen selbst glaubte oder nicht, ob er ein wilder Fanatiker war oder ein geschickter Charlatan, wird niemals mit Sicherheit sich feststellen lassen. Doch spricht die grössere Wahrscheinlichkeit für seine Ehrlichkeit. Denn wie gross auch seine Anlagen als geborener Führer der Menschen sein mochten, so hätte er doch seine Anhänger nicht zu solcher Hingabe begeistern und ihnen trotz aller für gewöhnliche menschliche Naturen unerträglichen Leiden nicht eine solche Treue einflössen können, wenn er nicht selbst an seine göttliche Sendung geglaubt hätte. Der kaltblütige Scharfsinn, den er auch unter den drückendsten Umständen entfaltete, muss durch apokalyptische Visionen angefeuert worden sein, um ihm den Mut zu einem Unternehmen zu verleihen, für das seine Mittel völlig unzureichend waren, und das darauf hinauslief, das ganze majestätische Gebäude der theokratischen Kirche und des organisierten Feudalsystems umzustürzen. Dante erkannte die Grösse Dolcinos dadurch an, dass er ihn als den einzigen lebenden Menschen bezeichnete, den, als einen verwandten Geist, Mohammed aus der Tiefe der Hölle einer Botschaft würdigte. Die guten Franziskanerspiritualen dagegen, die, ohne sich zu widersetzen, endlose Verfolgungen erduldeten, konnten seine Laufbahn nur erklären durch die einem Diener Gottes jenseit der Meere zuteil gewordene Offenbarung, dass er von einem bösen Engel namens Furcio besessen gewesen sei[1]).

Als Vater Dolcinos wird bald ein gewisser Julius bezeichnet, ein Priester zu Trontano im Tale von Ossola, bald ein anderer Julius, der Einsiedler zu Prato im Tal der Sesia nahe bei Novara war. Schon als Knabe wurde er nach Vercelli gebracht und dort in der Kirche der hl. Agnes von einem Priester namens Agosto erzogen, der ihm eine sorgfältige Schulbildung zuteil werden liess. Mit glänzenden Geistesgaben ausgestattet, wurde er bald ein ausgezeichneter Gelehrter. Obwohl klein von Gestalt, hatte er doch ein angenehmes Äussere und gewann sich die Liebe aller. In seinem spätern Leben

---

1) Hist. tribulat. (a. a. O.). — Dante:
>Or dì a Frà Dolcin dunque che s'armi,
>Tu che forse vedrai il sole in breve,
>S'egli non vuol qui tosto seguitarmi;
>Sì di vivanda, che stretta di neve
>Non rechi la vittoria al Noarese,
>Ch' altrimenti acquistar non saria lieve.
>   (Inferno, XXVIII.)

soll seine Beredsamkeit und seine Überzeugungskraft so gross gewesen sein, dass niemand, der ihn einmal gehört hatte, den Zauber seiner Rede vergessen konnte. Sein Aufenthalt in Vercelli fand ein jähes Ende. Dem Priester kam eine Summe Geldes abhanden, und er hegte Verdacht gegen seinen Diener Patras. Dieser aber ergriff den jungen Dolcino und zwang ihn durch Folterqualen, den Diebstahl einzugestehen — ob mit Recht oder mit Unrecht, lässt sich nicht entscheiden. Zwar verhinderte der Priester, dass die Sache an die Öffentlichkeit kam, aber Schmach und Schreck veranlassten Dolcino, heimlich zu entfliehen. Wir verlieren ihn nunmehr aus dem Auge, bis wir ihn in Trient als Anführer einer Schar von 'Aposteln' wiederfinden. Im Jahre 1291 hatte er sich dieser Sekte angeschlossen, und er muss in ihr bald eine hervorragende Stellung bekleidet haben; denn in seinem letzten Geständnisse bekannte er, dass er dreimal in den Händen der Inquisition gewesen sei und dreimal abgeschworen habe. Dies konnte er tun, ohne dadurch seine Stellung zu verwirken; denn einer der Grundsätze der Sekte, welcher den Inquisitoren grossen Verdruss bereitete, war der, dass sie die Täuschung des hl. Offiziums für erlaubt erklärte; man dürfe den Eid vor der Inquisition nur mit den Lippen, nicht aber mit dem Herzen schwören; sollte man freilich trotzdem dem Tode nicht entgehen können, dann müsse man ihn heitern und geduldigen Herzens ertragen, ohne seine Mitschuldigen zu verraten[1]).

In den drei Jahren, die auf den ersten Brief Dolcinos vom August 1300 folgten, hören wir wenig von seiner Tätigkeit, ausser dass er in Mailand, Brescia, Bergamo und Como erwähnt wird; doch waren diese Jahre einer eifrigen Propaganda und Organisation gewidmet. Die Zeit der verheissenen Befreiung kam und ging vorüber, ohne dass die Kirche vernichtet oder gebessert worden wäre. Indessen konnte die Gefangennahme Bonifaz' VIII. zu Anagni im September 1303 und sein bald darauf folgender Tod als Anfang des Endes und als Erfüllung der Prophezeiungen gedeutet werden. So liess denn Dolcino im Dezember 1303 eine zweite Epistel erscheinen, worin er als göttliche Offenbarung ankündigte, dass das erste Jahr der Heimsuchungen der Kirche mit dem Sturze Bonifaz' VIII. begonnen habe.

---

1) Benvenuto da Imola (Muratori, Antiq. III, 457—9). — Bescapè, La Novara sacra (Novara, 1878) p. 157. — Baggiolini, Dolcino e i Patarini (Novara, 1838) p. 35—6. — Hist. Dulcini haeresiarchae (Muratori, S. R. I. IX. 436—7). — Addit. ad Hist. (Ibid. 457, 460). — *Hausrath, Die Arnoldisten (1895), S. 331—387; Realencyklopädie ³I (1896), 701 ff.; Begani, Fra Dolcino nella tradizione e nella storia (1901); vgl. auch Ch. Molinier, in der Revue historique 85 S. 388 ff.

Im Jahre 1304 werde Friedrich von Sizilien Kaiser werden und die Kardinäle zugleich mit dem von ihnen neugewählten schlimmen Papste vernichten. Im Jahre 1305 werde er sodann Verderben tragen in die Reihen aller Prälaten und Geistlichen, deren Schlechtigkeit täglich zunehme. Bis dahin müssten die Gläubigen, um der Verfolgung zu entgehen, im verborgenen leben; dann aber würden sie hervorkommen, die Spiritualen der anderen Orden würden sich ihnen anschliessen, sie würden die Gnade des Hl. Geistes empfangen und die neue Kirche bilden, die bis zum Ende dauern werde. Inzwischen erklärte er sich zum Oberhaupte der Apostolischen Kongregation, deren viertausend Seelen von jedem äussern Gehorsam befreit und nur dem Gesetze des Geistes unterworfen seien. Etwa hundert Personen beiderlei Geschlechts waren mit der Aufsicht über die Brüder betraut, während Dolcino selbst vier Haupt-Stellvertreter hatte, Longino Cattaneo von Bergamo, Federigo von Novara, Alberto von Otranto und Valderigo von Brescia. Über diesen stand seine heissgeliebte Schwester in Christo, Margarete von Trient. Die letztere wird als eine Frau von vornehmer Geburt, als reich und von gewinnender Schönheit geschildert. Sie war im Kloster der hl. Katharina in Trient erzogen worden, und dort hatte Dolcino, der eine Zeitlang im Dienste dieses Klosters stand, ihre Bekanntschaft gemacht. Von ihm betört, entfloh sie mit ihm und blieb ihm bis zum Ende treu. Dolcino erklärte zwar stets, ihre beiderseitigen Beziehungen seien rein geistiger Natur gewesen; seitens der Männer der Kirche aber wurde das natürlich bezweifelt und behauptet, sie habe ihm ein Kind geschenkt, dessen Geburt den Gläubigen gegenüber als ein Werk des Hl. Geistes dargestellt worden sei[1]).

Obgleich Dolcino in seinem Briefe vom Dezember 1303 seinen Anhängern strengste Geheimhaltung ans Herz legte, liess er selbst, wahrscheinlich mit Rücksicht auf die erwartete bevorstehende Erfüllung seiner Hoffnungen, sich ermutigen, in seinen Vorsichtsmassregeln etwas nachzulassen. Im Jahre 1304 erschien er mit einigen seiner Anhänger, die die weissen Gewänder und die Sandalen des Ordens trugen, in seiner Heimat und begann in der Umgegend von Gattinara und Serravalle, zwei Dörfern des Val-Sesia, einige Meilen

---

1) Corio, Hist. Milanese, ann. 1307. — Benvenuto da Imola, loc. cit. — Additamentum (Muratori, IX. 454—55, 459). — Baggiolini a. a O. p. 36—7.
Die beiden Episteln Dolcinos wurden von dem Bischofe von Parma und dem Inquisitor Fra Manfredo in aller Form verdammt — ein Beweis, dass sie auch ausserhalb der Sekte verbreitet gewesen sein müssen (Eymerici Directorium Inquisitionis P. II. Q. 29).

oberhalb von Vercelli, Bekehrungen vorzunehmen. Die Inquisition war
ihnen bald auf der Spur, konnte sie aber nicht fassen und liess deshalb die Bevölkerung von Serravalle für die Begünstigung der Sektierer schwer büssen. Nur die tiefwurzelnde Unzufriedenheit mit der
Kirche wie mit den adligen Herren macht die Hilfe erklärlich, die
Dolcino bei der kühnen Bevölkerung auf den Vorbergen der Alpen
fand, als er sich genötigt sah, offen die Fahne des Aufruhrs aufzu-
pflanzen. Nicht weit oberhalb von Serravalle lag auf dem linken
Ufer der Sesia, eines Flusses, der von den Gletschern des Monte
Rosa gespeist wird, Borgo di Sesia in der Diözese Novara. Dorthin
wurde Dolcino von einem reichen Gutsbesitzer namens Milano Sola
gerufen, der bei seinen Nachbarn in hohem Ansehen stand. Er blieb
ungestört einige Monate an diesem Orte, Bekehrungen vornehmend
und seine Jünger um sich sammelnd. Es scheint, als habe er damals
auch seine weiter entfernt wohnenden Anhänger zu sich entboten, wie
wenn er entschlossen gewesen wäre, seine durch die Erfüllung seiner
apokalyptischen Prophezeiungen erlangte Berühmtheit auszunutzen
und einen entscheidenden Schlag zu tun. Vorkehrungen jedoch, die
man dort zu seiner Beseitigung traf, überzeugten ihn, dass er nur in
den Alpen Sicherheit finden könne. Unter Führung des Milano Sola
zogen daher die Apostel an die Quellen der Sesia hinauf und liessen
sich dort auf einem schwer zugänglichen Gebirgskamm nieder, auf
dem sie sich Hütten bauten. So ging das Jahr 1304 vorüber. Ihre
Zahl war nicht unbeträchtlich; es waren etwa vierzehnhundert Mitglieder beiderlei Geschlechts, die, von religiösem Eifer durchglüht,
Dolcino als einen Propheten verehrten, dessen unbedeutendstes Wort
ihnen als Gesetz galt. Weil sie so trotz des Verbotes der Inquisition
versammelt blieben, wurden sie als offene Empörer gegen die Kirche
betrachtet. Bald machten sie sich auch den Staat zum Feind; denn
als zu Beginn des Jahres 1305 ihr dürftiger Vorrat an Lebensmitteln erschöpft war, ergänzten sie ihre Vorräte durch Streifzüge
in die tiefer gelegenen Landstriche [1]).

Die Kirche konnte unmöglich eine solche Herausforderung
stillschweigend hinnehmen, ganz abgesehen von den Klagen über
Plünderungen und Kirchenraub, von denen das Land widerhallte. Es
ist indessen bezeichnend für die Furcht, die Dolcino schon damals einflösste, dass man zum Papste seine Zuflucht nahm, und dass unter
dessen Auspizien ein förmlicher Kreuzzug gepredigt wurde, um die

---

1) Hist. Dulcini (Muratori IX, 428—9). — Bescapè, loc. cit.

zur Ausrottung der Ketzer nötigen Streitkräfte zu sammeln. Eine der ersten Regierungshandlungen des am 5. Juni 1305 gewählten Papstes Clemens V. bestand darin, dass er zu diesem Zwecke verschiedene Bullen erliess; alsdann hielt er am 24. August eine Versammlung ab, auf der eine Vereinigung gebildet wurde und die anwesenden Adligen durch Unterzeichnung eines Vertrages sich verpflichteten, den letzten Blutstropfen zur Vernichtung der 'Gazzari' zu vergiessen, die nach ihrer Vertreibung aus Sesia und Biandrate das Land unaufhörlich beunruhigten. Auf Grund der ihnen erteilten päpstlichen Aufträge brachten der Bischof Rainerio von Vercelli und die Inquisitoren eine bedeutende Streitmacht zusammen und rückten gegen das Bergnest der Apostel vor. Da Dolcino die Nutzlosigkeit des Widerstandes einsah, brach er des Nachts sein Lager ab und führte seine kleine Gemeinde auf einen fast unzugänglichen Berg. Die Kreuzfahrer, die offenbar glaubten, dass ihre Feinde sich zerstreut hätten, zogen ab. Indessen blieb die Lage Dolcinos trotzdem ausserordentlich kritisch; seine einzige Hoffnung auf Rettung lag im Widerstand, und da die Kirche zum Kampf entschlossen war, so wollten er und seine Anhänger ihr Leben wenigstens so teuer als möglich verkaufen. Der neue Zufluchtsort der Dolcinisten lag auf dem 'Parete calvo', der kahlen Wand, einem Orte, dessen natürliche Lage durch den Namen hinreichend gekennzeichnet ist. Es ist ein Berg, der das Dorf Campertogno beherrscht. Hier verschanzten sich die Apostel, bauten sich, so gut es ging, Wohnungen und plünderten von dort aus die benachbarten Täler, um sich Lebensmittel zu verschaffen. Der Podestà von Varallo versammelte die Männer des Tals, um die Ketzer aus ihrer Stellung zu vertreiben. Aber Dolcino legte ihm einen Hinterhalt, griff ihn mit Steinen und andern Waffen, die die Apostel sich verschafft hatten, an und nahm ihn mit der Mehrzahl seiner Leute gefangen. Für die Gefangenen liess er sich Lösegelder zahlen, wodurch die Sektierer imstande waren, ihr Leben noch eine Zeitlang zu fristen. Sie setzten dann ihre Beutezüge fort und verwandelten allmählich die ganze benachbarte Gegend in eine Wüste; die Kirchen wurden geplündert, die Einwohner verjagt[1]).

Der Winter 1305—06 stellte die Ausdauer der Ketzer auf ihrer kahlen Felsenhöhe auf eine harte Probe. Als die Fastenzeit anbrach, waren sie genötigt, von Mäusen, anderm Getier und in

---

1) Hist. Dulcini (Muratori IX, 430—1). — Bescapè, loc. cit.

Fett gekochtem Heu sich zu ernähren. Schliesslich wurde ihre Lage so unhaltbar, dass sie in der Nacht des 10. März mit Zurücklassung ihrer schwächeren Gefährten von dem Parete calvo abzogen und auf Wegen, die durch hohe Berge und tiefen Schnee fast unzugänglich erschienen, nach dem Monte Rubello (oberhalb des in der Diözese Vercelli liegenden Dorfes Triverio) übersiedelten. Um diese Zeit war ihre Zahl infolge des Mangels an Lebensmitteln und durch Erschöpfung auf etwa tausend zusammengeschmolzen; die einzigen Lebensmittel, die sie mit sich führten, waren ein paar Stücke Fleisch. Indessen war die Übersiedelung mit solcher Heimlichkeit und Geschicklichkeit ausgeführt worden, dass die Einwohner von Triverio erst dann etwas von der Nachbarschaft der gefürchteten Ketzer erfuhren, als ihr Ort bei einem nächtlichen Streifzuge verwüstet wurde. Dass hierbei die widerstandslosen Bewohner erschlagen worden seien, ist nicht verbürgt, wohl aber, dass vierunddreissig Apostel auf dem Rückzuge abgeschnitten und getötet wurden. Die ganze Gegend geriet nun in hellen Aufruhr, und der Bischof von Vercelli brachte schleunigst ein zweites Aufgebot von Kreuzfahrern zusammen, die mutig gegen den Monte Rubello vorrückten. Dolcino entwickelte sich indessen schnell zum Strategen; er machte einen Ausfall aus seiner Bergfeste und schlug die Truppen des Bischofs zurück, obwohl, wie berichtet wird, die Mehrzahl seiner Leute nur mit Steinen bewaffnet waren. Die vielen Gefangenen, die er machte, wurden wiederum gegen Lebensmittel ausgetauscht[1]).

Das Lager der Ketzer wurde nun in eine dauernde Niederlassung verwandelt; Befestigungswerke wurden errichtet, Häuser gebaut und ein Brunnen gegraben. Nachdem sie so ihre Stellung unüberwindlich gemacht hatten, warteten die gehetzten Apostel, auf ihrem Alpenfelsen gegen Angriffe von aussen gesichert und der ganzen Menschheit feindselig gegenüberstehend, ruhig die Erfüllung der Weissagungen Dolcinos ab. Die drohende, unmittelbare Gefahr für sie war der Hunger, da die kahlen Bergspitzen keine Nahrung lieferten und die bei Mosso stehenden Überreste des bischöflichen Heeres eine scharfe Blockade durchführten. Um sich Erleichterung zu verschaffen, verleitete Dolcino in den ersten Tagen des Mai die Belagerer durch eine geschickte Kriegslist zu einem Angriffe, überfiel sie aus einem Hinterhalte, zerstreute sie und machte viele

---

1) Hist. Dulcini (Muratori IX, 430—2).

Gefangene, die er wie früher gegen Nahrungsmittel austauschte. Da die Hilfsmittel des Bischofs erschöpft waren, wandte er sich abermals an Clemens V. Der Papst war auch sogleich bereit, die Ketzer mit dem Anathem zu belegen und allen, die dreissig Tage lang im Heere des Herrn gegen sie dienen oder einen Rekruten für diesen Dienst bezahlen würden, einen vollkommenen Ablass zu bewilligen. Die päpstlichen Breven vom 26. August 1306 wurden überallhin verbreitet, und die Bewohner von Vercelli unterstützten eifrig ihren bejahrten Bischof, der persönlich am Kreuzzuge teilnahm. Eine grosse Streitmacht wurde zusammengebracht, die benachbarten Höhen wurden besetzt und Wurfmaschinen aufgestellt, die Steine in das Ketzerlager schleuderten und die Hütten zerstörten. Um den Besitz einer die Gegend beherrschenden Höhe entspann sich ein verzweifelter Kampf, wobei das Blutbad die Wasser des Riccio so rötete, dass sein Name hinfort in 'Rio carnaschio' umgeändert wurde. Und dieser Kampf machte einen solchen Eindruck auf die Gemüter der Bewohner, dass es noch bis in das 18. Jahrhundert nicht klug gewesen wäre, wenn ein skeptisch veranlagter Reisender innerhalb der Hörweite eines der dortigen Bergbewohner hätte behaupten wollen, das Wasser des Baches hätte dieselbe Farbe wie das der benachbarten Giessbäche[1]).

Dieser dritte Kreuzzug erwies sich als ebenso fruchtlos wie die früheren. Die Angreifer wurden zurückgeschlagen und zogen sich nach Mosso, Triverio und Crevacore zurück. Dolcino aber, durch die Erfahrung belehrt, befestigte sechs der benachbarten Anhöhen, belegte sie mit einer Besatzung und liess von dort aus das benachbarte Land plündern und seine Leute mit Lebensmitteln versorgen. Um diesen Raubzügen ein Ende zu bereiten, errichteten die Kreuzfahrer zwei Forts und legten eine starke Streitmacht hinein, aber es nützte nichts. Mosso, Triverio, Cassato, Flecchia und andere Orte wurden verbrannt, und die Berichte über die übermütige Beraubung und Schändung der Kirchen beweisen, wie vollständig priesterfeindlich die Sekte geworden war. Zur Verzweiflung getrieben, hatten die Sektierer an die Stelle des Gesetzes der Menschenliebe, das ursprünglich die Grundlage ihres Glaubens bildete, die Grausamkeit gesetzt, die sie von ihren Angreifern lernten. Um ihnen die Lebensmittel zu entziehen, untersagte man den Austausch der Gefangenen gegen solche; die Folge war, dass die Gefangenen

---

1) Hist. Dulcini (Muratori IX, 432—4). — Baggiolini a. a. O. S. 131. — *B. Guidonis, Practica S. 340 ff.

erbarmungslos niedergemetzelt wurden. Nach dem Berichte eines zeitgenössischen Inquisitors, dem wir diese Einzelheiten verdanken, hatte es seit Adams Zeiten keine so verwünschte, so abscheuliche, so furchtbare Sekte gegeben, die in so kurzer Zeit so viel Unheil anrichtete. Das schlimmste war, dass Dolcino seinen Anhängern seinen eigenen, unbesieglichen Mut einflösste. In männlicher Kleidung begleiteten die Frauen die Männer auf ihren Streifzügen. Der Fanatismus machte die Sektierer unüberwindlich, und der Schrecken, den sie einflössten, war so gross, dass die Gläubigen schon beim Anblick dieser „Hunde" flohen, und dass wenige von diesen eine ganze Schar in die Flucht schlagen und vollständig vernichten konnten. Die Einwohner verliessen das Land, und im Dezember räumten die Kreuzfahrer, plötzlich von panischem Schrecken ergriffen, die eine ihrer Verschanzungen, während die etwa siebenhundert Mann betragende Besatzung der andern nur mit Mühe gerettet werden konnte[1]).

Aber wenn auch der Fanatismus und das militärische Geschick Dolcinos im Felde die Oberhand behielt, so bildete die Unmöglichkeit, seine Anhänger genügend mit Lebensmitteln zu versorgen, die verhängnisvolle Schwäche seiner Lage. Das erkannte der Bischof von Vercelli, und er liess deshalb um die Stellung der Ketzer herum fünf neue Verschanzungen errichten. Wenn wir hören, dass alle Wege und Pässe streng bewacht wurden, so dass keine Hilfe sie erreichen konnte, dann müssen wir annehmen, dass sie trotz der Verwüstungen, die sie gezwungenermassen vollführten, doch noch Freunde unter der Bevölkerung hatten. Das Vorgehen des Bischofs war von Erfolg gekrönt. Während des Winters von 1306—1307 litten die Apostel auf ihrer schneebedeckten Bergeshöhe furchtbar. Hunger und Kälte rafften viele dahin. Eine grosse Anzahl kam vor Erschöpfung um, andere fristeten notdürftig ihr Dasein mit Gras und Blättern, falls es ihnen glückte, solche zu finden. Selbst zur Menschenfresserei nahmen sie angeblich ihre Zuflucht. Die Leichname ihrer Feinde, die sie bei ihren erfolgreichen Ausfällen töteten, ja sogar ihre vor Entkräftung umgekommenen Kameraden verzehrten sie. Und all dieses Elend kam, wie der fromme Chronist uns mitteilt, infolge der Gebete und Gelübde des guten Bischofs und seiner Herde über sie[2]).

So war das Ende unvermeidlich, und auch Dolcinos glühender Geist konnte es nicht auf unbestimmte Zeit hinausschieben. Als der

---

1) Hist. Dulcini (Muratori, IX, 434, 437—8). — *Hausrath a. a. O. S. 372 ff.
2) Hist. Dulcini (Muratori, IX, 439—40).

trübselige Alpenwinter zu Ende ging, organisierte der Bischof gegen Ende März einen vierten Kreuzzug. Ein bedeutendes Heer wurde ausgehoben, um den ausgehungerten und zerlumpten Überlebenden den Garaus zu machen. Während der Passionswoche fand ein heisser Kampf statt, und am Gründonnerstage, den 23. März 1307, wurden die letzten Verschanzungen vorgeschoben. Der Widerstand war hartnäckig gewesen, und wiederum färbte sich der Rio carnaschio rot von Blut. Pardon wurde nicht gegeben. „An diesem Tage kamen mehr als tausend Ketzer in den Flammen oder im Flusse oder durch das Schwert auf die grausamste Weise um. So fanden diejenigen, welche Gott, den ewigen Vater, und den katholischen Glauben verspottet hatten, am Tage des hl. Abendmahles durch Hunger, Eisen, Feuer, Pestilenz und Elend aller Art Schande und schimpflichen Tod, wie sie es verdient hatten." Der Bischof hatte strengen Befehl gegeben, Dolcino und seine beiden Hauptanhänger, Margarete und Longino Cattaneo, lebendig gefangen zu nehmen. Gross war daher der Jubel, als sie am Samstag in das Schloss Biella vor ihn gebracht wurden[1]).

Wenngleich kein Fall klarer sein konnte als der vorliegende, so hielt der Bischof es doch für nötig, den Papst Clemens V. um Rat zu fragen — eine vollständig überflüssige Formalität, die aber, wie Gallenga vermutet, ihre Erklärung vielleicht darin findet, dass sie dem Bischof eine Gelegenheit bot, für seine ausgesogene Diözese und seinen erschöpften Schatz Unterstützung zu erbitten. Der geizige Papst antwortete in knauseriger Weise. Mit triumphierenden Wendungen verkündigte er indessen schleunigst König Philipp dem Schönen die frohe Botschaft, ein Beweis, welche Angst die kühne Empörung der paar Dolcinisten verursacht hatte. Des weiteren bewilligte er den Bischöfen von Vercelli, Novara und Pavia und dem Abte von Lucedio die Einkünfte des ersten Jahres von allen im Laufe der nächsten drei Jahre in ihren Gebieten vakant werdenden Pfründen; ausserdem wurde der erstere auf Lebenszeit von den an die päpstlichen Legaten zu zahlenden Abgaben befreit und erhielt noch einige andere Privilegien. Während man auf diese Antwort wartete, wurden die Gefangenen, an Händen, Füssen und dem Halse mit Ketten ge-

---

1) Hist. Dulcin. (Muratori, ix, 439).
Ptolemäus von Lucca, der eine gute, zeitgenössische Quelle ist, gibt die Zahl der mit Dolcino gefangen genommenen auf hundertundfünfzig an, die Zahl der durch den Hunger oder das Schwert umgekommenen nur auf etwa dreihundert. — Hist. ecclesiastica lib. xxiv (Muratori, xi, 1227).

fesselt, im Kerker der Inquisition zu Vercelli verwahrt. Zahlreiche Wachen waren ausgestellt, um einen Fluchtversuch zu verhüten, was darauf schliessen lässt, dass man sich bewusst war, welche tiefen Sympathien für diese Rebellen gegen Staat und Kirche im Volke vorhanden waren. Zwar machte man zugleich die üblichen Anstrengungen, um ein Geständnis oder eine Abschwörung zu erlangen. Aber so mutig die Gefangenen ihren Glauben bekannten, so taub waren sie andrerseits gegen alle Anerbieten von Versöhnung. Dolcino beharrte sogar bei seiner Prophezeiung, dass der Antichrist in dreieinhalb Jahren erscheinen werde, dass alsdann er und seine Anhänger zum Paradiese geführt werden würden, und dass er selbst nach dem Tode des Antichrists zur Erde zurückkehren werde, um als der heilige Papst die neue Kirche zu leiten und alle Ungläubigen zu bekehren. So vergingen etwa zwei Monate, bis der Befehl des Papstes Clemens V. eintraf, sie auf dem Schauplatze ihrer Verbrechen zu verhören und zu bestrafen. Die übliche Sachverständigen-Versammlung wurde in Vercelli abgehalten. Da über ihre Schuld gar kein Zweifel obwalten konnte, wurden die Gefangenen dem weltlichen Arme überliefert. Für die überflüssigen Grausamkeiten, die nun folgten, kann man die Kirche nicht verantwortlich machen; sie waren vielmehr nichts anderes als der Ausdruck der Furcht, die sich der weltlichen Behörden bemächtigt hatte und diese antrieb, durch ein furchtbares Beispiel die beständig drohende Gefahr eines Bauernaufstandes zu beseitigen. Am 1. Juni 1307 wurden die Gefangenen vorgeführt. Die Schönheit Margaretens rührte alle Herzen zum Mitleid. Dieser Umstand in Verbindung mit dem Gerücht von ihrem Reichtum veranlasste viele Adlige, ihr die Heirat und Begnadigung anzubieten, falls sie abschwören wolle. Sie aber zog, treu ihrem Glauben und treu dem Dolcino, den Scheiterhaufen vor. Nachdem sie langsam vor Dolcinos Augen verbrannt worden war, begann seine eigne, bedeutend länger währende Tortur. Man setzte ihn auf einen Karren, auf dem sich einige Kohlenfeuer befanden, um die Marterwerkzeuge glühend zu erhalten. Dann wurde er den ganzen langen Sommertag hindurch langsam durch die Strassen gefahren und allmählich mit rotglühenden Zangen in Stücke gerissen. Mit wunderbarer Standhaftigkeit ertrug er seine Qualen, ohne seine Peiniger auch nur mit einer einzigen Veränderung seiner Gesichtszüge zu belohnen. Nur als ihm die Nase abgerissen wurde, beobachtete man ein leises Zittern in seinen Schultern, und als man noch grausamere Marter anwandte, entschlüpfte ihm ein einziger Seufzer. Während er so eines langsamen und qualvollen Todes starb, wurde Longino Cattaneo in Biella in ähnlicher Weise misshandelt, um dem Volke als heilsame Warnung zu dienen. So büssten die Fanatiker ihre Träume von einer Wiedergeburt der Menschheit[1]).

Dolcinos Unternehmen war vollständig fehlgeschlagen. Aber sein Charakter und sein Schicksal hinterliessen doch einen unauslöschlichen Eindruck bei dem Volk. Der Parete calvo, seine erste Zuflucht im Gebirge, galt als von bösen Geistern bewohnt, die er zurückgelassen habe, um einen in einer Höhle verborgenen Schatz zu bewachen. Diese Geister sollten, sobald jemand in ihr Reich eindrang, solche Stürme erregen, dass die Leute von Triverio sich gezwungen sahen, Wachen zur Fernhaltung hartnäckiger Schatzgräber aufzustellen. Noch stärker war die Macht, die Dolcino auf seiner andern Felsfeste, dem Monte Rubello, ausübte. Dieser Berg hiess fortan der 'Monte dei Gazzari' und galt als ein verfluchter Ort, wohin die Priester die bei Hagelstürmen ausgetriebenen Dämonen zu verbannen pflegten. Das hatte indessen zur Folge, dass die versammelten Geister so furchtbare Stürme verursachten, dass die benachbarten Ländereien verwüstet, die Ernte alljährlich vernichtet und die Leute an den Bettelstab gebracht wurden. Schliesslich gelobten die Einwohner von Triverio Gott und dem hl. Bernhard, auf der Spitze des Berges dem Heiligen eine Kapelle zu bauen, wenn sie von dem Übel befreit würden. Das geschah, und so erhielt der Berg seinen heutigen Namen 'Monte San Bernardo'. Alljährlich am 15. Juni, dem Festtage des hl. Bernhard, zog eine feierliche Prozession, an der aus jedem Hause der umliegenden Pfarreien je ein Mann teilnahm, mit Kreuz und Fahnen und in Begleitung der Pfarrpriester nach dem Berge und veranstaltete dort einen feierlichen Gottesdienst in Anwesenheit zahlreicher Andächtigen, die herbeigeeilt waren, um den vom Papste bewilligten Ablass zu gewinnen

---

1) Mariotti (A. Gallenga), Frà Dolcino and his times, London, 1853, p. 287—88. — Regest. Clement. PP. V. T. II. p. 79—82, 88 (ed. Benedictina, Romae, 1886). — Mosheim, Ketzergeschichte, I, 395. — Ughelli, Italia Sacra, ed. 1652, IV, 1104—8. — Hist. Dulcin. (Muratori, IX, 436, 440). — Benv. da Imola (Muratori, Antiq. III, 460). — Bernard. Guidon. Vit. Clement. PP. V (Muratori III. 1, 674). — Bescapè, loc. cit.

Die gegen Dolcino und Longino angewandte Bestrafung steht nicht vereinzelt da. Durch ein mailändisches Statut vom Jahre 1393 wurden alle geheimen Angriffe auf das Leben irgend eines Mitgliedes einer Familie, mit der der Verbrecher verkehrt hatte, einer Strafe unterworfen, die in allen Einzelheiten genau dieselbe war; nur liess man ihn zum Schlusse auf das Rad flechten und so in langsamem Todeskampf umkommen. — Antiqua ducum Mediolani decreta, p. 187 (Mediolani, 1654).

und an der Brotverteilung teilzunehmen, deren Kosten durch eine besondere, den Pfarreien Triverio und Portola auferlegte Steuer aufgebracht wurden. Diese Sitte dauerte bis zur französischen Invasion unter Napoleon I. Im Jahre 1815 wurde sie erneuert, aber wegen der dabei vorkommenden Störungen wieder abgeschafft. Als man die Prozession im Jahre 1839 abermals einführte, war sie von einem Orkan begleitet, den die Leute im Valsesia noch immer dem Erzketzer zuschreiben. Und bis zum heutigen Tage sehen die Bergbewohner in der Nacht vor dieser Feier auf dem Bergkamme eine Prozession von Dolcinisten. In den Tälern lebt dagegen Dolcinos Name fort als der eines grossen Mannes, der bei dem Versuche, das Volk von der weltlichen und geistlichen Tyrannei zu befreien, umkam [1]).

Dolcino und seine unmittelbaren Anhänger waren somit vernichtet. Aber es blieben noch tausende von 'Aposteln' übrig, die im ganzen Lande zerstreut waren und im geheimen ihrem Glauben weiterlebten. Unter der geschickten Einwirkung der Inquisition hatten sich die ursprünglich harmlosen Ausschreitungen Segarellis immer mehr verstärkt und waren zu einer ausserordentlich priester- und romfeindlichen Ketzerei geworden, genau so, wie wir es bei dem übertriebenen Asketentume der Olivisten gesehen haben. Beide Sekten hatten viel Gemeinsames. Denn beide leiteten ihre Inspiration ab von dem Ewigen Evangelium. Wie die Olivisten, so behaupteten auch die Apostel, dass Christus der römischen Kirche wegen ihrer Verderbtheit seine Gnade entzogen habe; sie sei die babylonische Hure, alle geistliche Gewalt sei ihr genommen und der Geistigen Gemeinde oder dem Orden der Apostel, wie sie sich nannten, übertragen worden. Da die Zeit verstrich, ohne die Erfüllung der apokalyptischen Versprechungen zu bringen, da König Friedrich von Sizilien nicht als der verheissene Befreier auftrat und auch der Antichrist mit seinem Erscheinen zögerte, so scheinen sie diese Hoffnungen aufgegeben oder wenigstens nicht mehr geäussert zu haben. Aber nach wie vor hielten sie an dem Glauben fest, dass sie zur geistlichen Vollkommenheit gelangt und von allem Gehorsam gegen Menschen befreit seien, und dass es ausserhalb ihrer Gemeinschaft kein Heil gebe. So hatte sich die Priesterfeindschaft in vollem Umfange herausgebildet. Eine besondere Organisation scheint der

---

1) A. Artiaco (Rivista Cristiana, 1877, 145—151). — Hist. Dulcini (Muratori, IX, 441—2). — Baggiolini a. a. O. S: 165—71.

Orden nicht besessen zu haben. Die Aufnahme erfolgte auf die einfachste Weise entweder in einer Kirche vor dem Altar oder an einem andern Orte. Der Postulant legte alle seine Kleider ab zum Zeichen, dass er auf jegliches Eigentum verzichte und in den vollkommenen Zustand evangelischer Armut eintrete. Gelübde legte er nicht ab, versprach aber im Herzen, hinfort in Armut leben zu wollen. Fortan durfte er niemals Geld empfangen oder bei sich tragen, sondern musste von den Almosen leben, die ihm freiwillig angeboten wurden, und durfte niemals etwas für den folgenden Tag aufbewahren. Er gelobte nicht einem Menschen Gehorsam, sondern nur Gott allein, dem er ebenso untertan sei, wie die Apostel dem Heilande. Alle religiösen Äusserlichkeiten waren verpönt. Die Kirchen galten als unnütz, da der Mensch Christum besser in Wäldern verehren könne und das Gebet zu Gott in einem Schweinestall ebenso wirksam sei, wie in einem geweihten Gebäude. Die Priester, Prälaten und Mönche seien ein Schaden für den Glauben. Zehnten dürften nur denen gegeben werden, deren freiwillige Armut die Zahlung überflüssig mache. Das Sakrament der Busse wurde zwar nicht ausdrücklich abgeschafft, aber die Schlüsselgewalt doch dem Wesen nach aufgehoben durch den Grundsatz, dass kein Papst von Sünden absolvieren könne, es sei denn, dass er so heilig wäre wie der hl. Petrus selbst, dass er in vollkommener Armut und Demut lebe, sich des Krieges und der Verfolgung enthalte und jedem erlaube, frei zu leben. Da alle Bischöfe von der Zeit Silvesters an Verführer und ungetreue Haushalter gewesen seien, mit Ausnahme des Bruders Peter von Murrone (Cölestin V.), so folge daraus, dass die Ablässe und Sündenvergebungen, die so freigebig in der Christenheit verkauft würden, wertlos seien. Eine Irrlehre teilten sie mit den Waldensern: sie verboten nämlich den Eid, auch den gerichtlichen[1]).

Die Schilderung, die Bernhard Guidonis im Jahre 1316 von den Aposteln entwirft, um seinen Amtsgenossen den Weg zu ihrer Entdeckung zu zeigen, beweist, wie gründlich sie die Lehren ihres einfachen Glaubens in die Praxis übersetzten. Sie trugen ein besonderes Gewand, das einem Mönchsgewande sehr ähnlich war; es war wohl der weisse Mantel und der Strick, die Segarelli angenommen hatte. Sie hatten alle äussern Zeichen der Heiligkeit an sich. Bei ihrem Gange durch die Strassen sangen sie Hymnen, sprachen Gebete und forderten zur Busse auf. Wenn man ihnen etwas freiwillig

---

1) Additamenta ad Hist. Dulcini (Muratori, IX, 455—7). — Bern. Guidon. Practica Inquisitionis S. 347ff.; *für das Datum vgl. Sachsse a. a. O. S. 28ff.

vorsetzte, so assen sie dankbaren Herzens und liessen, wenn ihr Hunger gestillt war, den Rest zurück, ohne etwas mitzunehmen. In ihrer anspruchslosen Lebensweise suchten sie anscheinend, so gut sie konnten, den Aposteln nachzuahmen, und trieben auf diese Weise die Armut auf eine solche Höhe, dass selbst Angelus von Clarino sie darum beneidet haben würde. Bernhard Guidonis beklagt ausserdem ihre unbeugsame Hartnäckigkeit und führt einen Fall an, wo er einen von ihnen zwei Jahre lang im Gefängnis hielt und häufig verhörte, bis er schliesslich dahin gebracht wurde, zu bekennen und zu bereuen — durch welche sanften Überredungsmittel, können wir leicht erraten[1]).

Das alles könnte den Anschein erwecken, als ob es sich hier um eine ganz harmlose Ketzerei handelte. Und doch galt sie als eine der furchtbarsten, und zwar in Folge des Eindrucks, den die Kriegstaten Dolcinos hervorriefen. Und der Bekehrungseifer dieser Sektierer war um so gefährlicher, als sie ihre Hauptargumente von dem schlechten Lebenswandel der Geistlichkeit hernahmen. Als die Brüder des freien Geistes in den Clementinen verurteilt wurden, schrieb Bernhard Guidonis mit allem Ernst an Papst Johann XXII., er möge doch ja auch eine die Apostel betreffende Klausel einschieben; denn diese wüchsen wie Unkraut und verbreiteten sich von Italien aus bis nach Languedoc und Spanien. Zwar dürfte dies wohl eine der in solchen Dingen üblichen Übertreibungen sein. Immerhin aber wurde um diese Zeit ein Dolcinist, namens Jacob von Querio, in Avignon entdeckt und verbrannt. Im Jahre 1316 fand Bernhard Guidonis noch andere innerhalb seines eigenen Amtsgebietes, die er durch sein energisches Vorgehen über die Pyrenäen trieb. Ausserdem richtete er dringende Briefe an alle Bischöfe Spaniens, in denen er eine Schilderung der Sektierer gab und zu ihrer sofortigen Ausrottung aufforderte. Die Folge davon war die in einem frühern Kapitel erwähnte Ergreifung von fünf dieser Ketzer in dem weit abgelegenen Compostella, wohl Überreste der Jünger des Apostels Richard (Bd. II, 209; III, 119). Diese Verfolgung trieb möglicherweise einige von ihnen um ihrer Sicherheit willen nach Frankreich zurück. Denn bei dem im September 1322 zu Toulouse abgehaltenen Auto erscheint der schon erwähnte Galizier Peter von Lugo, dem man ein Jahr lang im Gefängnisse stark zugesetzt hatte, und der nun auf Grund seiner Abschwörung zu lebenslänglichem Kerker bei Wasser und

---

1) Bernard. Guidon. Practica a. a. O. S. 343 ff.

Brot verurteilt wurde. In demselben Auto erscheint auch noch ein anderer Übeltäter, dessen Schicksal zeigt, wie gross der durch die Lehren der Dolcinisten hervorgerufene Abscheu und Schrecken war. Wilhelm Ruffi war kurz vorher gezwungen worden, als Begarde abzuschwören; in der Folge hatte er auch noch zwei seiner Genossen verraten, von denen der eine verbrannt, der andere eingekerkert wurde. Das alles dürfte als ein genügender Beweis seines Eifers für den rechten Glauben gelten. Unglücklicherweise aber äusserte er einmal gesprächsweise, in Italien gäbe es Fraticellen, die niemanden für vollkommen hielten, der nicht die obenerwähnte Probe der Enthaltsamkeit bestanden habe; er fügte hinzu, dass er selbst das Experiment erfolgreich versucht und es mehrere Frauen gelehrt habe. Diese Erzählung genügte, um ihn ohne weitere Umstände sofort als rückfälligen Ketzer verbrennen zu lassen[1]).

Im Gegensatz zu den übertriebenen Befürchtungen des Bernhard Guidonis verursachte die Sekte, obgleich sie noch eine Zeitlang fortbestand, keine weiteren ernstlichen Störungen. Zwar spielen noch das Konzil von Köln im Jahre 1306 und das von Trier im Jahre 1310 auf die Apostel an, woraus wir schliessen können, dass sie in Deutschland nicht unbekannt waren. Und in den Jahren 1332 und 1333 ging die Inquisition in der Gegend von Trient und Riva gegen Reste der Dolcinisten vor. Aber um das Jahr 1335 bezeichnet ein so wohlunterrichteter Schriftsteller wie Alvarus Pelayo den Dolcino als einen Begarden. Die Erinnerung an die unterscheidenden Merkmale der Sekte war also schon geschwunden. Grade um diese Zeit breitete allerdings ein gewisser Zoppio die Ketzerei heimlich in Rieti aus und bekehrte viele, besonders unter den Frauen. Als man darauf aufmerksam wurde, eilte Frà Simone Filippi, der Inquisitor der römischen Provinz, dorthin, bemächtigte sich des Zoppio und lieferte ihn nach einem Verhöre den Behörden aus, damit sie ihn im Gewahrsam hielten. Als er indessen das Verhör fortsetzen wollte, weigerten sich die Behörden, den Gefangenen auszuliefern, und beleidigten sogar den Inquisitor. Dieser wandte sich an Benedikt XII. Der Papst tadelte die aufsässigen Beamten heftig, weil sie eine Ketzerei beschützten, die so furchtbar sei, dass der Anstand ihm ihre Beschreibung verbiete. Er drohte ihnen mit einer exemplari-

---

1) Addit. ad Hist. Dulcini (Muratori, IX, 458). — Bernard. Guidon. Practica, S. 352 ff. — Bernard. Guidon. Gravam. (Doat, XXX, 120—4). — Raym. de Fronciacho (Archiv für Lit.- u. Kirchengeschichte III (1887) S. 10). — Lib. sentent. inq. Tolos. p. 360—3, 381.

schen Strafe wegen andauernden Ungehorsams; falls sie befürchteten, dass der Ruf ihrer Frauen Schaden nehmen könne, so verspreche er, diese milde behandeln zu lassen und ihnen eine demütigende Busse zu ersparen, vorausgesetzt, dass sie über ihre Genossen Auskunft geben würden[1]).

Nach einer langen Zwischenzeit hören wir noch einmal etwas von den Aposteln, und zwar in Languedoc. Hier lenkte im Jahre 1368 das Konzil von Lavaur die Aufmerksamkeit auf sie als auf Ketzer, die trotz ihrer Verurteilung durch den Hl. Stuhl im Lande umherzögen und unter dem Scheine äusserer Frömmigkeit Irrtümer aussäten; das Konzil befahl, sie zu verhaften und durch die bischöflichen Gerichtshöfe bestrafen zu lassen. Im Jahre 1374 hielt das Konzil von Narbonne eine Erneuerung dieses Gebotes für notwendig. Im Jahre 1402 und 1403 endlich wurde, wie wir gesehen haben, der Eifer des Inquisitors Eylard Schöneveld dadurch belohnt, dass er in Lübeck und Wismar zwei Apostel ergreifen und verbrennen konnte (Bd. II, 458). Das ist die letzte authentische Erwähnung einer Sekte, welche hundert Jahre vorher für kurze Zeit weit und breit Schrecken eingeflösst hatte[2]).

Eng verknüpft mit den Dolcinisten und ein Zwischenglied zwischen ihnen und den deutschen Brüdern des freien Geistes waren einige italienische Ketzer, die bekannt sind unter dem Namen der Anhänger des Geistes der Freiheit. Über sie sind nur einige wenige vereinzelte Notizen auf uns gekommen. Wie es scheint, vermieden sie den Pantheismus der Deutschen und lehrten nicht die Rückkehr der Seele zu ihrem Schöpfer; aber sie huldigten der gefährlichen Lehre von der Vervollkommnungsfähigkeit des Menschen, vermöge deren er schon in diesem Leben so heilig werden könne, wie Christus es war. Dieses Ziel könne sowohl durch Sünden wie durch Tugenden erreicht werden; denn beides sei in den Augen Gottes dasselbe, da

---

1) Concil. Coloniense ann. 1306, c. 1, 2 (Hartzheim, IV, 100, 102). — Concil. Trevirense ann. 1310, c. 50 (Martene, Thesaur. IV, 250). — *Segarizzi, in Tridentum, rivista mensile di studi scientifici, III (1900), 214, 273 ff. — Alvar. Pelagius, De planctu eccles. lib. III, art. 53 (fol. 166, 172, ed. 1517). — Wadding. ann. 1335, Nr. 8—9. — Raynald. ann. 1335, Nr. 62.

2) Concil. Vaurense ann. 1368, c. 24; Concil. Narbon. ann. 1374, c. 5 (Harduin VII. 1818, 1880). — Hermann Korner Chron. ann. 1261, 1402 (hrsg. von J. Schwalm, 1895, S. 99 f., 177, 364 ff.).

Ich habe schon (Band II, 491) darauf hingewiesen, dass in Prag 1315 einige Ketzer verfolgt wurden, die Dubravius als Dolcinisten bezeichnet, die aber wahrscheinlich Waldenser und Luziferianer waren.

dieser alle Dinge lenke und dem Menschen keinen freien Willen lasse. Die Seele werde durch die Sünde gereinigt, und je grösser das Wohlgefallen an fleischlichen Neigungen sei, um so näher komme man Gott. Eine ewige Strafe gebe es nicht, sondern die Seelen, die in diesem Leben noch nicht genügend gereinigt seien, würden einer Läuterung unterworfen, bis sie in den Himmel eingehen könnten[1]).

Zum ersten Male treffen wir diese Sektierer unter den Franziskanern zu Assisi, wo infolge der energischen Gegenmassregeln sieben Brüder geständig waren und nach vollzogener Abschwörung zu lebenslänglicher Gefangenschaft verurteilt wurden. Als Clemens V. 1309 die zwischen den Spiritualen und Konventualen strittigen Fragen zu lösen versuchte, bezog sich die erste der vier vorläufigen Fragen, die er den streitenden Parteien vorlegte, auf den Zusammenhang zwischen dem Orden und dieser Ketzerei, den beide Teile sofort in Abrede stellten. Der nächste Hinweis auf sie stammt aus dem April 1311, wo sie sich angeblich in Spoleto schnell vermehrten, und zwar sowohl unter den Geistlichen als auch unter den Laien, so dass Clemens V. den Bischof Raimund von Cremona hinsandte, um die neue Ketzerei auszurotten. Diese Bemühungen waren indessen erfolglos. Denn im Jahre 1327 wurde in Florenz Donna Lapina von dem Inquisitor Frà Accursio zur Konfiskation und zum Kreuztragen verurteilt, weil sie der „Sekte des Geistes" angehörte, deren Mitglieder sich für unfähig zur Sünde hielten. Und als im Jahre 1329 Frà Bartolino von Perugia die Abhaltung einer Generalinquisition in der Provinz Assisi ankündigte, zählte er die neue Ketzerei des Geistes der Freiheit unter denen auf, deren Unterdrückung er beabsichtige. Wichtiger war der Fall des Domenico Savi von Ascoli, der allgemein als ein Muster von Frömmigkeit galt. Im Jahre 1337 verliess er Weib und Kind, um als Einsiedler zu leben, und der Bischof erbaute ihm eine Zelle und ein Bethaus. Dadurch erhöhte sich sein Ansehen noch mehr, und sein Einfluss wurde so gross, dass, als er anfing, geschriebene Traktate zu verteilen und durch diese die Lehren des Geistes der Freiheit zu verbreiten, die Zahl seiner Anhänger auf zehntausend berechnet wurde. Es dauerte nicht lange, bis die Aufmerksamkeit der Inquisition auf die Sektierer

---

1) Ms Bibl. Casanatense (in Rom) A. IV, 49. — Die Mitteilung dieses Dokuments verdanke ich der Güte des Herrn Charles Molinier. Vgl. auch Amati, im Archivio storico italiano, Nr. 38, p. 14.
Über die Beziehungen zwischen diesen Ketzern und den Dolcinisten vgl. Archiv für Lit.- u. Kirchengeschichte II (1886) S. 131, und III (1887) S. 123—4.

gelenkt wurde. Savi wurde verhört und widerrief, worauf seine Schriften den Flammen übergeben wurden. Seine Überzeugung war jedoch zu stark, als dass er rechtgläubig hätte bleiben können. Er wurde rückfällig, von neuem verhört, er appellierte an den Papst und wurde schliesslich 1344 vom Ill. Stuhle verurteilt, worauf er dem weltlichen Arme ausgeliefert und zu Ascoli verbrannt wurde. Da über das Schicksal seiner Anhänger nichts weiter verlautet, so dürfen wir wohl annehmen, dass sie mit der Abschwörung davonkamen. Savi wird gewöhnlich zu den Fraticellen gerechnet; aber die ihm zugeschriebenen Irrtümer haben keine Ähnlichkeit mit denen dieser Sekte, sind vielmehr offenbar Übertreibungen der Lehre vom Geiste der Freiheit[1]).

Bevor wir diesen Gegenstand verlassen, dürfte es sich vielleicht verlohnen, noch einen flüchtigen Blick auf die Laufbahn eines neueren Propheten zu werfen, woraus wir, ähnlich wie aus dem Auftreten der modernen Guglielmiten, wiederum erkennen können, dass solche geistigen Phänomene allen Zeitaltern gemeinsam sind, und dass selbst in unserer kühler abwägenden und rationalistischer veranlagten Zeit die Geheimnisse der menschlichen Natur noch dieselben sind wie im 13. Jahrhundert.

Dolcino hatte eine Bewegung neu organisiert, die schon eine fast fünfzigjährige Entwicklung hinter sich hatte, und die nur den Ausdruck einer weit verbreiteten Anschauung darstellte. David Lazzaretti von Arcidosso dagegen war Gründer und Märtyrer zugleich. Er war ein Fuhrmann in den Bergen des südlichen Toskana und war wegen seiner herkulischen Körperkraft und seiner schlagfertigen Rede weit und breit in seiner heimatlichen Gegend bekannt. Plötzlich verwandelte sich der ziemlich wilde und zügellose Jüngling in einen Asketen der strengsten Art, der in einer Einsiedelei auf dem Monte Labbro wohnte und göttlicher Offenbarungen gewürdigt wurde. Sein strenger Lebenswandel, seine Visionen und seine Prophezeiungen führten ihm bald Anhänger zu, von denen viele seine Lebensweise nachahmten. Die Bauern von Arcidosso verehrten ihn als Propheten. Er behauptete, schon im Jahr 1848 den Auftrag erhalten zu haben, die Welt umzugestalten; seine plötzliche Bekehrung sei durch eine

---

1) Archiv für Lit.- u. Kirchengeschichte III (1887) S. 51, 144—5. — Raynald. ann. 1311, Nr. 66—70; ann. 1318, Nr. 44. — Archiv. di Firenze, Prov. S. Maria Novella, 1327, Oct. 31. — Ehrle, im Archiv für Lit.- u. Kirchengeschichte I (1885) S. 160. — D'Argentré, I. I, 336—7. — Cantù, Eretici d'Italia, I, 133.

Erscheinung des hl. Petrus veranlasst worden, wobei ihm der Apostel auf seine Stirne zur Bestätigung seiner Mission das Zeichen ↄ+C gemacht habe. Übrigens blieb er sich in den einzelnen Phasen seiner Entwicklung nicht immer gleich. Im Jahre 1860 noch ein patriotischer Freiwilliger, vertrat er in der Folgezeit die Sache der Kirche gegen die Angriffe des ketzerischen Deutschland. Im Jahre 1876 dagegen bekundete er in seinem Buche „Mein Kampf mit Gott" offen sein Streben, Stifter und Oberhaupt einer neuen Religion zu werden; er schildert hierbei, wie er in den Himmel versetzt worden sei, um sich mit Gott zu besprechen, beteuert andrerseits aber noch immer, dass er Rom und dem Papsttum treu bleiben wolle. Die Kirche verschmähte indessen seine Hilfe und verurteilte seine Irrtümer. Von nun an wurde er ein Häresiarch. Im Frühjahr 1878 trat er ein für die Einführung der Priesterehe, verwarf das Fasten, erteilte nach einem von ihm selbst gemachten Ritus seinen Anhängern das Abendmahl und verfasste für sie ein Glaubensbekenntnis, dessen vierundzwanzigster Artikel lautete: „Ich glaube, dass unser Gründer, David Lazzaretti, der Gesalbte des Herrn, gerichtet und verurteilt von der römischen Kurie, wirklich Christus, unser Herr und Richter, ist." Das Volk hielt zu ihm, und der Pfarrer von Arcidosso fand drei Sonntage hintereinander keinen einzigen Gläubigen in seiner Kirche. David gründete nun die „Gemeinschaft der hl. Liga" oder die „Christliche Bruderschaft" und verkündete die baldige Gründung der Republik oder des Reiches Gottes, in dem alles Eigentum gleichmässig verteilt werden solle. Selbst dieser Kommunismus schreckte die kleinen Grundbesitzer, aus denen sich seine Gefolgschaft grösstenteils zusammensetzte, nicht ab. Es herrschte damals infolge einer Reihe verunglückter Ernten und infolge der vermehrten Steuerlast allgemeine Unzufriedenheit im Lande. Als daher David am 14. August 1878 verkündete, dass er in friedlicher Weise mit seinen Jüngern die theokratische Republik ins Leben treten lassen wolle, versammelte sich die ganze Bevölkerung auf dem Monte Labbro. Nachdem man vier Tage lang religiösen Übungen obgelegen, brach der ungewöhnliche Kreuzzug auf. Alle Altersstufen und beide Geschlechter sah man darin vertreten, bekleidet waren sie mit einer phantastischen rotblauen Uniform, und sie trugen Fahnen und Blumenguirlanden in den Händen, mit denen sie die Welt revolutionieren wollten. Ihr Siegesmarsch war indessen nur kurz. Beim Dorfe Arcidosso trat ihnen ein Trupp von neun Carabinieri entgegen, die auf die wehrlose Menge feuerten und vierunddreissig Lazzarettisten töteten oder verwundeten.

David selbst fiel, von einer Kugel in den Kopf getroffen[1]). Ob Lazzaretti ein Schwärmer oder ein Betrüger war, lässt sich nicht feststellen. Durch Reisen und Studien hatte er sich eine gewisse Bildung erworben. Er hatte aufgehört, ein ungebildeter Bergbewohner zu sein, und war imstande, die sozialen Kräfte, gegen die er die Fahne der Empörung aufrollte, zu beurteilen; so konnte er auch erkennen, dass diese Kräfte nur von einem Gesandten Gottes überwunden werden konnten. Vielleicht wird sein Andenken an den Abhängen des Monte Amiata ebenso fortleben wie das Dolcinos im Valsesia. Sicher ist, dass viele seiner Anhänger lange Zeit seine Auferstehung erwarteten.

---

1) Barzellotti, David Lazzaretti di Arcidosso, detto il Santo. Bologna, 1885.
Eine ähnliche Laufbahn hatte ein ehemaliger Sergeant im italienischen Heere, namens Gabriel Donnici, der im Hochlande von Kalabrien eine Sekte gründete und ihr den stolzen Titel „Die Heiligen" gab. Gabriel trat als Prophet auf, indem er die Ankunft eines neuen Messias verkündigte, der aber nicht wie ein Lamm, sondern wie ein Löwe auftreten werde, Rache schnaubend und mit blutigen Geisseln bewaffnet. Der Prophet wurde samt seinem Bruder Abel vor Gericht gezogen wegen der Ermordung der Frau des letzteren, namens Grazia Funaro, die sich geweigert hatte, den obszönen Bräuchen der Sekte sich zu unterziehen. Beide wurden zu Zwangsarbeit und Kerker verurteilt, aber infolge ihrer Berufung vom Appellhof zu Cosenza freigesprochen. Andere Übeltaten, deren die Sektierer sich schuldig gemacht, nahmen auch später noch die Aufmerksamkeit der italienischen Gerichte in Anspruch. — Rivista Cristiana, 1887, p. 57.

Drittes Kapitel.

Die Fraticellen.

Wir haben gesehen, wie Papst Johann XXII. die Ketzerei der Franziskanerspiritualen ins Leben rief und vernichtete, und wie der Ordensgeneral Michael von Cesena in der Frage der Kornspeicher und Keller und des Tragens von kurzen und engen Kutten Gehorsam im Orden erzwang. Trotzdem war es unmöglich, auf einer so unlogischen Basis eine endgültige Lösung der Streitfrage herbeizuführen, zumal in Anbetracht des ruhelosen theologischen Dogmatismus des Papstes und seiner unbeugsamen Entschlossenheit, jede abweichende Meinung zu unterdrücken. Nachdem er es einmal unternommen hatte, die Erörterungen über die Regel der Armut, die fast ein Jahrhundert lang so viel Staub aufgewirbelt hatten, zum Schweigen zu bringen, führte ihn sein logischer Verstand dahin, aus den in seinen Bullen 'Quorumdam', 'Sancta Romana' und 'Gloriosam Ecclesiam' aufgestellten Grundsätzen die berechtigten Konsequenzen zu ziehen. Gleichzeitig machte ihn seine vollständig weltliche Gesinnung unfähig, den Sturm vorauszusehen, den er damit heraufbeschwören musste. Denn ein Charakter wie der seinige konnte nicht die ehrliche Inkonsequenz eines Michael und Bonagratia verstehen, die einerseits ihre Mitbrüder verbrennen konnten, weil diese sich weigerten, Kornspeicher und Keller zu besitzen, und die andererseits bereit waren, selbst den Tod auf dem Scheiterhaufen zu erdulden, wenn es galt, die Lehre von der vollkommenen Armut Christi und der Apostel zu verteidigen, eine Lehre, die so lange ein fundamentaler Glaubenssatz des Ordens gewesen und durch die Bulle 'Exiit qui seminat' ausdrücklich als unumstössliche Wahrheit verkündet worden war.

In der Tat hatten unter einem Papste von dem Temperament Johanns XXII. die rechtgläubigen Franziskaner einen schmalen und gefährlichen Weg zu wandeln. Die Spiritualen wurden als Ketzer verbrannt, weil sie darauf bestanden, ihrer eigenen Auffassung von der Regel des hl. Franziskus zu folgen; doch war der Unterschied zwischen dieser Auslegung und der offiziellen Lehre von der Verpflichtung zur Armut äusserst schattenhaft. Die Dominikaner waren schnell bei der Hand, die zweideutige Stellung ihrer Rivalen zu erkennen, und nicht abgeneigt, Vorteil daraus zu ziehen. Wenn es ihnen gelang, die anerkannte Lehre des Franziskanerordens unter den Begriff der neuen Ketzerei zu bringen, dann konnten sie möglicherweise einen entscheidenden und dauernden Triumph gewinnen. Die Lage war so künstlich und unhaltbar, dass eine Katastrophe unvermeidlich war und durch den geringsten Anstoss beschleunigt werden konnte.

Im Jahre 1321, als die Verfolgung der Spiritualen auf dem Höhepunkte stand, war der Dominikaner-Inquisitor Johann von Beaune — den wir als den Amtsgenossen des Bernhard Guidonis und als Kerkermeister des Bernhard Délicieux kennen gelernt haben — zu Narbonne mit dem Prozesse gegen ein Mitglied der geächteten Sekte beschäftigt. Zur Urteilsfällung berief er eine Versammlung von Sachverständigen, unter denen sich auch der Franziskaner Berengar Talon, Lehrer im Kloster zu Narbonne, befand. Einer der Irrtümer, die der Inquisitor dem Angeklagten zuschrieb, bestand in der Lehre, dass Christus und die Apostel, dem Wege der Vollkommenheit folgend, keinen Besitz, weder persönlichen noch gemeinsamen, gehabt hätten. Da dies die allgemeine Lehre der Franziskaner war, so kann man es nur als eine Herausforderung betrachten, wenn der Inquisitor an den Bruder Berengar die Aufforderung richtete, seine Meinung über diese Frage zu äussern. Berengar erwiderte, die Lehre sei nicht ketzerisch, da die Dekretale 'Exiit' sie ausdrücklich für rechtgläubig erklärt habe. Mit Heftigkeit verlangte nun der Inquisitor, dass Berengar sofort widerrufen solle. Die Lage war kritisch. Um sich gegen Verfolgungen zu schützen, legte Berengar Berufung an den Papst ein und eilte nach Avignon, musste aber dort erkennen, dass Johann von Beaune schon vor ihm dort gewesen war. Er wurde verhaftet. Die Dominikaner griffen überall die Streitfrage auf, und der Papst liess deutlich erkennen, dass seine Sympathien auf ihrer Seite waren. Allerdings war einstweilen die Frage gefährlich für Disputationen, da die Bulle 'Exiit' alle mit dem Anathem belegte, die es versuchen würden, ihre Entscheidungen zu glossieren oder zu diskutieren, und Papst Johann XXII. musste, um eine

Wiederaufnahme der Frage zu ermöglichen, am 26. März 1322 eine besondere Bulle 'Quia nonnunquam' erlassen, worin er bis auf weiteres die in der Bulle 'Exiit qui seminat' festgesetzten Censuren suspendierte. Nachdem er durch diese Massregel der Welt bekannt gemacht hatte, dass die Kirche in ihrer früheren Erklärung geirrt habe, ging er dazu über, seinen Prälaten und Doktoren die bedeutsame Frage vorzulegen: ob die hartnäckige Behauptung, Christus und die Apostel hätten weder persönlich noch gemeinsam etwas besessen, Ketzerei sei [1]).

Die Extravaganzen der Spiritualen hatten ihre Frucht getragen, und die Reaktion gegen das widersinnige Lob der allmählich zu einem Fetisch gewordenen Armut trat ein. Das wollte natürlich allen denen nur schwer in den Sinn kommen, welche bis dahin gewissenhaft in dem Glauben erzogen worden waren, dass die Verzichtleistung auf irdischen Besitz der sicherste Weg zur Seligkeit sei. Aber die Torheiten der Asketen waren unliebsam, wenn nicht gefährlich, geworden, und es war für die Kirche nötig, noch bis über ihre Lehren aus der Zeit des hl. Antonius, des hl. Hilarion und des hl. Simeon Stylites zurückzugehen, um den vernünftigen Sinn des Evangeliums zu ermitteln und zu zeigen, dass, wie der Sabbath, so auch die Religion um des Menschen willen und nicht der Mensch um der Religion willen da sei. In einem etwa zehn Jahre nach dieser Zeit verfassten Werke behandelt der päpstliche Pönitentiar Alvarus Pelayo, der selbst ein Franziskaner war, die Frage ziemlich ausführlich und vertritt zweifellos die Ansichten, die bei Johann XXII. günstige Aufnahme fanden. Der Anachoret solle für die Welt vollständig tot sein und seine Einsiedelei niemals verlassen. So habe es jener Abt gehalten, der sich weigerte, seiner Mutter die Türe zu öffnen, aus Furcht, sein Auge möchte auf einer Frau ruhen. Und ebenso verwies er auf das Beispiel jenes Mönches, den sein Bruder bat, eine kurze Strecke Weges mit ihm zu kommen und ihm gegen einen wildgewordenen Ochsen zu helfen; er erwiderte: „Warum bittest du nicht deinen Bruder, der noch in der Welt ist?" Als jener hierauf bemerkte: „Der ist ja schon fünfzehn Jahre tot", entgegnete der Mönch: „Und ich bin für die Welt schon zwanzig Jahre tot." Im Gegensatz zu dieser vollständigen Verzichtleistung auf die Welt sollten aber alle anderen ihren Lebens-

---

1) Nicolaus Minorita (Baluze et Mansi, III, 207). — Chron. Glassberger, ann. 1321. — Wadding. ann. 1321, Nr. 16—19; ann. 1322, Nr. 49—50. — *Vgl. die Darlegungen von Eubel im Bullarium Franciscanum v (1898) S. 224 ff.; Holzapfel a. a. O. S. 66 ff.

unterhalt durch ehrliche Arbeit verdienen. Denn der apostolische Befehl: „Betet ohne Unterlass" (1. Thess. 5, 17) sei trotz des ruhmreichen Beispieles der schlaflosen Mönche von Dios nicht wörtlich zu verstehen. Auch die Apostel hätten Geld gehabt und Nahrung gekauft (Joh. 4, 8), und Judas habe die Kasse des Herrn geführt (Joh. 12, 6). Besser als ein Bettlerdasein sei ein durch ehrliche Arbeit gesegnetes Leben, etwa das eines Schweine- oder Schaf- oder Kuhhirten, eines Maurers, eines Hufschmiedes oder eines Köhlers. Denn auf diese Weise erfülle der Mensch den Zweck seiner Erschaffung. Es sei eine Sünde für einen gesunden Menschen, von der Nächstenliebe zu leben und so die Almosen für sich in Anspruch zu nehmen, die den Kranken, Schwachen und Alten zukämen. Alles das war gleichsam ein vorübergehendes Aufleuchten des gesunden Menschenverstandes. Aber was würden Thomas von Aquino oder Bonaventura dazu gesagt haben? Klingt es doch wie das Echo ihres grossen Gegners, des Wilhelm von Saint-Amour[1]).

Die Antworten auf die vom Papste gestellte Frage konnten der Lehre von der Armut Christi und der Apostel nur widersprechen. In den Bischöfen sah man allgemein die Nachfolger der Apostel; man konnte daher von ihnen nicht erwarten, dass sie der Behauptung zustimmten, Christus habe ihren Vorgängern den Besitz des Eigentums untersagt. Das hatten die Spiritualen behauptet, und Olivi hatte bewiesen, nicht nur, dass die zur bischöflichen Würde gelangten Franziskaner noch mehr als ihre Mitbrüder

---

1) Alvarus Pelagius, De planctu ecclesiae, Lib. I, art. 51, fol. 165—9.
Tatsächlich liessen sich die Verteidiger der Armut die günstige Gelegenheit nicht entgehen, ihre Gegner als Anhänger des Wilhelm von St. Amour zu kennzeichnen. Vgl. F. Tocco, Un codice della Marciana, Venezia, 1887, p. 12, 39 (Ateneo Veneto, 1886—1887); *die Gutachten hat Tocco neuerdings veröffentlicht (La quistione della povertà nel secolo XIV. secondo nuovi documenti, 1910).
Die Antworten sind bezeichnend für die allgemeine Reaktion gegen die kurz vorher noch herrschende Lehre, sowie für den Eifer, womit die Bischöfe, sobald die freie Meinungsäusserung gestattet war, jede Lehre verwarfen, welche die von allen Klassen der Geistlichen so eifrig aufgehäuften weltlichen Güter verurteilte. Nur acht Erwiderungen liefen ein, die sich für die Armut Christi aussprachen, und sie kamen alle von Franziskanern — den Kardinälen von Albano und San Vitale, dem Erzbischof von Salerno, den Bischöfen von Caffa, Lissabon, Riga und Badajoz und einem unbekannten Lehrer des Ordens. Auf der andern Seite standen vierzehn Kardinäle, unter ihnen sogar Napoleone Orsini, der Beschützer der Spiritualen, und eine grosse Zahl von Erzbischöfen, Bischöfen, Äbten und Doktoren der Theologie. Es ist jedoch zweifellos, dass diese Einstimmigkeit ihren Grund hauptsächlich in der Furcht vor dem Papst hatte, einer Furcht, die im Hinblick auf die ungnädige Behandlung und Verfolgung derer, welche die Armut Christi lehrten, nicht unbegründet war.

zur strengsten Beobachtung der Regel verpflichtet seien, sondern dass auch die Bischöfe im allgemeinen in tieferer Armut leben müssten als die Mitglieder des vollkommensten Ordens. Jetzt, wo sich den Bischöfen eine Gelegenheit bot, ihre weltliche Gesinnung und ihren Luxus zu rechtfertigen, war es nicht wahrscheinlich, dass sie diese unbenutzt vorübergehen liessen. Zwar hielt Johann XXII. mit seiner eigenen Meinung vorläufig noch zurück. Als bei einer Erörterung vor dem Konsistorium Ubertinus von Casale, der frühere Führer der orthodoxen Spiritualen, aufgefordert worden war, die Lehre der Franziskaner über die Armut Christi als Antwort für die Dominikaner darzulegen, soll Johann mit seiner Beweisführung sehr zufrieden gewesen sein. Unglücklicherweise wandten sich aber die Franziskaner auf dem am 30. Mai 1322 zu Perugia abgehaltenen Generalkapitel an die Christenheit, indem sie eine an alle Gläubigen gerichtete Erklärung erliessen des Inhaltes: Die absolute Armut Christi sei eine anerkannte Lehre der Kirche; als solche sei sie in den Bullen 'Exiit' und 'Exivi de paradiso' zum Ausdruck gebracht und von Johann XXII. selbst in seiner Bulle 'Quorumdam' gebilligt worden. Eine andere, gedrängtere Erklärung in demselben Sinne erhielt die Unterschrift aller zum Franziskanerorden gehörenden Doktoren und Baccalaureen der Theologie in Frankreich und England. Gegenüber einem Disputanten wie Johann XXII. war das ein Vorgehen, das mehr Eifer als Klugheit verriet. Der Zorn des Papstes äusserte sich denn auch schon bald: er fing an, die Franziskaner als Feinde zu behandeln. Am 8. Dezember desselben Jahres versetzte er ihnen einen schweren Schlag in der Bulle 'Ad conditorem'. Mit rücksichtsloser Logik wies er in dieser auf den trügerischen Fehler hin, den Innocenz IV. gemacht habe, als er zur Umgehung der Regel dem Hl. Stuhle den Besitz der Ordensgüter, den Mönchen dagegen nur den Gebrauch derselben zuerkannte. Dadurch sei bei diesen der Erwerbseifer nicht vermindert, dagegen ein törichter Stolz auf ihre vorgebliche evangelische Armut geweckt worden. Er zeigte, dass der ihnen zugestandene Gebrauch und Verbrauch gleichbedeutend sei mit dem Eigentum, und dass ein angebliches Eigentumsrecht, welches einem solchen Niessbrauch unterworfen wäre, illusorisch sei. Es sei widersinnig zu behaupten, Rom besitze ein Ei oder ein Stück Käse, das ein Mönch zum sofortigen Verspeisen empfangen habe. Ausserdem sei es für die römische Kirche entwürdigend, in den zahllosen Prozessen, in welche der Orden verwickelt sei, als Klägerin oder Angeklagte zu erscheinen; die Anwälte aber, die bei diesen Prozessen im Namen der Kirche aufträten, missbrauchten ihre Stellung zum Nachteile vieler, die um ihre Rechte betrogen würden. Aus diesen Gründen hob er die Bestimmung Nikolaus' III. auf und erklärte, dass der römischen Kirche hinfort kein Besitzrecht am Vermögen des Ordens zustehen solle, und dass kein Anwalt in ihrem Namen handeln dürfe[1]).

Der Schlag war mit Arglist geführt worden. Denn obwohl die Frage der Armut Christi nicht berührt wurde, war der Orden doch jeder Ausflucht beraubt und musste in praxi zugeben, dass der Besitz von Eigentum eine notwendige Bedingung für sein Dasein sei. Indessen hatten seine Mitglieder sich zu lange in diese Täuschung eingelebt, um das Irrige derselben jetzt anzuerkennen. Daher legte am 14. Januar 1323 Bonagratia in seiner Eigenschaft als eigens zu diesem Zwecke beauftragter Prokurator dem Papste vor versammeltem Konsistorium einen schriftlichen Protest gegen seine Massregel vor. Wenn Bonagratia auch keine Beweisgründe anzuführen hatte, so konnte er doch wenigstens auf eine lange Reihe von Präcedenzfällen hinweisen, die auf die Päpste seit Gregor IX. mit Einschluss von Johann XXII. selbst zurückgingen. Er schloss mit einem kühnen Appell an den Papst, an die hl. Mutter Kirche und an die Apostel. Obwohl er sich zum Schlusse den Entscheidungen der Kirche unterwarf, konnte er doch dem Zorne nicht entgehen, den er geweckt hatte. Es waren noch nicht viele Jahre vergangen, seitdem Clemens V. ihn hinter Schloss und Riegel hatte setzen lassen, weil er sich zu heftig den übertriebenen Forderungen der Spiritualen widersetzte. Noch immer vertrat er dieselbe Ansicht; aber dieses Mal liess Johann XXII. ihn in ein übelriechendes, elendes Gefängnis werfen, weil er nicht mit der Welt fortgeschritten war. Die einzige Antwort auf seinen Protest aber bestand darin, dass man die Bulle 'Ad conditorem' von den Kirchentüren abnahm, um sie durch eine revidierte Ausgabe zu ersetzen, die noch entschiedener lautete und noch mehr Gründe vorbrachte als die erste Fassung[2]).

---

1) Ehrle, im Archiv für Lit.- u. Kirchengeschichte III (1887) S. 511—12. — Baluze et Mansi, II, 279—80. — Nicolaus Minorita (Ibid. III, 208—13). — *Bullarium Franciscanum V, S. 235 Anm.; Holzapfel a. a. O. S. 68.

Es verdient hervorgehoben zu werden, dass Johann hier genau das tat, was seine ausgesprochenen Gegner, die Spiritualen, schon längst gewünscht hatten. Schon Olivi hatte auf das Ärgernis hingewiesen, das ein Orden gebe, der zwar die Armut gelobt habe, aber eifrig für sein Eigentum streite und hierbei sich des durchsichtigen Schutzes der päpstlichen Prokuratoren bediene (Hist. tribulat. im Archiv für Lit.- u. Kirchengeschichte II [1886] S. 298).

2) Nicolaus Minorita (Baluze et Mansi, III, 213—24). — *Bullarium Franciscanum V, S. 233.

Alles das war nicht geeignet, eine günstige Entscheidung über die Frage der Armut Christi herbeizuführen. Johann hatte sich jetzt in aller Form auf die Seite der Gegner des Franziskanerordens gestellt, und diese liessen keine Gelegenheit unbenutzt, um seine Leidenschaft weiter zu entflammen. Er wollte nichts von einer Verteidigung der Beschlüsse des Generalkapitels von Perugia wissen, und als im Konsistorium ein Franziskaner-Kardinal und mehrere Bischöfe schüchtern die Vermutung aussprachen, es könne doch etwas Wahres daran sein, brachte er sie ärgerlich zum Schweigen mit den Worten: „Ihr sprecht ketzerische Behauptungen aus!" und zwang sie zu sofortigem Widerrufe. Als er hörte, dass der grösste Franziskanergelehrte jener Zeit, Wilhelm von Occam, gepredigt habe, die Behauptung, Christus und die Apostel hätten Eigentum besessen, sei ketzerisch, schrieb er sofort an die Bischöfe von Bologna und Ferrara, sie sollten das Gerücht auf seine Wahrheit prüfen, und falls es sich bestätige, den Occam innerhalb eines Monates vor ihn nach Avignon laden. Occam gehorchte; wir werden später sehen, was weiter folgte [1]).

Am 12. November 1323 erschien endlich die päpstliche Entscheidung über die bedeutsame Frage, und zwar in der Konstitution 'Cum inter nonnullos'. In dieser zeigt sich kein Schwanken und kein Zaudern: rundweg wird die Lehre, Christus und die Apostel hätten kein Eigentum besessen, für eine Entstellung der hl. Schrift erklärt, sie wird für alle Zukunft als irrtümlich und ketzerisch bezeichnet und ihre hartnäckige Behauptung durch das Franziskanerkapitel in aller Form verurteilt. Diejenigen, welche bis dahin an die überragende Heiligkeit der Armut geglaubt hatten, sahen sich nun zu ihrem höchsten Erstaunen als Ketzer verworfen, und zwar wegen einer Behauptung, die Generationen hindurch als eine unanfechtbare Wahrheit gegolten und wiederholt in feierlichster Form die Sanktion und Bestätigung des Hl. Stuhles gefunden hatte. Doch war nun nichts mehr zu machen, und wer nicht bereit war, seinen Glauben ebenso zu ändern, wie der Papst es getan, konnte nichts anderes erwarten, als in dieser Welt der Inquisition und in der anderen Welt dem Teufel ausgeliefert zu werden [2]).

---

1) Wadding. ann. 1323, Nr. 3, 15.
2) Nicolaus Minorita (Baluze et Mansi, III, 224).
Die Bulle 'Cum inter nonnullos' wurde dem Corpus juris canonici einverleibt (Extrav. Johann. XXII. Tit. XIV, cap. 4) In der Glosse dazu wird vom Papst wie von Gott gesprochen, eine Tatsache, die die ersten Reformatoren zum nicht geringen Verdrusse der Orthodoxen benutzten. — Polacchi, Comment. in Bull. Sancti Anni Jubilaei, p. 264—5 (Venet. 1625).

Plötzlich aber machte sich in dem Streite ein neuer Faktor geltend, der ihm sofort eine politische Bedeutung von höchster Wichtigkeit gab. Der beständige Gegensatz zwischen Papsttum und Kaisertum hatte kurz vorher infolge des herrschsüchtigen Vorgehens Johanns XXII. eine heftigere Form als gewöhnlich angenommen. Heinrich VII. war 1313 gestorben, und im Oktober 1314 hatte eine Doppelwahl stattgefunden. Ludwig der Bayer und Friedrich von Östreich erhoben beide Anspruch auf die Kaiserwürde. Seitdem Leo III. im Jahre 800 durch die Krönung Karls des Grossen die Reihe der römischen Kaiser erneuert hatte, galt die Mitwirkung des Papstes bei der Kaiserkrönung als ein wesentliches Erfordernis, und das hatte den Hl. Stuhl allmählich vermocht, wenn auch in unbestimmter Form, das Recht zu beanspruchen, die Wahl der deutschen Kurfürsten zu bestätigen. Für die Geltendmachung solcher Ansprüche bot aber eine zwiespältige Wahl reichlich Gelegenheit. Auch an sonstigen Umständen fehlte es nicht, um die Lage verwickelt zu machen. Der päpstlich gesinnte König Robert der Gute von Neapel aus dem Hause Anjou träumte von der Gründung einer grossen welfischen Monarchie in Italien, und Johann XXII. lieh seinen Plänen gern sein Ohr, besonders da sein Streit mit den ghibellinischen Visconti in der Lombardei endlos zu werden schien. Frankreich griff infolge seiner traditionellen Feindschaft gegen Deutschland begierig nach jeder Gelegenheit, dem Reiche zu schaden, und der französische Einfluss war naturgemäss in Avignon vorherrschend. Es würde sich mit unserer Absicht nicht vereinigen, in das Labyrinth der diplomatischen Intriguen einzudringen, das sich sofort um diese wichtigen Fragen bildete. Schon schien ein mit Zustimmung des Papstes zwischen Robert und Friedrich abgeschlossenes Bündnis dem letztern die Anerkennung zu sichern, da entschied am 28. September 1322 die Schlacht bei Mühldorf die Sache. Friedrich geriet als Gefangener in die Hände seines Gegners, und die Frage, wer von ihnen in Deutschland herrschen sollte, war damit gelöst. Daraus folgte indessen noch keineswegs, dass Johann XXII. einwilligen würde, Ludwig die Kaiserkrone auf das Haupt zu setzen[1]).

Weit entfernt, dies zu tun, bestand der Papst vielmehr darauf,

---

1) Karl Müller, Der Kampf Ludwigs des Baiern mit der römischen Kurie, § 4. — Felten, Die Bulle 'Ne praetereat', Trier, 1885. — Preger, Die Politik des Papstes Johann XXII. (München, 1885), S. 44—6. — *Hauck, Kirchengeschichte Deutschlands v[1] (1911) S. 480ff. hat neuerdings den Kampf zwischen Ludwig dem Bayer und Johann XXII. dargestellt und die ältere Literatur sowie die neuen Quellenergebnisse zusammengefasst.

zwischen den Ansprüchen beider Bewerber zu entscheiden. Ludwig würdigte ihn keiner Antwort und führte seine Sache weiter, indem er mit seinem Gegner einen Vertrag schloss und ihn auf freien Fuss setzte. Dann griff er wirksam in die lombardischen Angelegenheiten ein, befreite die Visconti von der welfischen Liga, die sie beinahe überwältigt hatte, und zerstörte die Pläne des Kardinallegaten Bertrand von Poyet, des Neffen oder Sohnes Johanns, der hier für sich selbst ein Fürstentum zu gewinnen suchte. Schon ein geringerer Anlass hätte genügt, um die unversöhnliche Feindschaft eines Mannes wie Johann XXII. wachzurufen, dessen einzige Hoffnung auf einen Erfolg seiner italienischen Politik jetzt darin bestand, Ludwig zu entthronen und den französischen König Karl den Schönen an seine Stelle zu setzen. Begierig stürzte er sich in den Kampf und wollte von keinem Nachgeben etwas wissen. Am 8. Oktober 1323 wurde in Avignon in Gegenwart einer grossen Volksmenge eine Bulle vorgelesen und an das Portal der Kathedrale angeschlagen, worin der Papst nicht nur behauptete, dass niemand als König der Römer auftreten könne, solange er nicht die päpstliche Bestätigung erhalten habe, sondern auch den schon im Jahre 1317 erhobenen Anspruch wiederholte, dass, solange diese Bestätigung nicht erfolgt und der Thron erledigt sei, die Regierung des Reiches dem Hl. Stuhl zustehe. Ferner wurden alle Handlungen Ludwigs für null und nichtig erklärt; er wurde aufgefordert, innerhalb dreier Monate seine Würde niederzulegen und die päpstliche Bestätigung nachzusuchen, widrigenfalls ihn die Strafe treffen werde, deren er sich durch seine rebellischen Ansprüche auf die Kaiserwürde schuldig gemacht habe; alle ihm geleisteten Lehnseide wurden gleichfalls für nichtig erklärt, und allen Prälaten wurde die Amtssuspension, sowie allen Staaten und Städten die Exkommunikation und das Interdikt angedroht, wenn sie ihm noch länger gehorchten. Anfangs nahm Ludwig diese drohende Botschaft mit auffallendem Gleichmut auf. Am 12. November schickte er Gesandte nach Avignon (die erst am 2. Januar 1324 ankamen), mit der Anfrage, ob die ihm zu Ohren gekommenen Gerüchte von einem päpstlichen Vorgehen auf Wahrheit beruhten; bejahendenfalls bat er um einen Aufschub von sechs Monaten, um in dieser Zeit seine Unschuld zu beweisen. Johann antwortete am 7. Januar und setzte die Frist auf nur zwei Monate, von jenem Tage an gerechnet, fest. Mittlerweile aber hatte Ludwig Mut gefasst, und dazu trug wohl eben der Ausbruch des Streites zwischen Johann und den Franziskanern bei. Denn das Datum der Beglaubigungsschreiben seiner

Gesandten, der 12. November, war dasselbe, wie das der Bulle 'Cum inter nonnullos'. Am 18. Dezember erliess er den Nürnberger Protest, in welchem er die Rechte der deutschen Nation und des deutschen Reiches gegen die neuen Ansprüche des Papsttums mutig verteidigte. Er verlangte die Einberufung eines allgemeinen Konzils, 137 vor welchem er seine Rechte geltend machen wolle, und erklärte es für seine Pflicht als Oberhaupt des Reiches, die Reinheit des Glaubens gegenüber dem Papste zu beschützen, der ein Begünstiger der Ketzerei sei. Wie wenig er übrigens von den schwebenden Fragen verstand, beweist der Umstand, dass er zur Begründung dieser Beschuldigung Johann XXII. anklagte, er beschütze in ungehöriger Weise die Franziskaner gegen den allgemeinen Vorwurf, dass sie gewohnheitsmässig das Beichtgeheimnis verletzten. Zu dieser Auffassung war er offenbar verleitet worden durch die vom Papste vollzogene Verurteilung der These Johanns von Poilly, dass die einem Bettelmönche abgelegte Beichte nicht genüge[1]).

Wenn Ludwig anfangs geglaubt hatte, durch Ausnutzung der Eifersucht und der Abneigung des Weltklerus gegen die Bettelmönche Kraft zu gewinnen, so wurde er doch bald inne, dass es für ihn weit vorteilhafter sei, in dem von Johann XXII. den Franziskanern aufgedrungenen Streite diesen letzteren sich anzuschliessen. Der von Johann bewilligte Aufschub ging am 7. März zu Ende, ohne dass Ludwig erschien. Am 23. März sprach daher der Papst über ihn die Exkommunikation aus mit der Androhung, dass er aller seiner Rechte beraubt werden solle, wenn er nicht binnen drei Monaten sich unterwerfe. Hierauf antwortete Ludwig am 22. Mai 1324 durch ein Dokument, welches als der Protest von Sachsenhausen bekannt ist und zeigt, dass er seit dem Dezember mit den in Ungnade gefallenen Franziskanern in Verbindung getreten war, dass er ein Bündnis mit ihnen geschlossen und erkannt hatte, wie vorteilhaft es für ihn war, sich zum Verteidiger des Glaubens aufzuwerfen und den Papst mit einer Anklage wegen Ketzerei anzugreifen. Nachdem der Protest die Angriffe Johanns gegen die Rechte des Reiches gebührend gewürdigt hat, unterzieht er seine letzten Bullen über die Armut einer genauen Prüfung. Johann habe vor hochgestellten Franziskanern erklärt, dass er vierzig Jahre lang die Regel des hl. Franziskus für phantastisch und undurchführbar gehalten habe; da die Regel aber

---

1) Karl Müller, a. a. O. §5. — Preger, Politik des Papstes Johann XXII. (München, 1885, S. 7, 54). — Martene, Thesaur. II, 644—51. — Raynaldus ann. 1323, Nr. 34—5. — *Hauck a. a. O. S. 488.

von Christus offenbart sei, so beweise schon dieser eine Umstand, dass Johann ein Ketzer sei. Da ferner die Kirche in ihren Glaubensentscheidungen unfehlbar sei, und da sie durch die Päpste Honorius III., Innocenz IV., Alexander IV., Innocenz V., Nikolaus III. und Nikolaus IV. zugunsten der Armut Christi und der Apostel entschieden habe, so zeige auch die Verurteilung dieser Lehre durch Johann mehr als deutlich, dass er ein Ketzer sei. Durch seine beiden Konstitutionen 'Ad conditorem' und 'Cum inter nonnullos' habe er sich daher als ein offenkundiger Ketzer, der eine verurteilte Ketzerei lehre, von der Kirche getrennt und der päpstlichen Würde unfähig gemacht. Alles das schwor Ludwig, vor einem allgemeinen Konzile, das an irgendeinem sichern Orte zusammentreten würde, beweisen zu wollen[1]).

Johann XXII. setzte seinen Kampf gegen Ludwig fort, indem er am 11. Juli einen weitern Erlass veröffentlichte, worin er, ohne den Protest von Sachsenhausen auch nur einer Erwähnung zu würdigen, erklärte, Ludwig habe durch seinen Ungehorsam jedes Anrecht auf das Reich verwirkt; er werde bei weiterm Ungehorsam auch seines angestammten Herzogtums Bayern sowie seiner sonstigen Besitzungen verlustig gehen. Gleichzeitig forderte er Ludwig auf, am 1. Oktober zu erscheinen, um das Endurteil des Papstes entgegenzunehmen. Doch konnte der Papst den Angriff auf seine Stellung zur Kirchenlehre nicht unbeantwortet lassen. Am 10. November 1324 veröffentlichte er deshalb die Bulle 'Quia quorundam', worin er ausführte, er habe dadurch, dass er mit den Entscheidungen seiner Vorgänger sich in Widerspruch setzte, seine Macht nicht missbraucht. Er erklärte es für eine verurteilte Ketzerei, zu behaupten, Christus und die Apostel hätten nur den einfachen Niessbrauch, nicht den rechtmässigen Besitz gehabt von den Dingen, die sie nach

---

1) Martene Thesaur. II, 652—9. — Nic. Minorita (Baluze et Mansi III, 224—33). *Für das Datum des Protestes von Sachsenhausen vgl. Hauck a. a. O. S. 489. — Die Abfassung des Protestes schreibt Preger dem Franz von Lautern zu. Ehrle hat gezeigt, dass vieles in seinen Argumentationen wörtlich den Schriften Olivis entnommen ist (Archiv für Lit.- und Kirchengeschichte III (1887) S. 540). Als im Jahre 1336 Unterhandlungen wegen der Beilegung des Streites stattfanden, unterzeichnete Ludwig eine von Benedikt XII. vorbereitete Erklärung, worin man ihn sagen liess, die von der Armut Christi handelnden Stellen seien ohne sein Wissen von seinem Protonotar Ulrich dem Wilden eingeschoben worden, und zwar zu dem Zwecke, ihm zu schaden (Raynaldus ann. 1336, Nr. 31—5). Doch begleitete er diese ihn erniedrigende Erklärung mit geheimen Anweisungen, die einen ganz andern Charakter haben (Preger, Kirchenpolitischer Kampf, S. 12). — *Vgl. Hauck a. a. O. S. 490.

der Angabe der Hl. Schrift besassen. Wenn das wahr sei, dann ergebe sich daraus Christi Ungerechtigkeit, und eine derartige Behauptung komme einer Blasphemie gleich. Alle, welche solche Lehren äusserten, schrieben oder lehrten, machten sich einer verurteilten Ketzerei schuldig und müssten als Ketzer gemieden werden[1]).

So wurde die Armut Christi in aller Form zu einer europäischen Frage gemacht. Es ist bezeichnend für den geistigen Zustand des 14. Jahrhunderts, dass in den folgenden Phasen des Streites zwischen dem Papsttum und dem Kaisertum, welcher die bedeutsamsten Grundsätze des Staatsrechtes berührte, diese Prinzipien in den beiderseitigen Manifesten dennoch eine ganz untergeordnete Stellung einnahmen. Die scharfsinnigen und geschickten Männer, welche den Streit führten, fühlten offenbar, dass die öffentliche Meinung weit schneller beeinflusst werden könne durch Anklagen wegen Ketzerei, selbst in einem so nichtigen und unwesentlichen Punkte, als durch Berufungen auf das Recht in Sachen der einander bekämpfenden Jurisdiktionen der Kirche und des Staates[2]). Als aber der Streit sich verschärfte und vertiefte, und als die klügeren Köpfe, die den päpstlichen Ansprüchen widerstrebten, sich um Ludwig scharten, ging man dazu über, mit einer bis dahin ungewohnten Freiheit des Gedankens und mit unerhörter Kühnheit der Rede die Lehre von der Staatsgewalt und die Ansprüche des Papsttums zu prüfen. Unzweifelhaft waren diese Männer für Ludwig eine Unterstützung in seinem Kampfe, aber der Geist der damaligen Zeit war gegen sie. Noch stand die geistliche Autorität in zu hohem Ansehen, als dass man sich erfolgreich dagegen hätte auflehnen können; als Ludwig der Bayer von der Bühne verschwand, kehrten die Dinge wieder in das alte Geleise zurück, und die Bemühungen jener Männer, die den Kampf geführt hatten in der Hoffnung, die Menschheit zu fördern, erwiesen sich als unwirksam; sie hinterliessen nur eine dürftige Spur in der Denkweise jener Zeit.

Der kühnste dieser Vorkämpfer war Marsilius von Padua.

---

1) Martene Thesaur. II, 660—71. — Nic. Minorita (Baluze et Mansi, III, 233—6). — *Bullarium Franciscanum v, Nr. 554.
Die Bulle vom 11. Juli, die Ludwig des Reiches beraubte, wurde selbst im fernen Irland in allen Kirchen in englischer und irischer Sprache verlesen. — Theiner, Monumenta Hibern. et Scotor. Nr. 456, p. 230.
2) Vergl. die Dokumente aus der zweiten Verfolgung Ludwigs durch Johann XXII., in denen die Anklagen gegen ihn beständig beginnen mit dem Vorwurfe der hartnäckigen Ketzerei, weil er die verurteilte Lehre von der Armut Christi behaupte. — Martene Thesaur. II, 682ff.; vgl. Guill. Nangiac. Coutin. ann. 1328.

Durchdrungen von den Grundsätzen der kaiserlichen Jurisprudenz, welche lehrte, dass der Staat souverän und die Kirche ihm vollständig untergeordnet sei, hatte er in Frankreich erlebt, wie der Einfluss des römischen Rechtes die weltliche Gewalt von der Abhängigkeit befreit hatte, und vielleicht hatte er auch auf der Universität in Paris das Echo der Lehren Heinrichs von Gent, des berühmten Doctor solemnis, vernommen, welcher sogar die Souveränetät des Volkes über seine Fürsten lehrte. Marsilius plante eine politische Organisation, welche diejenige Roms unter den christlichen Kaisern wieder ins Leben rufen sollte und das Volk als die letzte Quelle aller bürgerlichen Autorität anerkannte. Unterstützt von Johannes von Jandun, entwickelte er diese Ideen mit grosser Kühnheit und Geschicklichkeit in seinem 'Defensor pacis', und als im Jahre 1326 der Streit zwischen Johann und Ludwig am hitzigsten war, verliessen beide Autoren Paris, um das Ergebnis ihrer Arbeiten dem Kaiser vorzulegen. Weiterhin schilderte Marsilius in einem kurzen Traktate

140 'De translatione imperii' die Entstehung des Heiligen römischen Reiches und zeigte hierbei, dass der Hl. Stuhl früher der kaiserlichen Gewalt unterstellt gewesen, und dass darum das vom Papste beanspruchte Bestätigungsrecht der Kaiserwahl unbegründet sei. Johann XXII. zögerte nicht, die kühnen Verfasser als Ketzer zu verurteilen, und der Schutz, den Ludwig ihnen gewährte, verschärfte die gegen ihn erhobene Anklage wegen Ketzerei. Da an ihnen selbst keine Rache genommen werden konnte, so ging man wenigstens gegen ihre vermeintlichen Mitschuldigen mit Strenge vor. Ein gewisser Franziskus aus Venedig, der mit Marsilius in Paris studiert hatte, wurde verhaftet und nach Avignon gebracht auf Grund der Anklage, dass er bei der Bearbeitung des schlechten Buches mitgewirkt und den Häresiarchen mit Geld unterstützt habe. Vor der Apostolischen Kammer verhört, behauptete er standhaft, dass er den Inhalt des 'Defensor pacis' nicht kenne, dass er Marsilius nur Geld geliehen habe, wie dies bei Studenten üblich sei, und dass Marsilius, als er Paris verliess, ihm dreizehn Pariser Solidi geschuldet habe. Johann von Jandun starb 1328 und Marsilius 1343; beiden blieb somit die Enttäuschung über den Misserfolg ihrer Theorieen erspart. Insofern rein geistige Bestrebungen in dem Streite überhaupt bedeutungsvoll sein konnten, waren sie mächtige Bundesgenossen für Ludwig. In dem 'Defensor pacis' wird die Schlüsselgewalt mit der klarsten Dialektik hinwegargumentiert. Gott allein habe das Recht zu richten, loszusprechen und zu verurteilen. Der Papst sei nichts mehr als

jeder andere Priester, und ein priesterlicher Urteilsspruch könne von Hass, von Gunst oder von Ungerechtigkeit eingegeben sein, was ihm in den Augen Gottes jede Geltung nehme. Um gültig zu sein, dürfe die Exkommunikation nicht ausgehen von dem Urteil eines einzelnen Priesters, sondern müsse auf dem Urteil der Gesamtheit beruhen und auf die volle Kenntnis der Tatsachen sich stützen. Es ist nicht zu verwundern, dass, als 1376 eine französische Übersetzung des Werkes in Paris ans Licht kam, diese gewaltiges Aufsehen erregte. Eine lange, vom September bis zum Dezember dauernde Untersuchung wurde damals angestellt, und hierbei mussten alle gelehrten Männer der Stadt vor einem Notare eidlich erklären, dass der Übersetzer ihnen unbekannt sei[1]).

Noch heftiger und federgewandter in der Kontroverse war der grosse Scholastiker Wilhelm von Occam. Als es schliesslich zwischen dem Papste und den strengen Franziskanern zum Bruche kam, war er wegen seiner Äusserungen schon einem Inquisitionsverfahren unterworfen. Er entfloh mit seinem General Michael von Cesena aus Avignon und fand, wie die anderen, Zuflucht bei Ludwig. Er stärkte die Sache des letztern ausserordentlich dadurch, dass er die Frage der Armut Christi in geschickter Weise mit der der deutschen Unabhängigkeit verknüpfte. Diejenigen, welche sich weigerten, eine päpstliche Definition über einen Glaubenspunkt anzunehmen, konnten sich nur rechtfertigen durch den Nachweis, dass die Päpste nicht unfehlbar und ihre Gewalt nicht unbegrenzt sei. Auf diese Weise ging der Streit über den engbegrenzten Dogmatismus der Franziskaner bezüglich der Armut Christi hinaus und auf die grossen Fragen über, die seit den Tagen Hildebrands, also seit fast drei Jahrhunderten, den Frieden Europas gestört hatten. Im Jahre 1324 rühmte sich Occam, dass er den Irrtümern des Pseudopapstes unbeugsam die Stirn geboten habe, und dass ihn, solange er noch eine Hand, Papier, Feder und Tinte besitze, weder Täuschung noch

---

1) Altmayer, Les précurseurs de la réforme aux Pays-Bas (Bruxelles 1886) I, 38. — Guillelm. Nangiac. Contin. ann. 1326. — Fasciculus rer. expetendarum et fugiend. II, 55, ed. 1690. — D'Argentré, I. 1, 304—11, 397—400. — Baluze et Mansi, II, 280—1. — Martene Thesaur. II, 704—16. — Preger, Kirchenpolitischer Kampf, 34, 65. — Defensor pacis, II, 6. — *Scholz, Die Publizistik zur Zeit Philipps des Schönen und Bonifaz' VIII. (1903) S. 452ff.; Haller, Papsttum und Kirchenreform I, 73ff.; Hauck a. a. O. v[1] S. 501ff.

Die Art und Weise, wie ein zeitgenössischer Priester in Strassburg, Fritsche Closener, von dem Defensor pacis spricht, lässt uns erkennen, welch gewaltigen Eindruck das Buch machte, und wie selbst ein Teil des Klerus nicht abgeneigt war, seinen Schlussfolgerungen zuzustimmen. — Closeners Chronik (Chroniken der deutschen Städte, VIII, 70. — Vgl. Chron. des Jacob von Königshofen, ebd. S. 473).

Lügen, weder Verfolgung noch Überredung von seinen Angriffen abbringen würden. Er hielt auch sein Versprechen buchstäblich und förderte zwanzig Jahre lang eine ganze Reihe von Streitschriften zur Verteidigung der Sache zutage, der er sein Leben geweiht hatte. Ohne die radikalen Lehren des Marsilius über die Begründung der politischen Einrichtungen durch das Volk anzunehmen, kam er praktisch zu demselben Resultate. Während er den Primat des Papstes zugab, behauptete er andrerseits, dass ein Papst Ketzer werden könne, und ebenso könne auch ein allgemeines Konzil und die ganze Christenheit in Ketzerei verfallen. Der Beistand des Hl. Geistes beraube niemanden des freien Willens und bewahre keinen vor Irrtum, ganz gleich, welchem Range oder Stande er angehöre. Nichts sei sicher als die Hl. Schrift. Der ärmste und niedrigste Bauer könne einer katholischen Wahrheit, die ihm von Gott geoffenbart worden sei, anhängen, während die Päpste und Konzilien darüber im Irrtum seien. Über dem Papste stehe das allgemeine, die ganze Kirche repräsentierende Konzil. Ein Papst, welcher sich weigere, die Berufung an ein allgemeines Konzil anzunehmen oder ein solches einzuberufen, oder sich die Autorität eines solchen anmasse, sei ein offenbarer Ketzer, den abzusetzen die Pflicht der Bischöfe sei; wenn aber die Bischöfe sich weigerten, es zu tun, dann stehe die Pflicht dem Kaiser zu, der die oberste Gewalt auf Erden besitze. Aber nicht nur durch die Aufstellung allgemeiner Grundsätze führte er den Krieg; erbarmungslos waren auch seine Angriffe auf die Irrtümer und Widersprüche Johanns XXII., dem er siebzig verschiedene Ketzereien nachwies. So führte sein unerschrockener Geist den Streit bis zu seinem bittern Ende durch. Einer nach dem andern seiner Kampfgenossen starb oder unterwarf sich, und er blieb allein noch übrig; aber er fuhr fort, die Kurie und ihre Kreaturen mit seiner beispiellosen Kunst der Dialektik lächerlich zu machen. Selbst der Tod Ludwigs des Bayern und die hoffnungslose Niederlage seiner Sache gebot seiner unerschrockenen Feder keinen Einhalt. Kirchengeschichtsschreiber behaupten, dass er im Jahre 1347 schliesslich seinen Frieden gemacht und sich unterworfen habe. Aber diese Behauptung ist mehr als zweifelhaft. Denn Jakob dalla Marca zählte ihn mit Michael von Cesena und Bonagratia von Bergamo zu den drei unbussfertigen Ketzern, die in der Exkommunikation starben. Es ist nicht leicht, festzustellen, welchen Einfluss diese mächtigen Geister ausübten, die England, Frankreich und Italien auf diese Weise zur Verteidigung der Unabhängigkeit Deutschlands ins Feld führten. Möglicherweise haben sie Wiclif veranlasst, die Grundlagen der päpstlichen Macht und die Suprematie der Kirche über den Staat in Frage zu ziehen, was dann zu dem Abfalle der Hussiten führte. Vielleicht haben sie auch beigetragen zu der geistigen Bewegung, welche die Konzilien von Konstanz und Basel ermutigte, die Superiorität über den Hl. Stuhl zu beanspruchen, welche die gallikanische Kirche auf ihren Freiheiten bestehen liess und England zu der feindseligen Gesetzgebung der Statuten gegen die päpstlichen Provisionen (1351—1390) veranlasste. Wenn das der Fall ist, dann haben sie, wenn auch durch die hoffnungslose Verwirrung der deutschen Politik zu ihrem Auftreten veranlasst, weniger auf ihrem selbstgewählten Schlachtfelde erreicht als in solchen Ländern, die von dem unmittelbaren Schauplatz des Kampfes weit entfernt waren[1]).

Dieser flüchtige Blick auf die allgemeine Bedeutung des Streites war für uns nötig, um dem Wechsel der Diskussion über die Armut Christi folgen zu können, deren Behandlung in einem lächerlichen Missverhältnis stand zu der Bedeutung der ganzen Frage. Eine Zeitlang nach der Veröffentlichung der Bullen 'Cum inter nonnullos' und 'Quia quorundam' herrschte zwischen Johann XXII. und den Führern des Franziskanerordens eine Art bewaffneter Neutralität. Jeder schien sich zu fürchten, einen Schritt zu unternehmen, welcher den Ausbruch des Kampfes beschleunigen konnte, obwohl beide Parteien fühlten, dass der Kampf selbst unvermeidlich sei. Immerhin kamen kleinere Scharmützel zur Behauptung der gegenseitigen Stellung vor. So hatte Michael im Jahre 1325 das Generalkapitel nach Paris zusammenberufen. Aber er fürchtete, dass man dort den Versuch machen würde, die Erklärungen von Perugia aufzuheben, und dass Johann durch Karl den Schönen einen Druck ausüben würde, zumal der Einfluss des Königs infolge der Zahl von Pfründen, die er zu vergeben hatte, gross war. Daher bestimmte er plötzlich Lyon zum Versammlungsort. Hier entstanden grosse Wirren dadurch, dass Geraldus Odonis, eine Kreatur des Papstes und später der Nachfolger Michaels, den Versuch machte, eine Milderung der Regel in bezug auf die Armut herbeizuführen. Indessen hielten die Brüder einstweilen

---

1) Martene Thesaur. II, 749—52. — Tocco, L'eresia nel medio evo, p. 532—555. — Preger, Der kirchenpolitische Kampf, S. 8—9. — Karl Müller, a. a. O. II, 251—2. — Trithem. Chron. Hirsaug. ann. 1323. — Raynaldus ann. 1349, Nr. 16—17. — Jac. de Marchia, Dialogus (Baluze et Mansi, II. 600). — *Scholz, Studien über die politischen Streitschriften des 14. und 15. Jahrhunderts (Quellen und Forschungen aus Italien. Archiven XII [1909], 114 ff.); Hauck a. a. O. V¹, 539 ff.; 558 ff.

noch stand, und der Versuch missglückte. Doch kennzeichnet ein Erlass, der alle diejenigen mit Gefängnis bedrohte, welche unbescheiden und unehrerbietig von Johann XXII. und seinen Dekretalen sprechen würden, die Leidenschaften, die unter der Oberfläche gärten. Nicht lange darnach hören wir von einer plötzlichen Verfolgung unseres alten Bekannten, des Ubertinus von Casale. Obwohl er das Benediktinergewand trug und ruhig in Italien lebte, scheint man ihn im Verdacht gehabt zu haben, die Argumente über die Armut Christi in dem Proteste von Sachsenhausen geliefert zu haben, und erliess am 16. September 1325 einen Haftbefehl gegen ihn. Er erhielt jedoch Kunde davon und entfloh nach Deutschland — als erster jener ausgezeichneten Schar von Flüchtlingen, die sich um Ludwig den Bayern versammelten. Doch scheint es, als ob er 1330 seinen Frieden mit der Kirche machte. Der Papst aber nahm anscheinend eine Zeitlang die stillschweigende Insubordination der Franziskaner hin, die seinen Definitionen über die Armut Christi zwar nicht offen widersprachen, aber, wie er wusste, in ihrem Herzen an den verurteilten Lehren nach wie vor festhielten. Im Jahre 1326 erliess Michael ein Dekret, wodurch er alle von den Brüdern verfassten Schriften einer strengen Zensur unterwarf und auf Grund der Ordensregel die Erörterung zweifelhafter Meinungen untersagte. Indem er so den Orden zum Schweigen brachte, hoffte er, die Zwietracht verhindern zu können. Es lag jedoch nicht in der Natur Johanns XXII., sich dauernd mit einem Stillschweigen zu begnügen, unter dem der Widerstand schlummerte. Daher schritt er im August 1326 zum Angriffe vor. In mehreren an Bischöfe und Inquisitoren gerichteten Erlassen erklärte er, dass viele noch an die Armut Christi glaubten, obwohl er diesen Glauben als Ketzerei bezeichnet habe, und dass diejenigen, welche an diesem Glauben noch festhielten, als Ketzer verfolgt werden müssten. Daher befahl er den Bischöfen und Inquisitoren, strenge gegen diese Leute vorzugehen. Zwar werden hier die Franziskaner nicht ausdrücklich mit Namen genannt, aber die den Erlassen angefügte Klausel, welche die Angeklagten aller päpstlichen Privilegien beraubte und sie den gewöhnlichen Jurisdiktionen unterwarf, beweist hinlänglich, dass der Angriff gegen sie gerichtet war. Es ist leicht möglich, dass dieser Schritt veranlasst wurde durch eine Bewegung unter den Überresten der gemässigten Spiritualen Italiens. Diese Männer, die später als 'Fraticellen' bekannt wurden, hatten zwar niemals den gefährlichen Enthusiasmus der Olivisten geteilt, waren aber bereit, zur Verteidigung der heiligen

Grundsätze der Armut das Martyrium zu erdulden. Die Leugnung der Armut Christi seitens des Papstes musste sofort den Widerstand dieser Männer erwecken, und sie wurden darin noch mehr bestärkt, als sie gewahrten, dass der ganze Orden in Gegensatz zum Hl. Stuhle gedrängt wurde. Sizilien war lange Zeit ein Zufluchtsort für die eifrigeren Spiritualen nach ihrer Vertreibung aus Italien gewesen. Um jene Zeit hören wir, dass sie nach Kalabrien zurückkehrten, und dass Johann XXII. dem Minister von Kalabrien, Niccolò von Reggio, scharfe Instruktionen zu ihrer vollständigen Vernichtung sandte. Es sollten Listen über ihre Begünstiger aufgestellt und dem Papste übersandt werden. Gleichzeitig wurde der König Robert zur Unterstützung des guten Werkes aufgefordert. Dieser aber stand trotz seines engen Bündnisses mit dem Papste und trotzdem er für seine ehrgeizigen Pläne die päpstliche Gunst bedurfte, doch aufrichtig auf seiten der Franziskaner. Er hat, wie es scheint, die Lehren Arnalds von Villanova niemals vergessen, und wie sein Vater, Karl der Lahme, sich zum Beschützer der Spiritualen in der Provence aufgeworfen hatte, so taten jetzt sowohl er wie seine Gemahlin wohl alles, wodurch sie den Zorn des aufgebrachten Papstes besänftigen konnten, gleichzeitig ermahnte er aber den Orden, standhaft bei der Verteidigung der Regel zu verharren. Hierbei machte er hinsichtlich des Schutzes, den er gewährte, keinen strengen Unterschied zwischen dem organisierten Widerstande des Ordens unter seinem General und der irregulären Meuterei der Fraticellen. Den letzteren boten seine Besitzungen einen ebenso sichern Zufluchtsort wie Sizilien. Infolge der vom Papste hervorgerufenen Wirren wuchs natürlich ihre Zahl. Ihnen schlossen sich andere an, die bei ihrer strengeren Richtung damit unzufrieden waren, dass Michael sich augenscheinlich in Johanns neue Ketzerei hineinfand. Sie scharten sich unter die Fahne Heinrichs von Ceva, der wegen der Verfolgung durch Bonifaz VIII. nach Sizilien geflohen war, wählten ihn zum Generalminister und bildeten eine vollständig unabhängige Organisation, welche später, als Johann über den Orden triumphierte, die Überreste der Ungehorsamen sammelte und eine Sekte wurde, die, wie wir noch sehen werden, eineinhalb Jahrhunderte lang mit ungewöhnlicher Hartnäckigkeit den heftigsten Verfolgungen widerstand[1]).

---

1) Wadding. ann. 1317, Nr. 9; ann. 1318, Nr. 8; ann. 1323, Nr. 16; ann. 1325, Nr. 6; ann. 1331, Nr. 3. — Chron. Glassberger, ann. 1325, 1326, 1330. — Raynald. ann. 1325, Nr. 20, 27. *Bullarium Franciscanum v, Nr. 625, 626, 628, 633. — Ehrle, im Archiv für Lit.- und Kirchengeschichte ıı (1886) S. 151; *ıv (1888) S. 139 ff.; F. Tocco, I fraticelli o poveri eremiti di Celestino, im

Der Verfolgung dieser unbotmässigen Brüder sah Michael von Cesena in Ruhe zu. Er verharrte in seiner unterwürfigen Haltung. Am 8. Juni 1327 hatte ihn der Papst von Rom nach Avignon geladen, er aber hatte sich mit Krankheit entschuldigt. Die Boten, die seine Entschuldigung zu überbringen hatten, wurden gnädig empfangen. Erst am 2. Dezember erschien er vor Johann XXII. Der Papst erklärte später, er sei vorgeladen, um sich darüber zu verantworten, dass er im geheimen Rebellen und Ketzer ermutige; in Wirklichkeit wollte er sich seiner Person versichern. Einstweilen indessen hiess Johann ihn freundlich willkommen und gab ihm zu verstehen, er habe ihn kommen lassen zur Beilegung gewisser Unruhen, die in den Provinzen Assisi und Aragon ausgebrochen waren. Michael setzte gehorsam die Minister dieser Provinzen ab. Bis zum April 1328 blieb er am päpstlichen Hofe und stand augenscheinlich mit dem Papst auf bestem Fusse[1].

Mittlerweile war der Streit zwischen Papst und Kaiser weiter vorgeschritten. Im Frühjahr 1327 unternahm Ludwig auf die Einladung der Ghibellinen hin plötzlich und ohne gehörige Vorbereitung seinen Zug nach Italien, um sich zum Kaiser krönen zu lassen. Als er im April Mailand erreichte, um die eiserne Krone in Empfang zu nehmen, untersagte ihm Johann XXII. in strengen Worten jedes weitere Vorgehen. Da der Kaiser das Verbot unbeachtet liess, erneuerte der Papst seine Exkommunikation. Es begann nun eine neue lange Reihe von Vorladungen und Verurteilungen wegen Ketzerei, und zugleich liess Johann gegen den verstockten Sünder einen Kreuzzug predigen, den er mit den Ablässen vom Hl. Lande ausstattete. Ohne sich hierdurch beirren zu lassen, rückte Ludwig langsam nach Rom vor, hielt am 7. Januar 1328 seinen Einzug in die Stadt und liess sich am 17. unter verächtlicher Übergehung der päpstlichen Vorrechte von vier vom Volke gewählten Vertretern krönen, worauf er, dem Brauche gemäss, den Titel eines Königs der Römer mit dem Kaisertitel vertauschte. Als Verteidiger des Glaubens ging er nunmehr dazu über, den Papst wegen seiner Leugnung der Armut Christi als Ketzer vor Gericht zu ziehen. Am 14. April erliess er ein Gesetz, welches erlaubte, alle, die notorisch im Rufe der Verräterei oder der Ketzerei ständen, zu verfolgen und in absentia zu verurteilen, und ahmte so

---

Bollettino della Società storica Abbruzzese VII, 117 ff. — Martene Thesaur. II, 752—3. — Vitodurani Chron. (ed. Wyss S. 80). — D'Argentré, I. 1, 297. — Eymeric. p. 291—4.

[1]) Martene Thesaur. II, 749. — Baluze et Mansi, III, 315—16. — Nicolaus Minorita (Baluze et Mansi, III, 238—40). — *Bullarium Franciscanum v, Nr. 667, 687.

die päpstliche Ungerechtigkeit nach, über die er sich selbst so bitter beklagte. Am 18. April wurde vor der Basilika des hl. Petrus dem versammelten Volke feierlich das Absetzungsurteil verlesen. Darin war gesagt, es sei gefällt auf Verlangen des Klerus und des Volkes von Rom; es wurden die Verbrechen des Papstes rekapituliert, er wurde als Antichrist bezeichnet, für einen Ketzer erklärt wegen seiner Leugnung der Armut Christi, und er wurde des päpstlichen Thrones entsetzt; zugleich bedrohte das Urteil alle, die ihm Hilfe und Beistand leisten würden, mit der Konfiskation[1]).

Da die Kirche einen Papst nötig hatte, das Kardinalskollegium aber wegen Begünstigung der Ketzerei sich in Exkommunikation befand, so nahm man seine Zuflucht zu der ursprünglichen Wahlmethode. Am 12. Mai 1328 traten Klerus und Volk von Rom zur Wahl zusammen und schenkten der christlichen Welt einen neuen Bischof von Rom in der Person des Peter von Corbara, eines hochbetagten Franziskaners, der wegen seines strengen Lebenswandels und seiner Beredsamkeit in hohem Ansehen stand. Er war Minister der Provinz der Abruzzen und päpstlicher Pönitentiar. Er war früher verheiratet gewesen, und seine Frau lebte noch. Wie es hiess, war er in den Orden eingetreten ohne ihre Zustimmung, ein Umstand, der ihn „irregulär" machte und zu skandalösen Folgen Anlass gab. Denn die Frau, die sich bis dahin niemals darüber beklagt hatte, dass ihr Mann sie verlassen habe, trat nun vor und verlangte eine Entschädigung für den Verzicht auf ihre Ansprüche. Peter nahm den Namen Nikolaus V. an; schnell wurde ein Kardinalskollegium für ihn gebildet, er ernannte Nuntien und Legaten und ging sogar dazu über, die welfisch gesinnten Bischöfe abzusetzen und Ghibellinen an ihrer Stelle zu ernennen. Angesichts der Verwirrung, die dieses revolutionäre Vorgehen zur Folge hatte, ist es begreiflich, dass die Fraticellen aus ihren Verstecken hervorkamen und sich in den glühendsten Schilderungen der Zukunft ergingen, die, wie sie hofften, ihnen gehören würde[2]).

Obgleich der Präfekt der römischen Provinz des Franziskanerordens ein Kapitel zu Anagni abhielt, welches sich gegen Peter von

---

1) Chron. Sanense (Muratori, S. R. I. xv, 77, 79). — Martene Thesaur. II, 684—723. — Nicolaus Minorita (Baluze et Mansi, III, 240—3). — *Hauck a. a. O. v[1] S. 512 ff.

2) Nicolaus Minorita (Baluze et Mansi, III, 243; *Böhmer, Fontes rerum Germanicarum IV, 588 ff.). — Ptolomaei Lucensis Hist. Eccles. cap. 41 (Muratori, S. R. I. XI, 1210). — Chron. Sanense (Muratori, xv, 80). — Wadding. ann. 1328, Nr. 2—4, 8, 11.

Corbara aussprach und ihm befahl, seine angemasste Würde niederzulegen, konnte sich der Orden doch unmöglich der Verantwortlichkeit für die Rebellion entziehen. Auch ist kaum anzunehmen, dass Michael von Cesena von der ganzen Sache nichts gewusst habe. Zwar war er noch immer ruhig in Avignon, und Johann XXII. hatte es ihm gegenüber nicht an Herzlichkeit fehlen lassen. Plötzlich aber, am 9. April 1328, liess der Papst ihn zur Audienz vorladen und griff ihn heftig an wegen des Kapitels von Perugia, das sechs Jahre vorher die Armut Christi und der Apostel behauptet hatte. Michael verteidigte standhaft die Entscheidung des Kapitels mit der Bemerkung, dass, wenn sie ketzerisch sei, dann auch Nikolaus IV. und die übrigen Päpste, die dieselbe Lehre vorgetragen hätten, als Ketzer betrachtet werden müssten. Nun aber brach der Zorn des Papstes los: Michael sei ein starrköpfiger Narr, ein Begünstiger der Ketzer, eine Schlange, die die Kirche an ihrem Busen genährt habe. Als die Flut der Schmähungen erschöpft war, wurde Michael auf Ehrenwort zum Gefangenen gemacht; es wurde ihm verboten, Avignon ohne Erlaubnis zu verlassen bei Strafe der Exkommunikation, der Verwirkung seines Amtes und der zukünftigen Rechtsunfähigkeit. Einige Tage später, am 13. April, machte er seinen Gefühlen in der Verschwiegenheit des Franziskanerklosters Luft. In Gegenwart Wilhelms von Occam, Bonagratias und anderer vertrauter Anhänger setzte er einen feierlichen notariellen Protest auf, worin er die ganzen Verhältnisse schilderte und behauptete, der Papst sei entweder ein Ketzer oder nicht Papst. Denn entweder wären seine gegenwärtigen Äusserungen irrtümlich, oder Nikolaus IV. sei ein Ketzer gewesen. Im letzteren Falle aber seien Bonifaz VIII. und Klemens V., die die Bulle 'Exiit qui seminat' gebilligt hätten, gleichfalls Ketzer, ihre Kardinalsernennungen seien demgemäss nichtig, und das Konklave, das Johann gewählt habe, sei ungesetzlich. Er protestierte gegen alles, was zur Beeinträchtigung der Rechte des Ordens geschehen könne, und erklärte, dass er sich in einer Zwangslage und in gerechter Furcht befinde, und dass alles, wozu er gezwungen würde, null und nichtig wäre. Das ganze Schriftstück ist ein trauriger Beleg für die Ausflüchte, die durch ein Zeitalter der Gewalttätigkeit nötig gemacht wurden[1]).

Michael wurde in Avignon festgehalten, während das General-

---

1) Nicolaus Minorita (Baluze et Mansi III, 238—40). — *Bullarium Franciscanum v, S. 341 Anm. 5.

kapitel des Ordens um Pfingsten 1328 in Bologna zusammentrat. Johann sandte den Kardinal Bertrand Poyeti von Ostia dorthin mit dem Befehle, einen neuen General wählen zu lassen. Aber der Orden blieb hartnäckig; er schickte eine ziemlich trotzige Botschaft an den Papst und wählte Michael wieder, indem er ihn zugleich ersuchte, Paris zum Orte der nächsten Versammlung, die gemäss der Regel nach drei Jahren stattzufinden hatte, zu bestimmen. Michael gab hierzu seine Zustimmung. Angesichts des Dramas, das in Rom sich abspielte, musste er indessen mit Recht für seine Freiheit und sein Leben besorgt sein, und so traf man Vorbereitungen für seine Flucht. Eine Galeere, die nach der Meinung Johanns vom Kaiser Ludwig, nach anderen zuverlässigen Berichten von genuesischen Flüchtlingen, gestellt worden war, wurde nach Aigues-Mortes geschafft. Dorthin floh Michael am 26. Mai, von Occam und Bonagratia begleitet. Der Bischof von Porto, den Johann XXII. in aller Eile hinter ihm herschickte, hatte mit ihm eine Zusammenkunft auf dem Deck seiner Galeere, konnte ihn aber nicht zur Rückkehr bewegen. Am 9. Juni erreichte Michael vielmehr Pisa, und nun begann ein endloser Krieg von Manifesten, in denen Michael für exkommuniziert und abgesetzt erklärt wurde, während er seinerseits Johann XXII. als Ketzer bezeichnete, der mit Recht die päpstliche Würde verwirkt habe. Michael vermochte indessen den Kampf nur mit Worten zu führen, während der Papst zu Taten schreiten konnte. Der Kardinal von San Vitale, Bertrand de la Tour, wurde zum Generalvikar des Ordens ernannt, ein neues Generalkapitel für Juni 1329 nach Paris berufen, und es wurden zu diesem Zwecke alle auf seiten Michaels stehenden Provinziale durch Männer ersetzt, deren man sicher war. Von vierunddreissig in Bologna Anwesenden erschienen nur vierzehn in Paris. Michael wurde abgesetzt und Geraldus Odonis an seine Stelle gewählt. Aber selbst bei einer solchen Pression von seiten des Papstes war es nicht möglich, eine die Armut Christi verdammende Lehre vom Kapitel zu erlangen. Die grosse Masse der Ordensmitglieder war zwar zum Schweigen gebracht, blieb aber den Grundsätzen ihres abgesetzten Generals treu, bis die willkürlichen Massregeln des Papstes und das traurige Schicksal derer, die ihren Widerspruch laut geltend machten, sie zur Unterwerfung zwang. Übrigens dachte Johann XXII. nicht daran, die Franziskanerdisziplin zu mildern, und als Geraldus Odonis im Jahre 1332, von der Hoffnung auf einen Kardinalshut bestimmt, vierzehn Provinzialminister bewog, gemeinsam mit ihm dem Papste eine Glosse vorzulegen, welche die Verpflichtung zur Armut tatsächlich aufgehoben haben würde, war der Spott des Papstes und des Hl. Kollegiums sein einziger Lohn[1]).

Die Lösung der Frage hing viel mehr von politischen als von religiösen Erwägungen ab. Ludwig der Bayer hatte Rom verlassen und sich mit seinem Papste, seinen Kardinälen und seinen Franziskanern nach Pisa begeben. Aber die Italiener wurden allmählich ihres Kaisers überdrüssig. Es nützte nichts, dass Ludwig im Januar 1329 sich den kindischen Triumph bereitete, Johann XXII. in effigie feierlich verbrennen zu lassen; er musste bald darauf die Stadt verlassen und kehrte gegen Ende des Jahres nach Deutschland zurück, indem er die Männer mit sich führte, die seine Sache mit der ganzen Gelehrsamkeit der Schule verteidigen sollten, und diejenigen ihrem Schicksal überliess, die ihm nicht zu folgen vermochten[2]). Die Vorgänge, die sich nun in Todi vollzogen, zeigen, mit welcher Schnelligkeit die Inquisition den Spuren des fliehenden Feindes zu folgen wusste, und wie wertvoll ihre politische Hilfe war, um rebellische Gemeinden zum Gehorsam zurückzuführen.

Die Bewohner von Todi waren Ghibellinen. Als Johann XXII. im Jahre 1327 dem Inquisitor von Spoleto, Francisco Damiani, befohlen hatte, gegen Mucio Canistrario von Todi als einen Rebellen gegen die Kirche energisch vorzugehen, und als Mucio demgemäss eingekerkert worden war, hatte das Volk in einem Aufstande den Gefangenen befreit und den Inquisitor zur Flucht genötigt. Im August 1328 hatten die Bürger sodann Ludwig als Kaiser und Peter von Corbara als Papst willkommen geheissen und ihren Notaren den Befehl gegeben, ihre Instrumente nach den Regierungsjahren des letztern zu datieren.

---

1) Nicolaus Minorita (Baluze et Mansi, III, 243—349). — Jac. de Marchia, Dial. (Ibid. II, 598). — Chron. Sanense (Muratori, S. R. I. XV, 81). — Joh. Vitodurani Chron. (ed. Wyss, S. 80). — Martene Thesaur. II, 757—60. — Alvar. Pelag. De planctu eccles. lib. II, art. 67. — *Bullarium Franciscanum v, S. 345 ff.; Chron. Glassberger, S. 145; Hauck a. a. O. v[1], S. 517.
Die Laufbahn des Kardinals Bertrand de la Tour zeigt, in welcher Weise diejenigen ihr Gewissen beugen mussten, die Johann XXII. dienten. Bertrand war ein Franziskaner von hohem Range. Als Provinzial von Aquitanien hatte er die Spiritualen verfolgt. Zur Kardinalswürde erhoben, beantwortete er die Anfrage Johanns in betreff der Armut Christi in bejahendem Sinne. In Gemeinschaft mit dem Kardinal von Albano, Vitalis de Furno, hatte er im geheimen die Erklärung des Kapitels von Perugia aufgesetzt, die den Papst so sehr verdross. Als aber der letztere entschied, Christus habe Eigentum besessen, da wechselte auch der Kardinal schnell seine Überzeugung und gab sich dazu her, die Anhänger einer Lehre zu verfolgen, die er selbst ihnen vorgeschrieben hatte. — Tocco, Un codice della Marciana, p. 40, 43, 45.
2) Chron. Cornelii Zantfliet (Martene Ampl. Coll. v, 187). — Villani, lib. x, c. 126, 144. — *Hauck a. a. O. v[1], S. 519.

Ausserdem hatten sie die welfische Stadt Orvieto angegriffen und eingenommen und hatten, wie alle Städte, die Ludwig anhingen, die Dominikaner verjagt. Als nun im August 1329 Ludwig die Stadt im Stich gelassen hatte, strengte der Franziskanerinquisitor Frà Bartolino von Perugia ein Verfahren gegen sie an. Er erklärte es für seine Absicht, in dem ganzen Gebiete von Assisi eine gründliche Untersuchung einzuleiten gegen alle Patarener und Ketzer, gegen diejenigen, die solche Dinge, die die Kirche für Sünde ansehe, nicht für sündhaft hielten, oder Dinge, die die Kirche als grössere Sünde bezeichne, für kleinere ansähen; ferner gegen diejenigen, welche die Hl. Schrift in einem andern Sinne auslegten, als der Heilige Geist es fordere, gegen diejenigen, welche die Verfassung, die Gebräuche und Lehren der römischen Kirche angriffen, und endlich gegen diejenigen, welche die Würde und die Person des Papstes sowie seine Erlasse geschmälert hätten. Demgemäss wurde ein genaues Verhör angestellt über alle Handlungen der Bürger während der Anwesenheit Ludwigs und jedes Zeichen der ihm erwiesenen Verehrung zu einem Verbrechen gestempelt. Die Verfolgung erstreckte sich nach zwei Richtungen, einmal gegen die Ghibellinen der Stadt und sodann gegen die „rebellischen" Franziskaner. Den letzteren wurden fünf Artikel zur Beantwortung vorgelegt: 1. ob sie an den Bayern und an den Gegenpapst glaubten, beide begünstigten und ihnen treu seien; 2. ob sie mit einem Kreuze ausmarschiert seien, um diese Ketzer bei ihrem Einzuge in Todi einzuholen; 3. ob sie dem Bayern als Kaiser und dem Peter von Corbara als Papst Gehorsam gelobt und gehuldigt hätten; 4. ob sie gelehrt oder gepredigt hätten, die Entscheidungen Johanns seien ketzerisch, oder er selbst sei ein Ketzer; 5. ob sie auch nach der wegen Ketzerei erfolgten Verurteilung und Absetzung Michaels von Cesena ihm und seinen Irrtümern noch treu geblieben seien. Diese Fragen beweisen, wie geschickt man die religiösen und die politischen Fragen miteinander vermengte, und eine wie gründliche Untersuchung das Inquisitionssystem ermöglichte. Das Verfahren zog sich in die Länge. Am 1. Juli 1330 erklärte Johann XXII. die ganze Gemeinde der Ketzerei und ihrer Begünstigung schuldig und schickte am 7. Juli dieses Urteil an seinen Legaten, den Kardinal Orsini, mit dem Befehle, die Bürger sofort vorzuladen und ihnen nach der Inquisitionsformel 'summarie et de plano et sine strepitu et figura iudicii' den Prozess zu machen. Unter diesen Umständen unterwarfen sich schliesslich die Einwohner von Todi. Der Kardinal schickte dann den Inquisitor Bartolino und seinen Kollegen dahin, und die Stadt wurde, vorbehaltlich der päpstlichen Zustimmung, begnadigt. Weil die Einwohner früher ein Geschenk von zehntausend Gulden an Kaiser Ludwig gemacht hatten, mussten sie indessen eine Geldstrafe von gleicher Höhe zahlen; ausserdem wurden hundertvierunddreissig Bürger noch zu einer besondern Strafe von je hundert Lire verurteilt. Johann XXII. hielt indessen diese Bedingungen anscheinend nicht für ausreichend. Denn in einem Breve vom 20. Juli 1331 erklärte er die Unterwerfung der Bürger für trügerisch und erneuerte das Interdikt. Das letzte Dokument, welches wir in dieser Sache besitzen, ist eine Liste vom 1. Juni 1332, worin der Legat dem Bischof von Todi hundertsiebenundneunzig Personen — darunter Franziskaner, Pfarrpriester, Vorsteher von religiösen Häusern, Adelige und Bürgerliche — namhaft macht, die am 15. Juni zu Orvieto vor ihm erscheinen sollten, um sich auf Grund des gegen sie angestellten Inquisitionsverfahrens zu verantworten. Dass das Verfahren bis zu seinem bittern Ende durchgeführt wurde, kann nicht zweifelhaft sein. Denn als im Jahre 1332 der Ordensgeneral Geraldus Odonis vorschlug, das Mandat des Frà Bartolino zurückzunehmen, schritt der Papst ein und verlängerte es, damit er die Verfolgung bis zu einem endgültigen Urteile fortsetzen könne. Das ganze Verfahren gegen Todi ist aber wohl nur eine Probe der strengen Verfolgung, die man überall dort begann, wo die Ghibellinen nicht stark genug waren, um sich mit Waffengewalt zu verteidigen[1]).

Noch trauriger war das Schicksal des unglücklichen Gegenpapstes. Ludwig der Bayer hatte ihn in Pisa der Obhut des Grafen Bonifaz von Donoratico, des mächtigsten Adligen der Stadt, anvertraut. Eine Zeitlang verbarg er sich in einem Schloss in den Maremmen. Am 18. Juni 1329 erhoben sich aber die Pisaner, vertrieben die kaiserliche Besatzung und wurden im folgenden Januar mit der Kirche ausgesöhnt. Eine der Aussöhnungsbedingungen war die Auslieferung des Peter von Corbara, dem Johann XXII. ein gütiger Vater und wohlwollender Freund zu sein versprach. Ausserdem wurde Bonifaz reich beschenkt, weil er sein gegebenes Wort gebrochen hatte. Nachdem Peter seine Ketzereien in Pisa öffentlich abgeschworen hatte, wurde er unter Bedeckung von zwei Galeeren nach Nizza geschickt und dort den päpstlichen Agenten ausgeliefert. In jeder Stadt auf dem Wege nach Avignon musste er öffentlich seine Abschwörung und

---

1) Ehrle, im Archiv für Lit.- und Kirchengeschichte I (1885), S. 159—64; II (1886) S. 653—69. — Archivio storico Italiano, 1 Ott. 1865, pp. 10—21. — Ripoll, II. 180. — Wadding. ann. 1326, Nr. 9; 1327, Nr. 3—4; 1331, Nr. 4; 1332, Nr. 5.

Demütigung wiederholen. Am 25. August 1330 wurde er sodann, mit einem Strick um den Hals, in einem öffentlichen Konsistorium dem Papste vorgeführt. Erschöpft und gebrochen von Scham und Leiden, warf er sich seinem Rivalen zu Füssen und bat um Gnade, indem er seine Ketzereien, besonders die von der Armut Christi, abschwor und verfluchte. In einem geheimen Konsistorium musste er dann abermals eine lange Reihe von Verbrechen bekennen und sich der Busse unterwerfen, die man ihm auferlegen würde. Keine Demütigung blieb ihm erspart, und nichts unterliess man, um seinen kläglichen Widerruf vollständig zu machen. Nachdem Johann XXII. ihn so zu einem Gegenstande der Verachtung gemacht und ihn jeder Möglichkeit beraubt hatte, noch fernerhin zu schaden, verschonte er ihn gnädig mit körperlichen Qualen. Es wurde ihm eine Wohnung im päpstlichen Palaste angewiesen. Er wurde vom päpstlichen Tische gespeist, auch wurde ihm der Gebrauch von Büchern gestattet, aber niemand wurde ohne besondere päpstliche Erlaubnis zu ihm gelassen. Sein trauriges Dasein fand bald ein Ende. Er starb 1333 und wurde in der Franziskanerkleidung begraben. Wenn man die Grausamkeit jener Zeit bedenkt, so gehört seine Behandlung zu denjenigen Taten aus dem Leben Johanns XXII., die am wenigsten Anstoss erregen. Man konnte eine so milde Behandlung kaum erwarten in Anbetracht der wilden Rachsucht, wie sie Johann am 20. April 1329 in der Verfluchung seines schon gefallenen Nebenbuhlers Ludwig zum Ausdruck gebracht hatte: „Möge er in diesem Leben den Zorn des Petrus und Paulus erfahren, deren Kirche er zu zerstören versucht hat! Möge sein Wohnort wüst sein, und möge niemand unter seinem Dache weilen wollen! Mögen seine Kinder Waisen und sein Weib Witwe werden! Mögen sie als Bettler vom häuslichen Herde vertrieben werden! Möge der Wucherer ihr Hab und Gut verschlingen, und mögen Fremde die Arbeit ihrer Hände stehlen! Möge die ganze Erde gegen ihn kämpfen, mögen die Elemente seine Feinde sein, mögen die Verdienste aller Heiligen, die im Himmel wohnen, ihn vernichten, und mögen diese ihn sein ganzes Leben lang mit ihrer Rache verfolgen [1]!"

Wohl war in diesem Streite die öffentliche Meinung keineswegs einstimmig für Johann XXII., aber die Inquisition wusste in wirksamer

---

[1] Villani, lib. x, c. 131, 142, 160. — Guill. Nangiac. Contin. ann. 1330. — Wadding. ann. 1330, Nr. 9. — Martene Thesaur. II, 736—70; 806—15. — Chron. Cornel. Zantfliet, ann. 1330 (Martene Ampl. Coll. v. 194—8). — *Vatikanische Akten zur deutschen Geschichte in der Zeit K. Ludwigs des Bayern, hrsg. von Riezler (1891), S. 469 ff.; Bullarium Franciscanum v, S. 384, Anm. 1.

Weise jede Bekundung gegenteiliger Ansichten zu unterdrücken. Im Jahre 1328 musste zu Carcassonne ein gewisser Germain Frevier vor ihr erscheinen, weil er den Papst gelästert und seine Wahl als eine simonistische bezeichnet habe unter Berufung darauf, dass der Papst versprochen habe, den Fuss niemals in den Steigbügel zu setzen, ausser um nach Rom aufzubrechen. Zudem hatte Germain erklärt, dass der Franziskanerpapst der wahre Papst sei, und dass, wenn er Geld hätte, er hinreisen und sich ihm und dem Bayern anschliessen würde. Germain hatte kein Verlangen nach dem Martyrium. Anfangs leugnete er; später aber, nachdem man ihn fünf Monate lang im Gefängnisse seinen Betrachtungen überlassen hatte, gab er als Entschuldigung an, er sei betrunken gewesen und habe nicht gewusst, was er sagte. Ein neuer Aufschub zeigte ihm, dass jeder Widerstand unnütz war; so bekannte er sein Vergehen und bat um Gnade[1]).

Ein anderer Fall aus dem Jahre 1329 zeigt uns, wie ein grosser Teil der Franziskaner im geheimen gesinnt war, und welcher Mittel es bedurfte, um sie im Gehorsam zu halten. Vor der Inquisition von Carcassonne bekannte im Februar der Franziskaner Bartholomäus Brugnière: er habe bei der Celebration der Messe, als er zum Gebete für den Papst gekommen sei, geschwankt, für welchen der beiden Päpste er beten solle; schliesslich habe er gewünscht, sein Gebet möge demjenigen förderlich sein, der das rechtmässige Oberhaupt der Kirche sei. Viele seiner Brüder, so bemerkte er ferner, wünschten gewöhnlich, Gott möge Johann XXII. so viel zu tun geben, dass er darüber die Franziskaner vergesse; denn es scheine ihnen, als ob der Papst auf nichts anderes sinne und hinarbeite als darauf, ihnen Kummer zu bereiten. Sie neigten allgemein zu der Ansicht, dass ihr General Michael mit Unrecht abgesetzt und exkommuniziert worden sei. In einer grossen Versammlung von Brüdern habe er, Bartholomäus, gesagt: „Ich möchte, dass der Gegenpapst ein Dominikaner wäre oder irgendeinem andern Orden angehörte", worauf ein anderer Bruder erwidert habe: „Mir ist es viel lieber, dass der Gegenpapst aus unserem Orden ist; denn wenn er aus einem anderen wäre, würden wir überhaupt keinen Freund haben; nun aber haben wir doch wenigstens den Italiener." Alle Anwesenden hätten diesen Worten Beifall gezollt. Eine Zeitlang blieb Bartholomäus standhaft; aber die Einkerkerung mit Androhung von Ketten und Fasten brach seinen Mut, und er über-

---

1) Archives de l'Inq. de Carcassonne (Doat, XXVII, 7 sqq.).

gab sich der Gnade des Inquisitors Heinrich von Chamay. Diese Gnade bestand darin, dass er zu lebenslänglichem schwerem Kerker mit Ketten an Händen und Füssen bei Wasser und Brot verurteilt wurde. Vielleicht bereitete es dem Dominikaner-Inquisitor ein besonderes Vergnügen, einen gefangenen Franziskaner aufweisen zu können; denn er erlaubte dem Verurteilten, sein Ordensgewand anzubehalten. Mit wie sorgfältiger Genauigkeit Johann XXII. aber seine Rache vollzog, beweist der Umstand, dass er am 16. September 1330 ausdrücklich an Heinrich von Chamay schrieb, da der Delinquent aus dem Orden ausgestossen sei, so müsse er seines Gewandes beraubt und dieses dem Franziskanerorden ausgeliefert werden[1]).

In Deutschland blieben die Franziskaner grösstenteils Michael und Ludwig treu und leisteten dem letztern in seinem Kampfe nach Möglichkeit Hilfe. Das beweist ihr Verhalten gegenüber dem Interdikte, welches viele Jahre lang den Gottesdienst im ganzen Reiche aufhob und den Gläubigen schmerzlichen Kummer bereitete. Die Franziskaner beachteten es grossenteils nicht. Es nützte auch wenig, dass Johann XXII. im Januar 1331 eine besondere Bulle gegen sie erliess, durch welche er diejenigen, die Ludwig als Kaiser anerkannten und an den mit dem Interdikt belegten Orten Gottesdienst abhielten, aller ihrer Privilegien und Immunitäten beraubte und allen Bischöfen und Inquisitoren ihre Verfolgung anbefahl. Auf der andern Seite zögerte Ludwig nicht, überall da, wo er die Gewalt besass, Gehorsam durch Verfolgung zu erzwingen. Ein kaiserliches Reskript vom 12. Juni 1330, das an die Behörden von Aachen gerichtet war, weist diese an, den Franziskanern Sigebert von Landsberg und Johann von Roda Schutz und Beistand zu gewähren, und alle ihre Ordensbrüder, die jene beiden Lehrer der Wahrheit als Rebellen gegen das Reich und gegen den Orden bezeichneten, einzukerkern, bis der General Michael entschieden habe, was mit ihnen geschehen solle. Hieraus geht hervor, dass auch in Deutschland der Orden nicht einmütig war; doch gibt der ehrliche Franziskaner Johann von Winterthur zweifellos die Gefühle der grossen Mehrheit wieder, wenn er sagt: 'Der Leser wird von Schaudern und Staunen ergriffen werden, wenn er die Taten erfährt, durch welche der Papst die Kirche in Aufruhr versetzt hat; von einer Art Wahnsinn entflammt, sucht er Gründe gegen die Armut Christi vorzubringen und verfolgt die Franziskaner, weil sie ihm Widerstand

---

1) Doat, XXVII. 202—3, 229; XXXV. 87 (vgl. den Anhang dieses Bandes Nr. IV). — *Bullarium Franciscanum v, Nr. 785, 874.

leisten, ohne Mass und Ziel; die Dominikaner ermuntern ihn, und er belohnt sie reichlich'. Die altüberlieferte Feindschaft zwischen beiden Orden fand in der Tat durch diese Verwicklungen reiche Nahrung. Um die Franziskaner verächtlich zu machen, stellten die Dominikaner Christus bildlich dar, wie er seine Hand in eine Geldbörse steckt, um Geld herauszunehmen. Ja, zum Schrecken für die Gläubigen malten sie an den Wänden ihrer Klöster an den am häufigsten besuchten Stellen Christus, mit der einen Hand festgenagelt am Kreuze hangend und mit der andern Geld in einen an seinem Gürtel befestigten Beutel legend.. Aber der Hass und der religiöse Eifer erstickten doch nicht vollständig den Patriotismus bei den Dominikanern. Dazu kam, dass sie erbittert waren über die Verurteilung des Meisters Eckart wegen Ketzerei. Hierdurch erklärt sich wohl die Tatsache, dass Tauler Ludwig den Bayern unterstützte, und dass Margarete Ebner, ein Mitglied der Gruppe der Gottesfreunde und die bedeutendste Dominikanerin jener Zeit, dasselbe tat. Viele Dominikanerklöster waren zwar jahrelang geschlossen, und ihre Insassen wurden zerstreut und verbannt, weil sie sich hartnäckig weigerten zu celebrieren. Andere aber willfahrten nur widerstrebend den päpstlichen Befehlen. In Landshut hatten sie den öffentlichen Gottesdienst eingestellt. Als aber der Kaiser dorthin kam, trafen sie im geheimen mit dem Herzog von Teck die Verabredung, er solle ihr Haus mit Fackeln angreifen und es mit Niederbrennung bedrohen, um auf diese Weise eine Entschuldigung für die Wiederaufnahme des öffentlichen Kultus zu erhalten. Die Komödie wurde erfolgreich durchgeführt. Tatsächlich beklagte sich das Generalkapitel des Dominikanerordens zu Toulouse im Jahre 1328 darüber, dass in Deutschland die Brüder an vielen Stellen notorisch säumig seien in der Verkündigung der gegen Ludwig gerichteten päpstlichen Bullen[1]).

Alles das war indessen nur eine Episode in dem politischen Kampfe, der durch die Rivalität zwischen den Häusern Wittelsbach, Habsburg und Luxemburg und durch die Intriguen Frankreichs entschieden werden sollte. Es gelang Ludwig dem Bayern allmählich,

---

1) Martene Thesaur. II. 826—8. — *Quix, Codex diplomaticus Aquensis I, Nr. 305. — Vitodurani Chron. (ed. Wyss, S. 80 ff.). — Andreas Ratisponens. Chron. ann. 1336 (Eccard, Corpus hist. I. 2103—4; *vgl. Lorenz, Deutschlands Geschichtsquellen I, 190, Anm. 2). — Preger, Der kirchenpolitische Kampf, S. 42—5. — Denifle, im Archiv für Lit.- u. Kirchengeschichte II (1886), S. 624. — *Acta capitulorum generalium ordinis Praedicatorum, hrsg. von Reichert II (1899), S. 178; Hauck a. a. O. v[1], S. 520 ff.

die Stimmung des Volkes zu wenden und auf sich zu konzentrieren. Hierbei gereichte ihm zum Vorteil die anmassende Geringschätzung, womit Johann XXII. und seine Nachfolger seine wiederholt gemachten Anerbietungen einer bedingten Unterwerfung aufnahmen. Als Ludwig im Jahre 1330 eine Zeitlang die Unterstützung des Königs von Böhmen, Johanns von Luxemburg, und des Herzogs von Östreich sich gesichert hatte, und diese beiden sich dafür verbürgten, dass er die ihm auferlegten Bedingungen erfüllen würde, vorausgesetzt, dass man die Unabhängigkeit des Reiches anerkenne, erwiderte Johann: Ludwig sei ein Ketzer und als solcher regierungsunfähig; er sei ein Dieb und ein Räuber, ein Bösewicht, der mit Michael, Occam, Bonagratia und Marsilius unter einer Decke stecke; er habe nicht nur kein Anrecht auf das Reich, sondern seine Anerkennung würde auch den Zustand der Christenheit ganz unberechenbar beklagenswert machen. Nachdem Johann XXII. am 4. Dezember 1334 gestorben war, wurde ein neuer Versuch gemacht; aber der Politik Frankreichs und Böhmens schien es wünschenswert, den Streit zu verlängern, und Benedikt XII. zeigte sich ebenso unnachgiebig wie sein Vorgänger. Ludwig war jederzeit bereit, die ihm verbündeten Franziskaner zu opfern; aber das Papsttum nahm für sich das Recht in Anspruch, tatsächlich zu entscheiden, wer Kaiser sein solle. Doch gelang es Ludwig, indem er in geschickter Weise an den Nationalstolz appellierte, nach und nach die Unterstützung einer immer grösser werdenden Zahl von Fürsten und Städten zu gewinnen. Im Jahre 1338 erklärten der Kurverein von Rhense und der Reichstag von Frankfurt es ausdrücklich für einen Satz des Reichsrechts, dass die Wahl der Kurfürsten endgültig sei, und dass das Papsttum kein Bestätigungsrecht bezüglich dieser Wahl besitze. Gleichzeitig befahl man, das Interdikt nicht zu beobachten, und in allen Territorien, die auf Ludwigs Seite standen, stellte man die Geistlichen vor die Wahl, entweder binnen acht Tagen den öffentlichen Gottesdienst wieder aufzunehmen oder mit einer zehnjährigen Verbannung bestraft zu werden. In diesem Dilemma fand der Klerus einige Erleichterung dadurch, dass die römische Kurie in solchen Fällen schon für einen Gulden Absolution erteilte[1]).

In dem Streite zwischen Ludwig und dem Papsttum war die

---

[1]) Martene Thesaur. II. 800—6. — Raynald, ann. 1336, Nr. 31—5. — Vitoduran. Chron. (a. a. O. S. 85 ff). — Preger, Der kirchenpolitische Kampf, S. 33. — Hartzheim, Concilia Germaniae IV. 323—32. — H. Mutii Germ. Chron. ann. 1338 (Pistorii Germ. Script. II. 878—81). — *Hauck a. a. O. V, S. 553 ff.

kleine Kolonie von Franziskanerflüchtlingen in München der kaiserlichen Sache von grossem Nutzen. Aber ihre Zeit ging zu Ende. Michael von Cesena starb am 29. November 1342; sein letztes Werk war ein langes Manifest, worin er nachwies, dass Johann XXII. als unbussfertiger Ketzer gestorben sei, und dass seine Nachfolger durch Verteidigung seiner Irrtümer sich gleichfalls zu Ketzern machten. Wenn nur ein Mann in der Christenheit den wahren Glauben aufrecht erhalte, dann sei dieser Mann an und für sich die Kirche. Sein schwungvoller Widerruf, den er auf dem Totenbette verfasst haben soll, ist offenbar eine Fälschung. Es kann keinem Zweifel unterliegen, dass Michael bis zum Ende sich treu blieb. Bei seinem Tode übergab er das Ordenssiegel dem Wilhelm von Occam, der es als Generalvikar benutzte. Schon im April 1342 hatte Michael zwei Bürger von München zu Syndici und Prokuratoren des Ordens ernannt; der eine von diesen beiden führte in der Folge die Geschäfte des Generalats. Bonagratia starb im Juni 1347; noch bei seinem letzten Atemzuge erklärte der unbeugsame Mann, dass das Recht auf Seiten Ludwigs des Bayern sei. Das Datum des Todes Wilhelms von Occam ist unsicher; er starb zwischen 1347 und 1350[1]).

So verschwand einer nach dem andern von den Männern, die so tapfer die Lehre von der Armut Christi verteidigt hatten. Was die politischen Ideen angeht, für die Marsilius und Occam mit solcher Wärme stritten, so war ihre unmittelbare Wirkung vorbei, und sie konnten keinen Einfluss mehr auf den weitern Gang der Ereignisse ausüben. Bei dem Tode Benedikts XII. im Jahre 1342 machte Ludwig einen erneuten Versuch zur Wiederherstellung des Friedens; aber Johann von Böhmen, der seinem Hause die Nachfolge zu sichern suchte, vereitelte dieses Bemühen durch seine Intriguen, und Ludwig musste von neuem erkennen, wie unmöglich es sei, ein für das Reich erträgliches Verhältnis zur Kurie herbeizuführen. Die Intriguen dauerten fort, und im Juli 1346 versammelten sich die drei geistlichen Kurfürsten von Mainz, Trier und Köln mit Rudolf von Sachsen und Johann von Böhmen auf Veranlassung Clemens' VI. zu Rhense und wählten den Sohn Johanns, den Markgrafen Karl von Mähren,

---

1) Vitoduran. Chron. (a. a. O.). — Sächsische Weltchronik, dritte bayrische Fortsetzung Nr. 9 (Mon. Germ. Hist., Deutsche Chroniken II. 346). — Baluze et Mansi, III. 349—55. — Muratori, S. R. I. III. II. 513—27. — Jac. de Marchia, Dial. (Baluze et Mansi, II. 600). — Preger a. a. O. S. 35—6. — Karl Müller a. a. O. I. 370—2. — Chron. Glassberger, ann. 1342, 1347.

zum römischen Gegenkönig. Doch fand dieses Vorgehen keinen Anklang bei dem Volke, und als Ludwig in die Rheinlande eilte, stellten sich fast alle Städte und fast alle Fürsten und Adligen auf seine Seite. Wäre die Wahl einige Wochen aufgeschoben worden, so würde sie nie stattgefunden haben. Denn schon im nächsten Monat fand die Schlacht bei Crécy statt, in welcher der tapfere Kämpfer Johann von Böhmen einen ritterlichen Tod fand, während der kurz vorher gewählte König Karl sein Heil in der Flucht suchen musste. Hierdurch war der französische Einfluss eine Zeitlang ausgeschaltet. So hatte die unter den ungünstigsten Auspizien begonnene Herrschaft Karls IV. wenig Aussicht auf eine längere Dauer, als im Oktober 1347 Ludwig bei seinem Lieblingsvergnügen, der Jagd, einen Schlaganfall erlitt und tot vom Pferde fiel. In der Beseitigung aller Feinde des Hl. Stuhles glaubte man nun den Finger Gottes sehen zu können. Karl selbst hatte keinen weiteren organisierten Widerstand mehr zu fürchten[1]).

Begierig, dieses unvorhergesehene Glück vollständig auszunutzen, beauftragte Clemens VI. den Erzbischof von Prag und den Bischof von Bamberg, alle Gemeinden und Personen, die wegen Unterstützung des Bayern exkommuniziert waren, zu versöhnen, und zwar durch eine Absolutionsformel, auf Grund deren sie schwören mussten, dass sie die Absetzung eines Papstes durch einen Kaiser als Ketzerei betrachteten, und dass sie niemals einem Kaiser Gehorsam leisten würden, bis er vom Papste bestätigt sei. Dieses Ansinnen erregte indessen heftigen Widerwillen, und an vielen Orten konnte es nicht durchgesetzt werden. Die Lehren des Marsilius und Occam hatten wenigstens soviel bewirkt, dass die päpstlichen Ansprüche auf die tatsächliche Beherrschung des Reiches mit Verachtung zurückgewiesen wurden. Der dadurch geweckte deutsche Geist wird treffend gekennzeichnet durch ein Ereignis in Basel, einer Stadt, die das Interdikt beobachtet hatte und sehnlich nach seiner Aufhebung verlangte. Als König Karl IV. und der Bischof von Bamberg vor den Toren der Stadt erschienen, wurden sie vom Magistrat und einer grossen Zahl von Bürgern empfangen. Der Bürgermeister Konrad von Barenfels richtete hierbei folgende Ansprache an den Bischof: „Ew. Gnaden müssen wissen, dass wir weder glauben noch gestehen wollen, dass unser verstorbener Herr,

---

1) Schmidt, Päpstliche Urkunden und Regesten aus den Jahren 1295 bis 1352 (1886), S. 362. — Heinrich von Rebdorf, Annal. ann. 1346–7 (Böhmer, Fontes rerum Germanicarum IV, 528 ff.).

der Kaiser Ludwig, jemals ein Ketzer war. Wen auch immer die Kurfürsten oder die Mehrzahl von ihnen zum römischen Könige wählen werden, den werden wir auch als solchen ansehen, mag er sich nun an den Papst wenden oder nicht; denn wir werden nichts tun, was den Rechten des Reiches zuwider ist. Wenn ihr aber vom Papste die Vollmacht habt und gewillt seid, alle unsere Sünden nachzulassen, so möge das geschehen." Dann, an das Volk sich wendend, rief er aus: „Gebt ihr mir und Konrad Münch die Vollmacht, die Absolution für eure Sünden zu erbitten?", worauf die Menge laut ihre Zustimmung zu erkennen gab. In Übereinstimmung hiermit leisteten darauf die beiden Konrade den Eid, der Gottesdienst wurde wieder aufgenommen, und König und Bischof hielten ihren Einzug in die Stadt [1]).

Indessen verschwand die Frage nach der Armut Christi, die Johann und Ludwig als die eigentliche Ursache des Streites ausgegeben hatten, und für die wenigstens ein Teil der deutschen Franziskaner so warm eingetreten war, mit dem Tode Ludwigs und dem Aussterben der Kolonie der Münchener Flüchtlinge nördlich von den Alpen ganz aus der öffentlichen Diskussion. Deutschland hatte seine eigenen Scharen von Bettelmönchen, regulären und irregulären, in den Beguinen und Begarden, die sich nur wenig um diese rein spekulativen Probleme bekümmert zu haben scheinen. Zwar hören wir gelegentlich auch hier von Fraticellen; doch scheint dies weniger die Bezeichnung einer Sekte als ein von den Ordenschronisten der Bequemlichkeit halber gebrauchter Name gewesen zu sein.

Anders verhielt es sich im Süden, besonders in Italien. Dieses Land war die eigentliche Geburtsstätte des Franziskanerordens und der Einflüsse, welche die Entwickelung des Ordens vor allem nach der asketischen Seite hin bezweckten. Die Beweggründe, welche die ersten Spiritualen veranlasst hatten, für die Verteidigung der Heiligkeit der absoluten Armut äussere Verfolgungen zu erdulden, blieben daher hier in ihrer alten Stärke bestehen. Unter Bonifaz VIII., unter Clemens V. und während der ersten Jahre Johanns XXII. hatten die Bekenner dieser Lehre in der Verborgenheit gelebt, oder sie hatten in Sizilien eine freundliche Zuflucht gesucht. Mit der weitern Entwicklung des Franziskanerschismas waren sie in vermehrter Zahl wieder ans Licht gekommen, um mit dem Falle des Gegenpapstes und dem

---

1) Heinrich von Rebdorf, ann. 1347 (a. a. O. IV, 531). — Matthiae Neuburg. (Albert. Argentinensis) Chron. ann. 1347 (Böhmer, Fontes IV, 248 ff). — Preger, Der kirchenpolitische Kampf, S. 56—60.

Siege Johanns zum zweiten Male geächtet zu werden. In dem Streite über die Armut Christi war diese Lehre naturgemäss das unterscheidende Merkmal der Sektierer geworden, und die Verurteilung dieser Lehre durch den Papst hatte die Leugnung der päpstlichen Autorität und die Behauptung, dass der Hl. Stuhl ketzerisch geworden sei, zur notwendigen Folge. Es kann keinem Zweifel unterliegen, dass auch in dem rechtgläubigen Teile des Ordens, welcher die päpstlichen Definitionen annahm, die strenger gesinnten Mitglieder lebhafte Sympathie für die aufrührerischen Dissidenten empfanden. Nachdem der Widerstand gegen den herrschsüchtigen Willen Johanns XXII. fehlgeschlagen war, tauchten viele Erzählungen von Visionen und Wundern auf, die von Kloster zu Kloster gingen, und die allen denen, welche das heilige Gelübde der Armut übertraten, den Zorn Gottes und des hl. Franziskus ankündigten. Der 'Liber conformitatum' gibt offenbar die Bestrebungen derer wieder, welche die Regel in ihrer ganzen Strenge als eine direkte Offenbarung des Hl. Geistes betrachtet wissen wollten. Diese Männer fühlten, dass die Haltung ihrer geächteten Mitbürger logisch korrekt sei, und sie waren nicht imstande, die Erlasse Nikolaus' III. mit denen Johanns XXII. in Einklang zu bringen. Einer von ihnen, der uns als ein von Gott sehr geliebter Mann geschildert wird, wandte sich, um seine Zweifel zu lösen, an die hl. Brigitta. Infolgedessen hatte die Heilige zwei Visionen, in denen die hl. Jungfrau ihr befahl, alle, die da glaubten, dass der Papst in Wahrheit kein Papst sei, und dass die Priester die Hostie bei der Messe nicht wirklich konsekrierten, für Ketzer voll teuflischer Bosheit zu erklären. Alles das kennzeichnet die starken geheimen Sympathien, die man nicht nur unter dem Volke, sondern auch bei den Mönchen und gelegentlich sogar bei den Bischöfen für die Fraticellen empfand, und macht es erklärlich, dass diese trotz der fast unaufhörlichen Verfolgung von seiten der Inquisition doch von Geschlecht zu Geschlecht ihr Dasein behaupten konnten [1]).

Im Jahre 1335 bestand eine der ersten Sorgen Benedikts XII. nach seiner Thronbesteigung in der Unterdrückung dieser 'Fratres de paupere vita', wie sie sich selbst nannten. Sie machten noch immer an vielen Orten aus ihrer Halsstarrigkeit kein Hehl, indem

---

1) Wadding. ann. 1330, Nr. 14—15. — Alvar. Pelag., De planct. eccles. lib. II, art. 51 (fol. 169a). — Lib. conformitatum, lib. I. fruct. IX. p. II. — Revel. S. Brigittae, lib VII. c. 8. — *Bullarium Franciscanum V, Nr 896; Ehrle, im Archiv für Lit.- und Kirchengeschichte IV (1888) S. 8 ff., 78 ff.

sie die kurzen und engen Kutten der Spiritualen trugen. Sie hielten noch immer Michael für ihren General, schmähten das Andenken Johanns XXII. und waren in allem Ernste und erfolgreich damit beschäftigt, Proselyten zu machen. Ausserdem wurden sie offen durch Männer von Rang und Macht beschützt. Infolgedessen erhielten alle Inquisitoren, von Treviso und der Lombardei bis nach Sizilien hin, den Befehl, die Kirche von diesen gottlosen Heuchlern durch strenges Vorgehen zu befreien, während die Bischöfe angewiesen wurden, den Inquisitoren hierbei wirksamen Beistand zu leisten. Einige der letzteren gehorchten indessen nicht. Denn im Jahre 1336 wurden die Bischöfe Franciscus von Camerino und Jakobus von Fermo aufgefordert, sich zu verantworten, weil sie die Sektierer begünstigten und ihnen erlaubt hätten, in ihren Diözesen zu leben. Tatsächlich war noch der ganze Orden von diesen gefährlichen Doktrinen durchseucht und konnte nicht dahin gebracht werden, die Dissidenten mit dem gebührenden Abscheu zu behandeln. Benedikt klagte darüber, dass im Königreich Neapel viele Franziskanerklöster diesen verderbten Brüdern Schutz gewährten, und in einer am 28. November 1336 veröffentlichten, den Orden betreffenden Bulle spielte er auf diejenigen unter den Mönchen an, welche besondere Kleider trügen und unter dem Scheine der Heiligkeit Ketzereien verträten, die die römische Kirche verdammt habe; er befahl, sie alle samt ihren Beschützern einzukerkern, bis sie sich unterwerfen würden. Es war nicht immer leicht, Gehorsam gegen diese Gebote zu erzwingen. Der Bischof von Camerino blieb hartnäckig, und so erhielt im nächsten Jahre, 1337, der Inquisitor der Mark Ancona, Frà Giovanni di Borgo, Befehl, strenge gegen ihn und andere Begünstiger dieser Ketzerei vorzugehen. Durch sein wirksames Vorgehen zog sich aber Frà Giovanni den Unwillen der Adligen seines Bezirkes zu, und diese hatten genügenden Einfluss bei dem Ordensgeneral Geraldus Odonis, um durchzusetzen, dass er zunächst durch seinen Kollegen Jakob und später durch Simon von Ancona abgelöst wurde. Aber der Kardinallegat Bertrand legte sich ins Mittel, und Benedikt setzte ihn wieder ein, indem er seiner Tätigkeit hohes Lob spendete. Übrigens scheinen nur wenige der Sektierer den Mut zum Martyrium besessen zu haben; die meisten unterwarfen sich unter dem Drucke der Verfolgung, während diejenigen, die hartnäckig blieben, die vollen Strafen der Ketzerei zu fühlen bekamen. So wurde am 3. Juni 1337 zu Venedig Frà Francesco von Pistoja verbrannt, weil er trotz der Erklärungen Johanns XXII. die Armut

Christi hartnäckig behauptet hatte. Und er war nicht das einzige Opfer [1]).

Der Beweis der Ketzerei wurde, wie gesagt, in der Behauptung erblickt, dass Christus und die Apostel kein Eigentum besessen hätten. Das ergibt sich aus der Abschwörung des Fra Francesco von Ascoli vom Jahre 1344, der diesen Glauben widerrief und in Übereinstimmung mit den Bullen Johanns XXII. ihn für ketzerisch erklärte. Dass dies die stehende Formel blieb, zeigt die Anweisung des Generalinquisitors Nikolaus Eymericus (um 1375) an die Inquisitoren, sie sollten den Büsser eidlich erklären lassen: „Ich schwöre, dass ich in meinem Herzen glaube und bekenne, dass unser Herr Jesus Christus und seine Apostel, solange sie in diesem sterblichen Leben weilten, gemeinsam die Dinge besassen, deren Besitz ihnen in der Hl. Schrift zugeschrieben wird, und dass sie das Recht hatten, sie zu verschenken, zu verkaufen und zu veräussern" [2]).

Die Ketzerei war aber eine so rein künstliche, vom Hl. Stuhle erfundene, dass es wohl nicht schwer ist, die Sympathie zu verstehen, welche diese armen, sich selbst verleugnenden Asketen erweckten. Trugen sie doch alle äusseren Zeichen dessen an sich, was die Kirche seit Jahrhunderten als die grösste Heiligkeit betrachtet hatte. Camerino blieb ein Zufluchtsort für sie. Im Jahre 1343 befahl Papst Clemens VI. den Bischöfen von Ancona und Osimo, den Gentile, Herrn von Camerino, innerhalb dreier Monate wegen verschiedener Verbrechen vor ihn zu zitieren. Zu diesen Verbrechen gehörte auch der Schutz, den er den Fraticellen erwiesen hatte, die Behinderung der Inquisitoren bei der Erfüllung ihrer Aufgabe und die Verachtung, die er mehrere Jahre lang gegen die von diesen über ihn verhängte Exkommunikation gezeigt hatte. Sogar die Inquisitoren selbst waren, besonders im Bereich der Franziskaner, nicht immer ernstlich auf ihre Aufgabe bedacht, möglicherweise weil bei Leuten, die den Besitz von Eigentum als eine Sünde betrachteten, nur wenig Aussicht auf gewinnbringende Konfiskationen vorhanden war. Im Jahre 1346 sah sich Clemens genötigt, sie wegen ihrer Lauheit scharf zu tadeln. In solchen

---

1) Wadding. ann. 1335, Nr. 10—11 (*Vatikan. Archiv, Reg. Vat. 130 f. 66, Nr. 410—419 d. d. 1335 Juli 9 [Pontis Sorgie VII. idus Julii anno I]); ann. 1336, Nr. 1; ann. 1337, Nr. 1; ann. 1339, Nr. 1 (*Ehrle, a. a. O. IV [1888] S. 70 ff.). — Raynald. ann. 1335, Nr. 63; ann. 1336, Nr. 63, 64, 66—7; ann. 1337, Nr. 30; ann. 1375, Nr. 64. — Comba, La riforma in Italia, I. 328. — Vita prima Benedicti XII. ann. 1337 (Muratori, S. R. I. III. II. 531). — *Bullarium Franciscanum VI, Nr. 29, 30, 35, 36, 41, 43, 51, 69, 70.
2) D'Argentré, I. I. 345. — Eymerici Directorium p. 486.

Gebieten traten die Fraticellen ziemlich offen hervor. Als im Jahre 1349 Cola di Rienzo nach seinem ersten Tribunate aus Rom floh, begab er sich zu den Fraticellen vom Monte Majella; er war begeistert von ihrer Heiligkeit und Armut, trat als Tertiarier in den Orden ein und beklagte, dass so musterhafte Leute vom Papste und der Inquisition verfolgt würden. Toskana war voll von ihnen. Vergebens erliess um diese Zeit Florenz strenge Gesetze zu ihrer Unterdrückung, indem es sie in den städtischen Bann tat und jedem ermöglichte, sie zu ergreifen und der Inquisition auszuliefern, sowie eine Geldstrafe von 500 Lire jedem Beamten auferlegte, der trotz einer besondern Aufforderung von Seiten der Inquisitoren es ablehnte, ihnen Beistand zur Verhaftung der Sektierer zu leisten. Gerade die Notwendigkeit, solche Gesetze zu erlassen, zeigt, wie schwer es war, das Volk zur Mithilfe bei der Verfolgung zu veranlassen. Aber selbst diese Massregel scheint ohne Wirkung geblieben zu sein. Es ist ein Brief des Giovanni dalle Celle von Vallombrosa an Tommaso di Neri, einen Fraticellen von Florenz, erhalten, worin der erstere die Albernheit des letztern angreift, aus der Armut ein Idol zu machen. Der Brief wurde beantwortet und hatte eine Kontroverse zur Folge, die, wie es scheint, offen geführt wurde [1]).

So unbedeutend war indessen die Streitfrage augenscheinlich, dass diese Männer im Banne der Kirche nur dann ruhig verbleiben konnten, wenn sie zugleich Grundsätze annahmen, welche die ganze kirchliche Organisation vernichten mussten. Sie konnten ihre Haltung nur dadurch rechtfertigen, dass sie erklärten, sie seien die wahre Kirche, das Papsttum aber sei ketzerisch, es habe sein Anrecht auf Gehorsam verwirkt und könne nicht länger die Führung der Gläubigen auf dem Heilswege behalten. Einen interessanten Beweis für den Zustand der öffentlichen Meinung in Italien bietet der Umstand, dass trotz des gründlich organisierten Verfolgungssystems die solche Lehren vertretenden Männer dennoch imstande waren, sie fast öffentlich zu verbreiten und zahlreiche Proselyten zu machen. Um die Mitte des 14. Jahrhunderts setzten sie in ganz Italien ein Sendschreiben in Umlauf, das in der Volkssprache geschrieben war, „damit jeder es verstehen könne", und worin sie die Gründe für ihre Trennung vom

---

1) Werunsky, Excerpta ex registris Clem. P. P. VI. pp. 23—4. — Raynald, ann. 1346, Nr. 70. — Comba, La riforma, I. 326—7, 387. — Lami, Antichità Toscane p. 528, 595 (*F. Tocco, L'eresia dei Fraticelli e una lettera inedita del b. Giovanni dalle Celle, in den Rendiconti della R. Accademia dei Lincei XV, 1906; Ehrle, a. a. O. IV, S. 166).

Papste und den Bischöfen darlegten. Diese Darlegung ist bemerkenswert durch ihren massvollen Ton und ihren logischen Aufbau. Die Beweisführung stützt sich nur auf die Hl. Schrift und die Vorschriften der Kirche, und selbst vom Standpunkt eines Kanonisten ist sie unwiderleglich. Sie enthält nichts von apokalyptischen Schwärmereien, nichts von der Erwartung eines Antichrists oder neuer Zeitalter der Welt, auch nichts von Mystizismus. Nicht einmal eine Berufung auf den hl. Franziskus findet sich darin, noch irgendeine Behauptung, dass seine Regel von Gott eingegeben und unverletzlich sei. Nichtsdestoweniger wird darin die ganze Kirche für ketzerisch erklärt und an alle Gläubigen die Aufforderung gerichtet, sich von ihr loszusagen.

Die dafür angeführten Gründe sind dreifacher Art: die Ketzerei, die Simonie und die Unzucht. Was den ersten Punkt angeht, so wird der Beweis, dass Johann XXII. ein Ketzer gewesen sei, auf Grund der Bullen geführt, in denen er die Lehre, dass Christus und die Apostel nichts besessen hätten, für ketzerisch erklärte. Diesen Bullen werden die von den früheren Päpsten gegebenen und vom Konzil von Vienne bestätigten Definitionen gegenübergestellt, und daraus wird weiterhin gefolgert, dass auch alle seine Nachfolger samt ihren Kardinälen Ketzer seien. Bezüglich der Simonie werden die Kanones des Dekrets und die Äusserungen der Doktoren angeführt zum Beweise dafür, dass sie Ketzerei sei. Hinsichtlich der Unzucht war es leicht, die Kanones anzuführen, nach denen, auf Grund der Lehren Gregors VII., die von unsittlichen Priestern gespendeten Sakramente nicht empfangen werden dürften. Allerdings gebe es viele Priester, welche nicht unzüchtig seien; aber keinen gebe es, der nicht Simonist sei und nicht für Sakramente Geld gegeben oder empfangen habe. Wenn sich aber einer finden sollte, der in allen diesen Punkten unschuldig sei, dann sei er verpflichtet, sich von den übrigen zu trennen; denn, wie Raimund von Pennaforte in seiner Summa lehre, mache sich jeder, welcher die Sakramente aus der Hand von Ketzern empfange, einer Todsünde und der Abgötterei schuldig. Daher hätten sich die Fraticellen von der ketzerischen Kirche trennen müssen, und sie veröffentlichten dieses Manifest, um ihr Verfahren zu rechtfertigen. Sollten ihre Darlegungen in irgendeinem Punkte irrig sein, so bäten sie, den Irrtum aufzuweisen; sollten sie aber richtig sein, dann seien alle Gläubigen verpflichtet, sich ihnen anzuschliessen; andernfalls würden sie sich, nachdem nunmehr die Tatsachen bekannt geworden seien, durch die Gemeinschaft mit solchen ketzerischen und exkommunizierten Prälaten und Geistlichen der gleichen Ketzerei schuldig machen [1]).

Doch stimmten die Fraticellen nicht in allen diesen Punkten vollständig überein. In dem angeführten Dokumente erscheint zwar als ein Hauptargument die Lehre, dass die von unreinen Händen gespendeten Sakramente ungültig seien, eine gefährliche Lehre, die die Nachfolger Gregors VII. beständig plagte. Dieses Argument findet sich aber nicht in anderen Äusserungen der Sektierer. Tatsächlich sehen wir sie denn auch im Jahre 1362 in zwei Zweige gespalten, von denen der eine den frühern Bischof Thomas von Aquino (1349—54) als seinen Führer anerkannte; sie lehrten, dass Johann XXII. und seine Nachfolger Ketzer seien, dass somit das von ihnen gespendete Sakrament der Ordination ungültig sei, und dass deshalb bei allen in die Sekte eintretenden Geistlichen die Ordination wiederholt werden müsse. Der andere Zweig, welcher sich nach Philipp von Mallorka nannte, war unter einem Generalminister regelrecht organisiert und erkannte die Ordinationen der Kirche an, wenn er auch die Päpste gleichfalls als Ketzer ansah. Doch stützten sich alle Zweige der Sekte in ihrer Beweisführung auf die Käuflichkeit und Verderbtheit der Kirche, was zweifellos bei dem Volke ihr überzeugendstes Argument war. Es existiert noch ein in der Volkssprache geschriebener Brief eines Fraticellen an zwei Genossinnen, in welchem in Übereinstimmung mit dem förmlichern Manifeste behauptet wird, sie seien verpflichtet, jede Gemeinschaft mit der ketzerischen Kirche aufzuheben. Diese sei das apokalyptische Tier mit sieben Hörnern, und zwar seien dies: höchster Stolz, grösste Grausamkeit, übermässige Narrheit oder Zorn, höchster Betrug und Falschheit ohnegleichen, höchste Fleischeslust oder Begehrlichkeit, höchste Bestechlichkeit oder Habgier, höchster Hass gegen die Wahrheit oder Böswilligkeit. Die Diener dieser ketzerischen Kirche hätten kein Bedenken, öffentlich Beischläferinnen zu halten und bei der Spendung der Sakramente Christus für Geld zu verkaufen. Dieser Brief ist weiterhin ein Beweis dafür, dass die Fraticellen die legitimen Nachfolger der Spiritualen waren; denn sie beriefen sich auf den Abt Joachim zum Beweise dafür, dass der hl. Franziskus Noah sei, und dass die paar Gläubigen unter

---

1) Comba, La riforma I. 568—71. — *Ehrle, im Archiv für Literatur- und Kirchengeschichte IV (1888), 109 f., verlegt das Sendschreiben in den Anfang des 15. Jahrhunderts.

seinen Kindern die mit ihm in der Arche gerettelen Menschen darstellten[1]).

Ein noch engerer Zusammenhang beider Sekten ergibt sich aus einer Bulle Papst Urbans V. vom Jahre 1365, worin er die Inquisitoren zur eifrigen Unterdrückung der Ketzer aufforderte und ihnen zu ihrer Unterweisung die verschiedenen Ketzereien schilderte. Die Fraticellen werden hier dargestellt als Leute, die der Völlerei und der Ausschweifung ergeben sind — und zwar unter dem Deckmantel strenger äusserer Heiligkeit —, die behaupten, Franziskaner-Tertiarier zu sein, und auf offener Strasse betteln oder in ihren eigenen Häusern wohnen. Es ist jedoch möglich, dass die Beschreibung ihrer Versammlungen, in denen sie angeblich Olivis „Postille über die Apokalypse" und seine sonstigen Schriften, hauptsächlich aber den Bericht über seinen Tod lesen sollten, dem Berichte des Bernhard Guidonis über die Spiritualen von Languedoc entnommen ist und nicht eine genaue Darstellung der bei den damaligen Fraticellen üblichen Gebräuche bildet[2]).

Über die endgültige Gestalt, welche diese Ketzerei annahm, liefert uns ihr unerbittlicher Vertilger, der zu den Franziskaner-Observanten zählende Inquisitor Jakob della Marca, in seinem Dialog mit einem Fraticellen einen ausführlichen Bericht. In diesem um das Jahr 1455 verfassten Buche findet sich kein Wort über die Schwärmerei der Spiritualen oder ihre abweichenden Dogmen; vielmehr dreht sich die Frage lediglich um die Armut Christi und um den häretischen Charakter der Definitionen Johanns XXII. Die Fraticellen bezeichneten die Orthodoxen als Johannisten, während sie selbst Michaelisten genannt wurden, woraus hervorgeht, dass um diese Zeit die Extravaganzen der Spiritualen vergessen waren, und dass die Ketzer die direkten Nachfolger der dem Michael von Cesena anhängenden schismatischen Franziskaner waren. Der unordentliche und unsittliche Lebenswandel der Geistlichen lieferte ihnen noch immer ihre wirksamsten Argumente bei ihrer eifrigen Missionsarbeit. Jakob beklagte, dass sie die Herzen der Einfältigen täuschten, indem sie die Priester als Simonisten und Konkubinarier hinstellten, und dass das Volk, angesteckt von diesem Gifte, das Vertrauen zu den Geistlichen verliere und sich weigere, ihnen zu beichten, ihren Messen beizuwohnen, ihre Sakramente zu empfangen und ihnen die

---

1) Tocco, Archivio storico Napoletano XII (1887) Fasc. I. — Comba, La riforma I. 321—4. — *Ehrle a. a. O. IV (1888) S. 64 ff., 96 ff., 104.
2) Martini, Appendix zu Mosheim, De beghardis p. 505.

Zehnten zu bezahlen, und dass die Leute auf diese Weise Ketzer, Heiden und Kinder des Teufels würden, während sie sich einbildeten, Kinder Gottes zu sein[1]).

Die Fraticellen bildeten somit mehrere getrennte Sekten, von denen jede behauptete, die allein wahre Kirche zu sein. Bei der dürftigen Kunde, die wir darüber besitzen, ist es unmöglich, die Geschichte der verschiedenen Teile, in welche sie sich spalteten, zu verfolgen. Es lässt sich nur im allgemeinen sagen, dass die Sekte nicht allein aus Anachoreten und Mönchen bestand, sondern dass sie ihren regulären Klerus, ihre Laien, ihre Bischöfe und sogar ihr Oberhaupt oder ihren Papst hatten, der als Bischof von Philadelphia (das ist der Name, welcher der Gemeinschaft beigelegt wurde) bezeichnet wurde. Im Jahre 1357 nahm der frühere Bischof von Aquino, Thomas, diese Stellung ein. Der Zufall führte zur Entdeckung eines andern solchen Papstes in Perugia im Jahre 1374. Im Jahre 1429 erfahren wir ebenfalls durch Zufall, dass ein gewisser Rainaldus diesen Posten bekleidete, und kurz darauf folgte ihm ein Mönch namens Gabriel. Es ist auch die Rede von einem Oberhaupte der Laienwelt, das sich selbst den Namen Kaiser der Christen beilegte[2]).

Es war vergeblich, dass mehrere aufeinanderfolgende Päpste der Inquisition befahlen, die wirksamsten Massregeln zur Unterdrückung der Ketzerei zu ergreifen, und dass gelegentliche Brandopfer ihre Bemühungen belohnten, so z. B. als unter Urban V. neun Sektierer zu Viterbo verbrannt wurden, und im Jahre 1389 Frà Michele Berti de' Calci zu Florenz dasselbe Schicksal erlitt. Dieser letztere Fall enthüllt in seinen Einzelheiten die lebhafte Sympathie, womit das Volk die Bemühungen der Fraticellen begünstigte. Frà Michele war von einer Gemeinde der Sekte, die in der Mark Ancona in einer Höhle zusammenkam, als Missionar nach Florenz geschickt worden. Er predigte hier und bekehrte viele; im Begriffe, am 19. April die Stadt zu verlassen, wurde er von fünf weiblichen Zeloten verraten, die ihn unter dem Vorgeben,

---

1) Jac. de Marchia, Dialogus contra fraticellos (Baluze et Mansi, II. 595 sq.). — *Vgl. dazu Ehrle a. a. O. IV, 107 ff.
2) Raynald. ann. 1344, Nr. 8; 1357, Nr. 12; 1374, Nr. 14. — Jac. de Marchia, Dialogus (l. c. 599, 608—9).
Für die modernen Infallibilisten mag es überraschend sein, zu erfahren, dass ein so vollkommen orthodoxer und gelehrter Inquisitor wie der heilige Jakob della Marca zugibt, dass es ketzerische Päpste gegeben habe, dass sie in ihrer Ketzerei verharrten und darin starben. Er tröstet sich jedoch mit dem Gedanken, dass ihre Nachfolger stets gute Katholiken waren (l. c. p. 599).

sich bekehren zu wollen, hatten holen lassen. Sein Prozess war kurz: während einer seiner Genossen durch Widerruf sein Leben rettete, blieb er selbst standhaft. Als er vor Gericht gebracht wurde, um seiner Priesterwürde entkleidet zu werden, weigerte er sich, vor dem Bischofe niederzuknieen, mit dem Bemerken, vor einem Ketzer dürfe man nicht niederknieen. Auf dem Wege zur Richtstätte tauschten viele aus der Volksmenge freundliche Worte mit ihm aus, was zu erheblichen Störungen Anlass gab. Und als er zuletzt in einer Art Hütte, die in Brand gesteckt werden sollte, an einen Pfahl gebunden wurde, steckten mehrere ihren Kopf hinein, um ihn zum Widerrufe aufzufordern. Der Raum wurde mehrmals mit Rauch angefüllt, um ihn zu erschrecken; aber er gab nicht nach. Nach seiner Verbrennung sollen viele ihn für einen Heiligen gehalten haben[1]).

Ein solches Verfahren war indessen nicht geeignet, die Gunst zu vermindern, in der die Fraticellen bei dem Volke standen. Die beiden Sizilien waren noch immer von der Ketzerei gründlich durchseucht. Als im Jahre 1362 Herzog Ludwig von Durazzo seinen vergeblichen Versuch zu einer Empörung machte, sah er in der Beliebtheit der Fraticellen ein Moment von solcher Wichtigkeit für ihn, dass er ihnen öffentlich seine Sympathien bekundete, sie um sich scharte und von dem frühern Bischof Thomas von Aquino eine Messe für sich lesen liess. Wahrscheinlich ging bei dieser Gelegenheit der Kardinal Albornoz nach Neapel, um die wankende Macht der Königin Johanna wieder herzustellen; er liess, wie es heisst, die Fraticellen, die sehr zahlreich waren, ergreifen und alle auf einem gewaltigen Scheiterhaufen verbrennen[2]). Franciscus Marchisius, der Archidiakon von Salerno, war ein Fraticelle; trotzdem wurde er 1361 Bischof von Trivento und bekleidete diese Würde bis zu seinem im Jahre 1379 erfolgten Tode. Im Jahre 1372 war Gregor XI. überrascht, als er hörte, dass in Sizilien die Gebeine von Fraticellen wie Reliquien

---

1) Werunsky, Excerpta ex Regist. Clem. VI. et Innoc. VI. p. 91. (*1854 Okt. 29: Rom und Umgegend, Benevent, Neapel, Capua; 1355 Aug. 14: Calabrien und Sizilien; 1357 Sept. 20: Rom und Umgegend, Orvieto, Italien im allgemeinen; vgl. Vatik. Archiv, Reg. Vat. 227 fol. 2; 230 fol. 17; 232 fol. 3; 233 fol. 3; vgl. Ehrle a. a. O. IV, S. 74 ff.). — Raynald. ann. 1354, Nr. 31; ann. 1368, Nr. 16. — Wadding. ann. 1354, Nr. 6—7; 1368, Nr. 4—6. — Comba, La riforma, I. 327, 329—37. — Cantù, Eretici d'Italia, I. 133—4. — Eymericus, Directorium p. 328. — *F. Zambrini, in Scelta di curiosità letterarie inedite o rare del secolo XIII—XIX, Dispensa 50 (Ehrle a. a. O. S. 104).
2) J. G. Sepulveda, Rerum gestarum Aegidii Albornotii lib. III. — *Ehrle a. a. O. IV, 95.

von Heiligen verehrt würden, dass man ihnen zu Ehren Kirchen und Kapellen erbaue, und dass die Bevölkerung am Jahrestage ihres Todes mit Kerzen dorthin eile, um sie zu verehren. Zwar befahl er der Inquisition, solchen unziemlichen Äusserungen einer missverstandenen Frömmigkeit ein Ende zu machen, aber seine Befehle dürften kaum Erfolg gehabt haben. Im Jahre 1368 wurden in Perugia die Behörden veranlasst, viele Fraticellen ins Gefängnis zu werfen; aber diese Massregel fruchtete so wenig, dass im Gegenteil das Volk nach wie vor dabei verblieb, in ihnen die wahren Kinder des hl. Franziskus zu erblicken und ihnen Schutz zu gewähren, während die Franziskaner selbst wegen ihrer Laxheit in der Beobachtung der Ordensregel, wegen des Luxus ihrer Häuser, wegen der Kostbarkeit ihrer Gewänder und ihres Aufwandes bei der Tafel verachtet waren. Man verspottete und beschimpfte sie auf den Strassen, so dass sie sich schliesslich kaum noch öffentlich zu zeigen wagten, und wenn zufällig bei einem der Hemdkragen aus seiner Kutte hervorkam, dann pflegte irgend ein Spassmacher das Leinen noch mehr hervorzuziehen und die johlende Menge zu fragen, ob das die Strenge des hl. Franziskus sei. Als letztes Auskunftsmittel wandten sie sich im Jahre 1374 an Paoluccio von Foligno. Es wurde eine öffentliche Disputation mit den Fraticellen angeordnet, und Paoluccio gelang es, die Gunst des Volkes dadurch umzustimmen, dass er nachwies, der Gehorsam gegen den Papst sei wichtiger als der Gehorsam gegen die Regel. Die Fraticellen wurden aus der Stadt vertrieben; aber selbst nach diesem Siege scheint die Inquisition noch nicht gewagt zu haben, sie zu verfolgen[1]).

In ihrem Eifer, Proselyten zu machen, beschränkten sich die Fraticellen keineswegs auf Italien. Da sie sich für die einzig wahre Kirche hielten, so betrachteten sie es vielmehr als ihre Pflicht, das Heil in der ganzen Welt zu verbreiten. Es gab glaubenseifrige Männer unter ihnen, die bereit waren, mit den Orthodoxen in der Bekehrung

---

1) Tocco, Archivio storico Napoletano, 1887, fasc. 1. — Raynald. ann. 1368, Nr. 16; ann. 1372, Nr. 36 (*vgl. Ehrle a. a O. IV, 166). — Wadding. ann. 1374, Nr. 19—23. — Pet. Rodulphii Hist. seraph. relig. lib. II. fol. 154 a. — Für Paoluccio von Foligno vgl. unten S. 193.

Um diese Zeit war Perugia der Mittelpunkt einer religiösen Erregung. Ein gewisser Piero Garigh, der zu den Fraticellen Beziehungen gehabt zu haben scheint, gab sich als den Sohn Gottes aus und legte seinen Anhängern den Namen Apostel bei. In einer noch vorhandenen kurzen Notiz über ihn heisst es, er habe zehn Apostel gefunden und den elften noch gesucht. Über sein Schicksal ist nichts bekannt. — Processus contra Valdenses (Archivio storico Italiano, 1865, Nr. 39, p. 50).

der Ungläubigen und Barbaren zu wetteifern. Schon im Jahre 1344 sah sich Clemens VI. genötigt, sich an die Erzbischöfe, Bischöfe und alle Gläubigen in Armenien, Persien und dem Orient zu wenden und sie vor diesen Sendboten Satans zu warnen, die die Saat des Irrtums und der Kirchenspaltung unter ihnen auszustreuen suchten. Es standen ihm keine Inquisitoren zur Verfügung, deren Hilfe er in jenen Gegenden hätte anrufen können; daher befahl er den Bischöfen, nach den Ketzern zu forschen und sie zu bestrafen, indem er, in seltsamer Verkennung der Lage in diesen Gebieten, sie zugleich ermächtigte, wenn nötig, die Hilfe des weltlichen Armes anzurufen. Die Fraticellen machten wenigstens eine wichtige Bekehrung; denn im Jahre 1346 war der Papst genötigt, keinen geringeren als den Erzbischof von Seleucia binnen vier Monaten vor sich zu laden, weil er, von den Irrtümern der Pseudominoriten angesteckt, eine Postille über den hl. Johannes, worin er die verbotene Lehre von der Armut Christi vortrug, in armenischer Sprache verfasst und in Asien verbreitet hatte. Im Jahre 1354 hörte Innocenz VI., dass Missionare der Fraticellen unter den Chazaren der Krim tätig seien. Sogleich forderte er den Bischof Konrad von Caffa auf, sie unter Anwendung des Inquisitionsverfahrens zu unterdrücken. Im Jahre 1375 erfuhr Gregor XI., dass sie in Aegypten, Syrien und Asien tätig seien; sofort befahl er dem Franziskanerprovinzial jener Länder, die Strenge der Gesetze gegen die Ketzer in Anwendung zu bringen. Einer namens Lorenz Carbonello hatte sich bis Tunis gewagt, um die Christen dieses Landes mit seiner Ketzerei anzustecken. Gregor befahl daher dem Jakob Patani und dem Wilhelm von Ripoll, den Anführern der christlichen Truppen im Dienste des Bey von Tunis, ihn zu ergreifen und in Ketten an den Erzbischof von Neapel oder den von Pisa zu schicken. Falls der Befehl ausgeführt wurde, durften die sorglosen Muselmänner gewiss Allah danken, dass sie keine Christen waren[1]).

In Languedoc und in der Provence scheint die harte Strenge, womit man bei der Ausrottung der Spiritualen vorging, auch die Unterdrückung der Fraticellen begünstigt zu haben. Immerhin werden uns indessen einige Fälle berichtet, die das Vorhandensein der Sekte auch in diesen Gegenden beweisen. Im Jahre 1336 wurde eine Anzahl von Personen, darunter ein päpstlicher Kaplan, in die päpstlichen

---

1) Raynald. ann. 1344, Nr. 8; ann. 1346, Nr. 70; ann. 1354, Nr. 31; ann. 1375, Nr. 27. — *Ehrle a. a. O. IV, 74 ff.

Gefängnisse zu Avignon geworfen, und der geistliche Richter Wilhelm Lombard wurde beauftragt, die volle Strenge des Gesetzes gegen sie in Anwendung zu bringen. Im Jahre 1352 wurden zwei toskanische Fraticellen namens Johann von Castiglione und Franz von Arquata zu Montpellier verhaftet, weil sie behaupteten, Johann XXII. habe durch die Abänderung der Definitionen der Bulle 'Exiit' seine Autorität verwirkt, und seine Nachfolger leiteten nicht die wahre Kirche. Innocenz VI. liess sie vor sich bringen, aber alle Versuche, sie zum Widerrufe zu bewegen, waren vergebens; ruhig gingen sie, das 'Gloria in excelsis' singend, zum Scheiterhaufen, und sie wurden von einer grossen Zahl ihrer Brüder als Märtyrer verehrt. Zwei andere, Johann von Narbonne und Moritz, traf kurz vorher dasselbe Schicksal in Avignon. Aus Nordfrankreich hören wir wenig von dieser Ketzerei. Anscheinend der einzige Fall, der erwähnt wird, betrifft einen Professor der Pariser Universität namens Dionysius Soulechat. Dieser lehrte im Jahre 1363, dass das Gesetz der göttlichen Liebe durch den Besitz irdischer Güter aufgehoben werde, und dass Christus und die Apostel nichts besessen hätten. Er wurde vom Inquisitor Wilhelm Rochin vorgeladen und schwur auch vor der Fakultät ab, appellierte dann aber an den Papst. Als er sich in Avignon vor einer Versammlung von Theologen zu rechtfertigen suchte, fügte er zu seiner alten Ketzerei noch neue Irrtümer hinzu und wurde an den Kardinal von Beauvais und die Sorbonne zurückgeschickt, die den Befehl erhielten, ihn zum Widerruf zu zwingen und ihn unter Mitwirkung des Inquisitors gebührend zu bestrafen. Im Jahre 1368 musste er öffentliche Abschwörung leisten[1]).

Einige aus Spanien überlieferte Fälle zeigen, dass diese Ketzerei

---

1) Raynald. ann. 1336, Nr. 64: ann. 1351, Nr. 31; ann. 1368, Nr. 16—17. — Archives de l'Inq. de Carcass. (Doat, xxxv. 130). — Mosheim, Ketzergeschichte, I. 387. — Henr. Rebdorf. Annal. ann. 1352 (Böhmer, Fontes IV, 564). — Eymeric. p. 358. — D'Argentré, I. I. 383—6. — *Vgl. Ehrle a. a. O. IV, 28 ff. Am 19. Mai 1347 schrieb Papst Clemens VI. dem Inquisitor in Stadt und Diözese Elne (b. Narbonne) bezüglich des 'Geraldus de Clayrano, olim canonicus Elnensis, qui pro eo quod per tres dies quandam opinionem erroneam diabolica instigatione seductus tenuit, asserendo tunc, so plus velle stare determinationi illius constitutionis que incipit 'Exiit qui seminat' quam determinationi super contentis in ipsa facte per f. r. Johannem papam XXII., quam opinionem statim dictis tribus diebus elapsis ductus penitudine viaque cognita veritatis penitus dicitur abdicasse, per inquisitorem tunc heretice pravitatis in civitate et diocesi Elnensi bonis et beneficiis suis privatus extitit, sicut asseritur, et ad perpetuum carcerem condempnatus, iniunctam sibi penitentiam huiusmodi devota mente suscipiens arte squalores carceris quatuordecim annis continuis ut verus et catholicus christianus sustinuit et adhuc sustinet patienter'. Da

sich auch über die Pyrenäen hinaus erstreckte. In Valencia wurden Bruder Jakob Justi und die Tertiarier Wilhelm Gelabert und Martin Petri von dem Kommissar des Inquisitors Leonhard von Puycerda, R. von Masqueta, verhaftet; sie appellierten an Clemens VI., der dem Bischof von Valencia befahl, sie gegen Bürgschaft freizulassen unter der Bedingung, dass sie die Stadt nicht verlassen dürften, bevor ihr Fall in Avignon entschieden wäre. Sie hatten offenbar reiche Anhänger; denn sie konnten die hohe Bürgschaftssumme von 30 000 Sols zahlen, worauf sie aus der Haft entlassen wurden. Der päpstliche Gerichtshof beeilte sich nicht sehr mit der Sache, und sie geriet vermutlich ganz in Vergessenheit, bis Clemens VI. 1353 erfuhr, dass die beiden Tertiarier gestorben seien, und dass Justi die Stadt regelmässig verlasse sowie seine vergiftenden Lehren unter dem Volke verbreite. Er befahl daher dem Bischof Hugo von Valencia und dem Inquisitor Nikolaus Roselli, die Verfolgung des Falles unverzüglich wieder aufzunehmen. Justi muss widerrufen haben, denn er wurde nur lebenslänglich eingekerkert, während die Gebeine der beiden Tertiarier ausgegraben und verbrannt wurden. Noch verstockter war Bruder Arnald Mutaner, der neunzehn Jahre lang Puycerda und Urgel mit derselben Ketzerei ansteckte. Er leistete der Aufforderung, zur Abschwörung zu erscheinen, keine Folge und wurde daraufhin vom Bischof Berengar von Urgel, der zuvor den Rat Gregors XI. eingeholt hatte, verurteilt; der Inquisitor Eymericus schloss sich dieser Massregel an. Infolgedessen wurde ihm wahrscheinlich der Boden unter den Füssen zu heiss, und er entfloh nach dem Orient. Zum letzten Male hören wir im Jahre 1373 von ihm, als Gregor seinem Vikar, dem Franziskaner Arnaud, befahl, ihn zu verhaften und in Ketten dem päpstlichen Gerichtshof zu senden; ob aber der Befehl Erfolg hatte, entzieht sich unserer Kenntnis. Eine Bulle Martins V. aus dem Jahre 1426 beweist, dass die Fraticellen auch damals noch

---

der König Peter von Aragonien sich für ihn verwende, dürfe der Inquisitor ihn entlassen, 'presertim si ex hoc in nullo detraheretur negotio fidei' (Vatik. Archiv. Reg. Vatic. 141 litt. secr. Nr. 1, Avin. 14. kal. Junii anno VI.). Am 15. April 1353 richtete in Avignon ein Vertreter des Inquisitors von Toulouse an den Papst Innocenz VI. die Bitte, zwei Kardinäle mit der Untersuchung der Geständnisse des Minoriten 'Guillelmus Bernardi de Podio et littere per ipsum misse sui ordinis capitulo generali necnon et quorundam librorum per ipsum compositorum de paupertate Christi ac apostolorum et de sacramento altaris, in quibus multa contineri dicuntur contra bonos mores et nonnulla erronea contra fidem' zu betrauen (Vatik. Archiv, Innocentii VI. Supplicationes I [23] fol. 128).

in Aragon und Katalonien weiterexistierten, und dass es energischer Massregeln bedurfte, um sie auszurotten [1]).

Von derselben Art war vermutlich auch eine im Jahre 1442 in Durango (Provinz Biscaya) entdeckte Ketzerei. Der Häresiarch war in diesem Falle ein Franziskaner namens Alfons von Mella, ein Bruder des Kardinalbischofs Johannes von Zamora; die Sektierer waren bekannt unter dem Namen 'Cerceras'. Wenn berichtet wird, dass Alfons seine Schüler alle Arten geschlechtlicher Perversitäten gelehrt habe, so ist das wohl eine der gewöhnlichen Übertreibungen. Da keine Inquisition vorhanden war, so schickte der König Johann II. den Franziskaner Franz von Soria und den Abt Johann Alfons Cherino von Alcalà la Real mit zwei Alguazils und einer genügenden Anzahl Bewaffneter, um die Sache zu untersuchen. Die Ketzer wurden verhaftet und teils nach Valladolid, teils nach Santo Domingo de la Calçada gebracht, wo man ihnen durch die Folter Geständnisse entlockte und sodann eine beträchtliche Zahl Hartnäckiger verbrannte. Alfons von Mella gelang es indessen, zu entfliehen. Er wandte sich, wie es heisst, mit einigen seiner weiblichen Anhänger nach Granada, entging aber auch dort seinem Schicksale nicht: er wurde nämlich von den Mauren 'acañavereado', d. h. mit spitzen Stöcken langsam zu Tode gemartert. Die Sache muss einen tiefen Eindruck auf das Volk gemacht haben; denn bis in die neuere Zeit machen die Leute jener Gegend den Bewohnern von Durango die „Autos de Fray Alonso" zum Vorwurfe. Im Jahre 1828 verbrannte ein übereifriger Alkalde, um jede Spur des Ereignisses zu verwischen, die Originaldokumente des Prozesses, die bis dahin in den Archiven der Pfarrkirche friedlich geruht hatten [2]).

Das gewaltsame Vorgehen Johanns XXII., das seine Nachfolger fortsetzten, konnte zwar eine Zeitlang den asketischen Spiritualismus der Franziskaner unterdrücken. Aber es war unmöglich, diese asketischen Bestrebungen, die ein so charakteristisches Merkmal jenes ganzen Zeitalters waren, völlig aus einem Orden zu beseitigen, in

---

1) Ripoll, II. 245. — Eymeric. p. 266—7. — Raynald ann. 1373, Nr. 19; ann. 1426, Nr. 18. — Wadding. ann. 1371, Nr. 26—30. — *Vgl. Holzapfel a. a. O. S. 95 ff.
2) Garibay, Compendio historial de España, lib. XVI, c. 31. — La Puente, Epit. de la Crónica de Juan II. lib. IV, c. 1. — Pelayo, Heterodoxos españoles, I. 546—7. — Mariana, lib. XXI, c. 18. — Rodrigo, Historia verdadera de la Inquisicion, II. 11—12. — Paramo, De origine et progressu officii s. Inquisitionis p. 131.

dem sie traditionell geworden waren. Das ergibt sich schon aus der Milde, womit die Franziskaner die Fraticellen behandelten, wenn es ohne allzu grosse Gefahr geschehen konnte. Unzweifelhaft gab es auch unter ihnen viele, die ihrem Ordensstifter gerne nachgeahmt hätten, aber nicht den Mut besassen, die Schranken des Gehorsams zu überschreiten. Solche Männer konnten nur mit Beunruhigung, ja geradezu mit Widerwillen die wachsende Verweltlichung des Ordens gewahren, die als eine Folge der neuen, von Johann XXII. erlassenen Vorschriften sich allmählich geltend machte. Als sich der Provinzial von Toskana aus den von seinen Brüdern gesammelten Almosen 500 Gulden aneignete und diese Summe dem Hospital von Santa Maria in Siena zu 10 % jährlich lieh, wurde er zwar wegen einer so flagranten Verletzung seiner Gelübde und der Wuchergesetze mit Degradation bestraft, aber für seine Mitbrüder bedurfte es doch noch einer besondern göttlichen Heimsuchung, ehe sie die ganze Grösse seiner Sünde begreifen konnten; sie erkannten sie, als er im Jahre 1373 unter schweren Todesqualen und ohne die Sakramente starb. Auch noch andere Vorfälle aus jener Zeit lassen erkennen, wie gross das Übel und wie unmöglich es war, es mit menschlichen Mitteln zu unterdrücken Unter Bonifaz IX. pflegten, wie es heisst, die Franziskaner Dispens nachzusuchen, um eine oder mehrere Pfründen bekleiden zu können; der Papst selbst bestimmte, dass jeder Bettelmönch, der in einen Nichtbettelorden überzutreten wünschte, zuvor hundert Goldgulden an die Apostolische Kammer zahlen solle. Bei einem solchen System konnte man kaum noch behaupten, die Franziskaner hätten die hl. Armut beibehalten, die doch das Ideal des hl. Franziskus und seiner Nachfolger gewesen war [1]).

Das glühende Verlangen nach Armut und der Glaube, dass sie der einzig sichere Weg zum Himmel sei, waren indessen zu weit verbreitet, als dass sie sich hätten unterdrücken lassen. Ein reicher und ehrgeiziger Bürger in Siena, namens Johannes Colombini, wurde durch einen Unglücksfall für den Himmel gewonnen. Seine Laufbahn gleicht auffallend der des Peter Waldes. Der Unterschied zwischen ihnen bestand aber darin, dass die Kirche inzwischen etwas gelernt hatte und sich seines Eifers bediente, anstatt ihn zu bekämpfen. So gründete er den Orden der Jesuaten, den Urban V. im Jahre 1367 approbierte. Es war ein Orden von Laienbrüdern nach den Regeln

---

1) Wadding. ann. 1383, Nr. 2. — Gobelini Person Cosmidromius, Aetas v, c. 84 (*hrsg. von M. Jansen, 1900, S. 139).

des hl. Augustinus; sie legten das Gelübde der Armut ab und widmeten sich der Sorge für die Kranken, ähnlich wie die Celliten oder Alexianer in den Rheinlanden 1).

Es war unvermeidlich, dass unter den asketisch gesinnten Franziskanern Unzufriedenheit entstand und die eifrigsten unter ihnen nach einem Heilmittel forschten, das von Ketzerei frei war. Im Jahre 1350 erhielt der Laienbruder Gentile von Spoleto von Clemens VI. die Erlaubnis, einige Klöster strengerer Observanz zu errichten. Sofort erneuerten sich die Erfahrungen aus der Zeit des Angelus und Liberatus. Der Zorn der Konventualen wurde erregt; sie beschuldigten die Neuerer, dass sie die kurzen und engen Gewänder trügen, die das charakteristische Merkmal der gefürchteten Olivisten gewesen waren; und im Generalkapitel von 1354 drängten sie den General Wilhelm Farinier, gegen die Rebellen diejenigen Massregeln in Anwendung zu bringen, die sich in Languedoc so wirksam erwiesen hatten. Zwar lehnte Farinier das ab, aber er stellte Spione an, um Beweise gegen sie zu erlangen, und war auch bald in der Lage, sie anzuklagen, dass sie Fraticellen bei sich aufnähmen. Sie gaben auch die Tatsache unumwunden zu, behaupteten aber, sie täten dies nur in der Absicht, die Ketzer zu bekehren; gelinge ihnen das nicht, so stiessen sie dieselben wieder aus. Aber sie hatten es unterlassen, die Ketzer der Inquisition anzuzeigen, wie es ihre Pflicht gewesen wäre, und hierauf gestützt, stellte Farinier dem Papst Innocenz VI. die ernsten Gefahren dieser Neuerung vor und erlangte auch die Aufhebung der Erlaubnis. Die Brüder wurden zerstreut und Gentile mit zwei seiner Gefährten zu Orvieto ins Gefängnis geworfen, während sein Koadjutor Frà Martino, ein äusserst tugendhafter Mensch, der nach seinem Tode Wunder wirkte, im folgenden Jahre starb. Die übrigen wurden zum Gehorsam zurückgeführt. Erst nach langer Gefangenschaft wurde Gentile wieder freigelassen und starb 1362, erschöpft durch die nutzlosen Bemühungen, die Disziplin des Ordens wieder herzustellen 2).

Mehr Glück hatte sein Schüler Paoluccio da Trinci aus Foligno. Er war ein einfacher, ungelehrter Mönch, dem sein Verwandter Ugolino, der Herr von Foligno, ein Verliess angewiesen hatte, um darin

---

1) Baluze et Mansi, IV. 566 sq. Im Jahre 1606 erlaubte Paul V. den Jesuaten, die Priesterweihe zu empfangen. — *Heimbucher, Die Orden und Kongregationen der katholischen Kirche I (1896), 486, 479.
2) Wadding. ann. 1350, Nr. 16; ann. 1354, Nr. 1, 2; ann. 1362, Nr. 4. — Chron. Glassberger, ann. 1352, 1354, 1355. — *Bullarium Franciscanum VI, Nr. 245, 291, 533; Ehrle a. a. O. IV, 182; Holzapfel a. a. O., S. 84, 91 ff.

seinen Durst nach Askese zu stillen. Obgleich er von seinen Vorgesetzten die Erlaubnis dazu erhalten hatte, litt er doch sehr unter der Feindseligkeit seiner laxeren Brüder, während er beim Volke durch seine strenge Lebensweise grosse Verehrung fand und viele Jünger gewann. Im Jahre 1368 wohnte der General Thomas von Frignano einem Provinzialkapitel zu Foligno bei und liess sich überreden, Ugolino um einen Platz zu bitten, der Brugliano hiess und im Gebirge zwischen Foligno und Camerino lag, damit Paoluccio und seine Getreuen hier eine Einsiedelei gründen könnten. Nachdem Ugolino das Gesuch gewährt hatte, fürchtete der General eine Spaltung im Orden und wollte es wieder zurückziehen; aber Ugolino veranlasste ihn, das Projekt auszuführen. Brugliano war ein wilder, felsiger, sumpfiger, ungesunder, von Schlangen bevölkerter und sonst fast unbewohnter Ort. Dorthin führte Paoluccio seine Brüder; sie mussten die hölzernen Sandalen anziehen, die die unterscheidende Fussbekleidung ihres Ordens wurden. Ihr Ruf mehrte sich bald, Bekehrte strömten ihnen zu, ihre Wohnräume mussten erweitert werden; neue Häuser der Genossenschaft wurden an vielen anderen Orten gegründet. So entstanden die Observanten oder die Franziskaner von der strengen Observanz — ein Ereignis in der Geschichte der Kirche, das an Bedeutung nur von der ursprünglichen Gründung der Bettelorden übertroffen wird[1]).

Als Paoluccio im Jahre 1390 starb, galt er im Orden schon als ein Provinzial. Nach kurzer Vakanz folgte ihm sein Koadjutor Johannes Stronconi. Im Jahre 1405 begann sodann der hl. Bernardino von Siena seine wunderbare Laufbahn, der als der eigentliche Gründer der Observanten gilt. Diese führten anfangs nur den Namen „Brüder der Einsiedeleien", bis das Konzil von Konstanz sie als eine von den Konventualen tatsächlich unabhängige Organisation anerkannte, worauf sie den Namen annahmen, unter dem sie seitdem bekannt geworden sind. Ihre Institution breitete sich allenthalben aus. Neue Häuser entstanden, oder die der Konventualen wurden reformiert und ihnen übergeben. Im Jahre 1426 wurden sie in die Provinz Strassburg eingeführt, und zwar durch die Vermittlung der Mathilde von Savoyen, der Gemahlin des Pfalzgrafen Ludwig des Bärtigen. Von Jugend an mit den Tugenden der Observanten vertraut, machte diese Fürstin in Heidelberg ihren Gemahl auf die Franziskaner aufmerksam, wie sie in ihrem unter den Fenstern des Schlosses gelegenen Klostergarten mit einer Art von

---

1) Wadding. ann. 1368, Nr. 10—13. — *Jacobilli, Vita del b. Paolo de' Trinci, 1627; Ehrle a. a. O. IV, 184; Holzapfel a. a. O. S. 92.

Kriegsspielen sich die Zeit vertrieben. Die Folge war, dass alle in den Territorien Ludwigs gelegenen Häuser reformiert und die Disziplin der Observanten, wenn auch nicht ohne ernstliche Unruhen, eingeführt wurde. Im Jahre 1453 zwang der Kardinal Nikolaus von Cusa in seiner Eigenschaft als Legat alle Franziskanerklöster in der Diözese Bamberg, die Disziplin der Observanten anzunehmen, da sie andernfalls ihre Privilegien verlieren würden. Im Jahre 1431 wurde das hl. Haus auf dem Monte Alverno, das Mekka der Franziskaner den Observanten eingeräumt, und 1434 wurde die Obhut über die hl. Stätten in Jerusalem ihnen übertragen. Im Jahre 1460 finden wir sie bereits in dem fernen Irland. Selbstverständlich liessen sich die Konventualen die Übergriffe und Triumphe der verhassten Asketen, die sie anderthalb Jahrhunderte lang mit Erfolg verspottet und verfolgt hatten, nicht ruhig gefallen. Streitigkeiten, und zwar noch schärfere und gehässigere als die mit den Dominikanern, kamen unaufhörlich vor, und selbst die Päpste vermochten nicht, sie zu schlichten. Ein Einigungsversuch, den Johann von Capistrano 1430 unter den Auspizien Martins V. unternahm, und der nicht aussichtslos erschien, scheiterte an dem unheilbaren Laxismus der Konventualen, und der Krieg zwischen beiden Parteien begann von neuem. In Frankreich nahm der Streit im Jahre 1435 eine solche Schärfe an, dass König Karl VII. sich genötigt sah, an das Konzil von Basel zu appellieren, welches ein Dekret zugunsten der Observanten erliess. Der Widerstand der Konventualen war aussichtslos. Ihre Verderbtheit war so allgemein anerkannt, dass selbst Pius II. kein Bedenken trug, von ihnen zu erklären, sie seien zwar im allgemeinen ausgezeichnete Theologen, aber die Tugend sei für die meisten von ihnen das letzte, worum sie sich kümmerten. Umgekehrt gewann die neue Organisation durch ihr heiligmässiges Leben immer mehr die Verehrung des Volkes, während der unentwegte Eifer, womit ihre Anhänger dem Hl. Stuhle dienten, ihnen die Gunst der Päpste sicherte, genau so wie es bei den Bettelorden im 13. Jahrhundert der Fall gewesen war. Während sie anfangs nur einen Zweig der Franziskaner bildeten, wurden sie später unter einen tatsächlich unabhängigen Generalvikar gestellt und erhielten schliesslich unter Leo X., nachdem dieser einen vergeblichen Versuch zur Einigung gemacht hatte, im Jahre 1517 einen General-Minister, während die Konventualen zu einer untergeordneten Stellung unter einem General-Magister herabsanken[1]).

---

1) Wadding. ann. 1375, Nr. 44; ann. 1390, Nr. 1—10; ann. 1403, Nr. 1; ann. 1405, Nr. 3; ann. 1415, Nr. 6—7; ann. 1431, Nr. 8; ann. 1434, Nr. 7; ann.

Eine solche religiöse Wiedergeburt konnte wieder Männer von der Art eines Petrus Martyr und Wilhelm Arnaud in den Dienst der Inquisition führen. Ihre rücksichtslose Energie gab die Sache der Fraticellen der Vernichtung preis. In den Wirren des grossen Schismas hatten die Ketzer fast unbemerkt und unbehelligt weiterblühen können. Nachdem aber die Kirche in Konstanz ihren Zwiespalt beseitigt und ein neues und kräftiges Leben begonnen hatte, ging sie ernstlich ans Werk, die Ketzer auszurotten. Kaum war Martin V. von Konstanz nach Italien zurückgekehrt, als er am 14. November 1418 von Mantua aus eine Bulle erliess, worin er beklagte, dass die verabscheuungswürdige Sekte in vielen Gegenden und besonders in der römischen Provinz sich ausserordentlich vermehre; gestärkt durch den Schutz der weltlichen Herrscher, täusche und bedrohe sie die Bischöfe und Inquisitoren, die ihre Unterdrückung versuchten. Daher wies der Papst die letzteren an, energisch gegen die Ketzer vorzugehen, ohne Rücksicht auf die Grenzen ihrer Jurisdiktion, und auch ihre Beschützer zu verfolgen, selbst wenn sie bischöflichen oder

---

1435, Nr. 12—13; ann. 1453, Nr. 18—26; ann. 1454, Nr. 22—3; ann. 1455, Nr. 43—7; ann. 1456, Nr. 129; ann. 1498, Nr. 7—8; ann. 1499, Nr. 18—20. — Chron. Glassberger, ann. 1426, 1430, 1501, 1517. — Theiner, Monument. Hibern. et Scotor. Nr. 801, p. 425, Nr. 844, p. 460. — Aen. Sylvii Op. ined. (Atti della Accademia dei Lincei, 1883, p. 546). — Chron. Anon. (Analecta Franciscana, I. 291—2). — *Holzapfel a. a. O., S. 94 ff.

Mit welcher Erbitterung der Kampf zwischen den beiden Zweigen des Ordens geführt wurde, beweist die Tatsache, dass, als im Jahre 1480 in Palma auf Mallorca die Franziskanerkirche vom Blitze getroffen und teilweise zerstört wurde, die Ausbesserung fast 100 Jahre lang unterblieb, bis die Observanten die Oberhand über ihre Nebenbuhler gewannen und die Kirche in Besitz bekamen (Dameto, Pro y Bover, Hist. de Mallorca, II, 1064—5, Palma, 1841). Als Sixtus IV., früher selbst ein Konventuale, im Jahre 1477 die Observanten ihren Nebenbuhlern unterwerfen wollte, soll der selige Jakob della Marca ihm einen schlimmen Tod angedroht haben, worauf der Papst von seinem Plane Abstand nahm (Chron. Glassberger, ann. 1477).

Der übermässige Laxismus bei den Konventualen wird durch Briefe gekennzeichnet, die im Jahre 1421 der Franziskanergeneral Anton von Pireto an Bruder Liebhard Forschammer richtete und worin er diesem erlaubte, alle ihm gegebenen Almosen bei einem Freunde niederzulegen und sie nach seinem Gutdünken entweder für sich oder für den Orden zu verwenden; ausserdem erlaubte er ihm, nur viermal im Jahre zu beichten (Chron. Glassberger, ann. 1416). Das im Jahre 1421 in Forli abgehaltene Generalkapitel sah sich genötigt, den Brüdern zu verbieten, Handel zu treiben und Geld gegen Wucherzinsen auszuleihen, bei Strafe der Einkerkerung und Konfiskation (ibid. ann. 1421). Durch das 1426 in Überlingen abgehaltene Kapitel erfahren wir, dass es in den Franziskanerklöstern üblich war, einzelnen Mönchen gegen Entrichtung einer gewissen Geldsumme bestimmte Jahresrenten zu zahlen (ibid. ann. 1426). Kurz, die durch die Rivalität der Observanten angeregten Reformversuche zeigen deutlich, wie vollständig der Orden alle Vorschriften der Regel vergessen hatte.

königlichen Ranges seien, woraus zur Genüge hervorgeht, dass die Fraticellen selbst von den kirchlichen und weltlichen Spitzen begünstigt wurden. Dieses Vorgehen des Papstes hatte indessen nur geringen Erfolg; denn in einer späteren Bulle aus dem Jahre 1421 wies Martin V. darauf hin, dass die Ketzerei noch beständig zunehme, und er griff zu einem aussergewöhnlichen Hilfsmittel, indem er die Kardinäle von Albano und Porto zu Spezialkommissaren für die Unterdrückung derselben ernannte. Aber auch die Kardinäle hatten nicht mehr Erfolg als ihre Vorgänger. Im Jahre 1423 stellte das Generalkonzil von Siena mit Entrüstung fest, dass in Peniscola ein häretischer Papst mit einem Kardinalskollegium lebe und aus seiner Existenz gar kein Hehl mache. Gallikanische Delegierte machten vergeblich den Versuch, das Konzil zu energischen Massregeln gegen diejenigen weltlichen Autoritäten zu veranlassen, welche durch ihre Begünstigung diese skandalösen Zustände beförderten. Wie sehr das ganze Verfolgungssystem darniederlag, beweist der Fall der drei Fraticellen Bartolommeo di Matteo, Giovanni di Marino von Lucca und Bartolommeo di Pietro von Pisa, die damals in Florenz entdeckt wurden. Martin V., der offenbar der in den Händen der Franziskaner liegenden Inquisition von Florenz misstraute, übergab die Angelegenheit in speziellem Auftrage seinen Legaten, die damals das Konzil von Siena leiteten. Nach der plötzlichen Auflösung des Konzils kehrten die Legaten nach Rom zurück mit Ausnahme des Dominikaner-Generals Leonardus von Florenz, der sich nach Florenz begab. An ihn schrieb daher Martin V. am 24. April 1424 und erteilte ihm die Vollmacht, die Sache zum Abschluss zu bringen, indem er zugleich dem Florentiner Inquisitor jede Teilnahme an der Untersuchung ausdrücklich untersagte. Im September desselben Jahres wies Martin V. den Abt Peter von Rosacio, den Statthalter in der Mark Ancona, an, die Fraticellen in jener Gegend auszurotten; er gab hierbei selbst die Schwierigkeiten des Unternehmens zu, indem er mit ungewöhnlicher Milde Peter ermächtigte, selbst diejenigen zur Rekonziliation zuzulassen, die sich eines wiederholten Rückfalles schuldig gemacht hatten [1]).

Es bedurfte augenscheinlich einer neuen treibenden Kraft. Denn an Gesetzen zur Ausrottung von Ketzern war kein Mangel, und auch ein wohldurchdachtes System zur Ausführung dieser Gesetze

---

1) Raynald. ann. 1418, Nr. 11; ann. 1421, Nr. 4; ann. 1424, Nr. 7. — Jo. de Ragusio, De init. Basil. concilii (Mon. conc. gen. saec. xv. T. I. p. 30—1, 40, 55). — Ripoll, II, 645.

fehlte nicht; aber das System schien vollständig gelähmt zu sein, und alle Bemühungen des Hl. Stuhles, es wieder wirksam zu machen, erwiesen sich als erfolglos. Martin V. löste indessen das Problem, als er 1426 mit kühner Übergehung der Inquisition zwei Observanten zu Inquisitoren ernannte, und zwar ohne Begrenzung ihres Amtsbereichs und mit der Vollmacht, Vertreter zu ernennen, so dass er gleichsam ganz Italien ihrer Jurisdiktion unterstellte. Es waren die beiden Männer, die uns so oftmals schon als eifrige Bekämpfer der Ketzerei begegnet sind, der hl. Johann von Capistrano und der hl. Jakob von Monteprandone, gewöhnlich unter dem Namen della Marca bekannt, beide voller Eifer und Energie, die beide die spätere Beatifikation und die Kanonisation wohl verdienten durch ihre lebenslängliche Aufopferung und ihre kaum hoch genug anzuschlagenden Bemühungen. Allerdings hatte Jakob nur den Auftrag erhalten, als Missionar den Ketzern zu predigen und sie zu versöhnen; aber in der Praxis wurde diese Einschränkung hinfällig, und als er ein Vierteljahrhundert später einen frohen Rückblick auf die Taten seiner Jugendzeit warf, rühmte er mit Stolz, dass die Ketzer vor seinem Anblicke geflohen seien, dass sie ihre Festungen verlassen und ihre Herden ihm auf Gnade und Ungnade preisgegeben hätten. Ihre Hauptquartiere waren anscheinend in der Mark Ancona, und zwar hauptsächlich in den Diözesen Fabriano und Jesi. Dort setzten die neuen Inquisitoren kühn mit ihrer Tätigkeit ein. Sie fanden keinen Widerstand. Diejenigen Führer, welche es konnten, suchten vielmehr ihr Heil in der Flucht; das Schicksal der anderen lässt sich erkennen aus den Instruktionen, die Martin V. im Jahre 1428 dem Bischof Astorgio von Ancona, dem Statthalter des Papstes in der Mark, bezüglich des Dorfes Maiolati erteilte. Da es eine Zufluchtsstätte der Ketzer gewesen sei, solle es dem Erdboden gleichgemacht und nie wieder aufgebaut werden. Mit hartnäckigen Ketzern solle dem Gesetze gemäss verfahren, d. h. sie sollten verbrannt werden, was nach dem Berichte Jakobs della Marca auch mit vielen von ihnen geschah. Diejenigen, welche bereuten, sollten versöhnt, die Führer aber lebenslänglich eingekerkert und, wenn nötig, gefoltert werden, um von ihnen die Namen ihrer Anhänger zu erfahren. Die einfachen Leute, die verführt worden seien, sollten in der Nachbarschaft zerstreut werden, von wo sie ihre Ländereien bebauen könnten; als Entschädigung solle man unter sie das konfiszierte Vermögen der anderen verteilen. Die Kinder ketzerischer Eltern sollten diesen genommen und an andere Orte gesandt werden, um dort im wahren Glauben aufzuwachsen. In der ganzen Provinz solle nach ketzerischen Büchern eifrig gefahndet, und alle Behörden und Gemeinden sollten darauf hingewiesen werden, dass jede Begünstigung oder Beschützung der Ketzer den Verlust der bürgerlichen Rechte zur Folge habe[1]).

Man hätte erwarten sollen, dass derartige Massregeln ihre Wirkung nicht verfehlten, ebenso wie die Bemühungen des Capistrano, der nach der Vertreibung der Ketzer aus Massaccio und Palestrina dort Observantenklöster gründete, damit sie als Burgen des Glaubens dienten. Aber die Ketzer waren hartnäckig und ausdauernd. Als Eugen IV. den päpstlichen Stuhl bestieg, erneuerte er 1432 das Mandat Capistranos als Generalinquisitor gegen die Fraticellen. An Einzelheiten über diese Periode seiner Tätigkeit erfahren wir wenig; aber zweifellos war er eifrig am Werk, wenngleich ihm der Beistand Jakobs fehlte, der, wie wir gesehen haben, bis 1440 unter den Katharern in Bosnien und unter den Hussiten in Ungarn wirkte. Die Fraticellen von Ancona blieben nach wie vor gefährlich; denn bei seiner Rückkehr aus dem Osten im Jahre 1441 wurde Jakob als Spezialinquisitor zu ihrer Unterdrückung dorthin gesandt. Als 1447 Nikolaus V. den päpstlichen Stuhl bestieg, beeilte er sich, das Mandat Capistranos zu erneuern. Im Jahre 1449 wurde ein gemeinsamer Angriff auf die Ketzer in der Mark unternommen, der vielleicht dadurch veranlasst wurde, dass am päpstlichen Hofe selbst ein Bischof der Fraticellen namens Matteo, der das Franziskanerhabit zu tragen pflegte, gefangen genommen wurde. Nikolaus begab sich persönlich nach Fabriano, während Capistrano und Jakob das Land säuberten. Maiolati war trotz des Verbotes wieder aufgebaut worden und wurde mit Migliorotta, Poggio und Merulo zum Glauben zurückgeführt; welche Mittel man dabei anwendete, lässt sich leicht erraten. Jakob behauptet, dass die Ketzer einem Bravo fünfhundert Dukaten gaben, um Capistrano zu erschlagen, und bei anderen Gelegenheiten zweihundert oder hundertfünfzig Dukaten für seinen eigenen Kopf aussetzten; in jedem dieser Fälle seien aber die Mörder, von Gewissensbissen gefoltert, zu ihm gekommen und hätten ein Geständnis abgelegt — zweifellos eine gewinnbringende Enthüllung für die Banditen; denn jeder, der mit der italienischen Gesellschaft jener Zeit bekannt ist, weiss, dass solche Summen ihren Zweck sonst nicht verfehlt

---

1) Wadding. ann. 1426, Nr. 1—4 (*Ehrle a. a. O. IV, 108). — Raynald. ann. 1428, Nr. 7. — Jac. de Marchia, Dialogus (Baluze et Mansi, II. 597, 609). — *E. Jacob, Johannes von Capistrano (1902—07); G. Nicolai, Vita storica di S. Giacomo della Marca (1876); Léon, Vie de S. Jacques de la Marche (1894). Vgl. Bd. II, S. 193, 305, 618.

haben würden. Die Inquisitoren standen indessen unter dem besondern Schutz des Himmels. Die Legende erzählt, dass einst die Ketzer dem Capistrano in einem Hinterhalte aufgelauert hätten; schon seien seine Gefährten vorbeigegangen, während er, allein und in Gedanken und Gebete vertieft, nachfolgte; da habe plötzlich ein Wirbelwind mit strömendem Regen seine Angreifer in ihrem Versteck zurückgehalten, so dass er entkommen sei. Jakob wurde in ähnlicher Weise von Gott beschützt. In Matelica hielt sich ein Ketzer in einer Kapelle der hl. Jungfrau verborgen, um den Inquisitor, wenn er vorbeikäme, zu überfallen. Aber die Jungfrau erschien ihm und richtete so furchtbare Drohungen gegen ihn, dass er zu Boden fiel und liegen blieb, bis die Nachbarn ihn ins Hospital trugen. Erst nach drei Monaten konnte er Jakob zu Fermo aufsuchen und abschwören[1]).

Die unglücklichen Gefangenen wurden nach Fabriano vor Nikolaus V. gebracht und dort verbrannt. Jakob berichtet, dass der Geruch der Scheiterhaufen drei Tage lang sich bemerkbar machte, und dass er bis zu dem Kloster drang, in dem er sich aufhielt. Er bemühte sich, die Seelen derer zu retten, deren Leib wegen ihrer Rückfälligkeit dem Tode verfallen war, und es gelang ihm auch bis auf einen einzigen Fall. Der Schatzmeister der Sekte nämlich, namens Chiuso, erwies sich als ein verstockter Ketzer. Er weigerte sich, zu widerrufen, und wollte weder Gott, noch die hl. Jungfrau, noch die Heiligen um Hilfe bitten, sondern erklärte einfach: „Das Feuer wird mich nicht verbrennen." Seine Standhaftigkeit wurde auf die schärfste Probe gestellt. Stückweise wurde er in Zwischenräumen drei Tage lang verbrannt; aber seine Entschlossenheit liess nicht nach, und schliesslich gab er trotz aller liebevollen Bemühungen, ihn in den Himmel zu foltern, unbussfertig den Geist auf[2]).

Auch dieses energische Vorgehen rottete indessen die hartnäckigen Ketzer nicht aus. Im Jahre 1466 zeigten sich neue Spuren von ihnen in der Mark, so dass Paul II. den Bertold von Callepio als Inquisitor dorthin schickte. Dieser kehrte mit einer Anzahl Gefangener nach Rom zurück. Vor einer Kommission, zu welcher der Erzbischof Stephan von Mailand, der Bischof Rodrigo von Zamora, der Bischof Nikolaus von

---

1) Wadding. ann. 1426, Nr. 15—16; Regest. Mart. v, Nr. 162; ann. 1432, Nr. 8—9; ann. 1441, Nr. 37—8; ann. 1447, Nr. 10; ann. 1456, Nr. 108; ann. 1476, Nr. 24—5. — Raynald. ann. 1432, Nr. 24. — Jac. de Marchia, Dialogus (Baluz et Mansi, II. 610).
2) Jac. de Marchia a. a. O.

Faro und der Magister Sacri Palatii Jacobus Ägidii gehörten, fand das Verhör der Gefangenen statt — ein Beweis, wie vollständig die reguläre Inquisition ausgeschaltet worden war. Aus dem Geständnisse eines der Gefangenen geht hervor, dass etwa vierzig Jahre früher die Fraticellen sich gespalten hatten, und zwar infolge der Weigerung ihres Generalministers, nach Ablauf der festgesetzten dreijährigen Amtsperiode seine Würde niederzulegen. Seitdem gab es zwei Parteien, die sich in der Organisation unterschieden, im Glauben dagegen übereinstimmten. Ausserdem bemerkte der Gefangene, dass er in Griechenland in die Sekte aufgenommen worden sei, und dass in diesem Lande seit der Zeit Johanns XXII. eine vollständige Kirche mit einem Papste, Kardinälen und blühenden Klostergemeinden bestehe. Nach seiner Rückkehr nach Italien sei er in Poli (bei Tivoli) Minister gewesen, einer Ortschaft, wo die Hälfte der Bewohner einschliesslich ihres Herrn, Stefano de' Conti, zu der Sekte gehörten. Nur ein einziger der Ketzer war hartnäckig, wurde aber durch wiederholte Anwendung der Folter schliesslich bekehrt. Überhaupt wurde während des Verhörs von der Tortur freier Gebrauch gemacht, und so erlangte man denn nach einigen Schwierigkeiten ein einstimmiges Geständnis, wonach die Ketzer nächtliche Versammlungen abhielten, in denen nach Auslöschung der Lichter ein wechselseitiger unterschiedsloser Geschlechtsverkehr stattfand, der unter dem Namen Barilotto bekannt war. Ebenso wurde eingestanden, dass die Ketzer Kinder töteten, indem sie dieselben von Hand zu Hand warfen und aus der Asche derselben ein sakramentales Pulver herstellten. Die Rekonziliation dieser Ketzer bot in Rom Gelegenheit zu einem grossen öffentlichen Schauspiel. Acht Männer und sechs Frauen wurden, mit Papiermützen versehen, auf einem hohen Schafott bei Aracoeli dem Spott der Menge ausgesetzt, während der päpstliche Vikar und fünf Bischöfe predigten, um sie zu bekehren. Ihre Strafe bestand darin, dass sie im Campidoglio eingekerkert wurden und ein langes Gewand mit einem Kreuze auf der Brust tragen mussten. Die Gebeine ihrer toten Gefährten wurden ausgegraben und verbrannt, und ein Haus in Poli, das als Versammlungsort gedient hatte, wurde dem Erdboden gleichgemacht. Dies war indessen wohl noch nicht die letzte Verfolgung; denn eine unter dem 6. Juli 1467 aufgestellte Kostenrechnung über Kleider, Holz usw. für zwölf Ketzer dürfte beweisen, dass an diesem Tage ein Autodafé mit einigen Verbrennungen stattfand. Bei dieser Gelegenheit schrieb wahrscheinlich Rodrigo Sanchez, ein Günstling Pauls II., der 1469 Bischof von

Palencia wurde, eine Abhandlung über die Armut Christi, in welcher er nachwies, dass die Geistlichen trotz ihres irdischen Besitzes ein apostolisches Leben führten. Im Jahre 1471 wurde Frà Tommaso di Scarlino nach Piombino und in die Küstenstriche Toskanas geschickt, um einige dort entdeckte Fraticellen zu vertreiben. Das ist unseres Wissens der letzte Hinweis auf sie; von da ab kann man die Sekte tatsächlich als erloschen ansehen. Als im Jahre 1487 die spanische Inquisition einige Observanten verfolgte, verfügte Innocenz VIII. allgemein, dass jeder von Dominikaner-Inquisitoren eingekerkerte Franziskaner seinen eignen Oberen zum Verhör ausgeliefert werden solle, und dass in Zukunft derartige Verfolgungen unterbleiben müssten. Das beweist, dass es damals keine Fraticellen mehr gab, ja dass sie fast in Vergessenheit geraten waren[1]).

Die Vernichtung der Fraticellen kann als ein Erfolg der Observanten bezeichnet werden; sie erreichten dieses Ziel aber nicht so sehr dadurch, dass sie die zur gewaltsamen Unterdrückung der Ketzer nötigen Kräfte stellten, als vielmehr dadurch, dass sie eine Organisation begründeten, in welcher das asketische Bedürfnis in Ruhe und Sicherheit befriedigt werden konnte, und welche die Verehrung des Volkes, die so lange Zeit den Ketzern als Schutzmittel gedient hatte, auf sich lenkte. Wenn wir lesen, welchen Ruhm Capistrano bei seinen Landsleuten genoss — wie in Vicenza 1451 die Behörden die Stadttore schliessen mussten, um dem Einströmen einer beständig wachsenden Menge zu wehren; wie er auf den Strassen von einer Garde von Brüdern begleitet werden musste, um das Volk abzuwehren, welches ihn beständig mit Stöcken zu berühren oder einen Fetzen seines Gewandes als Reliquie zu erlangen suchte; oder wie 1456 in Florenz eine bewaffnete Garde ihn beschützen musste, weil er sonst erdrückt worden wäre, — dann können wir uns eine Vorstellung machen von dem ungeheuren Einflusse, den er und seine Gefährten ausübten, indem sie die öffentliche Meinung und die Gunst des Volkes wieder auf die von ihnen vertretene offizielle Kirche lenkten. Wie die Bettelmönche des 13. Jahrhunderts verschafften

---

1) Dressel, Vier Documente aus römischen Archiven, Berlin, 1872, p. 1—48 (*Ehrle a. a. O. IV, 110). — Pastor, Geschichte der Päpste, II. 341. — Steph. Infessurae Diarium urb. Romae ann. 1467 (hrsg. von Or. Tommasini, 1890). — Platinae Vit. Pauli II (ed. 1574, p. 308). — Roderici Santii Hist. Hispan. P. III, c. 40 (R. Beli, Rer. Hist. Script. I. 433). — Wadding. ann. 1471, Nr. 14. — Ripoll, IV. 22. — *Lea, A History of the Inquisition of Spain II (1906), 30. Etwa hundert Jahre später wiederholt der Gelehrte Juan Ginés Sepúlveda (Rerum gestarum Aegid. Albornot. lib. III) die Geschichte von dem Barilotto unter Hinzufügung einiger Ausschmückungen (*Ehrle a. a. O. IV, 137).

sie der Kirche wieder ein gutes Teil des Ansehens, das sie verloren hatte, obgleich, wenn wir Poggio glauben dürfen, viele von ihnen gar bald entarteten und in ihren Sitten lax und nachsichtig wurden[1]).

Die Observanten boten auch denen eine Zufluchtsstätte, die eine krankhafte Neigung hatten, einen übermenschlich strengen Lebenswandel zu führen. Die Kirche hatte eben schliesslich doch die Notwendigkeit erkannt, ein Ventil für diese Neigungen zu schaffen, und so kam es, dass, als die alten Fraticellen gestorben oder verbrannt waren, keiner da war, der an ihre Stelle trat, und dass so die Sekte spurlos verschwand. Der asketische Eifer muss in der Tat damals gross gewesen sein, wenn er noch nicht einmal gestillt werden konnte durch ein Leben, wie das des Lorenz von Fermo, der im Alter von 110 Jahren 1481 starb, nachdem er neunzig Jahre lang bei den Observanten zugebracht und vierzig davon auf dem Monte Alverne gelebt hatte, weder Kutte noch Sandalen tragend, barhäuptig und barfüssig und nur mit den dünnsten Gewändern bekleidet, selbst im strengsten Winter. Wenn es Naturen gab, die nach noch grösserer Strenge verlangten, so hatte die Kirche allmählich gelernt, sie sich nutzbar zu machen oder sie im Zaume zu halten. So wurde der Orden der strengen Observanz gegründet, bekannter unter dem Namen Rekollekten. Der Graf Johannes von Sotomayor, aus dem edelsten spanischen Blut, war in den Franziskanerorden eingetreten. Mit der Laxheit desselben unzufrieden, erlangte er von Innocenz VIII. im Jahre 1487 die Erlaubnis, einen reformierten Zweig zu gründen, für den er in der Wildnis der Sierra Morena ein Kloster errichtete. Trotz des erbitterten Widerstandes der Konventualen wie der Observanten hatte er bedeutende Erfolge und breitete sich in Frankreich und Italien aus. Weniger glücklich und auch weniger ordnungsmässig war ein ähnlicher Versuch, den nicht lange nachher (um 1490) der Franziskaner Matthias von Tivoli machte. Sein Durst nach strengster Askese hatte ihn veranlasst, mit etwa achtzig Gefährten in der römischen Provinz das Leben eines Einsiedlers zu führen. Aber vom Satan verführt, der Matthias in der Verkleidung Christi erschien, legten sie allen Gehorsam gegen den Orden ab. Matthias wurde verhaftet und eingekerkert und fing schon an, an der Echtheit seiner Mission zu zweifeln, als eine neue Vision ihn in seinem Glauben wieder bestärkte. Es gelang ihm, mit einem Gefährten zu entfliehen, und er lebte hinfort in Höhlen des Gebirges, von zahlreichen Jüngern

---

[1]) Barbarano de' Mironi, Hist. di Vicenza, II. 164—5. — Poggii Bracciolini, Dialogus contra hypocrisim.

umgeben, von Gott aber erleuchtet und mit Wunderkraft begabt. Er organisierte seine Anhänger zu einem selbständigen Orden mit einem General, mit Provinzialen und Guardianen; aber es gelang der Kirche, die Genossenschaft im Jahre 1495 aufzulösen, worauf Matthias schliesslich zu den Konventualen zurückkehrte, während die meisten seiner Jünger bei den Observanten eintraten [1]).

Wenn wir auf die Geschichte dieser krankhaften, wenn auch durch erhabene Beweggründe veranlassten Verirrungen zurückblicken, so können wir uns nicht gegen die Tatsache verschliessen, dass die Kirche durch die theologische Anmassung und den hartnäckigen Eigensinn Johanns XXII. viel an Lebenskraft verlor und viel grundloses Leiden verursachte. Mit etwas Takt und Diskretion hätte man den Eifer der Fraticellen ebenso nutzbringend machen können wie später den der Observanten. Die unaufhörlichen Streitigkeiten der letzteren mit den Konventualen erklären die Verfolgungen, welche vorher die Spiritualen und Fraticellen erdulden mussten. Paoluccio hatte das Glück, einflussreiche Persönlichkeiten zu finden, die so verständig waren, seine junge Organisation so lange zu beschützen, bis sie ihre Brauchbarkeit erwiesen hatte und sich selbst verteidigen konnte. Die Konventualen freilich hätten, auch als diese Organisation eine der brauchbarsten Waffen in den Händen des Papsttums geworden war, wenn sie die Macht dazu gehabt hätten, die Observanten ebenso unmenschlich behandelt wie vorher die Anhänger des Angelus, des Olivi und des Michael von Cesena.

---

1) Wadding. ann. 1481, Nr. 9; ann. 1487, Nr. 3—5; ann. 1495, Nr. 12. — Addis and Arnolds, Catholic Dictionary, s. v. Recollects. — *Holzapfel a. a. O. S. 139, 140.

Viertes Kapitel.

Die politische Ketzerei und die Kirche.

¹⁸¹ Die Identifizierung der Sache der Kirche mit der Sache Gottes war nicht neu. Lange bevor Gesetze gegen die Ketzerei erlassen waren und die Inquisition zu ihrer Ausrottung organisiert wurde, hatte man erkannt, wie vorteilhaft es war, einen jeden zum Ketzer zu stempeln, der den Forderungen der Bischöfe und Päpste den Gehorsam verweigerte. In dem Streite zwischen Kaisertum und Papsttum über die Investitur verlangte das Laterankonzil von 1102 von allen anwesenden Bischöfen die Unterschrift einer Erklärung, wonach die Verachtung des päpstlichen Anathems als eine neue Ketzerei bezeichnet und mit dem Anathem belegt wurde, und wenn auch die Kirche noch nicht zur Todesstrafe für gewöhnliche Ketzerei entschlossen war, so hatte sie doch kein Bedenken gegen eine gebührende Strafe für die Kaiserlichen, welche die traditionellen Rechte des Reiches gegen die neuen Ansprüche der Päpste verteidigten. In demselben Jahre gab der Mönch Sigebert von Gembloux, der durchaus kein Anhänger des Gegenpapstes Wibert war, seiner Empörung Ausdruck über die blutige Grausamkeit Paschals II., der seine Anhänger aufgefordert hatte, alle Untertanen Heinrichs IV. zu erschlagen. Und als Graf Robert von Flandern bei seiner Rückkehr von dem ersten Kreuzzuge die Waffen gegen Heinrich IV. ergriff und seine Frömmigkeit dadurch betätigte, dass er das Gebiet von Cambrai verwüstete, spendete Paschalis ihm in einem Briefe begeistertes Lob für dieses gute Werk und ermahnte ihn gleichzeitig, es ebenso fromm fortzusetzen wie seine Bemühungen zur Eroberung des Hl. Grabes, indem er zugleich Robert und seiner ganzen wilden Kriegerschar Nachlass der Sünden zusicherte. Paschalis wurde indessen selbst ein Ketzer, als er 1111, der Gewalt Heinrichs V. nachgebend, dem Kaiser das Recht der Investitur der Bischöfe und Äbte zugestand. Aller-

dings entzog er, als Bruno, der Bischof von Segni und Abt von Monte Cassino, ihm den Vorwurf der Ketzerei ins Gesicht schleuderte, dem kühnen Redner seine Abtei und sandte ihn auf seinen Bischofssitz zurück. Beim Abschluss des Vertrages mit Heinrich hatte der Papst eine geweihte Hostie in zwei Hälften, für jeden eine, gebrochen und hatte dabei feierlich erklärt: „Wie dieser Leib Christi geteilt wird, so möge der von uns vom Reiche Gottes abgetrennt werden, der es wagen sollte, unsern Vertrag zu verletzen." Doch konnte der Papst den Vorwurf der Ketzerei nicht auf sich sitzen lassen; 1112 präsidierte er einem Laterankonzile, das seinen Eid und seine Bullen für nichtig erklärte. Als Heinrich V. sich daraufhin beklagte, dass Paschalis seinen Eid gebrochen habe, antwortete der Papst kaltblütig: er habe versprochen, dass er den Kaiser nicht exkommunizieren wolle, aber keineswegs, dass er nicht durch andere exkommuniziert werde. Wenn Paschalis auch nicht buchstäblich zur Abschwörung seiner Ketzerei gezwungen wurde, so schwor er doch dem Sinne nach ab, und damit war der Grundsatz aufgestellt, dass selbst ein Papst ein Recht nicht aufgeben könne, dessen Bestreitung für ketzerisch erklärt worden war. Als bald darauf von den deutschen Bischöfen verlangt wurde, dass sie vor ihrer Konsekration jede Ketzerei und insbesondere die 'Heinricianische' abschwören sollten, bezog sich diese Forderung nicht auf die Irrlehren Heinrichs von Lausanne (Bd. I, S. 76 ff.), sondern auf diejenigen des Kaisers, der die Übergriffe des hl. Stuhles in die weltliche Gewalt hatte einschränken wollen[1]).

Als die eigentliche Ketzerei zunahm und immer gefährlicher wurde, als der Kampf gegen sie immer erbitterter und schliesslich durch eine Reihe furchtbarer Gesetze organisiert wurde, als sodann die Anwendung der Lehre vom Ablass der Kirche eine bewaffnete Miliz verschaffte, die ohne Kosten mobilisiert werden konnte, sobald sie es für angebracht hielt, zu verkünden, dass der Glaube bedroht sei: da wurde für sie ganz unvermeidlich die Versuchung stärker, den Fanatismus der Christenheit zur Verteidigung oder Ausdehnung ihrer weltlichen Interessen anzurufen. Die Albigenserkreuzzüge waren gerechtfertigt — soweit ein solches

---

1) Concil. Lateran. ann. 1102 (Harduin. VI. II. 1861–2). — Epist. Sigeberti (Mart. Ampl. Coll. I. 587–94). — Chron. Cassinens. IV. 42, 44. (Martene, Ampl. Coll. I. 627; *M. G. H. Constitutiones imperii I, 91, 142). — Hartzheim, III. 258–65. — Martene, Ampl. Coll. I. 659 (*Hauck, Kirchengeschichte Deutschlands III, 895 ff.).

Mittel überhaupt gerechtfertigt werden kann — durch den tatsächlich vorhandenen religiösen Gegensatz, der eine Spaltung der Christenheit herbeizuführen drohte; ihr Erfolg ermunterte die Sieger, dieselbe Methode auch dort anzuwenden, wo nicht einmal der Schatten einer ähnlichen Rechtfertigung vorlag. Einer der ersten und zugleich einer der typischsten derartigen Fälle war der der Stedinger.

Die Stedinger waren ein sächsisch-friesisches Mischvolk. Durch ihre rastlose Tätigkeit hatten sie die Landstriche an der untern Weser den Überflutungen durch den Fluss und das Meer abgerungen und dann kolonisiert. Ihr Gebiet erstreckte sich südwärts bis in die Gegend von Bremen. Die Stedinger waren unzweifelhaft ein rauhes, halbbarbarisches Volk, kühne Hirten und Fischer, die zu einer Zeit, da man die Taten der Wikinger von Jomsburg besang, wohl auch von einer gelegentlichen Neigung zur Seeräuberei nicht frei waren. Sie waren Freisassen und nur in geistlichen Dingen den Erzbischöfen von Bremen unterstellt, die dafür ihren Zehnten empfingen. Diese Zehntenfrage hatte seit undenklicher Zeit viel Staub aufgewirbelt und hatte sich schon bemerkbar gemacht, als erst schwache Spuren des Christentums in jenen Gegenden vorhanden waren. Im 11. Jahrhundert berichtet Adam von Bremen, dass im ganzen Erzbistum die Bischöfe ihre Segnungen verkauften, und dass das Volk nicht nur der Fleischeslust und Habgier ergeben sei, sondern auch die Zahlung der Zehnten verweigere. Die Stedinger wurden von selbstgewählten Richtern regiert und gaben sich selbst ihre Gesetze. Um 1187 brachen bei ihnen Unruhen infolge des Vorgehens der Grafen von Oldenburg aus. Diese wollten nämlich ihre Herrschaft auch über die von den Stedingern kolonisierten Marschen und Eilande ausdehnen und errichteten zu diesem Zwecke ein oder zwei Schlösser. Da wenige Kirchen im Lande vorhanden und die Pfarreien sehr ausgedehnt waren, pflegten die Mütter ihre Töchter in Wagen zur Messe zu fahren. Nun hatten die Besatzungen jener Schlösser die Gewohnheit, hervorzubrechen und die Frauen zu ergreifen, um sich mit ihnen ihre Einsamkeit zu verkürzen. Dies hatte schliesslich zur Folge, dass das Volk sich erhob, sich der Schlösser bemächtigte, die Besatzungen erschlug und einen Graben zog, der den Zugang zu ihrem Gebiete versperrte und nur einen einzigen Eingang freiliess. Zwar eroberte der Graf Johann von Oldenburg seine Schlösser wieder zurück, aber nach seinem Tode behaupteten die Stedinger von neuem ihre Unabhängigkeit. Zu ihren Rechten zählten sie jetzt auch die Freiheit von der Entrichtung des Zehnten und behandelten infolgedessen mit Verachtung die Priester, die ausgesandt wurden, um sie zum Gehorsam zu veranlassen. Sie verstärkten ihre Verteidigungswerke, und da sie von lehnsherrlicher und kirchlicher Tyrannei frei waren, strömten ihnen Flüchtlinge aus allen benachbarten Ländern zu. Im Jahre 1197 soll angeblich der Erzbischof Hartwig von Bremen auf seiner Reise nach dem hl. Lande Cölestin III. gebeten haben, einen Kreuzzug gegen sie als Ketzer zu predigen; diese Angabe ist aber offenbar falsch; denn die Albigenserkriege hatten damals noch nicht die Anwendung eines solchen Mittels nahegelegt. Die Sachlage verschlimmerte sich, als einige Mönche, die es wagten, den Bauern die Pflicht zur Zahlung des Zehnten einzuschärfen, von ihnen zu Märtyrern gemacht wurden, und als ein Priester, erbittert über die Dürftigkeit des Opfers, das eine Frau von Rang zu Ostern entrichtete, ihr zum Spötte die betreffende Münze statt der Eucharistie in den Mund legte. Die Frau, die die Münze nicht verschlucken konnte, andererseits aber auch befürchtete, ein Sakrileg zu begehen, hielt sie bis zu ihrer Heimkehr im Munde; als sie dieselbe darauf in ein Stück reinen Leinens ausspuckte, entdeckte sie den Streich. Über diesen Schimpf erzürnt, erschlug ihr Gatte den Priester und steigerte dadurch die allgemeine Gärung. Als Hartwig im Jahre 1207 zurückkehrte, versuchte er vergeblich, die aufsässige Bevölkerung zum Gehorsam zu zwingen; es gelang ihm lediglich, etwas Geld zu erheben[1]).

Doch wurden die Stedinger als durchaus rechtgläubige Christen willkommen geheissen, als man ihrer Hilfe bedurfte in dem Streite, der von 1208 bis 1217 zwischen den rivalisierenden Erzbischöfen von Bremen, und zwar zuerst zwischen Waldemar und Burchard, dann zwischen Waldemar und Gerhard, tobte. Zuerst standen sie auf Seiten Waldemars; als aber Kaiser Friedrich II. über Otto IV. gesiegt hatte, fielen sie zu Gerhard ab und entschieden den Sieg des letztern. 1217 bestieg Gerhard den erzbischöflichen Stuhl und begünstigte

---

1) Schumacher, Die Stedinger (Bremen, 1865) S. 26—8. — Adam. Bremens. Gest. Pontif. Hammaburg. c. 203. — *Annales Erphordenses, in Monumenta Erphesfurtensia ed. Holder-Egger (1900), S. 83; Historia monasterii Rastedensis, in M. G. H. SS. XXV, 504. — Albert. Stadens. Chron. ann. 1207 (*M. G. H. SS. XVI, 354). — Joan. Otton. Cat. Archiepp. Bremens. ann. 1207 (Menken, S. R. Germ. II. 791). — *v. Bippen, Geschichte der Stadt Bremen I (1892), 120 ff., 131 ff.; H. Oncken, Studien zur Geschichte des Stedingerkreuzzuges (Jahrbuch für die Geschichte des Herzogtums Oldenburg v, 1896); Schomburg, Die Dominikaner im Erzbistum Bremen während des 13. Jahrhunderts (1910) S. 14 ff.; Braun, Die angebliche Schuld Konrads v. Marburg an dem Kreuzzug gegen die Stedinger 1234 (1911).

seine Verbündeten in grossmütiger Weise bis zu seinem 1219 erfolgten Tode. Sein Nachfolger war Gerhard II. aus dem Hause Lippe, ein kriegerischer Prälat, der sogar den Versuch machte, der Stadt Bremen ihre Freiheiten zu nehmen und den ganzen Handel auf der Weser mit Zöllen zu belegen. Auch die Zehnten der Stedinger konnten seiner Aufmerksamkeit nicht entgehen. Vorläufig hinderten ihn zwar andere Abhaltungen, vor allem ein Krieg gegen den König von Dänemark und sein Streit mit den aufsässigen Bürgern von Bremen, die Unterwerfung der Stedinger sofort zu versuchen. Endlich aber waren seine Hände frei. Sein Bruder, der Graf Hermann von Lippe, und andere Adlige kamen ihm zu Hilfe; denn die Unabhängigkeit des Bauernvolkes an der Weser war allen benachbarten adligen Herren ein Dorn im Auge. Um in der wasserreichen Gegend das Eis benutzen zu können, wurde im Dezember 1229 unter der Führung des Grafen und des Erzbischofs der Krieg begonnen. Die Stedinger leisteten tapfer Widerstand. Am Weihnachtstage fand eine Schlacht statt, in der Graf Hermann fiel und die Kreuzfahrer in die Flucht geschlagen wurden. Um ihren Triumph zu feiern, machten sich die Sieger das Vergnügen, zum Spott falsche Würdenträger, einen Kaiser, einen Papst sowie Erzbischöfe und Bischöfe zu ernennen, die sodann unter diesen Titeln Briefe erliessen. Der Scherz sollte sie aber teuer zu stehen kommen; denn er liess sie mit einiger Übertreibung als Rebellen gegen alle weltliche und geistliche Autorität erscheinen[1]).

Es bedurfte augenscheinlich wirksamerer Mittel, um dieses übermütige Bauernvolk zu bändigen. Das richtige Mittel wurde an die Hand gegeben durch den Erfolg des Kreuzzuges, den im Jahre 1230 der Bischof Wilbrand von Utrecht gegen die freien Friesen gepredigt hatte, weil diese seinen Vorgänger Otto, einen Bruder des Erzbischofs Gerhard, erschlagen und einen andern Bruder Gerhards, den Propst Dietrich von Deventer, nach ihrem Siege bei Coevorden eingekerkert hatten. Es war fast unmöglich, diesem Beispiele nicht zu folgen. Auf einer am 17. März 1230 in Bremen abgehaltenen Synode wurden die Stedinger mit dem Banne belegt als nichts-

---

1) Albertus Stadensis, Chron. ann. 1208—17, 1230 (*M. G. H. SS. xvi, 355 f., 361 f.). — Chron. Rastedense (*M. G. H. SS. xxv, 505).
Unter den Schriftstellern, die sich mit diesen Ereignissen befassen, herrscht eine grosse Verwirrung; ich bin der sorgfältigen Untersuchung Schumachers gefolgt, a. a. O. S. 219—23.

würdige Ketzer, die die Eucharistie mit einer unbeschreiblichen Verachtung behandelten, Zauberinnen befragten, wächserne Götzenbilder sich anfertigten und noch viele andere heimliche Dinge trieben[1]).

Unzweifelhaft gab es bei den Stedingern Überreste heidnischen Aberglaubens, wie wir solche später auch in vielen andern Gegenden der Christenheit antreffen werden. Aber wenn diese auch der Anklage zugrunde gelegt wurden, so waren in Wirklichkeit doch keine religiösen Gegensätze im Spiel, sondern nur Fragen rein politischer Natur. Das ergibt sich aus einem Briefe Kaiser Friedrichs II. vom 14. Juni 1230, worin er die Stedinger belobt wegen der Hilfe, die sie einem Hause der Deutschritter erwiesen, und sie ermahnt, dasselbe auch fernerhin zu beschützen. Ausserdem hören wir, dass die Bauern die Stedinger überall offen begünstigten und sich bei passender Gelegenheit mit ihnen verbündeten. Das Ganze war nichts anderes als eine Episode in dem Streben, die Adels- und Priesterherrschaft weiter auszudehnen: die letzten Überreste der alten Unabhängigkeit der deutschen Stämme mussten vernichtet werden, und hierzu wurden die vereinigten Gewalten von Kirche und Staat aufgeboten. Mit welcher Leichtigkeit man solche Anklagen wie die obigen dem allzugläubigen Volke glaubhaft machen konnte, haben wir bei Konrad von Marburg und den Fabeln gesehen, die er über die geheimen Riten der Luziferianer in Umlauf setzte. Die Vorbereitungen für den Kreuzzug erforderten jedoch geraume Zeit. In den Jahren 1231 und 1232 konnte sich Erzbischof Gerhard nur mit Mühe der siegreichen Bauern erwehren, die das Schloss Schlütter, das der Erzbischof gebaut hatte, um sein Gebiet vor ihren Einfällen zu beschützen, zweimal eroberten und zerstörten. Gerhard suchte in Rom Hilfe. Gregor IX. ordnete infolgedessen im Oktober 1232 eine Untersuchung der Ketzerei der Stedinger durch die Bischöfe von Lübeck, Ratzeburg und Minden an und richtete zugleich an die Bischöfe von Minden, Lübeck und Verden Bullen, in denen er diesen befahl, den Kreuzzug gegen die Rebellen zu predigen. In diesen Bullen wird von dem Zehnten nichts erwähnt, sondern die Stedinger werden als Ketzer schlimmster Sorte bezeichnet, die das Dasein Gottes leugneten, Dämonen anbeteten, Zauberinnen befragten, die Sakramente missbrauchten, ihre Feinde mit Wachsbildern verzauberten und die ärgsten Ausschrei-

---

1) Emonis Chron. ann. 1227, 1230 (*M. G. H. SS. XXIII, 511). — Schumacher a. a. O. S. 81 (*Bremisches Urkundenbuch I, Nr. 166).

tungen gegen die Geistlichen begingen, ja sogar bisweilen Priester mit ausgebreiteten Armen und Beinen an die Wand nagelten zur Verhöhnung des Gekreuzigten. Der lange Pontifikat Gregors IX. war zwei wichtigen Zielen gewidmet: der Vernichtung Kaiser Friedrichs II. und der Unterdrückung der Ketzerei. Schon der blosse Name Ketzer schien in ihm einen Zorn zu entflammen, der ihn aller Vernunft beraubte, und so stürzte er sich denn auch in den Kampf gegen die unglücklichen Bauern im Wesergebiete mit demselben rücksichtslosen Eifer, womit Konrad von Marburg um dieselbe Zeit in den Rheinlanden den Kampf gegen die Mächte der Finsternis führte. Im Januar 1233 schrieb er an die Bischöfe von Paderborn, Hildesheim, Verden, Münster und Osnabrück und befahl ihnen, ihren Brüdern von Ratzeburg, Minden und Lübeck beizustehen; diese habe er beauftragt, einen mit vollkommenen Ablässen ausgestatteten Kreuzzug gegen die Stedinger genannten Ketzer, welche die Gläubigen jener Gegenden verdürben, zu predigen. Mittlerweile war ein Heer zusammengebracht worden, das aber während des Winters gegen die standhafte Entschlossenheit der Bauern nichts auszurichten vermochte und sich am Ende seiner kurzen Dienstzeit wieder auflöste. In einem Briefe vom 17. Juni 1233 an die Bischöfe von Minden, Lübeck und Ratzeburg schreibt der Papst diesen Misserfolg einem Irrtume der Kreuzfahrer zu, die der Meinung seien, sie bekämen für die Teilnahme am Kreuzzuge nicht dieselben Ablässe wie für einen Zug nach dem hl. Lande, und die infolgedessen sich zurückzögen, trotzdem sie entscheidende Vorteile gewonnen hätten. Deshalb sollten die Bischöfe einen neuen Kreuzzug predigen und hierbei darauf achten, dass jeder Irrtum bezüglich der zu gewinnenden Ablässe vermieden werde, vorausgesetzt, dass nicht mittlerweile die Stedinger sich dem Erzbischofe unterwerfen und ihre Ketzereien aufgeben würden. Es war indessen schon ein neues Kreuzheer organisiert worden, welches gegen Ende Juni 1233 in das östliche Stedingerland, auf dem rechten Ufer der Weser, eindrang. Dieses Gebiet hatte sich bis dahin vom Streite ferngehalten und war schutzlos. Die Kreuzfahrer verwüsteten das Land mit Feuer und Schwert, erschlugen die Bewohner ohne Unterschied des Alters und Geschlechtes und bekundeten ihren religiösen Eifer dadurch, dass sie alle Gefangenen verbrannten. Trotzdem fand der Kreuzzug ein unrühmliches Ende. Durch seinen leichten Erfolg ermutigt, wagte es nämlich sein Anführer, der Graf Burchard von Oldenburg, auch die befestigten Gebiete auf dem westlichen Ufer anzugreifen, und wurde dabei mit zweihundert Kreuzfahrern getötet, während die übrigen froh waren davonzukommen[1]).

Die Lage wurde offenbar immer ernster. Der Erfolg der Stedinger in dem Kampfe zur Verteidigung ihrer Unabhängigkeit erweckte ein unbehagliches Gefühl in der Bevölkerung jener Gegenden, und die adligen Lehnsherren hatten nicht weniger als die Bischöfe ein Interesse daran, eine Empörung zu unterdrücken, die leicht der Ausgangspunkt eines gefährlichen und weit um sich greifenden Aufstandes werden konnte. Der dritte Kreuzzug wurde daher mit verdoppelter Energie und in einem weit grösseren Umkreise als vorher gepredigt und im Jahre 1234 ein Kriegszug vorbereitet, der geeignet schien, jeden Widerstand zu zermalmen. In Scharen zogen die Dominikaner durch Holland, Flandern, Brabant, Westfalen und die Rheinlande und forderten die Gläubigen auf, die Religion zu verteidigen. Zwar hatten sie in Friesland nur wenig Erfolg, da die Bevölkerung mit ihren Stammesgenossen sympathisierte und weit eher geneigt war, die Prediger zu misshandeln als ihnen zu folgen. An anderen Orten aber wurden ihre Bemühungen reichlich belohnt. Bullen vom 11. Februar 1234 stellten die Länder des Heinrich Raspe von Thüringen und des Otto von Braunschweig, die beide das Kreuz genommen hatten, unter päpstlichen Schutz. Allerdings hatte Otto nur seine eigene Verteidigung dabei im Auge, da er ein Feind des Erzbischofs Gerbard war. Das stärkste Kontingent kam von Westen unter dem Herzog Heinrich II. von Brabant; es bestand angeblich aus vierzigtausend Mann und wurde angeführt von dem 'preux chevalier' Florens, Grafen von Holland, zusammen mit dem Grafen Dietrich von Cleve, Arnold von Audenarde, Rasso von Gavres, Dietrich von Dixmuide, Gilbert von Zotteghem und andern Adligen, die ebenso eifrig darauf bedacht waren, das Seelenheil zu erwerben, wie darauf, ihre Herrschaft zu verteidigen. Dreihundert Schiffe aus Holland sicherten dem Kreuzzug auch zur See Unterstützung. Gregor IX., anscheinend gewarnt durch die verhängnisvolle Wirkung seines Eifers in der Angelegenheit Konrads von Marburg und von bösen Ahnungen gequält, beauftragte im März 1234 seinen Legaten in Norddeutschland, den früheren Bischof Wilhelm von Modena, noch einmal

---

1) Hist. Diplom. Frid. II. T. IV. p. 497. — Albert. Stadens. Chron. ann. 1232, 1234. — Raynald. ann. 1232, Nr. 8. — Hartzheim, III. 553. — Chron. Cornel. Zantfliet, ann. 1233. — M. G. H. Epistt. Selectt. Saec. XIII. T. I, Nr. 489, 539; *Bremisches Urkundenbuch I Nr. 166, 176, 375; Hauck, Kirchengeschichte Deutschlands IV, 899.

mit friedlichen Mitteln die Versöhnung der Bauern zu versuchen; aber dieser Schritt kam zu spät. Im April versammelten sich die Kriegsscharen. Der Legat tat nichts und konnte wahrscheinlich auch nichts tun, um den letzten Schlag abzuwenden. So drohend indessen auch die Scharen der Kreuzfahrer waren, so traten ihnen dennoch die wenigen Bauern mit ihrer gewohnten Energie entgegen. Bei Altenesch nahmen sie am 27. Mai Stellung und hielten hartnäckig und unerschrocken den Angriff Heinrichs von Brabant und Florens' von Holland aus; aber infolge der Überzahl seiner Streitkräfte konnte Dietrich von Cleve einen Flankenangriff mit frischen Truppen machen, wobei er die Bauern zerstreute und erbarmungslos niedermetzelte. Sechstausend blieben tot auf dem Schlachtfelde, ausser denen, die bei dem vergeblichen Versuche, zu fliehen, in der Weser ertranken. Die Quellen legen uns nahe zu glauben, Gottes Gnade habe sich darin bekundet, dass nur sieben Kreuzfahrer fielen. Das Land war nunmehr schutzlos den Soldaten der Herren preisgegeben, und diese zögerten nicht, ihren Sieg auszunützen und das Land mit Feuer und Schwert zu verwüsten. Weder Alter noch Geschlecht wurde geschont. Sechs Jahrhunderte später, am 27. Mai 1834, wurde auf dem Schlachtfelde von Altenesch den Helden, die im verzweifelten Kampfe für ihr Land und ihre Freiheit gefallen waren, ein Denkmal errichtet[1]).

So hinfällig auch der Vorwand für diese furchtbare Tragödie war, so nahm die Kirche doch die ganze Verantwortung auf sich und hielt bis zuletzt den durchsichtigen Betrug aufrecht. Als die Metzelei und die Verwüstung beendet war, begann die feierliche Posse der Wiederaussöhnung der Ketzer. Da das Land so lange in ihrer Macht gewesen war, waren die toten Ketzer ohne Unterschied neben den Überresten der Rechtgläubigen begraben. Deshalb verordnete Gregor IX. am 28. November 1234 gnädig, dass man angesichts der Unmöglichkeit einer reinlichen Scheidung die vorschriftsmässigen Ausgrabungen unterlassen, aber alle Kirchhöfe von neuem weihen solle, um dadurch ihre Schändung durch die Ketzerleichen wieder auf-

---

1) Emonis Chron. ann. 1234 (*M. G. H. SS. XXIII, 516). — Potthast, Nr. 9399, 9400, 9420. — Epistt. Selectt. Saecul. XIII. T I. Nr. 572. — Meyeri Annal. Flandr. lib. VIII. ann. 1233. — Chron. Cornel. Zantfliet, ann. 1234. — Schumacher a. a. O. S. 116—17. — *Monumenta Erphesfurtensia ed. Holder-Egger, S. 83. — Sächsische Weltchronik, Nr. 376—8. — H. Wolteri Chron. Bremens. (Meibom. Rer. Gem. SS. II. 58—9). — Chron. Rastedense (*M. G. H. SS. XXV, 505). — Joan. Otton. Cat. Archiepp. Bremens. ann. 1234. — Albert. Stadens. ann. 1234. — Anon. Saxon. Hist. Imperator. ann. 1229.

zuheben. Die Erledigung aller Einzelheiten muss eine beträchtliche Zeit in Anspruch genommen haben; denn erst im August 1236 ermächtigte Gregor den Erzbischof zur Wiederaussöhnung der Stedinger, da sie von ihrer Empörung abgelassen und demütig um Verzeihung gebeten hätten; doch müssten sie genügende Bürgschaft dafür stellen, dass sie in Zukunft gehorchen und eine hinreichende Busse für die Vergangenheit leisten würden. An diesem Schlussakte des blutigen Dramas ist bemerkenswert, dass in ihm keine der besonderen, als Grund für die Ausrottung der Ketzer angegebenen Ketzereien ausdrücklich erwähnt wird. Vielleicht hatte die Enthüllung des Betruges Konrads von Marburg die Haltlosigkeit solcher Anklagen gezeigt. Auf alle Fälle waren die ganzen Anschuldigungen nur ein Mittel gewesen, um die Leidenschaft des Volkes zu erregen. Der Ungehorsam gegen die Kirche war ausreichend, und der Widerstand gegen ihre Ansprüche war eine Ketzerei, die hienieden wie im Jenseits mit allen Strafen des weltlichen und geistlichen Schwertes geahndet werden musste[1]).

Man kann nicht annehmen, dass Gregor IX. versäumt habe, die moralischen und materiellen Streitkräfte, die er Gerhard von Bremen in solcher Weise zur Verfügung gestellt hatte, auch für sein eigenes Interesse zu benutzen. Als er im Jahre 1238 in einen Streit mit den Bürgern von Viterbo und ihrem Anführer Aldobrandini verwickelt wurde, verwandelte er das Gelübde des Podestà von Spoleto, in Palästina zu dienen, in einen Dienst gegen Viterbo; gleichzeitig bot er freigebig allen denen, die sich unter sein Banner scharen würden, die Ablässe vom Hl. Lande an. Im Jahre 1241 erklärte er ausdrücklich, dass die Sache der Kirche wichtiger sei als die Palästinas. Da es ihm an Mitteln fehlte, den Kampf gegen Friedrich II. durchzuführen, so befahl er, die Kreuzfahrer zu veranlassen, dass sie entweder ihre Gelübde in Geldspenden umwandelten, wobei sie die Ablässe trotzdem unverkürzt empfangen sollten, oder dass sie ihre Waffen gegen Friedrich wandten in dem Kreuzzuge, den Gregor gegen den Kaiser hatte predigen lassen. Innocenz IV. verfolgte dieselbe Politik, als er einen Gegenkaiser in der Person Wilhelms von Holland aufge-

---

1) Potthast, Nr. 9777. — Hartzheim, III. 554.
Ein Zeitgenosse, der Abt Emo von Wittewerum, erklärt bei der Schilderung der Angelegenheit: „Principalior causa fuit inobedientia, quae scelere idololatriae non est inferior." (*M. G. H. SS. XXIII, 516 Z. 35; vgl. auch Alberich von Trois-Fontaines, ebd. SS. XXIII, 935 und Balduin von Ninove ebd. SS. XXV, 543.)

stellt hatte und 1248 einen Kreuzzug predigen liess zu dem Zweck, Aachen zu erobern, dessen Besitz für die Krönung des neuen Kaisers notwendig war; bei dieser Gelegenheit konnte man sich von den Gelübden eines Zuges nach Palästina loskaufen, vorausgesetzt, dass man die Loskaufsumme dem Papste überwies. Nach dem Tode Friedrichs wurde sein Sohn Konrad IV. die Veranlassung zu ähnlichen Massregeln: alle, welche die Waffen für ihn und gegen Wilhelm von Holland ergriffen, wurden mit dem päpstlichen Anathem belegt. Um die italienischen Interessen des Papsttums zu verteidigen, mordeten sich die Männer wechselseitig in heiligen Kriegen von einem Ende Europas bis zum andern. Der verhängnisvolle Kriegszug nach Aragon, der Philipp dem Kühnen im Jahre 1284 das Leben kostete, war ein Kreuzzug, den Martin IV. predigen liess, um Karl von Anjou zu helfen und Peter III. dafür zu bestrafen, dass er nach der Sizilianischen Vesper Sizilien erobert hatte [1]).

Der planmässige Erlass von Ketzergesetzen und die Organisation der Inquisition gaben einem derartigen Verfahren eine regelmässigere Form, besonders in Italien. In ihrer Eigenschaft als italienische Fürsten zogen die Päpste aus dem Hl. Offizium den grössten Vorteil. Friedrich II. hatte seine Krönung nicht nur mit dem Erlass seines Verfolgungsedikts, sondern auch mit der Bestätigung der Schenkung der Gräfin Mathilde bezahlen müssen. Dadurch war der Ehrgeiz des Papstes nach der Herrschaft über ganz Italien geweckt. Als Friedrich II. 1250 und sein Sohn Konrad vier Jahre später starb, schien der Weg zu diesem Ziele offen zu stehen und mit dem Verschwinden der verhassten Schwaben die Einigung Italiens unter die dreifache Krone fast erreicht zu sein. Schon Innocenz IV. hatte noch vor seinem im Dezember 1254 erfolgten Tode die Genugtuung, Herr von Neapel und damit der mächtigste Papst zu sein, der jemals den Hl. Stuhl eingenommen hatte. Allein die Adligen und Städte waren ebensowenig gewillt, sich einem Innocenz oder einem Alexander, wie einem Friedrich zu unterwerfen, und die fehdelustigen Parteien der Guelfen und Ghibellinen setzten in jedem Orte Ober- und Mittelitaliens den Bürgerkrieg fort. Da war es für die päpstliche Politik von unschätzbarem Vorteile, dass sie die Macht hatte, in jede bedeutendere Stadt einen Inquisitor setzen zu können, dessen Ergebenheit gegen Rom ausser Frage stand, dessen

---

1) Epistt. selectae saec. XIII. T. I. Nr. 720, 801. — Berger, Registres d'Innocent IV. Nr. 4181, 4265, 4269. — Ripoll, I. 219, 225. — Vaissette, IV. 46.

Person unverletzlich war und der bei ungenügender Unterstützung die Unterwerfung und Hilfe des weltlichen Armes mit der angedrohten Verfolgung wegen Ketzerei erzwingen konnte. Solch ein Agent brauchte nicht vor einem Kampfe gegen den Podestà oder den Bischof zurückzuschrecken, und selbst eine unbotmässige Bevölkerung wagte es selten, vorübergehend zur Gewalt ihre Zuflucht zu nehmen. Die Statuten der Republiken wurden, wie wir gesehen haben, umgeändert und so gestaltet, dass sie der vollständigen Entwicklung der neuen Macht angepasst waren, unter dem Vorwande, dass dadurch die Ausrottung der Ketzerei erleichtert werde. So war das Hl. Offizium der höchste Ausdruck für die dienstbeflissene Hingebung der Bettelorden an den Hl. Stuhl, und von diesem Gesichtspunkte aus können wir die volle Bedeutung der grausigen Bulle 'Ad extirpanda'-vom 15. Mai 1252 würdigen, die wir in früheren Kapiteln geschildert haben (vgl. Bd. I, 377, 471; II, 242).

Wenn man die Inquisition in Nord- und Mittelitalien unter beide Orden teilte und jedem seine Provinz für immer zuwies, so war hierbei vielleicht die Absicht massgebend, die Energie beider sich nutzbar zu machen. Nicht ohne Absicht wies man dabei den Dominikanern, die allgemein als die strengeren und tatkräftigeren galten, die Provinz Lombardei zu; denn diese war nicht nur eine Brutstätte der Ketzerei, sondern sie hatte sich auch noch einige Erinnerungen an die ehemalige Unabhängigkeit der Ambrosianischen Kirche bewahrt und war für die von Deutschland aus geübten politischen Einflüsse nicht unempfänglich.

Man erkannte bald, dass eine Anklage wegen Ketzerei ein ebenso einfaches wie wirksames Mittel war, um einen politischen Gegner anzugreifen. Keine Anklage konnte leichter erhoben werden, keine war schwieriger zu widerlegen, von keiner war eine Freisprechung dann, wenn der Gerichtshof die Verurteilung wünschte, so vollständig unmöglich wie bei dem Prozessverfahren der Inquisition, so wie wir es früher kennen gelernt haben. Diente das Verfahren einem politischen Zwecke, dann stellte man den Angeklagten einfach vor die nackte Wahl der Unterwerfung oder des bewaffneten Widerstandes. Dazu kam, dass es nach der damals geltenden Rechtsauffassung kein Verbrechen gab, welches für einen über allen anderen Gesetzen stehenden Machthaber eine ebenso strenge Strafe nach sich zog wie das der Ketzerei. Endlich verlangte das Prozessverfahren der Inquisition, dass jeder unter dem Verdacht der Ketzerei vor ihr Gericht

Gestellte zunächst demütig schwören musste, dass er die Befehle der Kirche annehmen und jede Busse erfüllen wolle, die sie für angemessen halten würde, falls es ihm nicht gelingen sollte, sich von dem Verdachte zu reinigen. So konnte man über einen politischen Feind einen gewaltigen Vorteil schon dadurch erlangen, dass man ihn vorlud und dabei nötigte, sich im voraus jeglicher Bedingung zu unterwerfen, die man ihm auferlegen würde; erschien er aber nicht, dann setzte er sich dadurch der Verurteilung wegen Ungehorsams mit allen ihren furchtbaren zeitlichen Folgen aus.

Es kam wenig darauf an, auf welche Unterlagen eine Anschuldigung wegen Ketzerei sich aufbaute. Bei den verwickelten Intriguen und Parteikämpfen, die in allen italienischen Städten gärten und kochten, liess sich leicht ein Vorwand finden, um die Inquisitionsmaschinerie in Tätigkeit zu setzen. Durch die von Gregor VII. begründete theokratische Organisation wurde der einfache Ungehorsam, dem bis dahin mehr stillschweigend als ausgesprochen ein ketzerischer Charakter zuerkannt worden war, ausdrücklich zur Ketzerei gestempelt. Thomas von Aquino schreckte nicht davor zurück, den Beweis anzutreten, dass Widerstand gegen die Autorität der Kirche eine Ketzerei sei. Indem die Kirche die Bulle 'Unam Sanctam' in das kanonische Recht aufnahm, acceptierte sie die Erklärung Bonifaz' VIII., dass derjenige, welcher der von Gott der Kirche übertragenen Macht Widerstand leiste, sich Gott widersetze, es sei denn, dass er, wie ein Manichäer, an zwei Prinzipien glaube, was genüge, um ihn zum Ketzer zu stempeln; wenn die höchste geistige Macht irre, dann habe Gott allein darüber zu richten; es gebe hienieden keine Berufung gegen ihre Entscheidung. „Wir sagen aus, erklären, definieren und verkünden, dass es für das Seelenheil jeder menschlichen Kreatur notwendig ist, dem römischen Pontifex unterworfen zu sein." Die Inquisitoren waren also durchaus berechtigt, den Rechtsgrundsatz zu vertreten, dass der Ungehorsam gegen jeden Befehl des Hl. Stuhles Ketzerei sei, ebenso wie jeder Versuch, der römischen Kirche irgend ein Privilegium zu rauben, das sie nach ihrem Ermessen für sich in Anspruch nahm. Hieraus ergab sich von selbst die Schlussfolgerung, dass die Inquisitoren die Macht hatten, einen Krieg gegen die Ketzer zu entfachen und diesem Kriege den Charakter eines Kreuzzuges zu geben dadurch, dass sie die für die Befreiung des hl. Landes angebotenen Ablässe auch für diesen Krieg gewährten. Mit solchen Machtvollkommenheiten ausgerüstet, stellte die Inquisition ein politisches Werkzeug dar, dessen Bedeutung man schwerlich überschätzen kann[1]).

Wir haben gelegentlich schon auf die Anwendung dieses Verfahrens in den Fällen des Ezzelin von Romano und des Uberto Pallavicino hingewiesen, und wir haben damals gesehen, wie dasselbe sogar in der stürmischen Anarchie jener Zeit genügte, um diese mächtigen Führer zu vernichten (Bd. II, 251 ff.). Als man im Norden Europas den Kreuzzug gegen Ezzelin predigte, stellte man ihn dem Volke einfach als einen mächtigen Ketzer dar, der den Glauben verfolge. Noch bedeutsamer war die Anwendung dieses Grundsatzes in jenem grossen Kampfe, von dem alle anderen abhingen, und der tatsächlich das Geschick der grossen Halbinsel entschied. Der Untergang Manfreds war eine unbedingte Notwendigkeit für den Erfolg der päpstlichen Politik, und jahrelang suchte die Kirche in ganz Europa nach einem Vorkämpfer, den das Versprechen einer irdischen Krone und des ewigen Heiles anlocken konnte. Im Jahre 1255 ermächtigte Papst Alexander IV. seinen Legaten Rustand und den Bischof Jakob von Bologna, den König Heinrich III. von England von seinem Gelübde eines Kreuzzuges zu entbinden, falls er bereit sei, seine Waffen gegen Manfred zu wenden; der Thron von Sizilien wurde dem Sohne Heinrichs, Edmund von Lancaster, zum Geschenk angeboten. Als Rustand in England den Kreuzzug gegen Manfred predigte und dieselben Ablässe wie für einen Kreuzzug nach dem Hl. Lande anbot, wunderten sich die unwissenden Inselbewohner sehr darüber, dass man durch das Vergiessen von Christenblut ebenso die Sündenvergebung erlangen könne wie durch die Tötung der Ungläubigen. Sie verstanden eben nicht, dass Manfred ein Ketzer sein musste, und dass es, wie Alexander bald darauf Rainerio Saccone erklärte, wichtiger war, den Glauben in seiner Heimat zu verteidigen als in fremden Ländern. Als Alfons von Poitiers 1264 einen Kreuzzug plante, drängte ihn Urban IV., den Plan aufzugeben und statt dessen Manfred zu bekämpfen. Und als sich endlich in Karl von Anjou ein

---

1) Thom. Aquinat. Sec. Sec. Q. 11, Nr. 2—3. — C. 1, Extrav. Commun. I. 8. — Zanchini, Tractatus de haereticis c. II, XXXVII.

Es war gleichsam ein Ausfluss aus der Heiligkeit der Macht des Apostolischen Stuhles, dass die Inquisition Jurisdiktion über die Fälscher päpstlicher Bullen erhielt. Diese Industrie war eine der unvermeidlichen Folgen der Autokratie Roms. Briefe, in denen dem Inquisitor von Toscana, Frà Grimaldo da Prato, im Jahre 1297 Anweisung zum Vorgehen in derartigen Fällen gegeben wird, hat Amati im Archivio storico Italiano (Nr. 38, p. 6) veröffentlicht.

Mann fand, der um den glänzenden Siegespreis zu kämpfen bereit war, wurde die ganze Maschinerie der Kirche in Bewegung gesetzt, und ihre Heilsschätze wurden in verschwenderischer Weise verteilt, um ein Kreuzheer zusammen zu bringen. Der verschlagene Jurist Clemens IV. unterstützte und rechtfertigte diesen Appell an die Waffen durch ein förmliches Verfahren wegen Ketzerei. In demselben Augenblicke, da der Kreuzzug gegen Manfred aufbrach, lud ihn Clemens wegen des Verdachts der Ketzerei zum Verhöre vor. Der ihm gestellte Termin war der 2. Februar 1266. Manfred hatte in jenem Augenblicke dringendere Sorgen und begnügte sich damit, Prokuratoren zu entsenden, welche in seinem Namen die Reinigung von der Anklage anbieten sollten. Da er indessen nicht persönlich erschien, so forderte Clemens am 21. Februar das Konsistorium auf, ihn als ungehorsamen Ketzer für verurteilt zu erklären, mit der Begründung, Manfreds Entschuldigung, der Feind sei ihm auf den Fersen, sei ungültig; denn um den Angriff abzuwehren, brauche er nur sein Königreich aufzugeben. Da Manfred schon fünf Tage später, am 26. Februar, in der unglücklichen Schlacht von Benevent fiel, hatte das gesetzliche Prozessverfahren keinen weitern Einfluss auf das Endergebnis; aber immerhin lässt es uns den Eifer erkennen, womit Rom gegen seine politischen Gegner die Gesetze anwandte, die es gegen die Ketzerei erlassen hatte[1]).

Das bedeutete tatsächlich die Vernichtung der kaiserlichen Macht in Italien. Während die Angioviner den Thron Neapels einnahmen und das Reich durch das grosse Interregnum und seine Folgen machtlos wurde, hatten die Päpste hinreichend Gelegenheit, die für die Ketzerei festgesetzten Strafen anzuwenden, sei es, um

---

1) Thomas Cantimpratensis, Bonum universale de apibus (Douai 1627) lib. II. c. 2. — Matheus Parisiensis, Chronica maiora ann. 1255 (*M. G. H. SS. XXVIII, 353 f.). — Ripoll, I. 326. — Raynald. ann. 1264, Nr. 14. — Arch. de l'Inq. de Carcassonne (Doat, XXXII. 27).
Clemens IV. (Guidonis Fulcodius) galt als einer der ersten Rechtsgelehrten seiner Zeit; doch wurde die Strenge, mit der er das Gesetz gegen Manfred anwandte, nicht von allen Kardinälen gebilligt. Am 20. Februar 1266 schrieb er an den Kardinal von S. Martino, seinen Legaten in der Mark Ancona, und befragte ihn um seine Meinung: Manfred und Uberto Pallavicino seien beide zum Verhöre wegen Ketzerei vorgeladen worden; Manfred habe Prokuratoren geschickt, um seine Reinigung anzubieten, aber Uberto habe die Vorladung unbeachtet gelassen und sei daher ein ungehorsamer Ketzer. Gegen die Verurteilung des letztern habe sich deshalb kein Widerspruch erhoben; bezüglich Manfreds aber seien einige Kardinäle der Meinung, dass seine Entschuldigung begründet sei, da der Feind vor seinen Toren stehe. Er könne aber den Angriff dadurch abwenden, dass er alles preisgebe. — Clement. PP. IV. Epist. 232 (Martene Thesaur. II. 279.)

ihren Hass zu befriedigen, oder um ihre Macht zu vergrössern. Wie sie diese Waffen zu dem erstern Zwecke gebrauchten, ersieht man aus dem Streit Bonifaz' VIII. mit den Colonna, wobei der Papst diese als Ketzer verurteilte, ihre ganze Familie aus Italien verbannte, ihre Häuser zerstören und ihr Eigentum konfiszieren liess. Allerdings beeilte sich Benedikt XI., weil Sciarra Colonna seine Rechtgläubigkeit dadurch dokumentierte, dass er Bonifaz VIII. in Anagni verhaftete und seinen Tod verursachte, das Urteil mit Ausnahme der Konfiskation wieder aufzuheben[1]). Welche Bedeutung aber jener Grundsatz hatte, wenn es sich um Vergrösserung der weltlichen Macht des Papsttumes handelte, zeigt uns der Versuch Clemens' V., sich Ferrara's zu bemächtigen. Dort starb im Januar 1308 der Markgraf Azzo VIII. von Este ohne Hinterlassung gesetzlicher Erben. Der Bischof von Ferrara, der Dominikaner Guido di Capello, der erst kurz vorher als Inquisitor die Gebeine des Armanno Pongilupo hatte verbrennen lassen (Bd. II, 271), begann sofort sein Intriguenspiel, um den Besitz der Stadt dem Hl. Stuhle zu sichern, unter Berufung auf gewisse, allerdings sehr vage Ansprüche, die er auf die karolingische Schenkung gründete. Clemens V. ergriff begierig die Gelegenheit. Er erklärte die Rechte der Kirche für ganz fraglos und beklagte die Bewohner von Ferrara, dass sie so lange der Wohltat der geistlichen Herrschaft beraubt und Leuten unterworfen gewesen seien, die sie ruinierten. Es waren zwei Prätendenten vorhanden: Francesco, der Bruder Azzos, und der natürliche Sohn des letzteren namens Frisco. Die Einwohner von Ferrara wünschten keinen von beiden; ebensosehr verschmähten sie aber auch die Segnungen, die ihnen Clemens versprochen hatte, und erklärten sich für eine Republik. Frisco bat die Venetianer um Hülfe während Francesco sich die Unterstützung der Kirche sicherte. Frisco hatte Erfolg; als aber Francesco mit zwei päpstlichen Nuntien anrückte, entfloh er, worauf die Nuntien die Herrschaft über die Stadt übernahmen. Wie ein zeitgenössischer Chronist berichtet, hatte Francesco keinen Grund zur Enttäuschung, denn die Geistlichen handelten ja immer wie reissende Wölfe. Aber Frisco trat im Oktober 1308 seine Rechte auf Ferrara gegen ein Jahrgehalt an die Republik Venedig ab. Das war aber für die unglücklichen Bürger nur der Anfang des Krieges. Im Jahre 1309 verkündete Clemens einen Kreuzzug gegen die Venetianer, und am 7. März richtete er gegen Venedig eine Bulle, worin er die Stadt mit dem Interdikte

---

1) C. I, Sexto v. 3. — C. 1. Extravag. Commun. v. 4.

belegte einschliesslich der Konfiskation aller ihrer Besitzungen, worin er den Dogen, den Senat und alle Edlen der Republik exkommunizierte und die Venetianer in der ganzen Welt der Sklaverei preisgab. Da die Schiffe Venedigs nach allen Häfen fuhren, wurden viele venetianische Kaufleute in der ganzen Christenheit damals zu Sklaven gemacht. Der Legat Arnold von Pellagrua predigte eifrig den Kreuzzug, und alle Bischöfe der Gegend versammelten sich mit den Streitkräften, die sie aufbringen konnten, zu Bologna. Um Ablässe zu gewinnen, nahmen die Gläubigen in grossen Scharen das Kreuz, und Bologna allein stellte achttausend Mann, so dass der Legat mit einem übermächtigen Heere vorrücken konnte. Nach heftigem Kampfe unterlagen im August 1309 die Venetianer; so viele von ihnen wurden niedergemetzelt, dass der Legat, um dem Ausbruche einer Pest vorzubeugen, jedem einen Ablass verhiess, der einen Leichnam begraben würde, und die Zahl derer, die im Po ertranken, war so gross, dass dass Wasser verdorben und ungeniessbar wurde. Alle Gefangenen liess der Legat blenden und sodann nach Venedig zurückschicken, und als er in die Stadt einzog, liess er die Anhänger Friscos sämtlich aufhängen. Nachdem er sodann im Namen der Kirche einen Statthalter ernannt hatte, kehrte er nach Avignon zurück und wurde für seine Dienste um die Sache Christi glänzend belohnt, während Clemens die Bewohner von Ferrara in salbungsvollem Tone wegen ihrer Rückkehr in den süssen Schoss der Kirche beglückwünschte und erklärte, dass keiner von ihnen ohne Seufzer und Tränen an das Elend und die Betrübnis unter ihren einheimischen Herrschern sich erinnern könne. Trotzdem erhob sich das undankbare Volk, das unter der Fremdherrschaft stöhnte, im Juli 1310 und machte die Anhänger des Papstes nieder. Von neuem zog der Legat mit einem Heere von Bologna heran, bemächtigte sich abermals der Stadt und liess die Rebellen aufhängen mit Ausnahme eines einzigen, der sein Leben mit Gold erkaufte. Neue Unruhen brachen aber aus mit blutiger Vergeltung und schrecklichen Grausamkeiten auf beiden Seiten, bis im Jahre 1314 Clemens V. seiner Beute überdrüssig, die Stadt an Sancha, die Gemahlin Roberts von Neapel, abtrat. Die gaskognische Besatzung erregte indessen den Hass des Volkes, und im Juli 1317 richtete es an Azzo, den Sohn des Francesco, die Bitte, er möge es befreien. Nach hartnäckigem Widerstande ergaben sich die Gaskogner unter der Bedingung, dass man ihnen das Leben zusicherte; aber die Wut des Volkes war so gross, dass sie sich nicht bändigen liess; sie wurden alle bis auf den letzten Mann erschlagen. Diese kurze Episode aus der Geschichte einer italienischen Stadt lässt uns erkennen, wie stark die päpstliche Herrschsucht war, und wie sie noch gesteigert wurde durch die Leichtigkeit, womit sie ihre Gegner als Ketzer verurteilen und nach Belieben Heere zur Verteidigung des Glaubens ausheben konnte[1]).

Johann XXII. war kein Papst, der das geistliche Schwert in der Scheide hätte rosten lassen. Wir haben (S. 152 ff.) gesehen, welchen Gebrauch er von der Anklage der Ketzerei in dem Streite mit seinem Todfeinde Ludwig dem Bayern machte. Noch bezeichnender ist sein Verfahren gegen die Visconti in Mailand. Bei seiner Thronbesteigung im August 1316 war sein erster Gedanke der, Italien unter seiner Oberhoheit zu vereinigen und das Kaiserreich auf die Länder jenseit der Alpen zu beschränken, wozu die Doppelwahl Ludwigs des Bayern und Friedrichs von Oesterreich ihm eine gute Gelegenheit zu bieten schien. Schon im Dezember sandte er Bernhard Guidonis, den Inquisitor von Toulouse, und Bertrand, den Franziskaner-Minister von Aquitanien, als Nuntien aus, um seine Absicht zu verwirklichen. Weder die Guelfen noch die Ghibellinen waren geneigt, auf die Absichten des Papstes einzugehen, da die noch nicht beendeten Wirren in Ferrara eine dringende Warnung bildeten. Zu den Widerspenstigsten gehörten die drei ghibellinischen Häupter in der Lombardei, Matteo Visconti, bekannt als der Grosse, der den grössten Teil jenes Gebiets beherrschte und noch immer den von Heinrich VII. verliehenen Titel eines kaiserlichen Vikars führte, Cane della Scala, der Herr von Verona, und Passerino von Mantua. Diese Herren empfingen die Gesandten des Hl. Stuhles zwar mit allen ihnen gebührenden Ehren,

---

1) Barbarano de' Mironi, Hist. eccles. di Vicenza, II. 153—4. — Regest. Clement. PP. V. T. III. p. 354 sqq ; T. IV. p. 426 sqq., p. 459 ff.; T. V. p. 412 (ed. Benedictina, Romae, 1886—7). — Chron. Estense, ann. 1309—17 (Muratori, S. R. I. XV. 364—82). — Ferreti Vincentini Hist. lib. III (Muratori IX. 1037—47). — Cronica di Bologna, ann. 1309—10 (Ibid. XVIII. 320—1). — *Soranzo, La guerra fra Venezia e la S. Sede per il dominio di Ferrara 1308—13 (1905); Eitel, Der Kirchenstaat unter Clemens V (1907) S. 170 ff.

Selbst der fromme und gemässigte Muratori kann nicht umhin, die Bulle Clemens' V. gegen die Venetianer als „la più terribile ed ingiusta bolla, che si sia mai udita" (Annal. ann. 1309) hinzustellen. Wir haben mit Bezug auf Florenz gesehen, welche Macht die Päpste durch solche Massregeln über die Handelsrepubliken Italiens hatten (Bd. II, 317). Die in dem Exkommunikationsurteile ausgesprochene Konfiskation war keine leere Drohung. Als im Jahre 1281 Martin IV. mit der Stadt Forli im Streite lag und sie exkommunizierte, befahl er bei Strafe der Exkommunikation, die selbst auf dem Totenbette nicht aufgehoben werden könne, dass alle, die den Bürgern von Forli Geld schuldeten, dies seinen Vertretern angeben und ihnen bezahlen sollten. Auf diese Weise sammelte er viele Tausende von Lire aus dem Hab und Gut seiner Feinde. — Chron. Parmens. ann. 1281 (Muratori, S. R. I. IX, 797).

fanden aber allerlei Ausflüchte, um die päpstlichen Anordnungen zu umgehen. Im März 1317 erliess Johann eine Bulle, worin er erklärte, dass alle kaiserlichen Ernennungen mit dem Tode Heinrichs VII. hinfällig geworden seien, dass, bis Heinrichs Nachfolger die päpstliche Bestätigung erhalten habe, alle Macht des Reiches bei dem Hl. Stuhl beruhe, und dass jeder, der sich anmasse, diese Machtvollkommenheiten ohne Erlaubnis auszuüben, des Verrates an der Kirche sich schuldig mache. Die päpstliche Herrschsucht auf der einen, die ghibellinische Hartnäckigkeit auf der andern Seiten machten einen Bruch unvermeidlich. Es gehört nicht zu unserer Aufgabe, die viel verschlungenen Fäden der diplomatischen Intriguen und der militärischen Unternehmungen zu entwirren, die sich nun entspannen, und wobei die Wagschale des Erfolges sich entschieden auf die Seite der Ghibellinen neigte. Am 6. April 1318 erschien eine Bulle, welche über Matteo, Cane, Passerino und alle, die den Gehorsam verweigerten, die Exkommunikation aussprach. Dieser Massregel folgten bald formelle Aufforderungen und Vorladungen zum Verhör wegen der Anklage der Ketzerei, wobei es hauptsächlich auf Matteo und seine Söhne abgesehen war. Es war nicht schwer, gegen sie die zu einer Anklage nötigen Unterlagen zu erlangen; sie wurden geliefert durch mailändische Flüchtlinge, die am päpstlichen Hofe erschienen, wie Bonifacio di Farra, Lorenzo Gallini und andere. Die Visconti wurden angeklagt, dass sie vom Glauben abirrten, besonders hinsichtlich der Auferstehung der Toten, dass sie den Teufel anriefen, mit dem sie einen Vertrag abgeschlossen hätten, dass sie Guglielma beschützt hätten (S. 102 ff.), die Ketzer begünstigten, die Inquisition behinderten, Kirchen geplündert, Nonnen vergewaltigt, Priester gefoltert und getötet hätten. Die Visconti blieben halsstarrig fern und wurden demgemäss als Ketzer verurteilt. Matteo berief eine Versammlung der ghibellinischen Häupter nach Soncino, welche das Vorgehen des Papstes als einen Versuch behandelte, die sterbende Sache der Guelfen wieder zu beleben. Es wurde eine ghibellinische Liga gebildet und die Führung ihrer Truppen dem Can Grande della Scala übertragen. Johann XXII. bat Frankreich um Hilfe, ernannte Philipp von Valois zum kaiserlichen Statthalter und veranlasste einen Einfall der Franzosen, der aber keinen Erfolg hatte. Dann schickte er seinen Neffen, den Kardinal Bertrand von Poyet, als Legaten mit dem Titel „der Friedensstifter" an der Spitze eines Kreuzheeres aus, das er durch eine verschwenderische Verteilung von Ablässen zusammengebracht hatte. Dieser griff, wie Petrarca sagt,

Mailand an, als ob es eine ungläubige Stadt, etwa Memphis oder Damaskus, sei, und kam, als würdiger Sohn seines Vaters, nicht wie ein Apostel, sondern wie ein Bandit. Ein verheerender Krieg folgte, der den Päpstlichen wenige Erfolge brachte; aber das geistliche Schwert erwies sich schliesslich doch wirksamer als das weltliche. Am 26. Mai 1321 wurde das Verdammungsurteil in der Kirche von Santo Stefano in Bassegnano feierlich verkündigt und am 14. März 1322 von der Inquisition in Valenza wiederholt[1]).

So seltsam es scheinen mag, so übte doch dieses Vorgehen des Papstes anscheinend einen entscheidenden Einfluss auf die öffentliche Meinung aus. Allerdings gab im 17. Jahrhundert, als Paolo Sarpi auf diese Vorgänge hinwies und erklärte, das einzige Verbrechen Matteos sei seine Treue gegen Ludwig den Bayern gewesen, der Kardinal Albizio dieses zu mit dem Bemerken, dass die Anhänger eines schismatischen und ketzerischen Kaisers und solche, die die Kirchenstrafen unbeachtet liessen, sich selbst der Ketzerei verdächtig machten und förmliche Ketzer würden. Aber das war nicht die Ansicht der Zeitgenossen, und Johann XXII. hatte erkannt, dass noch etwas mehr erforderlich sei als eine solche Anklage wegen einer rein künstlichen Ketzerei. Ein französischer Schriftsteller, der die damalige populäre Anschauung getreulich wiederspiegelt, sieht in den Sünden Matteos und seiner Söhne so, wie sie in dem päpstlichen Urteile beschrieben werden, eine neue in der Lombardei entstandene Ketzerei; in seinen Augen ist der vom Papste veranlasste Kriegszug nichts anderes als ein rechtmässiger zur Unterdrückung dieser Ketzerei unternommener Kreuzzug. Zwar ist das nur ein französisches Urteil über den Fall, aber es war nicht auf Frankreich beschränkt. In der Lombardei waren Matteos Freunde entmutigt, während seine Feinde neuen Mut schöpften. Es bildete sich bald in Mailand eine Friedenspartei, und man warf offen die Frage auf, ob es statthaft

---

1) Preger, Die Politik des Papstes Johann XXII. (München, 1885), S. 6—10, 21. — Petrarchi Lib. sine titulo, Epist. XVIII. — Raynald. ann. 1317, Nr. 27; ann. 1320, Nr. 10—14; ann. 1322, Nr. 6—8, 11. — Bernard. Corio, Hist. Milanese, ann. 1318, 1320, 1321—22. — *K. Müller, Der Kampf Ludwigs des Bayern mit der römischen Kurie I, 46 ff.; Vatikanische Akten zur deutschen Geschichte in der Zeit Ludwigs des Bayern (hrsg. von S. Riezler) Nr. 121, 138, 160, 170 ff.
In einer Bulle Johanns XXII. vom 28. Januar 1322, welche den Verkauf von Ablässen zur Unterstützung des Kreuzzuges des Kardinals Bertrand anordnet, wird die Ketzerei der Visconti und ihre Weigerung, zum Verhöre zu erscheinen, als Grund für den Angriff gegen sie angegeben. — Regest. Clem. PP. V. (Romae 1885), T. 1. Prolegom. p. CXCVIII. — *Vgl. H. Otto, Zur italienischen Politik Johanns XXII., in Quellen und Forschungen aus italienischen Archiven und Bibliotheken XIV (1911), 140 ff.

sei, das ganze Land um eines einzigen Mannes willen aufzuopfern. Obgleich es Matteo gelang, Friedrich von Österreich, den Johann XXII. mit Geld und Versprechungen zu einem bewaffneten Einschreiten zu gewinnen vermochte, auszukaufen, wurde die Lage selbst für seine abgehärteten Nerven unhaltbar. Es verdient erwähnt zu werden, dass Francesco Garbagnate, der alte Guglielmite, dessen Beziehungen zu Matteo als ein Beweis für dessen Ketzerei angeführt worden waren, jetzt mit an seinem Sturze arbeitete. Denn Matteo hatte ihn gekränkt, weil er ihm das Kommando der Mailändischen Truppen verweigerte. Matteo liess den Legaten um die Friedensbedingung bitten; er erhielt die Antwort, dass man sich nur auf seine Abdankung einlassen würde. Er fragte nun die Bürger um ihre Meinung, und alle gaben ihm zu verstehen, dass Mailand sich nicht um seinetwillen dem Verderben aussetzen wolle. Matteo beugte sich — vielleicht, weil seine zweiundsiebzig Jahre seine Widerstandskraft geschwächt hatten; er schickte nach seinem Sohne Galeazzo, mit dem er in Streit gelegen hatte, und trat ihm die Herrschaft ab unter dem Ausdrucke des Bedauerns, dass sein Streit mit der Kirche ihm seine Mitbürger zu Feinden gemacht habe. Von nun an besuchte er eifrig die Kirchen. In der Chiesa Maggiore versammelte er die Geistlichen, sagte mit lauter Stimme das Symbolum her, beteuerte dabei ebenso laut, dass dies sein ganzes Leben hindurch sein Glaube gewesen sei, und dass jede Behauptung des Gegenteiles falsch sei. Dann liess er über den ganzen Vorgang eine öffentliche Urkunde aufnehmen. Hierauf brach er wie ein Geistesgestörter auf und eilte nach Monza, um die Kirche von S. Giovanni Battista zu besuchen. Dort erkrankte er und wurde in das Kloster Cresconzago gebracht, wo er drei Tage später, am 27. Juni 1322, starb. Seine Leiche wurde in ungeweihter Erde begraben; die Kirche aber konnte sich rühmen, durch ihren Bann selbst den Geist des grössten Italieners seiner Zeit gebrochen zu haben [1]).

Die jüngeren Visconti, Galeazzo, Lucchino, Marco, Giovanni und Stefano, waren nicht so nervenschwach; sie zogen schnell die ghibellinischen Streikräfte, die sich aufzulösen drohten, wieder zusammen. Um ihnen den Gnadenstoss zu versetzen, gab der Papst am 23. Dezember 1322 dem Erzbischofe Aicardus von Mailand und der Inquisition den Befehl, gegen das Andenken Matteos vorzugehen. Von ihrem sichern Zufluchtsort Asti aus forderten Aicardus und die

---

1) Sarpi, Discorso, p. 25 (ed. Helmstad.). — Albizio, Risposto al P. Paolo Sarpi, p. 75. — Continuator Guilelmi Nangiaci ann. 1317. — Bern. Corio, ann. 1322. — Regest. Johann. PP. XXII., Nr. 89, 93, 94, 95 (Harduin. VII. 1132).

drei Inquisitoren Pace von Vedano, Giordano von Montecusto und
Honesto von Pavia Matteo auf, am 25. Februar in der Kirche Santa
Maria in Borgo, nahe bei Alessandria, zu erscheinen, um verhört und abgeurteilt zu werden, anwesend oder nicht. Die Vorladung wurde an die Portale der Kirche Santa Maria und der
Kathedrale von Alessandria angeheftet. An dem bestimmten Tage
fanden die Richter sich ein; aber eine militärische Demonstration
des Marco Visconti störte sie, zum Nachteil des Glaubens und
zur Behinderung der Inquisition. Sie begaben sich nun hinter die
sicherern Mauern von Valenza, verhörten die Zeugen, sammelten
Aussagen und verurteilten am 14. März 1323 Matteo als einen trotzigen
und unbussfertigen Ketzer. Er habe, so heisst es im Urteile, von
den Kirchen Steuern erhoben und dieselben mit Gewalt einge-
trieben; er habe seine Kreaturen mit Gewalt zu Oberen in Mönchs-
klöstern gemacht, und seine Konkubinen habe er in Frauenklöstern
untergebracht; er habe Geistliche eingekerkert und gefoltert,
von denen einige im Gefängnisse gestorben seien, während andere
noch darin schmachteten; er habe Prälaten vertrieben und sich
ihrer Besitzungen bemächtigt; er habe die Abführung von Geld an
die päpstliche Kammer verhindert, und zwar sogar von Summen, die
für das Hl. Land gesammelt waren; er habe Briefe, die zwischen dem
Papste und den Legaten gewechselt worden waren, aufgefangen und
geöffnet; er habe die Kreuzfahrer, die sich in Mailand zum Zuge
nach dem Hl. Lande versammelt hätten, angegriffen und erschlagen;
er habe die Exkommunikation unbeachtet gelassen und dadurch gezeigt, dass er in Bezug auf die Sakramente und die Schlüsselgewalt
irrgläubig sei; er habe verhindert, dass das über Mailand verhängte Interdikt beobachtet wurde; er habe Bischöfe gehindert, Synoden abzuhalten und ihre Diözesen zu besuchen, und habe dadurch
Ketzereien und Skandale begünstigt; seine ungeheuren Verbrechen
zeigten, dass er ein Spross der Ketzerei sei, zumal seine Vorfahren
im Verdacht derselben gestanden hätten und einige von ihnen verbrannt worden seien; er habe Ketzer unter seinen Beamten und
Vertrauten, z. B. Francesco Garbagnate, der zum Kreuztragen verurteilt worden sei; er habe die Inquisition aus Florenz vertrieben
und sie mehrere Jahre lang behindert; er sei zu Gunsten der Manfreda eingeschritten, die verbrannt worden sei; er rufe die Teufel
an und bitte sie um Rat und Antwort; er leugne die Auferstehung
des Fleisches; er habe mehr als drei Jahre lang die päpstliche Exkommunikation auf sich ruhen lassen und habe, als er zur Prüfung

seines Glaubens vorgeladen wurde, sich zu erscheinen geweigert. Er wurde daher als ungehorsamer Ketzer verurteilt, seine Besitzungen wurden für konfisziert erklärt, er selbst aller Ehren, Stellungen und Würden beraubt und den auf Ketzerei stehenden Strafen unterworfen; seine Person sollte gefangen genommen, seine Kinder und Enkel aber den üblichen Rechtsunfähigkeiten unterworfen werden [1]).

Dieses merkwürdige Gemisch von Anklagen verdient vorgeführt zu werden, da es zeigt, was alles bei einem Gegner der weltlichen Macht des Papsttums als Ketzerei angesehen wurde. Schon die einfachsten Taten der Selbstverteidigung gegenüber einem Feinde, der einen rührigen Krieg führte, wurden allen Ernstes zu ketzerischen Handlungen gestempelt und boten hinreichend Grund, um alle die furchtbaren Strafen zu verhängen, die vom Gesetze auf die Verirrungen im Glauben gelegt waren. Politisch blieb allerdings das gefahrdrohende Urteil unwirksam. Galeazzo behauptete nach wie vor das Feld und brachte im Februar 1324 den päpstlichen Truppen eine vernichtende Niederlage bei, wobei der Kardinallegat nur mit knapper Not durch die Flucht entkam und sein General, Raimund von Cardona, als Gefangener nach Mailand gebracht wurde. Von neuem mussten die kirchlichen Drohungen von den Kanzeln herab verlesen werden, um den Eifer der Gläubigen anzuspornen, und am 23. März erliess Johann XXII. eine Bulle, worin er Matteo und seine fünf Söhne verurteilte und ihre in dem Inquisitionsurteile aufgeführten Übeltaten fast wörtlich wiederholte. Wie haltlos indessen alle diese Anschuldigungen waren, beweist der Umstand, dass der Papst die schwerste der Beschuldigungen, nämlich die der Teufelsverehrung, ganz fallen lässt und Matteo vorwirft, nicht, dass er Manfreda verteidigt habe, sondern dass er eingeschritten sei, um Galeazzo zu retten, von dem feststehe, dass er ein Guglielmite gewesen sei. Zum Schlusse bot die Bulle allen denen, welche die Visconti angreifen würden, die Ablässe vom Hl. Lande an. Am 12. April folgte eine andere Bulle, die darauf hinwies, dass die Söhne Matteos von kompetenten Richtern von Rechtswegen überführt und wegen Ketzerei verurteilt worden seien; trotzdem hätten Berthold von Neuffen, der sich kaiserlicher Vikar der Lombardei nenne, und andere Vertreter Ludwigs des Bayern den besagten Ketzern bei ihrem Kampfe gegen die gläubigen Katholiken Hilfe geleistet. Es werde ihnen da-

---

1) Ughelli, Italia Sacra, IV. 286—93 (ed. 1652). — *Vgl. Historisches Jahrbuch der Görresgesellschaft XVIII (1897), 609 ff.

her eine Frist von zwei Monaten gewährt, um ihre angemassten Ämter niederzulegen und sich zu unterwerfen, da sie als Begünstiger von Ketzern sich der Exkommunikation und aller anderen auf diesem Verbrechen ruhenden geistlichen und weltlichen Strafen schuldig gemacht hätten[1]).

Es verlohnt sich nicht der Mühe, die traurigen Einzelheiten dieser längst vergessenen Streitigkeiten weiter zu verfolgen. Nur das eine wollen wir erwähnen, dass der Fall der Visconti keineswegs ein Ausnahmefall war, und dass Johann XXII. dieselben Waffen auch gegen alle anderen Gegner seiner ehrgeizigen Pläne anwandte. So ging der Inquisitor Accursio von Florenz ganz in derselben Weise vor gegen Castruccio von Lucca als einen Begünstiger der Ketzer. Die Inquisitoren in der Mark Ancona verurteilten den Bischof Guido Tarlati von Arezzo und andere Ghibellinen, weil sie Ludwig den Bayern unterstützt hatten. Der Inquisitor der Romagna, Frà Lamberto del Cordiglio, erhielt den Befehl, das Äusserste zu versuchen, um die in seinem Bezirke befindlichen Ghibellinen zu bestrafen. In seiner Berufung vom Jahre 1324 stellte Ludwig der Bayer fest, dass ähnliche Verfolgungen unternommen und Verurteilungen wegen Ketzerei ausgesprochen worden seien gegen Cane della Scala, Passerino, die Markgrafen von Montferrat, von Saluzzo, von Ceva und andere, gegen die Bürger von Genua und Lucca und gegen die Städte Mailand, Como, Bergamo, Cremona, Vercelli, Trino, Vailate, Piacenza, Parma, Brescia, Alessandria, Tortona, Albenga, Pisa, Arezzo, usw. Eine Probe der Tätigkeit des Frà Lamberto bietet uns das Urteil, das er am 28. Februar 1328 über den Grafen Bernardino von Cona (b. Padua) fällte. Er hatte schon früher Rainaldo und Obizzo von Este wegen Ketzerei verurteilt; trotzdem hatte Bernardino sie in Ferrara besucht, hatte mit ihnen gegessen und getrunken und sogar angeblich ein Bündnis mit ihnen geschlossen. Wegen dieser Vergehen lud Lamberto ihn vor den Richterstuhl der Inquisition. Er erschien pflichtgemäss und gab den Besuch und das Festmahl zu, während er das Bündnis leugnete. Lamberto sammelte nun Aussagen, berief eine Sachverständigen-Versammlung und erklärte Bernardino in aller Form für einen Begünstiger der Ketzer; als solchen verurteilte er ihn zur Degradation von Rang und Ritterschaft und erklärte ihn für unfähig, Ehrenstellen zu bekleiden; seine Besitzungen wurden für die Kirche konfisziert; er selbst sollte ergriffen und dem

---

1) Raynald. ann. 1324, Nr. 7—12. — Martene Thesaur. II, 754—6.

Kardinallegaten Bertrand oder der Inquisition ausgeliefert werden, und seine Nachkommen wurden zwei Generationen hindurch für unfähig erklärt, Ämter oder Pfründen zu erhalten. Alles das geschah natürlich zur grössern Ehre Gottes, wie denn auch Johann XXII., als er 1326 den Klerus von Irland bat, ihm Geld zu schicken, ausdrücklich erklärte, das Geld sei dazu bestimmt, den Glauben gegenüber den italienischen Ketzern zu beschützen. Übrigens trug der Hl. Stuhl kein Bedenken, bei passender Gelegenheit zuzugeben, dass diese massenhafte Verurteilung ein direkter Missbrauch der über das Seelenheil der Menschen ihm verliehenen Macht sei. Als im Jahre 1337 die Visconti sich mit dem Papsttum ausgesöhnt hatten, bat Lucchino, der durchaus ein christliches Begräbnis für seinen Vater haben wollte, Benedikt XII. um Wiederaufnahme des Verfahrens. Im Februar desselben Jahres schrieb daher Benedikt an den Inquisitor Pace von Vedano, der das Verfahren gegen die Visconti und gegen die zu ihnen haltenden Bürger von Mailand, Novara, Bergamo, Cremona, Como, Vercelli und anderen Städten geleitet hatte und dafür mit dem Bistum Triest belohnt worden war, und forderte ihn auf, bis zum nächsten Pfingstfeste alle den Prozess betreffenden Urkunden einzusenden. Das Verfahren zog sich, zweifellos infolge der politischen Wechselfälle, in die Länge; schliesslich aber erklärte im Mai 1341 Benedikt ohne irgend welche Verlegenheit das ganze Verfahren wegen Unregelmässigkeit und Ungerechtigkeit für null und nichtig. Trotzdem wurde dasselbe Verfahren später auch gegen Bernabo Visconti angewandt. Diesen hatte Innocenz VI. aufgefordert, am 1. März 1363 zu Avignon zu erscheinen, um sich einem Verhöre wegen Ketzerei zu unterziehen. Weil er nur einen Anwalt sandte, wurde er am 3. März von Urban V. schleunigst verurteilt und ein Kreuzzug gegen ihn gepredigt. Zwar schloss er 1364 Frieden, aber 1372 brach der Streit von neuem aus. Bernabo wurde von Gregor XI. exkommuniziert und im Januar 1373 aufgefordert, am 28. März zu einem neuen Verhöre wegen Ketzerei zu erscheinen[1]).

---

1) Martene Thesaur. II. 743—5. — Wadding. ann. 1324, Nr. 28; ann. 1326, Nr. 8; ann. 1327, Nr. 2. — Ripoll, II. 172; VII. 60. — Regest. Clement. PP. V. (Romae, 1885) T. I. Proleg. p. CCXIII. — Theiner, Monument. Hibern. et Scotor. Nr. 462, p. 234. — C. 4, Septimo v. 3. — Magnum Bullarium Rom. I. 204. — Baluze et Mansi, III. 227. — Ughelli, IV. 294—5, 314. — Raynald. ann. 1362, Nr. 13; ann. 1363, Nr. 2, 4; ann. 1372, Nr. 1; ann. 1373, Nr. 10, 12.

Trotz der Entscheidung Benedikts waren Matteo und seine Söhne Galeazzo, Marco und Stefano im Jahre 1353 noch immer unbegraben, so dass der noch überlebende Bruder Giovanni einen neuen Versuch machte, ein christliches Begräbnis für sie zu erlangen. — Raynald. ann. 1353, Nr. 28.

Auf diese Weise war es auch sehr leicht, Ketzerei zum Grund einer Anklage gegen Cola di Rienzo zu machen, als dieser die päpstliche Oberherrschaft über Rom nicht anerkennen wollte. Da er der an ihn ergangenen Vorladung nicht nachkam, wurde er wegen Ungehorsam exkommuniziert; der Legat Johann, Bischof von Spoleto, verhängte über ihn das Inquisitionsverfahren, und 1350 wurde Rienzo in aller Form für einen Ketzer erklärt. Die Entscheidung wurde dem Kaiser Karl IV. übersandt, der ihn damals in Prag gefangen hielt und ihn alsdann pflichtgemäss nach Avignon sandte. Dort wurde er beim ersten Verhör zum Tode verurteilt, erlangte aber doch seine Rekonciliation. Da man erkannte, dass man sich seiner vorteilhaft bedienen könne, so erklärte man ihn schliesslich für einen guten Christen und schickte ihn in Begleitung eines Legaten nach Rom zurück[1]).

Die Behandlung der Maffredi von Faenza gleicht sehr der der Visconti Im Jahre 1345 finden wir sie in hoher Gunst bei Clemens VI. Dann, im Jahre 1350, widersetzen sie sich der päpstlichen Vergrösserungspolitik in der Romagna. Vorgeladen, um sich wegen der Anklage auf Ketzerei zu verantworten, weigern sie sich zu erscheinen und werden deshalb im Juli 1352 in contumaciam exkommuniziert. Im Juni 1354 weist Innocenz VI. auf ihr hartnäckiges Verharren in der Exkommunikation hin und setzt ihnen bis zum 10. Oktober eine letzte Frist zum Erscheinen. An diesem Tage verurteilt er sie als ungehorsame Ketzer, erklärt sie aller ihrer Güter und Ehren für verlustig und unterwirft sie allen kanonischen und bürgerlichen Strafen, die auf Ketzerei gesetzt waren. Die Ausführung des Urteils war allerdings nicht leicht; aber im Jahre 1356 bot Innocenz dem Könige Ludwig von Ungarn, der schon im Kampfe gegen die Katharer in Bosnien Proben seines religiösen Eifers gegeben hatte, einen dreijährigen Zehnten aus den ungarischen Kirchen an, wenn er „jene Söhne der Verdammnis" vernichten würde, nämlich die Maffredi, die als Ketzer verurteilt worden seien, und andere Gegner der Kirche, insbesondere die Ordelaffi von Friaul. Ausserdem erhielt der Patriarch von Grado, Frà Fortanerio, den Auftrag, einen Kreuzzug gegen sie zu predigen, und es gelang ihm auch, ein Heer unter Anführung des Malatesta von Rimini auszuheben. Das Erscheinen von vierzigtausend Ungarn in der Mark von Treviso erschreckte ganz Italien. Die Maffredi unterlagen, und in demselben

---

1) Raynald. ann. 1348, Nr. 13—14; ann. 1350, Nr. 5. — Muratori, Antiq. VII. 884, 928—32.

Jahre ordnete Innocenz VI. ihre Absolution und Rekonciliation an. Übrigens waren es nicht nur die Päpste, welche in der Anklage wegen Ketzerei ein wirksames Mittel gegen politische Gegner sahen; im Jahre 1349 verurteilte auch der Bischof Wilhelm III. von Chieti einen seiner Vasallen, Francesco di Torre, als Ketzer und weihte ihn dem Verderben, weil er einen Krieg gegen ihn unternommen und ihn von seinem Bischofssitze vertrieben hatte[1]).

Es würde leicht sein, derartige Beispiele zu mehren; doch werden die angeführten wohl genügen, um zu zeigen, wie die Kirche die Ketzerei zu einem politischen Machtmittel machte und die Inquisition als Werkzeug für seine Anwendung benutzte. Als das grosse Schisma ausbrach, war es natürlich, dass dieselben Methoden von den gegnerischen Päpsten gegeneinander angewandt wurden. Schon 1382 konfiszierte Karl III. von Neapel das Eigentum des kurz vorher gestorbenen Bischofs von Trivento unter dem Vorwande, dass er durch sein Eintreten für Clemens VII. ein Ketzer geworden sei. In der Instruktion, die Alexander V. im Jahre 1409 dem Inquisitor der Provence, Pontius Feugeyron erteilte, wurden die Anhänger Gregors XII. und Benedikts XIII. unter den Ketzern aufgeführt, die er ausrotten solle. Da der Inquisitor von Toulouse, Stephanus von Combes, auf seiten Benedikts XIII. stand, so übte er dadurch Widervergeltung, dass er eine Anzahl von Dominikanern und Franziskanern, darunter den Provinzial von Toulouse und den Prior von

---

1) Werunsky, Excerpta ex Regist. Clem. VI. et Innoc. VI., pp. 37, 74, 87, 101. — Wadding. ann. 1356, Nr. 7, 20. — Raynald. ann. 1356, Nr. 33. — Ughelli, Italia Sacra (ed. 1659) vi. 925.

Dieser Missbrauch der geistlichen Gewalt zum Zwecke von Gebietserwerbungen entging nicht der schneidenden Satire des Erasmus. Er schildert den furchtbaren Donnerkeil, der auf einen Wink des Meisters die Seelen der Sterblichen in die Tiefe der Hölle stürzt, und den die Stellvertreter Christi mit besonderem Zorne gegen diejenigen schleudern, die, vom Teufel aufgestachelt, das Patrimonium Petri anzunagen suchen. Mit diesem Namen bezeichnen sie die Städte, Länder und Einkünfte, für welche sie mit Feuer und Schwert kämpfen, indem sie viel christliches Blut vergiessen in dem Glauben, wie Apostel die Kirche, die Braut Christi, zu verteidigen, und indem sie alle diejenigen vertreiben, die sie als Feinde der Kirche bezeichnen — gleich als ob die Kirche noch schlimmere Feinde haben könnte als gottlose Päpste. — Encomion moriae (ed. Lipsiens. 1829) ii. 379.

Dass der Charakter dieser päpstlichen Kriege nicht milder geworden war seit den Schreckensszenen von Ferrara, ersieht man aus dem Blutbad von Cesena im Jahre 1376, wo der päpstliche Legat, Kardinal Robert von Genf, alle Einwohner, ohne Unterschied des Alters oder Geschlechtes, umzubringen befahl, obwohl sie ihn und seine Banditen nur gegen die eidliche Versicherung, dass ihnen kein Unrecht zugefügt werden solle, in die Stadt gelassen hatten. Die Zahl der dabei Erschlagenen wurde auf 5000 geschätzt. — Poggii Hist. Florentin. lib. ii. ann. 1376.

Carcassonne, die anders nicht zu fassen waren, lediglich deshalb einkerkern liess, weil sie zur Gegenpartei gehörten. Zwar wurde er dafür von dem Provinzial, sobald sich eine Gelegenheit bot, abgesetzt und ein Nachfolger ernannt; aber das hatte nicht unbedeutende Wirren zur Folge[1]).

Die Art und Weise, wie die Inquisition von den streitenden kirchlichen Parteien benutzt wurde, wird deutlich veranschaulicht durch die Abenteuer des Johann Malkaw aus Strasburg in Westpreussen (Brodnitz). Malkaw war ein Weltpriester und Magister der Theologie, sehr gelehrt, gewandt in der Debatte, hervorragend beredt und tapfer bis zur Tollkühnheit. Mit der ganzen Begeisterung seiner feurigen Natur vertrat er die Sache der römischen Päpste gegen ihre Rivalen in Avignon. Im Jahre 1390 kam er in die Rheinlande, wo seine Predigten die Herzen des Volkes aufrüttelten und sich als ein wirksames Hilfsmittel im Kampfe erwiesen. Nachdem ihm in Mainz von seiten seiner Gegner übel mitgespielt worden war, unternahm er eine Pilgerfahrt nach Rom, machte aber in Strassburg halt, wo er ein günstiges Arbeitsfeld vorfand. Diese Stadt hatte sich für Urban VI. und seine Nachfolger erklärt. Aber als sich der Bischof Friedrich von Blankenheim durch seine Bedrückungen einen Teil seiner Geistlichen entfremdete, und als diese, vom Bischof exkommuniziert, nach Rom appellierten, wo sie die Aufhebung der Exkommunikation durchsetzten, ging der Bischof mit seinem Anhange zum Gegenpapste in Avignon, Clemens VII., über und erzeugte dadurch eine heillose Verwirrung in der Stadt. Die Situation war wie geschaffen für Malkaws Temperament; sofort stürzte er sich in den Streit, und seine leidenschaftliche Beredsamkeit schien die Antipäpstlichen bald ihres Einflusses berauben zu sollen. Nach seiner eigenen Aussage zog er schnell etwa 16 000 Schismatiker und Neutrale zu sich herüber. In welcher Weise er es verstand, an die Leidenschaften des Augenblicks zu appellieren, zeigt ein Bericht, den er selbst über eine seiner Reden gibt, worin er sagt: Clemens VII. sei weniger als ein Mensch und schlimmer als ein Teufel; sein Platz sei beim Antichrist, seine Anhänger seien sämtlich verurteilte Schismatiker und Ketzer; die Neutralen seien die allerschlimmsten, sie seien aller Sakramente beraubt. Ausserdem geisselte er mit der gleichen schonungslosen Strenge die sittliche Verkommenheit des Strassburger Klerus, der Kloster-

---

1) Archivio di Napoli, Mss. Chioccarello, T. VIII. — Wadding. ann. 1409, Nr. 12. — Ripoll, II. 510, 522, 566.

wie der Weltgeistlichkeit, zog sich aber dadurch in wenigen Wochen die bitterste Feindschaft zu. Eine Verschwörung wurde gegen ihn angezettelt, um ihn heimlich in Rom als Ketzer anzuschwärzen, damit er bei seiner Ankunft daselbst von der Inquisition verhaftet und verbrannt würde; man erklärte, seine wunderbare Gelehrsamkeit könne nur durch Nekromantie erworben sein; man beschuldigte ihn, er sei ein entlaufener Priester, und beantragte seine Verhaftung. Aber das Volk sah in ihm einen inspirierten Propheten und vereitelte den Plan. Nachdem er vier Wochen in dieser stürmischen Unruhe verbracht hatte, nahm er seine Pilgerfahrt wieder auf, machte in Basel und Zürich zu Missionszwecken halt und erreichte schliesslich wohlbehalten Rom. Als er auf der Rückreise den Pass des St. Bernhard überschritt, hatte er das Unglück, seine Papiere zu verlieren. Die Nachricht hiervon gelangte nach Basel, und bei seiner Ankunft daselbst forderten die Bettelmönche, denen er ganz besonders verhasst war, den Bischof Imerius auf, ihn als einen, der ohne Erlaubnis reise, verhaften zu lassen. Obwohl der Bischof zur römischen Obedienz zählte, gab er doch dem Drängen nach, entliess Malkaw aber bald wieder mit dem freundschaftlichen Rate, vorsichtig in seine Heimat zurückzukehren. Bald führte indessen seine unerschrockene Kampfeslust ihn wieder nach Strassburg zurück, wo er unter dem Schutze des Bürgermeisters Johann Bock von neuem zu predigen begann. Bei seiner ersten Anwesenheit war er von dem Dominikanerinquisitor Nikolaus Böckeler, demselben, der um 1400 die „Winkeler" verfolgte (Bd. II, 455), persönlich bedroht worden; jetzt beschloss man, energisch vorzugehen. Er hatte erst drei Predigten gehalten, als er plötzlich, ohne Vorladung, von den Familiaren des Inquisitors verhaftet und ins Gefängnis geworfen wurde. Von dort führte man ihn in Ketten ins bischöfliche Schloss Benfeld, wo man ihm Bücher, Papier und Tinte entzog. Es folgten mehrere Verhöre, wobei ihn sein seltenes Geschick noch eben befähigte, allen scharfsinnigen Versuchen, ihn in eine Falle zu locken, zu entgehen. Schliesslich berief Böckeler am 31. März 1391 eine Versammlung, die hauptsächlich aus Bettelmönchen bestand. Hier wurde er einer Reihe von Verbrechen für schuldig befunden, die beweisen, wie leicht man eine Anklage wegen Ketzerei zur Vernichtung eines Mannes benutzen konnte. Sein eigentliches Vergehen waren seine Angriffe auf die Schismatiker und auf die Verderbtheit der Geistlichkeit; davon ist aber in den Anklageartikeln nirgends die Rede. Man beschuldigte ihn vielmehr, er habe seine Diözese ohne Erlaubnis seines Bischofs verlassen und sich dadurch als Lollarden erwiesen; er habe priesterliche Funktionen ohne Ermächtigung ausgeübt, also sei er ein Waldenser; da seine Bewunderer das ässen, was er schon angebissen habe, sei er ein Mitglied der Brüderschaft vom freien Geiste; da er ferner verbiete, die Frage zu erörtern, ob Christus noch gelebt habe, als er von der Lanze durchbohrt wurde, so schloss man daraus, er habe diese Lehre selbst vorgetragen und sei folglich ein Anhänger des Petrus Olivi. Alles das war unzweifelhaft mehr als genug, um ihn dem Scheiterhaufen zu überliefern, falls er hartnäckig den Widerruf verweigern würde. Offenbar aber fühlte man, dass der Magistrat es ablehnen würde, ein solches Urteil auszuführen, und so begnügte sich denn die Versammlung damit, die Sache dem Bischof zu unterbreiten und die Verbannung Malkaws aus der Diözese zu beantragen. Weiteres ist über den Prozess nicht bekannt; da sich aber Malkaw im Jahre 1392 auf der Universität Köln immatrikulieren liess, so kam vermutlich der Bischof dem Verlangen nach.

Wir verlieren nunmehr Malkaw für eine Zeitlang aus dem Auge, um ihn um 1414 wieder in Köln anzutreffen. Er war der römischen Obedienz treu geblieben, aber diese selbst hatte inzwischen eine neue Spaltung erfahren, nämlich zwischen Gregor XII. und Johann XXIII. Malkaw unterstützte den erstern, während er gegen Johann ebenso schonungslos eiferte wie früher wider die Gegenpäpste in Avignon. Die Anhänger Johanns waren nach seiner Ansicht Ketzer, die nur für den Scheiterhaufen taugten. Der kühne Streiter fand in Köln einen ebenso anziehenden Kampfplatz wie ein Vierteljahrhundert früher in Strassburg. Zwei Gegenkandidaten verfochten damals ihre Ansprüche auf das Erzbistum in einem blutigen Bürgerkriege, der eine als Verteidiger Gregors, der andere als Verteidiger Johanns. Man erkannte bald, dass die Beredsamkeit Malkaws inmitten einer erregbaren Bevölkerung leicht gefährlich werden könne, und so bemächtigte sich denn die Inquisition von neuem seiner als eines Ketzers. Doch scheint ihn der Inquisitor Jakob von Soest, ein Dominikaner und Professor an der Universität daselbst, mit ausgesuchter Milde behandelt zu haben; denn auf sein Wort hin durfte er während der Untersuchung im Ursulaviertel wohnen bleiben. Er brach aber sein Wort und begab sich nach Bacharach, wo er unter dem Schutze des Erzbischofs von Trier und des Pfalzgrafen Ludwigs III. — beide waren Gregorianer — den Kampf mit seiner gewohnten Leidenschaft fortsetzte. Sowohl den Inquisitor als auch die Anhänger Johanns XXIII. griff er nicht nur in Predigten, sondern auch unaufhörlich in Pamphleten an, wodurch er ihre Besorgnis und ihren Unwillen immer wieder erregte. Als der Kardinal Johann von Ragusa, der Legat Gregors auf dem Konzil von Konstanz, nach Deutschland kam, war es für Malkaw nicht schwer, durch ihn von der durch die Inquisition verhängten Exkommunikation absolviert und von der Anklage wegen Ketzerei freigesprochen zu werden. Dieses Urteil wurde bestätigt, als im Juli 1415 das Konzil das Schisma beendete und alle mit demselben zusammenhängenden Verfolgungen und Urteilssprüche annullierte. Aber Malkaw hatte den Stolz des Inquisitors und der Universität Köln zu tief verletzt, als dass sie auf eine Versöhnung hätten eingehen wollen, und noch ein ganzes Jahr lang suchten sie bei dem Konzile die Verurteilung ihres Gegners durchzusetzen. Da indessen ihre Vertreter sie darauf hinwiesen, dass die Angelegenheit sich lange hinziehen und schwierig und kostspielig sein würde, kamen sie schliesslich zu dem zwar ganz vernünftigen, aber etwas unlogischen Entschluss, dass die Entscheidung des Kardinals von Ragusa als bindend angesehen werden solle, so lange Malkaw dem Kölner Gebiete fernbleiben würde, dass sie aber nicht beachtet werden solle, sobald Malkaw es wagen würde, zurückzukehren [1]).

Die Hartnäckigkeit, womit Benedikt XIII. und Clemens VIII. auch nach der Entscheidung des Konzils von Konstanz ihre Stellung behaupteten, verlängerte den Zwiespalt in Südwesteuropa; noch im Jahre 1428 wurden die Überreste ihrer Anhänger in Languedoc von einem päpstlichen Kommissar als Ketzer verfolgt. Auch als das Schisma vorüber war, blieb die Inquisition ein wirksames Mittel zur Unterdrückung des Ungehorsams. Thomas Connecte, ein britischer Karmeliter, war anscheinend ein ähnlicher Charakter wie Johann Malkaw. Im Jahre 1428 treffen wir ihn in Flandern, Artois, der Picardie und den benachbarten Provinzen, wo er vor Versammlungen von 15- bis 20000 Seelen predigte und die vorherrschenden Laster der Zeit geisselte. Vor allem pflegte er die 'hennins', hohe von Frauen von Rang getragene Kopfbedeckungen, zu tadeln und an gewissen Tagen gewährte er Knaben Vergebung, wenn sie so geputzte Damen verfolgten und dabei schrieen: 'au hennin'! oder gar den Kopfputz geschickt abrissen. Durch seine Beredsamkeit

---

1) Haupt in der Zeitschrift für Kirchengeschichte VI (1883/84), 323 ff., 580 ff.; *Keussen, Die Matrikel der Universität Köln I, 56, 573.

veranlasst, trugen die Leute ganze Berge von Würfeln, Spieltischen, Schachbrettern, Karten und Kegeln, Kopfputz und andere Gegenstände des Lasters und des Luxus zusammen und verbrannten sie. Der Hauptgrund jedoch für seine ausserordentliche Popularität war sein Tadel der Verderbtheit des Klerus aller Rangklassen, besonders des öffentlichen Konkubinats derselben, wodurch er sich grossen Beifall und Ehre erwarb. Er scheint zu dem Schlusse gekommen zu sein, dass das einzige Heilmittel für dieses allgemein verbreitete Laster in der Wiedereinführung der Priesterehe bestehe. 1432 ging er im Gefolge der venezianischen Gesandten nach Rom, um gegen die Laster der Kurie zu eifern. Gewöhnlich setzte man dort solchen Angriffen eine gutmütige Gleichgültigkeit oder verächtliche Duldsamkeit entgegen; aber der damalige Zeitpunkt war ungünstig. Die hussitische Ketzerei hatte kurz vorher in ähnlicher Weise begonnen, und ihre Fortdauer war eine Warnung, die man nicht unbeachtet lassen durfte. Ausserdem war damals Eugen IV. in einen ungleichen Streit mit dem Konzil von Basel verwickelt, das, dem allgemeinen Verlangen der Christenheit entsprechend, eine Reform der Kurie anstrebte; mit mehr Entschiedenheit als Höflichkeit stellten König Sigmunds Gesandte dem Papste die üblen Folgen vor, die seine Versuche, das Konzil zu vertagen, haben würden. So lag der Verdacht nahe, dass Connecte ein Abgesandter der Baseler Väter sei; auf alle Fälle aber war seine Beredsamkeit ein gefährliches Moment bei dem erregten Zustande der öffentlichen Meinung. Zweimal lud Eugen ihn vor, aber er weigerte sich zu kommen, indem er Krankheit vorschützte. Darauf wurde der päpstliche Schatzmeister ausgeschickt, um ihn zu holen; aber Thomas sprang bei seinem Erscheinen aus dem Fenster und suchte zu entfliehen. Er wurde indessen sofort verhaftet und vor Eugen IV. geführt, der die Kardinäle von Rouen und Navarra mit seinem Verhöre betraute. Diese fanden ihn der Ketzerei verdächtig. In aller Form wurde ihm nun der Prozess gemacht. Er wurde als Ketzer verurteilt, und sein unüberlegter Eifer fand im Jahre 1433 dauernde Ruhe auf dem Scheiterhaufen[1]).

Es besteht eine gewisse Ähnlichkeit zwischen Thomas Connecte und Girolamo Savonarola. Doch war der Italiener dem Briten weit

---

1) Vaissette, ed. Privat, x. Pr. 2089. — Monstrelet, II. 53, 127. — Martene Ampl. Coll. VIII, 92. — Altmeyer, Précurseurs de la Réforme aux Pays-Bas, I, 237. — * Fredericq, Corpus inquisitionis Neerlandicae I, S. 307; II, S. 262; III, S. 176.

überlegen an Verstand und Geistesgaben. Von demselben sittlichen Ernste erfüllt wie jener, hatte er doch weit umfassendere und gefährlichere Pläne und Bestrebungen, und diese führten ihn in eine politische Sphäre hinein, in der sein Schicksal von Anfang an unvermeidlich war.

In Italien hatte das Wiederaufleben von Kunst und Wissenschaften zwar das geistige Niveau bedeutend erhöht, aber auch eine tiefe moralische und religiöse Entartung der Gesellschaft zur Folge gehabt. Ohne den Aberglauben zu beseitigen, hatte die Renaissance den Skeptizismus zur Mode gemacht und die heiligen Gebote der Religion untergraben, ohne der Moral eine andere Grundlage zu geben. Wohl niemals hat die Welt eine trotzigere Verachtung aller menschlichen und göttlichen Gesetze seitens der Kirche wie der Laien gesehen als unter den Pontifikaten von Sixtus IV., Innocenz VIII. und Alexander VI. Die Steigerung der Kultur und des Reichtums schien nur neue Anziehungskraft und erweiterte Gelegenheit zu Luxus und Laster zu gewähren; hoch und niedrig frönten einer ungezügelten Genusssucht und einem Cynismus, der es sogar verschmähte, die Sittenlosigkeit mit dem Mantel der Heuchelei zu verhüllen. Da mochte wohl bei ernsteren Gläubigen allmählich die Meinung aufkommen, dass der Zorn Gottes nicht länger mehr zurückgehalten werden könne, und dass schreckliche Plagen über die Welt hereinbrechen würden, um die Bösewichte hinwegzufegen und der Kirche wie der Menschheit jene Reinheit und Einfalt wiederzugeben, die man der Vorzeit so ausgiebig zuschrieb. Jahrhundertelang hatten eine Reihe von Propheten wie Joachim von Floris, die hl. Catharina von Siena, die hl. Brigitta von Schweden, die Gottesfreunde Tommasino von Foligno und der Eremit Telesphorus derartige Prophezeiungen verkündet, die mit Begeisterung aufgenommen worden waren. Aber die Zeit verging, und die menschliche Bosheit nahm zu; ein neuer Bote Gottes schien notwendig, um in seinen verirrten Kindern das Gefühl für das Strafgericht zu wecken, das sie treffen müsse, falls sie noch länger gegen die Stimme Gottes sich verhärteten.

Dass sich Savonarola aufrichtig zu einer solchen Mission berufen fühlte, kann wohl niemand bezweifeln, der seine eigenartige Laufbahn unparteiisch betrachtet. Sein erhabener Standpunkt zu den Übeln jener Zeit, seine feste Überzeugung, dass Gott einschreiten müsse, um einen Umschwung herbeizuführen, zu dem die menschliche Kraft nicht ausreichte, sein wunderbarer Einfluss auf die Herzen seiner Zuhörer, seine Neigung zur Einsamkeit und zu tiefer Betrachtung, seine häufigen Verzückungen mit den daraus entspringenden Visionen, alles das musste bei ihm den Glauben an eine ihm von Gott übertragene Mission erwecken. Dazu kam, dass nach den Lehren der kirchlichen Überlieferung die Möglichkeit einer solchen göttlichen Berufung bei jedem Menschen vorhanden war. Fünf Jahre vor dem ersten Auftreten Savonarolas in Florenz kam ein junger Einsiedler dorthin, der in einem Krankenhause für Aussätzige zu Volterra aufopfernde Dienste geleistet hatte. Er predigte und weissagte den baldigen Ausbruch des göttlichen Zornes; der hl. Johannes und der Engel Raphael seien ihm erschienen und hätten ihn beauftragt, diese Botschaft den verstockten Ohren der Menschen zu verkünden. Derartiges kam, sagt der Chronist, dem wir diese Mitteilung verdanken, alle Tage vor. Im Jahre 1491 wurde Rom von einem geheimnisvollen Propheten beunruhigt, der ein für die nächste Zukunft bevorstehendes schreckliches Unglück voraussagte. Es fehlte also nicht an derartigen ernstgerichteten Schwärmern; doch war ihr Einfluss und ihr Schicksal nicht derart, dass die Geschichte ihr Andenken so wie das des Savonarola aufbewahrt hätte[1]).

Als Savonarola im Jahre 1481 im Alter von dreissig Jahren nach Florenz kam, war seine Seele schon ganz erfüllt von seiner Mission als Reformator. Jede Gelegenheit, die sich ihm bot, um von der Kanzel herab seine Überzeugung auszusprechen, ergriff er mit Ernst und Eifer; aber er hatte nur wenig Erfolg bei einer Gemeinde, die damals ganz in schamlose Sittenverderbnis versunken war. In der Fastenzeit 1486 wurde er nach der Lombardei gesandt. Drei Jahre lang predigte er in den lombardischen Städten, wobei er allmählich die Fähigkeit erlangte, die Herzen und Gewissen der Menschen zu rühren, und als er im Jahre 1489 auf das Drängen des Lorenzo de'

---

1) Burlamacchi, Vita di Savonarola (Baluze et Mansi, I. 533—542). — Luca Landucci, Diario Fiorentino, Firenze, 1883, p. 30. — Steph. Infessurae Diar. (Eccard. Corp. Hist. Med. Aevi. II. 2000).
P. Villari (La Storia di Gir. Savonarola, Firenze, 1887, I. p. VIII—XI) zeigt, dass die dem Burlamacchi zugeschriebene Biographie ein „rifacimento" einer alten ungedruckten, von einem Schüler Savonarolas in lateinischer Sprache verfassten Biographie ist. — * Lea hat sich in dem Abschnitt über Savonarola im wesentlichen an die Untersuchungen Villaris angeschlossen, die kurz vor der Herausgabe seines Werkes in neuer Ausgabe 1887 erschienen waren. Inzwischen hat Pastor, Geschichte der Päpste III (1895) S. 127—155 das Auftreten Savonarolas von neuem untersucht. Auf die Gegenschrift von Luotto, Il vero Savonarola e il Savonarola di Pastor (1897) erwiderte Pastor in der Abhandlung zur 'Beurteilung Savonarolas' (1898). Vgl. auch Savonarola e la critica tedesca (Florenz, 1900), sowie insbesondere J. Schnitzer, Quellen und Forschungen zur Geschichte Savonarolas I (1902), II (1904), III (1901), IV (1910), und Benrath in der Realencyklopädie ³XVII (1906), 503 ff.

Medici hin nach Florenz zurückberufen wurde, war er schon als ein Prediger von seltenen Fähigkeiten bekannt. Die Wirkung seiner kraftvollen Beredsamkeit wurde noch gesteigert durch sein strenges und makelloses Leben. Schon nach einem Jahre wurde er zum Prior von San Marco ernannt, einem Kloster der Dominikaner von der strengen Observanz, zu denen er sich zählte. Im Jahre 1494 gelang es ihm, die frühere Trennung der Dominikanerprovinz Toscana von der Provinz Lombardei wiederherzustellen. Mit seiner Ernennung zum Generalvikar der erstern wurde er unabhängig von jeder andern Autorität als der des Ordensgenerals Joachim Turriani, der ihm wohlgeneigt war[1]).

Er behauptete, unter der direkten Eingebung Gottes zu handeln, der ihm seine Worte und Handlungen diktiere und die Geheimnisse der Zukunft offenbare. Diese Behauptungen fanden nicht nur Glauben bei der grossen Masse der Florentiner, sondern auch bei so scharfsinnigen und gebildeten Männern wie Francesco Pico della Mirandola und Philipp von Commines. Der Platoniker Marsilio Ficino war derselben Ansicht und behauptete sogar im Jahre 1494, nur die Heiligkeit Savonarolas habe Florenz vier Jahre lang vor der der Stadt für ihre Schlechtigkeit drohenden Rache Gottes bewahrt. Nardi berichtet, er habe mit eigenen Ohren gehört, wie Savonarola dem Piero de' Medici, als er 1495 eine feindselige Demonstration gegen Florenz unternahm, vorhersagte, Piero würde nur bis zu den Toren dieser Stadt vorrücken und dann erfolglos umkehren; und so sei es auch wirklich geschehen. Auch noch andere seiner Prophezeiungen wurden erfüllt, so die vom Tode Lorenzos de' Medici und Karls VIII., sowie die über die Hungersnot im Jahre 1497. Dadurch verbreitete sich sein Ruf über ganz Italien, während in Florenz sein Einfluss allmählich beherrschend wurde. Jedesmal, wenn er predigte, hingen 12- bis 15000 Menschen an seinen Lippen, und in dem grossen Dome von Santa Maria del Fiore musste man Gerüste und Bänke aufschlagen, um die Menge der Zuhörer unterzubringen, von denen viele bereit gewesen wären, auf ein Wort von ihm sich ins Feuer zu stürzen. Besondere Fürsorge wandte er den Kindern zu. Er begeisterte sie so sehr für sein Werk, dass sie, wie es heisst, an den Morgen, an welchen er predigte, nicht im Bette gehalten werden konnten, sondern noch vor ihren Eltern zur Kirche eilten. An den

---

1) Processo autentico (Baluze et Mansi, IV. 529, 551). — Burlamacchi (Baluze et Mansi, I. 534—5, 541—2). — Villari, op. cit. lib. I, c. 5. 9.

Prozessionen, die er veranstaltete, nahmen bisweilen 5- bis 6000 Knaben teil, und er bediente sich ihrer mit grossem Erfolge bei den Sittenverbesserungen, die er in der ausschweifenden und vergnügungssüchtigen Stadt einführte. Die „Knaben des Frà Girolamo" wurden regelrecht organisiert unter Offizieren, die sich in die verschiedenen Ämter teilten, und sie wurden ein Schrecken für die Übeltäter. Sie drangen in die Schenken und Spielhäuser ein und machten dort den Trinkgelagen und dem Karten- und Würfelspiel ein Ende. Keine Frau wagte es mehr, auf den Strassen anders als in anständiger Kleidung und mit sittsamer Miene zu erscheinen. „Da sind die Knaben des Frate!" war ein Ruf, der auch die Sorglosesten aufschreckte; denn jeder ihnen geleistete Widerstand war mit Lebensgefahr verbunden. Selbst die jedes Jahr stattfindenden Pferderennen von Santo-Barnabo wurden unterdrückt, und als im Jahre 1497 die Signoria sie wieder einführte mit dem Bemerken: „Sollen wir alle Mönche werden?" war dies ein Zeichen, dass Savonarolas Einfluss am Schwinden war. Aus der heitersten und unmoralischsten Stadt Italiens wurde Florenz die sittsamste, und die Frommen gedachten noch lange mit Bedauern der heiligen Zeit, da Savonarola herrschte, und dankten Gott dafür, dass er sie eine solche Zeit hatte erleben lassen [1]).

In einer Hinsicht müssen wir allerdings die puritanische Strenge und den Eifer seiner Knaben bedauern. An Stelle der profanen Maskeraden des Karnevals veranstaltete er im Jahre 1498 ein Freudenfeuer von solchen Dingen, die er für unsittlich oder unrein hielt. Die zu diesem Brandopfer gespendeten freiwilligen Gaben wurden gemehrt durch die Energie seiner Knaben, welche in die Häuser und Paläste eindrangen und alles wegschleppten, was sie zum Brandopfer für geeignet hielten. Kostbare illustrierte Handschriften, alte Skulpturen, Bilder, seltene Teppiche und unschätzbare Kunstgegenstände wurden mit dem Tand und Firlefanz der weiblichen Kleidung, mit Spiegeln, Musikinstrumenten, Orakel-, Astrologie- und Zauberbüchern auf einen Haufen geworfen. Wir können es wohl verstehen, dass Exemplare des Boccaccio geopfert wurden; aber Petrarca hätte selbst vor dem tugendstrengen Savonarola Gnade finden können. Der Wert, der bei diesem unbarmherzigen Auto-

---

1) Landucci, op. cit. pp. 72, 88, 94, 103, 108, 109, 123—8, 154. — Mémoires de Commines, liv. VIII. c. 19. — Marsilii Ficini Opera, ed. 1561, I. 963. — Nardi, Historie Fiorentine, lib. II (ed. 1574, pp. 58, 60). — Perrens, Jérôme Savonarole, p. 342. — Burlamacchi, loc. cit, pp. 544—6, 552—3, 556—7.

dafé verbrannten Gegenstände war so gross, dass ein Kaufmann aus Venedig der Signoria zwanzigtausend Scudi dafür bot; statt aller Antwort legte man das Porträt des Kaufliebhabers zuoberst auf den Scheiterhaufen. Es ist nicht verwunderlich, dass der Haufen des Nachts mit bewaffneten Wächtern umgeben werden musste, um die Lauen zu hindern, ihn zu plündern[1]).

Wäre es Savonarola beschieden gewesen, unter den strengeren Einrichtungen eines Feudalstaates zu wirken, so würde er wahrscheinlich einen dauerndern Einfluss auf den sittlichen und religiösen Charakter seiner Zeit ausgeübt haben. Es war sein Unglück, dass in einer Republik wie Florenz die Versuchung zur Teilnahme an der Politik unwiderstehlich war. Es lag nahe, dass er begierig jede Gelegenheit ergriff, einen mächtigen Staat zu reformieren und dadurch, wie er vielleicht nicht mit Unrecht hoffen mochte, auf ganz Italien seinen Einfluss auszuüben, um so eine Reform in Kirche und Staat herbeizuführen, welche das ganze Christentum erneuern sollte. An diese würde sich, so verkündete die prophetische Stimme in ihm, die Bekehrung der Ungläubigen anschliessen, und die christliche Barmherzigkeit und Liebe würde in der ganzen Welt zur Herrschaft gelangen.

Durch diese glänzenden Träume verführt, zögerte er nicht, den fast grenzenlosen Einfluss, den er über die Bevölkerung von Florenz erlangt hatte, praktisch zu verwerten. Seine Lehren führten zu der Revolution von 1494, durch welche die Medici vertrieben wurden; doch wusste seine Menschenliebe das erbarmungslose Blutvergiessen abzuwenden, das in den italienischen Städten solche Bewegungen zu begleiten pflegte. Während des Feldzuges Karls VIII. gegen Neapel im Jahre 1494 bemühte er sich eifrig, das Bündnis jenes Monarchen mit der Republik zu befestigen, da er in diesem Fürsten das von Gott erkorene Werkzeug zur Reform Italiens erblickte. Als in demselben Jahre die Republik wiederhergestellt wurde, war er vielleicht mehr als irgendein anderer sowohl bei ihrer Organisation als auch bei der Aufstellung ihrer Gesetze tätig. Und als er das Volk dahin brachte, Jesus Christus als König von Florenz zu verkünden, erkannte er wohl selbst kaum, wie er in seiner Eigenschaft als Dolmetsch Gottes unvermeidlich die Rolle eines Diktators übernahm. Nicht nur von der Kanzel aus unterwies er seine Zuhörer über ihre Bürgerpflichten und gab er seinen prophetischen Eingebungen Aus-

---

1) Landucci, p. 163. — Burlamacchi, p. 558—9. — Nardi, lib. II, pp. 56—7.

druck, sondern auch die Führer der Volkspartei suchten beständig seinen Rat nach und gehorchten seinen Wünschen. Doch hielt er sich persönlich in den meisten Fällen fern und in strenger Zurückgezogenheit; die Sorge für die Einzelheiten überliess er zwei vertrauten Agenten, die er unter den Mönchen von San Marco ausgewählt hatte, dem heissblütigen und impulsiven Domenico da Pescia und dem Silvestro Maruffi, einem Träumer und Nachtwandler. So sank er von der Rolle eines Propheten Gottes zu der des Führers einer Partei herab, die allgemein den verächtlichen Namen 'Piagnoni' oder Jammernde führte, und er setzte alles auf die dauernde Vorherrschaft dieser Partei in dem Masse, dass jedes Fehlschlagen seiner politischen Pläne notwendigerweise auch für die grösseren und edleren Pläne, deren unsichere Grundlage jene waren, verhängnisvoll werden musste. Dazu kam, dass sein unentwegtes Festhalten an dem Bündnisse mit Karl VIII. schliesslich seine Entfernung notwendig machte, damit die Politik Alexanders VI., die auf eine Einigung sämtlicher italienischer Staaten gegen die Gefahren einer neuen französischen Invasion hinauslief, durchgeführt werden konnte[1]).

Gleich als ob das Geschick seinen Untergang sicher herbeiführen wollte, bestimmte ein aus dem 13. Jahrhundert datierendes Gesetz, dass die Signoria alle zwei Monate zu wechseln habe, so dass sie gleichsam ein Spiegelbild der wechselnden Leidenschaften der Menge war. Als die kritische Zeit kam, wandte sich alles gegen Savonarola. Das Bündnis mit Frankreich, auf dem sein Ansehen als Staatsmann wie als Prophet beruhte, nahm ein verhängnisvolles Ende. Bei Fornuovo unterlag Karl VIII. (6. Juli 1495) und hatte grosse Mühe, sich mit seinen zersprengten Streitkräften einen Weg nach Frankreich zu bahnen. Er kehrte niemals wieder zurück, wie oft auch Savonarola ihm mit dem kommenden Zorne Gottes drohte. Dadurch isolierte er nicht nur Florenz gegenüber dem zwischen Spanien, dem Papsttume, Venedig und Mailand geschlossenen Bündnisse, sondern er vereitelte auch den heissesten Wunsch der Florentiner, indem er ihnen trotz seines Versprechens die Citadelle von Pisa nicht zurückverschaffte. Als die Kunde hiervon am 1. Januar 1496 Florenz erreichte, machte die erbitterte Bevölkerung Savonarola dafür verantwortlich; eine Volksmenge umringte am Abende das Kloster von San Marco und belustigte sich damit, laute Drohungen auszustossen, sie werde „das grosse Schwein von Frate" verbrennen. Zudem ent-

---
1) Villari, lib. II, cap. IV, V; T. II. App. p. CCXX. — Landucci, p. 92—4 112. — Processo autentico (Baluze et Mansi, IV. 531, 554, 558).

wickelte sich damals ein drückender Notstand, da durch die Unruhen der Bürgerkriege, durch die hohen an Karl VIII. gezahlten Subsidien und durch die Unkosten des Pisanischen Krieges Handel und Wandel stockten, die Steuerlast ins Unerträgliche stieg und der Staatskredit ruiniert wurde. Hierzu kam noch die furchtbare Hungersnot von 1497 und die darauf folgende Pest. Alles das machte natürlich die gedankenlose Menge unzufrieden und regte in ihr den Wunsch nach einem Wechsel. Die 'Arrabbiati', die Oppositionspartei, war schnell bei der Hand, um aus diesem Umschwung der Stimmung Nutzen zu ziehen; hierbei wurde sie unterstützt von den gefährlichen Volkselementen, sowie von allen, auf denen die puritanische Strenge schwer gelastet hatte. Es bildete sich unter dem Namen „Compagnacci" eine Gesellschaft, die sich aus gewissenlosen und ausschweifenden jungen Adligen und ihren Anhängern zusammensetzte. An ihrer Spitze stand Doffo Spini, während das mächtige Haus der Altoviti sie unterstützte. Ihr erstes Ziel war die Vernichtung Savonarolas; sie waren entschlossen, bei der nächsten passenden Gelegenheit zu dem Äussersten zu schreiten [1]).

Eine solche Gelegenheit musste kommen. Wenn Savonarola sich damit begnügt hätte, lediglich die Verderbnis der Kirche und der Kurie anzuklagen, so hätte er seinem Unwillen ebenso ungestört Luft machen können, wie es die hl. Brigitta, der Kanzler Gerson, der Kardinal Peter von Ailly, Nikolaus von Clemangis und viele andere hochverehrte Geistliche getan hatten. Der Papst und die Kardinäle waren an Schmähungen gewöhnt und nahmen sie so lange mit äusserster Gelassenheit hin, als sie sich nicht gegen gewinnbringende Missbräuche richteten. Aber Savonarola hatte sich zu einer politischen Persönlichkeit gemacht, und seine Politik in Florenz war der der Borgia feindlich. Trotzdem behandelte ihn Alexander VI. anfangs mit gelassener Gleichgültigkeit, die sogar eine Zeitlang an Verachtung grenzte. Als man schliesslich seine Bedeutung erkannte, suchte man ihn durch das Anerbieten des erzbischöflichen Stuhles von Florenz und des Kardinalshutes zu gewinnen; das Anerbieten wurde jedoch mit prophetischem Unwillen verächtlich zurückgewiesen. „Ich verlange nur nach dem mit meinem eigenen Blute geröteten Hute des Märtyrers!" Erst am 21. Juli 1495, als Karl VIII. Italien aufgegeben und die Florentiner allein der vom Papste ge-

---

1) Landucci, pp. 110, 112, 122. — Villari, I. 473. — Mémoires de Commines, liv. VIII. ch. 19. — Processo autentico (loc. cit. pp. 524, 541). — Perrens, p. 342.

leiteten Liga gegenüberstanden, gab sich eine gewisse Feindseligkeit gegen ihn kund. Doch begnügte man sich vorläufig damit, ihn in freundlicher Form nach Rom vorzuladen, damit er dort über die von Gott ihm gemachten Offenbarungen und Prophezeiungen Bericht erstatten solle. Er antwortete am 31. Juli ablehnend, indem er sich mit heftigem Fieber und mit Dysenterie entschuldigte; zugleich bemerkte er, die Republik wolle ihm nicht erlauben, ihr Gebiet zu verlassen mit Rücksicht auf seine Feinde, die schon mit Gift und mit Dolch einen Angriff auf sein Leben gemacht hätten; aus diesem Grunde verlasse er auch das Kloster nie ohne Begleitung; endlich erforderten die noch nicht durchgeführten Reformen in der Stadt seine Gegenwart. Sobald es ihm indessen möglich sei, wolle er nach Rom kommen; mittlerweile würde der Papst das, was er zu wissen wünsche, in einem augenblicklich im Druck befindlichen Buche finden, das seine Prophezeiungen über die Erneuerung der Kirche und den Untergang Italiens enthalte, und von dem er, sobald es fertig sei, dem hl. Vater ein Exemplar unterbreiten werde[1]).

Obwohl Savonarola sich stellte, als ob er der päpstlichen Botschaft keine allzu grosse Bedeutung beilege, so übersah er doch die darin liegende Warnung nicht und stellte eine Zeitlang das Predigen ein. Plötzlich, am 8. September 1495, nahm Alexander VI. die Sache wieder auf, indem er an die Rivalen Savonarolas, die Franziskaner von Santa Croce, eine Bulle richtete und in dieser die Vereinigung der toscanischen Congregation mit der lombardischen Provinz anordnete; der Fall des Savonarola wurde dem lombardischen Generalvikar Sebastian de Madiis übergeben. Domenico da Pescia und Silvestro Maruffi wurden aufgefordert, binnen acht Tagen in Bologna zu erscheinen, und Savonarola wurde angewiesen, das Predigen so lange zu unterlassen, bis er in Rom erschienen sei. Am 29. September antwortete Savonarola mit einer ausführlichen Rechtfertigung, worin er Sebastiano als einen voreingenommenen und verdächtigen Richter ablehnte und zum Schlusse den Papst ersuchte, alle Irrtümer in seiner Lehre zu bezeichnen, die er dann sofort widerrufen wolle; ausserdem erklärte er sich bereit, alles, was er gesprochen oder geschrieben habe, dem Urteile des Hl. Stuhles zu unterwerfen. Unmittelbar nach Abgabe dieser Erklärung machte das Vorgehen des Piero de' Medici gegen Florenz es ihm unmöglich, das Schweigen zu wahren. So bestieg er denn, ohne die päpst-

---

1) Guicciardini, lib. III. c. 6. — Burlamacchi, p. 551. — Villari, T. I. p. CIV—CVII. — Landucci, p. 106.

liche Antwort abzuwarten, am 11. Oktober von neuem die Kanzel und ermahnte das Volk heftig, dem Tyrannen vereinten Widerstand entgegenzusetzen. Trotz dieses Ungehorsams war indessen der Papst mit Savonarolas nomineller Unterwerfung zufrieden und begnügte sich in seiner Erwiderung vom 16. Oktober damit, Savonarola zu befehlen, dass er so lange nicht öffentlich oder privatim predigen solle, bis er ohne Beschwerden nach Rom kommen oder eine geeignete Persönlichkeit nach Florenz geschickt werden könne, um seinen Fall zu entscheiden; falls er gehorche, seien alle päpstlichen Breven suspendiert. Für Alexander war die ganze Sache eine rein politische Frage. Die Haltung von Florenz war, solange Savonarolas Einfluss andauerte, seinen Plänen feindlich; aber es lag ihm nichts daran, die Sache auf die Spitze zu treiben, vorausgesetzt, dass der Einfluss des Frate gebrochen und er zum Schweigen gebracht werden konnte[1]).

Aber Savonarolas Stimme war für seine am Ruder befindlichen Freunde ein zu wichtiger Faktor in den florentinischen Angelegenheiten, als dass sie mit seinem Schweigen hätten einverstanden sein können. Lange und ernste Versuche wurden gemacht, um vom Papste die Erlaubnis zu erlangen, dass er während der bevorstehenden Fastenzeit seine Predigten wieder aufnehmen dürfe, und schliesslich willigte Alexander VI. anscheinend ein. Die Predigten über Amos indessen, die Savonarola alsdann hielt, waren nicht geeignet, die Kurie zu versöhnen; denn abgesehen davon, dass er ihre Laster mit erschreckender Heftigkeit geisselte, bemühte er sich auch darzulegen, dass es für seinen Gehorsam gegen die päpstlichen Befehle eine Grenze gebe. Diese Predigten riefen eine gewaltige Aufregung nicht nur in Florenz, sondern in ganz Italien hervor. Am Ostersonntag, dem 3. April 1496, versammelte daher Alexander VI. vierzehn Doktoren der Theologie aus dem Dominikanerorden und bezeichnete ihnen gegenüber ihren verwegenen Mitbruder als ketzerisch, schismatisch, ungehorsam und abergläubisch. Es wurde ihm die Verantwortung für das Unglück des Piero de' Medici zugeschrieben und mit allen gegen eine Stimme beschlossen, dass man Mittel finden müsse, um ihn zum Schweigen zu bringen[2]).

Trotzdem setzte er, ohne dass man dagegen einschritt, seine Predigten mit Unterbrechungen bis zum 2. November fort. Und

---

1) Villari, I. 402—7. — Landucci, p. 120. — *Pastor, Geschichte der Päpste III, 377—412.
2) Villari, I. 417, 441—5. — Landucci, p. 125—9. — Perrens, p. 361.

selbst da war sein Einfluss noch so gross, dass Alexander, um ihn zu beseitigen, zu indirekten Mitteln seine Zuflucht nahm. Am 7. November 1496 wurde ein päpstliches Breve erlassen, wodurch eine Ordenskongregation von Rom und Toscana ins Leben gerufen und einem Generalvikar unterstellt wurde, dessen Amt zwei Jahre dauern solle, und der erst nach einem gewissen Zwischenraume wiedergewählt werden könne. Zwar war der erste Generalvikar, der Kardinal Oliverio Caraffa, ein Freund Savonarolas; aber man hatte diese Massregel klug gewählt, um ihm seine Unabhängigkeit zu nehmen, da er so in jedem Augenblick von Florenz auf einen andern Posten versetzt werden konnte. Savonarola beantwortete diese päpstliche Verfügung mit offenem Trotze. In einer gedruckten „Apologia della Congregazione di San Marco" erklärte er, dass die zweihundertundfünfzig Mönche seines Klosters trotz Drohungen und Exkommunikation gegen eine Massregel, die schliesslich das Verderben ihrer Seelen herbeiführen müsse, bis zum Tode Widerstand leisten würden. Das war eine offene Kriegserklärung. Am 26. November nahm er kühn seine Predigten wieder auf. Die Reihe von Predigten über Ezechiel, die er nun begann, und die er auch noch während der Fastenzeit 1497 fortsetzte, zeigt klar, dass er jede Hoffnung auf eine Versöhnung mit dem Papste aufgegeben hatte. Die Kirche, so sagte er, sei schlimmer als ein wildes Tier; sie sei ein verabscheuungswürdiges Ungeheuer, das von den Dienern Gottes gereinigt und erneuert werden müsse; diejenigen aber, welche dieses Werk unternähmen, müssten dabei sogar die Exkommunikation mit Freuden willkommen heissen. Ausserdem waren diese Predigten zum grossen Teil politische Reden, die beweisen, wie unumschränkt Savonarola von der Kanzel herab die städtischen Angelegenheiten von Florenz leitete. Die Stadt war durch den ungleichen Kampf gegen Pisa, Mailand, Venedig und das Papsttum der Verzweiflung nahe; da brachte das Ende des Jahres 1496 einige unerwartete Erfolge, die Savonarolas Ermahnungen zum Gottvertrauen zu rechtfertigen schienen, und mit den wiederauflebenden Hoffnungen der Republik war auch sein Ansehen bis zu einem gewissen Grade wiederhergestellt[1]).

Obwohl der Zorn Alexanders VI. sich täglich steigerte, schrak er doch vor einem offenen Bruch und einer Kraftprobe zurück; vielmehr versuchte er, die alte Feindschaft der Franziskaner gegen Savonarola für seine Zwecke auszunutzen. Das Observantenkloster

---

1) Villari, I. 489, 492—4, 496, 499, CXLII; II. 4—6.

von San Miniato wurde zum Mittelpunkte der weitern Unternehmungen gemacht, und die berühmtesten Prediger des Ordens — wie Domenico da Poza, Michele d'Aquis, Giovanni Tedesco, Giacopo da Brescia und Francesco della Puglia — wurden dorthin geschickt. Zwar wählten am 1. Januar 1497 die Piagnoni, ermutigt durch ihre kurz vorher errungenen Erfolge im Felde, den Francesco Valori zum Gonfaloniere di Giustizia, der den Versuch machte, den Franziskanern das Predigen zu untersagen, ihnen verbot, Brot, Wein und sonstige notwendige Bedürfnisse sich zu erbetteln, indem er sich rühmte, er werde sie aushungern, und sogar einen von ihnen ganz aus der Stadt verbannte; aber die andern hielten standhaft aus, und Savonarola wurde in der Fastenzeit von der Kanzel von Santo-Spirito herab offen als Betrüger angeklagt. Seine Anhänger störten sich indessen nicht an diese Angriffe, und seine Zuhörerschaft war zahlreicher und begeisterter als je zuvor. Eine Nonne von S. Maria di Carignano, die zu demselben Zwecke nach Florenz kam, hatte ebensowenig Erfolg[1]).

Um diese Zeit erreichte die Hungersnot ihren Höhepunkt, und auch die Pest wurde drohend. Die Signoria, die damals aus Arrabbiati bestand, nahm letzteres zum Vorwand, um dem Kanzelkrieg, der unzweifelhaft den Frieden der Stadt bedrohte, ein Ende zu machen. Am 3. Mai verbot sie von Himmelfahrt (4. Mai) ab alle Predigten mit der Begründung, dass beim Herannahen des Sommers die Ansammlung grosser Menschenmassen die Ausbreitung der Pest erleichtern würde. Bis zu welchem Masse die Leidenschaften sich gesteigert hatten, zeigte sich am folgenden Tage, als Savonarola seine Abschiedspredigt im Dome hielt. Schon vorher hatte man die Türen erbrochen und die Kanzel mit Schmutz beschmiert. Des weiteren hatten die Compagnacci fast offenkundig alle Vorbereitungen getroffen, um ihren Feind zu töten; in grosser Zahl erschienen sie und unterbrachen seine Rede durch Tumult, während seine Freunde mit gezückten Schwertern sich um ihn scharten und ihn unversehrt von dannen geleiteten[2]).

Der Vorfall verursachte eine gewaltige Aufregung in ganz Italien. Die Signoria machte indessen keinen Versuch, die Ruhestörer zur Verantwortung zu ziehen, ein Beweis, zu welcher Partei sie hielt. Ermutigt durch diese offensichtliche Schwäche der Piagnoni

---

1) Processo autentico, p. 533—4. — Perrens, pp. 189—90. — Landucci, pp. 144—6.
2) Landucci, p. 148. — Villari, II. 18—25.

schickte Alexander VI. am 12. Mai 1497 an die Franziskaner ein Breve, worin er ihnen befahl, öffentlich zu verkündigen, dass Savonarola der Ketzerei verdächtig und exkommuniziert sei, und dass niemand mit ihm verkehren dürfe. Aus Furcht veröffentlichte der mit der Verkündigung des Breve beauftragte päpstliche Kommissar das Breve erst am 18. Juni. Mittlerweile hatte Savonarola, noch ehe das Vorhandensein des Breve bekannt war, am 22. Mai an Alexander einen erläuternden Brief geschrieben, worin er sich erbot, sich dem Urteile der Kirche zu unterwerfen; aber am Tage nach der Verkündigung der Exkommunikation beantwortete er diese mit einer Verteidigungsschrift, in der er nachzuweisen suchte, dass das Urteil ungültig sei, und am 25. Juni hatte er sogar die Kühnheit, an Alexander VI. einen Kondolenzbrief anlässlich der Ermordung seines Sohnes, des Herzogs von Gandia, zu senden. Zum Glück für ihn brachte ein Umschwung in der städtischen Politik am 1. Juli seine Freunde wieder ans Ruder, und bis zum Ende des Jahres blieben die Wahlen ihm günstig. Wenngleich er auf Grund des kurz vorher erlassenen Befehles der Signoria nicht predigte, so hörte er doch nicht auf, die Sakramente zu empfangen und zu spenden. Man muss dabei berücksichtigen, dass in jener Zeit allenthalben ein Geist des Ungehorsams herrschte, der die päpstlichen Censuren mit wenig Achtung behandelte. Wir haben früher (Band II, S. 152) gesehen, dass im Jahre 1502 die ganze französische Geistlichkeit, auf Grund einer Entscheidung der Pariser Universität, der von Alexander VI. über sie verhängten Exkommunikation offen Trotz bot. Dasselbe war jetzt in Florenz der Fall. Wie wenig sich die Piagnoni um die Exkommunikation kümmerten, ersieht man aus einer Petition, die sie am 17. September durch die Kinder von Florenz der Signoria vorlegen liessen, und in der sie baten, dass ihrem geliebten Frate das Predigen wieder gestattet werden möge. Ein Karmelit wagte es sogar, am 1. Oktober eine Predigt zur Verteidigung des Savonarola zu halten und in derselben zu erklären: er habe eine Erscheinung gehabt, in der Gott ihm mitteilte, Savonarola sei ein heiliger Mann, und allen seinen Gegnern werde die Zunge ausgerissen und den Hunden vorgeworfen werden. Das war eine offene Empörung gegen den Hl. Stuhl; trotzdem bestand die Strafe, die die bischöflichen Beamten ihm auferlegten, lediglich darin, dass sie ihm das weitere Predigen untersagten. Mittlerweile hatte die Signoria eifrige, aber vergebliche Versuche gemacht, die Aufhebung der Exkommunikation zu bewirken. Savonarola selbst hatte das Anerbieten des

Kardinals von Siena, des späteren Papstes Pius III., die Zurücknahme der Exkommunikation zu vermitteln, falls Savonarola fünftausend Scudi an einen seiner Gläubiger zahlen wolle, mit Entrüstung zurückgewiesen. Im übrigen betrachtete er sich trotz seiner Missachtung der päpstlichen Censuren als einen gehorsamen Sohn der Kirche und benutzte die unfreiwillige Musse des Sommers dazu, ein Buch „Trionfo della croce" zu schreiben, worin er bewies, dass das Papsttum die höchste Macht sei, und dass jeder, der sich von der Einheit und Lehre Roms trenne, sich auch von Christus trenne [1]).

Im Januar 1498 erlangte eine Signoria die Herrschaft, die aus seinen eifrigsten Anhängern bestand; diese waren durchaus nicht damit einverstanden, dass seine mächtige Stimme verstummen sollte. Eine alte Sitte schrieb vor, dass sie am 6. Januar, dem Jahrestage der Kirche, alle in corpore zum Dome gingen und dort Opfer darbrachten. Mit Erstaunen sahen an diesem Tage Bürger aller Parteien, dass der noch immer exkommunizierte Savonarola selbst celebrierte, und dass die Beamten ihm die Hand küssten. Nicht zufrieden mit diesem Akte der Rebellion, wurde weiter vereinbart, dass er das Predigen wieder aufnehmen solle. Im März musste wieder eine neue Signoria gewählt werden; ausserdem begann sich ein Teil des Volkes von ihm abzuwenden. Daher schien die Gewalt seiner Beredsamkeit sowohl für seine persönliche Sicherheit als auch für die Fortdauer der Herrschaft der Piagnoni unbedingt erforderlich. Demgemäss erschien er am 11. Februar wieder im Dome, wo die alten Bänke und Tribünen von neuem aufgestellt waren, um die Menge unterzubringen. Aber eine grosse Zahl von furchtsamen Piagnoni blieb fern und weigerte sich, einem Exkommunizierten zuzuhören, unter dem Vorwande, dass man das Urteil der Kirche respektieren müsse, möge es nun gerecht oder ungerecht sein [2]).

In den Predigten, die er während der Fastenzeit über den Exodus hielt — es waren seine letzten Predigten —, zeigte Savonarola sich heftiger denn je. Er konnte seine Stellung nur rechtfertigen, indem er nachwies, dass das päpstliche Anathem ungültig sei, und er tat dies in Ausdrücken, die den lebhaftesten Unwillen in Rom wachriefen. Ein am 26. Februar 1498 an die Signoria gerichtetes Breve befahl der-

---

1) Villari, II. 25—8, 35—6, 79; App. xxxix. — Processo autentico p. 535. — Landucci, pp. 152—3, 157. — *Die Haltung Savonarolas gegenüber dem Breve vom 12. Mai 1497 hat J. Schnitzer in den Historisch-politischen Blättern, 1900, S. 489 ff., klargestellt.

2) Landucci, pp. 161—2. — Macchiavelli, Frammenti istorici (Opere, ed. 1782, II. 58).

selben bei Strafe des Interdikts, Savonarola als Gefangenen nach Rom zu senden. Zugleich erging ein zweites Schreiben an die Domherren mit der Aufforderung, ihm ihre Kirche zu verschliessen. Savonarola verkündete daher am 1. März im Dome, dass er hinfort in San Marco predigen würde, und dorthin folgte ihm auch die zahllose Menge seiner Zuhörer. Am selben Tage wurde aber auch sein Schicksal besiegelt: es kam eine Regierung ans Ruder, die in ihrer Mehrheit aus Arrabbiati bestand, und sein erbittertster Feind, Piero Popoleschi, trat als Gonfaloniere di Giustizia an ihre Spitze. Doch besass Savonarola noch zu viel Einfluss bei dem Volke, als dass man offen sich seiner hätte bemächtigen können; man musste daher eine passende Gelegenheit abwarten, um ihn zu ergreifen[1]).

Der erste Schritt der neuen Signoria war eine vom 4. März datierte Berufung an den Papst, worin sie sich entschuldigte, dass sie seinen Befehlen nicht gehorchte, und um Milde für Savonarola bat: seine Tätigkeit sei eine segensreiche gewesen, und das Volk von Florenz sehe in ihm ein übermenschliches Wesen. Vielleicht war das Schreiben heimtückisch darauf berechnet, den Zorn des Papstes von neuem anzufachen; auf alle Fälle zeigt Alexanders Antwort, dass er den Vorteil der neuen Lage voll erkannte. Savonarola, so schreibt er, sei „jener armselige Wurm", der in einer vor kurzem gedruckten Predigt Gott beschworen habe, er möge ihn der Hölle überantworten, wenn er jemals um Absolution bitten würde. Der Papst wolle indessen keine Zeit mehr mit Briefen vergeuden; er verlange hinfort von der Signoria nicht Worte, sondern Taten. Entweder sollten sie ihr monströses Idol nach Rom schicken oder es von aller menschlichen Gesellschaft abschliessen, falls sie dem Interdikt entgehen wollten, das so lange in Kraft bleiben würde, bis sie sich unterworfen hätten. Savonarola solle indessen nicht für immer mundtot gemacht, sondern sein Mund nach gebührender Demütigung wieder geöffnet werden[2]).

Dieser Brief kam am 13. März in Florenz an und rief heftige Erörterungen hervor. Wir haben gesehen, dass ein vom Papste verhängtes Interdikt unter Umständen nicht nur die Entziehung der geistlichen Vorrechte, sondern auch die Abschliessung von der Aussenwelt und die Ergreifung der Person und der Güter der damit

---

1) Landucci, p. 164. — Perrens, p. 231. — Villari, II, App. LXVI.
2) Perrens, pp. 232—5, 365—72. Vgl. Villari, II. 115.
Die gotteslästerliche Berufung auf Gott war tatsächlich von Savonarola in seiner Predigt vom 11. Februar gemacht worden (Villari, II. 88).

belegten Bürger, wo immer sie weilen mochten, zur Folge haben konnte. Das bedeutete aber für ein handeltreibendes Volk den geschäftlichen Ruin. Die florentinischen Kaufleute und Bankiers erhielten von ihren römischen Korrespondenten die beunruhigendsten Berichte über den Zorn des Papstes und seine Absicht, ihr Eigentum der Plünderung preiszugeben. Furcht ergriff die Stadt und nahm zu, je mehr sich von Tag zu Tag das Gerücht verbreitete, dass das angedrohte Interdikt ausgesprochen sei. Trotzdem war Savonarolas Einfluss noch so gross, dass die Signoria nach heftigen Erörterungen über die verschiedenen Auswege sich am 17. März nur entschliessen konnte, des Nachts fünf Bürger zu ihm zu schicken, die ihn bitten sollten, er möge für einige Zeit das Predigen einstellen. Savonarola hatte erklärt, dass er zwar dem Papste den Gehorsam versage, dagegen die Wünsche der bürgerlichen Gewalt beachten wolle. Als man ihm aber dieses Gesuch vortrug, erwiderte er, dass er zunächst den Willen dessen erforschen müsse, der ihn mit dem Predigen beauftragt habe. Am nächsten Tage gab er von der Kanzel von San Marco herab folgende Antwort: „Höret! Denn dies ist, was der Herr sagt: Die Bitte an diesen Bruder, das Predigen aufzugeben, ist an mich gerichtet und nicht an ihn, denn ich bin es, der predigt; ich bin es, der die Bitte gewährt und nicht gewährt. Gott der Herr willigt ein, soweit es das Predigen betrifft, aber nicht, soweit es sich um euer Seelenheil handelt!" [1]).

Es war unmöglich, auf eine ungeschicktere und seine Selbsttäuschung deutlicher kennzeichnende Weise nachzugeben. Seine Feinde wurden entsprechend kühner. Auf ihre Veranlassung donnerten die Franziskaner triumphierend von ihren Kanzeln herab. Die unordentlichen Elemente, die der Herrschaft der Rechtschaffenheit müde waren, fingen an, für die Zügellosigkeit zu agitieren, die, wie sie sahen, bald zurückkehren würde. Gottlose Spötter begannen den Mönch offen auf der Strasse zu verspotten. Eine Woche später wurden Plakate an die Mauern geheftet, worin das Volk aufgefordert wurde, die Paläste des Francesco Valori und des Paolo Antonio Soderini, zweier hervorragender Anhänger des Savonarola, zu verbrennen. Die Agenten des Herzogs von Mailand täuschten sich nicht, als sie frohlockend ihrem Herrn mitteilten, dass der Sturz des Frate, sei es auf gesetzlichem oder ungesetzlichem Wege, nahe bevorstehe [2]).

---
1) Perrens, pp. 237, 238. — Landucci, pp. 164—66.
2) Landucci, p. 166. — Villari, II. App. p. LVIII—LXII.

Um diese Zeit bot sich ein letzter Ausweg, zu dem Savonarola seine Zuflucht nahm. Nachdem er am 13. März Alexander VI. in aller Form gewarnt hatte, er solle auf seiner Hut sein, da der Waffenstillstand zwischen ihnen nicht länger dauern könne, wandte er sich an die Herrscher der Christenheit in Briefen, die, wie er vorgab, auf Befehl Gottes und in seinem Namen geschrieben seien, und forderte darin die Monarchen auf, ein allgemeines Konzil zusammenzuberufen, um die Kirche zu reformieren. Diese sei krank, vom höchsten bis zum niedrigsten ihrer Glieder; ihr Krankheitsgeruch sei so unerträglich, dass Gott ihr nicht erlaubt habe, ein gesetzliches Oberhaupt zu besitzen. Alexander VI. sei kein Papst, auch nicht zum Papsttume wählbar, und zwar nicht nur wegen der Simonie, durch die er sich die Tiara erkauft habe, und wegen seiner Schlechtigkeit, die, wenn man sie an den Pranger stellte, allgemeine Verwünschung hervorrufen würde, sondern auch, weil er kein Christ sei, ja nicht einmal an Gott glaube. Alles das erbot sich Savonarola, unwiderleglich zu beweisen und auch durch Wunder zu erhärten, die Gott wirken würde, um auch den stärksten Zweifler zu überzeugen. Diese ungeheuerliche Epistel sollte mit unbedeutenden Abweichungen an die Könige von Frankreich, Spanien, England, Ungarn und an den Kaiser geschickt werden. Eine vorläufige Botschaft, die Dominikus Mazzinghi an Johann Guasconi, den Florentiner Gesandten am französischen Hofe, sandte, wurde von dem Herzog von Mailand, der Savonarola feindlich gesinnt war, aufgefangen und von ihm sogleich an den Papst weitergeschickt[1]).

Man kann sich leicht vorstellen, wie sehr dieses Schreiben den Zorn des Papstes entfachen musste. Es waren weniger die persönlichen Angriffe, die er mit cynischer Gleichgültigkeit an sich abprallen liess, als vielmehr der Ruf nach einem Konzil, was den Papst aufregte. Denn diese Forderung war seit den Tagen von Konstanz und Basel der beständige Ruf der Reformer und der Schrecken des Papsttums gewesen, und die herrschende Unzufriedenheit machte ihn zu einer ständig drohenden Gefahr. So hatte noch kurz vorher, im Jahre 1482, der halbwahnsinnige Erzbischof Andreas von Granea ganz Europa in Aufruhr versetzt, weil er auf seine eigene Verantwortung hin von Basel aus ein Konzil zusammenberufen und unter

---

1) Villari, II. p. 129, 132—5; App. p. LXVIII—LXXI, CLXXI. — Baluze et Mansi, 1. 581—5. — Perrens, p. 373—5. — Burlamacchi, p. 551. — In seinem Geständnisse vom 21. Mai erklärte Savonarola, dass der Gedanke an ein Konzil erst drei Monate vorher in ihm aufgetaucht sei (Villari, II. App. CXCII).

dem Schutze der Behörden sechs Monate lang den Bemühungen Sixtus' IV. und den Anathemen des Inquisitors Heinrich Institoris getrotzt hatte, bis Kaiser Friedrich III. nach einigem Zögern ihn einkerkern liess. In demselben Jahre, 1482, gelang es Ferdinand von Aragonien und Isabella von Castilien durch die Drohung, ein Konzil einzuberufen, Sixtus IV. zu bestimmen, dass er auf seinen Anspruch, die spanischen Bischofsstühle mit seinen Kreaturen zu besetzen, verzichtete. Im Jahre 1495 verbreitete sich das Gerücht, der Kaiser sei im Begriff, den Papst vor ein Konzil zu laden, das in Florenz stattfinden solle. Einige Jahre früher drängte der rebellische Kardinal Giuliano della Rovere, der nach Frankreich geflohen war, Karl VIII. hartnäckig, ein Generalkonzil zu versammeln, und im Jahre 1497 legte Karl die Frage der Universität Paris vor, die sich dafür entschied. So unsinnig daher Savonarolas Gedanke, auf eigene Faust die Fürsten zu einem solchen Schritte veranlassen zu können, auch war, so hatte er damit doch das Papsttum an seiner empfindlichsten Stelle getroffen, und der Kampf, der nun folgte, musste ein Kampf auf Leben und Tod werden [1]).

Das Ende war in der Tat unvermeidlich; aber es kam schneller und dramatischer, als selbst der scharfsinnigste Beobachter hätte ahnen können. Es ist unmöglich, aus den sich widersprechenden Berichten von Freund und Feind mit Bestimmtheit festzustellen, welche aufeinanderfolgenden Massnahmen die Veranlassung zu jenem seltsamen „Sperimento del fuoco" waren, das seinerseits die unmittelbare Ursache der Katastrophe bildete. Wahrscheinlich aber verlief die Sache folgendermassen. Da Savonarola zum Schweigen genötigt war, übernahm Dominikus von Pescia seine Stelle. Da aber die Sachlage immer verzweifelter wurde, so erbot sich Dominikus in seinem unüberlegten Eifer, die Wahrheit der Sache Savonarolas dadurch zu beweisen, dass er sich vom Dache des Palastes der Signoria

---

[1]) Landucci, p. 113. — Chron. Glassberger, ann. 1482. — Raynald. ann. 1492, Nr. 25. — Pulgar, Cronica de los Reyes Catolicos, II. CIV. — Comba, La Riforma in Italia, I. 491. — Nardi, lib. II (p. 79).
Der Zeitgenosse Glassberger sagt von dem Versuche des Andreas von Granea: „Nisi enim auctoritas imperatoris intervenisset, maximum in ecclesia schisma subortum fuisset. Omnes enim aemuli domini papae ad domini imperatoris consensum respiciebant pro concilio celebrando" Ein Jahr schwerer Kerkerhaft brach die Willenskraft des Andreas. Er verfasste einen feierlichen Widerruf seiner gegen den Hl. Stuhl geschleuderten Schmähungen und sandte ihn mit der Bitte um Verzeihung an Sixtus IV., der sie auch gewährte. Aber noch vor der Rückkehr der Boten hängte sich der unglückliche Reformator in seiner Zelle auf (ubi sup. ann. 1483). — *J. Schlecht, Andreas Zamometic und der letzte Konzilsversuch in Basel (1902).

oder in den Fluss oder in das Feuer stürze. Wahrscheinlich war das nur eine rhetorische Floskel, ohne bestimmte Absicht; aber der Franziskaner Francesco della Puglia, der sehr wirkungsvoll in der Kirche Santa-Croce predigte, griff den Vorschlag auf und erbot sich, die Feuerprobe gegen Savonarola zu bestehen. Savonarola aber lehnte es ab, sich dem Gottesgericht zu unterziehen, es sei denn, dass ein päpstlicher Legat sowie Gesandte aller christlichen Fürsten demselben beiwohnten, damit es so der Anfang einer allgemeinen Reformation der Kirche werden könne. Nun nahm Frà Domenico die Herausforderung an und liess am 27. oder 28. März an das Portal der Kirche Santa-Croce eine Erklärung anschlagen, in der er sich erbot, durch Gründe oder Wunder folgende Behauptungen zu beweisen: 1. Die Kirche Gottes bedarf einer Reformation; 2. die Kirche muss gezüchtigt werden; 3. die Kirche wird reformiert werden; 4. nach der Züchtigung wird Florenz reformiert werden und neu aufblühen; 5. die Ungläubigen werden bekehrt werden; 6. die Exkommunikation des Frà Girolamo ist nichtig; 7. es ist keine Sünde, die Exkommunikation nicht zu beachten. Frà Francesco erklärte darauf vernünftigerweise, dass die meisten dieser Behauptungen sich nicht beweisen liessen; da aber eine Demonstration gewünscht werde, so wolle er mit Frà Domenico durch das Feuer gehen; und obwohl er durchaus erwarte, verbrannt zu werden, so sei er doch zu diesem Opfer bereit, um dadurch die Florentiner von ihrem falschen Götzen zu befreien[1]).

Die Leidenschaften erhitzten sich auf beiden Seiten, und eifrige Parteigänger hielten die Stadt in Aufregung. Um eine Explosion zu verhüten, liess die Signoria beide Disputanten vor sich kommen und am 30. März ein Protokoll unterzeichnen, durch das sie sich zur Ablegung der seltsamen Probe verpflichteten. Drei Jahrhunderte früher hätte eine solche Narrheit einigermassen vernünftig erscheinen können; aber das Laterankonzil von 1215 hatte alle derartigen Gottesgerichte verworfen und sie endgültig aus der Kirche verbannt. Als die Sache soweit gediehen war, erklärte Frà Francesco, dass er mit Domenico keinen Streit habe; er sei sofort bereit, sich der Probe zu unterziehen, falls Savonarola selbst dies auch tun würde; wenn dieser aber nur einen Vertreter stelle, dann würde auch er sich mit einem solchen begnügen. Ein solcher fand sich auch als-

---

1) Burlamacchi, p. 559. — Landucci, pp. 166—7. — Processo autentico, pp. 535—7. — Villari, II. App. LXXI sqq. — *Vgl. Schnitzer a. a. O. II, Savonarola und die Feuerprobe (1904).

bald in der Person des Frà Giuliano Rondinelli, eines vornehmen Florentiners aus dem Franziskanerorden. Auf der anderen Seite unterzeichneten sämtliche Mönche von San Marco, fast dreihundert an der Zahl, ein Übereinkommen, durch das sie sich verpflichteten, sich dem Gottesgerichte zu unterziehen, und Savonarola erklärte, dass in einem solchen Falle jeder dies ohne Gefahr für sein Leben tun könne. Die Begeisterung war so gross, dass, als er am Tage vor der Probe in San Marco über die Sache predigte, alle Zuhörer wie ein Mann sich erhoben und sich erboten, an Domenicos Statt die Wahrheit zu verteidigen. Die von der Signoria aufgestellten Bedingungen lauteten dahin, dass, wenn der Dominikaner-Kämpfer, sei es allein oder mit seinem Gegner, umkomme, Savonarola die Stadt so lange verlassen müsse, bis er amtlich wieder zurückgerufen würde; komme nur der Franziskaner um, dann solle Frà Francesco das Gleiche tun; dieselbe Strafe wurde gegen jede der beiden Parteien festgesetzt, falls sie im letzten Augenblick vom Gottesgericht zurücktreten sollte [1]).

Die Signoria betraute zehn Bürger mit der Leitung des Gottesgerichts und setzte es auf den 6. April fest, schob es aber alsdann noch einen Tag auf in der Hoffnung, vom Papste vorher eine abschlägige Antwort auf ihr Gesuch um Zulassung desselben zu erhalten. Diese traf auch ein, aber zu spät und möglicherweise absichtlich verzögert [2]). Daher wurden am 7. April die Vorbereitungen vollendet. Auf der Piazza de' Signori errichtete man einen gewaltigen Scheiterhaufen von dürrem Holze bis Manneshöhe mit einem Quergange, durch den die Kämpfer gehen sollten. Der Haufen war reichlich mit Schiesspulver, Öl, Schwefel und ähnlichen Stoffen versehen, um ein schnelles Umsichgreifen der Flammen zu sichern. Sobald der Haufen an einem Ende angezündet war, sollten die Kämpfer durch das andere eintreten und dieses alsdann hinter ihnen in Brand gesteckt werden, damit so jeder Rückzug unmöglich sei. Eine gewaltige Menge von Schaulustigen füllte die Piazza an, und jedes Fenster und jedes Dach war dicht besetzt. Die Anhänger Savonarolas waren in der Majorität und schrieen die Franziskaner nieder, bis diese neuen Mut erhielten durch die Ankunft der Compagnacci, junger Adliger, welche auf ihren Schlachtrossen und vollständig bewaffnet, sowie von je acht bis zehn Gefolgsmännern begleitet, in

---

1) Landucci, pp. 167—8. — Processo autentico, pp. 536—8. — Villari, II. App. XCI—XCIII.
2) *Vgl. dazu Pastor a. a. O. S. 405, Anm. 2.

einer Stärke von fünfhundert Mann, unter Führung des Doffo Spini, erschienen[1]).

Die Franziskaner waren zuerst auf dem Schauplatze, besorgt und erschreckt. Dann kamen in Prozession die Dominikaner heran; ungefähr zweihundert an Zahl, indem sie Psalmen sangen. Beide Parteien traten vor die Signoria. Zunächst verlangten die Franziskaner, unter dem Vorgeben, sie befürchteten irgendwelche Zauberkünste, dass Domenico seine Kleider wechseln solle. Obgleich dies sofort zugestanden und beide Kämpfer neu bekleidet wurden, verlor man doch viel Zeit mit Einzelheiten. Die Dominikaner verlangten für Domenico die Erlaubnis, in seiner rechten Hand ein Kruzifix und in seiner linken eine geweihte Hostie tragen zu dürfen. Da man gegen das Kruzifix Einspruch erhob, so verzichtete er darauf; dagegen liess er sich nicht einschüchtern durch die Rufe des Entsetzens, mit denen man seinem Vorschlag bezüglich der Hostie begegnete. Savonarola blieb fest; denn Gott hatte dem Frà Silvestro offenbart, dass das Sakrament unerlässlich sei. Die Frage wurde hitzig erörtert bis zum Anbruche der Nacht; dann erklärte die Signoria das Gottesgericht für aufgehoben, worauf die Franziskaner sich zurückzogen, gefolgt von den Dominikanern. Die Menge aber, die unter strömendem Regen und inmitten eines Sturmes, während dessen die Luft von heulenden Dämonen erfüllt zu sein schien, geduldig ausgehalten hatte, war erbittert durch den Verlust des versprochenen Schauspieles, und eine stark bewaffnete Begleitmannschaft war notwendig, um die Dominikaner wohlbehalten nach San Marco gelangen zu lassen. Hätte in der ganzen Sache die Vernunft eine Rolle gespielt, dann könnte man sich füglicherweise wundern, dass sie als ein Triumph der Franziskaner ausgelegt wurde; aber Savonarola hatte so zuversichtlich ein Wunder versprochen und hatte so unbedingten Glauben bei seinen Anhängern gefunden, dass diese in der unentschiedenen Schlacht eine Niederlage erblicken mussten; sie war gleichsam das Geständnis, dass Savonarola auf eine Vermittlung Gottes nicht rechnen konnte. Der Glaube der Menge an ihren Propheten war erschüttert, und während ihn die frohlockenden Compagnacci mit Schmähungen überhäuften, wussten die Piagnoni kein Wort zu seiner Verteidigung zu sagen[2]).

---

1) Perrens, pp. 379—81. — Burlamacchi, pp. 560, 562. — Landucci, p. 168. — Processo autentico, pp. 540—1.
2) Landucci, pp. 168—9. — Processo autentico, p. 542. — Burlamacchi, p. 563. — Villari, II. App. p. LXXV—LXXX, LXXXIII—XC. — Guicciardini, lib. III. c. 6.

Seine Feinde beeilten sich, ihren Vorteil auszunutzen. Am folgenden Tage war Palmsonntag. Die Strassen waren voll triumphierender Arrabbiati, während die Piagnoni, die sich zu zeigen wagten, mit lautem Geschrei verfolgt und mit Steinen beworfen wurden. Zur Vesper versuchte der Dominikaner Mariano de' Ughi im überfüllten Dome zu predigen; aber die Compagnacci, die in der Mehrheit waren, unterbrachen die Predigt und befahlen der Menge, sich zu zerstreuen; diejenigen, welche Widerstand leisteten, wurden angegriffen und verwundet. Dann erhob sich der Ruf: „Nach San Marco!", und sofort eilte die Menge dorthin. Dort waren bereits die Türen der Dominikanerkirche von Knaben umringt, die mit grossem Geschrei den im Innern gefeierten Gottesdienst störten, und als man ihnen Stillschweigen gebot, einen Hagel von Steinen gegen das Gotteshaus schleuderten, so dass man den Eingang zur Kirche schliessen musste. Als nun der ganze Pöbel herankam, hatten die Andächtigen grosse Mühe, durch den Kreuzgang zu entfliehen. Franziskus Valori und Paul Anton Soderini hatten gerade eine Unterredung mit Savonarola. Soderini gelang es noch, aus der Stadt zu entfliehen, Valori dagegen wurde, als er sich der Klostermauer entlang schlich, ergriffen und vor seinen Palast geschleppt, den die Compagnacci bereits angegriffen hatten. Vor seinen Augen wurde seine Gattin, die von einem Fenster aus mit den Angreifern unterhandelte, durch ein Wurfgeschoss getötet und eines seiner Kinder und eine Dienerin verwundet. Der Palast wurde geplündert und verbrannt; Valori selbst von seinen Feinden, den Tornabuoni und den Ridolfi, von hinten verwundet und getötet. Zwei andere Häuser, die Anhängern Savonarolas gehörten, wurden gleichfalls geplündert und verbrannt[1]).

Während des Aufruhrs erschienen nacheinander mehrere Proklamationen der Signoria, worin Savonarola aufgefordert wurde, binnen zwölf Stunden das Gebiet von Florenz zu verlassen. Allen Laien wurde befohlen, binnen einer Stunde die Kirche von San Marco zu räumen. Obgleich noch weitere Proklamationen folgten, die jeden mit dem Tode bedrohten, der die Kirche betreten würde, so waren diese Massregeln doch nichts anderes als die gesetzliche Anerken-

---

Die guten Florentiner verfehlten nicht, darauf hinzuweisen, dass der plötzliche Tod Karls VIII., der an demselben 7. April erfolgte, eine Strafe dafür war, dass der König seinerzeit Savonarola und die Republik im Stiche gelassen hatte. — Nardi, lib. II, p. 80.

1) Landucci, p. 170. — Processo autentico, pp. 534, 513. — Burlamacchi, p. 564.

nung des Aufstandes und kennzeichnen die geheimen Triebfedern, die ihn angefacht hatten. Der Angriff auf San Marco verwandelte sich nun in eine regelrechte Belagerung. Die Lage hatte schon seit längerer Zeit ein so drohendes Aussehen angenommen, dass die Mönche sich während der letzten vierzehn Tage heimlich mit Waffen versehen hatten. Zusammen mit ihren Freunden machten sie davon auch tapfern Gebrauch, trotz des ausdrücklichen Verbotes des Savonarola; ein Handgemenge entstand, bei dem mehr als hundert Kämpfer auf beiden Seiten getötet und verwundet wurden. Schliesslich schickte die Signoria Wachen aus, um Savonarola und seine stärksten Stützen, die Brüder Domenico und Silvestro, zu verhaften, jedoch mit der Verpflichtung, dass ihnen kein Leid geschehe. Der Widerstand hörte auf; man fand Savonarola und Domenico in der Bibliothek des Klosters, Silvestro dagegen hatte sich versteckt und wurde erst am folgenden Tage ergriffen. Die Gefangenen wurden an Händen und Füssen gefesselt und durch die Strassen geschleppt; ihre Wächter waren nicht imstande, sie vor den Fusstritten und Faustschlägen der rasenden Menge zu schützen[1]).

Der nächste Tag verlief verhältnismässig ruhig. Die Revolution, bei der sich die Aristokratie mit den gefährlichen Elementen des Volkes verbündet hatte, war vollendet, und die Piagnoni waren vollständig besiegt. Savonarola wurde von den Siegern offen beschimpft, und jeder, der es gewagt hätte, ein Wort zu seiner Verteidigung zu sagen, wäre erschlagen worden. Um jedoch den Triumph dauernd zu machen, galt es zunächst, Savonarola beim Volke vollständig um sein Ansehen zu bringen und ihn dann so bald als möglich zu beseitigen. Man verlor keine Zeit, um eine gesetzliche Unterlage für das schon im voraus gefällte Urteil zu erlangen. Noch am selben Tage wurde ein Gerichtshof von siebzehn Mitgliedern ernannt, der sich aus seinen erbittertsten Feinden, darunter Doffo Spini, zusammensetzte. Der Gerichtshof ging unverzüglich schon am 10. April ans Werk, obwohl ein ausdrücklicher Auftrag hierzu, einschliesslich der Vollmacht, die Folter anzuwenden, ihm erst am 11. April erteilt wurde. Man wandte sich zwar an den Papst und bat ihn um die Genehmigung, das Recht der geistlichen Immunität der Gefangenen unbeachtet lassen zu dürfen; aber man begann bereits das Verfahren, noch ehe die päpstliche Entscheidung, die natürlich entgegenkommend war, eintraf. Zwei

---

1) Landucci, p. 171. — Processo autentico, pp. 544, 549. — Burlamacchi, p. 564. — Nardi, lib. II, p. 78. — Villari, II. 173—77; App. p. XCIV, CCXXC, CXXXIII.

päpstliche Kommissare wurden dem Gerichtshofe beigegeben. Savonarola und seine Gefährten wurden, noch immer an Händen und Füssen gefesselt, nach dem Bargello gebracht. Der amtliche Bericht besagt, dass er zuerst mit Freundlichkeit verhört worden sei; als er aber nicht bekennen wollte, sei ihm mit der Folter gedroht worden, und da sich auch das als unwirksam erwiesen habe, habe man ihn dreiundeinemhalben 'tratti di fune' unterworfen. Das war eine gewöhnliche Art der Tortur und bestand darin, dass man dem Gefangenen zunächst die Hände auf den Rücken band; dann zog man ihn an einem um seine Handgelenke befestigten Strick in die Höhe und liess ihn wieder herabfallen, hielt ihn aber plötzlich im Falle auf, bevor seine Füsse den Boden erreichten. Bisweilen wurden dem Delinquenten noch schwere Gewichte an die Füsse gebunden, um die Prozedur zu verschärfen. Das amtliche Protokoll teilt mit, dass schon diese erste Anwendung der Folter hinreichte, um Savonarola zu einem Geständnisse zu bringen; allgemein aber glaubte man schon damals, dass die Folter bei ihm mit äusserster Strenge wiederholt worden sei [1]).

Wie dem indessen auch sein mag, Savonarolas nervöse Natur war zu empfindlich, um Todesqualen zu erdulden, von denen er wusste, dass sie ins Endlose verlängert würden von Gegnern, die entschlossen waren, ein schon im voraus bestimmtes Resultat zu erlangen. Er bat, von der Folter erlöst zu werden, und versprach, alles zu offenbaren, was er wisse. Sein Verhör dauerte bis zum

[1]) Landucci, pp. 171—2. — Villari, II. 178; App. p. CLXV. — Processo autentico, p. 550—1.

Violi (Villari, II. App. CXVI—VII) sagt, dass die Folter wiederholt angewandt worden sei, dass Savonarola an einem Abende nicht weniger als vierzehnmal von dem Balken bis zum Fussboden herabgelassen wurde, und dass seine Arme so wund waren, dass er die Speisen nicht zum Munde führen konnte. Das mag allerdings eine Übertreibung sein, da Savonarola im Gefängnisse mehrere fromme Abhandlungen schrieb. Burlamacchi behauptet, er sei wiederholt sowohl mit Stricken als auch mit Feuer gefoltert worden (pp. 566. 568). Der päpstliche Protonotar Burchard stellt fest, dass er siebenmal gefoltert wurde; und Burchard konnte es wissen und wird auch schwerlich übertrieben haben (Burchardi Diarium, in den Preuves des Mémoires de Commines, Bruxelles, 1706, p. 424). Der wohlunterrichtete Commines sagt, dass sie „le gesnèrent à merveilles" (Mémoires, lib. VIII, ch. 19). Das nachdrücklichste Zeugnis liefert indessen die Signoria selbst. Auf die Vorwürfe Alexanders, der ihre Langsamkeit rügte, erwiderte sie, sie habe es mit einem Manne von seltener Ausdauer zu tun gehabt; viele Tage hätten sie ihn eifrig gefoltert, aber nur wenige Geständnisse erlangen können, die sie so lange verschweigen wollten, bis sie ihm alle seine Geheimnisse entlockt hätten. „Multa et assidua quaestione, multis diebus, per vim vix pauca extorsimus, quae nunc celare animus erat, donec omnia nobis paterent sui animi involucra" (Villari, II. 197).

18. April; aber selbst das in seinem gefügigen Gemütszustand abgelegte Bekenntnis musste erst zurechtgemacht werden, ehe man es veröffentlichen konnte. Zu diesem schändlichen Geschäfte fand man ein passendes Werkzeug in Ser Ceccone, einem alten Anhänger der Medici; Savonarola hatte ihm einst das Leben gerettet, indem er ihm in San Marco eine heimliche Zuflucht gewährte, jetzt trug er seine Dankesschuld dadurch ab, dass er seinen Wohltäter opferte. Als Notar war er vertraut mit einer solchen Arbeit, und unter seinen geschickten Händen wurden die unzusammenhängenden Antworten Savonarolas in die Form einer Erzählung gebracht, die die abscheulichste aller Selbstanklagen war und alle seine Freunde aufs treuloseste blossstellte[1]).

In dem Schriftstück heisst es, Savonarola habe zugegeben, von Anfang an ein Betrüger gewesen zu sein, dessen einzige Absicht die war, Macht zu erlangen, indem er das Volk täuschte. Wenn sein Plan, ein Konzil zusammenzuberufen, geglückt und er zum Papste gewählt worden wäre, dann hätte er diese Wahl nicht abgelehnt; aber auch ohne das wäre er gewiss der mächtigste Mann der Erde geworden. Um seine Pläne zu fördern, habe er die Bürger gegeneinander aufgebracht und einen Bruch zwischen der Stadt und dem Hl. Stuhle veranlasst, indem er darnach gestrebt habe, eine Regierung nach dem Muster Venedigs mit Francesco Valori als lebenslänglichem Dogen an der Spitze zu begründen. Der Geist des Prozesses tritt klar zutage in der geringen Aufmerksamkeit, die man seinen Abweichungen vom Kirchenglauben zollte, obwohl dies die einzigen Vergehen waren, deren man ihn überführen konnte, sowie in der aussergewöhnlichen Ausführlichkeit, womit man seine politische Tätigkeit und seine Beziehungen zu allen gefährlichen Bürgern behandelte, die man in sein Verderben verstricken wollte. Hätte man auch nur die gewöhnlichsten Rechtsformen zum Schein beobachtet, so würde schon das vorgebliche Übermass seiner Selbsterniedrigung die Absicht

---

1) Landucci, p. 172. — Processo autentico, p. 550. — Perrens, pp. 267—8. — Burlamacchi, p. 566—7. — Villari, II. 188, 193; App. c. XVIII—XXI.
In das Kapitel der Savonarolalegenden gehört die Erzählung, dass der Frate dem Ser Ceccone angekündigt habe, er werde binnen einem Jahre sterben, wenn er nicht gewisse Einschiebungen aus dem Geständnisse beseitige, und dass diese Prophezeiung auch insofern in Erfüllung gegangen sei, als Ceccone innerhalb der angegebenen Zeit starb, ohne mit den Sakramenten versehen zu sein, ja in seiner Verzweiflung sogar die Tröstungen der Religion verweigert habe (Burlamacchi, p. 575). — Violi, ap. Villari, II. App. c. XXVII). Übrigens hat Ceccone bei dem Geständnisse des Frà Domenico dasselbe Geschäft besorgt (Villari, II. App. Doc. XXVII).

seiner Feinde gestört haben. Denn indem man ihn zwang zu gestehen, dass er kein Prophet sei, und dass er im geheimen die päpstliche Exkommunikation doch stets für gültig gehalten habe, enthob man ihn der Anklage wegen hartnäckiger Ketzerei und konnte ihn gesetzlich nur zu einer Kirchenbusse verurteilen. Aber man dachte keineswegs daran, den Prozess nach den gesetzlichen Vorschriften zu führen. Der erste Zweck war vielmehr der, Savonarola bei dem Volke seines Ansehens zu berauben; darnach konnte man ungestraft den Justizmord vollenden[1]).

Dieses Ziel wurde auch vollständig erreicht. Am 19. April 1498 wurde in der grossen Halle des Rates in Gegenwart aller, die beiwohnen wollten, das Bekenntnis öffentlich vorgelesen. Welchen Eindruck diese Verlesung auf die Zuhörer machte, beschreibt uns der biedere Lukas Landucci, der ehedem ein aufrichtiger und ergebener, wenn auch etwas furchtsamer Anhänger Savonarolas gewesen war, und der sich nun bitter darüber beklagte, dass seine Illusionen ihm genommen und dass die herrlichen Träume, mit denen seine Jünger sich getragen, mit einem Schlage zerstört seien. Seine Angst war gross, als er das Geständnis eines Mannes anhören musste, „den wir für einen Propheten hielten, und der jetzt bekennt, dass er kein Prophet war, und dass seine Predigten ihm nicht von Gott offenbart worden waren. Ich war wie betäubt, und meine Seele war erfüllt von Kummer, als ich ein solches Gebäude zerstört sah, das zusammenbrach, weil es auf einer Lüge gegründet war. Ich hatte erwartet, in Florenz ein neues Jerusalem erstehen zu sehen, von dem die Gesetze und der Glanz und das Beispiel des neuen Lebens ausgehen würden; ich hatte gehofft, die Erneuerung der Kirche, die Bekehrung der Ungläubigen und die Freude der Guten zu sehen. Ich fand von alledem das Gegenteil, und ich muss nun die bittere Pille herunterschlucken" — eine Metapher, die für Landucci als Apotheker sehr nahe lag[2]).

Trotzdem war die Signoria noch nicht zufrieden. Am 21. April wurde ein neuer Prozess angeordnet; Savonarola wurde abermals gefoltert, und weitere Geständnisse über seine politischen Handlungen

---

1) Processo autentico, pp. 551—64, 567. — Villari, II. App. CXLVII sqq.
Violi erzählt, dass mit den Einschaltungen Ceccones versehene Geständnis sei von der Signoria gedruckt und in Umlauf gesetzt worden, um ihr Verhalten zu rechtfertigen; dem Volke aber sei dasselbe so ungenügend erschienen, dass schon nach wenigen Tagen die Wiedereinziehung aller ausgegebenen Exemplare angeordnet wurde (Villari II. App. p. CXIV).
2) Landucci, p. 173. — Burlamacchi, p. 567.

wurden ihm abgepresst¹). Zugleich wurden alle diejenigen verhaftet, die durch seine Geständnisse blossgestellt waren, auch Domenico und Silvestro, was einen so allgemeinen Schrecken verursachte, dass eine ganze Zahl seiner Anhänger aus der Stadt floh. Am 27. wurden die Gefangenen nach dem Bargello geführt und so grausam gefoltert, dass während des ganzen Nachmittags ihr Geschrei von den Vorübergehenden gehört wurde; trotzdem konnte man von ihnen keine Aussage erlangen, die Savonarola hätte belasten können. Die am Ruder befindliche Regierung hatte nur noch wenige Tage zum Handeln, da ihre Zeit mit dem Ende des Monats ablief; allerdings hatte sie durch willkürliche und ungesetzliche Mittel dafür gesorgt, dass ihre Nachfolgerin derselben Partei angehörte. Ihre letzte amtliche Handlung am 30. bestand darin, dass sie zehn der angeklagten Bürger mit Verbannung und dreiundzwanzig mit verschiedenen Geldstrafen in einer Gesamthöhe von zwölftausend Gulden belegte²).

Die neue Signoria, die am 1. Mai ihr Amt antrat, entliess sofort die gefangenen Bürger, hielt aber Savonarola und seine Mitschuldigen in Gewahrsam. Diese konnten zwar als Dominikaner nicht von der bürgerlichen Gewalt gerichtet werden; aber die Signoria wandte sich sogleich an Alexander VI. und bat um die Ermächtigung, sie zu verurteilen und hinzurichten. Er schlug es ab und befahl, sie ihm zur Aburteilung auszuliefern, ein Befehl, den er schon gegeben hatte, als ihn die Nachricht von der Gefangennahme Savonarolas erreichte. Hiergegen machte aber die Republik Einwendungen und zwar unzweifelhaft deshalb, weil, wie dem Gesandten privatim anvertraut wurde, Savonarola in zu viele Staatsgeheimnisse eingeweiht war, als dass man ihn der römischen Kurie hätte ausliefern wollen; man machte daher den Gegenvorschlag, der Papst möge Kommissare nach Florenz senden, die den Prozess in seinem Namen führen sollten. Damit war Alexander einverstanden. Durch ein Breve vom 11. Mai wies er den Bischof von Vaison, einen Suffragan des Erzbischofs von Arles, an, die Schuldigen ihrer hl. Weihen zu entkleiden, und zwar auf das Ersuchen der Kommissare hin, die ermächtigt seien, das Verhör und den Prozess bis zum Schlussurteil zu leiten. Unter diesen Kommissaren werden keine Mitglieder der Inquisition genannt. Sie war doch schon zu tief in der allgemeinen Meinung gesunken, als

---

1) Dieses Geständnis wurde nie veröffentlicht. Villari, der das Manuskript entdeckte, hat es gedruckt App. p. CLXXV.
2) Landucci, p. 174. — Processo autentico, p. 563. — Villari, II. 210, 217. — Nardi, lib. II, p. 79.

dass man sie mit einer so wichtigen Angelegenheit hätte betrauen wollen. Ausserdem war die toskanische Inquisition in den Händen der Franziskaner; die Verleihung einer besonderen Vollmacht an den damaligen Inquisitor, Franziskus von Montalcino, wäre daher unklug gewesen in anbetracht der Rolle, welche die Franziskaner beim Sturze Savonarolas gespielt hatten. Alexander VI. zeigte auch hier seine gewohnte Schlauheit, indem er für das erbärmliche Werk den Dominikaner-General Joachim Turriani auswählte, der im Rufe eines gutherzigen und humanen Mannes stand. Dieser war indessen nur ein „Strohmann"; hinter ihm stand als tatsächlicher Leiter des Schauspiels sein Kollege Franziskus Romolino, ein Kleriker von Lerida, der später für seinen bei dem Schandwerke bewiesenen Eifer mit dem Kardinalshute und dem Erzbistum Palermo belohnt wurde.
233 Übrigens waren beide mehr Beauftragte als Richter; denn die Sache war schon im voraus in Rom entschieden worden, und Romolino prahlte offen: „Wir werden ein schönes Freudenfeuer haben; denn das Urteil habe ich schon in der Tasche" [1]).

Die Kommissare erreichten Florenz am 19. Mai und gingen, ohne Zeit zu verlieren, sofort an ihr Geschäft. Das einzige Ergebnis der päpstlichen Intervention bestand darin, dass die Opfer einer gesteigerten Qual und Schmach unterworfen wurden. Aus formellen Gründen konnten die vom Papste gesandten Richter die bereits abgeschlossenen Verhandlungen nicht anerkennen, sondern mussten Savonarola noch einem dritten Verhöre unterwerfen. Am 20. Mai vor Romolino gebracht, nahm er sein Geständnis als durch die Folter erpresst zurück und behauptete, ein Gesandter Gottes zu sein. Nach den Regeln der Inquisition machte ihn diese Zurücknahme zu einem rückfälligen Ketzer, der ohne weiteres verbrannt werden konnte; aber seine Richter wollten dem Wunsche des Papstes gemäss noch weiteres wissen, und so wurde denn der Dulder wiederholt dem Strappado unterworfen, wobei er seinen Widerruf zurücknahm. Durch besondere Verhöre sollte noch festgestellt werden, ob der Kardinal von Neapel in den Plan der Zusammenberufung eines allgemeinen Konzils eingeweiht gewesen sei, und unter dem Druck wiederholter Folterungen wurde Savonarola am 21. Mai dahin gebracht, dies zuzu-

---

1) Landucci, p. 174. — Nardi, lib. II, p. 79. — Wadding. ann. 1496. Nr. 7. — Perrens, p. 399. — Processo autentico, p. 522. — Burlamacchi, p. 568. — Brev. Hist. Ord. Praedicat. (Martene, Ampl. Coll. VI. 393).
Der Kardinal Romolino starb 1518, hochbetagt und geehrt. — Paridis de Grassis Diarium (Romae, 1884) p. 61.

geben; am 22. aber zog er die Behauptung wieder zurück. Das ganze Geständnis, obwohl durch die geschickte Hand des Ser Ceccone zurechtgestutzt, war so sehr eine Wiederholung des vorhergehenden, dass es nie veröffentlicht wurde. Doch war das nicht von Belang; denn das ganze Verfahren war ja nichts anderes als eine direkte Verhöhnung der Justiz. Infolge eines Versehens war der Name des Dominikus von Pescia nicht in das päpstliche Mandat mit aufgenommen worden. Er war durchaus keine Persönlichkeit von Bedeutung; aber eifrige Florentiner warnten Romolino, es möchte gefährlich sein, ihn zu schonen, worauf jener nachlässig erwiderte: „Ein Frataccio mehr oder weniger spielt keine Rolle" und den fehlenden Namen dem Urteil beifügte. Dominikus war ein unbussfertiger Ketzer; denn mit heldenmütiger Festigkeit hatte er die furchtbarsten Folterqualen ertragen, ohne den Glauben an seinen geliebten Propheten aufzugeben[1]).

Den Angeklagten wurde indessen eines erspart, nämlich die Folter des Aufschubs; schon am 22. Mai wurde das Urteil verkündet. Sie wurden verurteilt als Ketzer und Schismatiker, als Rebellen gegen die Kirche, als Aussäer von Unkraut und Verletzer des Beichtgeheimnisses, und sie sollten als solche dem weltlichen Arme ausgeliefert werden. Um die Auslieferung zu rechtfertigen, war es aber notwendig, dass der Schuldige ein rückfälliger oder trotziger Ketzer war. Savonarola wurde zu keiner der beiden Kategorien gerechnet. Er hatte sich stets bereit erklärt, alles, was Rom als irrig bezeichnen würde, zurückzunehmen; er hatte auch alles gestanden, was man von ihm verlangt hatte, und sein Widerruf nach Aufhebung der Tortur wurde nicht als Rückfall betrachtet; denn er und seine Gefährten wurden vor der Hinrichtung zur Kommunion zugelassen, ohne der Ceremonie der Abschwörung sich unterziehen zu müssen, was beweist, dass sie nicht als Ketzer oder als von der Kirche Ausgestossene betrachtet wurden. Und um die Unregelmässigkeit des ganzen Verfahrens gleichsam vollständig zu machen, erlaubte man Savonarola sogar, am Morgen der Hinrichtung zu celebrieren und die hl. Mysterien

---

1) Landucci, p. 176. — Nardi, lib. II, pp. 80—1. — Burlamacchi, p. 568. — Violi (Villari, II. App. CXXV). — Villari, II. 206—8, 229—33; App. CLXXXIV, CXCIV, CXCVII.
Das Verhör vor Romolino weist eine Neuerung auf, die ich sonst nicht angetroffen habe. Während des Verhörs vom 21. Mai wurde nämlich Savonarola einer neuen Folterung unterworfen, als Vorbereitung für die an ihn zu richtende Aufforderung, seine soeben unter wiederholten Foltern gemachten Geständnisse zu bestätigen (Villari, II. App. CXCVI).

zu vollziehen. Aber alles das bedeutete nichts, wenn ein Borgia seinen Rachedurst stillen wollte. Am Abend vor der Hinrichtung wurde ein grosser Scheiterhaufen auf der Piazza errichtet. Am nächsten Morgen, dem 23. Mai 1498, wurde die Ceremonie der Degradation von den hl. Weihen öffentlich vollzogen, und die Verurteilten wurden dann dem weltlichen Arme ausgeliefert. War es Heuchelei, oder waren es Gewissensbisse, was Romolino in diesem Augenblick veranlasste, seinen Opfern im Namen Alexanders VI. einen vollkommenen Ablass ihrer Sünden zu gewähren und sie so in den Zustand der ursprünglichen Unschuld zurückzuversetzen? Dem unregelmässigen Verlauf der ganzen Angelegenheit entsprach es auch, dass die Signoria die übliche Strafe umänderte und die Verurteilten erst hängen und dann verbrennen liess. Schweigend erduldeten die drei Märtyrer ihr Schicksal[1]).

Mit äusserster Vorsicht achtete man darauf, dass die Körper vollständig vom Feuer verzehrt wurden; alsdann sammelte man sorgfältig jedes Teilchen Asche und warf alles in den Arno, um die Aufbewahrung von Reliquien zu verhindern. Mit Lebensgefahr gelang es indessen einigen Getreuen, heimlich einige schwimmende Kohlen sowie einige Fetzen von Savonarolas Kleidern zu retten, die als kostbare Schätze aufbewahrt und bis in die neueste Zeit noch verehrt wurden. Mochten auch vielen seiner Schüler, wie dem ehrlichen Landucci, ihre Illusionen genommen worden sein, so blieben doch viele andere hartnäckig bei ihrem Glauben und lebten noch lange in der täglichen Erwartung, Savonarola als neuen Messias kommen zu sehen, um die Erneuerung der Christenheit und die Bekehrung der Ungläubigen zu vollziehen und dadurch die glänzenden Versprechungen zu erfüllen, mit denen er sich und jene getäuscht hatte. Der Eindruck, den sein furchtbares Ende machte, war so tief und dauernd, dass mehr als zwei Jahrhunderte lang, bis 1703, der Hinrichtungsplatz in der Nacht vor seinem Jahrestage, dem 23. Mai, heimlich mit Blumen bestreut wurde[2]).

---

1) Landucci, pp. 176—7. — Processo autentico, p. 546. — Villari, II. 239; App. CXCVIII. — Cantù, Eretici d'Italia, I. 229. — Burlamacchi, pp. 569—70. — Nardi, lib. II. p. 82.
2) Landucci, p. 178. — Perrens, p. 281. — Processo autentico, p. 547. — Nardi, lib. II p. 82. — Villari, II. 251.
Burlamacchi berichtet (pp. 570—1), auf welche Weise man einen Arm, eine Hand und das Herz Savonarolas zur Verehrung durch die Gläubigen rettete; aber das ist augenscheinlich eine Legende, die erfunden wurde, um die Echtheit der Reliquien zu beweisen.

Die päpstlichen Kommissare hielten ihre Ernte, indem sie die Anhänger Savonarolas nach Rom vorluden und, auf die Furcht dieser Leute spekulierend, ihnen Straffreiheit verkauften. In Florenz machte sich die Reaktion gegen die puritanischen Sitten, welche Savonarola erzwungen hatte, bald kräftig bemerkbar. Die Strassen füllten sich wieder mit gewissenlosen Klopffechtern, Streit und Mord waren an der Tagesordnung, dem Spiele wurde nicht mehr gewehrt, und Zügellosigkeit herrschte überall. Nardi erzählt, es habe den Anschein gewonnen, als ob Wohlanständigkeit und Tugend durch die Gesetze verboten gewesen seien, und allgemein habe man erklärt, dass seit dem Erscheinen Muhameds der Kirche Gottes niemals eine solche Schande zugefügt worden sei. Es schien, wie Landucci berichtet, als ob die Hölle losgelassen worden sei. Gleich als wolle man aus purem Übermute der Kirche zeigen, welcher Art die Verbündeten waren, mit denen sie den Versuch gemacht hatte, eine unwillkommene Reform zu zermalmen, brachte man am folgenden Weihnachtsabende ein Pferd in den Dom und marterte es dort zu Tode; Ziegen wurden in San Marco losgelassen, und in allen Kirchen wurde Asa foetida in den Weihrauch getan; doch hört man nichts davon, dass die Urheber dieser öffentlichen Heiligtumsschändungen bestraft wurden. Die Kirche hatte sich, um ihr Ziel zu erreichen, mit den Ungläubigen verbündet und konnte sich also nicht beklagen über die Art, wie man sie für ihre Teilnahme an dem unheiligen Bündnisse belohnte[1]).

Savonarola hatte sein Haus auf Sand gebaut und wurde vom Strome weggeschwemmt. Trotzdem ihn aber die Kirche als Ketzer hinrichten liess, hat sie stillschweigend ihr eigenes Verbrechen eingestanden, indem sie zugab, dass er kein Ketzer, sondern vielmehr ein Heiliger war. Das bequemste Mittel, um der Verantwortlichkeit zu entgehen, bestand darin, die ganze Sache in aller Frömmigkeit dem geheimnisvollen Gericht Gottes zuzuschreiben, wie dies Lucas Wadding tut. Selbst Turriani und Romolino, die sich nach der Verbrennung Savonarolas am 27. Mai bei Strafe der Exkommunikation alle seine Schriften zur Prüfung ausliefern liessen, konnten keine ketzerischen Ansichten darin entdecken und mussten sie ihren Besitzern zurückgeben, ohne eine Stelle darin getilgt zu haben. Es wäre wohl richtiger gewesen, diese Prüfung vor der Verurteilung des Unglücklichen vorzunehmen. Papst Paul III. erklärte, dass er jeden

---

1) Nardi, lib. II. pp. 82—3. — Landucci, pp. 190—1.

für einen Ketzer halten werde, der das Andenken des Frà Girolamo angreife, und Paul IV. liess seine Werke einer strengen Prüfung durch eine besondere Kommission unterziehen, die entschied, dass sie keine Ketzereien enthielten. Fünfzehn seiner Predigten, in denen er die kirchlichen Missbräuche besprach, sowie seine Abhandlung 'De veritate prophetica' wurden zwar als ungeeignet für die allgemeine Lektüre mit dem Vermerke „donec corrigantur", aber nicht weil sie ketzerisch waren, auf den Index gesetzt. Benedict XIV. führt in seinem grossen Werke 'De servorum Dei beatificatione' den Namen Savonarolas in einer Liste der Heiligen und der durch ihre Heiligkeit berühmten Männer auf. Bilder von ihm, geschmückt mit dem Heiligenscheine, durften öffentlich verkauft werden, und der h. Philippus Neri trug beständig ein solches Bild bei sich. Der h. Franz von Paula hielt ihn für einen Heiligen, die h. Katharina Ricci pflegte ihn als Heiligen anzurufen und hielt seine Fürsprache für besonders wirksam. Bei ihrem Kanonisationsprozesse wurde dieses ihr Verfahren dem Konsistorium vorgelegt und gründlich erörtert. Prospero Lambertini, der spätere Benedict XIV., war der Promotor fidei; er untersuchte die Sache sorgfältig und kam zu dem Schlusse, dass dadurch die Verdienste der hl. Katharina in keiner Weise geschmälert würden. Benedict XIII. prüfte den Fall ebenso gründlich; aber aus Furcht, dass der alte Streit über die Gesetzmässigkeit der Verurteilung Savonarolas von neuem entfacht werde, verbot er jede weitere Erörterung dieses Punktes und liess das Verfahren ohne weitere Berücksichtigung desselben fortsetzen. Das war tatsächlich eine Entscheidung zugunsten der Heiligkeit des Märtyrers. In Santa Maria Novella und in San Marco ist Savonarola als Heiliger gemalt, und in den Fresken des Vatikans hat ihn Raffael unter die Doktoren der Kirche gestellt. Die Dominikaner pflegten lange sein Andenken und waren sehr geneigt, ihn als einen echten Propheten und nicht kanonisierten Heiligen 237 zu betrachten. Als Clemens VIII. im Jahre 1598 Ferrara zu erlangen wünschte, soll er das Gelübde getan haben, er wolle, falls ihm das gelinge, Savonarola kanonisieren; und die Hoffnungen der Dominikaner wurden dadurch so sehr gesteigert, dass sie schon eine Litanei im voraus für ihn verfassten. Übrigens wurde während des 16. Jahrhunderts in vielen Dominikanerklöstern Italiens am Jahrestage seiner Hinrichtung ein Gottesdienst zu seinen Ehren wie für einen Märtyrer gehalten. So bildet seine wunderbare Laufbahn ein genaues Gegenstück zu der seines Landsmannes, des Armanno Pongilupo von Ferrara. Dieser wurde zuerst als Heiliger verehrt und dann als

Ketzer verbrannt; Savonarola aber wurde als Ketzer verbrannt und dann als Heiliger verehrt¹).

---

1) Wadding. ann. 1498, Nr. 23. — Landucci, p. 178. — Perrens, pp. 296—7. — Processo autentico, pp. 524, 528. — Cantù, Eretici d'Italia, I. 234—5. — Benedicti PP. XIV. De servorum Dei beatificatione, lib III. c. xxv. §§ 17—20. — Brev. Hist. Ord. Praedic. (Martene Ampl. Coll. VI, 394). — Reusch, Der Index der verbotenen Bücher, I. 368.

Burlamacchi und Bottonio (Baluze et Mansi, I. p. 571—83) haben ehrfurchtsvoll ein stattliches Verzeichnis der durch Vermittlung Savonarolas gewirkten Wunder zusammengestellt — *Pastor a. a. O. S. 411.

Fünftes Kapitel.

Die politische Ketzerei und der Staat.

Wie nicht anders zu erwarten war, folgten dem Beispiele der Kirche in dem Gebrauch einer Waffe, die so wirksam war wie die Anklage wegen Ketzerei, auch die weltlichen Machthaber, wenn sie zufällig in der Lage waren, der kirchlichen Organisation Vorschriften machen zu können.

Ein typisches Beispiel dafür begab sich während der Anarchie, die im Jahre 1406 nach dem Tode Innocenz' VII. in Rom herrschte. Basilio Ordelaffi hatte sich die Feindschaft der Colonna und der Savelli zugezogen. Diese fanden, dass es am bequemsten sei, sich ihres Feindes mittels der Inquisition zu entledigen, und stachelten sie darum auf, ihn mit zweien seiner Anhänger, Matteo und Merenda, gefangen zu nehmen. Er erhielt jedoch von seiner Tochter die Mittel, aus dem Gefängnisse zu entkommen, und wurde deshalb in contumaciam verurteilt. Die anderen gestanden — zweifellos auf der Folter — die Ketzereien, die ihnen zugeschrieben waren, ein; sie wurden dem weltlichen Arme ausgeliefert und verbrannt, ihre Häuser wurden niedergerissen und an deren Stelle später zwei andere erbaut, von denen das eine nachher Michelangelo, das andere Salvator Rosa bewohnt hat[1]).

Die weltlichen Herrscher hatten indessen nicht bis zum 15. Jahrhundert gewartet, um zu erkennen, wie leicht es sei, mittels der Ketzerei und Inquisition ihre Ziele zu erreichen. Schon hundert Jahre vorher hatte das Inquisitionsverfahren Philipp dem Schönen den Weg zu dem grossen Verbrechen des Mittelalters, zur Vernichtung des Templerordens, gezeigt.

Als 1119 die beiden nordfranzösischen Ritter Hugo von Payns und Gottfried von St. Omer mit sieben Gefährten die fromme Aufgabe

---

1) Tamburini, Storia generale dell' Inquisizione II. 437—9. — Wadding. ann. 1409, Nr. 12. — Ripoll, II. 566.

übernahmen, die Wege nach Jerusalem von Räubern freizuhalten, damit die Pilger in Sicherheit reisen konnten, und als Raimund Dupuy um dieselbe Zeit die armen Brüder des Hospitals von St. Johann organisierte, eröffneten sie dem kriegerischen Eifer und der religiösen Begeisterung der Zeit eine neue Bahn, die eine unwiderstehliche Anziehungskraft besass. Die eigenartige Verbindung von Mönch- und Rittertum entsprach dem Ideal der christlichen Ritterschaft so sehr, dass die auf diese Weise gegründeten militärischen Orden bald zu den wichtigsten Einrichtungen Europas gerechnet wurden. Auf dem Konzil von Troyes 1128 wurde Hugo und seinen Genossen, die den Namen „Die armen Ritter des Tempels" führten, eine angeblich vom heiligen Bernhard ausgearbeitete Regel erteilt. Ein weisses Gewand, das Symbol der Unschuld, dem Eugen III. ein rotes Kreuz hinzufügte, wurde ihre Ausstattung, und ihre schwarz-weisse Fahne „Bauséant" mit der Inschrift „Non nobis Domine" wurde bald der Sammelpunkt der christlichen Ritterschaft. Die Regel beruhte auf der des strengen Cisterzienser-Ordens und war ausserordentlich streng. Die Mitglieder waren gebunden durch die drei Mönchsgelübde des Gehorsams, der Armut und der Keuschheit, deren Beobachtung nach den Statuten des Ordens mit der äussersten Strenge durchgeführt werden sollte. Wer Aufnahme begehrte, musste um die Erlaubnis bitten, für immer der Diener und Sklave des „Hauses" zu werden, und wurde darauf hingewiesen, dass er von nun an seinen eigenen Willen unwiderruflich aufgebe. Dafür wurden ihm Wasser und Brot und die armen Gewänder des Hauses versprochen. Fand man nach dem Tode Gold oder Silber unter seinem Hab und Gut, so wurde sein Leichnam in ungeweihtem Boden begraben oder, wenn er schon beerdigt war, wieder ausgegraben. Keuschheit wurde in derselben schroffen Weise verlangt; selbst der Kuss einer Mutter war verboten[1]).

Der Ruf des Ordens verbreitete sich bald in ganz Europa; Ritter vom edelsten Blute, Herzöge und Fürsten, verzichteten auf die Welt, um in seinen Reihen Christus zu dienen, und bald waren in seinem Generalkapitel dreihundert Ritter nebst den dienenden Brüdern

---

1) Jac. de Vitriaco, Hist. Hierosol. cap. 65 (Bongars, II. 1083-4). — Rolevinck, Fascic. tempor. (Pistorius-Struve, Rerum Germ. Script. II. 546). — Regula pauperum commilitonum Templi, c. 72 (Harduin VI. II. 1146). — La Règle du Temple, publiée pour la Société de l'Histoire de France par Henri de Curzon (Paris, 1886), §§ 329—32, 657—77. — *Schnürer, Die ursprüngliche Templerregel, kritisch untersucht und herausgegeben (1903); Prutz, Die Autonomie des Templerordens (Sitzungsberichte der Münch. Akademie 1905, S. 7 ff.); Schnürer, Zur ersten Organisation der Templer, im Historischen Jahrbuch XXXII (1911), 511 ff.

vereinigt. Ihre Besitztümer dehnten sich gewaltig aus. Städte und Dörfer, Kirchen und Wohnhäuser wurden ihnen vermacht; die Einkünfte derselben wurden dem Grossmeister nach Jerusalem, seinem amtlichen Wohnsitz, geschickt, zusammen mit dem, was durch ein wohlorganisiertes Bettelsystem einkam, dessen Agenten in jeden Winkel der Christenheit eindrangen. Kaum war der Orden organisiert, als im Jahre 1133 der mächtige Krieger Alfons I. von Aragonien — 'el Batallador' oder 'el Emperador' genannt, weil seine Herrschaft sich über Navarra und einen grossen Teil von Kastilien erstreckte — ohne Kinder starb und seine ganzen Besitzungen dem hl. Grabe, den Rittern des Tempels und denen des Hospitals zu gleichen Teilen hinterliess. Das Testament wurde zwar nicht ausgeführt, aber Alfons' Nachfolger, Ramiro el Monje, versprach den Rittern eine Entschädigung, die sie zweifellos auch erhielten. Praktischer war die Freigebigkeit Philipp Augusts von Frankreich im J. 1222, der den beiden Orden je zweitausend Mark ohne Bedingung und die gewaltige Summe von je fünfzigtausend Mark unter der Bedingung hinterliess, dass sie drei Jahre lang dreihundert Ritter in dem Heiligen Lande hielten. So können wir verstehen, wie 1191 die Templer dem König Richard von England die Insel Cypern für fünfundzwanzigtausend Mark Silber abkaufen konnten, freilich nur, um sie im nächsten Jahre zu demselben Preise dem König Guido von Jerusalem wieder zu verkaufen. Wir können es auch verstehen, wie diese gewaltige Entwicklung bald Befürchtungen und Feindschaft erregte. Auf dem Laterankonzil 1179 kam sie zwischen den Bischöfen und dem Ritterorden heftig zum Ausdruck; es wurde ein Dekret erlassen, wonach die Templer alle kürzlich erworbenen Kirchen und Zehnten ausliefern mussten, und Urban III. dehnte 1186 diesen Befehl auf alle in den letzten zehn Jahren vor dem Konzil erworbenen Besitzungen aus[1]).

Wir ersehen hieraus, dass die Prälaten bereits eifersüchtig auf

---

1) Jac. de Vitriaco, loc. cit. — Roberti de Monte Contin. Sigeb. Gembl. (Pistorius-Struve a. a O. 1. 875). — Zurita, Añales de Aragon, lib. I. c. 52—3. — Art de vérifier les dates, v, 337. — Teulet, Layettes, I. 550, Nr. 1547. — Grandes Chroniques, IV. 86. — Gualt. Mapes, De nugis curialium, Dist. I. c. XXIII. — Hans Prutz, Malteser Urkunden (München, 1883), p. 43.

Einen merkwürdigen Beweis für die hervorragende Stellung, welche die Templer in der Gesellschaftsordnung erlangten, liefert das Jahr 1191, wo sie zu Hütern des Gottesfriedens gemacht wurden, durch den die Adligen und Prälaten von Languedoc und der Provence übereinkamen, dass Tiere, Werkzeuge und Saatkorn, die in der Ackerwirtschaft gebraucht wurden, in Kriegszeiten unbehelligt bleiben sollten. Für die Durchführung dieser Bestimmung sollten die Tempelritter einen Scheffel Korn für jeden Pflug erhalten. — Prutz a. a. O. S. 44—5.

die neue Organisation waren. Tatsächlich war der Gegensatz zwischen den Bettelorden und dem Weltklerus, wie wir ihn im dreizehnten Jahrhundert verfolgt haben, nur die Wiederholung des Gegensatzes, der schon lange vorher gegen die Ritterorden geherrscht hatte. Diese waren von Anfang an die besonderen Lieblinge des Heiligen Stuhles, der eifrig darauf bedacht war, sie zu einer ihm ausschliesslich zur Verfügung stehenden Miliz, also zu einem Werkzeuge zu machen, durch das er seinen Einfluss ausdehnen und die Unabhängigkeit der Ortskirchen brechen konnte. Privilegien und Immunitäten regneten auf sie herab; sie wurden befreit von allen Zöllen, Zehnten und Steuern jeder Art; ihre Kirchen und Häuser wurden mit dem Asylrecht ausgestattet; sie genossen die den Geistlichen zugebilligte Unverletzlichkeit, waren von allen Lehnsverpflichtungen und -abhängigkeiten befreit und konnten nur von Rom gerichtet werden. Die Bischöfe durften sie nicht exkommunizieren und mussten auch in allen Streitfragen, die rein örtliche Angelegenheiten betrafen, nach Rom berichten. Nach dem unglücklichen Kreuzzuge Ludwigs des Heiligen wurden 1255 denjenigen, welche ihren Sammlern Almosen spendeten, die Ablässe vom Hl. Lande zugesichert. Kurz, die Päpste unterliessen nichts, um sie zu fördern und sie mit dem Stuhle des hl. Petrus fest zu verknüpfen [1]).

So konnte es nicht ausbleiben, dass Feindschaft zwischen dem Weltklerus und den Ritterorden ausbrach. Die Tempelritter beklagten sich beständig, dass die Bischöfe sie zu unterdrücken suchten, ihnen Steuern auferlegten und durch verschiedene Mittel die Jurisdiktion über sie zu gewinnen suchten, von welcher sie doch durch die Päpste befreit seien; ihr Asylrecht werde verletzt, die Priester legten ihren bettelnden Sammlern Hindernisse in den Weg, behielten die für sie bestimmten frommen Vermächtnisse oder verhinderten, dass solche gemacht würden. Zahlreich waren auch die herkömmlichen Zänkereien wegen der Begräbnisse und der Begräbniskosten; denn bis zum Entstehen der Bettelorden und auch nachher noch ordneten Adlige häufig an, dass sie in dem Tempel oder dem Hospital begraben werden sollten. Diesen Klagen liehen die Päpste stets ein williges Ohr, und die Begünstigung, die sie den Ritterorden erwiesen, verschärfte die Feindschaft der zurückgewiesenen Bischöfe. Im Jahre 1264 drohte indessen ein Bruch zwischen dem Papsttum

---

[1]) Rymer, Foedera, I. 30. — Can. 10, 11, Extra III. 30. — Prutz a. a. O. S. 38, 46, 48, 49, 51, 52, 53, 56—61, 64, 76, 78—9.

und dem Tempel zu entstehen. Urban IV. unternahm es, Stephan von Sissy, Marschall des Ordens und Präzeptor von Apulien, abzusetzen, vermutlich, weil dieser sich weigerte, an dem gegen König Manfred vorbereiteten Kreuzzuge teilzunehmen. Auf den Befehl, sein Amt niederzulegen, gab er die kühne Antwort, kein Papst habe sich je in die inneren Angelegenheiten des Ordens gemischt, und er werde deshalb sein Amt nur dem Grossmeister zurückgeben, von dem er es empfangen habe. Urban exkommunizierte ihn, während der Orden, unzufrieden darüber, dass die für das Heilige Land angeworbenen Truppen für das päpstliche Unternehmen gegen Manfred verwandt wurden, ihn hielt. Im folgenden Jahre hob der neue Papst Clemens IV. die Exkommunikation auf, machte aber zugleich dem Orden wegen seiner Undankbarkeit bittere Vorwürfe und wies darauf hin, dass nur die Unterstützung des Papsttums ihn gegen die offenbare und notorische Feindschaft der Bischöfe und Fürsten halten könne. Allein der Orden blieb fest und weigerte sich, mit den Hospitalitern und Cisterciensern, trotz der zahlreichen Bullen, durch die Clemens seine Privilegien bestätigte und erweiterte, einen Zehnten an Karl von Anjou zu bezahlen[1]).

---

1) Prutz a. a. O. S. 38—41, 43, 45, 47—48, 57, 64—9, 75—80. — Delaville le Roulx, Documents concernant les Templiers (Paris, 1882) p. 39. — Bini, Dei Tempieri in Toscana (Lucca, 1845) pp. 453—55. — Raynald. ann. 1265, Nr. 75—6. — Martene Thesaur. II. 111, 118.

Das planmässige Betteln der Templer muss sowohl den Weltklerus als auch die Bettelorden besonders erbittert haben. Bini druckt eine Urkunde aus dem Jahre 1244 ab, worin der Präzeptor von Lucca dem Albertino di Pontremoli den Auftrag erteilt, für den Orden zu betteln. Albertino verwendete dazu einen gewissen Aliotto, den er ermächtigte, in der Zeit vom Juni bis zum folgenden Karneval die Bettelgänge auszuführen, und den er dadurch bezahlte, dass er ihm erlaubte, von Karneval bis zur Oktav nach Ostern auf eigene Rechnung zu betteln (op. c. 401—2, 439—40). In Bezug auf das unwürdige Gezänk, welches zwischen dem Weltklerus und den Ritterorden wegen dieses Vorrechts der Bettelei entstand, siehe Faucon, Registres de Boniface VIII., Nr. 1950, p. 476. — *Vgl. Prutz, Die geistlichen Ritterorden, ihre Stellung zur kirchlichen, gesellschaftlichen und wirtschaftlichen Entwicklung des Mittelalters (1908), S. 234 ff.

Im Jahre 1198 beklagte sich der Erzbischof von Lyon bei Innocenz III. über die Kühnheit gewisser 'quaestuarii' der Hospitaliter, die, obwohl sie ungebildete Laien, verheiratet und liederlich seien, die Vorrechte und Immunitäten von Geistlichen beanspruchten, ohne doch den kirchlichen Behörden verantwortlich zu sein. Sie hatten den Vikar einer Kirche so lange geschlagen, bis Blut geflossen war, und als der Erzbischof das Gebäude mit dem Interdikt belegt hatte, bis es wieder entsühnt worden sei, hatten sie die Fortsetzung des Gottesdienstes darin erzwungen und auch noch in anderer Weise der bischöflichen Autorität Trotz geboten (Innocent. PP. III. Regest. Lib. I, Ep. 450). So zogen sich die Orden durch den Missbrauch ihrer Privilegien den Hass zu, den ihre rücksichtslosen Agenten erregten. Vgl. auch die Klagen

Dass die weltlichen und geistlichen Machthaber vollauf Grund zur Feindschaft hatten, kann kaum bezweifelt werden. Wenn, wie wir gesehen haben, selbst die Bettelorden schnell von der Höhe der begeisterten Selbstverleugnung des Dominikus und Franciskus herabsanken, so konnte man von dem Templerorden, dessen Mitglieder ehrgeizige und kriegerische Ritter waren, nicht erwarten, dass er lange seine ursprüngliche asketische Frömmigkeit bewahrte. Schon 1152 hätte der selbstsüchtige Eifer, womit der Grossmeister Bernhard von Tremelai sich die Beute von Askalon zu sichern suchte, beinahe die Einnahme dieser Stadt verhindert, und der Fall des Königreichs Jerusalem wurde dadurch beschleunigt, dass 1172 die wilde Grausamkeit des damaligen Grossmeisters Eudo von St. Amand die Bekehrung des Königs der Assassinen und seines Volkes verhinderte. Nicht ohne eine gewisse Berechtigung schreibt um diese Zeit Walter Mapes das Unglück der Christen im Orient der Verderbnis der Ritterorden zu. Aus der Erwiderung, welche König Richard dem Fulco von Neuilly gab, haben wir ersehen, dass man bereits am Ende des Jahrhunderts mit dem Namen Templer den Vorwurf des Hochmuts verband. 1208 stellte Innocenz III. den Orden in einem Briefe scharf zur Rede. Klagen über Ausschreitungen seiner Mitglieder, sagte er, gelangten häufig zu seinen apostolischen Ohren. Sie seien von Gott abgefallen, seien ein Ärgernis der Kirche, masslos stolz und missbrauchten die ihnen verliehenen ausserordentlichen Vorrechte. Unter Berufung auf Lehren, die Dämonen Ehre machten, gäben sie ihr Kreuz jedem Bummler, der ihnen zwei oder drei Denare im Jahre bezahlen könne, und behaupteten dann, diese Leute seien zum Kirchendienst und zu einem christlichen Begräbnis berechtigt, auch wenn sie mit der Exkommunikation belegt seien. Selbst vom Teufel gefangen, fingen sie die Seelen der Gläubigen. Doch wolle er nicht länger bei diesen und anderen Schlechtigkeiten verweilen, derentwegen sie verdienten, ihrer Privilegien beraubt zu werden, und lieber hoffen, dass sie sich selbst von ihrer Schmach befreien würden. Den Schlüssel zu diesem heftigen Angriffe des Papstes bietet vielleicht der Schlusssatz, wo er andeutet, dass sie es an Achtung gegen päpstliche Legaten hatten fehlen lassen. Aber für die Anklagepunkte, die er berührt, sind andere zwingende Beweise in der Tat vorhanden. Obgleich nach den Statuten des Ordens das Erkaufen der Aufnahme, mochte es direkt

---

des Konzils von Arles im Jahre 1265 über die Immunitäten, die man sogar für diejenigen beanspruchte, welche nicht einmal das Gewand der Templer trugen. — Conc. Arelatense ann. 1260 [1265] cap. 12 (Harduin VII. 514).

oder indirekt geschehen, als Simonie galt, die für den Zahlenden den Ausschluss und für den mitschuldigen Präzeptor die Degradation nach sich zog, so kann doch nicht bezweifelt werden, dass auf diese Weise viele verdächtige Charaktere sich den Eintritt in den Orden verschafften. Auch die päpstlichen Briefe und Privilegien, die ihnen so freigebig ausgestellt worden waren, missbrauchten die Templer in grossem Umfange, um diejenigen, mit denen sie in Berührung kamen, zu belästigen oder zu unterdrücken. Denn da sie, abgesehen vom Verbrechen der Ketzerei, nur in Rom gerichtet werden konnten, so waren sie sicher gegen alle Ankläger, die die Kosten eines so weit entfernten, zweifelhaften und teuern Prozesses nicht zu bestreiten vermochten. Die daraus hervorgehenden Übelstände steigerten sich noch bedeutend, als man dazu überging, sogenannte dienende Brüder aufzunehmen, welche die ausgedehnten Ländereien bebauten und verwalteten, so dass man die Kosten der Lohnarbeit sparte. So wurden Bauern jeder Art, Landwirte, Schäfer, Schweinehirten, Handlanger und Hausgesinde zum Orden zugelassen und machten schliesslich neun Zehntel der Mitglieder aus. Wenn diese auch einen braunen Mantel statt des weissen Gewandes der Ritter trugen und sich über die Verachtung und Bedrückung beklagten, womit sie von ihren ritterlichen Mitbrüdern behandelt wurden, so galten sie doch in ihren Beziehungen zur äusseren Welt als vollberechtigte Mitglieder des Ordens und hatten als solche Anteil an der Unverletzlichkeit und allen anderen Vorrechten, die sie der Allgemeinheit vermutlich nicht gerade durch Mässigung weniger verhasst machten[1]).

---

1) Guillel. Tyrii Hist. lib. XVII, c. 27; XX 31—2. — Gualt. Mapes, De nugis curialium, Dist. I, c. XX — Innoc. PP. III. Regest. X. 121. Cf. XV. 131. — Règle a. a. O. §§ 224, 246, 598. — Michelet, Procès des Templiers, I. 39; II. 9, 83, 140, 186—7, 406—7 (Collection de Documents inédits, Paris, 1841—51).

Von den 1307 zu Beaucaire verhafteten sechzig Templern waren fünf Ritter, einer Priester und vierundfünfzig dienende Brüder; Juni 1310 waren von dreiunddreissig Gefangenen in dem Schlosse von Alais vier Ritter und ein Priester mit achtundzwanzig dienenden Brüdern (Vaissette IV. 141). In den Prozessen, welche uns erhalten sind, ist die Verhältniszahl der Ritter sogar noch geringer. Die dienenden Brüder erlangten zwar gelegentlich auch die Würde eines Präzeptors. Aber sie waren doch von geringer Bedeutung. Denn in dem Verhör Juni 1310 bezeichnet Giovanni di Neritone, Präzeptor des Castells Villari, ein dienender Bruder, sich selbst als „simplex et rusticus" (Schottmüller, Der Untergang des Templer-Ordens, Berlin 1887, II. 125, 130).

Der Geburtsstolz im Orden kommt in der Vorschrift zum Ausdruck, dass nur Männer von ritterlicher Abstammung als Ritter zugelassen werden konnten. In den Statuten wird ein Fall berichtet, wonach ein Ritter als solcher aufgenommen worden war, von dem seine Landsleute erklärten, er sei nicht der Sohn eines Ritters. Man liess ihn von Antiochien zu einem Kapitel

So lieferten die Ritter reichlichen Anlass zu äusserer Anfeindung und innerer Unruhe, obgleich die Beschuldigung, dass sie 1229 Friedrich II. an die Ungläubigen und 1250 Ludwig den Heiligen an den Sultan von Ägypten verraten hätten, wahrscheinlich unbegründet ist. Allein Friedrich II. hatte zweifellos Grund genug, mit ihrer Haltung während seines Kreuzzuges unzufrieden zu sein. Er rächte sich dafür, indem er sie 1229 aus Sizilien vertrieb und ihr Eigentum konfiszierte. Er rief sie freilich bald darauf zurück und gab ihnen auch einen Teil ihrer Besitztümer wieder, einen grossen Teil aber behielt er. Gewiss vermehrte fromme Freigebigkeit auch fernerhin den Reichtum des Ordens. Allein die christlichen Besitzungen im Orient schrumpften mehr und mehr zusammen, und das Volk schrieb das unaufhörliche Unglück der bittern Eifersucht und dem Hasse zu, der zwischen den rivalisierenden Orden des Tempels und des Hospitals bestand und 1243 in Palästina zur Freude der Ungläubigen in einen offenen Krieg ausgebrochen war. Ein natürliches Heilmittel für das Übel erblickte man in einer Vereinigung der beiden Orden mit dem Deutschritterorden. Auf dem Konzil von Lyon im J. 1274 versuchte sie Gregor X. zustande zu bringen, aber vergebens; der Einfluss der Gegner im Bunde mit dem Golde der Brüder war, wie es hiess, zu mächtig. Diese Vorwürfe trafen die Orden vielleicht mit Unrecht. Zwar trugen ihre Streitigkeiten sowie die allgemein schlechte Führung der Lateiner in Palästina viel zu dem Untergang des Königreiches Jerusalem bei, die eigentliche Verantwortung dafür lag aber eher beim Papsttum. Wo Tausende von Ketzern zur Strafe als Kreuzfahrer ausgeschickt wurden, da nahm natürlich die Ehre des Dienstes verhängnisvollen Schaden. Und wo das Geld, das man gesammelt, und die Gelübde, die man für das Heilige Land abgelegt hatte, für die Zwecke der päpstlichen Macht in Italien verwandt wurden, wo offen gelehrt wurde, dass die Interessen des Hl. Stuhles in Italien wichtiger seien als die Wiedereroberung des hl. Grabes, da kühlte sich die Begeisterung der Christenheit gegen die Ungläubigen ab. Wo das Seelenheil fast zu jeder Zeit durch

---

kommen und stellte darin fest, dass diese Behauptung auf Wahrheit beruhe. Sofort wurde ihm der weisse Mantel abgenommen und ein brauner angelegt. Der, welcher ihn aufgenommen hatte, war damals in Europa; als er nach Syrien zurückkehrte, wurde er zum Bericht aufgefordert. Er rechtfertigte sich, indem er erklärte, er habe auf den Befehl seines Komthurs von Poitou gehandelt. Da das als wahr festgestellt wurde und er ein guter Ritter (proudons) war, so durfte er das Gewand behalten, andernfalls würde er es verloren haben (Règle, § 586).

einen kurzen Dienst in der Nähe der Heimat in den Streitigkeiten der Kirche erlangt werden konnte, sei es an der Weser oder in der Lombardei, da fand die Frömmigkeit, welche sonst Tausende in die syrischen Wüsten geführt hatte, einen weniger rauhen und doch sicheren Pfad zum Himmel. So ist es leicht zu begreifen, wie es während der Entwicklung der päpstlichen Macht im Laufe des 13. Jahrhunderts an Rekruten und Geld fehlte, um die Eroberungen Gottfrieds von Bouillon gegen die zahllosen Horden der Tartaren zu behaupten. Indem man das Heilige Land zu einer Strafkolonie machte, wohin die Übeltäter aus Europa geschickt wurden, war die Lateinische Kolonie zu einer Horde von Bösewichtern geworden, deren Verbrechen und zügelloses Leben die Rache des Himmels verdienten und herabriefen [1]).

Mit dem Fall Accons im Jahre 1291 wurden die Christen endgültig von den Küsten Syriens vertrieben, was in ganz Europa tiefen Kummer und Unwillen hervorrief. Bei jener verhängnisvollen Belagerung, die durch die treulose Weigerung einer Schar von Kreuzfahrern, einen vorhandenen Waffenstillstand zu beobachten, veranlasst war, erwarb sich das Hospital mehr Ruhm als der Tempel, obgleich der Grossmeister, Wilhelm von Beaujeu, zur Verteidigung

---

1) Matt. Paris. ann. 1228, 1243 (ed. 1644, p. 240, 420). — Mansuet le Jeune, Hist. des Templiers, Paris, 1789, I. 340—1. — Prutz, Malteser-Urkunden, S. 60—1. — Magnum Chron. Belgic. ann. 1274. — Faucon, Registres de Boniface VIII., Nr. 1691—2, 1697. — Marin. Sanuti, Secret. Fidel. lib. III. P. IX, c. 1, 2 (Bongars, II. 188—9).
Das Hospital gab zu denselben Vorwürfen wie der Tempel Anlass. Im Jahre 1238 griff Gregor IX. die Ritter von St. Johann heftig an wegen Missbrauchs der ihnen verliehenen Vorrechte, wegen ihrer Unkeuschheit und wegen des Verrats an der Sache Gottes in Palästina. Er behauptete sogar, dass nicht wenige unter ihnen Ketzer waren. Raynald. ann. 1238, Nr. 31—2.
Ein Sirvente, das ein Tempelritter offenbar bald nach dem Fall Accons geschrieben hat, beklagt in bittern Worten, dass man das Hl. Land dem Ehrgeiz und der Habgier des Hl. Stuhles zum Opfer gebracht habe:
„Lo papa fa de perdon gran largueza
Contr' Alamans ab Arles e Frances;
E sai mest nos mostram gran cobeeza,
Quar nostras crotz van per crotz de tornes;
E qui vol camjar Romania
Per la guerra de Lombardia?
Nostres legatz, don yeu vos dic per ver
Qu'els vendon Dieu el perdon per aver."
(Meyer, Recueil d'anciens textes, p. 96.)
Selbst der Fall Accons machte dieser päpstlichen Politik kein Ende. Die Wiedererlangung Palästinas war vielmehr ein bequemer Vorwand, um von den Kirchen der Christenheit einen Zehnten zu erheben; 1298 gebrauchte Bonifaz VIII. einen Teil der so erlangten Summen, um seinen Privatstreit mit den Colonna auszufechten. Registres de Boniface VIII., Nr. 2643 (T. II. p. 168).

ausgewählt worden war und, tapfer kämpfend, für das Kreuz fiel. Nach der Übergabe und dem Blutbade segelte sein Nachfolger Thibaut Gaudin mit zehn Rittern, die allein von fünfhundert am Leben geblieben waren und bis zuletzt ausgehalten hatten, nach Cypern. Wiederum, nicht ohne Grund, erhob sich das Geschrei, das Unglück sei die Folge der Streitigkeiten zwischen den Ritterorden, und Nikolaus IV. wandte sich umgehend an die Könige und Prälaten der Christenheit und fragte sie um ihre Meinung über seinen Plan, angesichts des beabsichtigten Kreuzzuges, der am Johannistage 1293 unter Eduard I. von England absegeln sollte, die Orden miteinander zu verschmelzen. Eine zustimmende Antwort lief wenigstens ein, nämlich die des Provinzialkonzils von Salzburg; aber ehe sie nach Rom kam, war Nikolaus tot. Ein langes Interregnum, die Folge der Wahl des Einsiedlers Peter von Murrone (Cölestin V., 1294), machte dem Plane für damals ein Ende. Aber Bonifaz VIII. nahm ihn wieder auf, liess ihn jedoch, wahrscheinlich infolge seines immer heftiger werdenden Streites mit Philipp dem Schönen, bald fallen. Um jene Zeit erschien eine an Eduard I. gerichtete Abhandlung über die Wiedereroberung des Hl. Landes. Sie spiegelt wahrscheinlich die allgemeine Volksmeinung wider, indem sie vorschlägt, die beiden Orden, die durch ihre empörenden Streitigkeiten zum Gegenstand der Verachtung geworden waren, miteinander zu verschmelzen und auf die zu ihrem Unterhalte ausreichenden Besitzungen im Orient zu beschränken, dagegen die gesamten Einkünfte aus ihrem westlichen Eigentum, die auf 800000 Pfund Tournosen für das Jahr geschätzt wurden, zur Förderung des Kreuzzuges zu benutzen. Augenscheinlich gewann damals der Gedanke Boden, sich ihres Reichtums zu bemächtigen, um ihn zu besserem Zwecke benutzen zu können, als er in ihren Händen vermutlich finden würde[1]).

---

1) Mansuet, op. cit. II. 101, 133. — De excidio urbis Acconis (Martene Ampl. Coll. v. 757). — Raynald. ann. 1291, Nr. 30, 31. — Archives Nationales de France, J. 431, Nr. 40. — Chron. Salisburg. ann. 1291 (Canisius et Basnage, III. II. 489). — Annal. Eberhard. Altahens. (ibid. IV. 229). — De recuperatione Terrae Sanctae (Bongars, II. 320—1).

*Leas Darstellung des Templerprozesses, die zeitlich nahe mit dem Erscheinen des Buches von K. Schottmüller, Der Untergang des Templerordens (1887) zusammenfiel und das in diesem veröffentlichte neue Urkundenmaterial verwertete, hat das Verdienst, zum ersten Mal Klarheit in die verwickelten Vorgänge gebracht zu haben. Nach dem Erscheinen seiner Darstellung hat sich die Forschung mit ungewöhnlichem Eifer diesem Gegenstande zugewendet und in manchen Einzelfragen nicht nur wichtiges neues Quellenmaterial an das Licht gebracht, sondern auch Urteile Leas berichtigt. K. Wenck hat in den Göttinger Gelehrten Anzeigen 1889, 1890 und 1896 das Templerproblem kritisch behandelt, und J. Gmelin in seinem Buche: Schuld oder Unschuld

So war der Orden in der allgemeinen Schätzung einigermassen gesunken, als 1297 Jakob von Molay, dessen furchtbares Ende für Jahrhunderte einen düstern Schatten über seinen Namen geworfen hat, nach einem kräftigen und zähen Widerstande der Anhänger von Hugo Peraudi zum Grossmeister gewählt wurde. Ein mehrjähriger ernster Versuch, in Palästina wieder Fuss zu fassen, schien dann die Tatkraft und die Hilfsquellen des Ordens zu erschöpfen. Die Ritter zogen sich zur Ruhe nach Cypern zurück und traten nur gelegentlich wieder hervor, um an späteren Streitigkeiten auf der Insel teilzunehmen, wodurch sich Molay den Tadel Bonifaz' VIII. zuzog, der kein Bedenken trug, ihm zu verstehen zu geben, dass Zwietracht den Verlust Palästinas verschuldet habe, und dass sie, wofern sie nicht aufhöre, dem Kreuze die letzte Zuflucht im Orient kosten würde. Die nächste Tat, die der Orden, wenn auch nicht von Amts wegen, vollführte, war nicht danach angetan, die öffentliche Meinung zu versöhnen. Karl von Valois, der böse Geist seines Bruders Philipps des Schönen und seiner Neffen, heiratete 1300 die Titularkaiserin Katharina, die Enkelin Balduins II. von Konstantinopel. Im Jahre 1306 fasste er den Plan, die Ansprüche seiner Gemahlin auf den kaiserlichen Thron geltend zu machen, und fand hierbei ein hilfsbereites Werkzeug in Clemens V., der zu der Überzeugung kam, der Versuch könne das Christentum im Osten auf keinen Fall schwächen, wohl aber ein Mittel werden, Palästina wiederzuerlangen oder wenigstens die griechische Kirche zur Unterwerfung zu bringen. Daher bemühte er sich, die italienischen Republiken und Fürsten zu diesem gegen Christen gerichteten Kreuzzug zu vereinigen. Es wurde eine Flotte unter dem Kommando Rogers, eines wegen seiner Geschicklichkeit und Kühnheit in hohem Ansehen stehenden Templers, ausgerüstet und damit von Karl II. von Neapel in Gemeinschaft mit den Templern eine Expedition unternommen, die Thessalonich eroberte. Aber anstatt Andronicus II. energisch zu verfolgen, wandten die Templer ihre Waffen gegen die lateinischen Fürsten Griechenlands, verheerten auf grausame Weise die Küsten Thraziens

---

des Templerordens, mit Tabellen über die Verhöre von Paris und Poitiers (1893), die Schuldfrage eingehend erörtert. Diesen Darlegungen gegenüber hat H. Prutz an seiner ältern Auffassung (Geheimlehre und Geheimstatuten des Tempelherrenordens, 1879; Entwicklung und Untergang des Tempelherrenordens, 1888; Zur Genesis des Templerprocesses, Sitzungsberichte der Münch. Akademie 1907, S. 5 ff.) von der Schuld des Ordens im wesentlichen festgehalten, und er hat sie auch nicht aufgegeben, nachdem H. Finke, Papsttum und Untergang des Templerordens (1907), mit Hilfe eines sehr reichen neuen Quellenmaterials die Frage noch einmal allseitig untersucht hat.

und Moreas und kehrten mit unendlicher Beute zurück, Feinde zurücklassend, die später bei ihrem Sturz eine Rolle spielen sollten. Dagegen erlangten die Hospitaliter neuen Ruhm als Vorkämpfer Christi, als sie nach einem vierjährigen tapfern Kampfe die Insel Rhodus eroberten und dort lange die Sache der Christenheit im Osten behaupteten. 1306 liess Clemens V. Jakob von Molay und Wilhelm von Villaret, den Grossmeister der Hospitaliter, zu sich kommen, um über den Plan eines neuen Kreuzzugs und den schon oft erörterten Plan der Verschmelzung der beiden Orden ihren Rat und ihre Meinung zu hören. Er ersuchte sie, ihre Reise so heimlich wie möglich auszuführen. Während aber der Hospitaliter sich mit Vorbereitungen für die Belagerung von Rhodus entschuldigte, kam Molay in grossem Aufzuge mit einem Gefolge von sechzig Rittern, und er zeigte dann keine Neigung, auf seinen Posten im Osten zurückzukehren. So ist die Frage wohl berechtigt, ob die Templer damals im Begriffe standen, ihren Pflichtenkreis ganz aufzugeben, und wenn dem so war, was für ehrgeizige Pläne sie veranlassen konnten, ihr Hauptquartier nach Frankreich zu verlegen. Auch die Ritter des Deutschen Ordens hatten sich aus dem Osten zurückgezogen, um sich unter den Heiden Nordosteuropas ein Reich zu gründen. Hatten die Templer etwa ähnliche, der Heimat näher gelegene Ziele?[1]

---

[1] Registres de Boniface VIII, Nr. 2438. Cf. Nr. 2550 (T. II. pp. 38, 103). — Raynald. ann. 1306, Nr. 3—5, 12. — Regest. Clement. PP. V (Ed. Benedict. T. I. p. 40—46; T. II. p. 55, 58, Romae, 1885—6). — Mansuet, op. cit. II. 132. — Raynouard, Monuments historiques relatifs à la condamnation des Chevaliers du Temple, Paris, 1813, p. 17, 46.

Die Aufforderung an den Grossmeister des Hospitals ist datiert vom 6. Juni 1306 (Regest. Clement. PP. V, T. I. p. 190). — Die an Molay wurde wahrscheinlich um dieselbe Zeit erlassen. Nach einigen Briefen vom 13. Juni 1306, in denen sich Clemens für Humbert Blanc, den Präzeptor der Auvergne, verwendet, könnte man annehmen, dass dieser in irgendein, wahrscheinlich in Verbindung mit dem Versuche Karls von Anjou stehendes, Kreuzzugsunternehmen verwickelt war (ibid. p. 191—2). Als jedoch im November Hugo Peraudi und andere Häupter des Ordens im Begriff waren abzusegeln, hielt sie Clemens zurück (ibid. T. II. p. 5).

Die Geschichtsschreiber haben nachgerade gewohnheitsmässig angenommen, der Grossmeister Jakob von Molay habe das Hauptquartier des Ordens von Cypern nach Paris verlegt. Allein als der päpstliche Verhaftsbefehl am 27. Mai 1308 Cypern erreichte, ergaben sich unter anderen der Marschall, der Tuchhändler und der Schatzmeister, woraus doch hervorgeht, dass man nicht daran gedacht hatte, die Hauptverwaltung des Ordens zu verlegen (Dupuy, Traitez concernant l'histoire de France, éd. 1700, pp. 63, 132). Raimbaut de Caron, Präzeptor von Cypern, hatte Molay offenbar begleitet und wurde mit ihm in dem Tempel von Paris verhaftet (Procès des Templiers, II. 374); aber mit dieser Ausnahme waren alle verhafteten hohen Ritter nur örtliche Würdenträger. Meiner Meinung nach hat Schottmüller (Der Untergang des Templer-Ordens, Berlin, 1887, I. 66, 99; II. 38) auch den Beweis erbracht,

Ein derartiger Verdacht mochte nicht unnatürlich und konnte doch gänzlich unbegründet sein. Moderne Schriftsteller haben ihren Scharfsinn aufgeboten, um darzutun, dass die Tempelritter den Plan vorbereiteten, sich Südfrankreichs zu bemächtigen und es zu einem unabhängigen Reiche zu erheben. Der Orden war in den Provinzen von der Garonne bis an die Rhone früh und schnell gewachsen; er war zugleich, so nehmen diese Forscher an, gründlich angesteckt von dem Katharismus und unterhielt Beziehungen mit den heimlichen Ketzern in jenen Gegenden. Alles das ist indessen blosse Vermutung, die nicht im geringsten begründet ist. Nicht die Spur von Katharismus war in dem Orden [1]), und die Katharer von Languedoc waren, wie wir gesehen haben, um diese Zeit im wesentlichen ausgerottet, das Land mit Hilfe der Inquisition französiert (Bd. II, 112 ff.). Solch ein Bündnis würde eine Quelle der Schwäche und nicht der Stärke gewesen sein; es würde dem Orden ganz Europa in Waffen auf den Hals gebracht haben. Wäre auch nur eine Spur von Beweis in dieser Hinsicht vorhanden gewesen, so würde Philipp der Schöne das gehörig ausgenutzt haben. Auch kann man nicht annehmen, dass die Templer mit der unzufriedenen rechtgläubigen Bevölkerung intriguierten. Bernhard Délicieux und die Carcassonner würden sich nie an den schwachen Ferdinand von Mallorca gewandt haben, wenn sie den mächtigen Orden des Tempels zu ihrem Beistande hätten haben können. Und wie gross auch immer der Anhang des Ordens hätte werden können, er war für solche ehrgeizigen Pläne dadurch in bedenklicher Weise geschwächt, dass er in getrennten Gruppen über ganz Europa zerstreut war, so sehr, dass er seine Streitkräfte weder zum Angriff noch zur Verteidigung zusammenziehen konnte und später kaum irgendeinen Versuch zur Selbsterhaltung machte, sondern sich in einem Lande nach dem anderen ergab. Ausserdem war er keineswegs so reich und zahlreich, wie man allgemein vermutete. Die dramatischen Umstände seiner Vernichtung haben die Phantasie aller derer erhitzt, die darüber geschrieben haben, und sie durch Gegenüberstellung des Wohl-

---

dass die Erzählung von dem gewaltigen Reichtum, der von Molay nach Frankreich gebracht worden sei, unglaubwürdig ist, und hat weiter (I. 98) darauf hingewiesen, dass die Archive des Ordens nicht nach Frankreich fortgeschafft worden sein konnten, da sie in Malta aufbewahrt wurden. — *Vgl. zu diesen Fragen Finke a. a. O. I. 44 ff.

1) Vielleicht der ausführlichste und zuverlässigste zeitgenössische Bericht über den Sturz der Templer ist derjenige des Bernhard Guidonis (Flor. Chronic. ap. Bouquet, XXI. 716 sq.). Es steht ausser allem Zweifel, dass, wenn etwas in dem Orden nach Katharismus ausgesehen hätte, er es bemerkt und darauf hingewiesen haben würde.

standes und des späteren Elends des Ordens zu einer unnatürlichen Übertreibung veranlasst. Ein anonymer Zeitgenosse erzählt uns, die Tempelritter seien so reich und mächtig gewesen, dass sie kaum hätten unterdrückt werden können, wenn nicht Philipp der Schöne heimlich und plötzlich gegen sie vorgegangen wäre. Villani, gleichfalls ein Zeitgenosse, behauptet, ihre Macht und ihr Reichtum seien nahezu unschätzbar gewesen. In dem Masse, wie die zeitliche Entfernung zunahm, wuchsen diese Vorstellungen noch. Trithemius versichert uns, dass es der reichste aller Mönchsorden war, nicht nur an Gold und Silber, sondern auch durch seine weiten Besitzungen, Städte und Schlösser in allen Ländern Europas. Moderne Schriftsteller haben das noch übertrieben, indem sie versuchten, bestimmte Zahlen zu geben. Maillard de Chambure nimmt an, dass der Orden zur Zeit seines Falles dreissigtausend Ritter zählte und ein Einkommen von acht Millionen Pfund Tournosen besass. Wilcke schätzt sein Einkommen auf zwanzig Millionen Taler modernen Geldes und behauptet, dass er in Frankreich allein ein Heer von fünfzehntausend Rittern ins Feld stellen konnte. Zöckler berechnet sein Einkommen auf vierundfünfzig Millionen Franken, und die Zahl seiner Ritter auf zwanzigtausend. Selbst der vorsichtige Havemann spricht die extravagante Behauptung nach, dass er es an Reichtum und Macht mit allen Fürsten der Christenheit aufnehmen konnte, während Schottmüller annimmt, dass es allein in Frankreich fünfzehntausend Brüder und über zwanzigtausend im ganzen Orden gab[1]).

Da aber alle Angelegenheiten des Ordens in ein tiefes Geheimnis gehüllt waren, so sind solche Schätzungen nichts als Vermutungen. Was die Zahlen angeht, so hat man übersehen, dass die Hauptmasse der Ordensmitglieder dienende Brüder waren, nicht Krieger — Hirten, Bauern, Tagelöhner, die auf den Ländereien und in den Häusern der Ritter beschäftigt waren und wenig zu ihrer effektiven Stärke beitrugen. Wenn der Orden es mit berechtigtem Stolz geltend machte, dass in den einhundertundachtzig Jahren seines tatsächlichen Wirkens zwanzigtausend der Brüder in Palästina umgekommen waren, so können wir daraus ersehen, dass zu keiner

---

1) Wilcke, Geschichte des Ordens der Tempelherren (II. Ausgabe, 1860) II. 51, 103—4, 183. — Chron. anonyme (Bouquet, XXI. 149). — Villani Chron. VIII. 92. — Mag. Chron. Belgic. (Pistor. III. 155). — Trithem. Chron. Hirsaug. ann. 1307. — Règle et Statuts secrets des Templiers, p. 64 (Paris, 1840). — Real-Encyklopädie XV, 305 (*³XIX, 504 ff.). — Havemann, Geschichte des Ausgangs des Tempelherrenordens, Stuttgart, 1846, p. 165. — Schottmüller, op. cit. I. 236, 695. — *Finke a. a. O. I. 54 ff.

Zeit der Bestand an Rittern mehr als höchstens wenige Tausend betragen haben kann. Auf dem Konzil von Vienne wurde 1311 die Auflösung des Ordens gefordert mit der Begründung, es seien mehr als zweitausend Zeugen vernommen worden, und da diese Aussagen tatsächlich die aller Gefangenen darstellten, die in Frankreich, England, Spanien, Italien und Deutschland verhört worden waren, so ist klar, dass die Gesamtzahl im Vergleich zu dem, was man sich im allgemeinen gedacht hatte, nur unbedeutend gewesen sein kann. Nach dem Fall Accons war Cypern das Hauptquartier des Ordens, allein um die Zeit der Verhaftung waren dort nur einhundertundachtzehn Mitglieder von allen Rangstufen, und die Zahlen, die uns überall in den Prozessen begegnen, stehen in einem lächerlichen Verhältnis zu der gewaltigen Mitgliederzahl, die dem Orden gewöhnlich zugeschrieben wird. Ein Zeitgenosse, ein eifriger Anhänger des Papsttums, drückt sein Bedauern über die Strafen aus, die fünfzehntausend Streiter Christi von Rechts wegen getroffen hätten. Diese Schätzung kommt der Wirklichkeit wahrscheinlich nahe, und wenn wir annehmen, dass unter diesen fünfzehntausend Streitern fünfzehnhundert Ritter waren, so dürften wir eher über als unter der Wirklichkeit bleiben. Was den Reichtum des Ordens angeht, so lag es bei den allgemeinen Bemühungen, seinen Besitz zu ermitteln, natürlich in dem Interesse eines jeden Mitgliedes, Einzelheiten darüber zu verheimlichen. Zufällig aber besitzen wir Angaben, welche beweisen, dass die Schätzungen seines übermässigen Besitzes bedeutend übertrieben sind. 1244 stellt Matthäus Paris fest, dass der Orden in der ganzen Christenheit neuntausend Wohnhäuser besass, während die Hospitaliter neunzehntausend hatten. Nirgends blühte der Orden mehr als in Aquitanien. Als um das Jahr 1300 in der Provinz Bordeaux für einen Philipp dem Schönen bewilligten Zehnten eine Schätzung vorgenommen wurde, wurden den Templern sechstausend Livres und den Hospitalitern dieselbe Summe auferlegt, während die Cisterzienser mit zwölftausend veranschlagt wurden. In den Berichten eines königlichen Steuerempfängers der Auvergne aus dem Jahre 1293 werden vierzehn Tempel-Präzeptorien aufgeführt, die insgesamt dreihundertundzweiundneunzig Livres bezahlten, während die Hospitaliter vierundzwanzig Pfründen besassen und dreihundertvierundsechzig Livres zu bezahlen hatten. Als im Jahre 1298 Bonifaz VIII. die Ritterorden zur Hilfeleistung in dem Kriege zur Vernichtung der Colonna aufforderte, setzte er die Anteile des Tempels und des Hospitals auf die gleiche Summe, zehntausend Gulden, fest, während die Deutschritter mit dem kleineren Beitrag von tausend Mark davonkamen. Ein zeitgenössischer Schriftsteller veranschlagt die Gesamteinkünfte der beiden Orden auf achthunderttausend Pfund Tournosen jährlich, und davon gehörte der grössere Teil wahrscheinlich dem Hospital[1]).

Immerhin war aber der Reichtum des Ordens mehr als hinreichend, um die Begierde königlicher Freibeuter zu erregen, und ausserdem besass er Macht und Vorrechte genug, um Misstrauen selbst in dem Gemüte eines Despoten zu erwecken, der weniger argwöhnisch als Philipp der Schöne war. Viele scharfsinnige Theorieen sind aufgestellt worden, um sein Vorgehen zu erklären; sie sind alle überflüssig. Obwohl die Templer angeklagt waren, trotz seines Verbots heimlich Geld nach Rom geschickt zu haben, standen sie doch in Philipps Streite mit Bonifaz VIII. auf seiner Seite und unterzeichneten ein Schriftstück, welches die Versammlung im Louvre während des Juni 1303 billigte und bestätigte, worin Bonifaz in aller Form der Ketzerei angeklagt und an ein in dieser Frage zu versammelndes zukünftiges Konzil appelliert worden war. In der Tat war das Einvernehmen zwischen König und Tempelrittern so herzlich, dass, wie aus königlichen Briefen vom 10. Juli 1303 hervorgeht, die Einziehung aller königlichen Einkünfte in ganz Frankreich dem Visitator des Ordens in Frankreich, Hugo von Peraud, der beinahe Grossmeister des Ordens geworden wäre, übertragen wurde. Im Juni 1304 bestätigte Philipp alle ihre Privilegien, und im Oktober erliess er eine Verordnung, die ihnen noch weitere gewährte und ihre Verdienste in warmen Worten würdigte. 1299 liehen sie ihm die gewaltige Summe von fünfhunderttausend Livres für die Mitgift seiner Schwester. Noch 1306, als Hugo von Peraud einen Verlust von zweitausend Mark

---

1) Procès des Templiers, I. 144. — Raynald. ann. 1307, Nr. 12; ann. 1311, Nr. 53. — Schottmüller, op. cit. I. 465. — Ferreti Vicentini Hist. (Muratori, S. R. I. IX. 1018). — Matt. Paris. ann. 1244 (p. 417). — Dom Bouquet, XXI. 545. — Chassaing, Spicilegium Brivatense, pp. 212—13. — Registres de Boniface VIII. Nr. 2426—30 (T. II. pp. 33—4). — Eine jener Übertreibungen, die in bezug auf die Templer im Umlauf sind, ist z. B. auch die einmal vertraulich ausgesprochene Behauptung, dass in Roussillon und Cerdagne der Orden das halbe Land besessen habe, während eine Prüfung seines Grundbuches zeigt, dass er in Wirklichkeit nur vier Edelsitze und an siebzig andern Orten Einzelrechte auf Renten, Zehnten oder Leibeigenschaften hatte. Eine einzige Abtei, die von St. Michael de Cuxa, besass dreissig Edelsitze und ähnliche Rechte in zweihundert anderen Plätzen, und zwei andere Abteien, Arles und Cornella de Confient, waren beide reicher als die Tempelritter. — Allart, Bulletin de la Société agricole, scientifique et littéraire des Pyrénées-Orientales, T. XV, p. 107—8. — *Finke a. a. O. I. 72 ff.

Silber erlitten hatte, weil die beiden florentinischen Bankiers Tommaso und Vanno Mozzi, bei denen er diese Summe hinterlegt hatte, betrügerischer Weise verschwunden waren, schritt Philipp sofort ein und befahl dem Abt Aimon von St. Antoine, der Bürgschaft für die Bankiers geleistet hatte, die Summe zurückzuerstatten. Als er in seiner äussersten finanziellen Bedrängnis den Münzfuss so erniedrigte, dass ein Volksaufstand in Paris entstand, nahm er zum Templerorden seine Zuflucht, und die Tempelritter waren es, die ihn gegen die Angriffe des Pöbels verteidigten. Aber grade diese Verpflichtungen waren zu gross für einen Monarchen, der nach unumschränkter Herrschaft strebte, und die Erinnerung an sie musste ihm unwillkürlich den Gedanken nahelegen, dass der Orden ein gefährlicher Faktor sei in einem Königreiche, wo die Lehnsverfassung in den Despotismus umgewandelt werden sollte. Mochte der Orden auch nicht stark genug sein, um einen Teil der Provinzen von dem Reiche loszureissen und zu einem selbständigen Fürstentum zu erheben, so konnte er doch in den Streit mit den Inhabern der grossen Lehen, mit denen die Ritter durch gemeinsame Sympathieen und Interessen verknüpft waren, gelegentlich in unliebsamer Weise eingreifen. Der König war grade damit beschäftigt, durch Ausdehnung der königlichen Jurisdiktion die grossen Lehnsherren zur Unterwerfung zu bringen. Nun waren aber die Templer nur der Jurisdiktion des Hl. Stuhles unterworfen, sie waren nicht seine Untertanen, ihm nicht zum Gehorsam oder zur Gefolgschaft verpflichtet; er konnte sie nicht wie seine Bischöfe zum Kriegsdienst auffordern, im Gegenteil, sie konnten, ohne jemand verantwortlich zu sein, Krieg und Frieden auf eigne Faust erklären; sie waren ausgestattet mit all der persönlichen Unverletzlichkeit, deren sich die Geistlichen erfreuten, und über sie hatte er kein Hoheitsrecht wie über die Hierarchie der gallikanischen Kirche. Sie waren frei von allen Steuern, Zöllen und Abgaben; ihre Ländereien trugen nichts zu seinen Bedürfnissen bei, ausser, wenn er dem Papste das Zugeständnis eines Zehnten abringen konnte. Während sie so ihm gegenüber in jeder Beziehung unabhängig dastanden, waren sie ihren eignen Vorgesetzten zum blindesten und unterwürfigsten Gehorsam verpflichtet. Der Befehl des Meisters wurde wie ein Befehl Gottes betrachtet. Kein Mitglied durfte ohne die Erlaubnis seines Gebieters einen Sack oder einen Kasten verschliessen, baden, sich zur Ader lassen oder einen Brief von einem Verwandten öffnen, und jeder Ungehorsam hatte den Verlust des Gewandes und Einkerkerung in Ketten mit ihren unwiderruflichen Rechtsunfähigkeiten zur Folge. Allerdings waren

1295 Vorboten von Unruhen im Orden aufgetreten, und Bonifaz VIII. musste selbst einschreiten, um Unterwerfung unter den Meister zu erzwingen, aber das war vorübergegangen, und die Disziplin in den Reihen des Ordens blieb eine religiöse Verpflichtung, die ihn weit wirksamer zum Handeln machte als der dehnbare Begriff der Gefolgschaft des Vasallen gegenüber seinem Lehnsherrn. Solch eine Gruppe bewaffneter Krieger war eine Anomalie in einem Lehnsstaate, und als die Tempelritter ihre militärische Tätigkeit im Osten anscheinend aufgaben, mag Philipp der Schöne angesichts ihres Reichtums und ihrer Zahl in Frankreich auf den Gedanken gekommen sein, sie könnten möglicherweise ein Hindernis für seine absolutistischen Pläne werden, und es möchte gut sein, sich ihrer zu entledigen, sobald eine günstige Gelegenheit sich bieten würde. Beim Beginn seiner Regierung hatte er versucht, den fortwährenden Erwerbungen sowohl der religiösen Orden als auch der Tempelritter, wodurch immer grössere Landgebiete in die tote Hand fielen, einen Riegel vorzuschieben; die Fruchtlosigkeit des Versuchs muss ihn in der Überzeugung von seiner Notwendigkeit bestärkt haben. Wenn man nun fragt, warum er die Tempelritter eher als die Hospitaliter angriff, so wird die Antwort darauf wahrscheinlich in der Tatsache zu finden sein, dass der Templerorden der schwächere von beiden war, und dass die Heimlichkeit, mit der er sein Rituale umgab, ihn zu einem Gegenstande allgemeinen Argwohns machte[1]).

Walsingham behauptet, bei seinem Angriff gegen die Templer habe Philipp den Zweck verfolgt, einem seiner jüngeren Söhne den Titel König von Jerusalem mit den Besitzungen der Templer als Apanage zu verschaffen. Solch ein Plan lag vollständig in der Gedankenrichtung der Zeit, und er würde Europa schliesslich von neuem auf Syrien gestürzt haben. Dieser Beweggrund hat möglicherweise zu Anfang mitgespielt. Der Plan wurde in der Tat ernstlich

---

1) Du Puy, Hist. du Différend, Preuves, pp. 136—7. — Baudouin, Lettres inédites de Philippe le Bel, p. 163. — Maillard de Chambure, p. 61. — Grandes Chroniques, v. 173. — Raynouard, pp. 14, 21. — Rymer, Foedera I 30. — Regest. Clement. PP. V. T. I. p. 192 (Ed. Benedict. Romae, 1885). — Prutz, Malteser-Urkunden, S. 23, 31, 38, 46, 49, 51—2, 59, 76, 78, 79, 80. — Règle, §§ 39, 43, 313, 587. — Thomas, Registres de Boniface VIII. T. I. Nr. 490. — Baudouin, op. cit. p. 212.
Schottmüller (Der Untergang des Templer-Ordens I. 65) vermutet, dass die Angabe, Philipp habe fünfhunderttausend Livres von den Templern geliehen, wahrscheinlich auf einem Irrtum der öffentlichen Meinung beruht, der daraus entstanden sei, dass die Templer bei der Bezahlung der Mitgift als Bankiers fungierten. — *Vgl. dazu und über die ausgedehnte Bankiertätigkeit der Templer in Paris Finke a. a. O. I. 78 ff.

auf dem Konzil von Vienne mit Bezug auf Philipp den Langen erörtert. Aber es liegt auf der Hand, dass kein Herrscher ausserhalb Frankreichs zugegeben haben würde, dass die Besitzungen der Templer innerhalb seines Gebietes unter die Herrschaft eines Mitgliedes des ehrgeizigen Hauses Capet kämen[1]).

Um das Vorgehen Philipps zu erklären, brauchen wir indessen unseren Blick nur auf die finanzielle Seite der Sache zu richten. Er war in verzweifelter Geldverlegenheit, um die endlosen Kosten des flämischen Krieges zu bestreiten. Er hatte schon so viele Steuern auferlegt, dass einige seiner Untertanen sich empört hatten und andere nahe daran waren, es zu tun. Er hatte den Münzfuss so sehr herabgesetzt, dass er den Namen eines Falschmünzers bekam, hatte sich vollständig ausserstande gefunden, seine Versprechungen einzulösen, und hatte die Entdeckung machen müssen, dass von allen finanziellen Kunstgriffen dieser der kostspieligste und verderblichste war. Seine Mittel waren erschöpft, seine Skrupel gering. Der Strom der Konfiskationen von Languedoc her begann langsam zu fliessen; aber die Summen, welche er mehr als ein halbes Jahrhundert lang dem königlichen Schatze zugeführt hatte, zeigten, welchen Nutzen wohlüberlegte Ketzerverfolgung bringen konnte. Obendrein war dem König soeben dasselbe finanzielle Experiment mit den Juden des Reiches gelungen, die er alle gleichzeitig hatte verhaften, ihres Eigentums berauben und bei Todesstrafe verbannen lassen. Eine über diese Angelegenheit aufgesetzte Denkschrift, die noch in dem „Trésor des Chartes" aufbewahrt wird, zeigt, dass er von der Konfiskation der Besitzungen der Templer denselben Segen erwartete, wobei er allerdings, wie wir sehen werden, die Tatsache ausser Acht liess, dass sie als kirchliches Eigentum den unveräusserlichen Rechten der Kirche unterworfen waren[2]).

Die Erzählungen über Esquiu de Floyran, einen abtrünnigen Tempelritter, und Noffo Dei, einen Bösewicht aus Florenz, die, zum Tode verurteilt, die Anklagen gegen die Tempelritter zusammengebraut haben sollen, um ihr eignes Leben zu retten, könnte man als das Produkt eines phantasiereichen Chronisten ansehen, das dann von andern übernommen wurde[3]). Denn eine solche besondere Vermittlung

---

1) D'Argentré, I. i. 280. — Wilcke, op. cit. ii. 304—6. — Langlois, De recuperatione Terrae Sanctae, p. 131 (Paris, 1891).
2) Guill. Nangiac. Contin. ann. 1306. — Vaissete, iv. 135. — Raynouard, p. 24.
3) Villani Chron. viii. 92. — Amalr. Augerii Vit. Clem. V. (Muratori, S. R. I. III. ii. 443—44). — S. Antonini Hist. (D'Argentré, I. i. 281). — Trithem. Chron. Hirsaug. ann. 1307. — Raynald. ann. 1307, Nr. 12. — Die

war ganz unnötig. Das törichte Geheimnis, mit dem die Templer
ihre Ordensgebräuche umgaben, war natürlich geeignet, die Neugier und den Argwohn des Volkes zu erregen. Bei ihnen allein
unter allen religiösen Orden spielten sich die Aufnahme-Ceremonien
in den geheimnisvollsten Formen ab. Die Ordenskapitel wurden vor
Tagesanbruch bei scharf bewachten Türen abgehalten, und die
Teilnehmer durften über das, was vorgegangen war, mit niemandem
sprechen, selbst nicht mit den Ordensbrüdern, die nichts mit dem
Kapitel zu tun hatten, bei der schwersten Strafe, die man kannte,
der der Ausstossung. Das führte selbstverständlich zu dem Gerede,
ihr Ritus sei zu abstossend und zu hässlich, um das Tageslicht vertragen zu können. Das war die eine Tatsache, die ihnen Schaden
brachte, und als Humbert Blanc, Präzeptor der Auvergne, bei seinem
Verhöre gefragt wurde, warum solche Heimlichkeit beobachtet würde,
wenn sie nichts zu verbergen hätten, konnte er nur antworten,
„aus Dummheit". So erzählte man sich allgemein, dass der Neophyte
der Demütigung unterworfen wurde, die Rückseite seines Präceptors
zu küssen, ein Gerücht, das die Hospitaliter mit besonderem Vergnügen weiter verbreiteten. Dass dem Orden widernatürliche Unzucht
zugeschrieben wurden, ist leicht zu verstehen; war das doch ein
vorherrschendes Laster im Mittelalter, dem überdies die klösterlichen Gemeinschaften noch besonders ausgesetzt waren. Noch
1292 hatte ein hässlicher Skandal dieser Art zur Verbannung vieler
Professoren und Theologen der Universität Paris geführt. Es
fehlte auch nicht an noch dunklern Gerüchten über unchristliche
Gebräuche, die in den Orden eingeführt worden seien von einem
Grossmeister, den der Sultan von Babylon gefangen genommen, aber
gegen das Versprechen, diese Gebräuche für die Mitglieder des
Ordens verbindlich zu machen, wieder freigegeben habe. Nach einer
anderen Erzählung sollen kurz nach der Gründung des Ordens zwei
Templer auf einem Pferde in eine Schlacht jenseits des Meeres

bestinformierten Zeitgenossen, Bernhard Guidonis, die Continuation Wilhelms
von Nangis, Johann von S. Victor, die Grandes Chroniques sagen nichts über
diese Geschichte. Noffo Dei jedoch ist eine historische Persönlichkeit, die
sehr wohl von Wilhelm von Nogaret gebraucht worden sein kann, um Beweise in der Sache zu sammeln und herzurichten. Eine ähnliche Tätigkeit
entfaltete er bei der gleichzeitigen Verfolgung des Bischofs Guichard von
Troyes, die mit derjenigen der Templer eine seltsame Ähnlichkeit hat. Er
wurde 1313 wegen seiner Verbrechen gehängt. Rigault, Le procès de Guichard,
évêque de Troyes, pp. 23, 30, 41, 49, 99—101, 219, 297. — *Finke hat a. a. O.
I. 111 ff. aus aragonischen Urkunden den Nachweis erbracht, dass Esquiu
de Floyran tatsächlich als Denunziant eine wichtige Rolle im Templerprozess
gespielt hat.

geritten sein. Der vordere von ihnen habe sich Christus empfohlen und sei schwer verwundet worden; der andere dem, der am besten helfen könne, und sei davongekommen. Dieser letztere sei aber der Teufel in menschlicher Gestalt gewesen; er habe seinem verwundeten Kameraden erklärt, dass, wenn er an ihn glaube, der Orden reich und mächtig werden würde. Der Templer habe sich verleiten lassen, und so sei Irrtum und Unglauben in die Organisation gekommen. Wir haben gesehen, wie leicht solche Geschichten während des ganzen Mittelalters Glauben fanden, wie sie wuchsen und mit den phantastischsten Einzelheiten ausgeschmückt wurden. Die öffentliche Meinung war reif, den Templern alles zuzutrauen; es bedurfte nur eines Funkens, um einen Brand zu entfachen[1]).

Die Minister und Agenten Philipps — Wilhelm von Nogaret, Wilhelm von Plaisian, Renaud de Roye und Enguerrand von Marigny — waren die geeigneten Männer, die eine Gelegenheit, den königlichen Finanzen aufzuhelfen, auszunutzen verstanden; auch konnte es ihnen nicht schwer fallen, Zeugnisse zu erlangen, auf die sich eine furcht-

---

1) Règle, §§ 225, 572, 573. — Wilkins, Concilia, II. 338. — Concil. Toletan. XVI. ann. 693. — Procès des Templiers, I 186—7, 454; II. 139, 153, 195—6, 223, 440, 445, 471. — S. Damiani Lib. Gomorrhian. — Guillel. Nangiac. ann. 1120. — Alani de Insulis, Lib. de planctu naturae. — Gualt. Mapes, De nugis curialium, I. XXIV. — Prediche del B. Frà Giordano da Rivolto, Firenze, 1831, I. 230. — Regest. Clement. PP. V. T. v. p. 259 (Ed. Benedictin. Romae, 1887). — Alvarus Pelagius, De planct. ecclesiae, lib. II. art. II. fol. LXXXIII. — Mémoires de Jacques Du Clercq, liv. III. ch. 42; liv. IV. ch. 3. — Rogeri Bacon. Compendium studii philosophiae, cap. II (M. R. Series I. 412).

Widernatürliche Unzucht war der kirchlichen Jurisdiktion unterworfen. Die Strafe bestand in dem Tode auf dem Scheiterhaufen (Très ancien cout. de Bretagne, Art. 112, 142, ap. Bourdot de Richebourg, IV. 227, 232). — Statuta criminalia Mediolani e tenebris in lucem edita, cap. 51, Bergomi, 1594). Ein Beispiel, wo die weltliche Gerichtsbehörde die Strafe auferlegte, wird von Bourges aus dem Jahre 1445 berichtet (Jean Chartier, Hist. de Charles VII., éd. Godefroy, p. 72) und ein anderes von Zürich aus dem Jahre 1482 (V. Anshelm, Die Berner Chronik, Bern 1884, I. 221), obwohl mittlerweile 1451 Nikolaus V. solche Verbrechen der Inquisition unterstellt hatte (Ripoll III. 301). D'Argentré sagt: „Haec poena toto regno et vulgo statutis Italiae indicitur per civitates, sed pene irritis legibus" (Comment. consuetud. duc. Britann. p. 1810). In England wurden sie als weltliche Verbrechen angesehen und mit dem Feuertode bestraft (Horne, Myrror of Justice, cap. IV. § 14) und in Spanien durch Kastrierung und Steinigung (El Fuero real de España, Lib. IV. Tit. IX. l. 2).

Nach den Schwätzereien, die Antonio Sicci von Vercelli in Syrien und Italien erfahren hatte, und die er vor dem päpstlichen Gerichtshof im März 1311 erzählte, glaubte das Volk an ein schreckliches Geheimnis in dem Orden, das keins seiner Mitglieder zu offenbaren wagte (Procès, I. 614—5).

Es ist vielleicht Zufall, dass 1307 der Deutschritterorden von dem Erzbischof von Riga gleichfalls wegen Ketzerei angeklagt wurde. Sein Grossmeister, Carl Beffart, der von Clemens V. vorgeladen wurde, lenkte mit Mühe das Schicksal der Templer von dem Orden ab. — Wilcke, II. 118.

bare Reihe von Anklagen aufbauen liess. Denn wir haben schon gesehen, wie leicht es war, auf Grund der Aussagen von anscheinend angesehenen Zeugen Bonifaz VIII. ebenso scheusslicher Verbrechen zu überführen. In dem vorliegenden Falle war die Aufgabe leichter. Die Tempelritter bildeten gewiss keine Ausnahme von der allgemeinen Demoralisation der Mönchsorden jener Tage, und in ihren Reihen musste es viele verzweifelte Abenteurer geben, die zu jedem Verbrechen bereit waren, wenn es nur Aussicht auf Gewinn bot. Ehemalige Mitglieder, die wegen ihrer Missetaten ausgestossen worden waren, und die nichts verlieren konnten, wenn sie ihren Rachedurst stillten, waren zahlreich vorhanden. An Apostaten, die dem Orden entflohen und im Falle der Ergreifung der Gefahr der Einkerkerung ausgesetzt waren, fehlte es auch nicht. Dazu kam die Schar von verkommenen Menschen, deren die königlichen Agenten stets sicher waren, wenn sie Beweise zu irgendeinem Zwecke brauchten. Diese wurden in aller Stille von Wilhelm von Nogaret gesammelt und in Corbeil auf das sorgfältigste unter der Obhut des Dominikaners Humbert aufbewahrt. Der Verdacht der Ketzerei war natürlich am bequemsten auszubeuten; denn die Inquisition war ein unfehlbares Mittel, die Angeklagten zu überführen. Ein allgemeines Gerücht, gleichgültig von wem ausgestreut, reichte hin, um die Verhaftung und den Prozess zu rechtfertigen, und wenn sie einmal vor den Schranken standen, vermochten nur wenige den Schlingen des Inquisitionsverfahrens zu entrinnen. Sobald der Angriff beschlossen war, war der Ausgang nicht mehr zweifelhaft[1]).

Allerdings musste ohne die Mitwirkung Clemens' V. der Angriff erfolglos bleiben; denn die Gerichtshöfe sowohl des Hl. Offiziums als auch der Bischöfe standen unter päpstlicher Oberaufsicht. Ausserdem verlangte die öffentliche Meinung, dass auch in anderen Ländern als Frankreich die Schuld des Ordens nachgewiesen werde. Damit Philipp zum Genuss der erwarteten Konfiskationen in seinen eigenen Ländern kommen konnte, mussten allgemein in ganz Europa die Templergüter eingezogen werden, und dazu war die Mitwirkung des Hl. Stuhles nötig. Clemens V. erklärte später, dass ihm Philipp vor seiner Krönung zu Lyon, am 14. November 1305, den Plan in allen seinen Einzelheiten vorgelegt habe[2]). Aber alle

---

1) Procès des Templiers, I. 36, 168. — Chron. Anonyme (Bouquet, XXI, 137). — Joann. de S. Victor. (Bouquet, XXI. 649—50).
2) Bull. Pastoralis praeeminentiae (Mag. Bull. Rom. Supplem. IX. 126). — Bull. Faciens misericordiam (Ib. p. 136). — Die Reisebücher Philipps und

päpstlichen Bullen über diesen Gegenstand enthalten so viele Unwahrheiten, dass man auf ihre Behauptungen nicht viel geben darf. Zweifellos fand damals eine Besprechung der im Umlauf befindlichen, den guten Ruf des Ordens kompromittierenden Gerüchte statt; aber Clemens verdient wahrscheinlich nicht die von vielen Geschichtsschreibern gegen ihn erhobene Anschuldigung, die Vorladung Molays und Villarets im Jahre 1306 sei nur eine Falle gewesen. Wir müssen vielmehr billiger Weise annehmen, dass er beide in gutem Glauben vor sich kommen liess, und dass Molays eigne Unvorsichtigkeit, sich in Frankreich anscheinend für immer niederzulassen, sogleich den Argwohn und die Begierde des Königs erweckte und das zur Tat ausreifte, was bis dahin nur ein unbestimmter Plan gewesen war [2]).

War das der Fall, dann bedurfte es allerdings bei Philipp keiner langen Zeit, um den Plan zur Reife zu bringen, und liessen seine Agenten es nicht an Eifer fehlen, das Anklagematerial zu sammeln. Bei seiner Zusammenkunft mit Clemens V. in Poitiers, im Frühjahr 1307, verlangte er von diesem, dass das Andenken Bonifaz' VIII. verurteilt würde, und als der Papst nicht darauf einging, brachte er die Anklagen gegen die Templer vor, indem er die andere Angelegenheit zunächst fallen liess. Aber auch damit glückte es ihm nicht sofort. Clemens liess Molay rufen; dieser erschien mit Raimbaud von Caron, dem Präzeptor von Cypern, mit Gottfried von Gonneville, dem Präzeptor von Aquitanien und Poitou, und mit Hugo von Peraud, dem Visitator von Frankreich, den höchsten Beamten des Ordens, die damals im Königreich anwesend waren. Die Anklagen wurden ihnen in ihrer ganzen Hässlichkeit mitgeteilt. Später hatte Clemens V. die Stirn, vor ganz Europa zu erklären, dass Molay vor seiner Verhaftung die Wahrheit derselben vor seinen Untergebenen und vor Geistlichen und Laien bekannt habe. Aber das ist eine offenbare Unwahrheit. Die Templer kehrten augenscheinlich frei von aller Besorgnis nach Paris zurück in dem Glauben, dass sie sich vollständig gerecht-

---

das Protokoll über die von Bertrand de Got (Clemens V.) vorgenommenen Pastoralvisitationen widerlegen zur Genüge die von Villani ausgehende Legende von den Bedingungen, die Philipp und Clemens im voraus zu St. Jean d'Angely miteinander abgemacht hätten (vgl. van Os, De abolitione ordinis Templariorum, Herbipoli 1874, pp. 14—15). Nichtsdestoweniger war Clemens tatsächlich von Philipp abhängig.

2) Schottmüllers Annahme (Der Untergang des Templer-Ordens 1. 91), dass Clemens die Häupter der zwei Ritterorden zu sich entbot, um mit ihnen ein Übereinkommen zum Schutze des Hl. Stuhles gegen Philipp zu treffen, entbehrt meiner Ansicht nach jeder Wahrscheinlichkeit.

fertig hätten. Und Molay hatte noch am 12. Oktober, dem Vorabend der Verhaftung, die Ehre, einer von den vier Leichentuchhaltern bei dem Begräbnis Katharinas, der Gemahlin Karls von Valois, zu sein, eine Ehre, die man ihm augenscheinlich erwies, um ihn in das Gefühl der Sicherheit einzuwiegen. Ja, noch mehr, am 24. August hatte Clemens V. an Philipp geschrieben und ihn gedrängt, Frieden mit England zu schliessen, und in dem Briefe gleichzeitig auf die Anklagen, die Philipp in ihren Besprechungen zu Lyon und Poitiers erhoben hatte, sowie auf die Vorstellungen hingewiesen, die seine Agenten in dieser Frage gemacht hatten. Die Anklagen, sagt er, erscheinen mir unglaublich und unmöglich. Molay und die obersten Würdenträger des Ordens fühlen sich durch die Vorwürfe beleidigt. Sie haben wiederholt eine Untersuchung gefordert und sind bereit, die härteste Bestrafung auf sich zu nehmen, wenn sie schuldig befunden werden. Daher schlägt er dem Könige vor, in einigen Tagen bei seiner Rückkehr nach Poitiers unter dem Beirate seiner Kardinäle eine Untersuchung der Angelegenheit zu beginnen, und er bittet ihn, zu dem Zwecke ihm die Beweise zu senden[1]).

Bis dahin hatten die Anschuldigungen offenbar noch keinen Eindruck auf Clemens V. gemacht, und er versuchte, so gut er konnte, sich die Sache fernzuhalten. Philipp jedoch verfügte seinerseits über die Mittel und Wege, die zum Ziele führten, und war sicher, dass, wenn die Kirche einmal eingegriffen hatte, Clemens es nicht wagen würde, sich zurückzuziehen. Der Generalinquisitor von Frankreich, Wilhelm von Paris aus dem Dominikanerorden, war sowohl sein Beichtvater als auch päpstlicher Kaplan[2]). Auf ihn konnte er sich verlassen. Es war seine amtliche Pflicht, Kenntnis von allen Anklagen wegen Ketzerei zu nehmen und die weltliche Macht zu seinem Beistand anzurufen. Überdies konnte er sich mit seiner furchtbaren Amtsgewalt über alle besonderen Immunitäten und die persönliche Unverletzlichkeit der Ordensmitglieder hinwegsetzen. Da es glaubwürdige Zeugen waren, welche die Templer der Ketzerei beschuldigten, so entsprach es durchaus den gesetzlichen Formen, wenn Bruder Wilhelm den König Philipp

---

1) Villani Chron. VIII. 91—2. — Raynald. ann. 1311, Nr. 26. — Ptol. Lucens. Hist. Eccles. lib. XXIV (Muratori, S. R. I. XI. 1228). — Contin. Guill. Nangiac. ann. 1307. — Raynouard, p. 18, 19. — Van Os, De abolitione Ord. Templar. p. 43. — Procès des Templiers, II. 400. — Magnum Bull. Rom. IX. 131. — Procès, I. 95. — Du Puy, Traités concernant l'histoire de France, Paris, 1700, pp. 10, 117. — *Finke a. a. O. I. 140 ff.
2) *Er war der erste Generalinquisitor in Frankreich überhaupt (Finke a. a. O. S. 147).

aufforderte, diejenigen von ihnen zu verhaften und zum Verhör vor die Inquisition zu bringen, welche in seinem Gebiete ansässig waren. Da es sich ferner um eine grosse Angelegenheit handelte, so war, wollte man zum Ziele gelangen, Verschwiegenheit und gemeinsames Vorgehen erforderlich. Sobald Philipp aus Clemens' Briefe ersehen hatte, dass eine unmittelbare päpstliche Mitwirkung nicht zu erwarten sei, ging er ungesäumt auf eigene Faust vor. Er behauptete später stets, auf Ersuchen des Inquisitors gehandelt zu haben, und entschuldigte seine Eile mit der Erklärung, seine Opfer hätten schon ihre Schätze zusammengerafft und sich zur Flucht bereit gemacht. Am 14. September 1307 ergingen Befehle an die Beamten des Königs in Frankreich, am 13. Oktober alle Mitglieder des Ordens gleichzeitig, auf Veranlassung des Inquisitors Wilhelm, zu verhaften und das ganze Vermögen mit Beschlag zu belegen. Am 22. September liess Bruder Wilhelm allen Inquisitoren und allen Dominikanerprioren, Subprioren und Lektoren den Befehl zugehen, zu handeln, indem er die Verbrechen der Templer aufzählte, die er für hinreichend bezeichnete, um die Erde und die Elemente aufzurühren. Er habe, sagte er, die Zeugnisse geprüft und den König um seine Mitwirkung ersucht; schlauer Weise fügte er bei, auch der Papst sei von den Anklagen unterrichtet. Nach den königlichen Instruktionen sollten die Templer gefangen genommen und in strenger Einzelhaft gehalten werden; sie sollten einer nach dem andern den Inquisitionskommissaren vorgeführt, die Anklageartikel sollten ihnen vorgelesen und ihnen Verzeihung versprochen werden, wenn sie die Wahrheit bekennen und zur Kirche zurückkehren würden; andernfalls sollte man sie mit dem Tode und der Folter bedrohen, um sie zum Geständnis zu zwingen. Die so erlangten Aussagen müssten, versehen mit den Siegeln der Inquisitoren, dem Könige so schnell wie möglich zugeschickt werden. Das ganze Eigentum des Ordens sei mit Beschlag zu belegen, und sorgfältige Verzeichnisse seien davon aufzunehmen. Unternehme man etwas, das die öffentliche Meinung in ungewöhnlichem Masse verletze, so müsse es sogleich durch die den Gefangenen abgerungenen Geständnisse gerechtfertigt werden, und nichts, weder Versprechungen, noch Drohungen, noch Gewalt, dürfe geschont werden, um den Erfolg zu sichern[1]).

---

1) Du Puy, pp. 18—19, 86. — Stemler, Contingent zur Geschichte der Templer, Leipzig, 1783, pp. 36—50. — Pissot, Procès et condamnation des Templiers, Paris, 1805, pp. 39—43. — *Finke a. a. O. I. 147.
In seinen Briefen vom 21. November an Eduard von England und vom

Das stand alles in genauer Übereinstimmung mit dem Inquisitionsverfahren, und das Ergebnis entsprach den königlichen Erwartungen. Unter der geschickten Leitung Wilhelms von Nogaret, dem die Angelegenheit übertragen war, fanden am 13. Oktober bei Tagesgrauen im ganzen Lande die Verhaftungen statt; nur wenige Templer entkamen. Nogaret selbst übernahm den Pariser Tempel, wobei etwa einhundertundvierzig Ordensbrüder mit Molay und seinen ersten Beamten an der Spitze ergriffen wurden und der grosse Schatz des Ordens dem Könige mit in die Hände fiel. Die Luft war erfüllt gewesen von Vorzeichen des drohenden Sturmes, aber die Templer hatten die Kühnheit des Königs unterschätzt und keine Vorkehrungen getroffen, um den Schlag abzuwenden. Jetzt waren sie machtlos in den Händen eines schonungslosen Gerichtshofes, der ihre Schuld nach Belieben mit ihren eigenen Aussagen beweisen und sie der Verachtung und dem Abscheu der Menschheit preisgeben konnte[1]).

Philipps erste Sorge war, die öffentliche Meinung für sich zu gewinnen und die durch dieses unerwartete Vorgehen veranlasste Erregung zu beschwichtigen. Am nächsten Tage, am Sonnabend dem 14. Oktober, wurden die Lehrer der Universität und die Domherren in Notre-Dame versammelt, wo Wilhelm von Nogaret, der Prévôt von Paris und andere königliche Beamte die Vergehen darlegten, welche den Templern nachgewiesen worden seien. Am folgenden Tage, Sonntag dem 15., wurde das Volk aufgefordert, sich in dem Garten des königlichen Palastes zu versammeln, wo es von den Dominikanern und den königlichen Sprechern über die Angelegenheit aufgeklärt wurde. Ähnlich verfuhr man im ganzen

---

22. November an Robert, den Herzog von Calabrien, schildert Clemens V., dass Philipp nach der Anweisung der Inquisition gehandelt und die Gefangenen der Kirche zur Aburteilung überlassen habe (Rymer III. 30.; Archivio di Napoli, Mss. Chioccarello T. VIII). Das Hl. Officium wurde damals als das für die ganze Angelegenheit verantwortliche Werkzeug hingestellt (Chron. Franc. Pipini c. 49, bei Muratori S. R. I. IX. 749—50). Die Bulle 'Faciens misericordiam' vom 12. August 1308 weist die Inquisitoren in ganz Europa an, an dem bevorstehenden Verfahren teilzunehmen (Magnum Bull. Rom. IX. 136).

Tatsächlich war die ganze Angelegenheit ein rechtes Inquisitionsgeschäft. Eine bemerkenswerte Tatsache ist, dass man da, wo die Inquisition in guter Ordnung war, wie in Frankreich und Italien, keine Schwierigkeiten hatte, die erforderlichen Beweise zu bekommen. In Castilien und Deutschland gelang es nicht; in England konnte man, wie wir sehen werden, erst etwas erreichen, als die Inquisition zeitweilig zu dem Zweck eingeführt wurde.

1) Dom Bouquet, XXI. 448. — Vaissette, IV. 139. — Chron. Anon. (Bouquet, XXI. 137, 149). — Contin. Guillel. Nangiac. ann. 1307. — Joann. de S. Victor. (Bouquet, XXI. 649). — Procès des Templiers, I. 458; II. 373. — *Holtzmann, Wilhelm von Nogaret, S. 145 ff.

Königreiche. Schon am 16. Oktober gingen königliche Briefe, die die Ketzerei der Templer schilderten, an alle Fürsten der Christenheit mit der Aufforderung, dem Könige in der Verteidigung des Glaubens beizustehen und seinem Beispiele zu folgen. Sofort machte sich die Inquisition eifrig ans Werk. Vom 19. Oktober bis zum 24. November waren Bruder Wilhelm und seine Gehilfen damit beschäftigt, die Geständnisse von einhundertundachtunddreissig Gefangenen, die in dem Tempel festgenommen waren, zu protokollieren. Die Mittel, die man anwandte, waren so wirksam, dass alle bis auf drei wenigstens einige von den Anklagen zugaben. Welcher Art diese Mittel und Wege waren, sagen die Protokolle natürlich nicht; denn das amtliche Geständnis wurde, wie wir wissen, immer erst ausserhalb der Folterkammer aufgesetzt, und das Opfer musste schwören, sein Geständnis sei frei und ungezwungen und ohne Furcht oder Gewalt abgelegt worden, obgleich es wusste, dass, wenn es zurücknahm, was es geäussert oder zu gestehen auf der Folter versprochen hatte, es sich neuen Folterqualen oder dem Scheiterhaufen als rückfälliger Ketzer aussetzte. Die gleichen Szenen wiederholten sich in ganz Frankreich, wo die Kommissare Bruder Wilhelms und bisweilen dieser selbst, unterstützt von den königlichen Beamten, mit demselben Werke beschäftigt waren. Ausserdem scheint der gefällige Bruder Wilhelm in Ermangelung der für eine so ausgedehnte Arbeit geeigneten Hilfskräfte gelegentlich die königlichen Kommissare beauftragt zu haben. Einige von den Verhörsprotokollen aus der Champagne, der Normandie, dem Querci, Bigorre, Beaucaire und der Languedoc sind erhalten geblieben, und gelegentlich wird in ihnen auf die Folter hingewiesen. Man bediente sich ihrer also, sobald es nötig war. Das war natürlich nicht immer der Fall, weil das Versprechen der Verzeihung und die Androhung des Scheiterhaufens in Verbindung mit Hunger und hartem Kerker in vielen Fällen genügten. Wie strenge das Inquisitionsverfahren angewandt wurde, bezeugen die zahlreichen Todesfälle und die gelegentlichen Selbstmorde aus Verzweiflung, welche die Protokolle erwähnen. Nach dem Zeugnis Ponsards von Gisiac starben allein in Paris sechsunddreissig Templer unter der Folter. In Sens waren, wie Jakob von Saciac sagte, fünfundzwanzig infolge von Qualen und Leiden umgekommen, und auch an anderen Orten war die Sterblichkeit notorisch. Als später eine Anzahl Ordensbrüder ihre Geständnisse vor dem Papste und den Kardinälen im Konsistorium wiederholten, beklagten sie sich über die masslosen Torturen, die sie erduldet hätten. Dennoch hebt Clemens V. in seinem Berichte über das Ergebnis sorgfältig hervor, dass ihre Geständnisse frei und nicht erzwungen gewesen seien. Der Ordensmeister Jakob von Molay wurde natürlich nicht geschont. Man brachte ihn schnell in einen willfährigen Gemütszustand. Sein Geständnis, das er am 25. Oktober ablegte, ist zwar ausserordentlich kurz und gibt nur einen Teil der Anklagepunkte zu; er wurde indessen veranlasst, einen Brief an seine Brüder zu unterzeichnen, worin er sagte, dass er gestanden habe, und ihnen empfahl, dasselbe zu tun, da sie in dem alten Irrtum befangen gewesen seien. Sobald er und andere Führer des Ordens in dieser Weise blossgestellt waren, mussten sich die Lehrer und Studenten aller Fakultäten der Universität im Tempel versammeln, und die unglücklichen Opfer mussten vor ihnen ihre Geständnisse wiederholen. Sie taten es mit dem Zusatz, dass diese Vergehen dreissig Jahre und länger in dem Orden geherrscht hätten[1]).

Die ihnen zur Last gelegten Vergehen waren im wesentlichen fünf: 1. Wenn ein Neophyte aufgenommen wurde, so führte ihn der Präzeptor hinter den Altar oder in die Sakristei oder an einen andern geheimen Platz, zeigte ihm ein Kruzifix und liess ihn dreimal den Propheten verleugnen und auf das Kreuz spucken. 2. Dann wurde er entblösst, und der Präzeptor küsste ihn dreimal, einmal auf die Rückseite, einmal auf den Nabel und einmal auf den Mund. 3. Darauf wurde ihm erklärt, widernatürliche Unzucht sei erlaubt, und man fröne ihr durchweg im ganzen Orden. 4. Der Strick, welchen die Templer Tag und Nacht als Symbol der Keuschheit über dem Hemde trugen, wurde dadurch geweiht, dass man ihn um ein Götzenbild von der Form eines menschlichen Kopfes mit einem grossen Barte wickelte, und dieser Kopf wurde in den Kapiteln angebetet, obgleich ihn nur der Grossmeister und die ältesten Mitglieder kannten. 5. Die Priester des Ordens weihten die Hostie nicht, wenn sie die Messe celebrierten. Als im August 1308 Clemens V. in ganz Europa eine von Philipp aufgesetzte Reihe von Artikeln für das Verhör der Angeklagten

---

1) Joann. de S. Victor. (Bouquet, XXI. 649—50). — Contin. Guill. Nangiac. ann. 1307. — Chron. Anon. (Bouquet, XXI. 137). — Schottmüller, op. cit. I. 131—33. — Zurita, Añales de Aragon, lib. v. c. 73. — Procès des Templiers, II. 6, 375, 386, 394. — Du Puy, pp. 25—6, 88—91, 101—6. — Raynouard, pp. 39—40, 164, 235—8, 240—5. — Procès des Templiers, I. 36, 69, 203, 301; II. 305—6. — Ptol. Lucens. Hist. Eccles. lib. XXIV (Muratori, S. R. I. XI. 1230). — Trithem. Chron. Hirsaug. ann. 1307. — Chron. Anon. (Bouquet, XXI. 149). — *Finke a. a. O. I. 153 ff. hat dargelegt, dass neben der Untersuchung durch die Inquisition eine andere durch königliche Beamte einherging, und dass die letztere der erstern fast immer vorauseilte.

umhersandte, die in den verschiedenen Fassungen siebenundachtzig bis hundertundsiebenundzwanzig Fragen enthielt, bildeten diese Anschuldigungen den Grundstock, der nach Massgabe der zahlreichen mittlerweile erlangten Geständnisse variiert war. Danach sollten die unanständigen Küsse zwischen dem Aufnehmenden und Aufgenommenen gegenseitig stattfinden; der Glaube an das Altarsakrament wurde ihnen abgesprochen; in den Kapiteln sollte ein Kater erscheinen und verehrt werden; dem Grossmeister oder dem Präzeptor, der in einem Kapitel den Vorsitz führte, legte man die Macht bei, von allen Sünden loszusprechen; alle Brüder seien angewiesen, auf rechte oder schlechte Weise Eigentum für den Orden zu erwerben. Alle diese Verbrechen aber seien feste und unbedingte Regeln des Ordens und rührten aus einer Zeit, deren sich kein Mitglied mehr erinnern könne. Ausserdem wurde dem Orden die Geheimhaltung seiner Gebräuche und Nachlässigkeit in der Verteilung der Almosen zum Vorwurf gemacht. Aber selbst dieses genügte der Phantasie des Volkes nicht, und die widersinnigsten Übertreibungen fanden Glauben, wie wir es so oft bei anderen Ketzereien gesehen haben. So sollten die Templer den Verrat Ludwigs des Heiligen und der Festung Accon zugelassen und mit dem Sultan von Babylon Abmachungen getroffen haben, ihm im Falle eines neuen Kreuzzugs alle Christen verkaufen zu wollen. Sie sollten einen Teil des königlichen Schatzes aus dem Lande geführt und dadurch dem Reiche grossen Schaden zugefügt haben. Den Keuschheitsstrick hätten sie in einen Ledergürtel vergrössert, den sie auf der Haut trügen, und die „Mahommerie" dieses Gürtels sei so mächtig, dass, solange sie ihn auf dem Leibe hätten, kein Mitglied des Ordens von seinen Irrtümern lassen könne. Bisweilen werde ein Templer, der in diesem falschen Glauben gestorben sei, verbrannt, und aus seiner Asche ein Pulver bereitet, das die Neophyten in ihrem Unglauben bestärke. Wenn einem Templer von einer Jungfrau ein Kind geboren werde, so werde es geröstet, von seinem Fett eine Salbe gemacht und damit das in den Kapiteln angebetete Götzenbild gesalbt. Nach anderen Gerüchten wurden diesem Idole Menschenopfer dargebracht. Das waren die Erzählungen, die von Mund zu Mund gingen und dazu dienten, den Abscheu des Volkes zu verstärken[1]).

An dieser Stelle ist es angezeigt, die noch immer umstrittene Frage nach der Schuld oder Unschuld des Ordens zusammenhängend

---

1) Pissot, p. 41—2. — Procès des Templiers, I. 89 sq. — Magnum Bull. Roman. IX. 129 sq. — Raynouard, p. 50. — Grandes Chroniques, v. 188—90. — Chron. Anon. (Bouquet, XXI. 137). — Naucleri Chron. ann. 1306.

zu erörtern. Die Forscher haben aus verschiedenen Gründen sich veranlasst gesehen, bei den Templern manichäische, gnostische und kabbalistische Irrlehren zu finden, die ihre Vernichtung rechtfertigten. Hammer-Purgstall rühmte sich, dass er nicht weniger als dreissig von den Templern angebetete Idole entdeckt und identifiziert habe, obwohl zur Zeit ihrer plötzlichen Verhaftung die Inquisition, unterstützt von den eifrigen Kreaturen Philipps, nicht imstande war, Hand auf ein einziges zu legen. Das einzige, was an ein solches Götzenbild erinnerte, war ein metallenes Reliquiar in Form eines weiblichen Kopfes, das in dem Tempel zu Paris entdeckt wurde, das aber, als man es öffnete, einen kleinen Schädel enthielt, den man als eine Reliquie der elftausend Jungfrauen aufbewahrte[1]).

---

1) Wilcke, II. 424. — Procès des Templiers, II. 218. — Mit wie dürftigen Beweisen sich Forscher dieser Art begnügen, ersieht man aus der nutzlosen Arbeit Mignards, welcher in einem gemeisselten Steinkasten, der 1789 zu Essarois entdeckt wurde, alle Geheimnisse des gnostischen Manichäismus zu finden glaubt und daraus den kühnen Schluss zieht, der Schrein müsse den Templern gehört haben; denn diese hätten acht oder zehn Meilen von dem Orte entfernt eine Präzeptur gehabt; der Kasten habe als Receptakel für das Baphometische Götzenbild gedient (Mignard, Monographie du coffret de M. le duc de Blacas, Paris, 1852/1853).

Man kann H. Prutz, dessen Arbeiten in den Archiven von La Valetta ich oben häufig angeführt habe, die Achtung gewiss nicht versagen. Aber man kann nur mit Bedauern die Mühe verfolgen, die er darauf verschwendet, um einander widersprechende Aussagen von gefolterten Zeugen zusammenzustückeln und daraus eine dualistische Ketzerei abzuleiten, eine Verschmelzung von katharistischen Elementen mit luziferianischen Glaubenssätzen, die selbst die unglücklichen Stedinger bekräftigen müssen (Geheimlehre und Geheimstatuten des Tempelherren-Ordens, Berlin, 1879, pp. 62, 86, 100). Um für die Zukunft eine solche nutzlose Verschwendung von Mühe und Arbeit zu verhüten, müsste es genügen, darauf hinzuweisen, dass, wenn in dem Orden soviel Eifer und Überzeugung gewesen wäre, um die Organisation und Ausbreitung einer neuen Ketzerei zu riskieren, es ohne Frage, wie bei allen anderen häretischen Sekten, auch in ihm wenigstens einige Märtyrer gegeben haben würde. Allein nicht ein einziger Templer bekannte sich zu dem Glauben, der ihnen zugeschrieben wurde, und verharrte bei demselben. Alle, welche unter dem Druck der Verfolgung standen, schwuren eifrig die ihnen zugeschriebenen Irrtümer ab und baten um Absolution. Ein einziger Fall von Hartnäckigkeit würde in den Augen des Königs und des Papstes alle übrigen Zeugnisse aufgewogen haben und zum Angelpunkte der Prozesse gemacht worden sein, aber es gab keinen solchen. Alle Templer, die verbrannt wurden, waren Märtyrer einer andern Art — Männer, die auf der Folter oder aus Angst vor ihr gestanden, aber ihre Geständnisse zurückgenommen hatten und lieber den Scheiterhaufen besteigen als unter dem Schimpfe ihres unfreiwilligen Geständnisses weiterleben wollten. Den klugen Verfertigern von ketzerischen Glaubenssätzen der Templer scheint es garnicht zum Bewusstsein gekommen zu sein, dass sie eine Ketzerei konstruieren müssen, für die keiner ihrer angeblichen Anhänger sterben will, in der sie vielmehr eine Schande sahen, so dass sie lieber haufenweise auf dem Scheiterhaufen verbrennen als die Schande einer solchen Ketzerei auf sich nehmen wollen. Die blosse Feststellung dieser Tatsache reicht hin, um den fabulösen Charakter aller dieser

Diese Tatsache allein würde hinreichen, um die schlimmste der Anklagen zu widerlegen; denn wenn die Aussagen einiger Angeklagten Glauben verdienten, so wären solche Götzenbilder in jeder Komthurei vorhanden gewesen und bei jeder Aufnahme eines Neophyten gebraucht worden. In bezug auf die anderen Anklagen, die keinen solchen greifbaren Beweis zulassen, ist zu bemerken, dass moderne Forscher grossen Wert auf die Tatsache gelegt haben, dass die Kenntnis der Regeln und Statuten des Ordens ausschliesslich den leitenden Persönlichkeiten vorbehalten war. Man hat daher angenommen, dass in ihnen die geheimen Mysterien seiner Ketzerei enthalten waren. Aber in den Prozessen wurde nichts davon erwähnt. Die Statuten wurden während der Verfolgung niemals zum Beweise vorgelegt, obgleich viele Exemplare von ihnen bei der plötzlichen Festnahme den Feinden in die Hände fallen mussten. Wie eifrig sie auch vernichtet wurden, so sind doch zwei oder drei Exemplare gerettet, sorgfältig kollationiert und gedruckt worden. Sie enthalten nichts als die grösste asketische Frömmigkeit und Hingebung an die Kirche, und die zahlreichen Fälle, die darin zur Illustration angeführt sind, zeigen, dass man bis kurz vor der Vernichtung des Ordens beständig versuchte, die von dem hl. Bernhard aufgestellte und von dem Konzil von Troyes 1128 verkündete strenge Regel durchzuführen. So ist absolut kein greifbarer Beweis gegen den Orden vorhanden. Die Beweisführung gegen ihn beruhte nur auf unfreiwilligen Geständnissen, die man den Opfern entlockte, indem man sie entweder vor die Wahl zwischen Verzeihung und Feuertod stellte, oder sie durch Anwendung oder Androhung der Folter oder auch durch die indirekte Folter des Gefängnisses und des Hungers mürbe machte, welche die Inquisition, die päpstliche sowohl wie die bischöfliche, so geschickt anzuwenden verstand. Wir werden im Laufe des Prozesses sehen, dass dort, wo diese Mittel nicht angewandt wurden, auch nichts Verbrecherisches eingestanden wurde [1]). Niemand, der den Strafprozess

---

mühsam aufgestellten Theorieen darzutun, besonders derjenigen Mignards, der zu beweisen versucht, dass die Templer Katharer gewesen seien, obwohl diese bekanntlich ein ganz besonderes Verlangen nach dem Martyrium hatten.

Ich habe Loiseleurs Buch: La doctrine secrète des Templiers (Orléans, 1872) nicht zu Rate ziehen können. Aber aus dem, was Prutz daraus anführt, entnehme ich, dass es auf derselben falschen Grundlage aufgebaut und ebenso leicht zu widerlegen ist. Wilckes Spekulationen sind zu unsinnig und plump, um Beachtung zu verdienen.

1) Schriftsteller, die mit dem Prozessverfahren jener Zeit nicht vertraut sind, werden irregeführt durch die übliche Formel, dass die Bestätigung eines Geständnisses weder durch Gewalt noch die Furcht vor Folter erlangt

des späteren Mittelalters studiert hat, wird Geständnissen, die unter solchen Bedingungen erlangt wurden, auch nur die geringste Bedeutung beilegen. Wir haben in dem Falle der Stedinger gesehen, wie leicht es war, Glauben an die grundlosesten Anklagen zu erwecken. Wir haben bei Konrad von Marburg gesehen, wie leicht sich Adlige von Geburt und Stellung aus Furcht vor dem Tode und gegen das Versprechen der Absolution der gemeinsten und unmöglichsten Vergehen bezichtigten. Und wir werden, wenn wir zur Erörterung der Hexenverfolgung kommen, noch sehen, wie leicht die Folterinstrumente Angehörigen aller Klassen das Geständnis abzwangen, an dem Sabbat teilgenommen, persönlichen Verkehr mit Dämonen unterhalten, Ernten weggehext, Hagelstürme heraufbeschworen und Menschen und Vieh durch Zaubersprüche getötet zu haben. Das Reiten durch die Luft auf einem Besenstiel und der Verkehr mit den Incubi und Succubi wurden auf dieselbe handgreifliche Weise bewiesen. Die Aussagen aber, auf Grund deren die Templer überführt wurden, waren lange nicht so schwerwiegend; denn die Hexe war gewiss verbrannt zu werden, wenn sie bekannte, und hatte die Aussicht davonzukommen, wenn sie die Folter aushielt, während dem Templer umgekehrt der Tod drohte, wenn er hartnäckig blieb, und die Freisprechung als Belohnung versprochen

---

sei. Vgl. Raynald. ann. 1307, Nr. 12, und Bini, Dei Templeri in Toscana, p. 428. Wilcke behauptet bestimmt (op. cit. II. 318), dass Molay nie gefoltert wurde, was ja wahr ist (Amalr. Auger. Vit. Clement. V. ap. Muratori III. II. 461. — *Vgl. Finke a. a. O. I. 168). Aber er sah seine Kameraden ringsherum gefoltert, und es war eine blosse Frage der Nervenstärke, ob er vor oder nach der Folter nachgab. Prutz behauptet sogar, dass in England niemals gefoltert noch Terrorismus angewandt wurde (Geheimlehre p. 104), was, wie wir sehen werden, ein Irrtum ist. Van Os (De abolitione Ord. Templ. pp. 107, 109) ist kühner. Er behauptet, dass ein nach der Folter bestätigtes Geständnis ebenso beweiskräftig ist wie eines, das ohne Folter erlangt worden ist. Er unterdrückt aber sorgfältig die Tatsache, dass Zurücknahme des Geständnisses Rückfall bedeutete und den Feuertod nach sich zog.

Die Wirksamkeit des Systems wird veranschaulicht durch die Untersuchung, die der General-Inquisitor Wilhelm am 10. November 1307 gegen den Präzeptor von Cypern, Raimbaud von Caron, führte. Beim ersten Verhör gab der Angeklagte nur zu, dass ihm in Gegenwart seines Onkels, des Bischofs von Carpentras, gesagt worden sei, er müsse Christus verleugnen, um zugelassen zu werden. Darauf wurde er abgeführt, und als er später wieder hereingebracht wurde, erinnerte er sich, dass er bei seiner Aufnahme gezwungen worden sei, Christus zu entsagen und auf das Kreuz zu spucken, und dass er gelehrt worden sei, die Befriedigung unnatürlicher Lust sei erlaubt. Obwohl dieses Geständnis ganz offenbar das Ergebnis der Folter ist, schliesst es mit der gewöhnlichen Formel: der Angeklagte habe geschworen, es sei weder durch Gewalt noch durch die Furcht vor Gefängnis oder Folter veranlasst worden. — Procès, II. 374—5. — *Die Frage der Folterung hat Finke a. a. O. I. 162 ff. näher untersucht.

wurde, wenn er gestand. Wenn wir daher die Beweisführung gegen die Tempelritter anerkennen, dürfen wir sie nicht verwerfen, wenn es sich um Hexen handelt.

Da also die Aussagen kein inneres Gewicht haben, so bleibt dem Geschichtsforscher für die Feststellung der Wahrheit in dieser Angelegenheit nichts anderes übrig, als die ganze Masse der Geständnisse zu sichten und ihre Glaubwürdigkeit auf Grund ihrer innern Beweiskraft zu ermitteln. Es sind mehrere hundert in Frankreich, England und Italien gemachte Aussagen auf uns gekommen, zum grössten Teile natürlich solche, die den Orden belasten; denn die, welche seine Unschuld behaupteten, wurden gewöhnlich unterdrückt, während die kompromittierendsten ins hellste Licht gerückt wurden. Sie sind indessen zahlreich genug, um uns reichliches Material zur Prüfung der Beweisführung, auf Grund deren der Orden verurteilt wurde, an die Hand zu geben. Um durch sie der Wahrheit auf vernünftigem Wege nahezukommen, brauchen wir nur einige Erwägungen des gesunden Menschenverstandes anzustellen.

Es ist zunächst äusserst ungereimt und unwahrscheinlich, dass sich eine reiche, weltlich gesinnte und ehrgeizige Körperschaft wie die Templer heimlich mit dem gefährlichen und phantastischen Versuch abgegeben habe, eine neue Religion zu begründen, die ihr, selbst wenn es ihr gelang, das Christentum zu ersetzen, keinen Vorteil bringen, wohl aber bei der unendlich grossen Wahrscheinlichkeit der Entdeckung ihr das sichere Verderben bereiten konnte. Wollte man das wirklich annehmen, dann müsste man den Templern eine Begeisterung und eine Bereitwilligkeit zum Martyrium zuerkennen, die wir wohl von der Askese eines Katharers oder Dolcinisten, nicht aber von einem Orden erwarten dürfen, dessen weltliche Gesinnung sein tatsächlich zerstörendes Laster war. Wenn ferner die Templer wirklich die verzweifelte Aufgabe unternommen hätten, unter den Augen der Inquisition einen neuen Glauben auszubreiten, so würden sie bei der Aufnahme von Fremden in ihr Geheimnis vorsichtig gewesen sein; sie würden bei der Aufnahme von Mitgliedern die grösste Vorsicht geübt und ihnen ihre Geheimnisse nur nach und nach in dem Masse enthüllt haben, wie sie des Vertrauens würdig und gewillt waren, die Gefahr des Märtyrertums auf sich zu nehmen. Endlich aber würden sie, wenn sie ein neues Dogma als unerlässlichen Teil der Ordensregel aufgestellt und heimlich gelehrt hätten, dessen Inhalt scharf definiert und seinen Ritus genau angewendet haben; die

Geständnisse über die Einführung in den Orden würden demnach alle dasselbe erzählen und dieselben Einzelheiten berichten.

So bedürfte es des gewichtigsten und schlüssigsten Beweises, um die innere Unwahrscheinlichkeit zu widerlegen, dass die Templer sich in ein so unsinniges Unternehmen eingelassen hätten. Statt dessen haben wir nur Geständnisse, die durch die Androhung oder Anwendung der Folter erzwungen wurden, und nicht ein einziges Beispiel von einem hartnäckigen Ketzer, der den ihm zugeschriebenen Glauben aufrecht erhielt. Und wenn wir die Templeraussagen auf ihre Vereinbarkeit mit obigen Erwägungen ansehen, so finden wir, dass bei der Aufnahme von Neophyten nicht der geringste Unterschied gemacht wurde. Nicht ein einziger Zeuge spricht von einer vorangehenden Vorbereitung, obgleich mehrere zu verstehen gaben, dass sie, um die Aufnahme zu erlangen, dem Orden ihr Eigentum vermachten[1]). Ja, einer der Anklagepunkte war gerade der, dass keine Probezeit verlangt und der Neophyte sogleich ein vollberechtigtes Mitglied wurde, was ein Ritter von Mas Deu damit erklärte, dass man ihre Dienste gegen die Sarazenen sofort bedurft habe[2]). Jünglinge und sogar Knaben von zartem Alter, von zehn oder elf Jahren aufwärts, wurden, allerdings mit Verletzung der Statuten des Ordens, zugelassen[3]). Hochgeborene Ritter, die auf ihre Ehre pochten, Priester, Bauern, Arbeiter, Tagelöhner jeder Art wurden aufgenommen und mussten, wenn wir ihren Aussagen glauben wollten, ohne Unterschied bei Gefahr des Todes oder lebenslänglicher Einkerkerung die härteste persönliche Demütigung erdulden, das furchtbare Ansinnen der Verleugnung ihres Heilands erfüllen und das Kreuz, den Gegenstand ihrer Verehrung und das Symbol ihres Glaubens, bespucken oder gar auf noch schlimmere Art beschmutzen. Dass man auf so gewalttätige Weise in dem Europa der Inquisition eine Ketzerei verbreitet und so gefährliche Geheimnisse Kindern und unwillfährigen Menschen aller Stände anvertraut habe, ist so widersinnig, dass durch die blosse Behauptung die Aussagen jeglichen Anspruch auf Glauben verlieren.

Auch die sich widersprechenden einzelnen Punkte des Schuldbeweises erschüttern seine Glaubwürdigkeit. Man hatte auf Grund des Verhörs der Angeklagten eine Reihe von Anklagepunkten ausge-

---

1) Procès, II. 188, 407.
2) Procès, II. 451.
3) Procès, I. 241, 412, 415, 602, 611; II. 7, 295, 298, 354, 359, 382, 394. — Règle, § 7, p. 211.

arbeitet und liess nun die Angeklagten auf jeden der Reihe nach antworten, so dass die allgemeinen Richtlinien dieser sogenannten Geständnisse im voraus gegeben waren. Hätten nun die Anklagen auf Wahrheit beruht, so würden die Antworten ziemlich genau übereingestimmt haben. Aber anstatt eines bestimmten Glaubens oder eines systematischen Rituales finden wir eine bunte Abwechselung von Antworten, so wie sie den einzelnen einfallen mochten, wenn sie versuchten, Geschichten zu erfinden, um ihre Folterer zu befriedigen. Einige behaupteten, dass man sie den Deismus lehrte, dass Gott im Himmel allein angebetet werden dürfe [1]), andere, dass sie Gott entsagen mussten [2]). Die am häufigsten wiederkehrende Wendung aber war, dass sie Christus oder Jesus hatten verleugnen sollen, während von anderen verlangt worden war, dem Herrn oder dem Propheten, oder Christus, der heiligen Jungfrau und den Heiligen zu entsagen [3]). Einige erklärten, dass sie sich nicht erinnern könnten, ob ihre Entsagung auf Gott oder auf Christus gelautet habe [4]). Bisweilen hören wir, es sei befohlen worden, nicht an Christus zu glauben, weil er ein falscher Prophet gewesen sei, der wegen seiner eignen Sünden gelitten habe; aber häufiger wird als der einzige Grund angeführt, dass es die Regel des Ordens so verlangt habe [5]).

Dieselbe Verwirrung herrscht in bezug auf das Götzenbild, das die Phantasie der Ausleger so sehr angeregt hat. Einige Angeklagten schwuren, dass es hervorgeholt worden sei, wenn ein Neophyte aufgenommen wurde, und dass seine Anbetung einen Teil der Aufnahme-Zeremonie gebildet habe; andere, dass es bloss in der Verschwiegenheit der Kapitel gezeigt und angebetet worden sei; bei weitem die meisten aber hatten nie etwas davon gesehen noch gehört. Von denen, welche gestanden, es gesehen zu haben, beschrieben es kaum zwei auf ähnliche Weise innerhalb der Grenzen, die die Anklageartikel, welche von ihm als einem Kopfe sprachen, nahelegten. Bisweilen ist es schwarz, bisweilen weiss, bisweilen hat es schwarze, bisweilen weisses und schwarzes Haar, in anderen Fällen wieder hat es einen langen, weissen Bart. Einige Angeklagte hatten seinen Nacken und

---

1) Procès, I. 213, 332; II. 388, 404. — Raynouard, p. 281. — Bei dieser und den folgenden Anmerkungen kann ich nur auf einige Beispiele hinweisen. Es erschöpfend zu tun, hiesse einen analytischen Index der ganzen umfangreichen Masse von Zeugenaussagen geben.
2) Procès, I. 206, 242, 302, 378, 386 usw.; II. 5, 27 usw.
3) Procès, I. 254, 417; II. 24, 62, 72, 104. — Bini, Dei Templeri in Toscana, pp. 463, 470, 478
4) Procès, II. 42, 44, 59.
5) Procès, I. 206–7, 294, 411, 426, 464, 533; II. 31, 128, 242, 366.

seine Schultern mit Gold bedeckt gesehen; einer erklärte, dass es ein
Dämon sei (Maufé), den keiner ohne Zittern habe ansehen können;
ein anderer, dass es statt Augen Karfunkeln hatte, die den Raum
erleuchteten; ein anderer, dass es zwei Gesichter, ein anderer, dass
es drei Gesichter, ein anderer, dass es vier Beine, zwei hinten und
zwei vorne, hatte, und noch ein anderer sagte, dass es eine Bildsäule
mit drei Köpfen war. Einmal ist es ein Gemälde, ein anderes Mal
eine Malerei auf einer Platte, ein anderes Mal eine kleine weibliche
Figur, die der Präzeptor aus seinen Kleidern hervorzieht, wieder
ein anderes Mal die Statue eines Knaben, einen Unterarm hoch, die
gewissenhaft in der Schatzkammer des Präzeptoriums verborgen gehalten wurde. Nach einer Aussage hatte es die Gestalt eines Kalbes.
Bisweilen wird es Heiland, bisweilen Bafomet oder Magineth —
Verstümmelungen von Muhamed — genannt und als Allah verehrt.
Bisweilen ist es Gott, der alle Dinge schafft, der die Bäume blühen
und das Gras spriessen lässt; dann ist es wieder ein Freund Gottes,
der zu ihm gehen und für den Bittenden vermitteln kann. Bisweilen
gibt es Antworten, und bisweilen wird es begleitet oder vertreten
von dem Teufel in der Form eines schwarzen oder grauen Katers
oder eines Raben, der gelegentlich antwortet auf die an ihn gerichteten Fragen. Die Ceremonie endigt wie der Hexensabbat mit der
Einführung von Dämonen in der Gestalt von schönen Frauen[1]).

---

1) Procès, I. 190, 207, 399, 502, 597; II. 193, 203, 212, 279, 300, 313, 315,
363, 364. — Du Puy, p. 105—6. — Raynouard, pp. 246—8, 279—83, 293. — Bini,
pp. 465, 474, 482, 487, 488. — Wilkins, Concilia, II. 358. — Schottmüller, II.
29, 50, 68, 70, 127, 410, 411. — Vaissette, IV. 141. — Stemler, pp. 124—5.
In diesem vielgestaltigen Gebilde der Phantasie sieht Wilcke (a. a. O. II.
131—2) abwechselnd ein Bild Johannes des Täufers und des Trinitariers
Makroposopus der Kabbala. Zu den paar auswärtigen Zeugen, welche vor
dem päpstlichen Gerichtshofe 1310—11 erschienen, gehörte Antonio Sicci von
Vercelli, kaiserlicher und apostolischer Notar, der vierzig Jahre vorher
den Templern in Syrien in dieser Eigenschaft gedient hatte und kurz vor-
her in diesem Prozesse von der Pariser Inquisition verwendet worden war.
Unter andern Erlebnissen, die er im Osten gehabt hatte, erzählte er allen
Ernstes eine Geschichte, die in Sidon verbreitet war. Einst habe ein vornehmer Herr jener Stadt leidenschaftlich aber unglücklich eine vornehme
Jungfrau aus Armenien geliebt. Als sie gestorben sei, habe er in der Nacht
nach ihrem Begräbnis, wie Periander von Korinth, ihr Grab geöffnet und seine
Leidenschaft befriedigt. Darauf habe eine geheimnisvolle Stimme gesagt:
„Kehre in neun Monaten zurück, und du wirst einen Kopf, deinen Sohn,
finden!" Zu der angegebenen Zeit sei er zurückgekommen und habe einen
menschlichen Kopf in dem Grabe gefunden, worauf die Stimme gesagt habe:
„Behüte diesen Kopf, denn dein ganzes Glück wird von ihm kommen!" In
der Zeit, wo der Zeuge diese Geschichte gehört hatte, war Matthäus der
Wilde von der Picardie Präzeptor von Sidon und hatte Brüderschaft mit
dem Sultan von Babylon geschlossen, indem sie einer des anderen Blut

Ähnliche Widersprüche finden sich in bezug auf die Aufnahmeceremonie. Die einzelnen Punkte der Ordensregel werden zwar genau und gleichmässig angegeben. Wenn aber die Aussagenden auf die dem Orden zugeschriebenen sakrilegischen Gebräuche zu sprechen kommen, so überlassen sie sich ihrer Phantasie und geben den bunten Einfällen derselben freien Lauf. Gewöhnlich wird danach verlangt, dass sie Gott und Christus entsagen und auf das Kreuz spucken; aber in vielen Fällen genügt Verleugnung ohne Spucken und in ebenso vielen anderen Spucken ohne Verleugnung [1]). Gelegentlich genügt das Speien nicht, sondern das Kreuz muss auch mit Füssen getreten und mit Urin verunreinigt werden; in der Tat erklärten einige übereifrige Aussagen, dass die Templer sich jährlich versammelten, um

tranken. Dann trat ein gewisser Julian, der in den Besitz Sidons und damit auch des Kopfes gelangt war, in den Orden und übergab ihm die Stadt und seinen ganzen Reichtum. Später wurde er ausgestossen und trat in den Orden der Hospitaliter ein, den er schliesslich auch wieder verliess, um bei den Prämonstratensern Aufnahme zu suchen (Procès, I. 645—6). Diese recht unbedeutende und zusammenhangslose Geschichte machte einen derartigen Eindruck auf die Kommissäre, dass sie Antonio veranlassten, sie selbst niederzuschreiben, und später keine Gelegenheit versäumten, alle anderen Zeugen, die in Syrien gewesen waren, über den Kopf von Sidon zu fragen. Kurz darauf teilte ihnen Johann Senandi, der fünf Jahre lang in Sidon gelebt hatte, mit, dass die Templer die Stadt gekauft hätten, und dass Julian, der einer der Herren der Stadt gewesen sei, in den Orden eingetreten, aber wieder abtrünnig geworden und in Armut gestorben sei. Einer von seinen Vorfahren sollte ein Mädchen geliebt und ihren Leichnam missbraucht haben, aber von dem Kopfe hatte er nichts gehört (Ib. II. 140). Peter von Nobiliac war viele Jahre jenseits der Meere gewesen, hatte aber gleichfalls nichts davon gehört (Ib. 215). Schliesslich stillte Hugo von Faure die Neugierde der Kommissäre, indem er die Tatsache bestätigte, dass der Grossmeister Thomas Berard (1257—1273) Sidon gekauft habe, und hinzufügte, dass er, nach dem Falle Accons, auf Cypern gehört habe, ein Adliger habe die Erbin von Maraclea in Tripolis geliebt, ihren Leichnam ausgegraben und geschändet und dann ihren Kopf abgeschnitten, wobei ihm eine Stimme gesagt habe, dass er denselben behüten möge, denn er werde alle verderben, die ihn ansähen. Er habe ihn eingewickelt und in einem Koffer aufbewahrt, und als er auf Cypern eine Stadt der Griechen habe zerstören wollen, habe er ihn enthüllt und seinen Zweck damit erreicht. Als er Konstantinopel habe zerstören wollen, sei er mit ihm dahin gesegelt; aber seine alte Amme, die neugierig gewesen sei zu wissen, was so sorgfältig in dem Koffer aufbewahrt wurde, habe ihn geöffnet, worauf ein plötzlicher Sturm über das Schiff hereingebrochen sei und es mit allem, was darauf war, zum Sinken gebracht habe, mit Ausnahme einiger Matrosen, die entkommen seien, um die Geschichte zu erzählen. Seitdem sei kein Fisch mehr in jenem Teile des Meeres gefangen worden (Ib. 223—4). Wilhelm Avril war sieben Jahre jenseits des Meeres gewesen, ohne von dem Kopfe zu hören, hatte aber gehört, dass in dem Strudel von Setalias bisweilen ein Kopf erschien, und dass alsdann die Schiffe daselbst verloren gingen (Ib. 238). All dieses unsinnige Geschwätz wurde dem Konzil von Vienne als ein Teil der gegen den Orden gesammelten Beweise unterbreitet.

1) Procès, I. 233, 242, 250, 414, 423, 429, 533, 536, 546 usw

diese letzte Ceremonie zu verrichten, während andere zwar die Sakrilegien der Aufnahmegebräuche zugaben, aber behaupteten, dass auch die von der Regel vorgeschriebene Anbetung des Kreuzes am Karfreitag mit grosser Frömmigkeit geschehen sei [1]). Gewöhnlich ist in den Schilderungen ein einfaches Kreuz der Gegenstand der Verachtung, bisweilen auch ein Kruzifix oder das Bild der Kreuzigung in einem illustrierten Messbuche. Auch das Kreuz auf dem Mantel des Präzeptors, ja sogar zwei kreuzweise übereinandergelegte Strohhalme genügten. Nach einigen Aussagen war nur ein dreimaliges Spucken auf den Boden erforderlich, ohne die Äusserung, dass es geschehe aus Verachtung gegen Christus [2]). Viele Aussagen erklärten, dass das Sakrileg geschah vor den Augen der versammelten Brüder, andere, dass der Neophyte mit in eine dunkle Ecke genommen wurde, oder hinter den Altar, oder in einen anderen sorgfältig geschlossenen Raum; in einem Falle fand es auf einem Felde statt, in einem andern in einer Scheune, in einem weitern in einem Böttcherladen und in noch einem andern in einem Raume, der zur Anfertigung von Schuhen diente [3]). Im allgemeinen wird erklärt, dass der Präzeptor das Sakrileg erzwungen habe; oft aber mussten einer oder mehrere von den dienenden Brüdern darüber wachen, und in einem Falle hatte die amtierende Person den Kopf in einer Kutte versteckt [4]). Fast immer bildete das Sakrileg einen Teil der Aufnahmeceremonien, bisweilen geschah es vor der Ablegung des Gelübdes oder der Verleihung des Mantels, gewöhnlich indessen am Schluss, nachdem der Neophyte in alles eingeweiht war; es kommen aber auch Beispiele vor, wo es auf eine spätere Stunde oder auf den nächsten Tag, oder für einen längeren Zeitraum, der sich in einem oder zwei Fällen auf Monate und Jahre erstreckte, aufgeschoben wurde [5]). Einige Zeugen erklärten, dass das Sakrileg bei allen Aufnahmen vorkam; andere, dass es zwar in ihrem Falle

---

1) Procès, I. 233; II. 219. 232. 237. 264. — Raynouard, 274—5, 279—80. — Bini, pp. 463, 497.
An dem Feste des hl. Kreuzes im Mai und September und am Karfreitag versammelten sich alle Templer, legten Schuhe, Kopfbedeckung und Schwert ab und beteten das Kreuz an mit der Hymne:
    Ador te Crist ed benesesc te Crist,
    Qui per la sancta tua crou nos resemist.
                            (Procès, II. 474, 491, 503).
2) Procès, I. 233, 250, 536, 539, 541, 546, 606; II. 226, 232, 336, 360, 369. — Raynouard, p. 275.
3) Procès, I. 530, 533, 536, 539, 544, 549, 565, 572, 622; II. 24, 27, 29, 31, 120, 280, 362, 546, 579. — Schottmüller, II. 413.
4) Procès, I. 386, 536, 539, 565, 572, 592.
5) Procès, I. 413, 434, 444, 469, 504, 559, 562; II. 75, 99, 113, 123, 205. — Raynouard, p. 280. — Schottmüller, II. 132, 410.

erzwungen worden sei; bei anderen Aufnahmen, bei denen sie zugegen waren, hätten sie indessen nie etwas davon gesehen oder gehört. Im allgemeinen schwuren sie, dass sie gehört hätten, es sei eine Regel des Ordens; einige aber sagten, dass es ihnen als ein Scherz erklärt worden sei, andere, dass man ihnen befohlen habe, es mit dem Munde und nicht mit dem Herzen zu tun. Einer erklärte, dass ihm die Wahl gelassen worden sei zwischen der Verleugnung Christi, dem Speien auf das Kreuz und dem unanständigen Kusse; er habe das Speien gewählt[1]). So ist auch der Beweis in Bezug auf den Zwang des Sakrilegs voll unauflösbarer Widersprüche. In vielen Fällen wurde der Neophyte nach einem leichten Widerstande aufgenommen; in anderen wurde er in ein dunkles Gefängnis geworfen, bis er nachgab. Aegidius, Präzeptor von San Gimignano bei Siena, sagte aus, dass er zwei widerspenstige Neophyten gekannt habe, die in Ketten nach Rom gebracht und dort im Gefängnis umgekommen seien, und Nicolò Regino, Präzeptor von Grosseto, sagte, dass solche, die sich weigerten, erschlagen oder in entfernte Gegenden geschickt wurden, etwa nach Sardinien, wo sie ihre Tage beendeten. Gottfried von Charney, Präzeptor der Normandie, schwur, dass er es von dem ersten Neophyten, den er aufnahm, verlangt, es aber später niemals wiederholt habe, und Guido Dauphin, einer der hohen Beamten des Ordens, sagte im wesentlichen dasselbe; Gaucher de Liancourt, Präceptor von Reims, bezeugte dagegen, dass er es in allen Fällen verlangt habe, denn, wenn er das nicht getan hätte, würde er für Lebenszeit eingekerkert worden sein. Auch Hugo Peraudi, der Visitator von Frankreich, erklärte, dass es für ihn obligatorisch gewesen sei[2]).

Eine andere Anklage, dass nämlich der Präzeptor bei den wöchentlichen Kapiteln die anwesenden Brüder von ihren Sünden absolviert und so, obwohl ein Laie, durch Austeilung eines Sakra-

---

1) Procès, I. 407, 418, 435, 462, 572, 588; II. 27, 38, 67, 174, 185, 214.
2) Procès, I. 404; II. 260, 281, 284, 295, 299, 338, 354, 356, 363, 389, 390, 395, 407. — Bini, p. 468, 488.
Es ist nicht leicht, den Gedankengang Michelets (Procès II. VII. VIII) zu verstehen, wenn er ausführt, dass die übereinstimmende Leugnung einer Reihe von Aussagen vor dem Bischof von Elne den Gedanken nahelege, man sei im voraus übereingekommen, wie man aussagen wolle, während andrerseits die abweichenden Aussagen derjenigen, die die Schuld zugaben, nur die Wahrheit der Anklagen bestätigen sollen. Wenn die Templer unschuldig waren, mussten sie die ihnen einzeln vorgelesenen Anklagen in derselben übereinstimmenden Weise ableugnen; wenn sie schuldig waren, dann mussten doch die Geständnisse gleichfalls übereinstimmen. So dient sowohl die Übereinstimmung der einen Gruppe als auch die Verschiedenheit der anderen nur dazu, die Anklagen zu widerlegen.

mentes sich die Funktionen eines Priesters angemasst habe, verdient einen Augenblick Beachtung, sei es auch nur, um einen weitern Beweis für die Leichtfertigkeit der Anklagen zu liefern, auf Grund deren der Orden vernichtet wurde. Die Kapitel waren religiöse Gebräuche, die zum Zwecke des Sündenbekenntnisses, zur Auferlegung der Bussen und zur Erteilung der Absolution abgehalten wurden, eine Tatsache, die so allgemein bekannt war, dass ein Schriftsteller aus dem Ende des dreizehnten Jahrhunderts allen drei Orden, dem des Tempels, des Hospitals und dem Deutschen Ritterorden, zum Vorwurf machte, sie griffen damit in die Funktionen des Priesters ein [1]). In der Tat war die Frage nach der Gültigkeit einer solchen Absolution schon von Raymund von Pennaforte in der ersten Hälfte des Jahrhunderts gestellt, aber nicht entschieden worden [2]). Die Erklärung der Sitte ist einfach. Der Orden war gegründet worden, bevor die Busse zu einem Sakrament erhoben war, dessen Verwaltung dem Priester vorbehalten blieb, und bevor die Ohrenbeichte obligatorisch gemacht worden war. Der Orden war ein Mönchsorden, und alle Mönchsorden pflegten täglich oder wöchentlich Kapitel abzuhalten, in denen von den Brüdern erwartet wurde, dass sie ihre Sünden bekannten und sich einer Busse unterzogen, die gewöhnlich in sofortiger Geisselung bestand, worauf sie von dem vorsitzenden Würdenträger, mochte dieser die Weihen

---

1) Collectio de scandalis ecclesiae (Döllinger, Beiträge zur politischen, kirchlichen und Kulturgeschichte III. 196). — Später vermieden die Hospitaliter diese Praxis, die hinfort als ungesetzlich galt, und forderten, dass ihre Prioren zu Priestern ordiniert würden. Joh. Friburgens. Summæ Confessorum Lib. III. Tit. XXXIII. Q. 47. Erst durch die Bulle 'Omne datum optimum', die mehrere Male zwischen 1139 und 1181 wiederholt wurde, erhielten die Templer die Erlaubnis, Priester in ihren Orden zuzulassen (Prutz, Entwicklung und Untergang des Tempelherrenordens, p. 260. — Rymer, Fœdera I. 30, 54). — (*Vgl. dazu Schnürer, Zur ersten Organisation der Templer, im Historischen Jahrbuch XXXII (1911), 298 ff.) — Man machte indessen nur spärlichen Gebrauch von der Erlaubnis, und die Zahl der Priester war beschränkt. Nahm ein Laienbruder die hl. Weihen, so war das eines der schwersten Vergehen, das aufs strengste bestraft wurde, nämlich mit der Ausstossung. Règle, Art. 450. — Die Regel des Deutschen Ritterordens beruhte auf der der Templer. Die Absolution wurde erteilt von dem Beamten, welcher in den Kapiteln den Vorsitz führte. Perlbach, Die Statuten des Deutschen Ordens, S. 77 (Halle, 1890). — *Die obigen Ausführungen Leas über die Beichtpraxis im Templerorden stellen einen Zusatz dar, den er um das Jahr 1895 niedergeschrieben hat, und der auch in die französische Übersetzung (Bd. III, 325 ff.) aufgenommen worden ist. Lea hatte vorher schon eine besondere Abhandlung über 'The absolution formula of the Templars' in den Papers of American Church History Society V (1893), 37 ff. veröffentlicht. Die Angelegenheit ist noch kontrovers. Vgl. Koeniger, Die Beicht nach Cäsarius von Heisterbach (1906), S. 73; Prutz, Die geistlichen Ritterorden (1908), S. 241 ff.; insbesondere Finke a. a. O. I. 69, 395 f.; Gromer, Die Laienbeicht im Mittelalter (1909).

2) Joh. Friburgens. loc. cit.

empfangen haben oder nicht, Absolution erhielten. Selbst noch zurzeit des Thomas von Aquino wurde eine solche Absolution für gültig angesehen, auch wenn ein Nichtpriester sie erteilt hatte, und im Jahre 1317 stimmt Astesanus damit überein, während spätere Theologen die Frage verneinten[1]). In der Tat war der alte Glaube, dass in Abwesenheit oder bei Unwürdigkeit eines Priesters jeder Laie die Beicht abnehmen und Absolution gewähren konnte, noch nicht ausgestorben[2]). Selbst nach der Durchführung der Sakramentstheorie erklärte Thomas von Aquino, dass in solchen Fällen Gott die Stelle des Priesters ersetze, die Absolution sei quasi-sakramental und gewähre die Verzeihung von Gott, wenn auch keine Aussöhnung mit der Kirche[3]).

Die Templerregel war der der Cisterzienser nachgebildet. In ihrer ersten einfachen Form, wie sie das Konzil von Troyes 1127 aufgestellt hat, wird die ganze Angelegenheit des Beichtehörens und der Auferlegung einer Busse dem Ordensmeister anvertraut[4]). Nach der ausführlichern Form, die ungefähr aus der Mitte des dreizehnten Jahrhunderts herrührt, sollten, sobald vier oder mehr Brüder beisammen sind, an den Vigilien von Weihnachten, Ostern und Pfingsten und an jedem Sonntag mit Ausnahme dieser drei Festtage Kapitel abgehalten werden. Ihr Zweck sollte sein, Beichte abzunehmen und Busse für Vergehen aufzuerlegen; tatsächlich war das Kapitel eine Art von Beichtstuhl, und jeder Bruder wurde angewiesen, ehe er eintrat, sein Gewissen zu prüfen und darüber nachzudenken, ob er irgendwelche Sünden zu beichten habe. Wie in den Mönchskapiteln konnte er angeklagt werden wegen dessen, was er nicht beichtete. Wofern das Vergehen nicht gross war und keine der schweren Strafen, also Einkerkerung oder Ausstossung, nach sich zog, wurde die Busse von dem Kapitel bestimmt; sie bestand gewöhnlich in der Geisselung, die sofort auf dem entblössten Rücken vollzogen wurde, wobei alle Anwesenden zu Gott beten mussten, dem Büsser zu verzeihen, und der Büssende aufgefordert wurde, die Busse heiter auf

---

1) Thomas Aquin. in IV. Sentt. Dist. XX. Q. 4 ad. 2; Summæ Supplem. Q. XXVIII. Art. 2 ad 2. — Astesani Summæ lib. V. Tit. 11. — Summa Rosella s. v. Indulgentia, § 7.

2) B. Lanfranci Lib. de celanda confessione. — Pseudo-Augustin. Lib. de vera et falsa pœnitentia, cap. X. — Gratiani Decreti cap. I. Caus. XXXIII. Q. III. Dist. 6. — P. Lombard. Sent. Lib. IV. Dist. XVII. § 5. — S. Raymundi Summæ lib. III. Tit. XXXIV. § 4.

3) Thomas Aquin., Summæ Suppl. Q. VIII. Art. 2; vgl. Hostiensis, Aureæ Summæ lib. V. De Pœn. et Remiss. § 7.

4) Harduin. Concil. VI. II. 1144.

sich zu nehmen und sich zu schämen nicht über die Busse, sondern über die Sünde¹).

Im Laufe des dreizehnten Jahrhunderts verschwand die Sitte der Kapitelsbeichte in den Mönchsorden allmählich in demselben Masse, wie die Ohrenbeichte bei dem Priester allgemein wurde. Dadurch entging der Sünder nicht nur der Schande, die Sünden seinen Brüdern zu offenbaren, sondern er hatte auch den Vorteil, es dem freien Ermessen des Beichtvaters überlassen zu können, eine so kleine Busse wie dieser für gut hielt, aufzuerlegen, und da in der Freiwilligkeit der Übernahme das Wesen der sakramentalen Busse bestand, so musste der Büssende darüber befragt werden. Er konnte es vorziehen, jedes Vergehen in dem Fegefeuer abzubüssen — weshalb es ein Gemeinplatz der Theologen wurde, dass der Beichtvater stets Absolution gewähren sollte, wenn er den Sünder dahin bringen konnte, ein einziges Paternoster als Busse herzusagen²). Eine solche Lehre war weit anziehender als die strenge Disziplin des Kapitels; daher folgten auch die Templer dem Beispiel der übrigen religiösen Orden, und die Sitte der Kapitelsbeichte wurde, wie es scheint, fast ganz aufgegeben. Gleichzeitig wurde die Formel der Absolution durch den Präzeptor geändert in eine Verzeihung aller Sünden, welche die Brüder aus Scham und Furcht vor Strafen verheimlichten³). Drei sakramentale Beichten im Jahre ersetzten die wöchentlichen Kapitelsbeichten; sie konnten aber nur bei einem Kaplan des Ordens abgelegt werden⁴). In dieser veränderten Sachlage können wir sowohl eine Ursache als auch eine Folge der wachsenden Demoralisation des Ordens erblicken, und wohl oder übel mussten sich auch die strengeren Brüder darein fügen. Giraud von Villiers, der Visitator Frankreichs, machte um das Jahr 1300 dem Priester Johann von Calmota Vorwürfe, weil er und auch andere Kapläne den schuldigen Brüdern so leicht Absolution erteilten. Früher, sagte er, war es das Vorrecht der Präzeptoren, in den Kapiteln Absolution zu gewähren; wenn diese Sitte beibehalten worden wäre, würde es weniger Sünde und andere Schlechtigkeit geben; jetzt aber absol-

---

1) Règle, Art. 389, 394, 415, 494, 503, 526, 533, 538.
2) S. Raymundi Summæ lib. III. tit. XXXIV. § 4. — Hostiensis, Aureæ Summæ lib. v. De Pœn. et Remiss. § 58. — Bonaventuræ Confessionale, Cap. IV. Partic. 3. — Caetani Opusc. Tract. v. De Confessione Q. 3.
3) Vgl. die Geständnisse von Giraud de Caux, Raoul Gisi, Renaud de Tremblaye, Pierre de Blois und Guillem de Masayas (Procès, I. 390, 398, 425, 517; II. 126).
4) Règle, Art. 269. — Procès I. 398; II. 458.

vieren die Priester um des eigenen Gewinnes willen und teilen mit den Übeltätern, was sie dem Orden gestohlen haben[1]). So wurde das Recht zu absolvieren theoretisch noch immer in Anspruch genommen, obgleich es praktisch nicht mehr ausgeübt wurde. Wahrscheinlich spielt Clemens V. in seiner Bulle 'Faciens misericordiam' auf irgendeine derartige Behauptung an, die Molay in Gegenwart von hohen Personen getan hatte[2]). Clemens V. und die gelehrten Theologen der Kurie müssen die alte bei den Mönchs- und Ritterorden herrschende Sitte der Kapitelsbeichten gekannt und auch gewusst haben, dass Theologen wie Thomas von Aquino die Gültigkeit der unter solchen Bedingungen von Laien gewährten Absolution anerkannten. Das Bemühen, die Christenheit glauben zu machen, dass das eine den Templern eigentümliche Ketzerei gewesen sei, beweist, dass die Verfolgung sich der Schwäche ihrer Sache durchaus bewusst und bereit war, zu jeder Täuschung ihre Zuflucht zu nehmen, die ihre Absicht fördern konnte.

Es ist überflüssig, diese Untersuchung auch auf die anderen Anklagepunkte — wie den Keuschheitsgürtel, den unanständigen Kuss, den Hang zu widernatürlicher Unzucht und die Verstümmelung des Kanons der Messe[3]) — auszudehnen. Hinsichtlich dieser Punkte herrscht dieselbe unlösbare Verwirrung, wie wir sie bei dem Götzenbilde und der Verleugnung Christi kennen gelernt haben. Man könnte allerdings geltend machen, dass die Angeklagten in den Orden aufgenommen waren zu verschiedenen Zeiten — die einen fünfzig und sechzig Jahre, andere wieder kaum einige Monate vor Beginn der Verfolgung — sowie an verschiedenen Orten, die so weit voneinander entfernt lagen wie Palästina und England, und dass infolgedessen die Abweichungen ihrer Aussagen sich durch örtliche Gebräuche und durch die allmähliche Entwicklung des Glaubens und des Ritus erklären. Eine Untersuchung der Geständnisse zeigt jedoch, dass diese Erklärung nicht ausreicht; eine Gruppierung nach Zeit und Ort der Ceremonie ist nicht möglich, wohl aber eine andere, die sehr bedeutungsvoll ist, nämlich nach den Gerichtshöfen, vor welchen die Aussage erfolgte. In dieser Beziehung können

---

1) Procès, I. 448.
2) Procès, I. 91. — Magnum Bullarium Romanum IX. 129.
3) Einen unwiderleglichen Beweis dafür, dass die Priester des Templerordens die Worte der Konsekration bei der Messe nicht verstümmelten, lieferten die Untersuchungen auf Cypern durch Geistliche, welche lange im Osten bei ihnen gelebt hatten. — Processus Cypricus (Schottmüller, II. 379, 382, 383).

wir bei den zweihundertundfünfundzwanzig Zeugen, die aus verschiedenen Teilen Frankreichs vor den päpstlichen Gerichtshof geschickt und dort von 1310 bis 1311 verhört wurden, auffallende Beobachtungen machen. In der Regel waren sie aufs äusserste darauf bedacht, dass ihre gegenwärtigen Aussagen übereinstimmten mit denjenigen, die sie vor der bischöflichen Inquisition gemacht hatten, natürlich soweit sie sich auf ihr Gedächtnis verlassen konnten. Da ist es nun nicht schwer zu entdecken, wie durch grössere oder geringere Strenge, oder durch Verabredung zwischen denen, die in demselben Gefängnisse eingeschlossen waren, Geständnisse zustande kamen, die darauf berechnet waren, die Richter zu befriedigen. So haben die von dem Bischof von Poitiers erlangten Geständnisse einen andern Charakter als diejenigen, welche der Bischof von Clermont erzwang. So können wir die Angeklagten des Bischofs von Le Mans, des Erzbischofs von Sens, des Erzbischofs von Tours, der Bischöfe von Amiens, Rodez, Macon, kurz von fast allen Prälaten, die an dem schrecklichen Drama teilnahmen, wohl unterscheiden[1]).

Ein anderes Merkmal für den unzuverlässigen Charakter der Aussagen ergibt sich aus dem Umstande, dass eine grosse Anzahl von Angeklagten schwuren, sie hätten das von ihnen begangene Sakrileg Priestern und Mönchen jeglicher Art, ja selbst Bischöfen und sogar päpstlichen Pönitentiaren gebeichtet und nach Auferlegung einer meist geringfügigen Busse, z. B. der Verpflichtung, einige Monate oder ein Jahr lang am Freitag zu fasten, Absolution erhalten[2]). Kein gewöhnlicher Beichtvater konnte von Ketzerei absolvieren; das war eine dem päpstlichen oder bischöflichen Inquisitor vorbehaltene Sünde. Das Höchste, was ein Beichtvater hätte tun können, wäre gewesen, den Geständigen zu einer kompetenten Instanz zu schicken, um dort die Absolution zu empfangen. Sie würde dort nur unter der schwersten Busse erteilt worden sein, und diese würde eine Anklage gegen den Orden zur Folge gehabt haben. Dass fünfzig und hundert Jahre lang Tausende von Männern in eine solche Ketzerei verwickelt gewesen wären, ohne dass es allgemein bekannt geworden wäre, ist an und für sich eine so gewaltsame Annahme,

---

1) Procès, I. 230—1, 264—74, 296—307, 331—67, 477—93, 602—19, 621—41; II. 1—3, 56—85, 91—114, 122—52, 154—77, 184—91, 234—56, 263—7.

2) Procès, I, 298, 305, 319, 336, 372, 401, 405, 427, 436 etc.

Wie das Fasten am Freitag für einen Templer eine Busse sein sollte, ist schwer verständlich, denn die asketischen Vorschriften des Ordens verlangten schon das strengste Fasten. Fleisch war nur dreimal in der Woche erlaubt; es war sogar eine zweite Fastenzeit von Sonntag vor Martini bis Weihnachten eingeführt (Règle, §§ 26, 76).

dass dadurch die ganze Sache ihren Anspruch auf Glaubwürdigkeit verliert.

Je näher also die gewaltige Masse von Aussagen geprüft wird, desto wertloser erscheint sie; hierfür spricht auch die Tatsache, dass nirgends kompromittierende Beweise ohne die Anwendung des Inquisitionsverfahrens erlangt werden konnten. Wären Tausende von Menschen wider ihren Willen durch Schreckensmittel gezwungen worden, ihren Glauben abzuschwören und das gefürchtete Geheimnis zu bewahren, so würde, sobald durch die Verhaftung der Druck aufhörte, allgemein das Verlangen nach Erleichterung des Gewissens und nach Aussöhnung mit der Kirche Platz gegriffen haben. Die Folterung wäre nicht nötig gewesen, um alle gewünschten Beweise zu erlangen. Angesichts also der absoluten Unwahrscheinlichkeit der Anklage, angesichts der Mittel, die angewendet wurden, um eine Unterlage für diese zu bekommen, und angesichts des Mangels an Zusammenhang in der so erfolgten Beweisführung ist es für mich nicht zweifelhaft, dass kein Richter heute den Tatsachen gegenüber Bedenken tragen würde, nicht nur auf „nicht bewiesen", sondern auf Freisprechung zu erkennen. Die Theorie, es habe innerhalb des Ordens geheime Grade gegeben, und nur diejenigen Mitglieder, denen man unbedingt habe trauen können, seien in die geheimen Lehren eingeweiht worden, ist vollkommen unhaltbar. Da es absolut keinen Beweis dafür gibt, so beruht sie auf blosser Vermutung, die hinreichend durch die Tatsache widerlegt wird, dass fast ohne Ausnahme die Geständigen, mochten es nun Bauern oder Ritter sein, erzählten, das Sakrileg habe bei ihrer Aufnahme stattgefunden. Wenn man den Aussagen, auf die sich die Verfolgung stützte, überhaupt glaubt, so darf man aus ihnen nur folgern, dass der ganze Orden verseucht war.

Allerdings ist es nicht ganz ausgeschlossen, dass dem Volksgeschwätz, der Neophyte habe bei seiner Aufnahme die Rückseite seines Präzeptors küssen müssen, ein Körnchen Wahrheit zugrunde lag. Wie wir gesehen haben, bestand die grosse Mehrzahl des Ordens aus dienenden Brüdern, auf die die Ritter mit unendlicher Verachtung herabsahen. Ein gelegentlicher Befehl von seiten eines rücksichtslosen Ritters an einen dem Namen nach zur Brüderschaft und Gleichheit zugelassenen Mann niedern Standes, um auf solche Weise das Prinzip des unbedingten Gehorsams zu erzwingen, würde den Sitten der Zeit nicht widersprochen haben. Wer wollte ausserdem behaupten, dass Männer, die durch das Leben in dem Orden enttäuscht und verbittert waren, die unter den Fesseln ihres unwiderruflichen Gelübdes seufzten und vielleicht inmitten der Zügellosigkeit des Orients von allen religiösen Überzeugungen sich freigemacht hatten, nicht gelegentlich den Gehorsam eines Neophyten dadurch auf die Probe gestellt haben, dass sie ihn aufforderten, das Kreuz auf dem ihnen verhasst gewordenen Mantel anzuspucken[1]). Keiner, der die seltsame Perversität der menschlichen Natur kennt, oder der mit dem Zustande des Mönchtums in jener Zeit vertraut ist, kann die Möglichkeiten solcher gelegentlichen Vorgänge leugnen, mochten sie nun rohe Spässe oder verächtliche Äusserungen der Herrschaft sein; aber der einzig vernünftige Schluss aus der ganzen furchtbaren Tragödie ist der, dass der Orden des Verbrechens, um dessentwillen er bestraft wurde, nicht schuldig war.

Während Philipp seine Beute fasste, war Clemens in Poitiers

---

1) Eine solche Annahme wird sehr wahrscheinlich gemacht durch das Geständnis eines dienenden Bruders, Johann von Aumônes, der aussagte, bei seiner Aufnahme habe der Präzeptor alle anderen Brüder aus der Kapelle gewiesen, ihn nach einigem Widerstreben gezwungen, auf das Kreuz zu spucken, und dann gesagt: „Geh, Narr, und beichte!" Das habe er auch sofort bei einem Franziskaner getan, und dieser habe ihm nur drei Freitagsfasten als Busse auferlegt und dabei gesagt, die Handlung solle nur seine Treue für den Fall der Gefangennahme durch die Sarazenen auf die Probe stellen (Procès, i. 588—91). Ein andrer dienender Bruder, Peter von Cherrut, berichtete, dass, nachdem er gezwungen worden sei, Gott zu entsagen, sein Präzeptor geringschätzig über ihn gelacht habe, wie wenn er ihn verachtete (Ib. i. 531).

Zu denken gibt auch die Geschichte, die der dienende Eudo von Bures, damals ein Jüngling von zwanzig Jahren, erzählte. Nach seiner Aufnahme hätten ihn zwei Brüder mit in ein anderes Zimmer genommen und dort gezwungen, Christus zu entsagen. Als er sich dessen zunächst geweigert habe, habe einer von ihnen gesagt, in seiner Heimat verleugneten die Leute Gott hundertmal um eines Flohes willen; das war wohl eine Übertreibung, wenngleich der Ausdruck: „Je renye Dieu" eine ganz gewöhnliche Redensart war. Als der Präzeptor ihn habe weinen hören, habe er die Peiniger aufgefordert, ihn gehen zu lassen, da sie ihn wahnsinnig machen würden. Später erzählte er Eudo, die Sache sei nur ein Scherz gewesen (Ib. ii. 100—2).

Die wirkliche Bedeutung solcher Zwischenfälle ergibt sich aus einer Geschichte, die ein Zeuge während der auf Cypern im Mai 1310 abgehaltenen Untersuchung berichtete. Er hatte von einem Genuesen namens Matteo Zaccaria, der lange in Kairo gefangen gewesen war, gehört, dass, als die Nachricht von dem Verfahren gegen den Orden dem Sultan von Ägypten überbracht wurde, dieser aus seinen Gefangenen etwa vierzig Templer, die zehn Jahre vorher auf der Insel Tortosa gefangen genommen worden waren, hervorgeholt und ihnen Reichtum angeboten habe, wenn sie ihrer Religion entsagen wollten. Überrascht und verdrossen durch ihre Weigerung, habe er sie wieder in ihre Gefängnisse zurückgeschickt und befohlen, ihnen Speise und Trank zu entziehen; sie seien alle lieber Mann für Mann umgekommen als abtrünnig geworden (Schottmüller, op. cit. II, 160).

mit einem ebenso einträglichen Werke beschäftigt[1]). Er schickte durch ganz Deutschland Collektoren, die von allen kirchlichen Einkünften einen Zehnten zur Eroberung des Hl. Landes erheben sollten. Als er nun plötzlich die Nachricht erhielt, Philipp habe mit Hilfe der Autorität des Generalinquisitors Wilhelm entschlossene und unwiderrufliche Schritte in einer Angelegenheit getan, die sich für ihn noch im Zustande der Erwägung befand, war natürlich zunächst sein Stolz verletzt, und sein Unwille wurde wahrscheinlich noch verschärft durch die Befürchtung, dass er nicht imstande sein würde, sich seinen Anteil an der Beute zu sichern. Er wagte es nicht, öffentlich die Verantwortung für die Massnahmen abzulehnen, aber niemand konnte doch voraussehen, wie die öffentliche Meinung ausserhalb Frankreichs sich verhalten würde. In diesem peinlichen Dilemma schrieb er am 27. Oktober 1307 an Philipp und drückte ihm seinen Unwillen darüber aus, dass der König Schritte in einer Sache getan habe, welche, wie das Breve vom 24. August zeige, vom Papste noch erwogen werde. Indem er sorgfältig die Tatsache des Eingreifens der Inquisition, wodurch doch das ganze Verfahren gesetzlich gerechtfertigt wurde, unterdrückte, suchte Clemens einen weitern Grund zur Klage, indem er den König daran erinnerte, dass die Templer nicht unter königlicher Jurisdiktion, sondern unter der des Hl. Stuhles ständen, und dass er sich eines schweren Ungehorsams schuldig gemacht habe, indem er sich ihrer Personen und ihres Eigentums bemächtigte; beides sei sofort den beiden zu diesem Zwecke entsandten Kardinälen auszuliefern. Es waren Berengar von Frédol, Kardinal von SS. Nereus und Achilles, und Stephan de Suizy, Kardinal von S. Cyriacus, beides Franzosen, Geschöpfe Philipps, die ihm ihre Beförderung ins Hl. Kollegium verdankten. Mit ihnen zu einer Verständigung zu kommen, scheint keine Schwierigkeit gemacht zu haben; denn, obgleich die Verhöre und die Folterungen nicht unterbrochen wurden, lobte Clemens in einem zweiten Briefe vom 1. Dezember den König, weil er die Sache in die Hände des Hl. Stuhles lege, und Philipp antwortete am 24. Dezember, dass er nicht die Absicht habe, in die Rechte der Kirche einzugreifen, aber auch seine eignen nicht preisgeben wolle; er habe, sagte er, die Templer den Kardinälen übergeben, während ihr Vermögen gesondert von dem der Krone verwaltet werden solle. Nachdem auf diese Weise der Unwille des Papstes beschwichtigt war, teilte er,

---

1) *Vgl. zum Folgenden die Darlegungen von Finke a. a. O. I. 172 ff.

noch bevor die Prozesse in Paris beendet waren, am 22. November in der Bulle 'Pastoralis præeminentiae' allen Machthabern Europas mit, wie Philipp auf Ersuchen des Inquisitors von Frankreich vorgegangen sei, um die Templer dem Urteil der Kirche zu übergeben, wie die Häupter des Ordens die ihnen zur Last gelegten Verbrechen eingestanden hätten, und wie er selbst einen von ihnen, der in seinen persönlichen Diensten gestanden, verhört und dieser die Wahrheit der Aussagen bestätigt habe. Daher befahl er allen Herrschern, es ebenso zu machen, die Gefangenen festzuhalten und ihr Vermögen im Namen des Papstes und vorbehaltlich seiner Genehmigung zu sequestrieren. Sollte sich der Orden als unschuldig erweisen, so solle ihm das Eigentum wieder zurückgegeben, andernfalls für die Eroberung des Hl. Landes verwandt werden[1]). Damit war unwiderruflich das Schicksal der Templer entschieden, wie wir später bei der Erörterung der Massnahmen der Fürsten Europas ausserhalb Frankreichs sehen werden.

So hatte Philipp die Hand des Papstes bezwungen; Clemens V. war ordnungsgemäss mit der Untersuchung betraut, die in den Händen der Inquisition nur mit der Vernichtung des Ordens enden konnte. Nachdem der König auf diese Weise seine Stellung gesichert hatte, liess er im ganzen Königreiche eifrig das Verhör der Gefangenen betreiben[2]). Wie wachsam seine Agenten waren, zeigte sich bei zwei nach Hause zurückkehrenden deutschen Templern, einem Priester und einem dienenden Bruder, die in Chaumont verhaftet und dem Inquisitor der drei Bistümer ausgeliefert wurden. In dem Bericht an den König sagt der Inquisitor, er habe den Bruder nicht gefoltert, weil er sehr krank gewesen sei, aber keiner von beiden habe zugegeben, dass es etwas in dem Orden gebe, das nicht rein und heilig sei. Die Verhöre wurden während des Winters 1307/08 fortgesetzt, als Clemens V. ihnen unerwartet ein Ende machte. Was ihn dazu bewog, können wir nur vermuten; wahrscheinlich fand er, dass

---

1) Regest. Clement. PP. V. T. II. p. 95. — Du Puy, p. 117—18, 124, 134. — Schottmüller, I. 94. — Rymer, Foedera III. 30. — Archivio di Napoli, Mss. Chioccarello, T. VIII. — Magnum Bull. Rom. IX. 126, 131. — Zurita, lib. V. c. 73.
Augenscheinlich erwartete man allgemein, dass die Hospitaliter das Schicksal der Templer teilen würden. Die Neigung, sie sofort zu plündern, war offenbar vorhanden; denn Clemens V. sah sich am 21. Dezember 1307 genötigt, eine alle ihre Privilegien und Immunitäten bestätigende Bulle zu erlassen und in ganz Europa Briefe umherzusenden mit dem Befehl, sie vor allen Übergriffen zu beschützen (Regest. Clem. PP. V. T. III. p. 14, 17—18, 20—1, 273, T. IV. p. 418).
2) *Vgl. zum Folgenden die Darlegungen von Finke a. a. O. I. 184 ff.

Philipps Versprechungen hinsichtlich der Besitzungen des Templerordens nicht recht in Erfüllung gehen wollten, und dass eine Betonung seiner Kontrole notwendig sei. Welches auch immer seine Gründe gewesen sein mögen: er suspendierte plötzlich — anscheinend zu Anfang des Jahres 1308 — die Machtbefugnisse aller Inquisitoren und Bischöfe in Frankreich und nahm die Zuständigkeit in der ganzen Angelegenheit für sich in Anspruch, indem er darlegte, dass die so plötzlichen Verhaftungen, die erfolgt seien, ohne dass man ihn gefragt habe, obwohl er so nahe und so leicht erreichbar gewesen sei, in ihm einen schweren Verdacht erweckt hätten, der auch durch die ihm unterbreiteten Verhörsprotokolle nicht beschwichtigt worden sei. Diese seien derart, dass sie keinen Glauben erweckten. Der Papst vergass offenbar, dass er im November der ganzen Christenheit seine Überzeugung von ihrer Wahrheit verkündet hatte. Wie vollständig das ganze Prozessverfahren damals in den Händen der Inquisition lag, zeigt sich darin, dass es nun wie mit einem Schlage eingestellt wurde, wodurch Philipp in masslosen Zorn geriet. Unwillig schrieb er dem Papste, dass dieser schwer gesündigt habe; selbst Päpste, deutet er an, könnten in Ketzerei verfallen; der Papst habe allen Prälaten und Inquisitoren Frankreichs Unrecht getan; er habe die Templer mit neuen Hoffnungen erfüllt, so dass sie ihre Geständnisse zurücknähmen, besonders Hugo Peraudi, der die Ehre gehabt habe, mit den Kardinal-Legaten zu speisen. Offenbar spann sich eine Intrigue an, und Clemens schwankte, unsicher, welche Seite den grössten Vorteil bot, aber zufrieden, Philipp wenigstens zu zeigen, dass er unentbehrlich sei. Der König dagegen, der anfangs seine Unabhängigkeit bewahren und die Jurisdiktion für sich in Anspruch nehmen wollte, legte der Universität Paris zur Begutachtung sieben Fragen vor, die so schlau formuliert waren, dass er mit seiner Absicht Recht behalten konnte. Aber die theologische Fakultät erwiderte am 25. März 1308, wie sie nicht anders konnte, einem weltlichen Gerichtshofe stehe nur dann die Kompetenz über Ketzerei zu, wenn die Kirche ihn darum ersuche, nachdem sie selbst den Ketzer ausgeliefert habe. Im Falle der Not könne die weltliche Macht einen Ketzer verhaften, aber nur in der Absicht, ihn dem kirchlichen Gerichtshofe auszuliefern. Die Templer, obwohl Krieger, seien nichtsdestoweniger ein religiöser Orden und ständen als solcher nicht unter der weltlichen Jurisdiktion; wenn einige von ihnen kein ausdrückliches Gelübde abgelegt hätten, so seien sie zwar keine Religiosen, aber das sei eine Angelegenheit, über die nur die Kirche zu entscheiden habe; der Verdacht gegen den ganzen Orden reiche, soweit er auf den Geständnissen beruhe, hin, um eine Untersuchung gegen ihn zu rechtfertigen; da gegen alle Mitglieder ein starker Verdacht vorliege, so müsse Vorkehrung getroffen werden, dass diejenigen, welche nicht bekannt hätten oder nicht überführt seien, die anderen nicht anstecken könnten. Endlich müsse das Eigentum des Ordens dem Zwecke, zu dem es ihm gegeben worden sei, vorbehalten bleiben und in der dafür am besten geeigneten Weise geschützt werden[1]).

Nachdem Philipps Absichten auf diese Weise durchkreuzt waren, ging er dazu über, einen noch stärkeren Druck auf Clemens V. auszuüben. Er lud die ihm ergebenen Bischöfe zu einer Nationalversammlung auf den 5. Mai 1308 nach Tours ein, um mit ihnen über die Frage der Templer zu beratschlagen. Schon 1302 hatte er zu der Versammlung von Paris den dritten Stand hinzugezogen und ihn durch die Hilfe, die dieser ihm in seinem Streite mit Bonifaz VIII. leistete, schätzen gelernt. Jetzt zog er wieder die Gemeinen hinzu und schuf so die Einrichtung der Generalstaaten. Die Versammlung in Tours dauerte vierzehn Tage. In dem Berufungsschreiben hatte Philipp die Verbrechen der Templer als eingestandene Tatsachen einzeln erwähnt und erklärt, nicht nur Waffen und Gesetze, sondern auch die wilden Tiere und die vier Elemente müssten sich erheben, um sie zu bestrafen. Er wünsche, dass seine Untertanen an dem frommen Werke teilnehmen möchten, und befehle daher, dass jede Stadt zwei glaubenseifrige Abgeordneten wählen solle. Von einer auf diese Weise zusammengebrachten Versammlung war es, trotzdem die Adligen heimlich zu dem geächteten Orden hinneigten, nicht schwer, das so gut wie einstimmige Votum zu erlangen, dass die Templer den Tod verdienten. Ausserdem wurden am 25. Mai Molay und vier andere Häupter des Ordens vor eine Versammlung gestellt, die aus dem Inquisitor Wilhelm von Paris, dem Rektor der Universität, dem Kanzler und dem Offizial der Kirche von Paris, sechs Magistern der Theologie und einigen anderen kirchlichen Würdenträgern bestand. Dort wiederholte Molay im Namen seiner Genossen das Geständnis bezüglich der Verleugnung Christi und des Speiens auf das Kreuz. Dann wurde er veranlasst, einen Brief an alle Templer in ganz Frankreich zu unterzeichnen und zu besiegeln, worin er sie

---

1) Denifle, Chartularium Univ. Parisiensis, II. I. 125 (*Finke a. a. O. II. 107 ff.). — Du Puy, pp. 12–13, 84—5, 89, 109, 111—12, 134. — D'Achery, Spicileg. II. 199. — Raynouard, p. 238, 306.

von der Pflicht der Verschwiegenheit entband und ihnen bei ihrem Gelübde des Gehorsams gebot, dem Inquisitor oder seinen Stellvertretern oder den bischöflichen Ordinarien die volle Wahrheit zu bekennen. Hierauf, sagt das Protokoll, bat er um Absolution, Verzeihung und Gnade für sich und diejenigen, die bei ihm waren, und erbot sich, jedwede ihm auferlegte Busse anzunehmen und den Geboten der Kirche zu gehorchen[1]).

Gestützt auf diese Zustimmung der Volksvertreter, ging Philipp Ende Mai von Tours nach Poitiers zu Clemens V., begleitet von einer zahlreichen Abordnung mit Einschluss seiner Brüder, seiner Söhne und seiner Räte. Lang und ernst waren hier die Erörterungen über die Angelegenheit. Philipp machte durch seinen Sprecher Wilhelm von Plaisian geltend, dass die Templer schuldig befunden worden seien, und dass ihre sofortige Bestrafung erfolgen müsse, während Clemens sich abermals darüber beschwerte, dass eine Angelegenheit von solcher Bedeutung, die ausschliesslich den Hl. Stuhl angehe, ohne seine Initiative ins Werk gesetzt und verfolgt werde. Eine Körperschaft wie der Templerorden hatte mächtige Freunde überall in Europa, deren Einfluss bei der Kurie gross war, und die päpstlichen Verlegenheiten waren mannigfaltig, je nachdem die eine oder die andere Seite das Übergewicht hatte. Aber Clemens hatte sich vor ganz Europa unwiderruflich durch seine Bulle vom 22. November 1307 gebunden; somit konnte es sich für ihn nur um die Bedingungen handeln, unter denen er die Angelegenheit in Frankreich weitergehen liess, indem er der Inquisition ihre Machtvollkommenheiten zurückgab. Es wurde scharf gehandelt, aber schliesslich doch eine Einigung erzielt. Da Clemens die Angelegenheit dem päpstlichen Urteil vorbehalten hatte, so war es notwendig, dass irgendeine Scheinuntersuchung vorgenommen wurde. Zweiundsiebzig Templer wurden infolgedessen aus den Pariser Gefängnissen vorgeführt, um von dem Papste und dem

---

1) Archives administratives de Reims, T. II. pp. 65, 66. — Chassaing, Spicilegium Brivatense, p. 274—5. — Du Puy, pp. 38—9, 85, 113, 116. — Contin. Nangiac. ann. 1308. — Joann. de S. Victor. (Bouquet, XXI. 650—1). — Raynouard, p. 42. — Denifle, op. cit. II. I. 129. (*Diese Erklärung Molays ist nach Finke a. a. O. I. 167, 200 nur eine Kopie seines oben S. 296 erwähnten Schreibens vom 25. Oktober 1307, welche die Universität Paris am 25. Mai 1308 dem Könige für die bevorstehenden Verhandlungen mit dem Papste übersandte. Vgl. auch P. Viollet, Les interrogatoires de Jacques de Molay, in den Mémoires de l'Académie des inscriptions et belles-lettres XXXVIII (Paris 1909), und N. Valois, in den Comptes-rendus de l'Académie des inscriptions et belles-lettres, Paris 1910, S. 229 ff.).

Hl. Kollegium verhört zu werden und diesen dadurch Gelegenheit zu geben, sich persönlich von der Schuld der Angeklagten zu überzeugen. Clemens mochte wohl davor zurückschrecken, Molay und die Häupter des Ordens, den er preiszugeben im Begriffe stand, sich gegenübergestellt zu sehen; andrerseits war es aber auch nicht möglich, sie willkürlich einfach zu übergehen. Sie mussten daher, unter dem Vorwande einer Krankheit, ihre Reise zu Chinon bei Tours unterbrechen, während die anderen weiter nach Poitiers geschickt wurden. Vom 28. Juni bis 1. Juli wurden sie feierlich verhört von fünf Philipp freundlich gesinnten Kardinälen, die zu diesem Zwecke abgeordnet wurden. Das amtliche Protokoll über die Verhöre zeigt, mit welcher Sorgfalt man die Personen ausgewählt hatte, die in diesem Teile der Tragödie eine Rolle spielen sollten. Ein Teil von ihnen waren freiwillige Zeugen, die den Orden verlassen oder zu verlassen versucht hatten. Die anderen, über denen die furchtbare Strafe wegen Widerrufs schwebte, bestätigten die vor der Inquisition gemachten Geständnisse, die in vielen Fällen durch die Folter erzwungen worden waren. Dann wurden sie am 2. Juli dem Papste im versammelten Konsistorium vorgeführt, wo dieselbe Szene vor sich ging. So war die päpstliche Jurisdiktion anerkannt, und Clemens konnte nunmehr in seinen späteren Bullen von seiner eigenen Kenntnis sprechen und erklären, dass die Angeklagten ihre Irrtümer freiwillig und ohne Zwang bekannt und demütig um Absolution und Aussöhnung mit der Kirche gebeten hätten[1]).

Das zwischen Clemens und Philipp getroffene und ausgeführte Übereinkommen lautete: Die Templer sollten dem Papste überliefert, aber in seinem Namen von dem Könige in Gewahrsam behalten, ihre Prozesse sollten von den Bischöfen in den verschiedenen Diözesen weitergeführt und diesen auf das besondere und dringende Ersuchen des Königs die Inquisitoren beigegeben werden. Molay aber und die Präzeptoren des Orients, die der Normandie, von Poitou und der Provence sollten dem päpstlichen Urteil vorbehalten bleiben. Das Eigentum des Ordens sollte den von dem Papste und den Bischöfen ernannten Kommissaren, denen der König heimlich noch eigene Vertreter beigesellte, anvertraut werden. Doch musste sich Philipp schriftlich verpflichten, dass es nur für das Hl. Land verwandt werden

---

1) Ptol. Lucens. Hist. Eccles. lib. xxiv (Muratori, S. R. I. xi. 1229—30). — Joann. de S. Victor (Bouquet, xxi, 650). — Raynouard, pp. 44—5, 245—52. — Du Puy, pp. 13—14. — Schottmüller, op. cit II. 13 sqq. — Bull. Faciens misericordiam, 12. Aug. 1308 (Rymer, ii. 101. — Mag. Bull. Rom. ix. 136). — *Finke a. a. O. i. 200 ff.

sollte. Clemens V. erklärte, das Schicksal des Ordens als Institution sei eine zu wichtige Frage, um ohne die Mitwirkung eines allgemeinen Konzils entschieden zu werden; deshalb wurde beschlossen, ein solches im Oktober 1310 zu berufen. Dem Kardinal von Palestrina, als dem Vertreter des Papstes, wurden die Personen der Templer zur Obhut übergeben, eine Pflicht, deren sich dieser indessen dadurch schleunigst entledigte, dass er die Opfer dem Könige zustellte unter der Bedingung, sie zur Verfügung der Kirche zu halten. Der Papst erledigte seinen Teil an dem Geschäft, indem er am 5. Juli die Suspension der Inquisitoren und Bischöfe zurücknahm und ihre Jurisdiktion in der Sache wieder herstellte. Zu gleicher Zeit erhielt jeder französische Bischof den Befehl, sich zwei Domherren, zwei Dominikaner und zwei Franziskaner zuzugesellen, die Prozesse gegen die einzelnen Templer in seiner Diözese fortzusetzen und nach Belieben Inquisitoren zur Teilnahme zuzulassen, aber keinen Schritt gegen den Orden als Ganzes zu tun. Allen Bürgern wurde bei Strafe der Exkommunikation befohlen, die Templer zu verhaften und sie den Inquisitoren oder den bischöflichen Offizialen auszuliefern. Ausserdem liess Philipp seinen Untertanen in einem königlichen Handschreiben, das in zwanzig Abschriften bekannt gemacht wurde, den Befehl erteilen, den Deputierten des Papstes alles bewegliche und unbewegliche Vermögen des Ordens zuzustellen[1]).

Obgleich Clemens V. in seinen an Europa gerichteten Bullen erklärte, dass Philipp uneigennützig alles Eigentum des Templerordens ausgeliefert habe, war dieser Punkt doch noch keineswegs zwischen Papst und König geregelt, er gab vielmehr Veranlassung zu einer langen Auseinandersetzung, die auf beiden Seiten mit grossem Geschick geführt wurde. Es ist nicht der Mühe wert, den Streit in seinen Einzelheiten zu verfolgen, aber wir werden sehen, wie schliesslich Philipp seinen Partner erfolgreich überlistete und die Kontrolle behielt, die er scheinbar aufgab[2]).

---

1) Du Puy, pp. 15—17, 20, 39, 86, 107—8, 118—19, 121—22, 125. — Contin. Naugiac. ann. 1308. — Raynouard, pp. 46, 49. — Joann. de S. Victor. (Bouquet, XXI, 651). — D'Achery, Spicileg. II. 200.
Wilhelm von Plaisian, Philipps Hauptwerkzeug bei diesen Geschäften, wurde später von Clemens in Briefen, die vom 5. August datiert waren, durch Beweise besonderer Gunst ausgezeichnet (Regest. Clement. PP. V. T. III. pp. 216, 227).

2) Bull. Faciens misericordiam. — Raynald. ann. 1309, Nr. 3. — Du Puy, pp. 64—5, 86—88, 127, 207—9. — Procès des Templiers, I. 50—2. — Raynouard, p. 47. — Regest. Clement. PP. V. T. IV. pp. 433—4.
Clemens V. ernannte sechs Kuratoren in Frankreich, die über das Eigentum des Hl. Stuhles wachen sollten. Durch Briefe vom 5. Januar 1309 stellte

Nachdem so die beiden Rivalen zu einer Verständigung über ihre Opfer gekommen waren, wurde das Verfahren mit frischer Tatkraft wieder aufgenommen. Clemens V. machte sein früheres Schwanken durch umfassenden Eifer wieder gut. Molay und die Hauptwürdenträger mit ihm wurden zu Chinon bis Mitte August festgehalten, und die Kardinäle von SS. Nereus und Achilles, von S. Ciriaco und S. Angelo wurden dorthin gesandt, um die Untersuchung gegen sie zu führen. Diese berichteten am 20. August an Philipp, dass sie am 17. August und den folgenden Tagen den Grossmeister, den Meister von Cypern, den Visitator von Frankreich und die Präzeptoren von der Normandie und Poitou verhört und dass diese ihre früheren Geständnisse bestätigt und demütig um Absolution und Wiederversöhnung gebeten hätten; diese sei ihnen ordnungsgemäss erteilt worden, daher möge nun auch der König ihnen verzeihen. An diesem Schreiben ist zweierlei bemerkenswert zur Kennzeichnung der Doppelzüngigkeit, die die ganze Angelegenheit durchzieht. In den päpstlichen Bullen vom 12. August, also fünf Tage vor dem Beginn dieser Untersuchung, wird das Ergebnis schon mitgeteilt und behauptet, die Geständnisse seien frei und aus eigenem Antriebe erfolgt. Als aber im November 1309 die päpstliche Kommission diese Bulle Molay vorlas, war er aufs höchste erstaunt, als er hörte, was er eingestanden haben sollte; er sagte, sich zweimal bekreuzigend, er wünsche zu Gott, dass das Verfahren der Sarazenen und Tartaren gegen so schlechte Menschen angewandt werde — bei diesen stand die Strafe der Enthauptung oder der Zweiteilung auf solcher Verdrehung der Wahrheit. Er würde möglicherweise noch mehr gesagt haben, hätte ihn nicht Wilhelm von Plaisian, der königliche Agent, der sein Freund zu sein vorgab, warnend auf die Gefahr aufmerksam gemacht, die er lief, wenn er so das Geständnis widerrief. So begnügte er sich damit, um Bedenkzeit zu bitten[1]).

---

er jedem von ihnen auf das Eigentum der Templer eine Anweisung von vierzig Pariser Sous guten Geldes für jede Nacht aus, die sie ausserhalb des Hauses zubringen müssten, und schärfte ihnen zu gleicher Zeit ein, dass sie ihr Haus nicht in betrügerischer Absicht und ohne Not verlassen dürften (Regest. T. IV. p. 439). Ein Brief vom 28. Januar 1310, worin er die Obhut über gewisse Tempelhäuser dem Bischof von Vaison abnahm und dem Domherrn Gerard von Bussy übertrug, zeigt, dass es dem Papste gelungen war, einen Teil des Besitzes zu erlangen (Ibid. T. v. p. 56).

1) Du Puy, pp. 33—4, 133. — Bull. Faciens misericordiam. — Procès, I. 34—5. — *Finke a. a. O. I. 229 f. bietet eine Erklärung für die Inkongruenz in der Datierung der betr. Schriftstücke. Es trifft aber nicht zu, wenn er sagt, Lea spreche hier (III. 283) vom „lügnerischen Papst, von der empörenden Zweideutigkeit". Lea spricht nur von der 'duplicity pervading the whole affair'. Vgl. auch Finke a. a. O. II. 324.

Am 12. August 1308 erliess Clemens V. eine Reihe von Bullen, die das in dieser Angelegenheit einzuschlagende Prozessverfahren regelten und zeigten, dass der Papst vollkommen bereit war, seinen Teil des Übereinkommens mit Philipp auszuführen. Die Bulle 'Faciens misericordiam', die an die Prälaten der Christenheit gerichtet war, legte ausführlich das bis dahin gegen die Angeklagten beobachtete Verfahren dar und die Schuld, die sie aus freien Stücken zugestanden hätten. Sie wies die Bischöfe an, im Verein mit den von dem Papste ernannten Inquisitionskommissaren alle Templer vorzuladen und eine Untersuchung gegen sie zu eröffnen. Hierauf sollten Provinzialkonzilien berufen und die Schuld oder Unschuld der einzelnen festgestellt werden. Die Ortsinquisitoren sollten überall das Recht haben, an dem Verfahren teilzunehmen. Das Ergebnis der Inquisitionen sollte ausserdem sofort dem Papste übermittelt werden. Beigefügt war eine lange und sorgfältig ausgearbeitete Reihe von Artikeln, auf Grund deren die Angeklagten verhört werden sollten, — Artikel, die in Paris von den königlichen Agenten zusammengestellt worden waren. Die ganze Bulle sollte in der Volkssprache in allen Pfarrkirchen veröffentlicht werden. Die Bulle 'Regnans in coelis', die an alle Fürsten und Prälaten gerichtet war, wiederholte den erzählenden Teil der andern und endigte damit, dass sie für den 1. Oktober 1310 ein allgemeines Konzil nach Vienne berief, um über das Schicksal des Ordens zu entscheiden, die Wiedererlangung des Hl. Landes zu beraten und diejenigen Massregeln zu treffen, die für die Reformation der Kirche erforderlich seien. Durch eine zweite Bulle mit den Anfangsworten 'Faciens misericordiam' vom 8. August erging an die Templer im ganzen und einzelnen eine förmliche Aufforderung, vor dem Konzil an einem bestimmten Tage zu erscheinen, persönlich oder durch Anwälte, um auf die Anklagen gegen den Orden zu antworten. Der Kardinal von Palestrina, der sie in seiner Obhut hatte, erhielt Befehl, Molay und die Präzeptoren von Frankreich, der Normandie, Poitou, Aquitanien und der Provence dort vorzuführen, damit sie ihr Urteil empfingen. Das waren die einfachsten Erfordernisse des Prozessverfahrens, und die Art und Weise, wie man sie später umging, bildet einen der dunkelsten Punkte in der ganzen Angelegenheit. Weitere Bullen trafen noch die ausführlichen Bestimmungen für die Bezahlung der päpstlichen Kommissare und Inquisitoren und befahlen, bis zur Beendigung des Prozesses die Besitzungen der Templer überall in Beschlag zu nehmen, um sie im Fall der Verurteilung für das Hl. Land zu bestimmen. Vieles, so hiess es, habe man schon widerrechtlich mit Beschlag belegt und sich angeeignet; daher sollten alle bei Strafe der Exkommunikation zurückgeben, was sie genommen hatten. Alle Schuldner des Ordens sollten zahlen, was sie dem Orden schuldeten, und jeder sollte Anzeige erstatten, der von solchen Schulden oder gestohlenem Eigentum Kenntnis hätte. Den Beschluss der Bullen machte eine vom 30. Dezember, die in allen Kirchen vorgelesen werden sollte; darin wurden alle Templer der Ketzerei für verdächtig erklärt, ihre Gefangennahme und Auslieferung an die bischöflichen Ordinarien angeordnet und allen Machthabern und Prälaten bei Strafe der Exkommunikation und des Interdikts untersagt, ihnen Schutz, Hilfe oder Gunst angedeihen zu lassen. Zu gleicher Zeit erteilte eine andere Bulle allen Fürsten der Christenheit den Befehl, die noch in Freiheit befindlichen Templer festzunehmen[1]).

So war die Verfolgung durch ganz Europa organisiert. Selbst so entlegene Gegenden wie Achaia, Korsika und Sardinien wurden nicht vergessen. Aber die Ernennung der zahlreichen Spezialinquisitoren ging nicht so schnell vonstatten; die Korrespondenz, die Philipp und Clemens darüber führten, zeigt, dass sie in Frankreich in Wirklichkeit von dem König ausgewählt wurden. Dort wurde das Verfolgungswerk schleunigst in Angriff genommen, und binnen sechs Monaten sahen sich die Templer durch die von Bruder Wilhelm improvisierten Inquisitionstribunale an die vom Papste vorgesehenen bischöflichen Gerichtshöfe ausgeliefert. In jeder Diözese waren die Bischöfe bald eifrig an der Arbeit. Seltsam genug ist es, dass einige von ihnen zweifelten, ob sie die Folter anwenden dürften, und den Papst um Instruktionen ersuchten, worauf dieser antwortete, sie müssten sich von dem geschriebenen Gesetze leiten lassen, dieses würde ihre Zweifel lösen. Dieses Verfahren sollte, wie aus den päpstlichen Instruktionen hervorgeht, nur auf diejenigen Templer angewandt werden, die nicht durch die Hand Bruder Wilhelms und seiner Kom-

---

1) Rymer, III. 101. — Mag. Bull. Rom. IX. 134, 136. — Harduin. VII. 1283, 1289, 1321, 1353. — Schmidt, Päpstliche Urkunden und Regesten I. (Halle, 1886) pp. 71—2. — Raynald. ann. 1308, N. 8. — Contin Guill. Naugiac. ann. 1308. — Raynouard, p. 50. — Regest. Clement. PP. V. T. III. p. 281 sq., p. 363 sq., p. 386 sq.; T. IV. p. 3, 276 sq., 479—82.
Der Meister von England und der Meister von Deutschland blieben dem päpstlichen Urteil vorbehalten. Die Bulle 'Faciens misericordiam', die nach Deutschland gerichtet war, enthielt keinen Befehl, Provinzial-Konzilien zu berufen (Harduin VII. 1353).
Trotz allem, was vorgefallen war, scheint diese Bulle die Öffentlichkeit ausserhalb Frankreichs überrascht zu haben. Walter von Hemingford nennt sie „bullam horribilem contra Templarios" (Chron., ed. 1849, II. 279).

missare gegangen waren; es scheint jedoch, dass kein grosser Unterschied in dieser Beziehung gemacht wurde. Clemens beschleunigte das Verfahren, ohne viel auf die Form zu achten, und ermächtigte die Bischöfe, auch ausserhalb ihrer Diözesen und ohne Rücksicht auf den Ort der Herkunft der Angeklagten zu handeln. Das einzige Ziel war offenbar, genügende Geständnisse für die Provinzialkonzilien zu erlangen, die zum Zweck des Endurteils zusammentreten sollten. Von denen, welche schon gestanden hatten, war ein Widerruf so leicht nicht zu erwarten. Im Jahre 1310 legte Johann von Cochiac der päpstlichen Kommission einen Brief vor, den Philipp von Vohet und Johann von Jamville, der päpstliche und der königliche Gefängniswärter von Sens, in dem Augenblick, als der Bischof von Orléans zur Leitung der Untersuchung dahin gesandt wurde, an die dort befindlichen Gefangenen richteten (das Erzbistum Sens war damals nicht besetzt); in diesem Briefe wurde den Angeklagten zur Warnung mitgeteilt, dass diejenigen, welche die vor „los quizitor" gemachten Geständnisse zurücknähmen, als Rückfällige verbrannt werden würden. Als Vohet vor die Kommission gerufen wurde, gab er zu, dass das Siegel das seinige war, leugnete aber die Urheberschaft des Briefes, und der Gerichtshof nahm vorsichtiger Weise davon Abstand, weiter nachzuforschen. Dass diejenigen, welche der Kommission vorgeführt wurden, die Gefahr erkannten, in der sie schwebten, zeigt ihr ängstliches Bestreben, ihre Aussagen mit denjenigen in Einklang zu bringen, die sie vor dem Bischof gemacht hatten[1]).

Die Behandlung derjenigen, welche sich weigerten zu bekennen, war verschieden je nach dem Temperament der Bischöfe und ihrer Gehilfen. Die Protokolle über diese Verhandlungen sind meistens verschwunden, und wir sind tatsächlich auf das angewiesen, was wir aus den zufälligen Andeutungen entnehmen können, die einige Zeugen der Kommission über ihre früheren Erfahrungen machten. Indessen zeigt das Verfahren vor dem Bischof von Clermont, dass sie nicht in allen Fällen mit ungebührlicher Härte behandelt wurden. Er hatte neunundsechzig Templer zu verhören, von denen vierzig bekannten und neunundzwanzig sich weigerten, irgend etwas Schlechtes über den Orden zuzugeben. Dann versammelte er sie und teilte sie in zwei Gruppen. Die sich Weigernden erklärten, dass sie bei ihrer Behauptung blieben, sie beteuerten im Voraus, dass, wenn sie später aus Furcht vor der Folter, Gefangenschaft und anderer Not

---

1) Du Puy, pp. 110, 125. — Raynouard, p. 130. — Regest. Clement. PP. V. T. IV. pp. 453—55, 457—8. — Procès, I. 71—2, 128, 132, 135, 463, 511, 540, etc.

bekennen sollten, diese Geständnisse keinen Glauben verdienten, und sie baten, dass ihnen diese nicht zum Schaden angerechnet werden möchten. Es ist nicht ersichtlich, dass ihnen nachher irgend ein Zwang auferlegt wurde. Die anderen fragte man, ob sie irgend einen Protest einzulegen hätten, oder ob sie zur Entgegennahme des endgültigen Urteils bereit seien, worauf sie einstimmig erklärten, dass sie nichts anzuführen hätten, noch ihr Urteil zu hören wünschten, sondern sich der Gnade der Kirche unterwürfen. Was diese Gnade bedeutete, werden wir später sehen. Nicht alle Bischöfe waren so milde wie der von Clermont. Leider ist es nicht immer leicht, aus den lückenhaften Aussagen vor der Kommission mit Sicherheit das Vorgehen der bischöflichen Gerichtshöfe von dem der Inquisitoren des Bruders Wilhelm zu unterscheiden. Einige Beispiele werden genügen, um zu zeigen, wie man durch gemeinsames Vorgehen Aussagen gegen den Orden zu erlangen wusste. Ein Bauer namens Johann von Rompreye erklärte, dass er nichts als Gutes von dem Orden wisse, obgleich er vor dem Bischofe von Orléans nach dreimaliger Folterung anders ausgesagt hatte. Robert Vigier, ein dienender Bruder, leugnete gleichfalls die Anklagen, obgleich er sie vor dem Bischof von Nevers zu Paris eingestanden hatte, und zwar wegen der Schärfe der Folter, unter der, wie er erklärte, drei seiner Kameraden, Gautier, Henri und Chanteloup, gestorben seien. Bernhard von Vado, ein Priester, war durch Feuer, das ihm unter den Fusssohlen angebracht wurde, so heftig gefoltert worden, dass ihm einige Tage nachher die Knochen der Fersen abfielen. Zum Beweise zeigte er diese Knochen vor. Neunzehn Brüder aus dem Périgord hatten infolge von Folter und Hunger — einer von ihnen hatte sechs Monate bei Wasser und Brot, ohne Schuhe und Oberkleidung im Gefängnis geschmachtet — vor dem dortigen Bischof bekannt. Wilhelm d'Erré, vor den Bischof von Saintes gebracht, hatte alle Anklagen geleugnet; nachdem er aber auf Wasser und Brot gesetzt und mit der Folter bedroht worden war, hatte er die Verleugnung Christi und das Spucken auf das Kreuz eingestanden, ein Geständnis, das er vor der Kommission zurücknahm. Thomas von Pampelona hatte unter vielen zu St. Jean d'Angely erlittenen Foltern das von Molay gemachte Geständnis bestätigt und dann, auf Wasser und Brot gesetzt, das Bespucken des Kreuzes vor dem Bischof von Saintes eingestanden, was er gleichfalls jetzt alles zurücknahm. Diese Beispiele könnten noch vermehrt werden durch die wenigen Angeklagten, die den Mut hatten, sich der Gefahr des Martyriums auszusetzen, das ihrer im Falle der Zurücknahme der Geständnisse wartete. In der Tat, bei dem allgemeinen Schrecken, der den freund- und schutzlosen unglücklichen Menschen eingeflösst war, können wir die, welche nachgaben, nicht verurteilen. Wir können vielmehr nur die Standhaftigkeit derer bewundern, die, um die Ehre des Ordens zu verteidigen, die Folter erduldeten und dem Scheiterhaufen trotzten. Die allgemeine Stimmung unter ihnen brachte Aymon von Barbara zum Ausdruck, der dreimal gefoltert worden war und neun Wochen lang von Wasser und Brot hatte leben müssen. In beweglichen Worten klagte er, dass er an Leib und Seele gelitten habe, aber sein Geständnis könne er nicht zurücknehmen, solange er im Gefängnis schmachte. Von den seelischen Kämpfen, die die armen Geschöpfe erduldeten, gibt uns ein Bild Johann von Cormèle, der Präzeptor von Moissac, der, vor die Kommission gebracht, zögerte und die Ceremonien bei seiner Aufnahme nicht schildern wollte, aber erklärte, dass er nichts Unrechtes bei der Aufnahme anderer gesehen habe. Durch die Erinnerung an die in Paris erlittenen Folterqualen, wobei er vier Zähne eingebüsst hatte, vollständig entmutigt, bat er indessen um Bedenkzeit. Er erhielt Frist bis zum nächsten Tage; als er wieder erschien, war seine Entschlossenheit gebrochen. Er gestand die ganze Reihe von Gemeinheiten ein, und als man ihn fragte, ob er sich an jemand um Rat gewandt habe, leugnete er, sagte aber, dass er einen Priester gebeten habe, für ihn eine Messe vom Hl. Geist zu lesen, damit Gott ihm eingeben möge, was er zu tun habe[1]).

Diese Beispiele werden dem Leser eine Vorstellung von dem Werke geben, womit der ganze Episkopat von Frankreich während der letzten Monate des Jahres 1308 und während der Jahre 1309 und 1310 beschäftigt war. Bei alledem handelte es sich aber nur um die Mitglieder des Ordens als Personen. Das Schicksal der Templerbesitzungen hing ab von dem Urteil, das in bezug auf den Orden als Körperschaft abgegeben werden würde. Hierfür hatte Clemens V. einen Tag bestimmt, an welchem die Syndici und Anwälte des Ordens vor dem Konzil von Vienne erscheinen sollten, um ihn zu verteidigen und die Gründe anzugeben, warum der Orden als solcher nicht abgeschafft werden sollte. Da aber die Würdenträger und Mitglieder in ganz Europa zerstreut gefangen sassen und sich persönlich nicht einfinden konnten, so musste ein Weg gefunden werden, damit sie

---

[1]) Raynouard, pp. 52—3. — Procès, I. 40, 75, 230, 506—9, 511—14, 520—1, 527—8; II. 13, 18.

wenigstens theoretisch vertreten waren, sei es auch nur, um das Urteil zu hören. So setzte der Papst durch eine der Bullen vom 12. August 1308 eine Kommission ein mit dem Erzbischof von Narbonne als Vorsitzenden und ermächtigte ihn, alle Templer aus Frankreich vorzuladen, um sie zu verhören und über das Ergebnis zu berichten. Spätere Bullen vom Mai 1309 gaben dieser Kommission Anweisung, ans Werk zu gehen, und machten Philipp Mitteilung hiervon. Am 8. August 1309 trat die Kommission zu Paris in der Abtei S. Geneviève zusammen. Das nächste, was sie tat, war, dass sie durch Briefe an alle Erzbischöfe des Königreiches alle Templer für den ersten Werktag nach Martini vor ihren Richterstuhl fordern, den Orden selbst aber auffordern liess, durch seine Syndici und Prokuratoren auf dem Konzil von Vienne zu erscheinen, um das Urteil zu empfangen, das Gott beschliessen würde. An dem festgesetzten Tage, dem 12. November, trat die Kommission wieder zusammen, aber Templer erschienen nicht. Eine Woche lang kamen die Mitglieder täglich zusammen, und täglich spielte sich dieselbe Komödie ab: der Gerichtsdiener verlas eine Proklamation, dass, wenn einer wünsche, für den Orden oder seine Mitglieder zu erscheinen, die Kommission bereit sei, ihn freundlich anzuhören — aber ohne Erfolg. Als man dann die Antworten der Prälaten prüfte, fand man, dass sie ihre Pflicht nicht ordentlich erfüllt hatten. Philipp sah das ganze Verfahren offenbar mit misstrauischen Augen an und war nicht geneigt, es zu unterstützen. Am 18. November richtete die Kommission eine ziemlich kategorische Mitteilung an den Bischof von Paris und setzte ihm auseinander, dass das Verfahren sich nicht gegen die einzelnen Mitglieder, sondern gegen den ganzen Orden richte, dass niemand gezwungen werden sollte zu erscheinen, dass aber jeder kommen dürfe. Infolgedessen erschien am 22. November der Bischof vor ihr und gab Erklärungen und Entschuldigungen ab. Philipp von Vohet und Johann von Jamville, der päpstliche und der königliche Gefängniswärter der Templer, versprachen gleichfalls Gehorsam. Allein die Hindernisse zur Erfüllung der Aufgabe waren damit nicht hinweggeräumt. Am 22. wurde die Kommission heimlich benachrichtigt, dass einige Templer zur Verteidigung ihres Ordens in Laienkleidern nach Paris gekommen und hier ins Gefängnis geworfen worden seien. Sie liess daraufhin den Prévôt des Châtelet kommen, der erklärte, dass er auf königlichen Befehl sieben Männer, die verkleidete Templer sein sollten, verhaftet habe. Sie hätten Geld mitgebracht, um Advokaten zur Verteidigung des Ordens zu dingen. Als er aber zwei von ihnen gefoltert habe, habe er gefunden, dass das nicht der Fall sei. Die Sache hatte geringe Bedeutung, bewies aber die Absicht des Königs, die Massregeln der Kommission zu kontrollieren[1]).

Schliesslich gelang es der Kommission, sich die Vorführung Molays, Hugos von Peraud und einiger der in Paris verhafteten Brüder im November 1309 zu sichern. Molay sagte, er sei nicht klug und gelehrt genug, um den Orden zu verteidigen, aber er würde sich für niedrig und erbärmlich halten, wenn er es nicht wenigstens versuchen wollte. Allein er sei Gefangener und ohne einen Pfennig in der Tasche; er habe keine vier Denare zum Ausgeben und nur einen dienenden Bruder zur Beratschlagung bei sich; er bitte um Hilfe und Rat, dann wolle er sein Bestes versuchen. Die Kommissare erinnerten ihn daran, dass Prozesse wegen Ketzerei nicht nach den gesetzlichen Formen geführt und Anwälte nicht zugelassen würden; auch machten sie ihn auf die Gefahr aufmerksam, die er laufe, wenn er den Orden verteidige, nachdem er die Wahrheit der Anklagen gegen den Orden schon zugegeben habe. Freundlich lasen sie ihm das Protokoll der Kardinäle über sein in Chinon abgelegtes Geständnis vor. Als er darüber Unwillen und Erstaunen ausdrückte, liess ihm Wilhelm von Plaisian, der das Verfahren für den König überwacht zu haben scheint, nochmals eine freundliche Warnung zuteil werden, die seine Lippen schloss. Er bat um Verzug; als er wieder erschien, war Wilhelm von Nogaret da, um sich etwaige Unvorsichtigkeiten zunutze zu machen. Aus den päpstlichen Briefen, welche ihm vorgelesen wurden, erfuhr Molay, dass der Papst ihn und die anderen Häupter des Ordens für ein besonderes Urteil vorbehalten hatte; er bat daher, man möge ihm die Gelegenheit geben, ohne Verzug vor dem päpstlichen Gerichtshofe zu erscheinen. Es handelte sich offenbar um einen schlauen Kunstgriff. Die Führer wurden von den übrigen getrennt; Molay, Hugo von Peraud und Gottfried von Gonneville stellte man besondere Berücksichtigung in Aussicht, und selbstsüchtig liessen diese ihre Anhänger im Stich. Die Antworten, die die Brüder der Kommission gaben, lauteten in der Hauptsache wie diejenigen des Géraud von Caux, der erklärte: er sei ein einfacher Ritter, ohne Ross, Waffen oder Land, er wisse nicht, wie er den Orden verteidigen solle, und könne es also nicht[2]).

Um diese Zeit war Philipp offenbar zu der befriedigenden Überzeugung gelangt, dass von dieser Kommission nichts zu fürchten

---

1) Joann. de S. Victor. (Bouquet, XXI. 654). — Procès, I. 1—31. — *Finke a. a. O. I. 231 ff, 253.
2) Procès, I. 28, 29, 41—5, 88. — *Viollet a. a. O.; Finke a. a. O. I. 296.

war. Sein Widerstand hörte auf, und gnädig lieh er ihr seinen Beistand. Am 28. November 1309 erging eine zweite Aufforderung der Kommission an die Bischöfe mit der Androhung des päpstlichen Unwillens, falls sie fortfahren würden, pflichtvergessen zu sein. Weit wirksamer aber war, dass Philipp seine Gefängniswächter zu gleicher Zeit anwies, den bischöflichen Beamten Zutritt zu den gefangenen Templern zu gewähren, und seine Baillis aufforderte, alle Templer, die ihren Orden zu verteidigen wünschten, unter sicherer Bedeckung nach Paris zu schicken[1]).

Diese neue Vorladung wurde auf den 3. Februar 1310 angesetzt. Um den 5. Februar begannen die Templer herbeizueilen, beinahe alle von Eifer erfüllt, ihren Orden zu verteidigen. Es wurden ihrer immer mehr, bis die Kommission in Verlegenheit geriet, was sie mit ihnen anfangen sollte. Schliesslich, am 28. März, wurden fünfhundertsechsundvierzig, die sich zur Verteidigung erboten hatten, in dem Garten des bischöflichen Palastes versammelt, wo ihnen die Kommissare den Zweck ihrer Vorladung auseinandersetzten und ihnen vorschlugen, sechs oder acht oder zehn aus ihrer Mitte zu erwählen, um als Prokuratoren zu fungieren; sie würden nicht wieder die Gelegenheit haben, zusammenzukommen, und die Kommission würde am 31. das Verfahren eröffnen; aber die Prokuratoren sollten Zutritt zu ihnen haben in ihren verschiedenen Gefängnissen, und sie könnten sich auf diese Weise mit ihnen über das verständigen, was sie zur Verteidigung anführen wollten. Aber eine solch bunte Menge, deren verschiedenartiger Dialekt eine gemeinsame Besprechung unmöglich machte, von ihren natürlichen Führern verlassen und so plötzlich versammelt, war nicht geeignet, in einer so heiklen Angelegenheit Beschlüsse zu fassen. Viele trugen Bedenken, ohne Befehl von ihrem Meister zu handeln; denn jedes selbständige Handeln war den Untergebenen nach der Ordensregel streng verboten. Die Kommissare scheinen das aufrichtige Verlangen gehabt zu haben, die Angelegenheit in eine ordnungsgemässe Form zu bringen; sie befahlen schliesslich am 31. März ihren Notaren, die Häuser zu besuchen, in denen die Templer eingeschlossen waren, um über die Wünsche und Beschlüsse derselben zu berichten. Dazu war Zeit nötig; diese aber fehlte, und so sind die Berichte, die die Notare machten, nachdem sie ihre täglichen Rundgänge erledigt hatten, kläglich genug. Die unglücklichen Gefangenen waren noch immer in hilfloser Verlegenheit,

---

1) Procès, I. 47—53.

als sie aufgefordert wurden, einen Entschluss zu fassen. Die meisten von ihnen erklärten den Orden für rein und heilig, wussten aber nicht, was sie in Abwesenheit ihrer Vorgesetzten tun sollten. Allgemein baten sie, oft auf den Knien, wieder zu den Sakramenten zugelassen zu werden. Viele flehten um die Versicherung, dass sie, wenn sie stürben, in geweihtem Boden begraben würden; andere erboten sich, von dem erbärmlichen Kostgeld, das man ihnen anwies, einen Kaplan zu bezahlen; einige baten um die Erhöhung dieses Geldes, andere um Kleider, um ihre Blösse zu bedecken. Inständig, aber unerfüllbar waren ihre Gesuche um Sachverständige und gelehrte Männer, mit denen sie sich beraten und die für sie auftreten könnten; denn sie seien einfache und ungebildete Leute, lägen im Gefängnis an Ketten und seien unfähig, etwas zu tun. Weiter baten sie dringend, es möge den Aussagenden Sicherheit gegeben werden, da alle, welche gestanden hätten, mit dem Feuertode bedroht seien, wenn sie widerrufen würden. Ein Schreiben, das am 4. April die in dem Hause des Abtes von Tiron Eingeschlossenen überreichten, legt beredtes Zeugnis ab von der Behandlung, die ihnen in ihren Quartieren zuteil wurde; sie wurden offenbar aufs schamloseste ausgebeutet. Sie erklärten den Orden für rein und waren bereit, ihn zu verteidigen, so gut es Menschen könnten, die gefesselt im Gefängnis lägen und die Nacht in dunkeln Höhlen zubrächten. Sie beklagten sich weiter über die Unzulänglichkeit der zwölf Denare, die ihnen täglich angewiesen würden; denn sie bezahlten jeder täglich drei Denare für ihr Bett; ferner für Küchenmiete, Tischzeug, Kleider zwei Sous und sechs Denare die Woche; zwei Sous für das Abnehmen und Wiederanlegen der Fesseln, wenn sie vor der Kommission erschienen; für Wäsche achtzehn Denare alle vierzehn Tage; für Holz und Kerzen vier Denare den Tag und für die Überfahrt von Notre-Dame sechzehn Denare. Es ist klar, dass die armen Geschöpfe zum Gegenstand rücksichtslosester Ausbeutung gemacht wurden[1]).

Das Ergebnis dieses Verfahrens war, dass am 7. April neun Vertreter ein Schreiben im Namen aller einreichten, mit der Erklärung, dass sie ohne Ermächtigung von dem Meister und dem Konvent keine Anwälte ernennen könnten, aber alle einzeln und in der

---

1) Procès, I. 103—51. — Man darf dabei nicht vergessen, dass der Unterhalt gezahlt wurde in dem Gelde Philipps des Schönen, dessen Wert ganz bedeutend gesunken war. Einem Dokument von 1318 zufolge stand das Pfund Tournosen zum Pfund Sterling im Verhältnis wie 1 : $4^{1}/_{2}$ (Olim, III. 1279). Später erboten sich noch andere Templer zur Verteidigung des Ordens, so dass sich bis zum 2. Mai ihre Zahl auf fünfhundertdreiundsiebzig belief.

Gesamtheit zur Verteidigung des Ordens bereit seien, und mit der Bitte, auf dem Konzil oder, wo immer der Prozess geführt werde, erscheinen zu dürfen. Sie erklärten, die Anschuldigungen seien abscheuliche und unmögliche Lügen, fabriziert von Abtrünnigen und Flüchtlingen, die wegen ihrer Verbrechen aus dem Orden ausgestossen seien, und bestätigt dadurch, dass man die Verteidiger der Wahrheit gefoltert, Lügner dagegen durch Belohnungen und grosse Versprechungen ermutigt habe. Es sei doch wunderbar, sagten sie, dass denen, die durch weltliche Vorteile bestochen worden seien, mehr Glauben geschenkt würde als denen, welche den Tod unter Foltern erlitten und sterbend die Palme der Märtyrer Christi erlangt hätten, sowie den noch Lebenden, die um des Gewissens willen gelitten hätten und noch täglich in ihren Gefängnissen so viele Qualen, Seelenkämpfe und Elend erduldeten. Sie baten weiter, dass, da sie alle von Furcht und Schrecken erfüllt seien, Laien oder andere, die sie fürchten müssten, von dem Verhör der Brüder ferngehalten würden, und dass ihnen persönliche Sicherheit gegeben werde, da allen, welche bekannt hätten, täglich der Scheiterhaufen angedroht würde, falls sie widerriefen. In ihrer Antwort lehnten die Kommissare die Verantwortung für ihre schlechte Behandlung ab und versprachen, Schritte zu tun, dass sie gemäss den Anordnungen des Kardinals von Palestrina, dem sie von dem Papste anvertraut worden seien, human behandelt würden. Der Grossmeister, fügten sie hinzu, sei dringend aufgefordert worden, den Orden zu verteidigen, habe es aber abgelehnt und geltend gemacht, dass seine Sache dem Papste vorbehalten sei[1]).

Nachdem die Kommission so den Templern scheinbar Gelegenheit zur Verteidigung gegeben hatte, ging sie zur Aufnahme der Zeugenaussagen über, indem sie vier der Vertreter, Renaud von Provins, den Präzeptor von Orléans, Peter von Bologna, Prokurator des Ordens an der päpstlichen Kurie, und die Ritter Gottfried von Chambonnet und Bertrand von Sartiges bestimmte, bei der Eidesleistung der Zeugen zugegen zu sein und die eventuell nötigen Schritte zu tun, ohne sie indessen zu formellen Verteidigern des Ordens zu ernennen. Diese vier reichten am 13. April ein neues Schriftstück ein, worin sie darauf hinwiesen, dass man zur Erlangung der Geständnisse die Folter angewandt habe, und als allbekannte Tatsache feststellten, dass man, um Zeugenaussagen von Templern zu

---

1) Procès, I. 165—172.

bekommen, ihnen versiegelte königliche Briefe, worin ihnen Freiheiten und grosse lebenslängliche Pensionen versprochen wurden, übergeben und ihnen mitgeteilt habe, der Orden solle für immer aufgehoben werden. Diese Eingabe sollte offenbar ein Protest sein und einen Weg eröffnen, um die Aussagen der Belastungszeugen zu entkräften, was, wie wir gesehen haben, das einzige Verteidigungsmittel beim Inquisitionsprozessverfahren war; aus demselben Grunde baten sie auch um die Namen aller Zeugen. Sie wagten nicht, um eine Abschrift der Beweisstücke zu bitten, aber sie ersuchten ernstlich, diese geheim zu halten, da sonst den Zeugen Gefahr drohen würde. Nach einer durch das Osterfest eingetretenen Unterbrechung der Verhandlung wurde die Beweisaufnahme — die sich für den Orden meist ungünstig gestaltete, da die Zeugen offenbar sorgfältig für den Zweck ausgewählt worden waren — bis zum 9. Mai fortgesetzt. Am Sonntag dem 10. Mai wurden aber die Kommissare auf Veranlassung Renauds von Provins und seiner Kollegen plötzlich zusammenberufen, um die verblüffende Nachricht entgegenzunehmen, das Provinzialkonzil von Sens, das eiligst nach Paris berufen worden war, beabsichtige, alle diejenigen Templer zu verfolgen, die sich erboten hätten, den Orden zu verteidigen. Die meisten von diesen hatten zwar vorher Geständnisse abgelegt, aber heldenhaft ihr Leben aufs Spiel gesetzt, indem sie ihre Geständnisse tatsächlich zurückgenommen und behauptet hatten, dass der Orden rein sei. Die vier Templer appellierten also an den Schutz der Kommissare, da das, was das Konzil vorhabe, das im Gange befindliche Werk verhängnisvoll durchkreuzen würde. Sie verlangten, dass ihnen 'Apostel' gegeben, dass ihre Personen und Rechte und der ganze Orden unter den Schutz des Hl. Stuhles gestellt und dass ihnen Zeit und Geld bewilligt würden, um die Appellation durchzuführen. Sie ersuchten die Kommissare weiter, den Erzbischof von Sens anzuweisen, nichts zu unternehmen, solange die gegenwärtige Untersuchung im Gange sei, sowie sie mit einem oder zwei Notaren zu ihm zu schicken, um Protest zu erheben, da sie niemanden finden könnten, der es wage, ein solches Schriftstück für sie aufzusetzen. Die Kommissare gerieten in arge Verlegenheit und beratschlagten bis zum Abend. Dann riefen sie die Brüder wieder zu sich und teilten ihnen mit, dass sie sie herzlich bemitleideten, aber nichts für sie tun könnten; denn der Erzbischof von Sens und das Konzil handelten im Auftrage des Papstes[1]).

---

1) Procès, I. 173, 201—4, 259—64. — *Finke a. a. O. I. 259 ff.

Es lag nicht im Interesse Philipps, den Verteidigern des Ordens Gehör zu verschaffen. Jetzt, wo die Führer geschickt von den Brüdern abgesondert waren und die Eröffnung des Konzils nahe bevorstand, musste der Widerstand, der ihm von den beinahe sechshundert zur Verteidigung des Ordens plötzlich zusammengekommenen Templern drohte, im Keime unterdrückt werden, und er tat es mit der ihm eigenen skrupellosen Energie. Die Gelegenheit war günstig; denn eben erst hatte er nach langem Bemühen bei Clemens V. durchgesetzt, dass eine seiner jugendlichen Kreaturen, Philipp von Marigny, der Bruder seines Ministers Enguerrand, das Erzbistum Sens erhielt, von dem Paris ein Suffraganbistum war; am 5. April 1310 hatte dieser seine Würde angetreten. Die Bulle 'Faciens misericordiam' hatte angeordnet, dass nach dem Abschluss der bischöflichen Untersuchungen Provinzialkonzilien abgehalten werden sollten, um über die einzelnen Brüder das Urteil zu sprechen. Der König war also durch seine Erzbischöfe Herr der Situation, und so wurden plötzlich Provinzialkonzile berufen, das für Sens nach Paris, das für Reims nach Senlis, das für die Normandie nach Pont de l'Arche und das für Narbonne nach Carcassonne. Weiter wurde eine Kundgebung organisiert, die ein für allemal jeden Gedanken an fernern Widerstand gegen seinen Willen unterdrücken sollte. Und wozu noch Zeit verlieren durch den Schein eines Rechtsverfahrens? Schrieb doch das kanonische Gesetz vor, dass rückfällige Ketzer ohne Gehör verurteilt werden sollten. Am 11. Mai wurde das Konzil von Sens zu Paris eröffnet. Am 12., während die Kommissare damit beschäftigt waren, Zeugenaussagen aufzunehmen, erhielten sie die Nachricht, dass vierundfünfzig von denen, die sich zur Verteidigung des Ordens erboten hatten, wegen Zurücknahme ihrer Geständnisse als rückfällige Ketzer verurteilt worden waren und an demselben Tage verbrannt werden sollten. Schnell schickten die Kommissare Philipp von Vohet, den päpstlichen Gefängniswärter der Templer, und Amis, den Archidiakon von Orléans, zum Konzil und liessen um Aufschub bitten. Vohet, so erklärten sie, und viele andere hätten behauptet, die Templer, die im Gefängnis gestorben seien, hätten bei Gefahr ihrer Seelen erklärt, dass die erhobenen Beschuldigungen falsch seien; Renaud von Provins und seine Kollegen hätten von dem Konzil an sie appelliert; würden die beabsichtigten Hinrichtungen vollzogen, so würden die Funktionen der Kommission durchkreuzt; denn die Zeugen seien seit dem gestrigen Tage wahnsinnig vor Schrecken und gänzlich unfähig, eine Aussage zu machen. Die

Abgesandten eilten in den Konzilssaal, wo man sie mit Verachtung empfing und ihnen erwiderte, die Kommission könne unmöglich eine solche Botschaft geschickt haben. Die vierundfünfzig Märtyrer wurden auf Wagen geladen und auf das Feld in der Nähe des Klosters des hl. Antonius gebracht, wo sie langsam durch Feuer zu Tode gemartert wurden, jedes Angebot von Gnade, wenn sie geständen, zurückweisend und eine Standhaftigkeit bekundend, welche, wie ein Zeitgenosse berichtet, ihre Seelen in grosse Gefahr der Verdammnis brachte, da sie das Volk zu dem irrtümlichen Glauben an ihre Unschuld verleitet hätte. Das Konzil setzte sein Werk fort und verbrannte einige Tage später vier weitere Templer, sodass diejenigen, die etwa noch immer gesonnen waren, den Orden zu verteidigen, erkennen konnten, was für ein Schicksal ihrer wartete. Das Konzil liess auch die Gebeine Johanns von Tourne, des früheren Schatzmeisters des Tempels, ausgraben und verbrennen. Die, welche gestanden hatten und bei ihren Geständnissen blieben, wurden mit der Kirche versöhnt und freigelassen; diejenigen, welche hartnäckig das Geständnis verweigerten, wurden zu lebenslänglichem Kerker verurteilt. Dieses Urteil war etwas humaner als die gewöhnliche Inquisitionspraxis, aber es passte so der königlichen Politik für den Augenblick. Einige Wochen später verbrannte das Konzil von Reims zu Senlis neun weitere Opfer; zu Pont de l'Arche bestiegen drei den Scheiterhaufen, und auch in Carcassonne wurden mehrere verbrannt[1]).

Diese grausamen Massregeln führten zum Ziele. Als an dem Tage nach der Hinrichtung zu Paris, am 13. Mai, die Kommission ihre Sitzungen eröffnete, warf sich der erste Zeuge, Aimerich von Villiers, bleich vor Schrecken und Verzweiflung, auf die Knie, schlug auf die Brust, streckte die Hände nach dem Altar aus und rief plötz-

---

1) Fisquet, La France pontificale, Sens, p. 68. — Procès, I. 274—5, 281. — Contin. Chron. G. de Fracheto (Bouquet, XXI. 33). — Chron. Anon. (Bouquet, XXI. 140). — Amalr. Auger. Hist. Pontif. (Eccard. II. 1810). — Trithem. Chron. Hirsaug. ann. 1307. — Bern. Guidon. Flor. Chron. (Bouquet, XXI. 719). — Joann. de S. Victor. (Bouquet, XXI. 654—55). — Contin. Guill. Nangiac. ann. 1310. — Grandes Chroniques, V. 187. — Chron. Cornel Zantfliet, ann. 1310 (Martene Ampl. Coll. V. 158). — Bessin, Concil. Rotomagens. p. III. — Raynouard, p. 118—20.
Nicht alle Bischöfe waren gewillt, die Theorie der Inquisition anzuerkennen, dass Zurücknahme des Geständnisses gleichbedeutend sei mit Rückfall. Die Frage wurde auf dem Konzil von Narbonne erörtert und verneinend beantwortet. — Raynouard p. 106. (*Vgl. Finke a. a. O. I. 273.)
Die Zahl derjenigen, die sich weigerten zu gestehen, war nicht unbedeutend. Einige Schriftstücke über die Gefängniskosten für die Templer zu Senlis bezeichnen fünfundsechzig als nicht versöhnt, die also nicht eingestanden haben können. — Ibid. p. 107.

lichen Tod und Verderben auf Leib und Seele herab, wenn er lüge — dann erklärte er, alle dem Orden zur Last gelegten Verbrechen seien erlogen, obwohl er unter der Folter einige von ihnen zugestanden habe. Als er am gestrigen Tage seine vierundfünfzig Brüder in Wagen zum Feuertode habe fahren sehen und gehört habe, dass sie verbrannt worden seien, da habe er gefühlt, dass er nicht würde standhalten können und den Kommissaren oder sonst einem jeden alles bekennen würde, was man von ihm verlange, sogar dass er Gott den Herrn erschlagen habe. Zum Schluss beschwor er die Kommissare und Notare, nicht kundzutun, was er zu seinen Gefängnisschliessern oder zu den königlichen Beamten gesagt habe; sonst würde er wie die vierundfünfzig Brüder verbrannt werden. Dann kam ein früherer Zeuge, Johann Bertrand, vor die Kommission und bat inständig, dass seine Aussage wegen der über ihm schwebenden Gefahr geheim gehalten würde. Mit Rücksicht hierauf hielt es die Kommission für das Beste, während dieses allgemeinen Schreckens ihre Sitzungen zu unterbrechen. Sie trat am 18. Mai wieder zusammen, um Renaud von Provins, der vor die Schranken des Konzils gezogen worden war, ohne Erfolg von dem Erzbischof von Sens zurückzufordern. Auch Peter von Boulogne war weggeholt worden und konnte nicht wieder erlangt werden. Viele von den Templern, die sich erboten hatten, den Orden zu verteidigen, zogen sich schleunigst zurück, und jeder Versuch, dem Orden ein ordnungsmässiges Gehör vor dem Konzil von Vienne zu verschaffen, musste wohl oder übel aufgegeben werden. Ob Clemens V. in diese von hoher Stelle veranlasste Unterbrechung der Tätigkeit seiner Kommission eingeweiht war, ist wohl zweifelhaft; indessen er tat nichts, um sie wieder einzusetzen, und sein Schweigen machte ihn zum Mitschuldigen. Es war ihm nur gelungen, die unglücklichen Geschöpfe, die er verlockt hatte, zu ihrer Verteidigung hervorzukommen, dem Feuertode zu überantworten[1].

Am 4. April hatte Clemens durch die Bulle 'Alma Mater' das Konzil von Vienne vom Oktober 1310 bis Oktober 1311 vertagt, weil die Inquisition gegen die Templer mehr Zeit erforderte, als man erwartet hatte. Die Kommission brauchte sich also ebenfalls nicht zu beeilen, und sie vertagte sich bis zum 3. November. Ihre Mitglieder brauchten lange Zeit, ehe sie wieder zusammenkamen; sie nahm ihre Sitzungen erst am 17. Dezember 1310 wieder auf. Dann wurden Wilhelm von Chambonnet und Bertrand von Sartiges vor ihre Schranken gebracht, und sie erklärten, dass sie ohne Hilfe Renauds

---

1) Procès, I. 275—83.

von Provins und Peters von Boulogne nicht für den Orden handeln könnten. Diese, teilte ihnen die Kommission mit, hätten feierlich auf die Verteidigung des Ordens verzichtet, seien zu ihren ersten Geständnissen zurückgekehrt und von dem Konzil von Sens zu lebenslänglicher Gefangenschaft verurteilt worden, Peter sei dann aber aus dem Gefängnis ausgebrochen und geflohen. Den beiden Rittern wurde wiederum angeboten, bei der Eidesleistung der Zeugen zugegen zu sein, wobei sie Gelegenheit haben würden, Einwände zu machen; aber sie erklärten sich zu der Aufgabe für ungeeignet und zogen sich zurück. So wurde jeder Versuch, dem Orden als solchem Gehör zu verschaffen, aufgegeben, und das weitere Verfahren der Kommission war nur eine einseitige Anhäufung von Belastungsaussagen. Sie tagte bis Juni 1311, eifrig die Zeugen verhörend, die ihr vorgeführt wurden. Aber da diese von Philipp von Vohet und Johann von Jamville ausgewählt waren, so war dafür gesorgt, dass ihre Aussagen den Wünschen entsprachen. Die meisten der Zeugen waren tatsächlich infolge von Geständnis, Abschwörung und Absolution mit der Kirche wieder ausgesöhnt worden und gehörten dem Orden nicht mehr an, den sie seinem Schicksal überlassen hatten. Unter der grossen Anzahl von Templern, die sich geweigert hatten zu bekennen, wurde nur einigen wenigen und diesen offenbar nur durch einen Zufall erlaubt, vor der Kommission zu erscheinen. Es waren sogar einige da, die zurückzunehmen wagten, was sie vor den Bischöfen behauptet hatten, aber mit diesen dürftigen Ausnahmen waren alle Aussagen gegen den Orden. Es kam häufig vor, dass Zeugen, denen der Eid schon abgenommen war, nie wieder erschienen, um ihre Aussagen zu machen. Dass das kein Zufall war, wird dadurch wahrscheinlich, dass Renaud von Provins zu diesen gehörte. Endlich, am 5. Juni 1311, schloss die Kommission ihre Arbeiten und stellte Clemens ohne Kommentar ihre Protokolle zu als einen Teil des Materials, das der auf dem Konzil von Vienne versammelten Kirche als Unterlage für ihren Richterspruch dienen sollte[1]).

1) Harduin VII. 1334. — Procès, I. 286—7; II. 3, 4, 269—73. — Raynouard pp 254—6. Eine notarielle Beglaubigung besagt, dass das umfangreiche Protokoll aus 219 Folioblättern mit je vierzig Linien auf der Seite bestand, was 17 520 Zeilen gleichkommt.
Wie scharf die Zeugen bewacht wurden, ersieht man aus drei Fällen, denjenigen Martins von Mont Richard, Johann Durands und Johann von Ruans, die am 22. März behaupteten, dass sie nichts Schlimmes von dem Orden wüssten. Zwei Tage später wurden sie zurückgebracht und sagten, dass sie aus Torheit gelogen hätten; vor ihren Bischöfen hätten sie die Verleugnung und das Speien zugegeben und damit die Wahrheit bekannt. Welche Überredungsmittel in der Zwischenzeit angewandt worden waren, weiss niemand. — Procès, II. 88—96, 107—9

Bevor wir zu dem letzten Akte des Dramas in Vienne übergehen, ist es notwendig, in aller Kürze die Massregeln ins Auge zu fassen, die man ausserhalb Frankreichs gegen die Templer traf. Eduard II. von England erwiderte am 30. Oktober 1307 auf die Ankündigung Philipps vom 16. Oktober, dass er und sein Rat der Angelegenheit die ernsteste Beachtung zugewandt hätten; sie habe das grösste Erstaunen verursacht, und sie sei so abscheulich, dass man sie kaum glauben könne. Um weitere Erkundigung einzuziehen, habe er seinen Seneschall von Agen kommen lassen. Seine Überzeugung von der Unschuld des bedrohten Ordens und sein Wunsch, ihn zu beschützen, waren so stark, dass er am 4. Dezember an die Könige von Portugal, Kastilien, Aragonien und Neapel schrieb, die Anklagen müssten von Habgier und Neid ausgehen, und die Könige bat, ihre Ohren der Verleumdung zu verschliessen und nichts ohne Überlegung zu tun, damit ein wegen seiner Reinheit und Ehre so ausgezeichneter Orden nicht behelligt würde, ehe ihm gerichtlich etwas nachgewiesen sei. Er ging noch weiter und erwiderte dem Papste Clemens V. am 10. Dezember, die Templer ständen in England wegen ihrer reinen Sitten und ihres Glaubens in solchem Ansehen, dass er nicht ohne weitere Beweise die schrecklichen Gerüchte über sie glauben könne; zugleich bat er den Papst, den Verleumdungen neidischer und böswilliger Menschen zu widerstehen. Als er aber einige Tage darauf Clemens' Bulle vom 22. November empfing, konnte er nicht mehr an den Dingen zweifeln, die das Oberhaupt der Christenheit behauptete, und kam sofort seinen Aufforderungen nach. Schon am 15. Dezember waren ausführliche Befehle vorbereitet und an alle Sheriffs in England gesandt mit genauen Anweisungen, alle Templer am 10. Januar 1308 zu verhaften; ebenso wurden Anweisungen in bezug auf die Sequestrierung und Behandlung ihres Eigentums gegeben. Ähnliche Befehle ergingen am 20. Dezember an die englischen Behörden in Irland, Schottland und Wales. Möglicherweise hat Eduards bevorstehende Reise nach Boulogne, um Isabella, die Tochter Philipps des Schönen, zu heiraten, Einfluss auf die plötzliche Änderung seiner Absicht gehabt[1]).

Die Verhaftung fand demgemäss statt, und die Templer blieben in ehrenvoller Haft, nicht im Gefängnisse, um die weiteren Befehle des Papstes zu erwarten; das dauerte aber lange. Weder die Kirche noch der Staat schien Neigung zu haben, die Initiative zu ergreifen.

---

1) Rymer, Foedera, III. 18, 34—7, 43—6. — *Finke, a. a. O. I. 313; C. Perkins, The trial of the knights Templars in England (English Historical Review XXIV (1909), 432 ff.).

Obwohl die Mandate an die päpstlichen Inquisitoren, Sicard von Lavaur und den Abt von Lagny, am 12. August 1308 ausgestellt waren, brachen diese erst im September 1309 auf; die am 13. dieses Monats für sie ausgestellten Geleitsbriefe zeigen ihre Ankunft in England an. Darauf wurden Befehle erlassen, alle noch nicht ergriffenen Templer zu verhaften, nach London, Lincoln und York zu bringen und dort zu verhören. Zugleich aber erhielten die Bischöfe strenge Anweisung, der ganzen Verhandlung beizuwohnen. Ähnliche Befehle gingen nach Irland und Schottland, wo die Inquisitoren zur Führung der Angelegenheit Delegierte ernannten. Es war offenbar nicht leicht, die Beamten zu bestimmen, ihrer Pflicht nachzukommen. Am 14. Dezember 1309 waren neue Instruktionen an alle Sheriffs erforderlich, die Templer zu ergreifen, die in weltlicher Kleidung im ganzen Lande umherzögen; im folgenden März und abermals im Januar 1311 wurde der Sheriff von York getadelt, weil er den unter seiner Obhut stehenden Brüdern erlaubte umherzuwandern. Die Sympathie des Volkes war offenbar auf seiten der angeschuldigten Brüder [1]).

Schliesslich am 20. Oktober 1309 hatten die päpstlichen Inquisitoren und der Bischof von London eine Sitzung in dem bischöflichen Palaste, um die in London versammelten Templer zu verhören. Einzeln über die zahlreichen Anklageartikel befragt, behaupteten sie alle die Unschuld des Ordens. Auch auswärtige Zeugen wurden hereingerufen; die meisten erklärten, dass sie dasselbe glaubten. Nur einige erwähnten die unbestimmten Gerüchte in Volkskreisen und die Skandal-Geschichten, welche durch das geheimnisvolle Verfahren in dem Orden veranlasst seien. Die Inquisitoren waren in arger Verlegenheit. Sie waren in ein Land gekommen, dessen Gesetze die Anwendung der Folter nicht erlaubten, und ohne diese waren sie machtlos, das Werk durchzuführen, um dessentwillen sie geschickt waren. In ihrer unbehaglichen Stimmung wandten sie sich schliesslich an den König und erlangten von ihm am 15. Dezember einen Befehl an die Gefängniswärter, den Inquisitoren und bischöflichen Ordinarien zu erlauben, mit den Leibern der Templer zu tun, was ihnen beliebe, „in Übereinstimmung mit dem kirchlichen Gesetz", ein Ausdruck, der dank der hässlichen Verderbnis der Epoche die Bedeutung des

---

1) Regest. Clement. PP. V. T. III. pp. 316, 477. — Rymer, Foed. III. 168—9, 173, 179—80, 182, 195, 203—4, 244.
Der den Inquisitoren zuerkannte Sold betrug für jeden täglich drei Gulden, die auf das Templereigentum angewiesen wurden (Regest. ubi sup).

schlimmsten Missbrauchs angenommen hatte, vor dem das weltliche Gesetz noch zurückschreckte. Aber die Ausführung stiess wieder auf Schwierigkeiten, sei es von seiten der Schliesser oder der bischöflichen Beamten; denn das Mandat wurde am 1. März 1310 und am 8. März abermals wiederholt mit der Anweisung, den Grund anzugeben, warum dem früheren nicht gehorcht worden sei. Und doch erhielt man auch jetzt keine Zeugenaussagen, die der Mühe lohnten, obgleich sich die Verhöre den ganzen Winter und Frühling hindurch bis zum 24. Mai 1311 ausdehnten. Endlich konnten drei ergriffene Flüchtlinge durch leicht zu erratende Mittel dahin gebracht werden, das Gewünschte zu bekennen, was dann bis zum äussersten ausgenutzt wurde. Schliesslich aber wurde Clemens V. ungeduldig über dieses mangelhafte Ergebnis. Am 6. August 1310 schrieb er an Eduard, es sei ihm berichtet worden, dass der König die Anwendung der Folter, als den Gesetzen seines Königreiches entgegenstehend, gehindert habe, und dass infolgedessen die Inquisitoren nicht imstande seien, Geständnisse zu erlangen. Nun könne aber kein Gesetz und kein Brauch die für solche Fälle vorgesehenen Kanones unterdrücken; es würden also die Ratgeber und Beamten des Königs, die sich so der Behinderung der Inquisition schuldig machten, den Strafen verfallen, die für ein so schweres Vergehen vorgesehen seien. Den König selbst aber forderte er warnend auf zu überlegen, ob seine Stellungnahme mit seiner Ehre und Sicherheit im Einklang stehe, und er bot ihm den Nachlass seiner Sünden an, wenn er sie aufgeben wolle — vielleicht der verführerischste Ablassverkauf, von dem die Geschichte berichtet. Ähnliche Briefe gingen zu gleicher Zeit an alle Bischöfe Englands, die der Papst schalt, dass sie nicht längst die Hindernisse beseitigt hätten, wie sie pflichtmässig tun müssten. Infolge dieses Ansporns befahl Eduard am 26. August abermals, dass den Bischöfen und Inquisitoren erlaubt sein solle, das Kirchengesetz anzuwenden, ein Befehl, der am 6. und 23. Oktober, am 22. November und am 28. April 1311 wiederholt wurde; in den letzten Fällen wurde das Wort Folter ausdrücklich angewendet, in allen aber war der König eifrig darauf bedacht, hinzuzufügen, dass das, was er tue, aus Ehrfurcht vor dem Hl. Stuhle geschehe. Am 18. August 1311 erhielt auch der Sheriff von York ähnliche Instruktionen[1]).

So fasste auf einmal die päpstliche Inquisition Fuss in England.

---

1) Wilkins, Concil. Mag. Brit. II. 329—92. — Rymer, III. 195, 202—3, 224—5, 227—32, 260, 274. — Regest. Clement. PP. V. T. v. pp. 455—7. — *Vgl. Finke a. a. O. I. 315.

Augenscheinlich aber war ihr Verfahren zu abstossend für den Geist der Nation, um mit einem vollen Erfolge belohnt zu werden. Obwohl die Untersuchungen mehr als achtzehn Monate dauerten, konnten die Templer nicht überführt werden. Das höchste, was man erlangen konnte, war, dass sie auf den Provinzialkonzilien zu London und York im Frühjahr und Sommer 1311 dahin gebracht wurden, zuzugeben, dass sie wegen Ketzerei in so schlechtem Rufe ständen, dass sie die vom Gesetz verlangte Reinigung nicht beizubringen vermöchten; sie baten daher um Gnade und versprachen, jede Busse, die man ihnen auferlegen würde, zu vollbringen. Einige von ihnen unterwarfen sich ausserdem einer Art von Abschwörung. Die Konzilien liessen sie auf die verschiedenen Klöster verteilen, damit sie eine gewisse Busse vollbrächten, bis der Hl. Stuhl über die Zukunft des Ordens entscheiden würde. Das war für die Templer in England das endgültige Schicksal. In liberaler Weise wurden vier Pence täglich für ihren Lebensunterhalt ausgesetzt, während für Wilhelm de la More, den Meister von England, zwei Schilling angewiesen wurden, die bei seinem Tode auf Humbert Blanc, den Präzeptor von der Auvergne, übertragen wurden; der letztere war zum Glück für ihn zur Zeit der Verhaftungen in England und wurde dort mitverhaftet. Hieraus geht hervor, dass die Templer nicht als Verbrecher angesehen wurden, und Walsingham stellt ihnen das Zeugnis aus, dass sie sich in den Klöstern, denen sie überwiesen wurden, in jeder Beziehung fromm und rechtschaffen betrugen. In Irland und Schottland waren die Untersuchungen resultatlos. Ausser unbestimmten Vermutungen und Erzählungen auswärtiger Zeugen, die eifrig gesammelt wurden, konnte dem Orden nichts nachgewiesen werden [1]).

Was Lothringen angeht, so veranlasste der Präzeptor von Villencourt, sobald er Kunde von den Verhaftungen in Frankreich erhielt, die ihm unterstellten Brüder, sich den Bart abzunehmen und ihre Mäntel abzulegen, was die Entlassung aus dem Orden bedeutete. Herzog Thibaud ahmte Philipps Beispiel der Ausrottung mit voll-

---

[1]) Wilkins, II. 314, 373—83, 394—400. — Rymer, III. 295, 327, 334, 349, 472—3. — Procès des Templiers, II. 130. — D'Argentré, I. I. 280.
Dass man den Templern gegenüber liberal war, zeigt der Sold, welchen man dem Bischof von Glasgow aussetzte, als er 1312 in dem Schlosse Porchester eingeschlossen wurde. Sein Tagessold betrug sechs Pence, der für seinen Knappen drei Pence, sein Kaplan bekam fünf Viertel-Penny, dasselbe sein Diener (Rymer, III. 363). Der Lohn für den Pförtner des Tempels in London betrug nach einer Urkunde Eduards II. aus dem Jahre 1314 zwei Pence (Wilcke, II. 498).

ständigem Erfolge nach. Eine grosse Anzahl Templer wurde in Lothringen verbrannt, und es gelang ihm, sich den grössten Teil ihres Eigentums anzueignen[1]).

In bezug auf die Vorgänge in Deutschland sind unsere Kenntnisse recht lückenhaft. Hier gab der Deutschritterorden dem Adel Gelegenheit zur Betätigung, so dass die Templer hier bei weitem nicht so zahlreich wie in Frankreich waren. Ihr Schicksal war nicht so tragisch, und es zog die Aufmerksamkeit der Chronisten in verhältnismässig geringem Grade auf sich. Ein Berichterstatter teilt uns mit, dass sie mit Zustimmung des Kaisers Heinrich VII. vernichtet wurden, weil sie Beziehungen zu den Sarazenen in Palästina und Ägypten unterhielten und die Gründung eines neuen Reiches für sich unter den Christen vorbereiteten. Die Behauptung von ihren Ketzereien hatte also nur geringen Eindruck auf die Stimmung des Volkes gemacht. In der Tat hingen die zu treffenden Massregeln grösstenteils ab von den persönlichen Ansichten der fürstlichen Prälaten, die an der Spitze der grossen Erzbistümer standen. Erzbischof Burchard III. von Magdeburg handelte zuerst. Im Mai 1308 kehrte er von der Reise, die er 1307 zur Erlangung des Palliums nach Rom hatte unternehmen müssen, zurück mit dem päpstlichen Auftrage, alle Templer in seiner Provinz zu verhaften. Da er ihnen schon vorher feindlich gesinnt war, so kam er dieser Aufforderung mit Eifer nach. Es lagen aber in seinem Gebiete bloss vier Häuser. Auf diese und ihre Inhaber legte er die Hand, was zu einer langen Reihe von unklaren Streitigkeiten führte, in deren Verlauf er sich die Exkommunikation durch den Bischof von Halberstadt zuzog, die der Papst alsbald wieder aufhob; er verbrannte einige der hartnäckigeren Brüder und wurde so auch in einen Krieg mit ihren Verwandten verwickelt, in welchem es ihm schlecht erging. Noch 1318 beklagen sich die Hospitaliter bei Johann XXII., dass die Templer noch in dem Besitz des grössern Teils ihres Eigentums seien[2]).

Die Bulle 'Faciens misericordiam' vom August 1308 an die

---

1) Procès, II. 267. — Calmet, Hist. Gén. de Lorraine II. 436. — *Clouet, Histoire de Verdun III. 81; Sauerland, Vatikanische Urkunden und Regesten zur Geschichte Lothringens I (1901) Nr. 188.

2) Gassari, Annal. Augsburgens. ann. 1312 (Mencken, Scriptt. I. 1473). — Torquati Series pontif. Magdeburg. ann. 1307–8 (Mencken, III. 390). — Raynald. ann. 1310, Nr. 40. — Chron. episc. Merseburgens. c. XXVII. § 3 (Ludewig, IV. 408). — Bothonis Chron. ann. 1311 (Leibniz, III. 374). — Wilcke, II. 242, 246, 324-5. — Regest. Clement. PP. V. T. v. p. 271. — Schmidt, Päpstliche Urkunden und Regesten aus den Jahren 1295-1352 die Gebiete der Provinz Sachsen betreffend (Halle, 1886) p. 77. — Havemann, p. 333. — *Finke a. a. O. I. 317.

deutschen Prälaten behielt, entsprechend der von Clemens V. in dieser ganzen Angelegenheit befolgten Politik, den deutschen Grossmeister dem päpstlichen Richterspruch vor. Die Anweisungen der Bulle zum Vorgehen fanden ausser in Magdeburg nur dürftigen Gehorsam. Ohne grossen Erfolg schrieb der Papst am 30. Dezember desselben Jahres an den Herzog von Österreich, er solle alle Templer in seinen Ländern verhaften, und ernannte die Ordinarien von Mainz, Trier, Köln, Magdeburg, Strassburg und Konstanz zu Spezialinquisitoren innerhalb ihrer verschiedenen Diözesen, während er den Abt von Crudacio aus der Diözese Viviers als Inquisitor für das übrige Deutschland aussandte und den Prälaten befahl, ihm täglich fünf Goldgulden zu zahlen. Erst 1310 konnten die grossen Erzbischöfe zum Handeln gebracht werden, aber das Ergebnis enttäuschte. In der Tat übertrugen Trier und Köln im Jahre 1310 an Burchard von Magdeburg ihre Vollmacht, die Ländereien der Templer in Besitz zu nehmen, und Clemens gab die Bestätigung dazu mit dem Befehl, energisch vorzugehen. Was die Personen der Templer angeht, so wurde in Trier ein Verhör angestellt. Siebzehn Zeugen, darunter drei Templer, wurden vorgeladen. Das Resultat war Freisprechung. Zu Mainz musste der Erzbischof Peter von Aspelt, der sich das Missfallen Clemens' V. dadurch zuzog, dass er die ihm als Kommissar übertragenen Vollmachten über das Templereigentum an seine Suffraganbischöfe abgetreten hatte, schliesslich am 11. Mai 1310 ein Provinzialkonzil berufen. Plötzlich und ungebeten trat dort der Wild- und Rheingraf Hugo von Salm, Komtur von Grumbach, mit zwanzig vollständig bewaffneten Rittern an. Man fürchtete Gewalttätigkeiten, aber der Erzbischof fragte Hugo, was er zu sagen habe. Der Templer behauptete, sein Orden sei unschuldig; die, welche verbrannt worden seien, hätten standhaft die Anschuldigungen geleugnet; die Wahrheit ihrer Aussage sei dadurch bewiesen worden, dass das Kreuz auf ihren Mänteln unverbrannt geblieben sei — ein Wunder, das allgemein geglaubt wurde und grossen Einfluss auf die öffentliche Meinung hatte. Er schloss mit einer Berufung an den zukünftigen Papst und die ganze Kirche. Der Erzbischof liess, um einen Tumult zu vermeiden, den Protest zu. Als Clemens Kunde hiervon erhielt, liess er das Konzil wieder zusammentreten, um seine Pflicht zu tun. Man gehorchte. Der Wildgraf Friedrich von Salm, der Bruder Hugos und Meister der rheinischen Provinz, erbot sich, sich dem Gottesgerichte mit rotglühenden Eisen zu unterziehen; aber es war unnötig. Neunundvierzig Zeugen, darunter siebenunddreissig Templer, wurden verhört, und alle beschworen die Unschuld des Ordens. Die zwölf Nichttempler, Personen von Stand und Rang, traten gleichfalls nachdrücklich für den Orden ein. Unter anderen bezeugte der Erzpriester Johann, dass in einer Zeit der Not, wo der Preis für das Mass Korn von drei auf dreiunddreissig Sous gestiegen sei, die Komturei Mostaire tausend Personen an einem Tage gespeist habe. Das Ergebnis war ein Freispruch, der dem Papste so missfiel, dass er Burchard von Magdeburg befahl, die Sache in die Hand zu nehmen und sie zu einem befriedigenderen Ende zu führen. Dieser Aufforderung scheint Burchard zwar mit Eifer nachgekommen zu sein; welchen Erfolg er hatte, wissen wir jedoch nicht. Erzbischof Peter liess die Hoffnung auf eine Verständigung nicht sinken. Als er nach dem Konzil von Vienne das Vermögen der Templer den Hospitalitern auszuhändigen gezwungen war, verlangte er von diesen die Anerkennung eines Übereinkommens, wonach sie das Gut Topfstadt zurückzugeben versprachen, falls der Papst den Orden wiederherstellen würde[1]).

In Italien waren die Templer gleichfalls nicht zahlreich, der Papst besass aber bessere Machtmittel, um das Werk der Vernichtung durchzuführen. In Neapel verhallte der Appell Eduards II. ungehört; war doch die Dynastie Anjou zu eng mit dem Papsttum verbunden, um zu zögern. Als Robert, Herzog von Calabrien und Sohn Karls II., eine Abschrift der Bulle 'Pastoralis præeminentiae' vom 22. November 1307 empfing, wusste er sofort, was er zu tun hatte. Es wurden schleunigst Befehle ausgesandt an alle Provinzen, die unter der Krone Neapels standen, die Templer zu verhaften und ihr Vermögen mit Beschlag zu belegen. Philipp, der Herzog von Achaia und Romanien, der jüngste Sohn Karls, erhielt sogleich Auftrag, die päpstlichen Instruktionen in allen Ländern in der Levante auszuführen. Am 3. Januar 1308 wurden ebenso die Beamten in der Provence und in Forcalquier angewiesen, die Verhaftungen am 23. vorzunehmen. Der Orden war zahlreich in jenen Gebieten. Die

---

1) Harduin. VII. 1353. — Regest. Clement. PP. V. T. IV. pp. 3—4; T. V. p. 272. — Du Puy, pp. 62—3, 130—1. — Schmidt, Päpstliche Urkunden, p. 77. — Raynald. ann. 1310, Nr. 40. — Raynouard, pp. 127, 270. — Jo. Latomi Cat. Archiepp. Moguntt. (Menken. III. 529). — H. Mutii Chron. lib. XXII. ann. 1311. — Wilke, II. 243, 246, 325, 339. — Schottmüller, I, 445—6. — *Sauerland, Urkunden und Regesten zur Gesch. der Rheinlande aus dem Vatik. Archiv I. (1902) Nr. 250—252, 254—256, 301, 324, 335—337, 353; Regesten der Erzbischöfe von Mainz 1289—1396, I (bearb. von E. Vogt, 1907 ff.) Nr. 1328.

Selbst Raynaldus (ann. 1307, Nr 12) führt den Umstand, dass die Kreuze unverbrannt blieben, als Beweis für die Templer an.

Mitglieder müssen aber meistens geflohen sein; denn nur achtundvierzig wurden verhaftet, angeblich vor Gericht gezogen und hingerichtet. Aber eine Urkunde aus dem Jahre 1318 zeigt, dass Albert von Blacas, Präzeptor von Aix und St. Maurice, der 1308 eingekerkert worden war, damals noch mit Einwilligung der Hospitaliter die Komturei von St. Maurice innehatte. Die bewegliche Habe der Templer wurde zwischen Papst und König geteilt, die Ländereien dem Hospitaliter-Orden vermacht. Im Königreich Neapel wurde den Inquisitoren kein Stein in den Weg gelegt, um durch die üblichen Mittel und Wege die gewünschten Aussagen zu erlangen. Das geht aus den bruchstückweise erhaltenen Protokollen der päpstlichen Kommission hervor, die im Jahre 1310 dorthin geschickt wurde, um Beweise gegen den ganzen Orden und gegen den Grosspräzeptor von Apulien, Otto von Valdric, zu erlangen. Dasselbe kann von Sizilien gesagt werden, wo, wie wir (Bd. II, 280) gesehen haben, Friedrich III. von Aragon die Inquisition im Jahre 1304 zugelassen hatte[1]).

Bezüglich des Kirchenstaates besitzen wir etwas ausführlichere Berichte über die späteren Prozesse. Obgleich wir nichts von den Vorgängen zur Zeit der ersten Verhaftung wissen, so wird wohl niemand bezweifeln, dass in einem Gebiete, das Clemens V. direkt unterworfen war, seine Bulle vom 22. November 1307 strikten Gehorsam fand, dass folglich alle Mitglieder des Ordens verhaftet und geeignete Mittel angewandt wurden, um die gewünschten Geständnisse zu bekommen. Als die päpstliche Kommission nach Paris geschickt wurde, um dem Orden Gelegenheit zu geben, seine Verteidigung auf dem Konzil von Vienne vorzubereiten, wurden ähnliche mit inquisitorischen Vollmachten ausgestattete Kommissionen auch nach anderen Orten entsandt. Der Bericht, den Bischof Jakob von Sutri und Magister Rudolf von Sabello, die für das Patrimonium S. Petri mit jenen Vollmachten ausgerüstet waren, erstatten, ist zwar leider nicht vollständig, gibt uns aber einen Einblick in den wirklichen Zweck, der sich unter dem scheinbaren Vorhaben dieser Kommissionen verbarg. Die Inquisitoren begannen im Oktober 1309 in der Stadt Rom, aber niemand erschien, obwohl nicht nur Mitglieder des Ordens, sondern jeder, der etwas zur Sache zu sagen hatte, vorgeladen worden war. Im Dezember gingen sie nach Viterbo, wo fünf Templer im Gefängnis lagen, die sich aber weigerten, zu

---

1) Magnum Bullarium Rom. IX. 131—2. — Archivio di Napoli, Mss. Chioccarello, T. VIII. — Du Puy, pp. 63—4, 87, 222—6. — Raynouard, pp. 200, 279—84. — Schottmüller, II. 108 sqq.

erscheinen und den Orden zu verteidigen. Im Januar 1310 gingen sie weiter nach Spoleto, ohne Templer oder andere Zeugen zu finden, im Februar nach Assisi, wo sie ihr Verfahren änderten, indem sie Befehl gaben, dass alle Templer und ihre Begünstiger vor sie gebracht würden; dasselbe wiederholten sie im März zu Gubbio, aber an beiden Orten ohne Erfolg. Im April luden sie zu Aquila Zeugen vor, um festzustellen, ob die Templer irgendwelche Kirchen in den Abruzzen hätten; aber selbst der Präzeptor der Hospitaliter konnte ihnen keinen Aufschluss geben. Dann wurden alle Franziskaner des Ortes versammelt, aber niemand vermochte etwas zum Nachteil des Ordens zu berichten. Einige Tage später schlugen sie in Penna ein anderes Verfahren ein, indem sie alle Templer und andere, die den Orden zu verteidigen wünschten, aufforderten, vor ihnen zu erscheinen. Man entdeckte zwei Templer, die nun wiederholt persönlich vorgeladen wurden, aber sich weigerten, den Orden zu verteidigen. Einer von ihnen, Walter von Neapel, wurde als entschuldigt angesehen, weil es zweifelhaft war, ob er zu dem Orden gehörte; der andere aber, Cecco, wurde vorgeführt und erzählte den Inquisitoren von einem Götzenbilde, das in der Schatzkammer eines Präzeptoriums in Apulien zum Zwecke der Anbetung aufbewahrt würde. Im Mai gelang es ihnen, zu Chieti eines anderen Templers habhaft zu werden, der die Verleugnung Christi, die Anbetung des Idols und andere Schandtaten eingestand. Um den 23. Mai nach Rom zurückgekehrt, erliessen die Inquisitoren neue Vorladungen, aber wiederum ohne Erfolg. In der folgenden Woche waren sie wieder in Viterbo und suchten Beweise von den dortigen fünf Gefangenen zu erlangen; aber diese liessen wiederum sagen, dass keiner von ihnen vor den Inquisitoren zu erscheinen und den Orden zu verteidigen wünsche. Fünfmal im ganzen wurden sie vorgeladen, und fünfmal weigerten sie sich, aber die Inquisitoren liessen sich nicht abfertigen. Vier der Gefangenen wurden hervorgeholt und durch leicht zu erratende Mittel zum Sprechen gebracht. Vom 7. bis 19. Juni waren die Inquisitoren damit beschäftigt, ihre Aussagen in bezug auf die Verleugnung Christi, das Speien auf das Kreuz usw. entgegenzunehmen, Aussagen, die als frei und aus eigenem Antrieb abgegeben protokolliert wurden. Am 3. Juli erliessen die Kommissare in Albano die übliche Aufforderung, aber am 8. berichtete ihr Sendbote, dass er in der Campagna und den Maremmen keine Templer finden könne; eine Sitzung in Velletri am 16. war gleichfalls fruchtlos. Am nächsten Tage forderten sie andere Zeugen auf, aber acht Geistliche, die erschienen, wussten nichts zu sagen. Dann verhörten sie zu Segni fünf Zeugen, ohne irgendeinen Beweis zu erlangen. Castel Fajole und Tivoli brachten gleichfalls kein Ergebnis; dagegen wurde ihnen am 27. zu Palombara Walter von Neapel von Penna aus zugeführt, nachdem die Zweifel in bezug auf seine Zugehörigkeit zum Orden offenbar gehoben worden waren. Ihre Ausdauer in diesem Falle wurde belohnt mit ausführlichen Einzelheiten über ketzerische Gebräuche. Hier endigt das Protokoll. Das eifrige neun Monate lange Suchen in diesen weiten Gebieten hatte acht Templer ans Licht gebracht und sieben Belastungsaussagen ergeben [1]). Selbst wenn wir berücksichtigen, dass es einigen gelungen sein mag, zu entkommen, so geht aus diesem Protokoll ebenso wie aus dem ganzen übrigen Verfahren in Italien hervor, wie dünn gesät die Mitglieder des Ordens auf der Halbinsel waren.

In den übrigen Staaten Italiens scheint die 1307 an die Erzbischöfe gerichtete päpstliche Bulle, worin diese zu einer Untersuchung aufgefordert wurden, nur lauen Gehorsam gefunden zu haben. Die erste Massregel, über die wir Nachricht haben, ist ein Befehl des Dominikaners Otto, des Inquisitors der Lombardei, aus dem Jahre 1308, der die Auslieferung von drei Templern an den Podestà von Casale verlangt. Es war indessen offenbar noch ein weiterer Antrieb zur Verfolgung erforderlich, und so wurde 1309 der Erzbischof Johannes von Pisa zum apostolischen Nuntius ernannt und ihm die Angelegenheit in ganz Toscana, in der Lombardei, in Dalmatien und Istrien übertragen mit einer Besoldung von acht Gulden für den Tag, die auf das Eigentum des Templerordens angewiesen wurden. In Ancona verhörte der Bischof von Fano einen Templer, der nichts gestand, ebenso neunzehn andere Zeugen, die keine belastenden Aussagen lieferten, und zu Cesena in der Romagna verhörten der Erzbischof Rainald von Ravenna und der Bischof von Rimini zwei Templer, die beide die Unschuld des Ordens bezeugten. Der Erzbischof, der päpstlicher Inquisitor gegen die Templer in der Lombardei, in Toscana, in der Mark Treviso und in Istrien war, scheint seine Untersuchung auch über einen Teil der Lombardei ausgedehnt zu haben, obgleich ein Bericht hierüber nicht vorliegt. Ein Rundschreiben des Papstes ermächtigte alle Inquisitoren in Italien, nach dem Eigentum der Templer zu forschen, und ernannte die Erzbischöfe von Ravenna und Pisa zu Verwaltern desselben. Es

---

1) Schottmüller, II. 406—10.

wurde sequestriert und der Erlös Clemens V. übergeben. Von Rainald von Ravenna, der mit den Templern sympathisierte, waren ernste Bemühungen nicht zu erwarten. 1309 berief er eine Synode nach Bologna, wo man sich den Anschein gab, als ob man die Angelegenheit in die Hand nehmen wolle, aber es kam zu keinem Resultat, und als 1310 sein Vikar Bonincontro mit den päpstlichen Bullen nach Ravenna ging, machte er kein Geheimnis daraus, dass er den Angeklagten günstig gesinnt sei. Schliesslich wurde Rainald aber zum Handeln gezwungen. In einer Proklamation vom 25. November 1310 berief er unter Hinweis auf die päpstlichen Befehle, Provinzialkonzilien zum Verhör und zur Verurteilung der Templer abzuhalten, ein solches nach Ravenna für den Januar 1311 und forderte die Inquisitoren auf, die Beweise, die sie durch die Anwendung der Folter erlangt hätten, dahin mitzubringen. Das Konzil wurde abgehalten und die Angelegenheit beraten, aber zu einem Beschlusse kam man nicht. Ein anderes Konzil, das für den 1. Juni nach Bologna berufen war, wurde nach Ravenna verlegt und bis zum 18. Juni verschoben. Zu diesem sollten die Bischöfe alle Templer ihrer Diözesen unter strenger Bewachung bringen. Infolgedessen wurden am 16. Juni sieben Ritter vor das Konzil gebracht, vereidigt und dann der Reihe nach über alle vom Papste aufgestellten Punkte verhört, die sie aber einstimmig in Abrede stellten. Darauf wurde dem Konzil die Frage vorgelegt, ob sie gefoltert werden sollten; die Antwort lautete trotz des Widerspruches zweier anwesenden Dominikaner-Inquisitoren verneinend. Es wurde beschlossen, in Anbetracht des nahe bevorstehenden Konzils von Vienne den Fall nicht an den Papst zu berichten, sondern die Angeklagten der Reinigungsprobe zu unterwerfen. Als jedoch am nächsten Tage das Konzil wieder zusammentrat, wurde diese Massregel umgestossen und einstimmig beschlossen, dass die Unschuldigen freigesprochen und die Schuldigen bestraft werden sollten; hierbei zählte man zu den Unschuldigen auch solche, die aus Furcht vor der Folter gestanden und später widerrufen hatten, oder die widerrufen haben würden, hätten sie nicht die Wiederholung der Folter gefürchtet. Was den Orden als Ganzes anging, so empfahl das Konzil die Erhaltung desselben, falls die Mehrheit der Mitglieder unschuldig sei und die Schuldigen der Abschwörung und der Bestrafung in dem Orden unterworfen würden. Ausser den erwähnten sieben Rittern wurde fünf anderen befohlen, sich am 1. August vor dem Bischof Uberto von Bologna mit sieben Eideshelfern zu reinigen.

Die Reinigungsurkunde von zwei von ihnen ist noch vorhanden; es gelang wohl allen, diese Formalität zu erfüllen. Begreiflicherweise war Clemens V. über diesen Verstoss gegen alle Inquisitionsgebräuche unwillig und verlangte die Verbrennung der Rückfälligen. Doch blieb dieser Befehl wahrscheinlich unbeachtet. Bini versichert wenigstens, dass in Italien keine Templer verbrannt worden seien. Weiter entsandte das Konzil Delegierte nach Vienne mit der Instruktion, dass der Orden nur dann aufgehoben werden sollte, wenn man finde, dass er vollständig entartet sei. Zu Spezialinquisitoren für Toscana und die Lombardei ernannte der Papst den Erzbischof Johannes von Pisa, den Bischof Antonius von Florenz und Pietro Giudici von Rom, einen Domherrn aus Verona. Diese wurden angewiesen, die Untersuchungen zu führen und zwar sowohl gegen die einzelnen Brüder wie auch gegen den ganzen Orden. Sie beriefen im September 1310 und auf Drängen des Papstes abermals im September und Oktober 1311 ein Konzil nach Florenz. Bedenken in bezug auf die Folter beschwerten sie nicht, und so förderten sie, wie wir sogleich sehen werden, eine gewisse Zahl der gewünschten Zeugenaussagen zutage, die pflichtgemäss an Clemens V. abgingen. Venedig schob dagegen wohlwollend die Ausrottung des Ordens auf, und als es später ebenfalls dazu überging, konnten unnötige Härten vermieden werden[1]).

Cypern war das Hauptquartier des Ordens. Dort residierte der Marschall Aimo von Osiliers, der das Oberhaupt war in Abwesenheit des Grossmeisters, dort war auch der Konvent oder die regierende Körperschaft. Erst im Mai 1308 traf die päpstliche Bulle, welche die Verhaftung befahl, auf der Insel ein. An eine geheime und plötzliche Verhaftung war indessen nicht zu denken, da die Templer schon Kunde erhalten hatten von dem, was in Frankreich vorgegangen war. Sie besassen viele Feinde, weil sie tatkräftigen Anteil an der unruhigen Politik der Zeit genommen hatten, und weil dank ihrer Unterstützung der Regent, Amaury von Tyrus, zur Macht gelangt war. Er beeilte sich, den päpstlichen Befehlen nachzukommen, war aber sehr besorgt über das Gelingen, weil die Templer zunächst

---

[1]) Regest. Clement. PP. V. T. IV. p. 301. — Bini, pp. 420—1, 424, 427—8. — Raynald. ann. 1309, Nr. 3. — Raynouard, pp. 273—77. — Chron. Parmens. ann. 1309 (Muratori, S. R I. IX. 880) — Du Puy, pp. 57—8. — Rubei, Hist. Ravennat. ed. 1589, pp. 517, 521, 522, 524, 525, 526. — Campi, Dell' Hist. eccles. di Piacenza, P. III. p. 41. — Barbarano dei Mironi, Hist. eccles. di Vicenza, II. 157—8. — Bzovii Annal. ann. 1308, Nr. 3. — Anton, Versuch einer Geschichte des Tempelherrenordens, Leipzig, 1779, p. 139.

sich verteidigen zu wollen schienen. Ein Widerstand von ihrer Seite
war jedoch hoffnungslos, und so war in einigen Wochen die Unterwerfung vollzogen. Ihr Eigentum wurde sequestriert, sie selbst
wurden gegen Ehrenwort auf freiem Fusse gelassen, ohne von den
Sakramenten ausgeschlossen zu werden. Dieser Zustand dauerte zwei
Jahre, bis im April 1310 der Abt von Alet und der Erzpriester Thomas
von Rieti als päpstliche Inquisitoren erschienen und unter der Leitung der Bischöfe von Limisso und Famagosta gegen die Brüder
im einzelnen und den Orden insgesamt eine Untersuchung anstellten.
Das Verhör begann am 1. Mai und währte bis zum 5. Juni, wo es
plötzlich ein Ende fand, zweifellos infolge der Aufregung, die die
Ermordung des Regenten Amaury verursachte. Alle Templer auf
der Insel, fünfundsiebzig an der Zahl, zusammen mit sechsundfünfzig anderen Zeugen, wurden regelrecht über die lange Reihe
der Anklageartikel verhört. Dass die Templer einstimmig die Anklagen leugneten und die Reinheit des Ordens behaupteten, ist ein Beweis dafür, dass man von der Folter keinen Gebrauch gemacht haben
kann. Überzeugender in bezug auf ihre Unschuld ist die Aussage
der anderen Zeugen, unter denen sich Geistliche jedes Ranges,
Adlige und Bürger befanden, und von denen viele ihre politischen
Feinde waren, aber trotzdem nachdrücklich ein günstiges Zeugnis
ablegten. Einige von ihnen sagten, sie wüssten nichts als Gutes von
dem Orden. Alle sprachen ausführlich über die grosse Nächstenliebe
der Templer, und viele schilderten den glühenden Eifer, mit dem
sie ihre religiösen Pflichten erfüllten. Einige spielten auf den allgemeinen Verdacht an, der durch die bei der Abhaltung der Kapitel
und der Zulassung der Neophyten beobachtete Verschwiegenheit entstanden sei. Der Dominikanerprior von Nicosia sprach von den Gerüchten, die seine Ordensbrüder nach der Verhaftung von Frankreich
mitgebracht hätten, und Simon von Sarezar, Prior der Hospitaliter,
sagte, dass er ähnliche Kunde durch seine Korrespondenten erhalten
habe. Ohne Frage herrschte in Cypern, wo der Orden am besten
unter Freunden und Feinden und besonders unter denen, die lange
Zeit hindurch in nahen Beziehungen zu ihm gestanden hatten, bekannt war, allgemeine Sympathie für die Templer. Nichts Schlechtes
war dem Orden nachgesagt worden, bis die päpstlichen Bullen so
ungerechtfertigterweise seine Schuld behaupteten. Daher erschienen
die an Clemens V. abgehenden Berichte natürlich höchst unzureichend, und er erliess im August 1311, als die Zeit für das Konzil
von Vienne herankam, dringende Befehle, die Templer foltern zu

lassen, um Geständnisse von ihnen zu bekommen. Wie die Sache ausging, entzieht sich unserer Kenntnis[1]).

In Aragonien war der Brief, den Philipp der Schöne am 16. Oktober 1307 an König Jakob II. schrieb, begleitet von einem solchen des Dominikaners Romeus von Brugaria, worin dieser behauptete, er sei zugegen gewesen bei dem Geständnis, das Molay und andere abgelegt hätten[2]). Trotzdem antwortete Jakob am 17. November ebenso wie Eduard II. von England mit einem warmen Lob auf die Templer des Königreiches und lehnte es ab, sie zu verhaften, ohne einen unbedingten Beweis ihrer Schuld oder Befehle von dem Papste empfangen zu haben. Den letztern bat er zwei Tage später um Rat und Anweisung, worauf Clemens V. aber erst am 3. Januar 1308 antwortete, indem er den König auf die Instruktionen vom 22. November hinwies und ihm versprach, dass, wenn er diese ausführe, er zur Belohnung die ewige Seligkeit erhalten würde. Jakob hatte diese Erwiderung nicht abgewartet; denn als ihm am 1. Dezember die Bulle vom 22. November durch einen besondern Boten zugestellt worden war, konnte er nicht länger zögern. Bischof Ramon von Valencia und Bischof Ximenes de Luna von Saragossa, die zufällig bei ihm waren, empfingen Befehl, in ihren Diözesen eine strenge Untersuchung gegen die Templer anzustellen, und Johannes de Lotgerio, der Generalinquisitor von Aragonien, wurde angewiesen, die Ketzerei auszurotten. Da man Widerstand voraussah, so wurden am 3. Dezember königliche Briefe zur sofortigen Verhaftung aller Mitglieder des Ordens und zur Sequestrierung ihres Eigentums erlassen, und der Inquisitor veröffentlichte Edikte, worin er sie in das Dominikanerkloster von Valencia vor sich lud, damit sie sich wegen ihres Glaubens verantworteten; zugleich wurde allen örtlichen Beamten verboten, ihnen Beistand zu leisten. Jakob berief sogar ein Konzil der Prälaten für den 6. Januar 1308, um mit dem Inquisitor über die Frage zu beraten. Aber selbst diese Massnahmen befriedigten Clemens' Ungeduld nicht. In einem Briefe vom 22. Januar erklärte er, dass der Feind des Menschengeschlechtes den König lau gemacht habe in dem Gehorsam gegen die päpstlichen Gebote, und forderte ihn auf, seine Pflicht unverzüglich zu erfüllen. Allein dieses Drängen des Papstes ist mehr ein

---

1) Schottmüller, I. 457—69, 494; II. 147—400. — Du Puy, pp. 63, 106—7. — Raynouard, p. 285.
2) *Über die Behandlung der aragonesischen Templer hat Finke a. a. O. I. 282 ff.; II. 54 ff. eine Fülle neuer Nachrichten beigebracht.

Zeichen für seine eigne Ungeduld als für die Lauheit Jakobs. Eine
Anzahl Verhaftungen wurde vorgenommen; einige der Brüder legten
Bart und Mantel ab und hielten sich glücklich im Verborgenen, andere
versuchten zur See mit einem Teil ihrer Schätze zu entkommen,
aber widrige Stürme warfen sie zurück an die Küste, wo man sie
verhaftete. Die grosse Masse der Ritter jedoch zog sich in ihre
Schlösser zurück. Ramon Sa Guardia, Präzeptor von Mas Deu in Roussillon, übernahm das Amt eines Komturs von Aragonien und verschanzte sich in Miravet, während andere die Festungen Ascon,
Monzon, Cantavieja, Villel, Castellot und Chalamera besetzten. Am
20. Januar 1308 wurden sie vor das Konzil von Tarragona geladen, kamen aber der Aufforderung nicht nach. Jakob versprach
infolgedessen den Prälaten, sämtliche Streitkräfte des Königreiches
für ihre Unterwerfung mobil zu machen. Das war indessen leichter
gesagt als getan. Die weltlichen und geistlichen Herren versprachen
Beistand, ausgenommen der Graf von Urgel, der Vicomte von Rocaberti und der Bischof von Gerona, aber die allgemeine Sympathie
war auf seiten der Templer. Viele adlige junge Männer ergriffen
ihre Partei und verbanden sich mit ihnen in ihren Schlössern, während das Volk nur nachlässig dem Befehl nachkam, die Waffen
gegen sie zu ergreifen. Die Ritter verteidigten sich tapfer. Castellot
ergab sich zuerst im November; bald darauf wies Sa Guardia in
Miravet ein königliches Ultimatum zurück, wonach die Templer mit
Waffen abziehen und sich zu zweien oder dreien an bestimmte Plätze
begeben und von da nicht weiter als zwei oder drei Bogenschüsse
entfernen sollten; sie sollten einen reichlichen Sold für ihren
Lebensunterhalt haben, ausserdem wolle der König den Papst bitten,
den Bischöfen und Inquisitoren die Beschleunigung der Prozesse
aufzutragen. Sa Guardia hatte am 18. Oktober eine Berufung an
den päpstlichen Vizekanzler Arnaud von Fontfroide und am 28. Oktober eine zweite an Clemens V. gerichtet und auf die Dienste hingewiesen, die der Orden der Religion geleistet hatte; viele Ritter
seien von den Sarazenen gefangen genommen und schmachteten
seit zwanzig oder dreissig Jahren im Kerker, obwohl sie durch Abschwörung sofort ihre Freiheit wiedererlangen und reichliche Belohnung erhalten könnten; siebzig ihrer Brüder erduldeten in diesem
Augenblick dieses Schicksal. Sie seien bereit, zur Verhandlung vor
dem Papste zu erscheinen oder ihren Glauben gegen alle Ankläger
mit den Waffen zu behaupten, wie es bei Rittern Sitte sei; aber
sie hätten keine Prälaten oder Advokaten, die sie verteidigten,

und so sei es die Pflicht des Papstes, dafür zu sorgen. Erst als Miravet gezwungen worden war, sich auf Gnade und Ungnade zu ergeben, erwiderte Clemens am 5. Januar 1309 auf die Berufung der Templer mit der arglistigen Erklärung, da sie sich erboten hätten, ihre Person und ihr Eigentum in seine Hände zu legen, so habe er den Prior Bertrand von S. Cassian in Béziers als seinen Spezialkommissar ausgesandt, um sie in Empfang zu nehmen. Die anderen Festungen der Templer mussten sich schnell ergeben, mit Ausnahme von Monzon und Chalamera, die noch bis zum Juli aushielten. Bertrand fand indessen, dass seine Mission keine leichte war. Seine Instruktionen lauteten, Person und Eigentum der Angeklagten dem Könige einzuhändigen und sich ordnungsmässig versiegelte Briefe des Königs als Quittung geben zu lassen. Aber Jakob war nicht geneigt, seine Ansprüche an das Eigentum aufzugeben. Er wies darauf hin, dass das meiste von der Krone herkomme, und dass er schwere Auslagen bei den Belagerungen gehabt habe. Er wollte höchstens versprechen, falls das Konzil den Orden aufheben sollte, das Eigentum unter Vorbehalt der Rechte und Ansprüche der Krone auszuliefern. Wegen der Personen der Templer war er nicht so gewissenhaft; am 14. Juli erliess er vielmehr Befehle an die Viguiers, sie dem Inquisitor und den Ordinarien auf Verlangen auszuliefern. Im Jahre 1310 sandte Clemens nach Aragonien und anderen Orten besondere päpstliche Inquisitoren, um die Prozesse zu leiten. Sie stiessen auf dieselben Schwierigkeiten wie in England. In Aragonien liess das Gesetz die Folter nicht zu, und 1325 protestierten die Cortes gegen ihren Gebrauch und gegen das Inquisitionsverfahren als Übergriffe in die anerkannten Freiheiten des Landes; der König liess den Protest zu und versprach, dass solche Mittel und Wege nicht angewandt werden sollten, ausgenommen gegen Betrüger, und auch dann nur, wenn es sich um Fremde und Landstreicher handle. Aber die Inquisitoren taten, was sie konnten. Auf ihr Ersuchen befahl der König am 5. Juli 1310 seinen Baillis, die Templer in Fesseln zu legen und ihre Gefangenschaft zu verschärfen. Da aber schritt das Konzil von Tarragona ein, indem es verlangte, dass sie in sicherem, jedoch nicht drückendem Gewahrsam gehalten würden, da bis jetzt nichts ihre Schuld bewiesen habe und ihr Fall noch unentschieden sei. In Übereinstimmung damit bestimmte der König am 20. Oktober, dass sie sich in den Schlössern, in denen sie eingeschlossen seien, frei bewegen sollten, wenn sie ihr Ehrenwort gäben, nicht zu entfliehen. Im Falle der Flucht würden sie als

Ketzer angesehen werden. Das war aber nicht der Weg, zu den gewünschten Beweisen zu gelangen. Clemens V. bestimmte daher am 18. und 30. März 1311, dass die Angeklagten auf der spanischen Halbinsel durch kirchliche Angestellte („religiosus tortor") gefoltert werden sollten[1]), und er bat König Jakob, ihm darin beizustehen, weil das Verfahren bis dahin nur zu „schwerem Verdacht" geführt habe. Dieser grausame Befehl fand anfangs keinen Gehorsam. Im Mai baten die Templer den König, ihre Sache durch den Erzbischof von Tarragona auf dem damals tagenden Konzil entscheiden zu lassen. In diesem Sinne wandte sich Jakob auch an den Erzbischof, aber es geschah nichts; im August liess sie dieser wieder in Ketten und hartes Gefängnis legen. Die päpstlichen Vertreter wurden offenbar ungeduldig, da die für das Konzil von Vienne angesetzte Zeit herankam, ohne dass das päpstliche Verlangen nach ungünstigen Beweisaussagen befriedigt worden war. Schliesslich, am Abend vor dem Zusammentritt des Konzils, gab der König dem Papste nach. Am 29. September wies er Humbert von Capdepont, einen der königlichen Richter, an, zugegen zu sein, wenn die Inquisitoren Petrus von Montclus und Johannes de Lotgerio und die vom Papste zu diesem Zwecke besonders beauftragten Bischöfe von Lerida und Vich das Urteil fällen würden. Die Einzelheiten der Untersuchung kennen wir nicht, aber wir haben den Beweis dafür, dass die Folter schonungslos angewandt wurde; befiehlt doch ein königlicher Brief vom 3. Dezember 1311 die Bereitung von Medikamenten für diejenigen Templer, die ihrer infolge von Krankheit oder Folterung bedürften. Schliesslich im März 1312 bat der Erzbischof von Tarragona, sie vor das Provinzialkonzil bringen zu lassen, das im Begriff war zusammenzutreten; der König willigte auch ein; es geschah indessen nichts, wahrscheinlich weil das Konzil von Vienne noch tagte. Nachdem aber Clemens V. die Auflösung des Ordens verkündet hatte und die Sache der Mitglieder an die Ortskonzilien verwiesen war, wurde ein solches am 18. Oktober 1312 zu Tarragona abgehalten, welches die so lange schwebende Frage entschied. Die Templer wurden vorgeführt und einem scharfen Verhör unterworfen; am 4. November wurde das Urteil öffentlich verlesen, das auf unbedingte Freisprechung von allen Irrlehren und Verbrechen und jeglichem Betrug, dessen sie beschuldigt waren, lautete. Ausserdem wurden sie für frei von Verdacht erklärt, und niemand sollte es fortan wagen, ihren Ruf zu schmälern. Angesichts

---

[1]) *Regest. Clement. PP. V. Nr. 7493, 6746.

der Auflösung des Ordens war das Konzil in einiger Verlegenheit, was es mit den Templern anfangen sollte. Nach langer Beratung wurde beschlossen, dass sie bis zur Entscheidung des Papstes in den Diözesen, wo ihr Eigentum lag, wohnen bleiben und aus ihren sequestrierten Ländereien einen anständigen Lebensunterhalt erhalten sollten. Dieser Beschluss wurde ausgeführt. Als das Eigentum in die Hände der Hospitaliter überging, mussten diese auch die Lasten tragen. Eine Liste der Pensionen, die die Hospitaliter im Jahre 1319 zu zahlen hatten, zeigt, dass für die Templer reichlich gesorgt war, und dass sie empfingen, was ihnen zukam[1]).

Jakob I. von Mallorca konnte natürlich dem Druck, den Philipp der Schöne und Clemens V. auf ihn ausübten, keinen Widerstand leisten. Sein kleines Königreich bestand aus den Balearischen Inseln, den Grafschaften Roussillon und Cerdagne, der Herrschaft Montpellier und einigen anderen zerstreuten Besitzungen, die seinem mächtigen Nachbarn auf Gnade und Ungnade preisgegeben waren. Er kam also der päpstlichen Bulle vom 22. November 1307 sofort nach, und am Ende des Monats waren alle Templer in seinen Gebieten verhaftet. In Roussillon war die einzige Präzeptur, die von Mas Deu, eine von den festen Burgen des Landes. Dort wurden die Templer versammelt und eingeschlossen. Es waren ihrer fünfundzwanzig, darunter der Präzeptor Ramon Sa Guardia, der tapfere Verteidiger von Miravet, der nach der Kapitulation von dem Könige von Mallorca berufen wurde und sich willig seinen Kameraden anschloss. Von den Vorgängen auf den Inseln wissen wir nichts ausser der Tatsache der Verhaftung, aber für das Festland können wir die Ereignisse ziemlich genau verfolgen. Roussillon bildete die Diözese Elne, die dem Erzbistum Narbonne als Suffraganbistum unterstellt war. Am 5. Mai 1309 sandte der Erzbischof dem Bischof Raimund Costa von Elne die Anklageartikel mit der päpstlichen Bulle, die eine Untersuchung anordnete. Der gute Bischof scheint sich durchaus nicht beeilt zu haben, dem Befehle zu willfahren, sondern schob aus Gesundheitsrücksichten die Angelegenheit bis Januar 1310 auf. Dann berief er

---

1) Allart, Bulletin de la Société des Pyrénées-Orientales, 1867, T. xv. pp. 37—42, 67—9, 72, 76—8, 94—6. — Villanueva, Viaje literario, v. 183; xiii. 195; xix. 197. — Benavides, Memorias de Fernando IV., Coleccion diplomatica, T. ii. pp. 593, 595, 616, 617, 629—31, 788. — Zurita, Añales de Aragon, lib. v. c. 72; lib. vi. c. 61. — Regest. Clement. PP. V. T. iv. pp. 435 sqq. (Nr. 5012 ff.). — La Fuente, Hist. eccles. de España, ii. 369—70. — Ptol. Lucens. Hist. eccles., lib. xxiv (Muratori, S. R. I. xi. 1228). — Concil. Tarraconens. ann. 1312 (Aguirre, Collectio conciliorum Hispaniae, vi. 233 4).

den Instruktionen gemäss zwei Franziskaner, zwei Dominikaner und zwei seiner Domherren und verhörte die Gefangenen. Die Folter wurde offenbar nicht angewandt; denn in ihren langen Verhören stimmten die Templer überein in der Behauptung, der Orden sei rein und fromm; zum Beweise dafür überreichte ihr Kaplan ihr in der Volkssprache geschriebenes Rituale für die Aufnahmen, das begann: „Quan alcum proom requer la compaya de la Mayso." Mit männlichem Unwillen wiesen sie die Zumutung zurück zu glauben, der Grossmeister und die Häupter des Ordens hätten die Wahrheit der Anklagen eingestanden; hätten sie es aber getan, dann hätten sie in ihren Hals hineingelogen oder, wie einer es ausdrückte, dann wären sie Teufel in Menschengestalt. Mit Bezug auf den Keuschheitsgürtel erklärte ein einfacher dienender Bruder vom Lande, dass man ihn sich nicht nur überall verschaffen könne, sondern dass er, wenn er zufällig beim Pflügen entzwei gehe, sofort zeitweilig durch einen von Riedgras ersetzt werde. Die umfangreiche Aussage wurde mit einer einfachen Beglaubigung ihrer Richtigkeit am 31. August 1310 dem Papste zugeschickt. Bischof Raimund hatte es also auch nicht eilig mit der Zustellung. Das Schriftstück muss wohl als durchaus unzureichend angesehen worden sein. Denn es lief im März 1311 der grausame Befehl des Papstes ein, sich Geständnisse durch die Folter zu verschaffen, ein Befehl, der, wie kaum zu bezweifeln ist, Gehorsam fand, weil Johann von Burgund, Sakristan von Mallorca, von Clemens V. zum Inquisitor gegen die Templer in Aragon, Navarra und Mallorca ernannt wurde. Dasselbe Verfahren muss unfraglich in allen drei Königreichen eingeschlagen worden sein. Nach dem Konzil von Vienne brach in dieser Angelegenheit ein etwas seltsamer Streit aus zwischen dem Erzbischof von Tarragona und dem Erzbischof von Narbonne. Ersterer war zusammen mit dem Bischof von Valencia päpstlicher Verwalter des Eigentums der Templer in Aragon, Mallorca und Navarra und scheint sich eingebildet zu haben, dass er als solcher die Jurisdiktion über die Templer von Roussillon besitze; denn am 15. Oktober 1313 erklärte er Ramon Sa Guardia für absolviert und unschuldig und wies ihm und seinen Brüdern Mas Deu als Wohnsitz an; er gewährte ihm eine Pension von dreihundertundfünfzig Livres, nebst der Benutzung der Obst- und Gemüsegärten; die anderen Templer erhielten Jahresgehälter von hundert bis hinab zu dreissig Livres. Allein im September 1315 befahl der Erzbischof Bernhard von Narbonne Wilhelm, dem Nachfolger des Bischofs Raimund, alle in seiner Diözese gefangengehaltenen Templer vor das Provinzialkonzil zu bringen, das er berufen hatte, und die auf ihre Prozesse bezüglichen Akten vorzulegen, damit man über ihre Personen verfügen könne. Sancho aber, der Sohn und Nachfolger König Jakobs I., der 1311 gestorben war, legte sich ins Mittel, indem er behauptete, Clemens V. habe ihm die Templer übergeben, er werde sie also nicht ohne einen Befehl vom Papste ausliefern. Der III. Stuhl war damals unbesetzt, und es war wenig Aussicht auf eine baldige Papstwahl. Er fügte hinzu, wenn sie gestraft werden müssten, so komme es ihm zu, sie von seinem Gerichtshofe verhören zu lassen, und er appellierte zur Wahrung seiner Jurisdiktion an den zukünftigen Papst und das nächste Konzil. Das schlug durch, und die Templer blieben unbehelligt. Eine Übersicht über die Pensionen, die 1319 gezahlt wurden, zeigt, dass von den fünfundzwanzig Templern, die man zu Mas Deu 1310 verhört hatte, zehn gestorben waren; die übrigen mit einem neu hinzugekommenen Bruder bezogen Pensionen, die sich im ganzen auf neunhundertundfünfzig Livres im Jahre beliefen. König Sancho setzte es durch, dass Clemens die Templer auf den Balearen der Oberaufsicht des Bischofs von Mallorca, Wilhelm von Villanova, unterstellte, der augenscheinlich geneigt war, sie freundlich zu behandeln. Die Pensionsliste von 1319 zeigt weiter, dass ausser den oben erwähnten noch neun Brüder vorhanden waren, deren Gesamtpension sich auf dreihundertzweiundsechzig Livres zehn Sous belief. 1329 gab es noch immer neun Templer, die Pensionen von der Präzeptur Mas Deu erhielten; die meisten hatten sich in ihre Häuser zurückgezogen. In bezug auf ihren Wohnsitz scheinen sie also nicht beschränkt gewesen zu sein. Um diese Zeit war der Name des unbeugsamen Ramon Sa Guardia verschwunden. Ein Templer nach dem andern verschwand von dem Schauplatz, bis im Jahre 1350 nur noch ein einziger, der Ritter Berengar dez Coll, am Leben war[1].

In Kastilien scheint bis zum Eintreffen der Bulle 'Faciens misericordiam' vom 12. August 1308, die den Bischöfen befahl, in Verbindung mit dem Dominikaner Eymericus von Navas als In-

---

[1] Allart, op. cit. pp. 34, 42, 66, 69, 72—4, 79, 81—4, 86, 93—8, 105. — Procès, II. 424—515. — Vaissette, IV. 153. — Villanueva, Viaje literario, XXI. 169.
In Bezug auf die Behandlung der Templer von Navarra sind mir keine Einzelheiten zu Gesicht gekommen, aber da Ludwig Hutin, der Sohn Philipps des Schönen, in diesem Königreiche 1307 folgte, so herrschte dort natürlich das französische System vor, und der päpstliche Inquisitor, Jean de Bourgogne, hatte volle Gelegenheit, sich in der wirksamsten Weise Aussagen zu verschaffen.

quisitor vorzugehen, nichts unternommen worden zu sein. Nun aber forderte Ferdinand IV. den Meister von Kastilien, Rodrigo Ybañez, auf, die Schlösser der Templer auszuliefern; anstatt zu gehorchen, begab sich dieser zu der Königin-Witwe, Maria von Molina, um ihr die Schlösser anzubieten. Sie fragte Ferdinand um Rat, erhielt seine Zustimmung und nahm das Anerbieten an. Mittlerweile aber hatte Ybañez mit dem Bruder des Königs, dem Infanten Philipp, der in Galicien einen Aufruhr vorbereitete, unterhandelt und ihm vier Schlösser unter der Bedingung ausgeliefert, dass er im Namen des Ordens dem Könige die Auslieferung der übrigen Schlösser binnen vierzehn Tagen zusichere, falls der König dafür sorgen wolle, dass ihnen ein ordnungsmässiger Prozess vor den Bischöfen bewilligt würde; sollte der König hierauf nicht eingehen, dann sollten Philipp und der Orden gemeinsame Sache zu des letzteren Verteidigung machen. In Kastilien lag infolge der durch Ferdinands Minderjährigkeit entstandenen Wirren die Macht des Königs hoffnungslos darnieder, und Aufstände waren an der Tagesordnung; so durften die Templer wohl nicht mit Unrecht die Hoffnung hegen, sich unter dem Schutze eines Prinzen aus dem königlichen Hause behaupten oder wenigstens ehrenvolle Bedingungen erlangen zu können. Nachdem Donna Maria eine Zeitlang geschwankt hatte, begab sie sich nach Leon, wohin ihr Philipp entgegenreiste. Dort zeigte sie ihm die päpstlichen Briefe, die die Einkerkerung der Templer und die Beschlagnahme ihres Vermögens forderten, und machte ihn darauf aufmerksam, wie töricht es von ihm sei, die exkommunizierten und der Ketzerei beschuldigten Templer zu verteidigen. Zu gleicher Zeit versprach sie ihm, dass Ferdinand ihnen Gehör vor den Prälaten des Königreiches geben würde. Diesen Argumenten fügte sich Philipp. Man liess Ybañez holen, und als er sich verlassen sah, ermächtigte er Philipp, die vier Schlösser dem Könige zu übergeben; zugleich erklärte er sich zur Auslieferung der übrigen bereit. Da die Ketzerinquisition nicht eingerichtet war, sicherten sich die Templer auf diese Weise einen ordnungsmässigen Prozess vor den Bischöfen. Diese aber waren nicht so schnell bei der Hand, die Angelegenheit zu verfolgen. Erst am 15. April 1310 luden der Erzbischof Gonzalo von Toledo und der Bischof Johannes von Lissabon, die von Clemens V. zu Inquisitoren ernannt waren, die Templer für den 27. nach Medina del Campo vor ihre Schranken. Genannt waren in der Vorladung sechsundachtzig, die übrigen wurden im allgemeinen aufgefordert. In Medina wurden jedoch nur dreissig Templer und drei andere Zeugen verhört, die alle zugunsten des Ordens aussagten; ein Priester schwur sogar, ihm hätten viele Templer auf dem Totenbette gebeichtet, ebenso manche andere, die von den Ungläubigen tödlich verwundet gewesen seien, aber alle seien rechtgläubig gewesen. Keinen bessern Erfolg hatten die Untersuchungen, die der Bischof von Lissabon zu Medina Celi und Orense abhielt. Die einzige uns bekannte gerichtliche Entscheidung, die getroffen wurde, ist das Urteil des für die Provinz Compostella abgehaltenen Konzils von Salamanca, das die Templer im Oktober 1310 einstimmig freisprach. Die grausamen Befehle zu ihrer Folterung, die Clemens V. am 18. und 30. März 1311 erteilte, scheinen unbeachtet geblieben zu sein. Nach der Auflösung des Ordens setzten die Templer zum grössten Teil ihr vorbildliches Leben fort. Viele zogen sich in die Berge zurück und beschlossen ihre Tage als Anachoreten. Nach ihrem Tode blieben ihre Leiber unverweslich, zum Zeugnis für die Heiligkeit ihres Martyriums[1]).

Portugal gehörte kirchlich zu der Provinz Compostella. Der Bischof von Lissabon wurde mit der Untersuchung gegen den Orden betraut, fand aber die Anklagen unbegründet. Das Schicksal der dortigen Templer war ganz aussergewöhnlich glücklich. Aus Dankbarkeit für die Dienste, welche die Templer ihm in seinen Kriegen mit den Sarazenen geleistet hatten, gründete König Diniz einen neuen Orden mit dem Namen 'Orden Jesu Christi' oder 'von Avis' und erlangte 1318 von Johann XXII. die Approbation desselben. Dieser sichern Zuflucht wurden die Templer und ihre Ländereien zugewiesen; der Komtur und viele der Präzeptoren behielten ihren Rang, und so war der neue Orden nichts anderes als eine Fortsetzung des alten[2]).

---

1) Regest. Clement. PP. V. T. III. pp. 289, 299 (Nr. 3400 ff.); VI. pp. 104, 407 ff., 464 (Nr. 6716, 7493). — Crónica de Fernando IV., cap. XV, XVI. — Benavides, Memorias de Fernando IV. T. II. p. 738. — Mariana, lib. XV. c. 10 (ed. 1789, p. 390, note). — Raynouard, pp. 128, 265—66. — Aguirre, VI. 230. — La Fuente, Hist. eccles., II. 368—70. — *Finke, a. a. O. I. 310 ff.; vgl. oben S. 354.

Falsch scheint mir das Datum eines königlichen Briefes vom 20. Juli 1308 zu sein, worin Fernando unter Berufung auf das die Aufhebung des Templerordens verfügende Urteil des Papstes dem Orden von Santiago das 'derecho de Luctuosa' (Loytosa) gewährt, ein Vorrecht, dessen sich bis dahin der Templerorden erfreut hatte. Es bestand darin, dass, wenn ein Vasall starb, der im Besitz eines Pferdes war, dieses Pferd als verwirkt galt; besass er mehrere, so durfte man das beste nehmen; besass er keins, dann musste die Summe von sechshundert Maravedi entrichtet werden. — Memorias de Fernando IV. T. II. p. 607.

2) Raynouard, pp. 204, 267. — Raynald. ann. 1317, Nr. 40. — Campomanes, Dissert. hist. del Orden de los Templarios, p. 134. — Zurita, lib. VI. c. 26. — La Fuente, II. 872. — *Prutz, Die geistlichen Ritterorden (1908), S. 90 f., 100.

Der für das Konzil von Vienne angesetzte Termin nahte heran, ohne dass es Clemens V. bis dahin gelungen war, ausserhalb Frankreichs, wo die Bischöfe und Inquisitoren sich zu Werkzeugen der gewissenlosen Energie Philipps erniedrigten, irgendeinen Beweis von Bedeutung gegen die Templer zu erlangen. Wohl mag Clemens anfangs nur widerwillig der Mitschuldige Philipps geworden sein; aber mittlerweile war er schon zu weit gegangen, als dass er sich hätte zurückziehen können. Ob er, wie viele seiner Zeitgenossen glaubten, an der Beute teilnahm oder nicht, ist von geringer Bedeutung. Er hatte sich persönlich ganz Europa gegenüber kompromittiert durch die Bulle vom 22. November 1307, worin er die Schuld der Templer behauptet hatte. Diese Behauptung hatte er in seinen späteren Äusserungen nachdrücklich wiederholt, indem er Einzelheiten hinzufügte, die einen Widerruf oder eine Erklärung nicht zuliessen. Er stand also ebenso wie die Templer vor den Schranken der Christenheit; sprach das Konzil die letzteren frei, dann war er verurteilt. Er war also nicht ihr Richter, sondern ihr Gegner, und der Trieb der Selbsterhaltung zwang ihn, sie zu vernichten, wie gewissenlos auch immer die Mittel waren, die er dazu anwenden musste. Je näher das Konzil heranrückte, um so grösser wurde seine Besorgnis; er suchte auf alle mögliche Weise solche Aussagen zu erlangen, die die Ketzerei des Ordens bewiesen und dadurch ihn selbst rechtfertigten. Wir haben gesehen, wie er Eduard II. drängte, die Folter an den bis dahin unbefleckten Gerichtshöfen Englands einzuführen, und wie es ihm gelang, die Templer von Aragonien unter Verletzung der Freiheiten dieses Landes foltern zu lassen. Doch sind dies nur Proben aus einer Reihe von Bullen, vielleicht den schmachvollsten, welche jemals ein Stellvertreter Gottes erlassen hat. Von Cypern bis Portugal erhielten Fürsten und Prälaten den Befehl, Geständnisse durch die Folter zu erzwingen; an einigen Orten, erklärte der Papst, sei die Tortur nachlässiger- und unvorsichtigerweise unterlassen worden, und dieses Versehen müsse wieder gutgemacht werden. Die Kanones verlangten, dass in den Fällen, wo die Angeklagten nicht gestehen wollten, ein von der Kirche autorisierter Folterer (religiosus tortor) zu Hilfe genommen würde, um ihnen die Wahrheit abzuzwingen. So ernst nahm er es damit, dass er seinen Legaten in Rhodus aufforderte, nach Cypern zu gehen und persönlich für die Erfüllung seines Willens zu sorgen. Das Ergebnis liess er sich in solchen Fällen so schnell wie möglich zusenden[1]).

---

1) Raynald. ann. 1311, Nr. 53. — Raynouard, pp. 166—7. — Schottmüller, I. 395. — Vgl. oben S. 854.

Man wird nie erfahren, welche Todesqualen diese unmenschlichen Befehle verursacht haben. Nicht nur wurden die Angeklagten, denen bis dahin die Folter erspart geblieben war, nun der Tortur unterworfen, sondern in dem eifrigen Verlangen, die schon vorliegenden Beweise noch zu ergänzen, holte man auch diejenigen, welche die Folter bereits erduldet hatten, aus ihren Zellen hervor und folterte sie von neuem und mit gesteigerter Strenge, um ihnen noch weitergehende Geständnisse abzupressen. So waren schon 1310 zu Florenz dreizehn Templer der Inquisition unterworfen worden, von denen auch einige gestanden hatten. Auf das neue Drängen des Papstes versammelten sich die Inquisitoren nun im September 1311 abermals und unterzogen die Gefangenen einer neuen Reihe von Verhören. Sechs von ihnen legten ein in jeder Beziehung befriedigendes Geständnis ab und gaben die Anbetung von Götzenbildern und Katern sowie die übrigen Verbrechen zu. Sieben von ihnen waren jedoch hartnäckig und bezeugten die Unschuld des Ordens. Die Inquisitoren aber wussten, was Clemens wünschte, und schickten ihm nur die sechs Geständnisse. Die anderen sieben Brüder, berichteten sie, seien gehörig gefoltert worden, hätten aber nichts ausgesagt, was zu senden der Mühe wert sei; es seien dienende Brüder oder erst vor kurzem eingeweihte Mitglieder, die vermutlich nichts wüssten. Und doch hatte man an anderen Orten die am meisten belastenden Beweise von solchen Brüdern erhalten und ausgenutzt. Clemens V. kannte offenbar seinen Mann, als er den Erzbischof von Pisa zum Leiter dieser Inquisition ernannte. Wir verfügen zufällig noch über ein anderes Beispiel, das uns zeigt, wie erfolgreich die Bemühungen des Papstes waren, sich für das Konzil auszurüsten. In dem Schlosse Alais befanden sich unter der Obhut des Bischofs von Nîmes dreiunddreissig Templer, die bereits verhört worden waren. Einige von ihnen hatten auf der Folter Geständnisse gemacht, sie aber später meistens widerrufen. Auf Befehl des Papstes wurden die neunundzwanzig, die noch am Leben waren (vier hatten mittlerweile im Gefängnisse das Zeitliche gesegnet), darunter auch diejenigen, welche schon vor drei Jahren gefoltert worden waren, im August 1311 von neuem hervorgeholt und der Folter so erfolgreich unterworfen, dass man die gewünschten Aussagen, darunter auch das Geständnis von der Anbetung des Teufels, erlangte[1]).

Trotz aller dieser Vorkehrungen bedurfte es aber der willkürlichsten Anwendung sowohl des päpstlichen als auch des königlichen

---

1) Bini, p. 501. — Raynouard, pp. 233—5. — Vaissette, iv. 140—1.

Einflusses, um das Konzil zu veranlassen, wider seinen Willen seine Zustimmung zu geben zu dem, was die Christenheit offenbar als die gemeinste Ungerechtigkeit ansah. Es ist bezeichnend genug, dass die Akten des Konzils aus dem päpstlichen Archiv verschwunden sind; wir sind infolgedessen lediglich angewiesen auf die lückenhaften Berichte der zeitgenössischen Chronisten und auf die päpstlichen Bullen, in welchen die Beschlüsse des Konzils veröffentlicht wurden. Gute, rechtgläubige Katholiken haben dem Konzil sogar das Recht abgesprochen, als ökumenisches Konzil zu gelten, obwohl mehr als dreihundert Bischöfe aus allen Staaten Europas anwesend waren, der Papst den Vorsitz führte und ein Buch kirchlicher Gesetze auf ihm — niemand weiss, wie — angenommen wurde [1]).

Die erste Frage, die in Vienne zu lösen war, betraf die Forderung des Papstes, dass der Orden verurteilt werden sollte, ohne gehört zu werden. Clemens V. hatte ihn, wie wir gesehen haben, feierlich aufgefordert, in der Person seiner Führer und Prokuratoren vor dem Konzil zu erscheinen, und hatte dem Kardinal von Palestrina, den er zu ihrem Kustos ernannt hatte, befohlen, sie zu dem Zwecke vorzuführen; er hatte eine Kommission eingesetzt, um diejenigen anzuhören, die willens seien, den Orden zu verteidigen, und um sich mit den Angeklagten über die Ernennung von Prokuratoren zu verständigen;

---

1) Hefele-Knöpfler, Konziliengeschichte, vi, 515 ff. — Ehrle, im Archiv für Lit.- und Kirchengeschichte ii (1886), S. 353; *iv (1888), 361 ff.; v (1889), 574.

Wie sehr man sich gedrungen fühlte, das Verfahren des Konzils gegen die Templer zu rechtfertigen, zeigt ein von Raynald. ann. 1311, Nr. 54, angeführtes Manuskript des Vatikans. Von der grossen Masse von Dokumenten über den Prozess gegen die Templer sind nur Bruchstücke auf uns gekommen. Bei den Wanderungen Clemens' V. gingen einige zweifellos verloren (Ehrle, im Archiv für Lit.- und Kirchengeschichte i (1885), S. 7), andere kamen abhanden während des Schisma, als Benedikt XIII. einen Teil des Archivs nach Peniscola brachte (Schottmüller, i. 705), und andere wiederum bei dem Transport der Papiere der Kurie von Avignon nach Rom. Als 1810 Napoleon das päpstliche Archiv nach Paris übertragen liess, wo es bis 1815 blieb, bestand die erste Sorge des Generals Radet, des französischen General-Inspektors von Rom, darin, die Akten über den Prozess der Templer und des Galilei (Regest. Clementis PP. V., T. I. i. Proleg. p. ccxxix) in Sicherheit zu bringen. Während sie in Paris waren, benutzte sie Raynouard für sein oben so oft angeführtes Werk; aber selbst damals scheinen nur wenige Dokumente zugänglich gewesen zu sein, und von diesen findet sich jetzt nur mehr ein Teil unter den vatikanischen Archivalien; doch gibt Schottmüller der Hoffnung Ausdruck, dass die fehlenden noch aufgefunden werden könnten (op. cit. i 713. — *Vgl. jetzt Finke a. a. O. i., S. 307, 310, 346 ff. Die Hoffnung ist noch nicht in Erfüllung gegangen). — Die Zahl der im Jahre 1810 nach Paris gesandten Kisten mit Archivalien belief sich auf 3239. Während die päpstlichen Archivare klagten, dass viele Dokumente nicht zurückgegeben worden seien, behaupteten die französischen Behörden, dass die päpstlichen Agenten, denen man sie ausgeliefert habe, grosse Mengen an Krämer verkauft hätten (Regest. Clementis V., Proleg. pp. ccxciii — ccxviii).

er hatte ferner protestiert, als Philipps schroffe Gewalttätigkeit der Sache ein Ende machte. Nun aber, wo das Konzil zusammengetreten war, wurden die Leiter des Ordens nicht vorgeführt. Da die Frage zu kritisch war, um vor dem Plenum des Konzils verhandelt zu werden, wurde eine besondere Kommission von Prälaten gebildet, die man aus den vertretenen Nationen — Spanien, Frankreich, Italien, Deutschland, Ungarn, England, Irland und Schottland — auswählte, um die Frage mit dem Papste und den Kardinälen zu besprechen. Als an einem Novembertage diese Körperschaft die Protokolle anhörte, die die Inquisitoren eingesandt hatten, erschienen plötzlich sieben Templer vor ihr und erboten sich, den Orden zu verteidigen, wie sie sagten im Namen von fünfzehnhundert oder zweitausend Brüdern, die als Flüchtlinge in den Bergen des Lyonnais herumwanderten. Anstatt sie zu hören, warf sie Clemens V. sofort ins Gefängnis. Als einige Tage später zwei weitere, die sich durch das Schicksal ihrer Vorgänger nicht hatten abschrecken lassen, einen ähnlichen Versuch machten, wurden sie gleichfalls eingekerkert. Clemens' Hauptsorge bestand darin, dass er von den zur Verzweiflung getriebenen Unglücklichen Gefahr für sein Leben fürchtete, weshalb er besondere Vorsichtsmassregeln traf und Philipp riet, ein Gleiches zu tun. Diese Haltung des Papstes, für die man als einzigen Grund den Schaden anführte, den die durch eine Erörterung veranlasste Verzögerung für das Hl. Land mit sich bringen könnte, war nicht danach angetan, den Prälaten die ihnen zugemutete Schmach weniger fühlbar zu machen. Als die Frage zur Abstimmung kam, fanden sich nur ein italienischer Bischof und drei Franzosen — die Erzbischöfe von Sens, Reims und Rouen, die die rückfällig gewordenen Templer verbrannt hatten, — bereit, die Schande, den Orden ungehört zu verurteilen, für ewig auf sich zu nehmen. Die Sache war bedenklich genug. In Deutschland, Italien und Spanien hatten Provinzialkonzilien feierlich erklärt, dass sie an dem Orden oder seinen Mitgliedern nichts Böses finden könnten. In England hatten die Templer nur zugegeben, dass sie im Rufe der Ketzerei ständen. Frankreich war das einzige Land, wo sie allgemein ihre Schuld eingestanden hatten. Selbst wenn einzelne Mitglieder schuldig waren, so mussten sie zu entsprechender Busse verurteilt werden; aber es war kein gesetzlicher Grund vorhanden, ein so vornehmes Glied der Ecclesia militans wie den grossen Templerorden ohne Gehör zu vernichten[1]).

---

1) Bulle Vox in excelsis (van Os, pp. 72—4). — Du Puy, pp. 177—8. —

Vergebens liess Clemens V. alle Hebel in Bewegung setzen, um 321 das Konzil für sich zu gewinnen. Das Höchste, was er erreichen konnte, war die Vertagung der Verhandlung bis zum März 1312, wo Philipp, der eine Versammlung der drei Stände in die Nähe von Vienne, nämlich nach Lyon, berufen hatte, mit Karl von Valois, seinen drei Söhnen und einem zahlreichen Gefolge vor dem Konzil erschien, um durch diese Machtentfaltung Eindruck auf die Prälaten zu machen. Ein königlicher Befehl vom 14. März an den Seneschall von Toulouse, eine besondere Steuer zu erheben, um die Kosten für die Delegierten zu bestreiten, die diese Stadt „in Geschäften des Glaubens oder der Templer" nacheinander nach Tours, Poitiers, Lyon und Vienne geschickt hatte, zeigt, wie die in Tours begonnene Politik, die Kirche durch die weltliche Macht des Königtums einzuschüchtern, rücksichtslos bis zu Ende verfolgt wurde. Lebhafte Erörterungen folgten. Als geschickter Diplomat hatte Philipp die Forderung, die er ein Jahr vorher fallen zu lassen versprochen hatte, nämlich Bonifaz VIII. wegen Ketzerei zu verurteilen, von neuem erhoben. Sie konnte nicht erfüllt werden, ohne die Legitimität der von Bonifaz creierten Kardinäle und die Wahl Clemens' V. in Frage zu stellen. Sie hatte also den Zweck, eine Scheinkonzession zu machen. So wurde der Druck, den Papst und König gemeinsam auf das Konzil ausübten, zu stark, als dass es weitern Widerstand zu leisten vermochte, und so wurde der gordische Knoten entschlossen durchgehauen. In einem am 22. März abgehaltenen geheimen Konsistorium von Kardinälen und Prälaten legte Clemens die Bulle 'Vox in excelsis' vor, worin er zugab, dass die vorliegenden Beweise die endgültige Verurteilung des Ordens kanonisch nicht rechtfertigten, aber geltend machte, dass dieser soviel Ärgernis gegeben habe, dass ein anständiger Mann nicht mehr eintreten könne, dass ein längerer Verzug die Verschleuderung seiner Besitzungen zum Schaden des Hl. Landes zur Folge haben würde, und dass also seine vorläufige

---

Ptol. Lucens. Hist. eccles., lib. XXIV (Muratori, S. R. I. XI. 1236). — Raynouard, p. 187. — Cf. Raynald. ann. 1314, Nr. 55 — *Finke, a. a. O. I. 353 ff.

Wenn Schottmüllers Annahme in Bezug auf die von ihm nach einer vatikanischen Handschrift (a. a. O. II. 78 sqq.) veröffentlichte „Diminutio laboris examinantium processus contra ordinem Templi in Anglia" richtig ist — nämlich, dass sie hergestellt wurde, um der Kommission des Konzils von Vienne vorgelegt zu werden —, so zeigt das die gewissenlose Art, wie man die Beweise zustutzte, um diejenigen irrezuführen, die darüber zu Gericht sitzen sollten. Alle günstigen Aussagen sind unterdrückt, nur das törichte Geschwätz von Weibern und Mönchen wird als unwiderleglicher Beweis vorgelegt (*vgl. dazu Finke a. a. O. I. 347 ff.).

Aufhebung durch den Hl. Stuhl das beste sei. Am 3. April wurde die zweite Sitzung des Konzils abgehalten und die Bulle bekanntgemacht. Clemens verteidigte sie, indem er auseinandersetzte, dass sie nötig sei, um seinen teuern Sohn, den König von Frankreich, günstig zu stimmen. Die allgemeine Annahme, das Urteil sei auf Befehl Philipps gefällt worden, war also nicht unberechtigt. So wurde nach all dieser Grausamkeit und Mühe der Orden aufgehoben, ohne überführt worden zu sein. Es kann wohl kaum bezweifelt werden, dass sich das Konzil willig in diese Lösung der Frage fügte. Die einzelnen Mitglieder waren auf diese Weise befreit von der Verantwortung und fühlten ausserdem, dass das dem Orden zugefügte Unrecht so gross war, dass aus politischen Rücksichten die Ungerechtigkeit nun auch bis zu ihrem bittern Ende durchgeführt werden musste [1]).

Der nächste Punkt, der entschieden werden musste und zu

---

[1]) Jo. Hocsemius, Gest. episcop. Leodiens. (Chapeaville, II. 345). — Beaudouin, Lettres inédites de Philippe le Bel, p. 179. - Chron. Cornel. Zantfliet ann. 1307 (Martene Ampl. Coll. v. 154). — Bull. Vox in excelsis (van Os, pp. 75—77). — Bern. Guidon. Flor. Chron. (Bouquet, XXI. 721). — Wilcke, II. 307. — Gürtler, Hist. Templarior. Amstel. 1703, p 365. — Vertot, Hist. des Chevaliers de Malthe, Ed. 1755, T. II. p. 136. — Contin. Guill. Nangiac. ann. 1311—12. — Martin. Polon. Contin. (Eccard. I. 1438).

Als im Jahre 1773 Clemens XIV. den Jesuitenorden durch eine willkürliche Anwendung der päpstlichen Gewalt abzuschaffen wünschte, verfehlte er nicht, auf die Unterdrückung der Templer durch Clemens V. als Präcedenzfall hinzuweisen, wie er in seiner Bulle vom 22. Juli 1773 sagt: „Etiamsi concilium generale Viennense, cui negotium examinandum commiserat, a formali et definitiva sententia ferenda censuerit se abstinere." — Bullar. Roman. Contin. (Prati, 1847) V. 620.

Die Witzbolde der Zeit liessen die Angelegenheit nicht unbenutzt vorübergehen. Bernhard Guidonis citiert den zu jener Zeit geläufigen leoninischen Vers: „Res est exempli destructa superbia Templi." Hocsemius führt ein Chronogramm von P. de Awans an, das möglicherweise anspielt auf den Schatz, den Philipp gewann:

„Excidium Templi nimia pinguedine templi
    Ad LILIVM duo C consocianda doce."

Für Leute anderer Art fehlte es nicht an Vorzeichen für den Zorn des Himmels, sei es über die Verbrechen des Ordens, sei es über seine Vernichtung, wie Sonnen- und Mondfinsternisse, Parahelien, Paraselenen, Feuer, die von der Erde zum Himmel sprangen, Donner bei klarem Himmel. In Padua warf eine Stute ein Füllen mit neun Füssen; in der Lombardei sah man Scharen von Vögeln unbekannter Art. In dem ganzen Gebiete von Padua folgte auf einen regnerischen Winter ein trockner Sommer mit Hagelstürmen, sodass die Ernte missriet. Kein etruskischer Haruspex oder römischer Augur hätte deutlichere Vorzeichen wünschen können; die ganze Schilderung liest sich wie eine Seite des Livius. — Albertini Mussati, Hist. August. Rubr. X. XI (Muratori, S. R. I. X. 377—9). — Vgl. Ptol. Lucens. Hist. eccles., lib. XXIV (Ibid. XI. 1233); Fr. Jordan. Chron. ann. 1314 (Muratori, Antiq. XI. 789).

langen und heftigen Erörterungen Anlass gab, war die Verfügung über das Vermögen der Templer. Verschiedene Pläne wurden erörtert, aber schliesslich gelang es Clemens V., durchzusetzen, dass das Vermögen an die Hospitaliter übertragen wurde. Es mag nicht wahr sein, dass diese ihn mit grossen Geschenken bestachen, um das zu erreichen. Immerhin aber war das damals die allgemeine Annahme, und diese Tatsache lässt zur Genüge erkennen, wie niedrig die Zeitgenossen Clemens V. einschätzten. Am 2. Mai 1312 verkündigte die Bulle 'Ad providam', dass der Orden zwar auf Grund des bisherigen Verfahrens nicht gesetzlich aufgehoben werden könne, aber unwiderruflich durch apostolische Provision und Verordnung abgeschafft und unter dauerndes Verbot gestellt werde, und dass jeder, der in denselben eintreten oder sein Gewand annehmen wolle, sich ipso facto die Exkommunikation zuziehe. Das ganze Vermögen des Ordens nahm der Hl. Stuhl an sich und überwies es dem Hospital von St. Johann in Jerusalem, mit Ausnahme des in den Königreichen Kastilien, Aragon, Mallorca und Portugal gelegenen Besitzes. Schon im August 1310 hatte Jakob II. von Aragon die anderen Könige dringend aufgefordert, sich mit ihm zu vereinen, um ihre Ansprüche vor der päpstlichen Kurie zu verteidigen; zwar liess er die Einladung Clemens V., in Person vor dem Konzil zu erscheinen, um seine Gründe geltend zu machen, unbeachtet, allein die drei Könige trugen doch Sorge dafür, dass ihre Meinung auf dem Konzil energisch vertreten wurde. Im übrigen wurden alle — wes Standes oder Ranges sie auch sein mochten — welche solches Eigentum besassen oder zurückhielten, bei Strafe der Exkommunikation aufgefordert, es binnen Monatsfrist nach der Aufforderung den Hospitalitern auszuliefern. Diese Bulle wurde an alle Fürsten und Prälaten geschickt, und die letzteren wurden angewiesen, die Auslieferung des Eigentums durch nachdrückliche Anwendung der Exkommunikation und des Interdikts zu erzwingen[1]).

Nachdem die brennende Frage hinsichtlich der Templergüter so gelöst war, wurde die weniger wichtige nach den Personen der

---

1) Contin. Guill. Nangiac. ann. 1312. — Raynald. ann. 1312, Nr. 5. — Hocsemii Gest. episcop. Leod. (Chapeaville, II. 346). — Chron. Fr. Pipini c. 49 (Muratori, S. R. I. IX. 750). — Chron. Astense c. 27 (Ibid. XI. 194). — Chron. Cornel. Zantfliet ann. 1310 (Martene Ampl. Coll. v. 160). — Walsingham (D'Argentré, I. I. 280). — Raynouard, pp. 197—8. — Bull. Ad providam (Rymer, III. 323). — Mag. Bull. Rom. IX. 149. — Harduin. VII. 1341—8. — (*Reg. Clementis PP. V. Nr. 7885). — Bull. Nuper in generali (Rymer, III. 326; Magnum Bull. Rom. IX. 150). — Zurita, lib. v. c. 99. — Allart, op. cit., pp. 71—2. — Schmidt, Päpstliche Urkunden, p. 81. — *Finke a. a. O. I. 376 ff.

Templer dadurch abgetan, dass man sie zur Aburteilung an ihre Provinzialkonzilien verwies mit Ausnahme der Führer des Ordens, die noch immer dem Hl. Stuhle vorbehalten blieben. Alle Flüchtlinge wurden aufgefordert, binnen Jahresfrist zum Verhör und Urteil vor ihren Bischöfen zu erscheinen; Nichterscheinen ziehe ipso facto die Exkommunikation nach sich, die, falls sie ein weiteres Jahr dauere, Verurteilung wegen Ketzerei zur Folge habe. Das Konzil gab dann weiter allgemeine Anweisungen, wie die Unbussfertigen und Rückfälligen mit den härtesten Strafen des Gesetzes heimgesucht werden sollten. Diejenigen, welche selbst unter der Folter jede Kenntnis der Vergehen abgeleugnet hatten, gaben der Weisheit des Konzils ein unlösbares Rätsel auf und wurden an die Provinzialkonzilien verwiesen, um von ihnen so behandelt zu werden, wie es die Gerechtigkeit und Billigkeit der Kanones erheische. Für die, welche bekennen würden, sollte die Strenge der Gesetze durch reichliche Gnade gemildert werden; sie sollten in den ehemaligen Häusern des Ordens oder in Klöstern untergebracht werden, aber so, dass nirgends eine grosse Zahl zusammenkäme, und sollten aus dem Vermögen des Ordens anständig unterhalten werden. Mit der Übertragung des Vermögens war aber das Interesse an den Personen dahin. Ausser den schon erwähnten Konzilien von Tarragona und Narbonne scheinen nur wenige Provinzialkonzilien abgehalten worden zu sein. Viele Templer gingen in ihren Gefängnissen zugrunde; einige von den sogenannten „Rückfälligen" wurden verbrannt, viele durchzogen Europa als heimatlose Vagabunden, andere fristeten, so gut sie konnten, ihr Dasein durch Handarbeit. In Neapel befahl 1318 Johann XXII. seltsamerweise, dass sie von den Dominikanern und Franziskanern unterhalten werden sollten. Als einige heiraten wollten, erklärte Johann XXII., dass ihre Gelübde sie noch bänden und ihre Ehe ungültig sein würde; er gab damit also zu, dass ihre Aufnahme regelrecht und ohne Fehler erfolgt sei. Ebenso erkannte er sie als rechtgläubig an, indem er ihnen erlaubte, in andere Orden einzutreten. Eine Anzahl von ihnen tat es, besonders in Deutschland, wo ihr Schicksal weniger hart war als anderswo, und wo die Hospitaliter durch einen förmlichen Beschluss einer Versammlung in Frankfurt a. M. 1317 sie willkommen hiessen. Der letzte Präzeptor von Brandenburg, Friedrich von Alvensleben, wurde in derselben Rangstellung in den Orden der Hospitaliter aufgenommen. Tatsächlich scheint ihnen in Deutschland die allgemeine Sympathie Einkünfte zugewiesen zu haben, über die sich die Hospitaliter als über eine unerträgliche Last beklagten, und 1318 befahl

Johann XXII., man solle nicht in dem Grade für sie sorgen, dass sie Geld beiseite legen und üppig leben könnten; sie dürften nur einen Lebensunterhalt und eine Kleidung haben, wie sie geistlichen Personen zukämen[1]).

Es blieb noch übrig, über Molay und die anderen Häupter zu verfügen. Wie wir wissen, hatte sie Clemens V. seinem persönlichen Urteil vorbehalten und durch dieses Mittel erreicht, dass sie mit selbstsüchtigen Hoffnungen erfüllt wurden und ihre Brüder im Stich liessen. Nachdem ihm das gelungen war, schien sie der Papst eine Zeitlang in ihrer traurigen Gefangenschaft vergessen zu haben. Erst am 22. Dezember 1313 ernannte er eine Kommission von drei Kardinälen, Arnaldus von S. Sabina, Nicolaus von S. Eusebio und Arnaldus von S. Prisca, um das Untersuchungsverfahren gegen sie einzuleiten und sie entweder zu absolvieren oder zu verurteilen oder sie je nach ihrem Vergehen mit Bussen zu belegen, sowie ihnen angemessene Pensionen aus dem Vermögen des Ordens zuzuerkennen. Die Kardinäle schoben die Erfüllung ihrer Pflicht bis zum 19. März 1314 hinaus. Dann wurden Molay, Gottfried von Charney, der Meister der Normandie, Hugo von Peraud, der Visitator von Frankreich, und Gottfried von Gonneville, der Meister von Aquitanien, aus ihrem Gefängnis, in dem sie beinahe sieben Jahre geschmachtet hatten, auf ein Gerüst gegenüber der Notre-Dame Kirche geführt, um das Urteil entgegenzunehmen, das die Kardinäle in Gemeinschaft mit dem Erzbischof von Sens und anderen Prälaten, die sie zugezogen, gefällt hatten. In Anbetracht der Verbrechen, welche die Angeklagten gestanden und bestätigt hatten, war die Busse, die ihnen der Vorschrift gemäss auferlegt wurde, lebenslängliche Einkerkerung. Schon glaubte man die Angelegenheit abgetan, als zum Entsetzen der Prälaten und zur Verwunderung der versammelten Menge Molay und Charney sich erhoben und ausriefen: Sie seien schuldig nicht der ihnen zur Last gelegten Verbrechen, sondern weil sie, um ihr eigenes Leben zu retten, ihren Orden schmählich verraten hätten. Er sei rein und heilig; die Anklagen seien erdichtet, die Geständnisse falsch. Hastig überlieferten die Kardinäle sie dem Prévôt von Paris und zogen sich

---

1) Bernard. Guidonis, Flor. Chron. (Bouquet, xxi. 722). — Godefroy de Paris, v. 6028–9. — Ferreti Vicentin. Hist. (Muratori, S. R. I. ix. 1017). — Le Roulx, Documents etc p. 51. — Havemann, Geschichte des Ausgangs des Templerordens, S. 290. — Fr. Pipini Chron. c. 49 (Muratori, ix. 750). — Joann. de S. Victor. (Bouquet, xxi. 658). — Vaissette, iv. 141. — Stemler, Contingent zur Geschichte der Templer, S. 20–1. — Raynouard, pp. 213–4, 233–5. — Wilcke, ii. 236, 240. — Anton, Versuch, S. 142.

zurück, um über dieses unerwartete Ereignis zu beraten; aber ihre Verlegenheit dauerte nicht lange. Als Philipp die Nachricht überbracht wurde, geriet er in Wut. Es bedurfte nur einer kurzen Überlegung mit seinem Rate. Da die Kanones erklärten, dass ein rückfälliger Ketzer ohne Verhör verbrannt werden müsse, da ferner die Tatsachen notorisch waren, so brauchte ein formelles Urteil der päpstlichen Kommission nicht abgewartet zu werden. Noch an demselben Tage bei Sonnenuntergang wurde ein Holzstoss auf einer kleinen Insel in der Seine, der Judeninsel, in der Nähe des Schlossgartens errichtet. Dort wurden Molay und Charney langsam zu Tode verbrannt; sie wiesen alle Angebote der Verzeihung, falls sie widerriefen, zurück und ertrugen ihre Qualen mit einer Ruhe, die ihnen unter dem Volke, das ihre Asche ehrfurchtsvoll als Reliquie sammelte, den Ruf von Märtyrern einbrachte. Einem modernen Apologeten der Kirche war es vorbehalten, zu erklären, ihre unerschrockene Selbstopferung beweise, dass sie Genossen des Teufels gewesen seien. Durch ihren Tod triumphierten sie über ihren Verfolger und sühnten die Mutlosigkeit, womit sie früher die, welche ihrer Führung anvertraut waren, im Stich gelassen hatten. Hugo von Peraud und der Meister von Aquitanien hatten nicht den Mut, dem Beispiel der beiden anderen zu folgen, nahmen ihre Busse auf sich und kamen elendiglich in ihrem Gefängnis um. Raimbaud von Caron, der Präceptor von Cypern, war zweifellos schon durch den Tod erlöst worden[1]).

Die Tatsache, dass Clemens V. einen Monat später an den Qualen der ekelhaften Krankheit, die als Lupus bekannt ist, starb, und dass acht Monate später Philipp in dem frühen Alter von sechsundvierzig Jahren während der Jagd durch einen Unfall umkam, gab natürlich Veranlassung zu der Legende, dass Molay beide vor den Richterstuhl Gottes geladen habe. Für solche Geschichten war das Volk reif, dessen Gerechtigkeitssinn durch diesen ganzen Prozess empört worden war. Selbst in dem fernen Deutschland sprach man von Philipps Tode als von einer Vergeltung für die Vernichtung der Templer, und

---

1) Raynald. ann. 1313, Nr. 39. — Raynouard, pp. 205—10. — Contin. Guill. Naugiac. ann. 1313. — Joann. de S. Victor (Bouquet, xxi. 658). — Chron. Anon. (Bouquet, xxi. 143). — Godefroy de Paris, v. 6033—6129. — Villani, Chron. viii. 92 — Chron. Cornel. Zantfliet, ann. 1310 (Martene Ampl. Coll. v. 160). — Pauli Aemilii de reb. gest. Franc. (ed. 1569) p. 421. — Van Os, p. 111.
In seiner Hast fragte Philipp nicht lange, ob er auch das Recht über die Judeninsel besitze. Zufällig nämlich besassen dort die Mönche von St. Germain des Prés die hohe und niedere Gerichtsbarkeit; sie beklagten sich also sofort, dass ihnen Unrecht durch die Hinrichtung widerfahren sei, worauf Philipp in öffentlichem Rundschreiben erklärte, es solle durch dieses Versehen kein Präjudiz geschaffen sein (Beugnot, Les Olim, ii. 599).

von Clemens V. hiess es, dass er auf seinem Totenbette Reuetränen über drei grosse Verbrechen vergossen habe, über die Vergiftung Heinrichs VII. und die Vernichtung der Templer und der Beguinen. Ein italienischer, päpstlich gesinnter Zeitgenosse entschuldigt sich, dass er die Geschichte eines wandernden geächteten Templers berichte, der, von Neapel her vor Clemens V. gebracht, ihm ins Gesicht trotzte und, zum Scheiterhaufen verurteilt, aus den Flammen heraus ihn und Philipp binnen Jahresfrist vor den Richterstuhl Gottes forderte, was wunderbarerweise in Erfüllung gegangen sei. Diese Erzählungen zeigen, wie aufgeregt die Gemüter des Volkes waren, und wohin seine Sympathien neigten [1]).

In der Tat wurde ausserhalb Frankreichs, wo aus naheliegenden Gründen die Meinung der Zeitgenossen sich nur vorsichtig ans Licht wagte, der Sturz der Templer weit und breit der gewissenlosen Habgier des Königs und des Papstes zugeschrieben. Selbst in Frankreich trat die öffentliche Meinung auf die Seite der Opfer. Gottfried von Paris geht offenbar bis zur Grenze des Erlaubten, wenn er sagt:

> „Dyversement de ce l'en parle,
> Et au monde en est grant bataille —
> — L'en puet bien décevoir l'yglise
> Mès l'en ne puet en nule guise
> Diex décevoir. Je n'en dis plus:
> Qui voudra dira le seurplus."

---

1) Pauli Langii Chron. Citicens. ann. 1314 (Pistorius-Struve, I. 1201). — Chron. S. Petri Erfordensis ann. 1315 (*Monumenta Erphesfurtensia, hrsg. von Holder-Egger (1899) S. 346). — Naucleri Chron. ann. 1306. — Ferreti Vicentin. Hist. (Muratori, S. R. I. IX. 1018).

Clemens V. stand in einem so schlechten Rufe, dass das nicht die einzige derartige Legende über seinen Tod war. Als er noch Erzbischof von Bordeaux war, hatte er einen heftigen Streit mit Walter von Brügge, einem heiligmässigen Franziskaner, den Nikolaus III. gezwungen hatte, das Bistum Poitiers anzunehmen. Bei seiner Erhebung auf den päpstlichen Stuhl stillte er seinen Groll, indem er Walter absetzte und in ein Kloster schickte. Walter beklagte sich nicht, aber auf seinem Totenbette rief er das Urteil Gottes an und starb mit einem Papier in der Hand, in welchem er den päpstlichen Bedrücker für einen bestimmten Tag vor den göttlichen Richterstuhl forderte. Er hatte das Papier so fest umklammert, dass es mit ihm beerdigt werden musste. Im nächsten Jahre kam Clemens V. zufällig durch den Ort, liess das Grab öffnen, fand den Körper unversehrt und befahl, dass man ihm das Papier gebe. Er bekam einen grossen Schrecken, und er musste in der Tat zur angegebenen Zeit der Aufforderung nachkommen. — Wadding. ann. 1279, Nr. 13. — Chron. Glassberger, ann. 1307.

Über Wilhelm von Nogaret, Philipps Hauptwerkzeug, war eine ähnliche Geschichte im Umlauf. Auf dem Wege zum Scheiterhaufen sah ihn ein Templer und forderte ihn auf, binnen acht Tagen zu erscheinen, und am achten Tage darauf starb er auch. — Chron. Astense c. 27 (Muratori, S. R. I IX. 194).

Für die verschiedenen Erzählungen von dem Tode Philipps vgl. Godefroy de Paris, Vers 6637—6757.

Es zeugt von erhabenem Pflichtbewusstsein und von hohem Mute, wenn der Dominikaner Petrus de Palude, einer der berühmtesten Theologen der Zeit, in dem Augenblick, wo die Verfolgung auf ihrem Höhepunkte war, freiwillig vor dem päpstlichen Gerichtshof in Paris erschien und erklärte, er habe vielen Verhören beigewohnt, bei denen einige der Angeklagten die Anschuldigungen zugegeben, andere sie geleugnet hätten, und er müsse sagen, dass nach seiner Meinung die Leugnungen mehr Vertrauen verdienten als die Geständnisse[1]). Je mehr die Zeit fortschritt, desto mehr nahm auch die Überzeugung

---

1) Godefroy de Paris, Vers 6131—45. — Cf. 3876—81, 3951—2 — Procès des Templiers, ii. 195.

Einige von den Zeitgenossen ausserhalb Frankreichs, welche die Habgier Philipps und des Papstes als Triebfeder des Prozesses ansehen, sind Matthias v. Neuburg, Chron. a. a. 1346 (*Böhmer, Fontes iv. 237); Sächsische Weltchronik, erste bayrische Fortsetzung, ann. 1312 (Mon. Germ. Hist., Deutsche Chroniken, ii. 334). — Aus späterer Zeit vgl. Chron. des Johann Stadtweg ann. 1305 (Leibniz, iii. 274); Chron. des Konrad Bote, ann. 1311 (Leibniz, iii. 374); Chron. comitum Schauenburg. (Meibom i. 499); Jo. Hocsemii Gest. episcoporum Leodiens. (Chapéaville, ii. 345—6); Chron. Astense c. 27 (Muratori, S. R. I. xi. 192—4); Istorie Pistolesi (Ibid. xi. 518). — Villani, Chron. viii. 92.

Höchst bedeutsam ist die vorsichtige Art und Weise, wie gegen Ende des Jahrhunderts Kardinal Nikolaus Roselli die Angelegenheit zusammenfasst, indem er andeutet, dass geheime Gründe vorlagen, und behauptet, dass sie das Werk Philipps war: „Causa dictae cassationis et annullationis paucis fuit nota, licet multa fuerint diversimode promulgata, dictam autem cassationem fieri fecit Philippus rex Franciae." — Nicolaus Card. Arag., De factis summor. Pontificum (Baluz. et Mansi, Miscell. i. 443). — Dante trägt kein Bedenken, Philipp anzuklagen:

> Veggio'l nuovo Pilato si crudele,
> Che cio no'l sazia, ma senza decreto
> Porta nel Tempio le crudele vele.
> (Purgator. xx.)

Schriftsteller und Schriften, die die Schuld der Templer annehmen, sind Ferreti Vicentini Hist. (Muratori, S. R. I. ix. 1017—18). — Chron. Parmens. ann. 1309 (Ibid. ix. 880). — Albertin. Mussat. Hist. August. Rubr. x. (Ibid. x. 377). — Chron. Guillel. Scoti (Bouquet, xxi. 205). — Hermann Korner, Chronica novella a. a. 1309 (*hrsg. von J. Schwalm (1895) S. 215). — Vgl. auch die zweifelnde Bemerkung von Trithemius, Chronicon Hirsaugiense ann. 1311.

H. Martin behauptet, dass die Überlieferungen im nördlichen Frankreich den Templern feindlich, im Süden günstig seien. Er führt als Beispiel für den Norden eine bretonische Ballade an, in der die „Roten Mönche" oder Templer als wilde Wüstlinge dargestellt werden, die junge Frauen entführen und sie dann zusammen mit der Frucht ihres sündhaften Verkehrs vernichten. Andrerseits gibt es zu Gavarnie (Bigorre) sieben Köpfe, welche als die von Templer-Märtyrern verehrt werden, und der Volksglaube behauptet, dass in der Nacht des Jahrestages der Abschaffung des Ordens eine Gestalt, die von Kopf bis zu Fuss bewaffnet ist und einen weissen Mantel mit rotem Kreuze trägt, auf dem Kirchhofe erscheint und dreimal ausruft: „Wer will den heiligen Tempel verteidigen; wer will das Grab des Herrn befreien?" worauf die sieben Häupter dreimal antworten: „Niemand, niemand! Der Tempel ist zerstört!" — Histoire de France, t. iv. pp. 496—7 (ed 1855).

von der Unschuld der Templer zu. Boccaccio schlug sich auf ihre Seite. Der hl. Antoninus von Florenz, dessen geschichtliche Arbeiten einen grossen Einfluss auf die öffentliche Meinung des fünfzehnten Jahrhunderts ausübten, behauptete, die Ursache ihres Sturzes sei das Verlangen nach ihrem Vermögen gewesen, und die volkstümlichen Schriftsteller vertraten im allgemeinen dieselbe Ansicht. Selbst Raynaldus schwankt und wägt das Für und Wider auf beiden Seiten ab, und Campi versichert, dass sie in Italien im siebzehnten Jahrhundert von vielen als Heilige und Märtyrer betrachtet wurden. Schliesslich, um die Mitte des siebzehnten Jahrhunderts, unternahm es der gelehrte Du Puy, das Andenken Philipps des Schönen in einem Werke zu rehabilitieren, das durch die Zusammenstellung von urkundlichen Beweisaussagen auch jetzt noch für den Forscher unentbehrlich ist. Gürtler, der ihm mit einer Geschichte der Templer folgte, kann offenbar zu keinem Entschluss kommen. Von da ab ist das Für und Wider der Frage mit solcher Heftigkeit erörtert worden, dass sie möglicherweise eines von den ungelösten Geschichtsproblemen bleiben wird[1]).

Sei dem wie ihm wolle: Philipp erreichte seinen Zweck. Nach 1307 nahmen seine finanziellen Verlegenheiten sichtlich ab. Er war nicht nur die Schuld von fünfhunderttausend Pfund los, die er dem Orden abgeborgt hatte; auch die kostbaren Schätze und Wertsachen aller Art fielen in seine Hände, ohne dass jemals Rechenschaft darüber abgelegt wurde. Er zog alle Schuldforderungen des Ordens ein, und seine Nachfolger waren noch 1322 damit beschäftigt. Das ausgedehnte Bankgeschäft, das die Templer zwischen dem Orient und dem Abendland betrieben hatten, machte diesen Teil der Konfiskation zweifellos ausserordentlich einträglich; und wir können mit Sicherheit annehmen, dass Philipp die Vorschrift, Schulden von überführten Ketzern brauchten nicht bezahlt zu werden, durchführte. Trotzdem er sich stellte, als ob er die liegenden Güter dem Papste überlieferte, blieb er bis zu seinem Tode in ihrem Besitz und im Genuss ihrer Einkünfte. Selbst die Güter in Guyenne, die der englischen Krone gehörten, zog er ein, trotzdem Eduard II. protestierte, und er erhob Anspruch auf die Schlösser der Templer in den englischen Territorien, bis es Clemens V. gelang, ihn davon abzubringen. Den grossen Pariser Tempel, der, halb Palast und halb Festung, eines

---

1) Raynald. ann. 1307, Nr. 12. — D'Argentré, I. 1. 281. — Campi, Dell' hist. eccles. di Piacenza, P. III. p. 43 (Piacenza, 1651). — Feyjoo, Cartas, I. xxvIII. — Vgl. oben S. 278 Anm. *.

der architektonischen Wunder der Zeit war, hielt er mit einer Zähigkeit in Händen, die nur der Tod zu lösen vermochte. Nachdem das Konzil von Vienne im Mai 1312 unter Mitwirkung des Königs das Eigentum den Hospitalitern zugewiesen und Philipp im August seine Zustimmung formell ausgesprochen hatte, richtete Clemens V. im Dezember mehrere Briefe an ihn und bat ihn für die Wiedererlangung dessen, was einzelne sich angeeignet hatten, um Beistand. Dieser wurde sicher ohne Zögern zugesagt, aber im Juni 1313 musste der Papst dem Könige Vorhaltungen machen, weil er Albert von Châteauneuf, dem Grosspräzeptor der Hospitaliter, nicht erlauben wollte, das Vermögen seines eignen Ordens neben dem des Tempels in Frankreich zu verwalten. 1314 übertrug das Generalkapitel des Hospitals dem Leonardus und Franciscus de Tibertis das unumschränkte Recht, alles dem Orden versprochene Templereigentum in Besitz zu nehmen, und ein Parlamentsbeschluss aus dem Monat April sagt, dass dieses Vermögen auf besondern Wunsch des Königs dem Hospital übergeben und Leonhard de Tibertis mit der Besitznahme betraut worden sei, aber unter dem Vorbehalt, dass das Hospital die Ausgaben für die gefangenen Templer und die dem Könige aus dem Prozess entstandenen Kosten bestreiten müsse. Weder über die Höhe der Summe noch über die Zeit, binnen welcher sie zu zahlen sei, war etwas Genaues gesagt. Wäre Philipp länger am Leben geblieben, so wäre die Angelegenheit wahrscheinlich niemals erledigt worden. So, wie die Sache lag, waren die Hospitaliter schliesslich froh, 1317 die Angelegenheit dadurch zu erledigen, dass sie Philipp dem Langen alle Ansprüche auf das Einkommen aus den liegenden Gütern, welche die Krone seit zehn Jahren festgehalten hatte, abtraten und die bewegliche Habe tatsächlich in den Händen des Königs liessen. Ausserdem übernahmen sie auch die Bestreitung der Ausgaben für die eingekerkerten Templer, ein Zugeständnis, durch das sie sich allen möglichen Erpressungen und Plünderungen von seiten der königlichen Beamten aussetzten. Aber selbst damit war es noch nicht genug. Karl der Schöne erpresste weitere Zahlungen, und auch des Königs Oheim, Karl von Valois, machte Ansprüche geltend, die man erfüllen musste. Der Streit um die Wiedererlangung der Ländereien und des Templergutes, welches einzelne Personen sich angeeignet hatten, dauerte noch lange fort[1]).

---

1) Ferreti Vicentini loc. cit. — Raynald. ann. 1307, Nr. 12. — Havemann, p. 334. — Wilcke, II. 327, 329—30. — Raynouard, pp. 25—6. — Vaissette, IV. 141. — Du Puy, pp. 75, 78, 88, 125—31, 216—17. — Prutz, p. 16. — Beugnot,

Tatsächlich wird allgemein bezeugt, dass die Hospitaliter durch das glänzende Geschenk eher verarmten als reicher wurden. Die Plünderung war zu einem allgemeinen Saturnalienfest geworden. Jeder, ob König oder Edelmann oder Prälat, der die Hand auf einen Teil der schutzlosen Besitzungen legen konnte, hatte es getan; um sie wiederzubekommen, musste man grosse Summen an den Inhaber oder seinen Lehnsherrn bezahlen. Im Jahre 1286 war der Markgraf Otto von Brandenburg in den Templerorden eingetreten, und er hatte ihn mit ausgedehnten Besitzungen bereichert. Diese nahm der Markgraf Waldemar in Beschlag und gab sie erst 1322 wieder heraus; die Bestätigung der Übertragung erfolgte aber erst 1350, als das Hospital einwilligte, fünfhundert Mark Silber zu bezahlen. In Böhmen bemächtigten sich viele Adlige des Templervermögens und behielten es. Der ritterliche König Johann soll mehr als zwanzig Schlösser behalten haben; auch Templern selbst gelang es, einige in die Hände zu bekommen und ihren Erben zu vermachen. Religiöse Orden wollten auch ihren Anteil an der Beute haben. Auch sie beeilten sich, wo sie konnten, soviel wie möglich in Sicherheit zu bringen: Dominikaner, Karthäuser, Augustiner, Cölestiner, alle werden als dabei beteiligt genannt. Selbst der fromme Robert von Neapel musste von Clemens V. daran erinnert werden, dass er der Exkommunikation verfallen sei, weil er das Templereigentum in der Provence nicht zurückgegeben habe. Tatsächlich hatte er seinem Seneschall heimlich Befehl geschickt, es den Erzbischöfen von Arles und Embrun, den päpstlichen Kommissaren, nicht auszuliefern, und bevor er endlich zur Aushändigung gezwungen wurde, hatte er sich soviel angeeignet, als er konnte. Vermutlich war das Hospital auf Cypern glücklicher als anderswo; denn als der päpstliche Nuntius, Bischof Peter von Rhodus, die Bulle am 7. November 1313 veröffentlichte, scheinen die Templerbesitzungen ihm ohne Widerstreit ausgeliefert worden zu sein. In England machte sogar der schwache Eduard II.

Les Olim, III. 580—2. — Lavocat, Procès des frères et de l'ordre du Temple, chap. XLIII (Paris, 1888). — *Lehugeur, Histoire de Philippe le Long (1897) S. 358 ff.

In der Rechnungsablage des Seneschallamtes von Toulouse ist noch 1337 ein Platz für die aus dem Eigentum der Templer herrührenden Summen reserviert, obwohl der Ertrag jenes Jahres gleich null war. — Vaissette (ed. Privat) x. Pr. 785.

Wegen der Bankgeschäfte der Templer vgl. Schottmüller I. 64; *Delisle, Mémoire sur les opérations financières des Templiers, in den Mémoires de l'Institut national de France XXXII; Prutz, Die geistlichen Ritterorden (1908) S. 403 ff.; Finke a. a. O. I. 78 ff.

einen schüchternen Versuch, das Templergut zu behalten. Clemens V. hatte ihm am 25. Februar 1309 befohlen, es den zu diesem Zwecke bestimmten päpstlichen Kommissaren auszuliefern; er scheint aber dem Befehle keine Beachtung geschenkt zu haben. Nach dem Konzil von Vienne, am 12. August 1312, drückte der König dem Prior der Hospitaliter seine Überraschung aus, dass dieser auf Grund angeblicher päpstlicher Briefe versuche, es zum offenbaren Schaden der Würde der Krone in seine Hände zu bekommen. Vieles war verpachtet und an Eduards unwürdige Günstlinge veräussert worden. Deshalb widersetzte er sich der Herausgabe, so lange er konnte. Seine Unterwerfung war zugleich eine tiefe Erniedrigung für ihn. Denn er liess am 24. November 1313 eine notarielle Urkunde aufsetzen des Inhalts, dass er gegen die Herausgabe protestiere und nur nachgebe aus Furcht vor den Gefahren, die ihm und seinem Königreiche von einer Weigerung drohen würden. Man darf bezweifeln, ob sein Befehl, dass die Pensionen der noch lebenden Templer aus diesem Vermögen bezahlt würden, Gehorsam fand. Es gelang ihm jedoch, hundert Pfund von den Hospitalitern für den Tempel in London zu bekommen, und 1317 musste Johann XXII. anordnen, dass Ländereien herausgegeben würden, die noch immer im Besitz derer waren, denen es gelungen war, sich ihrer zu bemächtigen [1]).

Die spanische Halbinsel war von den Anordnungen der Bulle, die das Vermögen dem Hospital übertrug, ausgenommen worden. Hier war das Weitere dem Ermessen des Papstes überlassen geblieben. Was das Königreich Mallorca angeht, so machte er 1313 Gebrauch von diesem Ermessen, indem er das bewegliche Vermögen dem Könige Sancho II. überwies mit dem Befehle, das unbewegliche dem

---

1) Contin. Guill. Nangiac. ann. 1312. — Villani, Chron. VIII. 92. — Matthias von Neuburg, Chron. ann. 1346 (*Böhmer. Fontes IV. 237). — H. Mutii, Chron. lib. XXII. ann. 1311. — Chron. Fr. Pipini c. 49 (Muratori, S. R. I. IX. 750). — Havemann, p. 338. — Vertot, II. 154. — Hocsemii, Gest. episcop. Leodiens. (Chapéaville, II. 346). — Nauclerus, Chron. ann. 1306. — Raynald. ann. 1312, Nr. 7; ann. 1313, Nr. 18. — Van Os, p. 81. — Wilcke, II. 340—1, 497. — Gassari, Annal. Augsburg. ann. 1312 (Mencken, I. 1473). — Schottmüller, I. 496; II. 427—9. — Regest. Clement. PP. V. T. IV. p. 452. — Rymer, III. 133—4, 292—4, 321, 337, 404, 409—10, 451—2, 472—3. — Le Roulx, Documents etc., p. 50. — *Finke a. a. O. I. 374.

Wir besitzen zufällig ein kleines Beispiel für die Plünderung. Am 23. Februar 1310 absolvierte Clemens V. den Domherrn und Kanzler der Abtei Cornella in Roussillon, Bernhard von Bayulli, von der Exkommunikation, die sich dieser dadurch zugezogen hatte, dass er sich ein Pferd, einen Maulesel, verschiedene Wertgegenstände, die im ganzen auf sechzig Pfund Tournosen geschätzt wurden, aus der Präzeptur Gardin in der Diözese Lerida angeeignet hatte. Regest. Clement. PP. V. T. V. p. 41.

Hospital unter der Bedingung zu übertragen, dass es die Pflichten übernahm, die bisher die Templer erfüllt hatten. Aber über diesen Punkt mussten die Hospitaliter mit König Sancho handeln. Erst als sie sich im Februar 1314 zur Zahlung einer jährlichen Rente von elftausend Sols und einer Abfindung von zweiundzwanzigtausend-fünfhundert Sols verpflichteten, die von den Zinsen seit dem Zeitpunkte der vollzogenen Schenkung zurückbehalten werden sollten, wurden ihnen die Besitzungen auf der Insel Mallorca übergeben. Alle vorher fällig gewesenen Zinsen sollten der Krone bleiben. Es sind keine Urkunden vorhanden, die zeigen könnten, was auf dem Festlande geschah. Aber zweifellos fanden dort ähnliche Abmachungen statt. Obendrein bildeten die den Templern auf das ehemalige Eigentum des Ordens angewiesenen Pensionen für lange Jahre eine schwere Last[1]).

In Aragon war man weniger geneigt, den päpstlichen Wünschen zu willfahren. Hier hatte der beständige Kampf mit den Sarazenen das Andenken an die von dem Templerorden geleisteten Dienste lebendig erhalten und den Sinn dafür geschärft, dass man auch in Zukunft solcher Dienste bedürfen werde, dass diese aber nur von einem neuen, ganz und gar nationalen Zwecken dienenden Orden geleistet werden könnten, nicht von einer Körperschaft, wie die Hospitaliter es waren, deren erste Pflicht Palästina galt. Die Templer hatten in hohem Masse zu allen Unternehmungen, wodurch die Grenzen des Königreiches erweitert wurden, beigetragen und der Monarchie sowohl im Rate wie im Felde treue Dienste geleistet. Ihnen war zum grossen Teil die Befreiung Jakobs I. aus den Händen Simons von Montfort zu verdanken (Bd. I, 186, 198); sie hatten in den ruhmreichen Feldzügen, die ihm den Titel 'el Conquistador' eingebracht hatten, in den vordersten Reihen gestanden, und auch Peter III. und Jakob II. hatten kaum weniger Grund, ihnen dankbar zu sein. Nachdem dieser letztere die Templer geopfert hatte, wünschte er natürlich, ihr Eigentum zur Errichtung eines neuen Ordens verwandt zu sehen, von dem er ähnliche Vorteile erwarten konnte. Aber Clemens V. hatte sich den Hospitalitern gegenüber derart verpflichtet, dass er für die wiederholten Vorstellungen des Königs nur taube Ohren hatte. Mit der Thronbesteigung Johanns XXII. gestaltete sich indessen die Sache günstiger. Vidal von Villanova, der Gesandte Jakobs, erlangte 1317 vom Papste eine Bulle, welche

---

1) Raynald. ann. 1313, Nr. 37. — Allart, loc. cit. pp. 87, 89.

die Bildung des Ordens 'Nuestra Señora de Montesa' genehmigte. Er sollte dem Orden von Calatrava angegliedert, und aus diesem sollten seine Mitglieder genommen werden. Seine Aufgabe sollte darin bestehen, die Küsten und Grenzen von Valencia gegen die Korsaren und Mauren zu schützen. Während das in Aragon und Katalonien gelegene Eigentum der Templer den Hospitalitern überwiesen wurde, erhielt der neue Orden in Valencia nicht nur die dem Tempel, sondern auch alle dem Hospital gehörenden Besitzungen, mit Ausnahme derjenigen, die in der Stadt Valencia und eine halbe Meile im Umkreise gelegen waren. 1319 waren die Vorverhandlungen abgeschlossen und der neue Orden mit Wilhelm von Eril als seinem Grossmeister organisiert[1]).

In Kastilien begann der Beutezug dagegen schon früh. Zweiundeinhalbes Jahr vor der Verurteilung des Ordens erklärten königliche Briefe vom 15. Juli 1309, Ferdinand IV. habe das Templerschloss und die Templerstadt Capicha mit Almorchon und Garlitos dem Orden von Alcantara für einhundertunddreissigtausend Maravedi unter der Bedingung verkauft, dass, wenn der Templerorden wiederhergestellt oder der Papst dem Könige dessen Besitzungen nicht zuerkennen würde, dieser das Eigentum nur gegen Erstattung des Kaufgeldes zurückfordern dürfe. Das ist indessen zweifellos nur einer von zahlreichen ähnlichen Geschäftsabschlüssen, deren Urkunden nicht auf uns gekommen sind. Aber ein zweites Beispiel liegt vor, welches die Raubgier des Königs in noch schärferem Lichte zeigt. Eine Urkunde vom 13. Februar 1312, die also noch vor den endgültigen Beschlüssen von Vienne ausgestellt wurde, besagt, dass Vasco Fernandez, Meister des Tempels in Portugal, von Gonzalo Perez, dem Meister von Alcantara, das Haus Vallelas in Portugal für fünfzigtausend Pfund Tournosen gekauft habe. Nach der Verhaftung Vascos liess Ferdinand IV. sich von Perez die fünfzigtausend Pfund auszahlen und stellte ihm eine Quittung darüber aus, indem er ihm versprach, dass er ihn schadlos in dieser Sache halten wolle. Bevor das Jahr um war, starb Ferdinand IV. und liess seinen zweijährigen Sohn als Nachfolger unter dem Namen Alfons XI. zurück. Bei dem gesetzlosen Zustande während der Regentschaft dachte man

---

1) Bofarull y Brocá, Hist. de Cataluña, III. 97. — Zurita, lib. II. c. 60; lib. III. c. 9; lib. VI. c. 26. — Mariana (ed. 1789) v. 290. — La Fuente, Hist. eccles. II. 370-1. — Ilescas (Hist. pontifical, lib. VI c. 2) in der zweiten Hälfte des sechzehnten Jahrhunderts bemerkt, dass bis dahin vierzehn Meister den Orden von Montesa geleitet hätten, die alle bis auf den gegenwärtigen, D. Cesar de Borja, unverheiratet gewesen seien.

wenig an die Beachtung der päpstlichen Befehle. Die Krone behielt den grössern Teil der Templerländereien in Besitz, während es längs der Grenze Adligen und Städten gelang, einen Teil zu bekommen. Einige wurden den Orden von Santiago und Calatrava übergeben, die Hospitaliter behielten wenig. Nachdem ein halbes Jahrhundert verflossen war, wurde ein neuer Versuch gemacht. 1366 befahl Urban V., dass das ganze Templereigentum binnen zweier Monate an die Hospitaliter ausgeliefert würde, ein Befehl, der aber, wie wir mit Sicherheit annehmen dürfen, unbeachtet blieb. Indessen wurde 1387 von Clemens VII., dem französischen Gegenpapste, der zwischen den Hospitalitern und den Orden von Santiago und Calatrava vorgenommene Austausch einiger Gebiete bestätigt[1]). Kastilien war, wie wir schon gesehen haben, stets auffallend unabhängig von dem Papsttum. In Portugal wurde, wie oben erwähnt, das Eigentum als Ganzes dem Orden Jesu-Christi ausgehändigt.

In Morea, wo der Templerorden ausgedehnte Besitzungen besass, hatte Clemens V. schon am 11. November 1310 Eigentumsrechte ausgeübt, indem er seinen Administratoren, dem Patriarchen von Konstantinopel und dem Erzbischof von Patras, befahl, Walter von Brienne, dem Herzog von Athen, den ganzen Betrag, den die Güter eingebracht hätten und den sie in dem zukünftigen Jahre einbringen würden, zu leihen[2]).

So verschwand, ohne einen eigentlichen Kampf, eine Organisation, die als eine der stolzesten, reichsten und furchtbarsten in Europa gegolten hatte. Es ist nicht zu viel gesagt, dass nicht einmal der Gedanke an ihre Vernichtung hätte aufkommen können, wenn nicht die bequemen Mittel vorhanden gewesen wären, die das Inquisitionsverfahren geschickten und gewissenlosen Männern in die Hand gab, um jeden gewalttätigen Zweck unter dem Schein des Gesetzes zu erreichen. Wenn meine Darstellung dieser Tragödie vielleicht unverhältnismässig ausführlich erscheint, so möge man zu meiner Entschuldigung bedenken, dass sie deutlicher als irgend etwas anderes veranschaulicht, wie hilflos das Opfer, mochte es auch noch so hochgestellt sein, war, sobald die verhängnisvolle Anklage wegen Ketzerei

---
1) Memorias de Fernando IV., Coleccion diplomática, t. II. pp. 667, 828. — Barrantes, Ilustraciones de la casa de Niebla, Part. V. cap. XXX (Memorial Histórico Español). — Mariana, v. 290. — Garibay, Compendio historial, lib. XIII. cap. 33. — Zurita, lib. VI. c. 26. — Le Roulx, Documents etc., p 52.
1343 hören wir zufällig, dass Alfons XI. an Don Alonso Fernandez Coronel die Schlösser Capilla und Burguillos, frühere Besitzungen der Templer, schenkte. — Barrantes, op. cit. P. III. cap. XXXI.; P. IV. cap. II.
2) Regest. Clement. PP. V. T. v. p. 235 (Romae, 1887).

einmal erhoben war und von den Agenten der Inquisition durchgeführt wurde.

Der Fall des gelehrten Theologen und Professors an der Sorbonne zu Paris, Johann Petit, hat zwar keine grosse geschichtliche Bedeutung, ist aber trotzdem erwähnenswert als ein Beispiel dafür, wie man sich der Anklage wegen Ketzerei im politischen Kampfe als Waffe bediente, und wie dehnbar der Begriff Ketzerei war, wenn es galt, Verbrechen zu verfolgen, die von den ordentlichen Gerichten nicht bequem abgeurteilt werden konnten.

Unter Karl VI. von Frankreich war die königliche Macht zu einem Schatten geworden. Seine häufigen Wahnsinnsanfälle machten ihn für die Regierung unfähig, und die Streitigkeiten ehrgeiziger Prinzen von Geblüt brachten das Königreich fast in den Zustand der Anarchie. Besonders heftig war der Streit zwischen dem Bruder des Königs, dem Herzog Ludwig von Orléans, und seinem Vetter Johann dem Unerschrockenen von Burgund. Selbst in jenem Zeitalter der Gewalttätigkeiten war man entsetzt, als auf Anstiften Johanns des Unerschrockenen der Herzog von Orléans 1407 in den Strassen von Paris ermordet wurde, ein Verbrechen, das erst 1419 gerächt wurde, als die Streitaxt des Tanneguy du Châtel auf der Brücke von Montereau die Schuld sühnte. Selbst Johann der Unerschrockene fühlte, dass er sich wegen seiner Bluttat rechtfertigen müsse, und er suchte den Beistand des Johann Petit nach, der vor dem königlichen Gerichtshofe eine These, die 'Justificatio ducis Burgundiae' verteidigte, um zu beweisen, dass Johann rechtmässig und patriotisch gehandelt habe, und dass er den Dank des Königs und Volkes verdiene. Geschrieben in dem konventionellen scholastischen Stile, war die Abhandlung nicht ein rein politisches Pamphlet, sondern eine Argumentation, die auf allgemeinen Grundsätzen beruhte. Es ist ein merkwürdiges Zusammentreffen, dass schon fast dreihundert Jahre vorher ein anderer Johannes Parvus, besser bekannt als Johann von Salisbury, der würdigste Vertreter der höchsten Kultur seiner Zeit, in einer rein spekulativen Abhandlung die Ansicht vertreten hatte, dass ein Tyrann ohne Gnade getötet werden müsse. Nach der Lehre des jüngern Johann Petit „kann und soll jeder Untertan oder Vasall von Rechts wegen einen Tyrannen töten dürfen, und zwar durch jedes beliebige Mittel, insbesondere durch List und ohne Rücksicht auf irgendeinen Eid oder Vertrag, sowie ohne ein gerichtliches Urteil oder einen Befehl abzuwarten". Die Tragweite dieses furchtbaren Satzes wurde allerdings eingeschränkt durch die Definition, die er dem Begriff Tyrann gab. Ein Tyrann ist danach derjenige, welcher darnach trachtet, den König aus Habgier, durch Betrug, durch Zauberei oder aus Böswilligkeit seiner Macht zu berauben; bezüglich des Untertanen oder Vasallen wird vorausgesetzt, dass er von loyaler Gesinnung geleitet und würdig ist, vom Könige geliebt und belohnt zu werden. Es war nicht schwierig, in der Hl. Schrift eine Unterlage für eine derartige Aufstellung zu finden in der Ermordung des Zimri durch Phineas und des Holofernes durch Judith; aber Johann Petit wagte sich auf unsichern Boden, als er erklärte, der hl. Michael habe, ohne das göttliche Gebot abzuwarten und nur von natürlicher Liebe getrieben, Satan erschlagen und dem ewigen Tode überliefert und dafür die herrlichsten himmlischen Belohnungen empfangen [1]).

Dass die Schrift nicht ein einfaches Plaidoyer eines Rechtsanwaltes sein sollte, beweist ihre Abfassung in der Volkssprache und ihr Verkauf im Buchhandel. Johann der Unerschrockene verbreitete sie augenscheinlich eifrig und bestärkte dadurch die schon vorher Überzeugten in ihrer Überzeugung. Trotzdem wäre das Buch wohl dem Dunkel der Vergessenheit anheimgefallen, wenn nicht sechs Jahre später die Partei der Armagnacs die Oberhand erhalten, es aus dem Staube hervorgeholt und zu einem Angriffsmittel gegen die Burgunder gemacht hätte. Zwar war Johann Petit selbst einige Jahre vorher durch einen rechtzeitigen Tod einem Prozesse wegen Ketzerei entgangen; aber im November 1413 wurde ein Nationalkonzil in Paris abgehalten, um neun dem Werke entnommene Sätze zu prüfen. Der Bischof Gerhard von Paris und der Inquisitor Johann Polet aus dem Dominikanerorden ersuchten die Lehrer der Theologie an der Universität, ihre Ansicht abzugeben, die dahin lautete, dass sie die Sätze feierlich verdammten. Das Konzil erörterte die Frage achtundzwanzig Sitzungen hindurch mit unermüdlicher Weitschweifigkeit und einigte sich schliesslich am 23. Februar 1414 auf ein Urteil, wonach die neun Sätze als irrig im Glauben und der Moral und als offenbar ärgerniserregend dem Feuer überliefert werden sollten. Das Urteil wurde zwei Tage später auf einem Schafott, der Notre-Dame Kirche gegenüber, vollstreckt, in Gegenwart einer grossen Menge, welcher der berühmte Doktor Benedikt Gentien von

---

1) Johann. Saresberiensis, Polycraticus VIII. 17. — D'Argentré, I. II. 180—5. — Monstrelet, Chroniques, I. 39, 119. — *Bess, Frankreichs Kirchenpolitik und der Prozess des Jean Petit über die Lehre vom Tyrannenmord (1891).

S. Denis die Ungeheuerlichkeit der Ketzerei ausführlich auseinandersetzte. Wegen dieses Urteils appellierte Johann der Unerschrockene an den Hl. Stuhl, und Johann XXIII. ernannte eine aus den drei Kardinälen Orsini, von Aquileja und Florenz bestehende Kommission, um die Sache zu prüfen und darüber zu berichten. So war die Angelegenheit des Johann Petit zu einer europäischen Frage geworden. Trotz des päpstlichen Eingreifens gebot indessen eine königliche Verordnung vom 17. März allen Bischöfen des Königreiches, die Sätze zu verbrennen. Am 18. März liess die Universität sie verbrennen; am 4. Juni ordnete der König die Veröffentlichung des Urteils an; am 4. Dezember erschien die Universität bei Hofe und überreichte einen Vortrag über die Frage, und am 27. Dezember richtete König Karl VI. einen Brief an das Konzil von Konstanz mit dem Ersuchen, sich dem Urteil anzuschliessen. Offenbar wurde die Angelegenheit bis aufs äusserste ausgenutzt, und als am 4. Januar 1415 die lange aufgeschobene Leichenfeier für den Herzog von Orléans in der Notre-Dame Kirche stattfand, hielt der Kanzler Gerson vor dem Könige und dem Hofe eine Predigt, deren Kühnheit allgemein besprochen wurde. Die Regierung des Herzogs von Orléans erklärte er für besser als die irgendeines seiner Nachfolger; zwar erwähnte er nichts von dem Tode des Herzogs von Burgund, forderte aber seine Demütigung; die Verbrennung der von Johann Petit aufgestellten Sätze billigte er, verlangte aber noch weitere Massregeln; endlich erklärte er sich bereit, diesen Standpunkt vor jedermann zu vertreten[1]).

Von diesem Vorsatze beseelt, ging Gerson auch als Vertreter der französischen Nation nach Konstanz. In seiner ersten Ansprache an das Konzil, am 23. März 1415, forderte er die Verurteilung der neun Sätze. Der Prozess Johanns XXIII., die Verurteilung Wiclifs und des Abendmahls unter beiden Gestalten sowie die Erörterung der Angelegenheit des Huss nahmen indessen vorläufig die Aufmerksamkeit des Konzils vollständig in Anspruch, und erst am 15. Juni wurde ein Beschluss in dieser Frage gefasst. Mittlerweile fand Gerson einen Verbündeten in der polnischen Nation. Johann von Falckenberg hatte eine Abhandlung geschrieben, worin er die Argumente des Johann Petit auf die Ermordung polnischer Fürsten anwandte. Diese Schrift war auf Wunsch des Erzbischofs von Gnesen von der Universität Paris bereitwillig verurteilt worden. Infolge-

---

1) D'Argentré, I. ii. 184—6. — Religieux de S. Denis, Histoire de Charles VI. Liv. xxxiii. ch. 28. — Juvenal des Ursins, ann. 1413. — Gersoni Opera, ed. 1494, i. 14 B, C. — Von der Hardt, T. iii. Prolegom. 10—13. — Monstrelet, i. 139.

dessen verband sich der polnische Gesandte mit Gerson, um die Verurteilung beider Bücher durchzusetzen. Am 15. Juni schlug der Bischof Andreas Lascaris von Posen vor, eine Kommission zu ernennen, die eine Inquisition gegen neue Ketzereien anstellen sollte. Der Name des Johann Petit wurde zwar nicht genannt, aber es verstand sich von selbst, dass seine Sätze gemeint waren; denn die einzige Stimme, die sich gegen den Vorschlag aussprach, war diejenige des Bischofs Martin von Arras, des Gesandten Johanns des Unerschrockenen, der behauptete, dass der Vorschlag nur bezwecke, seinen Herrn anzugreifen. Weiter protestierte er gegen die Ernennung des Kardinals Peter d'Ailly, der mit den Kardinälen Orsini, von Aquileja und Florenz, ferner mit zwei Vertretern der italienischen Nation und je vier Vertretern für Frankreich, England und Deutschland zur Kommission gehörte. Nachdem das Konzil am 6. Juli das Urteil gegen Huss gefällt hatte, verdammte es als ketzerisch und ärgerniserregend den Satz 'Quilibet tyrannus', der dem ersten von den in Paris verurteilten neun Sätzen entsprach. Das genügte aber den Franzosen nicht, die das Urteil der Universität in vollem Umfange bestätigt sehen wollten. Während der zweieinhalb Jahre, die das Konzil versammelt blieb, war Gerson unermüdlich in seinen Bestrebungen, das gesteckte Ziel zu erreichen. Diese Ketzereien des Johann Petit, erklärte er, seien von grösserer Wichtigkeit als die des Huss und des Hieronymus, und er tadelte die Väter heftig, dass sie das gute Werk unvollendet liessen. Endlos war das Streiten und Disputieren sowie die Berufungen Karls VI. und der Universität auf der einen und des Herzogs von Burgund auf der anderen Seite. Nachdem Johann von Falckenberg in das Gefängnis geworfen war, konnte sich das Konzil zu weiteren Massregeln nicht entschliessen, und die Angelegenheit schlief zuletzt ein. Wir können es heutzutage kaum begreifen, wie diese Frage damals in den Augen der Zeitgenossen eine solche Bedeutung gewinnen konnte. Gerson sah sich später gezwungen, dem Gespött und den Vorwürfen entgegenzutreten, die man gegen ihn erhob, weil er eine so unbedeutende Frage einer solchen Versammlung, wie das Konzil es war, vorgelegt habe. Er rechtfertigte sich mit der Erklärung, dass er nach der Anweisung des Königs, der Universität und der durch die Provinz Sens vertretenen gallikanischen Kirche gehandelt habe. Weiter machte er geltend, dass, da das Konzil solchen Eifer bekundet habe, die Wiclifitischen Lehren zu verurteilen und Huss und Hieronymus zu verbrennen, es voreilig und ungerecht von ihm gewesen wäre, vorauszusetzen, dass es nicht denselben Eifer in der Unterdrückung der noch gefährlicheren Ketzereien des Johann Petit bezeigen würde. Für uns ist der Einfluss, den der Ausgang der Verhandlungen auf das Schicksal Gersons selbst hatte, das Wichtigste. Bei der Auflösung des Konzils fürchtete er die Feindschaft des Herzogs von Burgund, wenn er nach Frankreich zurückkehrte. Daher nahm er mit Freuden die Zuflucht an, die ihm Herzog Ernst in Österreich anbot, und für die er in einem Gedichte seinen Dank abstattete. Seiner Heimat wagte er sich nie mehr über Lyon hinaus zu nähern. Dort war sein Bruder Mönch in einem Cölestiner-Kloster, und dort fristete er als Schullehrer sein Leben bis zu seinem Tode, am 14. Juli 1429[1]).

Kritische Köpfe würden zweifellos längst gezeigt haben, dass das meteorhafte Auftreten der Jungfrau von Orléans eine Mythe sei, lägen nicht die übereinstimmenden Zeugnisse von Freund und Feind und urkundliche Beweise vor, die uns instand setzen, mit einleuchtender Sicherheit die wunderbaren Wechselfälle ihrer Laufbahn von den legendären Einzelheiten zu trennen, durch die sie verdunkelt worden ist. Für uns hat ihre Geschichte ein besonderes Interesse dadurch, dass sie ein neues Beispiel dafür bietet, mit welcher Leichtigkeit das Inquisitionsverfahren zu politischen Zwecken angewandt wurde[2]).

Im Jahre 1429 schien die französische Monarchie hoffnungslos vernichtet zu sein. In den grauenvollen Kämpfen, welche die Regierungszeit des wahnsinnigen Karls VI. kennzeichneten, war ein Geschlecht aufgewachsen, bei dem an die Stelle der Treue gegen

---

1) Von der Hardt, III. Proleg.; 13 IV. 335—6, 440, 451, 718—22, 724—28, 1087—88, 1092, 1192, 1513, 1531—2. — D'Argentré, I. II. 187—92.   Gersoni Op. III. 56, Q.-S. 57 B.

2) *Der Seligsprechungsprozess der Jungfrau von Orléans, der nach langen Vorbereitungen im Jahre 1909 zum Abschluss gekommen ist, hat seit dem Erscheinen des Werkes von Lea eine ausserordentliche Fülle von neuen Veröffentlichungen veranlasst. Übersichten über diese finden sich bei Lanéry d'Arc, Livre d'or de Jeanne d'Arc; Bibliographie raisonnée et analytique des ouvrages relatifs à Jeanne d'Arc depuis le 15. siècle jusqu'à nos jours (1894); Lefèvre-Pontalis, in der Bibliothèque de l'Ecole des chartes LVI (1895), 154 ff.; Zeitschrift für Kirchengeschichte XXIX (1908), 124; XXX (1909), 187 ff.; Revue historique 1909, 1910; M. Sepet, Jeanne d'Arc et ses plus récents historiens (Revue des questions historiques 1910, Juli). Hier sei besonders hingewiesen auf: Lanéry d'Arc, Mémoires et consultations en faveur de Jeanne d'Arc, par les juges du procès de réhabilitation (1889); Mahrenholtz, Jeanne d'Arc in Geschichte, Legende und Dichtung (1890); O. Hase, Die Jungfrau von Orléans (3. Aufl., 1893); Lowell, Joan of Arc (1896); Dunand, Histoire complète de Jeanne d'Arc (1899); H. Wallon, Jeanne d'Arc (7. Aufl., 1901); Anatole France, Vie de Jeanne d'Arc (2 Bde., 1908); Dunand, Etudes critiques sur l'histoire de Jeanne d'Arc (1908); A Lang, La Jeanne d'Arc de M. Anatole France (1909); vgl. dazu G. Monod, in der Revue historique 104 (1910), S. 154 ff.).

den Thron oder die Nation die Treue gegen die Partei getreten war. Die Königstreuen waren nicht bekannt als Parteigänger Karls VII., sondern als 'Armagnacs', und die 'Burgunder' zogen die auswärtige Herrschaft Englands der ihres erblichen Souverains vor. Paris unterwarf sich trotz der furchtbaren Entbehrungen und der Verluste, die der Krieg im Gefolge hatte, freudig den Engländern aus Liebe zu ihrem Verbündeten, dem Herzog von Burgund. Die Jungfrau von Orléans erzählte, dass in ihrem Heimatsdorfe Domremy an der lothringischen Grenze nur ein Burgunder sei, und dass sie wünsche, der Kopf würde ihm abgeschnitten; aber Domremy und Vaucouleurs waren die einzigen königstreuen Flecken im Nordosten Frankreichs, und die Knaben dieser Orte führten häufig Kämpfe mit den burgundischen Knaben von Marey, aus denen sie wohl verwundet und blutend heimkamen. Dieses Beispiel ist typisch für die Zwietracht, die in dem ganzen Königreiche herrschte[1]).

Selbst der Tod des siegreichen Heinrich V. im Jahre 1423 hatte anscheinend in keiner Weise den Fortschritt der englischen Waffen zu hemmen vermocht. Unter der geschickten Regentschaft seines Bruders, des Herzogs von Bedford, dem Feldherren wie Salisbury, Talbot, Scales und Fastolf zur Seite standen, schien der unmündige Heinrich VI. dem Vertrage von Troyes gemäss den Thron seines Grossvaters, Karls VI., einnehmen zu sollen. Der Sieg von Verneuil 1424 war ein Triumph wie der von Azincourt. Allein aus dem Dauphiné blieben dreihundert Ritter auf dem Schlachtfelde, und ohne die Treue der durch die Albigenser-Kreuzzüge gewonnenen Provinzen wäre Karl VII. schon nach diesem Schlage ein König ohne Reich gewesen. Sein Rückzug über die Loire hatte ihm den Spottnamen eines 'Königs von Bourges' eingetragen. Schwankend und unentschlossen, beherrscht von unwürdigen Günstlingen, wusste er kaum, ob er sich weiter nach Süden zurückziehen und eine letzte Stellung in den Bergen des Dauphiné einnehmen, oder ob er in Spanien oder Schottland eine Zuflucht suchen sollte. 1428 wurde durch die Einschliessung von Orléans seine letzte Verteidigungslinie an der Loire bedroht. Er war nicht imstande, die Stadt zu entsetzen. Fünf Monate lang leistete sie heldenmütigen Widerstand, bis sie, zur Verzweiflung gebracht,

---

1) Journal d'un bourgeois de Paris, ann. 1431 (in den Mémoires pour servir à l'histoire de France et de Bourgogne, 1729). — Epist. de P. de Bonlavillar (Pez, Thesaur Anecd. IV, 237). — Procès de Jeanne d'Arc, p. 474. (Wenn nichts anderes angegeben ist, beziehen sich meine Citate der Johanna betreffenden Dokumente auf die Sammlung in Buchon's Choix de Chroniques et Mémoires, Paris 1838). — *Quicherat, Procès de condemnation et de réhabilitation de Jeanne d'Arc (5 Bde. 1841—49).

den berühmten Ritter Pothon de Saintrailles zum Herzog von Burgund schickte, um ihn zu bitten, ihre Huldigung anzunehmen. Der Herzog war durchaus nicht abgeneigt; er bedurfte dazu aber der Zustimmung seines englischen Verbündeten, und der Herzog von Bedford verweigerte sie mit der höhnischen Bemerkung, er wolle nicht auf den Busch klopfen, um für einen andern den Vogel zu gewinnen. Die Belagerung schleppte sich noch zwei Monate hin. Im Frühjahr 1429 schien weiterer Widerstand nutzlos zu sein und dem Könige nichts anderes übrigzubleiben als ein schimpflicher Rückzug und voraussichtlich die Flucht aus dem Lande[1]).

So war die Lage der französischen Monarchie geradezu hoffnungslos, als die Begeisterung der Jeanne d'Arc den verwickelten Verhältnissen eine neue Wendung gab, den Mut, der durch eine ununterbrochene Kette von Niederlagen erloschen war, von neuem anfachte, das Loyalitätsgefühl, das in dem Parteigeiste untergegangen war, wieder erweckte, die Religion zum Ansporn für die Vaterlandsliebe machte und den verzweifelten Herzen Vertrauen und Hoffnungsfreudigkeit wieder einflösste. Es ist wenigen Menschen in der Weltgeschichte beschieden gewesen, so sehr das Geschick einer Nation zu beeinflussen, und vielleicht keinem, der von so bescheidener Herkunft und anscheinend so ungeeignet für diese Aufgabe war.

Geboren am 6. Januar 1412 in dem kleinen Dorfe Domremy an der Grenze von Lothringen, hatte Johanna eben erst ihr siebzehntes Lebensjahr vollendet, als sie vertrauensvoll die Aufgabe übernahm, ihr Heimatland zu retten[2]). Ihre Eltern, ehrsame Bauern, hatten ihr eine ihrem Stande angemessene Erziehung gegeben; sie konnte natürlich weder lesen noch schreiben, wohl aber das Paternoster, das Ave Maria und das Credo hersagen; sie hatte die Kühe gehütet und war hervorragend geschickt mit der Nadel. Während ihres Prozesses rühmte sie sich, dass kein Mädchen und keine Frau von Rouen sie im Gebrauche der Nadel etwas Neues lehren könne. Dank ihrer ländlichen Beschäftigung war sie gross und starkgliedrig, energisch und ausdauernd. Sie soll sechs Tage und Nächte haben zubringen können, ohne ihren Harnisch abzulegen, und Wundergeschichten

---
1) Thomassin, Registre delphinal (Buchon, pp. 536, 540). — G. Görres, Die Jungfrau von Orléans, nach den Prozessakten und gleichzeitigen Chroniken (1834), S 50 ff. — Chronique de la Pucelle (Buchon, p. 454).
2) Der Geburtsort Johannas war so nahe bei der Grenze, dass, als 1571 eine neue Grenzlinie gezogen wurde, die Gruppe von Häusern, in der die Hütte der Familie stand, an Lothringen fiel, während die Nachbargruppe bei Frankreich blieb. -- Vallet de Viriville, ubi sup. p. 24–5. — *Georges, Jeanne d'Arc considerée au point de vue franco-champenois (1894).

Lea, Inquisition III. 25

wurden erzählt von ihrer Enthaltsamkeit in der Nahrung, während sie sich den anstrengendsten Arbeiten in der Schlacht oder beim Belagerungssturm unterzog. Diese ihre starke physische Konstitution war beherrscht von einem noch stärkern und dabei leicht erregbaren Nervensystem. Ihr entschlossenes Selbstvertrauen trat zutage, als sie von einem rechtschaffenen Bürger von Toul, dessen Bewerbung ihre Eltern begünstigten, zur Ehe begehrt wurde. Da sie hartnäckig bei ihrem ablehnenden Entschlusse blieb, nahm dieser, wie es scheint mit Einwilligung ihrer Eltern, seine Zuflucht zur Justiz und lud Johanna vor den Offizial von Toul, damit sie das Heiratsversprechen erfülle, welches sie ihm angeblich gegeben hatte. Trotz ihrer Jugend erschien Johanna unerschrocken vor dem Gerichtshofe, schwur, dass sie kein Versprechen gegeben habe, und machte sich dadurch von dem allzueifrigen Bewerber frei. Mit dreizehn Jahren stellten sich Verzückungen und Visionen bei ihr ein. Zuerst erschien ihr der Erzengel Michael, später die hl. Katharina und die hl. Margareta, denen Gott den besondern Auftrag erteilt hatte, sie zu bewachen und zu leiten. Selbst der Erzengel Gabriel kam bisweilen, um ihr Rat zu erteilen. So fühlte sie sich als Werkzeug des göttlichen Willens, indem sie ihre eignen Impulse unmerklich durch eine Art von psychischer Verwandlung zu himmlischen Geboten machte. Schliesslich konnte sie ihre himmlischen Ratgeber nach Belieben herbeirufen und von ihnen Anweisungen bei jedem zweifelhaften Vorhaben erlangen. In ihrem Prozesse legte man grossen Nachdruck auf einen alten Buchenbaum, der in der Nähe von Domremy stand und bekannt war als der „Frauenbaum" oder „Feenbaum", und an dessen Wurzeln ein Brunnen von wunderbarer Heilkraft entsprang. Ein Überbleibsel von der Verehrung des Baumes und der Quelle war noch erhalten in den jährlichen Festen, bei welchen die jungen Dorfmädchen unter Gesängen um den Baum herumtanzten und Guirlanden in seinen Zweigen aufhängten. Johanna schloss sich zwar ihren Gespielinnen bei diesen Gebräuchen an, behielt aber gewöhnlich ihre Guirlanden zurück, um damit den Altar der hl. Jungfrau in der dicht dabei liegenden Kirche zu schmücken. Eine ausserordentliche religiöse Empfindsamkeit war unzertrennlich von einem solchen Charakter wie dem ihrigen, und fast schon bei der ersten Erscheinung ihrer himmlischen Besucher legte sie ein Gelübde der Jungfräulichkeit ab. Sie hielt sich für geweiht und vorbehalten für irgendeinen hohen und heiligen Zweck, dem alle irdischen Pflichten untergeordnet werden müssten. Als sie ihren Richtern erzählte, dass ihre Eltern bei ihrem Weggang beinahe wahnsinnig geworden seien, fügte sie hinzu, wenn sie auch hundert Väter und Mütter gehabt hätte, so würde sie sie doch verlassen haben, um ihre Mission zu erfüllen. Auf diese Geschlossenheit ihres Wesens, die sich auch in ihrem Auftreten ausprägte, ist wahrscheinlich die Bemerkung mehrerer Berichte zurückzuführen, dass kein Mann sie mit lüsternem Auge habe ansehen können[1]).

Anfangs forderten ihre himmlischen Führer sie nur auf, sich gut zu betragen und die Kirche fleissig zu besuchen. Als sie aber älter wurde, die verzweifelte Lage der Monarchie begriff und Anteil nahm an den leidenschaftlichen Kämpfen ihrer Zeit, lag es nahe, dass diese allgemein moralischen Vorschriften sich in Befehle verwandelten, dem verzweifelnden Volke im Auftrage Gottes die Botschaft seiner Befreiung zu überbringen. In ihren Verzückungen fühlte sie, dass sie das auserlesene Werkzeug sei, und schliesslich forderten sie ihre „Stimmen", wie sie diese gewöhnlich nannte, mehrere Male in der Woche auf, nach Frankreich zu eilen und die Belagerung von Orléans aufzuheben. Sie fürchtete sich, den Eltern ihre Mission zu offenbaren; doch müssen diese eine unbedachte Äusserung von ihr aufgefangen haben. Denn zwei Jahre vor ihrem Weggange träumte ihr Vater Jakob, dass sie mit Soldaten davonzöge, und er erzählte ihren Brüdern, wenn er dächte, seine Träume könnten in Erfüllung gehen, so wäre ihm lieber, dass sie Johanna ertränkten oder dass er es selbst täte. Von da ab wurde sie scharf bewacht; aber das Drängen ihrer himmlischen Ratgeber verwandelte sich in Vorwürfe wegen ihrer Säumigkeit, so dass ihr ein weiteres Zögern unerträglich wurde. Als sie die Erlaubnis erhielt, ihren Onkel Dionysius Laxart zu besuchen, überredete sie ihn, ihr Geheimnis Robert von Baudricourt mitzuteilen, der für den König das benachbarte Schloss Vaucouleurs verwaltete. Ihre „Stimmen" hatten vorausgesagt, sie werde zweimal abgewiesen werden, zum dritten Male aber Erfolg haben. Das traf auch zu. Der gute Ritter, der anfangs ihrem Onkel den verächtlichen Rat gegeben hatte, ihr Ohrfeigen zu geben, liess sich schliesslich überreden, den König um die Erlaubnis zu bitten, ihm das Mädchen zuschicken zu dürfen. Sie muss damals schon im Rufe der Inspiration gestanden haben; denn während sie auf die Antwort des Königs wartete, liess sie der Herzog von Lothringen, der krank war, zu sich kommen, und sie sagte ihm,

---

[1]) Procès, pp. 469, 470, 471, 473, 475, 476, 477, 483, 485, 487, 499. — Chron. de la Pucelle, ann. 1429, pp. 428, 435–6, 443. — L'Averdy (Académie des Inscriptions et Belles-Lettres, Notice des Mss. III. 373). — *S. Luce, Jeanne d'Arc à Domremy (1886).

wenn er zu genesen wünsche, so müsse er sich zunächst mit seiner Gemahlin aussöhnen. Als die Erlaubnis des Königs eintraf, gab ihr Baudricourt Männerkleidung und ein Schwert sowie ein kleines Gefolge von einem Ritter und vier Mann und freute sich, mit der Sache nichts weiter zu tun zu haben [1]).

Die kleine Schar brach am 13. Februar 1429 zu dem gefährlichen, über einhundertundfünfzig Meilen langen Ritt mitten im Winter durch Feindesland auf. Dass Johanna den Ritt ohne Unfall in elf Tagen vollendete, wurde schon an und für sich als ein Wunder und als ein Zeichen der Gunst Gottes betrachtet. Am 24. Februar erreichte sie Chinon, wo Karl seinen Hof hielt; aber dort stellten sich der Jungfrau neue Hindernisse in den Weg. Wohl erkannten, wie berichtet wird, einige verständige Menschen, dass in ihr die Prophezeiung Merlins sich erfüllt habe: „Descendet virgo dorsum sagittarii et flores virgineos obscurabit"; andere erklärten, dass ihr Erscheinen von der Sibylle und von Beda Venerabilis vorausgesagt worden sei; noch andere fragten sie, ob nicht in ihrer Heimat ein Wald namens Bois-Chênu liege, da nach einer alten Weissagung aus Bois Chênu eine wunderwirkende Jungfrau kommen solle, und sie waren entzückt, als sie erfuhren, dass dieser Wald nur eine Meile von dem Hause ihres Vaters entfernt lag. Diejenigen jedoch, die sich auf weltliche Weisheit verliessen, schüttelten den Kopf und erklärten ihre Sendung für widersinnig; man tue, so meinten sie, ein gutes Werk, wenn man sie für verrückt erkläre. Aber die Lage des Königs war so verzweifelt geworden, dass man die Ansprüche Johannas für wichtig genug hielt, um eine Untersuchung darüber anzustellen. Die Erörterungen zogen sich lange hin. Prälaten und Doktoren der Theologie, Juristen und Staatsmänner verhörten sie einen Monat lang, und einer nach dem andern wurde von ihrem einfachen Ernste, ihrer bestimmten Überzeugung und ihren klugen Erwiderungen gewonnen. Das alles genügte aber noch nicht; man sandte vielmehr Johanna nach Poitiers, wo Karls Parlament tagte und eine Universität aus denjenigen Gelehrten gebildet war, welche die zu den Engländern haltende Universität Paris verlassen hatten. Dort wurde sie noch drei weitere Wochen hindurch mit einer endlosen Wiederholung der Fragen gequält. Mittlerweile forschte man sorgfältig nach ihrem Vorleben und fand, dass dieses ihren guten Ruf und ihre Zuverlässigkeit in jeder Beziehung bestätigte. Nun riet man Karl VII., sie um ein Zeichen zu bitten, wodurch sie beweisen könne, dass sie

---

1) Procès, pp. 471, 485. — Chronique, p. 454. — L'Averdy (a. a. O. III. 301).

von Gott gesandt sei; das schlug sie indessen ab mit dem Bemerken, der Befehl Gottes gehe dahin, dass sie dieses Zeichen vor Orléans und nirgendwo sonst geben solle. Schliesslich kam ein offizielles, in vorsichtigen Ausdrücken abgefasstes Gutachten zustande, welches dem Könige empfahl, sie in Anbetracht ihres ehrbaren Lebenswandels und ihrer guten Sitten und weil sie versprochen habe, ihm vor Orléans ein Zeichen zu geben, nicht abzuhalten, sondern in Sicherheit dorthin geleiten zu lassen; wolle man sie, gegen die kein schlimmer Verdacht vorliege, daran hindern, so beleidige man den Hl. Geist und mache sich der Gnade und Hilfe Gottes unwürdig[1]).

---

1) Procès, pp. 471, 475, 478, 482, 485. — Chronique, pp. 428, 454. — Görres, Die Jungfrau von Orléans, S. 31ff. — Thomassin, pp. 537, 538. — Christine de Pisan (Buchon, p. 541). — Monstrelet, liv. II. ch. 57. — Dynteri Chron. Duc. Brabant. lib. VI. ch. 234.

Viel ist in den Chroniken zusammengestellt worden über die Wunder, durch die sie Karls Zweifel löste, dass sie ihn nämlich auf den ersten Blick erkannte, obwohl er einfach gekleidet unter einer Menge glänzender Ritter sich befand, und dass sie ihm das nur Gott und ihm selbst bekannte Geheimnis der Gebete und Bitten offenbarte, die er in Loches in seinem Betstuhl an Gott gerichtet hatte (Chronique pp. 429, 455; Jean Chartier, Hist. de Charles VII, ed. Godefroy, p. 19; Görres, a. a. O. S. 88ff.). Vielleicht hat irgend eine zufällige Äusserung von ihr seine unstäten und unsicheren Gedanken getroffen und Eindruck auf ihn gemacht; aber es bildete sich so schnell eine Legende über die Jungfrau, dass bei jeder neuen Gelegenheit neue Wunder hinzugefügt wurden. Johanna selbst erklärte in ihrem Prozess, dass Karl und mehrere seiner Ratgeber, unter ihnen der Herzog von Bourbon, ihre Schutzheiligen gesehen und ihre Stimmen gehört hätten, und dass der König selbst bedeutungsvolle Offenbarungen erhalten habe (Procès, p. 472). Sie erzählte auch ihren Richtern, dass es ein sichtbares Zeichen für ihre himmlische Mission gegeben habe. Unter dem Einflusse des geschickten Kreuzverhörs, dem man sie unterwarf, verwandelte sich dieses Zeichen, welches anfangs in der Enthüllung eines dem Könige bekannten Geheimnisses bestand (p. 477), in eine ganz aussergewöhnliche Geschichte: der hl. Michael habe, begleitet von der hl. Katharina, der hl. Margareta und zahlreichen Engeln, sie in ihrer Wohnung aufgesucht und sie zum königlichen Palaste begleitet, wie er die Stufen hinaufgegangen und durch die Türe eingetreten sei; dann habe er dem Erzbischofe von Reims eine goldene Krone von unbeschreiblichem Werte, wie sie kein Goldschmied der Welt anfertigen könne, übergeben. Der Erzbischof habe die Krone dem Könige überreicht, während der Erzengel ihm gleichzeitig ankündigte, dass er mit Hülfe Gottes und Johannas, als Vorkämpferin Gottes, ganz Frankreich wiedergewinnen, dass er aber, wenn er die Hilfe der Jungfrau verschmähe, seine Krönung verzögern würde. Dies, behauptete sie, hätten der Erzbischof von Reims und viele Bischöfe, ferner Karl von Bourbon, der Herzog von Alençon, La Trémoille und dreihundert andere gesehen und gehört, und so sei sie von den lästigen Verhören der Geistlichen erlöst worden. Als man sie fragte, ob sie sich zur Bestätigung dieser Geschichte auf das Zeugnis des Erzbischofs berufen wolle, erwiderte sie: „Lasst ihn kommen und lasst mich mit ihm sprechen; er wird es nicht wagen, das Gegenteil von dem zu sagen, was ich Euch mitgeteilt habe". Das Anerbieten war übrigens gefahrlos, da der Prozess in Rouen stattfand und der Erzbischof der Kanzler von Frankreich war (Procès, pp. 482—6, 495, 502). Sein

Zwei Monate waren mit diesen Vorverhandlungen vergeudet worden, und der April neigte sich dem Ende zu, bevor die Entscheidung gefallen war. Man traf um diese Zeit Vorbereitungen, einen Transport Lebensmittel in die Stadt zu bringen, und beschloss, dass Johanna den Zug begleiten sollte. Auf das Geheiss ihrer „Stimmen" hatte sie eine Standarte herstellen lassen, welche in einem weissen Felde Christus, die Welt haltend, inmitten zweier Engel darstellte, ein Banner, das der Schlachtreihe stets vorhergetragen wurde und als das sicherste Unterpfand des Sieges galt, schliesslich aber allen Ernstes als ein Zauberwerk angesehen wurde. Sie hatte sich eine Schutztruppe beigegeben, aber ein Kommando scheint sie nicht bekleidet zu haben; doch behauptete sie, sie ziehe als Abgesandte Gottes ins Feld und müsse dem Feinde zunächst eine gebührende Herausforderung zukommen lassen. Demgemäss schrieb sie am 18. April vier Briefe: einen an Heinrich VI., einen an den Regenten, den Herzog von Bedford, einen an die Hauptleute vor Orléans und einen an die englischen Soldaten. Darin verlangte sie Auslieferung der Schlüssel aller französischen Städte, die die Engländer in Händen hatten, und kündigte an, sie sei bereit, Frieden zu machen, wenn diese das Land verlassen und für den angerichteten Schaden Ersatz leisten wollten, andernfalls werde sie dem Auftrage Gottes entsprechend die Feinde durch einen bewaffneten Angriff vertreiben, wie man ihn seit tausend Jahren in Frankreich nicht gesehen habe. Es ist kaum zu verwundern, dass diese unhöflichen Episteln grosses Erstaunen in dem englischen Lager erregten. Das Gerücht von ihrer Ankunft hatte sich verbreitet; man erklärte sie für eine Zauberin und alle, die ihr Glauben schenkten, für Ketzer; Talbot drohte, er werde sie verbrennen, wenn sie ergriffen würde, und die Herolde, die ihre Briefe überbrachten, wurden vor diesem Schicksal nur dadurch gerettet, dass Dunois, der damals in Orléans das Kommando hatte, ernstlich mit Repressalien drohte[1]).

Etwa zehn Tage später ging der Transport unter dem Kommando des Gilles de Rais und des Marschalls von Saint-Sevère ab. Johanna

---

Zeugnis jedoch würde, wenn man es hätte einholen können, wahrscheinlich nicht zu ihren Gunsten ausgefallen sein, da er zu der Partei des Günstlings La Trémoille, ihres hartnäckigen Feindes, gehörte.

1) Monstrelet, II. 57. — Procès, p. 478. — Thomassin, p. 538. — Chronique, pp. 430—33. — *Lavisse, Histoire de France IV² (Ch. Petit-Dutaillis, 1902) S. 28, 45 ff.

Johannas Briefe waren so, wie sie bei ihrem Prozess vorgelegt wurden, gefälscht — wenigstens nach ihrer Aussage. — Le Brun de Charmettes, Histoire de Jeanne d'Arc III. 348.

hatte versichert, dass er keinen Widerstand finden würde, und das Vertrauen zu ihr wurde bedeutend erhöht, als sich ihre Verheissung erfüllte. Obgleich der Zug sich bis auf ein oder zwei Bogenschüsse den englischen Belagerungswerken näherte, und obgleich das Übersetzen des Viehes und der für die Stadt bestimmten Nahrungsmittel über die Loire eine beträchtliche Verzögerung verursachte, so wurde doch kein Versuch gemacht, den Transport abzufangen. Ebenso ging es bei einem zweiten Transporte, der Orléans am 4. Mai erreichte zur Überraschung der Franzosen und zum Verdruss der Pariser, die die Angelegenheit aus der Entfernung beobachteten und die Lähmung nicht verstehen konnten, von der die englischen Waffen befallen zu sein schienen. Johanna hatte diese letzteren Verstärkungen mit Ungeduld erwartet und drang darauf, nun sofort mit dem Angriff gegen die Belagerer zu beginnen. Ohne dass man sie zu Rate zog, unternahm man noch an demselben Tage einen Sturm auf eins der jenseits der Loire gelegenen englischen Werke. Wie die Legende erzählt, fuhr Johanna aus dem Schlummer auf mit dem Rufe, ihr Volk werde erschlagen; dann sprang sie, fast ohne zu warten, bis ihr die Rüstung vollständig angelegt war, aufs Pferd und sprengte zu dem Tore hinaus, das nach dem Kampfplatz führte. Der Angriff war verkehrt eingeleitet worden; aber nachdem sie auf dem Schauplatze erschienen war, vermochte kein Engländer mehr einen Franzosen zu verwunden, und die Bastei wurde genommen. An den folgenden Tagen fanden heisse Kämpfe statt. Am 6. Mai wurde sie am Fusse durch eine Fussangel, am 7. an der Schulter durch einen Pfeil verwundet; aber trotz verzweifelten Widerstandes wurden alle Werke der Engländer auf dem linken Ufer der Loire erobert und ihre Besatzungen erschlagen oder gefangen genommen. Der englische Verlust wurde auf sechs- bis achttausend Mann geschätzt, während die Franzosen nicht über hundert verloren. Am 8. Mai hoben die Engländer die Belagerung auf und zogen in solcher Hast ab, dass sie ihre Kranken und Verwundeten, ihre Artillerie und Magazine zurückliessen. Die Franzosen wollten siegestrunken die Fliehenden verfolgen; aber Johanna wehrte es ihnen mit den Worten: „Lasst sie ziehen; es ist nicht der Wille des Herrn, dass sie heute bekämpft werden; ihr werdet sie ein anderes Mal bekommen." Und so stark war schon jetzt ihr moralischer Einfluss, dass man ihr gehorchte. Der Stimmungswechsel bei den streitenden Heeren aber war so wunderbar, dass man überall sagen hörte, vor ihrem Erscheinen hätten zweihundert Engländer fünfhundert Franzosen in die Flucht geschlagen, jetzt aber trieben zweihundert Franzosen vierhundert Engländer in die Flucht. Selbst der ihr unfreundlich gesinnte Monstrelet gibt zu, dass nach der Aufhebung der Belagerung von Orléans kein Feldherr so im Munde der Leute war wie Johanna, obgleich sie doch von so berühmten Rittern wie Dunois, La Hire und Pothon de Saintrailles begleitet war. Der Regent Bedford konnte, wie er in seinem Berichte an den englischen Rat schrieb, in dieser Katastrophe nur eine schreckliche Strafe Gottes erblicken, „caused of unleyefulle doubte, that thei hadde of a desciple and lyme of the feende called the Pucelle, that used fals enchauntements and sorcerie". Nicht nur werde, so bemerkte er, die Zahl der englischen Streitkräfte vermindert und ihr Mut gebrochen, sondern auch der Feind ermutigt, grosse Truppenmassen anzuwerben[1]).

Bei der chronischen Erschöpfung des königlichen Schatzes war es für Karl nicht leicht, diesen unerwarteten Erfolg voll auszunutzen; aber die Begeisterung der Nation war geweckt, und man konnte mit Anspannung der letzten Kraft eine Streitmacht aufbringen, um das Feld zu behaupten. Alençon wurde mit Truppen ausgeschickt, um das Loiretal von dem Feinde zu säubern, und nahm Johanna mit sich. Suffolk hatte sich in Jargeau festgesetzt, aber der Ort wurde im Sturm genommen, und Suffolk mit allen seinen Leuten, soweit sie nicht erschlagen waren, gefangen genommen. Dann musste man aus Mangel an Geld nach Tours zurückkehren, wo Johanna den König ernstlich ersuchte, nach Reims zu gehen, um sich krönen zu lassen. Sie hatte immer behauptet, dass ihre Mission darin bestehe, Orléans zu befreien und den König zu krönen, dass ferner ihre Zeit kurz bemessen sei, und dass der Rat ihrer „Stimmen" nicht unbeachtet bleiben dürfe. Allein die Vorsicht und Klugheit trugen den Sieg davon, und man erkannte, dass erst die englische Macht in den mittleren Provinzen gebrochen werden müsse. Ein zweiter Zug wurde organisiert, Beaugency belagert und genommen, und am 18. Juni brachte die Schlacht bei Patay eine kleine Genugtuung für Azincourt und Verneuil. Nach schwachem Widerstande flohen die Engländer. Zweitausendfünfhundert blieben auf dem Schlachtfelde, und viele wurden gefangen genommen, darunter Talbot, Scales und andere Männer von Rang und Bedeutung. So waren in etwas mehr als sechs Wochen alle englischen Führer erschlagen oder in Gefangenschaft

---

1) Monstrelet, II. 57—61. — Thomassin, p. 538. — Chronique, pp. 430—7. — Jean Chartier, pp. 22—4. — Journal d'un bourgeois de Paris, ann. 1429. — Rymer, X. 408.

geraten mit Ausnahme von Fastolf, dem der Herzog von Bedford wegen seiner Flucht bei Patay den Hosenbandorden abriss. Ihre Truppen waren zersprengt und entmutigt, ihr Nimbus dahin. Kein Wunder, dass in alle dem die einen die Hand Gottes, die anderen die des Teufels erkannten. Selbst der normannische Chronist P. Cochon sagt, dass die Engländer Frankreich in diesem Augenblick aufgegeben haben würden, wenn es der Regent erlaubt hätte; ihre Entmutigung sei so gross gewesen, dass ein Franzose drei von ihnen hätte in die Flucht schlagen können [1]).

Ein Brief, der von dem Hofe Karls VII. aus an den Herzog von Mailand drei Tage nach dem Siege bei Patay abging und die Wunder der vorhergehenden Wochen erzählte, zeigt, wie angesehen Johanna war, und wie schnell sich die Legende ihrer bemächtigte. Bei ihrer Geburt, so erzählt der Brief, seien die Dorfbewohner von Domremy froh bewegt gewesen, ohne zu wissen warum, die Hähne hätten zwei Stunden lang mit ihren Flügeln geschlagen und einen ganz andern Sang hören lassen als ihr gewöhnliches Krähen. Ihre Erscheinungen werden in den übertriebensten Ausdrücken geschildert, ebenso ihre persönliche Tapferkeit und Ausdauer. Die Befreiung von Orléans, die Einnahme von Jargeau, von Mehun-sur-Loire und Beaugency und als bestes von allem die bei Patay bekundete Barmherzigkeit: alles wurde ihr zugeschrieben. Die Initiative, die Führung und der Erfolg seien ihr allein und keinem anderen zu verdanken. Es wird ferner berichtet, dass sie auch die Befreiung des Herzogs Karl von Orléans, der seit fünfzehn Jahren als Gefangener in England lebte, vorausgesagt und die Engländer aufgefordert habe, ihn auszuliefern [2]).

Man konnte nicht länger bezweifeln, dass Johanna unter der direkten Eingebung Gottes stand. Als man am 25. Juni zu Gien beriet, was zunächst zu tun sei, war es kein Wunder, dass Karl VII., obgleich ihm seine Ratgeber empfahlen, zuerst die Charité zu erobern und das Orléannais und Berry von dem Feinde zu säubern, dem Drängen Johannas nachgab und seine Zustimmung zu dem Marsche nach Reims erteilte. Das Unternehmen schien ein verzweifeltes zu sein, denn es führte durch feindliches Land mit starken Festungen am Wege, und die königlichen Hilfsquellen waren nicht imstande, ein Heer auszurüsten und mit Lebensmitteln zu versorgen oder mit

---

1) Chronique, pp. 438—41. — Jean Chartier, pp. 26—7. — Chron. de P. Cochon (ed. Vallet de Viriville, p. 456).
2) Epist. P. de Bonlavillar (Pez, Thes. Anecd. IV. 237).

Belagerungsmaschinen zu versehen. Aber die Begeisterung war
bis zur Fieberhitze gestiegen, und menschliche Vorsicht erschien als
Misstrauen gegen Gott. Zahlreiche Freiwillige strömten herbei,
sobald die Absicht des Königs draussen im Lande bekannt wurde,
und Edelleute, die zu arm waren, um sich selbst auszurüsten oder
ein Pferd zu stellen, waren zufrieden, als einfache Bogenschützen und
Knappen zu dienen. Georges de la Trémoille, der Günstling des Königs,
der seine eigne Stellung für gefährdet hielt, liess zahlreiche Freiwillige abweisen; sonst hätte man, so hiess es, leicht ein Heer zusammenbringen können, das stark genug gewesen wäre, um die Engländer
aus Frankreich zu vertreiben. Die mangelhaft ausgerüstete Schar
rückte immer weiter vor. Auxerre, obgleich ohne Besatzung, weigerte sich, die Tore zu öffnen, lieferte aber einige Nahrungsmittel.
Entgegen dem Wunsche Johannas, die Stadt im Sturm zu nehmen,
zog der König weiter, angeblich auf Veranlassung von La Trémoille, der von der Stadt ein Geschenk von zweitausend Livres
empfangen hatte. In Troyes stand eine starke englische und burgun-
dische Besatzung. Man konnte die Festung nicht im Rücken lassen,
und das Heer lagerte fünf oder sechs Tage davor, ohne aber wegen
des Mangels an Artillerie die Mauern brechen zu können. Man
hatte weder Geld noch Lebensmittel, und Kornähren und Bohnen,
die man auf den Feldern pflückte, waren die einzigen Nahrungsmittel. Die Lage war entmutigend, und ein Kriegsrat unter dem Einfluss des Kanzlers Reginald von Chartres, des Erzbischofs von Reims,
riet zum Rückzug. Man liess Johanna holen, welche erklärte, die
Stadt werde sich in zwei Tagen ergeben. Man bewilligte ihr die
erbetene Zeit, worauf sie sogleich dazu überging, Material zu sammeln, um die Laufgräben auszufüllen und einige kleine Feldschlangen
aufzustellen. Da wurden die Einwohner von einer Panik ergriffen
und erklärten sich zur Übergabe bereit. Die Besatzung erhielt Erlaubnis abzuziehen, und die Stadt kehrte zum Gehorsam zurück [1]).

Als Johanna in die Stadt zog, trat ihr ein Mönch namens Richard
entgegen, den die Einwohner ausgesandt hatten, um sie zu prüfen und
zu berichten, wes Geistes Kind sie sei. Der würdige Bruder, im
Zweifel, ob sie vom Himmel oder von der Hölle komme, näherte sich
ihr vorsichtig, Weihwasser sprengend und das Zeichen des Kreuzes
machend, bis sie ihn lächelnd aufforderte, kühn heranzukommen,

---

[1]) Chronique, pp. 442—5. — Jean Chartier, pp. 29—31. — Jacques
le Bouvier (Godefroy, p. 578).

da sie nicht davonzufliegen gedenke. Dieser Richard war ein bekannter Franziskanerprediger, der kurz vorher von einer Pilgerfahrt nach Jerusalem zurückgekehrt war und im April durch seine Beredsamkeit den tiefsten Eindruck in Paris gemacht hatte. Vom 16. bis zum 26. April hatte er täglich vor einer Zuhörerschaft von fünf- bis sechstausend Seelen gepredigt und einen solchen Sturm der Aufregung angefacht, dass an einem Tage über hundert Freudenfeuer in den Strassen angelegt wurden, in welche die Männer ihre Karten, Würfel und Spieltische, die Frauen ihren Schmuck und ihren Tand warfen. Über diesen Mann gewann Johanna eine solche Macht, dass er sich ihr ganz widmete, sie auf ihren Feldzügen begleitete und seine Beredsamkeit anwandte, um das Volk zu bekehren, nicht von seinen Sünden, sondern von der Untreue gegen König Karl VII. Als die guten Pariser davon hörten, griffen sie wieder zu ihren Karten und Würfeln, um ihn zu ärgern. Eine Zinnmedaille mit dem Namen Jesus, die er ihnen zum Tragen gegeben hatte, wurde für das rote Kreuz Burgunds beiseite geworfen. So war in dieser bewegten Zeit auf beiden Seiten die Religion nur eine Dienerin des Parteigeistes[1]).

Der weitere Marsch nach Reims war ein Triumphzug. Châlons-sur-Marne schickte eine halbe Tagesreise weit Gesandte entgegen und legte den Huldigungseid ab. In Septsaux floh die Besatzung, und das Volk hiess seinen König willkommen, während die Herzöge von Lothringen und Bar sich ihm mit einer starken Streitmacht anschlossen. Reims wurde von dem Herrn von Saveuse, einem der tapfersten Krieger der Zeit, für den Herzog von Burgund gehalten, aber die Bürger waren durch die Ankunft der Jungfrau so erschreckt, und die Wunderberichte über sie hatten ihre Phantasie derart erfüllt, dass sie sich für Karl erklärten und Saveuse fliehen musste. Am 16. Juli hielt Karl seinen Einzug und wurde mit Freuden aufgenommen. Am nächsten Tage, Sonntag, dem 17. Juli, wurde er zum Könige von Frankreich gekrönt. Während der feierlichen Handlung stand Johanna neben dem Altar mit der Standarte. Später bei ihrem Prozess schienen die Richter zu glauben, sie habe die Fahne gehalten, um den dieser zugeschriebenen geheimen Einfluss auszuüben, und fragten sie neugierig nach dem Grunde. Johanna aber erwiderte einfach: „Sie hatte am Kampf teilgenommen, sie hatte ein Recht, auch an der Ehre teilzunehmen"[2]).

Johanna durfte mit Recht geltend machen, dass ihre Aufgabe

---

1) Procès, p. 479. — Journal d'un bourgeois de Paris, an 1429, 1431.
2) Chronique p. 446. — Monstrelet, II. 64. — Buchon, p. 524. — Procès, p. 494

nun vollendet sei. In wenig mehr als drei Monaten hatte sie aus dem Manne, der in Chinon sich zur Flucht rüstete, einen erobernden König gemacht, dem seine Schmeichler den Titel „der Siegreiche" gaben. Noch einige Monate solchen Erfolges, und er sass fest auf dem Throne des wieder geeinigten Frankreich. Niemand konnte zweifeln, dass der Erfolg noch schneller wachsen würde, wenn auch nur durch die ihm innewohnende eigne Siegeskraft. Mit dem Herzoge von Burgund waren Unterhandlungen angeknüpft worden, von denen man erwartete, dass sie ihn von der englischen Sache abbringen würden. Johanna 350 hatte einige Wochen vorher an ihn geschrieben und ihn gebeten, bei der Krönung zugegen zu sein. Als der Tag der Ceremonie erschienen war, richtete sie noch einen Brief an ihn, worin sie ihn nochmals ermahnte und bat, zu seiner Pflicht zurückzukehren. Wenige Tage später erkannten Beauvais, Senlis, Laon, Soissons, Château-Thierry, Provins, Compiègne und andere Städte Karl als König an und nahmen seine Besatzungen auf. Im Lande herrschte allgemeines Frohlocken, und die Begeisterung, womit man zur Königstreue zurückkehrte, wirkte ansteckend. Auf seinem Zuge strömten die Bauern mit Tränen in den Augen zusammen, um ihn zu segnen und Gott zu danken, dass der Friede vor der Türe stand. Alle gaben zu, dass dies Johannas Werk sei. Die greise Dichterin Christine de Pisan vergleicht sie in einem um diese Zeit verfassten Gedichte mit Esther, Judith, Deborah, Gideon und Josua; selbst Moses stehe nicht über ihr. Eine aus jenen Tagen stammende Litanei enthält ein Dankgebet dafür, dass Gott Frankreich durch ihre Hand befreit habe. Ein burgundischer Chronist erzählt, die französischen Soldaten hätten sie allgemein für eine Gesandte Gottes gehalten, die die Engländer vertreiben könne. Selbst nachdem diese Begeisterung verrauscht war, behauptete Thomassin, der in amtlichem Auftrage für Ludwig XI. ein Werk darüber schrieb, unbedenklich, dass von allen Zeichen der Liebe, die Gott Frankreich erwiesen habe, kein einziges so gross oder so wunderbar gewesen sei wie diese Jungfrau; ihr verdanke man die Wiederherstellung des so tief gesunkenen Königreichs, das ohne ihr Erscheinen zugrunde gegangen wäre. Auch in anderen Dingen galt sie als Orakel Gottes. So wandte sich der Graf von Armagnac an sie mit der Bitte, ihm zu sagen, an welchen der drei Päpste man glauben solle. Dass sie auf diese Rolle sich einliess, ergibt sich aus ihrer Antwort: sobald sie von dem Kriegsdruck befreit sei, wolle sie seine Zweifel lösen durch den Rat des Königs der Welt. Wenn sie einerseits auf ihrer schwindelnden Höhe den Kopf soweit verlor, dass sie Drohbriefe an

die Hussiten schrieb, bewahrte sie auf der andern Seite stets ihr
freundliches Mitgefühl mit den Armen und Niedrigen; sie beschützte
sie, soweit sie konnte, vor den Greueln des Krieges und tröstete und
unterstützte sie. Dass diese ihr in dankbarer Verehrung die Hände
und Füsse und Kleider küssten, wurde ihr später von ihren mitleid-
losen Richtern zum Verbrechen angerechnet[1]).

Trotzdem scheint Johanna eine bestimmte Rangstellung in
den königlichen Heeren nicht innegehabt zu haben. Christine de
Pisan (1363—1431) spricht zwar von ihr, als ob sie das anerkannte
Oberhaupt gewesen sei:

„Et de nos gens preux et habiles
Est principale chevetaine",

aber es hat nicht den Anschein, dass ihre Stellung auf irgend etwas
anderem als dem sittlichen Einflusse beruhte, welchen ihre wunderbaren Heldentaten und der Glaube an ihre göttliche Sendung ausübten. Karls VII. Dankbarkeit stattete sie vornehm aus. Sie war
prächtig gekleidet, Edeldamen wurden ihr zur Bedienung beigegeben,
sowie ein Hausmeister, Pagen und Knappen; fünf Kriegspferde sowie sieben bis acht Wagenpferde standen ihr zur Verfügung, und in
dem Augenblick, wo sie gefangen genommen wurde, besass sie zehn-
oder zwölftausend Franken, eine Summe, die, wie sie ihren Richtern
sagte, klein genug sei, um den Krieg damit weiterzuführen. Kurz
nach seiner Krönung gewährte Karl auf ihre Bitte den Dörfern Domremy und Greux das Vorrecht der Befreiung von allen Steuern,
eine Gunst, die bis zur Revolution von 1789 beachtet wurde; und im

---

1) Buchon, pp. 539, 545. — Bernier, Monuments inédits de France (Senlis,
1833) p. 18. — Journal d'un bourgeois de Paris, an 1429. — Chronique,
p. 446—7. — Mémoires de Saint-Remy, ch. 152. — Thomassin, p. 540. — Nider,
Formicarius L. v. cap. VIII. — Procès, p. 479.
Christine de Pisan sagt von Johanna:
Que peut il d'autre estre dit plus
Ne des grands faits du temps passé:
Moysès en qui Dieu afflus
Mit graces et vertus assez;
Il tira sans estre lassez
Le peuple Israël hors d'Egypte;
Par miracle ainsi repassez
Nous as de mal, pucelle eslite.
(Buchon, p. 542.)
Die Frage, welche den Grafen von Armagnac beunruhigte, war der letzte
Kampf des grossen Schisma. Benedikt XIII., der sich dem Konzil von Konstanz
nie unterworfen hatte, starb 1424, worauf seine Kardinäle in Streit gerieten und
zwei Nachfolger für sein schattenhaftes Papsttum wählten, Clemens VIII. und
Benedikt XIV. 1429 setzte das Konzil von Tortosa beide ab; Armagnac
konnte aber in jenem Augenblick sehr wohl glauben, dass ein Rat des
Himmels in dieser Frage wünschenswert sei.

Dezember 1429 adelte er aus freien Stücken ihre Familie und ihre ganze Nachkommenschaft, indem er ihr als Wappen zwei goldene Lilien in blauem Felde verlieh, die von einem Schwerte durchkreuzt wurden. Ausserdem ermächtigte er sie, den Namen „du Lis" zu tragen — alles in allem eine geringe Vergeltung für den unschätzbaren Dienst, den sie ihm geleistet hatte, was indessen ihre Richter später nicht abhielt, auch hieraus einen neuen Anklagepunkt gegen sie zu machen[1]).

Ganz Europa war durch diese wunderbare Erscheinung in Aufregung versetzt. Staatsmänner und Krieger verfolgten erstaunt die seltsamen Wechselfälle des Kampfes, Gelehrte und Theologen stritten sich, ob sie unter dem Einfluss himmlischer oder höllischer Geister stehe, und überall disputierte man und schrieb Abhandlungen, um die eine oder die andere Meinung zu verteidigen. In England herrschte natürlich allgemein unter dem Volke der Glaube, den Shakespeare Talbot in den Mund legte:

„A witch by fear, not force, like Hannibal,
Drives back our troops and conquers as she lists."

Der Schrecken, den sie verursachte, war in der Tat so allgemein, dass, als man im Mai 1430 Heinrich VI. von England nach Paris zur Krönung führen wollte, die Hauptleute und Soldaten, die zu seinem Schutz und zu seiner Begleitung bestimmt waren, davonliefen und sich versteckt hielten; und noch im Dezember, als Johanna schon in dem Schlosse zu Rouen gefangen lag und die Reise bereits angetreten war, herrschte dieselbe Unruhe, weshalb den Sheriffs von neuem befohlen werden musste, alle diejenigen zu verhaften, die täglich zur grossen Gefahr für die Person des Königs und für das Königreich Frankreich davonliefen. An anderen Orten war die Frage, was man von Johanna zu halten hatte, noch nicht so ausgemacht und wurde noch umständlich mit allen Mitteln scholastischer Logik erörtert. Einige Abhandlungen dieser Art, die Gerson zugeschrieben werden, sind noch erhalten und zeigen uns, welcher Art die Zweifel der Gelehrten jener Zeit

---

1) Görres, a. a. O. S. 186, 208—212. — Procès, p. 482. — Buchon, pp. 513—4. — Dynteri, Chron. Duc. Brabant. lib. VI ch. 235.

In dem Steuerregister wurde jedes Jahr bei den Namen Domremy und Gieux eingetragen: „Néant, la Pucelle". Die Adelsverleihung an ihre Familie hatte sogar die ungewöhnliche Klausel, dass sie sowohl auf die Nachkommen von männlicher als auch von weiblicher Seite übergehen solle, die so alle von der Besteuerung ausgenommen waren. Da durch Ehebündnisse mit der reichen Bürgerschaft diese Steuerbefreiung sich immer mehr ausdehnte, sah man sich 1614 wegen der finanziellen Folgen veranlasst, dieses Vorrecht für die Zukunft auf die männliche Linie zu beschränken (Vallet de Viriville, Charles du Lis, pp. 24, 88).

waren. Ist Johanna eine Frau oder ein Phantom, sind ihre Taten
göttliche oder phitonische und illusorische, und gehen sie, wenn sie
die Folge übernatürlicher Ursachen sind, von guten oder bösen
Geistern aus? Für die Verteidiger Johannas lag die Hauptschwierig-
keit in dem Umstande, dass sie männliche Kleider trug und ihr Haar
kurz abgeschnitten hatte, ein Vergehen, welches als das greifbarste
schliesslich die Hauptunterlage für ihre Verurteilung abgab. Selbst
ihre Fürsprecher in den Schulen fühlten, dass das der schwache Punkt
ihrer Sache war. Denn man musste zugeben, dass das Alte Testament
einer Frau verbiete, Männerkleider zu tragen; doch wurde geltend
gemacht, dass das eine rein juristische Frage darstelle, die unter dem
Neuen Testament nicht bindend sei; das Verbot verfolge einen rein
moralischen Zweck, nämlich den, etwas Anstössiges zu verhüten,
aber man müsse auch die Umstände und das Ziel berücksichtigen
und könne deshalb nicht behaupten, das Gesetz verbiete Johanna,
die den Charakter eines Mannes und Kriegers habe, auch männliche
und kriegerische Kleidung zu tragen. Das von dem Apostel verbotene Abschneiden des Haares wurde in derselben Weise gerechtfertigt[1]).

Während der Wochen, die auf die Krönung Karls VII. folgten,
stand Johanna auf dem Höhepunkt ihrer Laufbahn. Eine ununterbrochene Reihe von Erfolgen hatte ihre göttliche Sendung wirklich dar-
getan. Die Monarchie war gerettet, und niemand konnte zweifeln, dass
die Engländer binnen kurzem aus Frankreich vertrieben sein würden.
Möglicherweise hat sie, wie berichtet wird, erklärt, dass alles, was
Gott ihr aufgetragen habe, vollbracht sei, und dass sie zu ihren
Eltern zurückzukehren wünsche, um, wie ehedem, das Vieh zu hüten.
In Anbetracht der späteren Ereignisse war dieses der einzige Weg,
die Theorie von ihrer göttlichen Inspiration aufrecht zu erhalten.
Mag sie nun eine solche Äusserung getan haben oder nicht, jeden-
falls bildete diese einen Teil ihrer Legende. Bei ihren späteren miss-
glückten Unternehmungen, z. B. bei Paris und La Charité, redete sich

---

1) Nider, Formicarius L v. cap. vııı. — Nider, De visionibus L .v. cap. vııı.
— Rymer, x. 459, 472. — Gersoni, Opera (ed. 1488) lııı. T.-Z. — M. de l'Averdy
gibt eine Zusammenstellung anderer gelehrter Disputationen über Johanna
(a. a. O. ııı. 212—17).

Ums Jahr 1300 hatte Johann von Freiburg Veranlassung, die Frage,
ob Frauen Männerkleider tragen dürften, zu erörtern. Er gibt zu, dass es
Deut. xxıı. 5. verboten sei, fügt aber hinzu, dass es im Notfalle oder um sich
vor einem Feinde zu verbergen oder aus Mangel an anderen Kleidern oder
aus ähnlichen Gründen ohne Sünde geschehen könne. — Joh. Friburgens.
Summæ confessorum Lib. ııı. Tit. xxxıv. Q. 286.

Johanna natürlich ein, dass diese gegen den Rat ihrer „Stimmen" unternommen worden seien. Indessen weist alles darauf hin, dass sie damals noch ebenso vertrauensvoll in bezug auf den Erfolg war wie früher. So berichtet ein Brief, der von Reims aus an dem Tage der Krönung offenbar von einer gut unterrichteten Person geschrieben wurde, das Heer wolle am nächsten Tage nach Paris aufbrechen, und die Jungfrau zweifle nicht, dass sie die Stadt zum Gehorsam bringen werde. Tatsächlich betrachtete sie ihre Aufgabe noch nicht als beendet, denn sie hatte beim Beginn ihrer Laufbahn erklärt, sie wolle auch den Herzog Karl von Orléans befreien, und sie gestand in ihrem Prozesse, sie habe vorgehabt, zu seiner Befreiung entweder in England einzufallen oder soviel Gefangene zu machen, dass man damit seine Auslieferung erzwingen könne; ihre „Stimmen" hätten es ihr versprochen, und wenn sie nicht in Gefangenschaft gefallen wäre, so würde sie ihr Ziel in drei Jahren erreicht haben[1]).

Sei dem wie ihm wolle — von dieser Zeit an hörte das wunderbare Glück, das sie bis dahin begleitet hatte, auf; Erfolg und Niederlage wechselten fortan mit einander ab. Entweder hatten die Franzosen die erste vertrauensvolle Begeisterung verloren, oder die Engländer hatten sich von ihrer Panik erholt und waren entschlossen, mit eigensinniger Hartnäckigkeit die Mächte der Hölle zu bekämpfen. Mit Hilfe des Kardinals Beaufort, der, wie es hiess für schweres Geld, viertausend in England für die Hussitenkriege angeworbene Kreuzfahrer zur Verfügung stellte, gelang es Bedford, eine ansehnliche Streitmacht ins Feld zu führen. Damit verlegte er den Weg nach Paris. Dreimal lagen die beinahe gleichstarken feindlichen Streitkräfte einander gegenüber, aber Bedford verstand es stets, eine starke Stellung einzunehmen, die Karl VII. nicht anzugreifen wagte. An die Stelle des blinden Vertrauens, das den Marsch nach Reims gekennzeichnet hatte, war menschliche Vorsicht getreten. Von welchen Parteiintriguen der König übrigens umgeben war, ersehen wir daraus, dass die Höflinge, an deren Spitze La Tré-

---

1) Chronique, p. 447. — Buchon, p. 524. — Pez, Thesaur. Anecd. VI. III. 237. — Procès, p. 484. — L'Averdy, III. 338.
Im Volke schrieb man das Glück Johannas einem mit fünf Kreuzen auf der Klinge gezeichneten Schwerte zu, das sie wunderbarerweise in der Kirche der hl. Katharina von Fierbois entdeckt hatte und von da an stets trug Als sie auf dem Wege nach Reims sah, dass ihre Gebote, die Prostituierten von dem Heere auszuschliessen, unbeachtet blieben, schlug sie einige lose Weiber mit der flachen Klinge, so dass sie zerbrach. Kein Schmied konnte die Bruchstücke zusammenschweissen; sie musste ein anderes Schwert tragen, und ihre ununterbrochenen Erfolge hörten auf. — Jean Chartier, pp. 20, 29, 42.

moille stand, den Versuch machten, das Heer nach der Loire zurückzuführen, indem sie die den Übergang über die Seine bewachenden Engländer bei Bray-sur-Seine angriffen, und dass Johanna, die Herzöge von Bourbon und Alençon und die ganze Gegenpartei ihre Schadenfreude nicht verhehlen konnten, als sie sahen, dass dieser Versuch vereitelt wurde. Karl musste nördlich der Loire bleiben. Als gegen Ende August Bedford einen Einfall in die Normandie fürchtete, marschierte er dorthin, den Weg nach Paris offen lassend, und Karl rückte nach St. Denis vor, das er ohne Widerstand am 25. August besetzte. Am 7. September wurde ein Versuch gemacht, mit Hilfe von Freunden, die innerhalb der Mauern waren, Paris zu überrumpeln, und als das fehlschlug, wurde am 8. September, dem Feste der Geburt der hl. Jungfrau, ein Sturmangriff auf das Tor St. Honoré gemacht. Das Wasser in dem inneren Graben war jedoch zu tief und die Artillerie auf den Wällen zu gut bedient: nach einem fünf- oder sechsstündigen verzweifelten Kampfe wurden die Angreifer mit einem schweren Verluste von fünfhundert Toten und tausend Verwundeten zurückgeschlagen. Wie gewöhnlich hatte Johanna an der Spitze der Truppen gekämpft, bis sie, von einem Pfeile in das Bein getroffen, fiel und ihr Fahnenträger neben ihr erschlagen wurde. Später behauptete sie, dass sie von ihren „Stimmen" zwar nicht den Rat empfangen habe, diesen Versuch zu machen, dass sie indessen von dem Feuereifer der Reiterei des Heeres mit fortgerissen worden sei. Dieser Behauptung aber stehen die Aussagen von Zeitgenossen entgegen. Ausserdem versprach sie Armagnac in einem Briefe eine Antwort, sobald sie Musse in Paris haben werde, woraus hervorgeht, dass sie an der Einnahme der Stadt nicht zweifelte[1]).

Von dieser Zeit an war ihre wechselvolle Laufbahn mehr vom Unglück als vom Glück begleitet. Wenn bei St. Pierre-les-Moustiers die alte Begeisterung noch einmal auflöderte und die gesunkene Hoffnung sich vorstellte, dass man eine Bresche in der Mauer so leicht wie eine breite Treppe ersteigen könne, so war die Belagerung von La Charité, die unmittelbar darauf folgte, verhängnisvoll. Wiederum behauptete Johanna, sie habe ohne Befehl ihrer „Stimmen" gehandelt. Man redete aber offen darüber, La Trémoille habe ihr ungenügende Streitkräfte für das Unternehmen mitgegeben und die erforderlichen

---

1) Chronique, pp. 446—50. — Jean Chartier, pp. 33—36. — Görres, a. a. O. S. 193. — Monstrelet, II. 66—70. — Journal d'un bourgeois de Paris, an 1429. — Procès, pp. 486, 490. — Mémoires de Saint-Remy, ch. 152. — Buchon, pp. 524, 539. — *Petit-Dutaillis a. a. O. IV², 59 ff.

Hilfstruppen zurückgehalten. Während des Winters war sie in Lagny, wo sich ein kleiner Zwischenfall ereignete, der später benutzt wurde, um die Anklage wegen Zauberei gegen sie zu bekräftigen. Es wurde ein Kind scheinbar tot geboren; die Eltern, besorgt, es möchte ungetauft begraben werden, liessen es zu der Kirche tragen, wo es drei Tage lang anscheinend leblos lag; die jungen Mädchen der Stadt versammelten sich in der Kirche, um für das Kind zu beten, und Johanna schloss sich ihnen an. Plötzlich gab das Kind Lebenszeichen, gähnte dreimal, wurde schnell getauft, starb und wurde in geweihtem Boden begraben. Infolgedessen kam Johanna in den Ruf, Wunder wirken zu können, was später zu ihrem Nachteil ausgelegt wurde. Wahrscheinlich um dieselbe Zeit ereignete sich ein Vorfall mit einem Pferde des Bischofs von Senlis, das Johanna zu ihrem eignen Gebrauche nahm. Da sie aber fand, dass es für ihre Zwecke nicht geeignet war, so sandte sie es zurück und liess dem Bischof ausserdem noch zweihundert Saluts in Gold dafür bezahlen (ein Salut Gold war zweiundzwanzig Pariser Schilling wert). Während ihres Prozesses wurde ihr diese Angelegenheit als eine schwere Schuld angerechnet, woraus man ersehen kann, mit welchem Eifer jeder Zwischenfall in ihrer Laufbahn aufgegriffen und ausgenutzt wurde[1]).

Mit Beginn des Frühjahrs 1430 kam der Herzog von Burgund seinen englischen Verbündeten zu Hilfe, indem er für die Rückeroberung von Compiègne ein grosses Heer sammelte. Johanna entfaltete eine unverminderte Tätigkeit. Während der Osterwoche, Mitte April, befand sie sich in den Laufgräben von Melun. Dort verkündeten ihr ihre „Stimmen", dass sie vor Johannistag (24. Juni) Gefangene sein werde, ohne ihr aber weitere Einzelheiten mitzuteilen. Vor Ablauf des Monats griff sie mit ihrem alten Waffengefährten Pothon de Saintrailles die vorrückenden Burgunder bei Pont-l'Evêque an und wurde geschlagen. Dann hatte sie einen verzweifelten Kampf mit einem burgundischen Parteigänger Franquet d'Arras, den sie mit seiner ganzen Schar gefangen nahm. Er war ein notorischer Plünderer gewesen; die Behörden von Lagny forderten ihn vor ihre Schranken, und nach einer vierzehntägigen Untersuchung richteten sie ihn als Räuber und Mörder hin, wofür später wiederum Johanna verantwortlich gemacht wurde; sein Tod war sogar eine der schwersten Anklagen, die gegen sie erhoben wurden. Um den

---

1) Görres a. a. O. S. 220 ff. — Jean Chartier, pp. 39—40. — Jean le Bouvier, p. 381. — Martial d'Auvergne, Vigiles de Charles VII. (Paris, 1724). — Buchon, p. 544. — Procès, pp. 480, 488, 490.

20. Mai wurde Compiègne eingeschlossen. Diese Belagerung sollte offenbar das entscheidende Ereignis des Feldzugs werden, und Johanna eilte zum Entsatz herbei. Am Morgen des 23. Mai gelang es ihr, vor Tagesanbruch mit Verstärkungen in die Stadt einzudringen. Am Nachmittag desselben Tages wurde dann ein Ausfall beschlossen, und Johanna führte ihn wie gewöhnlich an mit Pothon und anderen Hauptleuten an ihrer Seite. Sie überfiel das Lager eines berühmten Ritters des Goldenen Vliesses, namens Bauldon de Noyelle, der, obgleich überrascht, tapfern Widerstand leistete. Von den benachbarten Linien eilten Truppen zu seinem Beistande herbei, und das Schlachtenglück schwankte auf und ab. Eine zur Unterstützung Philipps von Burgund abgesandte Streitmacht von etwa tausend Engländern, die sich auf dem Wege nach Paris verspätet hatte, warf sich jetzt zwischen die Stadt und die Franzosen, um diesen in den Rücken zu fallen. Infolgedessen zog sich Johanna zurück und versuchte, ihre Mannschaften in Sicherheit zu bringen. Aber während sie den Rückzug deckte, vermochte sie die Befestigungswerke nicht wieder zu erreichen und wurde von einem Bogenschützen des Bastards von Wandonne, eines Anhängers Johanns von Luxemburg, des zweiten Befehlshabers nach dem Herzog, gefangen genommen. Man sprach natürlich von Verrat, hatte aber, wie es scheint, keinen Grund dazu. Pothon wurde ebenfalls gefangen genommen und damit offenbar nur vom Kriegsgeschick getroffen[1]).

Gross war der Jubel in dem burgundischen Lager, als die Nachricht sich verbreitete, die gefürchtete Jungfrau sei gefangen. Engländer und Burgunder gaben sich ausgelassener Freude hin; denn wie der Burgunder Monstrelet, der dabei war, mitteilt, schätzten sie Johannas Gefangennahme auf mehr denn fünfhundert Kämpfer, weil sie vor keinem andern Hauptmann oder Anführer solche Angst hatten wie vor ihr. Sie drängten sich um ihr Quartier in Marigny, und selbst der Herzog von Burgund stattete ihr einen Besuch ab und tauschte einige Worte mit ihr aus. Sofort erhob sich die Frage, wem die Gefangene gehöre. Als Kriegsgefangene gehörte sie dem Johann von Luxemburg. Gefangene aber waren in jenen Tagen, wo der Loskauf üblich war, ein wertvoller Besitz. Nach den Sitten der Zeit hatte Heinrich VI. als Oberhaupt der Verbündeten das Recht, jeden gefangenen kommandierenden General oder Fürsten für sich in Anspruch zu

---

1) Procès, pp. 481, 482, 488. — Mémoires de Saint-Remy, ch. 158. — Monstrelet, II. 84—86. — Chronique, p. 456. — Jean Chartier, p. 42. — *A. Sorel, La prise de Jeanne d'Arc devant Compiègne (1889).

nehmen, wenn er dem, der die Gefangennahme vollbracht hatte, zehntausend Livres zahlte. Das war ein wichtiges Vorrecht; denn in den Kriegen Eduards III. war Bertrand du Guesclin auf ein Lösegeld von hunderttausend Livres, der Connétable de Clisson auf dieselbe Summe geschätzt worden, und 1429 hatte es dem Herzog von Alençon zweihunderttausend Kronen gekostet, seine Befreiung aus den Händen der Engländer durchzusetzen. Bei dem erschöpften Zustande des englischen Staatsschatzes waren indessen selbst zehntausend Livres eine Summe, die man sich nicht so leicht verschaffen konnte. Trotzdem war es für die Engländer eine unbedingte Notwendigkeit, Johanna in ihren Besitz zu bekommen, nicht nur, um zu verhindern, dass sie von den Franzosen losgekauft wurde, sondern auch, um ihre Zaubereien dadurch unschädlich zu machen, dass man sie durch die kirchliche Jurisdiktion verurteilen und hinrichten liess. Um das zu vollbringen, war die Inquisition das geeignetste Werkzeug. Auf der englischen Seite wurde Johanna öffentlich für eine Zauberin erklärt, und als solche stand sie unter der Gerichtsbarkeit der Inquisition, die also ein Recht hatte, sie vor ihre Schranken zu fordern. Kaum waren einige Tage nach ihrer Gefangennahme verstrichen, als Martin Billon, der Vikar des Inquisitors von Frankreich, in aller Form ihre Auslieferung forderte und die Universität von Paris zwei Briefe an den Herzog von Burgund richtete, mit dem dringenden Ersuchen, sie sofort vor Gericht zu ziehen und zu bestrafen, damit seine Feinde sie nicht befreien könnten. Wir haben gesehen, wie tief um diese Zeit die Bedeutung der Inquisition in Frankreich gesunken war, und Johann von Luxemburg war keineswegs geneigt, seine kostbare Beute ohne weiteres auszuliefern. Deshalb griff man zu einem andern Mittel. Compiègne, wo Johanna gefangen worden war, lag in der Diözese Beauvais. Peter Cauchon, der Bischof und Graf von Beauvais, war, obgleich ein Franzose aus dem Remois, doch ein eifriger Anhänger der Engländer, und seine skrupellose Grausamkeit erregte später den stärksten Abscheu selbst seiner eigenen Partei. Er war von seinem Bischofsstuhle im vorhergehenden Jahre vertrieben worden, weil das Volk infolge der von Johanna erweckten Bewegung zur Königstreue zurückgekehrt war. So darf man annehmen, dass er sie gewiss nicht mit liebevollem Auge angesehen hat. Man forderte ihn auf, sie vor seinen eignen bischöflichen Richterstuhl zu ziehen. Aber selbst er schrak anfangs vor dieser gehässigen Aufgabe zurück und weigerte sich, der Aufforderung nachzukommen, wofern man ihm nicht beweise, dass es seine Pflicht sei. Möglicherweise hat das Versprechen

der Anwartschaft auf das Bistum Lisieux, womit er später belohnt
wurde, dazu beigetragen, ihn zu überzeugen, während zugleich die
Autorität der Universität von Paris angerufen wurde, um seine Bedenken zu beruhigen. Am 14. Juli schrieb die Universität an den Herzog
Johann von Luxemburg und erinnerte ihn daran, dass sein Rittereid
von ihm fordere, die Ehre Gottes, den katholischen Glauben und
die hl. Kirche zu verteidigen. Es sei Johannas Schuld, dass sich
Abgötterei, Irrtümer, falsche Lehren und unzählige Übelstände in
Frankreich verbreitet hätten, die Angelegenheit dulde keinen Aufschub. Die Inquisition habe sie ernstlich vor ihre Schranken gefordert,
und Johann wurde dringend ersucht, sie dem Bischof von Beauvais
auszuliefern, der sie gleichfalls beansprucht habe; alle mit der Inquisition betrauten Prälaten seien Richter in Glaubenssachen, und
alle Christen jeden Ranges seien verpflichtet, ihnen bei Gefahr
schwerer gesetzlicher Strafen zu gehorchen. Johann werde sich
durch Gehorsam die göttliche Gnade und Liebe erwerben und zur Erhöhung des Glaubens beitragen. So ausgerüstet, verlor Bischof Peter
Cauchon keine Zeit. Er brach sofort mit einem Notar und einem Vertreter der Universität von Paris auf und trug am 16. Juli die Angelegenheit dem Herzog von Burgund in dem Lager von Compiègne vor,
zusammen mit einer eigenen an den Herzog von Luxemburg und den
Bastard von Wandonne gerichteten Aufforderung, ihm Johanna auszuliefern, damit er sie wegen Zauberei, Abgötterei, Anrufung des
Teufels und anderer den Glauben betreffenden Dinge vor seinen
Richterstuhl ziehen könne. Cauchon erklärte sich bereit, diesen Prozess
unter Mitwirkung des Inquisitors und von Doktoren der Theologie zu
führen zur Erhöhung des Glaubens und zur Erbauung derer, die von
ihr verleitet worden seien. Er bot ferner ein Lösegeld von sechstausend
Livres und für den Bastard von Wandonne eine Rente von zwei- oder
dreihundert Livres an; falls das nicht genüge, wolle er die Summe
auf zehntausend Livres erhöhen, obgleich Johanna keine so grosse
Persönlichkeit sei, dass der König ein Recht auf eine solche Summe
geltend machen könne. Wenn es verlangt würde, wolle er ausserdem
Bürgschaften für die Bezahlung beibringen. Diese Briefe stellte der
Herzog dem Johann von Luxemburg zu, der nach einigen Erörterungen einwilligte, Johanna unter diesen Bedingungen zu verkaufen.
Er traute jedoch seinen Verbündeten trotz der Zusicherung der Bürgschaft nicht ganz und weigerte sich, seine Gefangene auszuliefern,
bevor das Geld bezahlt sei. Bedford musste deshalb die Stände der
Normandie zusammenrufen und eine besondere Steuer zur Auf-

bringung der Summe ausschreiben. Erst am 20. Oktober erhielt Johann seinen Betrag und lieferte er seine Gefangene aus[1]).

Während dieser langen Zeit machte Karl VII. zu seiner ewigen Schande keinen Versuch, das Mädchen zu retten, dem er seine Krone verdankte. Ebensowenig appellierte er während ihres langen Prozesses an Papst Eugen IV. oder das Konzil von Basel, dass sie den Fall vor ihre Schranken ziehen möchten; seine Berufung in einer so wichtigen Sache würde kaum zurückgewiesen worden sein. Allerdings waren die letzten Taten der Jungfrau nicht von so glänzendem Erfolg gekrönt gewesen wie die der ersten Periode; auch mochte der König erkannt haben, dass sie trotz allem doch nur ein Mensch war, oder er mochte sein Gewissen beruhigen mit dem Gedanken, wenn sie eine Abgesandte Gottes sei, werde Gott sie auch befreien. Ausserdem hatte die Friedenspartei an seinem Hofe, an deren Spitze der Günstling La Trémoille stand, kein Verlangen, die Heldin wieder in Freiheit zu sehen, und so überliess sie der schwache und eigennützige Monarch ihrem Schicksal, wie er es zwanzig Jahre später mit Jacques Cœur ebenfalls machte[2]).

Mittlerweile war Johanna, und zwar unter scharfer Bewachung, um ihr Entkommen durch Zauberkünste zu verhüten, von Marigny nach dem Schlosse Beaulieu und von da nach dem Schlosse Beaurevoir gebracht worden. In diesem letztern Gefängnisse erregte sie das Interesse der Dame von Beaurevoir und der Demoiselle von Luxemburg, der Tante Johanns. Diese machte ihrem Neffen ernste Vorstellungen, als sie erfuhr, dass er mit den Engländern über die Auslieferung unterhandelte. Beide Damen bemühten sich, Johanna zu überreden, weibliche Kleidung anzulegen. Die Freundlichkeit dieser Damen muss Eindruck auf sie gemacht haben; denn sie erklärte später, dass sie um keiner Frau in Frankreich willen so gern wie um dieser beiden Damen willen ihre Kleidung geändert haben würde. Ihrem unruhigen Tatendrang war die lange Gefangenschaft sehr zuwider, und zweimal versuchte sie zu fliehen. Einmal gelang es ihr, ihre Wächter in ihre Zelle einzuschliessen, und sie würde entkommen sein, hätte der Kerkermeister sie nicht gesehen und in Sicherheit gebracht. Das andere Mal stürzte sie sich, als sie hörte, dass sie den Engländern

---

1) Monstrelet, II. 86. — Jean Chartier, p. 25. — Journal d'un bourgeois de Paris, an 1435. — L'Averdy (a. a. O. III. 8). — Chronique et Procès, pp. 462—4.

2) *Petit-Dutaillis a. a. O. IV², S. 61 f. — Für Jacques Cœur vgl. H. Prutz, Jacques Cœur von Bourges, Geschichte eines patriotischen Kaufmanns aus dem 15. Jahrhundert (1911).

ausgeliefert werden sollte, verzweifelt von ihrem hohen Turme in den Graben, unbekümmert darum, ob der Sturz sie töten würde oder nicht. Ihre „Stimmen" hatten ihr den Versuch verboten, aber sie erklärte, sie wolle lieber sterben, als in englische Hände fallen. Das wurde ihr später als Verbrechen des versuchten Selbstmordes zur Last gelegt. Man hob sie bewusstlos auf; aber sie war für ein härteres Schicksal bestimmt und erholte sich schnell. Sie hatte wohl Grund, ihre Genesung zu bedauern, als sie, mit Ketten gefesselt, nach Rouen gebracht, in eine enge Zelle eingeschlossen und von rohen Wächtern Tag und Nacht bewacht wurde. Man sagt sogar, es sei ein eiserner Käfig angefertigt und sie dort am Handgelenk, in der Taille und an den Knöcheln gefesselt eingeschlossen worden. Da sie der Kirche, nicht den weltlichen Behörden ausgeliefert worden war, konnte sie ein kirchliches Gefängnis beanspruchen; aber die Engländer hatten für sie gezahlt und waren taub gegen alle Reklamationen. Warwick hielt sie in seiner Hut und wollte sie niemandem anvertrauen [1]).

Peter Cauchon hatte noch keine Eile, das beabsichtigte Inquisitionswerk zu beginnen. Ein Monat verstrich, und Paris wurde ungeduldig über die Verzögerung. Die Stadt, die vollständig für die Sache der Engländer gewonnen war, hatte einen besondern Groll gegen Johanna, nicht nur weil sie glaubte, sie habe ihren Soldaten versprochen, an dem Tage des Sturmangriffs die Stadt plündern und die Einwohner über die Klinge springen zu lassen, sondern auch, weil Paris den grössten Entbehrungen ausgesetzt war; denn dank der Erfolge der Jungfrau hatte sich der Machtbereich des Königs immer weiter ausgedehnt, und die Stadt war schliesslich so gut wie blockiert. Diesem Gefühl gab die Universität Ausdruck, die von Anfang an mit brutaler Rücksichtslosigkeit gegen die Jungfrau vorgegangen war. Nicht zufrieden damit, dass sie ihre Auslieferung an die Engländer durchgesetzt hatte, machte sie in einem Briefe vom 21. November Peter Cauchon Vorwürfe, weil er den Prozess so lange hinausschiebe, und bat zugleich in einem andern an den König von England gerichteten Schreiben, den Prozess in Paris führen zu lassen, wo so viele gelehrte und ausgezeichnete Doktoren seien. Aber Cauchon zögerte noch immer. Zweifellos hatte er bei näherer Betrachtung erkannt, wie schwach die Beweise waren, auf Grund deren er entscheiden sollte — besser, als seine nicht verantwortlichen Parteigänger es konnten. Er bemühte sich, über alle Punkte von Johannas Laufbahn

---

[1]) Monstrelet, II. 86. — Chronique, p. 462. — Procès, pp. 478, 480—1, 486, 487, 488, 489. — Le Brun de Charmettes, Histoire de Jeanne d'Arc, III. 182—3.

Kenntnis zu erlangen, und die Verhöre, die er anstellte, zeigen, dass er genau wusste, was er aus ihr herausbringen musste, um die Anklage erfolgreich zu machen. Ausserdem mussten unerlässliche Vorfragen erledigt werden. Zwar stand ihm, weil Johanna in seiner Diözese gefangen genommen war, auch die Jurisdiktion über sie zu. Aber er war daraus verbannt worden, und nun erwartete man von ihm, dass er sie verhöre nicht nur in einer andern Diözese, sondern sogar in einer andern Kirchenprovinz. Da der erzbischöfliche Stuhl von Rouen unbesetzt war, kam er auf den Ausweg, die Mitglieder des Kapitels um die Erlaubnis zu ersuchen, innerhalb ihrer Jurisdiktion ein kirchliches Gerichtsverfahren veranstalten zu dürfen. Das Gesuch wurde gewährt, und der Bischof berief nun eine Versammlung von Sachverständigen, die als seine Beisitzer fungieren sollten. Einige Mitglieder der Universität, für welche die englische Regierung die Reisekosten bezahlte, kamen gern. Schwieriger aber war es, unter den Ortsgeistlichen und Doktoren Männer zu finden, die bereit waren, sich zu Mitschuldigen zu machen. So erklärte in einer der ersten Sitzungen Nicolaus von Houppeland offen, dass weder er noch die übrigen, die zu der Johanna feindlich gesinnten Partei gehörten, als Richter zulässig seien, besonders da die Angeklagte schon von dem Erzbischof von Reims, dem Metropoliten von Beauvais, verhört worden sei. Wegen dieser Äusserung wurde Nicolaus im Schloss zu Rouen gefangen gesetzt und ihm die Verbannung nach England und der Tod durch Ertränken angedroht. Aber seinen Freunden gelang es später, seine Befreiung zu erwirken. Unzweifelhaft hatten alle Mitglieder des Gerichtshofes die Überzeugung, dass sie sich durch die geringste Regung des Wohlwollens für die Angeklagte der Rache Englands aussetzen würden. Man hielt es ausserdem für nötig, jedem eine Geldstrafe aufzuerlegen, der einer einzigen Sitzung fernbleiben würde. So wurde schliesslich eine stattliche Versammlung von fünfzig oder sechzig Theologen und Juristen zusammengebracht, darunter Männer wie die Äbte von Fécamp, Jumièges, S. Catherine, Cormeilles und Préaux, der Prior von Longueville, der Archidiakon und Thesaurar von Rouen und andere Männer von hervorragender Stellung. Am 3. Januar 1431 gab König Heinrich VI. durch ein offenes Schreiben Befehl, die Angeklagte an Peter Cauchon auszuliefern, so oft er ihrer zum Verhöre bedürfe, und trug allen Beamten auf, dem Bischof auf Verlangen beizustehen. Als ob sie schon überführt gewesen wäre, zählte das Schreiben die Ketzereien und Übeltaten Johannas auf und schloss mit der bedeutsamen Wendung, wenn sie freigesprochen würde, dürfe man sie nicht in Freiheit setzen, sondern müsse sie in das Gewahrsam des Königs zurückschicken. Aber erst am 9. Januar versammelte Cauchon seine Sachverständigen, damals acht an der Zahl, und trug ihnen vor, was bis dahin geschehen war. Sie erklärten die Erkundigungen für unzureichend und eine weitere Untersuchung für notwendig; zugleich protestierten sie, wenn auch erfolglos, dagegen, dass Johanna in einem staatlichen Gefängnis untergebracht war. Es wurden sofort Massregeln ergriffen, um die geforderten Nachforschungen anzustellen. Nicolaus Bailly wurde ausgesandt, um sich genaue Kunde über Johannas Kindheit zu verschaffen. Als er nur günstige Angaben mitbrachte, unterdrückte Cauchon seinen Bericht und weigerte sich, ihm die Reisekosten zu erstatten. Man wandte nun die Inquisitionsmethode an, die darin bestand, dass man die Angeklagte zu veranlassen suchte, sich selbst zu verraten. Einer von den Beisitzern, Nicolaus Loyseleur, wurde, als Laie verkleidet, in ihre Zelle geführt. Dort gab er sich für einen Lothringer aus, der wegen seiner königstreuen Gesinnung gefangen gesetzt sei, und gewann Johannas Vertrauen, so dass sie allmählich rückhaltlos sich mit ihm unterhielt. Dann versteckten sich Warwick und Cauchon mit zwei Notaren in einer benachbarten Zelle, deren Zwischenwand durchlöchert worden war, während Loyseleur sie veranlasste, über ihre Visionen zu sprechen; aber der Plan schlug fehl, denn einer von den Notaren, der mit der Inquisitionspraxis unbekannt war, erklärte das ganze Verfahren für ungesetzlich und weigerte sich mutig, daran teilzunehmen. Dann versuchte Johann Estivet, ein Domherr von Beauvais, der als Ankläger fungierte, dasselbe Mittel, hatte aber auch kein Glück damit[1]).

Erst am 19. Februar waren die Anklageartikel fertig, um den

---

1) Journal d'un bourgeois de Paris, an 1429. — Le Brun de Charmettes, II. 201—7, 210—12, 215, 224—6. — Procès, pp. 465—7, 477. — L'Averdy, pp. 391, 475, 499.

Wenigstens einer von den Beisitzern, Thomas von Courcelles, war ein Mann von den besten Charaktereigenschaften und ausgezeichneter Gelehrsamkeit. Sofort nach Johannas Prozesse spielte er eine hervorragende Rolle auf dem Konzil von Basel, wo er sich den Ansprüchen des Papsttums widersetzte. Aeneas Sylvius sagt von ihm: 'Inter sacrarum litterarum doctores insignis, quo nemo plura ex decretis sacri concilii dictavit, vir juxta doctrinam mirabilis et amabilis, sed modesta quadam verecundia semper intuens terram' (Aen. Sylv. Comment. de gestis concil. Basiliensis lib. I. p. 7. ed. 1571). Er starb 1469 als Dechant von Notre-Dame (Le Brun, III. 235). — *Für den Prozess vgl. Beaurepaire, Notes sur les juges et les assesseurs du procès de condamnation de Jeanne d'Arc (1890); Probst, Der Prozess der Jungfrau von Orléans (1895); Denifle-Chatelain, Le procès de Jeanne d'Arc et l'université de Paris (in den Mémoires de la Société de l'histoire de Paris XXIV, 1897).

Beisitzern unterbreitet zu werden; aber nun erhob sich eine neue
Schwierigkeit. Zu dem Gerichtshofe gehörte noch kein Vertreter der
Inquisition, und das wurde als verhängnisvoller Mangel anerkannt.
1424 hatte Bruder Johann Graveran, der Inquisitor von Frankreich,
den Bruder Johann le Maître zu seinem Vikar oder Stellvertreter für
Rouen ernannt. Dieser scheint aber keine Neigung für diese Aufgabe verspürt und sich abseits gehalten zu haben. Aber man konnte
ihn nicht entbehren. Deshalb beschloss man bei der Zusammenkunft
am 19. Februar, ihn aufzufordern, mit zwei Notaren an dem Verfahren
teilzunehmen und die Verlesung der Anklage und der Zeugenaussagen mit anzuhören. Sein Widerstand, heisst es, wurde durch offene
Drohungen besiegt. Zu der zweiten Sitzung, die am Nachmittag abgehalten wurde, erschien er. Aufgefordert, seines Amtes zu walten,
erklärte er sich bereit dazu, wenn das Amt, das er bekleide, für
eine genügende Autorisation angesehen werde. Das Bedenken, das
er geltend machte, war klug. Er war Inquisitor von Rouen, aber
Cauchon war Bischof in einer anderen Provinz, und da er die Jurisdiktion von Beauvais in einem „geborgten Bezirk" ausübte, so bezweifelte le Maître, ob er selbst befugt sei, daran teilzunehmen. Erst
am 22. Februar wurden seine Zweifel besiegt. Während er noch erweiterte Vollmachten von Graveran erwartete, willigte er darin ein,
an den Verhandlungen teilzunehmen, einmal, um sein Gewissen zu
entlasten, und dann auch, um zu verhindern, dass das ganze Verfahren
null und nichtig werde, was nach der anscheinend allgemeinen Überzeugung der Fall war, wenn die Inquisition nicht daran teilnahm. [363]
Erst am 12. März empfing er einen besondern Auftrag von Graveran,
der es ablehnte, persönlich zu kommen, worauf le Maître mit Cauchon den Vorsitz übernahm. Das Urteil wurde in ihrem gemeinsamen
Namen gefällt und le Maître für seine Dienste von den Engländern
gebührend bezahlt[1]).

Schliesslich, am 21. Februar 1431, verlangte der Ankläger Johann
Estivet, dass die Gefangene vorgeführt und verhört würde. Bevor
sie hereingeführt wurde, erklärte Cauchon, sie habe ernstlich um
die Erlaubnis gebeten, die Messe zu hören; er habe das aber mit
Rücksicht auf die Verbrechen, deren sie angeklagt sei, und auf die
Männerkleidung, die sie trage, abgeschlagen. Bei dieser schon im
voraus getroffenen Beurteilung des Falles beruhigte man sich, und
Johanna wurde mit Fesseln an den Beinen hereingebracht. Über

---

1) Ripoll, III. 8. — Procès, pp. 467—8, 470, 509. — Le Brun de Charmettes, III. 188, 192, 219, 407—8. — L'Averdy, p. 391.

diese Grausamkeit beklagte sie sich bitter. Selbst den Templern wurden, wie wir gesehen haben, vor dem Verhör die Ketten abgenommen, aber Johanna war eben nur dem Namen nach in den Händen des Gerichtshofes, und Cauchon übernahm auch die Verantwortlichkeit für den Schimpf. Er sagte ihr, es geschehe, weil sie wiederholt versucht habe zu entkommen, worauf sie erwiderte, dass das ihr gutes Recht sei, da sie nie ihr Wort gegeben habe. Dann forderte Cauchon die englischen Wächter, die sie begleiteten, vor und führte die Farce zu Ende, indem er sie schwören liess, dass sie Johanna sorgfältig bewachen wollten — augenscheinlich in der überflüssigen Absicht, ihnen zu zeigen, dass er einige Macht über sie habe[1]).

Es ist zwecklos, im einzelnen die Verhöre zu verfolgen, denen die Jungfrau nun drei Monate lang unterworfen wurde, mit einer Unterbrechung vom 18. April bis 11. Mai infolge einer Krankheit, an der sie beinahe gestorben wäre. Das ungelehrte Landmädchen, geschwächt durch die Qualen ihrer grausamen Gefangenschaft und Tag für Tag den verschlagenen und listigen Kreuzverhören und der geschulten Spitzfindigkeit sorgfältig ausgewählter Richter ausgesetzt, verlor doch nie seine Geistesgegenwart oder die Klarheit seines Verstandes. Es wurden ihr wohlüberlegte Fallen gestellt, denen sie indessen fast instinktmässig auswich. Fragen, die einen geschulten Theologen in Verlegenheit gebracht haben würden, regneten auf sie herab, ein halbes Dutzend eifrige Disputanten griffen sie zu gleicher Zeit an und unterbrachen ihre Erwiderungen. Die Unordnung war zuzeiten so gross, dass die Notare schliesslich erklärten, sie seien nicht imstande, ein verständiges Protokoll aufzusetzen. Ihre Antworten wurden sorgfältig geprüft, und am Nachmittage rief man sie wieder vor, um dasselbe noch einmal in anderer Weise durchzusprechen, aber immer wieder waren ihre Verfolger enttäuscht. In der ganzen Reihe von Verhören bekundete sie eine wunderbare Mischung von Einfachheit, Scharfsinn, Geistesgegenwart und Festigkeit, die einem alten Diplomaten Ehre gemacht haben würde. Sie weigerte sich aufs entschiedenste, einen bedingungslosen Eid abzulegen, dass sie die Fragen, die man ihr stellen würde, beantworten wolle, indem sie freimütig erklärte: „Ich weiss nicht, was ihr mich fragen wollt; vielleicht betrifft es Dinge, die ich euch nicht sagen will." Sie willigte wohl ein, alle Fragen über ihren Glauben und die mit dem Prozess zusammenhängenden Dinge zu beantworten, weitere aber

---

1) Procès, pp. 468—9.

nicht. Als der Eifer Cauchons die Grenzen überschritt, wandte sie sich an ihn und sagte warnend: „Ihr nennt euch meinen Richter; ich weiss nicht, ob ihr es seid, aber hütet euch, dass ihr nicht ungerecht richtet; denn ihr setzt euch grosser Gefahr aus, und ich warne euch, damit, wenn Gott euch züchtigt, ich wenigstens meine Pflicht getan habe." Als man sie fragte, ob der hl. Michael nackt gewesen sei, als er sie besucht habe, erwiderte sie: „Glaubt ihr denn, dass der Herr nichts habe, um seine Engel zu kleiden?" Als sie eine Unterhaltung mit der hl. Katharina über den Ausgang der Belagerung von Compiègne beschrieb, glaubte bei einem Ausdruck, der ihr zufällig entschlüpfte, einer der Richter, sie gefangen zu haben, und unterbrach sie mit der Frage, ob sie gesagt habe: „Wird Gott so sträflich die guten Leute von Compiègne umkommen lassen?" Sie aber verbesserte ruhig den Satz, indem sie wiederholte: „Wie? wird Gott die guten Leute von Compiègne umkommen lassen, die so treu gegen ihren Herrn waren und sind?" Sie konnte kaum wissen, dass der Versuch, sich einem geistlichen Gerichtshofe zu entziehen, eines der schwersten Vergehen war, und doch, als man sie versuchte mit der schlauen Frage, ob sie auch jetzt noch entweichen werde, falls die Gelegenheit sich ihr biete, erwiderte sie, wenn die Tür offen stehe, würde sie hinausgehen; sie würde es nur versuchen, um zu sehen, ob der Herr es so wolle. Als man ihr hinterlistigerweise anbot, eine grosse Prozession zu veranstalten, um Gott zu bitten, sie in den richtigen Seelenzustand zu versetzen, erwiderte sie ruhig, sie wünsche, dass alle guten Katholiken für sie beteten. Als man ihr mit der Folter drohte und sagte, der Henkersknecht stehe bereit, um sie anzuwenden, erklärte sie einfach: „Wenn ihr mir Geständnisse durch Schmerz erpresst, werde ich erklären, dass sie die Folge von Gewalttat sind." So abwechselnd den Schrecken des Gefängnisses und dem Geschrei des Verhörsaales ausgesetzt, wo bisweilen ein Dutzend ungestüme Fragesteller auf einmal über sie herfielen, ist sie sich doch nicht ein einziges Mal in all diesen qualvollen Wochen untreu geworden[1]).

Diese ruhige Sicherheit verdankte sie der gehobenen Stimmung, die sie nie verliess. Sie rührte her von den Erscheinungen, mit denen sie Tag und Nacht erfreut wurde, von der unabänderlichen Überzeugung, dass sie die Auserwählte des Herrn sei, unter dessen Inspiration sie handelte, und von der Ergebung, womit sie

---

1) Procès, pp. 468, 472, 473, 476, 486, 487, 489, 501. — L'Averdy, pp. 107, 395.

den Willen des Herrn zu tragen bereit war. In ihrem Gefängnis scheint sie sich noch häufiger als vorher in Verzückungen befunden zu haben. Ihre himmlischen Besucher erschienen, sobald sie sie rief, und lösten ihre Zweifel in schwierigen Fragen. Häufig weigerte sie sich, Fragen zu beantworten, ehe sie nicht ihre „Stimmen" befragt und erfahren habe, ob sie das Gewünschte enthüllen dürfe, um dann bei einem spätern Verhöre zu erklären, dass sie die Erlaubnis bekommen habe. Bisweilen änderten die Stimmen ihre Antworten, offenbar je nach den Gemütsstimmungen der Jungfrau. Einmal behauptete sie, die Stimmen hätten ihr gesagt, sie werde im Triumph befreit werden, ein andermal, sie sei ermahnt worden, vor dem Martyrium nicht zurückzuschrecken, denn sie werde ins Paradies kommen. Bei dieser Gelegenheit fragte man sie hinterlistigerweise, ob sie ihres Seelenheils gewiss sei, und als sie erwiderte, sie sei des Himmels so gewiss, als ob sie schon darin wäre, ging man weiter und fragte sie, ob sie denn glaube, dass sie keine Todsünde begehen könne. Instinktmässig wich sie dieser gefährlichen Frage aus mit der Antwort: „Ich weiss darüber nichts; ich verlasse mich auf den Herrn"[1]).

Schliesslich gelang es ihren Richtern doch, sie in einem wichtigen Punkte zu fangen. Sie wurde darauf aufmerksam gemacht, dass sie, wenn sie etwas getan habe, was gegen den Glauben sei, sich der Entscheidung der Kirche unterwerfen müsse. Für sie war die Kirche vertreten durch Cauchon und seinen Gerichtshof. Unterwarf sie sich diesen Leuten, dann erkannte sie damit an, dass ihr ganzes Leben eine Lüge, ihr Verkehr mit Heiligen und Engeln eine Anrufung von Dämonen, sie selbst eine Zauberin sei, reif für den Scheiterhaufen, dem sie nur durch die unendliche Gnade ihrer Verfolger entgehen könne. Sie erklärte, sie wolle sich Gott und den Heiligen unterwerfen; das aber, wurde ihr gesagt, sei die triumphierende Kirche im Himmel, sie müsse sich der 'ecclesia militans' auf Erden unterwerfen, sonst sei sie eine Ketzerin, die man unbedingt dem weltlichen Arme zur Verbrennung ausliefern müsse. Ihre Unwissenheit ausnutzend, setzte man ihr mit dieser Frage in bestimmtester Form zu. Als sie weiter gefragt wurde, ob sie sich dem Papste unterwerfen wolle, konnte sie nur antworten: „Bringt mich zu ihm, und ich will ihm antworten." Zuletzt erreichte man, dass sie zugab, sich der Kirche unterwerfen zu wollen, falls diese nichts Unmögliches von ihr verlange. Als man sie aber ersuchte zu erklären, was sie

---

1) Procès, p. 487. — *Vgl. Dunand, Etudes critiques sur l'histoire de Jeanne d'Arc. I. Les visions et les voix (1903).

unter Unmöglichem verstehe, antwortete sie, unmöglich sei für sie, auf
die Ausführung dessen zu verzichten, was der Herr ihr befohlen habe,
und das zu widerrufen, was sie in bezug auf die Wahrheit ihrer Erscheinungen behauptet habe. Das könne sie nur Gott anheimstellen[1]).
Die bis zum 27. März 1431 angestellten Verhöre waren nur vorbe-
reitender Art gewesen. An diesem Tage begann der eigentliche Prozess, indem man Johanna eine lange Reihe von Anklageartikeln vorlas, die sich auf die inzwischen erlangten Informationen stützten.
Eine lebhafte Debatte zwischen den Sachverständigen folgte, bis man
zuletzt beschloss, dass sie die Artikel der Reihe nach und sofort
beantworten müsse. Sie tat es mit ihrer gewohnten Klarheit und Uner-
schrockenheit, indem sie den von Cauchon ihr angebotenen Advokaten
ablehnte. Einige weitere Verhöre folgten, dann wurde das Verfahren
durch ihre Krankheit unterbrochen. Am 12. Mai versammelten sich
zwölf Mitglieder des Gerichtshofes im Hause des Peter Cauchon, um
darüber zu beschliessen, ob sie gefoltert werden solle. Zum Glück
für den Ruf ihrer Richter blieb ihr diese Schmach erspart. Einer von
ihnen stimmte für die Folter, damit man sehe, ob sie nicht gezwungen
werden könne, sich der Kirche zu unterwerfen. Ein anderer, der Spion
Nicolaus Loyseleur, war so menschenfreundlich, die Tortur als eine
heilsame Medizin für Johanna zu bezeichnen; neun Richter waren indessen der Meinung, die Folter sei nicht erforderlich, da der Fall ohne-
hin klar genug sei. Cauchon selbst enthielt sich anscheinend der Ab-

---

1) Procès, pp. 489, 491, 494, 495, 499, 500, 501.
Als 1456 das Andenken Johannas rehabilitiert und ihr Verdammungsurteil für null und nichtig erklärt wurde, musste man natürlich zeigen, dass
sie nicht geweigert habe, sich der Kirche zu unterwerfen. Man brachte
Beweise dafür bei, dass Nicolaus Loyseleur, zu dem sie stets Vertrauen gehabt hatte, ihr heimlich klar gemacht habe, sie sei verloren, wenn sie sich
der Kirche unterwerfe; Johann de la Fontaine, ein andrer der Beisitzer,
mit zwei Dominikanern, Isembard de la Pierre und Martin l'Advenu, hätten
sie aber in ihrem Gefängnisse besucht und ihr auseinandergesetzt, dass auf
dem damals tagenden Konzile von Basel ebenso viele von ihren Freunden
wie von ihren Feinden vertreten seien. Als beim nächsten Verhör, am
30. März, Bruder Isembard de la Pierre dies offen wiederholte, habe sie
sich erboten, sich dem Konzile zu unterwerfen, und ihn auch gebeten, dass
man sie zum Papste bringe. Cauchon habe das alles nicht in das Protokoll
aufnehmen lassen, und wenn nicht der Inquisitor Johann le Maître energisch
eingeschritten wäre, würden alle drei Ratgeber in grosser Todesgefahr ge-
schwebt haben. (L'Averdy, pp. 476—7. — Le Brun de Charmettes, IV. 8—13.
— Buchon, pp. 518—19). Das Rehabilitationsverfahren ist ebenso verdächtig
wie der Prozess selbst; jeder war damals bemüht, Material zur eignen Entlastung
beizubringen und zu beweisen, dass man sich an Johanna in schnödester Weise
versündigt habe. Dabei war noch im neunzehnten Verhöre, am 27. März 1431,
Johann de la Fontaine einer von denen, die für die strengsten Massregeln
gegen Johanna eintraten (Procès, p. 495).

stimmung. Mittlerweile hatte eine von Cauchon ausgewählte geheime Kommission die Anklageartikel auf zwölf zusammengezogen, von denen, obwohl sie stark von der Wahrheit abwichen, behauptet wurde, dass sie völlig erwiesen oder zugestanden seien. Diese bildeten dann die Grundlage der folgenden Beratungen und des Schlussurteils. Wir haben in dem Falle der Margarete la Porete gesehen, dass die Inquisition von Paris, anstatt eine Versammlung von Sachverständigen zu berufen, den Kirchenrechtslehrern der Universität ein Protokoll über die angeblich bewiesenen Anklagepunkte unterbreitete, und dass die Universität darüber ein Gutachten abgab, allerdings mit dem Vorbehalte, dass die Sache in dem ihr unterbreiteten Protokoll richtig dargestellt sei; trotz dieses Vorbehalts wurde aber das Gutachten einem Urteil gleichgeachtet (Bd. II, 137, 655). Diesem Präcedenzfall schloss man sich jetzt an. Abschriften von den zwölf Artikeln schickte man an achtundfünfzig gelehrte Sachverständige, ausserdem an das Kapitel von Rouen und an die Universität Paris, und ersuchte sie, ihre Meinung bis zu einem bestimmten Tage abzugeben. Von allen Autoritäten, an die man sich gewandt hatte, war die Universität bei weitem die bedeutendste. Daher wurde noch eine besondere Deputation an sie geschickt, um ihr Briefe von dem königlichen Rate und dem Bischof von Beauvais zu überreichen. In Anbetracht der Stimmung der Universität könnte man das für eine überflüssige Vorsicht halten. Die Tatsache aber, dass man sie anwandte, zeigt, wie schwach der Grund war, auf dem die ganze Anklage beruhte. Die Universität unterzog die Sache einer umständlichen Beratung und liess durch die theologische und juristische Fakultät ihre Entscheidung ausarbeiten, die sodann am 14. Mai angenommen und nach Rouen geschickt wurde[1]).

Am 19. Mai wurden die Beisitzer versammelt, um das Gutachten der Universität zu hören und ihre Meinungen abzugeben. Einige waren für sofortige Auslieferung der Angeklagten an den weltlichen Arm, was dem ordnungsmässigen Inquisitionsverfahren durchaus entsprochen haben würde. Aber wahrscheinlich war für andere Beisitzer die Behauptung, dass die Artikel wahrheitsgemäss das enthielten, was Johanna zugegeben habe, doch allzu kühn, und es drang der mildere Vorschlag durch, Johanna noch einmal zu hören und ihr die Artikel mit der Entscheidung der Universität vorzulesen; von dem, was sie dann sagen würde, solle das Urteil abhangen. Zu dem

---

1) Procès, pp. 496—8, 502. — L'Averdy, pp. 33, 50. — Le Brun de Charmettes, IV. 62—3, 94—5.

Zwecke wurde sie am 23. Mai abermals vorgeführt. Ein kurzer Auszug aus der ihr vorgelesenen Urkunde wird zeigen, wie nichtig viele der Anklagepunkte und wie gering die Schuld war, die man daraus herleiten konnte, und dass man schon im voraus das Schuldig beschlossen hatte. Die Universität hatte sich, wie gewöhnlich, salviert, indem sie erklärte, ihr Urteil habe zur Voraussetzung, dass die ihm zugrundeliegenden Anklagepunkte voll bewiesen seien; aber diese Einschränkung blieb unbeachtet, und Johanna wurde angeredet, als ob sie die Artikel bekannt hätte und bereits feierlich verurteilt worden sei.

1. Die Erscheinungen von Engeln und Heiligen. — Sie werden für abergläubisch und von bösen und teuflischen Geistern herrührend erklärt.

2. Das dem Könige gegebene Zeichen und die ihm vom hl. Michael gebrachte Krone. — Nach einem Hinweis auf die Widersprüche wird die Geschichte als eine Lüge und als eine vermessene, verführerische und gefährliche Anmassung und als abschätzig für die Würde der Engel bezeichnet.

3. Die Behauptung, dass sie Heilige und Engel erkannt habe an der Lehre und dem Troste, den sie brachten, und dass sie an diese Erscheinungen ebenso fest glaube wie an Christus. — Die von der Angeklagten dafür angeführten Gründe sind ungenügend gewesen und ihr Glaube übereilt. Den Glauben an diese Erscheinungen mit dem Glauben an Christus zu vergleichen, ist ein Glaubensirrtum.

4. Das Vorhersagen zukünftiger Ereignisse und das Erkennen von vorher nicht gesehenen Personen vermittels der „Stimmen". — Das ist Aberglaube und Wahrsagerei, eine anmassende Behauptung und eitle Prahlerei.

5. Das Tragen von Männerkleidern und kurzem Haar, der Empfang der Sakramente in dieser Tracht und die Behauptung, dass dies auf Befehl Gottes geschehe. — Das heisst, Gott lästern, seine Sakramente verachten und das göttliche Gesetz, die Hl. Schrift und die kanonischen Verordnungen übertreten; deshalb „bist du befleckt mit einem Verbrechen gegen den Glauben, du bist eitlen Rühmens schuldig und der Götzendienerei verdächtig; du verurteilst dich selbst, indem du die Kleider deines Geschlechtes nicht tragen willst und den Sitten der Heiden und Sarazenen folgst."

6. Die Aufschrift der Namen Jesus und Maria und des Kreuzzeichens auf ihren Briefen und die Drohung, dass, wenn ihnen nicht gehorcht werde, sie in der Schlacht zeigen würde, auf wessen Seite

das beste Recht sei. — „Du bist mörderisch und grausam, du trachtest nach dem Vergiessen von Menschenblut; du bist aufrührerisch und reizest zur Tyrannei; du lästerst Gott, seine Gebote und seine Offenbarungen."

7. Sie hat ihren Vater und ihre Mutter durch ihren Weggang beinahe wahnsinnig gemacht, dem König aber die Wiederherstellung seines Reiches versprochen, und das alles auf Befehl Gottes. — „Du bist schlecht gegen deine Eltern gewesen, du hast das Gebot Gottes übertreten, welches dir befiehlt, sie zu ehren. Du hast Ärgernis erregt, Gott gelästert, im Glauben geirrt und deinem Könige ein übereiltes und anmassendes Versprechen gegeben."

8. Sie ist von dem Turme von Beaurevoir in den Graben gesprungen und hat lieber sterben als in die Hände der Engländer fallen wollen, und zwar trotz des Verbotes der „Stimmen". — Das war Kleinmut, Neigung zur Verzweiflung und zum Selbstmord. „Indem du sagst, Gott habe es verziehen, irrst du in bezug auf die menschliche Willensfreiheit."

9. Die Behauptung, die hl. Katharina und die hl. Margarete hätten ihr das Paradies versprochen, wenn sie ihre Jungfrauschaft bewahre; das sichere Gefühl, in den Besitz desselben zu gelangen, und die Behauptung, dass, wenn sie im Zustande der Todsünde sei, diese Heiligen sie nicht besuchen würden. — „Du bist im Irrtum über den christlichen Glauben."

10. Die Behauptung, dass die hl. Katharina und die hl. Margarete französisch und nicht englisch gesprochen hätten, weil sie nicht zu der englischen Partei gehörten, und dass sie die Burgunder nicht mehr geliebt habe, nachdem sie erfahren habe, dass diese Stimmen für den König seien. — Das ist eine freche Blasphemie gegen jene Heiligen und eine Übertretung des göttlichen Gebotes der Nächstenliebe.

11. Die Verehrung der himmlischen Besucher und der Glaube, dass sie von Gott kämen, ohne dass sie einen Geistlichen um Rat gefragt habe; das Gefühl, dessen so sicher zu sein wie ihres Glaubens an Christus und die Passion, und die Weigerung, ohne den Befehl Gottes das dem Könige gegebene Zeichen zu offenbaren. — „Du betest Götzen an, rufst die Teufel an, irrst im Glauben und hast unüberlegt einen unerlaubten Eid geleistet."

12. Die Weigerung, der Kirche zu gehorchen, wenn das Gebot derselben dem angeblichen Befehle Gottes widerspreche, und die Verwerfung des Urteils der Kirche auf Erden. — „Du bist schismatisch, hast in bezug auf die Wahrheit und das Recht der Kirche einen

falschen Glauben, und bis zur gegenwärtigen Stunde irrst du gefährlich in dem Glauben an Gott" [1]).

Magister Peter Mauritius, der ihr dieses seltsame Schriftstück vorlas, ging sogar soweit, sie in einer erheuchelten Anwandlung von Güte anzureden als 'Jehanne, ma chere amie'; auch ersuchte er sie ernstlich und unter Anführung von Gründen, sich dem Urteil der Kirche zu unterwerfen, sonst würde ihre Seele sicher verdammt sein und auch ihr Körper in grosse Todesgefahr geraten. Sie antwortete mit Festigkeit, selbst wenn das Feuer angesteckt und der Henker bereit wäre, sie in die Flammen zu werfen, würde sie nichts an ihren früheren Erklärungen ändern. Es blieb nichts anderes übrig, als sie für den nächsten Tag zur Entgegennahme des Endurteils vorzuladen [2]).

Am 24. Mai waren die Vorbereitungen für das Autodafé auf dem Kirchhofe von St. Ouen vollendet. Der Holzstoss wartete auf sein Opfer. Auf zwei Tribünen sassen der Kardinal von Beaufort und andere Würdenträger, während auf einer dritten Peter Cauchon, Johann le Maître, Johanna und Magister Wilhelm Erard Platz nahmen. Der letztere hielt die übliche Predigt, und als er in seiner Beredsamkeit ausrief, dass Karl VII. sich als einen schismatischen Ketzer erwiesen habe, unterbrach ihn Johanna mit den Worten: „Sprich von mir, aber nicht von dem Könige; er ist ein guter Christ." Sie bewahrte ihren Mut, bis das Urteil der Auslieferung zum Teil verlesen war. Erst jetzt gab sie den Ermahnungen, Versprechungen und Drohungen, mit denen man sie seit dem vorhergehenden Abend unaufhörlich gequält hatte, nach und erklärte sich zur Unterwerfung bereit. Es wurde ihr nun eine Abschwörungsformel vorgelesen, und nach einigen Erörterungen willigte sie ein, sich die Hand führen zu lassen, um ein Kreuz als Zeichen ihrer Unterschrift darunterzusetzen. Darauf wurde ein anderes, im voraus ausgefertigtes Urteil ver-

---

1) Procès, pp. 503—5. — L'Averdy, pp. 56—97.
2) Le Brun de Charmettes, IV. 102—4, 106. — Procès, p. 506.
Bei der Beurteilung des Verdikts der Universität und der Inquisition muss man im Auge behalten, dass Erscheinungen des Erlösers, der Jungfrau und der Heiligen fast alltägliche Vorkommnisse waren und von der Kirche anerkannt und respektiert wurden. Die geistige Erregbarkeit des Mittelalters brachte die übernatürliche Welt in nahe Beziehungen zu der sichtbaren Welt. Eine inhaltreiche Sammlung solcher Geschichten gibt Cäsarius von Heisterbach in seinem Dialogus miraculorum. Was übrigens die kirchenrechtliche Seite der Frage angeht, so waren die Visionen Johannas bereits geprüft und gebilligt worden von den Prälaten und Doktoren in Chinon und Poitiers und sogar von dem Metropoliten Peter Cauchons, dem Erzbischof Rainaldus von Reims.

kündet, das ihr als etwas Selbstverständliches die übliche Strafe der lebenslänglichen Gefangenschaft bei Wasser und Brot auferlegte. Vergebens bat sie um ein kirchliches Gefängnis. Selbst wenn Cauchon ihr diese Bitte hätte erfüllen wollen, er hätte es nicht gekonnt, und so liess er sie durch ihre Wächter wieder in ihre Zelle zurückführen[1]).

Die Engländer waren natürlich wütend, als sie erfuhren, dass ihnen ihre Beute entgangen war. Sie hätten von einem weltlichen Gericht Johanna kurzerhand wegen Zauberei verurteilen und ohne weiteres verbrennen lassen können; um sich aber ihrer Person zu versichern, hatten sie die kirchlichen Behörden und die Inquisition zu Hilfe rufen müssen, und sie waren zu wenig vertraut mit Ketzerprozessen, um zu wissen, dass das Inquisitionsverfahren auf die Voraussetzung gegründet war, man suche das Heil der Seele und nicht die Vernichtung des Leibes. Als sie sahen, welchen Ausgang die Sache nahm, entstand eine grosse Erregung über das, was ihnen geradezu als Hohn erscheinen musste. Johannas Tod erschien ihnen als eine politische Notwendigkeit, und nun mussten sie sehen, wie ihnen das Opfer, das sie schon in ihren Händen hatten, wieder entrissen wurde. Trotz der Unterwürfigkeit, welche die geistlichen Richter gezeigt hatten, wurden sie mit gezückten Schwertern bedroht und mussten froh sein, den Kirchhof von St. Ouen noch lebend verlassen zu können[2]).

Am Nachmittag besuchten Johann le Maître und einige der Beisitzer Johanna in ihrer Zelle, stellten ihr vor, wie gnädig die Kirche gewesen, und ermahnten sie, das Urteil dankbar hinzunehmen und ihre Offenbarungen und Torheiten aufzugeben; wenn sie rückfällig werde, gebe es für sie keine Hoffnung mehr. Sie war demütig, und als man sie aufforderte, weibliche Kleidung anzulegen, willigte sie

---

1) Procès, pp. 508—9. — Journal d'un bourgeois de Paris, an 1431. — Le Brun de Charmettes, IV. 110—41.
Es existieren zwei Abschwörungsformeln, die angeblich von Johanna unterschrieben worden sind: die eine ist kurz und einfach, die andere ausführlich (Procès, p. 508; Le Brun de Charmettes, IV. 135—7). Man hat Cauchon der Doppelzüngigkeit beschuldigt, weil er ihr die kürzere vorgelesen, zur Unterschrift aber die längere untergeschoben habe. Johanna beklagte sich später, dass sie niemals versprochen habe, ihre Männerkleider abzulegen; tatsächlich findet sich dieses Versprechen wohl in der ausführlichen, aber nicht in der andern Formel. Man hat viel Aufhebens von der Sache gemacht, aber ohne rechten Grund. Die kürzere Abschwörung enthält das bedingungslose Eingeständnis ihrer Irrtümer, den Widerruf und die Unterwerfung unter die Kirche; sie war somit ebenso bindend und bedingungslos verpflichtend wie die andere. — *Chevalier, L'abjuration de Jeanne d'Arc (1902).
2) Le Brun de Charmettes IV. 141.

ein und zog die ihr gebrachten Kleider an; ihre Männerkleidung wurde in einen Sack gelegt und in ihrer Zelle zurückgelassen[1]).

Was nun folgt, wird nie vollständig aufgeklärt werden. Die Berichte sind wenig zuverlässig, sie widersprechen sich, da sie zweifellos vielfach auf reinen Vermutungen beruhen, und das Geheimnis liegt wohl für immer im Gefängnisse des Schlosses von Rouen begraben. Wahrscheinlich haben sie die rohen Wärter, erbittert darüber, dass sie dem Feuertode entgangen war, mit schändlicher Brutalität behandelt; sie sollen sie, wie berichtet wird, geschlagen, an den Haaren gezerrt und sogar gedroht haben, ihr Gewalt anzutun, so dass sie schliesslich glaubte, nur in der Männerkleidung vor diesen Angriffen geschützt zu sein. Vielleicht auch haben, wie sonst berichtet wird, ihre „Stimmen" ihr Vorwürfe wegen ihrer Schwachheit gemacht, so dass sie aus diesem Grunde wieder zur Männerkleidung griff. Auch ist die Möglichkeit nicht ausgeschlossen, dass Warwick, um sie zum Rückfall zu veranlassen, nachts ihre Frauenkleider wegnehmen liess, so dass ihr am andern Morgen keine andere Wahl blieb als die vorhandenen Männerkleider anzuziehen. Der Umstand, dass man die letzteren in ihrem Bereiche liess und nicht fortschaffte, beweist zum mindesten, dass man den Wunsch hatte, sie in Versuchung zu führen. Wie sich das auch verhalten mag, die Tatsache steht fest, dass, nachdem sie zwei oder drei Tage lang die Frauenkleidung getragen hatte, ihre Richter die Nachricht erhielten, sie sei rückfällig geworden und habe sie wieder abgelegt. Am 28. Mai eilten die Richter in ihr Gefängnis, um die Tatsache festzustellen. Die unzusammenhängenden Antworten, welche Johanna auf die ihr vorgelegten Fragen gab, beweisen, wie sehr unter den furchtbaren Prüfungen, denen man sie unterworfen hatte, ihre Widerstandskraft jetzt gebrochen war. Zuerst sagte sie nur, sie habe ihren Anzug wieder angelegt; denn er sei schicklicher für sie, da sie doch unter Männern leben müsse; niemand habe sie dazu gezwungen; sie leugnete aber, dass sie geschworen habe, ihn nicht wieder anzulegen. Dann erklärte sie, sie habe ihn angelegt, weil man ihr das gegebene Wort nicht gehalten habe; man habe ihr versprochen, dass sie die Messe hören und die Sakramente empfangen dürfe und von ihren Ketten befreit werden solle; sie wolle lieber sterben als in Fesseln leben; könne sie die Messe hören und von ihren Fesseln befreit werden, so wolle sie alles tun, was die Kirche verlange.

---

1) Procès, pp. 508—9. — Le Brun de Charmettes, IV. 147.

Sie habe ihre „Stimmen" seit ihrer Abschwörung gehört, und diese hätten ihr mitgeteilt, dass sie sich die Verdammnis zugezogen habe, weil sie widerrufen habe, um ihr Leben zu retten; denn sie habe nur widerrufen aus Furcht vor dem Feuer. Die Stimmen seien die der hl. Katharina und die der hl. Margarete und kämen von Gott; sie habe das nie widerrufen oder, wenn sie es getan habe, so sei es der Wahrheit entgegen gewesen. Sie wolle lieber sterben, als die Qualen ihrer Gefangenschaft erdulden; wenn aber ihre Richter es wünschten, wolle sie die Frauenkleidung wieder anlegen; weiter wisse sie nichts mehr[1]).

Diese zusammenhangslosen Widersprüche, diese Ausbrüche von Gewissensbissen und hoffnungsloser Verzweiflung, so verschieden von ihrem früheren unerschrockenen Selbstvertrauen, zeigen, dass die Kerkermeister ihr Werk verstanden, und dass ihr Leib und ihre Seele mehr gelitten hatten, als sie ertragen konnten. Aber den Richtern genügte dies: sie war nach eigenem Geständnis eine Rückfällige, der gegenüber der Kirche nichts anderes zu tun hatte, als sie ohne weiteres Verhör dem weltlichen Arm auszuliefern. Demgemäss rief Cauchon am nächsten Tage, dem 29. Mai, diejenigen seiner Beisitzer, die zur Verfügung standen, zusammen und berichtete ihnen, Johanna sei rückfällig geworden, indem sie die Männerkleidung wieder angelegt und auf Eingebung des Teufels erklärt habe, ihre Stimmen seien wieder zurückgekehrt. Es konnte keine Frage sein, was sie dafür verdiente. Sie war eine Rückfällige, und so wurde nur die rein formelle Frage erörtert, ob man ihr ihre Abschwörung vorlesen solle, bevor sie dem weltlichen Arm übergeben würde. Die Mehrheit der Beisitzer stimmte hierfür, aber Cauchon und Le Maître liessen diese Ansicht unbeachtet[2]).

In der Morgendämmerung des folgenden Tages, am 30. Mai, wurden Bruder Martin l'Advenu und einige andere Geistliche zu ihr ins Gefängnis geschickt, um ihr mitzuteilen, dass sie noch an demselben Morgen verbrannt werden würde. Von Schrecken überwältigt, warf sie sich auf den Boden, raufte ihr Haar und stiess ein erschütterndes Geschrei aus. Als sie ruhiger geworden war, erklärte sie, die Sache wäre nicht so gekommen, wenn man sie in ein kirchliches Gefängnis gebracht hätte. Sie deutete also an, dass nur die Brutalität ihrer Gefangenschaft sie veranlasst habe, die Abschwörung zurückzunehmen. Sie beichtete l'Advenu und bat um das Sakrament.

---
1) Procès, p. 508. — Le Brun de Charmettes, IV. 166—70. — L'Averdy, p. 506.
2) Procès, p. 509. — Le Brun de Charmettes, IV. 175—8.

Er war in Verlegenheit und liess Cauchon fragen, wie er sich verhalten solle. Cauchon gab die Erlaubnis, und so wurde es ihr mit der ganzen gebührenden Feierlichkeit gespendet. Man hat irrtümlicherweise geschlossen, dass damit ihre Unschuld anerkannt worden sei; aber das Sakrament wurde einem Rückfälligen, der im letzten Augenblicke darum bat, niemals versagt, da schon die blosse Bitte, beichten und kommunizieren zu dürfen, als ein Beweis der Zerknirschung und als ein Zeichen des Wunsches nach Vereinigung mit der Kirche angesehen wurde [1]).

Das Gerüst für den Prediger und der Holzstoss für die Hinrichtung war auf dem Alten Markt errichtet. Inmitten einer wogenden Menge, die die Strassen versperrte, wurde die Jungfrau dorthin gebracht. Es wird berichtet, dass auf dem Transporte Nicolaus Loyseleur, der unglückliche Spion, sich einen Weg durch die Menge und die Wächter bahnte und zu ihr auf die Karre sprang, um sie um Verzeihung zu bitten; aber bevor Johanna sie gewähren konnte, zogen ihn die Engländer zurück, und sie würden ihn erschlagen haben, hätte nicht Warwick ihn befreit und von Rouen fortgeschafft, um ihm das Leben zu retten. Auf dem Gerüst hielt Nicolaus Midi zunächst seine Predigt. Dann wurde das Urteil der Auslieferung verlesen, und Johanna den weltlichen Behörden übergeben. Cauchon, Le Maître und die übrigen Richter verliessen das Gerüst; der Bailli von Rouen nahm sie in Empfang und befahl kurzerhand, sie zum Hinrichtungsplatze zu bringen und zu verbrennen. Man hat behauptet, es sei eine Formwidrigkeit dadurch begangen worden, dass das Todesurteil nicht von einem weltlichen Gerichtshof ausgesprochen worden sei. Das war aber, wie wir gesehen haben, nicht nötig, besonders wenn es sich um Rückfällige handelte. Man setzte ihr eine hohe Papierkrone auf den Kopf mit der Inschrift: Ketzerin, Rückfällige, Abtrünnige, Götzendienerin, und brachte sie zum Scheiterhaufen. Ein Bericht erzählt, dass ihr durchdringendes Geschrei und ihre Klagen die Menge zu Tränen des Mitleids gerührt hätten; ein anderer, dass sie in ihr Schicksal ergeben und ruhig, ihr letzter Seufzer ein Gebet

---

1) Le Brun de Charmettes, iv. 180—4. — L'Averdy, pp. 488, 493 sqq.
Eine Woche nach der Hinrichtung Johannas wurde ein Schriftstück aufgesetzt von sieben in ihrer Zelle anwesenden Geistlichen, dahinlautend, dass sie anerkannt habe, von ihren „Stimmen" getäuscht worden zu sein, und dass sie die Engländer und Burgunder um Verzeihung gebeten habe für das Leid, das sie ihnen zugefügt habe; doch ist dies offenbar ein gefälschtes Dokument, das noch nicht einmal eine notarielle Beglaubigung trägt. — Le Brun de Charmettes, iv. 220 - 5.

374 gewesen sei. Als ihre Kleider weggebrannt waren, wurden die brennenden Reisigbündel zur Seite gezogen, damit die Menge an ihrem von den Flammen geschwärzten Körper sehen konnte, dass sie wirklich eine Frau war. Nachdem die Neugier befriedigt war, wurde die Verbrennung vollendet und die Asche in die Seine gestreut[1]).

Für diejenigen, welche bei dem Trauerspiel mitgewirkt hatten, blieb nur noch übrig, sich zu rechtfertigen dadurch, dass sie ihr Opfer anschwärzten und über das Verfahren falsche Berichte in Umlauf setzten. Die Richter fühlten selbst, dass sie, trotzdem sie sich hinter die Pariser Universität verschanzten, doch eine gefährliche Verantwortung auf sich geladen hatten; denn sie erwirkten vom englischen König einen Erlass, wodurch er sie von der Verantwortung für das, was sie getan hatten, befreite und sich verpflichtete, bei jeder Anklage, die vor einem Generalkonzil oder dem Papste gegen sie erhoben werden könnte, selbst ihre Partei zu ergreifen. Dass auch die Regentschaft fühlte, sie müsste sich in den Augen Europas rechtfertigen, ersieht man aus den Briefen, welche im Namen Heinrichs VI. an die regierenden Fürsten und Bischöfe geschickt wurden. Darin wurde auseinandergesetzt, wie Johanna unmenschliche Grausamkeiten begangen habe, bis Gott aus Mitleid für das leidende Volk ihre Gefangennahme bewirkte; wie sie, obwohl sie wegen ihrer Verbrechen von den weltlichen Gerichten hätte bestraft werden können, der Kirche ausgeliefert worden sei, die sie gütig und freundlich behandelt und ihr nach dem Geständnis die Strafe der Gefangenschaft in Gnaden auferlegt habe; wie dann ihr Stolz wieder in pestilenzialischen Flammen ausgebrochen, sie in ihre Irrtümer und ihren Wahnsinn zurückgefallen und nun dem weltlichen Arm überlassen worden sei, und wie sie, als sie ihr Ende herannahen fühlte, bekannt habe, dass die Geister, welche sie angerufen habe, falsch und lügenhaft gewesen seien und sie getäuscht und verhöhnt hätten, und wie sie

---

1) Le Brun de Charmettes, IV. 188—210. — Procès, pp. 509—10. — Journal d'un bourgeois de Paris, an 1431.
Als sich die Erregung, die durch Johannas Verurteilung entstanden war, gelegt und man gefunden hatte, dass sie nutzlos geopfert worden war, bemühte man sich, die Verantwortlichkeit von den kirchlichen auf die weltlichen Behörden abzuwälzen: man behauptete, es sei eine Unregelmässigkeit gewesen, sie ohne ein formelles Urteil eines weltlichen Gerichts hinzurichten. Als zwei Jahre später Ludwig von Luxemburg, der damalige Erzbischof von Rouen, und Wilhelm Duval, der Stellvertreter des Inquisitors, einen gewissen Georg Solenfant wegen Ketzerei verurteilt hatten, übergaben sie ihn dem Bailli von Rouen mit der Anweisung, dass er nicht wie Johanna ohne ein endgültiges Urteil getötet werden solle; infolgedessen wurde nochmals ein Urteil gegen ihn ausgesprochen. — L'Averdy, p. 498.

schliesslich vor den Augen des Volkes verbrannt worden sei. Diese amtliche Lüge wurde noch übertroffen durch die Berichte, welche über sie und ihren Prozess eifrig verbreitet wurden. Der angebliche ehrsame Bürger von Paris, der ihre Hinrichtung in seinem Tagebuche erzählt, führt die Vergehen, deretwegen sie verurteilt wurde, einzeln auf, mischt aber unter die wirklichen Anklageartikel noch andere Anschuldigungen, die uns einen Begriff von den Übertreibungen geben, mit denen man die öffentliche Meinung irrezuführen suchte. Danach ritt Johanna gewöhnlich mit einem dicken Stock in der Hand, mit dem sie ihre Leute, wenn sie ihr missfielen, grausam schlug. An vielen Orten habe sie ohne Mitleid Männer und Frauen, die ihr nicht gehorchten, töten lassen; einst, als man ihr Gewalt antun wollte, sei sie von der Spitze eines hohen Turmes herabgesprungen, ohne Schaden zu nehmen; sie habe sich gerühmt, wenn sie wolle, könne sie Gewitter machen und andere Wunder vollbringen. Er gibt jedoch zu, dass sogar in Rouen viele Leute glaubten, sie sei für ihren rechtmässigen Herrn zur Märtyrerin geworden[1]). Man fühlte augenscheinlich, dass sie mit ihrem furchtbaren Tode ihre Laufbahn würdig gekrönt hatte, und dass die Teilnahme, die ihr Schicksal erweckte, ihr Werk fortsetzte, indem sie die Volksstimmung erregte. Denn noch nach mehr als einem Monat, am 4. Juli, versuchte man, dieser Bewegung durch eine Predigt entgegenzuwirken, die ein Dominikaner-Inquisitor in Paris hielt, vielleicht unser Bekannter Johann le Maître selbst. Lang und breit erging er sich in der Schilderung ihrer Schlechtigkeiten und der Gnade, die ihr erwiesen worden sei. Sie habe bekannt, dass sie sich vom vierzehnten Jahre an wie ein Mann gekleidet habe, und dass ihre Eltern sie getötet haben würden, wenn sie es vor ihrem Gewissen hätten verantworten können. Daher habe sie, vom Teufel geleitet, sie verlassen und von da ab von dem Morde von Christen gelebt, voll Feuer und Blut, bis sie verbrannt worden sei. Sie habe widerrufen und abgeschworen, und als Busse dafür seien ihr vier Jahre Gefängnis bei Wasser und Brot auferlegt worden, aber sie habe es nicht einen einzigen Tag ausgehalten, da sie sich im Gefängnis wie eine

---

[1]) Journal d'un bourgeois de Paris, an 1431 (*der Verfasser war in Wirklichkeit Geistlicher, vgl. Petit-Dutaillis a. a. O. S. 38 Anm. 1). — Am 8. August 1431 wurde ein Mönch, namens Johann de la Pierre, vor Cauchon und Le Maître gebracht unter der Beschuldigung, er habe schlecht von dem Prozesse der Johanna gesprochen. Das war ein gefährliches Vergehen, da es die Inquisition anging. Er bat kniefällig um Verzeihung und entschuldigte sich damit, dass es bei Tische geschehen sei, nachdem er zu viel Wein getrunken habe. Er kam gnädig davon, indem er bis zum folgenden Osterfest bei Wasser und Brot in dem Dominikanerkloster eingekerkert wurde. — L'Averdy, p. 141.

vornehme Dame aufführte. Der Teufel sei ihr mit zwei Dämonen erschienen in grosser Besorgnis, er möchte sie verlieren, und habe zu ihr gesagt: „Böses Geschöpf, dass du aus Furcht deine Männerkleidung aufgegeben hast, fürchte dich nicht, denn wir wollen dich vor jedermann beschützen." Da habe sie sofort ihre Frauenkleidung ausgezogen und die andere, die sie zur Vorsicht in ihrem Bettstroh versteckt gehabt habe, wieder angelegt. Sie habe solches Vertrauen zu Satan gehabt, dass sie gesagt habe, sie bereue, die Kleidung abgelegt zu haben. Hiernach hätten sie die Lehrer der Universität in der Erkenntnis, dass sie eine hartnäckige Sünderin sei, dem weltlichen Arme zur Verbrennung ausgeliefert. In dieser Not habe sie die Teufel zwar zu Hilfe gerufen, aber, nachdem sie einmal gerichtet worden sei, durch kein Mittel mehr herbeischaffen können. Dann habe sie sich wohl eines Besseren besonnen, aber es sei zu spät gewesen. Der verehrungswürdige Redner fügte hinzu, dass es vier derartige Verbrecher gegeben habe, von denen man drei gefangen hätte, nämlich diese Jungfrau, die Péronne und ihre Gefährtin; die vierte sei bei den Armagnacs, heisse Katharina de la Rochelle und behaupte, dass sie, wenn die Hostie geweiht werde, die geheimnisvollsten Wunder des Herrn sehe[1]).

Diese letzte Anspielung bezieht sich auf gewisse Nachahmerinnen Johannas. Die Jungfrau hatte auf die Phantasie des Volkes einen solchen Eindruck gemacht, dass ihr Beispiel sofort, sei es aus betrügerischer Absicht, sei es in naivem Glauben, Nachahmung finden musste. Die angeführte Péronne war eine alte Frau aus der Bretagne, die mit einer Gefährtin zu Corbeil im März 1430 gefangen genommen und nach Paris gebracht wurde. Sie behauptete nicht nur, dass Johanna inspiriert gewesen sei, sondern schwur auch, dass Gott ihr selbst oft in menschlicher Gestalt mit einem weissen Kleide und scharlachroter Kapuze erscheine und ihr befehle, Johanna beizustehen. Auch gab sie zu, zweimal an einem Tage zu Jargeau aus den Händen des Bruders Richard das Sakrament empfangen zu haben. Beide Frauen wurden vor die Schranken der Universität gezogen; die jüngere Frau widerrief, aber Péronne war hartnäckig und wurde am 3. September verbrannt. Katharina de la Rochelle gehörte ebenfalls zu den Schützlingen des leichtgläubigen Bruders Richard; sie war sehr erbittert auf Johanna, weil diese sich geweigert hatte, ihr beizustehen. Sie hatte Johanna in Jargeau und später in Montfaucon (im Berry)

---

1) Le Brun de Charmettes, iv. 238—40. — L'Averdy, p. 269. — Monstrelet, ii. 105. — Journal d'un bourgeois de Paris, an 1431.

aufgesucht und ihr erzählt, dass ihr jede Nacht eine weisse, in ein goldenes Gewand gekleidete Dame erscheine und ihr offenbare, der König werde ihr Pferde und Trompeten geben, und sie werde dann durch die Städte ziehen und laut verkünden, alle, die Geld oder Schätze hätten, sollten es herausgeben und Johannas Soldaten bezahlen; auch wenn sie es verheimlichten, würde sie doch alles entdecken, was verborgen sei. Johanna hatte aber einen zu gesunden Menschenverstand, um sich durch diesen Vorschlag betören zu lassen. Sie forderte Katharina auf, nach Hause zu ihrem Mann und ihren Kindern zu gehen, und als Katharina sie um die Meinung ihrer „Stimmen" befragte, antwortete ihr Johanna, dass alles Lug und Trug sei. Doch schrieb sie über die Sache an den König und nahm Katharinas Anerbieten, ihr die nächtliche Besucherin zeigen zu wollen, an. In der ersten Nacht schlief Johanna ein. Als sie erwachte, sagte man ihr, die Erscheinung habe sich während ihres Schlummers gezeigt. Darauf schlief sie zur Vorsicht während des Tages und lag die ganze Nacht wach, ohne die weisse Dame zu sehen. Katharina war wahrscheinlich eher eine Betrügerin als eine Schwärmerin und scheint der Inquisition entgangen zu sein[1]).

Während Johanna gefangen lag, trat eine Zeitlang an ihre Stelle ein Bauer, der bald als Pastourel, bald als Wilhelm der Hirte bezeichnet wird und beteuerte, er habe göttliche Offenbarungen gehabt, die ihm befohlen hätten, für die Sache des Königs die Waffen zu ergreifen. Er bewies die Wahrheit seines Auftrags, indem er Stigmata an den Händen, in der Seite und an den Füssen zeigte, wie sie der hl. Franziskus hatte. Er fand weit und breit Glauben. Auch Pothon de Saintrailles, Johannas alter Waffengefährte, setzte Vertrauen auf ihn und nahm ihn mit auf seinen abenteuerlichen Streifzügen. Wilhelms Laufbahn war jedoch kurz. Als er unter der Führung des Marschalls von Boussac und Pothons einen Zug in die Normandie begleitete, wurde dieser von Warwick überrascht und auseinandergesprengt. Pothon und der Schäfer wurden beide gefangen genommen und im Triumph nach Rouen gebracht. Die Erfahrung, die sie im Falle der Johanna mit der Verzögerung des Inquisitionsverfahrens gemacht hatten, veranlasste die Engländer wahrscheinlich, dieses Mal ein kürzeres Verfahren einzuschlagen. Der unglückliche Prophet wurde in die Seine geworfen und ohne Prozess ertränkt. Der Kreis seines Einflusses war zu beschränkt gewesen, um ihn

---

1) Journal d'un bourgeois de Paris, an 1430. — Nider, Formicarius v. viii. — Procès, p. 480.

würdig erscheinen zu lassen, an ihm ein weithin sichtbares Beispiel zu statuieren[1]).

So endigte die Jungfrau von Orléans. Der Geist aber, den sie erweckt hatte, war stärker als die Macht der Bischöfe und Inquisitoren. Der an ihr verübte Justizmord erwies sich als ein nutzloses Verbrechen. Im Vertrag von Arras (1435) zog sich Burgund von dem englischen Bündnis zurück, und die Eroberungen, die Heinrich V. gemacht hatte, wurden nacheinander den schwachen Händen seines Sohnes entrissen. Als Karl VII. im Jahre 1449 Rouen in Besitz nahm, ordnete er eine Untersuchung an Ort und Stelle über den Prozess an; denn es passte schlecht zur Würde eines Königs von Frankreich, seinen Thron einer Hexe zu verdanken, die von der Kirche verurteilt und verbrannt worden war. Die Zeit war jedoch noch nicht gekommen, wo ein Urteil der Inquisition von der weltlichen Macht aufgehoben werden konnte, und der Versuch wurde aufgegeben. 1452 wurde ein neuer Versuch von dem Erzbischof Wilhelm d'Estouteville von Rouen gemacht. Obgleich er Kardinal und päpstlicher Legat war, und obgleich er den Inquisitor von Frankreich, Johann Bréhal, für die Sache gewann, konnte er doch nichts weiter tun, als einige Zeugenaussagen aufnehmen. Es war das Machtwort des Papstes nötig, um die Revision eines Prozesses wegen Ketzerei herbeizuführen, der von der Inquisition entschieden war. Daher appellierten die Mutter und die beiden Brüder der Johanna als diejenigen, die unter dem Urteil litten, nach Rom. Schliesslich, im Jahre 1455, ernannte Papst Calixtus III. den Erzbischof von Rouen, die Bischöfe von Paris und Coutances und den Inquisitor Johann Bréhal zu Kommissaren, um ihre Klage zu hören und darüber zu urteilen. Isabella d'Arc und ihre Söhne erschienen als Kläger gegen Cauchon und le Maître, und das Verfahren wurde auf ihre Kosten geführt. Cauchon war tot, und le Maître verschwunden — wahrscheinlich wurde er von seinen Dominikanerbrüdern versteckt gehalten; denn es konnte keine Spur von ihm gefunden werden. Obgleich die Universität Paris in dem Prozess nicht hervortrat, wurde jede Vorsicht angewandt, um ihre Ehre zu wahren, indem man stets den betrügerischen Charakter der zwölf ihrer Entscheidung unterbreiteten Artikel nachdrücklich hervorhob. In dem Endurteil wurden

---

1) Monstrelet, II. 101. — Journal d'un bourgeois de Paris, an 1431. — Mémoires de Saint-Remy, ch. 172. — Abrégé de l'hist. de Charles VII (Godefroy, p. 334). — *H. Prutz, Die falsche Jungfrau von Orléans 1436—57, in den Sitzungsberichten der Münchener Akademie 1911, Abhandlung 10.

diese mit besonderer Sorgfalt für falsch erklärt und angeordnet, dass sie von Gerichts wegen zerrissen werden sollten, obgleich man füglich bezweifeln darf, dass sie irgendwie betrügerischer waren als zahllose andere Protokolle, die die Inquisitoren gewohnheitsmässig ihren Sachverständigen-Versammlungen vorlegten. Schliesslich, am 7. Juli 1456, wurde das Urteil zugunsten der Kläger abgegeben. Diese wurden für nicht entehrt, der ganze Prozess wurde für null und nichtig erklärt. Die Entscheidung sollte in Rouen und allen anderen Städten des Königreichs öffentlich bekanntgemacht werden. Man veranstaltete feierliche Prozessionen nach den Stellen, wo die Jungfrau abgeschworen hatte und hingerichtet worden war, und man errichtete an letzterer Stelle ein Kreuz zum ewigen Andenken an ihr Martyrium. In einer restaurierten Form ist es noch vorhanden als ein Denkmal für die Nützlichkeit der Inquisition im Dienste der staatlichen Politik[1]). —

Es ist das seltsame Schicksal Johannas, wie im Leben so auch noch im Tode ein Gegenstand politischer Spekulation sein zu müssen. Denn wenn die Beziehungen zwischen dem Vatikan und Frankreich es wünschenswert erscheinen lassen sollten, wird sie, sobald die Zeit kommt, in den Kalender der Heiligen aufgenommen werden ungeachtet der Tatsache, dass sie von den Vertretern der Kirche als Ketzerin verurteilt wurde. Das Kanonisationsverfahren, das 1894 begonnen hat, ist bereits soweit fortgeschritten, dass man von ihr schon als der verehrungswürdigen Dienerin Gottes spricht, dass die Wahrheit ihrer Enthüllungen und Erscheinungen autoritativ anerkannt und vom Papste Pius X. erklärt wird, sie habe alle theologischen und alle Kardinaltugenden in dem erforderlichen heroischen Grade besessen. Es bleibt also nur noch übrig, die Echtheit der durch ihr Eingreifen vollbrachten Wunder festzustellen. Wie bald das geschehen, und wie bald ihre Aufnahme in die Schar der Seligen erfolgen wird, dürfte von den wechselnden Bedürfnissen der Lage abhängen. Aber dass es schliesslich dazu kommen wird, ist kaum zu bezweifeln, und so wird Johanna in der Geschichte fortleben als Vertreterin einer bis jetzt noch unbekannten Klasse von Märtyrerinnen[2]).

---

1) Le Brun de Charmettes, Liv. xv.
2) Decretum Dei sapientiae, VIII. Id. Jan. 1904. — *Der letzte Abschnitt ist ein Zusatz, den Lea im Jahre 1904 niedergeschrieben hat. Die Seligsprechung ist inzwischen im Jahre 1909 erfolgt (vgl. oben S. 383).

Sechstes Kapitel.

Zauberei und geheime Künste.

Es gibt wenig Dinge, die so unausrottbar sind wie ein Aberglaube, der einmal der menschlichen Leichtgläubigkeit fest eingepflanzt worden ist. Ein Geschlecht überträgt ihn auf das andere, und durch zahllose Generationen wird er fortgeerbt. Er passt sich nacheinander allen religiösen Glaubensformen an; die Verfolgung mag seine äussere Betätigung unterdrücken, im geheimen wird er doch weiter gepflegt, vielleicht um so hartnäckiger, je mehr er mit dem Gesetz in Widerspruch steht. Religion mag auf Religion folgen, jede neue vermehrt nur die Mittel und Wege, auf denen der Mensch dadurch, dass er den Schleier der Zukunft lüftet, seine Ohnmacht zu ergänzen, die Herrschaft über übernatürliche Kräfte zu erlangen und seine Schwachheit zu schützen sucht. Die geheiligten Riten eines entthronten Glaubens werden zur verbotenen Magie des neuen, der auf ihn folgt; die Götter des erstern werden böse Geister des letztern, wie die Devas oder Gottheiten des Veda die Daevas oder Dämonen des Avesta wurden, wie die Verehrung des Stieres bei den ersten Hebräern zur Götzendienerei unter den Propheten wurde und die Götter Griechenlands und Roms sich in die bösen Teufel der christlichen Kirchenväter verwandelten.

So wurde Europa der unglückliche Erbe einer allmählich aufgehäuften Masse von abergläubischen Vorstellungen, die dem Leben der Menschen ihre Farbe mitteilten und die Handlungen eines jeden beherrschten. Sie bekamen neues Leben von besonderer Stärke durch die kraftvolle Idee des mazdeischen Ahriman — jener Verkörperung der zerstörenden Mächte der Natur und der bösen Leidenschaften des Menschen — eine Idee, die, durchdrungen vom Judaismus und ausgeschmückt mit den Phantasiegebilden der Haggadah, ein bestimmter Glaubensartikel wurde von Satan als dem gefallenen

Fürsten der Engel, der die Hälfte der unendlichen Scharen von Engeln in seine Empörung mit hineinzog und hinfort seine Macht, die nur derjenigen Gottes nachstand, dem geistigen und materiellen Verderben der Menschheit widmete. Allgegenwärtig und fast allmächtig und allwissend, waren Satan und seine Dämonen immer und überall bei der Arbeit, durch schlaue Künste die Herrschaft über die Seelen der Menschen zu erlangen, ihre Absichten zu durchkreuzen und ihre Körper zu quälen. Es waren Wesen, die von dem Leiden der Verdammten lebten, und die Erlösung der Menschen war ihre höchste Qual. Um ihr Ziel zu erreichen, waren menschliche Helfershelfer unerlässlich, und Satan war stets bereit, einen Teil seiner Macht abzutreten oder demjenigen, der ihm dienen wollte, einen untergeordneten Dämon beizugeben. So entstand ein dualistisches System, das weniger hoffnungsvoll und ermutigend war als das des Zarathustra Spitama, und in seiner lebendigen Verwirklichung des stets gegenwärtigen und immer tätigen bösen Prinzips einen düstern Schatten warf auf die menschenfreundlichen Lehren Christi. Manche glaubten sogar, dass die menschlichen Angelegenheiten von Dämonen bestimmt würden, und dieser Glaube fand solche Verbreitung, dass er Chrysostomus zu einer Widerlegung veranlasste. Er gab zu, dass die Dämonen erfüllt seien von einem wilden und unversöhnlichen Hasse gegen den Menschen, mit dem sie einen ewigen Krieg führten, legte aber dar, dass das Übel in der Welt eine gerechte, von Gott auferlegte Strafe sei[1]).

So lebte der Mensch inmitten einer unendlichen Welt von Geistern, guten und bösen, die, einzig und allein auf sein Heil oder sein Verderben bedacht, beständig auf der Lauer waren, ihn entweder zu retten oder zu verführen. Das ewige Rätsel vom Ursprung des Bösen, das die menschliche Seele gequält hat, seitdem sie zu denken begann, war auf diese Weise gelöst, und es entstand eine bis in die kleinsten Einzelheiten entwickelte Dämonologie, welche einen Teil der Glaubenslehren bildete. Fast alle Völker der Vergangenheit haben diesen Glauben geteilt, mochten nun die bösen Geister übernatürlichen Ursprungs sein wie bei den Mazdeanern und Assyriern, oder mochten sie, wie bei den Buddhisten und Ägyptern, Seelen der Verdammten

---

1) Minucius Felix, Octavius (Magna Bibliotheca Patrum ed. 1618, III. 7, 8). — Tertull. De idolat. x. — Lactant. Divin. Instit. II. 9. — Augustinus, De vera religione, c. 13, c. 40, Nr. 75; de Genesi ad Lit. XI. 13, 17, 22, 27; Sermon. Append. Nr. 278 (Edit. Benedict.). — Gregor. PP. I. Moral. in Job, IV. 13, 17, 32. — Chrysostomus, De imbecillitate diaboli, Homil. I. Nr. 6.

sein, die ihren Rachedurst zu befriedigen suchten. Griechenland und Rom kannten zwar diesen Unterschied nicht, aber sie hatten doch auch die Welt mit einer zahllosen Schar von Genien und untergeordneten übernatürlichen Wesen bevölkert, welche das Christentum übernahm und in den Dienst Satans stellte. Als die christliche Theologie eine Wissenschaft wurde, in der jede kleinste Beziehung Gottes zu dem Menschen auf das strengste und genaueste definiert war, wurde es notwendig, den Charakter und die Tätigkeit der Geisterwelt genau festzulegen, eine Aufgabe, vor der die glühenden Köpfe, die das ausgedehnte Gebäude der Orthodoxie aufrichteten, nicht zurückschreckten. Die zahllosen Hinweise auf den Charakter und die Attribute der Dämonen in der patristischen Literatur zeigen, einen wie grossen Raum dieser Gegenstand in dem Geiste der Menschen einnahm, und welchen Wert man auf die Genauigkeit der Kenntnisse in dieser Beziehung legte[1]).

Origines führt aus (um das Jahr 240), jeder Mensch sei umgeben von zahllosen Geistern, die eifrig darauf bedacht seien, ihm Gutes oder Böses zu erweisen. Seine Tugenden und guten Taten werden guten Engeln zugeschrieben; seine Sünden und Verbrechen sind das Werk von Dämonen des Stolzes, der Sinnenlust, des Zornes und aller Leidenschaften und Laster. So mächtig diese indessen sind, so ist doch die menschliche Seele ihnen überlegen und kann ihre Macht zum Bösen vernichten. Wenn ein heiliger Mann den Geist der Lust, der ihn versucht hat, überwindet, so wird der besiegte Dämon in die äusserste Finsternis oder in den Abgrund geworfen und verliert seine Macht für immer. Das wurde das ganze Mittelalter hindurch als orthodoxe Lehre angenommen. Papst Gregor der Grosse erzählt um das Jahr 600, wie eine Nonne, im Klostergarten spazieren gehend, ein Lattichblatt ass, ohne zur Vorsicht das Zeichen des Kreuzes zu machen, und sofort von einem Dämon besessen war. Der h. Equitius quälte dann den Geist mit seinen Beschwörungsformeln, bis der unglückliche Teufel ausrief: „Was habe ich getan? Ich sass auf dem Blatte, und sie ass mich", aber Equitius wollte auf keine Entschuldigung hören und zwang ihn auszufahren. Cäsarius von Heisterbach führt um das Jahr 1220 zahlreiche Beispiele an, welche beweisen sollen, wie die Teufel beständig in die menschlichen Angelegenheiten eingreifen, trotz der wohlbekannten Tatsache, dass Satan nur ein Zehntel der Himmels-

---

1) Minucius Felix, loc. cit. — Tertull. Apol. adv. Gentes c. 22. — Lactant. Divin. Instit. v. 22. — Testam. xii. Patriarch. i. 2—3. — Augustinus, De divinatione daemon. c. 3, 4, 5, 6; de liv. Dei xv. 23, xxi. 10; Enarrat. in Psalm. 61, 63. — Isidor. Hispalens., Lib. de ord. creatur. c. 8.

scharen mit sich zog. Indem er sich auf die Autorität Gregors des Grossen stützt, zeigt er weiter, dass am Tage des Gerichts die Geretteten neunmal so zahlreich wie die Teufel und die Verdammten natürlich noch weit zahlreicher sein werden; allein auf dem Sterbebett eines Mönches von Himmerode kamen fünfzehntausend Teufel zusammen, und an dem einer Benediktiner-Äbtissin versammelten sich ihrer mehr, als Blätter in dem Kottenforste waren. Thomas von Chantimpré, obwohl weniger verschwenderisch in seinen erläuternden Beispielen, hebt (um 1250) gleichfalls mit starkem Nachdruck hervor, dass der Mensch von bösen Geistern umgeben ist, die keine Gelegenheit vorübergehen lassen, ihn zu versuchen, zu verführen, irrezuleiten und zu quälen. Der selige Richalm, der Abt von Schönthal, hatte um 1270 von Gott die Gabe empfangen, die Luftgestalten dieser Geschöpfe zu erkennen, und sah sie oft als Staubwolke oder als Sonnenstäubchen oder als dichtfallenden Regen. Ihre Zahl ist so gross, sagt er, dass die ganze Atmosphäre davon erfüllt ist; alle Geräusche in der Natur, das Rauschen des Wasserfalls, das Aufschlagen der Steine, das Brausen der Winde sind ihre Stimmen. Bisweilen nahmen sie die Form eines Weibes an, um ihn zu versuchen, oder einer grossen Katze oder eines Bären, um ihn zu erschrecken; vor allem aber waren ihre Bemühungen darauf gerichtet, seine Gedanken von den frommen Pflichten und Betrachtungen abzulenken und schlechte Leidenschaften in ihm zu erregen, was ihnen nicht schwer fiel, da jedem Menschen eine unzählige Schar von ihnen zugeteilt ist. Diese Feinde des Menschen waren immer auf der Lauer, Vorteil zu ziehen aus jedem unbewachten Gedanken oder jeder unbewachten Tat. Der Hexenhammer erzählt uns im Jahre 1486, wenn ein ungeduldiger Gatte zu einer schwangeren Frau sage: Der Teufel hole dich! so werde das Kind dem Satan gehören; solche Kinder, sagt er, sieht man oft; fünf Ammen werden den Hunger eines solchen nicht stillen, und die Kinder bleiben erbärmlich mager, obwohl ihr Körper schwer ist. So war der Mensch zu allen Zeiten den Angriffen übernatürlicher Feinde ausgesetzt, die ihn zur Sünde zu verführen, seinen Körper mit Krankheit zu quälen oder ihm materiellen Schaden zuzufügen suchten. Wir können die Beweggründe und Handlungen unserer Vorfahren nicht verstehen, wenn wir nicht stets den Geisteszustand in Betracht ziehen, in den sie durch das Bewusstsein von diesem täglichen und stündlichen persönlichen Kampfe mit Satan versetzt wurden[1]).

---

1) Origenes, Homiliae xv. 5, 6. — Ivon. Carnotens. Decret. xi. 106. — Pselli de Operat. Daemon. Dial. — Gregor. PP. I. Dial. i. 4. — Caesar. Heisterb.

Allerdings wollten nicht alle Dämonen in gleicher Weise das Böse. Die bekehrten Barbaren Europas konnten ihren Glauben an hilfreiche Geister nicht ganz aufgeben, und da das Christentum sie alle als Teufel bezeichnete, so musste man eine Erklärung dafür finden, und man fand sie in der Annahme, ihr Charakter sei verschieden je nach dem Grade des Stolzes und des Neides gegen Gott, den sie vor ihrem Fall gehabt hätten. Diejenigen, die bloss ihren Gefährten gefolgt seien und später bereut hätten, seien nicht immer boshaft. Cäsarius erzählt uns von einem, der einem Ritter lange Zeit treu gedient, ihn vor seinen Feinden geschützt und seine Frau von einer tötlichen Krankheit dadurch geheilt habe, dass er aus Arabien Löwenmilch holte und die Kranke damit salbte. Das erweckte den Verdacht des Ritters; auf Befragen legte der Dämon ein Geständnis ab, indem er erklärte, es sei ein grosser Trost für ihn, bei Menschenkindern zu sein. Voll Furcht, einen solchen Diener um sich zu haben, entliess der Ritter ihn, wobei er ihm die Hälfte seines Besitzes als Belohnung anbot, aber der Dämon nahm nur fünf Schillinge an, und auch diese gab er zurück, indem er den Ritter bat, dafür eine Glocke zu kaufen und sie an einer gewissen verlassenen Kirche aufzuhängen, damit die Gläubigen an Sonntagen zum Gottesdienst gerufen werden könnten. Wohlbekannt ist Froissarts reich ausgeschmückte Erzählung von dem Dämon Orton, der dem Herrn von Corasse aus reiner Liebe diente, indem er ihm in jeder Nacht Nachricht von Ereignissen aus allen Teilen der Welt brachte, ihn schliesslich aber verliess, weil der Ritter das unkluge Verlangen hatte, seinen nächtlichen Besucher zu sehen. Froissart selbst war zu Ortais im Jahre 1385, als der Graf von Foix wunderbarerweise schon am nächsten Tage Nachricht von der unglücklichen Schlacht bei Aljubarotta in Portugal besass; die Hofleute erklärten, er habe durch den Herrn von Corasse davon gehört. So konnten, sei es zum Guten oder zum Bösen, die Schranken zwischen der materiellen und der geistigen Welt leicht gehoben

---

Dialogus miraculorum (ed. Strange) Dist. IV. v. XI. 17; XII. 5. — Thomas Cantipratanus, Bonum universale de apibus (Douai, 1627). — B. Richalmi Lib. revelationum de insidiis et versutiis daemonum (Pez, Thesaur. Anecd. I. II. 376). — S. Hildegardis Epist. 67 (Martene Ampl. Col. II. 1100). — Malleus maleficarum P. II. Q. 1, c. 3.

Nicht jeder konnte die Teufel, wenn sie ihn zu quälen drohten, so ruhig willkommen heissen, wie der hl. Franziskus es tat, indem er erklärte, sein Körper sei sein schlimmster Feind, es stehe ihnen frei, alles damit zu tun, was Christus erlaube — eine Bemerkung, durch die er die Teufel so in Erstaunen setzte, dass sie schleunigst von dannen zogen. — Amoni, Legenda S. Francisci. Append. c. LIII.

werden, und der Verkehr zwischen beiden war zu alltäglich, um auf Ungläubigkeit zu stossen¹).

Natürlich unterstützte diese Leichtigkeit des Verkehrs den Glauben an die Incubi und Succubi, der in der Zauberei des Mittelalters eine so grosse Rolle spielte. Dieser Wahn war zu allen Zeiten ein Teil des Aberglaubens. Die Akkads hatten ihren Gelal und Kiel-Gelal, die Assyrier ihren Lil und Lilith, die Gallier ihre Dusii, wollüstige Geister beiderlei Geschlechts, die ihre Leidenschaften an Männern und Frauen befriedigten, und die wallisischen Legenden des Mittelalters zeigen, dass dieser Glaube unter den keltischen Stämmen fortlebte. Der Glaube der Ägypter war anders; sie gaben Incubi, aber keine Succubi zu. Die Juden nahmen die Bibelstelle über die Söhne Gottes und die Töchter der Menschen (Genes. VI, 1) als einen Beweis dafür, dass ein fruchtbarer Geschlechtsverkehr zwischen geistigen und menschlichen Wesen stattfinden könne, und sie hatten ihre Legenden von dem bösen Geiste Lilith, der ersten Frau Adams, die ihm die zahllose Menge von Dämonen gebar. Die anthropomorphische Mythologie und Heldenverehrung Griechenlands war kaum etwas anderes, der Name Satyr ist sprichwörtlich geworden. Der einfachere und reinere römische Göttertempel hatte doch seine Silvane und Faune, die, wie der hl. Augustinus uns erzählt, „gewöhnlich Incubi genannt werden". Es war vergeblich, dass die medizinische Wissenschaft diesen Glauben mit 'Ephialtes' (nächtlichem Alpdrücken) erklärte und empfahl, lieber Belladonna als Exorzismen dagegen anzuwenden. Obgleich der hl. Augustinus, der so viel dazu beitrug, den heidnischen Aberglauben auf die folgenden Zeitalter zu übertragen, nur schwer an die Möglichkeit solcher Kräfte bei Luftgeistern glauben kann, so wagt er doch nicht, sie zu leugnen, und wenn Chrysostomus über diesen Glauben spottet, so sahen andere Autoritäten darin etwas Selbstverständliches. So wurde er schliesslich als eine Wahrheit angesehen, und nur gering war die Zahl derer, die ihn bekämpften. 1249 wurde an der Grenze von Wales das Kind eines Incubus geboren, das in einem halben Jahre ein vollständiges Gebiss und die Leibesgrösse eines siebzehnjährigen Jünglings hatte, während die Mutter dahinsiechte und starb. Der Glaube nahm eine noch bestimmtere Form an, als sich das Prozessverfahren vervollkommnete und die Richter imstande waren, ihren Opfern mit der Folter jedes gewünschte Geständnis zu entreissen. So gestand 1275

---

1) Caesar. Heisterb. III. 26. v. 9, 10, 35, 36. — Froissart III. 22.

in der Gegend von Toulouse Angela de la Barthe, sie stehe im beständigen Verkehr mit Satan und habe ihm vor sieben Jahren, im Alter von dreiundfünfzig Jahren, einen Sohn geboren, ein Ungeheuer mit dem Kopfe eines Wolfes und dem Schwanze einer Schlange; sie habe es zwei Jahre lang mit dem Fleische von einjährigen Säuglingen, die sie nächtlicherweile gestohlen hatte, ernährt, bis es schliesslich verschwand. In ähnlicher Weise wurden 1460 die Hexen von Arras dahin gebracht, zu bekennen, dass ihre teuflischen Liebhaber die Gestalten von Hasen, Füchsen und Stieren hätten. Innocenz VIII. behauptet im Jahre 1484 das Vorkommen solcher Verbindungen in der bestimmtesten Weise, und Silvester Prierias erklärt im Jahre 1520, dass die Leugnung derselben sowohl mit der Orthodoxie als auch mit der Philosophie im Widerspruch stehe und nur aus reinem Übermut geschehen könne [1]).

Derartige Verbindungen mit Dämonen dauerten bisweilen dreissig oder vierzig Jahre lang, und man pflegte sie auf beiden Seiten mit der grössten Treue aufrechtzuerhalten; man hielt sie für gefeit gegen die gewöhnlichen Künste des Exorzisten. Alvarus Pelayo erzählt um das Jahr 1340, in einem unter seiner Leitung stehenden Nonnenkloster hätten die Nonnen solche Verbindungen unterhalten, und er sei ganz und gar machtlos gewesen, dem Einhalt zu tun. In der Tat war in solchen frommen Instituten dieser Aberglaube besonders häufig. Als besonderes Verbrechen bekam er allmählich auch einen besonderen Namen und war unter Kanonisten und Kasuisten als 'daemonialitas' bekannt. Der Hexenhammer, der in solchen Dingen die höchste Autorität ist, versichert uns, dass die Anziehungskraft, die dieser Aberglaube besass, die Ursache war für die beunruhigende Entwicklung des Hexenwesens im 15. Jahrhundert. Die wenigen, die wie Ulrich Molitoris (1489) zwar das Dasein der Incubi zugaben, aber ihnen die Zeugungsfähigkeit absprachen, wurden zum Schweigen gebracht

---

1) Fr. Lenormant, La magie chez les Chaldéens, p. 36. — Plutarch. Vita Numae, IV. — Josephus, Antiq. Jud. I. 3. — Augustinus, De civ. Dei, III. 5; XV. 23. — Gualt. Mapes, De nugis curialium, Dist. II. c. XI. XII. XIII. — Paul Aeginet. Instit. Med. III. 15. — Chrysost. Homil. in Genesim, XXII., Nr. 2. — Clemens Alexandr., Stromata libb. III. V. (Ed. Sylburg. pp. 450, 550). — Tertull. Apol. adv. Gentes, c. XXII; De carne Christi, c. VI. XIV. — Hincmarus, De divort. Lothar. Interrog. XV. — Guibert. Noviogent., De vita sua, lib. III. c. 19. — Caesar. Heisterb. III. 8, 11, 13. — Gervas. Tilberien. Otia imp. Decis. III. c. 86. — Matthäus Paris. ann. 1249 (p. 514). — Chron. Bardin. 1275 (Vaissette, IV. Pr. 5; *vgl. dazu Hansen, Zauberwahn, Inquisition und Hexenprozess im Mittelalter (1900) S. 309). — Mémoires de Jacques du Clercq, liv. IV. c. 8. — Innoc. PP. VIII. Bull. Summis desiderantes (2. Dez. 1481. — Silvester Prierias, De strigimagarum daemonumque mirandis (Rom, 1520) lib. I. c. 2; lib. II. c. 3. — *A. Lehmann, Aberglaube und Zauberei von den ältesten Zeiten bis in die Gegenwart (hrsg. von Petersen, 1898).

durch die Autorität des Thomas von Aquin. Dieser legte dar, wie der Teufel, indem er abwechselnd als Succubus und Incubus handle, seinen Zweck erfüllen könne, und führte als unbezweifelbare Tatsachen an, dass die Hunnen von Teufeln abstammten, und dass eine Insel in Ägypten oder, wie einige behaupteten, die Insel Cypern gänzlich von Abkömmlingen von Incubi bevölkert sei, ganz zu schweigen von der volkstümlichen Legende, wonach der Prophet und Zauberer Merlin einen Dämon zum Vater haben sollte. In die physiologischen Betrachtungen einzutreten, durch welche diese Möglichkeiten bewiesen wurden, ist nicht der Mühe wert. Es gibt in der ganzen Literatur nichts Abstossenderes als die Erzählungen und erläuternden Beispiele, durch welche diese Lehren gestützt wurden[1]).

Da man Satans Hauptziel in seinem Kampfe mit Gott darin erblickte, die menschlichen Seelen von dem Gehorsam gegen Gott abzubringen, so war er immer zu jeder Versuchung bereit, die ihn am wahrscheinlichsten zum Ziele zu führen schien. Die einen mussten gewonnen werden durch Sinnengenüsse, wie wir sie eben angedeutet haben, andere dadurch, dass sie befähigt wurden, die Zukunft vorauszusagen, verborgene Dinge zu entdecken, Hass zu befriedigen und Reichtum zu erwerben, sei es durch verbotene Künste oder durch die Dienste eines ihrem Befehle unterstellten Teufels. Da der Neophyte beim Empfang der Taufe dem Teufel, seiner Pracht und seinen Engeln entsagte[2]), so musste der Christ, der die Hilfe Satans begehrte, Gott entsagen. Da der Teufel ferner Christus, als er ihn versuchte, die Reiche der Erde anbot, falls er ihn anbeten würde, — „So du mich willst anbeten, so soll es alles dein sein" (Luc. IV, 7) — entstand natürlich die Vorstellung, dass man, um seine Hilfe zu erlangen, dem Fürsten der Hölle Gefolgschaft leisten müsse. So entstand der in der Entwicklung der Zauberei so fruchtbar gewordene Gedanke von Verträgen mit Satan, durch welche die Zauberer seine

---

1) Gianfrancesco Pico della Mirandola, La strega (1864) p. 80. — Thomas Cantipratanus, Bonum universale, lib. II. c. 55. — Alvarus Pelagius, De planctu ecclesiae lib. II. art. XLV. Nr. 102. — S. Prierias, De strigimagarum mirandis II. III. XI. — Sinistrari, De daemonialitate, Nr. 1—3. — Malleus maleficar. P. II. Q. i. c. 4—8; P. II. Q. II. c. 1. — Ulricus Molitoris, Dial. de python. mulieribus, Conclus. v. — Th. Aquin. Summ. I. LI. art. III. Nr. 6. — Nider, Formicarius lib. V. c. IX. X. — Guill. Arvern. episc. Paris., De Universo (Wright, Proceedings against dame Alice Kyteler, Camden Soc., p. XXXVIII). — Villemarqué, Myrdhinn, ou l'enchanteur Merlin, p. 11. — Alonso de Spina, Fortalicium fidei, ed. 1494, fol. 282. — *Hansen, Zauberwahn, Inquisition und Hexenprozess im Mittelalter (1900) S. 179 ff.

2) Tertlian, De corona c. III.

Diener wurden, sich ihm verpflichteten, alles Böse zu tun, was sie ersinnen konnten, und so viele Gläubige wie möglich für ihn zu gewinnen. So war der Zauberer oder die Hexe ein Feind sowohl des ganzen Menschengeschlechts als auch Gottes, der wirksamste Gehilfe der Hölle in ihrem ewigen Kampfe mit dem Himmel. Sie zu vernichten, auf welche Weise es auch sei, war also einfach Menschenpflicht.

Das war die vervollkommnete Lehre von der Zauberei und dem Hexenwesen, durch welche der heidnische Aberglaube, den man von allen Seiten geerbt und angenommen hatte, dem Christentum angepasst und zu einem Teil des anerkannten Glaubens gemacht wurde. Von den ersten Zeiten an, aus denen Berichte auf uns gekommen sind, hat es Vertreter der Magie gegeben, von denen man glaubte, sie besässen die Fähigkeit, die Geisterwelt zu beherrschen, die Zukunft zu erraten und in die regelmässigen Vorgänge der Natur einzugreifen. Wenn das vollbracht wurde durch das Rituale einer anerkannten Religion, so war es lobenswert — wie die Weissagung der Auguren und die Orakel der klassischen Zeiten, oder der Exorzismus der Geister, die Exkommunikation der Raupen und die durch Reliquien oder Pilgerfahrten zu berühmten Schreinen vollbrachten Wunderkuren. Wenn es dagegen durch die Anrufung feindlicher Gottheiten oder durch eine Religion geschah, die nicht mehr in Geltung war, so war es tadelnswert und verboten. Der Yatudhana — der Zauberer der Vedas — suchte seine Zwecke dadurch zu erreichen, dass er die Rakshasas und andere entthronte Gottheiten der unterworfenen Dasyu anrief. Seine Machtvollkommenheiten waren tatsächlich dieselben wie die des mittelalterlichen Zauberers: mit dem 'Yatu' oder der Zauberei konnte er den Tod seiner Feinde herbeiführen oder ihre Ernten und Herden vernichten; seine 'Kritya' oder Zauberbilder und andere Gegenstände hatten einen bösen Einfluss, der nur dadurch aufgehoben werden konnte, dass man sie entdeckte und entfernte, genau wie wir es in Europa im vierzehnten und fünfzehnten Jahrhundert finden; während der Gegenzauber und die wider ihn angewandten Verwünschungen zeigen, dass tatsächlich kein Unterschied zwischen heiliger und verbotener Magie vorhanden war[1]). Dasselbe lehrt uns die hebräische Überlieferung, welche zugab, dass Wunder bewirkt werden könnten durch die 'Elohim acherim' oder „die

---

1) Rig Veda, V. VIII. IV. 15, 16, 24 (Ludwig, Rig Veda (Prag, 1876—8) II. 379; III. 345). — Atharva Veda, II. 27; III. 6; IV. 18; V. 14; VI. 37, 75 (Grill, Hundert Lieder des Atharva Veda, 1879).

anderen Götter", wovon wir Beispiele finden in dem Streite zwischen Moses und den 'Chakamim' oder den Weisen in Ägypten. Die Talmudisten berichten, dass, als Moses seinen Stab in eine Schlange verwandelte, Pharao über ihn lachte, weil er in einem Lande voll Zauberer so alltägliche Kunststücke vorführte, und einige kleine Kinder holen liess, die sofort dasselbe Kunststück ausführten; dagegen konnten Jannes und Jambres es nicht mit Moses aufnehmen, als er an die Ungezieferplage kam, weil ihre Kunst sie nicht befähigte, Gegenstände nachzuahmen, die kleiner als ein Gerstenkorn waren. Den Zusammenhang zwischen ihrer Magie und der Anbetung falscher Götter ersieht man aus der Legende, dass Jannes und Jambres für Aaron das goldene Kalb machten. Einen ähnlichen Beweis haben wir in der Überlieferung der Samariter, dass der Abfall der Hebräer von dem alten Glauben zu erklären sei durch die Zauberkünste Elis und Samuels, die sie in den Büchern Balaams studierten, wodurch sie Reichtum und Macht gewannen und das Volk dem Kultus Jehovahs abtrünnig machten[1]).

Wie grossen Eindruck die Zauberkräfte der ägyptischen Chakamim auf die benachbarten Nationen ausübten, wird bekundet durch die späteren Juden, die, obwohl sie mit den Mysterien der Magier und Chaldäer vertraut waren, doch erklärten, dass von den zehn Teilen der Magie, die der Erde bewilligt worden, neun Ägypten zugefallen seien. Dieses Königreich liefert daher naturgemäss auch den ältesten Bericht über einen Zaubereiprozess, der ums Jahr 1300 vor Christus sich abspielte und zeigt, dass die Anwendung der Magie hier nicht an und für sich als verbrecherisch galt, sondern nur dann, wenn sie von einer unberechtigten Person zu unrechten Zwecken angewandt wurde. Die Akten dieses Prozesses erwähnen, dass ein gewisser Penhaiben, ein Aufseher über das Vieh einer Meierei, zufällig durch den Khen kam — das war die Halle in dem königlichen Palast, wo die Rollen mit den Geheimlehren aufbewahrt

---

1) Polano, Selections from the Talmud, pp. 174, 176. — Augustinus, De Trinitate Lib. III. c. 8, 9. — Targum von Palästina über Exod. I; VII. 11.; Num. XXII. 22. — Fabricius, Cod. Pseudepig. Vet. Testam. I. 813; II. 106. — Chron. Samaritan. XLI. XLIII.

Merkwürdigerweise blieb der Ruf des Moses und seiner Gegner als Zauberer zusammen erhalten. Plinius (Naturalis historia XXX. 2) schreibt die Gründung dessen, was er die zweite Schule der Magie nennt, dem „Moses und Jannes und Lotapes" zu. — *Durch die im Jahre 1901 erfolgte Entdeckung des Gesetzbuchs des babylonischen Königs Hammurabi (um 1900 v. Chr.) ist unsere Kenntnis des babylonischen Zauberglaubens beträchtlich erweitert worden. Vgl. Hammurabis Gesetz I. Bd., hrsg. von Kohler und Peiser (1904); Cohn, Die Gesetze Hammurabis (1903); Delitzsch, Mehr Licht (1907) S. 42 ff.

wurden — und dabei von dem Wunsche ergriffen wurde, zu seinem eignen Vorteil Zugang zu diesen Geheimnissen zu erlangen. Er verschaffte sich den Beistand eines Steinarbeiters namens Atirma, drang in die heiligen Gelasse des Khen ein und eignete sich ein Buch mit gefährlichen Formeln an, das seinem Herrn Ramses III. gehörte. Er lernte die Anwendung und war bald imstande, die Kunststücke der Doktoren der Mysterien auszuführen. Er braute Zaubertränke, die, in den königlichen Palast gebracht, die Konkubinen des Pharao verführten; er erzeugte Hass zwischen Menschen, faszinierte oder peinigte sie, lähmte ihre Glieder, kurz, er suchte und fand, wie das Protokoll des Prozesses lautet, „den wirklichen Weg, alle Abscheulichkeiten und Schlechtigkeiten auszuführen, die sein Herz ersann", und er führte sie auch tatsächlich aus nebst anderen schweren Verbrechen, die den Abscheu aller Götter und Göttinnen bildeten. Deshalb hat er, bis zum Tode hin, die grosse Strafe erduldet, welche er nach dem Zeugnisse der göttlichen Schriften verdiente[1]).

Der hebräische Glaube, welcher der rechtgläubigen Christenheit selbstverständlich als Richtschnur diente, entlehnte aus diesen verschiedenen Quellen eine bunte Schar von Jüngern der Magie. Da war der 'At' oder Bezauberer; der 'Asshaph', 'Kasshaph', 'Mekassheph', der Zauberer oder Hexenmeister; der 'Kosem' oder Weissager; der 'Ob', 'Shoel Ob', 'Baal Ob', der Ratsucher bei bösen Geistern oder Schwarzkünstler (die Hexe von Endor war eine 'Baalath Ob'); der 'Chober Chaber', der Zaubertränke und Zauberknoten herstellte; der 'Doresh el Hammathim', der die Toten befragte; der 'Meonen', ein Augur, der nach dem Zuge der Wolken oder den Stimmen der Vögel weissagte, der „Beobachter der Zeiten" in der Bibel; der 'Menachesh', ein Augur, der durch Zaubermittel wirkte; der 'Jiddoni', oder der weise Mann; der 'Chakam' oder der Weise; der 'Chartom', der der Geheimschrift Kundige; der 'Mahgim', der Zaubersprüche hersagte, und in späteren Zeiten der 'Istaginen' oder Sterndeuter; der 'Charori' oder Wahrsager; der 'Magush', 'Amgosh' oder Zauberer; der 'Raten' oder Magier; der 'Negida' oder Geisterbeschwörer und der 'Pithom', der von bösen Geistern Besessene. Es war hier also ein weites Feld, auf dem der christliche Aberglaube sich verirren konnte[2]).

---

1) Talmud Babli, Kiddushin, fol. 49b (Wagenseilii Sota, pp. 502—3). — Thonissen, Droit criminel des anciens II. 222 sqq.
2) *Blau, Das altjüdische Zauberwesen (1898); Schanz, Zauberei und Wahrsagerei (Tübinger Theolog. Quartalsschrift 83 (1901) S. 1 ff.); Budde, Religion des Volkes Israel bis zur Verbannung (1902); II. Duhm, Die bösen Geister im Alten Testament (1904).

Griechenland trug auch sein Teil dazu bei, obgleich das Bedürfnis nach eigentlich goëtischer Zauberei — der Anrufung von bösen Geistern oder dem Gebrauche von unerlaubten Mitteln zu schlechten Zwecken — nur gering war in einer Religion, in der die Gottheiten, grosse wie kleine, allen menschlichen Schwächen unterworfen und in jedem Augenblicke bereit waren, über die Menschen die schlimmsten Übel zu verhängen, um ihre Liebe, ihren Eigensinn oder ihre Laune zu befriedigen, und deren Götter durch ein Gebet oder ein Opfer bestimmt werden konnten, ohne Rücksicht auf Gerechtigkeit oder Moral ihre Allmacht auszuüben. In einer solchen Religion übte der Priester selbst die Funktionen aus, die in reineren Glaubensformen dem Zauberer vorbehalten sind. Wir brauchen nur die Namen von Zetheus und Amphion, Orpheus und Pythagoras, Epimenides, Empedocles und Apollonius von Tyana zu erwähnen, um darzutun, dass sowohl die Tradition als auch die Geschichte das Vorhandensein und die Macht der Thaumaturgie und Theurgie bei den Griechen lehren[1]). Diese Theurgie erreichte ihre höchste Entwicklung in den Wundern, die den Neuplatonikern zugeschrieben wurden, und sie beeinflusste so direkt die christliche Denkweise, die diese Wunder natürlich der Anrufung von Teufeln zuschrieb[2]). Aber neben alledem war doch kein Mangel an goëtischer Zauberei, wie sie die Sagen den kretischen Dactylen oder Kureten, den Telchinen, der Medea und der Circe zuschrieben[3]). Sie soll einen mächtigen Aufschwung in den medischen Kriegen genommen haben, als der Magier Osthanes, der Xerxes begleitete, die Saat seiner unheiligen Lehre in ganz Griechenland ausstreute. Plato spricht mit dem stärksten Tadel von den käuflichen Zauberern, die sich für niedrigen Lohn denen vermieten, welche ihre Feinde zu vernichten suchen durch Beschwörungen oder Ligaturen, Figuren oder Wachsbilder. Diese gehörten stets zu den Lieblingsmitteln der boshaften Zauberei und richteten in Griechenland dadurch viel Unheil an, dass sie an den Wegkreuzungen auf-

---

1) Hesiod. Frag. 202. — Pherecyd. Frag. 102, 102a. — Pausan. VI. xx; IX. xviii xxx. — Apollodor. I. ix. 25. — Plutarchus, De defectu orac. 13; de Pythiae orac. 12. — Diog. Laert. viii. ii. 4; viii. 20. — Jambl. Vit. Pythag. 134–5, 222. — Philost. Vit. Apollon. passim. — Ael. Lamprid. Alex. Sever. xxix. — Flav. Vopisc. Aurelian. xxiv. — Cedren. Hist. compend. sub Claudio et Domitiano.
2) Porphyrius, De abstinent. ii. 41, 52–3. — Marini Vita Procli, 23, 26–8. — Damascii Vita Isidori, 107, 116, 126. — Porphyr. Vita Plotini, 10, 11.
3) Apollon. Rhod. Argonaut. i. 1128–31. — Pherecyd. Frag. 7. — Diod. Sicul. v. 55–6. — Ovid. Metam. vii. 365–7. — Suidas, s. v. Τελχῖνες. — Strabon. x. — Odyss. x. 211–396.

gestellt oder an der Tür des Opfers oder an dem Grabe seiner Vorfahren befestigt wurden. 'Philtra' oder Liebestränke, die nach Belieben des Zauberers Liebe weckten oder ihr ein Ende bereiteten, gehörten ebenfalls zu ihren gebräuchlichen Mitteln. Selbst die dreigestaltige Hekate war ihren Zaubertränken unterworfen; sie konnten den Lauf der Natur hemmen und den Mond auf die Erde herabziehen. Die furchtbaren Gebräuche, welche der Aberglaube diesen Zauberern zuschrieb, werden erwähnt in einer der vor Domitian gegen Apollonius von Tyana gebrachten Anklagen; sie sollten danach Kinder opfern[1]).

In Rom bildeten die Götter der Unterwelt ein Zwischenglied zwischen den heiligen Ceremonien des Priesters und den Beschwörungsformeln des Zauberers; denn während sie von den Frommen verehrt wurden, bildeten sie zugleich die regelmässige Quelle für die Macht des Zauberers. Lucans schreckliche Hexe Erichtho ist eine Vertraute des Erebus; sie wandert zwischen den Gräbern umher, aus denen sie die Schatten hervorholt; sie treibt ihren Zauber mit Leichenfackeln und mit den Gebeinen und der Asche der Toten; in ihren Zauberformeln ruft sie den Styx an; sie presst ihre Lippen auf die eines Sterbenden und sendet so ihre furchtbaren Botschaften in die Unterwelt. Die Canidia und Sagana des Horaz schöpfen ihre Macht aus derselben Quelle, und die Beschreibung ihrer hässlichen Taten hat eine merkwürdige Ähnlichkeit mit vielen Dingen, welche sechzehn Jahrhunderte später die Aufmerksamkeit der Hälfte der europäischen Gerichtshöfe in Anspruch nahmen. Dasselbe ist der Fall bei allen übrigen Anspielungen auf römische Zauberei: stets gehören die angerufenen Gottheiten der Unterwelt an, und ihre Gebräuche werden in der Nacht gefeiert[2]). Die angewandten Mittel stimmen vollkommen mit denjenigen der mittelalterlichen Zauberei überein. Als Germanicus Caesar, der Abgott des Reiches, infolge der geheimen Eifersucht des Tiberius verurteilt wurde, als sein Unterfeldherr im Orient, Gneius Piso, den Auftrag erhielt, ihn aus dem Wege zu räumen, und Germanicus von einer tödlichen Krankheit befallen ward, da liest es sich wie eine Stelle aus Grillandus oder Delrio, wenn berichtet wird, wie seine Freunde, Pisos Feindschaft argwöhnend, aus dem Boden und aus den Wänden seines Hauses die Gegenstände ausgraben, die dort

---

1) Plinius, Naturalis historia xxx. 11. — Platon, De repub. ii.; De legg. i. ix. (ed. Astius, iv. 80; vi. 68, 348—50). — Luciani, Philopseud. 14. — Philost. Vita Apollon. viii. 5.
2) Ovid. Fastor. ii. 571—82. — Lucan. Pharsal. vi. 507—28, 534—7, 567—9, 766. — Apuleius, De magia orat., pp. 37, 62—4 (ed. Bipont.). — Horat. Sat. i. viii.; Epod. v. — Petron. Arb. Satyr. — Pauli Sentt. Receptt. v. xxxiii. 15.

hingebracht sind, um ihn zu vernichten — Teile von menschlichen Leichnamen, halbverbrannte Asche mit Spuren der Verwesung, Bleiteller, in die sein Name, Zaubersprüche und andere verwünschte Dinge eingeschrieben sind, durch welche, wie Tacitus sagt, die Seelen den Göttern der Unterwelt geweiht werden können. Die gewöhnlichen Kunststücke der Hexe konnten bequemer ausgeführt werden. Eine einfache Beschwörung zerstörte die Ernte, trocknete die fliessende Quelle aus oder vernichtete die Eichel auf dem Baume, die reifende Frucht auf dem Zweige. Das der Zauberei der Hindu, der Ägypter und der Griechen so vertraute Wachsbild der anzugreifenden Person nimmt in Rom die Gestalt an, in der wir es im Mittelalter antreffen. Bisweilen war der Name des Opfers in roten Wachsbuchstaben darauf gezeichnet. Wenn irgendeinem Organ eine tötliche Krankheit beigebracht werden sollte, wurde eine Nadel in den entsprechenden Teil des Bildes gesteckt; und wenn der Mensch an einer unheilbaren Krankheit dahinschwinden sollte, so wurde das Bild unter Zaubersprüchen an einem Feuer geschmolzen. Das Opfer konnte auch in ein Tier verwandelt werden, ein Kunststück, welches der hl. Augustin durch dämonische Täuschung zu erklären sucht[1]). Es ist bemerkenswert, dass der schreckliche Zauber fast immer von einer alten Frau geübt wird, der 'saga', 'strix' oder 'volatica', der weisen Frau oder dem Nachtvogel oder der Nachtfliegerin, entsprechend der Hexe, die in dem mittelalterlichen Europa die Zauberei fast für sich allein in Anspruch nahm. Der männliche Zauberer hatte, wie sein Nachkomme in Mittelalter und Neuzeit, die Kraft, sich in einen Wolf zu verwandeln, und war so das Urbild der Werwölfe (oder 'loups-garoux'), die einen so malerischen Zug in der Geschichte des späteren Hexenwahns bilden[2]).

Die Liebestränke, Zaubertränke und Zauberknoten zur Erregung eines Wunsches oder zur Verhütung seiner Erfüllung oder auch zur Erregung des Hasses, die uns auf Schritt und Tritt in der neuern Zauberei begegnen, herrschten auch in der Zauberei Roms vor. Den tatsächlichen Wahnsinn Caligulas schrieb man kräftigen

---

1) Tacitus, Annal. II. 69; III. 13. — Sueton. Calig. 3. — Ovid. Amor. III. 7, 29—34; Heroid. VI. 90—2. — Horat. Sat. I. 8, 29—32, 42—3. — Augustinus, De civ. Dei, XVIII. 18.

2) Festus, s. v. Strigae. — Virgil. Eclog. VIII. 97. — Augustinus, De civ. Dei, XVIII. 17. — Paul. Aeginet. Instit. medic. III. 16. — Gervas. Tilberiens, Otia imperialia, Decis. III. c. 120. — Volsunga Saga, v. VIII. — *Für die wichtigen Unterschiede zwischen der Vorstellung von der Zauberei und der Nachtfahrt vgl. Hansen a. a. O. S. 15 ff.

Gewürzen zu, die ihm Caesonia, welche er nach dem Tode seiner Schwester und Konkubine Drusilla heiratete, in einem Liebestranke beibrachte, und so fest war man davon überzeugt, dass man, als er ermordet wurde, Caesonia gleichfalls tötete, weil sie auf diese Weise das grösste Unglück über die Republik gebracht habe. Wie tief der Glaube an solche Künste wurzelte, zeigt der Umstand, dass man sogar von einem Manne wie Marc Aurel annehmen konnte, er habe seine Gemahlin Faustina veranlasst, sich in dem Blute des unglücklichen Gladiators, nach dem sich ihre Liebe sehnte, zu baden, bevor sie seine eignen Umarmungen suchte — eine Geschichte, die wohl erfunden worden ist, um eine Erklärung für den Charakter seines Sohnes Commodus zu haben. Auch Apuleius musste das zu seinem Schaden wahrnehmen, als ihm der Prozess auf Leben und Tod gemacht wurde, weil er sich die Zuneigung seines Weibes Pudentilla, einer Frau von reifem Alter, die vierzehn Jahre Witwe gewesen war, durch Beschwörungen und Zauberei verschafft habe. Hätte der Gerichtshof, wie diejenigen des Mittelalters, über das unfehlbare Mittel der Folter verfügt, so würde Apuleius schnell zu einem Geständnis gebracht worden sein, dessen Folge die Todesstrafe gewesen wäre. Aber da die Anklage des Verrats nicht erhoben wurde, so konnte er sich durch Zeugenaussagen und Beweise von der Schuld reinigen und kam mit dem Leben davon[1]).

Tatsächlich waren von alters her für alle Jünger der Magie die schwersten Gesetzesstrafen bestimmt. Die noch vorhandenen Bruchstücke der Decemviralgesetzgebung zeigen, dass das schon in den frühesten Zeiten der Republik der Fall war. Mit der Ausbreitung der römischen Eroberungen brachte die Einführung des orientalisierten Hellenismus auch die Zauberei des Ostens nach Rom, die mehr Eindruck machte als die einfacheren Künste der Heimat, und die ausserordentliche Furcht und Entrüstung hervorrief. Im Jahre 184 v. Chr. musste der Prätor Lucius Naevius die Abreise nach seiner Provinz Sardinien um vier Monate verschieben, um zuvor die ihm aufgetragene Verfolgung mehrerer Fälle von Zauberei zu erledigen. Die meisten von ihnen waren in den Vorstädten von Rom vorgekommen. Naevius machte mit den Schuldigen kurzen Prozess und zeigte einen Eifer, um den ihn Peter Cella oder Bernhard von Caux im

---

1) Propert. IV. v. 18. — Virgil. Aeneid. IV. 512—16. — Plinius, Naturalis historia, VIII. 56. — Livii XXXIX. 11. — Joseph. Antiq. Jud. XIX. 12. — Tibull. I. 8. 5–6. — Ovid. Amor. III. 7. 27—35. — Petron. Arb. Satyr. — Jul. Capitolin. Marc. Aurel. 19. — Apuleius, De magia oratio. — *Bruns, Der Liebeszauber bei den augusteischen Dichtern (Preuss. Jahrbücher 103 (1901) S. 193 ff.); Abt, Die Apologie des Apuleius von Madaura und die antike Zauberei (1908).

13. Jahrhundert n. Chr. hätten beneiden können — falls die Nachricht, er habe nicht weniger als zweitausend Zauberer verurteilt, auf Wahrheit beruht. Während des Kaiserreichs wurden häufig Gesetze gegen Zauberer, Sterndeuter und Wahrsager erlassen, und die Art und Weise, wie Anklagen wegen Zauberei gegen hervorragende Persönlichkeiten erhoben wurden, lässt vermuten, dass man schon damals gerade so wie später im 14. und 15. Jahrhundert in diesen leicht zu erhebenden und schwer zu widerlegenden Anklagen ein bequemes Mittel zu persönlichen oder politischen Intriguen erblickte. Nero verfolgte die Magie mit solcher Strenge, dass er gewisse Philosophen zu den Zauberern zählte, und der griechische Mantel — das den Philosophen auszeichnende Gewand — reichte hin, um den Träger vor die Schranken des Gerichts zu bringen. Der Babylonier Musonius, der an Weisheit und Können dem Apollonius von Tyana kaum nachstand, wurde eingekerkert und würde, wie man es beabsichtigte, umgebracht worden sein, wenn er nicht eine aussergewöhnlich starke Gesundheit gehabt hätte, die ihn befähigte, die Härte seines Kerkers zu ertragen. Caracalla ging noch weiter und strafte sogar diejenigen, die nur Amulette zum Schutz gegen Wechselfieber um den Hals trugen. Die dunkleren Praktiken der Magie wurden mit unnachsichtiger Strenge unterdrückt. Wer gottlose nächtliche Gebräuche ausführte oder ausführen liess, um jemanden zu behexen, wurde mit den strengsten Strafen belegt, die das römische Gesetz kannte: er wurde entweder gekreuzigt oder den wilden Tieren vorgeworfen. Auf der Opferung eines Menschen oder dem Vergiessen von Menschenblut bei Opfern stand die einfache Todesstrafe oder die Auslieferung an die wilden Tiere, je nach dem Rang und Stand des Übeltäters. Die Teilnehmer an Zauberpraktiken wurden gekreuzigt oder den wilden Tieren vorgeworfen, während die Zauberer selbst lebendig verbrannt wurden. Sowohl die Kenntnis als auch die Ausübung der Zauberkunst war verboten. Alle Zauberbücher mussten verbrannt werden, und ihre Eigentümer wurden, je nach ihrem Range, mit Verbannung oder dem Tode bestraft. Als das Kreuz das Symbol der Erlösung wurde, kam es natürlich als Strafwerkzeug ausser Gebrauch; mit der Abschaffung der Arena waren auch die wilden Tiere nicht mehr verwendbar; aber das Reisigbündel und der Scheiterhaufen blieben und dienten lange Jahrhunderte hindurch zur Bestrafung für mehr oder weniger harmlose Betrüger[1]).

---

1) Legg. XII. Tabul. VIII. — Senecae Quaest. natural. lib. IV. c. 7. — Plinius, Naturalis historia XXVIII. 4. — Livius XXXIX. 41. — Tacitus, Annal. II. 32;

Mit dem Siege des Christentums wurde der Kreis der verbotenen Gebräuche gewaltig erweitert. Eine neue heilige Magie wurde eingeführt, und eine grosse Zahl von Gebräuchen und Glaubensformen, welche zu einem integrierenden und fast unausrottbaren Teile des Volkslebens geworden waren, wurde als Dämonenkult und Zauberei dadurch ersetzt und verurteilt. Der Kampf zwischen den rivalisierenden Thaumaturgien zeigt sich schon in Tertullians Klage, dass, wenn in Zeiten der Dürre die Christen durch Gebete und Askese Gott genötigt hätten, Regen zu schicken, das Verdienst daran den dem Jupiter dargebrachten Opfern zugeschrieben würde; er fordert die Heiden auf, einen vom Teufel Besessenen vor ihre eigenen Gerichtshöfe zu bringen; alsdann würden die Christen den bösen Geist zwingen, selbst zu gestehen, dass er ein Teufel sei. Der Sieg des neuen Systems fand einen typischen Ausdruck in dem Wettstreit zwischen dem hl. Petrus und Simon Magus, wobei die Christen den heidnischen Theurgisten bei seinem Fluge durch die Luft aufhielten, so dass er mit einem furchtbaren Getöse herunterfiel und sich die Hüftknochen und beide Fersen brach. Wenn, wie einige moderne Kritiker vermutet haben, Simon Magus die petrinische Bezeichnung für den hl. Paulus ist, so standen die Anhänger des letztern nicht zurück, indem sie gleichfalls von einem Siege ihres Führers über die älteren Thaumaturgisten zu berichten wussten; denn als Paulus zu Ephesus Wunder verrichtete und die jüdischen Beschwörer beschämte, „da trugen viele von denen, die seltsame Künste anwandten, ihre Bücher zusammen und verbrannten sie vor aller Augen, und sie zählten den Wert derselben und fanden, dass er 50000 Silberstücke betrug"[1]).

Noch überzeugender war der Vorfall, der dem Kaiser Marc Aurel in dem Markomannenkriege begegnete. Im Gebiete der Quaden war er vom Wasser abgeschnitten, so dass sein Heer vor Durst fast umkam. Obgleich er die Christen verfolgt hatte, nahm er seine Zuflucht zur Hilfe Christi, worauf plötzlich ein Gewitter losbrach und die Römer reichlich mit Wasser versah, während der Blitz in die Teutonen schlug und sie zerstreute, so dass sie leicht umgebracht werden konnten. Als sich schliesslich der neue und der alte Glaube zum Entscheidungskampfe

---

IV. 22, 52; XVI. 28—31. — Philost. Vit. Apollon. IV. 35. — Spartian. Anton. Caracall. 5. — Lib. XLVII. Dig. VIII. 14. — Pauli Sententt. Receptt. V. XXIII. 14—18. — *Mommsen, Römisches Strafrecht (1899) S. 635 ff.; A. Harnack, Mission und Ausbreitung des Christentums in den ersten Jahrhunderten ²I (1906), 108 ff.

1) Tertullianus, Apol. 23, 40. — Constitt. Apostol. VI. 9. — Arnob. adv. Gentes, II. 12. — Hippol. Refut. omn. haeres. lib. VI. — Acta apostol. XIX. 19.

rüsteten, da machte sich auch Konstantin, nach der Schilderung des Eusebius, für den Kampf bereit, indem er seine heiligsten Priester um sich rief und im Schatten des hl. Labarum marschierte. Licinius seinerseits rief Wahrsager und ägyptische Propheten und Magier zusammen. Sie brachten Opfer dar und versuchten, von ihren Gottheiten den Ausgang zu erfahren. Die Orakel versprachen überall Sieg, die Opfer der Auguren waren günstig, die Traumdeuter weissagten Erfolg. Am Abend der ersten Schlacht versammelte Licinius seine Hauptleute in einem heiligen Haine, worin viele Götterbilder standen, und erklärte ihnen, dass die bevorstehende Schlacht zwischen den Göttern ihrer Vorfahren und der unbekannten Gottheit der Barbaren entscheiden solle; würden sie besiegt, so sei das ein Beweis, dass ihre Götter entthront seien. In dem nun folgenden Kampfe hielt nichts vor dem Kreuze stand; der Feind floh, sobald es erschien, und als Konstantin das sah, schickte er das Labarum als Siegesamulet überall hin, wo seine Truppen wankten, und sofort wurde die Schlacht wiederhergestellt. Die Niederlage verhärtete indessen nur das Herz des Licinius, und wiederum nahm er die Zuflucht zu seinen Zauberern. Auf der andern Seite richtete Konstantin in seinem Lager ein Bethaus ein und zog sich dahin zurück, um mit den Männern Gottes zu beten; dann stürzte er vor und gab das Zeichen zum Angriff, worauf seine Truppen alle erschlugen, die es wagten, ihnen Widerstand zu leisten. So vollständig war das Vertrauen, das die Wirksamkeit der Anrufung Gottes einflösste, dass religiöse Schwärmer erklärten, es sei eines Christen unwürdig, sich in der Not auf menschliche Vorsicht und Klugheit zu verlassen. Der hl. Nilus erzählt uns, dass man in Fällen von Krankheit lieber zum Gebet als zu den Ärzten und zur Medizin seine Zuflucht nehmen solle; und der hl. Augustin sieht bei Gelegenheit seiner Aufzählung der Wunderkuren, die die Wissenschaft nicht vollbringen könne, die Anrufung Gottes und der Heiligen offenbar für weit zuverlässiger an als alle Hilfsmittel der medizinischen Kunst[1]).

---

1) Pauli Diaconi Hist. miscell x. xi. — Eusebii Vita Constant. ii. 4—7, 11—12. — S. Nili Capita paraenetica, Nr. 61. — S. Augustinus, De civ. Dei, xxii. 8. — Evodii de Mirac. S. Stephani.
Das Labarum Konstantins war das griechische Kreuz mit vier gleichen Armen, ein Symbol, das man häufig auf chaldäischen und assyrischen Cylindern sieht. Oppert sieht in dem Worte die Wurzel: ־ב (L. B. R.) und erklärt so das Wort Labarum. Die Ableitung desselben hat man nie verstanden (Oppert et Menant, Documents juridiques de l'Assyrie, 1877, p. 209; *Desroches, Le Labarum, étude critique et archéologique, 1894). Der mit dem Kreuze verbundene Fetischismus hat wahrscheinlich im Labarum seinen Ursprung. Maxentius, heisst es, war ein glühender Jünger der Magie und setzte auf

Es war natürlich, dass die siegreiche Theurgie ihre gefallene Nebenbuhlerin mit erbarmungsloser Strenge zu vernichten suchte, sobald sie vollständig über die Macht des Staates verfügen konnte. Hierbei griff man anfangs weniger die Verehrung und Versöhnung der heidnischen Götter an als vielmehr die tausend Methoden der Weissagung und die zahllosen Kunstgriffe, wodurch man das im täglichen Leben vorkommende Unheil abzuwenden suchte — wie die Orakel, die Augurien, die Vorzeichen, die Omina und das Wahrsagen. Denn die Wirksamkeit dieser Mittel war nun ein Werk Satans, um die Menschheit zu täuschen und zu verführen, und ihre Anwendung war eine direkte oder indirekte Anrufung der Dämonen. Der Versuch, die Zukunft in irgendeiner Weise vorauszusagen, war Zauberei, und jede Zauberei war das Werk des Teufels; dasselbe galt von den Amuletten und Zaubermitteln, der Beobachtung von Glücks- und Unglückstagen und den unzähligen alltäglichen Äusserungen des Aberglaubens, in denen sich die Phantasie des Volkes erging. Der Eifer zur Unterdrückung jeder Art von Zauberei wurde nicht nur durch die Überzeugung angeregt, dass sie ein wesentlicher Teil des Kampfes mit einem persönlichen Satan war, sondern auch durch den Gehorsam gegen die Gebote Gottes in dem mosaischen Gesetze. Die Worte: „Du sollst die Zauberer nicht leben lassen"[1]) haben die Jahrhunderte mit ihrem entsetzlichen Klange erfüllt, und sie haben wahrscheinlich mehr Justizmorden zur Rechtfertigung gedient als irgendein anderes Urteil in der Geschichte der menschlichen Jurisprudenz. Das rabbinische Judentum hat dieses schreckliche Wort trotz der Menschenfreundlichkeit der Rabbiner und trotz ihres tiefen Widerwillens gegen menschliches Blutvergiessen rücksichtslos durchgeführt. Eine der ersten Reformen, welche die Pharisäer einführten, als sie nach der Verfolgung des Alexander Jannai

---

sie seine Hoffnungen auf Erfolg gegen Konstantin, der dadurch sehr beunruhigt wurde, bis ihn die Erscheinung des Kreuzes und die Sterneninschrift auf demselben: „In hoc vince" beruhigte (Eusebius, H. E. IX. 9; Vit. Constant. I. 28—31, 36. — Pauli Diac. Hist. Miscell. lib. XI. — Zonarae Annal. T. III). Die Verschmelzung heidnischen Aberglaubens mit christlichem zeigt der folgende Vorfall. Als Konstantin bei der Milvischen Brücke Maxentius schlug, ging ihm in der Schlacht ein bewaffneter Ritter, ein Kreuz tragend, voran, und bei Adrianopel sah man zwei Jünglinge, die die Truppen des Licinius erschlugen (Zonarae Annal. T. III). Den christlichen Annalisten wurde es leicht, diejenigen zu Engeln Gottes zu machen, welche heidnische Schriftsteller als Castor und Pollux bezeichnet haben würden. — *Wendland, Die hellenistisch-römische Kultur in ihren Beziehungen zu Judentum und Christentum (1907) S. 98 ff.; Cumont, Die orientalischen Religionen im römischen Heidentum (1910) S. 191 ff.

1) Exod. 22, 17, 18; Levit. 20, 27; Deuter. 18, 10, 11.

zur Macht gelangten, war die Abschaffung des Mosaischen Strafgesetzbuches zugunsten milderer Gesetze. Der Führer in der Revolution war Simon ben Shetach, der bei der Organisation des Synedriums den Vorsitz ausschlug und ihn dem Juda ben Tabbai übertrug. Dieser verurteilte einmal einen Mann wegen falschen Zeugnisses auf Grund der Aussage einer einzigen Person, obgleich das Gesetz zwei verlangte, worauf Simon ihm den Vorwurf des Blutdurstes machte und er von seinem Amte zurücktrat. Und doch trug dieser Mann, der so gewissenhaft vorging, wenn es sich um das Leben eines Menschen handelte, kein Bedenken, zu Askalon achtzig Hexen an einem einzigen Tage zu hängen. Nach der Mishna müssen die 'Pithom' und die 'Jiddoni' gesteinigt, falsche Wahrsager sowie diejenigen, welche die Zukunft im Namen von Götzen offenbaren, gehängt werden, und der Talmud fügt hinzu, dass der, welcher ein einziges Wort von einem Zauberer lerne, umgebracht werden müsse. So leitete das Christentum vom Judentum die unbedingte Überzeugung ab, dass man einem ausdrücklichen Gebote Gottes gehorche, wenn man rücksichtslos alle Thaumaturgie mit Ausnahme der seiner eigenen Priesterschaft ausrotte[1]).

Die Kirche bot daher sogleich alle ihre Machtmittel auf, um die Gläubigen zum Kampfe gegen eine so unverzeihliche und augenscheinlich so schwer ausrottbare Sünde zu ermuntern, und sobald sie ihre Prälaten zu Konzilien versammelte, begann sie auch Gesetze zur Unterdrückung solcher Praktiken aufzustellen[2]). Als sie mächtig genug geworden war, um das Staatsoberhaupt zu beeinflussen, erwirkte sie eine Reihe grausamer Edikte, die zweifellos dazu beitrugen, die noch geduldeten Überreste des Heidentums zu vernichten und die besonderen, in den Augen der Rechtgläubigen so verhassten Praktiken zu beseitigen. Es war nicht schwer, zunächst mit den durch die Zeit geheiligten Künsten des Wahrsagens zu beginnen. Anfangs bildeten diese zwar noch einen Teil der Staatseinrichtungen; aber von dem Augenblicke an, wo der Staat sich in der Person seines Herrschers konzentrierte, wurde jede Frage nach der Zukunft der Staatsgeschicke zu einer solchen nach dem Glück und

---

1) Cohen, Les Pharisiens, I. 311. — Lightfoot, Horae hebraicae, Matt. XXIV. 24. — Mishna, Sanhedrin, VII. 7; x. 16. — Talmud Babli, Shabbath, 75a (Buxtorfi Lexicon, p. 1170).
2) Minuc. Felic. Octavius (Bibliotheca magna patrum III. 7–8). — Tertull. Apol. 35; De anima, 57. — Acta S. Justin. et S. Cyprian. (Martene Thesaur. II. 1629). — Constitt. Apostol. II. 66. — Lactant Divin. Inst. II. 17. — Concil. Ancyrens ann. 314, c. 24. — C. Laodicens. ann. 320, c. 36. — C. Eliberitan. circa 324, c. 6.

Schicksal des Monarchen, und kein Verbrechen wurde eifersüchtiger unterdrückt und schneller bestraft als dieses. Selbst ein so warmer Bewunderer der Einrichtungen früherer Geschlechter wie Cato der Ältere hatte schon lange vorher dem Paterfamilias den Rat gegeben, seinem Villicus oder Gutsaufseher zu verbieten, einen Haruspex oder Auguren zu befragen; denn diese Art Leute hätten ein besonderes Geschick, Unruhe zu erzeugen, und es bringe dem Herrn nichts Gutes, wenn die Sklaven zu neugierig und zu gut unterrichtet seien. Aus denselben Gründen untersagte Tiberius die geheime Befragung der Haruspices. Kaiser Konstantin diente also einem doppelten Zwecke, als er im Jahre 319 jeden Haruspex mit dem Scheiterhaufen bedrohte, der eines anderen Schwelle überschreiten würde, selbst wenn es unter dem Vorwande der Freundschaft geschehe; wer einen Haruspex in sein Haus rief, wurde mit Konfiskation und Deportation bestraft; der Angeber wurde belohnt. Priester und Auguren sollten ihre Riten nur öffentlich celebrieren. Aber auch dieses Zugeständnis wurde 357 von Konstantius aufgehoben und jede Befragung von Wahrsagern mit der Todesstrafe belegt. Die Zauberer, Wahrsager und Traumdeuter sollten vor Gericht nicht das Vorrecht der Befreiung von der Folter geniessen, sondern sie durften zum Zwecke der Erpressung eines Geständnisses der Folterbank und den Haken unterworfen werden[1]). Auf Grund dieser Erlasse organisierte Konstantius eine eifrige Verfolgung im ganzen Oriente, durch die zahlreiche Unglückliche unter den nichtigsten Vorwänden ihren Tod fanden. Das nächtliche Umhergehen zwischen Gräbern war ein Beweis für Schwarzkunst, und das Tragen eines Amulettes um den Hals zur Heilung des viertäglichen Fiebers galt als Beweis für verbotene Künste. Das war ein Vorbild und ein Vorspiel der späteren Hexenprozesse. Unter Julian trat eine Reaktion ein, und 364 verkündigten Valentinian und Valens Glaubensfreiheit. 371 schlossen sie in diese Freiheit die alte religiöse Wahrsagekunst ein und beschränkten die Todesstrafe lediglich auf Zauberkünste. Aber die Verfolgung im oströmischen Reiche unter Valens 374, welche auf die Verschwörung der Theodora folgte, hob diese Unterschiede wieder auf. Die Verfolgung begann mit den der Zauberei Angeklagten, wurde aber später auf alle ausgedehnt, welche als Gelehrte oder Philosophen bekannt waren. Schrecken herrschte im

---

1) Cato, Rei rust. 5. — Sueton. Tiber. 63. — Lib. ix. Cod. Theod. xvi. 1—6. — *S. Reinach, Cultes, mythes et religions (1908).
Mit welcher Sorgfalt die Römer unerlaubtes Wahrsagen unterdrückten, beweist Livius xxxix. 16, und Pauli Sententt. Receptt. v. xxi. 1, 2, 3.

ganzen Orient; wer eine Bibliothek besass, verbrannte diese; die Gefängnisse reichten nicht aus, um die Gefangenen aufzunehmen, und in einigen Städten wurden angeblich mehr Einwohner gefangengenommen als in Freiheit gelassen, viele wurden hingerichtet, andere ihres Vermögens beraubt. Im weströmischen Reiche war unter Valentinian die Verfolgung nicht so gründlich, aber immerhin wurde in Rom wenigstens den Gesetzen mit genügendem Nachdruck Geltung verschafft, um die Zahl der Zauberer beträchtlich zu vermindern. Ein Gesetz des Honorius aus dem Jahre 409 zeigt durch seine Bezugnahme auf die Bischöfe, dass die Kirche sich mit dem Staate in die Überwachung solcher Übeltäter zu teilen begann[1]). Dass indessen selbst die Gläubigen nicht davon abgehalten werden konnten, sich diesen verbotenen Künsten hinzugeben, ersieht man aus den ernsten Ermahnungen, die ihre Lehrer an sie richteten, und aus dem Eifer, mit dem man den Nachweis führte, dass alle diese Betätigungen einer übernatürlichen Macht das Werk von Dämonen seien[2]).

Das oströmische Reich behielt seine strenge Gesetzgebung bei und fuhr fort, mit mehr oder weniger Erfolg das unauslöschliche Verlangen nach verbotenen Künsten zu unterdrücken. Aus einigen Vorfällen unter Manuel und Andronicus Comnenus in der zweiten Hälfte des zwölften Jahrhunderts ersehen wir, dass Blendung die gewöhnliche Strafe für solche Vergehen war, dass ferner die klassische Form der Augurien verschwunden und nekromantische Formeln an ihre Stelle getreten waren, und dass solche Anklagen ein bequemes Mittel boten, um sich seiner Feinde zu entledigen[3]).

Im weströmischen Reiche führte die Herrschaft der Barbaren ein neues Element ein. Zwar wurden die Ostgoten, die Italien unter König Theodorich besetzten, so romanisiert, dass sie, obwohl Arianer, die Ge-

---
1) Ammian. Marcellin. XIX. XII. 14; XXVI. 111; XXIX. 1. 5—14, 11. 1—5. — Zosimi IV. 14. — Lib. IX. Cod. Theod. XVI. 7--12.
Die Günstlingswirtschaft veranlasste jedoch Valens, einem Militärtribun Pollentianus zu verzeihen, der gestand, dass er, um sich Gewissheit über das Schicksal der Kaiserwürde zu verschaffen, eine Frau lebendig aufgeschlitzt und ihr ungeborenes Kind herausgezogen habe, um einen hässlichen Ritus der Schwarzkunst damit auszuführen (Amm. Marcellin. XXIX. 11, 17). Das spätere, durch orientalische Riten ausgeartete römische Augurium ersah Vorzeichen von der höchsten Bedeutung aus den Eingeweiden menschlicher Opfer, besonders denen des Foetus (Ael. Lamprid Elagabal. 8. — Eusebius, Historia ecclesiastica VII. 10, VIII. 14. — Paul Diac. Hist. Miscell. XI).
2) Augustinus, De civ. Dei, X. 9; XXI. 6; De Genesi ad litteram, XI; De divinat. daemon. V; De doctrin. christ. II. 20 - 4; Serm. 278.—Concil. Carthag. IV. ann. 398, c. 89. — Dracontius, De Deo, II. 324—7. — Leon PP. I. Serm. XXVII. c. 3.
3) Lib. IX. Cod. XVIII. 2—6. — Basilicon, lib. LX. Tit. XXXIX. 3, 28—32. — Photii Nomocanon. Tit. IX. cap. 25. — Nicet. Choniat. Man. Comnen. lib. IV; Andron. lib. II.

setze gegen die Zauberei annahmen und durchführten. Wahrsagerei galt als Heidentum und wurde mit dem Tode bestraft. Ums Jahr 500 hören wir von einer Verfolgung, wobei alle Zauberer aus Rom vertrieben wurden; Basilius, der Hauptthaumaturge unter ihnen, entkam zwar zunächst, wurde aber später, als er zurückzukehren wagte, verbrannt. Als Italien wieder an das Oströmische Reich zurückfiel, scheint die fernere Verfolgung dieser Vergehen der Kirche anvertraut worden zu sein als ein Teil ihrer stetig sich erweiternden Einflusssphäre und Jurisdiktion[1]).

Die Westgoten ferner, welche Aquitanien und Spanien in Besitz nahmen, wurden, obwohl weniger civilisiert als ihre östlichen Brüder, auch von der römischen Gesetzgebung stark beeinflusst. Ihre Könige erliessen wiederholt Gesetze, um die verbotenen Künste zu unterdrücken. Es kennzeichnet jedoch die Achtung, die die Barbaren vor dem menschlichen Leben hatten, dass die Strafen bedeutend milder waren als diejenigen der grausamen römischen Edikte. Ein Gesetz Reccareds (um 590) erklärt alle Zauberer und Wahrsager, sowie diejenigen, die sie um Rat fragen, für unfähig, Zeugnis abzulegen; eines von Egika (um 700) rechnet diese Verbrechen zu denen, bei deren gerichtlicher Verfolgung ein Sklave durch die Folter zur Aussage gegen seinen angeklagten Herrn gezwungen werden konnte; und mehrere Edikte Chindasvinds (um 520) sehen für diejenigen, welche Teufel anrufen oder Hagel über Weinberge bringen, oder Zauberknoten und Zaubersprüche anwenden, um Menschen oder Vieh oder der Ernte Schaden zuzufügen, als Strafe zweihundert Geisselhiebe, Abschneiden des Haupthaares, Umherführen in der Nachbarschaft und schliesslich Einkerkerung vor. Wer Wahrsager über die Gesundheit des Königs oder anderer Menschen um Rat fragte, sollte gegeisselt und zum Staatssklaven gemacht, sein Vermögen konfisziert werden, falls seine Kinder mitschuldig waren; Richter, welche ihre Zuflucht zur Wahrsagerei nahmen, um sich in zweifelhaften Fällen leiten zu lassen, wurden denselben Strafen unterworfen, während die einfache Beobachtung von Augurien mit fünfzig Peitschenhieben bestraft wurde. Diese Bestimmungen, welche zum grössten Teil mit wenig Veränderung in das Fuero Juzgo (im 13. Jh.) übernommen wurden, blieben auf der spanischen Halbinsel bis ins vorgerückte Mittelalter Gesetz, ein Beweis, wie unmöglich es gewesen war, den alten Aberglauben auszurotten. Und dass die heidnischen Gebräuche und Augurien noch unter allen

---

1) Edict. Theodorici c. 108 (*M G. H. Leges fol. v. 164). — Gregor. PP. I. Dial. lib. I. c. 4. — Cassiodor. Variae, IV. 22, 23; IX. 18. — Gregor. PP. I. Epist. XI. 53.

Klassen der Bevölkerung blühten, wird bestätigt durch die Klagen der spanischen Konzilien und der geistlichen Schriftsteller. Die Gesetze haben noch eine weitere Bedeutung, insofern sie eine mittlere Linie darstellen zwischen der Strenge Roms und der Laxheit der anderen barbarischen Völker [1]).

Diese letzteren waren roher und auch den römischen Einflüssen weniger zugänglich. Die Kirche leistete der Menschheit durch ihre Bekehrung zwar einen ausserordentlichen Dienst; aber sie wagte es nicht, in die Gewohnheiten und Vorurteile dieser ungebärdigen Neophyten zu unsanft einzugreifen, sondern suchte ihnen soviel als möglich ihre eigenen anzupassen, wodurch diese naturgemäss bedeutend umgestaltet wurden. Ein gutes Beispiel für diesen Prozess bieten uns die Anweisungen, die Papst Gregor der Grosse (um das Jahr 600) seinem Missionar Augustin für England gab. Er solle die heidnischen Tempel durch Besprengen mit Weihwasser in Kirchen verwandeln, damit sich die Bekehrten durch den Gottesdienst an den gewohnten Plätzen an den neuen Glauben gewöhnen könnten. Die Opfer für Dämonen sollen ersetzt werden durch Prozessionen zu Ehren irgendeines Heiligen oder Märtyrers; bei dieser Gelegenheit sollen Ochsen geschlachtet werden, nicht um die Götzen günstig zu stimmen, sondern zur Ehre des wahren Gottes und um dann von den Gläubigen verspeist zu werden. Bei dieser Assimilation von Christentum und Heidentum ist es nicht zu verwundern, dass König Redwald von Ost-Anglien nach seiner Bekehrung in seinem Tempel zwei Altäre aufrichtete, um an dem einen den wahren Gott zu verehren und an dem anderen den Dämonen Opfer anzubieten [2]). In ähnlicher Weise nahm die christliche Magie Elemente aus der andern Magie auf, an deren Stelle sie trat. Ein gutes Beispiel dafür findet sich in der Hymne oder vielmehr der Zauberformel, die als die Lorica des hl. Patrick (um 450) bekannt ist, worin sowohl die Kräfte der Natur als auch die christliche Gottheit zum Beistand für den Wundertäter angerufen werden. Eine Handschrift des 7. Jahrhunderts versichert, dass „jeder, der diese Hymne

---

1) Lex Visigothorum (*ed. Zeumer 1894) III. IV. 13; VI. I. 4; VI. II. 2, 3, 4, 5. — Fuero Juzgo en latin e castellano (1815) II. IV. 1; VI. II. 1, 3, 5. — Concil. Bracarens. II. ann. 572 c. 71. — Concil. Toletan. IV. ann. 633, c. 28. — Isidor. Hispalens. Etymol. VIII. 9; De ord. creatur. VIII — S. Pirmini, De singulis libris canonicis scarapsus. — *Vgl. für das Folgende meine Darlegungen a. a. O. S. 54 ff., wonach zum Verständnis der ganzen Weiterentwicklung des Zauberwahns die beiden getrennten Vorstellungen von der malefica (herbaria) und der striga (lamia) schärfer auseinandergehalten werden müssen, als es hier und sonst in der Literatur geschieht.

2) Haddan and Stubbs, Councils and ecclesiastical documents relating to Great Britain and Ireland III. 37. — Bedae Historia ecclesiastica II. 15.

täglich singt und dabei alle seine Gedanken auf Gott konzentriert, eine Erscheinung der Dämonen nicht zu fürchten hat. Sie wird ihm auch ein Schutzmittel sein gegen plötzlichen Tod, gegen Gift und Neid und eine Waffe für seine Seele nach dem Tode". Patrick sang sie zu der Zeit, wo ihm Loegaire Schlingen gelegt hatte, so dass es denen, die im Hinterhalte lagen, erschien, als ob sie selbst Hirsche mit einem Rehkalbe hinter ihnen wären¹).

Die Barbaren brachten ihren eigenen Aberglauben mit, mochten sie ihn nun von ihrer uralten arischen Heimat überliefert bekommen oder im Laufe ihrer Wanderungen erworben haben, und sie verbanden ihn bereitwillig mit dem andern, den sie bei ihren neuen Untertanen antrafen, unbekümmert darum, ob dieser von der Kirche verboten war oder nicht. Sie hatten sich schon vor der religiösen Revolution, die durch Zoroasters dualistische Lehre von Ormuzd und Ahriman veranlasst worden war, von ihren Brüdern getrennt. Ihre Religionen enthielten daher keine Spur von einer Personifikation des bösen Prinzips. Loki, der nächste Verwandte desselben, war eher boshaft als von Grund aus verderbt. Es gab zwar böse Wesen, z. B. die Hrimthursar, die Trolls oder Joten, den Jotun-Drachen Fafnir, den Wolf Fenrir, Beowulfs Grendel und andere, aber keines von ihnen

---

1) Haddan and Stubbs, II. 320—3. Drei von den elf Stanzen der Hymne werden genügen, um zu zeigen, dass sie eine Beschwörungsformel ist:

1.
I bind to myself to-day
The strong power of an invocation of the Trinity,
The faith of the Trinity in Unity,
The Creator of the elements.

4.
I bind to myself to-day
The power of Heaven,
The light of the Sun,
The whiteness of Snow,
The force of Fire,
The flashing of Lightning,
The velocity of Wind,
The stability of the Earth,
The hardness of Rocks.

6.
I have set around me all these powers,
Against every hostile savage power,
Directed against my body and my soul,
Against the incantations of false prophets,
Against the black laws of heathenism,
Against the false laws of heresy,
Against the deceits of idolatry,
Against the spells of women and smiths and druids,
Against all knowledge which blinds the soul of man.

war dem Ahriman der Mazdeer oder dem christlichen Satan analog, und als die germanischen Volksstämme den letzteren annahmen, da stellten sie ihn, wie Grimm hervorhebt, mehr als den dummen Jotun denn als den Erzfeind dar. Wie lange diese überlieferten Vorstellungen von der Geisterwelt in Deutschland fortdauerten, kann man ersehen aus den Antworten, die der gelehrte Abt Johann von Trittenheim im Jahre 1508 auf die Fragen Maximilians I. gab[1]).

Die germanischen Stämme konnten aber in dem weiten Gebiete der Zauberkünste von den besiegten Völkern nur wenig lernen. Denn wahrscheinlich hat bei keinem anderen Volke das Übernatürliche einen breitern Teil des täglichen Lebens eingenommen und grössere Gewalt über die materielle und über die geistige Welt gehabt als bei ihnen. Wahrsagerei wurde in allen ihren Formen allgemein ausgeübt. Besonders begabte Männer, bekannt als „menn forspair", konnten die Zukunft entweder durch ein zweites Gesicht oder durch Zaubersprüche oder durch Traumdeutungen vorhersagen. Noch gefürchteter und geachteter war die Vala oder Prophetin, die als übermenschlich verehrt wurde und in gewisser Weise als die Verkörperung niederer Gottheiten, Nornen oder Schicksalsgöttinnen galt, wie die Veleda, Aurinia und andere, die man, wie Tacitus versichert, als Göttinnen betrachtete, nach der Sitte der Deutschen, ihre weissagenden Frauen als solche zu verehren. In der Voluspa verkehrt die Vala sogar mit Odin auf gleichem Fusse[2]). Denjenigen, die nicht in dieser Weise mit besonderen Gaben ausgestattet waren, standen zahlreiche andere Mittel zur Verfügung, um die Zukunft vorauszusagen. Das gewöhnlichste war die Nekromantie, wobei man entweder einem Leichnam ein mit passenden Runen beschriebenes Stück Holz unter die Zunge legte oder die Schatten der Toten erscheinen liess, wie dies die Hexe von Endor bei Samuel tat, oder wie es in Rom geschah[3]). Auch von dem Loswerfen machte man ausgedehnten Gebrauch, sei es, um den göttlichen Willen kennen zu lernen wie bei dem Urim und Thummim der Hebräer oder, um die Zukunft mit einem Bündel Stäbe

---

1) Grimm, Deutsche Mythologie [4] II. 861 ff. — Trithem. Liber quaestionum Q. VI. — *Golther, Handbuch der germanischen Mythologie (1895); E. H. Meyer, Mythologie der Germanen (1903); Freybe, Der deutsche Volksaberglaube in seinem Verhältnis zum Christentum (1910); R. M. Meyer, Altgermanische Religionsgeschichte (1910).
2) Volsunga Saga, XXIV. XXV. XXXII. — Gripispa. — Keyser, Religion of the Northmen, transl. Pennock, p. 191, 285—7. — Tacit. Histor. IV. 61, 65; Germania c. VIII. — Voluspa, 2, 21, 22.
3) Saxo Grammat. lib. I. — Havamal, 159. — Grougaldr, 1. — Vegtamskvida, 9.

festzustellen, was anscheinend mit dem chinesischen Trigramm und Hexagramm übereinstimmt [1]). Wie in Griechenland und Rom wurden den Göttern oft Opfer angeboten in der Erwartung einer Antwort. Aus dem Fluge der Vögel wurden ebenso sorgfältig, wie dies seitens der römischen Auguren geschah, Vorzeichen abgeleitet, während die heiligen Hühner durch weisse, den Göttern geweihte Pferde ersetzt wurden, deren Bewegungen und Verhalten man genau beobachtete, nachdem man sie an den Wagen gespannt hatte [2]). Abgesehen von dem etruskischen Haruspicium und den aus den Opfertieren entnommenen Vorzeichen, unterschied sich die hellenische und italische Wahrsagekunst wenig von der der Germanen.

Was die Zauberei angeht, so kannte die Macht des Zauberers kaum irgendwelche Grenzen. In keiner Literatur nehmen ihre Wunder einen grössern Raum ein, noch werden die Taten der Zauberer oder der Hexen mit unbedingterem Vertrauen aufgenommen als in dem, was uns in den Sagas des Nordens überliefert ist. Hauptsächlich die Länder um die Ostsee wurden als die besondere Heimat und Pflegestätte der Zauberei angesehen. Dorthin strömten die Leute aus allen Ländern, selbst vom fernen Griechenland und Spanien, um sich unterweisen zu lassen oder besondere Hilfe zu holen. In Adam von Bremens „Churland" war jedes Haus voll von Wahrsagern und Schwarzkünstlern, und die Leute aus dem nördlichen Norwegen konnten angeben, was jeder in der Welt tat, und mit Leichtigkeit all das Böse vollbringen, was in der Hl. Schrift den Hexen zugeschrieben wird. Sowohl Saxo Grammaticus als auch Snorri Sturluson, die sonst in ihren euhemeristischen Berichten von dem Ursprung der Aesir oder Götter stark voneinander abweichen, stimmen doch in der Annahme überein, die Gründer des nördlichen Königreichs verdankten ihre Vergötterung allein ihrer geschickten Zauberei, durch die sie ihre Untertanen und Nachkommen veranlassten, sie als göttliche Wesen zu verehren [3]).

---

1) Caesar, De bello Gallico I. 53. — Remberti Vit. S. Anscharii, c. 16, 23, 24, 27. — Tacit. German. X. — Ammian. Marcellin. XXXI. 2. — Carlomanni Capit. II. ad Liptinas (*a. 743, M. G. H. Leg. Sect. 2, I. S. 25; Hauck, Kirchengeschichte Deutschlands [2]1, 504 ff.). — Caroli Magni Capit. de partibus Saxon. c. 23 (*a. 787, M. G. H. Leg. Sect. 2, I. S. 45).
2) Tacitus Germania c. IX. X.
3) Adam. Bremens. IV. 16, 31 (Saxon. Grammat. Lib. I. — Ynglinga Saga, 6, 7, Laing's Heimskringla).

Die Finnen standen ihren Nachbarn nicht nach in der Macht, die sie den Zaubersprüchen und den Beschwörungsformeln zuschrieben. In der Kalevala stichlt Louhi, die Zauberin des Nordens, Sonne und Mond, die vom Himmel herniedergekommen waren, um dem Gesange Wainamoinens zuzu-

Bei der nordischen Zauberei unterschied man im grossen und ganzen die erlaubte Zauberei oder 'galdr' und die böse Zauberei oder 'seid'. Zur ersteren gehörten die unendlichen Kräfte der Runen, mochten diese nun als Zaubersprüche gesungen werden oder als Talisman oder Amulet geschnitzt sein. Die Erfindung der Runen wurde den alten Hrimthursar oder den Joten zugeschrieben; seiner tiefen Kenntnis dieser Zauberkunst verdankte Odin die Oberherrschaft. Runen bestimmten den Lauf der Sonne und hielten die Ordnung der Natur aufrecht. Alle Runen waren zusammengemengt in dem heiligen Tranke der Aesir, aus dem sie ihre übernatürlichen Kräfte erhielten. Einige derselben waren den Menschen überwiesen worden, die sie sorgfältig eingeteilt und studiert haben [1]). Zu den Runen kommt der 'seidstaf' oder Zauberstab, der den Zauberern aller Völker so unentbehrlich war. Die isländische Vala Thordis besass einen, der als Hangnud bekannt ist. Wer damit auf der rechten Backe berührt wurde, verlor das Gedächtnis; durch Berührung der linken erlangte er es wieder. Zaubertränke und Liebestränke, die unwiderstehliche Begierde oder Gleichgültigkeit oder Hass erzeugten, gehörten zu den gewöhnlichen Hilfsmitteln der skandinavischen Zauberkunst. Durch einen Stich mit dem Schlafdorn wurde man für unbegrenzte Zeit in Zauberschlaf versenkt. Die Zauberer konnten sich auch in tiefe Verzückung ver-

---

hören, und verbirgt sie in einem Berge, wird aber gezwungen, sie aus Furcht vor Gegenzauber wieder herauszulassen. Die Kräfte des Zaubergesanges werden aufgezählt in dem Endkampfe zwischen Wainamoinen und Youkahainen:

„Bravely sang the ancient minstrel,
Till the flinty rocks and ledges
Heard the trumpet tone and trembled,
And the copper-bearing mountains
Shook along their deep foundations
Flinty rocks flew straight asunder,
Falling cliffs afar were scattered,
All the solid earth resounded,
And the ocean's billows answered.
  And, alas! for Youkahainen,
Lo! his sledge so fairly fashioned,
Floats, a waif upon the ocean.
Lo! his pearl-enamelled birch-rod
Lies, a weed upon the margin.
Lo! his steed of shining forehead
Stands, a statue in the torrent,
And his hame is but a fir-bough
And his collar naught but corn-straw.

Still the minstrel sings unceasing,
Aud, alas! for Youkahainen,
Sings his sword from out his scabbard,
Hangs it in the sky before him
As it were a gleam of lightning;
Sings his bow, so gayly blazoned,
Into driftwood on the ocean;
Sings his finely feathered arrows
Into swift and screaming eagles;
Sings his dog, with crooked muzzle,
Into stone-dog squatting near him;
Into sea-flowers sings his gauntlets,
And his vizor into vapor,
And himself, the sorry fellow,
Ever deeper in his torture,
In the quicksand to the shoulder,
To his hip in mud and water."

Porter's Selections from the Kalevala pp. 84—5.

1) Havamal, 142, 150—63. — Harbardsliod, 20. — Sigrdrifumal, 6—13, 15—18. — Skirnismal, 36. — Rigsmal, 40—41. — Grougaldr, 6—14. — *Golther a. a. O. S. 641 ff.

setzen, während ihr Geist in der Ferne in anderer Gestalt umherwanderte. Frauen, die das zu tun pflegten, wurden 'hamleypur' genannt, und wenn die 'ham' oder die angenommene Gestalt verletzt wurde, fand sich die Verletzung an dem wirklichen Körper wieder — ein Glaube, der beinahe allen Völkern gemeinsam war[1]). Der Eingeweihte konnte ausserdem jede beliebige Gestalt annehmen, wie es in einem historischen Falle jener Zauberer tat, der in der Gestalt eines Walfisches als Spion für Harold Gormsson von Dänemark nach Island schwamm, als dieser einen Kriegszug dahin plante. Oder zwei Personen konnten ihre äussere Erscheinung austauschen, wie Signy es tat mit einem Hexenweibe, oder Sigurd mit Gunnar, so dass Brunhild, dadurch getäuscht, den letzteren zum Manne nahm[2]). Zauberschwerter, denen nichts widerstehen konnte, Zaubermäntel, die nichts durchdringen konnte, Tarnkappen, welche, wie der griechische Helm Plutos, den Träger unsichtbar machten, kommen häufig in der skandinavischen Sage vor[3]).

Alles das war mehr oder weniger erlaubte Zauberei, während die gottlose, die als 'seid' oder 'trolldom' bekannt war, auf der Kenntnis der bösen Geheimnisse der Natur oder der Anrufung übelwollender Geister, wie der Joten und ihrer Troll-Frauen, beruhte. 'Seid'

---

1) Harbardsliod, 20. — Skirnismal, 26—34. — Keyser, op. cit. pp. 270—293. — Hyndluliod, 43. — Lays of Sigurd and Brynhild. — Gudrunarkvida II. 21. — Sigrdrifumal, 4.

Am Ende des 15. Jahrhunderts erzählt der Malleus maleficarum (P. II. Q. I. c. 9) ein Ereignis, das kurz vorher in einer Stadt der Diözese Strassburg vorgekommen sei. Ein Landmann, der Holz in einem Walde fällte, wurde von drei riesigen Katzen angegriffen, die er erst nach heftigem Kampfe mit einem Stocke zu vertreiben vermochte. Eine Stunde später wurde er verhaftet und ins Gefängnis geworfen, weil er drei Frauen aus den besten Familien der Stadt grausam geschlagen und so schlimm misshandelt habe, dass sie zu Bett liegen mussten. Nicht ohne grosse Mühe bewies er, wie die Sache sich zugetragen hatte, und wurd freigesprochen mit dem strengen Befehl, die Sache geheim zu halten. Schon im 13. Jahrhundert hatte Gervasius von Tilbury auf solche Vorkommnisse als feststehende Tatsachen hingewiesen (Otia imperialia, Decis. III. c. 93).

Derselbe Glaube herrschte unter den Slaven. Vor der Bekehrung Böhmens zum Christentum war in einem Bürgerkriege unter Necla ein Jüngling zum Kampfe aufgefordert worden. Er befragte seine Stiefmutter, die eine Hexe war, um Rat. Diese sagte die Niederlage voraus, riet ihm aber, wenn er zu entkommen wünsche, den ersten Feind, den er treffe, zu töten, ihm die Ohren abzuschneiden und sie in seine Taschen zu stecken. Er gehorchte und kehrte unversehrt zurück, fand aber seine zärtlich geliebte Braut tot, mit einem Schwerte in der Brust und ohne Ohren — die er in seiner Tasche hatte. — Aeneas Sylvius, Hist. Bohem. c. 10.

2) Olaf Tryggvessons Saga, 37 (Laing's Heimskringla). — Volsunga Saga, VII, XXVII. — Sigurdtharkvida Fasnisbana, I. 37, 38.

3) Olaf Haraldsson's Saga, 204, 240 (Laing's Heimskringla). — Volsunga Saga, III. 15. — Keyser, op. cit. p. 294.

kommt anscheinend her von 'sjoda', sieden oder kochen, was darauf hindeutet, dass die Zaubermittel bereitet wurden, indem man die Ingredienzien der Höllenbrühe der Hexen in einem Kessel kochte, wie wir es im Macbeth sehen. Diese Zauberei galt für ehrlos, für mannesunwürdig und wurde meist den Frauen überlassen, die als 'seid konur' oder 'seid'-Frauen oder als 'Nachtreiter' bekannt waren. In der ältesten Fassung der Lex salica (um das Jahr 560), die keine Spur von dem Einfluss des Christentums zeigt, findet sich ein deutlicher Hinweis auf diese Zauberei: eine Geldstrafe soll den treffen, der eine Frau eine Hexe (stria) nennt oder von einem Mann sagt, er trage den Kessel für eine Hexe [1]). Der Macht dieser Zauberer war kaum eine Grenze gesetzt. Eine ihrer gewöhnlichsten Untaten war die Erregung und Beschwichtigung von Stürmen. In dieser Beziehung hatten sie es zu solcher Vollkommenheit gebracht, dass Sturm und Windstille in Säcke zum Gebrauch für den Besitzer eingeschlossen werden konnten, wie sie Äolus dem Odysseus gab. Mit der Ausbreitung des Christentums fanden Kraftproben statt zwischen der alten und der neuen Religion, ähnlich wie wir es gesehen haben, als Konstantin den Licinius überwand. Der erste Kriegszug des hl. Olaf nach Finnland entging mit knapper Not der Vernichtung durch einen schrecklichen Sturm, den die finnischen Zauberer erregt hatten. Olaf Tryggvason war glücklicher auf einem seiner Missionszüge: er besiegte Raud den Starken und trieb ihn auf seine Festung auf der Godo-Insel in dem Salten-Fjord, dessen reissende Strömungen von Ebbe und Flut noch gefürchteter waren als selbst der Malstrom der Lofoten. Wiederholte Versuche, dem Flüchtling zu folgen, waren vergebens; denn so schön auch das Wetter ausserhalb der Bucht sein mochte, innerhalb derselben verursachte Raud einen Sturm, den kein Schiff aushalten konnte. Schliesslich rief Olaf die Hilfe des Bischofs Sigurd an, der versprach, sich bei Gott verwenden zu wollen, um den Teufel zu überwinden. Den Kerzen, den Priestergewändern, dem Weihwasser und den hl. Sprüchen konnten die bösen Geister nicht widerstehen: die Schiffe des Königs segelten in ruhigem Wasser in den Fjord, obwohl überall sonst die Wogen so hoch gingen, dass sie die Berge verdeckten. Raud wurde ergriffen, und als er es hartnäckig ablehnte, sich taufen zu lassen, brachte ihn Olaf auf die grausamste Weise, die seine Phantasie ersinnen konnte, um [2]).

---

1) Havamal, 157. — Harbardsliod, 20. — Lex Salica tit. LXIV (*Ausg. von Hessels-Kern Sp. XV und 401; Ausg. von Geffcken (1898) S. 61, 231).
2) Grougaldr. — Olaf Haraldsson's Saga, 8. — Olaf Tryggvesson's Saga, 85—7 (Laing's Heimskringla).

Der Zauberer hatte auch unbegrenzte Gewalt, Täuschungen hervorzurufen. Ein belagerter Zauberer konnte bewirken, dass eine Herde Schafe das Aussehen einer Schar Krieger annahm, die zu seiner Hilfe herbeieilte. Aber das war im Grunde überflüssig, da er durch seine blossen Blicke die Natur in Aufruhr versetzen und sofortigen Tod bereiten konnte. Gunhild, die den König Erich Blutaxt heiratete, sagt von den beiden lappländischen Zauberern, die sie die Zauberei lehrten: „Wenn sie böse sind, wendet sich selbst die Erde in Schrecken ab, und jedes lebende Wesen, das sie anblicken, fällt tot hin." Als sie diese Zauberer an Erich verriet, versenkte sie sie in einen tiefen Schlaf und zog ihnen Säcke aus Seehundsfellen über die Köpfe, so dass Erich und seine Mannen sie ohne Gefahr töten konnten. Als Olaf Pa den Stigandi im Schlafe überraschte, verfuhr er in ähnlicher Weise, indem er dem Zauberer ein Fell über den Kopf zog. Zufällig war ein kleines Loch darin, durch welches Stigandis Blick auf den mit Gras bewachsenen Abhang eines gegenüberliegenden Berges fiel. Sofort wurde der Platz durch einen Wirbelwind verwüstet, und nie wieder wuchs ein Grashalm an der Stelle [1]).

Mit am grausigsten zeigte sich die Macht der Hexen in ihrem furchtbaren Kannibalismus; das war ein Glaube, den die Germanen mit den alten Römern teilten. Hierauf weisen einige Texte der Lex salica und der Kapitularien Karls des Grossen hin. Wie unendlich leichtgläubig das Volk auch in dieser Beziehung war, ersieht man aus einem Abenteuer Thorodds, eines Gesandten des hl. Olaf, der mit ansah, wie ein Hexenweib elf Männer in Stücke riss, ins Feuer warf und zu verschlingen begann, bis sie gezwungen wurde, die Flucht zu ergreifen [2]).

Das 'trolla-thing' oder die nächtliche Versammlung der Hexen, auf der sie tanzten und sangen und ihr unheiliges Gebräu in dem Kessel bereiteten, war ein gewöhnlicher Gebrauch dieser weisen Frauen, besonders am ersten Mai, in der Walpurgis-Nacht, die als

---

1) Keyser, op. cit. pp. 268, 271—2. — Harald Harfaager's Saga, 34 (Laing's Heimskringla).

Alledem kommen beinahe die Zauberkräfte gleich, die im Jahre 1437 Papst Eugen IV. den Hexen seiner Zeit zuschrieb, die durch ein einfaches Wort oder eine Berührung oder ein Zeichen das Wetter bestimmen und jeden Beliebigen behexen konnten (Raynald. ann. 1437, Nr. 27).

2) Lex salica (*Ausg. von Hessels-Kern a. a. O.) Tit. LXIV. — Capit. Carol. Mag. de partibus Saxoniae ann. 787, c. VI (*vgl. Hansen a. a. O. S. 60). — Olaf Haraldsson's Saga, 151. (Laing's Heimskringla.) — Vgl. Horaz (Ars poetica): „Neu pransae Lamiae vivum puerum extrahat alvo."

der grosse Festtag des Heidentums galt[1]). Wir werden später sehen, wie verhängnisvoll diese Vorstellung wurde, als sie sich zum Hexensabbath entwickelte. Auch sie ist ein dem Aberglauben vieler Völker gemeinsamer Zug, und ihr Ursprung lässt sich keinem von ihnen mit Bestimmtheit zuschreiben.

Dass die Ausübung dieser gottlosen Zauberei für ehrlos angesehen wurde, geht klar hervor aus der Bestimmung der Lex salica, auf die wir schon hingewiesen haben. Sie schrieb eine Geldstrafe von neunundachtzig Schilling für den vor, der eine freie Frau Hexe nannte, ohne diese Behauptung beweisen zu können. Allein die blosse Hingabe an die Zauberei war in heidnischen Zeiten kein strafwürdiges Vergehen. Strafen wurden nur für den Schaden auferlegt, den man auf solche Weise anrichtete an Person oder Eigentum. In den schlimmsten Fällen, wo der Tod herbeigeführt worden war, scheint das Volk selbst die Strafe vollzogen zu haben, indem es den Übeltäter steinigte, wie es auch nach voraufgegangenem ordnungsmässigen Urteil mit drei bekannten Zauberern — Katla, Kotkel und Grima — geschah. Die kodifizierten Gesetze der Barbaren jedoch schrieben niemals Todesstrafe vor; Geldstrafen waren allgemein die Vergeltung für Verbrechen, und in der späteren Fassung des Salischen Gesetzes werden der Hexe, die einen Menschen verzehrt, zweihundert Schilling auferlegt. Indessen finden sich auch hier und da Fälle, in denen schärfere Verfolgung eintrat, z. B. durch Harald Harfagr, den die Erfahrung, die er in seinen jungen Jahren gemacht hatte, mit tiefem Hass gegen die Zauberei erfüllte. Einer seiner Söhne, Rögnvald Rettilbein, dem er um das Jahr 900 die Regierung von Hadeland übertragen hatte, lernte dort die Zauberei kennen und wurde ein grosser Meister derselben. Als nun Harald den Vitgeir, einen bekannten Zauberer von Hordeland, aufforderte, seine verhängnisvollen Künste aufzugeben, erwiderte ihm dieser, ein Zauberer von niederem Stande könne nicht gefährlich sein, da ja der Sohn des Königs selbst diese Kunst öffentlich in Hadeland betreibe:

„The danger surely is not great,
From wizard born of mean estate,
When Harald's son in Hadeland,
King Rögnvald, to the art lays hand."

Nachdem auf diese Weise Rögnvalds Untaten bekannt geworden waren, sandte Harald ohne Verzug Erich Blutaxt, seinen Sohn von einer anderen Frau, zu ihm. Dieser verbrannte sofort seinen Halbbruder zusammen mit achtzig anderen Zauberern in einem Hause — ein

---
1) Grimm a. a. O. 1044, 1050—1.

Stück praktischer Justiz, das, wie es heisst, den Beifall des ganzen Volkes fand [1]).

Das waren der Glaube und die Gebräuche der Völkerschaften, bei denen die Kirche es unternahm, das Heidentum und die Zauberei auszurotten. In dieser Beziehung herrschte wenig Unterschied zwischen den ehemaligen Provinzen des römischen Reiches und den Gegenden, wo die Kirche zum ersten Male erschien; denn im Reiche teilten Sieger und Besiegte, wie wir gesehen haben, denselben naheverwandten Aberglauben. Als die Rechte der Barbaren an die Stelle des römischen Rechts traten, hatte dieser Wechsel für die Zauberei die nämlichen Folgen, wie wir sie in einem früheren Kapitel hinsichtlich der Ketzerverfolgung festgestellt haben; doch dürfen wir nicht vergessen, dass, während die Ketzerei in der geistigen Schwäche dieser Zeit fast ganz verschwand, die Zauberei immer kräftiger aufblühte. Ihre Unterdrückung wurde zunächst im wesentlichen aufgegeben. Wie oben erwähnt, sieht die früheste Fassung der Lex Salica keine allgemeine Strafe dafür vor. In den späteren Fassungen weisen einige Handschriften ausser den Geldstrafen, die den Kannibalismus trafen, Bestimmungen auf, welche solche auch für das Behexen mit Zauberknoten und das Töten von Menschen durch Zauberformeln vorsahen; im letzteren Falle konnte der Übeltäter sogar lebendig verbrannt werden. Diese Bestimmungen verschwanden aber in der 'Lex emendata', möglicherweise infolge der Kapitulariengesetzgebung Karls des Grossen, deren Einführung wir noch darlegen werden. Nur die Lex Ribuaria behandelt den Mord durch Zauberei wie jeden andern Mord, für den Ersatz zu leisten war durch das gewöhnliche Wergeld oder Blutgeld, während sie für Schaden, der auf diese Weise angerichtet wurde, eine Geldstrafe von hundert Schilling vorsieht, der man aber durch Reinigung mit Hilfe von sechs Eideshelfern entgehen kann. Die anderen Gesetzsammlungen schweigen sich in dieser Beziehung vollständig aus [2]).

Da unter der Herrschaft der Franken die Gesetze nur für die Personen und nicht für das ganze Land galten, so stand die gallo-römische Bevölkerung damals noch immer unter dem römischen Rechte, doch wurde augenscheinlich kein Versuch gemacht, ihm Geltung zu

---

1) Lex salica tit. 64 (*Geffcken S. 61, 231; vgl. Hansen a. a. O. S. 58). — Blackwells Mallet, ed. Bohn, p. 524. — Keyser, op. cit pp. 266—7. — Harald Harfaager's Saga, 25, 36 (Laing's Heimskringla).
2) Lex Salica tit. 19 (*ed. Geffcken S. 19; Zusatz der Wolfenbüttler Handschrift ebd. S. 130). — Lex Ribuar. Tit. LXXXIII.

verschaffen. Gregor von Tours (um 580) berichtet einige Wunder, um die Überlegenheit der christlichen Zauberei vermittels Reliquien und Heiligenanrufung über die volkstümliche Zauberei der Beschwörer zu beweisen, woraus wir entnehmen können, dass, wenn ein Unglücksfall oder eine Krankheit vorkam, das Volk sich zuerst an den nächsten 'ariolus', d. h. den die verbotenen Künste Ausübenden, wandte, und dass dieser Beruf offen und ohne Furcht vor Strafe trotz wiederholter Verurteilungen durch die Konzilien jener Zeit ausgeübt wurde. Wie wenig solche Personen zu fürchten hatten, ersieht man aus dem Falle einer Frau von Verdun, die sich für eine Wahrsagerin ausgab und behauptete, gestohlenes Gut entdecken zu können. Sie hatte solchen Erfolg, dass sie ein schwunghaftes Geschäft betrieb, sich von ihrem Herrn loskaufte und viel Geld aufspeicherte. Zuletzt wurde sie vor den Bischof Agericus gebracht, der sich damit begnügte, sie als eine vom Teufel Besessene mit Exorzismen und Salbungen mit dem hl. Öl zu behandeln, und der sie dann entliess[1]).

Gelegentlich kamen natürlich Fälle vor, wo die ungezügelten Leidenschaften der Merowinger grausame Rache nahmen an denen, die sich ihr Missfallen zugezogen hatten; aber das waren Ausnahmefälle, die ausserhalb des Gesetzes standen. Als Fredegunde im J. 580 zwei Kinder durch die Pest verlor, wurde ihr Stiefsohn Chlodwig angeklagt, sie durch Zauberei umgebracht zu haben. Eine als seine Mitschuldige bezeichnete Frau wurde gefoltert, bis sie gestand, und

---

1) Gregor. Turon., De mirac. lib. II. c. 45; De mirac. S. Martini, lib. I. c. 26. — Concil. Venetic. ann. 465, c. 16. — Concil. Agathens. ann. 506, c. 42, 68. — C. Aurelianens. I. ann. 511, c. 30. — C. Autissiodor. ann. 578, c. 4. — C. Narbonnens. ann. 589, c. 14. — C. Remens. ann. 630, c. 14. — C. Rotomagens. ann. 650, c. 4. — Greg. Turon., Hist. Francor. VII. 44. — *Hauck, Kirchengeschichte Deutschlands I. 118 ff., 321 ff.

Die Feindseligkeit der christlichen Zauberei gegenüber ihren Konkurrenten erstreckte sich sogar auf die rationelle Heilkunde. Gregor von Tours führt die Lehre des hl. Nilus weiter aus, indem er an der Hand von Beispielen zeigt, dass es eine Sünde sei, seine Zuflucht zu natürlichen Heilmitteln, wie dem Aderlass, zu nehmen, anstatt sich gänzlich auf die Hilfe der Heiligen zu verlassen. — Hist. Francor. V. 6; De mirac. S. Martini II. 60. — *Th. de Cauzons, La magie et la sorcellerie en France, 3 Bde. (1910, 1911).

Es war ein vergebliches Unterfangen der Kirche, die goëtische Magic zu ächten, und zwar deshalb, weil sie selbst die Vorstellungen, auf denen dieser Aberglaube beruhte, durch die Empfehlung der heiligen Magie weiter nährte. So suchte sie die Amulette und Talismane zu unterdrücken, während sie das Tragen des sogenannten Agnus dei, einer aus den Resten der Osterkerze bereiteten und vom Papste geweihten Wachsfigur eines Lammes, den Gläubigen anriet. Als Papst Paul II. im Jahre 1471 untersagte, diese Wachsbilder zu schmücken und zu verkaufen, schilderte er ausführlich, wie sie den Gläubigen Schutz gegen Feuer und Schiffbruch, Stürme, Blitz und Hagel, sowie den Frauen Beistand in der Stunde der Geburt gewährten. — Raynald. ann. 1471, Nr. 58.

sodann verbrannt, obgleich sie ihr Geständnis widerrief. Alsdann lieferte Chilperich seinen Sohn Chlodwig an Fredegunde aus, die ihn ermorden liess. Als später (584) ein anderer Sohn der Königin, Theoderich starb, wurde Mummolus, der Günstling des Königs, den Fredegunde nicht leiden konnte, angeklagt, seinen Tod durch Zaubersprüche verursacht zu haben. Sie liess mehrere Frauen in Paris ergreifen und zwang sie durch Geisselung und Folter zu gestehen, dass sie Zauberinnen seien und durch Zauberei zahlreiche Personen umgebracht hätten, mit Einschluss von Theoderich, dessen Seele anstatt der des Mummolus angenommen worden sei. Einige dieser unglücklichen Weiber wurden einfach getötet, andere verbrannt, noch andere gerädert. Dann liess Chilperich den Mummolus foltern, indem er ihm die Arme auf dem Rücken festbinden und ihn aufhängen liess; aber er gestand nur, von den Frauen Zaubertränke und Salben empfangen zu haben, um sich die Gunst des Königs und der Königin zu bewahren. Unglücklicherweise sagte er zu dem Henker, als er heruntergenommen wurde: „Sage dem Könige, dass ich keinen Schmerz fühle von dem, was mit mir geschehen ist." Als Chilperich das hörte, rief er aus: „Ist er wirklich ein Zauberer, dass ihm diese Behandlung nichts schadet?" und liess ihn auf eine Folterbank spannen und mit ledernen Peitschen geisseln, bis die Henkersknechte erschöpft waren. Endlich bat Mummolus Fredegunde um sein Leben; er wurde seiner Habe beraubt und auf einem Wagen in seine Vaterstadt Bordeaux geschickt, wo er bei seiner Ankunft starb. Derartige Fälle werfen zwar ein bezeichnendes Licht auf den Glauben jener Zeit, aber nicht zugleich auch auf das damalige Rechtsverfahren[1]).

Die Langobarden in Italien standen in höherem Masse unter römischem Einfluss. Gegen das Ende ihrer Herrschaft (um das J. 700) nahmen sie ziemlich strenge allgemeine Gesetze gegen die Zauberei an, und zwar ohne Rücksicht auf den angerichteten Schaden. Der Zauberer sollte ausserhalb der Provinz als Sklave verkauft und der Preis dafür zwischen dem Richter und den anderen Beamten, je nach ihren Verdiensten bei der Verfolgung, geteilt werden. Wenn der Richter infolge von Geschenken oder aus Mitleid die Verurteilung verweigerte, wurde er mit einer Geldstrafe in der Höhe seines Wergeldes oder Blutgeldes belegt, und mit der Hälfte, wenn er es verabsäumt hatte, einen von einem anderen ausfindig gemachten Zauberer zu ergreifen. Die Strafe für das Befragen eines Zauberers oder die Nichtanzeige desselben oder für die Ausübung von Zaubersprüchen betrug die Hälfte

---
1) Gregor. Turon., Hist. Franc. v. 40; vii. 35.

von dem Wergelde des Übeltäters. Schon vorher aber wurde der gröbere Aberglaube bekämpft, indem König Rothar verbot (im Jahre 643), Weiber deshalb zu töten, weil das Volk von ihnen glaubte, sie könnten lebende Menschen innerlich verzehren[1]).

Während der langen Anarchie, welche den Sturz der Merowinger begleitete, ging in den fränkischen Königreichen jede Achtung für die Kirche, ihre Vorschriften und Gebräuche nahezu verloren. Das änderte sich aber, sobald die karolingische Dynastie langsam emporstieg und der hl. Bonifatius unter der Autorität des Papstes die Kirche wieder herzustellen suchte. Ein Anzeichen für diesen Umschwung war die Absetzung des Bischofs Aldebert, der in Neustrien die Anrufung der Engel Uriel, Raguel, Tubuel, Inias, Tubuas, Sabaoc und Simiel lehrte. Aldebert wurde als Heiliger verehrt, und die Abfälle seiner Nägel und seines Haares wurden als Reliquien aufbewahrt. Wiederholte im Lande selbst vorgenommene Verurteilungen hatten keinen Einfluss auf den falschen Engelskultus. Auf einer Synode zu Rom, die Papst Zacharias 745 abhielt, wurde dieser Kultus für Teufelsverehrung erklärt, da die einzigen Engel, deren Namen man kenne, Michael, Gabriel und Raphael seien. Doch wurzelte dieser Aberglaube so tief im Volke, dass er erst sehr spät ausgerottet werden konnte, und noch in der Mitte des zehnten Jahrhunderts scheint Atto von Vercelli darauf anzuspielen[2]). Bei dieser Auffassung der Kirche konnte man eine wirksame Unterdrückung der Zauberei nicht erwarten.

Zu den Aufträgen, die Bonifatius und seine Missionsgefährten erhielten, gehörte auch die Ausrottung aller heidnischen Gebräuche mit Einschluss von Wahrsagerei, Zauberei und verwandten Formen des Aberglaubens. Nach der Reorganisation der Kirche wurden 742 und 743 Konzilien abgehalten, auf denen sich Kirche und Staat zur Unterdrückung dieser Gebräuche verbanden. Zwar wurden nur mässige Geldstrafen angedroht, aber die kirchliche Jurisdiktion wurde über solche Vergehen eingeführt und den Bischöfen befohlen, jährlich Visitationen ihrer Diözesen vorzunehmen, um das Heidentum und die verbotenen Künste zu unterdrücken. Trotzdem klagte Bonifatius beim Papst Zacharias, dass, wenn der Franke oder Germane nach Rom komme, er dort die Dinge offen ausgeübt sehe, die man in der Heimat

---

1) L. Langobard. II. XXXVIII. l. 2 (Liutprand a. 727, *M. G. H. Leges fol. IV. 141 f.). — I. II. 9 (Rotharis) „intrinsecus comedere".
2) Concil. Suessoniens. ann. 744. — Zachariae PP. Epist. 9, 10. — Bonifacii Epist. LVII (*Hauck, Kirchengeschichte Deutschlands I. 507 ff.). — Synod. Roman. ann. 745 (Bonifacii Opera, III. 10). — Carol. Mag. Capit. Aquisgr. ann. 789, c. 16. — Capit. Herardi archiep. Turon. ann. 838, c. 3 (Baluz. Capitular. I 677). — Atton. Vercell. Capitular. c. 48.

mühsam zu unterdrücken suchte. Der erste Januar werde mit heidnischen Tänzen gefeiert, Frauen trügen Amulette und Zauberknoten und böten sie offen zum Verkaufe an. Der Papst konnte nur erwidern, dass diese Dinge schon seit langem verboten seien, dass sie aber von neuem hervorgetreten und von ihm wieder verboten worden seien — allerdings, wie wir versichert sein dürfen, ohne Erfolg[1]).

Bei der folgenden karolingischen Reform wurden weitere Versuche gemacht, alle abergläubischen Künste zu unterdrücken, und sie wurden mit gesteigerter Strenge, wenn auch immer noch verhältnismässig milde, behandelt. Das schärfste Gesetz war ein Synodaldekret Karls d. Gr. aus dem Jahre 800, das die Sache der Kirche übertrug und dem Erzpriester jeder Diözese befahl, eine Untersuchung anzustellen gegen alle, welche der Wahrsagerei oder Zauberei beschuldigt würden, wobei, wie es scheint, die Anwendung einer mässigen Folter zur Erlangung eines Geständnisses sowie die Einkerkerung der Schuldigen bis zu ihrer Besserung erlaubt wurde. Bei seinen Bemühungen, die Sachsen zum Christentum zu bekehren, bedrohte Karl der Grosse im Jahre 787 einerseits alle die mit dem Tode, welche Hexen verbrannten oder verzehrten, weil sie glaubten, dass diese Menschen verzehrten, andrerseits lieferte er alle Wahrsager und Zauberer der Kirche als Sklaven aus. Auch die Gesetzgebung der Kirche während dieser Zeit und der nächsten Jahrhunderte war durchweg auffallend milde; die verschiedenen Strafgesetzbücher weichen aber so sehr von einander ab, dass es unmöglich ist, ein System aus ihnen abzuleiten. Das Bussbuch, welches dem Theodor von Canterbury (um 680) zugeschrieben wurde und allgemeines Ansehen genoss, bestimmt für Zauberei nur eine Busse von vierzig Tagen bis zu einem Jahr, oder, wenn der Übeltäter ein Geistlicher war, drei Jahre; es bestimmt sieben Jahre dafür, wenn man ein Kind auf ein Dach setzte oder in einen Ofen legte, um es vom Fieber zu heilen. Das Poenitential des Ecbert von York (um 850) setzt fünf Jahre für das nämliche Vergehen fest. Es gab offenbar hier keine bestimmte Regel. Das konsequenteste Gesetzbuch ist dasjenige Gerbalds, der um 800 Bischof von Lüttich war. Er befiehlt, alle Übeltäter vor seinen Richterstuhl zu bringen, und legt sieben Jahre Busse und reiche Almosenspenden auf für die Tötung eines Menschen durch Zauberei, sieben Jahre ohne Almosen, wenn das

---

1) Gregor. PP. II. Capitula data legatis in Bavariam, c. 8, 9. — Concil. German. I (Caroloman. Capit. I., *M. G. H. Leges Sect. 2, I. 25). — Concil. Liptinens. ann. 743 (Caroloman. Capit. II., ebd. S. 27). — Bonifac. Epistt. 49, 63. — Zachariae PP. Epist. II. c. 6 (Mon. Germ. Hist., Epistolae III. 301).

Opfer um den Verstand gebracht wurde, fünf Jahre und Almosenspenden für das Befragen von Wahrsagern oder das Wahrsagen aus dem Fluge der Vögel, sieben Jahre für Zauberer, die Stürme verursachen, drei Jahre und Almosen für die Ehrung von Zauberern und ein Jahr für Zauberei, um Liebe zu erregen, vorausgesetzt, dass sie den Tod nicht zur Folge gehabt hat; ist der Übeltäter ein Mönch, so wird die Strafe auf fünf Jahre erhöht. Ein anderes Poenitential jener Zeit setzt vierzig Tage bis zu einem Jahre für Wahrsagen oder teuflische Zaubersprüche fest, aber sieben Jahre, wenn eine Frau eine andere mit Zauberei bedroht, eine Strafe, die auf vier Jahre eingeschränkt wird, wenn die Frau arm ist. Im Jahre 829 schreibt das Konzil von Paris das Unglück des Reiches dem Überhandnehmen der Verbrechen, besonders der Zauberei, zu; es führt die grausamen Bestimmungen des mosaischen Gesetzes an und zählt ziemlich ausführlich die Übeltaten der Zauberer auf — wie Menschen verrückt gemacht werden durch Zauber- und Liebestränke, wie Sturm und Hagel hervorgerufen werden, wie Ernten und Milch und Früchte ihren rechtmässigen Eigentümern entwendet werden, wie die Zukunft vorhergesagt wird —, aber es setzt keine Strafen fest und bittet nur die weltlichen Herrscher, diese Verbrechen scharf zu ahnden. In ähnlicher Weise erliess Erzbischof Herard von Tours 838 ein allgemeines Verbot, drohte aber nur öffentliche Busse an, ohne Einzelheiten anzugeben. Alles, was wir aus dieser wirren Gesetzgebung entnehmen können, aus den Sammlungen, die als Kapitularien bekannt sind, und aus den Betrachtungen und Argumenten des Rabanus Maurus und des Hincmar von Reims, ist, dass jede Art von Wahrsagung und Zauberei, römische und germanische, in Blüte stand, dass man der Meinung war, sie leite ihre Macht direkt vom Teufel her, dass die Kirche ganz ausserstande war, mit ihr fertig zu werden, und dass die weltliche Gesetzgebung nur mässige Strafen androhte, dass aber auch diese zum grössten Teil gar nicht durchgeführt werden konnten[1]).

---

1) Caroli Magni Capit. Aquisgr. ann. 789, c. 18, 63; Capit. de partibus Saxon. ann. 787, c. 6, 23. — (*Dekret der Synode zu Reisbach-Freising im Jahre 800, Mon. Germ. Hist. Legum Sect. III, Concilia II. S. 209; Hansen a. a. O. S. 60, 66.) — S. Gregor. PP. III. De crimin. et remed. 16. — Theodori Poenitent. lib. I. c. xv. (Haddan and Stubbs, III. 190). — Egberti Poenitent. VIII. 1 (ibid. p. 424). — Burcardi Decretorum libri xx. (Coloniae 1548) x. 8. 24. 28. 31 (*Wasserschleben, Die Bussordnungen der abendländischen Kirche, 1851; Schmitz, Die Bussbücher und die Bussdisziplin der Kirche I. (1883), II. (1898); Zeitschrift der Savigny Stiftung, kanonistische Abteilung I (1911), 200 ff.). — Gerbaldi Instruct. pastoral. c. x; Judic. sacerdotal. c. X. XI. XX. XXIV. XXV. XXXI. XXXVI (Martene Ampl. Coll. VII. 25—33). — Libell. de remed. peccat. c. 9 (ibid. p. 44). — Concil. Paris. ann. 829, lib. III. c. 2 (Harduin. IV. 1352; *vgl. Hansen

Neben der ordentlichen kirchlichen und staatlichen Jurisdiktion bestand noch eine rohe Volksjustiz, eine Art Lynchjustiz, die mit den einzelnen Übeltätern wenig Umstände machte. Ein zufälliger Hinweis aus dieser Zeit auf Gerberga, die vom Kaiser Lothar I. im Jahre 834 in der Saône ertränkt wurde, „wie es mit Zauberern zu geschehen pflegt", zeigt, dass vieles geschah, was nicht in den Kapitularien vorgesehen war. Das gleiche ersieht man aus einer merkwürdigen Angabe des hl. Agobard, des Erzbischofs von Lyon (814—841), der vergeblich gegen die vielen abergläubischen Vorstellungen seiner Zeit ankämpfte. Eine derselben war, wie wir gesehen haben, dass Stürme durch Zauberei heraufbeschworen werden könnten, ein Glaube, den die Kirche zuerst für ketzerisch erklärte, weil darin die dualistische Lehre der Manichäer enthalten sei, welche die sichtbare Welt unter die Herrschaft Satans stellte. Deshalb belegte ihn das erste Konzil von Braga im Jahre 563 als einen priscillianischen Irrtum mit dem Anathem, aber der Glaube war zu allgemein verbreitet, um überwunden werden zu können. Wie es mit so vielen anderen abergläubischen Vorstellungen ging, nahm die Kirche ihn schliesslich als orthodox an, und Thomas von Aquino bewies, dass mit Erlaubnis Gottes der Teufel Erschütterungen der Luft verursachen könne. Agobard erzählt, dass dieser Glaube in seiner Provinz unter allen Klassen des Volkes allgemein verbreitet sei. Es gebe eine Gegend namens Magonia, aus der Schiffe auf Wolken herkämen, um die durch Hagel zerstörten Ernten abzuholen und dorthin zu bringen; die Zauberer hiessen 'Tempestarii' und würden von den Magoniern für die Erregung der Stürme bezahlt. Sobald man das Rollen des Donners hörte, pflegte man zu sagen, der Wind eines Zauberers kommt heran. Diese Tempestarii betrieben zwar ihr nichtswürdiges Geschäft im geheimen, aber es gab eine anerkannte Klasse von anderen Zauberern, die behaupteten, imstande zu sein, sie unschädlich zu machen, und die regelmässig dafür mit einem Teile der Ernten, den man den „kanonischen Anteil" nannte, bezahlt wurden. Selbst Leute, die keine Zehnten zahlten und keine Almosen spendeten, brachten diesen Betrügern regelmässig ihren Tribut dar. Bei einer Gelegenheit wurden drei Männer und eine Frau verhaftet und angeklagt, Magonier zu sein, die aus einem dieser Luftschiffe gestürzt sein sollten. Man berief eine Volksversammlung, führte die Gefangenen in Ketten vor und verurteilte sie sofort zum Tode durch Steinigung,

---

a. a. O. S. 67). — Herardi Turon. Capit. III. ann. 838 (Baluze I. 1285). — Capitul. I. 21, 63; v. 69; VI, 215; Addit. II. c. 21. — Rabanus Maurus, De magicis artibus. — Hincmarus, De divort. Lothar. Interrog. XV.

worauf Agobard selbst eingriff und nach einer langen Begründung ihre Befreiung durchsetzte. Ein ähnliches Beispiel eines aussergerichtlichen Verfahrens erlebte man, als eine Seuche die Herden ergriff und sich das Gerücht verbreitete, Grimoald, der Herzog von Benevent, sei der Urheber; er habe aus Feindschaft gegen Karl den Grossen Boten ausgesandt, ein Zauberpulver auf die Berge, Felder und Ströme zu streuen. Zwar wies Agobard darauf hin, dass, wenn alle Einwohner von Benevent, ein jeder mit drei Wagenladungen, aufgeboten worden wären, sie ein so weites Gebiet wie das verseuchte nicht hätten bestreuen können; aber nichtsdestoweniger wurde eine grosse Anzahl von Unglücklichen ergriffen und getötet, unter der Anklage, in die Angelegenheit verwickelt zu sein. Er fügt hinzu, es sei wunderbar, dass diese Personen ihr angebliches Verbrechen eingestanden hätten und nicht hätten gehindert werden können, gegen sich selbst falsches Zeugnis abzulegen, sei es infolge der Geisselung oder der Folter, oder aus Furcht vor dem Tode. Das offenbart, welche Mittel zur Überführung der Angeklagten angewandt wurden, und in dieser frühen ungeregelten Anwendung der Folter äussern sich die Vorzeichen jener Zeit, wo infolge derselben wirksamen Methode alle die schauerlichen Widersinnigkeiten des Hexensabbats bereitwillig eingestanden wurden und die Angeklagten bis zum Scheiterhaufen bei diesen Geständnissen blieben. Es zeigt zugleich, in welcher Atmosphäre abergläubischen Schreckens man damals in Europa lebte[1]).

Die Zeit der karolingischen Civilisation war nur eine kurze Episode in der Finsternis jener trüben Jahrhunderte. In den Wirren, unter denen sich die Auflösung des Reiches, die Einrichtung des Lehnswesens und die Gründung der europäischen Monarchien vollzog, legte sich die Kirche zwar in aller Stille die Funktionen und die Jurisdiktion bei,

---

1) Nithardi Hist. lib. I. c. 5, ann. 834. — Concil. Bracarens. I. ann. 563, c. 8. — Burcard. Decret. x. 8. — Ivon. Decret. XI. 36. — Bernardus Comensis, De strigiis, c. 14. — Gerbald. Judic. sacerd. 20. — Herard. Turon Capit. III. — Conc. Paris. ann. 829, lib. III. c. 2. — S. Agobardi Lib. contra insulsam vulgi opinionem de grandine et tonitruis, c. 1, 2, 15, 16. — *Für die Anwendung der Folter in dieser Zeit vgl. Hansen a. a. O. S. 108 ff.

Noch im 11. Jahrhundert legt der Bischof Burkard von Worms denen eine Busse auf, welche glaubten, Zauberer könnten das Wetter ändern oder das menschliche Herz zu Liebe oder Hass bestimmen (Decr. XIX. 5). Nach weniger als zweieinhalb Jahrhunderten zeigt Thomas von Chantimpré (1256), dass es vollkommen orthodox war, zu behaupten, Stürme würden von Teufeln veranlasst (Bonum universale, lib. II. c. 56). — Es konnte auch kaum anders sein, wenn wir bedenken, dass in der nordischen Magie den Zauberern die absolute Herrschaft über das Wetter zugeschrieben und der heidnische Aberglaube von dem mittelalterlichen Christentum angenommen wurde.

mit denen sie später ihre Ansprüche auf die theokratische Suprematie begründete, tat aber keine wirksamen Schritte, um das Reich Satans zu vernichten, dessen Agenten, die Wahrsager und Zauberer, zahlreicher denn je waren. Das Konzil von Pavia (850) schrieb nur Busse auf Lebenszeit für Zauberinnen vor, die es unternahmen, Liebe und Hass zu erwecken, und die dadurch den Tod vieler Opfer herbeiführten. Bisweilen scheint die Grausamkeit des Volkes zum Ausbruch gekommen zu sein, wie dies eine kurze Bemerkung in einer zweifelhaften Quelle andeutet, wonach im Jahre 914 in Sachsen angeblich eine Anzahl Zauberer verbrannt wurde. Aber tatsächlich kam die Kirche dahin, diese Praktiken stillschweigend zu dulden. Um die Mitte des zehnten Jahrhunderts fühlte der Bischof Atto von Vercelli von neuem das Bedürfnis, einen vergessenen Kanon des vierten Konzils von Toledo in Erinnerung zu bringen, der mit Absetzung und lebenslänglicher Busse in einem Kloster jeden Bischof, Priester, Diacon oder andern Geistlichen bedrohte, welcher Magier, Zauberer oder Auguren um Rat fragen würde. Atto war jedoch ein Puritaner, der sich bemühte, der allgemeinen Demoralisation der Zeit Einhalt zu tun. Wie geringen Widerwillen man gegen die verbotenen Künste hatte, ersieht man aus der Tatsache, dass für Gerbert von Aurillac der Ruf, den ihm seine nekromantische Geschicklichkeit eingebracht hatte, kein Hindernis bildete, auf die erzbischöflichen Sitze von Reims und Ravenna und schliesslich auf den päpstlichen Stuhl selbst zu gelangen. Auf der andern Seite haben wir gesehen, wie noch 1180 ein Erzbischof von Besançon einen in der Nekromantie erfahrenen Geistlichen um Hilfe bei der Entdeckung einiger Ketzer ersuchte[1]).

Tatsächlich war die Haltung der Kirche nicht konsequent. Gelegentlich vertrat sie die aufgeklärte Ansicht, dass ein solcher Glaube grundloser Aberglaube sei. Ein irisches Konzil des 9. Jahrhunderts

---

1) Concil. Ticinens. ann. 850, c. 25. — Annal. Corbeiens. ann. 914 (Leibniz, S. R. Brunsvic. II. 299; *die Nachricht ist eine Fälschung des 18. Jahrhunderts, vgl. Hansen a. a. O. S. 116). — Atton. Vercell. Capitularia c. 48. — Sigebert. Gemblacens. ann. 995. — Alberic. Trium Font. ann. 998, 999, 1002. — Caesar. Heisterbach. Dist. v. c. 18.
Über die wissenschaftlichen Kenntnisse Gerberts von Aurillac vgl. Richer, Hist. lib. II. c. XLIII. sqq. Ein Mann, der im 10. Jahrhundert imstande war, eine Kugel anzufertigen, die die Erde darstellte mit dem Polarkreise und dem Wendekreise des Krebses, konnte wohl für einen Zauberer gelten, obgleich die sphärische Gestalt der Erde den arabischen Philosophen kein Geheimnis war (Avicenna, De coelo et mundo, c. x). Wie lange der schlechte Ruf Gerberts bestand, ersieht man daraus, dass die mittelalterlichen Geschichtsschreiber bis hinab auf die Zeit Platinas an den Erzählungen über ihn festhalten (Ptol. Lucens., Hist. eccles. lib. XVIII. c. VI—VIII. — Platina, Vit. pontific. s. v. Silvest. II).

verdammt jeden Christen, der an das Dasein von Hexen glaubt, und zwingt ihn zu widerrufen, ehe es ihn zur Versöhnung zulässt. Ebenso tadelt Papst Gregor VII. im J. 1080 in einem Schreiben an König Harald von Dänemark strenge die Sitte, Priestern und Frauen alle Stürme, Krankheiten und anderes körperliches Ungemach zuzuschreiben: das seien göttliche Fügungen; ihretwegen Rache an den Unschuldigen nehmen heisse, den göttlichen Zorn noch mehr reizen. Häufiger jedoch gab die Kirche die Wahrheit solcher Wahnvorstellungen zu und suchte sie, obgleich mit wenig Nachdruck, durch kirchliche Strafen zu unterdrücken. Diese schwankende Haltung tritt zutage in den Canones des Bischofs Burkard von Worms aus der Zeit um das Jahr 1020, wo bald der Glaube an das Vorhandensein der Zauberei, bald die Ausübung dieser Kunst mit einer Busse belegt wird. Wenn ausserdem Beichtväter den Anweisungen Burkards zufolge ihre Busskinder ausführlich nach den verschiedenen Zauberhandlungen fragten, die sie ausgeführt haben könnten, so war das der sicherste Weg, die Kenntnis dieser bösen Künste zu verbreiten. Zu gleicher Zeit gab Burkard wie die anderen Kirchenrechtslehrer, Regino von Prüm (um 900) und Ivo von Chartres (um 1100), eine reiche Fülle von Kirchenverboten, die den ersten Konzilien und den Schriften der Kirchenväter entnommen waren, und zeigte dadurch, dass die Realität der Zauberei ebenso offen anerkannt wurde wie die Pflicht der Kirche, sie zu bekämpfen. So selbstverständlich war der Glaube an Zauberkräfte, dass die Kirche die Auflösung des unauflöslichen Sakramentes der Ehe zugestand, wenn die Vollziehung der Ehe durch Zauberkünste verhindert wurde und Exorzismen, Gebete, Almosen und andere kirchliche Heilmittel drei Jahre hindurch nicht imstande waren, die Macht Satans zu überwinden. Guibert von Nogent berichtet (um 1120) mit verzeihlichem Stolze, obgleich infolge der Bosheit einer Stiefmutter bei der Heirat seines Vaters und seiner Mutter ein solches Ehehindernis sieben Jahre lang bestand, habe seine Mutter doch allen Überredungsversuchen, sich die Ehescheidung zu Nutzen zu machen, widerstanden. Schliesslich sei der Zauber gebrochen worden, aber nicht durch priesterliche Verrichtungen, sondern durch eine ehemalige Zauberin. Ein ähnlicher Grund wurde geltend gemacht, als König Philipp August 1193 seine junge Gemahlin Ingeborg von Dänemark an ihrem Hochzeitstage verliess, und Bischof Durand erzählt uns in seinem 'Speculum juris' (um 1275), dass solche Fälle täglich vorkamen. Selbst ein so aufgeklärter Mann wie Johann von Salisbury bietet (um 1160) seine ganze Gelehrsamkeit auf, um die verschiedenen

Formen der Zauberei zu schildern, und erklärt gewissenhaft, wenn Menschen durch Zaubermittel getötet würden, so geschehe es mit Erlaubnis Gottes; auch Peter von Blois (um 1180), der den volkstümlichen Glauben an Vorzeichen nicht teilte, gibt doch die Möglichkeit satanischer Einwirkungen bei den Praktiken der Schwarzkunst zu [1]).

Trotz dieses allgemeinen Glaubens an die Zauberei und ihren teuflischen Ursprung scheint man aber nicht daran gedacht zu haben, die Strenge des Gesetzes dagegen anzuwenden. Um das J. 1016 schickte Erzbischof Poppo von Trier einer Stiftsdame ein Stück seines Mantels, um daraus ein Paar Schuhe zu machen, die er beim Messelesen tragen wollte. Sie bezauberte sie, so dass er, als er sie anzog, sich sterblich in die Stiftsdame verliebte. Er widerstand indessen der Leidenschaft und schenkte die Schuhe einem seiner ersten Geistlichen, bei dem sie dieselbe Wirkung hatten. Auch alle übrigen Domgeistlichen machten die gleiche Erfahrung. Trotzdem hierin ein erdrückender Beweis gegen die Stiftsdame lag, so wurde die schöne Sünderin einfach zur Vertreibung aus dem Kloster verurteilt, während Poppo selbst seinen Anteil an diesem Vorgang durch eine Pilgerfahrt in das Hl. Land sühnte. Man fühlte jedoch, dass die Zucht des Frauenstifts in bedenklichem Grade gelockert sein müsse, weshalb den anderen Insassen die Wahl zwischen der Annahme einer strengeren Regel oder der Aufhebung des Klosters gestellt wurde. Sie wählten das letztere, und das Kloster wurde in ein Mönchskloster verwandelt. Als im J. 1074 eine Empörung in Köln den Erzbischof Anno II. zur Flucht zwang, wird unter anderen Exzessen, welche die siegreichen Rebellen begingen, berichtet, dass sie eine Frau, die angeblich den Sinn einer Anzahl Männer durch

---

1) Synod. Patricii c. 16 (Haddan and Stubbs, II. 329). — Gregor. PP. VII. Regist. VII. 21. — Regino, De discip. eccles. II. 347 sqq. — Burcardi Decret. lib. X. lib. XIX. c. 5. — Ivon. Decreti P. XI. — Ivon. Panorm. VI. 117; VIII. 61 sqq. P. II. Decret. caus. XXXIII. Q. 1, c. 4 (*zu Regino, Burkard und Ivo vgl. Hansen a. a. O. S. 78—87; über die 'impotentia ex maleficio' als Ehescheidungsgrund ebd. S. 88 ff.). — Malleus maleficarum P. I. Q. 8. — Guibert. Noviogent., De vita sua, I. 12 (*Migne, Patrologia 156 Sp. 857). — Rigord., De gest. Phil. Aug. ann. 1193 (*Cartellieri, König Philipp II. August III. (1910), 65 ff.). — Durandi Specul. juris, lib. IV., Partic. IV., Rubr. de Frigidis, etc. — Johann. Saresberiens. Polycrat. II. 9–12. -- Petri Blesens. Epist. 65 (*Migne, Patrologia 207 Sp. 190).

Der Glaube an „Zauberknoten" ist ein uralter, weit verbreiteter Aberglaube. Herodot (II 181) berichtet, dass Amasis, der in Ägypten um die Mitte des 6. Jahrhunderts vor Chr. regierte, sich durch dieses Zaubermittel gefesselt fand, als er die cyrenische Prinzessin Ladice heiratete. Mochte es auch politischen Vorteil bieten, das durch die Ehe geknüpfte Bündnis aufrecht zu erhalten, so klagte er sie doch an, Zaubermittel gebraucht zu haben, und bedrohte sie mit dem Tode. In ihrer Not tat sie in dem Tempel der Venus das Gelübde, eine Statue der Göttin nach Cyrene zu senden. Ihr Gebet wurde erhört und ihr Leben gerettet.

Zauberkünste betört hatte, von den Mauern stürzten und töteten. Damals galt noch als Verbrechen, was drei Jahrhunderte später als Bekundung eines lobenswerten Eifers gegolten haben würde. Um dieselbe Zeit warnt ein Konzil in Böhmen die Gläubigen, in trüben Stunden ihre Zuflucht zu Zauberern zu nehmen; aber es schreibt nur Beichte und Reue vor und warnt vor einer Wiederholung des Vergehens. In Ungarn wurden Zauberinnen nach Gesetzen der Könige Stephan und Ladislaus (997—1095) mit Prostituierten auf dieselbe Stufe gestellt und denselben Strafen unterworfen, während der Nachfolger des Ladislaus, Koloman (1095—1114), die Sache mit der kurzen Bemerkung abtat, dass es keine Hexen gebe, und infolgedessen auch von einem Verfahren gegen sie keine Rede sein könne [1]).

Immerhin fühlte man, dass die Anklage wegen Zauberei Schaden zufügte, und da sie ebenso leicht zu stellen wie schwer zu widerlegen war, so wurde nicht selten Missbrauch damit getrieben. Berengar von Tours wurde im J. 1079 nicht nur gezwungen, seine Lehren über die Transsubstantiation abzuschwören, sondern auch als ein sehr gefährlicher Nekromant bezeichnet. Als in dem bittern Streite des Papstes mit dem Kaiser die Synode von Brixen im J. 1080 Gregor VII. absetzte und Wibert von Ravenna zum Gegenpapst wählte, war einer der Gründe, die man gegen Gregor anführte, der, dass er ein offenbarer Schwarzkünstler sei — eine Kunst, die er vermutlich in Toledo gelernt habe. Für die Art und Weise, wie sich damals die verschiedenen Parteien dieses Angriffsmittels bedienten, bieten die sich widersprechenden Berichte über Liutgarda, die Nichte des Erzbischofs Egilbert von Trier, ein seltsames Beispiel aus derselben Zeit. Als entschlossener Anhänger des Kaisers nahm Egilbert das Pallium aus den Händen Wiberts und machte Liutgarda zur Äbtissin eines Klosters seiner Diözese. Der Bericht über seine Regierung stammt von einem Zeitgenossen; eine Handschrift, die zweifellos die beste ist, schildert sie als eine gebildete, musterhafte Frau, die ihr Nonnenkloster im Dienste Gottes vierzig Jahre lang regiert und ein ausgezeichnetes Andenken hinterlassen habe; eine andere Handschrift derselben Chronik nennt sie aber eine gotteslästerliche Hexe und Zauberin, unter deren Regierung das Kloster beinahe zugrunde

---

1) Gesta Trevirorum, Add. c. 2 (*Mon. Germ. Hist. SS. VIII. 176). — Lambert. Hersfeld. Annal. ann. 1074. — Höfler, Prager Concilien, p. XVI. — Batthyany Leges eccles. Hungar. II. 102. — Decret. sub Colomanno rege, cap. 20 (Ibid. I. 455): „De strigis vero, quae non sunt, nulla quaestio fiat" (*vgl. Hansen a. a. O. S. 76; auch hier ist der Unterschied zwischen 'maleficae' und 'strigae' entscheidend).

gegangen sei. Der endgültige Sieg der Kirche über das Kaisertum erklärt zur Genüge die Vornahme dieser Interpolation[1]).

Während so die alten Gesetze gegen Zauberei auf dem Festlande praktisch fast ausser Übung kamen, zeigt die Gesetzgebung der Angelsachsen, dass in England 'lyblac' oder Zauberei der Gegenstand grösserer Sorge war. Um das Jahr 900 stellen die Gesetze Eduards und Guthrums Hexen und Wahrsager auf dieselbe Stufe wie Meineidige, Mörder und Huren; alle diese Verbrecher sollten des Landes verwiesen oder vor die Wahl gestellt werden, sich zu bessern, hingerichtet zu werden, oder schwere Geldstrafen zu bezahlen, eine Bestimmung, welche die folgenden Monarchen bis auf König Knut († 1035) wiederholt erneuerten. Bald darauf traf Athelstan (925—940) die Bestimmung, wenn jemand den Tod eines andern durch 'lyblac' verursacht habe und das Verbrechen eingestehe, so solle er dies mit dem Leben büssen. Leugnete er, so sollte er sich dem dreifachen Gottesgerichte unterziehen; hatte er hierbei kein Glück, so wurde er vier Monate lang eingesperrt, alsdann konnten ihm seine Verwandten die Freiheit erkaufen, indem sie das Wergeld für den Erschlagenen und die schwere Busse von hundertundzwanzig Schillingen an den König bezahlten, ausserdem noch Bürgschaft für sein gutes Verhalten leisteten. Eduard der Ältere (901—924) hatte auf 'lyblac' lebenslängliche Verbannung gesetzt, wenn der Übeltäter nicht bereute. In der Sammlung, die als das Gesetzbuch Heinrichs I. bekannt ist (um 1100), stand auf Mord durch Zauberei der Verlust des Vorrechts, sich durch Bezahlung des Wergeldes loszukaufen, und der Übeltäter wurde den Verwandten des Erschlagenen ausgehändigt, die nach Belieben mit ihm verfahren durften. War der Schaden, den einer durch Zauberei angerichtet hatte, geringer, so konnte er sich wie bei anderen Vergehen loskaufen. Leugnete der Angeklagte, so brachte man ihn vor den Richterstuhl des Bischofs und unterwarf dadurch das Vergehen der kirchlichen Jurisdiktion. Die Strenge scheint sich hier mit der normannischen Eroberung (1066) geändert zu haben; denn bei der Belagerung der Insel Ely stellte Wilhelm der Eroberer auf den Rat des Ivo Taillebois eine Zauberin an die Spitze seines Heeres, damit sie durch Zaubersprüche den Widerstand der Verteidiger lähmen sollte. Unglücklicherweise machte aber Hereward von Burgh einen Flanken-

---

1) Chron. Turon. ann. 1061. — Ekkehard, Chronicon universale (M. G. H. SS. VI. 203); Gesta episcoporum Halberstadensium (M. G. H. SS. XXIII. 99). — Gesta Trevirorum, Add. c. 15 (*M. G. H. SS. VIII. 188).

angriff auf die Belagerer, steckte das Schilfgras an und verbrannte
so die Zauberin nebst allen, die bei ihr waren[1]).

Als zu Anfang des elften Jahrhunderts Olaf Tryggvesson Norwegen zu christianisieren versuchte, sah er in den Zauberern die gefährlichsten Gegner des Glaubens und ging schonungslos gegen sie vor. Auf einem Thing — einer Volksversammlung — in Viken erklärte er, er werde alle verbannen, von denen erwiesen werden könne, dass sie mit bösen Geistern oder mit Zauberei sich abgäben, und liess der Drohung ziemlich scharfe Massregeln folgen. Er liess die Gegend absuchen und alle Zauberer zusammenbringen; dann gab er ihnen einen grossen Schmaus mit viel Getränk, und als sie betrunken waren, liess er das Haus in Brand stecken, so dass niemand entkam mit Ausnahme von Eyvind Kellda, einem Enkel Harald Harfagrs, und einem besonders gefährlichen Zauberer, der durch den Rauchfang auf das Dach kletterte. Im Frühjahr, als Olaf auf der Insel Kormt Ostern feierte, kam Eyvind auf einem langen, vollständig mit Zauberern bemannten Schiffe dorthin. Bei ihrer Landung setzten sie Tarnkappen auf, wodurch sie unsichtbar wurden, und umhüllten sich mit einem dichten Nebel; als sie aber nach Augvaldsness kamen, wo König Olaf lag, wurde es klarer Tag, und sie wurden von Blindheit getroffen, so dass sie hilflos herumwanderten, bis die Mannen des Königs sie ergriffen und zu Olaf führten. Er liess sie binden und auf einen Felsen bringen, der nur bei niedrigem Wasserstand hervorragte, und Snorri Sturluson erzählt, dass noch zu seiner Zeit der Fels als die Klippe des Angstgeschreis bekannt gewesen sei. Eine andere fromme Tat, die gleichfalls Olaf zugeschrieben wird, kennzeichnet einerseits die Mittel und Wege, welche man anwandte, um das Evangelium unter den wilden Helden Norwegens auszubreiten, und andrerseits die Einflüsse, auf welche die Christen die Kräfte der Zauberer zurückführten. Olaf liess Eyvind Kinnrif, einen bekannten Zauberer, ergreifen und bemühte sich vergeblich, ihn zu bekehren. Schliesslich wurde dem Zauberer eine Feuerpfanne auf den Leib gesetzt, die er indessen stoisch ertrug, bis er auseinanderplatzte. Erst dann bat er um die Entfernung derselben. Diese verspätete Bitte als ein Zeichen des Nachgebens ansehend, fragte ihn Olaf: „Eyvind, willst du jetzt an Christus glauben?"

---

1) Laws of Edward and Guthrum, 11. — Laws of Ethelred, v. 7. — Cnut Secular. 4 (ed. Kolderup Rosenvinge, p. 36). — Athelstan's Dooms, I. 6. — Laws of Edward the Elder, 6. — Leges Henrici LXXI. § 1. — Ingulphs Chron. Contin. (Ausg. von Bohn p. 258).

„Nein," erwiderte Eyvind, „ich kann keine Taufe nehmen; denn ich bin ein böser Geist, den ein Zauberer aus Lappland in eines Menschen Körper gesteckt hat, weil auf andere Weise meine Eltern kein Kind bekommen konnten"; damit starb er. In dem frühesten isländischen Rechtsbuch, den Grágás, die wahrscheinlich 1118 zusammengestellt wurden, wird die Zauberei gar nicht erwähnt, da sie anscheinend der geistlichen Gerichtsbarkeit überlassen war. Eine derselben Zeit entstammende Sammlung des kirchlichen Rechts setzt als Strafe für die Ausübung von Zauberkünsten nur eine dreijährige Verbannung fest, die in eine lebenslängliche umgewandelt wurde, wenn ein Mensch oder ein Tier Schaden oder Tod dadurch erlitten hatte. In beiden Fällen war der Angeklagte berechtigt, als Richter zwölf rechtschaffene und zuverlässige Männer zu verlangen[1]).

Sonst scheint in ganz Europa gegen Ende des 12. Jahrhunderts die Unterdrückung der Zauberei sowohl von den weltlichen als auch von den kirchlichen Behörden nahezu aufgegeben gewesen zu sein[2]). Das war aber nicht etwa der Fall, weil sie nicht mehr ausgeübt wurde oder gar gesetzlich erlaubt war. Im Jahre 1149 klagt der Abt Wibald von Corvey einen seiner Mönche Walter an, diabolische Zaubersprüche angewendet zu haben. Die Veranlassung für Alexander III., 1181 das Recht der Kanonisation von Heiligen dem Hl. Stuhle vorzubehalten, lag darin, dass die Mönche der Abtei Gristan in der Normandie der Zauberei ergeben waren und durch Zaubermittel in den Ruf kommen wollten, Wunder vollbringen zu können. Eines Tages, als der Abt nach England verreist war, betrank sich der Prior bei Tisch und stach mit einem Tischmesser zwei seiner Mönche. Diese übten Vergeltung und schlugen ihn so, dass er starb, ohne mit den Sterbesakramenten versehen zu sein. Doch gelang es den Mönchen, das Volk durch böse Künste dahin zu bringen, dass es ihn als Heiligen verehrte, bis Bischof Arnold von Lisieux dem Papste die Wahrheit berichtete. Solche Vergehen waren leicht gesühnt. Ein Priester, welcher, um das aus seiner Kirche gestohlene Gut wiederzubekommen, sich eines Zauberers bediente und in ein Astrolabium blickte, wurde zur Strafe von Alexander III. nur ein Jahr vom Amte suspendiert, eine Entschei-

---

1) Olaf Tryggvesson's Saga, 69, 70, 83 (Laing's Heimskringla). — Kristinrettr Thorlaks oc Ketils, c. xvi.
Für den engen Zusammenhang zwischen Zauberei und bösen Geistern vgl. Finn Magnusens, Priscae Vet. Boreal. Mythologiae Lexicon, s. v. Tröll, p. 474 sqq.
2) *Diese Annahme ist wohl etwas zu optimistisch, vgl. Hansen a. a. O. S. 119 ff.

dung, die Gregor IX. als einen bemerkenswerten Präcedenzfall in das kanonische Recht aufnehmen liess. Diese Methode der Wahrsagerei schloss die Anrufung von Geistern in sich und war ganz ungesetzlich, dennoch wurde sie unbedenklich angewandt. Johann von Salisbury, der 1180 starb, berichtet um das Jahr 1160, dass er als Knabe einem Priester übergeben worden sei, um die Psalmen zu lernen. Sein Lehrer, der ausser seinem geistlichen Amte auch Katoptromantie betrieb, habe ihn und einen älteren Studenten eines Tages nach Anwendung der üblichen Beschwörungen und des hl. Öles aufgefordert, in ein blankes Becken zu blicken. Er, Johann, habe nichts sehen können und sei von weiteren Diensten dieser Art befreit worden; sein Kamerad aber habe Schattenbilder erkannt und sich dadurch als zum Medium geeignet erwiesen. So blühten die verbotenen Künste, aber ohne scharf verfolgt zu werden, und sie richteten in dieser Zeit tatsächlicher Duldung auch wenig Unheil an, ausser dass vielleicht einmal jemand durch einen Liebestrank vergiftet wurde [1]).

Man konnte erwarten, dass diese Duldung aufhörte, als der menschliche Geist erwachte und zunächst tastend mit wachsendem Eifer die geheimen Wissenschaften zu pflegen und in die Geheimnisse der Natur einzudringen versuchte, als sich die scholastische Theologie zu einem Systeme entwickelte und eine Theorie des Universums aufzustellen suchte, als das wiedererwachte Studium des römischen Rechts die kaiserlichen Edikte gegen die Zauberei wieder ans Licht förderte und als die geistlichen Gerichtshöfe organisiert wurden, um sie durchzuführen. Und doch entwickelte sich die Verfolgung ausserordentlich langsam. Die Kirche hatte zunächst einen wirklichen und gefährlichen Feind zu bekämpfen, die Ketzerei, welche damals bedrohliche Fortschritte machte. So konnte sie einer Angelegenheit, die die Macht und die Vorrechte der Hierarchie nicht gefährdete, nur wenig Aufmerksamkeit schenken. Gelegentlich schritten zwar Konzilien wie das von Rouen 1189 und das von Paris

---

[1]) Wibaldi Epist. 157 (Martene Ampl. Coll. II. 352). — Baronius, Annal. ann. 1181, Nr. 6—10. — C. 1 Extra. XLV. 3. — C. 2 Extra. V. 21. — Johan. Saresberiens. Polycraticus c. XXVIII.
Katoptromantie war eine schon von den klassischen Zeiten her überkommene Übung. Didius Julianus fand während seiner kurzen Herrschaft Zeit, im voraus Kenntnis von seinem Sturze und der Nachfolge des Septimius Severus zu bekommen durch einen Knaben, der mit verbundenen Augen in einen Spiegel blickte, nachdem die gehörigen Zauberspüche über ihn gesprochen worden waren (Ael. Spartiani Did. Julian. 7); und Hippolytus von Porto teilt uns in aller Ausführlichkeit die sinnreichen Kniffe mit, durch welche dieses und ähnliche Kunststücke ausgeführt wurden (Refutatio omnium haeres. IV. 15, 28—40)

1212 gegen die Zauberkünstler ein, aber eine bestimmte Strafe legte man ihnen nicht auf, sondern bedrohte sie nur mit der Exkommunikation. Im Volke jedoch herrschte die Anschauung, dass für sie wie für die Ketzer der Feuertod die geeignete Strafe sei. Das erfuhr um das Jahr 1200 ein junger Geistlicher aus Soest namens Hermann, der von einer unkeuschen Frau, deren Anträge er zurückgewiesen hatte, der Zauberei angeklagt war; er wurde verurteilt und verbrannt. In den Flammen sang er das Ave Maria, bis ihm ein Verwandter der Anklägerin einen glühenden Stock in den Mund stiess und ihn zum Schweigen brachte. Aber seine Unschuld trat glänzend zutage durch die Wunder, die an seinem Grabe geschahen; man baute eine Kapelle darüber, die als eine Warnung für solchen unbedachtsamen Eifer angesehen wurde[1]).

Cäsarius von Heisterbach, dem wir den Bericht über dieses Ereignis verdanken, erzählt (um 1220) eine lange Reihe von Wundergeschichten, welche zeigen, dass der Aberglaube noch ebenso wie früher blühte, dass die Menschen eifrig darauf bedacht waren, im Bunde mit Satan so viel Vorteil wie möglich zu erlangen, und dass man solches Treiben vielfach gewähren liess. Er erzählt von einem Geistlichen namens Philipp, einem berühmten Nekromanten, der erst einige Jahre vorher gestorben und augenscheinlich von Kirche und Staat unbehelligt geblieben war. Ein Ritter namens Heinrich von Falkenstein, der nicht an Teufel glaubte, wandte sich an ihn, um seine Zweifel zu lösen. Philipp war dazu bereit; er zog mit einem Schwerte an einem Kreuzweg einen Kreis und murmelte seine Zaubersprüche, als plötzlich mit einem Lärm wie von rauschenden Wassern und brausenden Stürmen der Teufel erschien, grösser als die Bäume, schwarz und von ganz furchtbarem Aussehen. Der Ritter, der in dem Zauberkreise stand, entging zwar einem unmittelbaren Schaden, aber er verlor seine Farbe und blieb bleich während der paar Jahre, die er noch lebte. Ein Priester unternahm dasselbe Experiment, liess sich aber, von Angst ergriffen, aus dem Kreise schleppen und erlitt solchen Schaden, dass er am dritten Tage starb. Walram von Luxemburg konfiszierte darauf aus Frömmigkeit das Haus des Verstorbenen, woraus hervorgeht, dass auf Straflosigkeit doch nicht immer zu rechnen war[2]).

---

1) Concil. Rotomagens. ann. 1189, c. 29 (Bessin, Concil. Rotomagens. I. 97). — Concil. Paris, ann. 1212, P. v (Martene Ampl. Coll. VII. 105). — Caesar. Heisterb. IV. 99.
2) Caesar. Heisterb. V. 2, 3.

Bündnisse mit dem Satan waren auch jetzt nicht selten. Von den zu Besançon 1180 verbrannten Ketzern stellte sich heraus, dass sie im Besitze solcher Verträge waren; diese standen geschrieben auf kleinen Pergamentrollen, die sie unter der Haut in den Achselhöhlen trugen. Es würde schwer halten, irgendeine historische Tatsache jener Zeit ausfindig zu machen, die besser beglaubigt ist als die Geschichte des Everwach, der noch zu der Zeit, da Cäsarius seine Abenteuer schilderte, wie sie ihm von Augenzeugen berichtet wurden, im Kloster St. Nicolaus zu Stalum als Mönch lebte. Everwach war Hausverwalter Theodorichs, des Bischofs von Utrecht, gewesen und hatte ihm treue Dienste geleistet. Angeklagt, Unterschlagungen begangen zu haben, fand er, dass ihm einige seiner Rechnungen fehlten. In der Verzweiflung rief er den Teufel an mit den Worten: „Herr, so du mir helfen willst in meiner Not, will ich dir huldigen und dir dienen in allen Dingen." Der Teufel erschien, und Everwach nahm seine Bedingung an, Christus und der hl. Jungfrau zu entsagen und ihm zu huldigen, worauf die Richtigkeit der Rechnungen ohne Schwierigkeit bewiesen werden konnte. Von da ab pflegte Everwach offen zu sagen: „Diejenigen, welche Gott dienen, sind elend und arm, aber denen, die an den Teufel glauben, geht es gut," und er widmete sich dem Studium der Zauberei. Wie lau die Zucht der Zeit war, zeigte sich, als er in seinem Eifer für Satan dem Kölner Scholastikus Magister Oliver, der das Kreuz in Utrecht predigte, heftig widersprach und den Prediger, der ihn tadelte, erschlagen haben würde, hätte ihn nicht eine Krankheit dahingerafft. Er wurde in die Hölle geworfen und den unbeschreiblichen Qualen der Verdammten ausgesetzt. Aber der Herr erbarmte sich seiner, und bei seinem eignen Begräbnisse kehrte er auf der Bahre ins Leben zurück. Von da ab wurde er ein ganz andrer Mensch. In Gesellschaft mit dem Bischof Otto von Utrecht unternahm er eine Pilgerfahrt nach dem hl. Grabe, wobei er sich alle Arten von Kasteiungen auferlegte. Bei seiner Rückkehr vermachte er der Kirche sein Eigentum und trat in das Kloster zu Stalum ein. Cäsarius von Heisterbach erzählt noch eine andere Geschichte von einem verschwenderischen jungen Ritter in der Gegend von Lüttich, der, nachdem er sein Vermögen vergeudet hatte, von einem seiner Bauern veranlasst wurde, sich an Satan zu wenden. Als dieser ihm Reichtum und Ehren versprach, verzichtete er auf den Gehorsam gegen Gott und leistete Satan regelrecht den Lehnseid. Satan aber verlangte weiter, dass er auch der heiligen Jungfrau entsage; das verweigerte er, und so wurde ihm, als er bereute, durch ihre Vermittlung verziehen[1]).

Diese Beispiele, die mit Leichtigkeit vermehrt werden könnten, werden genügen, um die Richtung zu kennzeichnen, in welcher sich die Anschauung und der Glaube des Volkes um diese Zeit bewegten. Roger Bacon (1214—1294), der in so vielen Beziehungen seiner Zeit weit voraus war, behauptet zwar, ein grosser Teil der Zauberei sei blosser Schwindel und Täuschung; es sei ein Irrtum anzunehmen, der Mensch könne böse Geister willkürlich rufen und fortschicken, und es sei viel einfacher, sich im Gebet direkt an Gott zu wenden, weil die Dämonen die menschlichen Dinge nur mit Gottes Erlaubnis beeinflussen könnten. Aber als Grund für seine Behauptung, dass Zaubermittel und Beschwörungsformeln nutzlos seien, gibt er an, ihre Wirksamkeit hange davon ab, dass sie unter gewissen Zeichen des Himmels angewandt würden, deren Bestimmung sehr schwierig und unsicher sei. Bacons halbe Ungläubigkeit zeigt nur, dass in weniger wissenschaftlichen Köpfen der Aberglaube ganz allgemein herrschte. Um so bemerkenswerter ist die Gleichgültigkeit, die die Kirche gegenüber dem vermeintlichen Eifer Satans, sich Helfer und Diener unter den Menschen zu erwerben, und gegenüber der Leichtigkeit, womit die Menschen ihn anrufen und sich mit ihm verbinden konnten, an den Tag legte. Die furchtbare Aufregung, die um das Jahr 1230 durch die Verfolgung der Stedinger und der von Konrad von Marburg entdeckten Luziferianer entstand, muss unzweifelhaft dem Glauben an Helfershelfer des Teufels neue Nahrung gegeben haben. Thomas von Chantimpré erzählt im J. 1256, er habe von dem Dominikaner-Provinzial Konrad eine wohlbekannte Geschichte gehört, die einem der Luziferianer Konrads von Marburg passiert sei. Um einen Mönch zu bekehren, habe ihn der Ketzer in einen grossen Palast geführt, wo die hl. Jungfrau in unbeschreiblichem Glanze und umgeben von zahllosen Heiligen auf einem Throne gesessen habe. Der Mönch aber habe sich mit

---

1) Caesar. Heisterb. II. 12; v. 18; XII. 23.

Trotzdem die Einzelheiten dieser Geschichten aus dem Leben der damaligen Zeit gegriffen sind, so sind sie doch offenbar der Legende des Theophilus von Cilicien nachgebildet, die während des Mittelalters allgemein bekannt war. Er war Archidiakon (um 540), wurde aber von seinem Bischof entlassen und nahm in seiner Verzweiflung Zuflucht zu Satan, dem er einen geschriebenen Vertrag gab, worin er sich verpflichtete, die Qualen der Hölle in Ewigkeit zu ertragen. Hierauf wurde er sogleich wieder in seine Stellung eingesetzt und genoss hohes Ansehen, bis er sich, überwältigt von Gewissensbissen, an die hl. Jungfrau wandte. Durch eifrige Busse gewann er ihren Beistand und erhielt durch ihre Vermittlung den Pakt wieder zurück. — Hroswitha, De lapsu et conversatione Theophili (*Hansen a. a. O. S. 167 ff.).

einer in einer Pyxis eingeschlossenen geweihten Hostie versehen und diese der hl. Jungfrau überreicht mit der Bitte, ihren Sohn anzubeten, worauf die ganze Herrlichkeit in Finsternis verschwunden sei. Doch hatte diese Aufregung andrerseits zur Folge, dass man zu weiterer Verfolgung die Lust verlor. Als Peter von Colmieu, der spätere Kardinal von Albano, noch Erzbischof von Rouen war, begnügte er sich 1235 damit, die Anrufung der Teufel, die Darbringung von Opfern für sie sowie den Missbrauch der Sakramente zu Zauberkünsten zu den Fällen zu rechnen, in denen nur die Bischöfe Absolution erteilen konnten. Der Umstand, dass Bischof Durand von Mende in seinem Speculum juris (um 1275) die Frage nur flüchtig streift, beweist gleichfalls, dass sie nur wenig Beachtung bei den geistlichen Gerichtshöfen fand. Im Jahre 1294 erklärte eine Synode von Anjou, dass den kanonischen Gesetzen gemäss die Priester alle Wahrsager, Traumdeuter, Zauberer und dergleichen aus ihren Pfarreien vertreiben sollten, und klagte, dass sich ihre Zahl ungehindert vermehren dürfe; alle, die solche Personen kennten, sollten sie dem bischöflichen Gerichtshofe anzeigen, um so zur Besserung der beklagenswerten Zustände beizutragen und der furchtbaren Bosheit jener Menschen Einhalt zu tun [1]).

Noch auffallender ist die Gleichgültigkeit der weltlichen Juristen und Gesetzgeber während des dreizehnten Jahrhunderts, als die Jurisprudenz Europas sich entwickelte und bestimmtere Formen annahm. In England schwand die in der angelsächsischen Zeit gegen die Zauberei entfaltete Rührigkeit fast vollständig. Glanvill, Bracton, Fleta und Britton schweigen ganz über die Zauberei. Der letztere zählt bei der Beschreibung der wandernden Gerichtshöfe der Sheriffs ausführlich die Vergehen auf, über die sie Inquisition anstellen sollen; dabei werden Abtrünnige vom Glauben und Irrgläubige mit eingeschlossen, die Zauberei aber ausgelassen. Dieselbe Lücke zeigt sich in den genauen Anweisungen, die König Eduard I. den Sheriffs in dem Statut von Ruddlan im Jahre 1283 gab, während Bischof Peter von Exeter in seinen Anweisungen an die Beichtväter im Jahre 1287 Zauberer und Teufelsanbeter unter die Verbrecher zählt, denen sie Busse auferlegen sollen. Allerdings führt Horns 'Myrror of justice' Zauberei und Ketzerei zusammen unter 'Majestas' oder Verrat des Himmelskönigs auf, woraus wir schliessen können,

---

1) Rogeri Bacon. Epist. de secretis operibus artis et naturae c. 1. II. — Thomas Cantimprat., Bonum universale lib. II. c. 56. — Praecept. antiq. Rotomag. c. 109 (Bessin. Concil. Rotomagens. II. 67, 76). — Durandi Speculum Juris, lib. IV. Partic. IV. Rubr. de Sortilegiis. — Synod. Andegavens. ann. 1294, c. 2 (D'Achery, I. 737).

dass auf beiden Vergehen die nämliche Strafe ruhte: keins von beiden wurde indessen energisch verfolgt. Dasselbe ist der Fall mit den mittelalterlichen Gesetzen Schottlands, wie sie von Skene gesammelt sind. Der 'Iter camerarii' enthält genaue Anweisungen für die Untersuchungen des königlichen Kämmerers auf seinen Gerichtsreisen, aber in der langen Liste von Verbrechen und Vergehen, die geahndet werden sollen, wird die Zauberei oder Wahrsagerei überhaupt nicht erwähnt[1]).

Fast ebenso verhält es sich in der französischen Jurisprudenz. Der 'Conseil' Peters von Fontaines und die sogenannten 'Établissements' Ludwigs des Heiligen (um 1250) enthalten keine Hinweise auf Zauberei. Die 'Livres de justice et de plet', obgleich auf das römische Recht zurückgehend, erwähnen sie nicht in der langen Liste von Verbrechen und Strafen. Gelegentlich wird indessen bemerkt, dass das kaiserliche Gesetz auch Anwendung finde auf die, welche andere Personen durch Gift oder Zauberei umbringen. Beaumanoir jedoch, der nur die zur Erregung von Liebe angewandte Zauberei zu kennen scheint, erklärt im Jahre 1283, dass dieses Vergehen vollständig unter die kirchliche Gerichtsbarkeit falle; denn diejenigen, welche es ausübten, irrten im Glauben und gehörten also vor das Forum der Kirche, die sie auffordere, von ihren Irrtümern abzulassen, und sie im Falle der Weigerung als Ungläubige verdamme. Alsdann bemächtige sich ihrer die weltliche Gerichtsbarkeit und bestrafe sie mit dem Tode, wenn es sich klar ergebe, dass ihre Zauberei einem Manne oder einer Frau den Tod bringen könne, während sie, wenn diese Gefahr nicht vorliege, ins Gefängnis geworfen würden, bis sie widerriefen. So ist nach ihm die Zauberei eine Ketzerei, die nur von der Kirche abgeurteilt wird, und deren Strafe nach erfolgter Abschwörung nur in einer einfachen Busse besteht. Wenn aber der unbussfertige Zauberer dem weltlichen Arme ausgeliefert worden ist, dann wird er nicht verbrannt wie ein Waldenser, der die Ablegung des Eides verweigert, sondern der weltliche Gerichtshof prüft und beurteilt die Schwere seines Verbrechens, und der Verbrecher wird, wenn er nicht die Absicht gehabt hat zu töten, lediglich eingekerkert bis zu dem Tage, da er widerruft. Man betrachtete also die Zauberei als eine der am wenigsten gefährlichen Formen der Ketzerei. Beaumanoirs Ansicht von der kirchlichen

---

1) Britton, ch. 29. — Owen's Laws and Institutes of Wales, II. 910—2. — P. Exon. Summula exigendi confess. (Harduin. VII. 1126). — Myrror of Justice, c. I. § 4; c. II. § 22; c. III. § 14. — Regia Majest. Scotiae, Edinburgi, 1609, fol. 163—7.

Jurisdiktion wird bestätigt durch eine gleichzeitige Entscheidung des Pariser Parlaments aus dem Jahre 1282. Es handelte sich dabei um einige Frauen, die in Senlis von dem Bürgermeister und den Schöffen als Zauberinnen verhaftet und in Untersuchung gezogen worden waren. Der Bischof von Senlis nahm den Fall für sich in Anspruch, da das Verbrechen seinen Gerichtshof angehe; die weltlichen Richter bestanden auf ihrer Jurisdiktion, besonders weil Schneiden der Haut und Blutvergiessen vorgekommen war. Das Parlament aber überantwortete die Frauen nach gehöriger Beratung dem geistlichen Gerichtshofe. Das war also die gesetzliche Übung der Epoche, es blieb aber nicht lange in Kraft. Bei dem alten Kriminalprozessverfahren, wo die Überführung oder Freisprechung in zweifelhaften Fällen von dem Gottesgericht, von dem gerichtlichen Zweikampf oder von der Reinigung mit Zeugen abhing, waren die weltlichen Gerichtshöfe in schlimmer Lage, wenn sie die Schuld bei einem so dunklen Verbrechen feststellen sollten; deshalb liessen sie sich natürlich die Übergriffe der geistlichen Gerichtshöfe ruhig gefallen. Als aber nach und nach die Folter in Anwendung kam, sahen sich die weltlichen Gerichte ganz ebenso wie die geistlichen in den Stand gesetzt, die Angeklagten zum Geständnis und zur Überführung zu bringen, und nun massten sie sich schnell das Richteramt in solchen Fällen an. Im Süden Frankreichs, wo die Inquisition sie schon früher mit der Anwendung der Folter bekannt gemacht hatte, hören wir bereits 1274 und 1275 von einer Untersuchung und von Wahrsagern und Hexen, die von den königlichen Beamten in Toulouse zum Tode verurteilt wurden. Im Norden wurde die öffentliche Meinung durch die Prozesse der Templer an die Anwendung der Folter gewöhnt, und ihre Wirksamkeit war durch sie erwiesen, so dass die weltlichen Gerichte bald kein Bedenken mehr trugen, die Jurisdiktion über die Zauberei auszuüben. Im Jahre 1314 wurde Petronella von Valette in Paris als Zauberin hingerichtet. Sie hatte einen Kaufmann von Poitiers, namens Peter, und seinen Neffen Perrot mit in ihren Prozess verwickelt. Diese wurden sofort in Bann getan und ihr Vermögen wurde sequestriert. Auf dem Richtplatze aber erklärte Petronella bei Gefahr ihrer Seele, dass beide ganz unschuldig seien. Nun eilten sie nach Paris und reinigten sich, worauf das Parlament am 8. Mai 1314 dem Seneschall von Poitou befahl, das Verfahren einzustellen und das beschlagnahmte Eigentum wieder herauszugeben. Von dieser Zeit an begann man die Zauberei allgemein energisch zu unterdrücken, und wir werden sehen, dass sie nun als eine besondere Art von Verbrechen betrachtet wurde, das sowohl von den kirchlichen als auch von den weltlichen Gerichtshöfen abgeurteilt werden konnte[1]).

Spanien war der Verseuchung besonders stark ausgesetzt gewesen. Der fatalistische Glaube der Sarazenen machte diese natürlich von vornherein für Wahrsagekünste empfänglich; sie pflegten die geheimen Wissenschaften eifriger als irgendein anderes Volk und wurden in ganz Europa als die geschicktesten Lehrer und Jünger der Zauberei angesehen. An der Schule zu Cordoba lehrten zwei Professoren der Astrologie, drei der Nekromantie, Pyromantie und Geomantie und einer der 'Ars notoria'; sie alle hielten täglich Vorlesungen. Arabische Bibliographen zählen siebentausendsiebenhundert Schriftsteller, die sich mit der Auslegung der Träume befassten, und ebenso viele, die sich einen Namen machten als Erklärer der goëtischen Zauberei, obwohl bei den spanischen Mauren die Zauberei mit dem Tode bedroht war. Der Verkehr mit den Sarazenen weckte auch bei den Christen den Durst nach den verbotenen Kenntnissen, und als die Grenzen der christlichen Herrschaft vorrückten, blieb in den eroberten Gebieten ein grosser Teil der unterworfenen Bevölkerung, die ihre Religion behalten und die Glaubenssätze, welche eine so unwiderstehliche Anziehungskraft besassen, weiter verbreiten durfte. Vergebens verbrannte um das Jahr 1050 König Ramiro I. von Aragon eine Anzahl Zauberer, darunter viele jüdische Astrologen. Doch waren das nur vorübergehende Anwandlungen von Strenge. Die Anklagen, die gelegentlich auf Konzilien gegen den Aberglauben erhoben wurden, sind ein Beweis dafür, dass das Übel fortdauerte, ohne dass ein wirksames Heilmittel dagegen angewandt wurde. Königin Urraca von Kastilien erzählt in der ersten Hälfte des 12. Jahrhunderts, dass ihr früherer Gatte, König Alfons 'el Batallador' von Aragonien, der Wahrsagerei und der Prophezeiung aus dem Vogelfluge, einer unter dem Volke sehr verbreiteten Sitte, ergeben war, und um 1220 war der Erzbischof Pedro Muñoz von Santiago wegen Nekromantie so berüchtigt, dass er auf Befehl des Papstes Honorius' III. nach der Einsiedelei San Lorenzo verbannt wurde. Das alte westgotische Gesetz oder 'Fuero Juzgo' war durch die zahllosen neu entstandenen örtlichen 'Fueros' fast ganz in Vergessenheit geraten, bis es im 11. Jahrhundert von König Ferdinand I. von Kastilien von neuem eingeführt wurde.

---

1) Livres de jostice et de plet, pp. 177—83, 284 (Dig. XLVIII. VIII. 3, Marcianus). — Beaumanoir, Coutumes du Beauvoisis, cap. XI. §§ 25, 26 (*vgl. Hansen a. a. O. S. 321 ff., 351 ff.). — Beugnot, Les Olim II. 205, 619. — Vaissette, IV. 17—18; Chron. Bardin, ibid. IV. Pr. 5.

Als Jakob I., der Eroberer, im dreizehnten Jahrhundert das Fuero von Aragonien verwarf und dasjenige von Valencia anerkannte, führte er in Aragonien Strafen wegen Zauberei ein, die denen des Fuero Juzgo ähnlich waren[1]). So war in der Praxis die alte westgotische Gesetzgebung in Kraft. Um die Mitte des dreizehnten Jahrhunderts rechnet der gelehrte Jurist Jacob de las Leyes in seinem Buche 'Flores de las Leyes', das Alfons dem Weisen von Kastilien gewidmet ist, unter die schlimmsten Übeltäter diejenigen, welche Menschen durch Zauberei töten. Das unter dem Namen 'Las siete partidas' bekannte, um das Jahr 1260 von König Alfons verfasste, aber erst 1348 von den Córtes bestätigte Gesetzbuch unterstellt alle Zweige der Magie der weltlichen Macht und behandelt die Zauberei in einer auffallend rationalistischen Weise. Ihm gilt die Geheimwissenschaft nicht als Ketzerei oder als ein Vergehen gegen den Glauben, sondern lediglich als eine geheime Kunst, die belohnt oder bestraft werden müsse, je nachdem sie zum Guten oder zum Bösen angewandt werde. Astrologie ist eine der sieben freien Künste; ihre Schlüsse werden abgeleitet aus dem Laufe der Sterne, wie er von Ptolemäus und anderen Gelehrten erklärt worden ist. Wendet man sich zur Wiedererlangung eines verlorenen oder gestohlenen Gutes an einen Astrologen, und nennt dieser den Ort, wo es zu finden ist, so hat die belastete Partei wegen der Ehrlosigkeit, der sie verfällt, kein Klagerecht gegen ihn, weil er nur in Übereinstimmung mit den Regeln seiner Kunst geantwortet hat. Ist er aber ein Betrüger, der zu wissen vorgibt, was er nicht weiss, so kann ihn der Kläger als einen gewöhnlichen Zauberer bestrafen lassen. Zauberer und Wahrsager, die die Zukunft und das Unbekannte durch den Flug der Vögel, durch Würfel, Hydromantie, Kristallomantie oder durch einen Totenkopf oder die flache Hand einer Jungfrau enthüllen zu können vorgeben, sind Betrüger. Ebenso steht es um die Nekromanten, die durch die Anrufung böser Geister das wirken, was Gott missfällt und den Menschen Schaden bringt. Zaubertränke, Liebestränke und Wachsbilder, die Begierde oder Abscheu einflössen sollen, werden gleichfalls verurteilt, da sie oft den Tod und dauernde Gebrechlichkeit verursachen. Alle, die sich diesen betrügerischen Künsten ergeben, sollen, sobald sie überführt

---

1) José Amador de los Rios (Rivista de España, t. XVII. pp. 382, 384—5, 388, 392—3; t. XVIII. p. 6). — Leyes de los Moros, tit. CLXXX (Tratados de legislacion Muhamedana, Madrid, 1853, p. 143). — Concil. Legionens. ann. 1012, c. 19; C. Compostellan. ann. 1031, c. 6; C. Coyacens. ann. 1050, c. 4; C. Compostellan. ann. 1056, c. 6 (Aguirre, IV. 388, 396, 405, 414). — Histor. Compostellan. lib. I. c. LXIV. — Pelayo, Heterodoxos españoles, I. 570.

sind, getötet, diejenigen, welche ihnen Schutz gewähren, verbannt werden. Wer aber Zaubersprüche zu einem guten Zwecke anwendet — etwa um Teufel aus den Besessenen auszutreiben oder Liebesknoten zwischen Verheirateten zu entfernen oder eine Hagelwolke oder einen die Ernte bedrohenden Nebel zu beseitigen oder um Heuschrecken oder Raupen umzubringen — soll nicht bestraft, sondern vielmehr belohnt werden[1]).

Italien bietet das früheste Beispiel der mittelalterlichen Gesetzgebung über diesen Gegenstand. In der ersten Hälfte des zwölften Jahrhunderts drohte der normannische König beider Sizilien Roger II. († 1154) Bestrafung für die Mischung eines Liebestrankes an, selbst wenn dieser keinen Schaden bringe. Die nächste Massregel, die uns berichtet wird, steht in den ältesten uns bekannten Ortsstatuten von Venedig, die der Doge Orlo Malipiero im Jahre 1181 gab. Sie enthalten Bestimmungen über die Bestrafung von Vergiftung und Zauberei. Kaiser Friedrich II. wurde von seinen kirchlichen Gegnern angeklagt, er umgebe sich mit sarazenischen Astrologen und Wahrsagern, die er als Ratgeber benutze, und die für ihn die verbotenen Künste der Weissagung aus dem Vogelflug und den Eingeweiden der Opfertiere ausübten; aber obgleich Friedrich, den allgemeinen Glauben seiner Zeit teilend, eine Schar von Astrologen, mit Magister Theodor an der Spitze, in seinem Dienste hatte und auch selbst der Wissenschaft der Physiognomik ergeben war, so war er doch zu sehr Skeptiker, um auch dem volkstümlichen Glauben an Zauberei zu huldigen. Er teilte in dieser Beziehung vollständig den Ruf seines Schützlings Michael Scotus, der für ihn philosophische Abhandlungen von Averrhoës und Avicenna übersetzte. In seiner als „Sizilische Konstitutionen" bekannten Gesetzessammlung behielt er das eben erwähnte Gesetz König Rogers II. bei, fügte aber die Bestimmung hinzu, dass diejenigen, welche Liebestränke oder schädliche, unerlaubte oder exorzisierte Nahrungsmittel zu solchen Zwecken verabfolgten, nur dann getötet werden sollten, wenn der Empfänger sein Leben oder seine Sinne verliere; wenn aber kein Schade entstehe, solle die Strafe nur in Konfiskation der Güter und einjähriger Gefangenschaft bestehen. Das war indessen bloss ein Zugeständnis an die Bedürfnisse seiner Zeit; denn sorgfältig fügte er die Erklärung hinzu, dass das Einflössen von Liebe und Hass durch Speisen oder Getränke nur eine Fabel sei. Andere Formen der Zauberei

---

1) Memorial histórico español, II. 243. — Partidas, P. VII. Tit. IX. l. 17; Tit. XXIII. ll. 1, 2, 3. — *Esmein, Histoire de la procédure criminelle en France, S. 295 ff.

werden in seinem Gesetzbuche überhaupt nicht erwähnt. Was die lateinischen Königreiche des Ostens angeht, so schweigen die Assisen von Jerusalem und Antiochia vollständig über den Gegenstand, wofern man nicht eine Anspielung darauf finden will in der allgemeinen Bestimmung der ersteren, dass alle Übeltäter und alle schlechten Männer und Frauen getötet werden sollen. Dass jedoch die Zauberei in ganz Italien bestraft und als ein den weltlichen Gerichtshöfen unterstehendes Verbrechen angesehen wurde, ergibt sich aus einem Ausdruck in der Bulle 'Ad extirpanda', die Innocenz IV. am 15. Mai 1252 erliess; er befahl darin allen Machthabern, die Ketzer in öffentlicher Versammlung so in den Bann zu tun, als ob sie Zauberer seien[1]).

In der deutschen Gesetzgebung enthält die 'Treuga Henrici' um 1224 den ersten Hinweis auf die Zauberei, die sie mit Ketzerei auf die gleiche Stufe stellt und deren Bestrafung sie dem Ermessen des Richters überlässt, während das Kaiserrecht, das sächsische Weichbild und der Richsteig Landrechts sie nicht erwähnen. Im Sachsenspiegel (1225) wird sie kurzerhand mit Ketzerei und Giftmischerei zusammengestellt, die mit dem Feuertode bestraft werden, und die nämliche Bestimmung findet sich in dem Schwabenspiegel (1275). In einer spätern Fassung desselben wird aber auf die Frage näher eingegangen und bestimmt, dass ein jeder, Mann oder Frau, der Zauberei ausübe

---

1) Constitutiones Siculae (1231), III. XLII. 1—3 (*Huillard-Bréholles, Historia diplomatica Friderici II. IV[1], S. 166). — Cecchetti, La republica di Venezia e la corte di Roma, I. 15. — Chron. Senoniens. lib. IV. c. 4 (D'Achery, II. 631). — Huillard-Bréholles, Introd. pp. DXXV. DXXX. — Assises de Jérusalem, Baisse court, c. 271 (hrsg. von Kausler, 1839). — Magnum Bullarium Romanum I. 91.
Ein Zeugnis für Friedrichs Ruf ist enthalten in den Zeilen:

„Amisit astrologos et magos et vates,
Beelzebub et Astaroth, proprios penates
Tenebrarum, consulens, per quas potestates
Spreverat ecclesiam et mundi magnates."
(Huillard-Bréholles, l. c.)

Michael Scotus galt den folgenden Generationen nicht als Philosoph, sondern als Zauberer:

Michele Scotto fu, che veramente
Delle magiche frode seppe il giuoco.
(Inferno, XX.)

Seine Wundertaten sind gefeiert in dem 'Lay of the last Minstrel' von Walter Scott:

„In these fair climes it was my lot
To meet the wondrous Michael Scott,
A wizard of such dreaded fame
That when in Salamanca's cave
Him listed his magic wand to wave,
The bells would ring in Notre-Dame."

oder den Teufel durch Worte oder auf andere Weise anrufe, nach dem Ermessen des Richters verbrannt oder einem noch härtern Tode ausgesetzt werden solle; denn er habe Christus entsagt und sich dem Teufel ergeben. Hieraus geht klar hervor, dass nur die geistliche Seite des Vergehens in Betracht gezogen wurde, ohne Rücksicht auf das versuchte oder vollbrachte Unheil, sowie weiterhin, dass die Angelegenheit der Kompetenz der weltlichen Gerichtshöfe unterstellt war. Die Landesordnung von Ermland aus dem Jahre 1310 setzt für Zauberei den Verlust eines Ohres, ein Brandmal auf die Backe, die Verbannung oder schwere Geldstrafen fest, sagt aber nichts von der Todesstrafe. Für Skandinavien finden sich die die Zauberei betreffenden gesetzlichen Bestimmungen in der 'Jarnsida', welche Hako Hakonsen um 1258 für seine isländischen Untertanen zusammenstellte, und in den fast gleichlautenden 'Leges Gulathingenses', die sein Sohn Magnus Hakonsen im Jahre 1274 veröffentlichte, und die fünfhundert Jahre lang das gemeine Recht von Norwegen blieben. Zauberei, Wahrsagerei und Anrufung der Toten werden hier als unverzeihliche Verbrechen bezeichnet, die mit Tod oder Konfiskation bestraft werden müssen; doch konnte der Angeklagte sich durch Eideshelfer reinigen, deren Zahl in der Jarnsida auf zwölf, in der Gula auf sechs festgesetzt wird, woraus wieder hervorgeht, dass diese Verbrechen zur Kompetenz der weltlichen Gerichte gehörten[1]).

In Schweden findet sich in den zu Anfang des dreizehnten Jahrhunderts von dem Erzbischof Andreas von Lund zusammengestellten Gesetzen kein Hinweis auf die Zauberei; aber in den von König Christoph im Jahre 1441 veröffentlichten werden Verbrechen gegen das Leben durch Gift oder Zauberei für Männer mit dem Rade, für Frauen mit Steinigung bestraft und vor das Forum des 'Nämd' gestellt, einer Art ständigen Schwurgerichts von zwölf Männern, die in jedem Bezirke als Richter ausgewählt wurden. Die in Dänemark geltenden Gesetze waren bis zum sechzehnten Jahrhundert auffallend milde. Der Angeklagte hatte das Recht, sich mit Hilfe selbstgewählter Eideshelfer zu verteidigen. Die Bestrafung für ein einmaliges Vergehen war Ehrloserklärung und Entziehung der Sakramente; im Rückfall

---

1) Treuga Henrici, Nr. 21 (*Mon. Germ. Hist. Leges IV. 2 S. 398; vgl. Weiland, in der Zeitschrift für Rechtsgeschichte XXI. S. 120). — Sachsenspiegel, lib. II. c. 13. — Schwabenspiegel, c. CXVI. § 12 (ed. Lassberg nr. 174). — Lilienthal, Die Hexenprozesse der beiden Städte Braunsberg (1861) S. 70 (*vgl. Hansen, Zauberwahn S. 366 ff.). — Jarnsida, Mannhelge, c. VI. XXV (ed. Hafniae, 1847, pp. 22, 46). — Leg. Gulathingens. Mannhelge-Bolkr, c. IV. XXV. (ed. Hafniae, 1817, pp. 137, 197).

war Gefängnis und schliesslich Tod für hartnäckige Ausübung des Verbrechens bestimmt. In Schleswig trifft das alte Recht des dreizehnten Jahrhunderts keine Bestimmung gegen Zauberei, ebenso ist es bei den freien Friesen im vierzehnten Jahrhundert. Dass aber diese Milde nicht etwa die Folge einer Überwindung des alten Aberglaubens war, erfahren wir von Olaus Magnus, der sämtliche nordischen Gegenden buchstäblich als den Sitz Satans bezeichnet[1]). Aus dieser bunten Mannigfaltigkeit der Gesetze können wir indessen deutlich entnehmen, dass nach dem dreizehnten Jahrhundert eine strengere Auffassung allgemein Platz griff.

Eine wie geringe Aufmerksamkeit aber die Kirche noch im dreizehnten Jahrhundert diesem so abscheulichen Verbrechen schenkte, geht aus der Tatsache hervor, dass, als die Inquisition organisiert wurde, diese Klasse von Vergehen lange Zeit ihrer Jurisdiktion entzogen blieb. Als im J. 1248 das Konzil von Valence den Inquisitoren das gegen die Ketzer einzuschlagende Verfahren vorschrieb[2]), bestimmte es, dass Zauberer den Bischöfen ausgeliefert und von diesen eingekerkert oder sonstwie bestraft werden sollten. Während der nächsten sechzig Jahre wird diese Frage von verschiedenen Konzilien behandelt, woraus hervorgeht, dass sie einen Gegenstand beständig wachsender Sorge bildete; doch besteht die Strafe, die den Schuldigen angedroht wird, nur in der Exkommunikation. Ein im Jahre 1310 abgehaltenes Konzil von Trier legt eine fast unbegreifliche Milde an den Tag. Nachdem es eine sehr ausführliche Beschreibung der verbotenen Künste gegeben, befiehlt es allen Pfarrern, sie zu verhindern; die im Falle des Ungehorsams festgesetzte Strafe besteht indessen nur in der Entziehung der Sakramente, auf welche bei fortgesetzter Hartnäckigkeit Exkommunikation und andere von den Ordinarien angewandte gesetzliche Heilmittel folgen sollen. Dass die Kirche in der Tat gelegentlich geneigt war, vernünftiger als das Volk zu sein, geht aus einem Falle im Jahre 1279 zu Rufach im Elsass hervor, wo eine Dominikanernonne angeklagt wurde, ein Wachsbild in der Weise der Zauberinnen, die entweder einen Feind vernichten oder einen Liebhaber gewinnen wollten, getauft zu haben. Die Bauern schleppten

---

1) Leges Scaniae provinciae Andreae Sunonis, archiepiscopi Lundensis (Thorsen, Skanske Lov, Kjobenhavn, 1853). — Raguald. Ingermund. Leges Suecor. lib. x. c. 5 (Stockholmiae, 1614). — Canut. episc. Vibergens., Exposit. legum Juciae, lib. III. c. LXIX (Hafniae, 1508). — Ancher, Farrago legum antiq. Daniae (Hafniae, 1776). — Leges Opstalbomicae, ann. 1328 (Gaertner, Saxonum leges tres, Lipsiae, 1730). — Olaus Magnus, De gent. septentrion. lib. III. c. 22.
2) *Über die Fortdauer der alten Synodalpraxis gegen die Zauberei vgl. Hansen a. a. O. S. 293 ff.

sie auf ein Feld und würden sie verbrannt haben, wenn nicht die Mönche zu ihrer Rettung herbeigeeilt wären[1]).

Die Stellung, welche damals die Kirche in dieser Frage einnahm, wird präzisiert durch den bedeutendsten Kirchenrechtslehrer seiner Zeit, Astesanus von Asti, der um 1317 schrieb. Nachdem er die grausamen Strafen aufgezählt hat, die von der kaiserlichen Jurisprudenz festgesetzt waren, fügt er hinzu, dass die Kirchengesetze für solche Praktiken nur eine Busse von vierzig Tagen auferlegen; weigert sich der Sünder, diese auszuführen, so soll er, wenn er ein Laie ist, exkommuniziert und, wenn er ein Geistlicher ist, in ein Kloster eingesperrt werden. Verharrt er auch dann noch bei seinen schlechten Gewohnheiten, dann soll ein Leibeigner gegeisselt, ein Freier eingekerkert werden. Die Bischöfe sollen aus ihren Diözesen alle solche Personen vertreiben, und an einigen Orten kommt lobenswerterweise zu dieser Strafe noch das Kürzen der Gewänder und des Haares hinzu. Ob Priester, die die Eucharistie, das hl. Öl und das Weihwasser zu Zauberkünsten missbrauchen oder Wachsfiguren taufen, dadurch „irregulär" werden, ist eine offene Frage, über die die Doktoren verschiedener Meinung sind; darum hält Astesanus im Zweifelfalle es für das sicherste, dass sich solche Personen Lossprechung verschaffen[2]).

So zeigte die Kirche bis in das vierzehnte Jahrhundert hinein eine auffallende Milde gegenüber den gewöhnlichen Praktiken der Zauberei und Magie. Von da ab jedoch änderte sie ihre Haltung, und das führte schliesslich zu der bedauerlichen Epidemie des Hexenwahns, den wir später zu betrachten haben. Die Verantwortung hierfür fällt in erster Linie der Inquisition zu. Als das hl. Offizium seine Organisation vollendete und sich seiner Kraft immer mehr bewusst wurde, suchte es natürlich den Kreis seiner Tätigkeit auszudehnen, und im Jahre 1257 legte es Alexander IV. die Frage vor, ob es sich nicht auch mit der Wahrsagerei und Zauberei befassen solle. In seiner Bulle 'Quod super nonnullis', die von seinen Nachfolgern mehrfach wiederholt wurde, erwiderte Alexander am 13. Dezember 1258, dass

---

1) Concil. Valentin. ann. 1248, c. 12 (Harduin. VII. 427). — C. Cenomanens. ann. 1248 (Martene, Ampl. Coll. VII. 1377). — C. Mogunt. ann. 1261, c. 30 (Hartzheim, III. 604). — C. Nugaroliens. ann. 1290, c. 4 (Harduin. VII. 1161). — C. Baiocens. ann. 1300, c. 63 (ibid. VII. 1234). — C. Palentin. ann. 1322, c. 24 (Martene, Thesaur. IV. 257—8). — C. Treverens. ann. 1310, c. 79—84 (Harduin. VII. 1480). — C. Salmanticens. ann. 1335, c. 15 (ibid. VII. 1973—4). — Annal. Colmariens. ann. 1279 (*M. G. H. SS. XVII. 206; dass man aus Einzelvorgängen wie diesem nicht auf die Haltung der Kirche im ganzen schliessen darf, ergibt sich aus meinen Darlegungen a. a. O. S. 285 ff.).
2) Astesanus de Ast, Summa de casibus conscientiae, P. I. lib. I. tit. XIV.

sich die Inquisitoren nicht durch andere Beschäftigungen von ihren Pflichten ablenken lassen und solche Übeltäter ihren ordentlichen Richtern überlassen sollten, wofern nicht offenbare Ketzerei mit in Frage komme. Diese Vorschrift wurde am Ende des Jahrhunderts von Bonifaz VIII. in das kanonische Recht aufgenommen. Nachdem auf diese Weise der Inquisition ein Teil des Feldes eingeräumt war, dehnte sie schnell ihre Jurisdiktion weiter aus. Und es bedeutete keine Einschränkung ihrer Machtbefugnisse, wenn der fromme Alfons von Toulouse und seine Gemahlin Johanna 1270 zu Aigues-Mortes bei ihrer Ausreise zum Kreuzzuge nach Tunis die Bestimmung trafen, dass ihre Diener und Haushalter für Abschwörung des Glaubens, für Ketzerei, Magie, Zauberei und Meineid der Inquisition verantwortlich sein sollten. Zweifellos haben wir dieser Erweiterung der Inquisitionsgerichtsbarkeit die wachsende Strenge zuzuschreiben, die von nun an die Verfolgung der Zauberei kennzeichnete[1]).

Die Erklärung Alexanders IV. hatte zwar eine Reihe verwickelter Fragen hinsichtlich des Grades der in den geheimen Künsten enthaltenen Ketzerei offengelassen, aber mit der Zeit wurden diese alle „zugunsten des Glaubens" entschieden. Es wurde nicht nur die Anbetung des Teufels und der Pakt mit ihm von der spitzfindigen Kasuistik der Inquisitoren für ketzerisch erklärt. Eine Wachsfigur musste, wenn sie wirksam sein sollte, getauft werden, und das setzte eine ketzerische Auffassung des Sakraments der Taufe voraus; dasselbe war der Fall hinsichtlich des Altarsakraments, das durch die verschiedenen abergläubischen Gebräuche, bei denen die Eucharistie Verwendung fand, entweiht wurde. Kaum einer der Kunstgriffe, deren sich der Wahrsager zur Enthüllung der Zukunft und zur Auffindung gestohlener Gegenstände bediente, konnte vollbracht werden ohne das, was die Inquisitoren als eine mindestens stillschweigende Anrufung der Dämonen ansahen. Und sie konnten sich dabei auf die Autorität Johanns von Salisbury stützen, der schon im zwölften Jahrhundert behauptet hatte, dass jegliche Wahrsagerei eine Anrufung der Dämonen voraussetze. Denn wenn der, welcher das Werk ausführe, auch kein eigentliches Opfer darbringe, so gebe er doch zur Ausführung des Werkes wenigstens seinen Körper zum Opfer hin. Diese feinen Unterscheidungen waren zwar praktisch nicht durchführbar; dafür fand man aber zur rechten Zeit einen

---

1) Raynald. ann. 1258, Nr. 23. — Potthast, Nr. 17 745, 18 396. — Eymericus p. 133. — C. 8, § 4. Sexto v. 2. — Chron. Bardin. ann. 1270 (Vaissette, IV. Pr. 5). — *Vgl. die näheren Ausführungen bei Hansen a. a. O. S. 245 ff.

Ausweg in folgendem scharfsinnigen Dilemma: Wer einen Dämon anruft, ohne dies für eine Sünde zu halten, ist ein offenbarer Ketzer; ist er sich bewusst, dass es eine Sünde ist, so ist er zwar kein Ketzer, muss aber zu den Ketzern gerechnet werden, denn von einem Dämon erwarten, dass er die Wahrheit sage, ist ketzerisch. Einen Dämon um das zu bitten, was von dem Willen Gottes oder eines Menschen oder von der Zukunft abhängt, verrät, selbst wenn keine Anbetung damit verbunden ist, ketzerische Begriffe in bezug auf die Macht der Dämonen. Kurz, wie Sylvester Prierias (1521) sagt, man braucht nicht nach den Beweggründen derjenigen zu fragen, welche die Dämonen anrufen; sie sind alle Ketzer, wirkliche oder mutmassliche.

436 Infolge einer ähnlichen Auslegung galten auch die Liebes- und Zaubertränke als ketzerisch; ebenso stand es mit den Zaubermitteln und Zaubersprüchen, die man anwandte, um Krankheiten zu heilen; desgleichen mit dem Sammeln von Kräutern, wobei man mit dem Gesichte nach Osten niederkniete und das Paternoster wiederholte, und all den anderen Kunstgriffen, deren sich Betrug und Aberglaube bedienten, um das leichtgläubige Volk zu täuschen. Alchimie war eine der sieben Teufelskünste; denn für die Umwandlung von Metallen war die Hilfe Satans nötig, und der Stein der Weisen war nur durch Zaubermittel und Zaubersprüche zu erhalten. Allerdings behauptete um das J. 1270 Roger Bacon in seinem Eifer für praktische Wissenschaft, dass beides durch rein natürliche Mittel zu erreichen sei, und dass das menschliche Leben auf mehrere Jahrhunderte verlängert werden könne [1]).

1) Archives de l'Inquisition de Carcassonne (Doat, XXVII. 7). — Bern. Guidon. Practica, P. III. c. 42, 43 (ed. Douais S. 156 ff.). — Thomas Aquin. Summa, Sec. Sec. X c. 2; XCV. 4. — Johann. Saresberiens. Polycrat. c XXVIII. — Bern. Basin, De artibus magiae, conclus. III.—IX. — Prierias, De strigimagar. lib. III. c. 1. — Eymericus pp. 342, 443. — Alonso de Spina, Fortalicium fidei, fol. 51, 284. — Revelat. S. Brigittae lib. VII. c. 28. — Archidiac. Gloss. super c. accusatus, § sane (Eymericus p. 202). — Rogeri Bacon Op. Tertium c. XII; Epist. de secret. operibus artis c. VI. VII. IX—XI.

Als im Jahre 1473 einige Karmeliter von Bologna behaupteten, dass es nicht ketzerisch sei, Antworten von Dämonen zu erlangen, ordnete Sixtus IV. sofort eine Untersuchung an und befahl, ihm das Ergebnis unter Siegel zuzustellen. — Pegna, Appendix ad Eymericum, p. 82.

Bernard von Como stellt (um das Jahr 1508) die sonderbare Theorie auf, es sei nicht ketzerisch, den Teufel anzurufen, um die unerlaubte Liebe einer Frau zu gewinnen, da die Aufgabe Satans darin bestehe, den Menschen zu versuchen. — Bernardi Comens. Lucerna Inquisitorum s. v. Daemones, Nr. 2.

Im Jahre 1471 wurde von den Franziskanern von der strengen Observanz die Buchdruckerkunst und die Alchimie gemeinsam für tadelnswert erklärt und ihre Ausübung bei Strafe der Ungnade und der Entlassung verboten. Bruder Johann Neysesser gehorchte dieser Vorschrift nicht und trat zu dem Conventualzweige des Ordens über, der weniger strenge war. — Chron. Glassberger, ann. 1471.

Im Jahre 1328 verurteilte die Inquisition von Carcassonne die „Kunst des hl. Georg", die darin bestand, verborgene Schätze dadurch ausfindig zu machen, dass man unter gewissen Beschwörungen einen Fingernagel mit Öl bestrich und einen jungen Knaben darauf blicken und sagen liess, was er sehe. Eine andere Kunst war die 'Ars notoria' oder die Kunst, alles zu wissen, die Gott dem Salomo mitgeteilt und Apollonius von Tyana den folgenden Geschlechtern überliefert hatte. Sie lehrte die Kraft der Namen und Worte Gottes und wandte Gebete und Formeln aus unbekannten, vielsilbigen Worten an, wodurch man im Laufe eines Monats alle Kenntnisse, ein gutes Gedächtnis, Beredsamkeit und Tugend erlangen konnte. Roger Bacon hält diese ziemlich harmlose Täuschung für eine Erfindung der Magier, während Thomas von Aquino († 1274) und Pedro Ciruelo (1521) beweisen, dass sie nur durch den Teufel wirkte. Im J. 1323 wurde in Paris ein Mönch verhaftet, der ein Buch darüber besass; das Buch wurde verbrannt, und der Besitzer kam wahrscheinlich mit Abschwörung und Busse davon. Der Raum, den Astesanus der 'Ars notoria' widmet, und seine Bemühungen, gleichzeitig ihre Nichtigkeit und ihre Ungesetzlichkeit zu beweisen, zeigen, welche Bedeutung sie zu seiner Zeit hatte. Gegen Ende des fünfzehnten Jahrhunderts zählt Angelo da Chivasso in seinen Instruktionen an die Beichtväter die Ars notoria zu denjenigen Sünden, über die sie immer ausfragen müssten, und er fügt hinzu, die Menschen, welche sie ausübten, verlören gewöhnlich den Verstand[1]).

Von allen geheimen Künsten war aber die Astrologie für den Gesetzgeber die wichtigste und zugleich diejenige, welche ihm die grössten Verlegenheiten bereitete. Sie war eine rein orientalische Wissenschaft, die aus den Ebenen von Chaldäa und dem Niltal stammte, und von der keiner der ursprünglichen arischen Völkerstämme von Hindostan bis Skandinavien etwas wusste. Als die Herrschaft Roms die Grenzen Italiens überschritt, war gerade diese Kunst nicht zum wenigsten massgebend unter den orientalischen Einflüssen, die das ursprüngliche Wesen der Römer so sehr veränderten; und nachdem sie

---

1) Collection Doat, XXVII. 7; XXX. 185. — Rogeri Bacon Epist. de secretis operibus artis c. III. — Th. Aquin. Summ. Sec. Sec. XCVI. 1. — Ciruelo, Reprovacion de las superstitiones, P. III. c. 1. — Grandes Chroniques v. 272. — Guill. Nangiac. Contin. ann. 1323. — Savonarola, Contro l'astrologia (Vinegia, 1536) fol. 33. — Ars Notoria (Cornelii Agrippae Opera, ed. Lugduni) I. 606. — The Notory Art of Salomon, translated by Robert Turner, London 1657. — Astesani Summa I. I. XV. — Angeli de Clavasio Summa Angelica, s. vv. Interrogationes, Superstitio § 3.

eine Zeitlang mit den einheimischen Augurien und Haruspizien gewetteifert hatte, verdrängte sie diese fast vollständig. In den ersten Zeiten des Kaiserreiches gehörte eine gewisse Kenntnis von dem Einflusse der Sterne zu den gewöhnlichen Erfordernissen der Bildung. Dieselben Gründe, welche zum Verbot der Haruspizien führten, nämlich ihre Absicht, den Todestag des Kaisers zu ermitteln, veranlassten auch die wiederholten grausamen Edikte gegen die Chaldäer oder Astrologen, die sogar von solchen Monarchen erlassen wurden, die selbst diese Kunst eifrig betrieben. Doch erwiesen sich diese Massregeln als vergeblich. Die menschliche Leichtgläubigkeit war ein zu fruchtbares Feld, um unbeackert zu bleiben, und die Astrologen wurden zwar, wie Tacitus sagt, immer verboten, ihre Dienste aber immer wieder benutzt. Zwar war ihre Wissenschaft so verwickelt, dass nur aussergewöhnlich begabte Köpfe ihre Einzelheiten durch lebenslängliche Übung zu begreifen vermochten; doch wurde sie in eine so gedrängte Form gebracht, dass jedermann sie bewältigen konnte, wenn man sie auf die Beobachtung des Mondes beschränkte und die Ergebnisse mittels des Diagramms und der Tafeln anwandte, die unter dem Namen 'Petosiris' bekannt sind. Eine dem Beda Venerabilis (um 720) zugeschriebene Beschreibung derselben zeigt, mit welchem Eifer die nordischen Völker den Aberglauben des Heidentums annahmen trotz der Argumente, die der hl. Augustinus vorbrachte, um die Nichtigkeit des den Himmelskörpern beigemessenen Einflusses zu beweisen, und trotz der Neigung der Kirche, diesen ganzen Aberglauben als stark an Manichäismus streifend zu verurteilen[1]).

Wir haben gesehen, wie Alfons der Weise von Kastilien (1252 bis 1284) die Astrologie unter die freien Künste rechnete, und da sie allgemein das ganze Mittelalter hindurch unbedingten Glauben und infolgedessen auch allgemeine Anwendung fand, so war es schwer, sie zu verurteilen. Wir haben auch gesehen, welches Vertrauen Kaiser Friedrich II. zu dieser Wissenschaft hatte, und wie der Erzbischof Philipp von Ravenna, als er im Jahre 1258 als päpstlicher Legat den Kreuzzug gegen Ezzelin von Romano anführte, sich von einem Astrologen aus dem Dominikanerorden begleiten liess (Bd. II, 257). Ezzelin selbst hatte eine Menge Astrologen um sich, durch deren

---

1) Tacitus, Annal. II. 28—32; III. 22; XII. 14, 52, 68; Histor. II. 62. — Zonarae t. II (pp. 185, 192). — Suetón. Vitell. 14. — Tertull. de Idolat. IX. — Lib. IX. Cod. XVIII. 2. — Prudent. contra Symmach. II. 449—57. — Bedae Opera, ed. Migne, I. 963—66. — Augustinus De civ. Dei, lib. v. c. 1—7. — Concil. Bracarense I. ann. 563, cap. 10.

missverstandenen Rat er sich zu seinem letzten verhängnisvollen
Unternehmen verleiten liess. Die Grundsätze der Astrologie fanden
so unbedingte Anerkennung, dass das Kardinalkollegium, als es im
Jahre 1305 den Papst Clemens V. dringend aufforderte, nach Rom
zu kommen, ihn darauf aufmerksam machte, jeder Planet sei am
stärksten in seinem eignen Hause. Savonarola versichert, dass am
Ende des fünfzehnten Jahrhunderts alle, die es sich nur leisten
konnten, Astrologen hielten und jede Handlung nach ihrem Rate
regelten; ob einer aufs Pferd steigen oder aufs Schiff gehen, ob
er den Grundstein zu einem Hause legen oder ein neues Gewand
anziehen wolle, immer stehe der Astrologe, das Astrolabium in
der Hand, bei ihm, um den günstigen Augenblick anzukündigen; die
Kirche selbst lasse sich von der Astrologie leiten; denn jeder Prälat
habe seinen Sterndeuter, dessen Rat unbeachtet zu lassen er nicht
wage. Es ist beachtenswert, dass während des dreizehnten und
vierzehnten Jahrhunderts die Astrologie nicht zu den verbotenen
Künsten gehörte, die in den Verhörformularen der Inquisition erwähnt werden; auch scheinen keine Bücher über Astrologie in das
Verdammungsurteil aufgenommen gewesen zu sein, das der Inquisitor
und der Bischof von Paris mit dem Erzbischof von Sens, unterstützt von
den Magistern der Universität, im J. 1290 erliessen gegen alle Bücher
der Wahrsagekunst und Magie, gegen die Abhandlungen über Nekromantie, Geomantie, Pyromantie, Hydromantie und Chiromantie,
gegen das Buch der Zehn Ringe der Venus, die Bücher des griechischen und germanischen Babylon, das Buch der Vier Spiegel, das
Buch der Bilder von Tobias ben Tricat, das Buch der Bilder von
Ptolemäus, das Buch des Zauberers Hermes an Aristoteles, das, wie
es heisst, Aros oder Gabriel von Gott selbst bekommen hatte, und das
schreckliche Verwünschungsformeln und abscheuliche Anweisungen
für Beräucherungen enthielt. Auch in den Artikeln der Pariser Universität vom J. 1398 wird die Astrologie nicht verurteilt; der ausgezeichnete Kardinal Peter von Ailly versuchte sogar mit seiner grossen
Gelehrsamkeit, den Glauben an die Wahrheit derselben zu verbreiten.
Dagegen erklärte allerdings schon im zwölften Jahrhundert Johann
von Salisbury — obwohl die Macht der Sterne, wie er meinte, arg
übertrieben wurde — die Sternkunde für eine von der Kirche verbotene, strafwürdige Kunst, weil sie den Menschen seines freien
Willens beraube, ihm den Glauben an ein blindes Geschick einimpfe
und den Hang zum Götzendienst begünstige, indem sie die Allmacht
des Schöpfers auf seine Geschöpfe übertrage. Er fügte hinzu, er habe

viele Astrologen gekannt, aber keinen, den Gottes Hand nicht mit
seiner Rache getroffen habe. Diese Ansichten wurden tatsächlich die
anerkannte Lehre der Kirche, wie sie Thomas von Aquino ausein·
andersetzte. Thomas macht nämlich folgende Unterscheidung: Wenn
die Astrologie dazu benutzt wird, um natürliche Ereignisse, etwa
Dürre oder Regen, vorauszusagen, dann ist sie erlaubt; wenn man
sie aber anwendet, um zukünftige, von dem freien Willen des Menschen abhängige Handlungen vorauszusagen, dann ist sie unerlaubt,
weil sie hierzu der Mitwirkung von Dämonen bedarf. Zanchinus sagt
um das J. 1330, dass die Astrologie, obwohl sie eine der sieben freien
Künste und vom Gesetz nicht verboten sei, doch den Götzendienst
begünstige und deshalb von den Kanonisten verurteilt werde. In der
Tat enthielt die Astrologie sowohl in Theorie wie in Praxis vieles,
was nahe an Ketzerei streifte, nicht nur wegen der Anrufungen des
Teufels, sondern auch, weil die Sterndeuterei nur gepflegt werden
konnte, wenn der freie Wille des Menschen geleugnet und der Fatalismus stillschweigend zugegeben wurde. Das eigentliche Wesen
dieser sogenannten Wissenschaft lag in dem Einflusse, welchen die
Himmelszeichen und Planeten auf die Geschicke und den Charakter
der Menschen in der Stunde seiner Geburt angeblich ausübten, und
keine noch so scharfsinnige Dialektik konnte bestreiten, dass dadurch
die Allmacht Gottes und die Verantwortlichkeit des Menschen geleugnet wurde. Selbst Roger Bacon hat den Gegenbeweis nicht erbringen können. Er gab zu, dass die Sterne die Ursache der menschlichen Schicksale seien, dass der Charakter eines jeden Menschen
abhange von dem Aussehen des Himmels am Tage seiner Geburt,
und dass seine Vergangenheit und Zukunft aus gewissen Tafeln ab-
gelesen werden könne, deren Anfertigung er wiederholt, aber vergeblich versuchte; allein er war unlogisch genug zu glauben, dass
er Schutz hiergegen finden könne, wenn er den freien Willen
des Menschen dem Namen nach beibehielt[1]). So waren alle Astro-

---

1) Rolandini Chron. lib. xii. c. 2 (Muratori S. R. I. VIII. 344). — Monachi
Patavin. Chron. (ibid. VIII. 705). — Raynald. ann. 1305, Nr. 7. — Savonarola,
Contro l'astrologia, fol. 25. — Villari, Storia di Savonarola (ed. 1887) i. 197—8.
— Mss. Bibl. Nationale zu Paris, fonds latin, Nr. 14 930, fol. 229—30. — Collection Doat, XXXVII. 258. — Bern. Guidon. Practica P. v. — Johann. Saresberiens. Polycrat. II. xix. xx. xxv. xxvi. — Thomas Aquin. Summ. Sec. Sec.
xcv. — Zanchini Tract. de haeret. c. xxii (*wiederabgedruckt bei Hansen,
Quellen und Untersuchungen zur Geschichte des Hexenwahns und der Hexenverfolgung im Mittelalter (1901) S. 59 ff.; vgl. auch Hansen, Zauberwahn usw.
S. 268 ff.). — D'Argentré, I. i. 263; ii. 154. — Eymericus p. 317. — Manilii Astron.
lib. iv. — Rogeri Bacon. Op. Tertium c. xi (M. R. Series I. 35—6. Cf. 559—61).

logen durch die Ausübung ihres Berufes der Gefahr ausgesetzt, in jedem Augenblick von der Inquisition zur Rechenschaft gezogen zu werden. Wenn dies nicht häufiger vorkam, so muss es der Tatsache zugeschrieben werden, dass alle Gesellschaftsklassen in Kirche und Staat von dem Niedrigsten bis zum Höchsten an die Astrologie glaubten und die Sterndeuter beschützten, und dass es eines besondern Antriebs oder einer aussergewöhnlichen Indiskretion bedurfte, um die Verfolgungsmaschine in Bewegung zu setzen.

So können wir den Fall des berühmten Peter von Abano oder Apono (1250—1316) verstehen, der verfolgt wurde, trotzdem er sich durch seine staunenswerte Gelehrsamkeit und seine unübertroffene medizinische Geschicklichkeit bei der Menge den Ruf erwarb, der grösste Zauberer seiner Zeit zu sein. Wir kennen keine Einzelheiten von den Anklagen, die die Inquisition gegen ihn vorbrachte, aber wir dürfen ohne weiteres annehmen, dass es nicht schwer hielt, reichlichen Grund zu seiner Verurteilung zu finden. In seinem 1303 geschriebenen Buche 'Conciliator differentiarum' bewies er nicht nur, dass die Astrologie ein notwendiger Teil der Medizin sei, sondern er schrieb darin auch den Sternen eine Macht zu, die Gott tatsächlich von der Regierung der Welt ausschaltete. Nach ihm fand die Sündflut statt, als die Welt dem Mars unterworfen war infolge der Konjunktion der Planeten im Zeichen der Fische. Der Einfluss des Mondes verursachte die Sprachenverwirrung, die Zerstörung von Sodom und Gomorrha und den Auszug aus Ägypten. Noch schlimmer war seine averrhoistische Gleichgültigkeit gegen die Religion, wie er sie kundgibt in der Behauptung, die alle neunhundertundsechzig Jahre eintretende Verbindung des Saturn und des Jupiter im Kopfe des Widders führe Veränderungen in den Monarchien und Religionen der Welt herbei, wie es zu erkennen sei aus dem Erscheinen des Nebukadnezar, des Moses, Alexanders des Grossen, Christi und Muhameds—ein Gedanke, durch den er sich noch mehr gegen den Glauben als gegen die Geschichte versündigte[1]). Es ist nicht überraschend, dass die Inquisition sich eines Mannes bemächtigte, der durch seinen grossen

---

1) P. de Abano, Conciliator differentiarum, quae inter philosophos et medicos versantur, Diff. ix. x (ed. Venet. 1494, fol. 14—15). — Albumasar, De magnis conjunctionibus, Tract. iii. Diff. i (Aug. Vindel. 1489).
Der Conciliator erfreute sich eines gewaltigen Rufes. Die Vorrede zu der Ausgabe von 1494 spricht von drei oder vier vorhergegangenen gedruckten Ausgaben, und bis 1596 erschien das Werk noch zu wiederholten Malen. Seltsamerweise wurde es nie auf die römischen und spanischen Indices gesetzt, während es in demjenigen von Lissabon vom Jahre 1624 erscheint (Reusch, Der Index der verbotenen Bücher i. S. 35).

Namen solche Lehren an der Universität Padua populär machte, besonders da es ein grosses Vermögen zu konfiszieren gab. Es heisst, dass er anfangs ihren Krallen entging, wahrscheinlich aber nur, weil er gestand und abschwor, so dass er, als er zum zweiten Male verfolgt wurde, ein Rückfälliger war. Es ist kaum zweifelhaft, dass man ihn verbrannt hätte, wäre er nicht durch einen rechtzeitigen Tod im J. 1316 dem Scheiterhaufen entgangen, ehe sein Prozess beendet war. So wurde er erst nach seinem Tode verurteilt; nach einem Quellenberichte wurden seine Gebeine verbrannt, nach einem anderen trug sie seine treue Geliebte Marietta heimlich weg, so dass er nur 'in effigie' den Flammen übergeben werden konnte. Wenn wir dem Benvenuto von Imola glauben dürfen, so hat ihn das Vertrauen auf die Sterne auf dem Sterbebette verlassen; er sagte nämlich zu seinen Freunden: er habe sein Leben drei edlen Wissenschaften gewidmet, von denen ihn die Philosophie spitzfindig, die Medizin reich und die Sternkunde zum Lügner gemacht habe. Sein Name ist berühmt in der Geschichte als der eines der erfahrensten Nekromanten, dem man jedes Wunder zutraute, mochte es auch noch so abenteuerlich sein. Es kam dabei wenig darauf an, dass Padua ihm als einem seiner grössten Söhne eine Ehrensäule errichtete, und dass ihm der Herzog Friedrich von Urbino die gleiche Ehre erwies. Wie der Name des Salomo, des Hermes und des Ptolemäus, so besass, solange die Magie in Blüte stand, auch derjenige des Peter von Abano eine hervorragende Anziehungskraft als Aufschrift für mancherlei Abhandlungen über Zauberei und geheime Wissenschaften[1]).

Ganz ähnlich, aber noch lehrreicher ist die Laufbahn des Cecco von Ascoli. Francesco Stabili aus Ascoli (geb. um 1250) zeichnete sich schon früh als Student der freien Künste aus und widmete sich der Astrologie, in der er bald als erster Mann seiner Zeit galt. Seine Eitelkeit verleitete ihn, sich für den bedeutendsten Jünger dieser Wissenschaft seit Ptolemäus auszugeben, und sein kaustischer und beissender Witz verschaffte ihm viele Feinde. Da er die Astrologie als

---

1) Bayle, Dictionnaire historique et critique s. v. Apone. — G. Naudé, Apologie pour les grands hommes, Ch. XIV. — Muratori Antiq. Ital. III. 374—5.

In bezug auf die Peter von Abano zugeschriebenen gedruckten Werke vgl. Grässe, Bibliotheca magica et pneumatica (Leipzig 1843), S. 47, 100, 104, 106, 110, 117. Sein bekanntestes Werk ist das 'Heptameron seu Elementa magiae', eine Abhandlung über die Anrufung der Dämonen, die mit den Werken des Cornelius Agrippa gedruckt ist. Doch ist dieser Text unvollständig. Ein vollständigerer und besserer Text findet sich in Paris unter den Handschriften der Bibliothèque Nationale, fonds latin, Nr. 17870. — *Burckhardt, Die Kultur der Renaissance in Italien ⁴II. 8 ff.

Wissenschaft ansah, so konnte es nicht ausbleiben, dass er ihr eine
Ausgestaltung gab, die unter die Definition der Häresie nach Thomas
von Aquino fiel. Nach seiner Lehre bestimmten die Gestirne alles. Von
dem Sternbild, unter dem einer geboren war, hing es ab, ob er reich
oder arm, glücklich oder unglücklich, tugendsam oder lasterhaft
werden sollte — es sei denn, dass Gott ausdrücklich eingriff und den
normalen Lauf der Natur änderte. Cecco rühmte von sich, er könne
die Gedanken eines Menschen lesen oder sagen, was einer in seiner
geschlossenen Hand halte, wenn er dessen Nativität kenne und sie
mit der Stellung der Gestirne um jene Zeit vergleiche; denn jeder
könne nur das tun oder denken, was die Sterne zu jener Zeit unvermeidlich über ihn bestimmt hätten. Alles das war natürlich unvereinbar mit der Willensfreiheit; es beschränkte die Macht Gottes, es
befreite den Menschen von der Verantwortlichkeit für sein Tun und
wurde so offenbar ketzerisch. So brachten ihm zwar seine zahlreichen
Prophezeiungen, von denen diejenigen über das Schicksal Ludwigs
des Bayern, des Castruccio Castracane und Karls von Kalabrien, des
ältesten Sohnes Roberts von Neapel, eingetroffen sein sollen, in jenen
unruhigen Zeiten grossen Beifall ein; allein, da sie nicht von dem
göttlichen Geiste der Prophetie, sondern von astrologischer Geschicklichkeit ausgingen, so trugen sie den Stempel der verbotenen
Lehre des Fatalismus an sich. Cecco wurde zwar der offizielle Astrolog des Herzogs Karl von Kalabrien; aber sein Vertrauen zu seiner
Wissenschaft und sein ungebändigtes Unabhängigkeitsbedürfnis
machten ihn ungeeignet für das Hofleben. Bei der Geburt einer
Prinzessin (vermutlich der berüchtigten Johanna I.) verkündete er,
dass die Sterne in der Ascendenz sie nicht nur geneigt machen, sondern
sie unbedingt zwingen würden, ihre Frauenehre zu verkaufen. Die unwillkommene Wahrheit dieser Behauptung kostete ihn seine Stellung,
und er begab sich nach Bologna, wo er seine Wissenschaft öffentlich
lehrte. Zum Unglück für ihn entwickelte er seine Theorien in Kommentaren zu der Weltsphäre des Johann von Sacrobosco[1]). Villani
berichtet, dass er darin die Meinung vertrat, unter gewissen Konstel-

---

1) Die Sphaera von Sacrobosco ist eine merkwürdig lichtvolle und
wissenschaftliche Auseinandersetzung alles dessen, was im 13. Jahrhundert
über die Erde und ihre kosmischen Beziehungen bekannt war. Obgleich sie
natürlich die landläufige Theorie von den neun Sphären annimmt, ergeht sie sich
nicht in astrologischen Träumereien über den Einfluss der Himmelszeichen
und der Planeten auf das menschliche Geschick. Sie blieb jahrhundertelang
ein Werk von der höchsten Autorität, und noch 1604, sechzig Jahre nach
dem Tode des Copernicus, an dem Vorabende der Entwicklung der neuen
Astronomie durch Galilei, wurde sie mit einem umfangreichen Commentar

lationen könnten böse Geister durch Anrufungen gezwungen werden, Wunder zu verrichten; das war aber offenbar nur Volksgeschwätz: solche Praktiken waren ganz unverträglich mit seinen Gedankengängen und werden auch in dem spätern Inquisitionsprozesse nicht erwähnt. Ceccos Kühnheit machte jedoch das Buch in hohem Masse verletzend für fromme Ohren. Zur Veranschaulichung seiner Ansichten stellte er das Horoskop Christi und zeigte, wie die Wage, die in den zehnten Grad aufstieg, seine Kreuzigung unvermeidlich machte; da ferner der Steinbock im Erdwinkel stand, fand die Geburt notwendigerweise in einem Stalle statt; er war arm, weil der Skorpion sich im zweiten Grade befand, während ihm Merkur, unter seinem eignen Zeichen in der neunten Sektion des Himmels stehend, tiefe Weisheit verlieh. In derselben Weise bewies er, dass der Antichrist zweitausend Jahre nach Christus kommen würde, und zwar als grosser Krieger mit einer vornehmen Begleitung und nicht wie Christus von Feiglingen umgeben. Das klang fast wie eine Herausforderung an die Inquisition, und der Dominikaner Lambert de Cingulo, der Inquisitor von Bologna, war schnell bei der Hand, sie aufzunehmen. Cecco aber kam zunächst gnädig davon. Er musste am 16. Dezember 1324 abschwören und wurde dazu verurteilt, alle seine Bücher über Astrologie auszuliefern; ferner wurde ihm verboten, in Bologna seine Wissenschaft öffentlich oder privatim zu lehren; er wurde seiner Würde als Lehrer entkleidet und einer heilsamen, in Fasten und Beten bestehenden Busse unterworfen. Ausserdem wurde ihm eine Geldstrafe von fünfundsiebenzig Lire auferlegt, wodurch vielleicht die sonstige Milde des Urteils erklärt wird. Bei der ganzen Angelegenheit war aber für ihn am schwerwiegendsten der Umstand, dass er jetzt ein büssender Ketzer war, der in Zukunft keine weitere Gnade erwarten konnte; er musste also vorsichtig sein in dem, was er tat; denn im Falle eines neuen Vergehens wurde er als Rückfälliger unvermeidlich zum Scheiterhaufen verurteilt. Ceccos Temperament erlaubte ihm indessen nicht, sich solchen Zwang aufzuerlegen. Er kam nach Florenz, das damals unter der Herrschaft des Herzogs Karl von Kalabrien stand, und nahm die Ausübung seiner Kunst wieder auf. Er setzte Exemplare seiner verbotenen Werke in Umlauf und behauptete, sie seien von dem Inquisitor von Bologna korrigiert worden, obwohl sie noch die gleichen Irrlehren enthielten. Er trug diese von

---

von einem Professor der Mathematik an der Universität Siena, Francesco Pifferi, übersetzt, dessen astrologische Leichtgläubigkeit einen seltsamen Gegensatz zu der strengen Einfalt des Originals bildet.

neuem vor in seinem philosophischen Gedichte 'Acerba' und gebrauchte sie in den Antworten, die er seinen zahlreichen Klienten gab. Als im Mai 1327 das Erscheinen Ludwigs des Bayern ganz Italien in Aufregung versetzte, sagte er voraus, dass der König in Rom einziehen und gekrönt werden würde, er bestimmte die Zeit und die Art seines Todes und riet, ihn unbehelligt an Florenz vorbeiziehen zu lassen, was die Florentiner auch taten. Vielleicht wäre er trotz alledem der Strafe entgangen, wenn nicht der Kanzler Karls von Kalabrien, der Bischof von Aversa, und Dino del Garbo, ein berühmter Doktor der Philosophie, der damals zugleich für den besten Arzt in Italien galt, seine persönlichen Feinde und eifersüchtig auf ihn gewesen wären. Wie es sich aber auch damit verhalten mag: im Juli 1327 verhaftete ihn der Minorit Accursio, der Inquisitor von Florenz. Es war zwar eine Fülle von Beweismaterial dafür vorhanden, dass er die fatalistischen, die freie Selbstbestimmung aufhebenden Lehren weiter vorgetragen und danach gehandelt hatte. Aber die Inquisition verlangte, wie gewöhnlich, ein Geständnis, und um es zu erlangen, machte man ausgiebigen Gebrauch von der Folter. Eine Abschrift des Urteils und der Abschwörung aus dem Jahre 1324 wurde von dem Inquisitor von Bologna beigebracht, so dass sein Rückfall nicht mehr als zweifelhaft gelten konnte. Der Ausgang der Angelegenheit stand von Anfang an fest, und die Gelegenheit, die man Cecco zur Verteidigung gab, war nur ein Hohn. Das Urteil wurde am 15. September gesprochen. Der Vorschrift gemäss schickte der Bischof von Florenz einen Vertreter, um mit dem Inquisitor gemeinsam zu handeln. Eine Versammlung von hohen Würdenträgern und Sachverständigen nahm an der Beratung teil. Unter ihnen befanden sich der Kardinal-Legat Johannes von Toscana, der Bischof Boso von Arezzo und Ceccos Feind, der Kanzler des Herzogs Karl. Er wurde dem weltlichen Arme ausgeliefert und dem Vertreter Karls, Jakob von Brescia, übergeben. Ausserdem mussten alle seine Bücher und astrologischen Schriften binnen vierundzwanzig Stunden an den Bischof oder Inquisitor ausgehändigt werden. Cecco wurde sofort auf den Richtplatz ausserhalb der Mauern geführt. Die Überlieferung berichtet, dass er durch seine Kunst erfahren habe, er werde zwischen Africa und „Campo Fiore" sterben, und er war dessen so sicher, dass er auf dem Wege zum Scheiterhaufen seine Wächter verhöhnte und sich über sie lustig machte. Als man aber den Holzstoss anzuzünden im Begriffe stand, fragte er, ob es in der Nähe einen Ort namens Africa gebe, und als er hörte, dass dies der Name eines benachbarten Baches sei, der von Fiesole zum Arno fliesse, erkannte er, dass Florenz das „Blumenfeld" war, und dass seine Kunst ihn kläglich getäuscht hatte[1]).

Die Astrologie behauptete ihre zweifelhafte Stellung, trotzdem die Neigung zu ihrer Verurteilung immer mehr zunahm. Es gab wenige, welche so viel gesunden Menschenverstand besassen, um die Ansicht Petrarcas zu teilen, dass Astrologen nützlich sein könnten wenn sie sich darauf beschränkten, Sonnen- und Mondfinsternisse, Stürme, Hitze und Kälte vorauszusagen, dass sie aber zu Lügnern würden, wenn sie von dem Schicksal der Menschen sprächen, das nur Gott bekannt sei. Eymericus erzählt uns um das Jahr 1370, dass ein Mensch, der im Verdacht der Nekromantie stehe und sich als Astrologe entpuppe, auch leicht der Schwarzkunst überführt werden könne, weil die beiden Künste fast immer vereinigt seien. Gerhard Groot bezeichnete um dieselbe Zeit die Astrologie als eine gottfeindliche Wissenschaft, weil sie danach strebe, die göttlichen Gesetze zu verdrängen. Um die Mitte des 14. Jahrhunderts hielten in Spanien sowohl Peter der Grausame von Kastilien als auch Peter IV. von Aragonien viele Astrologen, die sie beständig um Rat fragten; aber 1387 reihte Johann I. von Kastilien die Astrologie unter die übrigen Formen der Wahrsagerei, die den Strafen der 'Partidas' unterworfen waren. Trotzdem zählte sie auch ferner unter den hohen Würdenträgern sowohl des Staates als auch der Kirche ergebene Anhänger. Der einzige Schatten, der auf dem Ruhmesglanze Peters von Ailly haftete, war der, dass er dieser Wissenschaft ernstlich ergeben war, und es würde ihm schlimm ergangen sein, wäre er mit demselben Masse von Gerechtigkeit

---

1) Villani, Historie fiorentine x. 40, 41 — Lami, Antichità Toscane, pp. 593—4. — Raynald. ann. 1327, Nr. 46. — Cantù, Eretici d'Italia, I. 149—52. — *Mazzuchelli, Gli scittori italiani I², 1151 ff.
Viele von den obigen Einzelheiten verdanke ich einer in einer florentinischen Handschrift befindlichen Skizze über Ceccos Leben, die nach der Handschrift in das siebzehnte Jahrhundert gehört, deren anonymer Verfasser aber gut unterrichtet gewesen zu sein scheint, ferner einer handschriftlichen Abschrift des ausführlichen Urteils, das weit vollständiger ist als die Bruchstücke, welche Lami und Cantù geben. Dieses Urteil ist im Anhang dieses Bandes Nr. V abgedruckt. — *Vgl. Döllinger, Beiträge zur Sektengeschichte des Mittelalters II. (1890), 585—597. Über zwei neue, von Boffito im Jahre 1905 entdeckte Schriften Ceccos vgl. Beilage zur Allgemeinen Zeitung 1905 Nr. 193.
Ceccos Commentar zu Sacrobosco ist 1485 in Basel, 1499 und 1559 in Venedig gedruckt worden (Commentarii in Sphaeram mundi Joannis de Sacrobosco); auch ist er enthalten in der Ausgabe der Sphaera, Venedig 1518. Ein Hinweis (fol. 20a) auf die Grausamkeiten, die Giovanni Vienebene in Ascoli ausgeübt hatte, lässt diesen Text als echt erscheinen. Er enthält das anstössige Horoskop Christi nicht, aber genügend anderes Material, um unter die Definition der ketzerischen Astrologie zu fallen. Das mir vorliegende Exemplar ist gereinigt worden, man hat die tadelnswerten Stellen ausradiert, aber ein späterer Besitzer hat sie mit wenigen Ausnahmen wieder lesbar gemacht.

gemessen worden wie Cecco von Ascoli; denn tatsächlich konnte kein Astrologe den Fatalismus vermeiden. Er befand sich in einem merkwürdigen Irrtum, als er 1414 voraussagte, dass infolge der Rückkehr Jupiters in sein erstes Zeichen das Konzil von Konstanz mit der Vernichtung der Religion enden, dass Friede in die Kirche nicht einkehren, und dass das grosse Schisma wahrscheinlich das Vorspiel für die Ankunft des Antichrists sein würde. Glücklicher war die Berechnung, wodurch er das Jahr 1789 ermittelte als ein Jahr, in welchem die Welt, wenn sie so lange noch bestehen bleibe, grosse Erschütterungen erleben würde. Die Duldsamkeit, die den Kardinal von Ailly verschonte, kam aber nicht etwa daher, dass die Kirche ihre Ansicht über die die freie Willensbestimmung des Menschen aufhebende Ketzerei geändert hatte. Alfonsus von Spina weist vielmehr im J. 1459 darauf hin, dass der astrologische Glaube, Menschen, die unter bestimmten Sternen geboren seien, könnten die Sünde vermeiden, offenbar ketzerisch sei. Ebenso verhalte es sich mit der Lehre, wenn Mond und Jupiter vereint in dem Kopfe des Drachen ständen, so könne jeder im Gebet von Gott erlangen, was immer er wünsche — wie Peter von Abano ermittelte, als er diesen glücklichen Augenblick benutzte, um sich Schätze des Wissens zu verschaffen, die über die Kraft des auf sich selbst angewiesenen menschlichen Geistes hinausgingen. Der Hexenhammer, die höchste Autorität in Fragen der Dämonologie, behauptet (1486), dass die Astrologie auf einem stillschweigenden Vertrage mit dem Teufel beruhe[1]). Alles das zeigt, dass bei dem zunehmenden Argwohn gegen die geheimen Künste auch die Astrologie in Acht und Bann geriet, und schliesslich wurde die umstrittene Frage ihrer Stellung wenigstens für Frankreich durch den Fall des Simon Pharees im Jahre 1494 zur Entscheidung gebracht. Er war von dem erzbischöflichen Gerichtshofe von Lyon wegen Ausübung der Astrologie verurteilt und zunächst mit der leichten Busse bestraft worden, ein Jahr lang am Freitag zu fasten, unter Androhung lebenslänglicher Gefangenschaft, wenn er rückfällig würde; seine Bücher und sein Astrolabium waren konfisziert worden. Er besass aber die Kühnheit, an

---

1) Petrarca, De rebus senilibus, lib. III. Epist. 1. — Eymericus p. 443. — Acquoy, Gerardi Magni Epist. pp. 111—19. — Amador de los Rios (Rivista de España, t. XVIII. p. 9). — Novisima Recopilacion, lib. XII. tit. IV. f. 1. — Concord. astron. veritatis et narrat. histor. c. LIX. LX. (August. Vindel. 1490). — Fortalic. fidei, lib. II. Consid. VI. — Savonarola, Contra l'astrologia fol. 26. — Bayle, s. v. Apone. — Malleus maleficarum P. I. Q. XVI.

Der Glaube an die in der Vereinigung Jupiters und des Mondes liegende, oben angeführte höchste Macht, beruht wahrscheinlich auf Albumasar, De magnis conjunctionibus tract. III. Diff. 2.

das Parlament zu appellieren, das seine Bücher der Universität zur Begutachtung übergab. Ihr Bericht fiel dahin aus, dass die Bücher ebenso verbrannt werden müssten, wie dies kurz vorher mit anderen Büchern im Werte von fünfzigtausend Denaren geschehen war; denn jede Astrologie, die behaupte, eine prophetische zu sein, oder Ringen, Zaubermitteln usw., die bei gewissen Konstellationen hergestellt seien, übernatürliche Kraft zuschreibe, sei falsch, eitel und abergläubisch und werde von dem bürgerlichen ebenso wie von dem kanonischen Rechte verurteilt, genau so wie der Gebrauch des Astrolabiums zwecks Auffindung verlorener Dinge oder der Prophezeiung der Zukunft; das Parlament wurde aufgefordert, dem schnellen Umsichgreifen dieser vom Teufel erfundenen Kunst Einhalt zu tun. Demgemäss lautete dann das Urteil des Parlaments dahin, dass der unglückliche Simon dem Bischof und dem Inquisitor von Paris übergeben werden solle, um für seinen Rückfall bestraft zu werden. Die Astrologie, die, wie es hier heisst, überall offen ausgeübt wird, wird verurteilt. Niemand soll Astrologen oder Wahrsager über die Zukunft oder über verlorene oder gefundene Dinge befragen dürfen; den Buchdruckern wird untersagt, astrologische Bücher zu drucken, und sie sollen alle in ihrem Besitze befindlichen Exemplare an ihre Bischöfe ausliefern; diese selbst werden angewiesen, die Astrologen zu verfolgen. Das waren zwar scharfe Massregeln, aber bei dem herrschenden Geisteszustand vermochten sie doch dem unersättlichen Verlangen nach unmöglichen Kenntnissen kaum Einhalt zu tun. Immerhin gab es einige hervorragende Köpfe, welche den Aberglauben verwarfen. Zu ihnen gehörten der ältere Pico della Mirandola und Savonarola, und auch Erasmus verspottete ihn in dem 'Encomium moriae'[1]).

Die Frage der Oneiroskopie oder Traumdeutung bereitete ebenfalls grosse Verlegenheiten. Auf der einen Seite stand das ausdrückliche Verbot im Deuteronomium (XVIII, 10), das nach der Version der Vulgata die Auslegung der Träume zu den verbotenen Künsten rechnete; auf der andern standen die Beispiele Josephs und Daniels und die ausdrückliche Behauptung Hiobs (Job XXXIII, 15, 16): „Im Traume,

---

1) D'Argentré I. II. 325—31. — Erasmus, Encomium moriae (1829) III. 360.
Der Aberglaube bezüglich der Kometen gehört kaum zu unserer gegenwärtigen Aufgabe. Andrew D. White hat in den Papers of the American Historical Association, 1887, eine geschickte Untersuchung darüber veröffentlicht. Ein Zeitgenosse erzählt, dass König Heinrich IV. von Frankreich 1610 sein Leben verlor, weil er die Warnung des gelehrten Doktors Geronimo Oller, Priesters und Astrologen von Barcelona, unbeachtet liess, die dieser aus den Zeichen eines 1607 erschienenen Kometen entnahm. — (Guadalajara y Xavier, Expulsion de los Moriscos, Pampeluna, 1613, fol. 107.)

im Nachtgesicht, wenn der Schlaf auf die Leute fällt, wenn sie schlafen im Bette, da öffnet er das Ohr der Leute und schreckt sie und züchtigt sie." Im zwölften Jahrhundert war die Deutung von Träumen ein anerkannter Beruf, der nicht verboten gewesen zu sein scheint. Johann von Salisbury versuchte zu beweisen, dass man sich nicht auf sie verlassen dürfe. Joseph und Daniel seien inspiriert gewesen, und ohne eine solche Inspiration verdiene das Wahrsagen aus Träumen keinen Glauben. Das war wenigstens eine vernünftigere und praktischere Lösung der Frage als der Schluss, zu dem Thomas von Aquino kam, wenn er erklärte, das Wahrsagen aus Träumen sei erlaubt, wenn diese eine natürliche Ursache hätten oder göttliche Offenbarung seien, dagegen nicht erlaubt, wenn die Träume von dem Teufel beeinflusst seien. Schon Tertullian hatte lange vorher den Heiden die Macht zugeschrieben, durch die Vermittlung von Dämonen prophetische Träume zu senden, aber unglücklicherweise konnte niemand ein Kennzeichen beibringen, um die verschiedenen Klassen von Traumvisionen zu unterscheiden. In der Regel wurden Traumdeutungen als harmlos angesehen, wenn dabei keine Dämonen, sei es ausdrücklich oder stillschweigend, angerufen wurden [1].

Es gab noch andere Fälle, welche die Kasuisten in Verlegenheit brachten, da die Grenze zwischen der heiligen und der goëtischen Magie ganz unbestimmt war. So bestand die Sitte, Totenmessen für eine noch lebende Person zu celebrieren, in dem Glauben, dass sie den Tod derselben herbeiführen würden. Schon 694 verbot das siebzehnte Konzil von Toledo diese Sitte bei Strafe der Degradation für den amtierenden Priester und lebenslänglicher Verbannung für ihn und seinen Auftraggeber, und um die Mitte des fünfzehnten Jahrhunderts wurde sie von dem gelehrten Dominikaner Lope Barrientos, Bischof von Cuenca (1444—69), rückhaltlos verurteilt. Eine von Wright veröffentlichte Handschrift unbestimmten Datums erklärt den Brauch für eine Sünde, wenn er geübt werde, um persönlichen Hass zu befriedigen, und schreibt in diesem Falle die Absetzung des amtierenden Priesters vor, falls sich dieser nicht durch eine gehörige Busse reinigen würde; dagegen sei er nicht sündhaft, wenn es im öffentlichen Interesse geschehe, weil es dann ein Akt der Demut sei, dazu bestimmt, den Zorn Gottes zu versöhnen. Immerhin beweist die den Beichtvätern gegebene Vorschrift, ihre Beichtkinder zu fragen, ob sie solche Messen celebriert hätten oder hätten celebrieren lassen, wie verbreitet der

---

[1] Johann. Saresberiens. Polycrat. c. XIV—XVII. — Thomas Aquin. Summ. Sec. Sec. XCV. 6. — Tertull. Apol. 23. — Astesani Summae P. I. Lib. 1. Tit. XIII.

Brauch war, und dass er im allgemeinen doch als eine Sünde galt. Verwandt damit war eine Frage, welche im J. 1500 während eines Streites zwischen dem Bischof Heinrich von Cambrai und seinem Kapitel entstand. Aus Rache suspendierten damals der Dechant, der Propst und die Domherren den Gottesdienst, wofür sie von dem Erzbischof von Reims exkommuniziert wurden. Unter diesem Drucke nahmen sie ihr heiliges Amt zwar wieder auf, änderten aber den Kanon der Messe, indem sie eine Art Verwünschungs-Litanei in denselben einschoben, die aus Strafe androhenden Bruchstücken aus den Psalmen und den Propheten bestand und von dem amtierenden Priester mit dem Rücken nach dem Altar rezitiert wurde, während die Knaben im Chor die Antworten gaben. Der erschreckte Bischof appellierte an die Universität Paris, die nach mehrmonatiger Beratung feierlich entschied, dass die Stellung des Priesters und die Antworten der Chorknaben eine solche Messe der Zauberei verdächtig machten, dass ferner Verwünschungsmessen stets gefährlich seien für die, um derentwillen sie gelesen würden, und dass man deshalb keinen leichtsinnigen Gebrauch davon machen dürfe, zumal nicht gegen einen Bischof, der bereit sei, das Urteil der Gerichte anzurufen; selbst gegen einen ungehorsamen Bischof dürften sie nur im äussersten Notfalle angewendet werden [1]).

Als es gegen Ende des dreizehnten Jahrhunderts der Inquisition gelang, die Zauberei in den Kreis ihrer Jurisdiktion zu ziehen, stellte ihr Organisationsgeschick für ihre Beamten schnell Regeln und Formeln als Richtschnur auf, die in hohem Masse dazu beitrugen, der unklaren Rechtsprechung jener Zeit klar und deutlich den Weg zu zeigen; die Verfolgung der diesen verbotenen Künsten ergebenen Jünger erhielt auf diese Weise einen neuen entschiedenen Antrieb. Ein praktisches Handbuch, das wahrscheinlich um das Jahr 1280 entstand, enthält das Formular eines Verhörs, das alle Einzelheiten der Zauberei umfasst, die in jener Zeit bekannt waren. Dieses Muster diente als Grundlage für die noch ausführlicheren Formeln, die von Bernhard Guidonis (um 1320) und anderen ausgearbeitet wurden.

---

1) Concil. Toletan. XVII. ann. 694, c. V. — Gratiani Decreti caus. XXVI. q. 5, cap. 13. — Amador de los Rios (Revista de España, t. XVIII. p. 19; *Hansen, Quellen S. 123 f.). — Wright, Proceedings against dame Alice Kyteler, pp. XXXII—XXXIII. — Angeli de Clavasio Summa Angelica, s. v. Interrogationes. — Bart. de Chaimis, Interrogatorium, fol. 86 b (Venet. 1480). — Bernardi Diaz de Luco, Practica criminalis canonica, cap. XXXV. — Grillandus, De sortilegiis, Q. XIV. — D'Argentré, 1. II. 344—5. — *A. Franz, im Katholik 3. Folge XVIII (1899) S. 10.

Wenn der Raum es gestattete, würde ein Abdruck dieser Formeln ein ziemlich vollständiges Bild von den landläufigen Arten des Aberglaubens geben. Aber ich kann hier die Aufmerksamkeit nur auf einen Punkt lenken. Die erste Fassung enthält keinen Hinweis auf die nächtlichen Ausfahrten der „guten Frauen", die den Ursprung des Hexensabbats bildeten, während in den späteren Fassungen ein darauf bezügliches Verhör sich findet. Daraus geht hervor, dass diese Sache in der Zwischenzeit erhöhte Aufmerksamkeit erweckt hatte. Weiter ist bemerkenswert, dass keine dieser Formeln Fragen über diejenigen Praktiken des gewöhnlichen Hexenwesens enthält, die, wie wir sehen werden, im fünfzehnten und den folgenden Jahrhunderten fast ausschliesslich die Unterlage für die Verfolgungen wegen Zauberei bildeten[1]).

Als die Zauberei unter die Gerichtsbarkeit der Inquisition kam, wurde sie einfach zur Ketzerei, und dementsprechend änderte sich auch das System ihrer Verfolgung. Die Inquisition kümmerte sich ausschliesslich um den Glauben. Handlungen interessierten sie nur insoweit, als sie Äusserungen des Glaubens waren, und alle Ketzereien waren gleich verwerflich, mochten sie in der Behauptung der Armut Christi bestehen oder zur Anbetung des Teufels, zum Abschluss von Verträgen mit ihm oder zu Angriffen auf das Leben eines Menschen führen. Der Zauberer mochte es daher wohl vorziehen, lieber der Inquisition in die Hände zu fallen als von den weltlichen Gerichtshöfen abgeurteilt zu werden; denn in dem ersten Falle genoss er die Wohltat der unabänderlichen Vorschriften, wie sie in dem Prozessverfahren gegen die Ketzerei beobachtet wurden. Durch Geständnis und Abschwörung konnte er stets die Zulassung zur Busse erwirken und der von der weltlichen Behörde in der Regel verhängten Strafe des Scheiterhaufens entgehen; denn, da er keine festen Glaubensüberzeugungen besass, wie sie die Katharer und Waldenser beseelten, so war es seinem Gewissen nicht schwer, den erforderlichen Widerruf zu leisten. In den auf uns gekommenen Inquisitionsprotokollen begegnen wir keinem Falle von verstockter Hartnäckigkeit bei Teufelsanbetern. Die Mittel und Wege der Inquisition vermochten stets ein Geständ-

---

1) Mss. Bibliothèque Nationale (Paris) fonds latin, Nr. 14930, fol. 229—30. — Collection Doat, XXXVII. 258. — Vaissette, III. Pr. 374. — Bern. Guidon. Practica P. v. (ed. Douais S. 292; *wiederabgedruckt bei Hansen, Quellen S. 47).
Molinier (Etudes sur quelques Mss. des Bibliothèques d'Italie, Paris, 1887, pp. 35, 45) erwähnt das Vorkommen ähnlicher Formularien in den andern Handbüchern jener Zeit. — *Vgl. über die Interrogatorien die näheren Ausführungen bei Hansen, Zauberwahn S. 241 ff.

nis mit Sicherheit zu erwirken, und ihre Handbücher liefern Beispiele von den sorgfältig abgefassten Abschwörungsformeln und Muster für die zu fällenden Urteile. Man könnte wohl die Frage aufwerfen, ob nicht die Feuerqualen des Scheiterhaufens doch der Gnade der Inquisition, die ihre Büsslinge für Lebenszeit in Ketten bei Wasser und Brot einkerkerte, vorzuziehen gewesen sei; aber nur wenige Menschen besitzen die nötige Entschlossenheit, um ein schnelles Ende ihrer Leiden vorzuziehen; ausserdem blieb den Angeklagten noch immer die Hoffnung, durch musterhaftes Verhalten im Gefängnis die Strafe gemildert zu sehen. Wahrscheinlich war diese offenbare Milde auch der Grund, weshalb Philipp der Schöne 1303 der Inquisition verbot, Wucher, Zauberei und andere Vergehen der Juden abzuurteilen; und wir werden später sehen, dass die Inquisition, als sie bei dem epidemischen Umsichgreifen des Hexenwahns gezwungen war, ihre ganze Tatkraft zusammenzunehmen, die regulären Vorschriften über Bord werfen, und dass sie Entschuldigungen dafür finden musste, wenn sie auch ihre reuigen Opfer dem Scheiterhaufen überantwortete[1]).

Um das Jahr 1330 hören wir von Zanchinus, welche Ansichten über die Frage damals in der italienischen Kirche herrschend waren. Er schildert ausführlich die verschiedenen Arten von Zauberei, schweigt aber von dem eigentlichen Hexenwesen. Alle von ihm aufgeführten Vergehen unterstehen der bischöflichen Jurisdiktion, und die Inquisition darf sich nicht einmischen, solange nicht offenbare Ketzerei mit im Spiele ist. Ketzerisch aber ist die Behauptung, durch solche Mittel könne man die Zukunft vorhersagen; denn das ist nur Gott möglich; ketzerisch ist es auch, Antworten von Dämonen zu erbitten oder ihnen Opfer darzubringen, oder Sonne, Mond und Sterne, die Planeten oder die Elemente anzubeten; ketzerisch, zu glauben, man könne etwas ohne Gottes Hilfe erlangen, oder es könne etwas ohne den Befehl Gottes geschehen; ketzerisch endlich, etwas für schicklich und erlaubt zu halten, was die Kirche missbilligt. Alles das fällt unter die Competenz der Inquisition, und man wird sehen, dass die Maschen ihres Netzes eng genug waren, um nur wenige durchzulassen. Die Todesstrafe und die Konfiskation, die der weltliche Richter auferlegen musste, beziehen sich zweifellos auf die Unbussfertigen und Rückfälligen, da eben die Fälle, welche nach Ketzerei schmeckten,

---

1) Bern. Guidonis, Pract. P. III. 42, 43; P. v. VII. 12 (ed. Douais S. 156 ff., 301 ff.). — Collection Doat, XXVII. 150; *vgl. Hansen, Zauberwahn a. a. O. S. 319, 325, 464, 491.

als Ketzerei von dem Inquisitor bestraft wurden. Zauberei also, die nicht nach offenbarer Ketzerei schmeckte, unterstand der bischöflichen Gerichtsbarkeit und wurde bestraft, indem man den Übeltäter einer Todsünde für schuldig erklärte und von dem Abendmahl ausschloss. Sowohl er als auch derjenige, welcher seine Künste in Anspruch genommen hatte, galten für ehrlos; er wurde aufgefordert, von seinen Künsten abzulassen, bei Strafe der Exkommunikation und anderer dem Ermessen des Bischofs anheimgestellter Bussen, wenn er ungehorsam war. Die weltliche Macht gab indessen keineswegs ihre eigne Jurisdiktion über die Zauberei auf, und so blieb diese auch ferner sowohl der weltlichen als auch der geistlichen Gerichtsbarkeit unterworfen. Die Zeit war aber noch nicht gekommen, wo man alle, die mit den verbotenen Künsten sich abgaben, erbarmungslos ausrottete. Durch ein aus jener Zeit stammendes Mailändisches Gesetz wurde die Bestrafung des Zauberers dem Ermessen des Richters überlassen, der entweder Körper- oder Geldstrafen, je nach der Schwere des Vergehens, verhängen konnte[1]).

Die Zauberei war eine von jenen Verirrungen, die, sobald sie verfolgt wurden, in gesteigertem Masse um sich griffen. Solange man die wirkliche Realität dieser Kunst anerkannte und die, welche sie ausübten, bestrafte — und zwar nicht als Betrüger, sondern als Menschen, die unbeschränkte Macht hatten, Übles zu tun — kam die Zauberei um so mehr in Blüte, je mehr die Öffentlichkeit ihr Beachtung schenkte. Und als die Inquisition es unternahm, sie systematisch zu unterdrücken, begann sie in noch weit höherem Masse das ganze Sinnen und Trachten der Menschen in Anspruch zu nehmen. Eine der Anklagen, die 1303 auf der Versammlung im Louvre gegen Papst Bonifaz VIII. erhoben wurden, war die, der Papst habe einen Hausdämon, der ihn über alles unterrichten müsse; er selbst sei ein Zauberer und frage Wahrsager und falsche Propheten um Rat. Um dieselbe Zeit klagte man den Bischof von Coventry und Lichfield, den Schatzmeister König Eduards I., des Mordes, der Simonie und des Ehebruchs an; man warf ihm weiter vor, er habe den Teufel um Rat gefragt, ihm gehuldigt und ihn auf den Rücken geküsst. König Eduard trat aber energisch für ihn ein, und eine von Bonifaz VIII. gegen ihn angeordnete Untersuchung stellte fest, dass die über ihn verbreiteten Gerüchte von seinen Feinden ausgingen; es wurde ihm er-

---

1) **Zanchini** Tract. de haereticis c. XXII (*wiederabgedruckt bei Hansen, Quellen S. 59; vgl. dazu Hansen, Zauberwahn S. 268 f.). — **Statuta criminalia Mediolani e tenebris in lucem edita** c. 63 (Bergamo, 1594).

laubt, sich mit siebenunddreissig Eideshelfern zu reinigen. Im Jahre 1308 wurde der Herr von Ulmet nach Paris gebracht unter der Anklage, er habe versucht, seine Frau durch Zauberei zu töten, und die Frauen, deren Dienste er zu diesem Zwecke angeblich gebraucht hatte, wurden verbrannt oder lebendig begraben. Noch grösseres Aufsehen erregte der Fall des Bischofs Guichard von Troyes, der 1302 angeklagt wurde, die Königin Blanche von Navarra vergiftet zu haben; er befreite sich von der Anklage dadurch, dass er ihrer Tochter Johanna, der Gemahlin Philipps des Schönen, achtzigtausend Pfund Tournosen zahlte. Als Königin Johanna 1305 starb, wurde er 1308 wiederum vor die Schranken des Gerichts gestellt, weil er auch deren Tod verursacht habe. Die Anklage behauptete, er habe, um ihre Gunst zu gewinnen, den Teufel angerufen und ein Wachsbild hergestellt und getauft. Als das nichts geholfen habe, habe er es in seiner Wut zerbrochen und in die Flammen geworfen, worauf die Königin in der Blüte der Jahre an einer geheimnisvollen Krankheit gestorben sei. Desgleichen wurde ihm zur Last gelegt, auch die Kinder des Königs sowie Karl von Valois als Opfer ausersehen zu haben; Wilhelm von Nogaret und Noffo Dei stellten noch eine lange Liste anderer, gewohnheitsmässiger Anklagen zusammen. Erst 1313 wurde er freigesprochen; mittlerweile aber waren die Einkünfte seines Bistums konfisziert worden, worin vielleicht einer der Beweggründe der Verfolgung erblickt werden darf. Wir haben gesehen, wie sehr sich einige dieser Anklagen mit den gegen die Templer erhobenen berührten; der Erfolg, den dieser Versuch hatte, bewies die Wirksamkeit der angewandten Mittel. Als nach dem Tode Philipps des Schönen Karl von Valois entschlossen auf die Vernichtung Enguerrands von Marigny sann, und als das lange Prozessverfahren, das er einleitete, fruchtlos zu bleiben drohte, entdeckte man zu gelegener Zeit, dass Enguerrand sein Weib und seine Schwester veranlasst hatte, sich durch einen Mann und eine Frau gewisse Wachsbilder herstellen zu lassen, durch welche Karl selbst, ferner der junge König Ludwig Hutin, der Graf von Saint-Pol und andere Personen langsam hinwelken und sterben sollten. Sobald Ludwig dies von Karl hörte, entzog er Enguerrand seine königliche Gunst, und die Sache nahm ein schnelles Ende. Am 26. April 1315 wurde Enguerrand zu Vincennes vor einen auserwählten Rat von Adligen gestellt und zum Galgen verurteilt; das Urteil wurde am 30. vollstreckt. Der Zauberer wurde mit ihm gehängt, die Zauberin verbrannt, und die Wachsbilder wurden an dem von ihm selbst gebauten Galgen von

Montfaucon dem Volke ausgestellt, während die Frau von Marigny und ihre Schwester, die Frau von Chantelou, ins Gefängnis wanderten. So kam Enguerrand durch die nämlichen Mittel um, die er und sein Bruder, der Erzbischof von Sens, gegen die Templer angewandt hatten. Die weitere Moral der Geschichte ergibt sich aus der Tatsache, dass zehn Jahre später Karl von Valois, als er auf dem Sterbebette lag und von Gewissensbissen gefoltert wurde, barmherzige Brüder durch die Strassen von Paris schickte und Geld unter die Armen verteilen liess mit dem Rufe: „Betet für die Seelen des Messire Enguerrand von Marigny und des Messire Karl von Valois!" Eine der im J. 1319 gegen Bernhard Délicieux erhobenen Anklagen lautete, er habe 452 durch Zauberkünste einen Anschlag gegen das Leben Benedikts XI. unternommen. Man konnte ihm dies zwar nicht beweisen, aber unter der Folter bekannte er, dass ihm ein in einer Kiste gefundenes Buch über die Nekromantie gehöre, und dass gewisse Randbemerkungen darin von seiner Hand herrührten. In dieser Beziehung kann er nicht allein unter seinen Brüdern gestanden haben. Denn auf dem Generalkapitel des Franziskanerordens vom Jahre 1312 wurde ein Statut angenommen, das bei Strafe der Exkommunikation und der Gefangenschaft allen Mitgliedern des Ordens verbot, solche Bücher zu besitzen und sich mit Alchimie, Nekromantie, Wahrsagerei, Zaubersprüchen oder Anrufung von Dämonen abzugeben[1]).

Die in dem Glauben des Volkes immer mehr zunehmende Bedeutung der Zauberei erhielt einen mächtigen Anstoss durch Papst

---

1) Différend de Boniface VIII. et de Philippe le Bel, Preuves, 103. — Rymer, Foedera, II. 931—4. — Joann. S. Victor. Vit. Clement. V. (Muratori, S. R. I. III. II. 457). — Grandes Chroniques, v. 217—20, 291. — Guill. Nangiac. Contin. ann. 1308, 1313, 1315, 1325. — Mss. Bibliothèque Nationale (Paris) fonds latin, Nr. 4270, fol. 37—8, 144—5.

Enguerrand von Marigny war unter Philipp dem Schönen allmächtig gewesen, er beherrschte sowohl den päpstlichen als auch den königlichen Hof; die wunderbare Laufbahn des Mannes, der aus den bescheidensten Verhältnissen sich aufgeschwungen hatte, erweckte bei dem Volke den Glauben, er müsse wohl ein geschickter Schwarzkünstler sein.

„Ce fu cil qui fist cardonnaux,
Et si le pape tint en ses las,
Qui de petits clers fist prélats —
— Si orent mainte gent créance
Que ce par art de nigromance
Fait, qu'en ce monde faisoit."
(Godefroi de Paris, v. 6620—9.)

Für die Angelegenheit Guichards von Troyes vgl. Rigault, Le procès de Guichard, évêque de Troyes, Paris 1896. — Gottfried von Paris weist (v. 3372—91) auf die finanzielle Seite des Falles hin und zeigt so, welche Ansicht das Volk über die Sache hatte.

Johann XXII., der in so vielen Beziehungen einen beklagenswerten Einfluss auf sein Zeitalter ausübte. Einer der gelehrtesten Theologen seiner Zeit, war er durchaus überzeugt von der Realität aller der Wunder, die der Zauberei zugeschrieben wurden, und seine eignen Erfahrungen flössten ihm lebhafte Furcht vor ihr ein. Die Umstände seiner Wahl waren derart, dass sie das Vorhandensein von Verschwörungen zu seiner Beseitigung wahrscheinlich machten, und den Einflüsterungen in dieser Hinsicht lieh er ein williges Ohr. Sein barbarisches Verhalten gegenüber dem unglücklichen Bischof Hugo von Cahors ist schon erwähnt worden (Bd. I, 623); aber noch bevor das erste Jahr seiner Herrschaft vergangen war, hatte er eine andere Gruppe von Verbrechern zu bestrafen. Im J. 1317 gab er dem Bischof Gaufridus von Reggio und mehreren Beisitzern Auftrag, einen Barbier und Wundarzt namens Johann von Amant und verschiedene Schreiber des hl. Palastes wegen eines Anschlages gegen sein Leben vor Gericht zu ziehen. Unter dem Einfluss der Folter bekannten sie, dass sie anfangs beabsichtigt hätten, Gift anzuwenden; da sie aber keine Gelegenheit dazu gefunden hätten, so hätten sie ihre Zuflucht zu Wachsfiguren genommen, in deren Herstellung sie bewandert seien. Sie hätten dieselben angefertigt unter Anrufung von Dämonen; sie könnten auch Dämonen in Ringe einschliessen und so die Geheimnisse der Vergangenheit und Zukunft erfahren; sie könnten Krankheit verursachen, den Tod herbeiführen oder das Leben durch Beschwörungen, Zaubermittel und Zaubersprüche, die nur aus magischen Worten beständen, verlängern. Natürlich wurden sie verurteilt und hingerichtet, und Johann XXII. machte sich energisch ans Werk, um das abscheuliche Geschlecht der Zauberer, dem er beinahe zum Opfer gefallen wäre, auszurotten. Wir hören auch von einem Verfahren gegen den Bischof Robert von Aix, der angeklagt war, Zauberkünste zu Bologna angewandt zu haben. Johann, der den Orient als die Quelle ansah, von der aus sich diese verwünschte Wissenschaft über die Christenheit ausbreitete, suchte die Zauberei auch in ihrer Heimat anzugreifen. Zu diesem Zwecke befahl er 1318 dem Dominikaner-Provinzial in der Levante, in allen dem lateinischen Ritus unterworfenen Orten Spezial-Inquisitoren zu ernennen, und er forderte den Dogen von Venedig, den Fürsten von Achaia und die lateinischen Barone zu tätiger Mitwirkung auf. Er schrieb sogar an den Patriarchen von Konstantinopel und an die Erzbischöfe des Orients und ersuchte sie, bei dem guten Werke mitzuarbeiten. Nicht zufrieden mit der Jurisdiktion, die Alexander IV. der Inquisition implicite übertragen hatte, beauftragte er 1320 den Kardinal von S. Sabina, diese durch Briefe an die Inquisitoren in vollem Umfange ausdrücklich zu bestätigen und die letzteren zu energischer Ausübung ihrer Machtvollkommenheiten aufzufordern. Durch weitere Bullen, in denen er seinem Kummer über die beständig wachsende, in der ganzen Christenheit sich ausbreitende Seuche Ausdruck gab, steigerte er die allgemeine Furcht vor der Magie immer mehr, und schliesslich befahl er 1326, Zauberer öffentlich in den Bann zu tun und als Ketzer zu bestrafen sowie alle Bücher über die Zauberei zu verbrennen. Indem er alle getauften Christen warnte, Verträge mit der Hölle einzugehen oder Dämonen in Ringe oder Spiegel einzuschliessen, um dadurch die Geheimnisse der Zukunft zu ergründen, und indem er drohte, alle, die sich solcher Praktiken schuldig machten, mit den Strafen für Ketzerei zu belegen, wenn sie sich nicht binnen acht Tagen besserten, traf er noch andere Massregeln, die aber das Geschäft des Zauberers nur immer einträglicher machten und die Zahl der getäuschten Opfer immer weiter vermehrten. Mit dem Ergebnis dieser Erlasse war er offenbar nicht zufrieden; denn 1330 beklagte er von neuem die Fortdauer des Teufelskultus und der damit zusammenhängenden Verirrungen und befahl einmal den Prälaten und Inquisitoren, alle in dieser Sache schwebenden Fälle schnell zu erledigen und ihm die Akten unter Siegel zur Entscheidung zuzuschicken; ausserdem wies er die Inquisitoren an, ohne besonderen päpstlichen Auftrag keine neuen Fälle aufzunehmen. Was aber auch immer der Beweggrund dieses letztern Verbots gewesen sein mag, in Frankreich wurde es nicht beachtet. Wir haben gesehen, wie die königliche Gewalt um diese Zeit die Kontrolle über die Inquisition gewann, und wir werden sehen, wie Johann XXII. selbst der Ketzerei in Sachen der „visio beatifica" angeklagt und von Philipp von Valois gradezu bedroht wurde. Wahrscheinlich veranlasste im Jahre 1334 ein Zwischenfall in diesem Streite den König zu behaupten, die Krone habe der Inquisition die Gerichtsbarkeit über Götzendiener, Zauberer und Ketzer übertragen, und seinen Seneschallen zu befehlen, dafür zu sorgen, dass sich fortan niemand in die Ausübung derselben durch sie selbst einmische. Dieses königliche Reskript scheint aber zugleich mit den Umständen, die es veranlasst hatten, in Vergessenheit geraten zu sein; denn im Jahre 1374 wandte sich der Inquisitor Jakob von Frankreich an Papst Gregor XI. mit der Anfrage, ob er die Zauberei in den Bereich seiner Jurisdiktion ziehen solle, worauf dieser mit

Anweisungen für die energische Verfolgung solcher Fälle antwortete [1]).

Das notwendige Ergebnis dieser ganzen aufsehenerregenden Gesetzgebung war aber die Stärkung des Vertrauens zur Zauberei im Kreise des Volkes und die weitere Ausdehnung ihrer Betätigung. In dem Verzeichnis der Inquisitionsurteile, die Bernhard Guidonis von 1309—1323 in Toulouse fällte, findet sich noch kein Fall von Zauberei. Aber wir begegnen mehreren, die in den Jahren 1320 und 1321 vor der bischöflichen Inquisition von Pamiers verhandelt wurden; ebenso erwähnen die noch vorhandenen Teile der Protokolle von Carcassonne 1328 und 1329 eine ganze Anzahl von Verurteilungen. Allmählich schoben ferner die Inquisitoren in alle Abschwörungsformulare eine Klausel ein, wonach reuige Ketzer auch der Zauberei entsagten, so dass sie, wenn sie sich ihr später hingaben, ohne weiteres wegen Rückfalls verbrannt werden konnten[2]).

Unter dem Einfluss dieser scharfen Verhütungsmassregeln blühte also das Geschäft der Zauberer immer mehr. 1323 lenkte ein bemerkenswerter Fall in Paris die Aufmerksamkeit auf sich. Die Hunde einiger Schäfer, die einen Kreuzweg in der Nähe von Château-Landon benutzten, fingen an einer bestimmten Stelle an zu kratzen und konnten nicht von der Stelle weggebracht werden. Die Männer schöpften Verdacht und benachrichtigten die Behörden. Man grub nach und fand ein Kästchen, in welchem sich eine schwarze Katze befand, etwas Brot, das mit dem hl. Öl angefeuchtet war, geweihtes Öl, Weihwasser und zwei kleine Röhren, die so angebracht waren, dass sie bis an die Erdoberfläche reichten und dem Tiere Luft zuführten. Alle Zimmerleute in dem Dorfe wurden vorgeladen, und einer erkannte das Kästchen als dasjenige, welches er für einen gewissen Johann Prévost angefertigt hatte. Die Folter entlockte diesem bald ein Geständnis, wobei er den Cisterzienser-Abt von Sarcelles, einige Domherren, einen Zauberer namens Johann von Persant und einen abtrünnigen Cisterzienser-Mönch, seinen Schüler, als seine Mitschuldigen bezeichnete. Der Abt hatte, wie es scheint,

---

1) Raynald. ann. 1317, Nr. 52—4; ann. 1318, Nr. 57; ann. 1320, Nr. 51; ann. 1327, Nr. 45 (*Hansen, Zauberwahn S. 251 ff.). — Magnum Bullarium Romanum I. 205. — Ripoll, II. 192. — Arch. des Frères Prêcheurs de Toulouse (Doat, XXXIV. 181; abgedruckt im Anhang dieses Bandes Nr. VII). — Arch. de l'Inq. de Carcassonne (Doat, XXXV. 89). — Vaissette, IV. Pr. 23. — Raynald. ann. 1374, Nr. 13. — *Die Erlasse Papst Johannes XXII. in Sachen der Zauberei sind zusammengestellt bei Hansen, Quellen a. a. O. S. 2—8, 671 ff.

2) Molinier, Etudes sur quelques Mss. des bibliothèques d'Italie (Paris, 1887) p. 102—3. — Collection Doat, XXVII. 7 sqq. 140, 156, 177, 192; XXVIII. 161.

eine Geldsumme verloren und sich eines Zauberers bedient, um es wiederzubekommen und den Dieb zu entdecken. Die Katze sollte drei Tage in dem Kästchen bleiben und dann getötet werden; die Haut wollte man in Streifen schneiden und damit einen Kreis legen. In diesen Kreis sollte sich ein Mann stellen, die Überreste des Fleisches der Katze sollten ihm in den Mastdarm gestossen werden, und darauf sollte er den Teufel Berich anrufen, von dem alsdann die gewünschte Offenbarung erwartet wurde. Der Inquisitor von Paris und der bischöfliche Ordinarius verhörten sofort die schuldigen Parteien. Prévost starb zu gelegener Zeit, aber seine Überreste wurden mit seinem Mitschuldigen Persant verbrannt, während die Geistlichen mit Degradation und lebenslänglicher Gefangenschaft davonkamen. Augenscheinlich wurde Persant die Wohltat der Abschwörung nicht zuteil, und auch die Cisterzienser erhielten eine Strafe, die weit strenger war als die in ihren Ordensregeln vorgeschriebene. Nach einer Bestimmung ihres Generalkapitels vom Jahre 1290 sollte diese nur bestehen in der Unfähigkeit, ein Benefizium zu empfangen und an den Beratungen des Ordens teilzunehmen; die Schuldigen mussten im Chor und im Refektorium die untersten Plätze einnehmen und Freitags bei Wasser und Brot fasten, bis das Generalkapitel die Strafe mildern würde. Aber während des Vierteljahrhunderts, seitdem diese Entscheidung erfolgt war, hatte sich ein höchst bemerkenswerter Wechsel in der Haltung der Kirche gegenüber dieser Art von Vergehen vollzogen[1]).

Die Mönchsorden stellten offenbar ein grosses Kontingent zu dieser Klasse von Verbrechern. Wir besitzen das Urteil, das von dem Inquisitor Heinrich von Chamay im J. 1329 über einen Karmeliter namens Peter Recordi gefällt wurde und die Wirksamkeit des Inquisitionsverfahrens zur Erlangung von Geständnissen anschaulich macht. Der Prozess dauerte mehrere Jahre. Anfangs suchte der Angeklagte zwar Ausflüchte zu machen und nahm auch seine Geständnisse wiederholt zurück, schliesslich aber gab seine Standhaftigkeit doch nach, und er blieb nun bei dem Geständnis, dass er, um Frauen in seinen Besitz zu bekommen, unter Anrufung von Dämonen Wachsfiguren gemacht habe, indem er das Blut von Kröten sowie sein eignes und seinen Speichel als ein Opfer für Satan beimischte. Dann habe er der betreffenden Frau das Bild unter die Schwelle gelegt. Habe sie sich ihm dann nicht hingegeben, so sei sie von einem Dämon gequält

---

1) Guill. Nangiac. Contin. ann. 1323. — Grandes Chroniques v. 269—73. — Statuta ord. Cisterc. ann. 1290 c. 2 (Martene, Thesaur. IV. 1485).

worden. In drei Fällen sei ihm seine Absicht gelungen, in den beiden anderen würde er auch zweifellos Erfolg gehabt haben, wäre er nicht plötzlich von seinen Oberen versetzt worden. Bei einer Gelegenheit hätte er eine Figur in den Bauch gekniffen, worauf sie geblutet habe. Sobald die Figuren ihre Aufgabe erfüllt hätten, habe er sie in den Fluss geworfen und dem Dämon, der seine Gegenwart durch einen Luftzug kund getan habe, einen Schmetterling geopfert. Er wurde zu lebenslänglicher Gefangenschaft bei Wasser und Brot verurteilt und, an Händen und Füssen gefesselt, in das Karmeliterkloster zu Toulouse gesteckt. Aus Rücksicht auf den Orden wurde er der Ceremonie der Degradation nicht unterworfen, und das Urteil wurde im geheimen in dem bischöflichen Palaste zu Pamiers gefällt. Bemerkenswert in dem Urteil ist der Ausdruck der Befürchtung, die Beamten des Klosters möchten dem Verurteilten zur Flucht verhelfen[1]).

Eine weitere Reklame für das Geschäft der Zauberer bot eine Geschichte, die um diese Zeit über Friedrich von Österreich im Umlauf war. Als dieser nach seiner Niederlage bei Mühldorf 1322 von Ludwig dem Bayer in der Festung Trausnitz gefangen gehalten wurde, wandte sich sein Bruder Leopold an einen erfahrenen Schwarzkünstler, der versprach, den Gefangenen mit Hilfe des Teufels zu befreien. Auf die Anrufung hin erschien Satan in der Verkleidung eines Pilgers und versprach bereitwillig, ihnen den Herzog Friedrich zu bringen, wenn dieser einwilligen würde, ihm zu folgen. Als er aber zu Friedrich kam und ihn aufforderte, in einen Sack zu kriechen, den er auf der Schulter trug, damit er ihn sicher zu seinem Bruder bringen könne, fragte ihn Friedrich, wer er sei. „Es ist gleich, wer ich bin", erwiderte der Teufel; „willst du dein Gefängnis verlassen, wie ich dir vorschlage?" Da überkam Friedrich grosse Furcht; er bekreuzigte sich, und sogleich verschwand der Teufel[2]).

Selbst bis in das ferne Irland verpflanzte der eifrige Franziskaner Richard Ledred, Bischof von Ossory, 1325 die Verfolgung der Zauberei. Lady Alice Kyteler von Kilkenny hatte vier Ehemänner gehabt, und die testamentarischen Bestimmungen der Verstorbenen waren den Kindern aus den drei letzten Ehen nicht genehm. Es gab kein wirksameres Mittel, diese Testamente aufzuheben, als dass man die Mutter anklagte, sie habe ihre Männer durch Zauberkünste getötet, sie aber zuvor, ebenfalls durch Hexenkünste, veranlasst, ihr

---

1) Archives de l'Inquis. de Carcassonne (Doat, XXVII. 150), vgl. den Anhang dieses Bandes Nr. VI; *sowie Hansen, Zauberwahn S. 313 ff., Quellen S. 449.
2) Matthias v. Neuburg, Chron. ann. 1323 (*Böhmer, Fontes IV, 199). — Chronik des Jacob von Königshofen (Chroniken der deutschen Städte, VII. 467).

Vermögen ihr und ihrem ältesten Sohne, Wilhelm Outlaw, zu vermachen. Bischof Ledred begann alsbald eine energische Inquisition; allein Lady Alice und Wilhelm standen den ersten Würdenträgern Irlands nahe, die ihm die Sache sehr schwer machten. Dazu kam, dass die Canones gegen die Ketzerei auf der Insel noch unbekannt waren. So hatte er eine dornenvolle Aufgabe. Einmal wurde er sogar selbst verhaftet und in das Gefängnis geworfen. Ein weniger starker Geist würde unterlegen sein, Ledred aber triumphierte schliesslich doch, wenn auch Lady Alice selbst seinen Händen entkam und glücklich nach England entfloh. Der Prozess gegen ihre angeblichen Mitschuldigen scheint mit mehr Nachdruck als Beachtung der gesetzlichen Formen geführt worden zu sein. Da das englische Gesetz die Folter nicht kannte, so wäre es dem Bischof wahrscheinlich nicht gelungen, ein Geständnis zu entlocken, hätte er nicht ein wirksames, wenngleich ungesetzliches Ersatzmittel in der Peitsche gefunden. Petronella, eine der Frauen der Lady Alice, konnte, nachdem sie sechsmal durchgepeitscht war, die unaufhörliche Steigerung der Qualen nicht länger ertragen und gestand alles, was man von ihr verlangte. Sie gab zu, dass sie selbst zwar eine geschickte Zauberin, aber ihrer Herrin, die es mit jedem in England, ja mit jedem in der ganzen Welt aufnehme, keineswegs gewachsen sei. Sie erzählte, wie sie auf das Geheiss der Lady Alice an einem Kreuzwege einem Dämon namens Robert Artisson, dem Incubus oder Liebhaber ihrer Herrin, Hähne geopfert habe, und wie sie beide aus dem Gehirn eines ungetauften Kindes sowie aus Kräutern und Würmern Pulver und Zaubermittel in der Hirnschale eines enthaupteten Räubers bereitet hätten, um die Gläubigen mit körperlichen Leiden zu schlagen, um Liebe und Hass zu erregen und die Gesichter gewisser Frauen in den Augen bestimmter Personen gehörnt erscheinen zu lassen. Sie sei die Vermittlerin zwischen ihrer Herrin und dem Dämon gewesen; bei einer Gelegenheit sei er mit zwei anderen, die so schwarz wie Äthiopier waren, in die Kammer der Lady Alice gekommen, und es hätten nun Liebesszenen begonnen, deren geschmacklose Einzelheiten wir uns schenken wollen. Der Fall ist insofern interessant, als er eine Zwischenstufe bildet zwischen dem alten Zauberglauben und dem späteren Hexenwahn; ausserdem beleuchtet er einen der wichtigsten Punkte in dem Kriminalverfahren der folgenden Jahrhunderte, der seinerseits die allgemeine Leichtgläubigkeit an die Wunder der Zauberei erklärt. Die unbeschränkte Wiederholung der Folter veranlasste nämlich den Angeschuldigten nicht nur, alles zu gestehen, was man von ihm verlangte, sondern die

Wirkung der Qualen war auch so nachhaltig, dass der Unglückliche um keinen Preis sich einer Wiederholung durch einen Widerruf aussetzen wollte, selbst nicht im letzten Augenblicke. So war es auch der Fall bei jenem armen Geschöpfe, das bis zum Schluss an seinem Gewebe von Widersinnigkeiten festhielt und sich lieber als unbussfertige Sünderin verbrennen liess. Einige andere Personen, die auch in die Sache verwickelt waren, kamen gleichfalls auf dem Scheiterhaufen um, während eine dritte Gruppe abschwören durfte und zum Kreuztragen verurteilt wurde — wahrscheinlich die einzige Gelegenheit, wo auf den britischen Inseln diese Busse auferlegt wurde[1]).

Während Bischof Ledred in Irland mit diesem guten Werke beschäftigt war, fand in England ein Prozess statt, der so recht den Unterschied zwischen dem von der Kirche befolgten und durch die Folter unterstützten Prozessverfahren und dem Verfahren des gemeinen Rechts veranschaulicht. Achtundzwanzig Personen wurden angeklagt, die Dienste Johanns von Nottingham und seines Gehilfen Richard Marshall von Leicester in Anspruch genommen zu haben zur Herstellung von Wachsfiguren, die bestimmt waren zur Ermordung König Eduards II., seiner beiden Speisemeister, des Priors von Coventry und zweier Untergebenen des letztern, welche, von den Günstlingen des Königs unterstützt, das Volk tyrannisiert hatten. Richard Marshall trat als Ankläger auf, und der Beweis des Verbrechens gelang vollkommen. Man hatte grosse Summen versprochen, zwanzig Pfund dem Meister Johann und fünfzehn Pfund dem Richard Marshall, und hatte ihnen ferner sieben Pfund Wachs und zwei Ellen Segeltuch geliefert. Vom 27. September 1324 bis zum 2. Juni 1325 arbeiteten die beiden Zauberer an ihrem Werke. Sie stellten sieben Wachsfiguren her sowie eine achte, um damit an Richard von Sowe einen Versuch zu machen. Am 27. April begannen sie mit der Wachsfigur zu operieren, indem sie ihr ein Stück Blei in die Stirne stiessen, worauf Richard von Sowe sofort seinen Verstand verlor und bis zum 20. Mai erbärmlich schrie; dann wurde das Blei entfernt und in die Brust der Wachsfigur gestossen, worauf Richard am 23. Mai starb. Die Angeklagten beteuerten ihre Unschuld und appellierten an das Urteil des Volkes. Es wurde ein gewöhnliches Geschworenengericht abgehalten, und alle wurden freigesprochen. Ein ähnlicher Fall kam im Juni 1326 in Toulouse ans Licht. Einige Zauberer wurden entdeckt, die es unternommen hatten, mittels Wachsfiguren den König Karl IV., den

---

1) Wright, A contemporary narrative of the proceedings against dame Alice Kyteler (1843).

Schönen, aus dem Wege zu räumen. Sie wurden schleunigst nach Paris geschafft, wo der weltliche Gerichtshof des Châtelet die Angelegenheit in die Hand nahm. Ihm standen alle Hilfsmittel der Folter zu Gebote, und seine schnelle und nachdrückliche Justiz überlieferte die Angeklagten zweifellos bald dem Scheiterhaufen. Nur Peter de Via, ein Lieblingsneffe Johanns XXII., der mit in die Geständnisse verwickelt worden war, wurde für unschuldig erklärt. Wahrscheinlich nicht lange nach diesem Anschlag wurde ein ähnlicher gegen das Leben Johanns XXII. unternommen; aber die Schuldigen entkamen, sie wurden erst 1337 entdeckt und auf Befehl Benedikts XII. vor Gericht gestellt und hingerichtet. Um sich zu schützen, gaben sie den Bischof von Béziers als ihren Anstifter an[1]).

Die organisierte Verfolgung scheint etwas nachgelassen zu haben, als Johann XXII. 1330 das Verbrechen der Zauberei der Jurisdiktion vorübergehend der Inquisition entzog, während er durch seine Bullen das Geschäft der Zauberer immer weiter ausgedehnt und einträglich gemacht hatte. Die allgemeine Geistesrichtung des Volkes ersieht man daraus, dass an einigen Orten der Schwarze Tod (1348) teils den Zaubersprüchen, teils dem Gifte der Juden zugeschrieben wurde. Massregeln wie die des Konzils von Chartres 1366, welches anordnete, dass jeden Sonntag in allen Pfarrkirchen alle Zauberer exkommuniziert werden sollten, dienten nur dazu, bei dem Volke den Glauben an die Realität und die Wirksamkeit ihrer Zaubermittel zu stärken[2]). Während dieser Periode wurde das Studium und die Ausübung der Zauberei mit grossem Eifer und vielfach ganz offen betrieben. Michael von Urrea, der von 1306 bis 1311 Bischof von Tarazona war, wurde mit dem Titel 'el Nigromantico' geehrt; die Inschrift auf seinem Porträt in dem erzbischöflichen Palaste von Tarragona be-

---

1) Wright, a. a. O. pp. XXIII—XXIX. — Vaissette, IV. Pr. 173. — Raynald. ann. 1337, Nr. 30.

2) *Am 19. Oktober 1364 wandte sich Papst Urban V. in mehreren Erlassen gegen die 'nobiles viri Ademarius de Portabone, miles de comitatu Sabaudie, et Geraldus Fabri de Durazio, Bernaldus Rigaldi' u. a., die vom Bischof von Carcassonne verhaftet worden waren, weil sie 'de sortilegiis, adulteriis et homicidiis in personas ecclesiasticis perpetratis necnon de incendiis et violationibus ecclesiarum ac de stupris sanctimonialium et aliis diversis sacrilegis criminibus, quorum cognitio ad ecclesiasticum forum dinoscitur pertinere, in diversis locis Narbonensis et Tholosane diocesium et provinciarum ac Albiensis et Castrensis diocesium commissis sunt publice diffamati'. Der Papst bestimmte, dass der Bischof zusammen mit dem 'inquisitor heretice pravitatis in partibus Carcassone ac eius locum tenenti' . . . 'contra dictos nobiles et quemlibet ipsorum super verbis et factis eorum heresim sapientibus diligenter inquirere studeatis' (Vatik. Archiv, Reg. Vatic. 246 fol. 372 f., Avinione XIV. kal. Novembris anno II.).

zeichnet ihn als einen höchst geschickten Nekromanten, der selbst den Teufel mit seinen eignen Künsten täuschte. Sogar Gerhard Groot (1340 bis 1384), den die Brüderschaft vom Gemeinsamen Leben als ihren Gründer in Anspruch nimmt, hatte in seiner Jugend den geheimen Wissenschaften ernstlich obgelegen, ihnen aber während einer Krankheit feierlich vor einem Priester entsagt und seine Bücher verbrannt. Viele Jahre später benutzte er seine Sachkunde, um einen gewissen Johann Heyden, der lange die Leichtgläubigkeit des Volkes von Amsterdam und Umgegend ausgebeutet hatte, an den Pranger zu stellen. Als dieser nämlich nach Deventer kam, prüfte ihn Groot und fand, dass er nichts von der Nekromantie und den ihr verwandten Künsten verstand; er schloss daraus, dass er nur infolge eines Paktes mit dem Teufel zaubern könne. Da Groot kein Blut vergiessen wollte, begnügte er sich damit, ihn auszuweisen, und schrieb dann, als er erfuhr, dass sich der Übeltäter in Harderwijk niedergelassen habe, an die dortigen Brüder einen Bericht über ihn. Die ganze Angelegenheit zeigt, dass solche Personen auf praktische Duldung rechnen konnten, solange nicht irgendein Zelot es für gut befand, die Gesetze gegen sie in Anwendung zu bringen. Wie weit aber diese Duldung getrieben, und zu welch grenzenloser Leichtgläubigkeit die öffentliche Meinung erzogen worden war, zeigen die Berichte, die ernste Geschichtschreiber von den Kunststücken Zytos, des Lieblingszauberers des Königs Wenzel, liefern. Trotz der wiederholten Verurteilung der Zauberei durch die Konzilien von Prag während der letzten Hälfte des 14. Jahrhunderts zählte Wenzel zu seinen sonstigen schlechten Eigenschaften auch eine Vorliebe für die verbotenen Künste. Bei seiner Heirat mit Sophie, der Tochter des Herzogs Johann von Bayern, im J. 1389, schickte ihm dieser, die Neigungen seines Schwiegersohnes kennend, eine ganze Wagenladung von geschickten Beschwörern und Gauklern nach Prag. Während der erste von ihnen seine Künste zum besten gab, ging Zyto ruhig auf und ab; plötzlich aber öffnete er den Mund und verschlang den ganzen Gaukler, indem er nur seine schmutzigen Stiefel wieder ausspuckte; darauf gab er auch den Körper wieder von sich in ein Gefäss Wasser und zeigte dann den von Wasser Triefenden der staunenden Menge. Bei den königlichen Banketten ärgerte Zyto die Gäste dadurch, dass er ihre Hände in die Hufe von Pferden oder Ochsen verwandelte, so dass sie die Speisen nicht mehr greifen konnten; oder er veranlasste sie, zum Fenster hinauszusehen, und schmückte sie dann mit Hirschgeweihen, so dass sie ihren Kopf nicht mehr zurückziehen konnten, während er behaglich ihre Delikatessen ass und ihren Wein trank. Bei einer anderen Gelegenheit verwandelte er eine Handvoll Korn in eine Herde fetter Schweine, die er an einen Bäcker verkaufte mit der Warnung, sie nicht zum Flusse gehen zu lassen. Der Käufer aber beachtete die Warnung nicht, und plötzlich wurden sie wieder zu Getreidekörnern, die auf dem Wasser schwammen. Natürlich konnte ein solcher Mensch kein gutes Ende nehmen; als seine Stunde gekommen war, wurde Zyto vom Teufel geholt. Diese Wundergeschichten werden nicht nur von den böhmischen Chronisten als unzweifelhafte Tatsachen berichtet, sondern auch von dem spätern päpstlichen Geschichtschreiber Raynaldus gewissenhaft wiedergegeben[1]).

Obgleich Gregor XI. 1374 die Inquisition ermächtigt hatte, alle Fälle von Zauberei zu verfolgen[2]), beobachtete das Parlament in Frankreich auch in dieser Frage seine Politik der Übergriffe in die Jurisdiktion der Kirche. 1390 gab ihm ein Vorkommnis in Laon, wo ein weltlicher Beamter namens Poulaillier eine Anzahl Zauberer verhaftet hatte, Gelegenheit einzugreifen. Satan hatte, wie Bodinus sagt, es fertig gebracht, beim Volke den Glauben zu erwecken, dass die Zaubergeschichten erdichtet seien; deshalb befahl das Parlament, das Verfahren einzustellen. Und da es nun einmal seine Aufmerksamkeit auf die Angelegenheit gelenkt hatte, bestimmte es, dass in Zukunft für solche Vergehen die weltlichen Gerichtshöfe zuständig, die geistlichen davon ausgeschlossen sein sollten[3]). Die weltlichen Richter waren übrigens in der Lage, diese Fälle mit übermässiger Strenge zu behandeln. Ein Fall, der 1390 das Pariser Châtelet be-

---

1) Lilienthal, Die Hexenprozesse der beiden Städte Braunsberg, S. 113. — Concil. Carnotens. ann. 1366, c. 11 (Martene, Ampl. Coll. VII. 1368). — Florez, España sagrada, XLIX. 188. — Acquoy, Gerardi Magni Epistt. pp. 107—11. — Concil. Pragens. ann. 1355, c. 61 (Hartzheim, IV. 400). — Statuta brevia Arnesti, ann. 1353 (Höfler, Prager Concilien, p. 2). — Concil. Pragens. ann. 1381, c. 7 (ebd. p. 28). — Statut. synod. Pragens. ann. 1407, Nr. 6 (ebd. p. 59). — Dubravius, Hist. Bohemiae Lib. XXIII. — Raynald. ann. 1400, Nr. 14.

2) *Am 19. Juli 1377 schrieb Gregor XI. dem Erzbischof Bernhard von Neapel und dem Nikolaus Muschinus, 'in regno Sicilie ac civitate Beneventana eiusque districtu heretice pravitatis inquisitor', er habe erfahren, 'quod ministri nequitie, perditionis filii et maledictionis alumpni videlicet Matheus dictus Cavalerosalnazo, laicus in civitati Neapolitana commorans, et Caterina Carosa, mulier Neapolitana, ... diversas incantationes et demonum invocationes facere ac nonnullas ymagines arte magica seu mathematica per eum fabricatas ... consecrare et ... pro rebus deperditis adinveniendis ... committere presumpserunt'. Er befiehlt ihre Verfolgung und Bestrafung. (Vatik. Archiv, Reg. Avin. 203 fol. 26, Anagnie XIV. kal. Augusti anno VII.).

3) Bodinus, De magorum demonomania (1581) lib. IV. c. 1. — *Diese auf Bodin zurückgehenden Darlegungen sind irrig, wie ich Zauberwahn S. 358—364 nachgewiesen habe.

schäftigte, ist insofern von grossem Interesse, als er uns einen Einblick in die Einzelheiten des Verfahrens gewährt und die Wirksamkeit der Folter zum Zwecke der sicheren Überführung veranschaulicht. Abgesehen von diesem Mittel, welches in Kriminalfällen allgemein üblich wurde, war indessen das Verfahren des weltlichen Gerichtshofes, wie wir hier sehen, für den Angeklagten weit milder als das der Inquisition. Wir können aber wieder beobachten, wie furchtbar der Eindruck gewesen sein muss, den die Folter hinterliess, wenn er das verzweifelnde Opfer veranlasste, an der Selbstbezichtigung festzuhalten, durch die es sich unvermeidlich auf den Scheiterhaufen brachte. Marion l'Estalée, ein junges sittenloses Mädchen, war wahnsinnig verliebt in einen Mann namens Hainsselin Planiete, der sie aber verliess, um am 1. Juli 1390 eine Frau namens Agnescot zu heiraten. Um das zu verhindern und um seine schwindende Zuneigung zu bannen, hatte sie sich, wenn wir ihrem Geständnis glauben dürfen, wegen eines Zaubertrankes an eine alte Kupplerin namens Margot de la Barre gewandt. Da der Zaubertrank wirkungslos blieb, hatte Margot für sie zwei Zauberkränze gemacht, die sie so legte, dass die Braut und der Bräutigam während der Festlichkeiten des Hochzeitstages darauf traten; sie war überzeugt, dass das die Vollziehung der Ehe vereiteln würde. Der Anschlag hatte keinen Erfolg, aber Hainsselin und Agnescot wurden krank, weshalb man die beiden Frauen verhaftete.

Am 30. Juli wurde Margot verhört und leugnete jede Mitschuld. Sie wurde sofort auf dem kleinen und dem grossen 'tresteau' gefoltert. Das erstere Verfahren bestand anscheinend darin, dem Opfer Wasser durch die Kehle zu schütten, bis der Magen gefüllt war und es dann wieder durch Druck auf den Bauch herauszutreiben; beim zweiten wurde das Opfer vermutlich auf das Streckbrett gelegt. Da diese doppelte Folter kein Geständnis zutage brachte, wurde Margot in die Untersuchungshaft zurückgeführt. Am 17. August kam die Reihe an Marion, die ebenfalls leugnete und ohne Erfolg gefoltert wurde. Am 3. September wurde sie wieder verhört und leugnete, und als sie wieder zur Folter befohlen wurde, appellierte sie an das Parlament. Die Berufung wurde sofort geprüft und verworfen, Marion wurde gefoltert wie vorher, zur Küche gebracht und gewärmt, dann aber zum dritten Male, wieder ohne Erfolg, gefoltert. Auch noch am 4. September wurden ihre Qualen erneuert, ohne dass sie gestand. Endlich aber, als die Hoffnung auf ein Ende der Qualen geschwunden war, übten diese ihre Wirkung auf Körper und Geist aus. Wie erbarmungslos die

Folter angewandt worden war, ergibt sich aus der späteren Mitteilung, dass Marion durch sie arg verkrüppelt und geschwächt worden sei. Als sie nun wiederum auf das 'tresteau' gebunden wurde und der Henker im Begriff war, sein Werk zu beginnen, da gab sie nach und willigte ein zu gestehen. Losgebunden, erzählte sie die ganze Geschichte, und am Nachmittag, als sie wieder vorgeführt wurde, bestätigte sie dieselbe „sans aucune force ou constrainte". Darauf wurde Margot hereingeführt, und Marion wiederholte ihr Geständnis; jene widersprach und erbot sich zum gerichtlichen Zweikampf, wovon man aber keine Notiz nahm. Darauf erbot sich Margot, ihr Alibi für den Tag zu beweisen, an dem sie die Kränze gemacht haben sollte. Die Personen, die sie als Zeugen nannte, wurden ausfindig gemacht und am nächsten Tage vorgeführt; aber die Aussagen derselben waren eher belastend als entlastend. Darauf wurde Marion veranlasst, ihr Geständnis zu wiederholen, und Margot zum zweiten Male gefoltert, aber wieder ohne Erfolg. Am 6. September wurde Marion veranlasst, ihr Geständnis noch einmal zu wiederholen, und im Anschluss daran wurde Margot wieder vorgeführt und auf das 'tresteau' gebunden. Marions jugendliche Kraft hatte sie befähigt, die Folter dreimal auszuhalten, Margot aber war wegen ihres Alters weniger widerstandsfähig; bei ihr hatten zwei Folterungen genügt, ihre Widerstandskraft zu brechen. Bevor die neue Folterung begann, versprach sie, zu bekennen. Ihre Erzählung stimmte dann mit der Marions überein, bis auf einige Ausschmückungen, welche zeigen, wie gänzlich unzuverlässig alle solche Geständnisse waren, und wie sie nur den Zweck hatten, die erbarmungslosen Diener der Gerechtigkeit zu befriedigen. Bei der Bezauberung der Kränze, sagte sie, habe sie den Teufel dreimal mit den Worten angerufen: „Ennemi, je te conjures au nom du Père, du Fils et du Saint Esperit que tu viegnes a moy icy"; dann sei sofort ein „ennemi" oder Teufel erschienen wie die, welche sie auf der Bühne in dem Passionsstücke gesehen habe, und sie habe ihn ersucht, in den Leib Hainsselins und Agnescots zu fahren; er sei dann unter grossem Lärm in einem Wirbelwinde zum Fenster hinausgeflogen und habe sie tödlich erschreckt. Der Beweis war also vollständig, und es schien, als ob nichts übrigbleibe, als ein schnelles Urteil zu fällen; allein der Gerichtshof bekundete den lobenswerten Wunsch, eine Überstürzung zu vermeiden. Beisitzer und Sachverständige wurden zur Beratung zugezogen. Am 7., 8. und 9. September mussten Marion dreimal und Margot zweimal ihre Geständnisse wiederholen. Am letzten Tage wurde eine Beratung abgehalten, und

463 die Entscheidung fiel einstimmig gegen Margot aus, sie wurde an einen Pfahl gebunden und noch an demselben Tage verbrannt. Bezüglich der Marion waren drei der Sachverständigen der Ansicht, dass für sie der Pranger und die Verbannung genüge. Die Sache wurde bis zum 23. September vertagt und dann eine neue Beratung abgehalten; da sich aber hier die Meinungen nicht änderten und die Mehrheit für die Verurteilung war, so verkündete der Prévôt das Urteil, worauf die Unglückliche am nächsten Tage verbrannt wurde. Es ist wahrscheinlich, dass beide Opfer unschuldig waren, und dass sie die ganze Geschichte erfunden haben, um der Wiederholung der unerträglichen Folter zu entgehen; aber der Ausgang des Prozesses war nach Lage der Dinge unvermeidlich; die Richter zeigten sich zwar durchaus geneigt, mit den beiden in ihren Händen befindlichen unglücklichen Geschöpfen nach Recht und Billigkeit zu verfahren, aber sie konnten unmöglich an der Wirklichkeit des Vergehens und an der Erscheinung des Teufels, wie sie von Margot beschrieben war, zweifeln [1]). Das muss man beachten, wenn man das Verhalten der Richter und Inquisitoren würdigen will, die in den nächsten beiden Jahrhunderten Tausende von Unglücklichen auf den Scheiterhaufen schickten zur Strafe für Vergehen, die für den modernen Menschen reine Hirngespinste sind. Nach der Jurisprudenz jener Zeit konnte es keinen klareren Beweis geben als den, auf welchem die grausam bestraften Widersinnigkeiten des Hexenwahns beruhten.

Während dies in Paris vorging, wurde am 6. August 1390 in Velay eine Zauberin namens Jeannette Neuve oder Revergade verbrannt. Zwar war es der Gerichtshof der Abtei von Saint-Chaffre, der den Prozess führte und die Hinrichtung vollzog, aber er tat das als Inhaber der hohen Gerichtsbarkeit und nicht als geistlicher Gerichtshof. Ein Jahrhundert später würde der Fall wohl mit einem ausführlichen Berichte über den Sabbat und die Teufelsanbetung ausgeschmückt worden sein, aber dafür war damals die Zeit noch nicht gekommen. Jeannette war eine arme Landstreicherin, die nach Chadron in den Gerichtsbezirk der Abtei gekommen war und sich den Lebensunterhalt durch Heilen von Krankheiten mit Zaubermitteln erwarb, denen sie gewöhnlich noch die Vorschrift einer Pilgerfahrt nach einem berühmten Heiligenschreine jener Gegend hinzufügte. Sie muss sich als Zauberin einen Namen gemacht haben; denn der Herr von Burzet, der mit seiner Frau im Zwiste lag und

---

1) Registre criminel du Châtelet de Paris 1389—1392, hrsg. von Duplès-Agier I. 332—63 (Paris, 1861); *Auszug bei Hansen, Quellen S. 518—523.

sich wieder mit ihr auszusöhnen wünschte, kam zu ihr und bat sie um einen Zaubertrank. Sie gab ihm ein Getränk, woran er starb; damit war aber auch ihr Schicksal besiegelt[1]).

Der Glaube an die Zauberei, dessen beständige Zunahme während des fünfzehnten und sechzehnten Jahrhunderts so beklagenswerte Folgen hatte und sich der Gegenwart als eines der seltsamsten Probleme in der Geschichte der menschlichen Irrtümer darstellt, nahm eben um diese Zeit einen neuen Aufschwung. Das erste Anzeichen dafür bietet eine Massregel der Universität Paris. Am 19. September 1398 hielt die theologische Fakultät eine allgemeine Versammlung in der Kirche St. Mathurin ab und fasste über eine Reihe von achtundzwanzig Artikeln Beschluss, die von da ab die Richtschnur für alle Dämonologen bildeten und als unwiderlegliche Argumente gegen alle die Skeptiker angesehen wurden, welche die Realität und die unheilvolle Wirkung der Zauberkünste bezweifelten. In der Einleitung wird dargelegt, es gelte jetzt zu handeln, weil die alten Irrtümer mit neuer Kraft wieder auftauchten und die Gesellschaft zu verseuchen drohten. Die alten Übel, die nahezu vergessen gewesen seien, lebten wieder auf mit erneuter Kraft, und es sei eine klare Bestimmung erforderlich, um die Gläubigen vor den Schlingen des bösen Feindes zu schützen. Dann erklärte die Universität, allen abergläubischen Gebräuchen, bei denen die Vernunft nicht erwarten könne, dass Gott und die Natur den Zweck derselben zu erreichen helfe, liege ein stillschweigender Vertrag mit Satan zugrunde. Sie verurteilte als irrtümlich die Behauptung, es sei erlaubt, die Hilfe der Dämonen anzurufen, ihre Freundschaft zu suchen, in Verträge mit ihnen zu treten, sie in Steine, Ringe, Spiegel und Bilder einzuschliessen, Zauberei zu guten Zwecken oder für die Heilung von Zauberei anzuwenden, oder zu glauben, Gott lasse sich durch Zauberkünste veranlassen, die Dämonen zu zwingen, dass sie den Anrufungen Folge leisteten, oder anzunehmen, die Celebrierung von Messen oder die Anwendung anderer guten Werke in gewissen Formen der Thaumaturgie sei erlaubt, oder die Propheten und Heiligen hätten von alters her ihre Wunder durch diese Mittel verrichtet und diese von Gott gelernt, oder wir könnten durch gewisse Zauberkünste zum Anblick des göttlichen Wesens gelangen. Diese letzten Sätze weisen auf eine gefährliche Neigung hin, die Künste des Zauberers und die des Theurgisten zu verknüpfen, und zeigen, dass die höhere Magie jener Zeit glauben machen wollte, sie

---

1) Chassaing, Spicilegium Brivatense pp. 438—46.

dringe bis in die unaussprechlichen, den Thron Gottes umgebenden Mysterien vor. In der Tat erklärten diese Jünger der Magie, ihre Künste seien gesetzlich erlaubt und ihr Ursprung liege in Gott; sie wiesen darauf hin, dass Gutes von ihnen ausgehe, und dass die Wünsche und Prophezeiungen derer, die sich ihrer bedienten, in Erfüllung gingen. Alles das verdammte die Universität. Während sie aber einerseits leugnete, dass Bilder von Blei oder Gold oder Wachs, sobald sie getauft, exorzisiert und an gewissen Tagen geweiht würden, die in den Büchern der Magie ihnen zugeschriebenen Wunderkräfte besässen, war sie andrerseits ebenso nachdrücklich in dem Tadel derjenigen, welche nicht glauben wollten, dass Zaubersprüche und die Anrufung von Dämonen die Macht besässen, welche ihnen die Zauberer beilegten [1]).

Wie alle anderen Versuche, die Zauberei zu unterdrücken, so diente auch dieser nur dazu, ihre Bedeutung und Wichtigkeit von neuem zu bekräftigen. Die Erklärung, es sei ein Irrtum, die Realität der Zauberei und ihrer Wirkungen zu bezweifeln, wurde ein beliebtes Argument der Dämonologen. Gerson erklärte um das Jahr 1415, die Bezweiflung des Daseins und der Tätigkeit der Dämonen sei nicht nur gottlos und ketzerisch, sondern auch verderblich für jede menschliche und politische Gesellschaft. Der Hexenhammer schliesst (1486), dass die Leugnung der Existenz von Hexen zwar nicht an und für sich Ketzerei sei, da sie auf Unwissenheit beruhen könne; aber bei einem Geistlichen sei solche Unwissenheit an und für sich eine schwere Sünde. Die Leugnung reiche hin, den starken Verdacht der Ketzerei und somit die Verfolgung zu rechtfertigen, und wir haben gesehen, was der „starke Verdacht" in der Praxis der Inquisition für eine Bedeutung hatte [2]).

Während die Leichtgläubigkeit des Volkes auf diese Weise bestärkt wurde, gewährte der Wahnsinn König Karls VI. den Charlatanen eine verlockende Gelegenheit, ihre Ware auf den Markt zu bringen. 1397 schickte der Marschall von Sancerre nach Paris zwei Augustinermönche von Guyenne, die sich eines grossen Rufes wegen ihrer Geschicklichkeit in den geheimen Wissenschaften erfreuten und dem Könige versprachen, ihn von seiner Krankheit zu befreien.

---

1) D'Argentré I. II. 154. (*Denifle-Chatelain, Chartularium universitatis Parisiensis IV. 32; vgl. Hansen, Zauberwahn S. 283 f.). — Murner, Tractatus de phitonico contractu (1499). — Basin, De artibus magicis (*1482; vgl. Hansen, Quellen S. 236). — Pegnae Comment. in Eymericum p. 346.
2) Gersoni Tract. de erroribus circa artem magicam (Opp. Ed. 1494, XXI. G-H). — Malleus maleficarum P. I. Q. 1, 8.

Sie erklärten den königlichen Patienten für ein Opfer der Zauberei, und nach einigen Zaubercceremonien kam er auch wirklich wieder zu Verstand; aber es erwies sich dies bloss als eine lichte Unterbrechung der geistigen Umnachtung, denn nach einer Woche fiel er wieder in sein Leiden zurück. Die Schuld dafür massen die beiden dem Barbier des Königs und einem Pförtner des Herzogs von Orléans bei. Diese wurden verhaftet, aber es konnte nichts gegen sie erwiesen werden, und sie wurden freigesprochen. Monatelang führten die beiden Betrüger von dem hohen Gewinn ein lustiges Leben, und als sie schliesslich den Urheber der Zaubereien namhaft machen mussten, hatten sie die Kühnheit, auf des Königs Bruder, Ludwig von Orléans, selbst hinzuweisen. Nun wurde die Sache ernst, und als man sie mit der Folter bedrohte, gestanden sie, dass sie Zauberer, Apostaten und Teufelsanrufer seien. Sie wurden demgemäss vor Gericht gestellt, verurteilt, der Priesterwürde beraubt und aus Gnade nicht verbrannt sondern enthauptet und geviertteilt. Nicht abgeschreckt durch dieses Beispiel, erboten sich im Jahre 1403 ein Priester Ivo Gilemme, der behauptete, drei Teufel in seinen Diensten zu haben, sowie einige andere Teufelsanrufer — das Fräulein Marie von Blansy, Perrin Hemery, ein Schlosser, und Wilhelm Floret, ein Kleriker, — den König zu heilen; man liess auch sie einen Versuch machen. Sie baten, man möge ihnen zwölf mit eisernen Ketten beladene Männer zur Verfügung stellen. Diese mussten in eine Einfriedigung treten, dann forderte man sie auf, nicht ängstlich zu sein, und nun wurden alle Anrufungen vorgenommen, über die man verfügte; man erreichte aber nichts und entschuldigte das Misslingen damit, die Männer hätten sich bekreuzigt; aber diese Ausrede nutzte nichts. Floret gestand dann dem Prévôt von Paris, die ganze Geschichte sei eine Täuschung gewesen, worauf alle am 24. Mai 1404 ordnungsgemäss verbrannt wurden. Dieser Fall veranlasste wahrscheinlich den Kardinal Ludwig von Bourbon, auf seiner Provinzialsynode von Langres 1404 jegliche Zauberei und Wahrsagung strenge zu verbieten und seine Herde zu warnen, Vertrauen auf solche Künste zu setzen, da die, welche sie ausübten, meistens Betrüger seien, die nichts anderes beabsichtigten, als anderen das Geld aus der Tasche zu locken. Ausserdem wurde den Priestern streng befohlen, wie es schon ein Jahr vorher das Konzil von Soissons getan hatte, an die bischöflichen Ordinarien über alle Fälle zu berichten, die zu ihrer Kenntnis kämen, und alle Personen, die wegen solcher Praktiken in Verruf ständen, anzuzeigen. Wäre diese Weisung, Zauberer als Bauernfänger zu behandeln, durchgeführt worden, und wäre eine bischöfliche Polizei an die Stelle der Inquisition getreten, die um diese Zeit in schnellen Verfall geriet, so wäre viel Unheil verhütet worden; aber der wohlgemeinte Versuch des Kardinals Ludwig hatte keinen Erfolg. Der Glaube an die Zauberei nahm noch an Stärke zu, und als Johann Petit um das Jahr 1410 versuchte, Johann den Unerschrockenen wegen der Ermordung des Herzogs von Orléans zu rechtfertigen (vgl. oben S. 379), war es fast selbstverständlich, dass er den ermordeten Prinzen anklagte, den König durch Zauberei wahnsinnig gemacht zu haben, und darüber die genauesten Mitteilungen gab, sogar die Namen der beiden Dämonen Hynars und Astramein nannte, deren Beistand mit Erfolg angerufen worden sei[1]).

In England war die Zauberei bis dahin, wie wir gesehen haben, wenig beachtet worden. Noch 1372 wurde in Southwark ein Mann verhaftet, in dessen Besitz der Kopf und das Gesicht eines Leichnams sowie ein Buch über Zauberei gefunden wurden. Wäre er vor die Schranken der Inquisition gezogen worden, so würde er unter der Folter unfehlbar eine Reihe von Missetaten gestanden und auf dem Scheiterhaufen geendet haben; aber er wurde vor den königlichen Richterstuhl, und zwar vor Sir J. Knyvet gebracht. Da kein Verdachtsgrund gegen ihn gefunden wurde, so liess man ihn einfach schwören, keine Zauberei auszuüben, und er wurde entlassen; nur der Kopf und das Buch wurden auf seine Kosten zu Tothill verbrannt. Dem gerechten und freien Charakter des englischen Rechts ist es zweifellos zuzuschreiben, dass die Insel verhältnismässig freiblieb von dem Schrecken der Zauberei. Als aber schliesslich in den Unruhen der Lollarden der Verfolgungseifer um sich griff, benutzte die Kirche ihren Einfluss bei der neuen Dynastie der Lancaster, um die Sendboten Satans zu unterdrücken. 1407 erliess König Heinrich IV. Rundschreiben an seine Bischöfe, worin er erwähnte, dass in ihren Diözesen Zauberer, Magier, Beschwörer, Schwarzkünstler und Wahrsager überhand nähmen, die das Volk verdürben und schreckliche und abscheuliche Dinge vollbrächten. Daher sollten die Bischöfe alle solchen Übeltäter entweder mit oder ohne Prozess einkerkern, bis sie ihre Irrtümer wider-

---

1) Religieux de Saint-Denis, Hist. de Charles VI. Liv. XVII. ch. I., Liv. XVIII. ch. 8. — Juvenal des Ursins, Hist. de Charles VI. ann. 1403. — Raynald. ann. 1404, Nr. 22—3. — Concil. Suessoniens. ann. 1403, c. 7. — Monstrelet, I. 39 (éd. Buchon, 1843, pp. 80—3). — Chron. de P. Cochon (éd. Vallet de Viriville, p. 385). — *Hansen, Zauberwahn S. 301, 365.

Valentine von Mailand, die Gemahlin Ludwigs von Orléans, und ihr Vater, Galeazzo Visconti, standen in dem Rufe, der Zauberei ergeben und Mitwisser an dem Anschlage gegen das Leben des Königs zu sein.

riefen, oder die Entscheidung des Königs einholen. Dass man so die Angelegenheit in die Hände der Kirche legte und die Angeklagten aller gesetzlichen Schutzmittel beraubte, ist sehr bedeutsam, weil damit anerkannt wurde, dass man sich auf die gewöhnlichen Bestimmungen des englischen Rechts in solchen Fällen nicht verlassen konnte, und dass die öffentliche Meinung noch nicht unterrichtet genug war, um eine solche Angelegenheit Geschworenengerichten mit Erfolg anvertrauen zu können. Unter der folgenden Regentschaft scheint der königliche Rat die Jurisdiktion über solche Angelegenheiten übernommen zu haben. Im Jahre 1432 wurde ein Dominikaner von Worcester, Thomas Northfield, der der Zauberei verdächtig war, aufgefordert, mit allen seinen Zauberbüchern vor ihm zu erscheinen. Einige Tage später verhörte derselbe Gerichtshof die berühmte Hexe von Eye, Margarete Jourdemayne, mit dem Dominikaner Johann Ashewell und mit Johann Virby, einem Kleriker, der unter der Anklage der Zauberei zu Windsor eingekerkert worden war; sie wurden aber freigesprochen gegen das Versprechen, sich gut führen zu wollen. Der Hexe von Eye erging es nicht so gut, als sie 1441 in die gegen die Herzogin von Gloucester erhobene Anklage verwickelt wurde, eine Wachsfigur Heinrichs VI. hergestellt und geschmolzen zu haben. Die Herzogin gestand; sie musste zur Busse dreimal barhäuptig mit zweipfündigen Wachskerzen durch die Strassen gehen und an den Altären des hl. Paulus in Christ Church und des hl. Michael in Cornhill opfern, worauf sie gefangen gesetzt und schliesslich nach Chester verbannt wurde. Ihr Sekretär Roger aber wurde gehängt; es wurden ihm die Eingeweide herausgerissen, und dann wurde er geviertteilt; Margarete wurde verbrannt. Die ganze Angelegenheit war indessen eine rein politische. Ein ähnlicher Versuch, politischen Vorteil aus dem Glauben an die Zauberei zu ziehen, wurde 1464, bei Gelegenheit der Heirat Eduards IV. und der Elisabeth Woodville gemacht, indem man seine Treue zu ihr auf die Zauberkünste ihrer Mutter Jacquette, der Witwe des Regenten Bedford, zurückführte. Jacquette wartete indessen den Angriff nicht ab, sondern wandte sich gegen ihre Ankläger Thomas Wake und Johann Daunger. Diese hatten behauptet, sie benutze Bleibilder des Königs und der Königin, und hatten zum Beweis eins derselben gezeigt, das zerbrochen und mit Draht wieder zusammengebunden worden war. Beide lehnten jede Verantwortung ab und suchten sich gegenseitig die Schuld zuzuschieben. Aber im Jahre 1483 liess sich Richard III. die Gelegenheit nicht entgehen, hieraus politische Vorteile zu ziehen. In der Urkunde über die Zuerkennung der Krone hiess es, die „angebliche Heirat" Eduards sei zustande gekommen „durch Zauberei und Hexenkunst, begangen von der besagten Elisabeth und ihrer Mutter Jacquette, der Herzogin von Bedford". So bereitete sich England allmählich darauf vor, teilzunehmen an den Schrecken des Hexenwahns[1]).

Vielleicht der denkwürdigste Zaubereiprozess, der überliefert ist, ist derjenige des Marschalls von Rais aus dem J. 1440, der schon lange als eine 'cause célèbre' gegolten hat, obgleich wir erst durch die kürzlich veröffentlichten Protokolle instand gesetzt sind, ihn richtig zu beurteilen. Der Volksglaube jener Zeit wird veranschaulicht durch die Bemerkung Enguerrands von Monstrelet, der Marschall pflege schwangere Frauen und Kinder zu töten, um mit ihrem Blute die Beschwörungen zu schreiben, die ihm Reichtum und Ehren sicherten. Johann Chartier erwähnt, dass Gilles Kinder tötete und seltsame mit dem Glauben im Widerspruch stehende Dinge tat, um seine Absichten zu erreichen. Im folgenden Jahrhundert spricht Robert Gaguin davon, dass der Marschall Kinder umgebracht habe, um mit ihrem Blute die Zukunft zu erraten[2]). Der Fall ist nach vielen Richtungen interessant, hauptsächlich aber wegen der psychologischen Beobachtungen, zu denen er Veranlassung gibt, sowie weil er uns zeigt, wohin die konsequente Entwicklung der herrschenden Lehren der Kirche von dem Nachlass der Sünde führen konnte.

Im fünfzehnten Jahrhundert war in Frankreich keine Laufbahn aussichtsreicher als die des Gilles von Rais. Entsprossen im J. 1404 aus dem edlen Geschlechte der Montmorency und Craon, ein Enkel des berühmten Ritters Brumor von Laval, des Grossneffen von Bertrand Du Guesclin, verwandt mit dem Connétable von Clisson, verbunden mit allen hervorragenden Geschlechtern von Westfrankreich, machte ihn seine Baronie Rais zum Haupte des bretonischen Adels. Sein Landbesitz war an sich schon gross; als er aber, noch ein Jüngling, die reiche Erbin Katharina von Thouars heiratete, durfte er sich zu den reichsten Adligen Frankreichs rechnen. Seine Braut soll ihm hunderttausend Pfund in Gold und beweglichen Gütern eingebracht haben, und seine Einkünfte wurden auf fünfzigtausend

---

1) Wright, Dame Kyteler, pp. IX. XV.—XX. — Rymer, Foedera VIII. 427; X. 505; XI. 851. — *Lea, Wessex witches, witchery and witchcraft (Nineteenth Century, Juni 1903).
2) Monstrelet, Chronique 1440—1444 (éd. Douet-d'Arcq), II. 248. — Jean Chartier, Hist. de Charles VII. ann. 1440 (éd. Godefroy, p. 106). — Rob. Gaguin, Hist. Franc. lib. x. c. 3.

Pfund berechnet. Im Alter von sechzehn Jahren gewann er durch seinen Mut und seine Geschicklichkeit in dem Feldzuge, welcher die alte Feindschaft zwischen den Häusern Montfort und Penthièvre beendete, die Achtung seines Lehnsherrn Johanns V., des Herzogs der Bretagne. Mit zweiundzwanzig Jahren widmete er sich zusammen mit dem Bruder des Herzogs, dem Connétable Artus von Richemont, der verzweifelten Sache König Karls VII. mit einer Truppe, die er auf seine eignen Kosten unterhielt, und zeichnete sich in dem scheinbar hoffnungslosen Widerstande gegen die englischen Waffen aus. Als die Jungfrau von Orléans auf dem Plane erschien, wurde er mit der besondern Pflicht betraut, über ihre persönliche Sicherheit zu wachen, und er war von dem Entsatz von Orléans bis zur Niederlage an den Toren von Paris stets an ihrer Seite. Bei der Krönungsfeierlichkeit in Reims empfing er, erst fünfundzwanzig Jahre alt, die hohe Würde eines Marschalls von Frankreich, und in dem folgenden September erhielt er die ehrenvolle Erlaubnis, seinem Wappen einen Rand mit den königlichen Lilien hinzuzufügen. Es gab keine Würde nächst derjenigen der Krone, wonach sein Ehrgeiz nicht streben durfte; denn er behauptete zwischen den beiden entgegengesetzten Parteien, dem Connétable und dem Günstling des Königs, La Trémoille, seine Stellung so geschickt, dass nach dem Falle des letztern im Jahre 1433 keiner am Hofe ihm gleichkam[1]).

Er war ausserdem ein Mann von ungewöhnlicher Bildung. Seine unermüdliche Wissbegierde und sein Durst nach Kenntnissen veranlasste ihn, Bücher zu sammeln zu einer Zeit, wo es noch selten war, dass ein Ritter nur seinen Namen schreiben konnte. Der Zufall hat uns die Titel einiger Werke seiner Bibliothek erhalten; es sind die Civitas Dei des hl. Augustinus, Valerius Maximus, Ovids Metamorphosen und Suetonius. Während seines Prozesses gab er als Grund für seine Liebe zu einem italienischen Nekromanten u. a. das vortreffliche Latein seiner Sprache an. Grosse Vorliebe hatte er für reiche Einbände und Illustrationen. Noch einige Wochen vor seiner Verhaftung, heisst es bei einer Gelegenheit, war er damit beschäftigt, den Deckel eines Ceremonienbuches für seine Hauskapelle mit Email-Malerei zu verzieren. Auch war er ein leidenschaftlicher Freund von Musik und Theater, und wie er sich im Felde mit Ehren an der

---

1) Bossard et Maulde, Gilles de Rais, dit Barbe-bleue (Paris, 1886) pp. 43 49—51, 53, 57, Preuves p. CLVII. — *E. Lavisse, Histoire de France IV^2 Petit-Dutaillis, 1902) S. 183 ff.; Krack, Das Urbild des Blaubart. Le geschichte des Barons Gilles de Rais (1909).

Seite von Dunois und La Hire sehen lassen konnte, so gab er in diesen Bestrebungen dem guten König René nichts nach[1]).

Dieses Leben, dem so glänzende kriegerische und höfische Ehren beschieden zu sein schienen, wurde indessen durch die verhängnisvollen Fehler seiner Erziehung vernichtet. Als Knabe von elf Jahren verlor er seinen Vater. Der Sorge und dem Einflusse seines schwachen und nachsichtigen Grossvaters Johann von Craon wusste er sich bald zu entziehen und liess seiner feurigen Natur freien Lauf. So wuchs er auf im Drange ungebändigten Ehrgeizes, im Genusse sinnlicher Exzesse jeder Art, verzehrt von ungezügelten und unzähmbaren Leidenschaften. Vor den Schranken des Gerichts wandte er sich später wiederholt an die erstaunte Menge und ermahnte in dringenden Worten alle Eltern, ihre Kinder streng auf dem Pfade der Tugend zu erziehen; denn seine ungezügelte Jugend habe ihn zum Verbrechen und zu einem schmachvollen Tode geführt[2]).

Im Jahre 1433 zog er sich vom Hofe auf seine Güter zurück, wo er mit masslosem Aufwand lebte, sein Vermögen verschwendete, ein Lehen nach dem andern unter Preis verkaufte, und zwar die meisten an seinen Lehnsherrn, den Herzog der Bretagne, indem er sich nur das Rückkaufsrecht zu jeder beliebigen Zeit innerhalb von sechs Jahren vorbehielt. Es genügt hier, nur auf sein schlimmstes Verbrechen hinzuweisen, dass er nämlich Knaben anlockte, um seine unnatürliche Wollust an ihnen zu befriedigen, und sie nachher ermordete. Die Zahl seiner Opfer wurde auf sieben- bis achthundert geschätzt, überstieg aber, gemäss den Angaben der Anklageschrift, wahrscheinlich nicht hundertundvierzig. Diese Verbrechen blieben dem Urteile des weltlichen Gerichtshofes vorbehalten, während bei dem Inquisitionsverfahren seine Schuld lediglich darin erblickt wurde, dass er nach dem Stein der Weisen gesucht habe[3]) — dem Universalelixir, welches ihm unerschöpflichen Reichtum und unbegrenzte Macht verschaffen sollte. Zu diesem Zwecke fahndeten seine Agenten beständig nach Männern, die in dieser Kunst bewandert waren. Eine Reihe von Charlatanen betrog ihn, indem sie ihn mit ihren Versprechungen beständig in der Hoffnung erhielten, dass er nahe vor der Erfüllung seiner Wünsche stehe. Er glaubte stets, dass eines Tages auf seinem Schlosse Tiffauges der Versuch

---

1) Bossard et Maulde, op. cit. Pr. pp. LIII. LXXVII. CLII.
2) Bossard et Maulde, p. 21; Pr. pp. XLIX. LVIII. — *Lea selbst hat im Folgenden den Text der englischen Originalausgabe gekürzt.
3) Bossard et Maulde, pp. 61—66, 72—3, 78—81, 92—116, 173, 212—13, 269; Preuves, pp. XXIV. B. CLII.—CLV. CLVII. CLIX.

von Erfolg gekrönt werden würde, bis die plötzliche Ankunft des
Dauphins Ludwig ihn zwang, seine Öfen zu zerstören; denn wenn
auch die Alchimie, wie wir gesehen haben, nicht ausdrücklich zu
den verbotenen Künsten gerechnet wurde, so gab ihre Ausübung doch
Grund zum Verdacht, und Ludwig gehörte schon in seiner Jugend
nicht zu den Menschen, denen ein so gefährliches Geheimnis anvertraut werden konnte. Die zuversichtliche Hoffnung auf das Gelingen seiner Versuche bietet die Erklärung für seine sorglose Verschwendungssucht und für die unbesonnene Veräusserung seiner
Güter unter Vorbehalt des Rückkaufsrechts; er glaubte sich eines
Tages jeglicher Sorge um die Befriedigung seiner Gläubiger überhoben zu sehen. Obwohl die Alchimie, wie vorhin dargelegt wurde, den
Anspruch erhob, eine Wissenschaft zu sein, wurde sie in der Praxis
doch fast allgemein mit der Nekromantie auf eine Stufe gestellt.
Es gab auch nur wenig Alchimisten, die behaupteten, den Beistand
der Dämonen entbehren zu können, und so wurde die Anrufung
derselben ein notwendiger Bestandteil ihrer Kunst. Das war auch
der Fall bei denen, die Gilles von Rais in seinen Dienst stellte. Man
kann kaum ein lehrreicheres Kapitel in der Geschichte der durch
Magie verübten Betrügereien finden als das Geständnis, das er und
sein erster Zauberer, Francesco Prelati, ablegten. Danach hatte
der letztere einen vertrauten Dämon namens Barron, der seinem Rufe
bereitwillig folgte, wenn er allein war, sich aber nie in Gegenwart
von Gilles zeigen wollte. In dem naiven Berichte, den die beiden
von ihren Versuchen und Enttäuschungen geben, muss man ebenso
den schlagfertigen Erfindungsgeist des Italieners wie die Leichtgläubigkeit seines Auftraggebers bewundern. Eines Tages, als Prelati
ihn dringend um Gold gebeten hatte, bereitete ihnen der Teufel
Tantalusqualen, indem er zahllose Barren Gold in dem Zimmer ausbreitete, ihnen aber zugleich verbot, sie vor Ablauf mehrerer Tage zu
berühren. Als Gilles dies erfuhr, wünschte er natürlich seine Augen
an dem Schatze zu weiden, und Prelati führte ihn zu dem Zimmer.
Aber kaum hatte er die Türe geöffnet, da schrie er auf, er sehe eine
grüne Schlange, so gross wie ein Hund, zusammengerollt auf dem
Boden, und beide liefen schleunigst davon. Gilles versah sich nun
mit einem Kruzifix, das ein Teilchen von dem wahren Kreuze enthielt, und bestand darauf, dass sie zurückkehrten; aber Prelati
warnte ihn, da solche Mittel nur die Gefahr erhöhten, und er nahm
davon Abstand. Schliesslich verwandelte der boshafte Teufel das
Gold in Flittergold, das in der Hand des Alchimisten in rotbraunen

Staub zerfiel. Vergebens gab Gilles Prelati Verträge, die mit seinem Blute unterzeichnet waren, und in denen er sich dem Teufel zum Gehorsam verpflichtete als Entgelt für die drei Gaben: Wissen, Reichtum und Macht. Barron wollte keinen derselben annehmen. Der Teufel fühlte sich, wie Prelati erklärte, von Gilles gekränkt, weil er sein Versprechen, ihm ein Opfer darzubringen, nicht gehalten habe; für eine kleine Bitte genüge ein kleines Opfer, ein Huhn oder eine Taube; falls er aber um etwas Grösseres bitte, müsse er das Glied eines Kindes opfern. Kinder waren keine Seltenheit in der Gegend, wo Gilles wohnte; und so tat er sofort in ein Glasgefäss die Hand, das Herz, die Augen und das Blut eines Kindes und gab alles Prelati als Opfer für den Teufel. Aber noch immer blieb der Teufel hartherzig, und Prelati begrub, wie er sagte, das verschmähte Opfer in geweihtem Boden. Gilles stand zwar in dem Rufe, unzählige Kinder bei seinen nekromantischen Versuchen geopfert zu haben, aber dieses ist doch der einzige derartige Fall, der in seinem Prozess angeführt wird; und aus seiner häufigen Erwähnung in der Beweisaufnahme ergibt sich, wie schwer er bei der Verurteilung ins Gewicht fiel.

477 Es ist schwer zu sagen, wie lange Gilles sein Lasterleben noch fortgesetzt haben würde, hätte es nicht in dem Interesse des Herzogs Johann und seines Kanzlers Johann von Malestroit, des Bischofs von Nantes, gelegen, ihn auf den Scheiterhaufen zu bringen. Beide waren Käufer der von ihm verschleuderten Güter gewesen, beide mochten wünschen, sich von der Gefahr eines Rückkaufs zu befreien, und zugleich hoffen, bei der Konfiskation noch etwas von dem Reste seines Vermögens zu erhalten. Es war jedoch nicht leicht, einen so gefürchteten Herrn anzugreifen. Die Kirche musste vorangehen; denn die bürgerliche Gewalt wagte es nicht, das Odium des ganzen Adels im Herzogtum auf sich zu laden. Das stürmische Temperament Gilles' von Rais sollte seinen Feinden eine willkommene Handhabe bieten.

Der Marschall hatte das Schloss und Lehen Saint-Étienne de Malemort an Gottfried le Ferron, den Schatzmeister des Herzogs, der wohl ein Strohmann für den Herzog selbst war, verkauft, und er hatte den Besitz ausgeliefert an Johann le Ferron, den Bruder des Käufers, einen Mann, der die Tonsur empfangen hatte und ein geistliches Gewand trug, wodurch er auch die Immunität eines Klerikers genoss, obwohl er kein geistliches Amt bekleidete. Es entstand aus diesem Geschäft später ein Streit, den Gilles in der willkürlichen Weise, die jener Zeit eigentümlich war, schlichtete. Pfingsten 1440 führte er einen Trupp von etwa sechzig Reitern nach Saint-Étienne, legte sie in der Nähe des Schlosses in einen Hinterhalt und ging selbst mit einigen Begleitern nach der Kirche, in der Johann seine Andacht hielt. Die Messe war beinahe zu Ende, als plötzlich die Eindringlinge mit gezogenen Waffen hereinstürzten und Gilles Johann folgendermassen anredete: „Ha, Schuft, du hast meine Leute geschlagen und Erpressungen an ihnen verübt; komm heraus, oder ich töte dich!" Mit Mühe konnte der erschreckte Kleriker beruhigt werden. Er wurde vor das Tor des Schlosses geschleppt und gezwungen, die Übergabe desselben zu befehlen, worauf Gilles eine Besatzung hineinlegte, Johann aber abführen und schliesslich in Tiffauges, an Händen und Füssen gefesselt, einkerkern liess[1]).

Für diesen Schimpf boten die Gesetze der Bretagne zwar ein Heilmittel in den Civilgerichten. Der Herzog aber griff die Sache seines Schatzmeisters eifrig auf und befahl seinem Statthalter bei einer Strafe von fünfzigtausend Kronen, Schloss und Gefangene auszuliefern. Unwillig über diesen unvorhergesehenen Eingriff, misshandelte Gilles die Boten des Herzogs, der sofort eine Streitmacht sammelte und das strittige Schloss zurückeroberte. Tiffauges, wo die Gefangenen sich befanden, lag in Poitou, ausserhalb seiner Jurisdiktion; aber sein Bruder, der Connétable von Richemont, belagerte es, und Gilles musste sie freigeben. Nach dieser seiner Unterwerfung wagte er im Juli, dem Herzog zu Josselin einen Besuch abzustatten; er war etwas zweifelhaft, wie er aufgenommen werden würde, aber Prelati fragte seinen Teufel um Rat und verkündigte, dass er in Sicherheit hingehen könnte. Gnädig empfangen, bildete er sich ein, der Sturm sei vorüber, und fühlte sich so sicher, dass er in Josselin seine Scheusslichkeiten fortsetzte, indem er mehrere Kinder umbrachte und Prelati veranlasste, seinen Teufel anzurufen[2]).

Während die Staatsgewalt zögerte, den Verbrecher anzugreifen, bereitete sich aber die Kirche eifrig auf seinen Sturz vor. Er hatte sich durch die in der Kirche von Saint-Étienne verübte Gewalttat eines Sakrilegiums schuldig gemacht und ausserdem die geistliche Immunität dadurch verletzt, dass er an Johann le Ferron Hand angelegt hatte. Allein in jenem brutalen Zeitalter, wo der Krieg weder Kirche noch Kloster verschonte, kamen solche Vergehen zu häufig vor, um an sich schon Gilles' Untergang zu rechtfertigen, und in den

---

1) Bossard et Maulde, pp. 231—5; Pr. pp. XXIX. CII.—CXVI. CLIV.
2) Très-ancien coutume de Bretagne, c. 62 (éd. Bourdot de Richebourg IV. 216). — Bossard et Maulde, pp. 235—6; Pr. pp. LIII. LXXI.

ersten Stadien des folgenden Prozesses werden sie auch gar nicht erwähnt. Am 30. Juli erliess Johann von Malestroit, in dessen Bistum Nantes die Baronie Rais gelegen war, auf eigene Hand die Erklärung, er und seine Kommissare hätten kürzlich auf einer Visitationsreise wahrgenommen, dass Gilles allgemein im Rufe stehe, viele Kinder zur Befriedigung seiner Lust missbraucht und dann ermordet zu haben; ferner solle er den Teufel unter furchtbaren Ceremonien angerufen, Verträge mit ihm geschlossen und andere Ungeheuerlichkeiten begangen haben. Zwar wurde in allgemeinen Ausdrücken von Synodalzeugen gesprochen, die diese Anklagen mit Tatsachen belegen könnten, aber nur acht Zeugen wurden mit Namen genannt, darunter sieben Frauen aus Nantes, die, wie ihr späteres Zeugnis zeigt, Kinder verloren hatten und glaubten, Gilles für deren Verschwinden verantwortlich machen zu können. Der Zweck dieser Erklärung war offenbar, die Zungen derjenigen zu lösen, denen sie zu Gesicht kommen würde. Aber welche Mühe man sich auch gab, Beweise zu sammeln, sie war fruchtlos; denn als der Prozess zwei Monate später eröffnet wurde, waren nur zwei weitere Zeugen hinzugekommen, deren Aussagen ebenso unbestimmt waren wie die der ersten. Die einzige Anklage, die sie erhoben, war die Entführung von Kindern, und das war durchaus kein Verbrechen, worüber dem geistlichen Gerichtshofe die Kompetenz zustand. Offenbar waren die entsetzlichen Geheimnisse von Tiffauges und Machecoul nicht bekannt geworden. Man musste also etwas wagen und kühn zugreifen. Denn sobald Gilles und seine Anhänger in den Händen der Gerechtigkeit waren, konnte man sich darauf verlassen, dass das Prozessverfahren Beweise an den Tag bringen würde, die zu ihrer Überführung hinreichten[1]).

Der Schlag fiel am 13. September, als der Bischof in einer Vorladung Gilles aufforderte, am 19. zum Verhör vor ihm zu erscheinen. Die Missetaten, die er begangen hatte, wurden gemäss der ersten Erklärung wiederholt, aber mit dem bedeutsamen Zusatze: „und andere Verbrechen und Vergehen, die nach Ketzerei schmecken." Diese Vorladung wurde ihm am nächsten Tage persönlich übergeben, und er leistete keinen Widerstand. Es musste doch wohl etwas von dem, was vorging, ruchbar geworden sein; denn seine beiden Berater und Vertrauten, Gilles von Sillé und Roger von Brigueville, retteten sich durch die Flucht. Die übrigen von seinen nächsten Dienern und Schleppern, männliche und weibliche, unter ihnen Prelati, wurden verhaftet und

---

1) Bossard et Maulde, Pr. pp. I. II. VI.—IX.

nach Nantes gebracht. Am 19. September hatte er ein Privatverhör vor dem Bischof. Der mit Erhebung der Anklage betraute Beamte, Wilhelm Capeillon, brachte dort in schlauer Weise gewisse Anklagen wegen Ketzerei gegen ihn vor. Gilles ging in die Falle, indem er sich kühn erbot, sich vor dem Bischofe oder irgendeinem anderen kirchlichen Richter zu reinigen. Man nahm ihn beim Worte und setzte den 28. September für sein Erscheinen vor dem Bischof und dem Vice-Inquisitor von Nantes, Johann Blouyn, fest[1]).

Die Protokolle sind unvollkommen, sie teilen uns nichts mit von dem, was mit den Dienern des Angeklagten geschah. Gewiss wurden aber während der Zwischenzeit die Mittel des Inquisitionsverfahrens nicht geschont, um von ihnen etwas herauszubekommen, und ihre Aussagen wurden unter dem Volke verbreitet, um die öffentliche Meinung zu beeinflussen. Denn schon am 28. traten einige der besorgten Eltern vor, die ihre früheren Klagen bestätigten und gehört hatten, La Meffraye, die rührigste seiner Lieferantinnen, habe in dem weltlichen Gefängnis zugegeben, ihre Kinder an Gilles ausgeliefert zu haben. Bei dem Verhör am 28. September wurden nur diese zehn Zeugen vernommen, die wiederum nur unbestimmte Vermutungen über das Schicksal ihrer Kinder vorbringen konnten. Gilles war nicht anwesend. Augenscheinlich hatte die Folterung seiner Diener noch keinen befriedigenden Erfolg gehabt; denn das weitere Verfahren wurde bis zum 8. Oktober vertagt[2]).

Bei den folgenden Verhören scheint die Vorschrift der Verschwiegenheit nicht beachtet worden zu sein. Man war offenbar stark darauf bedacht, das Volk gegen den Angeklagten einzunehmen; denn der Gerichtssaal in der Tour Neuve war gedrängt voll. Am 8. Oktober wurde das Verfahren eröffnet mit dem Wehgeschrei der unglücklichen Eltern, die Gerechtigkeit verlangten gegen den, der sie beraubt und eine lange Reihe schwarzer Verbrechen begangen habe. Seit ihrem letzten Erscheinen war also das Dunkel ihrer Unwissenheit sorgfältig gelichtet worden. Nachdem sie am 11. Oktober demselben dramatischen Zwecke wie der Chor der griechischen Tragödie, vermutlich mit Erfolg, gedient hatten, verschwanden sie von der Bühne[3]).

Bei dem Verhör am 8. Oktober wurden die Anklageartikel münd-

---

1) Bossard et Maulde, Pr. pp. III.—IV. v. — Jean Chartier, Hist. de Charles VII. ann. 1440 (éd. Godefroy, p. 106).
2) Bossard et Maulde, Pr. pp. VI.—IX.
3) Bossard et Maulde, Pr. pp. IX.—XII.

lich von dem öffentlichen Ankläger vorgetragen. Darauf legte Gilles
Berufung ein, die aber, da sie mündlich geschah, unbeachtet blieb, ohne
dass ihm ein Rechtsbeistand oder gar ein Notar angeboten worden
wäre, den Antrag schriftlich aufzusetzen. Wenn etwas uns zum Mitleid
mit einem solchen Verbrecher stimmen könnte, so wäre es die Verhöhnung der Gerechtigkeit durch einen Prozess, in dem er allein
und ohne Beistand, ohne Vorbereitung und ohne Verteidigungsmittel
um sein Leben zu kämpfen hatte. Zweifellos war er schuldig, aber
wenn er unschuldig gewesen wäre, würde der Prozess denselben
Ausgang genommen haben. Die Verhandlung wurde nicht nach den
Formen des Inquisitionsverfahrens „simpliciter et de plano" geführt.
Anscheinend fand vielmehr eine 'litis contestatio' statt. Der Ankläger
schwur das „juramentum de calumnia", die Wahrheit zu sagen und die
Täuschung zu vermeiden, und verlangte, dass Gilles das Gleiche
tue, wie es das Gesetz vorschreibe; aber dieser weigerte sich hartnäckig, obgleich er viermal aufgefordert und mit der Exkommunikation bedroht wurde. Die einzige Notiz, die er von dem Verfahren nehmen wollte, war, dass er alle Anklagen für falsch erklärte[1]).

Noch schroffer trat er bei dem Verhör am 13. Oktober auf. Die
Anklage war schriftlich in einer grausigen Reihe von neunundvierzig
Artikeln aufgesetzt worden. Als der Bischof und der Inquisitor ihn
fragten, was er zu seiner Verteidigung zu sagen habe, antwortete Gilles
hochmütig, sie seien seine Richter nicht; er habe Berufung eingelegt
und werde auf die Anklagen keine Antwort geben. Dann, seinem
Temperament folgend, bezeichnete er sie als Simonisten und Schufte,
vor denen zu erscheinen für ihn eine Herabwürdigung sei; er wolle
sich lieber am Halse aufhängen lassen als sie als seine Richter anerkennen; er wundere sich, dass der anwesende Peter de l'Hôpital,
der Präsident und oberste richterliche Beamte der Bretagne, Geistlichen erlaube, sich mit solchen Verbrechen, wie sie ihm vorgeworfen
würden, abzugeben. Trotz seiner Reklamationen wurde aber die
Anklage vorgelesen, worauf er sie einfach als eine Summe von Lügen
bezeichnete und sich in aller Form weigerte, darauf zu antworten. Nach
wiederholten Verwarnungen erklärten ihn deshalb der Bischof und
der Inquisitor für ungehorsam und exkommunizierten ihn. Er legte
abermals Berufung ein, die aber als frivol verworfen wurde. Man
gab ihm achtundvierzig Stunden Zeit, um eine Verteidigung aufzusetzen[2]).

---
1) Bossard et Maulde, Pr. pp. XI.—XII.
2) Bossard et Maulde, Pr. pp. XIII.—XIV.

Die Anklage war ein langes, sehr ausführliches Aktenstück. Aus den Einzelheiten der verschiedenen Fälle konnte man ersehen, dass die Diener Gilles' inzwischen offenbar veranlasst worden waren, ein volles Geständnis abzulegen. Zum ersten Male erscheinen darin das Sakrilegium und die in Saint-Étienne begangene Verletzung der geistlichen Immunität. Der Kindermord wird in der Anklage nur zusätzlich, als mit den anderen Verbrechen im Zusammenhang stehend, erwähnt. Alles aber, was gegen ihn vorgebracht werden konnte, wurde vorgebracht, selbst seine Exzesse bei Tafel, die als die Ursache seiner anderen Ausschweifungen hingestellt wurden. Seine vorübergehenden Reuestimmungen und seine Gelübde der Besserung wurden scharfsinnig ausgenutzt, um zu beweisen, dass er ein rückfälliger Ketzer sei, um ihm so jede Aussicht auf Entkommen zu nehmen. In dem Schlusssatze unterschied der Anwalt die Anklagen nach den beiden Jurisdiktionen. Der Bischof und der Inquisitor wurden aufgefordert, ihn gemeinsam der ketzerischen Apostasie und der Anrufung der Dämonen für schuldig zu erklären, während wegen seiner unnatürlichen Verbrechen und des Sakrilegiums der Bischof allein das Urteil sprechen sollte, da diese Missetaten nicht zur Kompetenz der Inquisition gehörten. Die Alchimie wird nicht erwähnt; augenscheinlich wurde ihre Ausübung nicht als ungesetzlich angesehen[1]).

Was nun folgte, ist schwer verständlich. Als Gilles zwei Tage später, am 15. Oktober, vor den Gerichtshof geführt wurde, erschien er vollständig geändert. Welche Einflüsse mittlerweile auf ihn eingewirkt hatten, lässt sich nicht sagen; die einzige wahrscheinliche Erklärung ist aber wohl die, dass er aus den Einzelheiten der Anklagen erkannte, dass seine Diener gezwungen worden waren, ihn zu verraten, dass infolgedessen weiterer Widerstand ihn nur auf die Folter bringen würde, und dass er bei seiner ängstlichen Sorge für sein Seelenheil nur durch Unterwerfung unter die Kirche und Ertragen des Unvermeidlichen den Weg zum Himmel finden könne. Doch konnte er sich nicht sogleich zu dem Entschlusse aufraffen, die Schmach eines ausführlichen öffentlichen Geständnisses über sich ergehen zu lassen. Demütig erklärte er, den Bischof und den Inquisitor als Richter anerkennen zu wollen, und unter Tränen und Seufzern bat er sie kniefällig um Verzeihung für die Beleidigungen, mit denen er sie überschüttet hatte, sowie um Befreiung von der

---

1) Bossard et Maulde, Pr. pp. XVII.– XXX.

Exkommunikation, die man wegen seiner Widersetzlichkeit über ihn verhängt hatte. Dann legte er zugleich mit dem Ankläger das „juramentum de calumnia" ab und erkannte in allgemein gehaltenen Ausdrücken an, dass er gegen die vorgebrachten Anklagen nichts einzuwenden habe; als er aber ersucht wurde, auf die einzelnen Artikel zu antworten, leugnete er sofort, dass er irgendwelche bösen Geister entweder selbst angerufen habe oder durch andere habe anrufen lassen; er habe sich zwar mit Alchimie abgegeben, aber er wolle sich ohne weiteres verbrennen lassen, wenn die vorzuführenden Zeugen, deren Aussage er im voraus acceptiere, beweisen würden, dass er Dämonen angerufen oder Verträge mit ihnen abgeschlossen oder ihnen Opfer dargebracht habe. Alle übrigen Anklagen bestritt er ausdrücklich, forderte aber den Ankläger auf, beliebige Zeugen vorzuführen, da er ihren wirklichen Schuldbeweis anerkennen wolle. Es ist nicht zu leugnen, dass die in diesen Angaben liegenden Widersprüche die Zuverlässigkeit des amtlichen Protokolls einigermassen zweifelhaft machen; allerdings können sie auch verursacht sein durch das leicht begreifliche Bemühen des Angeklagten, sich in seiner verzweifelten Lage mit allerlei Winkelzügen zu helfen. Er erschrak jedoch nicht, als seine Diener und Agenten, Henriet, Poitou, Prelati, Blanchet und seine beiden Lieferantinnen vorgeführt und in seiner Gegenwart vereidigt wurden; das Anerbieten des Bischofs und des Inquisitors, Fragen für ihr Verhör aufzusetzen, lehnte er ab und erklärte, dass er ihre Aussagen anerkennen und gegen sie oder ihre Aussagen keinen Protest erheben würde. Dasselbe Verhalten beobachtete er, als am 15. und 19. Oktober weitere Zeugen in seiner Gegenwart vereidigt wurden. Die Aussagen dieser Zeugen wurden jedoch privatim vor Notaren aufgenommen. Die uns erhalten gebliebenen Aussagen des Henriet und des Poiton bilden eine scheussliche Aufzählung der grässlichsten Verbrechen. Die genaue Übereinstimmung ihrer Angaben selbst in Kleinigkeiten, bei denen doch Auslassungen oder Abweichungen natürlich sein würden, lässt stark vermuten, dass entweder die Zeugen oder die Protokolle bearbeitet worden sind. Die Aussage des Prelati enthält auch zahlreiche Einzelheiten über die Nekromantie, und man fragt sich sogleich, ohne eine Antwort darauf zu finden, warum dieser Schwarzkünstler, der den Scheiterhaufen reichlich verdient hatte, jeglicher Bestrafung, wie es scheint, entgangen ist. Dasselbe gilt von Blanchet, von der Meffraye, ihrer Genossin und einigen anderen Mitschuldigen. Bemerkenswert an diesen Geständnissen oder Aussagen ist der Umstand, dass die übliche

Formel, sie seien ohne Furcht, Zwang oder Bestechung gemacht worden, fehlt [1]).

Bei dem Verhör am 20. Oktober wurde Gilles wieder gefragt, ob er etwas zu bemerken habe, was er verneinte. Doch bat er um die sofortige Mitteilung der gegen ihn gemachten Aussagen, und als die Geständnisse seiner Mitschuldigen verlesen worden waren, erklärte er, keine Einwände dagegen zu erheben. Ebenso sei ihre Veröffentlichung unnötig in Anbetracht dessen, was er schon gesagt habe und was er gestehen wolle. Man möchte glauben, dass diese Erklärungen vollkommen ausreichten, da ja seine Schuld erwiesen und zugegeben war. Aber die teuflische Neugierde der damaligen Jurisprudenz war nicht eher zufrieden, als bis dem Angeklagten ein ausführliches und ausdrückliches Geständnis abgerungen war. Der Ankläger ersuchte daher den Bischof und den Inquisitor dringend, Gilles foltern zu lassen, damit, wie er sagte, die Wahrheit noch vollständiger an den Tag käme. Sie berieten mit den Sachverständigen und beschlossen, die Folter anzuwenden [2]).

Der stolze Mann hatte gehofft, dass ihm die Demütigung eines ausführlichen Geständnisses erspart bleiben würde, aber diese Ausnahme durfte nicht gestattet werden. Am nächsten Tage, dem 21. Oktober, befahlen der Bischof und der Inquisitor, ihn hereinzubringen und zu foltern. Schon war alles dazu bereit, als Gilles demütig bat, die Folterung bis zum nächsten Tage zu verschieben. Er wolle unterdessen mit sich zu Rate gehen, wie er sie zufriedenstellen und die Folter entbehrlich machen könne. Weiterhin bat er, dass der Bischof von Saint-Brieuc und Peter de l'Hôpital beauftragt werden möchten, sein Geständnis an einem fern von der Folter gelegenen Orte entgegenzunehmen. Diese letzte Bitte wurde gewährt, der Aufschub aber nur bis zwei Uhr bewilligt; zugleich versprach man ihm, die weiteren Verhandlungen bis zum nächsten Tage zu verschieben, wenn er bis dahin sein Gewissen erleichtere. Wenn nun das Geständnis, das er an jenem Nachmittage unter solchen Umständen ablegte, amtlich als „frei, gern und ohne irgendwelchen Zwang" abgegeben bezeichnet wird, so ist das ein weiterer Beleg dafür, welchen Wert diese herkömmlichen Formeln hatten [3]).

Vor den beiden Kommissaren klagte Gilles sich rückhaltlos

---

1) Bossard et Maulde, Pr. pp. XXXII.—XXXVI. XXXVII.—XXXVIII. LXIV.—LXXII. LXXIII.—LXXXI. LXXXII.—XCII. XCIII.—CI.
2) Bossard et Maulde, Pr. pp. XLI.—XLII.
3) Bossard et Maulde, Pr. pp. XLIII.—XLV.

aller der Verbrechen an, die ihm zur Last gelegt wurden. Peter de l'Hôpital konnte das Gehörte kaum glauben und ermahnte ihn nachdrücklich, den Beweggrund zu all diesen Greueltaten zu offenbaren. Die Erklärung des Angeklagten, er habe sie begangen, um seine Leidenschaften zu befriedigen, genügte ihm nicht. Da rief Gilles aus: „Wahrhaftig, ich hatte keine anderen Gründe, Zwecke oder Absichten als die, welche ich angegeben habe. Ich habe euch Schlimmeres als das enthüllt, Dinge, die genügen, um zehntausend Menschen zum Tode zu verurteilen." Hiernach drang der Präsident nicht weiter in ihn, sondern liess Prelati holen. Die beiden Sünder bestätigten sich gegenseitig ihre Aussagen; dann nahmen sie bewegten Abschied voneinander und schieden unter Tränen[1]).

Von der Folter war nun nicht weiter die Rede. Gilles blieb auf dem einmal eingeschlagenen Wege. Augenscheinlich entschlossen, durch aufrichtige Reue und den Beistand der Kirche in den Himmel zu kommen, bietet dieser aussergewöhnliche Mensch während des noch übrigen Teils des Prozesses ein Schauspiel, das seinesgleichen nicht hat. Als man ihn am nächsten Tage, am 22. Oktober, vor seine Richter brachte, wünschte der stolze und hochmütige Baron ausdrücklich, dass sein Geständnis öffentlich vorgelesen würde, damit ihm seine Demütigung helfen könnte, Verzeihung von Gott zu erlangen. Damit nicht zufrieden, fügte er seinem Geständnisse noch viele grausige Einzelheiten hinzu, gleichsam als ob er suche, seinen ganzen Stolz Gott als angenehmes Opfer darzubringen. Endlich, nachdem er die Anwesenden ermahnt hatte, die Kirche zu ehren und ihr zu gehorchen, bat er unter strömenden Tränen um ihre Gebete und flehte die Eltern, deren Kinder er ermordet hatte, um Verzeihung an[2]).

Am 25. Oktober wurde er zur Urteilsverkündigung vorgeführt. Nachdem der Bischof und der Inquisitor die Sachverständigen-Versammlung um Rat gefragt hatten, wurden zwei Urteile vorgelesen. Das erste erklärte ihn im Namen der beiden Richter für schuldig der ketzerischen Apostasie und der furchtbaren Anrufung von Dämonen, wofür er sich die Strafe der Exkommunikation und andere gesetzliche Bussen zugezogen habe, und wofür er nach den kanonischen Vorschriften bestraft werden müsse. Das zweite Urteil, das von dem Bischof allein in derselben Form gefällt wurde, verurteilte ihn wegen unnatürlicher Verbrechen, wegen Tempelschändung und

---
1) Bossard et Maulde, Pr. pp. XLV.—XLVII.
2) Bossard et Maulde, Pr. pp. XLVIII.—LVIII.

wegen Verletzung der Immunitäten der Kirche. Eine bestimmte Strafe wurde in keinem Falle ausgesprochen. Er wurde auch nicht für rückfällig erklärt und konnte daher dem weltlichen Arme nicht überlassen werden. Man hielt es offenbar für überflüssig, ihm eine Busse aufzuerlegen, da gleichzeitig auch vor dem weltlichen Gericht ein Verfahren gegen ihn schwebte, dessen Ausgang nicht zweifelhaft war. Der kirchliche Gerichtshof hatte die Anklage wegen Mords aufgegeben, nachdem seine Absicht, dadurch den Hass des Volkes gegen ihn zu erregen, erreicht war, und hatte sie den dafür zuständigen Civilbehörden überlassen. So war das ganze peinlich durchgeführte Verfahren eigentlich zwecklos, es sei denn, dass man damit nur beabsichtigte, einen Vorwand für die Eröffnung des Civilverfahrens zu bieten und die Konfiskation seiner Güter zu rechtfertigen[1]).

Nachdem die Urteile vorgelesen waren, fragte man ihn, ob er wünsche, in die Kirche wieder aufgenommen zu werden. Er erwiderte, dass er niemals gewusst habe, was Ketzerei sei, noch dass er sich ihrer schuldig gemacht habe; da aber die Kirche ihn für schuldig erklärte, bat er kniefällig unter Seufzen und Stöhnen um die Reconciliation. Nach Beendigung dieser Ceremonie flehte er um die Absolution, die gewährt wurde. Wie betrügerisch das ganze Verfahren war, und wie wenig der Bischof und der Inquisitor an etwas anderes als an den zu erreichenden geheimen Zweck dachten, geht aber daraus hervor, dass Gilles, obgleich er wegen Ketzerei verurteilt war, doch absolviert wurde, ohne der unerlässlichen Ceremonie der Abschwörung unterworfen zu werden. Seiner Bitte um einen Beichtvater wurde sofort entsprochen und Johann Juvenal, ein Karmelitermönch von Ploërmel, dazu bestimmt[2]).

Von der Tour Neuve aus, wo der kirchliche Gerichtshof seine Sitzungen abhielt, wurde Gilles alsbald vor den weltlichen Gerichtshof im Bouffay gebracht. Dieser hatte seine Untersuchung schon am 18. September begonnen und eifrig nach Beweisen bezüglich der Ermordung der Kinder gefahndet. Ausserdem hatte der den Vorsitz führende Richter, Peter de l'Hôpital, vielen Sitzungen des kirchlichen Gerichtshofes beigewohnt und persönlich das Geständnis des Angeklagten entgegengenommen. Der Gerichtshof war also zum Handeln vollkommen bereit, ausserdem hatte er Henriet und Poitou bereits zum Galgen und zum Scheiterhaufen verurteilt. Als Gilles hereingebracht und vorgeführt wurde, legte er sofort ein Geständnis

---

1) Bossard et Maulde, Pr. pp. LXIII.—LXIV.
2) Bossard et Maulde, Pr. pp. LX.—LXI.

ab. Peter forderte ihn auf, freimütig alles zu gestehen, um so eine Erleichterung der Strafe für seine Sünden zu erhalten, und er kam der Aufforderung rückhaltlos nach. Dann liess der Präsident seine Beisitzer abstimmen, und alle waren für die Todesstrafe; nur in bezug auf die Art derselben herrschte keine Einmütigkeit. Schliesslich kündete Peter an, dass er die „peines pecunielles" verwirkt habe, die von seinen Gütern und Ländereien „mit Milderung der Justiz" zu erheben seien. Was seine Verbrechen angehe, so müsse er dafür gehängt und verbrannt werden; damit er aber Gelegenheit habe, Gott um Gnade anzuflehen, solle die Vollziehung der Strafe erst für den nächsten Tag, ein Uhr, festgesetzt werden. Gilles dankte für die Bewilligung dieses Aufschubs und bat weiter, dass, da er und seine Diener Henriet und Poitou die Verbrechen zusammen verübt hätten, sie auch zusammen hingerichtet werden möchten, damit er, der Urheber ihrer Verbrechen, ihnen gute Ermahnungen und das Beispiel eines guten Todes geben und durch die Gnade des Herrn ihr Seelenheil bewirken könne. Wenn sie, sagte er, ihn nicht sterben sähen, dann könnten sie glauben, er sei der Strafe entgangen, und in Verzweiflung geraten. Man gewährte ihm nicht nur diese Bitte, sondern erlaubte ihm auch, sich selbst die Begräbnissstätte auszusuchen. Er wählte die Karmeliterkirche, wo die Herzöge und alle berühmten Geschlechter der Bretagne begraben lagen. Seine letzte Bitte war die, dass man den Bischof und die Geistlichkeit ersuchen möchte, am nächsten Tage, vor seiner Hinrichtung, eine Prozession zu veranstalten, um Gott zu bitten, dass er ihn und seine Diener in dem festen Glauben an die Erlösung erhalten möchte. Auch diese Bitte wurde gewährt, und der folgende Morgen sah das seltsame Schauspiel, wie die Geistlichkeit an der Spitze der ganzen Bevölkerung von Nantes, die vorher den Tod Gilles' mit lautem Geschrei verlangt hatte, singend und betend für die Rettung seiner Seele durch die Strassen zog[1]).

Auf dem Wege zur Hinrichtung widmete sich Gilles seinen Dienern, die er in einen schmachvollen Tod gebracht hatte, und tröstete sie mit der Versicherung, dass, sobald ihre Seelen den Leib verlassen hätten, sie sich alle im Paradiese wiedersehen würden. Die Diener waren von derselben aufrichtigen Reue und demselben Gottvertrauen erfüllt wie ihr Herr und erklärten, den Tod mit Freuden zu begrüssen. Man stellte sie alle auf ein über dem

---

1) Bossard et Maulde, p. 333. Pr. pp. CXLI.—CXLIV.

Scheiterhaufen angebrachtes Brettergerüst, dann legte man ihnen Stricke um den Hals, die an die Galgen angebunden waren, zog die Bretter unter ihren Füssen weg und zündete die Reisigbündel an. Henriet und Poitou verbrannten zu Asche. Als aber Gilles' Strick durchgebrannt war und sein Leichnam herunterfiel, stürzten die Damen seiner Verwandtschaft hervor und zogen ihn aus den Flammen. Die Ehre eines prächtigen Begräbnisses wurde ihm zuteil, und es heisst, dass einige seiner Gebeine von seiner Familie zur Erinnerung an seine Reue als Reliquien aufbewahrt wurden [1]).

Nach dem bretonischen Gesetze hatte die Hinrichtung eines Verbrechers zwar die Konfiskation seiner beweglichen Habe zugunsten des Gerichtsherrn, nicht aber die seiner liegenden Güter zur Folge. Eine Verurteilung wegen Ketzerei zog dagegen, wie wir gesehen haben, überall die Konfiskation im vollen Umfange und die Rechtsunfähigkeit für zwei Generationen nach sich. Gilles war als Ketzer überführt worden. Über die Frage der Konfiskation, die sich daraus ergab, lässt uns aber das weltliche Urteil im Unklaren, und in dem verwickelten und langen Streite, der wegen seiner Hinterlassenschaft entstand, ist schwer zu ermitteln, in welchem Masse die Konfiskation durchgeführt wurde. Etwa zwanzig Jahre später behauptet das „Mémoire des héritiers", dass der Tod seine Verbrechen gesühnt und jeden Grund zur Konfiskation beseitigt habe, woraus hervorzugehen scheint, dass die letztere wirklich stattgefunden hatte. Sicher ist aber, dass René von Anjou im Jahre 1450 die unter seiner Gerichtsbarkeit stehenden Besitzungen Champtocé und Ingrandes konfiszierte und an den Herzog der Bretagne abtrat, um dessen Rechtsanspruch zu fördern. Andrerseits hatte König Karl VII. schon die Konfiskation ausgesprochen, um den Erben zu Hilfe zu kommen [2]).

Über die Nachkommen wurden keine Rechtsunfähigkeiten verhängt, und eheliche Verbindungen mit dem Hause Rais auch ferner noch von den vornehmsten Geschlechtern als eine Ehre angesehen und begehrt. Ein Jahr nach dem Tode ihres Mannes heiratete Katharina von Thouars den Grafen von Chartres, Johann von Vendôme, und 1442 wurde Gilles' Tochter Maria mit dem Admiral von Frankreich, Prégent von Coétivy, einem der mächtigsten Männer am königlichen Hofe, vermählt. Er muss die Verbindung für höchst begehrenswert gehalten haben, denn er unterwarf sich in dem Ehekontrakt harten

---

1) Bossard et Maulde, pp. 337—41.
2) Très-ancien coutume de Bretagne c. 118 (éd. Bourdot de Richebourg, IV. 228). — Bossard et Maulde, pp. 357, 377.

Bedingungen. Er machte sich eifrig ans Werk, die veräusserten oder konfiszierten Güter wiederzubekommen. Es gelang ihm auch mit einigen der schönsten Güter, darunter Champtocé und Ingrandes; doch liess ihn der Tod, den er bei der Belagerung von Cherbourg im J. 1450 fand, nicht mehr in den Genuss derselben gelangen. Nicht lange darauf verheiratete sich Maria wieder mit Andreas von Laval, Marschall und Admiral von Frankreich, der ihre Rechte wieder zur Anerkennung brachte. Als sie aber im Jahre 1457 ohne Nachkommen starb, ging das Erbe über an Gilles' Bruder René de la Suze. Der langwierige Streit entbrannte von neuem und dauerte bis zum Tode des René im Jahre 1474. Er hinterliess nur eine Tochter, die 1446 den Prinzen von Déols heiratete. Aus dieser Ehe ging nur ein Sohn hervor, Andreas von Chauvigny, der 1502 ohne Nachkommen starb, so dass das Geschlecht damit erlosch. Die Baronie Rais fiel dem Hause Tournemine zu und schliesslich dem von Gondy. Im siebzehnten Jahrhundert wurde sie berühmt durch den Kardinal von Retz[1]).

Wenn auch die Schuld des Gilles von Rais zugegeben werden muss, so erwecken doch alle diese Tatsachen peinliche Zweifel an der Rechtmässigkeit seines Prozesses und seiner Überführung, und das Schicksal seiner Mitschuldigen kann diese Zweifel nur bestärken. Nur Henriet und Poitou scheinen die Todesstrafe erlitten zu haben; bei den übrigen findet sich dafür kein Anhaltspunkt, obgleich ihre Schuld zur Rechtfertigung der schärfsten Strafe hingereicht hätte. Da zur Erlangung des Beweises durch die Selbstbeschuldigung das bequeme Mittel der Folter zur Verfügung stand, so hatte man es nicht nötig, Geständnisse durch das Versprechen der Begnadigung zu erkaufen. Gilles von Sillé, der als der schlimmste unter den Verführern des Marschalls galt, verschwand spurlos. Ihm am nächsten stand Roger von Briqueville. Es ist ziemlich unverständlich, warum die Familie diesen Mann so sehr begünstigt zu haben scheint. Marie von Rais behandelte seine Kinder mit zärtlicher Sorge. 1446 wurde er von Karl VII. begnadigt und rehabilitiert. Dazu wäre es sicherlich nicht gekommen, hätte ihn nicht Prégent von Coétivy begünstigt; dieser lässt ihn auch in einem Briefe an seinen Bruder Olivier 1449 grüssen[2]).

Wenn es aber dem heutigen Leser scheint, als ob ein undurchdringliches Geheimnis die Wahrheit dieser merkwürdigen Angelegenheit verhülle, so wurde der bretonische Bauer von solchen Zweifeln nicht gequält. Für ihn blieb Gilles die Verkörperung der Grausamkeit

---

1) Bossard et Maulde, pp. 370—82.
2) Bossard et Maulde, pp. 380; Pr. pp. CXLV.—CXLVI.

und Wildheit. Es ist schwer zu entscheiden, ob Bossard Recht hat
mit seiner Behauptung, Gilles sei das Urbild des Ritters Blaubart,
jenes Ungeheuers der Ammenmärchen, das durch die Schilderung
von Charles Perrault eine allgemeine Berühmtheit beim Volke erlangte. Aber selbst wenn man den bretonischen Ursprung dieses
Märchens nicht zugeben will, so scheint doch kein Zweifel darüber
zu bestehen, dass der furchtbare Baron in der Bretagne, der Vendée,
in Anjou und Poitou, wo er seine Lieblingswohnsitze hatte, unter dem
Namen Blaubart bekannt ist, und dass eine vielleicht schon ältere
Geschichte von der Grausamkeit eines Mannes gegen seine sieben
Frauen auf Gilles übertragen wurde, mochte er auch nur eine gehabt
haben und vor ihr gestorben sein. Die Überlieferung berichtet, wie
der Teufel den prächtigen roten Bart, auf den Gilles stolz war, in
einen glänzenden blauen verwandelte; und überall — zu Tiffauges, zu
Champtocé, zu Machecoul — ist nach der Erzählung der Bauern Blaubart der Herr des Schlosses, von dem aus Gilles ihre Vorfahren beherrschte. Noch jetzt, wenn sich der Wanderer den unheimlichen
Ruinen in der Dämmerung nähert, hält er seinen Atem an und
bekreuzigt sich. In einer Ballade bezeichnet der Name Blaubart und
der des Barons von Rais eine und dieselbe Persönlichkeit, und der
Bischof von Nantes, Johann von Malestroit, ist der Held, der das
terrorisierte Volk von seinem Bedrücker befreit[1]).

Eine andere Stufe der Entwicklung, die der Glaube des Volkes
an Zauberei durchmachte, wird durch Don Enrique von Aragon dargestellt, der gewöhnlich als Marquis von Villena bezeichnet wird. Er
war geboren 1384 und vereinigte sowohl kastilisches wie aragonisches
Königsblut in seinen Adern. Sein Grossvater, der Herzog von Gandia
und Connétable von Kastilien, bestimmte ihn für die militärische
Laufbahn und duldete nicht, dass er in irgend etwas anderem als den
ritterlichen Tugenden unterwiesen wurde. Der Wissensdurst des
Knaben überwand jedoch alle Hindernisse, und er wurde ein Wunder
der Gelehrsamkeit für seine ungebildeten Gefährten. Er sprach verschiedene Sprachen, besass die Gaben eines Dichters und wurde ein
fruchtbarer Geschichtsschreiber. Die Geheimkünste bildeten einen
zu hervorragenden Teil der Gelehrsamkeit jener Zeit, als dass er
sie hätte vernachlässigen können, und er wurde berühmt wegen
seiner Wahrsagekunst und wegen der Auslegung der Träume, des

---

1) Bossard et Maulde, pp. 406, 408. 412.

Niesens und der Vorzeichen — alles Dinge, die, wie man sagte, sich nicht für einen königlichen Prinzen oder einen guten Katholiken geziemten, weshalb er bei den Königen seiner Zeit nur in geringer Achtung stand und bei der stolzen spanischen Ritterschaft nur wenig geschätzt war. Es wird von ihm vielmehr in Ausdrücken unverhüllter Verachtung gesprochen als von einem Menschen, der bei all seinen erworbenen Bildungsschätzen wenig wisse von dem, was für ihn wissenswert sei, der ungeeignet sei für die Ritterschaft und die weltlichen Angelegenheiten, ja sogar für die Führung seines eignen Haushaltes; er sei klein und fett und liebe die Frauen und das Essen über alle Massen. Seine astrologische Gelehrsamkeit verspottete man mit dem Bemerken, er wisse viel vom Himmel aber wenig von der Erde. Er verliess seine Gattin und verzichtete auf seine Grafschaft Tineo, um die Meisterwürde des Ordens von Calatrava zu erlangen, aber der König enthob ihn bald dieses Postens, und so verlor Villena, nach den Worten des Chronisten, beide Würden auf einmal. Als er im J. 1434, fünfzig Jahre alt, starb, liess der König Johann II. den Dominikaner Lope de Barrientos, den spätern Bischof von Cuenca, der damals Professor von Salamanca und Erzieher des Infanten Heinrich war, alle seine Bücher prüfen. Einen Teil derselben verbrannte Lope öffentlich auf dem Platze vor dem Dominikanerkloster in Madrid, wo Villena beerdigt war. Die übrigen behielt er, wahrscheinlich um sie für die Bücher zu benutzen, die er selbst auf Befehl des Königs über die geheimen Wissenschaften schrieb.

Villena besass offenbar eine aussergewöhnliche Bildung, in deren verschiedenen Zweigen seine barbarischen Zeitgenossen aber nichts als geschickte Zauberei erblickten, für welche die Phantasie des Volkes so empfänglich war. Er war kein gewöhnlicher Zauberer. In seinem Kommentar über die Aeneïde spricht er von der Zauberei als einer verbotenen Wissenschaft und klassifiziert die vierzig verschiedenen Zweige derselben in eigenartiger Weise. Die einzige von seinen Schriften über einen Gegenstand aus dem Gebiet der Zauberei, die auf uns gekommen ist, handelt von dem bösen Blick, den er, als Kind seiner Zeit, für eine zweifellose Tatsache hält. Er schreibt ihn aber natürlichen Ursachen zu. Dann gibt er ein langes und gelehrtes Verzeichnis der Heilmittel, die die verschiedenen Geschlechter von alters her angewandt haben, und rät hierbei ab, von denjenigen Gebrauch zu machen, welche an Aberglauben streifen und von der Kirche verboten sind. Hätte er sich ernstlich den Geheimwissenschaften gewidmet, so würde er schwerlich seine im Jahre 1766 gedruckte „Kunst des Vorschneidens" geschrieben haben. In diesem Werke gibt er nicht nur die genauesten Anweisungen zum Schneiden jeglicher Art von Fleisch, Geflügel, Fisch und Obst, sondern schlägt allen Ernstes vor, man solle eine Schule einrichten, um junge Leute von vornehmer Abstammung in diesem unerlässlichen Bildungszweige zu unterweisen und denen, welche am geschicktesten seien, Vorrechte und Ehren als Belohnung zuerkennen.

Aus diesem weltfremden Gelehrten, der während seines Lebens vernachlässigt und verachtet blieb, machte indessen die Phantasie des Volkes schnell einen Zauberer von wunderbarer Kraft. Die Legende, die sich um ihn bildete, wuchs derartig, dass bald nichts mehr zu unsinnig war, um ihm nicht zugeschrieben zu werden. Es hiess, er habe sich, um unsterblich zu werden, zerschneiden und unter gewissen Beschwörungen in eine Flasche stopfen lassen; er habe mit dem Kraute Andromeda sich unsichtbar gemacht, mit dem Steine Heliotrop die Sonne blutrot gefärbt, mit einem kupfernen Gefässe Regen und Sturm angezogen, mit dem Steine Chelonit die Zukunft erraten und in der Höhle von San Cebrian dem Teufel seinen Schatten übergeben. Alle Zauberkünste wurden ihm beigelegt. Er wurde das unerschöpfliche Thema der Theaterdichter und der Geschichtenerzähler, und bis auf den heutigen Tag ist er der Lieblingszauberer der spanischen Bühne. Nach diesem Beispiele ist es leicht, die Entwicklung der Mythen von Michael Scotus, Roger Bacon, Albertus Magnus, Peter von Abano, Dr. Faustus und anderen volkstümlichen Helden der Schwarzkunst zu verstehen [1]).

---

1) La Fuente, Epitome de la cronica del Rey don Juan II. Lib. III. c. 23; Lib. V. c. 27 (Fernan Perez de Gusman). — Monteiro, Hist. da Santa Inquisição, P. I. Lib. II. c. 40. — Paramo, p. 131. — La Fuente, Hist. Gen. de España IX. 60. — Pelayo, Heterodoxos españoles, I. 582, 608—11. — Amador de los Rios, Revista de España, T. XVIII. p. 15—16.

Siebentes Kapitel.

Hexenwahn und Hexenverfolgung.

Während sich Fürsten und Ritter, wie wir gesehen haben, mit den gefährlichen Mysterien der Geheimwissenschaften abgaben, die einen so erheblichen Einfluss auf die Geschicke der Staaten ausübten, hatte die Zauberei seit einem halben Jahrhundert unter den verachteten Bauern allmählich eine andere Entwicklung genommen, die, noch ehe sie vollendet war, mehr Unheil anrichtete, als irgendeine andere aus derselben Quelle hervorgegangene Strömung, und einen unauslöschlichen Makel auf der geistigen Kultur Europas zurückliess. Eine scharfe Grenzlinie zwischen der anspruchsvollern Magie und den plumpen Kunststücken des Hexenwesens lässt sich allerdings nicht ziehen. Sie haben beide ihren Ursprung in denselben Wahnvorstellungen und gehen unmerklich ineinander über. Und doch lassen sich die ersten Anfänge des eigentlichen Hexenwesens, mit dem wir es jetzt zu tun haben, nicht weit über das Jahr 1400 zurück deutlich verfolgen. Die, welche es ausübten, waren aber in der Regel nicht gelehrte Geistliche oder schlaue Betrüger, sondern unwissende Bauern, zum grössten Teil Frauen, die entweder selbst behaupteten, sie könnten in schwierigen Lagen helfen oder verwünschen, oder denen ihre Nachbarn diese Macht zuschrieben, und die demgemäss gefürchtet und gehasst waren. Man hört wenig von ihnen während der dunkelsten Periode des Mittelalters, aber mit der Morgendämmerung der modernen Kultur treten sie uns als eine seltsame Erscheinung entgegen, deren nächste Ursache ausserordentlich unklar ist. Wahrscheinlich liegt sie in dem Bestreben der Theologen, zu beweisen, dass alle abergläubischen Praktiken ketzerisch seien, da sie, wie die Universität Paris im Jahre 1398 erklärte, einen stillschweigenden Vertrag mit dem Teufel voraussetzten. So wurden die unschuldigen Kunststücke, mit denen die Wahrsagerinnen Gimpel lockten, und das Hersagen von Zaubersprüchen als Ausdruck der Teufelsverehrung angesehen. Nachdem sich diese Auffassung einmal in den Köpfen der Richter und Inquisitoren festgesetzt hatte, war es natürlich, dass sie ihren Opfern mit Hilfe der Folter die Geständnisse entlockten, die sie haben wollten. Jeder neue Prozess fügte neue Züge hinzu, bis schliesslich eine erstaunliche Masse von Tatsachen aufgehäuft war und von den Dämonologen zu einer Wissenschaft verarbeitet wurde, die den Gerichtshöfen als Richtschnur dienen sollte[1]).

Diese Annahme über den Ursprung des neuen Hexenwesens wird noch wahrscheinlicher durch die Tatsache, dass sein unterscheidendes Merkmal die Verehrung Satans auf dem Sabbat war. Diese Versammlung fand meistens bei Nacht statt. Zu ihr wurden die Teilnehmer, Männer und Frauen, durch die Luft getragen — entweder ohne Hilfsmittel, oder rittlings auf einem Stocke oder einem Stuhle sitzend, oder aber auf einem Teufel in der Gestalt eines Ziegenbocks, eines Hundes oder irgendeines andern Tieres reitend — und auf ihr wurden Höllengebräuche ausgeübt und gab man sich einer wilden Zügellosigkeit hin. Abgesehen von der erst damals hinzugefügten Idee der Teufelsanbetung haben solche Versammlungen seit Alters einen Teil des Glaubens aller Völker gebildet. Nach der abergläubischen Vorstellung der Hindu flogen die Hexen unter Anwendung

---

1) *Das verwickelte Problem der von den kirchlichen und weltlichen Autoritäten ins Werk gesetzten grossen Hexenverfolgung, die von etwa 1400 bis 1700 dauerte, habe ich, nach dem Erscheinen des vorliegenden Werkes von Lea, in den beiden Büchern eingehend untersucht, die schon in den Anmerkungen zum vorigen Kapitel wiederholt citiert worden sind: Hansen, Zauberwahn, Inquisition und Hexenprozess im Mittelalter und die Entstehung der grossen Hexenverfolgung (1900); Quellen und Untersuchungen zur Geschichte des Hexenwahns und der Hexenverfolgung im Mittelalter (1901). Dort ist dargelegt, dass der dieser Verfolgung zugrunde liegende Begriff vom Hexenwesen ein neuer, aber aus Elementen des alten Wahnes von schädigender Zauberei, aus dem Gespensterglauben und Traumleben und aus leitenden Gedanken der Ketzerverfolgung kombinierter Sammelbegriff war. Dieser Sammelbegriff war in der Zeit von 1200 bis 1400 allmählich durch das Zusammenwirken der theoretisch-systematischen Dämonologie der Scholastik und der Zaubereiprozesse der Inquisition entstanden. Er schuf zugleich die Vorstellung von einer zusammengehörigen Hexensekte, deren Entstehung um das Jahr 1400 verlegt wurde. Die mit diesem 'wissenschaftlich' ermittelten Sammelbegriff operierende Massenverfolgung durch die Organe der Kirche und des Staats begann um 1400 in den Gebirgsländern der Alpen und Pyrenäen, wo die alten volksmässigen, getrennten Wahnvorstellungen am zähesten erhalten geblieben waren und so die meisten Anknüpfungspunkte für die Verfolgung von Amtswegen darboten. Von dort breitete sie sich nach allen Seiten auch dahin aus, wo der alte Volkswahn durch die wachsende Civilisation schon zum guten Teil verdrängt worden war. Auf Einzelheiten dieser Darlegungen kann im Folgenden nur gelegentlich hingewiesen werden.

geheimnisvoller Zaubermittel nackend bei Nacht nach den Versammlungsstellen, um dort zu tanzen, oder nach einem Kirchhofe, wo sie Menschenfleisch verschlangen oder die Toten wieder auferweckten, um ihre Lust an ihnen zu stillen. Die Hexe der Hebräer flog zum Sabbat mit aufgelöstem Haar, gleichsam als ob sie, wenn es zusammengeknüpft war, ihre volle Macht nicht ausüben konnte. Bei den nordischen Völkern haben wir das 'trolla-thing' als die Versammlung kennen gelernt, welche die Hexen zu ihren unheiligen Zwecken veranstalteten [1]). Der erste mittelalterliche Hinweis darauf findet sich in einem Fragmente, das spätestens dem neunten Jahrhundert angehört. Darin wird die Versammlung indessen für eine Täuschung des Teufels erklärt. „Einige böse Frauen," heisst es hierin, „die sich dem Satan ergeben haben und von dämonischen Vorspiegelungen und Traumgebilden verführt sind, glauben und behaupten, dass sie in bestimmten Nächten von Diana aufgeweckt werden und, auf gewissen Tieren reitend, in der Gesellschaft zahlloser Frauen unendliche Entfernungen mit ihr durchmessen, wobei sie ihrer Führerin als Herrin gehorchen. Es wäre gut, wenn sie allein in ihrem Unglauben umkämen und nicht so viele andere mit sich rissen. Denn unzählige Scharen, getäuscht durch diese falsche Meinung, glauben, alles das sei wahr, und fallen so zurück in die heidnischen Irrtümer. Daher sollen die Priester überall predigen, sie wüssten, dass das falsch sei und dass solche Phantasiegebilde vom bösen Geiste gesandt seien, der die Frauen in Träumen täusche. Wer wird nicht in Träumen verführt, wer hat nicht im Schlafe manches gesehen, was er im wachen Zustande niemals bemerkt hat? Und wer ist solch ein Narr, dass er glaubt, der Körper nehme teil an dem, was nur in dem Geiste vorgeht? Alle, die so etwas glauben, müssen belehrt werden, dass sie ihren Glauben verloren haben, und dass, wer nicht den wahren Glauben hat, nicht von Gott, sondern von dem Teufel ist." Diese Äusserung wurde schon um das Jahr 1000 irrtümlicher Weise einem Konzil von Ancyra zugeschrieben. In Ancyra hatte im Jahre 314 eine Synode stattgefunden, die sich auch mit der Zauberei befasste. Unter ihren Canones befindet sich indessen diese Bestimmung nicht. Sie wurde aber von den Canonisten acceptiert und in die aufeinanderfolgenden Sammlungen von Regino (um 900), Burkard, Ivo und Gratian aufgenommen; der letztere gab ihr (um 1140) den Stempel unbedingter Autorität, und schliesslich wurde sie

---

1) Weber, Indische Skizzen, S. 112. — Wagenseil, Comment. ad Mishna, Sootah, l. 5. — Grimm, Deutsche Mythologie ^{4}II. 904. — Vgl. oben S. 459.

nach ihrem Anfangswort von den Gelehrten als Canon 'Episcopi' bezeichnet. Die Wahl der Diana zum leitenden Geiste dieser phantastischen Versammlungen beweist, dass der Glaube auf klassische Zeiten zurückgeht, wo Diana, wie der Mond, natürlicherweise ein Nachtgespenst und eine der Erscheinungsformen der dreigestaltigen Hekate, der Lieblingspatronin der Zauberer, war. Unter den Barbaren änderte sich jedoch ihre Bedeutung. Im sechsten Jahrhundert hören wir von „dem Dämon, den die Bauern Diana nennen", der ein junges Mädchen quälte und ihr sichtbare Striemen beibrachte, bis ihn der hl. Cäsarius von Arles austrieb. Diana war das 'daemonium meridianum', und der Name wird im Jahre 1317 von Johann XXII. als gleichbedeutend mit 'succubus' gebraucht. Auf unerklärliche Weise fügte im elften Jahrhundert Bischof Burkard von Worms, als er den Text abschrieb, zu Diana Herodias hinzu, einen Namen, der in den späteren Fassungen stehen blieb; an einer anderen Stelle aber nennt Burkard als Führerin die germanische Göttin Hulda, die in verschiedenen Gestalten erscheint, bald als Wohltäterin für Hausfrauen, bald als Mitglied von Wotans wildem Heere. In einer Abhandlung aus dem zwölften Jahrhundert, die dem hl. Augustin zugeschrieben wird aber wahrscheinlich von Hugo von S. Victor herrührt, ist Minerva die Gefährtin der Diana, und in einigen Canones von Konzilien späteren Datums erscheint noch ein drittes Wesen unter dem Namen Bensozia oder Bizazia. Johann von Salisbury aber, der diesen Glauben als ein Beispiel für die trügerischen Vorstellungen der Träume erwähnt (um 1150), spricht nur von Herodias als derjenigen, die bei den Ceremonien in diesen mitternächtigen Versammlungen den Vorsitz führte. In ihrer Eigenschaft als Wohltäterin erscheint die Hulda auch als Vorsitzende der Schmausereien unter dem Namen der 'Domina Abundia' oder 'Dame Habonde'. Sie war die Herrin der „dominae nocturnae", die bei Nacht die Häuser besuchten, um, wie man glaubte, weltliche Güter im Überfluss zu bringen. Im Jahre 1211 zeigt Gervasius von Tilbury in seinem Berichte von den 'lamiæ' oder 'mascæ', die bei Nacht herumfliegen, in die Häuser gehen und mehr lose Streiche als schlimme Verbrechen ausüben, wie dieser Glaube sich ausdehnte; er vermeidet es aber vorsichtigerweise zu entscheiden, ob es sich um eine Täuschung handelt oder nicht. Ihm waren auch persönlich Frauen bekannt, die in Scharen bei Nacht mit diesen 'lamiæ' umherflogen, wobei jede, die unvorsichtigerweise den Namen Christus aussprach, zur Erde stürzte. Ein halbes Jahrhundert später erzählt Johann von Meung, der Verfasser des 'Roman de la Rose' (1280), die Frauen, welche mit der Dame Habonde ritten, behaupteten, den dritten Teil der Bevölkerung auszumachen. Als nun die Inquisition daran ging, die Zauberei zu unterdrücken, nahm sie, wie wir im vorhergehenden Kapitel (S. 506) gesehen haben, in ihre Verhörsformulare auch die Frage nach dem nächtlichen Ritte der „guten Frauen" auf[1]).

So nahm die Kirche bei ihren Versuchen, die Überreste des Heidentums zu unterdrücken, den Standpunkt ein, diese nächtlichen Versammlungen als eine Fiktion anzusehen, und erklärte den Glauben an ihre Wirklichkeit für Ketzerei. Das blieb eine unabänderliche Bestimmung des kanonischen Rechts. Aber mit der Entwicklung der Ketzerei seit dem J. 1000 entstanden Vorstellungen von geheimen Zusammenkünften, die in ihrem Charakter den anderen ziemlich ähnlich waren und auf denen die Teilnehmer den Teufel in der Form eines Katers oder eines andern Tieres anbeteten und ihre gottlosen und unreinen Gebräuche feierten. Solche Geschichten wurden schon von den 1017 (1022) zu Orléans verbrannten Katharern und ihren späteren Nachfolgern er-

---

1) Fragm. Capitular. c. 13 (Baluze II. 365). — Regino, De synodalibus causis et disciplinis ecclesiasticis II. 364 (*wiederabgedruckt Hansen, Quellen S. 38; vgl. dazu Zauberwahn S. 79 ff.). — Burchard. Decret. XI. 1, XIX. 5. — Ivon. Decret. XI. 30. — Gratian. Decret. II. XXVII. v. 12. — Servius in Virgil. Aeneid. IV. 511, VI. 118. — Vit. S. Caesarii Arelat. Lib. II. c. 2. — Raynald. ann. 1317, Nr. 53. — Grimm, Deutsche Mythologie [4] II. 765 ff. — Finn Magnusen, Boreal. Mythol. Lexicon, pp. 7, 71, 567. — Lib. de Spiritu et Anima, c. 28. — Augerii Cenomanens. Statut. (Du Cange s. v. Diana). — Conc. Trevirens. ann. 1310, c. 81 (Martene, Thesaur. IV. 257). — Conc. Ambianens. cap. III. Nr. 8 (Martene, Ampl. Coll. VII. 1241). — Johann. Saresberiens. Polycrat. II. XVII. — Grimm, Deutsche Mythologie [4] II. 878 ff. — Wright, Dame Kyteler, pp. IV. XXXVI. — Gervas. Tilberiens. Otia Imp. Decis. III. c. 86, 93. — Bei Johann von Meung heisst es:

„Maintes gens par lor folie
Cuident estre par nuict estrées
Errant avecques Dame Habonde;
Et dient que par tout le monde
Li tiers enfant de nacion
Sunt de ceste condicion."

(Roman de la Rose, Vers 18624 ff.; *vgl. Hansen, Zauberwahn S. 147 ff.).

In Jacobs de Voragine Legende des hl. Germanus von Auxerre findet sich eine Schilderung der Entstehung des Glaubens an die Dame Habonde und ihre Schar, die bei Haushaltsarbeiten Hilfe leistete. Als er ein gewisses Haus besuchte, fand der hl. Germanus, dass der Tisch zum Abendessen von „den guten Frauen, die bei Nacht umhergehen", gedeckt war. Er blieb auf und sah eine Menge Teufel in der Gestalt von Männern und Frauen, die kamen, um ihn zu decken. Er gebot ihnen zu bleiben und weckte die Familie, die in den Eindringlingen ihre Nachbarn erkannten. Als man aber nachforschte, stellte sich heraus, dass diese in ihren Betten lagen, worauf die Teufel gestanden, dass sie die Gestalt derselben zum Zwecke der Täuschung angenommen hätten. — Jacobus de Voragine s. v. S. Germanus.

zählt. Alanus von Lille, der 'Doctor universalis', leitet um das J. 1203 den Namen Katharer davon her, dass sie Lucifer in der Gestalt eines Katers unter den Schwanz küssten[1]). Wie diejenigen, welche der Ketzerei nachspürten, dazu kamen, auch auf solche Versammlungen als etwas Selbstverständliches ihr Augenmerk zu richten, und wie die Angeklagten gleichsam veranlasst wurden, sie auszuschmücken, bis sie nahezu die Gestalt des spätern Hexensabbats annahmen, ersieht man sowohl aus den Geständnissen der Luciferianer, die Konrad von Marburg entgegennahm, als auch aus denjenigen einiger Templer.

Immerhin galt aber der Glaube an die nächtlichen Ritte mit Diana und Herodias bis in die zweite Hälfte des fünfzehnten Jahrhunderts für ketzerisch. Jeder, der an dem Glauben festhielt, auch nachdem er die Wahrheit erfahren hatte, wurde für einen Ungläubigen erklärt, der schlimmer als ein Heide sei[2]). Der hl. Antoninus, Erzbischof von Florenz († 1459), erteilte den Beichtvätern Anweisung, ihre Büsslinge danach zu fragen, ob sie glaubten, dass Frauen in Katzen und andere Tiere verwandelt werden, bei Nacht fliegen und das Blut von kleinen Kindern saugen könnten; alle diese Dinge seien unmöglich und der Glaube daran sei Torheit; und etwa dreissig Jahre später wiederholten Angelus von Chivasso und Bartholomeus von Chaim in ihren Beichtbüchern diese Anweisung. Aber dieser Glaube sass zu tief in den abergläubischen Vorstellungen des Volkes, um ausgerottet werden zu können. Um die Mitte des dreizehnten Jahrhunderts spricht der rechtgläubige Dominikaner Thomas von Chantimpré von den Dämonen, die, wie Diana, die Menschen von einer Gegend in eine andere versetzen und sie dazu verführen, Sterbliche wie Götter anzubeten. Andere, sagt er, entführen Weiber und setzen gefühllose Bildnisse an ihre Stelle, die bisweilen begraben werden, wie wenn sie tot seien. So konnten die Dorfhexen, wenn sie über ihre Beziehungen zu Satan verhört wurden, unter den unerträglichen Folterqualen kaum etwas anderes tun, als ihre Examinatoren mit Berichten über

---

1) Pauli Carnot. Vet. Aganon Lib. VI. c. 3. — Ademar von Chabannes, ann. 1022 (*Mon. Germ. Hist. SS. IV. 143; vgl. Band I. 120; Hansen, Zauberwahn S. 226 ff.). — Gualterus Mapes, De nugis curialium, Dist. I. c. 30. — Alanus de Insulis, Contra haeret. Lib. I. c. 62.

2) Concil. Trevirens. ann. 1310, c. 81 (Martene, Thes. IV. 257). — Astesani Summae P. I. Lib. I. cap. XV. — Concil. Ambianens. c. 1410, cap. III. Nr. 8 (Martene, Ampl. Coll. VII. 1241). — Eymeric. p. 341. — Alfonsus de Spina, Fortalicium fidei, fol. 284. — (Albertini) Repertorium inquisitorum s. v. Xorguinae(*ed. 1575 S. 791; Hansen, Quellen S. 250). — S. Antonini Confessionale. — Summa Angelica s. v. Interrogationes. — Bart. de Chaimis Interrogatorium, fol. 22 b (Venet. 1480); *vgl. Geffcken, Der Bilderkatechismus des 15. Jahrhunderts S. 34 ff.

ihren nächtlichen Flug befriedigen. Zwischen Richter und Opfer kam es leicht zu einem zusammenhängenden Geständnis, das den alten Volksglauben mit den angeblichen Zusammenkünften der Ketzer verband, und bald kam die Zeit, wo das Geständnis einer Hexe als unvollständig angesehen wurde, wenn sie keine Rechenschaft gab über ihre Anwesenheit bei dem Sabbat, die das endgültige Zeugnis dafür war, dass sie sich dem Satan hingegeben hatte. Diese Geschichten wurden so oft vorgetragen und stimmten in allen ihren Einzelheiten so genau überein, dass man an ihrer Wahrheit nicht zweifeln konnte, ohne das ganze Gebäude des Hexenwahns zu erschüttern. Die Lehre, dass es sich um eine Täuschung handle, war offenbar unhaltbar, und Dämonologen und Inquisitoren waren in arger Verlegenheit, wie sie die unbestreitbaren Tatsachen mit der Auffassung der Kirche, dass dieser Glaube Ketzerei sei, in Einklang bringen könnten. Eine lebhafte Kontroverse entstand. Einige hielten zwar an der alten Anschauung fest, dass der Teufel einen menschlichen Körper weder versetzen noch durch eine unverhältnismässig kleine Öffnung hindurchbringen könne, und suchten die anerkannten Tatsachen dadurch zu erklären, dass sie die Macht des Teufels, Täuschungen hervorzurufen, erweiterten. Die Hexe weihte sich ihm mit Worten und dadurch, dass sie sich mit einer Salbe einrieb, worauf er ihre Gestalt oder ihr Phantasiebild annahm und sie hinführte, wohin sie wollte, während ihr Körper gefühllos zurückblieb und durch den ihn bedeckenden Schatten des Teufels unsichtbar wurde. War der Zweck erreicht, so brachte er das Phantasiebild zurück, vereinigte es wieder mit dem Körper und entfernte den Schatten. Auch handelte es sich um die Frage, ob die Dämonen imstande seien, Menschen davonzutragen, und hierüber wurde heiss gestritten. Ein solcher Fall, den Albertus Magnus in einer Disputation vor dem Bischof von Paris anführte, und den Thomas von Chantimpré berichtet, dass nämlich die Tochter des Grafen von Schwalenberg regelmässig jede Nacht mehrere Stunden entführt wurde, gewährte den Anhängern der neuen Lehre unendliche Befriedigung, und später wurde eine lange Reihe neuerer Beispiele als Belege für die erweiterten Machtvollkommenheiten Satans zusammengetragen[1]).

---

1) Thom. Cantimprat., Bonum universale Lib. II. c. 56. — Alfonsus de Spina, Fortalicium fidei, fol. 284. — Bern. Basin, De artibus magicis. — Ulric. Molitoris, De laniis et phitonicis mulieribus, Conclus. IV. — Thomas Cantimprat. ubi sup. — Mall. maleficar. P. II. Q. I. c. 3. — Prierias, De strigimag. Lib. I. c. XIV; Lib. II. c. l. — *Hansen, Zauberwahn S. 183 ff., 455 ff.

Thomas von Chantimpré erzählt ausführlich Beispiele aus seiner Zeit, die

Im Jahre 1458 fand der Inquisitor Nicoláus Jacquier die wahre Lösung der Schwierigkeit. Er behauptete, die neue Sekte von Hexen sei ganz verschieden von den Ketzern, auf die in dem Canon Episcopi hingewiesen würde. Zum Beweise dafür, dass die Hexen bei dem Sabbat leiblich gegenwärtig seien, führt er zahllose Fälle an, die er in seiner amtlichen Eigenschaft kennen gelernt habe; darunter den eines Mannes, den seine Mutter vor fünfundfünfzig Jahren, als er noch ein Kind war, mit einem neugeborenen Bruder zum Sabbat gebracht und Satan vorgestellt habe. Dieser habe in Gestalt eines Ziegenbocks ihm mit seinen Hufen ein unaustilgbares Zeichen aufgedrückt — das 'stigma diabolicum'. Jacquier fügt jedoch ganz vernünftig hinzu, die Sache sei, selbst wenn sie auf Täuschung beruhe, darum nicht minder ketzerisch, ebenso wie die Begleiter der Diana und der Herodias notwendigerweise Ketzer seien während der Stunden, wo sie wachten. Diese Erörterungen des Jacquier wurden aber zu ihrer Zeit wenig beachtet. Dreissig Jahre später fand der deutsche Inquisitor Heinrich Institoris, der als Verfasser des Hexenhammers (1486) so viel dazu beigetragen hat, den Hexenwahn zu formulieren und seine Verfolgung zu organisieren, dass der Canon Episcopi ein beständiger Stein des Anstosses auf seinem Wege war, da die Skeptiker leicht behaupten konnten, dass, wenn der Sabbat eine Täuschung sei, es mit aller Hexenkunst sich ebenso verhalte. Er versuchte daher, ihn hinweg zu argumentieren, indem er behauptete, wenn auch der Teufel unzweifelhaft die Macht der körperlichen Entrückung habe, so sei doch die Gegenwart der Hexe oft nur geistig. In solchem Falle lege sich die Hexe auf die linke Seite und rufe den Teufel an. Darauf entströme ihrem Munde ein weisslicher Rauch, und sie sehe alles, was vorgehe. Gehe sie aber persönlich auf den Sabbat und habe sie einen Gatten, so nehme ein gefälliger Teufel ihre Gestalt und ihren Platz ein, um ihre Abwesenheit zu verbergen. Gianfrancesco Pico della Mirandola nimmt (1523) ebenfalls an, dass die Gegenwart beim Sabbat bald wirklich, bald nur imaginär sei. Der Versammlungsort sei jenseits des Jordanflusses, und die Versetzung dahin das Werk eines Augenblicks. Er umgeht die Definition des Canon Episcopi durch die Behauptung, das Decretum Gratiani habe keine gesetzliche Autorität

---

in Flandern vorkamen, wo Frauen entführt wurden und ihre Schattenbilder schon begraben werden sollten, als die Täuschung zufällig entdeckt wurde und sich beim Aufschneiden der Bildnisse herausstellte, dass sie aus faulem, mit einer Haut bedecktem Holz bestanden. Er gibt zu, diese Fälle nicht erklären zu können, und sagt, dass Albertus Magnus, den er darüber befragt habe, einer bestimmten Antwort ausgewichen sei.

und sei an vielen Stellen entstellt. Um 1508 fügte der Inquisitor Bernhard von Como zu diesen Argumenten triumphierend noch die Tatsache hinzu, dass zahlreiche Personen wegen ihrer Teilnahme am Sabbat verbrannt worden seien, was nicht ohne die Zustimmung des Papstes hätte geschehen können. Das sei ein hinreichender Beweis dafür, dass diese Ketzerei auf Wirklichkeit beruhe; denn die Kirche bestrafe nur offenkundige Verbrechen [1]).

Um 1520 schrieb der gelehrte Jurist Gianfrancesco Ponzinibio aus Piacenza eine Abhandlung über das Hexenwesen, worin er die Lehre des Canon Episcopi aufrechthielt und kühn auf alle Magie und Zauberei, die er ebenfalls für Täuschungen hielt, anwandte. Unter Berufung auf eine lange Reihe von Autoritäten wies er nach, wie schwach die Behauptung sei, dass die damaligen Hexen einer anderen Sekte angehörten; er schloss: da sie nur bekennen, was trügerisch und unmöglich ist, so können ihre Geständnisse nicht anerkannt werden, und, weil sie getäuscht werden und andere nur täuschen können, so muss auch ihre Zeugenaussage in bezug auf ihre Genossen verworfen werden. Rechtsgelehrte, fügte er hinzu, sollten den Inquisitionsprozessen beiwohnen, da sie in der Behandlung von Kriminalfällen geschult seien. Das veranlasste 1521 den gelehrten Theologen Silvestro Mozzolino von Prierio, Magister Sacri Palatii und später Dominikanergeneral, mit einer umfangreichen Abhandlung über den strittigen Canon zu antworten. Da dieser eine Äusserung des Konzils von Ancyra und vermutlich von dem Hl. Stuhle bestätigt worden sei, so wagt er es nicht, seine Autorität zu leugnen, aber er argumentiert ebenso wie Jacquier und führt umständlich aus, dass die Ketzer, auf welche sich der Canon bezieht, verschwunden, dass dagegen die Hexen seiner Epoche eine neue Sekte seien, die erst aus dem Jahre 1404 stamme, und dass deshalb die Definitionen über den Canon veraltet und auf die gegenwärtigen Umstände nicht mehr anwendbar seien. Wer die leibhaftige Gegenwart der Hexen beim Sabbat leugne, diskreditiere die zahllosen Fälle, die von der

---

1) Fr. Nicolaus Jaquerius, Flagellum haereticorum fascinariorum c. VII. XXVIII. — (*Die einschlägige Spezialliteratur aus der Zeit von 1435—1540, welche die Zweifel zu lösen suchte, ist in Auszügen wiedergegeben bei Hansen, Quellen S. 88—357. Dort ist auch über die Persönlichkeiten der Verfasser näher gehandelt; über Nicolaus Jacquier vgl. S. 133—145.) — Malleus maleficarum P. I. Q. I. c. 10; P. II. Q. I. c. 3, 9. (*Dass Heinrich Institoris, nicht Jakob Sprenger — wie früher, und so auch von Lea, angenommen wurde — als der eigentliche Verfasser des Hexenhammers anzusehen ist, habe ich a. a. O. S. 360 ff. dargelegt.) — G. F. Pico della Mirandola, La strega (Milano, 1864) p. 61, 73. — Bernardus Comensis, De strigiis, c. 3—6.

Inquisition geprüft und abgeurteilt worden seien, und folglich die Gesetze selbst[1]). Ihm folgte als Magister Sacri Palatii Bartholomäus de Spina, der um 1523 der Vernichtung Ponzinibios drei Abhandlungen widmete. Der letztere hatte — zwar logischer aber boshafter Weise — vorgeschlagen, da der Canon Episcopi den Glauben, dass Hexen leibhaftig zum Sabbat gebracht würden, als Ketzerei bezeichnet habe, sollten die Inquisitoren, wenn sie ihre Angeklagten abschwören liessen, auch diese Ketzerei abschwören lassen. Die widersinnige Lage, in welche dieser Vorschlag die Inquisition brachte, erregte Spinas Unwillen aufs äusserste. „O wunderliche Anmassung! O abscheuliche Dummheit!" rief er aus. „Nur Ketzer schwören ab, nur Ketzereien werden abgeschworen vor Inquisitoren. Ist denn der Glaube, den die Inquisitoren verteidigen, und wonach sie die Feinde des Glaubens richten und der äussersten Verdammnis für würdig erklären, Ketzerei? — jene Meinung, welche berühmte Theologen und Kirchenrechtslehrer als wahr und katholisch beweisen? O welch eine Dummheit von diesem Manne! Müssen denn alle Theologen und Richter, selbst die Inquisitoren von ganz Italien, Frankreich, Deutschland und Spanien, die diese Meinung vertreten, vor der Inquisition abschwören?" — und er schliesst, indem er die Inquisitoren auffordert, gegen Ponzinibio als der Ketzerei stark verdächtig, als Begünstiger und Verteidiger der Ketzer und als einen Behinderer des hl. Offiziums vorzugehen[2]). Das zeigt zur Genüge, dass die neuen Glaubensmeinungen die alten damals vollständig besiegt hatten. Die Frage war über den Bereich der Vernunft und des Arguments hinausgewachsen, und überall in ganz Europa wurde der Hexensabbat nun als eine feststehende Tatsache angenommen, die man nicht ohne Gefahr bestreiten durfte. Juristen und Kanonisten mochten sich theoretisch mit ihr herumschlagen, praktisch war sie zum ausgemachtesten Gemeinplatze der weltlichen wie der kirchlichen Gerichtshöfe geworden.

---

1) Ponzinibius, De lamiis, c. 49, 50, 52—3, 61—3, 65—6. — Prierias, De strigimagarum mirandis Lib. II. c. 1.

Paramo (De origine officii S. Inq. p 296) nimmt ebenfalls das Jahr 1404 als das des Ursprungs der Sekte der Hexen an. Das beruht wahrscheinlich auf einer Verwechslung Innocenz' VIII., der im Jahre 1484 Papst wurde, mit Innocenz VII., der den Pontifikat 1404 antrat. In seiner Bulle: Summis desiderantes, datiert vom 5. Dezember 1484, spricht Innocenz VIII. von Hexen als von einer neuerdings festgestellten Gruppe von Menschen, und Prierias bezieht das auf 1404 (*vgl. Hansen, Quellen S. 25, 319; für den Beginn der Massenverfolgung der neuen „Hexensekte" zu Anfang des 15. Jahrhunderts vgl. Hansen, Zauberwahn S. 416 ff.).

2) Ponzinibius, De lamiis, c. 65. — Bart. de Spina, De strigibus, p. 175, Romae, 1575.

Dass die Einzelheiten des Sabbats in ganz Europa nur wenig voneinander verschieden erscheinen, ist zweifellos den Hauptfragen zuzuschreiben, die gewöhnlich von den Richtern gestellt wurden, und dem Wunsche der gefolterten Angeklagten, die Leiter des Verhörs zu befriedigen; trotzdem galt diese Übereinstimmung zu jener Zeit als ein unwiderleglicher Beweis der Wahrheit. Das erste, was die Hexe tat, war, dass sie sich unter dem Vorwande, das hl. Abendmahl zu nehmen, eine geweihte Hostie verschaffte, sie nach Hause trug und einer Kröte zu fressen gab; diese wurde dann verbrannt und die Asche mit dem Blute eines jungen, womöglich noch ungetauften Kindes, mit den zu Pulver gemahlenen Knochen eines Gehängten und mit gewissen Kräutern vermischt. Mit dieser Mischung salbte die Hexe die Innenseiten ihrer Hände oder ihr Handgelenk und einen Stock oder einen Stuhl, den sie zwischen ihre Beine nahm, und sofort wurde sie im Fluge nach dem Versammlungsort getragen. Zur Abwechselung wurde der Ritt bisweilen auf einem Teufel in der Gestalt eines Pferdes, eines Bockes oder eines Hundes gemacht. Die Versammlung konnte überall abgehalten werden, aber es gab gewisse Plätze, zu denen man mit Vorliebe ging, in Deutschland den Brocken, in Italien einen Eichbaum in der Nähe von Benevent, und ausserdem gab es noch den unbekannten Platz jenseits des Jordans. Zu Tausenden kamen die Hexen dorthin, und zwar gewöhnlich Donnerstags nachts. Man schmauste an Tischen, die mit Fleisch und mit Wein beladen waren, der auf Befehl des den Vorsitz führenden Teufels aus der Erde quoll; dann huldigte man dem Teufel, der persönlich in der Gestalt eines Bocks, eines Hundes oder eines Affen zugegen war. Die Hexen gaben sich ihm mit Leib und Seele hin, küssten ihn unter den Schwanz, mit einer angezündeten Kerze in der Hand, traten und spuckten auf das Kreuz und streckten zur Verspottung Gottes die Rückseite zum Himmel. Der Teufel hielt eine Predigt an sie, indem er bisweilen mit einer Parodie auf die Messe begann; er sagte, sie hätten keine Seelen, es gebe kein zukünftiges Leben, sie brauchten nicht zur Kirche oder zur Beichte zu gehen und kein Weihwasser zu benutzen; wenn sie es täten, um Verdacht zu vermeiden, so müssten sie sagen: „Mit der Erlaubnis unseres Meisters"; sie müssten ihm so viele Bekehrte bringen wie sie könnten, und ihren Nachbarn so viel Übel zufügen als in ihren Kräften stehe. Gewöhnlich fand ein Tanz statt, natürlich anders wie bei anständigen Versammlungen. In Como und Brescia gab eine Anzahl Kinder von acht bis zwölf Jahren, die häufig bei dem Sabbat zugegen gewesen und von den Inquisitoren wieder bekehrt worden waren, Proben von einer Geschicklichkeit in diesen Tänzen, die unmöglich von menschlicher Kunst herrühren konnte. Die Frau befand sich hinter ihrem Tänzer, man bewegte sich rückwärts, und wenn die Tanzenden dem präsidierenden Teufel die Reverenz machten, beugten sie sich rückwärts, indem sie einen Fuss nach vorn in die Höhe hoben. Die Ceremonien endeten mit unterschiedslosem Geschlechtsverkehr, wobei gefällige Dämonen, je nachdem es verlangt wurde, als Incubi oder Succubi dienten. Dass das alles wirklich so war, ging nicht bloss aus den Geständnissen der Angeklagten hervor, sondern es wurde auch durch einen wohlbekannten Vorfall aus dem Jahre 1450 bestätigt. In diesem Jahre gingen einmal der Inquisitor von Como, Bartholomeus von Homate, der Podestà Lorenz von Concorezzo und der Notar Johann von Fossato aus Neugierde oder weil sie Zweifel setzten in die Erzählungen der von ihnen verhörten Hexen, nach einem Versammlungsorte bei Mendrisio, um dem Schauspiel von einem Versteck aus zuzusehen. Der präsidierende Teufel stellte sich, als ob er nichts von ihrer Gegenwart merke, und entliess nach der üblichen Ceremonie die Versammlung. Plötzlich aber rief er seine Begleiter zurück und hetzte sie auf die Beamten, die so geprügelt wurden, dass sie binnen vierzehn Tagen starben[1]).

Alles das war natürlich sehr geeignet, den Abscheu der Gläubigen zu erregen und den Eifer des Inquisitors anzufeuern. Der Hexe aber kam es nur auf den Zeitvertreib und den Lohn an, den sie von ihrem Meister für ihre Mühen und ihre Gefolgschaft empfing. Mit Leib und Seele dem Teufel ergeben, war sie nur darauf bedacht, Unheil anzurichten; sie war das Werkzeug, dessen er sich bediente, um seine bösen Absichten zu erreichen. Die Dämonologen behaupteten, dass der Teufel die Hexe ebenso nötig habe wie diese den Teufel, und dass keiner von beiden ohne den andern etwas ausrichten könne. Sie war nicht den Magiern und Zauberern zu vergleichen, die bloss ihren Lebensunterhalt zu verdienen suchten, indem sie ihre Dienste zu guten oder gelegentlich auch zu schlechten Zwecken verkauften, sondern sie war ein durch und durch schlechtes Wesen, schwelgte in der Ausübung ihrer Macht, ihre Mitmenschen zu vernichten, und wurde beständig von ihrem Meister zur Tätigkeit angefeuert. Diese Kräfte aber waren ausserdem hinreichend, um den Schrecken

---

1) Mémoires de Jacques du Clercq, Liv. IV. ch. 4. — Chron. Cornel. Zantfliet, ann. 1460 (Martene, Ampl. Coll. v. 502). — Bernardus Comensis, De strigiis c. 3. — Prierias, a. a. O. Lib. I. c. 2, 14; Lib. II. c. 1, 4.

zu rechtfertigen, den sie dem Volk einflösste. Der Hexenhammer teilt die Hexen in drei Klassen ein, diejenigen, welche schaden und nicht heilen, die, welche heilen aber nicht schaden, und die, welche beides können; diese letzteren sind die schlimmsten, denn je mehr sie Gott beschimpfen und kränken, desto grössere Macht, Übles zu tun, gibt ihnen der Teufel. Sie töten und fressen Kinder oder weihen sie dem Teufel, wenn sie noch ungetauft sind. Sie verursachen Fehlgeburten, indem sie die Frauen bloss mit der Hand berühren, oder lassen ihre Milch eintrocknen, wenn sie nähren. Indem sie einen feuchten Ginsterbesen schwingen oder Kieselsteine nach Osten hinter sich werfen oder Schweinsborsten in einem Topfe kochen oder eine Wasserpfütze mit einem Finger umrühren, erregen sie Stürme und Hagelwetter, die ganze Gegenden verwüsten; sie verursachen die Plagen der Heuschrecken und Raupen, die die Ernten verheeren, sie machen Männer impotent und Frauen unfruchtbar und lassen Pferde plötzlich wahnsinnig unter ihren Reitern werden. Sie können verborgene Dinge bekanntmachen und die Zukunft voraussagen, sie können nach Willkür Liebe oder Hass erregen, tödliche Krankheiten hervorrufen und Menschen durch den Blitz erschlagen oder durch ihren blossen Blick umbringen oder in Tiere verwandeln. Und die unbedingte Autorität Papst Eugens IV. bürgt dafür, dass sie durch ein blosses Wort oder durch blosse Berührung oder ein Zeichen behexen können, wen sie wollen, dass sie Krankheiten verursachen oder heilen und das Wetter machen. Bisweilen streuten sie allerlei Pulver über die Felder, um das Vieh zu vergiften. Sie gingen beständig bei Nacht in die Häuser und streuten den schlafenden Eltern Pulver auf die Kissen, damit sie nichts merkten, dann berührten sie die Kinder mit Fingern, die sie mit einer giftigen Salbe bestrichen hatten, wodurch der Tod in wenigen Tagen herbeigeführt wurde, oder sie stiessen einem neugeborenen Kinde Nadeln unter die Nägel und sogen das Blut, das sie dann zum Teil schluckten und zum Teil in ein Gefäss spuckten, um es bei der Bereitung ihrer höllischen Salben zu gebrauchen; oder das Kind wurde auf Feuer geschmort und sein Fett zu demselben Zwecke gesammelt. Die Hexen konnten sich ausserdem in Katzen und andere Tiere verwandeln. Bernhard von Como (1508) führt allen Ernstes den schon von dem hl. Augustin erwähnten Fall von den Begleitern des Odysseus an, um zu beweisen, dass solche Täuschungen auf Wirklichkeit beruhten. Wie lächerlich uns heute das alles auch erscheinen mag, so hat doch jede dieser Einzelheiten als Grundlage für Anklagen gedient, welche zahllosen menschlichen Wesen den Untergang in den Flammen gebracht haben[1]).

Eine besonders wunderbare Fähigkeit, die man den Hexen zuschrieb, war die, dass sie auf dem Sabbat junge Kinder und Vieh schmausten und dann wieder ins Leben zurückriefen. Schon in frühen Zeiten und unter verschiedenen weit voneinander entfernten Völkern herrschte, wie wir gesehen haben, der Glaube, dass Zauberinnen die Eingeweide der Menschen benagen und essen könnten, eine Annahme, die wahrscheinlich in schmerzhaften gastrischen Krankheiten ihren Grund hatte. Zu der Zeit, wo die Vorstellung vom Sabbat sich bildete, nahm der Wahn die Gestalt an, wie sie Bischof Burkard im elften Jahrhundert beschreibt, dass die Hexen bei den nächtlichen Zusammenkünften unter der Leitung der Hulda, ohne Waffen zu gebrauchen, Menschen töteten, ihr Fleisch kochten und assen und sie dann wieder ins Leben zurückriefen, indem sie an die Stelle des Herzens Stroh oder ein Stück Holz steckten. Die Kirche war bis dahin noch nicht geneigt, solche Wunder anzuerkennen, und die daran Glaubenden mussten nach Burkard während sieben Fastenzeiten von Wasser und Brot leben. Im nächsten Jahrhundert spricht Johann von Salisbury von dem Aberglauben des Volkes, dass die Lamien Kinder in Stücke rissen, sie verzehrten und wieder in ihre Wiegen zurücklegten, und sieht darin Täuschung durch Träume. Um 1240 erwähnt Wilhelm von der Auvergne den von alten Frauen verbreiteten Aberglauben über die „Damen der Nacht" oder die „guten Frauen", die erscheinen, um Kinder in Stücke zu reissen oder auf dem Feuer zu kochen. Natürlich erschien das wieder in den späteren Sabbatgeschichten. In einigen Hexenprozessen in Süd-Tirol, 1506, wird häufig darauf hingewiesen, dass Kinder und Haustiere zum Schmause aufgetragen und verschlungen wurden und dabei zwar am Leben blieben,

---

1) Malleus maleficarum P. II. Q. I. c. 2, 4, 11, 15; Q. II. c. 4. — Prierias, a. a. O. Lib. II. c. 7, 9. — Ulricus Molitoris, De laniis et phitonicis mulieribus. — Ripoll. III. 193. — Pico della Mirandola, La strega, pp. 84—5. — Bernardus Comens., De strigiis c. 7.

Die Dämonologen bezeugen allgemein, dass weit mehr Frauen als Männer auf diese Weise in die Schlingen des Teufels verstrickt wurden. Um das zu erklären, greift der Hexenhammer die Frauen in einer bitterbösen Tirade an, und Institoris dankt Gott auf den Knieen, dass er das männliche Geschlecht vor solcher Bosheit bewahrt habe (Malleus maleficarum P. I. Q. VII). — *Für die Zuspitzung der Verfolgung auf das weibliche Geschlecht vgl. Hansen, Zauberwahn S. 480 ff.; Crohns, Die Summa theologica des Antonin von Florenz und die Schätzung des Weibes im Hexenhammer (1903); Hansen, in der Westdeutschen Zeitschrift für Geschichte und Kunst XXVI (1907), 372 ff., 386 ff.; XXVII (1908), 366 ff.

aber doch einem baldigen Tode verfallen waren. Die Hexen im Val Canavese (bei Turin) gestanden im Jahre 1474/75, dass sie fettes Vieh bei einem benachbarten Bauern suchten, schlachteten und assen, dann aber die Knochen und Häute sammelten und die Tiere mit der einfachen Formel: „Sorge, Ranzola!" wieder ins Leben zurückriefen. In einem Falle tötete ein Bauer von Levone, namens Perino Pasquale, einen kranken Ochsen und zog ihm das Fell ab; natürlich genug starb er binnen einer Woche, ebenso sein Hund, der etwas von dem Blut aufgeleckt hatte. Das wurde später von einer Hexe vor Gericht gewohnheitsmässig dahin erklärt, der Ochse sei schon einmal von Hexen gegessen und wieder lebendig gemacht worden, und die dabei versammelten Hexen hätten beschlossen, dass, wer ihn wieder töte und zuerst davon esse, sterben solle. Auf Grund solcher Kunststücke konnten die Gegner des Hexenwahns behaupten, die Dämonologen schrieben Satan die Macht Gottes zu, die Toten wieder aufzuerwecken und neu zu schaffen, und die Dämonologen mussten, in die Enge getrieben, zugeben, dass dieser Teil des Sabbats eine Täuschung sei, aber sie fügten triumphierend hinzu, das beweise nur die Herrschaft Satans über die, welche sich täuschen liessen[1]).

Das Töten von ungetauften Kindern war eine der besonderen Pflichten, die Satan seinen Dienern auferlegte, weil sie, wie die Theologen erklärten, alsdann nicht von der Erbsünde befreit und daher verdammt würden. Auf diese Weise würde der Tag des Jüngsten Gerichts aufgeschoben, weil die Zahl der Auserwählten, die vorhanden sein müsse, bevor die Welt zerstört würde, nicht so schnell erreicht werde. In einer kleinen Stadt bei Basel gestand um 1480 eine Hexe, die

---

1) Burchardi Decretum XIX. 5. — Johann. Saresberiens. Polycraticus II. XVII. — Grimm, Deutsche Mythol. [4] II. 882 ff. (*vgl. für Wilhelm von der Auvergne Hansen, Zauberwahn S. 130 ff.). — Rapp, Die Hexenprozesse und ihre Gegner aus Tirol (Innsbruck, 1874) p. 146. — P. Vayra, Le streghe nel Canavese (Curiosità e ricerche di storia subalpina I. (1874) p. 229, 234—5); *vgl. Hansen Quellen S. 485 ff. — Bernard. Comensis, De strigiis c. 8.
Bis zu welcher Höhe sich dieser Glaube entwickelte, sieht man aus dem im vorhergehenden Kapitel erwähnten Kunststück Zyto's, des Zauberers des Königs Wenzel, der seinen Nebenbuhler, einen anderen Zauberer, verschluckte und lebendig wieder in ein Wassergefäss spucktel.
Daneben glaubte man aber auch, dass die Hexen Kinder vollständig auffrässen. Peter von Bern, Richter im Simmenthal s. v. Thuner See (c. 1406), erzählte dem Johann Nider, in seinem Bezirke seien auf diese Weise in kurzer Zeit dreizehn Kinder verschwunden, und eine gefangene Hexe habe ihm mitgeteilt, sie seien in ihren Wiegen unter Zaubersprüchen getötet, nach dem Begräbnis wieder ausgegraben und in einem Kessel gekocht worden. Aus dem Fleische werde die Zaubersalbe gemacht, während die Suppe die Kraft verleihe, jeden, der davon esse, für die Sekte der Teufelsanbeter zu gewinnen. — Nider, Formicarius Lib. V. c. III.; *vgl. Hansen, Quellen S. 91 Anm. 2.

verbrannt wurde, dass sie in ihrer Eigenschaft als Hebamme mehr denn vierzig Kinder getötet habe, indem sie ihnen eine Nadel in die grosse Fontanelle stiess. Eine andere aus der Diözese Strassburg hatte auf diese Weise unzählige Kinder umgebracht; plötzlich wurde sie entdeckt, als sie durch das Tor einer Stadt ging, in welcher sie ihr Geschäft betrieben hatte, und zufällig den Arm eines neugeborenen Kindes fallen liess. Wenn die Hexenhebammen die Kinder, bei deren Geburt sie geholfen hatten, nicht töteten, dann weihten sie sie gewöhnlich dem Teufel. Wenn es auch zweifelhaft war, ob solche Kinder Satan wirklich übergeben wurden, so war doch sicher, dass er Einfluss über sie bekam, und es war wahrscheinlich, dass sie Hexen wurden. Dieses Treiben sowie der Umstand, dass Kinder von Hexen selbst gleichfalls dem Teufel geweiht wurden, erklärte die Tatsache, dass selbst Mädchen von acht und zehn Jahren imstande waren, die Leute zu behexen und Hagelstürme und Regen zu veranlassen. In Schwaben kam ein Fall vor, wo ein achtjähriges Mädchen ihrem Vater in aller Unschuld ihre Macht enthüllte; infolgedessen wurde ihre Mutter, die sie also dem Teufel gewidmet hatte, verbrannt. Die Hexenhebammen waren so zahlreich, dass es kaum einen Flecken gab, wo nicht eine solche anzutreffen war[1]).

Das Unheil also, das Satan durch seine Dienerinnen anrichtete, war offenbar grenzenlos. Institoris erzählt, dass einer von seinen Kollegen auf einer Amtsreise in eine Stadt kam, die durch die Pest beinahe ganz entvölkert war. Als er hörte, dass eine vor kurzem dort begrabene Frau angefangen habe ihr Sterbehemd zu verschlingen, und dass die Sterblichkeit nicht nachlassen würde bis es ganz verschlungen wäre, liess er das Grab öffnen, und man fand, dass das Tuch erst halb verschwunden war. Der Bürgermeister der Stadt zog sein Schwert, schlug der Leiche den Kopf ab und warf ihn aus dem Grabe, worauf die Pest sofort erlosch. Es wurde eine Inquisition angestellt, und es fand sich, dass die Frau lange Zeit hindurch eine Hexe gewesen war. Institoris mochte mit Recht die Leiden beklagen, die der Christenheit drohten infolge der Nachlässigkeit der Behörden, solche Verbrechen mit der gebührenden Strenge zu bestrafen[2]).

Um die Leichtgläubigkeit zu verstehen, womit diese Art von Wundern als die drohendste und schrecklichste Gefahr angesehen wurde, muss man sich gegenwärtig halten, dass sie nicht als

---
1) Malleus maleficarum P. II. Q. I. c. 13; P. III. Q. XXXIV.
2) Malleus maleficarum P. I. Q. XII. XV.

grundlose Erfindungen der Dämonologen galten, sondern als Tatsachen, die nach dem damals herrschenden Prozessverfahren unwiderleglich bewiesen waren. Die Folter war um diese Zeit schon lange bei den Kriminalprozessen, wenn nötig, allgemein angewandt worden; kein Jurist kam auf den Gedanken, dass die Wahrheit in zweifelhaften Fällen ohne ihre Anwendung ans Licht gebracht werden könnte. Der Angeklagte, den endlose Wiederholung der Qual zu stumpfsinniger Verzweiflung gebracht hatte, suchte natürlich sein Geständnis mit den Forderungen seines Richters in Einklang zu bringen; sobald das Geständnis einmal gemacht war, war sein Schicksal beschlossen, er wusste, dass der Widerruf, anstatt ihn zu retten, nur eine Erneuerung und Verlängerung seiner Leiden bringen würde. Er blieb daher bei seinem Geständnis, und wenn es ihm öffentlich bei seiner Verurteilung vorgelesen wurde, gab er die Wahrheit desselben zu[1]). In vielen Fällen hatte ausserdem die Folter und die lange Haft in den modererfüllten Kerkern zweifellos seinen Verstand zum Teil gestört, wodurch er selbst zu dem Glauben kam, dass er die Untaten wirklich begangen habe, die ihm so hartnäckig zugeschrieben wurden. In jedem Falle trieb ihn aber der Wunsch, das für das Seelenheil unentbehrliche und nur zerknirschten und reuigen Sündern gespendete letzte Sakrament zu erlangen, dazu, die Wahrheit seines Geständnisses bis zuletzt aufrechtzuhalten. Einen unbedingtern Beweis als diesen konnte man damals für die Handlungen eines Menschen nicht erlangen; jeder Zweifel an der Realität der zauberischen Handlungen musste also schweigen, zumal dieser Zweifel, wenn nicht Ketzerei, so doch die Ursache für heftigen Verdacht der Ketzerei wurde. Die Kirche aber tat, was in ihrer überwältigenden Autorität lag, um den Menschen diesen Glauben aufzuzwingen; hat doch eine Reihe von Päpsten in ihren Bullen die Fähigkeit der Hexen zu schaden wiederholt anerkannt, so dass die Gläubigen daran glauben mussten. Und als die Theologen an der Universität Köln 1487 ihre Billigung des Malleus maleficarum aussprachen, warnten sie zugleich jeden, dass die Argumentation gegen die Wirklichkeit des Hexenwesens die Strafe nach sich ziehen würde, die für die Behinderung der Inquisition bestimmt war[2]).

1) In England, wo die Folter gesetzlich nicht erlaubt war, entwickelte sich der Hexenwahn viel langsamer. Als indessen der Wahn auch hier sich Bahn brach, führte man als Ersatz für die Folter das sogen. „Picken" ein; hierbei stiess man dem Opfer überall lange Nadeln in den Leib, um dadurch die unempfindliche Stelle, das Kennzeichen der Hexe, zu entdecken.
2) Ripoll III. 193. — Pegna, Appendix zu Eymericus S. 83, 84, 85, 99, 105. — *Über das (gefälschte) Gutachten der Kölner Universität vgl. Hansen,

Was aber die Macht der Hexen noch besonders furchtbar machte, war die beklagenswerte Tatsache, dass die Kirche kein Heilmittel hatte für das Unheil, das sie so rücksichtslos anrichteten. Wohl waren das Kreuzzeichen, Weihwasser, geweihtes Öl, Palmen und Kerzen, Wachs und Salz und die strenge Beobachtung kirchlicher Gebräuche in gewissem Sinne Schutz- und Präventivmittel. Eine Hexe gestand, sie sei aufgefordert worden, einen gewissen Mann zu töten; als sie aber den Teufel zu dem Zwecke angerufen habe, habe dieser erwidert, er könne nichts machen, da das ausersehene Opfer sich durch das Zeichen des Kreuzes geschützt habe, und man könne ihm keinen anderen Schaden zufügen als die Vernichtung von einem Elftel seiner Ernte. Eine andere behauptete, wenn die Hexen ihre nächtlichen Rundgänge machten, um Kinder zu töten, so könnten sie nicht in die Häuser gelangen, in denen Palmen und geweihtes Brot oder Kreuze von Palmen- oder Olivenzweigen angebracht wären, und sie könnten denjenigen keinen Schaden zufügen, welche sich gewohnheitsmässig mit dem Zeichen des Kreuzes schützten. Aber die Hexen gaben zu, dass, sobald der Zauber einmal angewandt sei, das Opfer keine Hilfe finden könne, weder im Himmel noch auf Erden; menschliche Mittel seien nutzlos, und auch die Exorzisierung und die Anrufung der Heiligen wären vergeblich, ausser bei der Teufelsbesessenheit. Nur der Teufel könne einen solchen heilen, und zwar mit Hilfe anderer Hexen. Die heilende Zauberei war schon lange in der Moraltheologie erörtert, aber in aller Form als nicht zulässig verurteilt worden. Es liege darin nicht nur ein stillschweigender oder ausdrücklicher Pakt mit dem Teufel, sondern es sei auch bekannt, dass eines seiner Hauptziele bei der Aufforderung an seine Anhänger, ihren Nachbarn Schaden zuzufügen, darin bestehe, das Opfer zur Verzweiflung zu bringen, um es so zu zwingen, zur Zauberei seine Zuflucht zu nehmen und auch selbst sündhafte Wege zu betreten. Hierfür gab es ein Beispiel in dem bei den Dämonographen berühmten Falle eines deutschen Bischofs, der sich in Rom wahnsinnig in ein junges Mädchen verliebte und es veranlasste, ihm in seine Heimat zu folgen. Während der Reise aber versuchte es, ihn durch Zauberei zu töten, um alsdann mit den Juwelen, mit denen er es beladen

---

Der Malleus maleficarum, seine Druckausgaben und die gefälschte Kölner Approbation vom Jahre 1487 (Westdeutsche Zeitschrift XVII. (1896) S. 119—168, sowie ebd. XXVI (1907) S. 391 ff.; XXVII (1908) S. 370 ff.
    Eine amtliche Auswahl päpstlicher Bullen über den Gegenstand enthält Lib. Sept. Decret. Lib. v. Tit. XII. (*vgl. auch Hansen, Quellen S. 1 ff., 671).

hatte, zu entfliehen. In der Nacht wurde er plötzlich von einem brennenden Schmerz in der Brust befallen, gegen den alle Mittel der Ärzte machtlos waren. Schon war sein Leben aufgegeben, als man seine Zuflucht zu einer alten Frau nahm, die die Quelle seines Leidens erkannte und ihm mitteilte, er könne nur durch ein Zaubermittel gerettet werden, welches aber den Tod der Person zur Folge haben würde, die ihn behext hätte. Sein Gewissen verbot ihm, ohne Erlaubnis einzuwilligen. Er wandte sich daher an den Papst Nikolaus V., der ihm freundlich Dispens erteilte. Nun befahl er der alten Frau, zu tun, was sie für gut halte. In der folgenden Nacht wurde er wieder vollkommen hergestellt, erhielt aber zugleich die Kunde, dass seine junge Geliebte im Sterben liege. Er ging hin, um sie zu trösten; sie aber empfing ihn natürlich mit Verwünschungen und starb, indem sie ihre Seele Satan anbefahl. So war der Teufel, wie Johann Bodinus (1581) bewundernd bemerkt, schlau genug, um sich einen Papst, einen Bischof und eine Hexe gehorsam und alle zu Mitschuldigen an einem Menschenmord zu machen [1]).

Auf diese Weise wurde indessen der Heilzauber zu einem einträglichen Geschäfte, und viele Hexen widmeten sich diesem Zweige ihres Berufes, obwohl sie ebenso wie ihre Gegnerinnen wegen des Abschlusses von Verträgen mit dem Teufel der Verdammnis anheimfielen. Denn es war eine unbestreitbare Tatsache, dass sie einen Leidenden nur erlösen konnten, indem sie seine Krankheit auf einen andern übertrugen oder irgendein anderes ebenso schlimmes Unheil anrichteten. Der Hexenhammer erzählt (1486), dass solche Hexen überall in Deutschland zu finden waren. In Reichshofen (i. Elsass) war eine, deren Geschäft einen solchen Umfang annahm, dass der Herr des Ortes von jedem, der zu ihr kam und Heilung suchte, einen Denar Steuer erhob, und er rühmte sich der reichen Einkünfte, die er aus dieser Quelle zog. Ein Mann namens Hengst zu Ehningen bei Reutlingen hatte mehr Zulauf als irgendein Schrein der hl. Jungfrau — selbst der zu Aachen —, und im Winter, wenn die Strassen durch Schnee gesperrt waren, waren die Wege, welche nach seinem Hause führten, von der Menge seiner Patienten glatt getreten [2]).

Sobald aber der Glaube an das Dasein von menschlichen Wesen, die mit den von uns geschilderten Kräften ausgestattet waren und

---

1) Bernard. Comens., De strigiis c. 14. — Malleus maleficarum P. II. Q. I. II. — P. Vayra, Le streghe nel Canavese, a. a. O. S. 230. — Artic. Univers. Paris. Nr. 5. — Concil. Lingonens. ann. 1403, c. 4. — Prierias, a. a. O. Lib. IV. c. 10. — Bodinus, De magorum demonomania (Basel, 1581) p. 288.
2) Prierias, a. a. O. Lib. III. c. 3. — Malleus maleficarum P. II. Q. II.

nur aus schlechten Beweggründen handelten, einmal Platz gegriffen hatte, war es unter dem Ansporn der Verfolgung unvermeidlich, dass er immer weiter um sich griff. Jedes Unglück, jeder Unfall, der in einem Dorfe vorkam, wurde einer Hexe zugeschrieben. Der Verdacht konzentrierte sich allmählich auf ein übellauniges altes Weib, das dann verhaftet wurde. Denn die Inquisitoren behaupteten, dass eine einzige gedankenlose Drohung — etwa „Das wirst du noch bereuen" —, wenn irgendein Unglück darauf folgte, hinreichend sei, um die Verhaftung und die gerichtliche Untersuchung zu rechtfertigen [1]. Alle Nachbarn strömten herbei als Ankläger — dieser hatte eine Kuh verloren, jenem war der Weinberg durch Hagelschlag vernichtet, einem andern ein Stück seines Gartens von den Raupen verheert worden; eine Mutter hatte eine Fehlgeburt gehabt, einer anderen war plötzlich die Milch versiegt, wieder eine andere hatte ein hoffnungsvolles Kind verloren, Liebende hatten sich gezankt, ein Mann war vom Apfelbaum gefallen und hatte den Hals gebrochen —, und unter dem überzeugenden Einfluss des Hungers oder der Folter erfand die unglückliche Frau irgendeine Geschichte, um eine Erklärung für jedes Ereignis zu liefern, nannte die Mitschuldigen, die sie im einzelnen Falle gehabt hatte, und erzählte, wen sie auf den Sabbaten, denen sie regelmässig beiwohnte, getroffen hatte. Jeder, der die Beweisaufnahme in einem Hexenprozess oder die Geständnisse der Angeklagten liest, wird sehen, dass jeder Unfall, jedes Unglück, jeder Krankheits- oder Todesfall, der seit Jahren in der betreffenden Gegend vorgekommen war, auf solche Weise erklärt wurde; er wird bemerken, wie sich der Kreis des Verdachts immer mehr erweiterte, wie jede Überführung neue Opfer im Gefolge hatte. Die Scheiterhaufen loderten immer häufiger auf, und die erschreckte Gemeinde war geneigt zu glauben, dass die Hälfte oder mehr von ihren Mitgliedern Satans Diener seien, und dass sie nicht eher vor ihrer boshaften Rache sicher sein würde, bis alle ausgerottet wären. Mehr als zwei Jahrhunderte lang brach dieser Wahnsinn immer wieder in einer Gegend Europas nach der andern aus, sorgfältig gepflegt und angefeuert von Päpsten und Inquisitoren wie Innocenz VIII. und Leo X., Institoris und Sprenger, Bernhard von Como und Peter Binsfeld. Wieviel menschliches Elend daraus entstanden ist, lässt sich überhaupt nicht ermessen.

Zum Glück waren aber die sonst unbeschränkten Kräfte der Hexe doch in einer Beziehung begrenzt. Der Widerspruch zwischen

---

[1] Bernard. Comens., De strigiis c. 14.

den Fähigkeiten, die ihr zugeschrieben wurden, und ihrer vollständigen Unfähigkeit, sich selbst gegen diejenigen zu schützen, welche sie ungestraft folterten und verbrannten, war so handgreiflich, dass er der Erklärung bedurfte. Die Dämonologen erfanden daher die tröstliche Lehre, dass durch die Güte Gottes die Hexe sofort ihre Macht verliere, sobald ein Diener der Gerechtigkeit die Hand auf sie legte. Wäre dem nicht so gewesen, so hätte sich in der Tat schwerlich ein Mann gefunden, der kühn genug gewesen wäre, diese Abgesandten Satans, deren leisestes Übelwollen so gefährlich war, zu ergreifen, einzusperren, zu verhören und hinzurichten. So wurden die Richter und ihre Beamten ermutigt, ihre Pflicht zu tun; denn sie brauchten, wie es hiess, keine Vergeltung zu fürchten. Freilich, wie es mit allen zu bestimmten Zwecken künstlich aufgestellten Theorieen geht, — auch diese deckte sich nicht immer mit den Tatsachen. Die auffällige Standhaftigkeit, womit die Angeklagten gelegentlich die härtesten und längsten Folterqualen erduldeten, wurde nicht etwa als Beweis für ihre Unschuld, sondern als ein Zeugnis dafür angesehen, dass selbst in den Händen der Gerechtigkeit der Teufel seine Diener beschützen könne, indem er sie mit dem ausstattete, was die Gabe der Verschwiegenheit genannt wurde, und die Inquisitoren mussten ihren Scharfsinn aufs äusserste anstrengen, um seine Künste zu überlisten. Sobald das aber einmal zugegeben war, konnte man nicht leugnen, dass er sie auch auf andere Weise unterstützen könnte, und es wurde den mit der Verhaftung beauftragten Beamten empfohlen, einer Hexe, die sie verhaftet hätten, unter keiner Bedingung zu erlauben, noch einmal in ihr Zimmer zu gehen, damit sie sich kein Zaubermittel sichern könne, welches sie befähigen würde, die Folter zu ertragen. Solche Zaubermittel konnte sie indessen auch bei sich, oder unter ihrer Haut, oder selbst in den unzugänglichen Öffnungen des Körpers verborgen halten; deshalb war das erste, was man tat, dass man die Gefangene von Kopf bis zu Fuss rasierte, und sie der unanständigsten Untersuchung unterwarf. In Regensburg blieben, so wurde erzählt, einige zum Feuertode verurteilte Ketzer in den Flammen unversehrt; es war auch vergebens, dass man sie in den Fluss warf und dann abermals röstete. Daher wurde der ganzen Stadt ein dreitägiges Fasten auferlegt, und nun fand man, dass die Ketzer sich Zaubermittel an einer gewissen Stelle unter der Haut versteckt hatten. Man entfernte diese und hatte nun keine weitere Schwierigkeit mehr, die Opfer in Asche zu verwandeln. Die Zaubermittel konnten auch aus der Entfernung angewandt werden. Zu Innsbruck rühmte sich eine Hexe, sie könnte, wenn sie einen einzigen Faden von dem Kleide eines Gefangenen habe, bewirken, dass er die Folter bis zum Tode aushielt, ohne zu gestehen. Um den Zauber der Verschwiegenheit zu brechen, pflegten einige Inquisitoren die heilige Magie anzuwenden, indem sie die Gefangene nach Anrufung der Dreifaltigkeit nüchtern dreimal Weihwasser trinken liessen, worin geweihtes Wachs geschmolzen worden war. In einem Falle gelang es nicht, ein Geständnis zu erzielen, obwohl zwei ganze Tage hindurch die Folter aufs grausamste angewandt worden war. Aber der dritte Tag war zufällig ein Festtag der hl. Jungfrau, und während der Feier der hl. Ceremonien verlor der Teufel die Macht, womit er die Gefangene bis dahin unterstützt hatte: sie gestand ein, dass eine Verschwörung bestehe, um den unversöhnlichen Richter Peter von Bern durch Zauberei aus dem Wege zu räumen. Das waren indessen einfache Hilfsmittel. Umständlicher war das folgende: man nahm einen Streifen Papier von der Länge des Körpers Christi, schrieb die sieben am Kreuze gesprochenen Worte darauf, band ihn an einem Festtage zur Zeit der Messe mit Reliquien um den Leib der Hexe, liess sie Weihwasser trinken und legte sie dann sofort auf die Folterbank. Für den Fall, dass alle diese Versuche misslangen, wurde die Frage erwogen, ob die Kirche in der Not selbst Zuflucht zum Teufel nehmen und andere Zauberer herbeirufen dürfe, um den Zauber zu brechen; Prierias gelang es, durch eine scharfsinnige Kasuistik zu beweisen, dass sie dazu befugt sei. Eine Vorsichtsmassregel, die einige erfahrene Praktiker für unerlässlich hielten, bestand darin, dass man die gefangene Hexe sofort in einen Korb steckte und ins Gefängnis trug, ohne ihr zu erlauben, mit den Füssen die Erde zu berühren, andernfalls könne sie ihre Häscher mit dem Blitze treffen und entkommen[1]).

Nach einer andern, ebenfalls tröstlichen Theorie waren diejenigen, welche ein öffentliches Amt zur Unterdrückung des Hexenwesens ausübten, dem Einfluss der Hexen oder Teufel nicht unterworfen. Institoris erzählt, dass er und seine Amtsgenossen viele Male von Teufeln in Gestalt von Affen, Hunden und Ziegen angegriffen worden seien, aber mit Hilfe Gottes immer den Feind hätten überwinden können. Es gab jedoch Ausnahmen hiervon, wie wir in dem Fall des unglücklichen Inquisitors und des Podestà von Como gesehen haben (S. 560). Auch die Milde einiger Richter hatte darin

---

1) Malleus maleficarum P. II. Q. 1.; P. II. Q. VIII.; P. III. Q. XV. — Prierias, a. a. O. Lib. II. c. 9; Lib. III. c. 3. — Nider, Formicarius Lib. V. c. 7.

ihren Grund, dass die Hexe bisweilen imstande war, ihren Geist derart zu beeinflussen, dass sie sie nicht verurteilen konnten. Das stählte das Herz des gewissenhaften Inquisitors, alles Mitleid zu unterdrücken, weil dieses nach seiner Meinung nur vom Teufel herrührte. Die Hexe konnte diese Macht über ihren Richter besonders dadurch ausüben, dass sie ihn ansah, noch bevor er sie erblickte; es war deshalb eine weise Vorsicht, sie die Gerichtsstätte rückwärts betreten zu lassen, so dass der Richter den Vorteil des ersten Blickes hatte. Auch wurde ihm und seinen Beisitzern der Rat erteilt, sehr vorsichtig zu sein und sich nicht von einer Hexe berühren zu lassen, vor allem nicht am Handgelenk oder einem andern Gelenk, ferner um den Hals ein Säckchen zu tragen, in dem etwas am Palmsonntag exorzisiertes Salz und geweihte, in gesegnetes Wachs eingeschlossene Kräuter enthalten waren, und sich ausserdem beständig durch das Zeichen des Kreuzes zu schützen. Unzweifelhaft trug die Vernachlässigung dieser heilsamen Vorschriften die Schuld, dass, als einmal im Schwarzwald eine Hexe verbrannt werden sollte und der Henker das Opfer auf den Holzstoss hob, sie ihm ins Gesicht blies und sagte: „Ich will dich belohnen", worauf ihn ein schrecklicher Aussatz befiel, der sich über seinen ganzen Körper ausbreitete und ihn in ein paar Tagen dahinraffte. Gelegentlich wurde überdies die Hexe von ihrem vertrauten Dämon in Gestalt eines Raben nach dem Richtplatze begleitet. Dann brannte das Holz nicht eher, als bis der Rabe vertrieben war[1]).

Um ein so weitverbreitetes, alles durchdringendes Übel zu bekämpfen, mussten Kirche und Staat gemeinsam vorgehen. Sowohl den weltlichen als auch den bischöflichen Gerichtshöfen stand unzweifelhaft die Jurisdiktion darüber zu. Die Kompetenz der Inquisition mochte durch die Massregel Johanns XXII. im Jahre 1330 (S. 512, 518) vorübergehend in Frage gestellt sein. Dieser Zweifel wurde jedoch spätestens 1374 beseitigt. Als damals der Inquisitor von Frankreich gegen gewisse Zauberer vorging und seine Kompetenz bestritten wurde, legte man Gregor XI. die Angelegenheit zur Entscheidung vor. Dieser wies ihn an, mit der vollen Strenge der Gesetze gegen sie vorzugehen. In Anweisungen, die dem Inquisitor der Provence, Pontius Feugeyron, 1409 und 1418 zur Unterdrückung der Ketzer erteilt wurden (Bd. II, 153), waren auch Zauberer, Beschwörer und Teufels-

---

1) Malleus maleficarum P. II. Q. I.; Q. I. c. 4, 11; P. III. Q. XV. — Prierias, a. a. O. Lib. III. c. 2. — Jahn, Hexenwesen und Zauberei in Pommern (Breslau, 1886), S. 8.

anrufer aufgezahlt. Als das Hexenwesen dann einen beunruhigenden Umfang annahm, trieb Eugen IV. 1437 die Inquisition überall zu grösserer Rührigkeit gegen sie an. Diese Instruktionen wurden 1445 wieder holt. 1451 erweiterte Nikolaus V. noch die Machtvollkommenheiten des Dominikaners Hugo Lenoir, des Inquisitors von Frankreich, indem er ihm die Jurisdiktion auch über die Wahrsagekunst verlieh, selbst wenn diese mit Ketzerei unmittelbar nichts zu tun hätte. Natürlich gab es gelegentliche Reibungen zwischen den bischöflichen Offizialen und den Inquisitoren. Im allgemeinen aber scheinen sich beide Parteien gegenseitig das Recht der Verfolgung zugestanden zu haben. Nur wenn Anwendung der Folter und Gefängnis in Frage kam oder das Endurteil gefällt werden sollte, mussten sie nach den Clementinischen Konstitutionen vom Jahre 1314 zusammenwirken. Ausserdem behaupteten die Bischöfe, dass die weltlichen Gerichtshöfe ohne ihre Zustimmung nicht vorgehen dürften. In dem Falle Wilhelm Adelines, der 1453 in Evreux zu lebenslänglicher Gefangenschaft verurteilt wurde, fügte der Bischof nach Verlesung des Urteils durch den bischöflichen Offizial hinzu: „Wir behalten uns das Begnadigungsrecht vor", worauf der Inquisitor sofort Protest einlegte und erklärte, dass der Gefangene ohne die Zustimmung der Inquisition nicht freigegeben werden dürfe[1]).

In Frankreich übte jedoch um diese Zeit das die königliche Jurisdiktion verkörpernde Parlament, wie wir in einem früheren Kapitel (Bd. II, 146) gesehen haben, seine Macht sowohl über die Bischöfe wie auch über die Inquisitoren erfolgreich aus. Ein merkwürdiger Fall aus dem Jahre 1460 gibt uns zugleich ein Bild von dieser Macht und von dem Aberglauben, der um diese Zeit herrschte. Ein Priester aus der Diözese Soissons, namens Ivo Favins, klagte wegen der Zehnten gegen einen Landmann namens Johann Rogier, der Land von den Hospitalitern gepachtet hatte. Diese waren aber ebenso wie die Templer frei von Zehnten, und so verlor Favins den Prozess und wurde zu den hohen Kosten verurteilt. Er sann eifrig auf Rache. Eine arme Frau des Dorfes, die von Merville im Hennegau gekommen war, hatte sich mit der Frau Rogiers über den Preis einer Spinnarbeit gezankt. Zu ihr nahm Ivo seine Zuflucht. Sie gab ihm eine grosse Kröte, die sie in einem Topfe hatte, und sagte ihm, er solle

---

[1]) Raynald. ann. 1374 Nr. 13; ann. 1437, Nr. 27. — Ripoll II. 566—7; III. 193, 301 (*Hansen, Quellen S. 15—20). — Prierias, a. a. O. Lib. III. c. 1. — Malleus maleficarum P. II. Q. I. c. 16; P. III. Q. II. — Anon. Carthus., De relig. orig. c. XXVI (Martene, Ampl. Coll. VI. 59); *vgl. dazu Hansen, Quellen S. 467 ff.

sie taufen und mit einer geweihten Hostie füttern. Das tat er und gab ihr den Namen Johann. Dann tötete die Frau das Tier und machte ein „sorceron" daraus, das ihre Tochter unter dem Vorwande, das strittige Geld zu holen, in Rogiers Haus brachte und unter den Tisch warf, an dem Rogier, seine Frau und sein Sohn speisten. Sie starben alle innerhalb dreier Tage; der Verdacht lenkte sich indessen auf die beiden Frauen, sie wurden verhaftet und gestanden. Die Mutter wurde verbrannt, die Tochter aber erhielt eine Gnadenfrist, weil sie Schwangerschaft geltend machte, entkam aus dem Gefängnis und floh nach dem Hennegau, wurde jedoch zurückgebracht und in Paris vor Gericht gestellt. Ivo aber war reich und hatte gute Verbindungen. Er wurde zwar verhaftet und in das bischöfliche Gefängnis von Paris gesteckt, erlangte indessen einen Rechtsbeistand und appellierte an das Parlament; dieses gab der Berufung statt, führte die Untersuchung und sprach ihn frei [1]).

Nicht alle weltlichen Gerichte waren so erleuchtet wie das Parlament von Paris, aber man scheint wenigstens bisweilen einen Versuch gemacht zu haben, doch wirklich Recht zu sprechen. Um diese Zeit (1458) geschah es, dass ein Konstanzer Bürger einen Bauern, der ihm auf einem Wolfe reitend begegnet sein sollte, anklagte, seine plötzliche Lähmung verursacht zu haben. Der Bauer habe ihn zwar auf Ansuchen wieder geheilt, aber er habe bemerkt, wie derselbe noch andere behext habe, und deshalb habe er es für seine Pflicht gehalten, als Ankläger gegen ihn aufzutreten. Die Richter behandelten den Fall für beide Teile sehr gründlich; sowohl die Anklage wie die Verteidigung wurde von zwei beredten Advokaten geführt, Konrad Schatz und Ulrich Blarer. Die Folter fand keine Anwendung, aber der Angeklagte wurde auf die Aussagen von Zeugen hin verurteilt und verbrannt [2]).

Von den geistlichen Gerichten wurden die Übeltäter nicht so glimpflich behandelt. Wir haben in einem frühern Kapitel gesehen,

---

1) Memoires de Jaques de Clercq, Lib. IV. c. XXIII.
Die beständige Verwendung der Kröte in allen Zauberkünsten legt eine Frage der zoologischen Mythologie nahe. Der Raum gestattet uns nicht, sie hier zu erörtern, aber ich darf zum Beweise für das hohe Alter des Aberglaubens, der sich an dieses Tier knüpft, erwähnen, dass in dem Mazdeismus die Kröte eins der besonderen Geschöpfe Ahrimans und seinem Dienste geweiht war. Eine Kröte beauftragte er mit der Vernichtung des Gokard oder des Baumes aller Bäume, was sie immer zu vollbringen suchen wird bis zur Auferstehung (Bundehesh, cap. XVIII).
2) Ulric. Molitoris, De laniis et phitonicis mulieribus c. IV (*vgl. Hansen, Quellen S. 245, 571).

wie geschickt der Inquisitionsprozess darauf angelegt war, den Angeklagten mit Sicherheit zu überführen (Bd. I, 451 ff.). Als nach einer langen Periode verhältnismässiger Untätigkeit die Inquisition zu erneuter Anstrengung für die Bekämpfung der Legionen Satans aufgerüttelt wurde, schliff sie ihre verrosteten Waffen noch schärfer, als sie bis dahin schon waren. Die alte Frage, ob man ein freisprechendes Urteil fällen dürfe, wurde verneint und damit als erledigt angesehen. Der Angeklagte konnte zwar mit dem Urteilsspruch „nicht bewiesen" entlassen werden, der Inquisitor aber wurde ausdrücklich angewiesen, ihn niemals für unschuldig zu erklären. Es kam jedoch nur selten vor, dass diese zweifelhafte Milde geübt wurde. Weniger als je legte man sich Zwang auf in der Anwendung aller Mittel des Betrugs und der Gewalt, der List und der Folter, um die Angeklagten zu überführen. In einem persönlichen Kampfe mit Satan begriffen, war der Inquisitor im voraus überzeugt von der Schuld derjenigen, die unter dem Verdachte der Zauberei ihm vorgeführt wurden, und die altgewohnten Hilfsmittel wurden noch raffinierter und vollkommener. Früher konnte das Ertragen der Folterqualen als Beweis der Unschuld angesehen werden, jetzt war es nur ein neuer Beweis für die Schuld, denn es zeigte, dass Satan seinen Diener zu retten suchte; nun galt es, seine Pflicht zu erfüllen und ihn zu besiegen, mochte sich auch die Hexe, was nach dem Hexenhammer oft der Fall war, lieber in Stücke reissen lassen, als ein Geständnis ablegen. Wenn auch jetzt wie früher die Folter nicht wiederholt werden durfte, so konnte sie doch „fortgesetzt" werden, unbeschränkt, mit längeren Zwischenräumen einer Gefangenschaft in Gefängniszellen, deren Widerwärtigkeit absichtlich gesteigert wurde, um die geistigen und körperlichen Kräfte des Opfers zu erschöpfen. Zwar war ein Geständnis nicht unbedingt erforderlich; denn wenn der Beweis ausreichte, galt der Angeklagte auch ohne dasselbe als überführt; da aber das gemeine Recht forderte, dass der Verbrecher seine Schuld eingestand, so wandte man allgemein die Folter an, wenn auf andere Weise ein Geständnis nicht zu erlangen war. Allein da den Hexen der Teufel die Gabe der Schweigsamkeit verlieh, war es wünschenswerter, die Folter zu vermeiden. Deshalb mussten freigebig Begnadigungsversprechungen gemacht werden, aber nun nicht mehr wie ehedem mit trügerischen Worten, sondern bestimmte, in der Form einer gemilderten Strafe oder der Verbannung. Gelang der Betrug, so konnte der Inquisitor das Urteil von jemand anders sprechen oder eine angemessene Zwischenzeit verstreichen lassen, ehe er selbst das getäuschte Opfer doch auf den

Scheiterhaufen beförderte. Auch alle übrigen Kunstgriffe, den Gefangenen in eine Falle zu locken oder zum Geständnis zu bringen, die, wie wir sahen, die Inquisitoren früher anwandten, wurden wiederum empfohlen. Ein neues und unfehlbares Zeichen der Schuld war es, wenn die Hexe während der Folter und vor den Richtern keine Tränen vergiessen konnte, obwohl sie ihnen sonst freien Lauf liess. In solch einem Falle war der Inquisitor angewiesen, sie zu beschwören, bei den liebevollen Tränen, die Christus am Kreuze um die Welt vergossen habe, zu weinen; je mehr sie aber beschworen wurde, so heisst es, desto weniger flossen ihre Tränen. Und trotzdem waren nach der gewöhnlichen Logik des Dämonologen die Tränen, falls die Hexe weinte, nur eine List des Teufels, und brauchten also nicht zu ihren Gunsten ausgelegt zu werden [1]).

Der bedeutsamste Unterschied zwischen dem alten und dem neuen Prozessverfahren bestand indessen in der Todesstrafe. Wir haben gesehen, dass es sich dem Ketzer gegenüber darum handelte, seine Seele zu retten, dass er sich, ausser im Rückfalle, durch Widerruf das Leben immer noch gegen lebenslängliche Gefangenschaft erkaufen und damit gegebenenfalls also durch Unterwerfung die spätere Befreiung erlangen konnte. Um welche Zeit sich diese Regel in bezug auf die Hexen änderte, ist unbestimmt [2]). Die weltlichen Gerichtshöfe verbrannten ohne Unterschied alle, die überführt waren, und die Inquisition nahm allmählich dieselbe Praxis an. Das Diözesankonzil von Rouen 1445 zeigte noch auffallende Milde. Den Teufelsanrufern sollte eine Mitra auf den Kopf gesetzt, und es sollte öffentlich eine Predigt gegen sie gehalten werden, worauf sie der Bischof, wenn sie abschwuren, freigeben konnte, sobald sie die geeignete Busse vollbracht hatten. Rückfällige aber sollten, wenn sie Kleriker waren, für ihre Lebenszeit eingesperrt, wenn Laien, dem weltlichen Arme überlassen werden, während für weniger schwere Formen des Aberglaubens und für Zauberformeln vierwöchige Gefangenschaft und Fasten genügten, mit schwererer Busse für Rückfall. Im Jahre 1448 begnügte sich das Konzil von Lisieux damit, den Priestern zu befehlen, dass sie an allen Sonn- und Festtagen alle Wucherer, Zauberer und Wahrsager für exkommuniziert erklärten. 1453 kam Wilhelm Adeline mit

---

1) Prierias, a. a. O. Lib. III. c. 3. — Malleus maleficarum P. II. Q. VII. XVI. P. III. Q. XIII. XIV.
2) *Der Umschwung vollzog sich bei der Inquisition seit etwa dem Jahre 1430. Vgl. Hansen, Zauberwahn S. 463 ff. Für das Fortbestehen der milderen Vorschriften der bischöflichen Synoden neben dem Inquisitionsverfahren vgl. ebd. S. 435 ff.

Abschwörung und Gefangenschaft davon. 1458 setzt aber Jacquier ausführlich auseinander, dass die Hexe nicht verdiene, wie andere Ketzer behandelt zu werden, und falls sie widerrrufe, nicht geschont werden dürfe, woraus hervorgeht, dass die Änderung noch neu war und einer Rechtfertigung bedurfte. 1486 sagt der Hexenhammer ausdrücklich, der widerrufende Ketzer werde zwar eingekerkert, der Zauberer aber müsse, selbst wenn er Reue zeige, getötet werden; um diese Zeit also war die Frage gelöst. Wie gewöhnlich, wälzte die Kirche aber die Verantwortlichkeit von sich ab und schob sie den weltlichen Behörden zu: denn der Hexenhammer fügt bei, das höchste, was der geistliche Richter tun könne, bestehe darin, die reuige und bekehrte Hexe von der ipso facto auf ihr lastenden Exkommunikation zu absolvieren und sie „los zu lassen", damit das weltliche Gericht sie für das angerichtete Unheil ergreifen und verbrennen könnte. Silvester Prierias zeigt uns (1521), wie durchsichtig dieser Betrug war; denn er weist den Inquisitor an, die reuige Hexe, die ein Geständnis ablege, in Gnaden wieder aufzunehmen und nicht dem weltlichen Arme auszuliefern; sie solle vielmehr abschwören, absolviert und zu lebenslänglicher Gefangenschaft in schwarzen Kleidern verurteilt werden; dann solle man ihr dieses Gewand anlegen und sie zur Kirchentüre führen — aber nicht zum Gefängnis. Die Inquisition solle sich nicht weiter um sie kümmern; sei das weltliche Gericht zufrieden, dann wäre es gut; wenn nicht, dann möge es handeln, wie es ihm gefalle. Was aber die Inquisitoren gesagt haben würden, wenn es den weltlichen Behörden gefallen hätte, die Hexe frei gehen zu lassen, kann man aus den Verwünschungen ersehen, die der Hexenhammer über die ungläubige Laienschaft ausstösst, die nicht an die Wirklichkeit des Hexenwesens glauben wolle, und durch deren Lässigkeit die Behörden die verfluchte Sekte sich so stark hätten vermehren lassen, dass ihre Ausrottung unmöglich erscheine [1]). Noch deutlicher war, wie wir später sehen werden, der Unwille Papst Leos X., als die Signoria von Venedig im Jahre 1521 sich weigerte, die von der Inquisition verurteilten Hexen von Brescia zu verbrennen.

Ebenso frivol war aber die Behauptung, die Strafe der Verbrennung sei nur die Sühne für das von der Hexe angerichtete Unheil. Denn wir werden sehen, dass in dem Falle der 'Vauderie' von Arras (1459)

---

1) Concil. Rotomagens. ann. 1445, c. 6 (Bessin, Concil. Rotamagens. I. 184). — C. Lexoviens. ann. 1448, c. 9 (ebd. II. 482). — Nic. Jacquerii Flagellum haereticorum fascinariorum c. 27. — Malleus maleficarum P. I. Q. XIV.; P. II. Q. I. c. 3, 16 (*Hansen, Zauberwahn S. 491 ff.). — Prierias, a. a. O. Lib. III. c. 3.

die Verbrennung der Überführten etwas Selbstverständliches war, obwohl den meisten dieser Unglücklichen nur die Teilnahme am Sabbat zur Last gelegt wurde, und dass das geistliche Gericht sie zu diesem Zwecke den weltlichen Behörden auslieferte oder auch ohne diese Formalität sie selbst verbrannte. Ausserdem berichtet der Hexenhammer, wenn es sich um namhafte und einflussreiche Hexen handelte, würde die Todesstrafe häufig in lebenslängliche Gefangenschaft bei Wasser und Brot verwandelt, und zwar als Belohnung dafür, dass sie ihre Mitschuldigen verrieten, woraus hervorgeht, dass das Schicksal der Angeklagten ganz in den Händen des Inquisitors lag. Allerdings scheint wenigstens in einem Falle eine Art Urteil von einem weltlichen Gerichtshof gefällt worden zu sein, was in Sachen der Ketzerei nur selten nachweisbar ist. Am 5. November 1474 wurden zu Levone in Piemont Francesca Viglone und Antonia d'Alberto von dem als Inquisitor amtierenden Francesco Chiabaudi verurteilt. Das Urteil befiehlt ihre Auslieferung an den weltlichen Arm mit der Erklärung, dass eine körperliche Strafe dabei nicht vorgesehen sei, weder direkt noch indirekt, obwohl das Vermögen der Überführten konfisziert wurde. An demselben Tage lieferte der assistierende Inquisitor, Frà Lorenzo Butini, sie an den Podestà Bartolomeo Pasquale aus, indem er, um sich vor „Irregularität" zu bewahren, erklärte, er halte es nicht für angemessen, über sie irgendeine körperliche Strafe zu verhängen oder in die Auferlegung einer solchen einzuwilligen. Der Podestà liess zwei Tage verstreichen und hielt dann am 7. November eine feierliche Gerichtssitzung ab, zu der die Bevölkerung mit der Trompete eingeladen wurde. Die Überführten wurden vor ihn gebracht, worauf sein 'Consultore' oder gesetzlicher Berater, Vincenzo di Front, erklärte, die Frauen seien von der Inquisition wegen Hexerei, Ketzerei und Apostasie verurteilt worden; und er müsse den Gesetzen gemäss die Strafe des Feuertodes über sie aussprechen, was denn auch sofort geschah. Das war indessen offenbar nichts anderes als eine reine Formalität. Da der Tod zweier Kinder des Podestà einer der Hexen zugeschrieben wurde, so hat dieser möglicherweise nur seinen Anteil an der Vergeltung erhöhen wollen[1]).

Wie ehedem stand auch nun der Angeklagten in Wirklichkeit nur ein einziges Schutzmittel zur Verfügung: sie konnte die Zeu-

---

1) Malleus maleficarum P. II. Q. XIV. — P. Vayra, Le streghe nel Canavese, a. a. O. S. 218—21, 232 (*vgl. Hansen, Quellen S. 486, wo auf einen ähnlich verlaufenden Prozess in Chamonix im Jahre 1462 hingewiesen ist).

gen wegen persönlicher Feindschaft als befangen ablehnen. Doch waren die Richter angewiesen, diesen Grund nur dann gelten zu lassen, wenn die Feindschaft eine wirklich heftige war, da die Hexen jedermann verhasst wären und infolgedessen eine gewisse Feindschaft zwischen den Angeklagten und den Zeugen fast stets vorhanden sei. Zugleich wandte man, gestützt auf die weiteren Erfahrungen, die man auf diesem Gebiete gemacht hatte, alle altbekannten Mittel an, um diesen letzten Rest von Hoffnung noch auf ein Minimum zu reduzieren. Man verschwieg gewöhnlich die Namen der Zeugen, oder man ordnete die Namen, falls man sie der Angeklagten mitteilte, so an, dass diese irregeführt wurde. Um es der Angeklagten unmöglich zu machen, die schwersten Belastungszeugen abzulehnen, brachte man sie dahin, dass sie entweder erklärte, sie nicht zu kennen, oder sie als ihre Freunde bezeichnete. Bestand sie darauf, die Zeugenaussagen zu sehen, so konnte man sie ihr zeigen, fügte aber zuvor allerlei Dinge und Anklagen ein, die mit der Sache nichts zu tun hatten; die Angeklagte sollte dadurch irregeführt werden[1]).

Berufungen sollten, wenn möglich, immer abgelehnt werden. Ausserhalb Frankreichs konnte man nur nach Rom appellieren, sei es wegen Verweigerung des Rechtsbeistandes oder wegen ungehöriger Folterung oder wegen eines andern ungerechten Verfahrens. Wie wir gesehen haben, konnte der Inquisitor die „Apostoli" verweigern oder gewähren, und zwar entweder zustimmende oder negative. War er sich einer Ungerechtigkeit bewusst und sah er eine Berufung voraus, so konnte er ihr dadurch entgehen, dass er einen Stellvertreter für sich ernannte. Die Gefahr der Berufungen war jedoch gering; denn wenn die Angeklagte durchaus einen Rechtsbeistand verlangte, so wurde ihr doch nicht erlaubt, sich selbst einen solchen zu wählen. Der Inquisitor ernannte ihn vielmehr, und der Advokat war verpflichtet, die Verteidigung abzulehnen, wenn er erkannte, dass sie ungerecht war. Er durfte nicht einmal die Namen der Zeugen wissen, und sein Amt war lediglich darauf beschränkt, seinem Klienten zu raten, entweder zu gestehen oder die Zeugen abzulehnen. Machte er Schwierigkeiten, oder verursachte er Verzögerungen, oder legte er Berufung ein, so war er in Gefahr, selbst wegen Begünstigung der Ketzerei exkommuniziert zu werden, und war schlimmer daran als die Hexe selbst. Auf alles das musste er ordnungsmässig aufmerksam gemacht werden, ehe er den Fall übernahm[2]).

---
1) Prierias, a. a. O. III. c. 3. — Malleus maleficarum P. III. Q. XII.
2) Malleus maleficarum P. III. Q. X. XI. XXXV. — Prierias, a. a. O. III. c. 3.

Die Folgen der Vernachlässigung dieser heilsamen Vorsichtsmassregeln ersieht man aus zwei Prozessen, die 1474 zu **Rivara in Piemont** stattfanden. Es war eine Anzahl Hexen verbrannt worden, und, wie gewöhnlich, hatten sie andere angeschuldigt. Die Angelegenheit hatte Francesco Chiabaudi, ein Regularkanoniker, im Auftrage des Bischofs von Turin und des Michele de'Valenti, des Inquisitors der Lombardei, in die Hand genommen. Unerfahren und ungeübt, wie er war, hatte er Thomas Balardi, den Pfarrer von Rivara, beauftragt, über fünf neue Angeklagte vorläufige Erkundigungen einzuziehen. Das Beweismaterial war, wie gewöhnlich, erdrückend. Balardi verhaftete die Beschuldigten und gab ihnen zehn Tage Bedenkzeit, um Beweise beizubringen, die sie von der Folter befreien konnten. Zu gleicher Zeit erlaubte er ihnen, in unglaublicher Unkenntnis seiner Pflichten, sich Verteidiger zu wählen, worauf sie ihre Gatten, Brüder oder Söhne wählten. In drei Fällen taten diese Verteidiger nichts, und die Prozesse nahmen ihren gewöhnlichen Verlauf, wenn uns auch die noch vorhandenen Bruchstücke der Akten über den Ausgang im unklaren lassen. Die anderen beiden Angeklagten, Wilhelmina Ferreri und Margherita Cortina, waren glücklicher. Sie scheinen reiche Bäuerinnen gewesen zu sein, und ihren Familien gelang es, drei geschickte Advokaten zu ihrer Verteidigung zu stellen. Sobald diese einmal vor dem Gerichtshof zugelassen waren, fiel die ganze Anklage sofort in nichts zusammen. Chiabaudi, unbekannt mit den Privilegien des Inquisitionsprozesses, war vollständig unfähig, sie in ihre Schranken zurückzuweisen. Er erlaubte ihnen, gegen die Voruntersuchung Einwände wegen Unregelmässigkeit zu erheben, und gestattete ihnen sogar — was ganz beispiellos war — Entlastungszeugen heranzuziehen. Sie hatten die Kühnheit, Balardi selbst vorzuladen und ihn bezeugen zu lassen, dass die Angeklagten allen religiösen Vorschriften regelmässig nachgekommen seien. Dann brachten sie zahlreiche Beweise dafür bei, dass die angeblichen Hexen ausserordentlich fromme und menschenfreundliche Frauen waren, und dass das Gerücht gegen sie einige Jahre vorher entstanden war, als bei Gelegenheit der Verbrennung dreier Schwestern diese in ihren Geständnissen sie angeblich denunzierten. Chiabaudi suchte sich zu helfen, indem er Antonio Valo, einen hervorragenden Juristen in jenem Orte, zum Staatsanwalt oder Ankläger ernannte, ein Amt, das die Inquisition jener Zeit gar nicht kannte; die Rechtsbeistände der Angeklagten schlugen diesen schnell aus dem Felde. Mit jedem Verhör wurden sie aggressiver. Kühn verwiesen sie auf die Digesten und die Vorschriften des Rechtes und der Gerechtigkeit, als ob das nicht für Inquisitionsprozesse ausdrücklich verboten gewesen wäre. Schliesslich sagten sie Chiabaudi, dass er selbst verdächtig sei, da er als Kanonikus nicht das Recht habe, sein Kloster zu solchem Zwecke zu verlassen, und dass alle seine Massregeln null und nichtig wären. Das ganze Verfahren, erklärten sie, sei nur ein Versuch, Geld zu erpressen und den Besitz der Angeklagten zu verteilen, und sie appellierten an den bischöflichen Vikar von Turin mit der Drohung, wenn nötig, die Intervention des Herzogs von Savoyen selbst anzurufen. Chiabaudi gab dem Sturme nach, den er unvorsichtigerweise so stark hatte werden lassen, und im Februar 1475 erlaubte er die Überweisung des Falles an den bischöflichen Gerichtshof von Turin. Ob es den unglücklichen Frauen dort besser ging, wird man schwerlich jemals erfahren, aber der Fall zeigt, wie weise die Vorsichtsmassregel der ordentlichen Inquisitoren war, selbst den Rechtsbeistand für die Angeklagten zu wählen und denen mit Exkommunikation zu drohen, die ihre Klienten verteidigen würden. Der Fall ist ausserdem insofern bemerkenswert, als es wahrscheinlich der einzige uns überlieferte Inquisitionsprozess ist — mit Ausnahme desjenigen des Gilles von Rais —, worin die verbotene 'litis contestatio' stattfand[1]).

Noch viel typischer und lehrreicher ist aber der Fall der 'Vaudois' oder der Hexen von Arras, von dem wir glücklicherweise die Einzelheiten besitzen[2]). Diese zeigen, welch panischen Schrecken der Hexenwahn einflösste und welche Inquisitions-Methoden man selbst vor dem Parlament von Paris als der höchsten gerichtlichen Instanz in Anwendung bringen konnte. Während 1459 zu Langres ein Generalkapitel des Dominikanerordens tagte, wurde dort zufällig ein Einsiedler namens Robinet de Vaux als Hexenmeister verbrannt. Er muste alle diejenigen nennen, die er bei dem Sabbat gesehen hatte; unter ihnen befand sich eine junge 'femme de folle vie' von Douai namens Deniselle und ein schon bejahrter Einwohner von Arras namens Jean Lavite, ein Maler und Dichter, der viele schöne Balladen zu Ehren der hl. Jungfrau geschrieben hatte und allgemein beliebt war; das Volk nannte

---
1) P. Vayra, Le streghe nel Canavese, op. cit. pp. 658—715.
2) Man wird sich erinnern (Bd. II, S. 179), dass um diese Zeit in Frankreich 'Vaudois' oder 'Vaudoisie' die Bezeichnung für alle Abirrungen vom Glauben geworden war und besonders auf Zauberei angewandt wurde. Daher kommt das Wort 'Voodooism', die Bezeichnung für die Zauberei der Neger in den französischen Kolonien, ein Ausdruck, der auf die Vereinigten Staaten durch Vermittlung von Louisiana übergegangen ist. — * Über die 'Vauderie' im 15. Jahrhundert vgl. Hansen, Quellen S. 408—415.

ihn den Abbé de peu-de-sens, wahrscheinlich weil er ein lockerer Vogel war[1]). Peter le Brousart, der Inquisitor von Arras, wohnte dem Kapitel bei. Nach seiner Rückkehr verlor er keine Zeit, Umschau nach den Beschuldigten zu halten. Deniselle wurde bald verhaftet und in das bischöfliche Gefängnis geworfen. Der Bischof Johann VI. von Arras, der im J. 1462 zum Kardinal befördert wurde für die Dienste, die er bei der Aufhebung der Pragmatischen Sanktion geleistet hatte (Band II, S. 149), war damals in Rom; sein Suffragan war ein Dominikaner, der Titularbischof Johann von Beirut, ehemals päpstlicher Pönitentiar, und seine Vikare waren Peter du Hamel, Johann Thibault, Johann Pochon und Matthias du Hamel. Diese nahmen sich der Sache warm an und wurden unterstützt von Jakob Dubois, Doktor der Rechte und Dechant des Kapitels, der lebhaftes Interesse für die Angelegenheit zeigte und sie mit unermüdlicher Energie verfolgte. Nach wiederholter Anwendung der Folter gestand Deniselle ein, dem Sabbat beigewohnt zu haben, und nannte verschiedene Personen,

---

1) Es war strittig, ob die Aussage einer Hexe über diejenigen, welche sie bei einem Sabbat gesehen haben wollte, als rechtsgiltiger Beweis angenommen werden dürfe oder nicht; doch wurde die Frage im Interesse des Glaubens in bejahendem Sinne entschieden auf Grund des unwiderleglichen Argumentes, dass man im anderen Falle das Haupthilfsmittel zur Entdeckung von Hexen verlieren würde. Wenn der Angeklagte angab, der Teufel habe eine ihm ähnliche Erscheinung zum Sabbat geschickt, wurde er aufgefordert, die Tatsache zu beweisen, was nicht leicht war (Jacquier, Flagell. haeret. fascinar. c. 26). — Bernhard von Como (De strigiis, c. 13, 14) behauptet, dass die blosse Anklage, bei dem Sabbat gesehen worden zu sein, nicht ausreiche, um die Verhaftung zu rechtfertigen, da der Teufel die Gestalt der betreffenden Person angenommen haben könne, sondern sie müsse noch durch Vermutungen und Verdachtsmomente gestützt werden, woran es natürlich niemals fehlte.

Eine lehrreiche gleichzeitige Darstellung der Vauderie von Arras (Recollectio casus, status et condicionis Valdensium ydolatrarum) ist bruchstückweise von J. Friedrich in den Sitzungsberichten der philosophischen und der historischen Klasse der K. bayr. Akademie der Wissenschaften zu München, 1898, p. 176 (*vollständig von Hansen, Quellen S. 149—183) veröffentlicht worden. Darin wird das Zeugnis der Angeklagten über diejenigen, welche sie bei dem Sabbat gesehen haben, als sehr vertrauenswürdig bezeichnet, und der Verfasser beklagt die Hartnäckigkeit der Hexen, die, vom Teufel inspiriert, versuchen, ihre Mitschuldigen zu beschützen, indem sie sich weigern, die Namen der Personen zu nennen, die sie in diesen Versammlungen getroffen haben. Derselbe dämonische Einfluss veranlasse sie, das Zeugnis auf dem Hinrichtungsplatze zurückzunehmen. Bei der Anwendung der Folter dürfe man nicht vergessen, dass man es mehr mit dem Teufel als mit einem menschlichen Wesen zu tun habe; Hunger in einer dunklen Zelle wird als ein wirksames Unterstützungsmittel für die Überwindung der Hartnäckigkeit empfohlen. — *Die Quellenberichte über die Vauderie in Arras sind zum grössten Teil wiederabgedruckt von Fredericq, Corpus inquisitionis Neerlandicae I (1889), S. 345 ff.; II. S. 264 ff.; III. 89 ff.; vgl. auch Hansen, Zauberwahn S. 423; Quellen S. 183, 184, 413.

die sie dort gesehen hatte, unter ihnen Jean Lavite. Dieser war schon durch Robinet blossgestellt und hatte sich verborgen gehalten, aber der Inquisitor entdeckte ihn zu Abbeville, verhaftete ihn und brachte ihn nach Arras. Kaum war er im Gefängnis, so versuchte er in der Verzweiflung, sich mit einem Taschenmesser die Zunge abzuschneiden, um sich so ein Geständnis unmöglich zu machen. Es gelang ihm indessen nicht, und obwohl er lange nicht sprechen konnte, entging er der Folter nicht, da er die Feder führen konnte und veranlasst wurde, sein Geständnis niederzuschreiben. Gezwungen, alle zu nennen, die er auf dem Sabbat gesehen habe, verwickelte er eine grosse Anzahl Personen in die Sache, unter ihnen Adlige, Geistliche und gemeines Volk. Es wurden noch sechs weitere Personen verhaftet, darunter mehrere Frauen aus der Stadt, und die Angelegenheit drohte einen grössern Umfang anzunehmen, als man erwartet hatte; infolgedessen wurden die Vikare besorgt und beschlossen, alle Gefangenen zu entlassen. Da übernahmen Jakob Dubois und der Bischof von Beirut selbst förmlich die Anklage; der letztere ging ausserdem nach Péronne und brachte den Grafen von Estampes, den Generalkapitän der Picardie für Philipp den Guten von Burgund, nach Arras, der den Vikaren befahl, ihre Pflicht zu tun, widrigenfalls sie selbst verfolgt würden.

Vier Frauen von den zuletzt verhafteten Gefangenen gestanden unter der Folter und zogen wieder eine grosse Anzahl anderer mit in die Sache. Die Vikare, die nicht recht wussten, was sie zu tun hatten, schickten die Geständnisse an zwei bekannte Geistliche, Gilles Carlier, den Dechanten, und Gregor Nicolai, den Offizial von Cambrai. Diese erwiderten, wenn die Angeklagten keine Rückfälligen wären, so dürften sie im Falle des Widerrufs nicht getötet werden, vorausgesetzt, dass sie keinen Mord begangen und die Eucharistie nicht missbraucht hätten. Dieses Urteil bildet also einen Übergang von der alten Praxis, die man Ketzern gegenüber übte, und der neuen, die man bei den Zauberern anwandte. Aber Dubois und der Bischof von Beirut waren vollkommen vertraut mit den neuen Anschauungen und bestanden darauf, dass alle verbrannt werden sollten. Sie erklärten, dass jeder, der hiergegen Widerspruch erhebe, selbst ein Zauberer sei, und dass jeder, der sich anmassen würde, den Gefangenen Hilfe zu leisten oder Rat zu erteilen, dasselbe Schicksal erleiden müsse. Das Wohl der Christenheit stehe auf dem Spiel; ein gutes Drittel von denen, die sich Christen nennten, seien heimlich Zauberer, einschliesslich vieler Bischöfe, Kardinäle und Grossmeister. Falls sich diese alle unter einem Anführer zusammenschlössen, könnten sie der Religion und der Gesellschaft einen Schaden zufügen, dessen Umfang kein Mensch zu ermessen vermöge. Vielleicht darf man in einem dieser Würdenträger den Verfasser einer Abhandlung sehen, die diesen Gegenstand behandelt und von der sich ein Exemplar, das ehemals Philipp dem Guten gehörte, heute auf der Königlichen Bibliothek in Brüssel befindet. Der anonyme Verfasser derselben, der sich selbst als Priester bezeichnet, spricht von der „Vauderie" als etwas Neuem und Unerhörtem, das hassenswerter sei als alle abscheulichen Irrtümer des Heidentums seit Anbeginn der Welt. Er fordert die Prälaten auf, sich zu erheben und die Christenheit von diesen schändlichen Sektierern zu befreien sowie das Volk gegen sie aufzustacheln dadurch, dass sie ihre verabscheuenswertesten Verbrechen an den Pranger stellten. Besonders wendet sich seine feurige Beredsamkeit aber an die Fürsten. Nicht ohne Grund werde das Schwert vor ihnen hergetragen; denn es solle sie daran erinnern, dass sie Diener und Offiziere Gottes seien und als solche die Pflicht hätten, mit schonungsloser Rache gegen die Verbrecher vorzugehen. Wenn man diese Sektierer sich vermehren lasse, so müsse man sich auf die furchtbarsten Folgen gefasst machen, und der König der Finsternis freue sich schon über diese Aussicht. Kriege und Feindschaften würden kommen, Streit und Aufstand würden wüten auf dem Lande, in den Städten und in den Königreichen; haufenweise würden sich die Menschen niedermetzeln; die Kinder würden sich gegen ihre Eltern erheben, und die Bauern die Adligen angreifen. Nicht bloss die Religion, sondern die ganze Gesellschaftsordnung war also bedroht von ein paar Huren und dem Abbé-de-peu-de-sens[1]).

Wie der Agent des Konrad Dorso in den Tagen Konrads von Marburg (Bd. II, S. 378), so rühmte sich der Bischof von Beirut, dass er einen Vaudois oder Zauberer auf den ersten Blick erkennen könne. In Verbindung mit Dubois setzte er eine weitere Verhaftung durch und veranlasste den Grafen von Estampes, den Vikaren die Beschleunigung ihres Verfahrens anzubefehlen. Unter diesem Drucke wurde am 9. Mai 1460 eine Versammlung aller geistlichen Würdenträger von Arras mit einigen Juristen abgehalten, um die Beweise zu prüfen. Die Beratung

---

1) MSS. Bibliothèque Royale de Bruxelles, Nr. 11 209. (*Diese Handschrift, eine französische Bearbeitung des 'Sermo de secta Vaudensium' von Mag. Johannes Tinctoris, ist im Auszug veröffentlicht von Hansen, Quellen S. 184 ff.; S. 185 ist auch eine bildliche Darstellung der Vauderie, die sich in ihr befindet, reproduziert.)

war kurz, und die Angeklagten wurden verurteilt. Am nächsten Tage wurden die Überführten auf ein Gerüst vor dem bischöflichen Palaste geführt, vor den Augen einer Volksmenge, die zwölf Meilen weit herbeigeströmt war, mit ihnen der Leichnam eines von ihnen, Jean Lefèvre, der sich in seiner Zelle erhängt hatte. Es wurden ihnen Mitren auf den Kopf gesetzt mit Bildern darauf, die sie als Teufelsanbeter darstellten. Der Inquisitor hielt die Predigt, er las die Beschreibung des Sabbats und ihrer Besuche auf demselben vor und fragte sie dann einzeln, ob es wahr sei, was sie alle bestätigten. Dann las er das Urteil vor, wonach sie dem weltlichen Arme ausgeliefert, ihr Eigentum konfisziert und das liegende Gut dem Landesherrn, die bewegliche Habe dem Bischof zuerteilt wurde. Hierauf übergab man sie ihren verschiedenen Gerichtsherren, Deniselle den Behörden von Douai, die zu ihrer Entgegennahme anwesend waren, und die übrigen denen von Arras. Sofort behaupteten sie mit gellendem Geschrei, sie seien grausam getäuscht worden; man habe ihnen versprochen, wenn sie gestünden, so würden sie mit einer Pilgerreise von zehn oder zwölf Meilen davonkommen, während ihnen für hartnäckiges Leugnen der Feuertod angedroht worden sei. Einstimmig erklärten sie, sie seien niemals bei der „Vauderie" zugegen gewesen, ihre Geständnisse seien ihnen unter der Folter und unter falschen Versprechungen und Vorspiegelungen abgenötigt worden. Bis zu dem Augenblicke, da sie von den Flammen zum Schweigen gebracht wurden, baten sie das Volk, für sie zu beten, und ihre Freunde, Messen für sie lesen zu lassen. Die letzten Worte, die man von dem Abbé-de-peu-de-sens hörte, waren: „Jesus autem transiens per medium illorum." Gilles Flameng, ein Advokat, der bei dem ganzen Verfahren tätig gewesen war, war der besondere Gegenstand ihrer Vorwürfe; sie nannten ihn einen Verräter, der in erster Linie sie durch falsche Versprechungen getäuscht und sie ins Verderben gelockt habe.

Der Appetit kam beim Essen. Nachdem diese Hinrichtung vollzogen war, wurden auf Ersuchen des Inquisitors sofort dreizehn andere Personen verhaftet, darunter sechs Prostituierte, die durch die Geständnisse blossgestellt waren. Die Geschäftsführer jedoch schienen der Verfolgung solch wertlosen Wildes müde zu sein und waren kühn genug, um höher zu zielen. Am 22. Juni wurde Arras in Schrecken versetzt durch die Verhaftung des Johann Tacquet, eines Schöffen und eines der reichsten Bürger, am nächsten Tage durch die Verhaftung des Peter du Carieulx, der gleichfalls wohlhabend war und geschätzt als der beste Zahler in Artois; an dem darauf folgenden Tage wurde der Ritter Payen de Beauffort verhaftet, ein Greis von siebzig Jahren, der als Haupt einer der ältesten und reichsten Familien der Provinz seine Frömmigkeit durch Gründung von drei Klöstern bekundet hatte. Er war gewarnt worden, sein Name stehe auf der Liste der Angeklagten; aber er hatte erklärt, wenn er tausend Meilen entfernt wäre, so würde er zurückkehren, um der Anklage die Stirn zu bieten, und in der Tat war er zu dem Zwecke in die Stadt gekomen. Seine Kinder und Freunde hatten ihn in seinem Landhause la Chevrette ersucht, abzureisen, wenn er sich schuldig fühle, worauf er unter den feierlichsten Eiden seine Unschuld beteuerte. Man hatte seine Verhaftung nicht vorzunehmen gewagt, ohne sich durch die Vermittlung Philipps von Saveuse der Zustimmung Philipps des Guten zu versichern. Der Graf von Estampes war nach Arras gekommen, um die Verhaftung vornehmen zu lassen, und weigerte sich, ihm eine Unterredung zu gewähren, als er darum bat. Hierauf erfolgte am 7. Juli das Autodafé von sieben von denen, die am 9. Mai verhaftet worden waren; fünf davon wurden verbrannt. Wie ihre Vorgänger behaupteten sie, dass ihnen die Geständnisse unter der Folter abgerungen worden seien, und starben mit der Bitte um das Gebet aller guten Christen. Zwei wurden zu Gefangenschaft für bestimmte Zeit verurteilt mit der Begründung, sie hätten nach dem ersten Geständnis nicht widerrufen — ein ganz unregelmässiges Verfahren, dessen Zweck darin bestand, weitere Verurteilungen zu erleichtern.

Die Angelegenheit lenkte jetzt die allgemeine Aufmerksamkeit auf sich und erregte Widerspruch. Philipp der Gute wurde besorgt; denn er hörte, dass zu Paris und sonstwo das Gerücht umging, er lasse die reichen Leute in seinen Ländern verhaften, um ihr Eigentum zu konfiszieren. Demgemäss schickte er zur Überwachung der Angelegenheit seinen Beichtvater, einen Dominikaner und Titularbischof von Selimbria, zusammen mit dem Ritter Balduin von Noyelles, Statthalter von Péronne, nach Arras, während der Graf von Estampes seinen Sekretär Johann Forme zusammen mit Philipp von Saveuse, dem Herrn von Crèvecœur, der zugleich Bailly von Amiens war, und seinen Statthalter Wilhelm von Berry entsandte. Das erste, was diese neuen Ankömmlinge getan zu haben scheinen, war, sich einen Anteil an der Beute zu sichern. Am 16. Juli verhaftete Balduin von Noyelles den Anton Sacquespée, einen Schöffen und einen der reichsten Bürger, den man dringend ersucht hatte, zu fliehen, der aber, gleich Payen de Beauffort, erklärt hatte, er würde tausend Meilen weit herbeikommen, um der Anklage zu trotzen. Am nächsten Tage wurde ein anderer Schöffe, Johann Jossct, und ein Sergent-de-ville namens Heinrich von Royville verhaftet, während drei andere, denen die Verhaftung drohte, flohen; zwei von diesen, Martin Cornille und Wilhelm Lefèvre, waren reiche Männer, und der Graf von Estampes verfolgte sie, allerdings vergebens, bis nach Paris. Nun ergriff ein panischer Schrecken die Gemeinde; niemand wusste, wann er an die Reihe kommen würde, und man wagte kaum, die Stadt zu verlassen aus Furcht, man würde angeklagt werden, entflohen zu sein, weil man sich schuldig fühlte; andererseits waren die Bürger auswärts überall unwillkommene Gäste und konnten kaum eine Unterkunft finden. Ebensowenig wollten Fremde die Stadt weiter besuchen. Arras war ein blühender Sitz von Fabriken, seine Industrie litt daher gewaltig. Seine Kaufleute verloren ihren Kredit; denn die Gläubiger verlangten Bezahlung, da die Gefahr der Konfiskation über jedem schwebte, und wir haben gesehen, wie die Rechte der Gläubiger in solchen Fällen abgewiesen wurden. Die Vikare versuchten, die allgemeine Beunruhigung und Not zu beschwichtigen durch eine Bekanntmachung, dass niemand Verhaftung zu fürchten brauche, der unschuldig sei, und dass man nur diejenigen verhaften würde, von denen acht oder zehn Zeugen geschworen hätten, dass sie sie auf dem Sabbat gesehen hätten —, und doch stellte sich später heraus, dass viele auf die Aussage von nur einer oder zwei Personen hin verhaftet worden waren.

Schliesslich wurde der Inquisitor mit den Vikaren und Gilles Flameng auf Kosten der Gefangenen zum Herzog Philipp von Burgund nach Brüssel geschickt, um ihm die in der Untersuchung gemachten Aussagen vorzulegen. Der Herzog berief eine grosse Versammlung von Klerikern mit Einschluss der Doktoren von Löwen, die die Angelegenheit ernstlich berieten. Einige waren mit dem Canon Episcopi der Meinung, dass alles Täuschung sei, andere, dass den Aussagen bestimmte Tatsachen zugrunde lägen. Man kam zu keinem Beschlusse, und der Herzog schickte schliesslich seinen Herold Toison d'Or (Lefèvre, Herrn von Saint-Remy), zu dem er grosses Vertrauen hatte, mit den Vikaren zurück, um bei allen Verhören zugegen zu sein. Sie erreichten Arras am 14. August, und hinfort wurden keine weiteren Verhaftungen mehr vorgenommen, obwohl noch zahllose Namen auf der Anklageliste standen. Die Gefangenen wurden weniger unmenschlich behandelt, und nur vier der schwebenden Prozesse zu Ende geführt. Die Protokolle wurden dem Herzog zur

Kenntnisnahme nach Brüssel geschickt, am 12. Oktober durch den Präsidenten der herzoglichen Kammer, Adrian Collin, zurückgebracht und in dessen Gegenwart die Angeklagten abermals verhört. Schliesslich wurde am 22. Oktober die übliche Versammlung abgehalten, auf die sofort das Autodafé folgte. Hierbei hielt der Inquisitor von Cambrai die Predigt, während der Inquisitor von Arras und Michael du Hamel, einer der Vikare, die Urteile verlasen.

Das Schicksal der vier Überführten war verschieden. Der Ritter Payen de Beauffort hatte, wie das Urteil berichtet, gestanden, dass er dreimal auf dem Sabbat gewesen wäre, zweimal zu Fuss, und einmal auf einem gesalbten Stocke fliegend. Er hatte sich geweigert, Satan seine Seele zu verschreiben, ihm aber vier von seinen Haaren gegeben. Der Inquisitor fragte ihn, ob das wahr sei; er bejahte es und bat um Gnade. Dann kündigte der Inquisitor an, da er ohne Folterung gestanden und nie widerrufen habe, so solle er keine Mitra aufgesetzt erhalten und nicht verbrannt sondern gegeisselt werden — eine Strafe, die der Inquisitor auf der Stelle vollzog, ohne indessen dem Sträfling die Kleider auszuziehen; ferner solle er sieben Jahre gefangen gehalten werden und zu frommen Zwecken eine lange Reihe von Geldstrafen zahlen, die sich im ganzen auf achttausendzweihundert Livres beliefen, einschliesslich eintausendfünfhundert für die Inquisition. Ausser diesen öffentlich verkündeten Geldstrafen musste er viertausend Livres an den Herzog von Burgund, zweitausend an den Grafen von Estampes, eintausend an den Herrn von Crèvecœur und hundert an den Stellvertreter des letztern, Wilhelm von Berry, zahlen [1]).

Der nächste war der reiche Schöffe Jean Tacquet. Er gab zu, dass er zehnmal oder noch öfters am Sabbat teilgenommen habe. Er habe zwar versucht, das Joch Satans abzuschütteln; aber dieser habe ihn durch grausame Schläge mit einem Ochsenziemer gezwungen. Er wurde wie Beauffort zur Geisselung, zu zehn Jahren Gefängnis und zu Geldstrafen verurteilt, die sich auf eintausendvierhundert Livres beliefen, darunter zweihundert für die Inquisition; wie dem Ritter Beauffort wurden aber auch ihm noch andere Summen heimlich abgepresst.

---

1) Das geschah zweifellos statt der Konfiskation und zeigt, worauf es bei der ganzen Angelegenheit abgesehen war. Um die Grösse der Geldstrafen abzuschätzen, mag erwähnt werden, dass Beauffort's jährliches Einkommen auf fünfhundert Livres geschätzt wurde. Die reichsten Bürger von Arras, die damals verhaftet wurden, sollen ein jährliches Einkommen von vier- bis fünfhundert Livres gehabt haben.

Der dritte war Peter du Carieulx, ein anderer reicher Bürger. In seinem Urteil wurde erwähnt, dass er unzählige Male auf dem Sabbat gewesen wäre; mit einer brennenden Kerze in der Hand habe er den in der Gestalt eines Affen erschienenen Teufel unter den Schwanz geküsst; er habe ihm mit seinem Blute seine Seele verschrieben und habe dem Abbé-de-peu-de-sens dreimal geweihte Hostien gegeben, die er zu Ostern empfangen habe. Hieraus hätten sie mit den Knochen von Erhängten, die er unter dem Galgen aufgelesen habe, und dem Blute von jungen Kindern, von denen er vier getötet habe, die Höllensalbe und gewisse Pulver hergestellt und mit diesen Menschen und Tieren Schaden zugefügt. Als man ihn aufforderte, das zu bestätigen, leugnete er, indem er sagte, das Geständnis sei ihm auf der Folter abgenötigt worden und er würde noch weit mehr hinzugefügt haben, wenn man ihm nicht Schweigen geboten hätte. Er wurde der weltlichen Justiz überwiesen, und da die Schöffen ihn als ihren Bürger in Anspruch nahmen, gegen die Bezahlung der Gefängniskosten denselben ausgeliefert. Sie gestatteten ihm, in dem Rathaussaale zu sprechen; hierbei erklärte er alle Bürger, die er beschuldigt habe und von denen ein grosser Teil, Schöffen und andere, anwesend seien, für schuldlos, mit dem Zusatz, er habe unter der Einwirkung der Folter jeden, den er kannte, namhaft gemacht und würde noch viel mehr Personen angegeben haben, wenn ihm noch weitere bekannt gewesen wären. Er wurde noch am selben Tage verbrannt.

Der vierte war Huguet Aubry, ein Mann von ungewöhnlicher Kraft und Entschlossenheit. Trotz einer sehr scharfen und sehr langen Folterung hatte er nichts gestanden. Er war von neun Zeugen beschuldigt worden, und er wurde nun gefragt, ob er gestehen wolle, wenn man ihm Gnade verspreche; er wiederholte aber, dass er nichts von der Vauderie wisse und niemals auf dem Sabbat gewesen sei. Dann erklärte ihm der Inquisitor, dass er aus dem Gefängnisse ausgebrochen und wieder eingefangen worden sei, und dass darin ein Geständnis seiner Schuld liege. Er warf sich auf die Knie und bat um Gnade; er wurde dann zu zwanzigjähriger Gefängnisstrafe bei Wasser und Brot verurteilt. Das war indessen ein sehr regelwidriges Urteil, das bei einem „vollkommenen" Prozessverfahren niemals hätte gefällt werden können; denn der Beweis gegen ihn war stark, und seine Standhaftigkeit unter der Folter bewies nur, dass Satan ihn mit der Gabe der Verschwiegenheit ausgestattet hatte.

Damit war die Verfolgung beendet. Es waren nur vierunddreissig Personen verhaftet und zwölf verbrannt worden, was in der Blütezeit der Hexenverfolgung eine Kleinigkeit gewesen sein würde; allein die Neuheit der Sache in der Pikardie, die Persönlichkeiten der Opfer und das spätere Eingreifen des Parlamentes lenkten die Aufmerksamkeit in ungewöhnlichem Grade auf die Angelegenheit. Ihre schnelle Beendigung hatte ihren Grund wahrscheinlich darin, dass Philipp von Saveuse aus habgierigen und vielleicht politischen Gründen die Folterung der Frauen so leitete, dass nicht nur Beaufort überführt, sondern zugleich auch die Herren von Croy und andere beschuldigt wurden. Die Familie Croy war damals an dem Hofe des Herzogs allmächtig und benutzte zweifellos ihren Einfluss, um die kirchliche Gerichtsbarkeit zum Stillstand zu bringen, da diese stark genug war, selbst sie zu zermalmen. Das Ganze erscheint als eine Wiederholung des Verfahrens, das Konrad von Marburg im Jahre 1233 gegen den Grafen von Sayn anstrengte (Bd. II, S. 384).

Was indessen auch die Ursache war: der Inquisitor und die Vikare stellten nunmehr die Verfolgungen ein, ohne den Bischof von Beirut, Jacques Dubois, Philipp von Saveuse und andere, die auf die Fortsetzung des guten Werkes drängten, zu befragen. Vergebens wiesen die letzteren auf die Gefahren hin, die der Christenheit von der zahllosen Menge von Zauberern drohten, von denen viele hohe Stellungen in der Kirche und an den Höfen der Fürsten bekleideten. Vergebens wurde sogar die letzte Karte ausgespielt, indem man die Abergläubischen durch das Gerücht erschreckte, der Antichrist sei bereits geboren, und die Zauberer würden ihn unterstützen[1]).

Die Angeklagten wurden einer nach dem andern freigelassen, sobald sie imstande waren, das Geld für die Kosten ihrer Gefangen-

---

1) Der Glaube an die bevorstehende Ankunft des Antichrists war ebenso stark im fünfzehnten Jahrhundert wie in den vorhergehenden. 1445 wurde die Universität Paris in Erstaunen gesetzt durch einen jungen Spanier von etwa zwanzig Jahren, der dorthin kam und die gelehrtesten Scholastiker und Theologen in der Kunst des Disputierens übertraf. Ebenso bewandert erschien er in allen Zweigen der Gelehrsamkeit, einschliesslich der Medizin und des Rechts. In der Fechtkunst war ihm keiner gewachsen, und entzückend spielte er alle Musikinstrumente. Nachdem er Paris in Aufregung versetzt hatte, ging er zum Herzog von Burgund nach Gent und von da nach Deutschland. Die Doktoren der Universität sannen über die Erscheinung nach und kamen schliesslich zu dem Ergebnis, dass er der Antichrist sei, der bekanntermassen alle Künste und Wissenschaften durch die geheime Hilfe Satans besitze und bis zu seinem achtundzwanzigsten Jahre ein guter Christ bleiben würde (Chron. de Mathieu de Coussy chap. VIII). Der wunderbare Fremdling war Fernando de Cordoba, der sich am päpstlichen Hofe niederliess und mehrere Bücher schrieb, die aber heute vergessen sind. Vgl. Nicolaus Antonius, Bibliotheca Hispanica Lib. x. cap. XIII. Nr. 734—9. — *J. Geffcken, Die Sage vom Antichrist (Preuss. Jahrbücher 102 (1900) S. 385 ff.).

schaft und der Inquisition zu bezahlen, was ausser in Fällen äusserster Armut stets eine Bedingung für die Freilassung war. Einige mussten sich noch der Formalität unterziehen, sich mit Eideshelfern zu reinigen. Anton Sacquespée z. B., der gefoltert worden war, ohne dass er gestanden hatte, musste ihrer sieben stellen, und kam nicht frei, ohne einen Teil seines Hab und Gutes ausgeliefert zu haben. Andere erhielten eine leichte Busse, wie Jennon d'Amiens, eine Frau, die, nachdem sie mehrere Male gefoltert worden war, bekannt hatte und nun eine fünf Meilen lange Pilgerreise nach Notre-Dame von Esquerchin machen musste. In dieser milden Strafe lag das Zugeständnis, dass das Ganze ein Betrug war. Noch bemerkenswerter war der Fall eines Freudenmädchens, namens Belotte, die wiederholt gefoltert worden war und gestanden hatte. Sie würde mit den anderen Frauen am 9. Mai 1460 verbrannt worden sein, hätte sich nicht herausgestellt, dass entweder aus Zufall oder aus anderen Gründen ihre Mitra nicht fertig war; ihre Hinrichtung wurde aufgeschoben, und schliesslich wurde sie nur aus der Diözese verbannt und erhielt Befehl, eine Pilgerreise nach Notre-Dame von Boulogne zu machen. Von allen Verhafteten besassen neun die Standhaftigkeit, die — in den meisten Fällen sehr lange und scharfe — Folter zu ertragen, ohne zu gestehen.

Als sich der Schrecken gelegt hatte, äusserte sich die Stimmung des Volkes in Spottversen, die in den Strassen gesungen wurden und die Hauptschauspieler des Dramas verhöhnten. Die Strophe, die dem Inquisitor Peter le Brousart gewidmet war, lautete folgendermassen:

> L'inquisiteur à sa blanche barrette,
> Son velu nez et sa trongne maugrinne,
> Des principaux as esté à la feste
> Pour pauvres gens tirer à la gehenne;
> Mais il ne sçait qu'ung peu qu'on lui machas.
> Tout son desir estoit et son pourchas
> D'avoir bien meuble tenus en sa saisine
> Paisiblement; mais il ne les a pas.

Die Vikare und ihre Advokaten sowie die Versammlung der Sachverständigen werden sämtlich für schuldig gehalten, und die Verse schliessen mit der Drohung an sie:

> Mais vous serez touts pugnis en ung tas,
> Et sçaurons touts qui esmeut la merveille
> De mettre sus les Vauldois en Arras[1]).

---

1) Fredericq, Corpus a. a. O. I. 388. Der Chronist von Arras berichtet, dass damals die Gesetze in Arras keine Geltung hatten; jedermann tat, was ihm beliebte, und nur die, die keine Freunde hatten, wurden bestraft. Zur Stütze seiner

Die Prophezeiung ging zum Teil in Erfüllung. Zum Glück gab es in Frankreich ein Parlament, dem es gelungen war, die Jurisdiktion sowohl über die grossen Vasallen als auch über die Inquisition zu erlangen, und die Beziehungen zwischen den Höfen von Paris und Brüssel waren derart, dass es nicht ungern eingriff. Vor seinem Verhör hatte Payen de Beauffort Berufung an diesen obersten Gerichtshof eingelegt, sie war aber unbeachtet geblieben und unterdrückt worden; sein Sohn Philipp hatte jedoch in Paris das Unrecht erzählt, das seinem Vater geschehen war. Das Parlament brauchte Zeit, um vorzugehen. Am 16. Januar 1461 kam Philipp mit einem Gerichtsbeamten und dem Auftrage zurück, Beauffort dem Parlament vorzuführen, nachdem er den Fall geprüft habe. Der Beamte nahm Kenntnis von den Aussagen und meldete sich dann am 25. Januar, begleitet von Beaufforts vier Söhnen und dreissig wohlbewaffneten Männern, bei den Vikaren. Erschreckt durch diese eindrucksvolle Demonstration, weigerten sie sich, ihn zu empfangen. Da zog er nach dem bischöflichen Palaste, bemächtigte sich der Schlüssel des Gefängnisses und brachte Beauffort nach der Conciergerie in Paris, nachdem er den Vikaren hatte sagen lassen, dass sie sich am 25. Februar vor dem Parlamente zu verantworten hätten. Die Angelegenheit war nun auf dem besten Wege, gesetzmässig geprüft zu werden, wobei beide Parteien gehört werden konnten. Diejenigen, welche überführt und zu Gefängnis verurteilt worden waren, wurden in Freiheit gesetzt und nach Paris gebracht, wo sie durch ihre Aussagen die Angaben Beaufforts bestätigten. Die Verschwörer gerieten in grosse Unruhe. Jakob Dubois, der Dechant, der die Haupttriebfeder gewesen war, wurde um die für das Verhör angesetzte Zeit geistesgestört; er bekam zwar seine Sinne wieder, aber die Glieder versagten ihm, er legte sich zu Bett und erkrankte an Geschwüren, die ihm das Fleisch zerfrassen. Er starb nach etwa einem Jahre. Die einen schrieben der Zauberei, andere göttlicher Rache zu, was offenbar eine geistige Störung war, die zeitweiligen Wahnsinn und körperliche Lähmung im Gefolge hatte. Der Bischof von Beirut wurde ins Gefängnis geworfen unter der Anklage,

---

Behauptung berichtet er mehrere Fälle von Mord und anderen Verbrechen, die ganz unbeachtet geblieben seien (Mém. de Jacques du Clercq, Liv. IV. ch. 22, 24, 40, 41). Man forschte indessen eifrig nach dem Verfasser dieser Schmähschrift, und Jacotin Maupetit wurde unter der Anklage der Autorschaft von einem Häscher des Herzogs verhaftet. Er schlüpfte geschickt aus seinem Wams, suchte nacheinander in drei Kirchen Zuflucht, gelangte schliesslich nach Paris, wo er sich dem Parlamente als Gefangener stellte, und kehrte ungehindert nach Arras zurück, um zu entdecken, dass sein Eigentum mittlerweile konfisziert und verkauft worden war (ebd. ch. 24).

die Angelegenheit eingefädelt zu haben; aber es gelang ihm zu entkommen, wie er behauptete, durch ein Wunder. Er machte eine Pilgerfahrt nach Compostella. Bei seiner Rückkehr wurde er Beichtvater der Königin Marie, der Witwe Karls VII., eine Stellung, die ihm persönliche Sicherheit gewährte. Andere hervorragende Teilnehmer an der Tragödie verliessen Arras, um dem Hass ihrer Mitbürger zu entgehen. Mittlerweile zog sich das gesetzliche Verfahren mit den endlosen Vertagungen hin, die für das Parlament herkömmlich waren und nun noch öfter eintraten durch die politischen Wechselfälle der Zeit. Endlich, im Jahre 1491, wurde das Urteil gefällt, dreissig Jahre nach dem Beginn des Prozesses, als alle Dulder bereits von dem Schauplatze verschwunden waren ausser dem unverwüstlichen Huguet Aubry; dieser konnte sich noch seiner Rehabilitierung erfreuen, die so pomphaft wie möglich gefeiert wurde. Am 18. Juli wurde der Beschluss verkündet, und zwar von einem Gerüst aus, das an derselben Stelle errichtet war, an der früher die Urteile kundgegeben worden waren. Den Behörden war befohlen worden, den Tag zum Feiertag zu bestimmen, Preise für die beste 'folie moralisée' und 'pure folie' auszusetzen und diese Feier in allen benachbarten Städten bekannt zu machen. Infolgedessen strömte eine Menge von acht- bis neuntausend Personen zusammen. Nachdem der berühmte Gottfried Broussart, der spätere Kanzler der Universität, eine Predigt von zweieinhalb Stunden gehalten hatte, wurde das Urteil vorgelesen; der Herzog von Burgund wurde zur Zahlung der Kosten verurteilt, die Prozessakten und Urteile wurden als ungerecht und betrügerisch zerrissen und vernichtet, den Angeklagten und Verurteilten wurde der gute Namen und Ruf wiedergegeben und alle Konfiskationen und Zahlungen wurden zurückerstattet; die Vikare mussten jeder zwölfhundert, Gilles Flameng tausend, Saveuse fünfhundert Livres zahlen. Davon sollten fünfzehnhundert angelegt werden, um täglich eine Messe für die Seelen der Hingerichteten zu lesen und ein Kreuz zu errichten auf der Stelle, wo sie verbrannt worden waren. Ausserdem wurden die grausamen und ungewöhnlichen Folterungen, die man in den Prozessen angewandt hatte, für die Zukunft bei allen weltlichen und kirchlichen Gerichtshöfen verboten. Es ist dies wahrscheinlich der einzige überlieferte Fall, wo ein Inquisitor als Angeklagter vor einem weltlichen Gericht stand, um sich wegen seiner Amtshandlungen zu verantworten. Man kann sich des Gedankens nicht erwehren, dass, wenn das Konzil von Vienne im Jahre 1312 seine Pflicht ebenso unerschrocken wie jetzt das Parlament getan hätte, die Angelegenheit der Templer, die dieser in so vielen Beziehungen ähnlich war, auch einen ähnlichen Ausgang hätte nehmen können. Der Gegensatz zwischen dieser Entscheidung und dem Rehabilitierungsverfahren in dem Falle der Jungfrau von Orléans aber zeigt, wie sehr die Bedeutung der Inquisition mittlerweile gesunken war[1]).

Abgesehen von der allgemeinen Bedeutung, die dieses Ereignis in der Geschichte des Hexenwahns und seiner Verfolgung hat, verdienen mehrere Einzelheiten unsere Aufmerksamkeit insofern als sie zeigen, in welcher Weise das früher geschilderte Prozessverfahren angewandt wurde. Erstens geht aus den ganzen Verhandlungen klar hervor, dass den Angeklagten niemals ein Rechtsbeistand bewilligt wurde. Dann liess der kombinierte bischöfliche und Inquisitionsgerichtshof keine Berufungen zu, selbst nicht an das Parlament, dessen oberste Jurisdiktion doch fraglos war. Der Versuch Beaufforts, eine derartige Berufung einzulegen, wurde mit Verachtung unterdrückt; und als Wilhelm Lefèvre, der nach Paris geflohen war und sich dort als Gefangener gestellt hatte, um auf alle Anklagen Rede und Antwort zu stehen, seinen Sohn Willemet mit einem Notar nach Arras sandte, damit sie die Berufung den Vikaren gerichtlich anzeigten, erwies sich diese Aufgabe als sehr gefahrvoll. Nachdem sie den richtigen Augenblick abgepasst hatten, brachten Willemet und der Notar die Berufung zwar bei einem der Vikare in der Kirche an; dann aber sprangen sie auf die Pferde und machten sich so schnell, wie sie konnten, auf den Weg nach Paris. Die Vikare schickten sofort wohlberittene Leute hinter ihnen her, die sie bei Montdidier einholten und zurückbrachten. Sie wurden ins Gefängnis geworfen, zusammen mit einer Anzahl von Freunden und Verwandten, die in ihre Absicht eingeweiht gewesen waren, ohne sie zu verraten, und wurden nicht eher freigegeben, als bis sie einwilligten, die Berufung zurückzuziehen. So wurde die Berufung als ein Vergehen angesehen, das gewalttätige Massregeln rechtfertigte. Schwerer zu verstehen ist die verächtliche Gleichgültigkeit, mit welcher man eine päpstliche Bulle behandelte. Martin Cornille, der andere Flüchtling, hatte sich auf eine

---

1) Die Einzelheiten dieses Falles sind uns glücklicherweise in den Mémoires de Jacques du Clercq, Livre IV., erhalten geblieben, mit dem Beschluss des Parlamentes in dem Appendix. Matthieu de Coussy (Chronique ch. 129) und Cornelius Zantfliet (Martène, Ampl. Coll. v. 501) geben gleichfalls kurze Berichte. Einige Einzelheiten, die du Clercq ausgelassen hat, sind zu finden in der Abhandlung von A. Duverger, La Vauderie dans les États de Philippe le Bon, Arras 1885 (vgl. oben S. 581 Anm. 1).

andere Weise zu helfen gesucht. Er nahm eine grosse Summe Geld mit und legte einen Teil davon an, um von Papst Pius II. eine Bulle zu erlangen, welche die ganze Angelegenheit auf Gilles Charlier und Gregor Nicolai von Cambrai und zwei von den Vikaren von Arras übertrug. Die Bulle wurde im August 1460 von dem Dechanten von Soignies nach Arras gebracht, doch hören wir nichts mehr von ihr, obwohl sie dazu beigetragen haben mag, den Eifer derjenigen abzukühlen, die aus der Verfolgung Nutzen zu ziehen hofften [1]).

Die Mittel, die man hier anwandte, um ein Geständnis zu erlangen, zeigen, dass der Hexenhammer nur dem damals üblichen Verfahren entspricht, wenn er rät, im Notfalle Betrug oder Gewalt anzuwenden. Durch das Versprechen der Straflosigkeit oder einer leichten Busse suchte man die zu gewinnen, deren Verbrennung von vornherein beschlossene Sache war, und zu diesem verlockenden Anerbieten fügte man die Androhung des Scheiterhaufens für den Fall, dass der Angeklagte die Aussage verweigerte. Dass Beauffort gestand, ohne gefoltert zu sein, erregte allgemeines Erstaunen, bis die näheren Umstände bekannt wurden. Als er nämlich nach seiner Verhaftung seine Unschuld beschworen hatte, bat ihn Jakob Dubois sogar kniefällig, zu gestehen, mit der Versicherung, wenn er sich weigere, würde er selbst auf dem Scheiterhaufen verbrannt und sein ganzes Eigentum konfisziert werden, seine Kinder würden an den Bettelstab kommen, während er, wenn er gestehe, binnen vier Tagen ohne öffentliche Demütigung und ohne sich irgendeiner Gefahr auszusetzen, freigelassen werden würde. Und als Beauffort geltend machte, dass er dann einen Meineid beginge, erwiderte ihm Dubois, daran brauche er keinen Anstoss zu nehmen, da er Absolution erhalten würde. Diejenigen Angeklagten, deren Standhaftigkeit gegen solche Überredungskunst gefeit war, wurden ohne Gnade und Barmherzigkeit gefoltert, die Frauen rücksichtslos gegeisselt. Huguet Aubry wurde elf Monate gefangen gehalten und während dieser Zeit fünfzehnmal mit Unterbrechungen gefoltert; als dann der Scharfsinn der Henker keine wirksameren Folterqualen ausfindig zu machen vermochte, drohte man ihm, man werde ihn ertränken, und warf ihn in den Fluss; dann drohte man ihm mit dem Galgen und hängte ihn mit verbundenen Augen an einen Baum. Die Entschlossenheit des kleinen Henriot wurde in einer siebenmonatigen Kerkerhaft auf die Probe gestellt, während deren er ebenfalls fünfzehnmal gefoltert wurde, wobei man

---

1) Du Clercq, Liv. IV. ch. 10—11.

ihm Feuer unter die Sohlen legte, so dass er zeitlebens ein Krüppel blieb. Es werden noch andere Fälle erwähnt, in denen die Standhaftigkeit der Opfer gleichfalls auf eine harte Probe gestellt ward. Seltsame Folterqualen wurden dabei ausgesonnen. So goss man den Unglücklichen Öl und Essig durch die Kehle und wandte noch manche anderen Mittel an, die das Gesetz nicht zuliess[1]).

Was die Todesstrafe in diesen Fällen angeht, so ist zu bemerken, dass keiner der Verurteilten rückfällig war, und dass nach der alten Inquisitionspraxis alle nur zur Gefangenschaft hätten verurteilt werden können. Für ihren Feuertod konnte noch nicht einmal der Vorwand gebraucht werden, sie hätten ihren Nachbarn Schaden zugefügt; denn ausser bei Peter du Carieulx war das einzige Verbrechen, das ihnen zur Last gelegt wurde, die Teilnahme an dem Sabbat. Andererseits nahm man auch nicht zu dem später üblichen Betruge seine Zuflucht, dass man den Angeklagten eine Busse auferlegte, ohne sich weiter darum zu kümmern, was die weltliche Macht zu tun für geeignet halten würde. Die Verurteilten wurden vielmehr förmlich den weltlichen Behörden zum Verbrennen ausgeliefert. Bei dem ersten Auto sprachen die Schöffen noch ausdrücklich ein Todesurteil, bei dem zweiten aber wurde auch diese Förmlichkeit nicht mehr beachtet, und die Opfer wurden von dem Orte, wo das Inquisitionsurteil gefällt worden war, direkt zum Richtplatze geschleppt[2]).

Besonders bemerkenswert an dieser Angelegenheit war aber die Ungläubigkeit, die sie überall erweckte. Grade wie die den Templern zugeschriebenen Verbrechen ausserhalb Frankreichs nirgendwo Glauben fanden, so glaubte, wie es heisst, ausserhalb von Arras von tausend Personen nicht eine an die Wahrheit der Bezichtigungen. Das war ein Glück; denn die Opfer hatten naturgemäss auch zahlreiche Bewohner anderer Orte als Mitschuldige namhaft gemacht. Der Brand hätte sich also leicht über die ganze Gegend ausbreiten können, wenn Agenten wie Peter le Brousart dagewesen wären, der den Funken von Langres nach Arras übertragen hatte. Auf Grund der in den Geständnissen gemachten Enthüllungen verhaftete man zwar in Amiens mehrere Personen, aber der Bischof, ein gelehrter Geistlicher, der lange in Rom gelebt hatte, gab sie sofort wieder frei, weil er nicht an die Möglichkeit solcher Vergehen glaubte. Zu Tournay fanden ebenfalls Verhaftungen statt, die Angelegenheit wurde lebhaft besprochen, aber die Gefangenen wurden wieder auf freien Fuss gesetzt,

---
1) Du Clercq, Liv. IV. ch. 14, 15, 28; Appendix II.
2) Du Clercq, Liv. IV. ch. 4, 8.

obwohl Johann Tinctoris, ein höchst angesehener Geistlicher, eine ausführliche Abhandlung schrieb, um ihre Schuld zu beweisen. Ebenso war es mit den Angeklagten, denen es gelang zu entkommen. Martin Cornille wurde in Burgund ergriffen und vor den Erzbischof von Besançon gebracht, der ihn freisprach auf Grund der in Arras eingezogenen Erkundigungen. Wilhelm Lefèvre lieferte sich dem Bischof von Paris aus; der Inquisitor von Paris kam nach Arras, um die Aussagen über ihn zu erhalten, und die Vikare übergaben ihm die Geständnisse derjenigen, die ihn anschuldigten. Das Endergebnis war, dass der Gerichtshof, der aus dem Erzbischof von Reims, dem Bischof von Paris, dem Inquisitor von Frankreich und verschiedenen Doktoren der Theologie bestand, ihn nicht bloss freisprach, sondern ihn auch ermächtigte, die Vikare zwecks Wiederherstellung seiner Ehre und zwecks Rückerstattung seiner Kosten und seines Schadens zu verfolgen[1]). Offenbar war bis dahin die Erregung über das Hexenwesen zum grossen Teil eine künstliche — das Erzeugnis von verhältnismässig wenigen leichtgläubigen Geistlichen und Richtern; die Masse der gebildeten Geistlichen und Juristen war noch geneigt, an der Erklärung des Canon Episcopi festzuhalten und das Hexenwesen als eine Illusion anzusehen. Hätte die Kirche entschlossen den zunehmenden Aberglauben unterdrückt, anstatt ihn mit der ganzen Autorität des Hl. Stuhles anzuregen, so hätte der Christenheit unendliches Blutvergiessen und Elend erspart bleiben können.

Tatsächlich hat sich der epidemische Hexenwahn nicht schnell entwickelt. Der erste ausführliche Bericht, den wir darüber haben, ist derjenige des Dominikaners Johann Nider in seinem 1437 vollendeten Formicarius. Nider erzählt, dass er seine Kenntnisse hauptsächlich geschöpft habe aus den Erfahrungen Peters von Bern, eines weltlichen Richters, der eine grosse Anzahl von Hexen beiderlei Ge-

---

1) Du Clercq, Liv. IV. ch. 6, 11, 14, 28. — Eine Abschrift der Abhandlung von Johann Tinctoris findet sich in der Bibliothèque Royale de Bruxelles, MSS. Nr. 2296. — Um diese Zeit wurde ein Bauer Jeannin von Inchy in Cambrai hingerichtet, und zu Lille wurde Catharine Patée als Hexe verurteilt, aber bloss mit Ausweisung bestraft; dasselbe war der Fall mit Margarete d'Escornay zu Nivelles. Ein Unglücklicher, Noël Ferri von Amiens, wurde verrückt darüber, und, im Lande umherwandernd, klagte er sich zu Nantes an, dass er zu der verfluchten Sekte gehöre. Er wurde am 26. August 1460 verbrannt. Seine Frau, die er als seine Mitschuldige angezeigt hatte, entging demselben Schicksal durch eine Berufung an das Parlament. — Duverger, La Vauderie dans les États de Philippe le Bon, pp. 52—53, 84.

schlechts verbrannt und noch weit mehr aus dem von ihnen seit etwa sechzig Jahren verseuchten Berner Gebiete vertrieben hatte. Demnach würde der Ursprung des Hexenwesens in jener Gegend um das Ende des vierzehnten Jahrhunderts anzusetzen sein. Silvester Prierias (1520) verlegt ihn, wie wir gesehen haben, in die ersten Jahre des fünfzehnten Jahrhunderts. Bernhard von Como, der um 1508 schrieb, setzt ihn etwas früher an; denn er sagt, die Protokolle der Inquisition von Como bezeugten, dass das Hexenwesen einhundertundfünfzig Jahre alt sei. Es ist in der Tat ganz wahrscheinlich, dass die allmähliche Entwicklung des Hexenwesens aus der gewöhnlichen Zauberei um die Mitte des vierzehnten Jahrhunderts begann. Der grosse Jurist Bartolus, der 1357 starb, erstattete ein Rechtsgutachten über eine von der Inquisition belangte Hexe aus Orta bei Novara, die gestanden hatte, den Teufel angebetet, das Kreuz mit Füssen getreten und Kinder durch Berührung und Faszination getötet zu haben. Diese Angaben, die sich mit dem spätern Hexenwesen nahe berühren, waren ihm so neu, dass er sich an Theologen wandte und um Erklärung bat. Hierbei scheint zwar von dem Sabbat keine Rede gewesen zu sein. Aber der Glaube des Volks an die Hulda und die Dame Habonde und ihre Schar war weit verbreitet, und die Verschmelzung der verschiedenen Formen des Aberglaubens war nur eine Frage der Zeit. Schon 1335 kommt in einem Prozesse zu Toulouse eine Anspielung auf den Hexentanz vor. So wuchsen sich die Wahnvorstellungen unter der geschickten Hand von Richtern wie Peter von Bern aus, bis sie die ausführliche und bestimmte Form annahmen, wie wir sie bei Nider finden. Der letztere verdankte, wie er erklärt, seine Kenntnisse auch dem Inquisitor von Autun, woraus hervorzugehen scheint, dass der Hexenwahn in Burgund verhältnismässig früh sich ausbreitete. 1420 hören wir von einer Hexe Finicella, die in Rom verbrannt wurde, weil sie viele Personen umgebracht und noch weit mehr bezaubert habe. Nach der Angabe Peters von Bern war der Urheber des Übels ein gewisser Scavius, der sich offen seiner Zauberkräfte rühmte und stets dadurch entkam, dass er sich in eine Maus verwandelte, bis er eines Tags, als er sich unvorsichtigerweise an ein Fenster gesetzt hatte, von aussen getötet wurde. Sein Hauptschüler war Poppo, der seinerseits einen gewissen Städelin unterwies; dieser fiel Peter in die Hände und gestand nach einer viermaligen energischen Anwendung der Folter alle Geheimnisse der teuflischen Sekte. Die Einzelheiten, die er zum besten gab, decken sich durchweg mit den oben beschriebenen. Die späteren Inquisitoren, die ihre Anschauungen aus Nider schöpften, verstanden ihr Geschäft und wussten, wie sie ihren Wünschen entsprechende Geständnisse herauslockten. Einige unbedeutende Abweichungen kommen natürlich vor. Wie schon dargelegt worden ist, wurde aus den getöteten Kindern Suppe gekocht, um durch die Zauberkraft derselben andere zu verführen, während die festen Bestandteile zu einer Salbe verarbeitet wurden, die man für die gottlosen Gebräuche nötig hatte. Augenscheinlich war auch die Theorie noch nicht verbreitet, dass die Hexe machtlos sei gegen Beamte der Justiz; denn man glaubte noch, dass die letzteren bei der Ausübung ihres Amtes grosse Gefahr liefen. Nur durch die sorgfältigste Beobachtung der religiösen Pflichten und die beständige Anwendung des Kreuzzeichens rettete Peter von Bern sein Leben. Aber auch er wäre beinahe auf dem Schlosse Blankenburg (im Simmenthal) umgekommmen, als er bei Nacht eine hohe Treppe in solcher Eile hinaufstieg, dass er sich zu bekreuzigen vergass; er wurde heftig zu Boden geschleudert — offenbar infolge von Zauberei, wie er später durch die Folterung eines Gefangenen erfuhr[1]).

Wenn auch 1452 zu Provins eine Hexe vor Gericht erklärte, dass in ganz Frankreich und Burgund die Gesamtzahl der Hexen sechzig nicht übersteige, kam es keinem, der überhaupt an Hexen glaubte, in den Sinn, eine so niedrige Zahl als richtig anzunehmen. 1453 hören wir von einem epidemischen Hexenwahn in der Normandie, wo die Hexen allgemein bekannt waren als 'scobaces' (von scoba = Besen) — eine Anspielung auf die bei ihnen beliebte Art, zum Sabbat zu reiten. In demselben Jahre wirbelte der Fall des Wilhelm Adeline viel Staub auf, weil dieser ein berühmter Doktor der Theologie und Professor an der Universität Paris war. In seiner Abschwörung sagte er, dass er, um sich mit einem benachbarten Adeligen auszusöhnen, dessen Feindschaft er gefürchtet habe, im Jahre 1438 um Zulassung zum Sabbat nachgesucht habe; dort habe er dem Teufel gehuldigt und dem christlichen Glauben entsagt. Bei einer Gelegenheit sei ihm der Teufel in der Gestalt eines grossen Mannes erschienen, bei anderen in der eines Bockes, den er unter den Schwanz geküsst

---

1) Nider, Formicarius Lib. v. c. 3, 4, 7 (*wiederabgedruckt bei Hansen, Quellen S. 89 ff.; vgl. oben S. 563). — Grimm, Deutsche Mythologie ^{4}II. 891. — Soldan, Geschichte der Hexenprozesse, bearb. von H. Heppe (Stuttgart, 1880) I., 237 (*vgl. Hansen, Zauberwahn S. 314 ff., 335 ff.). — Bernardus Comensis, De strigiis c. 4. — Steph. Infessurae Diarium urbis Romae ann. 1424, hrsg. von O. Tommassini (1890) S. 25; *vgl. Hansen, Quellen S. 529; Zauberwahn S. 349 f.

Peter von Bern's Bemühungen, sein Gebiet zu reinigen, waren fruchtlos, denn wir hören von Hexen, die 1482 zu Murten im Kanton Bern verbrannt wurden (Valerius Anshelm, Berner Chronik (Bern, 1884) I. 224).

habe. Es seien ihm weltliche Vorteile versprochen worden, wenn er in seinen Predigten behaupten würde, dass die von Zauberern erzählten Geschichten falsch seien. Infolgedessen habe sich ihre Zahl sehr vermehrt, da die Richter von einer Bestrafung Abstand nahmen. Verfolgt von Wilhelm de Floques, Bischof von Évreux, und Roland Le Cozic, dem Inquisitor von Frankreich, überredete er die Universität Caen, ihn zu verteidigen. Aber da der Bischof die Unterstützung der Universität Paris erlangte, musste er bekennen und wurde überführt. Sein Geständnis ist ein Beweis für das scharfe Verfahren, das in seinem Prozesse angewandt wurde; das Urteil aber, das über ihn erging, zeigt die bis dahin herrschende Unsicherheit des Verfahrens. Denn er wurde nicht verbrannt, sondern durfte abschwören. Seine Strafe bestand in lebenslänglicher Gefangenschaft bei Wasser und Brot. In der Predigt, die der Inquisitor bei dem Autodafé hielt, sprach er auch von der früheren hohen Stellung des Verurteilten und den erbaulichen Lehren, die er gegeben habe, wobei der unglückliche Mann in Tränen ausbrach und Gott um Gnade bat. Er wurde in eine 'basse-fosse' zu Évreux geworfen, wo er vier Jahre schmachtete. Er zeigte grosse Reue und wurde schliesslich in seiner Zelle in Gebetsstellung tot aufgefunden. Die Epidemie breitete sich weiter aus; denn 1446 wurden mehrere Hexen in Heidelberg von dem Inquisitor verbrannt, und 1447 wieder eine, die als Lehrerin der ersteren galt. Aber bis dahin herrschte in solchen Fällen noch keine gleichmässige Praxis; denn in demselben Jahre 1447 wurde in Braunsberg eine Frau der Zauberei überführt, aber nur zur Verbannung auf eine Entfernung von zwei deutschen Meilen verurteilt, nachdem für sie eine dreifache Bürgschaft in Höhe von zehn Mark gefordert und gestellt war[1]).

Wahrscheinlich waren aber um diese Zeit die Inquisitoren von Toulouse schon eifrig damit beschäftigt, die zahlreichen Hexen des Dauphiné und der Gascogne zu verbrennen. Alphonsus de Spina, der darüber berichtet (1459), bewunderte auf den Wänden des Gebäudes der Inquisition zu Toulouse die offenbar nach den Geständnissen der Hexen gemalten Bilder vom Sabbat, auf denen sie mit brennenden

---

1) Duverger, La Vauderie dans les États de Philippe le Bon, p. 22. — Anon. Carthus., De religionis origine c. 25—6 (Martène, Ampl. Coll. vi. 57—9). — J. Friedrich, Sitzungsberichte, a. a. O. S. 199 (*Adelines Abschwörung ist bei Hansen, Quellen S. 468 ff. abgedruckt). — Jean Chartier, Hist. de Charles VII. ann. 1453. — Mémoires de Jacques du Clercq, Liv. III. ch. 41. — D'Argentré, I. II. 251. — Soldan, Gesch. der Hexenprozesse, I. 260 (*Hansen, Quellen S. 467). — Lilienthal, Die Hexenprozesse der beiden Städte Braunsberg, p. 70.

Kerzen Satan in Gestalt eines Ziegenbocks anbeteten. Die Hinweise Bernhards von Como zeigen, dass um dieselbe Zeit auch in Como die Verfolgung eifrig bei der Arbeit war. 1456 hören wir von zwei Opfern, die in Köln verbrannt wurden. Sie hatten im Monat Mai einen so heftigen Frost verursacht, dass die ganze Vegetation hoffnungslos vernichtet wurde. Der Hausmeister des Erzbischofs ersuchte eine von ihnen, ihm eine Probe von ihrer Kunst zu geben. Darauf nahm sie ein Gefäss mit Wasser, murmelte Zaubersprüche darüber so lange, dass man ein paar Vaterunser beten konnte, und verwandelte das Wasser in so festes Eis, dass es nicht einmal mit einem Dolche aufgebrochen werden konnte. In diesem Falle hatte also die Hand der Justiz die Zauberkraft der Hexe nicht gebrochen. Weshalb sie sich trotzdem verbrennen liess, wird nicht berichtet. 1459 lenkte Pius II. die Aufmerksamkeit des Abtes von Tréguier auf ziemlich ähnliche Praktiken in der Brétagne und gab ihm päpstliche Vollmacht für ihre Unterdrückung, woraus hervorgeht, wie vergebens der Eifer des Herzogs Artus III. gewesen war, von dem bei seinem Tode 1457 lobpreisend erklärt wurde, er habe in Frankreich, in der Brétagne und in Poitou mehr Zauberer verbrannt als irgendein Mann seiner Zeit[1]).

Wenn die angeführten Fälle schon geeignet sind, zu zeigen, wie der Hexenwahn sich über ganz Europa verbreitete, so darf man doch nicht vergessen, dass sie nur Anzeichen sind von weit mehr Fällen, die niemals die öffentliche Aufmerksamkeit auf sich gelenkt haben oder geschichtlich überliefert worden sind. Ein zufälliger Hinweis in einem Prozesse aus dem Jahre 1455 zeigt, was wahrscheinlich allerwärts in der Christenheit unter der Oberfläche vor sich ging. In der Pfarrei Torcy (Normandie) hatte vierzig Jahre lang der Glaube geherrscht, dass eine Tagelöhnerfamilie — Huguenin de la Meu, sein verstorbener Vater und Johanna, seine Frau — aus Zauberern bestand, die viele Menschen und Tiere getötet oder krank gemacht hätten. Hätte man sich an die Inquisition gewandt, so würden ihnen zweifellos Geständnisse über den Sabbat und die Teufelsanbetung entrissen worden sein, und man hätte Listen von Mitschuldigen bekommen, die den Glauben an eine weitverbreitete Epidemie veranlasst hätten. Aber die einfältigen Bauern hielten es für ein

---

1) Alphonsus de Spina, Fortalicium fidei, fol. 284. — Bernardus Comens., De strigiis, c. 3. — Chron. Cornel. Zantfliet, ann. 1456 (Martène, Ampl. Coll. v. 491; *vgl. Hansen, Quellen S. 566 ff.). — Raynald. ann. 1459, Nr. 30. — Guill. Gruel, Chroniques d'Artus III. (éd. Buchon, p. 405).

facher, Huguenin und seine Frau durch eine gehörige Tracht Prügel zu zwingen, die behexte Person oder das behexte Tier wiederherzustellen. Ein gewisser André verdächtigte sie, ihm ein Stück Rindvieh umgebracht zu haben, worauf Johanna zu seiner Frau Alayre sagte: „Dein Mann hat unrecht getan, zu behaupten, ich hätte sein Vieh getötet, das wird er auch bald selbst finden." An demselben Tage wurde Alayre so schwer krank, dass man fürchtete, sie würde die Nacht nicht überleben. Um sie zu kurieren, ging am nächsten Morgen André zu Johanna und drohte ihr, wenn sie Alayre nicht herstelle, würde er sie so schlagen, dass sie nie wieder gesund werden würde — und Alayre war am nächsten Tage wieder wohlauf[1]).

Das beweist, dass überall Stoff genug vorhanden war, der für die Organisation einer Verfolgung ausreichte, sobald die Inquisition die Sache in die Hand nahm. Das 'Flagellum haereticorum fascinariorum' des Inquisitors Nicolaus Jacquier aus dem Jahre 1458 aber zeigt, dass das hl. Offizium die Notwendigkeit zu würdigen anfing, seine bisherigen Unterdrückungsversuche in ein organisiertes Verfolgungssystem zu verwandeln. Vielleicht wurde dieses Vorhaben verzögert durch den unwillkommenen Ausgang der Angelegenheit zu Arras, der teils durch den Übereifer, teils durch die gewissenlose Habgier der Verfolger verursacht war; aber wenn eine Reaktion eintrat, so war sie doch nur von geringer Bedeutung und auch nur von kurzer Dauer. Alle die verschiedenen Formen des Aberglaubens an die geheimen Kräfte der Gehilfen des Teufels, die durch die verschiedenen Religionen und Völker überliefert waren, standen damals noch in ungeschwächter Blüte. Weit und breit in ganz Europa herrschte ferner ein solches Elend unter den Bauern, dass sie sorglos in den Tag hineinlebten, weil sie von der Zukunft nichts mehr hofften. Deshalb stieg in Tausenden der Wunsch auf, sich Satan zu verschreiben, um für den Augenblick eine Erlösung von dem traurigen Elend des Lebens zu erlangen. Die Erzählungen von den sinnlichen Genüssen des Sabbats, wo köstliches Fleisch und eben solche Getränke in Hülle und Fülle geboten würden, besassen eine unwiderstehliche Anziehungskraft für diejenigen, welche kaum auf ein Stück Schwarzbrot oder eine Rübe oder ein paar Bohnen rechnen konnten, um dem Hunger zu wehren. Wie schon erwähnt wurde, erzählt der Hexenhammer, dass der Geschlechtsverkehr mit Incubi und Succubi das Hauptmittel war, die Seelen ins Verderben zu locken. Die verheerenden Kriege, in denen Scharen von Räubern und Con-

---
1) Du Cange, s. v. Sortiarius.

dottieri überall mit wilder Grausamkeit plünderten, brachten ganze Bevölkerungen zur Verzweiflung, und diejenigen, welche sich für von Gott verlassen hielten, mochten sich wohl an Satan um Hilfe wenden. 539 Nach dem Hexenhammer rekrutierte sich die Schar der Hexen hauptsächlich aus verführten jungen Mädchen, die, wenn ihre Verführer sie nicht heirateten, nichts mehr zu erwarten hatten und sich nun an der Gesellschaft zu rächen hofften, indem sie wenigstens die Macht erlangten, Böses mit Bösem zu vergelten[1]). So hatten also nicht nur viele den Wunsch nach Zulassung in die verabscheute Sekte der Teufelsverehrer, welche die Kirche für so zahlreich und mächtig erklärte, sondern nicht wenige führten zweifellos bestimmte Ceremonien aus, um aufgenommen zu werden, worauf dann vielleicht die zufällige Erfüllung irgendeines schlechten Wunsches sie überzeugte, dass Satan wirklich ihre Gefolgschaft angenommen und ihnen die gewünschte Macht verliehen habe. Gewisse Köpfe mochten sich in Augenblicken einer überhitzten Phantasie sogar einbilden, sie seien eingeweiht in die schändlichen Mysterien, deren wirkliches Vorhandensein jetzt ein orthodoxer Glaubensartikel wurde. Andere, die schwach und arm waren, fanden, dass der Ruf, eine teuflische Macht zu besitzen, ihnen Schutz und Hilfe gewährte, und sie ermunterten deshalb die Leichtgläubigkeit ihrer Nachbarn lieber, als dass sie sie bekämpften. Hierzu kam endlich noch die grosse Menge derjenigen, die es für ein verdienstliches Werk hielten, das Übel des Hexenwesens zu beseitigen, um so mehr als die Kirche eingestandenermassen es nicht beseitigen konnte. Und so lieferten die verachteten und unteren Schichten der Bevölkerung reiches Material für das zahllose Heer von Hexen, das die erhitzte Phantasie der Dämonographen heraufbeschworen hatte.

Leider stachelte die Kirche in ihrer Besorgnis über die Entwicklung dieser neuen Ketzerei durch ihre Versuche, sie zu unterdrücken, den Hexenwahn aufs äusserste an. Jeder Inquisitor, dem sie den Auftrag erteilte, das Hexenwesen zu unterdrücken, war ein rühriger Sendbote, der die Saat des Wahnglaubens immer weiter verbreitete. Wir haben gesehen, welch eine Brut von Hexen Peter le Brousart aus dem einen Zauberer, der in Langres verbrannt wurde, in Arras erstehen liess, und wie es Chiabaudi gelang, die Täler des Canavese zu verseuchen. Es kam schliesslich wenig darauf an, dass le Brousart über sein Ziel hinausschoss und Chiabaudi eine Niederlage erlitt. Das

---

1) Malleus maleficarum P. I. Q. 1, c. 1.

Volk wurde mehr und mehr vertraut mit dem Gedanken, dass Hexen überall die Menschen umgäben, und dass jedes Unglück und jeder Unfall ihrer Bosheit zu verdanken sei. So wurde jedermann eifrig unterwiesen, jedesmal, wenn er einen Ochsen oder ein Kind oder eine Ernte einbüsste oder plötzlich krank wurde, Verdacht gegen seine Nachbarn zu schöpfen und nach Beweisen umzuschauen, die diesen Verdacht bestätigen könnten, so dass der Inquisitor überall, wohin er kam, mit Anklagen gegen diejenigen überschüttet wurde, die als die Schuldigen in Frage kommen konnten, von unmündigen Kindern an bis hinauf zu hochbetagten alten Weibern. Als der Inquisitor Laurentius von S. Agatha nach Como geschickt wurde, veranlasste er in kurzer Zeit eine so stürmische Hexenverfolgung, dass er im Jahre 1485 in dem kleinen Gebiete von Bormio (Wormserbad) in Graubünden nicht weniger als einundvierzig dieser unglücklichen Geschöpfe verbrannte — eine Heldentat, auf die der Hexenhammer in ehrlichem Berufsstolze wiederholt hinweist[1]).

Einen ganz besondern Antrieb empfing diese Entwicklung, als Papst Innocenz VIII. am 5. Dezember 1484 seine Bulle 'Summis desiderantes' erliess und in derselben die traurige Tatsache beklagte, dass alle deutschen Lande angefüllt seien mit Männern und Frauen, die gegen die Gläubigen all die böse Macht ausübten, welche, wie wir gesehen haben, der Hexenkunst zugeschrieben wurde, und deren Einzelheiten die Bulle in erschreckender Fülle aufzählt. Heinrich Institoris und Jakob Sprenger hatten eine Zeitlang das Amt von Inquisitoren in jenen Gegenden ausgeübt; aber in ihren Instruktionen war nicht ausdrücklich gesagt, dass das Hexenwesen zu den ihrer Jurisdiktion unterstellten Verbrechen gehöre, und so wurden sie in ihren Bemühungen mannigfach behindert durch allzu vorsichtige Geistliche und Laien, die diesen Umstand benutzten, um die Schuldigen zu beschützen. Innocenz VIII. erteilt ihnen deshalb ausdrücklich entsprechende Vollmacht und befiehlt dem Bischof von Strassburg, alle zum Gehorsam zu bringen, welche ihnen Hindernisse in den Weg legten, und nötigenfalls die Hilfe des weltlichen Armes anzurufen. Hiernach war der Zweifel an der Realität des Hexenwesens also ein Zweifel gegenüber der Äusserung des Stellvertreters Christi, und einen Angeklagten zu unterstützen bedeutete Behinderung der Inquisition. Mit diesen Vollmachten ausgestattet, durchzogen die beiden Inquisitoren, von Eifer erfüllt, nun das Land, ihren Weg mit Blut und Feuer be-

---

1) Malleus maleficarum P. I. Q. XI.; P. II. Q. 1, c. 4, 12; P. III. Q. 15 (*vgl. zu der Hexenverfolgung in Bormio Hansen, Quellen S. 502).

zeichnend und in allen Herzen die grausame Furcht erweckend, welche der eingeimpfte unbedingte Glaube an die Schrecken des Hexenwesens einflösste. Allein in der kleinen schwäbischen Stadt Ravensburg und deren Umgebung rühmen sie sich 1486, in fünf Jahren achtundvierzig Personen verbrannt zu haben[1]).

Allerdings hatten sie nicht überall solchen Erfolg. In Tirol veröffentlichte der Bischof Georg von Brixen am 23. Juli 1485 die Bulle des Papstes Innocenz, und am 21. September stellte er dem Inquisitor Heinrich Institoris ein Mandat aus, worin er ihn mit der vollen bischöflichen Jurisdiktion bekleidete, ihm aber empfahl, sich einen weltlichen Beamten des Landesherrn, des Erzherzogs Sigismund von Österreich, beizugesellen. Dieser beauftragte jedoch den Bischof, selbst einen Kommissar zu ernennen, und die Wahl fiel auf Sigismund Samer, den Pfarrer von Axams in der Nähe von Innsbruck. Die beiden begannen ihre Untersuchungen am 14. Oktober, aber ihre Tätigkeit war, obwohl energisch, kurz und ruhmlos. Es traf sich zufällig, dass einige von den Höflingen des Erzherzogs ihren Herrn von seiner Gemahlin, Katharina von Sachsen, zu trennen wünschten und das Gerücht aussprengten, sie habe ihren Gemahl zu vergiften versucht. Zur Erreichung ihrer Absicht steckten sie in einen Backofen eine nichtsnutzige Frau, die einen gefangenen Dämon vorstellte und eine Anzahl Leute anschuldigte. Institoris liess sofort die Angeschuldigten ergreifen und wandte die Folter ohne Erbarmen an. Da schritt der Bischof ein und befahl ihm Mitte November, die Diözese zu verlassen und sich in sein Kloster zu begeben, je schneller desto besser. Institoris hatte jedoch keine Lust, seinen Wirkungskreis aufzugeben, und zog sich am Aschermittwoch 1486 eine noch schärfere Zurechtweisung zu. Es wurde ihm gesagt, er habe dort nichts zu tun, der Bischof wolle für alles, was nötig sei, durch Ausübung seiner bischöflichen Jurisdiktion sorgen, und er wurde gewarnt, wenn er dennoch bliebe, sei er in Gefahr, von den Männern oder Verwandten der verfolgten Frauen

---

1) Malleus maleficarum P. II. Q. 1, c. 4 (*K. O. Müller, Heinrich Institoris, der Verfasser des Hexenhammers, und seine Tätigkeit als Hexeninquisitor in Ravensburg im Herbst 1484, in den Württemberg. Vierteljahrsheften für Landesgeschichte N. F. XIX (1910), 397 ff.).

Die Bulle Innocenz' VIII. war nicht bloss auf Deutschland beschränkt, sondern allgemein gültig. In einem italienischen Inquisitionshandbuche aus jener Zeit findet sie sich unter einer Sammlung von Bullen „contra hereticam pravitatem", die auch eine Urkunde über diese Frage von dem späteren Kaiser Maximilian I. enthält, datiert Brüssel, den 6. November 1486. — Molinier, Etudes sur quelques Mss. des Bibliothèques d'Italie, Paris, 1887, p. 72 (*über die Urkunde Maximilians I. vgl. Westdeutsche Zeitschrift XVII (1898) S. 145, und Hansen, Quellen S. 28 Anm. 1).

ermordet zu werden. Er zog sich schliesslich, von Sigismund für seine Mühe reich belohnt, nach Deutschland zurück. Aus seinem Bericht über die Angelegenheit ist leicht zu sehen, dass alle Kranken und Gebrechlichen von Innsbruck mit so ausgiebigen Klagen über ihre Nachbarn zu ihm geströmt waren, dass er berechtigt war, den Ort für gründlich verseucht anzusehen. Im nächsten Jahre beklagte sich der Tiroler Landtag bei dem Erzherzog, dass kürzlich auf grundlose Anschuldigungen hin viele Personen eingekerkert, gefoltert und misshandelt worden seien, und die Klage des Malleus maleficarum ist sehr begreiflich, dass es in Innsbruck zahllose Hexen der gefährlichsten Art gebe, die ihre Richter selbst behexen und zu keinem Geständnis gebracht werden könnten. Die Saat des Aberglaubens war indessen ausgestreut, um Früchte zu tragen in ihrer Zeit. Obwohl die peinliche Gerichtsordnung, die Maximilian I. 1499 für Tirol erliess, die Zauberei und Hexerei nicht erwähnt, finden wir den Hexenwahn im Jahre 1506 vollständig ausgebildet. Einige Protokolle, welche erhalten geblieben sind, zeigen, dass die Prozesse vor weltlichen Richtern und zwölf Geschworenen geführt wurden und dass dabei die unglücklichen angeklagten Frauen nach gehöriger Folterung alle die herkömmlichen Greueltaten gestanden [1]).

Ein Ergebnis hatte jedoch dieses Vorgehen des Institoris in Tirol: in Erzherzog Sigismund von Österreich stiegen peinliche Zweifel an der Realität des Hexenwesens auf. Seine Richter waren offenbar in solchen Dingen unbewandert, und die Geständnisse waren recht verschieden voneinander gewesen; die Inquisition war so plötzlich eingestellt worden, dass die Aussagen nicht mehr miteinander in Einklang gebracht werden konnten. Um sein Gemüt zu beruhigen, fragte er 1487 zwei gelehrte Doktoren des Rechts, Ulrich Molitoris und Konrad Schatz, darüber um Rat, und das Ergebnis dieser Beratung wurde 1489 in Konstanz veröffentlicht, und zwar in Form einer Besprechung zwischen den drei Männern. Sigismund macht darin das natürliche Argument geltend, dass die Erfolge der Hexen in einem so kläglichen Missverhältnisse zu den ihnen zugeschriebenen zauberischen Kräften stehe, dass man füglich das wirkliche Vorhandensein dieser letzteren bezweifeln müsse; wären sie wirklich da, so brauche

---

1) Rapp, Die Hexenprozesse und ihre Gegner aus Tirol, S. 5—8, 12—13, 143 sqq. — (*H. Ammann, Der Innsbrucker Hexenprozess von 1485, in der Zeitschrift des Ferdinandeums zu Innsbruck, 3. F. XXXIV (1890) S. 1—91; Riezler, Geschichte der Hexenprozesse in Bayern (1896), S. 90 ff.; H. Ammann, Eine Vorarbeit des H. Institoris für den Malleus maleficarum, in Mitt. des Instituts für österr. Geschichtsforschung VIII. Erg.-Bd. (1910), 461 ff.). — Malleus maleficarum P. II. Q. 1, c. 12; P. III. Q. 15.

ein Feldherr, ähnlich wie Wilhelm der Eroberer bei Ely (1066) es getan habe, nur eine Hexe an die Spitze seines Heeres zu stellen, um jeden Widerstand zu überwinden. Gegen diese Ansicht werden die üblichen Texte und Belegstellen ins Feld geführt. Die Schlüsse, zu denen man kam, geben getreu die gemässigten Ansichten derjenigen konservativen Persönlichkeiten wieder, welche zwar noch nicht ganz im Banne des Hexenwahnsinns standen, aber doch vor einer rationalistischen Leugnung dessen, was die Weisheit von Jahrhunderten überliefert hatte, zurückschreckten. Das Resultat wurde in folgende acht Sätze zusammengefasst: 1. Satan kann weder von selbst noch mit Hilfe von menschlichen Wesen die Elemente stören oder Menschen und Tieren Schaden zufügen oder sie impotent machen, sondern Gott erlaubt ihm bisweilen, das bis zu einem gewissen Grade zu tun. 2. Diese ihm gezogene Grenze kann er nicht überschreiten. 3. Mit Erlaubnis Gottes kann er bisweilen Sinnestäuschungen hervorrufen, durch welche die Menschen verwandelt erscheinen. 4. Der nächtliche Ritt und die Versammlungen des Sabbats beruhen auf Täuschungen. 5. Incubi und Succubi sind zeugungsunfähig. 6. Gott allein kennt die Zukunft und die Gedanken der Menschen; der Teufel kann nur vermuten und seine Kenntnis der Sterne benutzen. 7. Nichtsdestoweniger sind Hexen, die Satan anbeten und ihm opfern, wirkliche Ketzer und Glaubensabtrünnige. 8. Sie sollen also getötet werden. — Bei diesem vorsichtigen Versuche, die alte und die neue Schule in Einklang zu bringen, gewann also die Hexe nichts. Es wurde alles zugegeben, was von praktischer Bedeutung für die Gerichte war, und nur die Frage, ob der Sabbat Traum oder Wirklichkeit sei, und ob das Unheil, das die Hexe anrichtete, die Wirkung einer besonderen oder allgemeinen Zulassung Gottes an Satan sei, blieb der Spekulation vorbehalten. So ist das Werk des Ulrich Molitoris wichtig, weil es zeigt, wie schwach die Schranken waren, welche auch kluge und vernünftige Menschen gegen die herrschenden, von den Päpsten und Inquisitoren so eifrig geförderten Vorstellungen errichten konnten[1]).

---

1) U. Molitoris, De laniis et phitonicis mulieribus c. 1, 10 (*Hansen, Quellen S. 243; Schönbach, in den Mitteilungen des Hist. Vereins für Steiermark 48 (1900) S. 206 ff.).

Der widersinnige Gegensatz zwischen den den Hexen zugeschriebenen unbegrenzten Zauberkräften und ihrer traurigen sozialen Lage wird von den auf der Folter befindlichen Opfern erklärt mit der Treulosigkeit Satans, der sie in Armut erhalten wolle. Denn solange sie in Not seien, erscheine er ihnen und locke sie in seinen Dienst durch die verführerischsten Versprechungen; sobald er aber seinen Zweck erreicht habe, halte er seine Ver-

Die feinen Unterschiede, die Männer dieser Art aufstellten, wurden schnell von dem angriffslustigen Selbstvertrauen der Inquisitoren weggefegt. Noch viel unheilvoller als die persönliche Tätigkeit von Institoris und Sprenger war das Vermächtnis, das sie in dem Werke hinterliessen, dem sie den stolzen Titel 'Malleus maleficarum', der Hexenhammer, gaben; es ist unzweifelhaft das ungeheuerlichste Denkmal des Aberglaubens, das die Welt hervorgebracht hat. Ihre ganze reiche Erfahrung und ihre umfassende Gelehrsamkeit bieten die Verfasser darin auf, um das wirkliche Vorhandensein des Hexenwesens und den Umfang seines Unheils zu beweisen und den Inquisitor zu unterrichten, wie er die Künste Satans vereiteln und seine Anhänger bestrafen könne. Institoris war kein gewöhnlicher Hexenjäger, vielmehr ein Mann, der in der ganzen scholastischen Gelehrsamkeit bewandert war. Augenscheinlich war er nicht ohne jedes menschliche Empfinden; an manchen Stellen bekundet er den lobenswerten Wunsch, den Angeklagten die Wohltat aller Rechtfertigungsgründe zuteil werden zu lassen, die sie von Rechts wegen vorbringen konnten. Aber er ist so vollständig von der riesenhaften Grösse des zu bekämpfenden Übels überzeugt, er glaubt so fest, dass sein Gericht in einen Kampf mit Satan um die menschlichen Seelen verwickelt sei, dass er ebenso voll Eifer jeden Kunstgriff und jede Grausamkeit rechtfertigt, die ausgedacht werden konnten, um einen Gegner zu überlisten, gegen den ehrliches Spiel verschwendete Mühe sein würde. Wie Konrad von Marburg und Jakob von Capistrano war er ein Mann der gefährlichsten Art, ein ehrlicher Fanatiker. Sein Werk ist weiterhin eine unerschöpfliche Fundgrube wunderbarer Geschichten, zu der spätere Geschlechter ihre Zuflucht nahmen, so oft es sich darum handelte, zu beweisen, dass die Hexe die Macht habe, irgendein bestimmtes Unheil anzustiften. Da sie mit dem besten Glauben von der Welt erzählt werden, als die Ergebnisse seiner eignen Erfahrung oder derjenigen seiner Amtsgenossen, so tragen diese Geschichten die Kraft der Überzeugung in sich. In der Tat, wäre man nicht genötigt, menschliche Zeugnisse in solchen Dingen überhaupt als trügerisch anzusehen, so könnte der Beweis als ein erdrückender erscheinen. Aussagen von uneigennützigen Augenzeugen, Klagen von Opfern, Geständnisse der Schuldigen, selbst nach ihrer Verurteilung und auf dem Scheiterhaufen, wenn sie keine Hoffnung mehr hatten als die auf den Nachlass

---

sprechungen nicht. Das von ihm gegebene Gold verschwinde stets, ehe sie davon Gebrauch machen könnten. Wie eine der Tiroler Hexen 1506 erklärte: „Der Teufel ist ein Schalk" (Rapp, a. a. O. p. 147).

ihrer Sünden durch Gott, sind so zahlreich und ausführlich, und sie stehen so gut im Zusammenhange, dass die fruchtbarste Phantasie nicht imstande zu sein scheint, sie zu erfinden. Ausserdem ist der Hexenhammer nach der Methode jener Zeit so logisch in der Form und so fest auf die scholastische Theologie und das kanonische Recht gegründet, dass das hohe Ansehen verständlich ist, welches das Werk länger als ein Jahrhundert als Hauptautorität in einer Sache von der höchsten praktischen Bedeutung genoss. Da sich alle späteren Schriftsteller unbedingt auf das Werk bezogen, trug es mehr als alle anderen Faktoren, von den päpstlichen Bullen abgesehen, zum Antrieb und zur Vervollkommnung der Verfolgung, und mithin auch zur Ausdehnung des Hexenwahns, bei [1]).

So konnte die Inquisition noch während der Epoche ihres Verfalles eine Zeitlang ihre Tätigkeit wieder aufnehmen, bevor durch die Reformation ihre Tatkraft in veränderter Form erneuert wurde. Allein es wurde ihr nicht überall gestattet, ihren Willen an dieser neuen Klasse von Ketzern auszuüben. In Frankreich wurden diese von Edikten aus den Jahren 1490 und 1493 als ausschliesslich den weltlichen Gerichtshöfen unterstehend behandelt, wofern die Übeltäter nicht zufällig zur Kompetenz der kirchlichen Gerichtshöfe gehören. Diese Edikte enthalten nicht den geringsten Hinweis auf die Inquisition. Zu gleicher Zeit kann man aus den Bestimmungen, dass diejenigen, welche Schwarzkünstler und Zauberer um Rat fragten, den gleichen Strafen unterliegen sollten wie die, welche diese Künste selbst ausübten, und dass Richter, die nachlässig in der Festnahme derselben waren, mit dem Verluste ihres Amtes, dauernder Rechtsunfähigkeit und schweren, dem freien Ermessen überlassenen Bussen bestraft werden sollten, ersehen, wie die Verfolgung an Schärfe zunahm. Wenn sich der Hexenwahn in Frankreich langsamer als in Deutschland und Italien

---

1) Diefenbach, Der Hexenwahn (Mainz 1886) gibt zu, dass der Hexenwahn das Ergebnis der zu seiner Unterdrückung angewandten Mittel sei; doch schreibt er in seinem Eifer, die Kirche von der Verantwortlichkeit zu befreien, den Ursprung desselben der 'Carolina' oder dem Strafgesetzbuche Karls V. zu, das 1531 erschien, und behauptet ausdrücklich, dass das Kirchenrecht nichts damit zu tun hatte (S. 176). Andere neuere Schriftsteller machen für die Greuel der Hexenprozesse die Bulle Innocenz' VIII. und den Malleus maleficarum verantwortlich (ib. S. 222—6). Wir haben indessen nachweisen können, dass die Entwicklung dieses Wahnes und die Mittel, die zu seiner Heilung angewandt wurden, auf den Glaubensformen und der Praxis der vorhergehenden Jahrhunderte beruhten. Er war, wie wir gesehen haben, auf ganz natürliche Weise aus den Grundsätzen hervorgegangen, die die Kirche allmählich zur Herrschaft gebracht hatte. — *Vgl. die Würdigung des Hexenhammers bei Hansen, Zauberwahn S. 473 ff., Quellen S. 360 ff. Eine deutsche Übersetzung des Hexenhammers in drei Bänden hat J. W. R. Schmidt (Berlin, 1906) herausgegeben.

ausbreitete, so war das wohl die Folge davon, dass die Kirche dort von der Jurisdiktion über die Zauberei ausgeschlossen war[1]).

Cornelius Agrippa, dessen gelehrte Abhandlungen über die Geheimwissenschaften so nahe die verbotenen Gebiete streiften, hatte, während er Syndikus der Stadt Metz war, im Jahre 1519 die Kühnheit, eine unglückliche Frau, die der Hexerei angeklagt war, aus den Händen des Inquisitors Nicolaus Savini zu retten. Der einzige Beweis, der gegen sie vorlag, war, dass ihre Mutter als Hexe verbrannt worden war. Savini führte den Malleus maleficarum an, um zu zeigen, dass sie, wenn sie nicht der Spross eines Incubus sei, unzweifelhaft bei ihrer Geburt Satan geweiht worden sein müsse. In Gemeinschaft mit dem bischöflichen Offizial Johann Leonhard hatte er sie grausam foltern lassen, worauf man sie ins Gefängnis warf und hungern liess. Als Agrippa sich erbot, sie zu verteidigen, wurde er von der Gerichtsstätte weggewiesen und als Begünstiger der Ketzerei mit Verfolgung bedroht. Dem Ehemann der Angeklagten verbot man den Zutritt zur Gerichtsstätte, damit er keine Berufung einlegen konnte. Zufällig wurde Leonhard todkrank und setzte nun, von Gewissensbissen gefoltert, auf seinem Sterbebette eine Urkunde auf, worin er erklärte, dass er von ihrer Unschuld überzeugt sei, und das Kapitel bat, sie in Freiheit zu setzen. Aber Savini verlangte, dass sie weiter gefoltert und dann verbrannt würde. Agrippa jedoch bemühte sich so wirksam bei Leonhards Nachfolger und dem Kapitel, dass die Frau freigesprochen wurde; sein uneigennütziger Eifer kostete ihm allerdings sein Amt, und er musste Metz verlassen. Von seiner Gegenwart erlöst, fand dann der Inquisitor bald eine andere Hexe, die er verbrannte, nachdem er sie durch die Folter gezwungen hatte, alle Greuel des Sabbats und die üblichen mit Hilfe Satans vollbrachten Missetaten zu gestehen. Hierdurch ermutigt, veranstaltete er, zweifellos gestützt auf die Geständnisse des Opfers, eine Nachforschung nach anderen Hexen und setzte eine Anzahl gefangen, während andere flohen. Er würde seine Bluttaten erbarmungslos fortgesetzt haben, wenn nicht Roger Brennon, der Pfarrer von Sainte-Croix, ihm offen entgegengetreten wäre und ihn in einer Disputation besiegt hätte, worauf die Gefängnistüren sich öffneten und die Flüchtlinge zurückkehrten[2]).

---

1) Fontanon, Édits et Ordonnances, IV. 237. — Isambert, Recueil general des anciennes lois françaises, XI. 190, 253.
2) Cornel. Agrippa, De occulta philosophia Lib. I. c. 40; lib. III. c. 33; Epist. II. 38, 39, 40, 59; De vanitate scientiarum, c. XCVI. — *Hansen, Quellen S. 512.

Der entschiedenste Widerstand jedoch, den die Inquisition in ihrem neuen Wirkungskreis erfuhr, ging von Venedig aus. Ich habe mehr als einmal Gelegenheit gehabt, auf den Konflikt zwischen der Signoria und dem Hl. Stuhle wegen der Hexen von Brescia hinzuweisen, wobei die Republik sich entschieden weigerte, die Urteile der Inquisitoren auszuführen. Um die Bedeutung ihres Beschlusses vollständig zu begreifen, müssen wir bedenken, dass die Kirche zwei Generationen hindurch den Hexenwahn in der ganzen Lombardei tatkräftig förderte, indem sie die Verfolgung der Hexen unaufhörlich betrieb und allen Widerstand von seiten der gelehrten Laienwelt brach, bis es ihr gelungen war, aus Oberitalien eine Brutstätte dieser Ketzerei zu machen. Im Jahre 1457 befahl Calixtus III. seinem Nuntius Bernardo di Bosco wirksame Massregeln zu ergreifen, um die Ausbreitung der Hexen in Brescia, Bergamo und der Umgegend zu unterdrücken. Um dieselbe Zeit entnahm Frà Girolamo Visconti der Hexenverfolgung in der Lombardei den Stoff zu seinem 'Lamiarum sive striarum opusculum', und der Hexenhammer versichert später (1486), ein ganzes Buch sei nötig, um allein aus Brescia alle Fälle zu berichten, in denen Frauen aus Verzweiflung über ihre Verführung zu Hexen geworden seien, obwohl das bischöfliche Gericht den lobenswertesten Eifer gezeigt habe, dem Unheil zu steuern. Im Jahre 1501 stachelte Alexander VI. den lombardischen Inquisitor Frà Angelo da Verona zu grösserer Tätigkeit an, indem er ihm versicherte, dass die Hexen in der Lombardei zahlreich seien und dass sie den Menschen, den Ernten und dem Vieh grossen Schaden bereiteten. Als sich in den ersten Jahren des sechzehnten Jahrhunderts der Inquisitor Giorgio di Casale zu Cremona bemühte, die zahllosen Hexen, die dort ihr Unwesen trieben, auszurotten, und ihm einzelne Geistliche und Laien entgegentraten mit der Behauptung, er überschreite seine Jurisdiktion, kam ihm Julius II., dem Beispiel Innocenz' VIII. vom Jahre 1484 folgend, zu Hilfe, indem er seine Kompetenzen fest umgrenzte und allen, die ihm bei dem guten Werke helfen würden, dieselben Ablässe wie den Kreuzfahrern anbot; diese Bestimmungen wurden 1523 von Hadrian VI. auch auf den Inquisitor von Como ausgedehnt. Das Ergebnis dieser ganzen sorgfältigen Anregung sehen wir in der Schilderung, die Pico della Mirandola im J. 1523 von den lombardischen Hexen gibt, sowie in der beunruhigenden Mitteilung des Silvester Prierias (1520), dass die Hexen sich längs des Apennin ausbreiteten und sich rühmten, die Gläubigen an Zahl sogar zu übertreffen. Wie sehr der Aberglaube des Volkes in dieser Beziehung zunahm, geht aus der Bemerkung Politianos vom J. 1483 hervor, dass er als Kind sich sehr vor den Hexen gefürchtet habe, weil sie, wie seine Grossmutter ihm zu erzählen pflegte, in den Wäldern lägen, um kleine Jungen zu verschlingen [1]). Bei alledem herrschte jedoch eine starke Neigung zu einem gesunden Skeptizismus unter den gebildeten Klassen, und hätte die Kirche nicht unglücklicherweise den Glauben an die Realität des Hexenwesens eingeimpft und seine Ausrottung durch das Feuer vorgeschrieben, so würden Europa die Greuel von nahezu zwei Jahrhunderten erspart geblieben sein. Pomponazzi, der um 1520 schrieb, berichtet, dass viele Menschen alles leugneten, was über die Macht der Dämonen gesagt werde; er selbst behauptet, dass vieles davon zwar Täuschung und Irrtum, vieles aber auch wahr sei, und nachdem er die Argumente für und wider aufgezählt, kommt er zu dem Schlusse: die Kirche müsse die Sache entscheiden, und da die Kirche erkläre, Teufel besässen solche Kräfte wirklich, so müssten die Gläubigen ohne Bedenken glauben, was die Kirche lehre. Er war offenbar Skeptiker; aber seine Erfahrung hatte ihn Vorsicht gelehrt[2]).

Dieser Gegensatz zwischen der Kirche und dem Rationalismus aufgeklärter Köpfe zeigt sich deutlich in Venedig, das immer sorgsam darauf bedacht gewesen war, sich die weltliche Jurisdiktion über die Zauberei zu bewahren. Ein Beschluss des Grossen Rates vom J. 1410 erlaubte der Inquisition, in denjenigen Fällen, wo es sich um Ketzerei oder den Missbrauch der Sakramente handelte, einzugreifen. Hätten aber Personen dadurch Schaden erlitten, dann sollte nur der geistliche Teil des Vergehens von der Inquisition abgeurteilt werden; für die damit zusammenhängenden Verbrechen sollte der weltliche Gerichtshof zuständig sein. Und als im J. 1422 einige Franziskaner angeklagt wurden, den Dämonen geopfert zu haben, übertrug der Rat der Zehn die Angelegenheit einer Kommission, zu der ein Rat, ein 'capo', ein Inquisitor und ein Advokat gehörte. Brescia galt als besonders von dem Hexenwesen verseucht.. Schon im J. 1455 ersuchte der Inquisitor Frä

---

1) Raynald. ann. 1457, Nr. 90. — Vayra, Streghe nel Canavese, a. a. O. p. 250. — (*Über Girolamo Visconti vgl. Hansen, Quellen S. 200 ff.). — Malleus maleficarum P. II. Q. 1 c. 1, 12. — Ripoll. IV. 190 (*über das irrtümliche Datum 1494 vgl. Hansen, Quellen S. 31). — Pegnae Appendix ad Eymeric. p. 105 (*Hansen, Quellen S. 31 ff.). — G. F. Pico, La strega, p. 17. — Prierias, a. a. O. Lib. II. c. 1, 5. — Aug. Politian., Lamia, Colon. 1518 (*Quellen S. 239).
2) Pomponatius, De incantationibus, cap. XIII. — *Vgl. auch den Auszug aus der Abhandlung des Joh. Franz Ponzinibius (c. 1520) bei Hansen, Quellen S. 313; über die Controverse zwischen Samuel de Cassinis und Vincenz Dodo, in den Jahren 1505/06, vgl. ebd. S. 262 ff. und Zauberwahn S. 510 ff.

Antonio den Senat um seine Unterstützung zu ihrer Ausrottung, was wahrscheinlich bewilligt wurde; als aber 1486 eine neue Verfolgung anhob, weigerte sich der Podestà, die Urteile der Inquisition auszuführen, und die Signoria unterstützte ihn, was, wie wir gesehen haben, den energischen Widerspruch Papst Innocenz' VIII. hervorrief. Unter dem Antrieb der Verfolgung nahm das Übel mit reissender Schnelligkeit zu. 1510 wurden in Brescia siebzig Frauen und siebzig Männer verbrannt, 1514 in Como dreihundert. Bei einer solchen Epidemie wurde jedes Opfer die Quelle einer neuen Ansteckung, so dass dem Lande Entvölkerung drohte. In der wahnsinnigen Erregung ging es von Mund zu Mund, dass die auf dem Monte Tonale, in der Nähe von Brescia, stattfindenden Hexensabbate gewöhnlich mehr als fünfundzwanzigtausend Teilnehmer zählten. 1518 wurde der Senat amtlich benachrichtigt, dass der Inquisitor siebzig Hexen aus dem Val Camonica verbrannt und ebenso viele noch in seinen Gefängnissen habe, sowie dass die Zahl der Verdächtigen oder Angeklagten sich auf etwa fünftausend, d. h. ein Viertel der Einwohner jenes Tales, belaufe. Es war Zeit einzuschreiten, und die Signoria tat es so wirksam, dass von Rom mit heftigen Gegenvorstellungen geantwortet wurde. Am 15. Februar 1521 legte Papst Leo X. Verwahrung ein gegen die Eingriffe des Senats von Venedig in die Tätigkeit der Inquisitoren und befahl den letzteren, freien Gebrauch von der Exkommunikation und dem Interdikt zu machen, wenn ihre Urteile über die Hexen nicht ohne Prüfung oder Revision ausgeführt würden; hieraus ergibt sich, wie fadenscheinig die Ausflüchte sind, durch welche man die Verantwortlichkeit für die Hinrichtung der Nichtrückfälligen den weltlichen Gerichten aufzubürden sucht. Der Rat der Zehn liess sich indessen nicht beirren: am 21. März 1521 antwortete er mit einer Verordnung bezüglich aller Prozesse, einschliesslich der schwebenden, deren Urteile als ungültig behandelt wurden mit der weiteren Bestimmung, dass die eingeforderten Kautionen zurückerstattet werden müssten. Die Verhöre sollten ohne Anwendung der Folter vor einem oder zwei Bischöfen, einem Inquisitor und zwei im Rufe der Rechtschaffenheit und Klugheit stehenden Doctoren von Brescia stattfinden. Das Ergebnis derselben sollte vor dem Gerichtshofe des Podestà unter Teilnahme zweier 'rettori' oder Statthalter und vier weiterer Doctoren verlesen werden. Alsdann sollte man die Angeklagten fragen, ob sie ihre Aussagen aufrechterhalten wollten, und nur, wenn sie dieselben änderten, sollte die Folter anwendbar sein. Erst wenn alle diese Formalitäten mit gebührender Umsicht beobachtet wären, sollte das Urteil, gemäss der Meinung aller obengenannten Sachverständigen, gefällt werden. Ein mit Vernachlässigung dieser Bedingungen ausgesprochenes Urteil durfte nicht vollstreckt werden. Auf diese Weise hoffte die Signoria eine Wiederholung der ihr angezeigten Versehen zu vermeiden. Ausserdem ersuchte man den päpstlichen Legaten, darüber zu wachen, dass die Kosten der Inquisition ermässigt, dass keine Erpressungen vorgenommen und Unschuldige nicht aus Habgier verurteilt würden, wie dies, so erklärte man, schon oft der Fall gewesen sei. Auch möge der Legat kompetente Persönlichkeiten beauftragen, die Erpressungen und anderen Missetaten, welche die Inquisitoren begangen hätten und über die allgemein Klage geführt würde, zu untersuchen, und die Übeltäter zum warnenden Beispiele kurzerhand bestrafen. Endlich ersuchte man ihn, zu berücksichtigen, dass die armen Leute aus dem Val Camonica schlichte und ganz unwissende Menschen seien, denen gute Prediger weit mehr not täten als strenge Verfolger, besonders in so grosser Zahl[1]).

In einer Zeit des Aberglaubens leuchtet diese Erklärung des Rates der Zehn hervor als ein Denkmal besonnener Weisheit und gesunden Menschenverstandes. Hätte dieser aufgeklärte Geist damals die Entschliessungen der Päpste und Fürsten geleitet, so würde Europa nicht die schmachvollste Seite in der Geschichte der Civilisation geliefert haben. Leider hatten aber die Völker die ihnen so emsig eingeimpfte Lehre der Furcht und Grausamkeit zu gründlich angenommen, und so abstossend die Einzelheiten der mit dem 15. Jahrhundert einsetzenden Hexenverfolgung sein mögen, so waren sie doch nur ein Vorspiel zu den blinden und sinnlosen Orgien der Vernichtung, welche die nächsten hundertfünfzig Jahre schändeten. Es schien, als ob eine wahnsinnige Raserei sich der ganzen Christenheit bemächtigt habe, und Satan konnte schmunzeln über den Tribut, der seiner Macht dargebracht wurde, und über die endlosen Rauchsäulen der Brandopfer, die Zeugnis ablegten für seinen Sieg über den Allmächtigen. Protestanten und Katholiken wetteiferten miteinander in dem Wahnsinn der Zeit. Die Hexen wurden nicht mehr einzeln oder zu zweien, sondern zu Dutzenden und Hunderten verbrannt. Ein Bischof von Genf soll binnen drei Monaten fünfhundert, ein Bischof

---

1) G. de Castro, Il mondo secreto, IX. 128, 133, 135—6. — Magnum Bullarium Romanum I. 440, 617 (*Hansen, Quellen S. 29 ff.; Zauberwahn S. 500). — Archivio di Venezia, Misti, Concil. X. Vol. 44, p. 7 (vgl. den Anhang dieses Bandes Nr. VIII).

von Bamberg sechshundert, ein Bischof von Würzburg neunhundert verbrannt haben. Die Regierung von Savoyen verurteilte, anscheinend auf einmal, achthundert. Die Anschauung, dass Satan durch die Vermittlung seiner Verehrer wirke, war so vollständig in den Gedankengang jener Zeit eingedrungen, dass man jeden aussergewöhnlichen Vorgang in der Natur unbedenklich ihm und seinen Helfershelfern zuschrieb. Der Frühling des Jahres 1586 liess in den Rheinlanden lange auf sich warten, die Kälte dauerte bis Juni: das konnte nur die Folge von Hexenbosheit sein, weshalb der Erzbischof von Trier in Pfalzel hundertundachtzehn Frauen und zwei Männer verbrannte, denen das Geständnis erpresst worden war, dass sie durch ihre Zaubersprüche den Winter verlängert hätten. Es war gut, dass er so schnell gehandelt hatte; denn auf dem Wege zum Richtplatz sagten die Opfer, wenn sie noch drei Tage Zeit gehabt hätten, würden sie eine solche Kälte hervorgerufen haben, dass alles Grün erfroren und alle Felder und Weinberge unfruchtbar geworden wären. Die Inquisition hatte offenbar würdige Schüler; aber sie liess darum nicht nach in ihren eignen Bemühungen. Der sizilische Inquisitor Ludwig von Paramo rühmt (1598), dass das hl. Offizium in den hundertfünfzig Jahren seit dem ins Jahr 1404 fallenden Beginn der Sekte zum mindesten dreissigtausend Hexen verbrannt habe, die, wenn sie ungestraft geblieben wären, leicht die ganze Welt hätten vernichten können[1]). Konnte irgendein Manichäer einen greifbareren Beweis dafür liefern, dass Satan der Herr des sichtbaren Weltalls war?[2])

---

1) Michelet, La sorcière, Liv. II. ch. III (*vgl. Hansen, Zauberwahn S. 505 Anm. 2). — P. Vayra, a. a. O. p. 255. — Annales Novesienses ann. 1586 (Martene, Ampl. Coll. IV. 717). — Paramo, De origine et progressu officii S. Inquisitionis (1598) p. 296 (*vgl. E. Schäfer, Beiträge zur Geschichte des spanischen Protestantismus und der Inquisition im 16. Jahrhundert I (1902), S. 14 ff.). — *Für die spätere Haltung der Inquisition vgl. Hansen, Zauberwahn S. 523 ff.

2) *Für die Hexenverfolgung im 16. und 17. Jahrhundert vgl. Janssen-Pastor, Geschichte des deutschen Volkes VIII (1894) S. 520 ff.; Riezler, Geschichte der Hexenprozesse in Bayern (1896) S. 130 ff.; Duhr, Geschichte der Jesuiten in den Ländern deutscher Zunge I (1907), 731 ff.; Lea, A history of the Inquisition in Spain IV (1907), 209 ff.; N. Paulus, Hexenwahn und Hexenprozess vornehmlich im 16. Jahrhundert (1910); W. Notestein, A history of witchcraft in England 1558—1718 (1911).

Achtes Kapitel.

Verstand und Glaube.

Die einzigen Ketzereien, welche die Kirche wirklich beunruhigten, waren diejenigen, die sich unter der Masse des Volkes ausbreiteten, unabhängig von den Spitzfindigkeiten geistreicher Dialektiker. Vielleicht bildeten eine Ausnahme hiervon die Lehren der Brüder vom freien Geiste, die offenbar ihren Ursprung den Spekulationen des Amalrich von Bena und des David von Dinant verdankten (Bd. II, 366); aber im allgemeinen hatten die Katharer und die Waldenser, die Spiritualen und die Fraticellen, selbst die Hussiten wenig oder nichts gemeinsam mit den feingesponnenen Lehren der Schule. Damit eine Ketzerei Wurzel schlägt und Früchte trägt, muss sie die Menschen für das Martyrium begeistern können, und um das zu können, muss sie dem Herzen und nicht dem Gehirn entspringen. Wir haben gesehen, wie Jahrhunderte hindurch Scharen von Menschen bereit waren, lieber dem Tode in seiner schrecklichsten Form Trotz zu bieten als den Glauben aufzugeben, mit dem ihre Empfindungen, ihre Gefühle und ihre Hoffnungen auf das Jenseits aufs engste verknüpft waren; dagegen berichtet uns die Geschichte von Abälard bis auf Meister Eckart und Galilei nur von wenigen Fällen, in denen rein verstandesmässige Anschauungen, so fest man auch an ihnen hing, stark genug waren, um ihre Träger für ihre Überzeugung sich opfern zu lassen. Es war weniger die Vernunft, als das Gefühl, was den Ketzer gefährlich machte, und aller Stolz des Gelehrten auf seinen Verstand war doch nicht ausreichend, um ihm die Kraft zu geben, seine Behauptungen mit derselben unerschütterlichen Entschlossenheit aufrechtzuerhalten, womit der schlichte Bauer zum Scheiterhaufen schritt, Hymnen singend und freudig die Flammen begrüssend, die ihn dem Paradiese zuführen sollten.

Die Schulen haben daher nur wenige Fälle aufzuweisen, in denen der Streit zwischen freieren Anschauungen und der Autorität so sehr auf die Spitze getrieben wurde, dass die Anrufung der Inquisition erforderlich war. Indessen übte die letztere durch ihr System, welches sie geeignet machte, die Gleichmässigkeit des Glaubens zu erzwingen, einen zu mächtigen Einfluss auf die geistige Entwicklung Europas aus, als dass wir diese Phase ihrer Tätigkeit ohne eine kurze Betrachtung übergehen könnten.

Zwei Strömungen riefen Konflikte zwischen den Gelehrten und den Inquisitoren hervor. Der Eifer der Verfolgung, welcher in der Reinheit des Glaubens das höchste Ideal des Christen und die dringendste Sorge des Herrschers, des weltlichen wie des geistlichen, erblickte, trieb die Rechtgläubigkeit derartig auf die Spitze, dass der kleinste Punkt der Theologie für ebenso wichtig angesehen wurde wie die Grundlehren der Religion. Beispiele für diese Ausartung fanden wir bereits in den Erörterungen über die Armut Christi sowie über die Fragen, ob Christus schon tot war, als er am Kreuze mit der Lanze durchbohrt wurde, oder ob das Blut, das er bei der Passion vergoss, auf der Erde blieb oder zum Himmel aufstieg. Stephan Palecz wies auf dem Konzil von Konstanz mit scharfer Dialektik nach, dass eine Lehre, die unter tausend rechtgläubigen Punkten einen einzigen irrigen enthielt, um dieses einen Punktes willen vollständig ketzerisch sei. Ja, es bedurfte gar keines ausgesprochenen Glaubensirrtums, um verdächtig zu werden: schon der Zweifel an sich war eine Ketzerei, da der Christ fest im Glauben sein musste [1]).

Auf der anderen Seite wurden aber die Köpfe der Gelehrten erhitzt von dem unsinnigen Eifer, mit unbedingter Genauigkeit jede Einzelheit des Universums und der unsichtbaren Welt zu bestimmen und zu erklären. Soweit sich dieser Eifer innerhalb der Grenzen betätigte, die die unfehlbare Kirche der Orthodoxie gezogen hatte, schuf er die verwickeltsten und erstaunlichsten Denkmäler der Theologie, die der menschliche Verstand jemals aufgestellt hat. Die „Sentenzen" des Petrus Lombardus wuchsen aus zu der „Summa" des Thomas von Aquino, einem umfangreichen Bauwerk, das nur ungewöhnlich begabte Köpfe nach strenger und besonderer Schulung verstehen und behalten konnten. Nachdem aber dieses Lehrgebäude einmal errichtet und als rechtgläubig angenommen war, wurden die Theologie und Philosophie die gefährlichsten Wissenschaften, da der

---

1) Von der Hardt I. XVI. 829. — Bernardus Comensis, Lucerna Inquisit. s. v. Dubius.

irregeleitete Scharfsinn der Gelehrten, in den Spitzfindigkeiten der Dialektik schwelgend, beständig neue, zweifelhafte Punkte erörterte, neue Fragen aufwarf und neue Feinheiten in Dingen ersann, die schon an und für sich viel zu spitzfindig waren, um vom gewöhnlichen Verstand begriffen zu werden. Der Forscher, der den Staub aufwirbelt, welcher jetzt glücklicherweise die Berichte über diese vergessenen Controversen bedeckt, kann nur bedauern, dass ein so wunderbarer Scharfsinn und eine solche Tatkraft so töricht vergeudet wurden, während sie, richtig angewandt, die Menschheit um ebenso viele Jahrhunderte hätten vorwärts bringen können.

Die Geschichte Roger Bacons (1214—1294), des 'Doctor mirabilis', veranschaulicht so recht die Bestrebungen dieser Zeit. Sein Riesengeist stiess sich beständig an den engen Schranken, die ein trotz seiner gelehrten Unwissenheit dünkelhaftes Zeitalter um ihn aufgerichtet hatte. Einmal drang ein vorübergehender Lichtstrahl in die Dunkelheit seiner Umgebung herein, als Guido Fulcodius auf den päpstlichen Stuhl erhoben wurde, und nun Clemens IV. dem Engländer befahl, ihm die Entdeckungen mitzuteilen, von denen er nur Unbestimmtes gehört habe. Es ist rührend, den Eifer zu sehen, mit welchem der wenig gewürdigte Gelehrte diese unerwartete Gelegenheit so gut wie möglich zu benutzen suchte: wie er die Mittel seiner Freunde erschöpfte, um das Geld zusammenzubringen zur Bezahlung der Schreiber, die ihm in einer schönen Abschrift die Fülle aufrührerischer Gedanken zusammenstellen sollten, in denen er die ganze Summe der menschlichen Kenntnisse zusammenzufassen suchte, und wie er in dem Zeitraume von wenig mehr als einem Jahre eine so gewaltige Arbeit wie die Niederschrift des 'Opus majus', des 'Opus minus' und des 'Opus tertium' vollendete. Unglücklicherweise war aber Clemens IV. zu jener Zeit (1266) mehr mit dem Schicksal Karls von Anjou beschäftigt als mit dem flüchtigen Einfall, der ihn veranlasst hatte, sich an den Gelehrten zu wenden. Zwei Jahre später starb er, und es ist zweifelhaft, ob er auch nur die Summen zurückerstattete, die zur Befriedigung seines Wunsches ausgegeben worden waren[1]).

Es war unvermeidlich, dass Bacon in dem ungleichen Kampfe, den er zugleich mit der Unwissenheit und der Gelehrsamkeit seiner Zeit zu führen hatte, unterliegen musste. Seine Mühen und seine Gedanken waren ein Protest gegen das ganze damals geltende Denk-

---

1) R. Bacon, Opera quaedam hactenus inedita, scil. Opus tertium, Opus minus, Compendium studii philosophici, De nullitate magiae, De secretis naturae operibus, hrsg. von J. S. Brewer (London 1859), Vorrede S. XLV.

und Lehrsystem. Die Scholastiker leiteten aus ihrem innern Bewusstsein eine Theorie des Universums ab und stritten dann unaufhörlich über Spitzfindigkeiten, die der barbarische Jargon ihrer Dialektik ihnen eingab. Dasselbe geschah mit der Theologie, die an die Stelle der Religion getreten war. Petrus Lombardus galt für grösser als alle Propheten und Evangelisten zusammengenommen. Bacon erzählt, dass das Studium der Hl. Schrift vernachlässigt wurde um des Studiums der „Sentenzen" willen, auf denen der ganze Ruhm der Theologen beruhte. Der Docent, welcher die Sentenzen lehrte, konnte sich selbst die Stunde für seinen Unterricht wählen und wurde dafür reichlich belohnt, wohingegen derjenige, welcher die Hl. Schrift lehrte, um die Zeit betteln musste, wo er Gehör finden könnte, um schliesslich doch vor leeren Bänken zu predigen. Der erstere durfte öffentlich disputieren und wurde für einen Meister gehalten, der letztere war in den Debatten der Schulen zum Schweigen verdammt. Es ist unmöglich, fügt er hinzu, das Wort Gottes zu verstehen wegen des Missbrauchs der Sentenzen; und wer in der Hl. Schrift sucht, um Licht in gewisse Fragen zu bringen, den hält man für einen Toren, und niemand hört ihm zu. Schlimmer als alles ist, dass der Text der Vulgata schrecklich entstellt ist, und wo er nicht entstellt ist, da ist er zweifelhaft dank der Unwissenheit und der Anmassung der sogenannten Verbesserer. Denn jeder hält sich für fähig, diesen Text zu verbessern, obgleich er es nicht wagen würde, ein Wort bei einem Dichter zu ändern. Von allen Modernen zuerst erkannte Bacon die Bedeutung der Etymologie und der vergleichenden Philologie, und er deckte schonungslos die plumpen Fehler der sogenannten Gelehrten auf, die nichts anderes konnten als ihre Schüler zu Irrtümern zu verleiten. Bacons Methode war streng wissenschaftlich. Er brauchte Tatsachen, wirkliche Tatsachen als Unterlage für jede Untersuchung, mochte es sich um ein Dogma oder um physikalische und geistige Beobachtungen handeln. Für ihn beruhte jedes Studium der Natur oder des Menschen auf Erfahrung: erst wissen, dann urteilen. Die Mathematik galt ihm als die erste der Wissenschaften, als die zweite die Metaphysik; diese war aber für ihn kein unfruchtbarer Versuch, aus willkürlich angenommenen und auf dialektische Sophismen aufgebauten Postulaten ein System zu bilden, sondern eine festgeschlossene Reihe von Ableitungen aus sicheren Beobachtungen. Denn nach Avicenna waren „die Resultate der anderen Wissenschaften die Grundlagen für die Metaphysik"[1]).

---

1) Opus minus, a. a. O. I. 326—30. — Compendium studii philosophici

Die umfangreichen Arbeiten, die das ernste Leben dieses grossen Geistes ausfüllten, waren verloren für eine Welt, die, eingebildet auf ihre kleinlichen Eitelkeiten, nicht zu erkennen vermochte, wie weit er ihr vorausgeeilt war. Sie war verliebt in Worte; Bacon hatte es mit Tatsachen zu tun. Das Wirkliche wurde aber um des Wesenlosen willen verworfen, und eine geistige Umwälzung von unschätzbarem Werte für die Menschheit in ihrem Keime erstickt. Es war, als wenn Caliban den Prospero fesseln und in den Ozean werfen wollte. Wie vollkommen unfähig jene Zeit war, Bacon und seinen Gegensatz gegen ihre Methoden zu verstehen, ersieht man aus der Seltenheit der Handschriften seiner Werke, aus dem fragmentarischen Zustande einiger von ihnen und dem gänzlichen Verschwinden anderer. „Es ist leichter", sagt John Leland (um 1550), „die Blätter der Sibylle zu sammeln als die Titel der Werke Roger Bacons." Diese Unfähigkeit ergibt sich ebenso aus dem Mangel an Einzelheiten über sein Leben und aus den volkstümlichen Erzählungen über seine Fortschritte in den Zauberkünsten. Selbst der tragische Vorfall seiner Einkerkerung durch seine Vorgesetzten im Franziskanerorden und das Verbot, seine Studien fortzusetzen, sind in solches Dunkel gehüllt, dass die Berichte darüber sich widersprechen und ihre Zuverlässigkeit nicht mit Unrecht geleugnet wird. Nach dem einen Berichte wurde er im J. 1278 bei dem Ordensgeneral Hieronymus von Ascoli wegen glaubenswidriger Spekulationen angeklagt, seine Lehre verurteilt, den Brüdern befohlen, gewissenhaft den Umgang mit ihm zu vermeiden, und er selbst ins Gefängnis geworfen, und zwar unzweifelhaft deshalb, weil er sich nicht ebenso gelassen wie Olivi dem Urteil des Generals unterwarf. Er muss Anhänger und Freunde gehabt haben; denn Hieronymus soll den Klagen derselben zuvorgekommen sein dadurch, dass er Nikolaus III. sofort um eine Bestätigung des Urteils anging. Wie lange seine Gefangenschaft dauerte, ist nicht bekannt; nach einer alten Überlieferung kam er aber im Kerker um, entweder infolge von Krankheit oder infolge der schlechten Behandlung, welche, wie wir gesehen haben, die Franziskaner ihren irrenden Brüdern reichlich zuteil werden liessen. Ein anderer Bericht schreibt seine Einkerkerung dem asketischen Raimund Gaufridi zu, der von 1289—1295 General war. In beiden Fällen dürfte es nicht schwer sein, die Ursache seines Unglücks zu erklären. Stolz und Leidenschaft war in den Schulen so verbreitet, dass jemand,

---

VII. — Brewer, a. a. O. S. LI. — *Reuter, Geschichte der religiösen Aufklärung im Mittelalter II. 67 ff.; Espenberger, Die Philosophie des Petrus Lombardus und ihre Stellung im 12. Jahrhundert (1901); Baltzer, Die Sentenzen des Petrus Lombardus (1902).

der in einem so schroffen Gegensatz zu der herrschenden Geistesrichtung stand und die Unwissenheit der Gelehrten so erbarmungslos an den Pranger stellte, sich unbedingt bittere Feindschaft zuziehen musste. Der kühne Gelehrte, welcher die Hl. Schrift den Sentenzen vorzog und den Text der Vulgata für entstellt erklärte, muss reichliche Gelegenheit zu Anklagen wegen Ketzerei gegeben haben in einer Zeit, wo das Dogma so verwickelt war und lebensgefährliche Ketzerei hinter der kleinsten Verirrung lauern konnte. Der Politiker Hieronymus von Ascoli lieh den so zahlreichen und mächtigen Feinden, die Bacon herausgefordert hatte, vermutlich ein williges Gehör. Der asketische Raymund aber, der danach strebte, den Orden zu seiner ursprünglichen Unwissenheit und Einfachheit wieder zurückzuführen, mochte Bacons Arbeiten mit derselben Abneigung ansehen, wie sie die ersten Spiritualen der Gelehrsamkeit des Crescenzio Grizzi entgegenbrachten. Es war eine ständige Klage bei diesem Zweige des Ordens, dass Paris Assisi vernichtet habe, — wie Jacopone da Todi sang:

> Tal' è, qual' è, tal' è,
> Non religione c' è.
> Mal vedemmo Parigi
> Che n'a destrutto Assisi.

Der General der Spiritualen mochte daher wohl gern einen Schlag führen gegen den grössten Gelehrten des Ordens[1]).

Bacon litt, weil er die geistigen Anschauungen seiner Zeit bekämpft hatte. Die vielen und heftigen Controversen der Scholastiker blieben dagegen ungestraft, weil sie sich im Rahmen dieser Anschauungen abspielten. Der grosse Streit zwischen den Nominalisten und Realisten nimmt einen zu breiten Raum in der geistigen Entwicklungsgeschichte Europas ein, um hier vollständig übergangen werden zu können; seine unmittelbare Beziehung zu unserm Gegenstande ist indessen nicht nahe genug, um eine ausführliche Betrachtung zu rechtfertigen.

Nach der Lehre der Realisten sind 'genera' und 'species' — die unterscheidenden Attribute der Einzelwesen oder die Begriffe dieser Attribute — wirkliche Wesenheiten, wenn nicht die einzigen Wirklichkeiten. Individuen sind ephemere Existenzen, die vergehen; die einzigen weiterlebenden Dinge sind diejenigen, welche allgemein und allen gemeinsam sind. Im Menschen ist dies die Menschlichkeit,

---

1) Brewer, a. a. O. S. xcviii. — Wadding. ann. 1278, Nr. 26; ann. 1284, Nr. 12. — Wood, Life of Bacon (Brewer, p. xciv.—xcv). — C. Müller, Die Anfänge des Minoritenordens, p. 104—5. — * Hauck, Kirchengeschichte Deutschlands IV[1], S. 408 ff.

aber die Menschlichkeit ist wiederum nur ein Teil einer grössern Existenz, des Beseelten, und das Beseelte ist nur eine vorübergehende Form eines unendlichen Wesens, welches alles und nichts im besondern ist. Dieses ist das einzig Unwandelbare. Diese Vorstellungen nahmen ihren Ursprung aus dem Buch 'De divisione naturae' des Johannes Scotus Erigena (verfasst um 870), dessen Reaktion gegen den herrschenden Anthropomorphismus seine hochfliegenden, nahe an Pantheismus streifenden Ansichten über das göttliche Wesen veranlasste. Die in seinem Werke latente Ketzerei blieb unentdeckt, bis sie von den Amalricianern entwickelt wurde, worauf das Buch, beinahe vierhundert Jahre nach seinem Erscheinen, von Honorius III. im Jahre 1225 verdammt wurde[1]).

Der Nominalismus dagegen betrachtete das Einzelwesen als die Grundsubstanz. Die allgemeinen Begriffe sind für ihn nur Abstraktionen oder die geistige Auffassung von Eigenschaften, die den Individuen gemeinsam sind, und haben nicht mehr Wirklichkeit als die Worte, durch die sie ausgedrückt werden. Ebenso wie der Realismus bei kühnen Denkern zum Pantheismus führte, konnte der Nominalismus, Schritt für Schritt, zur Anerkennung der Ursprünglichkeit des Individuellen gebracht werden, um schliesslich im Atomismus zu endigen[2]).

Die beiden sich gegenüberstehenden Schulen wurden zuerst klar umschrieben im Beginne des zwölften Jahrhunderts, als Roscellinus, der Lehrer Abälards, Führer der Nominalisten wurde und Wilhelm von Champeaux sich an die Spitze der Realisten stellte. Die Wortkämpfe dauerten in den Schulen mit beständig wachsender Bitterkeit fort, obgleich keine von ihnen die letzten Schlüsse aus ihren Ansichten zu ziehen wagte. Schliesslich erlangte der Realismus in veränderter Form durch die gewaltige Autorität des Albertus Magnus und Thomas von Aquino einen vollständigen Sieg. Auch Duns Scotus war Realist, obwohl er mit Thomas von Aquino nicht übereinstimmte in dem Probleme der Individuation. So teilten sich die Realisten weiter in die beiden feindlichen Parteien: die Thomisten und Scotisten. Während sich nun diese durch ihre Uneinigkeit schwächten, erneuerte Wilhelm von Occam den Nominalismus wieder, so dass dieser kühner denn je sein Haupt erhob. In diesem auf und ab wogenden Kampfe

---

1) Tocco, L'heresia nel Medio Evo, p. 2. — J. Scotus Erigena, De divisione naturae I. 14; IV. 5. — Albericus Trium Fontium ann. 1225 (Mon. Germ. Hist. SS. XXIII. 914). — *Deutsch, in der Realencyklopädie ³XVIII (1906), 86 ff.
2) Tocco, a. a. O. p. 4. — *Grabmann, Die Geschichte der scholastischen Methode (1909, 1912).

konnten die beiden grossen Orden der Dominikaner und Franziskaner nicht neutral bleiben, und so scharten sie sich, entsprechend ihrer alten Rivalität untereinander, um die beiden feindlichen Banner, während Occam durch seine Verteidigung Ludwigs des Bayern in dessen Streite mit dem Papsttum die neue Schule der Nominalisten zugleich veranlasste, seine Ansichten über das Verhältnis zwischen Kirche und Staat anzunehmen[1]).

Die Schulen hallten wider von dem Lärm der Disputationen, der gelegentlich so heiss wurde, dass es Schläge setzte, wo die Worte fehlten, und es soll sogar zu Mordtaten gekommen sein. Unter Peter von Ailly und Johannes Gerson war die Universität Paris nominalistisch. Mit der englischen Herrschaft triumphierten aber die Realisten und vertrieben ihre Gegner, die erst mit der Wiederherstellung der französischen Monarchie zurückkehren konnten. Im Jahre 1465 entstand an der Universität Löwen über einige Ansichten des Petrus de Rivo von dem Schicksal und der göttlichen Vorsehung ein Streit, der zehn Jahre dauerte und alle rivalisierenden Parteien auf den Plan rief. Auch die Universität Paris wurde mit hineingezogen. Die Nominalisten triumphierten, indem sie Petrus de Rivo verdammten, worauf die Realisten Rache nahmen, indem sie von König Ludwig XI. ein Edikt erwirkten, wodurch das Lehren nominalistischer Ansichten an der Universität und in allen Schulen des Königreichs verboten wurde. Alle nominalistischen Bücher wurden eingepackt und versiegelt. 1481 aber wurde Ludwig XI. überredet, sein Edikt zurückzunehmen, und die Universität freute sich, ihre Freiheit wieder zu erhalten. Auf einen tragischen Zwischenfall in dem langen Streite, den Prozess Johanns von Wesel und dessen Tod im Gefängnis, haben wir schon hingewiesen (Bd. II, S. 478); er zeigt, mit welcher Fertigkeit die scholastischen Eiferer es verstanden, die Befriedigung ihres Rachedurstes zu einer Verteidigung des Glaubens umzustempeln. Der zeitgenössische Berichterstatter über den Prozess behauptet, die Verfolgung sei veranlasst worden durch die Feindschaft der realistischen Dominikaner gegen den von Johann verteidigten Nominalismus, und er beklagt die Wut, womit die Thomisten jeden, der die Existenz der Universalia leugnete, der Sünde gegen den Hl. Geist beschuldigten und als einen Verräter gegen Gott, gegen die christliche Religion, gegen die Gerechtigkeit und gegen den Staat hinstellten[2]).

---

1) Johann. Saresberiens., Metalogus II. 17. — Tocco a. a. O. S. 26, 39, 40, 57. — *Vgl. Reuter, Geschichte der religiösen Aufklärung im Mittelalter I. (1879), 128 ff.; Seeberg, Die Theologie des Johannes Duns Scotus (1900).
2) Brucker, Institutiones historiae philosophicae (1756) p. 530. — D'Argen-

Die Geschichte der Scholastik weist zahlreiche Beispiele auf, wie diese rücksichtlosen Controversen zu höchst gefährlichen Spitzfindigkeiten in ganz nebensächlichen Fragen der Theologie führten, und wie empfindlich die Hüter des Glaubens waren in bezug auf alles, was ein perverser Scharfsinn als Ketzerei auslegen konnte. Duns Scotus entging seinem Schicksal so wenig wie Thomas Bradwardine; Wilhelm von Occam und Johann Buridan wurden gemeinsam von der Universität Paris verurteilt, obwohl der letztere deren Rektor gewesen war. Zwischen der Philosophie und einer Theologie, welche alles in der sichtbaren und unsichtbaren Welt erklären wollte, konnten unmöglich scharfe Grenzen gezogen werden, und so nahmen die Klagen der Theologen kein Ende, dass die Philosophen sich beständig Übergriffe in ihr Gebiet erlaubten. Widersprachen deren kühne Spekulationen dem rechten Glauben, so suchten sie sich mit der Erklärung zu decken, dass nach der Methode der Philosophie die katholische Religion zwar irrtümlich und falsch sei, dass sie aber wahr sei als eine Glaubenssache, und dass sie demgemäss daran glaubten. Das machte die Sache nur schlimmer; denn dadurch wurde, wie die Autoritäten hervorhoben, angenommen, dass es zwei entgegengesetzte Wahrheiten gäbe, die einander widersprächen. So wurde wieder die orthodoxe Empfindlichkeit angerufen, um, wie es im J. 1447 die Universität Löwen tun musste, die albernsten Sophismen zu verurteilen, — so etwa die Behauptung, es sei möglich, eine Linie zu ziehen, die einen Fuss lang sei aber doch weder Anfang noch Ende habe, oder die ebenso unsinnige Lehre, dass ein Ganzes in England sein könne, während seine Teile sich in Rom befänden; oder die von der Universität Paris 1463 verdammten Ansichten des Johann Fabre, dass jeder Teil eines Menschen ein Mensch sei, dass ein Mensch die Unendlichkeit der Menschen darstelle, dass kein Mensch jemals verderbe, obwohl bisweilen ein Mensch verderbe — Sätze, in denen die Möglichkeit einer ketzerischen Ausgestaltung lauerte —, oder der anscheinend noch unschuldigere grammatische Widersinn, dass es keinen Unterschied gäbe zwischen den Sätzen: „Der Topf kocht", und „Topf, du kochst", ein Unsinn, der, wie Erasmus sagt, als unfehlbares Zeichen der Ungläubigkeit angesehen wurde. Die Philosophen waren nicht zufrieden, bis sie die tiefsten und heiligsten Mysterien der

---

tré I, II. 258—84, 298, 302—4 (*Fredericq, L'hérésie à l'université de Louvain vers 1470, im Bulletin de l'Académie royale de Belgique, 1905, S. 20 ff.). — Baluze et Mansi, II. 293—6. — Isambert, Recueil général des anciennes lois françaises x. 664—72.

Theologie logisch beweisen konnten; wie eifrig sie aber auch in dem Glauben waren, das Eindringen der Vernunft in die der Theologie vorbehaltenen Gebiete wurde nicht nur als eine unberechtigte Einmischung, sondern auch wegen der möglichen Folgen mit berechtigter Besorgnis angesehen. Als die arabischen Philosophen über die Natur und die Wirksamkeit der göttlichen Weisheit stritten, vermittelte Maimonides († 1204), indem er in seiner ruhigen Weisheit sagte: „Versuchen, die göttliche Weisheit zu begreifen, heisst soviel wie versuchen, Gott selbst zu sein und unsere Auffassungskraft mit der Gottes auf gleiche Stufe stellen ... Es ist für uns vollständig unmöglich, dieses Mass von Fassungskraft zu erlangen. Wenn wir Menschen sie uns erklären könnten, würden wir den Verstand besitzen, der diese Gabe der Auffassung verleiht." Ehrgeizige Scholastiker jedoch so gut wie orthodoxe Doctoren der Theologie wollten nicht zugeben, dass der Endliche das Unendliche nicht begreifen könne, und ihr Vernunftstolz erregte natürlicherweise die Eifersucht derjenigen, die es für ihr ausschliessliches Vorrecht hielten, das Allerheiligste zu hüten und den Willen Gottes den Menschen zu erklären. Einen Beleg hierfür bietet schon im Jahre 1201 die Geschichte des gelehrten Doctors Simon von Tournai, der durch geistreiche Argumente das Mysterium der Dreifaltigkeit bewies und dann, durch den Beifall seiner Hörer stolz gemacht, sich rühmte, dass, wenn er boshaft sein wolle, er auch das Gegenteil mit noch stärkeren Argumenten beweisen könne, worauf er sofort gelähmt und mit Schwachsinn geschlagen wurde. Auf Selbstbeschränkung konnte man natürlich bei solchen Männern nicht rechnen, und noch weniger erwarten, dass der Himmel in jedem Falle eine so heilsame Warnung erteilen würde [1]).

Die Kühnheit, womit diese Hitzköpfe in das Gebiet des Heiligen eindrangen, stieg ins Masslose mit dem Erscheinen der Werke des Averrhoes im zweiten Viertel des dreizehnten Jahrhunderts, die eine wirkliche Gefahr für die christliche Lehre zu werden drohten. Unter den Händen der arabischen Kommentatoren wurde der Theismus des Aristoteles zu einem transcendentalen Materialismus, der seinen höchsten Ausdruck fand durch den letzten seiner Anhänger, den im J. 1198 gestorbenen Ibn Roschd oder Averrhoes. Nach seinem

---

1) D'Argentré I, ɪ. 275, 285—90, 323—30, 337—40; I, ɪɪ. 249, 255. — R. Lullus, Lamentatio philosophiae (Opera, ed. 1651, p. 112). — Erasmi Encomium moriae (Leipzig 1828) p 365. — Maimonides, Guide des égarés, P. III, ch. xxi. (Übers. von Munk, III. 155). — Matt. Paris. ann. 1201 (Mon. Germ. Hist. SS. xxvɪɪɪ. 116).

559 System ist die Materie von Anbeginn an dagewesen, und die Schöpfungstheorie unmöglich. Das Universum wird gelenkt nach ewigen, von Anfang an vorhandenen, autonomen Grundsätzen, die in unbestimmter Weise mit einer höchsten Einheit zusammenhängen. Einer von ihnen ist der tätige Verstand, der sich unaufhörlich offenbart und das beständige Selbstbewusstsein der Menschheit ausmacht. Das ist die einzige Form der Unsterblichkeit. Wie die Seele des Menschen der Teil eines kollektiven Ganzen ist und zeitweilig von dem Ganzen losgelöst wird, um den Körper zu beleben, so wird sie beim Tode wieder in den tätigen Verstand des Universums aufgenommen. Folglich gibt es keine zukünftigen Belohnungen und Bestrafungen, keine Gefühle, kein Gedächtnis, keine Empfindung, keine Liebe, keinen Hass. Der vergängliche Körper hat die Kraft, sich selbst wieder hervorzubringen, und erfreut sich so einer materiellen Unsterblichkeit in seinen Nachkommen, aber nur die kollektive Menschheit ist unsterblich[1]). Für Menschen, deren Begriffe von Paradies und Auferstehung ebenso materiell waren wie der Swarga-Himmel der Brahmanen oder der Kama-Loka-Himmel der Buddhisten, war eine solche kollektive und nicht wahrnehmbare Unsterblichkeit, ebenso wie das Moksha und das Nirvana, virtuell gleichbedeutend mit Vernichtung, und die Averrhoisten galten allgemein für Materialisten.

Solche Theorieen hatten aber natürlich höchste Gleichgültigkeit gegen religiöse Formeln zur Folge. Zum Glück hatte allerdings Averrhoes einen heilsamen Schrecken vor dem andrängenden moslemitischen Fanatismus bekommen, und er war ihm nicht ohne Schaden entgangen; so war er doch vorsichtig geworden in seinem Angriffe auf den bestehenden Glauben. „Die besondere Religion der Philosophen", sagt er, „ist das Studium des Sciendon; denn die erhabenste Verehrung Gottes besteht in der Betrachtung seiner Werke, wodurch wir zu einer Kenntnis von ihm in seiner ganzen Wirklichkeit gelangen. In den Augen Gottes ist das die edelste Handlung, während die niedrigste darin besteht, des Irrtums und des Stolzes denjenigen anzuklagen, welcher der Gottheit diese Verehrung darbringt, die edler ist als jede andere; eine solche Religion und Gottesverehrung ist die beste aller Religionen." Doch sieht er zugleich in den anerkannten Religionen ein ausgezeichnetes Mittel zur Förderung der Sittlichkeit. Wer dem Volke Zweifel an seiner nationalen Religion einflösst, ist darum ein Ketzer, der als solcher mit den bestehenden Bussen bestraft werden muss. Der weise Mann äussert kein Wort gegen

---

1) Renan, Averrhoès et l'Averrhoïsme (³1886) S 152—3, 156—60, 168.

die Religion des Volkes und vermeidet es besonders, von Gott zum Volke in einer zweideutigen Weise zu sprechen. Wenn sich mehrere Religionen gegenüberstehen, soll man die edelste von ihnen wählen. Alle Religionen haben also einen menschlichen Ursprung, und die Wahl zwischen ihnen ist Sache der Ansicht oder der Politik, — aber die Politik, wenn nichts anderes, muss Averrhoes davon abgehalten haben, den Satz zu äussern, der ihm gewöhnlich zugeschrieben wird, der christliche Glaube sei unmöglich, die Religion des Judentums sei eine Religion für Kinder, die des Islam eine Religion für Schweine[1]).

Noch weniger glaubhaft ist die herkömmliche Behauptung, dass er den berüchtigten Ausspruch über Moses, Christus und Muhamed als die drei Betrüger des Menschengeschlechtes getan habe. Dieser Ausspruch wurde eine bequeme Formel, womit die Kirche die Gläubigen in Schrecken versetzte, indem sie sie nacheinander auf alle diejenigen anwandte, welche sie zu diskreditieren wünschte. Thomas von Chantimpré (1256) bezeichnete Simon von Tournai als den Vater desselben; er sei wegen dieser Gottlosigkeit im Jahre 1201 gelähmt worden. Als Gregor IX. im J. 1239 den Kaiser Friedrich II. vor ganz Europa anklagte, trug er kein Bedenken zu behaupten, dass er der Urheber dieser Äusserung sei, was Friedrich aber sofort in der feierlichsten Weise leugnete. Auch ein abtrünniger Dominikaner namens Thomas Scotus, der in Portugal verurteilt und eingekerkert wurde, soll sich dieser Blasphemie schuldig gemacht haben; der Ausspruch blieb jahrhundertelang lebendig, bis man allgemein glaubte, es gäbe ein gottloses Buch unter dem Titel 'De tribus impostoribus', dessen Urheberschaft abwechselnd Petrus de Vineis, Boccaccio, Poggio, Macchiavelli, Erasmus, Servet, Bernardino Ochino, Rabelais, Pietro Aretino, Etienne Dolet, Francesco Pucci, Muret, Vanini und Milton zugeschrieben wurde. Die Königin Christine von Schweden liess vergebens alle Bibliotheken Europas danach durchsuchen; das Buch blieb unsichtbar, bis im achtzehnten Jahrhundert verschiedene Litteraten Bücher unter diesem Titel zutage förderten, um die Neugier des Volks zu befriedigen[2]).

---

1) Renan, a. a. O. S. 22, 29 - 36, 167 - 9, 297. — *Reuter, a. a. O. II, 136 ff.
2) Th. von Cantimpré, Bonum universale Lib. II. c. 47 — Matt. Paris. ann. 1238 (Mon. Germ. Hist. SS. XXVIII, 147) — Hist. diplom. Friderici II. T. V. pp. 339, 349. — Pelayo, Heterodoxos españoles I. 507 - 8, 782 - 3.

Eine von diesen apokryphen Schriften: 'Traité des trois imposteurs', die zu Yverdon 1763 veröffentlicht wurde, ist vom pantheistischen Standpunkte aus geschrieben und nicht ohne ein gewisses Mass von Gelehrsamkeit. Obgleich der Autor den Cartesius zitiert, versucht er in ziemlich plumper

Immerhin kann aber Friedrich II. die Einführung des Averrhoismus in Mitteleuropa zugeschrieben werden. In Spanien war er so verbreitet, dass König Alfons X. um 1260 erklärte, es gäbe zwei Hauptarten der Ketzerei und von diesen sei die schlimmste diejenige, welche die Unsterblichkeit der Seele und die zukünftigen Belohnungen und Bestrafungen leugne. Im Jahre 1291 befahl das Konzil von Tarragona diejenigen zu bestrafen, die nicht an ein jenseitiges Leben glaubten. Von Toledo brachte Michael Scotus die Übersetzungen des Aristoteles und Averrhoes an den Hof Friedrichs II. Er fand eine freundliche Aufnahme bei dem Kaiser, den sein unersättlicher Wissensdurst und seine Geringschätzung der Formeln zu diesen neuen Quellen der Philosophie hinzog. Diese Übersetzungen bildeten wahrscheinlich den Hauptinhalt der Werke über die Philosophie des Aristoteles, die Friedrich II. an die Universitäten Italiens verteilte. In Toledo setzte Hermannus Alemannus das Werk Michaels fort; er brachte von dort dem König Manfred, der die Neigungen seines Vaters geerbt hatte, die Übersetzungen weiterer Bücher, so dass um die Mitte des 13. Jahrhunderts die Hauptwerke des Averrhoes den Gelehrten zugänglich waren[1]).

Die gefährlichen Ideen verbreiteten sich nun mit einer fast unglaublichen Schnelligkeit. Schon im Jahre 1243 verdammten der Bischof von Paris, Wilhelm von der Auvergne, und die Professoren der Universität eine Reihe von scholastischen Irrtümern, die, wenn sie auch nicht ausgesprochen averrhoistisch waren, so doch in ihrer kühnen Unabhängigkeit den Einfluss bekundeten, den die arabische Philosophie auszuüben begann. Im J. 1247 verurteilte der päpstliche Legat Otto, Bischof von Frascati, den Johann von Brescain wegen gewisser ketzerischer Spekulationen über das Licht und die Materie; er wurde von Paris verbannt, und es wurde ihm verboten, zu lehren, zu disputieren oder an einem Orte zu leben, wo sich eine Hochschule befand. Zur selben Zeit entdeckte man, dass ein gewisser Magister Raimund, der wegen seiner irrtümlichen Ansichten schon einmal im Gefängnis gesessen hatte, ungehorsam geworden war, weshalb er ins Gefängnis zurückgeschickt und den Logikern für die Zukunft verboten wurde, über Theologie, und den Theologen über Logik zu argumentieren, wie sie es bisher zu tun pflegten. Das nützte

---

Weise sein Werk für die Übersetzung einer Abhandlung, welche Friedrich II. an Otto von Wittelsbach geschickt habe, auszugeben — *Vgl. Reuter a. a. O. II, 275 ff.

1) Partidas, P. VII. Tit. XXVI. l. 1. — Concil. Tarraconense ann. 1291, c. 8 (Martene, Ampliss. Coll. VII. 294). — Renan a. a. O. S. 205-16.

wenig, und ebensowenig erreichten Albertus Magnus und Thomas von Aquino, die ihre schärfste Dialektik anwandten, um der Ausbreitung dieser gefährlichen Lehren Einhalt zu tun. Der hl. Bonaventura griff ebenfalls die kühne Philosophie an, die die Unsterblichkeit leugnete und die Einheit des Verstandes und die Ewigkeit der Materie behauptete, ein Beweis, dass auch Dominikaner und Franziskaner gegen einen gemeinsamen Feind sich vereinigen konnten. 1270 wurde der Bischof von Paris, Stephan Tempier, aufgefordert, eine Reihe von dreizehn Irrtümern zu verurteilen, die entschieden averrhoistisch waren, in den Schulen verteidigt wurden und besagten, der Verstand aller Menschen sei der gleiche und an Zahl nur einer; der menschliche Wille stehe unter dem Gesetz der Notwendigkeit; die Welt sei ewig, und es habe nie einen ersten Menschen gegeben; die Seele verderbe mit dem Körper und leide nicht in einem materiellen Feuer; Gott kenne die Einzeldinge nicht, er kenne nur sich selbst und könne dem Sterblichen und Vergänglichen nicht Unsterblichkeit und Unvergänglichkeit verleihen[1]).

Diese Verurteilung nützte indessen ebensowenig wie die früheren. Im Jahre 1277 hielt man es für nötig, die Autorität Johanns XXI. anzurufen. Hierauf gestützt, verdammte Bischof Tempier eine Liste von zweihundertneunzehn Irrtümern, die meistens dieselben wie die früheren oder Ableitungen aus ihnen waren und den Materialismus und Fatalismus in ein System zu bringen suchten. Der kühne Fortschritt, den die Gedankenfreiheit machte, zeigt sich in dem scharfen Gegensatz, der zwischen der Philosophie und Theologie aufgestellt wurde: Der Philosoph müsse die Schöpfung der Welt leugnen, weil er sich allein auf natürliche Ursachen stütze; der Gläubige aber könne sie behaupten, weil er an übernatürliche Ursachen glaube; die Äusserungen der Theologen seien gegründet auf Fabeln, und die Theologie sei kein Studium, dem man Aufmerksamkeit zu schenken brauche; die Philosophen seien vielmehr die einzigen Weisen, und der christliche Glaube hindere den Fortschritt des Wissens; das Gebet sei natürlich unnötig, und um das Begräbnis brauche sich kein weiser Mann zu sorgen, doch könne man die Beichte mitmachen, um den Schein zu wahren. Die averrhoistische Lehre vom Universum und den Himmelssphären war ebenso vollständig in der Liste enthalten wie der Einfluss der Sterne auf den Willen und das Schicksal des

---

1) Mattheus Paris ann. 1243 (*Valois, Guillaume d'Auvergne S. 151). — S. Bonaventurae Sermo de decem praeceptis II (Opera, Venet 1584, II. 617). — D'Argentré I. I. 158—9, 186—88.

Menschen, wofür, wie wir gesehen haben, Peter von Abano und Cecco von Ascoli später leiden mussten. Ausserdem findet sich in dieser Liste die Lehre, dass mit jedem Cyklus von sechsunddreissigtausend Jahren die Himmelskörper in dieselbe Stellung zueinander zurückkehren und immer von neuem dieselbe Reihe von Ereignissen herbeiführen [1]).

Um dieselbe Zeit verdammte der Erzbischof von Canterbury, Robert Kilwardby, zusammen mit den Magistern von Oxford einige Irrlehren, die offenbar aus derselben Quelle stammten, aber den Materialismus nicht so unbedingt betonten; im J. 1284 bestätigte der Erzbischof Johann Peckham das Urteil, aber die einzige Strafe, die angedroht wurde, war Absetzung für einen Magister und Ausweisung mit der Unfähigkeit zur Promotion für einen Baccalaureus. Diese Artikel, vereinigt mit denjenigen, die der Bischof Tempier verdammt hatte, fanden weite Verbreitung, wie man aus der Anzahl der Handschriften, die sie enthalten, ersehen kann. Dass diese Ansichten aber auch noch ferner als eine Quelle wirklicher Gefahr für die Kirche angesehen wurden, zeigt der Umstand, dass die Artikel während des fünfzehnten und sechzehnten Jahrhunderts gewohnheitsmässig am Ende des vierten Buches der Sentenzen des Petrus Lombardus und auch in einer Ausgabe der Werke des Thomas von Aquino, des Duns Scotus und des Bonaventura gedruckt wurden [2]).

Nach dem Tode des Bischofs Tempier wurden indessen bemerkenswerte Klagen wegen dieser Artikel laut; man tadelte an ihnen, dass sie die Freiheit der Diskussion beeinträchtigten, und ein lebhafter Kampf entspann sich um diesen Gegenstand. Tatsächlich war es auch kaum zu vermeiden, dass in einer so langen Liste von Irrlehren, von denen viele nur einem scholastisch geschulten Geiste verständlich waren, auch solche Lehren verurteilt wurden, die für rechtgläubig galten im Kreise einer Theologie, in deren verwickeltem System die Intelligenz und das Gedächtnis mittelmässiger Köpfe sich schon längst nicht mehr zurechtfinden konnte. Man geriet in grosse Unruhe, als man fand, dass einige von diesen Artikeln Lehren angriffen, die Thomas von Aquino selbst aufgestellt hatte, während andere im Widerspruch zu Wilhelm von Occam und Johann von Poilly standen. Wie gefährlich in der Tat die Stellung des sachverständigen Theologen in diesem dialektischen Streite war, beweist das Schicksal des 'Doctor fundatissimus' Aegidius Columna, besser bekannt als 'Aegidius Romanus'. Es gab keinen ernstern und

---

1) D'Argentré I. I. 177—83.
2) D'Argentré I. I. 185, 212—13, 234.

rührigern Gegner des Averrhoismus, und die von ihm aufgestellte Liste seiner Irrtümer blieb lange die Grundlage für jedes Verdammungsurteil. Trotzdem wurde er, als er einen Kommentar zu Aristoteles übersetzt hatte, im J. 1285 in Paris angeklagt, einige der 1277 verurteilten Irrtümer vertreten zu haben. Nach lebhafter Erörterung kam die Angelegenheit vor den Hl. Stuhl, Honorius IV. verwies aber den Angeschuldigten vor die Universität Paris, die ihr Urteil darüber abgeben sollte. Er schloss so gründlich Frieden mit seinen Anklägern, dass ihn Philipp der Schöne, dessen Erzieher er gewesen war, für das grosse Erzbistum Bourges vorschlug[1]).

Am Ende des dreizehnten und am Anfang des vierzehnten Jahrhunderts war die Hauptperson in dem Kampfe gegen den Averrhoismus Raimund Lullus, den Renan treffend den Heros dieses Kreuzzuges nennt; aber der Lullismus nahm einen so bemerkenswerten Verlauf, dass wir ihn noch selbständig betrachten müssen. Alle Versuche, eine für die erwachende Tatkraft des menschlichen Verstandes so anziehende Philosophie zu unterdrücken, scheiterten indessen. Es bildete sich eine anerkannte Schule des Averrhoismus, deren Lehrsätze anscheinend von Peter von Abano an der Universität Padua eingeführt wurden, und die hier bis in das siebzehnte Jahrhundert unumschränkt herrschten. Die Universität Bologna nahm sie gleichfalls an. Johann von Jandun, der Mitarbeiter des Marsilius von Padua, war ein etwas abgewandelter Averrhoist, wie es Walter Burleigh, Johann Buridan und die Schüler des Wilhelm von Occam auch waren. Durch Johann von Baconthorpe, der 1346 als General der Karmeliter starb und den Beinamen eines Führers der Averrhoisten erhielt, wurde die Philosophie in diesem Orden traditionell. Diese Männer mochten sich vielleicht die gefährliche Irreligiosität, die hinter ihren Lieblingstheorieen steckte, nicht eingestehen. Als aber diese Lehren unter dem Volk verbreitet und von der spitzfindigen Dialektik der Schulen befreit wurden, mussten sie zum offenen Materialismus führen. Dantes Schilderung des Teiles der Hölle, wo:

> 'Suo cimitero da questa parte hanno
> Con Epicuro tutti i suoi seguaci
> Che l'anima col corpo morta fanno' (Inferno, x.)

bekundet durch den Mund der darin Befindlichen, dass der Averrhoismus in seiner rohesten Form von hochgestellten Personen offen bekannt wurde, und einige von der Inquisition von Carcassonne und

---

1) D'Argentré I. I. 214—15, 235—36. — Renan a. a. O. S. 467—70. — Eymericus, Directorium S. 238, 241. — *Denifle-Chatelain, Chartularium universitatis Parisiensis I. Nr. 522.

Pamiers in dem ersten Viertel des Jahrhunderts geführte Prozesse beweisen, dass auch in den unteren Schichten der Gesellschaft solche Meinungen nicht ungewöhnlich waren. Der Unwille Petrarcas zeigt, wie um die Mitte des 14. Jahrhunderts in den venetianischen Provinzen, wo die Menschen sich nicht scheuten, Christus zu verspotten und Averrhoes als die Quelle der Weisheit anzusehen, dieser Indifferentismus zur ausgesprochenen Mode geworden war. Auch in Florenz wurde diese philosophische Vernichtung des Dogmas üblich; das ergibt sich aus Boccaccio's Geschichte von den drei Ringen, worin der Jude Melchisedech durch eine geistreiche Fabel dem Sultan Saladin zeigt, dass alle drei Religionen auf derselben Stufe stehen und den gleichen Anspruch auf Verehrung haben. In Spanien, wo die Philosophie weniger gepflegt wurde, scheint die Tradition der Mauren den Averrhoismus lebendig erhalten zu haben. Die empörten Adligen, die im J. 1464 dem König Heinrich IV. ihre Klagen vortrugen, erklärten ihn für verdächtig im Glauben, weil er sich mit Feinden des Katholizismus umgebe, und ebenso andere Personen, die, obwohl dem Namen nach Christen, sich rühmten, dass sie nicht an die Unsterblichkeit der Seele glaubten [1]).

Der Averrhoismus hatte sich also eine selbständige Stellung erobert. Es bleibt ein unlösbares Rätsel, warum die Inquisition, die so unermüdlich in der Unterdrückung kleinerer Verirrungen war, diese Spekulationen ungestraft liess, die doch nicht nur den Grund und Boden des christlichen Glaubens unterwühlten, sondern offen alle Lehren leugneten, auf denen der Reichtum und die Macht der Hierarchie beruhte. Selbst die Universität Paris, eine so wachsame Hüterin der Rechtgläubigkeit, scheint sich während der letzten Jahre des vierzehnten Jahrhunderts einer Verurteilung des Averrhoismus und seiner Ableitungen enthalten zu haben, während sie zahlreiche Entscheidungen gegen unbedeutende Irrlehren der scholastischen Theologie traf. Allein für Gerson war Averrhoes noch immer der unverschämteste Gegner des Glaubens. Er war für ihn der Mann, der alle Religionen für schlecht erklärt hatte und die der Christen für die schlechteste von allen, weil sie täglich ihren Gott verspeisten. Auch auf den allegorischen Gemälden des Orcagna, Traini, Taddeo

---

1) Renan a. a. O. S. 318—20, 322, 325, 339, 342, 345—6. — Molinier, Études sur quelques manuscrits des bibliothèques d'Italie, p. 103. — Petrarca Liber sine titulo, Epist. xx.; ejusd. Contra medicum Lib. II (ed. Basil. 1581, p. 1098). — Decamerone, Giorn. I. Nov. 3. — Marina, Théorie des Cortès, (übersetzt von Fleury, Paris, 1822), II. 515. — *Voigt, Die Wiederbelebung des klassischen Altertums ³I, 88 ff.

Gaddi und ihrer Nachfolger figuriert Averrhoes gewöhnlich als die Verkörperung des aufrührerischen Unglaubens[1]).

Erst im J. 1512 hatte der Averrhoismus sein erstes bekanntes Opfer seit Peter von Abano, und zwar in der Person des Hermann von Rijswick, der im Jahre 1499 verurteilt worden war, weil er die materialistischen Lehren verkündete: dass die Materie nicht geschaffen worden, sondern gleichzeitig mit Gott von Anbeginn an dagewesen sei, dass die Seele mit dem Körper sterbe, und dass die Engel, die guten und die bösen, von Gott nicht geschaffen worden seien. Er schwur ab und wurde zu lebenslänglichem Gefängnis verurteilt, entkam aber und fuhr fort, seine Irrtümer zu verbreiten. Als er dann im J. 1512 wieder ergriffen wurde, trug der Inquisitor im Haag kein Bedenken, ihn als Rückfälligen dem weltlichen Arme auszuliefern, worauf er verbrannt wurde[2]).

Im Norden Europas, wo die scholastische Theologie einen Kampf auf Leben und Tod gegen den Humanismus führte, war eine solche Strenge nichts Ungewöhnliches, aber anders standen die Dinge in Italien, wo die Wissenschaften schon längst den Sieg über den Glauben errungen hatten. Dort waren Bildung, Philosophie und vornehmes Heidentum in alle höheren Gesellschaftskreise eingedrungen. Eine Reihe hochgebildeter Päpste, die mehr weltliche Fürsten als Stellvertreter Christi waren und die sich etwas einbildeten auf ihre Rolle als Mäcene der Gelehrten, konnten zwar die Staatsangelegenheiten vernachlässigen, um die Verbrennung armseliger Hexen zu fördern, aber nicht um die Irrtümer der Philosophen, die eine Zierde ihrer Höfe bildeten, zu verurteilen. Wenn Rom die Herrschaft der Welt auch während der Renaissance der Wissenschaften behaupten wollte, dann durfte es allerdings die Bestrebungen und Spekulationen der Gelehrten und Philosophen nicht mit unermüdlichem Eifer unterdrücken[3]). Die Schlacht wurde geschlagen und verloren gegen

---

1) Gerson., Super Magnificat, Tract. IX (Ed. 1489, 89 f., 91 f.). — Renan, p. 314.
2) D'Argentré I. II. 342. — Alph. de Castro, Adv. haereses, Lib. II. s. v. Angelus. — *Fredericq, Corpus inquisitionis Neerlandicae I. S. 494, 501.
3) Eine lichtvolle Darstellung des Einflusses, den der Humanismus auf die Politik der Kirche im fünfzehnten Jahrhundert ausübte, enthält Creighton's History of the popes, II. 333 ff. (*Voigt a. a. O.³ 1, 460 ff.). — Eine der Klagen Savonarola's war die, dass Gelehrsamkeit und Bildung an die Stelle der Religion getreten sei bei den Leuten, denen die Geschicke der Kirche anvertraut wären und die nun Ungläubige geworden seien. 'Vattene a Roma e per tutto il Cristianesimo; nelle case de' gran prelati e de' gran maestri non s'attende se non a poesie e ad arte oratoria . . Essi hanno introdotto fra noi le feste del diavolo; essi non credono a Dio, e si fanno beffe dei misteri della nostra religione' (Villari, Storia di Savonarola, I. (1887) 197, 199).

Lorenzo Valla. Dieser hatte 1440 zu Neapel während des Konfliktes König Alfons' I. mit Eugen IV. eine vernichtende Kritik der konstantinischen Schenkung verfasst. Aber obwohl er darin nicht nur der weltlichen Macht des Papstes das Fundament entzog, sondern auch offen erklärte, dem Papsttum müsse diese Macht genommen werden, blieb er doch straflos — ein bemerkenswerter Beweis für die Rede- und Denkfreiheit, deren man sich damals erfreute. Die Unannehmlichkeiten, denen er später ausgesetzt war, hatten eine andere Ursache, und selbst diesen würde er wahrscheinlich haben entgehen können, hätte er nicht in seiner Streitlust den schändlichen Jargon der Scholastik und selbst der frühen Humanisten so schonungslos verspottet. Dadurch aber schuf er sich zahlreiche Feinde, die an dem Hof von Neapel, wo Alfons das Lateinische unter seiner Leitung studiert hatte, eine Verschwörung anzettelten, um ihn zu verderben, und auf die Gelegenheit zum Angriff liess er sie nicht lange warten. Er geriet in einen Streit mit einem unwissenden Priester, der behauptete, das Symbol sei ein Werk der Apostel. Dieser Streit dehnte sich auch auf die Beziehungen zwischen Christus und dem König Abgar von Edessa aus. Valla schlug eine Liste der angegriffenen Sätze öffentlich an und mietete eine Halle, in der er sie gegen jedermann verteidigen wollte. Aber die Disputation wurde auf Betreiben seiner Feinde von dem Könige verboten. Darauf schlug Valla an die Tür des Saales das triumphierende Distichon an:

> Rex pacis miserans sternendas Marte phalanges,
> Victoris cupidum continuit gladium.

Nunmehr schritt die Inquisition ein. Aber Alfons, der das Recht eines Königs von Neapel ausübte, tat der Verfolgung Einhalt, und Valla wurde lediglich gezwungen, eine allgemeine Erklärung abzugeben, dass er dasselbe glaube, was die heilige Mutter Kirche glaube. Wie aufrichtig er das meinte, zeigte sich, als er, wegen eines Punktes angegriffen, sich mit den Worten verteidigte: „Auch in diesem Punkte glaube ich dasselbe, was die Mutter Kirche glaubt, obwohl diese nichts davon versteht." Als im J. 1443 Alfons und Eugen sich versöhnten, gedachte Valla nach Rom zu gehen, konnte indessen das Vorhaben nicht ausführen. Als aber auf den mönchisch gesinnten Eugen der Humanist Nicolaus V. folgte, stand ihm der Weg offen. Nicolaus hiess ihn nicht bloss willkommen, sondern gab ihm auch eine Stellung unter den päpstlichen Sekretären und belohnte ihn wegen der Übersetzung des Thucydides mit einem Geschenke von fünfhundert Dukaten. Calixtus III. stattete ihn dann mit einer Präbende in des Papstes eigner Kirche S. Johann im Lateran aus, wo er auch ehrenvoll begraben wurde. Die heiligsten Dinge waren damals so wenig geachtet, dass Aeneas Sylvius voll Bewunderung für den Scharfsinn des Königs Alfons folgende Geschichte erzählt. „Als Alfons einst eine Predigt des Frà Antonio, eines sizilianischen Dominikaners, über gewisse Fragen des Abendmahls müde war, legte er dem Prediger folgende kitzliche Frage vor: Jemand schloss eine geweihte Hostie in ein goldenes Gefäss ein; als er es nach einem Monat öffnete, fand er nur einen Wurm. Dieser konnte sich nicht aus dem puren Golde oder aus den Verzierungen, die sich an dem Gefäss befanden, gebildet haben; er war daher aus dem Leibe Christi entstanden; allein aus der Substanz Gottes kann nur Gott hervorgehen, also war der Wurm Gott." Wie konnte in einer solchen geistigen Atmosphäre Poggio, der Gegner Lorenzos, den dieser ohne Erbarmen lächerlich gemacht und getäuscht hatte, erwarten, dass die Irrlehren Lorenzos über die Natur Gottes und das Gelübde der Keuschheit durch Feuer statt durch Argumente widerlegt werden sollten? Sein Kommentar zum Neuen Testament, in dem er die Fehler der Vulgata mit Hilfe des griechischen Textes verbesserte, wurde — obwohl später, im J. 1559, von Paul IV. auf den Index gesetzt — damals nicht verurteilt. Nicolaus V. sah ihn durch, Bessarion lieferte Beiträge, Nicolaus von Cusa bat um eine Abschrift desselben, und von Erasmus wurde er 1505 mit begeisterten Lobeserhebungen unter dem Schutze Christoph Fischers, eines päpstlichen Protonotars, veröffentlicht. Schon Roger Bacon hatte erkannt, wie hoffnungslos der Text der Vulgata entstellt war. Lorenzo Vallas Versuch, ihn zu reinigen, wurde zwar heftig bekämpft, aber in dem Federkriege, den er darüber mit Poggio führte, gewann er den Sieg, und von da ab wurde das Recht der Verbesserung des Textes der Vulgata zugestanden [1]).

---

1) Laurentius Valla, In donationem Constantini declamatio (Fasciculus rerum expetendarum l. 132; Opera S. 761 ff.). — Bayle, s. v. Valle. — Raynald. ann. 1446, Nr. 9. — Paramo, De orig. offic. S. Inquisitionis p. 297. — Wagenmann-Beurath, Real-Encykl. ³xx (1908), 422—6. — Creighton, History of the popes, II. 340. — Aeneas Sylvius, Comment. in dicta et facta Alfonsi regis, Lib. I. — Erasmi Epist. Lib. IV. Ep. 7; Lib. VII. Ep. 3. — Reusch, Der Index der verbotenen Bücher, I. 227. — *Pastor, Geschichte der Päpste seit dem Ausgang des Mittelalters I. 12 ff.

Wie starke und unmittelbare Wirkung Valla's Kritik der konstantinischen Schenkung ausübte, ersieht man aus der Art und Weise, wie Aeneas Sylvius die weltliche Macht des Papsttums verteidigen zu müssen glaubte. Er gab nämlich Konstantin ganz auf und gründete die territorialen Ansprüche des Hl. Stuhles auf die Geschenke Karls des Grossen, und die Macht des Papstes über die Könige auf die Petrus übertragene Schlüsselgewalt und Suprematie (Aen. Sylvii Opera inedita pp. 571—81). Allein die Kirche sammelte alsbald

Von nun an hatte in Italien die Schule wenig mehr zu fürchten, mochte sie auch ketzerisch sein. Diese den kühnsten Spekulationen gewährte Duldsamkeit ist aber um so bemerkenswerter, als gerade damals die Franziskaner und Dominikaner viel Staub aufwirbelten durch ihre Bemühungen, sich wegen der unendlich spitzfindigen Frage, ob das bei der Passion vergossene Blut Christi auf der Erde geblieben sei oder nicht, gegenseitig auf den Scheiterhaufen zu schicken. Allerdings verurteilte im Jahre 1459 der lombardische Inquisitor Jacob von Brescia den Dr. Zanino von Solcia, einen Domherrn in Bergamo, zur Degradation und lebenslänglichen Einkerkerung, weil er die unsinnige Meinung vortrug, das Ende der Welt sei nahe und Gott habe noch eine andere Welt mit menschlichen Wesen erschaffen, so dass Adam nicht der erste Mensch sei, sowie weil er die averrhoistischen Ansichten vertrat, die Kraft der Sterne und nicht die Liebe zum Menschengeschlecht habe Christus ans Kreuz gebracht, und Christus, Moses und Muhamet regierten die Menschheit nach ihrem Belieben. Pius II. aber bestätigte zwar das Urteil, milderte es indessen zugleich in der offenbaren Absicht, den Übereifer des Inquisitors mit der Zeit zu mässigen. Er schritt auch ein, als die Inquisition einen hohen Beamten in Udine verurteilt hatte, weil er die Unsterblichkeit leugnete und die Behauptung aufstellte, das Blut sei die Seele. Das Urteil wurde aufgehoben, und dem Übeltäter wurde es bequem gemacht, der Bestrafung als Ketzer zu entgehen, indem er öffentlich seine Behauptung für einen Irrtum erklärte. Mehr Rechtgläubigkeit zeigte Pius II. dadurch, dass er die Laxheit Eugens IV. in dem Falle des Braccio von Montone missbilligte, des Condottiere von

---

ihre Kräfte wieder und erneuerte dann ihre Ansprüche. 1533 sagt der Inquisitor von Valencia, Arnaldo Albertino, in bezug auf die konstantinische Schenkung, Lorenzo Valla habe zwar versucht, die Wahrheit derselben zu bestreiten, aber alle Umstände träfen zusammen, um sie zu rechtfertigen, sodass das Leugnen derselben an Ketzerei streife (Arn. Albertini Repetitio nova, Valenciae, 1534, col. 32—3). Seltsamerweise fügte er hinzu, sie werde in der Bulle 'Unam Sanctum' erwähnt, was aber nicht der Fall ist (I. Extrav. Commun. Lib. I. Tit. VIII). Tatsächlich gründete Bonifaz VIII. seine Ansprüche auf Christus, ein Hinweis auf Konstantin würde sie nur geschwächt haben. Nach Valla's Tode riefen seine bitteren und verfänglichen Kritiken verschiedene Epigramme hervor:

„Nunc postquam manes defunctus Valla petivit,
    Non audet Pluto verba latina loqui;
Jupiter hunc coeli dignatus parte fuisset,
    Censorem linguae sed timet esse suae."

„Ohe ut Valla silet, solitus qui parcere nulli est!
    Si quaeris quid agat, nunc quoque mordet humum."
                                                    (Bayle, l. c.)

Perugia, der als ungläubig bekannt war. Dieser war bei der Belagerung von Aquila im J. 1424 umgekommen, sein Leichnam nach Rom gebracht und in ungeweihtem Boden bestattet worden. Eugen IV. aber hatte ihn in den Dom von Perugia bringen und dort ehrenvoll begraben lassen. Noch typischer ist der Fall des Sigismondo Malatesta, des Herrn von Rimini. Er war ein hochgebildeter Mann und hatte seinen Eifer für die neue Philosophie dadurch bekundet, dass er Gemistos Plethon, den halbheidnischen Gründer einer neuen philosophischen Religion, aus dem Peloponnes kommen und im J. 1450 mit einer lobenden Inschrift in dem Dome von Rimini begraben liess. Alles das wäre wohl straflos geblieben, hätte ihn nicht sein Ehrgeiz verleitet, seine Besitzungen auf Kosten des päpstlichen Gebietes auszudehnen. In dem dadurch entstehenden Streite diente aber seine Heterodoxie als bequemes Angriffsobjekt. Im J. 1461 verurteilte ihn Pius II. als Ketzer, weil er die Unsterblichkeit der Seele leugne, und verbrannte in Ermangelung seines Körpers sein Bild vor den Augen der Römer. Das machte aber so wenig Eindruck, dass die Venetianer ihr Bündnis mit Sigismondo aufrecht hielten und der Bischof von Treviso grosse Gefahr lief, seinen Bischofstuhl zu verlieren, als er das Urteil veröffentlichte. Wirksamer war ein Kreuzzug im J. 1463 unter dem Kardinal Nikolaus von Teano und dem Herzog Friedrich von Urbino, wodurch Sigismondo fast aller seiner Besitzungen beraubt und gezwungen wurde, um Frieden zu bitten. Seine Ketzerei kam indessen dabei so wenig in Betracht, dass er durch einen Stellvertreter abschwören durfte und mit der Kirche wieder versöhnt wurde auf Grund einer unbedeutenden Busse, wonach er Freitags bei Wasser und Brot fasten musste [1]).

In der Tat war es damals, wie Gregor von Heimburg bitter klagte, weniger gefährlich, die Macht Gottes als die der Päpste zu erörtern. Das zeigte sich deutlich in der Verfolgung der „Akademie" durch Paul II. im J. 1468. Pius II. hatte bei der Kurie ein Kollegium von siebenzig Abbreviatoren gebildet, die mit der Abfassung der päpstlichen Breven betraut waren; es war ein Amt, das meistens bedürftigen Schriftstellern übertragen wurde. Einer von ihnen, der päpstliche Biograph Platina, erzählt, dass Philosophen und Theologen damals über die Seele, das Dasein Gottes, die verschiedenen Wesenheiten und andere Dinge zu disputieren pflegten, und er sucht das dadurch entstehende Übel mit der Behauptung zu beseitigen, das Volk

---

1) Raynaldus, ann. 1459, Nr. 31; ann. 1461, Nr. 9, 10. — Aen. Sylvii Opera ined. pp. 453, 506—7, 524, 653. — B. Platinae Vit. Pauli III. — Creighton, History of the popes, II. 440; III. 39.

verwechsele das Suchen nach Wahrheit mit ketzerischem Zweifel. Das Volk hatte aber wahrscheinlich ausgiebigen Grund, Anstoss an solchen Debatten unter päpstlichen Beamten zu nehmen. Die Sache wurde nicht besser, als Pomponius Laetus zu Ehren Platos eine Akademie der führenden Humanisten gründete, die ihrem Oberhaupte den Titel Pontifex Maximus gaben, am Jahrestage der Gründung Roms Opfer darbrachten und ihre Taufnamen ablegten, um sie durch klassische Namen zu ersetzen. Pomponius selbst wollte keinen Schriftsteller studieren, der jünger war als das goldene Zeitalter der römischen Literatur; er verwarf also mit Verachtung die hl. Schrift und die Kirchenväter, und kniete täglich vor einem dem Romulus geweihten Altar. Die Vorschriften der Kirche wurden beinahe ostentativ vernachlässigt, und es wurde, wie es hiess, Moses offen als ein Betrüger, Christus als ein Verführer des Volks und Muhamet als ein genialer Mann hingestellt, der die Völker an sich gezogen habe. Alles das wäre vielleicht unbeachtet geblieben, hätten diese Zeloten des Klassizismus die Entziehung des päpstlichen Schutzes mit philosophischem Gleichmut ertragen. Eine der ersten Amtshandlungen Pauls II. im J. 1464 war die, dass er mehrere humanistische Beamte Pius' II. aus dem Kollegium der Abbreviatoren entliess, da hässliche Gerüchte in Bezug auf Käuflichkeit und Erpressungsversuche der Mitglieder umliefen. Die Männer der Wissenschaft, von denen viele ihre Stellungen erkauft hatten, waren unwillig darüber, dass ihnen so ihre Existenzmittel entzogen wurden. Denn wenn man ihnen auch die Erstattung ihres Kaufgeldes versprach, so war der Stand der päpstlichen Schatzkasse nicht derart, dass er die Erfüllung dieses Versprechens hoffen liess. Platina war kühn genug, den Papst zu ersuchen, die Auditoren der Rota über ihre Ansprüche entscheiden zu lassen, was der Papst in scharfen Worten ablehnte. Wie hoch das Selbstgefühl dieser Literaten schon gestiegen war, geht daraus hervor, dass Platina nun die unglaubliche Kühnheit besass, an Paul II. zu schreiben und ihm zu drohen, er werde sich an die Fürsten der Christenheit wenden und sie ersuchen, ein Konzil in dieser Sache zu berufen. Seit Konstanz und Basel war es gefährlich, das Wort Konzil innerhalb der Hörweite eines Papstes auszusprechen. Platina wurde sofort unter der Anklage des Hochverrats verhaftet und in ein Gefängnis geworfen, wo er vier Wintermonate lang ohne Feuer in Ketten lag, bis er infolge der Vermittlung des Kardinals Gonzaga freigelassen wurde. Alles das war nicht danach angetan, Harmonie zwischen Paul II. und den Humanisten herzustellen. Epigramme und

Satiren gegen den Papst wurden in Umlauf gesetzt, und die Kluft vertiefte sich immer mehr. Trotzdem wurden die Literaten, wenn man sie auch hungern liess, nicht weiter behelligt, bis in den ersten Monaten des Jahres 1468 Paul II. Kunde erhielt, dass die Mitglieder der Akademie eine Verschwörung gebildet hätten, um ihn umzubringen und alle Priester in der Stadt zu erschlagen. Dass die übertriebene Bewunderung für das Altertum in einem Versuche gipfeln konnte, die Freiheit Roms wiederherzustellen, war nicht unwahrscheinlich, und bei dem Zustande, in dem sich Italien befand, konnte ein solches Unternehmen sehr leicht grosse Unruhen herbeiführen. Paul II., tief beunruhigt, setzte daher die verdächtigen Verschwörer gefangen. Einer von ihnen, der unglückliche Platina, hat uns einen Bericht von den erbarmungslosen Foltern gegeben, denen etwa zwanzig von ihnen zwei Tage lang unterworfen wurden, während Pomponius, der zufällig in Venedig war, wie ein zweiter Jugurtha nach Rom geschleppt wurde. Ein Beweis für das Verbrechen des Verrats wurde nicht entdeckt; trotzdem wurden die Angeklagten ein Jahr lang gefangen gehalten. Um in dieser Angelegenheit, die viel Staub aufwirbelte, gerechtfertigt zu erscheinen, klagte man sie dann wegen Ketzerei, wegen Disputation über die Unsterblichkeit der Seele und wegen Verehrung Platos an. Wie milde aber solche Verirrungen behandelt wurden, geht daraus hervor, dass sie schliesslich von jeder Ketzerei freigesprochen und freigelassen wurden, und dass, obgleich Paul II. die Lektüre der heidnischen Dichter in den Schulen verbot und die Akademie abschaffte, selbst die Erwähnung ihres Namens untersagte, sein Nachfolger Sixtus IV. als Beschützer der Wissenschaften die Wiederherstellung der Akademie gestattete und Platina sogar zum Bibliothekar der neugegründeten Vatikanischen Bibliothek ernannte[1]).

Infolge der Duldung, deren sich das Heidentum dieser begeisterten Jünger der neuerwachten Wissenschaft also erfreute, entstand unter ihnen eine merkwürdige Entartung des religiösen Gefühles, die, wenn sie auch auf das Volk keine Anziehungskraft ausübte, dennoch dem Glauben nicht weniger gefährlich war, als die von

---

[1] Gregor von Heimburg, Confutatio primatus papae (Fascic. rerum expetendarum II. 117). — B. Platinae Vit. Pauli II. — Cantù, Eretici d'Italia I. 186—7, 198. — *Pastor, Geschichte der Päpste, ²II. 302—332, 695, 704—10.
Creighton (History of the popes, III. 276 ff) hat einen in einer Cambridger Handschrift enthaltenen merkwürdigen Briefwechsel abgedruckt, den Pomponius während seiner Gefangenschaft in der Engelsburg mit seinem Wächter Rodrigo Sanchez von Arevalo, dem späteren Bischof von Zamora, führte. Er zeigt, auf wie schwachen Füssen die Philosophie der Platonisten stand, sobald es galt, wirkliche Entbehrungen für sie zu erdulden.

Petrus Martyr und Franz Borilli so rücksichtslos ausgerotteten Lehren. Marsilius Ficinus, der Platonist, war in seinen eignen Augen und in denen seiner Freunde ein Vorkämpfer der Christenheit und ein höchst verdienstvoller Sohn der Kirche, obwohl er zu Ehren Platos, den er wiederholt für einen griechisch sprechenden Moses erklärte, eine brennende Lampe unterhielt. Er stellte alle Religionen auf dieselbe Stufe. Die Anbetung der heidnischen Götter des Altertums war eine Anbetung des wahren Gottes und nicht, wie die Kirche meinte, eine Anbetung von Dämonen. In den Elysaeischen Feldern erblickte Marsilius das Paradies, im Hades das Fegefeuer. Zoroaster, Orpheus, Hermes Trismegistus, Sokrates, Plato und Vergil waren Propheten, auf deren Zeugnis er sich stützte, um die Gottheit Christi zu beweisen. Der Kriton bestätigt das Evangelium und enthält die Stiftung der Religion. Selbst von den Neu-Platonikern Plotinus, Proclus und Iamblichus wird nachgewiesen, dass sie den Glauben, den sie zu ihren Lebzeiten so ernstlich bekämpften, in Wirklichkeit doch unterstützt hätten. Wegen Lehren, die weit weniger gefährlich waren als diese, waren früher Hunderte von Männern gezwungen worden, entweder einen Widerruf zu leisten oder den Scheiterhaufen zu besteigen. Marsilius aber wurde als eine Leuchte seiner Zeit geehrt. Er vermied zwar die Irrlehren des Averrhoismus, aber da dieser gleichfalls geduldet wurde, so kann das die Ursache seiner Straflosigkeit nicht gewesen sein. Obwohl er die Wichtigkeit der Astrologie zugab, behauptete er, dass die Sterne durch sich selbst keine Macht hätten. Sie könnten bloss anzeigen, und der Umstand, dass sie durch ihre regelmässigen Umdrehungen die Zukunft enthüllten, beweise, dass die menschlichen Angelegenheiten nicht dem Zufall überlassen seien, sondern von der Vorsehung geleitet würden. Deshalb werde der menschliche Charakter zwar durch die Stellung der Sterne zur Zeit seiner Geburt beeinflusst, im übrigen aber weit mehr durch Vererbung und Erziehung bestimmt. Vielleicht das merkwürdigste Zeugnis für die Verirrung und den Umsturz der religiösen Ideen in der Renaissancezeit ist ein Brief des Marsilius an den Grafen Eberhard von Württemberg, worin er ernsthaft zu beweisen sucht, dass die Sonne nicht als Gott verehrt werden dürfe. In einer Hinsicht allerdings war Marsilius orthodoxer als die meisten seiner Gesinnungsgenossen, er glaubte nämlich an die Unsterblichkeit der Seele und verteidigte sie in einer umständlichen Abhandlung; aber seinen Lieblingsschüler Michele Mercato konnte er nicht davon überzeugen, und so schloss er einen Vertrag mit ihm, dass derjenige von ihnen beiden, der zuerst stürbe, zurückkehren und den anderen benachrichtigen solle, wenn es ein Leben nach dem Tode gäbe. Eines Morgens wurde dann Mercato durch das Trampeln eines Pferdes und eine Stimme, die ihn anrief, geweckt. Als er an das Fenster stürzte, rief der Reiter ihm zu: „Mercato, es ist wahr". Marsilius war in diesem Augenblick gestorben [1].

Eine Ausnahme von dieser vorherrschenden Duldung hat man allgemein in dem Fall des Matteo Palmieri von Pisa zu erblicken geglaubt, von dem es heisst, dass er im J. 1483 verbrannt worden sei, weil er in seinem Gedichte 'Città di vita' behauptet habe, die Seelen der Menschen seien die Engel, die bei der Empörung Satans neutral geblieben seien. Tatsächlich aber wurde der Verfasser, obwohl die Inquisition sein Buch missbilligte, gar nicht verfolgt, sondern ehrenvoll zu Florenz begraben und sein von Sandro Botticelli gemaltes Bild über dem Altar von San Pietro Maggiore aufgehängt [2].

Dass man indessen nicht immer mit Sicherheit auf diese dem Humanismus erwiesene Gunst rechnen konnte, zeigt das Schicksal des Giovanni Pico della Mirandola. Dieser, das Wunder seiner Zeit, veröffentlichte 1487 im Alter von vierundzwanzig Jahren eine Liste von neunhundert Sätzen und erbot sich, dieselben in Rom gegen jedermann zu verteidigen und den Gelehrten, welche zu diesem Zwecke aus weiten Ländern kommen würden, die Reisekosten zu bezahlen. Es war tatsächlich eine Liste 'de omni scibili', die alles umfasste, was man in der Theologie, Philosophie und anderen Fächern wissen konnte, selbst die Mysterien des Orients. Durch dieses sein anmassliches Auftreten erweckte sich der junge Gelehrte zweifellos Feinde, die seine Rechtgläubigkeit in Frage stellten und denen es nicht schwer fiel, aus einer so langen Reihe von Behauptungen etwa dreizehn Sätze herauszufinden, die nach Ketzerei schmeckten. Uns mag es eine unleugbare Wahrheit scheinen, dass der Glaube unabhängig ist von dem Willen; wir würden wohl Bedenken tragen, positiv zu entscheiden, ob Christus persönlich oder nur der Wirkung nach in

---

1) **Marsilius Ficinus**, Epistolae Lib. VIII. XI. XII. (Op. ed. 1561, I. 866—7, 931, 946, 962—3); De christiana religione c. 11, 13, 22, 24, 26 (I. 15, 18, 25, 29); De vita caelitus comparanda Lib. III. c. 1, 2 (I. 532—33); In Platonem (II. 1390); In Plotinum, c. 6, 7, 12, 15 (II. 1620—22, 1633, 1636). — Cantù, a. a. O. I. 179.

Doch schrieb er das Fieber und die Diarrhöe, an der er litt, dem Einflusse Saturns in dem Sternbilde des Krebses zu, denn Saturn war von Anfang an bei seiner Geburt gewesen, und seine Heilung glaubt er einem der Jungfrau gemachten Gelübde zu verdanken. — Epistolae, Op. I. 644, 733.

2) D'Argentré I, II. 250. — Cantù, a. a. O. I. 182, III. 699—700.

die Hölle hinabgestiegen sei; wir möchten vielleicht mit Giovanni Pico darin übereinstimmen, dass die Todsünde, beschränkt und endlich, nicht mit unbegrenzter und ewiger Strafe heimgesucht werden dürfe, aber wir möchten zweifeln, ob wir uns mit ihm in eine allzu eingehende Prüfung der Mysterien der Transsubstantiation einlassen sollten. Anders aber dachten die Theologen, die Innocenz VIII. beauftragte, die Spekulationen dieses selbstzufriedenen Denkers zu prüfen. Sie erklärten: „Dieser Jüngling wünscht ein schlechtes Ende zu nehmen und eines Tages verbrannt zu werden, um dann wie mancher andere für immer mit Schande bedeckt zu sein," und sie verurteilten seine Lehren als ketzerisch. Pico wurde zwar aufgefordert, Widerstand zu leisten und ein Schisma hervorzurufen, aber nichts lag ihm ferner. Er floh vielmehr. Da man vermutete, dass er in Spanien Zuflucht genommen habe, schrieb Innocenz VIII. im J. 1487 an König Ferdinand und seine Gemahlin Isabella einen Brief, worin er Pico als einen trotzigen Ketzer bezeichnete. Die Entschuldigungen, die er für seine Irrtümer anführe, seien in Wirklichkeit eine Verteidigung derselben, er müsse deshalb verhaftet und gezwungen werden zu widerrufen, wo auch immer man seiner habhaft werden könne. Schliesslich unterwarf Pico sich vollständig und erwirkte im Jahre 1493 von Alexander VI. eine Bulle, die ihn für rechtgläubig erklärte und der Inquisition verbot, ihn zu behelligen. Er war tatsächlich nicht geneigt, einen hoffnungslosen Streit mit dem Hl. Stuhl zu verlängern. Die letzten Jahre seines Lebens verbrachte er vielmehr mit dem eifrigen Studium der hl. Schrift. Er hatte die Absicht, nach Vollendung gewisser Werke, die er angefangen hatte, barfuss durch Europa zu wandern und Christus zu predigen, änderte aber seinen Plan und wollte in den Dominikanerorden eintreten. Im Alter von zweiunddreissig Jahren wurde er indessen durch ein Fieber dahingerafft, nachdem er in seinen letzten Stunden durch die Erscheinung der hl. Jungfrau beglückt worden war[1]).

Einen seltsamen Gegensatz zu dieser aussergewöhnlichen Strenge bildet wieder die Duldsamkeit, die die Kirche den Averrhoisten gegenüber an den Tag legte. Allerdings erlangte Leo X. auf dem Lateranischen Konzil, am 21. Dezember 1513, die Bestätigung einer Bulle, in welcher er die Ausbreitung der Lehre beklagte, dass

---

1) J. Picus Mirand., Vita, Conclusiones, Apologia Alexandri PP. VI. Bull. 'Omnium Catholicorum' (Op. Basil. 1572). — Boletin de la R. Academia de la Historia, T. XVI. p. 315. — Nic. Antonio, Bibliotheca Hispanica vetus, T. II. p. 327 (ed. 1788). — Villanueva, Viaje literario, T. XVIII. p. 43.

die Seele sterblich sei, und dass die Menschheit nur eine gemeinsame
Seele habe. Er verurteilte auch die Meinung, die Erde sei von Ewigkeit her da und die Seele habe nicht die Form des Körpers angenommen. Er verbot, diese Lehren in den Schulen vorzutragen, indem er besonders auf den geschickten Kunstgriff der Lehrer hinwies,
in so zweideutiger Sprache wider sie zu sprechen, dass sie das Gegenteil erreichten und ihre Hörer von der Wahrheit derselben überzeugten. Und als er im Jahre 1518 den Magister Leonhard Crivelli
zum Generalinquisitor der Lombardei ernannte, machte er ihn besonders auf diejenigen aufmerksam, die mehr wissen wollten als gut
sei und schlecht von dem hl. Stuhle dächten; diese solle er mit unbeschränkter Anwendung der Folter, der Einkerkerung und anderer
Strafen unterdrücken und ihr konfisziertes Eigentum der päpstlichen
Kammer ausliefern, ohne Rücksicht darauf, welchem Stande sie
angehörten oder welche Würde sie bekleideten. Nun waren aber Erörterungen über die averrhoistische Philosophie das Lieblingsvergnügen der halbheidnischen Philosophen, die sich an Leos X. Hofe
sammelten; sie glaubten, um von der Inquisition verschont zu bleiben,
genüge es, wenn sie Argumente für beide Auffassungen vorbrächten.
Das war der Kunstgriff des Pomponazzi (1473—1525), unter dem der
Averrhoismus volkstümlicher wurde denn je, obgleich er Averrhoes
lächerlich machte und sich selbst einen Alexandriner nannte, nach Alexander von Aphrodisias, dem Kommentator des Aristoteles, dem Averrhoes viel entlehnt hatte. Pietro Pomponazzi erfand das Dilemma:
„Wenn die drei Religionen falsch sind, sind alle Menschen betrogen.
Wenn nur eine wahr ist, dann ist die Mehrzahl der Menschen betrogen." Er argumentierte: „Wenn es einen höhern Willen gibt als den
meinigen, warum sollte ich verantwortlich sein für meine Handlungen
und Taten? Nun ist ein Wille, eine höhere Ordnung wirklich vorhanden, daher muss alles, was geschieht, in Übereinstimmung mit
einer im voraus bestimmten Ursache geschehen; ob ich recht oder
unrecht handle, ist weder Verdienst noch Sünde." In seiner Abhandlung 'De incantationibus' argumentierte er alle Wunder fort. Die
Knochen eines Hundes könnten ebenso leicht Heilungen herbeiführen
wie die Reliquien eines Heiligen, wenn der Kranke denselben Glauben
zu ihnen habe. Weiter behauptete er wie Peter von Abano, dass alles
in Übereinstimmung mit der Ordnung der Natur geschehe. Die Entwicklung der Staaten und Religionen folge dem Laufe der Sterne.
Die Thaumaturgen seien nur geschickte Naturkenner, welche die
in Tätigkeit befindlichen verborgenen Einflüsse voraussähen und die

Unterbrechung der gewöhnlichen Naturgesetze benutzten, um neue religiöse Vorstellungen zu begründen. Wenn diese verborgenen Einflüsse aufhörten, würden auch die Wunder aufhören, und religiöser Verfall und Ungläubigkeit würden triumphieren, wenn nicht neue Verbindungen der Planeten die Erscheinung neuer Wunder und neuer Thaumaturgen veranlassten. Alle diese Lehren waren weit schlimmer als irgend eine von denen, für die Cecco von Ascoli mit dem Leben büssen musste; aber Pomponazzi entging diesem Schicksal, indem er vorsichtiger Weise den christlichen Glauben ausnahm[1]).

Tatsächlich war das einzige Werk, das ihm ernstere Unannehmlichkeiten bereitete, seine Abhandlung 'De immortalitate animae', die er 1516 verfasste und die nach den Worten des Prierias weit eher den Titel 'De mortalitate' verdiente. In dieser Abhandlung verwirft Pomponazzi zwar die averrhoistische Lehre von einem allgemeinen Intellekt mit der Erklärung, dass sie wegen ihrer ungeheuerlichen und unverständlichen Dummheit einer Widerlegung überhaupt nicht wert sei; nachdem er aber die verschiedenen Gründe für und gegen die Unsterblichkeit angeführt hat, wobei er augenscheinlich mehr der letztern Ansicht zuneigt, schliesst er mit den Worten, das Problem sei neutral wie die Frage nach der Ewigkeit der Erde; es gäbe keine natürlichen Gründe für die Unsterblichkeit oder die Sterblichkeit der Seele; da aber Gott und die hl. Schrift behaupteten, dass die Seele unsterblich sei, so müssten die für die Sterblichkeit angeführten Gründe falsch sein. Er will offenbar zeigen, dass die Unsterblichkeit eine Frage des Glaubens und nicht der Vernunft sei, und er geht sogar so weit, den Glauben des Volkes an

---

1) Concilium Lateranense v., Sess. VIII (Harduin. IX. 1719). — Ripoll IV. 373. — Renan, Averrhoès et l'Averrhoisme (1866) pp. 53, 363. — P. Pomponatii Tract. de immortalitate animae c. XIV. — Cantù, a. a. O. I. 179—81. — Bayle, s. v. Pomponace, note D. — *Pastor, Geschichte der Päpste [4]III, S. 118 ff.; IV[1], S. 462 ff., 562.

Der Kunstgriff, durch welchen die Philosophen der Verantwortlichkeit für ihre Lehre entgingen, wird illustriert durch die Schlussworte der in dem Jahre 1514 geschriebenen Abhandlung des Agostino Nifo 'De coelo et mundo': „In qua omnibus pateat, me omnia esse locutum ut philosophum; quae vero viderentur Sanctae Romanae Ecclesiae dissonare, illico revocamus, asserentes ea incuria nostra proficisci, non autem a malitia, quare nostras has interpraetationes omnes et quascunque alias in quibusvis libris editis Sanctae Romanae Ecclesiae submittimus". Ebenso erklärt Marsilio Ficino: „Nos autem in omnibus quae scribimus eatenus affirmari a nobis aliisque volumus, quatenus Christianorum theologorum concilio videatur". — De immort. animae, Lib. XVIII. c. 5. — Pomponazzi schliesst seine Abhandlung über die Unsterblichkeit also: „Haec itaque sunt, quae mihi in hac materia dicenda videntur, semper tamen in hoc et in aliis subjiciendo Sedi Apostolicae". — De immort. animae c. XV.

Gespenster und Visionen vielfach den Betrügereien verderbter Priester zuzuschreiben, wofür, wie er erklärt, seine Zeit genug Beispiele biete. Der dünne Schleier, mit dem er auf diese Weise die Ungläubigkeit seines Buches zu verhüllen suchte, rettete dasselbe indessen nicht vor der Verurteilung. In Venedig liess der Patriarch es öffentlich verbrennen und forderte sodann den Kardinal Bembo auf, es auch in Rom verdammen zu lassen. Bembo las das Buch und war ganz entzückt davon; er erklärte es für mit dem Glauben vereinbar, und gab es dem Magister Sacri Palatii, der derselben Ansicht war. Doch war der Nachfolger des letzteren, Prierias, weniger nachsichtig. In seiner Abhandlung über die Hexen (1520) sagt er, dass man das in Venedig gegebene Beispiel überall befolgen solle; und das eifrige Bemühen, womit er zu beweisen sucht, dass die Seele unsterblich ist und dass die Seelen der Tiere von denen der Menschen verschieden sind, lässt erkennen, wie weitverbreitet die irreligiösen Meinungen damals waren und wie freimütig man diese Fragen erörterte. Das ergibt sich auch aus dem Geständnis, welches Eugen Torralba im J. 1528 vor der spanischen Inquisition ablegte und worin er bezeugte, er habe als Jüngling in Rom studiert und seine drei Lehrer — Mariana, Avanselo und Maguera — hätten übereinstimmend gelehrt, dass die Seele sterblich sei; er selbst sei nicht imstande gewesen, ihre Argumente zu widerlegen[1]).

Das Buch des Pomponazzi blieb nicht unwidersprochen. Im J. 1492 hatte der Professor in Padua, Agostino Nifo, in seinem Werke 'De intellectu et daemonibus' die averrhoistische Theorie von der Einheit des Intellectes verteidigt und gelehrt, ein einziger Verstand erfülle das Universum und regiere alles nach seinem Willen. Er hatte schon früher Unannehmlichkeiten mit den Dominikanern gehabt und bot ihnen durch diese Schrift neuen Stoff zu Angriffen. Es wäre ihm daher unzweifelhaft schlecht ergangen, hätte nicht der gelehrte Bischof von Padua, Pietro Barozzi, ihn dadurch gerettet, dass er ihn veranlasste, seine Lehre zu modifizieren. Nifo war aber trotz seiner Philosophie auch ein gewandter Hofmann und wurde ein Günstling Leos X., der ihn zum 'Conte palatino' ernannte und ihn unterstützte, um gegen Pomponazzi zu beweisen, dass Aristoteles die Unsterblichkeit der Seele behauptet habe. So wurde er der anerkannte Erklärer

---

1) P. **Pomponatii** Tract. de immortalitate animae, c. IV. VIII. XIV. XVI. — **Prieras**, De strigimagarum mirandis Lib. I. c. IV. v. — **Llorente**, Hist. de l'Inquisition d'Espagne, ch. XV. Art. II. Nr. 4 (Bd. ²II S. 63; übers. von Höck II S. 78).

des Averrhoes für ganz Italien, und seine gemässigten averrhoistischen Ansichten wurden die Lehre, die in Padua während des Restes des Jahrhunderts vorgetragen wurde[1]).

Es war unvermeidlich, dass auch die Diener der Kirche von dieser zur Mode gewordenen Ungläubigkeit angesteckt wurden, wie wenig sie sich auch in ihrem weltlichen Eigennutz über die Lehren des Averrhoismus beunruhigen mochten. Das wird bestätigt in den Predigten, die Savonarola während der Fastenzeit des J. 1497 über den Propheten Ezechiel hielt. Darin sagt er von den Priestern jener Zeit: Sie vernichten die Seelen ihrer Herden mit ihrem bösen Beispiel; ihre Andacht besteht darin, dass sie die Nacht mit unzüchtigen Weibern zubringen und am Tage im Chor singen; der Altar ist ihr Laden; sie behaupten öffentlich, dass die Welt nicht von der Vorsehung Gottes, sondern vom Zufall regiert werde, und dass Christus nicht in der Eucharistie gegenwärtig sei[2]). Es war also kein Wunder, dass der aufgeklärtere Teil der Laienwelt, der sich der Schattenseiten des herrschenden Glaubens bewusst war, aber unter dem wachsamen Auge der Inquisition in der Gleichgültigkeit und dem praktischen Atheismus eine Zuflucht suchen musste, der verzweiflungsvoll nach etwas Besserem verlangte, aber die ursprünglichen Grundsätze des Christentums von dem Schwulste der scholastischen Theologie nicht zu reinigen verstand, sein Heil lediglich in diesen philosophische Spekulationen fand, die das Christentum tatsächlich in Nichts versinken liessen. Ohne die Reformation wäre Europa dem Atheismus oder einem verflüchtigten Deismus verfallen, der kaum noch vom Atheismus zu unterscheiden gewesen wäre. Die Kirche wollte innerhalb ihres Bereichs keine abweichende Meinung gelten lassen und war doch auffallend duldsam gegen diese Verirrungen des modemässigen Humanismus. Sie verfolgte die Fraticellen, die die Armut Christi zu behaupten wagten, aber das Heidentum des wiedererwachten Hellenismus konnte sich ausbreiten, ohne dass sie einen ernsten Schritt zur Verhinderung tat. Gelegentlich mochte irgend ein eifriger Dominikaner, der begierig war, die erhabenen Lehren des 'Doctor angelicus' zu verteidigen, Lärm machen und ein allzu kühnes Buch verbrennen, aber der Verfasser konnte leicht hochgestellte Beschützer in der Kirche finden, einen Barozzi oder Bembo, die den Sturm beschworen.

Die Reformation erfüllte, indem sie diesem Hange nach gefähr-

---
1) Renan, a. a. O. S. 367—72. — Cantù, a. a. O. I. 183.
2) Villari, Frà Girolamo Savonarola (1887) T. II. p. 3.

licher Spekulation ein Ende machte, eine doppelte Aufgabe. Sie zerstörte die scharf gezogenen Linien der starren scholastischen Theologie und gab rührigen Köpfen ein weites Feld zur Diskussion innerhalb der Grenzen des christlichen Glaubens. Den Angriffen Luthers, Melanchthons und Calvins konnte man nicht begegnen mit der Dialektik der Schulen, sondern nur mit einem freiern und höhern Raisonnement. An die Stelle der überlebten Debatten über Aristoteles, Alexander und Averrhoes, über Nominalismus und Realismus traten neue Systeme der biblischen Exegese und ernste Forschungen über die Stellung des Menschen im Universum und über seine Beziehungen zu seinen Mitmenschen und zu Gott. Der Eifer, den dann die Gegenreformation entfachte, konnte die philosophischen Erörterungen und die Spekulationen, welche mit dem anerkannten Glauben in Widerspruch standen, nicht länger dulden. Servet und Giordano Bruno gehören zwar einer Periode an, die ausserhalb unserer gegenwärtigen Grenzen liegt. Aber das Schicksal dieser Männer zeigt, wie wenig sowohl der Protestant als auch der Katholik in dem heftigen Streite, den sie mit so unversöhnlichem Eifer ausfochten, geneigt waren, auf philosophische Erörterungen über die religiösen Glaubenssätze zu hören.

Bevor wir diesen Teil unserer Aufgabe verlassen, müssen wir noch auf eine merkwürdige Episode zurückkommen, auf die Laufbahn des Raimund Lullus, des 'Doctor illuminatus', von dem Fray Benito de Feyjoo (1750) mit Recht sagt: „Raimund Lullus ist, von welcher Seite man ihn auch betrachten mag, eine sehr problematische Persönlichkeit. Die einen machen ihn zum Heiligen, die anderen zum Ketzer; die einen erklären ihn für einen sehr gelehrten Mann, die anderen für einen Ignoranten; die einen halten ihn für erleuchtet, die anderen für verrückt; die einen schreiben ihm die Kenntnis der Verwandlung der Metalle zu, die anderen bestreiten dies; die einen loben seine 'Ars magna', die anderen verachten sie"[1]).

Dieser rätselhafte Mensch wurde am 25. Januar 1235 in Palma, der Hauptstadt von Mallorca, geboren. Als Spross einer adligen Familie wurde er am königlichen Hofe erzogen, wo er zu der Stellung eines Seneschalls emporstieg. Er heiratete und hatte Kinder, führte aber ein lustiges und ausschweifendes Leben, bis er wie Peter Waldes

---

[1] Feyjoo, Cartas eruditas y curiosas (1742—1760), Carta XXII (T. I. p. 180). — *Vgl. Wetzer-Welte, Kirchenlexikon ²X (1895) 747; Real-Enzyklopädie ³XI (1902) 706 ff.; Keicher, Raymundus Lullus und seine Stellung zur arabischen Philosophie (1909).

und Jacopone von Todi plötzlich durch die Erkenntnis von der Wertlosigkeit des Lebens bekehrt wurde. Er war wahnsinnig verliebt in Leonore del Castello, und rücksichtslos, wie er war, verfolgte er sie während eines Sonntagsgottesdienstes zu Pferde bis in die Kirche der hl. Eulalia, zum grossen Ärgernis des Priesters und der Gemeinde. Um sich von so lästiger Verfolgung zu befreien, zeigte ihm aber Leonore mit Zustimmung ihres Gatten ihren Busen, der von einem ekelhaften und tötlichen Krebsleiden zerfressen wurde. Dieser Anblick brachte ihm eine so tiefe Erkenntnis von der Nichtigkeit der irdischen Dinge bei, dass er, nachdem er für seine Familie gesorgt hatte, der Welt entsagte und seinen Reichtum unter die Armen verteilte. Derselbe unbezwingliche Eifer, der ihn masslos in seinen Vergnügungen gemacht hatte, beherrschte ihn nun bis zum Ende seines neuen Lebens, das er der Befreiung des hl. Grabes, der Bekehrung der Juden und Sarazenen, und der Ausarbeitung eines Systems widmete, welches die Wahrheit des christlichen Glaubens vernunftgemäss dartun und so den Averrhoismus, in dem er den gefährlichsten Gegner des Glaubens erkannte, überwinden sollte[1]).

Zehn Jahre oder mehr verbrachte er in der Vorbereitung auf diese neue Laufbahn. Wir hören von einer Pilgerfahrt nach Compostella, 1266, und von seinem Rückzug auf den Monte Randa, in der Nähe von Palma, 1275. Die Wissenschaft war ihm so fremd, dass er anfangs nicht einmal mit dem Lateinischen, dem Schlüssel für alle Kenntnisse jener Zeit, bekannt war. Er machte sich eifrig an das Studium desselben; ebenso lernte er das Arabische mit Hilfe eines saracenischen Sklaven, den er sich zu dem Zwecke gekauft hatte. Wie ernstlich sein unermüdlicher Geist gearbeitet hat, beweisen die gewaltigen Schätze des Wissens, die er später entfaltete. Sie waren so bewundernswert, dass sie in den Augen seiner Anhänger unbedingt von höherer Eingebung herrühren mussten. In seiner Zurückgezogenheit auf dem Monte Randa, wo er den Gedanken seiner 'Ars universalis' fasste, soll er wiederholt Visionen Christi und der hl. Jungfrau gehabt haben und von ihnen erleuchtet worden sein. Der Mastixbaum, unter dem er gewöhnlich schrieb, gab Zeugnis von diesem Wunder; denn die Blätter desselben waren mit lateinischen, griechischen, chaldäischen und arabischen Zeichen beschrieben, und der Baum trieb weiter solche Blätter. In dem siebzehnten Jahrhundert

---

1) Historia general de Mallorca, III. 40-2 (Palma, 1841). — Pelayo, Heterodoxos españoles, I. 514—15. — Nicolaus Antonius, Bibl. Hispan. Lib. IX. c. III. Nr. 73.

verbürgt sich Vincenz Mut für diesen auffälligen Vorgang und sagt, er besitze selbst einige Blätter. Lucas Wadding dagegen erzählt, dass sie zu seiner Zeit nach Rom gebracht worden seien, wo sie lebhaftes Staunen erregt hätten. Als sein Werk vollendet war, erschien ihm ein Engel in der Verkleidung eines Hirten, küsste das Buch viele Male und sagte vorher, dass es sich als eine unbesiegbare Waffe für den Glauben erweisen würde[1]).

Aus seiner Einsamkeit hervorkommend, führte Raimund vierzig Jahre lang ein Wanderleben in unaufhörlicher Tätigkeit. Bald regte er die Päpste und Könige an, neue Kreuzzüge zu unternehmen, oder das Missionswerk zu fördern, oder Hochschulen für die orientalischen Sprachen zu gründen; bald veröffentlichte er ein Buch nach dem andern mit unglaublicher Fruchtbarkeit; bald disputierte und lehrte er zu Montpellier, Paris und an anderen Orten gegen den Averrhoismus; bald wagte er sich unter die Ungläubigen, um unter ihnen das Licht des Christentums zu verbreiten. Die Arbeit, die er in jedem dieser Wirkungskreise vollbrachte, konnte hinreichend scheinen, um die Leistungsfähigkeit eines gewöhnlichen Mannes zu erschöpfen. Auf seinem Wege nach dem Konzil von Vienne (1311) schmiedete er Pläne zur Gründung von Schulen für orientalische Sprachen, Pläne für die Verschmelzung aller militärischen Orden zu einem einzigen, für einen hl. Krieg gegen die Ungläubigen, für die Unterdrückung des Averrhoismus und für die Einführung seines Systems auf allen Universitäten. Bei dieser Gelegenheit fasste er sein Leben also zusammen: „Ich war verheiratet und Familienvater, reich, weltlich und zügellos genug. Um der Ehre Gottes, um des öffentlichen Wohles und um der Förderung des Glaubens willen gab ich alles auf. Ich lernte Arabisch, und ich bin wiederholt unter den Sarazenen gewesen, um zu ihnen zu predigen, und bin von ihnen misshandelt und gefangen gehalten worden. Fünfundvierzig Jahre lang habe ich mich bemüht, die Leiter der Kirche und die Fürsten der Christenheit für das allgemeine Wohl anzufeuern. Jetzt bin ich alt, arm und habe noch immer dieselbe Absicht, die ich mit Hülfe Gottes auch behalten will, bis ich sterbe." Zu Vienne bestand sein einziger Erfolg darin, dass er einen Beschluss zur Gründung von Schulen für das Hebräische, Arabische und Chaldäische an dem päpstlichen Hofe und an den Universitäten Paris, Oxford, Bologna und Salamanca durchsetzte. Von da ging er zum zweiten Male nach Algier, wo er zu Bugia viele Bekehrungen vor-

---

1) Mariana, Hist. de España, Lib. xv. c. 4. — Hist. gen. de Mallorca, I. 601; III. 44—6. — Nicolaus Antonius l. c. Nr. 74. — Wadding. ann. 1275, Nr. 12.

nahm, bis er ins Gefängnis geworfen und dem Hunger preisgegeben wurde; dann wurde er wieder freigelassen und des Landes verwiesen, aber er fuhr dennoch fort, Proselyten zu machen. Mit auffälliger Langmut begnügten sich die Mauren damit, ihn an Bord eines nach Genua bestimmten Schiffes zu bringen und ihm die Rückkehr zu untersagen. Angesichts des Landes litt er bei Pisa Schiffbruch, rettete zwar sein Leben durch Schwimmen, verlor jedoch seine Bücher. Entschlossen, die Palme des Martyriums zu gewinnen, schiffte er sich dann im August 1314 zu Palma wieder nach Bugia ein. Sofort erkannte man ihn, warf ihn ins Gefängnis, schlug ihn und liess ihn hungern; aber auch im Gefängnis fuhr er fort, zu seinen Mitgefangenen zu predigen, bis die Mauren fanden, dass er unbesieglich sei, und ihn am 29. Juni 1315 herausführten und steinigten. Einige Kaufleute aus Genua, die im Begriffe waren, abzusegeln, trugen seinen noch atmenden Körper an Bord ihres Schiffes und richteten das Steuer nach Genua, fanden sich aber zu ihrer Überraschung schliesslich am Eingang des Hafens von Palma. Vergebens bemühten sie sich, von dem Ort fortzukommen, bis sie zuletzt, den Willen des Himmels erkennend, den Leichnam ans Ufer brachten. Sofort begann seine Wunderkraft aufzuleuchten, und die Verehrung des Märtyrers nahm ihren Anfang. 1448 wurde zu seinen Ehren eine prächtige Kapelle in der Kirche der Franziskaner, die ihn zu den Tertiariern ihres Ordens zählten, errichtet, und eine andere wurde ihm zu Anfang des siebzehnten Jahrhunderts geweiht. Im J. 1487 wurden seine Gebeine in eine reichgeschnitzte Alabasterurne gelegt, und diese in einer Nische in der Kirchenmauer über einem reichen Grabdenkmal aufgestellt, wo sie sich noch immer befindet[1]).

Für den Augenblick waren zwar die Erfolge dieses aufopferungsfreudigen, edlen und unermüdlichen Geistes gering. Der Averrhoismus nahm noch weiter an Kraft zu, die christlichen Fürsten waren nicht zu einem neuen Kreuzzuge zu bewegen, und auch die Bekehrung der Juden und Ungläubigen machte keine Fortschritte. Die einzige Belohnung für seine so angestrengte und so beharrliche Mühe war die Gründung orientalischer Schulen in Mallorca und Sicilien und der Befehl des Konzils von Vienne zur Errichtung weiterer. Doch hinterliess Raimund infolge seiner ans Wunderbare grenzenden literarischen Fruchtbarkeit eine Menge von Schriften, die einen grossen Einfluss

---

1) Wadding. ann. 1203, Nr. 3; ann. 1315, Nr. 2, 5. — C. 1 Clement v. 1. — Nicolaus Antonius l. c. Nr. 76. — Hist. gen. de Mallorca, II. 1058—9, 1063; III. 64—5, 72.

auf die folgenden Generationen ausüben sollten. Er war vielleicht der fruchtbarste Schriftsteller, von dem die Geschichte berichtet. Juan Llobet, der um die Mitte des fünfzehnten Jahrhunderts die 'Ars' Raimunds an der Universität Palma lehrte, hatte fünfhundert Bücher von ihm gelesen; einige Schriftsteller behaupten, ihre Gesamtzahl belaufe sich auf tausend, andere sprechen von dreitausend. Viele sind verloren gegangen, viele werden ihm fälschlicherweise zugeschrieben, und die Bibliographie seiner Werke befindet sich in einer traurigen Verwirrung. Doch gibt Nicolaus Antonius nach einer sorgfältigen Sichtung die Titel von dreihundertundeinundzwanzig Werken an, die ihm mit Sicherheit zugeschrieben werden können. Von diesen handeln einundsechzig von der Kunst zu lehren und von allgemeinen Fragen, vier von Grammatik und Rhetorik, fünfzehn von Logik, einundzwanzig von Philosophie, fünf von Metaphysik, dreizehn von verschiedenen Wissenschaften — Astrologie, Geometrie, Politik, Krieg, der Quadratur des Kreises und der Kunst, Gott auf dem Wege der Gnade zu erkennen, — sieben von Medizin, vier vom Rechte, zweiundsechzig von geistlicher Betrachtung und anderen religiösen Gegenständen, sechs von der Homiletik, dreizehn vom Antichrist, von der Eroberung des hl. Landes und anderen verschiedenen Fragen, sechsundvierzig sind Streitschriften gegen Sarazenen, Juden, Griechen und Averrhoisten, vierundsechzig handeln von den schwierigsten Problemen der Theologie und von religiöser Poesie. Die grosse Gesamtausgabe seiner Werke, die von 1721 bis 1748 in Mainz gedruckt worden ist, umfasst zehn Foliobände. Wie es mit allen anderen grossen Gelehrten seiner Zeit geschah, so wurde auch der Name des Raimund Lullus an die Spitze von Werken über Alchimie und Magie gestellt, aber damit werden nur Vermutungen ausgesprochen. Sein Ruf als Alchimist zeigt sich in der Überlieferung, dass er in England sechs Millionen Goldgulden herstellte und sie dem Könige übergab, um ihn zu einem Kreuzzuge anzutreiben. Seine wirkliche Meinung über die Alchimie kommt indessen an einer Stelle seiner 'Ars magna' zum Ausdruck: „Jedes Element hat seine besonderen Eigentümlichkeiten, und keine Spezies kann in eine andere verwandelt werden, zum Kummer der Alchimisten, die wohl Veranlassung haben, darüber zu weinen." Ebenso ergibt sie sich aus anderen gleichfalls klar gefassten Bemerkungen[1]).

---

1) Nicolaus Antonius l. c. Nr. 87—154. — Hist. gen. de Mallorca III. 68, 70, 96—8. — R. Lullus Artis magnae P. IX. c. 52 (Opera, ed. Argentorati, 1651, p. 438).
Eine Übersicht über die poetischen Werke des Raimund Lullus siehe bei Chabaneau (Vaissette, éd. Privat, x. 379).

Für unsern Zweck kommt nur eine Phase seiner Schaffenskraft in Betracht. In der Einsamkeit des Monte Randa entstand die 'Ars', die seinen Namen trägt, — eine Methode, mittels deren durch Diagramme und Symbole die erhabensten Wahrheiten der Theologie und Philosophie abgeleitet und dem Gedächtnis anvertraut werden können. Die 'Ars brevis' ist ein Auszug davon, während die 'Ars magna' sie in grösserer Ausführlichkeit schildert und ein System des Universums darauf aufbaut. Als Produkt eines Mannes, den die Kultur erst in einem Alter von dreissig Jahren berührt hatte, ist sie eine bewundernswerte Arbeit, die eine vertraute Bekanntschaft mit allen Geheimnissen der materiellen und geistigen Welt voraussetzt und die Kräfte, sowie die Attribute, Beweggründe und Absichten Gottes und seiner Geschöpfe logisch ableitet, so dass die Lullisten sie leicht für inspiriert halten konnten. Diese Kunst lehrte Raimund selbst in Montpellier und Paris. Im J. 1309 vereinigten sich vierzig Mitglieder der letztern Universität, um sie als nützlich und notwendig für die Verteidigung des Glaubens warm zu empfehlen. In seiner Heimat stand sie in hoher, andauernder Blüte. Begünstigt von einer Reihe von Monarchen, wurde sie auch an den Universitäten von Aragonien und Valencia gelehrt. Um die Mitte des fünfzehnten Jahrhunderts wurde das 'Estudio Lulliano' zu Palma gegründet, das später zu der 'Universidad Lulliana' erweitert wurde, an der die Verkündigung seiner Lehre fast bis auf unsere Tage Tradition geblieben ist. Kardinal Ximenes war ein grosser Bewunderer derselben; Angelus Politianus sagte, dass er ihr seine Geschicklichkeit verdanke, über jeden Gegenstand zu disputieren; Johann Lefèvre von Estaples schätzte sie hoch, ebenso wie andere berühmte Männer. Dagegen wollte Gerson allerdings nichts von ihr wissen und verbot, sie an der Universität Paris zu lehren. Auch Cornelius Agrippa und Hieronymus Cardanus hatten eine schlechte Meinung von ihr, und Mariana erzählt, dass die 'Ars' Raimunds zu seiner Zeit von vielen für nutzlos und sogar für schädlich gehalten worden sei, während andere sie gepriesen hätten als ein Geschenk des Himmels, um die Unwissenheit zu heilen. An der Universität Valencia wurde sie 1586 verboten [1]).

In diesem und vielen anderen seiner Werke suchte Lullus durch logische Schlüsse die Wahrheiten des Christentums und die Behaup-

---

1) Hist. gen. de Mallorca III. 71, 78. — Pelayo a. a. O. 1. 530, 535, 537, 539. — Nicolaus Antonius l. c. Nr. 82. — Gerson, Epist. ad Barthol. Carthus.; ejusd. De examinanda doctrina P. II. Consid. 1. — Corn. Agrippa, De vanitate scient. c. 9. — Hieron. Cardanus, De subtilitate rerum Lib. XV. — Mariana, Lib. XV. c. 4.

tungen der Theologie zu beweisen. Wir haben schon gesehen, wie die Kirche die Gefahr erkannte, die mit einem solchen Verfahren verbunden war, und es verbot; Lullus selbst fühlte, dass er sich auf gefährlichen Boden begeben hatte. Daher versäumte er keine Gelegenheit zu erklären, dass der Glaube über der Vernunft stehe, und dass diejenigen sich irrten, welche behaupteten, der Glaube, der durch die Vernunft bewiesen werde, verliere sein Verdienst. Als er sein Leben der Bekämpfung des Averrhoismus und der Bekehrung der Ungläubigen widmete, geschah es in dem Gefühle, dass das Christentum nur durch Beweisgründe ausgebreitet werden könne, und dass man die Menschen, um sie zu bekehren, zuvor überzeugen müsse, andernfalls könne das Werk nicht gedeihen. Er behauptete sogar, die Heiden hätten Grund, sich über Gott zu beklagen, wenn es unmöglich sei, ihre Vernunft von der Wahrheit zu überzeugen[1]). Es war derselbe Versuch, den Savonarola zwei Jahrhunderte später in seinem 'Crucis triumphus' machte, um die Ungläubigkeit der späteren Averrhoisten und der Renaissance zu bekämpfen.

Das Ende zeigt aber, wie gefährlich seine aufrichtigen Bemühungen waren. Als sich sein Ruf ausbreitete und seine Jünger sich vermehrten, unternahm es Nicolaus Eymericus, der Inquisitor von Aragon, auf den ich schon so oft Gelegenheit gehabt habe hinzuweisen, sein Andenken zu verdammen. Vielleicht gab es unter den Lullisten Männer, die in ihrem Eifer zu wenig Zurückhaltung beobachteten. Eymericus spricht von einem Namens Pedro Rosell, dessen Irrtümer eine auffallende Übereinstimmung mit den Lehren der Joachiten und Olivisten zeigen; denn er behauptete, dass, wie das Alte Testament dem Vater und das Neue dem Sohne, so die Lehre des Raimund Lullus dem hl. Geiste zuzuschreiben sei, dass zur Zeit des Antichrists alle Theologen Apostaten, die Lullisten dagegen Weltbekehrer würden, und dass jede Theologie ausser der ihres Meisters verschwinden würde. Vielleicht war es auch für Eymericus als Dominikaner eine willkommene Gelegenheit, einen Mann anzugreifen, auf den die Franziskaner als einen ihrer grössten Söhne mit Stolz hinwiesen. Zweifellos ist ferner die Behauptung der Lullisten, dass Eymericus sie wegen ihrer Verteidigung der unbefleckten Empfängnis habe unterdrücken wollen, nicht ganz unbegründet. Sei dem wie ihm wolle, für einen Sachverständigen war es nicht schwer, in einer Masse von Schriften, die jeden einzelnen Punkt der Lehre

---

1) Pelayo a. a. O. 1. 519–23. — R. Lulli Lamentatio philosophiae.

und des Glaubens mit aller logischen Schärfe heraushoben und behandelten, Behauptungen zu finden, die man als Irrtümer bezeichnen konnte. Ein Privileg zum Lehren des Lullismus, das König Pedro IV. von Aragon im J. 1369 erliess, zeigt, dass sich schon eine Opposition geltend gemacht hatte. Im J. 1371 ging Eymericus nach Avignon, wo er von Gregor XI. den Befehl erhielt, die Schriften Raimunds zu prüfen. Bei seiner Rückkehr verbot zwar der König kategorisch die Veröffentlichung des päpstlichen Auftrages. Aber der hartnäckige Inquisitor schickte im J. 1374 zwanzig inkriminierte Bücher an Gregor XI. und hatte 1376 die Genugtuung, eine Bulle vorzeigen zu können, die darlegte, dass diese Werke sorgfältig von dem Kardinal von Ostia und von zwanzig Theologen geprüft worden seien und nach ihrem Urteil zweihundert (oder nach Eymericus fünfhundert) offenbare ketzerische Irrtümer aufwiesen. Da auch die übrigen Schriften Raimunds vermutlich Irrtümer enthalten müssten, so wurde dem Erzbischof von Tarragona befohlen, sich alle Bücher ausliefern zu lassen und sie zur Prüfung nach Avignon zu senden. Da aber schritt König Pedro abermals ein und ersuchte den Papst, die weitere Untersuchung in Barcelona führen zu lassen, da die meisten von Raimunds Werken in katalanischer Sprache geschrieben seien und dort am besten verstanden würden[1]).

Eymericus triumphierte eine Zeitlang und liess in seinem 'Directorium inquisitorum' seinem Hass freien Lauf. Lullus habe, sagte er, seine Lehre vom Teufel empfangen. Da es aber zu weit führen würde, alle Irrtümer aufzuzählen, so beschränke er sich darauf, von den von Gregor XI. verurteilten fünfhundert Irrtümern hundert namhaft zu machen. Einige von diesen streiften an mystischen Illuminismus, andere waren landläufige Lehren, aber in übertriebener Form. Zum grössten Teil beruhten sie auf der Behauptung, die in dem sechsundneunzigsten Irrtum verurteilt wurde, „dass alle Punkte des Glaubens, die Sakramente und die Macht des Papstes durch zwingende, demonstrative und augenscheinliche Vernunftgründe bewiesen werden können und bewiesen werden", — sie seien nichts anderes, als Versuche einer logischen Erklärung der Mysterien des Glaubens, was aber bei so subtilen Gedanken unmöglich sei. Zwei oder drei jedoch waren offenbar ketzerisch, nämlich die Behauptungen, dass zwar der Glaube, aber nicht die Vernunft irren könne, dass es unrecht sei,

---

1) Pelayo a. a. O. I. 499, 528. — Hist. gen. de Mallorca III. 85. — D'Argentré, I. i. 256—7, 259. — Pegnae Appendix ad Eymericum pp. 67—8. — Bofarull, Documentos, VI. 360.

Ketzer zu erschlagen, und dass die Masse der Menschheit, selbst Juden und Sarazenen sofern sie nicht in Todsünde lebten, erlöst werde. Die Lullisten waren offenbar nicht geneigt, sich ruhig zu unterwerfen. Eymericus sagt, sie seien zahlreich und unverschämt und machten sich einer Irrlehre schuldig durch die Behauptung, Gregor XI. habe bei der Verurteilung ihres Meisters gröblich geirrt, Raimunds Lehre sei von Gott offenbart und übertreffe jede andere, selbst die des hl. Augustin; man könne sie nicht durch Studium, sondern nur durch Eingebung des hl. Geistes in dreissig, vierzig oder sechzig Stunden erlangen; moderne Theologen wüssten nichts von wahrer Religion, denn Gott habe wegen ihrer Sünden alle Kenntnis auf die Lullisten übertragen, so dass diese allein in den Zeiten des Antichrists die Kirche bilden würden[1]).

In alle dem lag offenbar ein Material, das nur der Pflege und Herausforderung bedurfte, um sich zu einer neuen und gefährlichen Ketzerei auszuwachsen, wenn das Inquisitionsverfahren darauf angewandt wurde. Glücklicherweise sympathisierte aber der König und ein grosser Teil der Bevölkerung mit den Lullisten. Im J. 1378 brach das grosse Schisma aus, und Don Pedro erkannte weder Urban VI. noch Clemens VII. an. So war das Königreich tatsächlich unabhängig, und die Lullisten erklärten laut, die Bulle Gregors XI. vom J. 1376 sei von Eymericus gefälscht worden; 1385 wurde eine Untersuchung eröffnet, welche mit seiner Ausweisung aus Aragonien endete. Sein Nachfolger als Inquisitor von Aragon war sein Feind Bernhard Ermengaudi, der dem Könige ergeben war und auch sofort eine ausdrückliche Erklärung abgab, dass in Raimunds 'Philosophia amoris' die ihr von Eymericus zugeschriebenen Irrtümer nicht zu finden seien. Die Verbannung des letztern dauerte jedoch nicht lange. Er kehrte zurück, nahm sein Amt wieder auf und übte es mit schonungsloser Strenge gegen die Lullisten aus. Das rief so grosse Aufregung hervor, dass 1391 die Stadt Valencia den Doctor Jakob de Xiva zum Papste schickte, um über die ungeheuren Verbrechen des Eymericus Klage zu führen und um seine Abberufung zu bitten. Der Gesandte machte in Barcelona Halt, um diese mächtige Gemeinde zur Mitwirkung zu

---

1) Eymericus, Directorium pp. 255—61.
Pegna sagt (S. 262), dass in den Handschriften der Werke des Eymericus die Liste der Irrtümer kleiner sei als in dem gedruckten Texte, was von H. Denifle bestätigt wird (Archiv für Lit. u. Kirchengeschichte I (1885) S. 143). Als die Dominikaner des sechzehnten Jahrhunderts das Directorium druckten, fügten sie offenbar noch weitere Irrtümer ein, um so eine Stütze in ihrem Streite gegen Lullus zu haben.

veranlassen. Nachdem der Stadtrat ihn angehört hatte, beschloss er, falls die Massregeln von Valencia allgemeine und nicht nur besondere Bedeutung haben sollten, wolle er „ein Arm und ein Herz" mit der Schwesterstadt sein, und ersuchte weiter den Papst, einen Prälaten aus dem Königreich zu schicken, der in seinem Namen prüfen und erklären solle, ob die Raimund zugeschriebenen Artikel mit Recht oder Unrecht von Eymericus verurteilt worden seien[1]).

Die Gärung im Volke wurde so stark, dass Eymericus im J. 1393 von Juan I. abermals verbannt wurde. Er endete sein Leben im Exil, indem er bis zuletzt behauptete, die Ketzerei Raimunds sei ungeheuerlich und die Bulle Gregors XI. sei nicht gefälscht. Antonio Riera, einen Lullisten, der an der Angelegenheit beteiligt gewesen war, erklärte er für einen Ketzer, weil er vorausgesagt hatte, dass vor dem Ende des Jahrhunderts jeglicher Gottesdienst aufhören, Kirchen als Ställe benutzt und das Christentum, das Judentum und der Islam zu einer Religion verschmolzen werden würden, — zu welcher von diesen dreien, könne er nicht sagen. Inzwischen hatte aber der Hl. Stuhl im Jahre 1395 die Bitte der Lullisten um Prüfung gewährt und den Kardinal von San Sisto zu diesem Zwecke als Spezialkommissar entsandt. Gregors Register für das Jahr 1376 wurden sorgfältig geprüft, und es ergab sich in den Archiven, dass von der fraglichen Bulle keine Notiz zu finden war. Trotzdem blieb die Frage noch unentschieden, da die Ehre des Dominikanerordens und der Inquisition auf dem Spiele stand. 1419 erfolgte eine neue Untersuchung, indem der päpstliche Legat, Kardinal Alamanni, den Bischof Bernard von Città di Castello mit einer endgültigen Prüfung der Angelegenheit betraute. Dieser erklärte die Bulle für offenbar gefälscht und alle auf Grund derselben getroffenen Massregeln für null und nichtig, gab aber kein Urteil über Raimunds Schriften ab, sondern überliess dies dem Hl. Stuhle. Von nun an blieb die Echtheit der Bulle vom J. 1376 eine heiss umstrittene Frage. Brémond druckt sie (1730) als echt ab und erklärt, dass er sich durch eine ruhige Prüfung von ihrer Echtheit überzeugt habe; das Original werde in den Archiven zu Gerona aufbewahrt; Bzovius könne als Beweis dafür dienen, dass die Lullisten selbst zugäben, Abschriften der Bulle befänden sich in den Archiven von Barcelona, Tarragona und Valencia; die Bischöfe dieser Städte würden die Bulle nicht zugelassen haben, wenn sie falsch wäre. Bzovius war aber ein Dominikaner. Seine feind-

---

1) D'Argentré I. i. 258, 260. — Hist. gen. de Mallorca III. 82—4. — Pelayo, a. a. O. I, 784—5.

selige Gesinnung in dieser Angelegenheit ersieht man daraus, dass er Lullus als einen vagabundierenden Schwindler bezeichnet. Sicher ist, dass die Dominikaner trotz der Unterstützung durch mehrere aufeinander folgende Päpste in dem langen und heftigen Streite, der sich wegen der Rechtgläubigkeit des Raimund Lullus bei der päpstlichen Kurie erhob, niemals imstande waren, das Original der Bulle vorzulegen oder irgend einen Beweis für ihre Echtheit zu erbringen[1]).

In Aragonien wurde die Entscheidung des Jahres 1419 als eine endgültige Lösung der Frage angesehen. Königliche Verordnungen zugunsten des Lullismus wurden erlassen, 1415 und 1449 von Alfons V., 1483 und 1503 von Ferdinand dem Katholischen, 1526 von Karl V., 1597 von Philipp II. Dieser hatte geradezu eine grosse Vorliebe für Raimunds Schriften, von denen er einige mit auf seine Reisen zu nehmen pflegte, um sie unterwegs zu lesen; in der Bibliothek des Escorial sind viele Abschriften derselben mit Anmerkungen von seiner eigenen Hand gefunden worden. Diese königliche Gunst kam ihnen zustatten in dem seltsamen Streite, welcher nun folgte. Der Name des Raimund Lullus war in die anerkannten Ketzerkataloge übergegangen, und noch 1608 wurde er in der von dem Doktor der Sorbonne, Gabriel du Préau, veröffentlichten Liste aufgeführt. 1559 nahm ihn Paul IV. in den ersten päpstlichen 'Index expurgatorius' auf. Als dieser in Spanien publiziert wurde, suspendierten ihn Bischof Jakob Cassador und die Inquisitoren, und der 'Consejo de la suprema' verfügte, dass der Name ausgelassen wurde. Auf dem Konzil von Trient reichte Doctor Juan Villeta, der Vertreter Spaniens, eine Petition zugunsten Raimunds ein, die in einer besondern Congregation am 1. September 1563 geprüft wurde. Das Ergebnis war die einstimmige Bestätigung aller gegen Eymericus wegen Fälschung ergangenen Urteile und der Be-

---

1) Hist. gen. de Mallorca 59; 83—6. — Pelayo, a. a. O. I. 498, 789—8. — D'Argentré I, 259—61. — Nicolaus Antonius l. c. Nr. 78. — Ripoll II. 290. Villanueva (Viaje Literario XIV, 23) behauptet, dass die Bulle echt sei; denn er selbst habe sie so, wie sie am 29. Juli 1388 vorgelegt worden sei, in die Register von Gerona ordnungsmässig eingereiht gesehen. Da die Bulle vom 25. Januar 1376 datiert ist, so beweist das nur, dass Eymericus nach seiner Rückkehr aus der Verbannung, zwölf Jahre nach dem angeblichen Erlass der Bulle, selbst Abschriften davon an die verschiedenen Bischöfe seines Bezirkes sandte. Villanueva erwähnt ausserdem, dass der Bischof von Gerona ihre Veröffentlichung vorsichtigerweise ablehnte, weil das Datum schon lange verstrichen war. —
Der Dominikaner H. Denifle, Unterarchivar am Vatikanischen Geheimarchiv, hat kürzlich (1888) die Frage von neuem geprüft, ohne neues Licht in dieselbe zu bringen. Er weist nur darauf hin, dass das Fehlen der Bulle in den päpstlichen Registern kein unbedingter Beweis für den untergeschobenen Charakter derselben sei. — Archiv für Lit. und Kirchengeschichte IV (1888) S. 352.

schluss, den Index Pauls IV. zu reinigen und alles auf Lullus Bezügliche zu tilgen. Doch blieb dies ein geheimer Beschluss des Konzils, der nicht mit den anderen Beschlüssen veröffentlicht werden durfte. Damit war die Frage für eine gewisse Zeit gelöst, aber 1578 lebte sie wieder auf, als Francesco Pegna das Directorium Eymerichs mit besonderer Sanktion Papst Gregors XIII. neudruckte und der Welt von neuem die Bulle Gregors XI. sowie die in Raimunds Schriften verurteilten Irrtümer vorlegte. Gregor XIII. befahl Pegna, wegen der umstrittenen Bulle die päpstlichen Register zu prüfen. Diejenigen von Rom wurden als unvollständig befunden, und man liess die fehlenden Bände aus Avignon kommen. Aber trotz eifrigen Suchens fand man das gewünschte Dokument nicht, erklärte jedoch, dass zwei Bände aus dem Jahre 1376 nicht zu ermitteln seien. Darüber entbrannte ein Streit zwischen den Anhängern Eymerichs und denen Raimunds. 1583 beschloss die Kongregation des Index, Lullus unter die verbotenen Schriftsteller aufzunehmen, aber wiederum war der spanische Einfluss stark genug, die Ausführung des Beschlusses zu verhindern. Unter Sixtus V. wurde ein neuer Versuch gemacht, indessen Juan Arce de Herrera legte im Namen König Philipps II. der Kongregation des Index eine Apologie vor, und aufs neue war die Gefahr beschworen. Als der Index Papst Clemens' VIII. vorbereitet wurde, wurde die Frage am 3. Juni 1594 abermals aufgenommen und aus Rücksicht auf Spanien abermals verworfen. Auf Antrag des spanischen Gesandten wurde der Papst nun ersucht, eine vollständige Sammlung der Werke Raimunds nach Rom kommen zu lassen, damit die Frage endgültig geprüft und entschieden würde. Das geschah aber nicht, doch wurde im März 1595 mitgeteilt, dass sein Name aus dem Index entfernt worden sei. 1611 entfachte Philipp III. den Streit von neuem, indem er sich wegen der Kanonisation Raimunds und der Säuberung des Directoriums Eymerichs an Paul V. wandte. Philipp IV. wiederholte dieses Gesuch. Nach einem langen verwickelten Streite beschloss man, gewisse aus Raimunds Werken ausgezogene Artikel für gefährlich, dreist und nach Ketzerei riechend, und einige davon für offenbar irrtümlich und ketzerisch zu erklären. In einer am 29. August 1619 unter dem Vorsitz des Papstes abgehaltenen Sitzung wurde beschlossen, dieses Urteil dem spanischen Nuntius zu schicken mit der Anweisung, dem Könige und den Inquisitoren mitzuteilen, dass Raimunds Bücher verboten seien. Hierauf wurde Berufung aus dem Königreiche Mallorca eingelegt, mit der Bitte, die Bücher möchten korrigiert werden. Am 6. August 1620 antwortete Paul IV., indem er den Appellanten Schweigen gebot. Am 30. August setzte Kardinal Bellarmin für die Inquisition einen Schlussbericht auf, dass Raimunds Lehre bis zu ihrer Korrektur verboten sei; er fügte hinzu, nach seiner Meinung sei die Korrektur unmöglich, doch sei das Verdammungsurteil in der Form so abgefasst worden, um seine Strenge zu mildern. So wurde Lullus von dem Hl. Stuhle als Ketzer gebrandmarkt, das Urteil aber aus Rücksicht auf Spanien niemals veröffentlicht. Man glaubte hier allgemein, dass die Frage unentschieden sei, und fuhr ununterbrochen fort, ihn als Heiligen zu verehren. In einer kleinen im Jahre 1635 veröffentlichten Ausgabe seines ‚Arbor scientiae' wagte es der Herausgeber nicht, ihn einen Heiligen zu nennen, behauptete aber, dass er von Gott inspiriert worden sei, und nannte ihn „venerabilis et coelitus illuminatus pater". Und Raynaldus erklärte im J. 1658, dass die Frage noch 'sub iudice' sei. Um dieselbe Zeit nahmen einige Jesuiten die Sache gegen die Dominikaner auf, und 1662 erschien in Paris eine Übersetzung des „Triumphes der Liebe", auf deren Titelblatte der Autor genannt wurde: „Sanctus Raymundus Lullus, martyr et heremita". Das entflammte den Zorn der Dominikaner, und sie legten Berufung bei der Kongregation der Riten ein. Diese erwiderte, Lullus stehe in dem Martyrologium der Franziskaner unter dem 29. März, er dürfe aber nicht als Heiliger bezeichnet werden; es solle eine sorgfältige Prüfung seiner Werke stattfinden, und diese sollten, wenn nötig, verboten werden — ein Befehl, der indessen nie zur Ausführung kam. Als aber im J. 1688 Doctor Pedro Bennazar zu Palma ein Buch zum Lobe Raimunds herausgab, wurde es von der Inquisition 1690 verboten. Ein Kompendium seiner Theologie von Sebastian Krenzer (1755) wurde auf den Index gesetzt, nicht aber die zahlreichen Streitschriften, welche immer wieder erschienen, sowie die grosse Ausgabe seiner Werke, die von 1721—1742 herausgegeben und auf deren Titelblatt er „beatus" genannt wurde. Der gelehrte E. Amort weist im Jahre 1744 auf ihn hin als „S. Raymundus Lullus". Papst Benedict XIV. erklärt in seinem Werke „De servorum Dei beatificatione", nachdem er sorgfältig die Stimmen für und wider abgewogen hat, das Recht Raimunds auf Kanonisation müsse der Entscheidung des Hl. Stuhles vorbehalten bleiben. Diese Entscheidung liess aber noch hundert Jahre auf sich warten. Das wollte seinen Landsleuten von Mallorca nicht in den Sinn. Zwei Bischöfe von Mallorca, Lorenz Despuig und Juan Diaz de la Guerra, riefen, indem sie die Echtheit der Bulle Gregors XI. behaupteten, 1763 und 1777 so heftigen Widerspruch hervor, dass man es nötig fand, sie auf Bischofstühle des Festlandes zu versetzen. Die Wirren dauerten fort, sie bildeten auch die Hauptsorge des Bischofs Bernard Nadal y Crespi, der 1794 sein Amt antrat. Villanueva, der im J. 1814 schrieb, behauptet allerdings, es sei ihm einigermassen gelungen, die Aufregung zu beschwichtigen. Schliesslich jedoch sollte der so lange verzögerte Triumph des Märtyrers doch noch stattfinden. 1847 billigte Pius IX. die Feier eines Officiums „des seligen Raimund Lullus" für Mallorca, wo er seit undenklichen Zeiten verehrt worden sei. In dem Officium heisst es, er, der vorher ungebildet gewesen sei, wäre so von der göttlichen Weisheit erfüllt worden, dass er imstande war, über göttliche Dinge zu sprechen. 1858 erlaubte Pius IX. ferner dem ganzen Franziskanerorden, sein Fest am 27. November zu feiern. Allein die Dominikaner hatten ihren alten Groll noch nicht vergessen. 1857 erschien in einem römischen Blatte, das mit der Approbation des Magisters Sacri Palatii veröffentlicht wurde, ein Artikel, der zu beweisen suchte, dass die angeführte Bulle Gregors XI. noch in Kraft sei, und dass Raimunds Bücher verboten seien, obwohl sie nicht auf dem Index ständen. Der Fall des Raimund Lullus wie der Savonarolas und der Jungfrau von Orléans beweisen, wie gefährlich und nebelhaft die Grenzen zwischen Ketzerei und Heiligkeit sind [1]).

590   Das Beispiel des Raimund Lullus lässt erkennen, welche Schlingen die Schritte aller derer bedrohten, die sich auf den gefährlichen Pfad der Theologie wagten. Diese Wissenschaft behauptete, alle Geheimnisse des Universums zu kennen, und doch nahm ihr Umfang beständig zu, je nachdem geistreiche oder kühne Denker neue Theorieen aufstellten oder aus schon festgesetzten Tatsachen neue Schlüsse zogen. Zwar wurden Scharen von ihnen verdammt, und die Annalen eines geistigen Mittelpunktes, wie die Universität Paris es war, sind

---

1) Hist. gen. de Mallorca III. 65—6, 92, 94—5. — Gabriel Prateolus, Elenchus haereticorum (Colon. 1608) p 423. — D'Argentré, I. i. 259, 261. — Reusch, Der Index der verbotenen Bücher, I. 27—33. — Amort, De revelationibus, P. II. p. 224. — Benedict. PP. XIV. De servorum Dei beatificatione Lib. I. c. xi. § 4. — Raynald. ann. 1372 Nr. 35 — Villanueva, Viaje literario, T. xxii, p. 156—60.

Im Jahre 1533 beklagte sich der Inquisitor von Valenzia, Arnaldus Albertini, bitter über die Ungerechtigkeit, einen Mann wie Lullus, der von Gott inspiriert sei und eher als Heiliger verehrt werden müsse, zum Ketzer zu stempeln. — Albertini, Repetitio nova, (Valentia, 1534) col. 406.

Die Veröffentlichung einer vollständigen kritischen Ausgabe von den Werken des Raimund Lullus ist im Jahre 1837 zu Palma von D. Gerónimo Rosselló begonnen aber nicht vollendet worden (Obras de Ramon Lull, texto original).

voll von Urteilen gegen neue Glaubenslehren und ihre unglücklichen Urheber. Aber dennoch entstand gelegentlich ein neues Dogma, das anfangs heftig von allen Seiten erörtert wurde, ohne unterdrückt werden zu können, und schliesslich triumphierte und nach einem mehr oder weniger langen Kampfe seinen Platz erhielt unter den ewigen Wahrheiten, die man nicht bezweifeln durfte, ohne sich der Ketzerei schuldig zu machen. Dieser eigenartige dogmatische Entwicklungsprozess in einer unfehlbaren Kirche ist so lehrreich, dass wir ihn mit einem oder zwei Beispielen veranschaulichen müssen.

Es könnte scheinen, dass die Frage, ob die Seelen der Seligen sofort in den Himmel aufgenommen werden, um dort das unaussprechliche Glück der Anschauung Gottes zu geniessen, oder ob sie den Tag der Auferstehung und des Jüngsten Gerichts abwarten müssen, über die Grenzen irdischer Intelligenz hinausgehe. Diese Frage hatte aber für die Kirche nicht nur eine theoretische, sondern auch eine überaus praktische Bedeutung. Denn die ihren Glauben beherrschenden anthropomorphistischen Anschauungen legen den Gedanke nahe, dass die Vermittlung der Heiligen nur dann wirksam sein kann, wenn sie der Anschauung Gottes sich erfreuen, und die Hüter eines jeden Heiligenschreines, der sich rühmte, eine Reliquie zu enthalten, konnten nur so lange auf Einkünfte rechnen, als das Volk vertraute, dass der betreffende Heilige in der Lage sei, wegen der Erhörung der Gebete seiner Verehrer sich unmittelbar an Gott selbst zu wenden. Erst allmählich gelangte man zu einer erwünschten Lösung dieser Frage. Zwar hatten schon die ersten Kirchenväter diesem Gegenstande ihre Aufmerksamkeit zugewendet, und der hl. Augustinus hatte die Behauptung aufgestellt, dass die Seele erst dann die Anschauung Gottes vollständig geniessen könne, wenn sie sich mit dem auferstandenen Körper wieder vereinigt habe. Unter den Irrlehren, welche im Jahre 1243 Wilhelm von der Auvergne und die Universität Paris verurteilten, waren zwei, von denen die eine behauptete, das göttliche Wesen könne und wolle weder von den Engeln noch von den Seligen gesehen werden, während die andere die Ansicht vertrat, nur die Engel weilten in dem Feuerhimmel, dagegen gelangten die menschlichen Seelen, auch die der hl. Jungfrau, niemals über den Wasserhimmel hinaus. Der Bischof und die Universität äusserten sich sehr vorsichtig über die Anschauung Gottes, indem sie sie sowohl für die Engel als auch für die Menschenseelen nicht als eine Frage der Gegenwart, sondern der Zukunft behandelten; bezüglich der andern Frage erklärten sie dagegen unbedenklich, dass alle denselben Himmel bewohnten. Thomas von Aquino behandelte die Frage sehr ausführlich und zeigte dabei, wie schwierig und wichtig sie für ihn war. Aber er beschränkte sich darauf zu beweisen, dass die Seligen nach der Auferstehung Gott von Angesicht zu Angesicht schauen werden. Da die Ankunft des Antichrists und die Wiederkunft Christi damals allgemein von allen Generationen als nahe bevorstehend erwartet wurde, so erschien die genaue Bestimmung der Zeit, wann die Anschauung Gottes den Seelen zuteil werden würde, weniger wichtig. Aber die Theologie der Mystiker suchte die Seele und ihren Schöpfer in einen immer intimeren Verkehr miteinander zu bringen. Bonaventura sieht es als eine unzweifelhafte Tatsache an, dass die Seelen der Gerechten Gott schauen werden, und er trägt kein Bedenken zu behaupten, dass einige Gerechte schon im Himmel sind, während andere vertrauensvoll in ihren Gräbern auf die festgesetzte Zeit warten. Den letzten Schritt scheint der berühmte Dominikanertheologe Magister Dietrich von Freiburg (um 1310) getan zu haben. In einer Abhandlung sucht er zu beweisen, dass die Seligen sofort des göttlichen Anblicks teilhaftig werden. Das habe ihm eines seiner Beichtkinder offenbart, welches ihm auf Befehl Gottes zehn Tage nach seinem Tode erschienen sei, um seine Zweifel zu lösen und ihm zu versichern, dass es den Anblick der Dreifaltigkeit geniesse[1]).

Allein diese Lehre wurde keineswegs förmlich von der Kirche anerkannt. Die mystischen Bestrebungen der Zeit machten einen zu raschen Fortschritt in dieser Beziehung gefährlich, und der Illuminismus der Brüder vom freien Geiste wirkte ansteckend. Daher enthielt sich das Konzil von Vienne (1312), seine Meinung über diese Frage zu äussern; es verdammte nur den Irrtum der Begarden, der Mensch bedürfe des Heiligenscheines nicht, um zur Anschauung Gottes zu gelangen; durch diese Verdammung wurde allerdings mittelbar zugegeben, dass mit dem Heiligenscheine die Seele imstande sei, die Anschauung Gottes zu geniessen. Wann und wie sich das Dogma ausbreitete, dass die Seelen der Gerechten sofort zur Anschauung Gottes zugelassen werden, lässt sich nicht genau feststellen. Es scheint ohne eine ausdrückliche Approbation des Hl. Stuhles zur allgemeinen Annahme gelangt zu sein. Im J. 1317 meinte der berühmte Kirchenlehrer Astesanus von

---

1) S. Augustinus, De Genesi ad litteram, Lib. XII. c. 35, 36; De civitate Dei, Lib. XXII. c. 29; vgl. De doctr. christ. I. c. 31; Epist. CXVIII. § 14; CLXIX. § 3 (Ed. Benedict.). — Matt. Paris. ann. 1243 (Mon. Germ. Hist. SS. XXVIII. 234). — Thomas Aquinas Summa, Suppl. Q. XCII. — S. Bonaventura, Breviloquium VII. 5, 7; Centiloquium III. 50; Pharetrae IV. 50. — W. Preger, Zeitschrift für die histor. Theologie 1869, p. 41—2.

Asti, dass die Heiligen zu Lebzeiten und im Fegefeuer nicht den Anblick des Wortes genössen — woraus folgt, dass sie nach Verlassen des Fegefeuers dazu gelangten. Im Oktober 1326 bezeichnete Papst Johann XXII. den unter den Griechen herrschenden Glauben, dass die Heiligen erst am Tage des Jüngsten Gerichts ins Paradies gelangten, als Ketzerei und verlangte ihn ausgerottet zu sehen. Aber nicht lange darauf änderte er seine Meinung, und sein Stolz auf seinen theologischen Scharfsinn und seine Gelehrsamkeit ruhte nicht, bis er die Christenheit zu derselben Meinungsänderung gezwungen hatte. Er drückte seine Zweifel an der Wahrheit des neuen Dogmas aus und gab die Absicht kund, es offen zu verdammen. Widerstand war bei seinem Temperament gefährlich, und keiner der Kardinäle und Doctoren des päpstlichen Hofes wagte es, sich mit ihm in eine Erörterung einzulassen. Im Jahre 1331 hatte jedoch der englische Dominikaner Thomas Walleys den Mut, in einer vor dem Papste gehaltenen Predigt die allgemeine Ansicht zu verteidigen und den göttlichen Fluch auf alle herabzurufen, die das Gegenteil behaupten würden. Da brach der Zorn des Papstes los. Er liess Walleys ergreifen, von der Inquisition verhören, in ein Gefängnis werfen und fast zu Tode hungern; später aber setzte er ihn infolge der Intervention Philipps von Valois wieder in Freiheit. Nachdem der Papst so seine Gegner zum Schweigen gebracht hatte, ging er dazu über, offen seine Meinung zu erklären. In der Adventszeit 1331 hielt er mehrere Predigten, worin er behauptete, die Heiligen im Himmel hätten vor der Auferstehung des Leibes und vor dem Jüngsten Tage keine klare Anschauung des göttlichen Wesens, sondern sie sähen bis dahin nur die menschliche Natur Christi. „Ich weiss", sagte er, „dass einige Männer wegen dieser unserer Meinung murren, aber ich kann nicht anders" [1]).

Die Ketzerverfolgung hatte einen solchen Einfluss auf den geistigen Zustand der damaligen Menschen ausgeübt, dass diese Erklärung als ein politisches Ereignis ersten Ranges betrachtet wurde. Wir haben gesehen, welchen Nachdruck man in dem Streite zwischen dem Kaisertum und dem Papsttum auf die Neuerungen Johanns XXII.

---

1) C. 3, Clem. v. iii. — Astesanus Summa de casibus, Lib. V. xxviii. Art. ii. Q. 1. — Ripoll II. 172. — Wadding, ann. 1331, Nr. 5. — Paul. Lang., Chron. Citicense (Pistorius I. 1207, 1210). — Gobelinus Person, Cosmidromius Aet. vi. c. 71 (*ed. Jansen (1900) S. 70). — D'Argentré I. i. 315 ff. — P. de Herentals, Vita Joannis XXII. ann. 1333 (Muratori, SS. rerum Italicarum III. ii. 501). — Guill. Nangiacus, Continuatio ann. 1331. — Villani x. 226. — Chron. Glassberger ann. 1331.

bezüglich der anerkannten Glaubenslehre von der Armut Christi legte, und mit wie unbeugsamer Entschlossenheit er das neue Dogma, allem Widerstande zum Trotz, durchsetzte (oben S. 145 ff.). Dieses Mal machte er sich umgekehrt zum Verteidiger der althergebrachten Anschauungen der Kirche; aber die politischen Zeitumstände waren gegen ihn. Nicht nur stärkte Ludwig der Bayer damals das Reich in dem Widerstand gegen das Papsttum, sondern auch Frankreich, die Hauptstütze der in Avignon residierenden Päpste, trat gegen ihn auf. Philipp von Valois war nämlich erbittert wegen der Ablehnung seiner übermässigen Forderungen, die er als Gegenleistung für den von ihm versprochenen Kreuzzug gestellt hatte; ausserdem hatte der Papst den König dadurch verstimmt, dass er die Absichten Johanns von Böhmen auf die kaiserlichen Besitzungen in Italien begünstigte. Beide Monarchen ergriffen wirksame Massregeln, um aus der neuen Ketzerei des Papstes den grösstmöglichen Vorteil zu ziehen. Es war ein anerkannter Grundsatz, dass, wie ein toter Mensch kein Mensch mehr ist, so ein der Ketzerei verfallener Papst kein Papst mehr sei, weil er durch die Ketzerei ipso facto sein Amt verwirkt habe. Nichts konnte den Plänen Ludwigs des Bayern und der bei ihm weilenden verbannten Franziskaner mehr zu statten kommen. Auf den Rat des Michael von Cesena veranlasste er die Berufung eines deutschen Nationalkonzils; Bonagratia verfasste unter Berufung auf die Ketzerei des Papstes die Einladung zu demselben, und der Kardinal Orsini mit seinen unzufriedenen Mitbrüdern gab dem Plane seine Zustimmung. Er scheiterte indessen infolge der noch grösseren Eile, womit Philipp von Valois dem deutschen Könige in der Ausnützung der Umstände zuvorkam. Er beauftragte den berühmten Bischof von Mende, Wilhelm Durand, eine Abhandlung gegen die Ansichten des Papstes zu schreiben, und beschützte ihn, als dieser ihn bestrafen wollte. Zugleich versammelte er die Universität Paris, die am 3. Januar 1333 nachdrücklich für die Anschauung der Seligen eintrat und diese Ansicht in einem an den Papst gerichteten Schreiben unzweideutig zum Ausdrucke brachte. Dieser entsandte schleunigst den damaligen Franziskanergeneral Geraldus Odonis, angeblich, um einen Frieden zwischen England und Schottland zu vermitteln, in Wirklichkeit aber, um in Paris sich aufzuhalten und zu versuchen, die öffentliche Meinung zu gewinnen. Odonis wagte es auch, im Sinne der konservativen Ansichten des Papstes zu predigen, erreichte aber nur, dass ein Sturm losbrach, vor dem er sich beugen und demütig erklären musste, dass seine Argumentation nur den Wert einer Kontroverse habe und keine

positive Behauptung sei. Nun nahm König Philipp eine sehr kühne und
angriffslustige Haltung an. Er schrieb an Johann XXII., die Leugnung der Anschauung der Seligen bedeute nicht nur die Vernichtung des Glaubens an die Vermittlung der hl. Jungfrau und der Heiligen, sondern mache auch alle Sündenvergebungen und alle Ablässe
der Kirche ungültig; er sei so fest von der Wahrheit derselben überzeugt, dass er Schritte tun würde, um alle, die sie leugneten, zu verbrennen, und wenn es der Papst selbst wäre. Auch König Robert
von Neapel schloss sich dieser Demonstration an. So hochmütig und
stolz sich der Papst auch gezeigt hatte, so konnte er doch allein nicht
dem Unwillen von ganz Europa widerstehen. Er gab nach, indem er
den Frieden durch politische Zugeständnisse erkaufte und demütig
an Philipp und Robert schrieb, er habe niemals die Anschauung der
Seligen positiv geleugnet, sondern er habe sie nur als eine offene
Frage behandelt und der Diskussion unterzogen. Aber das genügte
nicht. Alle seine ehrgeizigen Pläne wurden zu Schanden. In Deutschland trat Ludwig der Bayer als Beschützer des Glaubens auf. In
Frankreich hatte selbst der schwache Philipp von Valois Avignon
gegenüber die Oberhand erlangt. In Italien hatte Johanns Neffe, Kardinal Bernhard von Poyet, fliehen müssen, und die Lombardei hatte
sich befreit. Dem unglücklichen alten Manne blieb nichts übrig,
als zu widerrufen und zu sterben. Am 2. Dezember 1334 berief er
ein Konsistorium, um einen Nachfolger für Ludwig den Bayern zu
bestimmen, aber ehe der Tag anbrach, wurde er von einem verhängnisvollen Schlaganfall getroffen, der ihn hoffnungslos auf das
Krankenbett streckte. Gegen Abend des nächsten Tages versammelte
er die Kardinäle und ermahnte sie, einen würdigen Nachfolger auf
den Stuhl Petri zu wählen. Seine Verwandten drängten ihn, seine
Seele und den Ruf der Kirche durch Zurücknahme seiner Ansichten
über die Anschauung der Seligen zu retten. Die Geheimnisse dieses
schrecklichen Sterbebettes sind niemals enthüllt worden. Nachdem der
Papst am 5. Dezember verschieden war, wurde in seinem Namen eine
Bulle veröffentlicht, worin er sich zu dem Glauben an die göttliche
Anschauung bekannte. Ausserdem sagte er darin, wenn er in diesem
oder in irgend einem andern Punkte Meinungen vertreten habe, die
in Widerspruch mit denen der Kirche ständen, so nehme er alles,
was er gesagt oder getan haben könne, zurück und unterwerfe sich
dem Urteil der Kirche. So demütigend diese Erklärung auch war,
so hielt sie Michael von Cesena dennoch für unzureichend, da sie
kein ausdrückliches Geständnis des Irrtums und keinen förmlichen

Widerruf enthalte; daraus ergebe sich, dass Johann XXII. als unbussfertiger Ketzer gestorben sei. Auch in Paris war man nicht zufrieden, obwohl hier diese Folgerungen nicht so offen ausgesprochen wurden[1]).

Benedikt XII., der am 16. Dezember 1334 gewählt wurde, war ein eifriger Verteidiger des Glaubens. Schon als Bischof von Pamiers hatte er persönlich jahrelang gemeinsam mit Johann von Beaune und Bernhard Guidonis eine sehr rührige Inquisitionstätigkeit entfaltet und seinen festen Willen zu erkennen gegeben, alle Arten der Ketzerei auszurotten. Von einem solchen Manne konnte man nicht leicht erwarten, dass er den Irrtum seines Vorgängers unterschätzte. In der Tat suchte er ihn ungesäumt wieder gut zu machen. Eine am 22. Dezember an Gerhard Odonis erlassene Drohung, sich in Acht zu nehmen, da er keine Ketzerei dulden werde, war eine Warnung an alle, die sich dem Willen Johanns XXII. gebeugt hatten. Am 2. Februar 1335 hielt Benedikt eine Predigt über den Text: „Siehe, der Bräutigam kommt", worin er klar die Lehre verkündete, dass die Heiligen die deutliche Anschauung des göttlichen Wesens geniessen. Zwei Tage später lud er alle, die der Lehre Johanns XXII. zugestimmt hatten, vor das Konsistorium und ersuchte sie um Angabe ihrer Gründe, vermutlich, um ihnen auf diese Weise den Rückzug so leicht wie möglich zu machen. Ein Jahr später, am 29. Januar 1336, hielt er dann ein öffentliches Konsistorium ab, in welchem er endgültig entschied, dass die Heiligen sich der beseligenden Anschauung Gottes erfreuten, und erklärte, dass jeder, der die gegenteilige Ansicht festhalte, als Ketzer bestraft werden solle. Benedikt hatte sich den Ruf eines rücksichtslosen Beschirmers der Rechtgläubigkeit und eines Verfolgers der Andersgläubigen so gründlich erworben, dass es keiner Opfer bedurfte, um die Annahme des neuen Glaubensartikels durchzusetzen. Diese erfolgte vielmehr so vollständig, dass er in den Formularen der Inquisition unter die Punkte aufgenommen wurde, über die alle verdächtigen Ketzer verhört werden mussten. Und als auf dem Konzil von Florenz im J. 1439 dem Namen nach eine Union mit der Griechischen Kirche geschlossen wurde, befand sich unter den

---

1) W. Preger, Die Politik des Papstes Johann XXII. p. 14, 66, 69. — Alphons. de Spina, Fortalicium fidei, Lib. II. Consid. XII. — Joh. Vitodurani Chron. (hrsg. v. Wyss S. 108). — Martène, Thesaur. I. 1383. — D'Argentré I. 1. 316—17, 319 22. — Isambert, Anciennes lois françaises IV. 387. — Guillel. Nangiac. Contin. ann. 1443. — Raynald. ann. 1334, Nr. 27. 37. etc. — Wadding, ann. 2334, Nr. 14. — Villani, XI. 19. — Baluze et Mansi, III. 350. — Grandes Chroniques, ann. 1334 (v. 97).

Artikeln, welche die letztere annehmen musste, auch der, dass die Seelen, die nach der Taufe keine Sünden begangen oder, wenn sie welche begangen, sich davon ordnungsmässig gereinigt hätten, sogleich in den Himmel aufgenommen und die Anschauung der hl. Dreifaltigkeit geniessen würden. So nahm die Kirche trotz des Widerstandes eines der willkürlichsten und starrköpfigsten Nachfolger des hl. Petrus ein neues Dogma an[1]).

Ein noch lehrreicheres Beispiel für die Entwicklung der theologischen Doctrin bietet die Geschichte des Dogmas von der unbefleckten Empfängnis der Jungfrau Maria. Bis zum zwölften Jahrhundert war nicht in Frage gezogen worden, dass die Jungfrau in Sünden empfangen und geboren worden sei. Der hl. Augustinus sagt ganz bestimmt, Christus sei der einzige, der ohne Sünde geboren, auferzogen und gestorben sei[2]). Theologen wie der hl. Anselmus sahen nur darin eine Schwierigkeit, wie Christus sündenlos von einer Sünderin geboren werden konnte. Mit der Zunahme der Marienverehrung kam jedoch eine Neigung des Volkes auf, die Jungfrau für frei von jeder menschlichen Verderbnis anzusehen, und um die Mitte des zwölften Jahrhunderts wagte die Kirche von Lyon, in den Kalender ein neues Fest zu Ehren der Empfängnis der hl. Jungfrau zu setzen, mit der Begründung, da ihre Geburt als heilig gefeiert würde, so sei die Empfängnis, die ein der Geburt vorhergehender Zustand sei, gleichfalls heilig und müsse gefeiert werden. Der hl. Bernhard, der grosse konservative Theologe seiner Zeit, unternahm es sofort, die neue Lehre zu unterdrücken. Er richtete (um 1140) ein ernstes Schreiben an die Domherren von Lyon und zeigte ihnen, dass sich ihr Argument ebenso leicht auf die Geburt und die Empfängnis aller Vorfahren der hl. Jungfrau in männlicher und weiblicher Linie anwenden lasse; er bat sie, keine Neuerungen in der Kirche einzuführen, sondern bei den Anschauungen der Kirchenväter zu bleiben, und er betonte, dass die einzige unbefleckte Empfängnis diejenige Christi sei, da dieser von

---

1) Molinier, Études sur quelques manuscrits des bibliothèques d'Italie, p. 116. — Chron. Glassberger ann. 1334. — Benedict. XII. Vita tertia ann. 1335—6 (Muratori S. R. I. III. II. 539—41). — Ejusd Vita prima ann. 1338 (ibid. p. 534). — Eymericus, Directorium p. 421. — Concil. Florent. ann. 1439, p. II. Union. Decret. (Harduin. IX. 986).
Eine Bemerkung des Aeneas Sylvius aus dem Jahre 1453 zeigt, dass trotz dieser autoritativen Erklärungen der alte Glaube, dass die Herrlichkeit der Heiligen bis zum Jüngsten Tage aufgeschoben werde, noch weiter bestand (Opera inedita, Atti della Accad. dei Lincei, 1883, p. 567).
2) 'Solus unus est, qui sine peccato natus est in similitudine carnis peccati, sine peccato vixit inter aliena peccata, sine peccato mortuus est propter nostra peccata'. — De peccatorum meritis, Lib. II. cap. XXXV.

dem hl. Geiste empfangen sei, während Maria, die aus der Vereinigung zwischen Mann und Weib hervorgegangen sei, notwendig mit der Erbsünde behaftet sein müsse. Er gab zu, dass sie bei der Geburt schon heilig gewesen sei, weshalb die Kirche mit Recht die Geburt feiere, aber diese Heiligung habe sich vollzogen in dem Leibe der hl. Anna, grade wie der Herr zu Jeremias gesagt habe: „Ehe Du aus dem Leibe kamest, heiligte ich Dich" (Jer. I. 5). Wie rücksichtslos der theologische Streit geführt wurde, geht daraus hervor, dass der hl. Bernhard später als Verteidiger der unbefleckten Empfängnis angeführt und vom hl. Anselmus geradezu behauptet wurde, dass er das Fest der Empfängnis im J. 1109 begründet habe, und zwar infolge eines Gelübdes, welches er nach dem Beispiele des hl. Nikolaus bei einem Seesturm tat und wodurch er den Sturm auf wunderbare Weise stillte. Petrus Lombardus, der grosse Magister der Sentenzen, wollte nicht einmal soviel wie der hl. Bernhard zugestehen und führte den Johann von Damaskus an, um zu zeigen, dass die Jungfrau erst mit der Übernahme der Pflicht, Christus zu gebären, von der Erbsünde gereinigt worden sei. Diese Auffassung machte sich Papst Innocenz III. zu eigen, und stützte sie so mit der Autorität seines grossen Namens[1]). Die Ansicht des hl. Bernhard blieb lange die herrschende. Alexander von Hales, der 'Doctor irrefregabilis', und Kardinal Heinrich von Susa, der den Beinamen 'fons et splendor juris' führte, lehrten beide, dass die Heiligung nach der Empfängnis geschehen sei. Keiner, der vom Manne und Weibe geboren ist, sagt der letztere, ist ohne Erbsünde, obwohl einige in dem Leibe geheiligt worden sind, wie Jeremias, Johannes der Täufer und unsere gesegnete und ruhmreiche Jungfrau Maria.

Durch diese unanfechtbaren Autoritäten war die Frage einstweilen mit einer Art von dogmatischer Bestimmtheit gelöst. Aber

---

1) S. Anselmus, Cur Deus homo, Lib. II. c. XVI; ejusd. Lib. de conceptu virginali. — S. Bernardi Epist. 174, ad canon. Lugdun. — D'Argentré I. II. 60. — Lobera y Abio, El Por Qué, p. 369 (Madrid, 1867). — Pet. Lombardi Sentent. Lib. III. Dist. III. Q. 1. — Innocentius PP. III. Sermo XII. in purif. S. Mariæ. — Alex. de Ales Summæ P. III. Q. IX. 2. — Hostiensis Aureæ Summæ, De poenitentia et remissione § 7.

In Anbetracht des Einflusses, den Spanien auf die Annahme des Dogmas hatte, ist es vielleicht bemerkenswert, dass die Gesetze der Westgoten eine Liste der heiligen Tage enthalten, die König Erwig im J. 680 veröffentlicht hat. Darunter befindet sich auch das Fest der hl. Jungfrau „quo gloriosa conceptio ejusdem genetricis Domini celebratur" (Leges Wisigoth. Lib. XII. Tit. III. l. 6). Das ist jedoch zweifellos eine Fälschung des Textes, denn die betreffende Stelle im Fuero Juzgo gibt die Himmelfahrt Mariae an und die Verkündigung („quando concebio del santo Espiritu"). — Es ist sehr bedeutsam, dass es in den ersten römischen Kalendern des 4. und 5. Jahrhunderts kein Fest irgend welcher Art der hl. Jungfrau gibt (Muratori, Opera S. III. P. I. d. 63—8).

die Idee hatte für das Volk grosse Anziehungskraft, und bei der beständigen Entwicklung des Marienkultus fand alles, was geeignet war, die Stellung der hl. Jungfrau als einer untergeordneten Gottheit und Vermittlerin zu stärken, günstige Aufnahme bei der zahlreichen Klasse derer, für die ihr Kultus eine Einnahmequelle bildete. Die mittelalterliche Auffassung von der hl. Jungfrau hatte in der Tat etwas ungemein Anziehendes, und so war es ganz natürlich, dass ihre Verehrung immer grössern Umfang annahm. Gott war ein Wesen, das zu unendlich hoch über den Menschen stand und eine zu heilige Scheu einflösste, als dass die Menschen sich ihm hätten nähern können, und der hl. Geist war eine Abstraktion, die der gewöhnliche Verstand nicht fassen konnte. Christus aber wurde trotz seiner unendlichen Liebe und Selbstaufopferung zu oft als Richter und Verfolger angerufen, als dass man in ihm die vollkommene Barmherzigkeit hätte erblicken können. Die hl. Jungfrau jedoch war die Verkörperung der reinen Mutterliebe; das Leiden um ihres göttlichen Sohnes willen hatte sie nur noch liebevoller gemacht und mit dem Wunsche erfüllt, dem Menschengeschlechte, um dessentwillen er gestorben war, auch ihrerseits zu helfen und es zu retten. Sie war Mensch, und doch göttlich. In ihrer Menschlichkeit teilte sie die Gefühle ihres Geschlechtes, und alles, was ihre Göttlichkeit erhöhte, machte sie nur noch hilfsbereiter, ohne darum ihre Sympathie für die Menschen zu mindern. „Die hl. Jungfrau", sagt Peter von Blois, „ist die einzige Vermittlerin zwischen dem Menschen und Christus. Wir waren Sünder und hatten Furcht, uns an den Vater zu wenden, denn er ist schrecklich; aber wir haben die Jungfrau, an der nichts Schreckliches ist, denn in ihr ist die Fülle der Gnade und die Reinheit des menschlichen Lebens". Und zum Beweise, dass sie göttlicher Natur sei, betont er, wenn der Sohn dem Vater, so sei die Jungfrau dem Sohne wesensgleich. „In der Tat", ruft er aus, „wenn Maria aus dem Himmel genommen würde, dann würde der Menschheit nichts bleiben als die Schwärze der Finsternis". Und Bonaventura sagt, Gott hätte eine grössere Erde und einen grössern Himmel machen können, aber er erschöpfte seine Macht, als er Maria erschuf. Allein der Kirchenlehrer Bonaventura war vorsichtig. Er erkannte nur an, dass Maria frei war von eigner Sünde, jedoch nicht, dass sie auch frei war von der Erbsünde. Sie war heilig, aber nicht unbefleckt empfangen [1]).

---

[1]) Pet. Blesensis, Sermo XII. XXXIII. XXXVIII. — S. Bonaventura, Speculum beatæ Virginis c. I, II, VIII, IX.

Die mittelalterliche Auffassung von der hl. Jungfrau als der Ver-

Trotz der Gegenvorstellungen des hl. Bernhard breitete sich die Feier des Festes der Empfängnis allmählich immer weiter aus. Thomas von Aquino erzählt, dass das Fest in vielen Kirchen mit Ausnahme derjenigen Roms begangen wurde, und dass es nicht verboten war; aber er warnt vor dem Schluss, weil ein Fest heilig sei, so sei auch die Empfängnis der Maria heilig. Tatsächlich leugnet er die Möglichkeit ihrer unbefleckten Empfängnis, obgleich er zugibt, dass ihre Heiligung zu einer Zeit erfolgt sei, die nicht genau bestimmt werden könne. Damit war die Frage für die Dominikaner gelöst. Die Verehrung, die sie für ihren 'Doctor angelicus' hatten, machte es ihnen unmöglich, von seinen Lehren abzuweichen. Seltsamerweise stimmten die Franziskaner hier eine zeitlang mit ihren Nebenbuhlern überein. Duns Scotus soll im J. 1304 die neue Lehre gegen die Dominikaner an der Universität Paris verteidigt, und im J. 1333 soll die Universität sich in einem feierlichen Beschlusse dafür erklärt haben, aber diese Überlieferung findet sich erst um 1480 bei Bernardinus de Bustis; in den Annalen der Universität ist keine Spur von einem solchen Beschlusse zu finden, und Duns Scotus erklärte nur, dass es Gott möglich sei, und dass Gott allein die Wahrheit kenne. Es gab wenige Franzikaner, die eifriger waren als Alvarus Pelayo, der Pönitentiar Papst Johanns XXII.; und er spricht bei der Widerlegung des Illuminismus der Begarden von der sündhaften Empfängnis der Jungfrau als einer anerkannten Tatsache, die er als Argument anführt, indem er hinzufügt, dass das die allgemeine Ansicht der anerkannten Autoritäten, Bernhard von Clairvaux, Thomas von Aquino, Bonaventura und Richard von S. Victor, sei; einige moderne Theologen bestritten zwar diese Meinung, sie hätten die Lehren der Kirche aufgegeben, und suchten in falscher Hingebung an die Jungfrau diese Gott und Christus ähnlich zu machen. Aber um eben diese Zeit begann die Kirche von Narbonne im J. 1327 das Fest der Empfängnis zu feiern, und 1328 ordnete das Konzil von London dieselbe Feier für alle Kirchen der Provinz Canterbury an; 1330 wurde es in Gerona eingeführt. Das neue Dogma breitete sich also sehr schnell aus. Als im J. 1340 Bischof Guido von Elne die Feier des Festes in seiner Diözese anordnete, nannte er es vorsichtigerweise das Fest der Heiligung

---

mittlerin zwischen Gott und den Menschen und als Quelle alles Guten drückt Fazio degli Uberti also aus:

„Tu sola mitigasti la discordia
Che fu tra Dio e l'uomo; e tu cagione
Sei d'ogni bene che quaggiù si esordia".

der Empfängnis der Jungfrau und fügte hinzu, dass sie im Mutterleibe geheiligt worden sei; in Magorra wurde es noch 1371 das Fest der Heiligung genannt. Im J. 1404 ermahnte König Martin von Aragonien den Bischof und das Kapitel von Barcelona, das Fest der Empfängnis einzuführen[1]).

Da die Dominikaner unmöglich ihre Stellung ändern konnten, so war es unvermeidlich, dass sich die Franziskaner mit der Zeit auf die Gegenseite stellten. Der Zusammenstoss zwischen den beiden Orden erfolgte zuerst im J. 1387, und der Streit wurde mit der ganzen Wildheit des 'odium theologicum' geführt. Johann von Mouçon, ein Dominikaner-Professor an der Universität Paris, lehrte, dass die Jungfrau in Sünde empfangen sei. Das verursachte grossen Aufruhr; der drohenden Verurteilung entzog er sich durch die Flucht nach Avignon. Ein anderer Dominikaner, der in ähnlichem Sinne in Rouen predigte, wurde, wie berichtet wird, allgemein ausgelacht. Die Universität schickte unter der Führung des Peter von Ailly eine Deputation nach Avignon, die behauptete, dass sie die Verurteilung Johanns erreicht hätte, aber er entkam nach seiner Heimat Aragon, während die Dominikaner von Paris erklärten, die päpstliche Entscheidung sei zu ihren Gunsten ausgefallen. Wenn wir dem Chronisten glauben dürfen, predigten diese über die Empfängnis der Jungfrau in den gröbsten Ausdrücken und schwelgten in den gemeinsten Schilderungen, bis die Wut der Universität keine Grenzen mehr kannte.

---

1) Thom. Aquin. Summa, I. II. Q. 81, Art. 4; III. Q 14, Art. 4; Q. 27. — D'Argentré I. I. 275. — Bernardinus de Bustis, Mariale, P. I. Serm. VII, VIII (Mediolani, 1493) — Alvar. Pelagius, De planctu ecclesiae Lib. II, Art. 52. — Chron. de Saint-Just (Vaissette, éd. Privat; VIII. 225) — Concil. Londin. ann. 1328, c. 2 (Harduin. VII. 1538). — Villanueva, Viaje literario, T. XIII. p. 214; XVIII. 26; XXII. 9. — Marca Hispanica, p. 1467. — In seiner Grabschrift wird Duns Scotus das Verdienst zugeschrieben, die unbefleckte Empfängnis verteidigt zu haben: Concepta est virgo primi sine labe parentis. Hic tulit (Mosheim, De beghardis p. 234).

*Am 30 Mai 1366 richtete Papst Urban V. an den Dominikaner 'Guillelmus Militis, inquisitor heretice pravitatis in provincia Narbonensi', ein Schreiben, worin er von der Bestrafung der Blasphemie, 'et maxime contra beatam Virginem', durch die Bischöfe handelt und hinzufügt, er habe erfahren, dass der Inquisitor 'contra blasphemos huiusmodi infra tui inquisitionis officii terminos constitutos nonnunquam tui officii metas extendas, ex quo etiam sequitur, ut tales, qui forsan calore iracundie potius quam ex deliberato proposito in tales blasphemias inciderunt, coram te ad iudicium evocati maiorem forsan in se, quam deceat, confusionem recipiunt et apud alios fideles suspicionis de fide notam incurrunt. Quocirca discretioni tue mandamus, quatinus de huiusmodi blasphemis puniendis, dummodo alias de heresi suspecti non existant, te nullatenus intromittas, sed blasphemos suis relinquas diocesanis puniendos' (Rom, Vatik. Archiv, Reg. Avinion. 163 fol. 54 v; Avin. III. kal. Julii p. a. IV).

Die Dominikaner wurden aus allen Stellungen an der Sorbonne vertrieben, und der avignonesische Papst Clemens VII. war zu sehr abhängig von Frankreich, um eine Bulle zu verweigern, die Johann und alle, die es mit ihm hielten, für Ketzer erklärte. König Karl VI. wurde überredet, nicht nur die Dominikaner von Paris zu zwingen, jedes Jahr das Fest der Empfängnis zu feiern, sondern auch alle im Königreiche lebenden Dominikaner, welche die unbefleckte Empfängnis leugneten, verhaften und nach Paris bringen zu lassen, damit sie genötigt würden, vor der Universität zu widerrufen. Erst im J. 1403 wurden die Dominikaner wieder zur Sorbonne zugelassen, zum Verdruss der anderen Bettelorden, die inzwischen aus ihrer Verbannung grossen Nutzen gezogen hatten. Natürlich unterliessen es die Dominikaner nicht, da, wo sie die Macht hatten, Repressalien zu üben. Die Lullisten waren ebenfalls glühende Verteidiger der unbefleckten Empfängnis, wodurch sich zum Teil die Feindschaft erklärt, der sie so vielfach begegneten[1]).

Die Universität Paris war die Hochburg der neuen Lehre. Da ihre Tätigkeit und ihr Einfluss unter den Unruhen, welche dem Einfall Heinrichs V. und der englischen Herrschaft vorangingen, stark zu leiden hatten, so hören wir von der Frage wenig bis zur Wiederaufrichtung der französischen Monarchie. Der Glaube jedoch hatte sich weiter ausgebreitet. Als im J. 1438 in Madrid die Pest wütete, taten die Geistlichen und Behörden das Gelübde, in Zukunft das Fest der Empfängnis zu feiern. Am 17. September 1439 erklärte sich auch das Konzil von Basel, das die Angelegenheit lange erörtert hatte, für die unbefleckte Empfängnis, verbot alle Behauptungen des Gegenteils und befahl, dass das Fest überall am 8. Dezember gefeiert und den Feiernden ein besonderer Ablass erteilt wurde. Da das Konzil jedoch vorher den Papst Eugen IV. abgesetzt hatte, wurde seine Meinung nicht als Inspiration des hl. Geistes angesehen, und die Lehre, obwohl durch diese Entscheidung gestützt, von der Kirche nicht angenommen. Das Gegenkonzil von Florenz erklärte zwar 1441 in seinem Unionsdekrete mit den Jakobiten, dass Christus seine Menschheit in dem unbefleckten Leibe der Jungfrau angenommen habe; aber es stellte doch als Glaubenssatz fest, dass keiner, der von Mann und Weib geboren sei, anders als durch die Verdienste Christi der Herrschaft Satans entgehen könne; die erste Erklärung enthielt also nur eine rhetorische Wendung. Der hl. Antoninus von Florenz war daher

---

1) Religieux de Saint-Denis, Hist. de Charles VI, VII. 5; VIII. 2, 14; XXIII. 5.
— Pelayo, Heterodoxos españoles, I. 536.

ganz im Recht, wenn er lehrte, dass die Jungfrau mit der Erbsünde behaftet sei, und diese Meinung war seiner Kanonisation im Jahre 1523 durchaus nicht hinderlich[1]).

Ein neuer Glaubensartikel konnte nicht eingeführt werden, ohne zugleich eine neue Ketzerei zu schaffen. Hier war einer, über den die Kirche gespalten war, und die Anhänger der einen Seite erklärten die Gegner für Ketzer und verfolgten sie, wo sie die Macht hatten. In diesem Punkte waren die Dominikaner zweifellos im Nachteil, da ihre Gegner ein bedeutendes Übergewicht hatten und täglich an Stärke zunahmen. Im J. 1457 bestätigte das Konzil von Avignon, auf dem ein päpstlicher Legat, der Kardinal von Foix, ein Franziskaner, den Vorsitz führte, den Beschluss von Basel und verbot bei Strafe der Exkommunikation, das Gegenteil zu lehren. In demselben Jahre wurde der Universität Paris mitgeteilt, dass ein Dominikaner in der Bretagne die alte Lehre predige. Sofort hielt sie eine Versammlung ab, schrieb an den Herzog der Bretagne und bat ihn, den Mönch, wenn er schuldig sei, als Ketzer zu bestrafen, indem sie hinzufügte, dass sie einen besondern Artikel über das Dogma formulieren wolle. Noch schärfer war die Bestimmung, die die Cortes von Catalonien 1456 annahmen; sie verbot jeden Ausdruck des Zweifels in Bezug auf die unbefleckte Empfängnis für Laien und Geistliche bei Strafe lebenslänglicher und unwiderruflicher Verbannung[2]).

Bis dahin hatten die Päpste es geschickt vermieden, in dieser Frage Stellung zu nehmen. In dem Streit zwischen den beiden Bettelorden durften sie keine Partei ergreifen, weil sie auf die Hilfe beider angewiesen waren. Auch in den Streit über das Blut Christi mischten sie sich, wie wir gesehen haben (Bd. II, S. 192), nicht ein, sondern liessen ihn sich langsam austoben. Der gegenwärtige Streit war indessen viel zu heftig und hatte zu weit um sich gegriffen, als dass sie ihm hätten fern bleiben können. Gleichwohl versuchten sie, zunächst, die alte Politik zu befolgen. Im J. 1474 rief in der Lombardei Vincenz Bandello, ein Dominikaner, der später General des Ordens wurde, durch ein Buch über die Empfängnis eine heftige Kontroverse über diese Frage hervor. Der Streit dauerte zwei Jahre lang und erregte so viel Ärgernis, dass Sixtus IV. ihn 1477 vor sein Forum

---

1) Wadding, Addit. ad T. V. Nr. 16 (T. VII. p. 491); ann. 1439, Nr. 47—8. — Concil. Basil. Sess. XXXVI (Harduin. IX. 1160). — Concil. Florent. Decr. pro Jacobinis (Harduin. IX. 1024—5). — S. Antonini Summae P. I. Tit. X. cap. 3, § 1.
2) Concil. Avenionense, ann. 1457 (Harduin. IX. 1388). — D'Argentré, I. II. 252. — Constitutiones de Catalunya, Lib. I. Tit. II. cap. 1 (Barcelona, 1588, p. 11).

zog. Nun entbrannte ein heisser Kampf, der für die Dominikaner (oder die „Maculistae") von Bandello, und für die Franziskaner, die die unbefleckte Empfängnis verteidigten, von Franciscus Nani, dem General der Franziskaner, geführt wurde. Er scheint kein anderes Ergebnis gehabt zu haben, als dass Sixtus IV. in einer Bulle befahl, das Fest der Empfängnis in allen Kirchen zu feiern und dafür entsprechende Ablässe zu gewähren. Das bedeutete eine entschiedene Niederlage für die Dominikaner, die es ausserordentlich bitter empfanden, das Fest feiern und so vor dem Volke zugestehen zu müssen, dass sie im Unrecht waren. Sie versuchten es an einigen Orten dadurch zu umgehen, dass sie es als das Fest der Sanktifikation der hl. Jungfrau bezeichneten. Das wurde aber nicht erlaubt, und so mussten sie sich unterwerfen. Im Jahre 1481 wurde Frà Bernardino von Feltre wegen Predigens der unbefleckten Empfängnis vor dem bischöflichen Gerichtshof zu Mantua förmlich der Ketzerei angeklagt. Er verteidigte sich aber mit Erfolg. Im nächsten Jahre predigten die Franziskaner und Dominikaner zu Ferrara so aufreizend über die Frage, dass infolgedessen Volksaufstände ausbrachen. Um die Gemüter zu beruhigen, liess der Herzog Herkules von Este eine Disputation in seiner Gegenwart abhalten, die sich als fruchtlos erwies, und Sixtus IV. musste wiederum eingreifen. Nachdem er beide Parteien gehört hatte, erliess er im Jahre 1483 eine zweite Bulle, in welcher er alle, die behaupteten, das Fest finde zu Ehren der Sanktifikation der Jungfrau statt, und ebenso alle, welche Mitglieder der andern Partei als Ketzer anschuldigen würden, exkommunizierte[1]).

Diese Politik war zwar ein Weg, der Entscheidung auszuweichen und keinen der beiden Orden zu erbittern, den Frieden aber vermochte sie nicht herzustellen. Neue Unruhen zwangen Alexander VI., die Bulle Sixtus' IV. zu bestätigen und hinzuzufügen, dass er zur Aufrechterhaltung des Friedens wenn nötig den weltlichen Arm anrufen würde. Aber in Frankreich wurden die Vorschriften beider Päpste von der Universität Paris gänzlich missachtet und alle als Ketzer behandelt, welche die unbefleckte Empfängnis leugneten. Am 8. Dezember 1495, am Feste der Empfängnis, vergass sich ein Franziskaner, namens Johann Grillot, so weit, dass er in einer Predigt, die er in St. Germain l'Auxerrois hielt, die unbefleckte Empfängnis leugnete. Er wurde sofort verhaftet, und man schlug ein so energisches Verfahren mit ihm ein, dass er am 25. desselben Monats in der nämlichen

---

1) Wadding, ann. 1477, Nr. 1; ann. 1479. Nr. 17—18. — C. 1, 2, Extrav. Commun. III. XII.

Kirche öffentlich widerrief. Dieser Vorfall brachte die Universität in Bewegung. Am 3. März 1496 nahm sie ein von einhundertundzwölf Doktoren der Theologie unterzeichnetes Statut an, worin sie sich für die unbefleckte Empfängnis erklärte und befahl, dass in Zukunft niemand in ihre Körperschaft zugelassen werden solle, der nicht den Eid ablege, diese Lehre aufrechterhalten zu wollen; wer eidbrüchig werde, solle vertrieben, aller Ehren entkleidet und als Heide und Zöllner behandelt werden. Diesem Beispiele folgten die Universitäten Köln, Tübingen, Mainz und andere; fast alle gelehrten Körperschaften scharten sich zusammen gegen die Dominikaner, und sie bildeten die grosse Mehrheit der zukünftigen Theologen in diesem Sinne aus. Die meisten Kardinäle und Prälaten gaben überall ihre Zustimmung zu erkennen; Könige und Fürsten schlossen sich ihnen an; die Karmeliter stellten sich auf dieselbe Seite, und die Dominikaner standen fast allein, um die ungleiche Schlacht zu schlagen. Als im Jahre 1501 zu Heidelberg die Dominikaner eine Disputation über die Frage vorschlugen und die Franziskaner begierig darauf eingingen, nahm die öffentliche Meinung eine so drohende Haltung an, dass sich der Pfalzgraf und die Behörden gezwungen sahen, die Disputation zu verbieten. Zwar hatte um diese Zeit die hl. Veronica von Binasco, eine Augustinerin, eine Vision, wodurch die hl. Jungfrau ihr ausdrücklich zu erkennen gab, dass sie in dem Mutterleibe geheiligt worden sei; aber selbst diese göttliche Offenbarung vermochte den Fortschritt des neuen Dogma nicht zu hemmen [1]).

Die Verteidiger der unbefleckten Empfängnis wurden schliesslich so empfindlich, dass die Dominikaner am 8. Dezember, dem Tage ihrer Demütigung, in ihren unvermeidlichen Hinweisen auf die hl. Jungfrau sehr vorsichtig sein mussten. Zu Dieppe brauchte an dem Festtage des Jahres 1496 der Dominikaner Johann von Ver Ausdrücke, die indirekt gegen das Dogma gerichtet zu sein schienen. Er wurde sofort zur Rechenschaft gezogen und gezwungen, ein öffentliches Bekenntnis abzulegen und dabei zu schwören, dass er die Lehre in Zukunft verteidigen wolle. Am nächsten Jahrestage behauptete der Dominikaner Johann Aloutier, dass die Jungfrau niemals auch nur eine lässliche Sünde begangen habe, obwohl der hl. Johannes Chrysostomus behaupte, sie habe es aus Eitelkeit an ihrem Hoch-

---

1) D'Argentré, I. II. 331—5, 342—3. — Trithemius, Chron. Hirsaug. ann. 1490. — Wadding, ann. 1500, Nr. 29. — Chron. Glassberger ann. 1501. — Amort, De revelationibus, P. II. p. 206.

zeitstage getan. Das wurde als ein versteckter Angriff angesehen und Bruder Johann disziplinicrt, wenn auch nicht öffentlich. Bald nachher meinte ein anderer Dominikaner, Johann Morselle, in einer Predigt, es sei eine offene Frage, ob Eva oder die hl. Jungfrau die schönere sei; es sei zweifelhaft, ob Christus der hl. Jungfrau bei ihrer Aufnahme ins Paradies entgegengegangen sei; es sei ferner kein Glaubensartikel, dass sie mit Leib und Seele in den Himmel aufgenommen worden sei, und es sei keine Todsünde, daran zu zweifeln. So unschuldig das alles klingt in Bezug auf Dinge, die nicht mit Bestimmtheit behauptet werden können, so musste Bruder Johann doch öffentlich erklären, dass die erste Behauptung der Ketzerei verdächtig, die zweite falsch und die dritte ketzerisch sei. Nur diese übertriebene doktrinäre Empfindlichkeit erklärt auch die strengen Massregeln, die gegen Petrus von Lucca, einen Augustiner-Kanoniker, getroffen wurden. Dieser hatte im J. 1504 zu Mantua in einer Predigt gesagt, Christus sei nicht in dem Leibe der hl. Jungfrau, sondern in ihrem Herzen, und zwar aus drei Tropfen ihres reinsten Blutes, empfangen worden. Sogleich wurde er von der Inquisition ergriffen, als Ketzer verurteilt, und es fehlte nicht viel, so wäre er verbrannt worden. Es entstand eine Controverse, welche die Gläubigen aufs tiefste empörte. Baptista von Mantua schrieb ein Buch, um die wahre Stelle der Empfängnis Christi nachzuweisen. Papst Julius II. zog die Sache nach Rom und vertraute sie den Kardinälen von Porto und San Vitale an. Diese beriefen 1511 eine Versammlung von gelehrten Theologen, die die neue Lehre gehörig berieten, sie schliesslich als ketzerisch verdammten und so die Reinheit des Glaubens wahrten[1]).

Diese Bemühungen der Menschen, der neuen Lehre Geltung zu verschaffen, wurden durch wunderbare Kundgebungen des Himmels ergänzt. Im J. 1440 predigte in einer deutschen Stadt ein Dominikaner gegen sie, indem er ausrief, der Tod möge ihn noch an demselben Tage treffen, wenn er nicht die Wahrheit sage. Bei der Vesper, als die Brüder im Chor versammelt waren, kam ein ungeheurer Wolf herein, zerfleischte den unglücklichen Prediger und verschwand. Zu Mantua unternahm ein anderer Dominikaner eine öffentliche Disputation gegen die neue Lehre, aber die Jungfrau änderte ihm die Worte im Munde, so dass er nichts anderes tun konnte, als ihre Wahrheit zu bekräftigen. Magister Johann von Viterbo fiel schwer krank hin, als er gegen das Dogma predigte. Er erinnerte sich aber des

---

1) Trithemius, Chron. Hirsaug. ann. 1497. — D'Argentré I. ii. 336—40, 347. — Ripoll, iv. 267. — Bernardus Comensis, Lucerna Inquis. s. v. Haeresis, Nr. 23.

Beispiels des Alexander von Hales, der in ähnlicher Weise bestraft worden war, weil er sich geweigert hatte, das Fest der Empfängnis zu beobachten, und der dann durch ein Gelübde, es fortan tun zu wollen, geheilt wurde. So bat er die Jungfrau um Gesundheit zum Zeichen ihrer unbefleckten Empfängnis, und sein Wunsch wurde erhört. Während ein anderer Dominikaner dagegen predigte, fiel ein Bild der hl. Jungfrau, das über dem Portal der Kirche befestigt war, zur Erde und zerfiel in Staub. Das brachte die Bevölkerung in solche Aufregung, dass sie nur mit Mühe gehindert werden konnte, den Mönch zu erschlagen und das Kloster zu zerstören[1]).

Die Lage der Dominikaner wurde verzweifelt. Die ganze Christenheit schien sich gegen sie verschworen zu haben. Nur die standhafte Weigerung des Papsttums, eine definitive Entscheidung in dieser Frage zu treffen, bewahrte sie davor, einen neuen Glaubensartikel annehmen zu müssen, von dem Thomas von Aquino bewiesen hatte, dass er falsch sei. Thomas war ihr fester Turm, und die anerkannte Tradition des Ordens hielt ihn für inspiriert. Sie dachten nicht daran, die Ausflucht seiner modernen Kommentatoren anzuwenden und einfach zu erklären, er habe mit seinen Worten etwas anderes gemeint, als er sagte. Ein Nachgeben in der Frage der Immaculata Conceptio war vielmehr für sie gleichbedeutend mit dem Zugeständnis, dass der 'Doctor angelicus' fehlbar sei. Die Alternative war grausam, aber sie hatten keine andere Wahl. Sie konnten nur hoffen, dass ihnen die Neutralität des Papsttums erhalten blieb, und dass sie so den hoffnungslosen Kampf gegen die wachsende Kraft der neuen Lehre, die ihre verbündeten Feinde mit der ganzen Begeisterung des nahenden Sieges verbreiteten, auch ferner würden aushalten können. Die Situation war für sie um so peinlicher, da sie die hl. Jungfrau als besondere Patronin ihres Ordens erwählt hatten: der zu ihrer Verehrung eingeführte Rosenkranz war eine ausgesprochen dominikanische Einrichtung. Sie, die die Jungfrau immer mit der glühendsten Andacht verehrt hatten, sahen sich nun zu offenbaren Verleumdern derselben gestempelt und überall als „Maculistae" bezeichnet. Sollte sie sich nicht herbeilassen, ihre Verehrer aus dem grausamen Dilemma zu befreien, in das sie geraten waren?

Plötzlich verbreitete sich im Jahre 1507 zu Bern das Gerücht, die hl. Jungfrau habe sich ins Mittel gelegt, um ihre Diener zu retten. In einem Kloster der Dominikaner von der strengen Observanz war

---

1) Bernardinus de Bustis, Mariale, P. 1. Serm. vii. p. 2.

sie wiederholt einem frommen Bruder erschienen und hatte ihm ihren Verdruss enthüllt über das Unrecht, das ihr die Franziskaner durch die Lehre von der unbefleckten Empfängnis angetan hätten. Nach der Empfängnis sei sie drei Stunden in der Erbsünde gewesen, bevor sie geheiligt worden sei. Die Lehre des hl. Thomas sei wahr und von Gott eingegeben. Alexander von Hales, Duns Scotus und viele andere Franziskaner seien im Fegefeuer, weil sie das Gegenteil behauptet hätten. Papst Julius II. würde die Frage entscheiden und der Wahrheit zu Ehren ein noch höheres Fest einsetzen, als das des 8. Dezember. Um dieses Ziel zu beschleunigen, hatte die Jungfrau dem Mönch ein mit dem Blut ihres Sohnes beflecktes Kreuz nebst drei von den Tränen, die er über Jerusalem vergossen hatte, übergeben, ferner die Windeln, in die er auf der Flucht nach Ägypten gewickelt worden war, ein Gefäss mit dem Blute, das er für die Menschen vergossen hatte, sowie einen Brief an Papst Julius II., in welchem diesem ein Ruhm gleich dem des hl. Thomas von Aquino versprochen wurde, zum Lohne für den Dienst, den man von ihm erwartete. Dieser Brief, der ordnungsmässig durch die Siegel der Dominikaner-Prioren von Bern, Basel und Nürnberg beglaubigt war, wurde an den Papst gesandt. Die Berichte über diese göttlichen Erscheinungen riefen eine gewaltige Aufregung hervor. Zahllos waren die Scharen, die nach der Dominikanerkirche strömten, um den so begnadeten Mönch zu sehen. Sie wurden nicht enttäuscht: er verrichtete Wunder an Fasten, Gebet und Geisselung, welche den Ruf der Heiligkeit, den er durch die Erscheinungen erlangt hatte, noch erhöhten. Nach einer Verzückung erschien er mit den Stigmata Christi. Nun richtete man die Kirche so her, dass er in Stand gesetzt war, die verschiedenen Akte der Passion darzustellen, und eine gewaltige Menge sah mit Ehrfurcht und Bewunderung zu. Darauf weinte ein Bild der heiligen Jungfrau, wie man angab, vor Kummer, weil man ihre Warnungen nicht beachte; sie hatte nämlich geweissagt, dass Unheil die Stadt treffen würde, wenn sie noch länger eine Pension von Frankreich annähme, die Franziskaner nicht vertreibe und noch weiter an die unbefleckte Empfängnis glaube.

Die Leute strömten von allen Seiten herbei, und das Gerücht von den wunderbaren Erscheinungen verbreitete sich immer weiter, als eines Tages Johann Jetzer, der begnadete Empfänger dieser Erscheinungen, zur Überraschung der Behörden von Bern Schutz bei ihnen suchte gegen seine Vorgesetzten, die ihn folterten und ihn vergiften wollten. Es wurde eine Untersuchung angestellt, die den ganzen Betrug enthüllte. Wigand Wirt, ein Magister der Dominikaner von der strengen

Observanz und Prediger im Dominikanerkloster zu Frankfurt, war im J. 1501 mit dem dortigen Pfarrer in Streit geraten, und beide hatten sich von ihren Kanzeln herunter beschimpft. In einer Predigt hatte der Pfarrer Gott gedankt, dass er nicht einem Orden angehöre, der den Kaiser Heinrich VII. mit einer vergifteten Hostie umgebracht habe und die unbefleckte Empfängnis leugne. Wirt, der zugegen gewesen war, hatte ihm zugerufen, er sei ein Lügner und Ketzer. Es war ein Aufruhr entstanden; der Orden hatte Wirts Sache zu der seinigen gemacht und sich an Julius II. gewandt. Dieser hatte eine Kommission eingesetzt, um die Angelegenheit zu prüfen, und das Ergebnis der Prüfung war für Wirt ungünstig ausgefallen[1]). Darauf hatte Wirt zornig Frankfurt verlassen und eine erregte Streitschrift gegen seine Gegner drucken lassen, die der Erzbischof von Mainz öffentlich verbrennen liess und deren Verbreitung seine Suffragane untersagten. Die aufs äusserste erbitterten Dominikaner hatten dann (1506) ein Kapitel in Wimpfen abgehalten und hier angeblich beschlossen, durch ein Wunder zu beweisen, dass die unbefleckte Empfängnis eine Täuschung sei. Zuerst hatte Frankfurt als Schauplatz für das Vorhaben dienen sollen, es war aber wieder aufgegeben worden aus Furcht vor dem Erzbischof; dann hatte man an Nürnberg gedacht, aber dort waren zu viele Gelehrte; so wählte man schliesslich Bern als eine volkreiche und mächtige, aber zugleich einfache und ungelehrte Stadt. Die Leiter des dortigen Dominikanerklosters, nämlich der Prior Johann Vatter, der Sub-Prior Franz Ültschi, der Lektor Stephan Bolzhurst und der Procurator Heinrich Steinegger, übernahmen die Ausführung des Vorhabens und wählten als Werkzeug einen Schneider von Zurzach, Johann Jetzer, der erst kurze Zeit vorher zu dem Orden zugelassen worden war[2]). Um dem Geschmacke der Zeit Rechnung zu tragen, wies man später im Prozesse nach, dass sie mit der Anrufung des Teufels begonnen und Verträge mit ihm mit ihrem Blute unterzeichnet hätten. Sie besassen aber genug Scharfsinn, um alles Weitere allein ausführen zu können, obwohl sie, um die Stigmata bei Jetzer hervorzurufen, ihn angeblich zuerst unempfindlich machten durch einen Zaubertrank, der aus dem Blute von dem Nabel eines neugeborenen Juden und aus neunzehn Haaren von seinen Augenlidern hergestellt war. Das Opfer ihres Betrugs war sorgfältig vorbe-

---

1) *Steitz, Der Streit über die unbefleckte Empfängnis der Maria zu Frankfurt a. M. im Jahre 1500 und sein Nachspiel in Bern 1509 (Archiv für Frankfurts Geschichte und Kunst, N. F. VI (1877) 1—35).
2) *Vgl. für die Schuldfrage unten S. 680 Anm. 1.

reitet worden durch eine Reihe von Erscheinungen, beginnend mit einem gewöhnlichen Geiste und endend mit der heiligen Jungfrau. Nach seiner eigenen Aussage hatte Jetzer an die Erscheinungen auch geglaubt, bis er eines Tages zufällig beim Eintritt in die Zelle des Stephan Bolzhurst diesen in der Kleidung der heiligen Jungfrau bei der Vorbereitung auf eine Erscheinung angetroffen hatte. Durch Drohungen und Versprechungen hatte man ihn dann dahin gebracht, den Betrug noch eine Weile fortzusetzen, bis er, für sein Leben fürchtend, entfloh, um die Sache anzuzeigen.

Jetzer wurde am 2. Oktober 1507 zum Bischof von Lausanne geschickt, der nach Anhörung der Sache die Behörden von Bern zum Vorgehen ermächtigte. Die vier Dominikaner wurden in Ketten gelegt und in einzelne Zellen eingesperrt; zugleich wurden Gesandte nach Rom geschickt, die aber erst nach den grössten Schwierigkeiten eine Audienz bei dem Papst erlangen konnten. Eine päpstliche Kommission ging ab, aber mit ungenügenden Machtbefugnissen, und es verging lange Zeit, ehe eine andere eintraf, an deren Spitze Achilles de Grassis, der spätere Kardinal von San Sisto, stand, einer der gelehrtesten Juristen seiner Zeit. Man machte sowohl Jetzer, als auch den Angeklagten gegenüber reichlichen Gebrauch von der Folter, und man erlangte auf diese Weise ein vollkommenes Geständnis. Dieses war so gravierend, dass die Kommissare es selbst den Behörden nicht mitteilen wollten. Als diese aber darüber unzufrieden waren, beschloss man, die Enthüllungen einer Kommission von acht Mitgliedern kundzugeben, die sich zur Verschwiegenheit verpflichten mussten; dem Volk sollten dagegen nur gewisse Anklagepunkte mitgeteilt werden, um seine Neugierde zu befriedigen und die Verurteilung der Angeklagten zum Scheiterhaufen gerechtfertigt erscheinen zu lassen. Diese Punkte waren: die Verleugnung Gottes, das Bemalen und Röten der Hostie, die betrügerische Darstellung der weinenden Jungfrau und die Nachahmung der Stigmata. Die vier Sünder wurden dem weltlichen Arme ausgeliefert und am 31. Mai 1509, wie der fromme Chronist Nicolaus Glassberger es als seine Hoffnung ausspricht, durch Feuer zum Himmel gesandt; die Scheiterhaufen standen auf einer Wiese jenseits der Aare, und die Asche wurde in den Fluss geworfen, damit sie nicht als Reliquie verehrt werden könne, — eine berechtigte Vorsicht, denn der Orden erklärte die vier sofort für Märtyrer. Auffallenderweise wurde in dem veröffentlichten Urteile die unbefleckte Empfängnis gar nicht erwähnt. Bei der zwischen den beiden Bettelorden herrschenden Spannung hielten es die päpstlichen

Kommissare offenbar für das beste, diese Frage vollständig unberücksichtigt zu lassen. Nach Paulus Langius machte die Sache ein gewaltiges Aufsehen, und die „Maculistae" bemühten sich vergebens, dasselbe zu verwischen, indem sie allerlei entstellte und falsche Berichte darüber verbreiteten. Julius II. dachte nicht daran, den Visionen Jetzers zu entsprechen, sondern bestätigte 1511 den religiösen Orden der Unbefleckten Empfängnis, der 1484 zu Toledo durch den Eifer der Beatrix de Silva gegründet worden war [1].

Wigand Wirt kam nicht ganz ohne Schaden davon, obgleich er nicht direkt in den Betrug verwickelt gewesen zu sein scheint. Die Franziskaner von der strengen Observanz verfolgten ihn vor dem Hl. Stuhle wegen der beleidigenden Abhandlung, die er wider seine Gegner veröffentlicht hatte. Zwei nacheinander eingesetzte Kommissionen von Kardinälen hörten den Fall an, bis Wirt am 25. Oktober 1512 auf die weitere Verteidigung verzichtete und zu einem ausserordentlich demütigenden Widerrufe verurteilt wurde. Er widerrief, beseitigte, verabscheute und vernichtete öffentlich sein Buch als schändlich, beleidigend, verleumderisch, nutzlos und vorurteilsvoll; er gestand, dass er darin die theologische Doctrin beleidigt, die christliche Bruderliebe gegen viele, darunter die verehrungswürdigen Franziskaner, verletzt und die Ehre und den Ruf Konrad Henselins, Thomas Wolffs, Sebastian Brants und Jakob Wimphelings von

---

1) Ich bin hier einem zeitgenössischen Berichte über diese merkwürdige Angelegenheit gefolgt: „De quatuor haeresiarchis in civitate Bernensi nuper combustis, A. D. 1509" (Strassburg, 1509), der dem Franziskaner Thomas Murner zugeschrieben wird. Er stimmt ziemlich genau überein mit den kürzeren Berichten des Joh. Trithemius (Chron. Hirsaug. ann. 1509) und Sebastian Brant (Pauli Langii Chron. Citicense ann. 1509) und demjenigen des Chronisten Glassberger (ann. 1501, 1506, 1507, 1509). — Garibay, Compendio historial de España, Lib. xx. cap. 13. — (*Neuere Untersuchungen haben es mit Hilfe der Prozessakten wahrscheinlich gemacht, dass Jetzer der Schuldige war, der die Erscheinungen und Wunder simulierte und die Leichtgläubigkeit der vier Dominikaner missbrauchte. Vgl. N. Paulus, Ein Justizmord an vier Dominikanern begangen; aktenmässige Revision des Berner Jetzerprozesses vom J. 1509 (1897); R. Steck, Der Berner Jetzerprozess in neuer Beleuchtung (Schweizer Theologische Zeitschrift, 1901); Die Akten des Jetzerprozesses nebst dem Defensorium, hrsg. von R. Steck (1904, Quellen zur Schweizergeschichte XXII). Vgl. Historisches Jahrb. XXIII (1902), 152, 657; XXVIII (1907), 412; Deutsche Literaturzeitung 1905 Sp. 670; Mitteil. des Instituts für österr. Geschichtsforschung 29 (1908), 523). —

Die Gemeinde Bern war der hl. Jungfrau fromm ergeben. 1489 war ein gewisser Nikolaus Rotelfinger so unvorsichtig, zu erklären, dass die Jungfrau den Bösen sowohl wie den Guten helfe. Deshalb musste er einen ganzen Tag in einem eisernen Halsbande stehen und den Eid leisten, dass er persönlich den Papst aufsuchen und eine schriftliche Absolution beibringen wolle. — Valerius Anshelm, Berner Chronik (Bern, 1884) I. 355.

Schlettstadt beschimpft habe, und er bekannte sich zu dem Glauben, dass diejenigen, welche die Lehre der unbefleckten Empfängnis verteidigten, nicht irrten. Weiter versprach er bei Strafe lebenslänglicher Gefangenschaft, binnen vier Monaten nach dem 1. November seinen Widerruf öffentlich in Heidelberg zu wiederholen und dem Franziskanerkloster daselbst drei Tage vorher Nachricht davon zu geben; er bat alle um Verzeihung, denen er Unrecht getan habe, und er verpflichtete sich, sich der lebenslänglichen Gefangenschaft zu unterziehen, wenn er in irgend einer Weise direkt oder indirekt das Vergehen wiederholen würde. Der Dominikanergeneral, welcher sich dem Urteil anschloss, gebot allen Prioren und Prälaten des Ordens, ihn auf Lebenszeit einzuschliessen, wo immer man ihn fände, falls er seine Versprechungen nicht erfüllen würde. Wie verabredet, erschien Wirt am Aschermittwoch, dem 24. Februar 1513, in der Heiliggeistkirche zu Heidelberg, als die Menge der Gläubigen dort am grössten war, und wiederholte den demütigenden Widerruf. So bitter war der Kelch, dass er sich nicht enthalten konnte, seufzend auszurufen, wie schwer er zu trinken sei. Die Franziskaner hatten einen Notar zugezogen, um über den Vorgang einen amtlichen Bericht aufnehmen zu lassen; dieser wurde sofort gedruckt und allenthalben verbreitet, damit die Demütigung des unglücklichen Predigers auch genügend bekannt werde[1]).

Trotz des Schicksals der Berner Märtyrer hielten die Dominikaner noch weiter tapfer aus gegen die beständig wachsende Übermacht ihrer Gegner. Vor mir liegt eine kleine Abhandlung, die offenbar von einem Dominikaner um diese Zeit gedruckt ist, und zwar als Handbuch für Streiter in diesem Kampfe. Darin sind die Meinungen von zweihundertundsechzehn Doctoren der Kirche zusammengestellt, zum Beweise dafür, dass die Jungfrau in der Erbsünde empfangen wurde. Es ist eine eindrucksvolle Liste mit den grössten Namen der Kirche, einschliesslich vieler Päpste. Dem Kompilator machte es offenbar ein besonderes Vergnügen, die am höchsten verehrten Autoritäten des Franziskanerordens zusammenzustellen — den hl. Antonius von Padua, Alexander von Hales, Bonaventura, Richard Middleton, Duns Scotus, Wilhelm von Occam, Nicolaus de Lyra, Jacopone von Todi, Alvarus Pelayo, Bartholomeus von Pisa u. a. Im J. 1515 richtete der Kardinal Cajetan an Leo X. eine Abhandlung über diese Frage, in der er Augustinus, Chrysostomus, Beda, Anselmus, Thomas von

---

1) Revocatio fratris Wigandi Wirt (apud Trebotes, sine anno).

Aquino, Bernardinus von Siena und andere anführte, um zu beweisen, dass die Ansicht von der Empfängnis der Jungfrau in der Erbsünde die vernünftige und wahrscheinliche sei. Trotz dieser vielen schwerwiegenden Autoritäten hatten die Dominikaner auf dem Konzil von Trient einen harten Kampf zu bestehen, aber sie besassen Kraft genug, hier durchzusetzen, dass nach einer scharfen Erörterung die Frage wiederum offen gelassen wurde und das Konzil sich mit einer einfachen Bestätigung der vorsichtigen Bulle Sixtus' IV. begnügte. Indessen der Streit dauerte fort, ebenso hitzig wie vorher, und verursachte Tumulte und Ärgernisse, die die Kirche beklagte, aber nicht heilen konnte. 1570 versuchte Pius V., sie zu unterdrücken, indem er die öffentliche Diskussion verbot. Er erneuerte die Bulle Sixtus' IV., wies darauf hin, dass das Konzil von Trient jedem erlaube, sich seine eigene Meinung über die Frage zu bilden, und ermächtigte die Gelehrten, sie an den Universitäten und in den Kapiteln zu besprechen, bis sie vom Hl. Stuhle entschieden sein würde. Jede öffentliche Disputation oder Erklärung zwischen zwei Gegnern in Predigten oder Ansprachen wurde jedoch bei Strafe der ipso facto eintretenden Absetzung und lebenslänglichen Rechtsunfähigkeit verboten. Dieser Versuch, der Kirche den Frieden zu bewahren, war ebenso erfolglos wie die früheren. Im J. 1616 beklagte Paul V., dass trotz der heilsamen Bestimmungen, die bereits in dieser Sache getroffen seien, die Streitigkeiten und Skandale fortdauerten und immer gefährlicher zu werden drohten. Er fügte deshalb zu den vorhandenen Strafen noch das lebenslängliche Verbot, zu predigen oder zu lehren, und er befahl den Bischöfen und Inquisitoren, überall die Zuwiderhandlungen gegen diese Bestimmungen streng zu bestrafen. Aber die Aussichten für die Dominikaner wurden immer ungünstiger. Ein Jahr später, im August 1617, erliess Paul V. auf einer Generalkongregation der römischen Inquisition eine andere Verordnung, durch die er diese Strafen auf alle ausdehnte, die öffentlich behaupten würden, dass die hl. Jungfrau in Erbsünde empfangen sei. Er verwarf allerdings diese Meinung nicht, sondern liess sie unentschieden und befahl denjenigen, welche öffentlich die unbefleckte Empfängnis behaupteten, dies in schlichter Form zu tun, ohne die Gegner anzugreifen, und er wies zugleich, wie früher, die Bischöfe und Inquisitoren an, alle Übertretungen zu bestrafen. König Philipp III. von Spanien nahm um diese Zeit die Sache so ernst, dass er sie zu einer Staats- und diplomatischen Angelegenheit machte; er drängte den Hl. Stuhl ungestüm auf eine endgültige Entscheidung zugunsten der unbefleckten

Empfängnis hin und knüpfte wegen gemeinsamer Schritte mit dem französischen Hofe Unterhandlungen an, die dieser aber, wie es heisst, nur mit frommen Worten beantwortete. Im J. 1622 ging Gregor XV. einen Schritt weiter, indem er, um der beständigen Zwietracht ein Ende zu machen, die angedrohten Strafen auch auf alle ausdehnte, die privatim behaupteten, dass die Jungfrau in Sünden empfangen sei; zu gleicher Zeit aber verbot er die Anwendung des Wortes „unbefleckt" in dem Offizium des Festes der Empfängnis. Für die Dominikaner war es unerträglich, dass ihnen der Mund geschlossen war, und sie erlangten nach einigen Monaten eine Milderung des Verbots insofern, als ihnen erlaubt wurde, untereinander ihre Meinung zu äussern und zu verteidigen. Diese Bullen verursachten der Inquisition viele Arbeit; denn der Disputiereifer konnte nicht eingeschränkt werden. Ein zeitgenössisches Handbuch beweist, dass trotz des Verbots die Frage auch ferner erörtert wurde, und dass die Übeltäter auf beiden Seiten nach Rom gesandt wurden, um von dem höchsten Gerichtshof ihr Urteil zu empfangen, wobei man soweit als möglich dafür sorgte, dass Dominikaner kein Zeugnis ablegten, wenn der Übeltäter ein Franziskaner war, und umgekehrt. Trotzdem erklärt der Dominikaner Thomas Gage, der um das J. 1630 in den spanischen Kolonien lebte, dass er in Guatemala öffentliche Besprechungen über die Frage abhielt und in ihnen die thomistische Lehre gegen die Meinungen der Franziskaner, der Scotisten und der Jesuiten verteidigte. In Spanien würde er das nicht gewagt haben; denn ein Mann, der 1634 vor dem Portale von San Felipe in Madrid behauptete, die Jungfrau sei mit der Erbsünde empfangen, wurde von einigen in der Nähe stehenden Soldaten verwundet, dann von der Inquisition verhaftet und, sobald seine Wunden geheilt waren, in das geheime Gefängnis geworfen, damit ihm der Prozess gemacht würde. Dennoch blieben die Dominikaner hartnäckig, und etwa ein Vierteljahrhundert später stellten die spanischen Bischöfe dem Papst Alexander VII. persönlich vor, dass sich noch immer Personen fänden, welche öffentlich die unbefleckte Empfängnis leugneten; darauf erliess Alexander 1661 eine neue Bulle, welche diejenigen Pauls V. und Gregors XV. bestätigte und weitere Strafen hinzufügte. Auch setzte er alle Bücher, die die unbefleckte Empfängnis angriffen, auf den Index, verbot aber ebenso die Bücher, welche die Gegner der Lehre für Ketzer erklärten[1]).

---

1) De beatae Virginis conceptione ducentorum et sexdecim doctorum vera, tuta et tenenda sententia (sine nota, sed c. 1500). — Caietani Opuscula, T. II. Tract. 1. — Concil. Trident. Sess. v. Decr. de Orig. Peccat. §5. —

Man war in dieser Frage so empfindlich geworden, dass man
es schon für Ketzerei hielt, wenn jemand äusserte, er sei bereit, den
Tod für die Lehre von der unbefleckten Empfängnis zu erdulden.
So behauptete 1541 Alphonsus de Castro, obwohl er ein Franziskaner
war, es sei ketzerisch, sich auf diese Weise für eine Lehre zu erklären, die kein Glaubensartikel war. Der Kampf erhitzte indessen die
Gemüter derart, dass viele im Eifer der Polemik sogar bereit waren,
für ihre Überzeugung ihre Existenz aufs Spiel zu setzen. So versammelten sich am 6. Mai 1618 alle Behörden und Würdenträger
von Salamanca und legten nach einer feierlichen Prozession im Namen der Gemeinde das förmliche Gelübde ab, die Lehre bis zum
letzten Blutstropfen zu verteidigen. Zur Verewigung dieser Tatsache wurde eine notarielle Urkunde darüber aufgenommen. Ebenso extravagant war die Meinung, dass jemand, der für die Lehre von
der unbefleckten Empfängnis sterben würde, ein Märtyrer sei. Diese
Meinung erklärte 1619 die Inquisition von Portugal mit Zustimmung
Pauls' V. für ketzerisch. Als der kriegerische Jesuitenpater Théophile
Raynaud in seinem Buche: „De martyrio per pestem" behauptete, dass
man auf diese Weise zum Ruhme eines Märtyrers gelangen könne,
befahl ihm die Kongregation des Index, die stets unter dominikani-
schem Einflusse stand, die Stelle zu tilgen. Da auch die Inquisition
zum grossen Teile in Dominikanerhänden war, so wurde sie zweifellos dazu benutzt, die allzu eifrigen Verfechter der Lehre zu verfolgen. Diesem Umstande ist wahrscheinlich die Vorschrift zuzuschreiben, dass in allen solchen Fällen Anzeige beim höchsten Tribunal
der Inquisition in Rom gemacht und ihre Entscheidung abgewartet
werden solle; dadurch wurden den Lokalinquisitoren die Hände gebunden. Dass solche Fälle nicht selten waren, und dass sie zu vielen
Unannehmlichkeiten Anlass gaben, geht aus den diesbezüglichen
Bemerkungen Carena's hervor[1]).

Pii PP. V. Bull. Super speculam (Magnum Bullarium Romanum II. 343). —
Pauli PP. V. Bull. Regis pacifici (ibid. III. p. 391). — Ejusd. Constit. Sanctissimus
(ibid. p. 400). — Collectio decretorum sacrae congregationis S. Officii, s. v.
Conceptio (Handschrift im Besitz von Lea). — Gregor. PP. XV. Constit.
Sanctissimus (Mag. Bull. Rom. III. p. 477). — Ejusd. Bull. Eximii (ibid. p. 479).
— Prattica del modo da procedersi nelle cause del S. Officio, cap. XIX (Mss.
Biblioth. Reg. Monachens. Cod. Ital. 598). — Mss. Bibl. Nationale in Paris. fonds
italien, 139). — Gage, New survey of the West Indies, London. 1677, p. 226.
— Cartas de Jesuitas (Memorial hist. espańol, T. XIII. p. 450). Le Tellier,
Recueil des bulles concernant les erreurs, etc. Mons (Rouen) 1697, p. 296. — *Lea,
History of the Inquisition of Spain IV (1907), 359 ff.

1) Alph. de Castro, De justa haereticorum punitione Lib. I. c. VIII. Dub.
4. — Carena, Tractatus de modo procedendi Tit. XVII. § 9. — Dorado, Com-

Die Jesuiten traten mit dem ausserordentlichen Gewicht ihres Einflusses für die unbefleckte Empfängnis ein. Mit der Zeit kam es nicht selten vor, dass sie wenigstens an gewissen Orten das ketzerische Gelübde taten, sie mit Leben und Blut verteidigen. Im J. 1715 griff Muratori in einem unter dem vorsichtigen Pseudonym 'Lamindus Pritanius' veröffentlichten Buche diesen Vorgang an. 1729 veröffentlichte der Jesuit Francesco Burgi eine Erwiderung, worauf Muratori unter dem Namen 'Antonius Lampridius' antwortete. Eine lebhafte Controverse entstand, die länger als ein Vierteljahrhundert dauerte. Muratoris zweites Buch wurde 1765 auf den spanischen Index gesetzt, und im Jahre 1750 veröffentlichte Bernardus von Moraes in Lissabon ein grosses Werk in zwei Foliobänden zur Verteidigung solcher Gelübde. Papst Benedikt XIV. sagt in seinem grossen Werke 'De beatificatione', die Kirche neige der Lehre von der unbefleckten Empfängnis zu, habe sie aber noch nicht zu einem Glaubensartikel erhoben; die Frage, ob jemand, der für diese Lehre sterbe, als Märtyrer anzusehen sei, lässt er unentschieden. In dem Index von 1758 verbot er zwar alle seit 1617 geschriebenen Bücher, in denen gelehrt wurde, dass die Jungfrau mit der Erbsünde empfangen sei, aber auch alle diejenigen Schriften, welche die Anhänger dieser Meinung der Ketzerei oder der Gottlosigkeit oder einer Todsünde für schuldig erklärten. So standen sich die Wagschalen immer noch gleich; die wirkliche Überzeugung des hl. Stuhles trat indessen zu Tage, als Pius VI. am 21. November 1793 einen hundert-

---

pendio histórico de la ciudad de Salamanca, p. 469—71. — Catalani, De secretario Congregationis Indicis, Romae, 1751, p. 36.

In Spanien, wo das Volk eine so tiefe Verehrung für die hl. Jungfrau hegte, war die Inquisition in diesem Punkte natürlich besonders empfindlich. Im J. 1642 wies ein Inquisitor, Diego von Narbonne, in seinen 'Annales tractatus juris' auf eine Behauptung des Clemens von Alexandria (Stromata Lib. VII.) hin, dass einige der Meinung seien, die Jungfrau sei nach der Geburt von einer Hebamme untersucht worden, um ihre Jungfrauschaft festzustellen. Obwohl er diese Behauptung als höchst unschicklich und für die Jungfrau entehrend verurteilte, wurde sein Werk doch der Inquisition von Granada angezeigt, die die Angelegenheit an den Generalinquisitor verwies. Diego versuchte vergebens sich zu verteidigen. Es wurde gezeigt, dass in dem 'Index expurgatorius' von 1640 verfügt worden war, sowohl die Stelle des Clemens als auch die darauf hinweisenden Stellen aller anderen Schriftsteller ausradieren zu lassen, damit auch die Erinnerung an eine so abscheuliche Sache verloren gehen möchte. Diego berief sich in seiner Verteidigung auf eine Stelle aus einem Buche des P. Basilio Ponce de Leon, aber die Inquisition zeigte, dass diese gleichfalls „borrado" worden wäre, und da jeder, der ein Exemplar von einem Buche besitze, das eine verbotene Stelle enthalte, diese auszutilgen und unlesbar zu machen verpflichtet sei, so sei er schuldig, dies unterlassen zu haben (Oxford, Mss. Bibl. Bodleianae Arch S. 130).

tägigen Ablass verhiess für das Hersagen des Gebetes: „Gepriesen sei die hl. und unbefleckte Empfängnis der hochgesegneten ewigen Jungfrau Maria". So ist es leicht zu begreifen, dass der Bischof Peter A. Baines, Apostolischer Vikar in England, als er 1840 in einem Hirtenbrief unbedachte Äusserungen über diese Frage tat, scharf getadelt und genötigt wurde, schriftlich zu versprechen, dass er bei der ersten passenden Gelegenheit öffentlich erklären wolle, er stimme jeder Definition zu, die der hl. Stuhl in dieser Sache verfügen würde. Die Entscheidung liess nicht lange mehr auf sich warten. 1849 fragte Pius IX. bei allen Bischöfen an, ob es angezeigt sei, die unbefleckte Empfängnis als Dogma der Kirche zu verkünden. Die italienischen, spanischen und portugiesischen Bischöfe, etwa vierhundertundneunzig an der Zahl, waren fast einmütig dafür, während in anderen Ländern viele Bischöfe Bedenken trugen und von einer solchen Massregel abrieten. Ihre Meinung blieb indessen unbeachtet. Am 8. Dezember 1854 veröffentlichte Pius IX. eine feierliche Definition, in der er die Lehre für einen Glaubensartikel erklärte. So waren die Dominikaner nach einem tapfern fünfhundertjährigen und mit aller Zähigkeit geführten Kampfe schliesslich besiegt. Sie liessen aber sofort durch ihren Generalprokurator P. Gonde verkünden, dass sie das Dogma mit Freuden und aus freiem Willen annähmen und sich nicht als Gefangene betrachteten, die in Ketten dem Triumphwagen des Siegers folgten. Hiernach blieb ihnen nichts anderes übrig, als durch scharfsinnige Glossen zu beweisen, dass Thomas von Aquino in Wirklichkeit niemals die Lehre bestritten habe[1]).

Es ist interessant, die bisherige Entwicklung dieses Dogmas so zu verfolgen, obgleich wir sie noch nicht als abgeschlossen ansehen können. Bei dem unersättlichen Verlangen der Kirche, alle Geheimnisse der unsichtbaren Welt zu erklären, ist jede Entscheidung nur der Ausgangspunkt für eine neue Erörterung. Die nächste Frage ist nunmehr die, in welcher Weise die unbefleckte Empfängnis stattgefunden hat, und man hat sie auch bereits in Angriff genommen. Im Jahre 1876 wurde Joseph de Félicité (Vercruysse?) verurteilt, der

---

1) Reusch, Der Index der verbotenen Bücher, II. 843, 896. — Addis and Arnold, Catholic Dictionary s. v. Immaculate. — Index librorum prohibitorum (Romae, 1887) p. XLIII. 51. — Raccolta di indulgenze (Camerino, 1803) p. 63. — Gonde, De immaculato Deiparae conceptu (Romae 1854).

Schon 1695 veröffentlichte Kardinal Sfondrato einen Folioband mit dem Titel 'Innocentia vindicata' um zu beweisen, dass Thomas von Aquino die unbefleckte Empfängnis gelehrt habe. Zur Unterstützung seiner Argumente führte er aber solche Werke an, von denen man nur vermutet, dass Thomas sie geschrieben hat.

unter anderen Irrtümern die Behauptung aufgestellt hatte, Maria sei ohne die Vermittlung des heiligen Joachim vom hl. Geiste empfangen worden[1]). Die Möglichkeit, dass in kommenden Jahrhunderten auch dieses Dogma anerkannt werden und so die hl. Jungfrau ihrem Sohne gleichgestellt sein wird, dürfte indessen kaum zu bestreiten sein.

Es bleibt nun noch eine Seite der Tätigkeit der Inquisition zu betrachten — die Censur der Presse —, obwohl der Höhepunkt ihrer Wirksamkeit in dieser Richtung einer Periode angehört, die jenseits der Grenzen unserer gegenwärtigen Aufgabe liegt. Wir haben gesehen, wie Bernhard Guidonis ganze Wagenladungen des Talmud verbrannte, und wie die Inquisitoren besonders darauf geschult zu sein schienen, den Glauben vor gefährlichen Missbräuchen der Feder zu bewahren. Trotzdem dauerte es lange, ehe sich ein bestimmtes System in dieser Beziehung ausbildete. Die Universitäten waren damals fast die einzigen Centren des geistigen Lebens, und sie hatten in der Regel ein wachsames Auge auf die Verirrungen ihrer Mitglieder. Galt es, ein wichtiges Werk zu verdammen, so wurde häufig die Autorität des Heiligen Stuhles angerufen, wie dies bei dem Werk 'De divisione naturae' des Scotus Erigena, dem 'Ewigen Evangelium', dem Angriffe Wilhelms von St. Amour auf die Bettelorden und dem 'Defensor pacis' des Marsilius von Padua der Fall war. Auf der andern Seite trug, wie wir (oben S. 95) gesehen haben, im Jahre 1316 der bischöfliche Vikar von Tarragona kein Bedenken, in einer Versammlung von Ordensvertretern eine Anzahl Schriften des Arnald von Villanova zu verdammen, und um dieselbe Zeit trafen die Inquisitoren von Bologna eine ähnliche Massregel hinsichtlich des Kommentars, den Cecco von Ascoli zur 'Sphaera' des Sacrobosco geschrieben hatte. Der Gedanke, die Inquisition zu einem allgemeinen Heilmittel auch für diese Schäden zu machen, scheint indessen erst aufgetaucht sein, als Kaiser Karl IV. versuchte, das hl. Offizium in Deutschland wieder einzuführen. Die Ketzerei der Brüder vom freien Geiste war damals durch fromme Volksbücher weit verbreitet. Um dieser Verbreitung und dem verbotenen Gebrauch von Übersetzungen der heiligen Schrift in der Volkssprache durch die Laien zu

---

1) Reusch, a. a. O. II. 989. Hiermit ist der Irrtum einer Sekte der Katharer, die heilige Jungfrau sei ohne die Mitwirkung eines Mannes von einer Frau geboren, in neuer Form wieder aufgelebt (Moneta, Adversus Catharos, Lib. III. cap. 2).

steuern, ermächtigte der Kaiser im Jahre 1369 die Inquisitoren und
ihre Nachfolger, alle solche Bücher zu beschlagnahmen und zu verbrennen und die üblichen Inquisitionsstrafen anzuwenden, um etwaigen Widerstand zu brechen. Alle Untertanen des Reiches, weltliche und geistliche, von den höchsten bis zu den niedrigsten, erhielten Befehl, bei Strafe der kaiserlichen Ungnade der Inquisition
Hilfe zu leisten. Im Jahre 1376 unterstützte Papst Gregor XI. diese
Massregel durch eine Bulle, in der er die Verbreitung von ketzerischen Büchern in Deutschland beklagte und die Inquisitoren anwies,
alle verdächtigen Schriften zu prüfen und diejenigen zu verdammen,
welche Irrtümer enthielten; infolgedessen galt es als ein von der
Inquisition zu bestrafendes Vergehen, solche Bücher abzuschreiben,
zu besitzen, zu kaufen oder zu verkaufen. Von einem praktischen
Erfolge dieser Verordnungen ist nichts bekannt; sie sind jedoch insofern von Interesse, als sie den Versuch zur Einführung einer systematisch organisierten literarischen Censur darstellen. Um dieselbe
Zeit war Eymericus damit beschäftigt, die Werke des Raimund Lullus,
des Raimund von Tarraga und verschiedener anderer zu verurteilen,
aber er scheint die Sache immer dem hl. Stuhl unterbreitet und nur
mit besonderer päpstlicher Erlaubnis gehandelt zu haben. Als Erzbischof Zbinco Wiclifs Schriften in Prag verbrannte, erklärte, wie
wir sahen (Bd. II, 507), eine päpstliche Kommission diese Massregel
für unberechtigt, und tatsächlich wurde auch die endgültige Verurteilung dieser Schriften erst auf dem Konzil von Rom im Jahre 1413
ausgesprochen[1]).

Seit der Renaissance der Wissenschaften erhielten die Bücher
eine immer grössere Bedeutung als wirksame Mittel zur Verbreitung
neuer Ideen, und mit der Erfindung der Buchdruckerkunst nahm
diese Bedeutung reissend zu. Es wurde fortan Regel bei der Inquisition, dass jeder, dem ein ketzerisches Buch in die Hände fiel
und der es nicht sofort verbrannte oder innerhalb acht Tagen an
seinen Bischof oder Inquisitor auslieferte, in den schweren Verdacht
der Ketzerei geriet. Die Übersetzung irgend eines Teiles der hl. Schrift
in die Volkssprache wurde ebenfalls verboten. Allein erst im J. 1501
scheint man an eine organisierte Censur der Presse gedacht zu
haben. Damals war Deutschland das einzige Land, wo man wegen
der Veröffentlichung gefährlicher und ketzerischer Bücher eine
solche Massregel für erforderlich hielt. Daher wurde allen Buch-

---

1) Mosheim, De beghardis pp. 368, 378 (vgl. Bd. II, 438 ff.) — Eymericus,
Directorium inquisitionis pp. 311—66.

druckern befohlen, in Zukunft bei Strafe der Exkommunikation und bei Geldstrafen, die an die apostolische Kammer zu entrichten waren, dem Erzbischof der Provinz oder dem Bischof der Diözese alle Bücher vor der Veröffentlichung vorzulegen und nur solche zu veröffentlichen, für welche auf Grund der Prüfung eine Licenz erteilt worden war; den Prälaten aber wurde durch einen Appell an ihr Gewissen untersagt, für die Ausstellung solcher Licenzen Bezahlung zu fordern. Alle auf Lager befindlichen Bücher sollten gleichfalls einer Prüfung unterworfen und diejenigen, in denen man Irrtümer finde, ausgeliefert und verbrannt werden[1]).

Wie tief die deutsche Inquisition in der Achtung gesunken war, geht daraus hervor, dass man bei dieser wichtigen Massregel zur Beschränkung der Pressfreiheit nicht einmal daran gedacht zu haben scheint, sie als Werkzeug zu benutzen, sondern sich nur auf die bischöfliche Organisation verliess. Die Erzbischöfe waren indessen, wie gewöhnlich, zu sehr mit den weltlichen Angelegenheiten ihrer Territorien beschäftigt, um sich um solche Kleinigkeiten zu kümmern, und die Massregel blieb augenscheinlich ohne praktische Erfolge. Das Übel griff vielmehr weiter um sich, und Leo X. suchte ihm auf dem Laterankonzil im Jahre 1515 durch noch schärfere allgemeine Verordnungen Einhalt zu tun. Er veröffentlichte eine Bulle, die von allen gebilligt wurde, ausser von dem Bischof Alexius von Molfetta, welcher die Massnahmen wohl für die neuen Bücher, aber nicht für die alten gelten lassen wollte. Nach einem Hinweis auf die Segnungen der Buchdruckerkunst spricht diese Bulle von den zahlreichen Klagen, die dem Heiligen Stuhle zu Ohren gekommen seien, darüber, dass an vielen Orten Bücher gedruckt und verkauft würden, die aus dem Griechischen, Hebräischen, Arabischen und Chaldäischen sowohl in die lateinische Sprache, als auch in die Volkssprachen übersetzt worden seien und Glaubensirrtümer und verderbliche Dogmen enthielten, ebenso Schmähschriften über Personen von Stand und Würde, die viel Ärgernis gestiftet hätten und noch mehr zu veranlassen drohten. Daher dürfe von nun an kein Buch und keine Schrift ohne vorherige Prüfung gedruckt werden. Diese solle für Rom der päpstliche Vikar und der Magister S. Palatii durch Unterschrift be-

---

1) Albertini, Repertorium inquisitionis s. v. Libri, Scriptura. — Raynald. ann. 1501. — *Die päpstlichen Censurbestimmungen für gedruckte Bücher reichen bis ins Jahr 1479 zurück; vgl. Hansen, in der Westdeutschen Zeitschrift XVII (1898), 137 ff.; Voulliéme, Der Buchdruck Kölns bis zum Ende des 15. Jahrhunderts (1903) Einleitung S. 80 ff.; Zaretzky, Der erste Kölner Censurprozess (1906).

zeugen, in anderen Städten und Diözesen der Inquisitor und der Bischof oder ein von ihm ernannter Sachverständiger. Umgehung dieser Vorschrift solle Exkommunikation und Konfiskation der ganzen Auflage zur Folge haben. Diese solle verbrannt werden, ausserdem solle der Herausgeber eine Strafe von hundert Dukaten an die Kirchenfabrik von St. Peter zahlen, und sein Geschäft solle für ein Jahr geschlossen werden. Hartnäckig Ungehorsame sollten mit solchen Strafen belegt werden, dass sie anderen zum abschreckenden Beispiel dienen könnten[1]).

Diese Massregeln kamen jedoch zu spät. Die Maschinerie der Verfolgung war damals wohl noch gegen Hexen zu gebrauchen, im übrigen aber so vollständig in Unordnung geraten, dass sie die immer höher steigende Flut der menschlichen Intelligenz nicht mehr aufzuhalten vermochte und alle Dämme, die man dagegen aufrichtete, im Sturme weggerissen wurden. Wir haben gesehen, wie der Versuch, Reuchlin zum Schweigen zu bringen, trotz aller aufgewandten Mühe misslang. Die Druckpresse vervielfältigte bis ins Ungemessene die Satiren des Erasmus und Ulrichs von Hutten, und als Luther auftrat, verbreitete sie allenthalben unter dem Volke seine wuchtigen Angriffe gegen das herrschende System. Erst die Zeit und die Wirksamkeit der Gegenreformation waren imstande, in den Ländern, die Rom gehorsam geblieben waren, ein neues System zur Reife zu bringen, durch das die Gläubigen vor dem schleichenden Gifte der Druckpresse bewahrt werden konnten[2]).

---

1) Concil. Lateran. v. Sess. IX (Harduin. IX. 1779–81; *vgl. Hefele-Hergenröther, Conciliengeschichte VIII (1887), 651).

Diese Vorschriften wurden wahrscheinlich nur dort durchgeführt, wo die Inquisition noch in Tätigkeit war. In Aug. Nifos Werk 'De coelo et mundo', das 1517 zu Neapel gedruckt wurde, findet sich ein 'imprimatur' von Antonio Caietano, dem Prior des Dominikanerklosters, das unter Hinweis auf den Konzilsbeschluss erklärt, der Prior sei in Abwesenheit des Inquisitors von dem Vikar von Neapel beauftragt worden, das Werk zu prüfen, und er habe nichts Anstössiges darin gefunden.

In den venetianischen Ausgaben des Joachim von Floris, die 1516 und 1517 gedruckt wurden, findet sich nicht nur die Druckerlaubnis des Inquisitors und die des Patriarchen von Venedig, sondern auch die des Rates der Zehn, ein Beweis, dass der Presse in Venedig schwere Fesseln angelegt waren.

Die gleichzeitig erschienenen Lyoner Ausgaben der Schrift 'De planctu ecclesiae' von Alvarus Pelayo (1517) weisen jedoch kein 'imprimatur' auf. Offenbar gab es dort keine Censur. Ebenso verhält es sich mit den meisten deutschen Büchern jener Zeit.

2) *Lea, History of the Inquisition of Spain III (1907), 480 ff.; IV (1907), 394, 404, 528.

Neuntes Kapitel.

Schluss.

Nachdem wir mit einiger Ausführlichkeit erörtert haben, was die Inquisition im Mittelalter direkt oder indirekt vollbracht hat, erübrigt uns noch eine kurze Betrachtung dessen, was sie unterlassen hat.

Die Beziehungen der griechischen Kirche zum hl. Stuhle könnten fast die Annahme rechtfertigen, dass die Verfolgung der Ketzerei weniger eine Sache des Gewissens als der Opportunität gewesen ist, die man, je nachdem es die weltlichen Interessen des Papsttums erforderten, bald eifrig betrieb und bald vernachlässigte. Die Griechen waren nicht nur Schismatiker, sondern auch Häretiker; denn das Schisma ist, wie der hl. Raimund von Pennaforte dargelegt hat, eine Ketzerei, da es den Glaubensartikel „unam sanctam catholicam ecclesiam" verletzt. Wir haben auch wiederholt gesehen, dass die Leugnung der Oberhoheit Roms und die Nichtbeachtung seiner Gebote als Ketzerei galt. Bonifaz VIII. stellt in der Bulle 'Unam sanctam' als einen zur Seligkeit notwendigen Glaubensartikel den Satz auf, dass jede menschliche Kreatur dem römischen Pontifex unterworfen ist; hierbei schliesst er ausdrücklich die Griechen mit ein. Ausserdem weigerten sich die Griechen hartnäckig, die Lehre vom Ausgang des hl. Geistes vom Vater und vom Sohne anzunehmen, die Leo III. auf Veranlassung Karls des Grossen in das nicaenische Symbolum eingeschoben hatte. Dadurch aber machten sie sich zu Ketzern in einem Lehrpunkt, der in den Augen der römischen Kirche von höchster Bedeutung war. Doch verstand es die Kirche stets, hinsichtlich der griechischen Kirche einen 'modus vivendi' zu finden und kluge Duldsamkeit zu üben, wenn ihr dies vorteilhaft erschien. Das war in Süditalien der Fall. Dieses Gebiet hatte Kaiser Leo der Isaurier im achten Jahrhundert während des Bilderstreites Rom entzogen und Konstantinopel unterstellt. Im Jahre 968 ersetzte nun der Patriarch von Konstantinopel in den Kirchen von Apulien und Calabrien die lateinische Liturgie durch den griechischen Ritus. Zwar leisteten einige Gemeinden Widerstand, aber die meisten unterwarfen sich und blieben selbst nach der Eroberung von Neapel durch die Normannen dem neuen Brauche treu. Denn als im J. 1092 ein lateinischer Bischof den Stuhl von Rossano bestieg, war das Volk damit nicht einverstanden und erwirkte sich von dem Herzog Roger die Erlaubnis, den griechischen Ritus beizubehalten. So blieb es bis zum Jahre 1460; erst dann gelang es dem Bischof Matthäus, einem Franziskaner von der strengen Observanz, den griechischen durch den lateinischen Ritus zu ersetzen[1]).

Die griechischen Kirchen, welche in den slavischen und magyarischen Gebieten noch lange weiterbestanden, waren einem stärkeren, wenn auch nur gelegentlich und mit Unterbrechungen ausgeübten Druck unterworfen. Im J. 1204 wandte sich König Andreas II. von Ungarn an Innocenz III. mit der Bitte, für die in seinen Besitzungen gelegenen griechischen Klöster lateinische Prioren zu ernennen. Nachdem später das Interdikt über das Königreich verhängt worden war, musste Bela IV. in der Konvention von 1233 eidlich geloben, dass er alle seine Untertanen zwingen wolle, der römischen Kirche Gehorsam zu leisten, und Gregor IX. forderte ihn auf, diesem Versprechen auch in der dem griechischen Ritus zugehörigen Wallachei sofort Geltung zu verschaffen. Im J. 1248 schickte Innocenz IV. Dominikaner nach Albanien zur Bekehrung der Griechen; wenn wir indessen sehen, dass diese Missionare ermächtigt waren, den Geistlichen für alle Unregelmässigkeiten einschliesslich der Simonie Dispens zu gewähren, so dürfen wir hieraus den Schluss ziehen, dass man sich mehr von der Überredung als von der Gewalt versprach. Hundert Jahre später waren Clemens VI. und Innocenz VI. wieder energischer, indem sie den Prälaten der Balkanhalbinsel befahlen, alle Schismatiker zu vertreiben und, wenn nötig, die Hülfe des weltlichen Armes

---

1) S. Raymundi Summa I. VI. i. — Extrav. commun. I. VIII. — Lib. Carolin. III. 1, 3. — Harduin. Concil. IV. 131, 453—4, 747, 775. 970. — Hartzheim, Concil. German. I. 390—6. — Eymericus a. a. O. S. 325. — Tocco, L'eresia nel medio evo, p. 389—90. — C. 9, 11, Extra, I. XI.

Als Erzherzog Sigmund von Österreich in seinem Streite mit Nicolaus von Cusa über das Bistum Brixen sich weigerte, das Interdikt zu beachten, mit dem seine Gebiete belegt worden waren, forderte ihn Pius II. im Jahre 1460 auf, vor seinem Richterstuhle zu erscheinen, um sich als Ketzer zu verantworten, denn sein Ungehorsam zeige, dass er der Ketzerei aller Ketzereien, nämlich des Unglaubens gegenüber dem Glaubensartikel 'Credo in unam sanctam catholicam et apostolicam ecclesiam', offenbar schuldig sei. (Freher et Struve, Rerum Germanicarum Scriptores II. 192.)

anzurufen. Wir haben schon gesehen (Bd. II, S. 336 ff.), wie fruchtlos die Bemühungen waren, die Katharer aus diesen Gegenden zu vertreiben, und wie alle Versuche, die Gleichmässigkeit des Glaubens zu erzwingen, nur dazu dienten, den Fortschritt der türkischen Eroberung zu erleichtern[1]).

Für die Besitzungen der Kreuzfahrer in der Levante war die Frage noch komplizierter. Zwar hatte Innocenz III. anfangs gegen die Eroberung Konstantinopels im Jahre 1204 protestiert; aber nachdem sie gelungen war, beeilte er sich voll glühenden Eifers, die geheimnisvolle Weisheit Gottes, der die griechische Ketzerei gestürzt habe, anzuerkennen und nun sofort Massregeln zu treffen, um den grösstmöglichen Vorteil aus dieser Tatsache zu ziehen. Er befahl den Kreuzfahrern, alle von griechischen Bischöfen ordinierten Priester zu suspendieren und an den eroberten Kirchen lateinische Priester anzustellen, sowie dafür zu sorgen, dass die Kirchengüter nicht verschleudert würden. Sofort stürzte sich eine hungrige Menge von Geistlichen auf die neuen Besitzungen und brachte dadurch die im Amte befindlichen Priester in grosse Verlegenheit. Auf die deshalb an ihn gerichteten Anfragen antwortete Innocenz III., dass nur diejenigen, welche Empfehlungsbriefe aufweisen könnten, öffentlich amtieren dürften. So wurde zwar den Kirchen in den lateinischen Königreichen des Ostens eine neue Hierarchie aufgezwungen, das Volk aber wurde nicht bekehrt, und die Folge davon war, dass eine klar umschriebene Politik dort unmöglich wurde[2]).

Streng genommen waren alle Schismatiker und Ketzer ipso facto exkommuniziert, eine Tatsache, die man indessen unbeachtet lassen konnte, wenn man es für politisch vorteilhaft hielt. So machte es Innocenz IV., als er im J. 1244 Dominikaner-Missionare zu den Griechen, Jacobinern, Nestorianern und anderen Ketzern des Ostens sandte und ihnen dabei volle Erlaubnis gab, sich mit diesen Ketzern in alle kirchlichen Ämter zu teilen. Wo die griechischen Kirchen unabhängig waren, versuchte man sie durch Überredung und Unterhandlungen zu gewinnen; so Gregor IX. durch eine 1233 an den Patriarchen Germanus von Nicaea gesandte Mission und Innocenz IV. im J. 1247 durch eine solche an die Russen. Als diese Versuche aber fehlschlugen, trug man kein Bedenken, zur Gewalt zu greifen, und Gregor IX.,

---

1) Innocentii PP. III. Regest. VII. 47. — Bathyani, Leges eccles. Hung. II. 355—6. — Ripoll. I. 70—1, 186. — Wadding, ann. 1351, Nr. 8; ann. 1354, Nr. 4, 5.
2) Innocentii PP. III. Regest. VII. 2—12, 121, 152—4, 164, 203—5; IX. 243—6; X. 49—51.

in seinen Erwartungen getäuscht, liess einen Kreuzzug gegen die
ungehorsamen Schismatiker predigen. Als im J. 1267 der masslos
ehrgeizige Karl von Anjou, aufgestachelt durch seine Erfolge in
Neapel, von einer Rückeroberung Konstantinopels träumte und mit
dem Titularkaiser Balduin II. einen Vertrag schloss, gab er als
zwingenden Grund für sein Vorgehen die Vereinigung des Orients mit
der römischen Kirche an. Zwar verschob er sein Unternehmen, weil
sich Michael Palaeologus dem Konzil von Lyon im Jahre 1274 unterwarf; aber die Untertanen des Palaeologus empörten sich, Michael
Comnenus stellte sich an die Spitze der Partei, welche die nationale
Kirche verteidigte, und der Krieg brach im Jahre 1279 aus. Karl
beeilte sich nun zwar, auch aus dieser Lage Vorteil zu ziehen; allein
die Sizilianische Vesper vom Jahre 1283 machte ihm zu Hause genug
zu schaffen, so dass er seine Pläne wohl oder übel aufgeben musste [1]).

In den der lateinischen Herrschaft unterworfenen Gebieten
lagen die Verhältnisse etwas anders. Es war hier unmöglich, die griechische Nationalkirche auszurotten, und man musste die beiden Riten
wohl oder übel nebeneinander bestehen lassen. So wechselten denn
hier Duldung und Verfolgung, Überredung und Zwang mit einander
ab. Als Benedikt XI. im Jahre 1303 dem Dominikanerprior von
Ungarn befahl, Missionare nach Albanien und anderen Provinzen
zu schicken, lässt die Art und Weise, wie er von den lateinischen
Kirchen und Klöstern spricht, erkennen, dass er beiden Riten die
gleiche Existenzberechtigung zugestand, und dass er nur dem
weitern Vordringen der Griechen gewehrt wissen wollte. Bezüglich
des Königreiches Cypern zeigen einige uns zufällig erhaltene Urkunden, welche Verlegenheiten die dort einzuschlagende Politik verursachte, und wie oft man darin wechselte. Im Jahre 1216 setzte Papst
Innocenz III. die Zahl der dortigen Bistümer von vierzehn auf vier
herab — Nicosia, Famagosta, Limisso und Baffo — und ernannte
für jeden der vier Sitze einen griechischen und einen lateinischen
Bischof, ein Beweis, dass er beide Riten hinsichtlich der Rechtgläubigkeit für gleichwertig erachtete. Vierzig Jahre später finden wir die griechischen Klöster dem lateinischen Erzbischof von
Nicosia unterstellt, und es scheint, als ob damals die lateinischen Prälaten einen gewissen Vorrang beanspruchten. Denn im Jahre 1250
bat der griechische Erzbischof den Papst Innocenz IV. um die Er-

---

[1]) C. 35 Decr. P. II. Caus. XXIV. Q. 9. — Berger, Registres d'Innocent
IV. Nr. 573, 1817. — Raynald. ann. 1233, Nr. 1—15. — Epist. saeculi XIII. T. I.
Nr. 725 (Mon. Germ. Hist.). — Buchon, Recherches et matériaux, p. 31, 40—2.

laubnis, die vierzehn Bistümer wieder herzustellen und zu ihrer Verwaltung Bischöfe zu konsekrieren; diese sollten vom Erzbischof von Nicosia unabhängig, und alle Griechen und Syrer sollten ihnen und nicht den Lateinern unterstellt sein. Das Gesuch wurde indessen abgelehnt. Alexander IV. räumte den lateinischen Prälaten ausdrücklich das Recht der Oberaufsicht ein, eine Massregel, die naturgemäss zu Streitigkeiten führte. Bisweilen kam es sogar vor, dass die Griechen von kirchlichen Zeloten oder von Geistlichen, deren Autorität sie nicht anerkannten, geradezu als Ketzer behandelt wurden, wie dies verschiedene an Bonifaz VIII. gerichtete Appellationen aus dem Jahre 1295 beweisen. Papst Johann XXII. machte zwar energische Versuche, gewisse Ketzereien und ketzerische Gebräuche der Griechen auszurotten, erlaubte aber, wie es scheint, die ordnungsmässige Beobachtung ihrer Riten. Doch führt um dieselbe Zeit (1320) Bernhard Guidonis in seiner Sammlung von Inquisitionsformeln auch zwei Formeln an für die Abschwörung griechischer Irrlehren und für die Reconciliation solcher Personen, die auf Grund der die Schismatiker verurteilenden Canones exkommuniziert waren. Das beweist, dass im Abendland die Inquisitoren Hand auf jeden unglücklichen Griechen zu legen pflegten, der in den französischen Häfen des Mittelmeeres angetroffen wurde. In Aragonien war ihr Los schwerlich besser; denn Eymericus bezeichnet sie (1370) unbedenklich als Ketzer. Der Geist der Verfolgung wuchs; denn um 1350 erlaubte das Konzil von Nicosia zwar den vier griechischen Bischöfen von Cypern, in ihrem Amte zu bleiben, befahl aber zugleich, dass alle als Ketzer angezeigt werden sollten, die nicht glaubten, dass Rom das Oberhaupt aller Kirchen und dass der Papst der Stellvertreter Christi auf Erden sei. Und im Jahre 1351 erschien ein Erlass, der allen Griechen befahl, einmal im Jahre einem lateinischen Priester zu beichten und darauf das Sakrament nach lateinischem Ritus zu empfangen. Wenn diese Vorschrift streng durchgeführt worden ist, dann muss sie der Inquisition zahlreiche Opfer geliefert haben; denn 1407 erklärte Gregor XII., dass jeder Grieche, der zum Schisma zurückkehre, nachdem er an orthodoxen Sakramenten teilgenommen habe, ein Rückfälliger sei, und er befahl dem Inquisitor Elias Petit, ihn als solchen zu bestrafen und, wenn nötig, den weltlichen Arm zu Hülfe zu rufen [1]).

---

1) Theiner, Monumenta Slavorum meridionalium I. 120. — Berger, Registres d'Innocent IV. Nr. 2058, 4053, 4750, 4769. — Barb. de Mironi, Hist. ecclesiastica di Vicenza II. 102. — Thomas, Registres de Boniface VIII. **Nr.**

Als die Venetianer Herren von Kreta waren, versuchten sie, die griechische Kirche dadurch zum Aussterben zu bringen, dass sie allen Bischöfen dieses Ritus verboten, die Insel zu betreten, und allen Einwohnern untersagten, zur Ordination nach Konstantinopel zu gehen. Allein im J. 1373 erfuhr Gregor XI. zu seinem Kummer, dass es einem Bischof gelungen war, zu landen, und dass Kreter fortwährend die Ordination in Konstantinopel nachsuchten. Er wandte sich an den Dogen Andreas Contarini, um den heilsamen Gesetzen Geltung zu verschaffen, aber mit wenig Erfolg; denn 1375 meldete dieser, dass fast alle Bewohner der Insel Schismatiker und dass beinahe alle Kirchenstellen in den Händen von griechischen Priestern seien, denen er die Wahl stellte, entweder sich sofort bekehren zu lassen oder ausgewiesen zu werden [1]).

Bemühungen, die so wenig konsequent waren, führten natürlich zu nichts. Statt dass die griechische Kirche unterdrückt wurde, stellte es sich vielmehr heraus, dass viele Katholiken, die mitten unter einer schismatischen Bevölkerung lebten, von ihrem Glauben abfielen. Hierauf lenkte im J. 1449 Nikolaus V. die Aufmerksamkeit des Inquisitors der griechischen Provinz, indem er ihm erklärte, obwohl der orientalische Ritus lobenswert sei, müsse er dennoch sorgfältig von dem lateinischen getrennt, und es müsse bei Zuwiderhandlungen, wenn nötig, sogar mit Hilfe des weltlichen Armes vorgegangen werden. Aber die Inquisition fand nur geringe Ermutigung in jenen Ländern. Als 1490 Innocenz VIII. den Vincenz Reboni zum Inquisitor von Cypern ernannte, wo es viele Ketzer gab, und den Bischöfen von Nicosia, Famagosta und Baffo befahl, dass jeder von ihnen ihm eine Präbende für seinen Unterhalt gebe, da erhoben die Prälaten so energische Gegenvorstellungen, dass Innocenz die Forderung zurückzog. Aus alledem geht hervor, dass sich Rom in seinem Verhalten zu der griechischen Kirche von politi-

---

613—4. — Raynald. ann. 1318, Nr. 57. — Ripoll II. 172, 482. — B. Guidonis Practica, P. II. Nr. 9; P. v, 7 Nr. 11 (ed. Douais S. 46, 300). — Eymericus p. 303. — Harduin. VII. 1700, 1709, 1720.

Die Beziehungen zwischen den Völkern in der Levante waren nicht danach angetan, die Griechen für die Rechtgläubigkeit zu gewinnen. Ein Schriftsteller aus der Mitte des dreizehnten Jahrhunderts, ein eifriger Verfechter der Vereinigung der Kirchen, weist wiederholt darauf hin, dass die Griechen durch die Tyrannei und die Ungerechtigkeit der Lateiner abgestossen würden. Selbst der niedrigste Lateiner behandle die Griechen mit Verachtung, zupfe sie am Barte und bezeichne sie als Hunde. — Opusculum tripartitum P. II. c. XI, XVII. (Fasciculus rerum expetendarum et fugiendarum II. 215, 216, 221).

1) Raynald. ann. 1373, Nr. 18; ann. 1375, Nr. 25.

schen Rücksichten leiten liess, dass es Duldung üben konnte, wenn die Umstände es erheischten, und dass die Inquisition, praktisch genommen, gegenüber dieser ketzerischen Bevölkerung untätig blieb, obwohl deren Ketzerei viel tiefer ging als diejenige vieler anderer Sektierer, die rücksichtslos ausgerottet wurden[1]).

Während des Mittelalters kannte die christliche Gesellschaft kaum eine grössere Plage als die 'Quaestuarii' oder Ablasskrämer — die Verkäufer von Ablässen und Gnaden, die mit Reliquien und Aufträgen, mit frechen Gesichtern und kräftigen Lungen Europa durchwanderten, Befreiungen von Bussen und vom Fegefeuer, sowie die zukünftige Zulassung zum Paradiese verkauften, allerlei Lügengeschichten erzählten und ebenso die Kirche entehrten wie sie Leichtgläubigen um Hab und Gut brachten. Es waren Agenten Roms oder eines Diözesanbischofs. Bisweilen schlachteten sie für einen bestimmten Preis oder für einen Teil des Ertrags einen Bezirk aus; bisweilen kauften sie von der Kurie oder einem Ortsprälaten einen Brief, der sie ermächtigte, ihrem Geschäfte nachzugehen. Johann Tetzel, der den Unwillen Luthers bis zur Empörung erregte, war nichts anderes als ein Vertreter dieser Horde von Vagabunden, die Jahrhunderte hindurch die Völker ausgesogen und alles, was sie konnten, getan hatten, um die Religion in den Augen der denkenden Menschen verächtlich zu machen. Der Dominikaner Thomas von Chantimpré vergleicht im J. 1256 mit bitterm Unmut die winzigen Summen, für welche diese päpstlichen Abgesandten die Seligkeit verkauften, um die Mittel für die italienischen Kriege des Hl. Stuhles aufzubringen, mit den endlosen Mühen und Entbehrungen seiner Ordensbrüder und der Franziskaner, die in schlaflosen Nachtwachen und ganze Tage hindurch sich abquälten, um die religiösen Bedürfnisse ihrer Mitmenschen zu befriedigen, und die trotz alledem keine Gewissheit erlangen konnten, ob ihre Sünden auch wirklich verziehen seien. Der Charakter dieser Seligkeitsverkäufer wird treffend geschildert in einer Abhandlung, die Humbertus de Romanis im Jahre 1274 dem

---

1) Raynald. ann. 1449, Nr. 10. — Ripoll IV. 72.
Im Jahre 1718 gestattete die Kongregation der Propaganda die Errichtung eines griechischen Bistums in Calabrien, um für die religiösen Bedürfnisse der griechischen Bevölkerung zu sorgen. Die Griechen auf der Insel Sicilien beklagten sich über die Kosten, welche die Entsendung ihrer jungen Männer nach Calabrien oder nach Rom zur Ordination verursachten, und 1784 erlaubte Pius VI. auf die dringenden Vorstellungen König Ferdinands III. die Niederlassung eines zweiten griechischen Bischofs in Palermo. — Gallo, Codice ecclesiastico Siculo, IV, 57 (Palermo, 1852).

Konzil von Lyon unterbreitete. Humbertus, der im J. 1263 das Generalat des Dominikanerordens niedergelegt hatte, erklärt hier, diese Leute gäben durch ihre Lügen und ihre Unflätigkeit die Kirche dem Spotte preis; sie bestächen die Bischöfe und erlangten so alle Privilegien, die sie wünschten; der Betrug, den sie mit ihren Gnadenbriefen trieben, sei fast unglaublich; eine unerschöpfliche Quelle des Geldgewinns bildeten ihre falschen Reliquien; auf diese Weise erpressten sie zwar vom Volke beträchtliche Summen, doch komme nur wenig davon den Zwecken zugute, für die sie angeblich ihre Sammlungen veranstalteten[1]).

Diese Ablasskrämer waren infolge der Privilegien, die ihnen entweder von der päpstlichen Kurie oder dem zuständigen Diözesanbischofe verliehen worden, für die ordentliche Gerichtsbarkeit nicht fassbar. Ihr Geschäft war für alle Beteiligten viel zu einträglich, als dass es hätte unterdrückt werden können; das einzige Mittel, um wenigstens ihren schlimmsten Exzessen vorzubeugen, schien in der Anwendung der Inquisition zu bestehen. Kaum war daher die Inquisition vollständig organisiert, als Alexander IV. ihre Dienste zu diesem Zwecke in Anspruch nahm und den Inquisitoren zu ihren alten Aufgaben noch die hinzufügte, die 'Quaestuarii' im Zaum zu halten und ihnen das Predigen zu verbieten. Diesem Beispiele folgte eine Reihe anderer Päpste. Die Bestimmung wurde auch in das kanonische Recht aufgenommen und gewöhnlich unter die Pflichten eingereiht, welche die Instruktion der Inquisitoren aufzählte. Der zehnte Teil der Tatkraft, die man bei der Jagd auf die Waldenser und Franziskanerspiritualen an den Tag legte, würde genügt haben, um die schlimmsten Seiten dieses schmachvollen Geschäftstreibens zu unterdrücken; aber an dieser Tatkraft fehlte es gänzlich. In den

---

1) Thomas Cantimpratanus, Bonum universale, Lib. II. c. 2. — Humbertus de Romanis, Tract. in Concil. Lugdun. P. III. c. 8. (Martène, Ampl. Coll. VII. 197). — Vgl. Opusculum tripartitum P. III. c. VIII (a. a. O. II. 227). — *Lea, History of auricular confession and indulgences in the Latin Church III (1896), 390; N. Paulus, Johann Tetzel der Ablassprediger (1899); vgl. dazu Bd. II S. 486 Anm.

William Langland schildert mit hinreichender Deutlichkeit die Meinung, die das Volk von diesen 'Quaestuarii' hatte:

„Here preched a pardonere as he a prest were,
Broughte forth a bulle with bishopes seles,
And seide that hym-selfe myghte asoilen hem alle
Of falshed of fastyng of vowes ybroken.
Lewed men leued hym well and lyked his wordes...
... Were the bischop yblissed and worth bothe his eares
His seel shulde not be sent to deceyve the peple."
(Piers Plowman, Prologue, 68 - 79.)

Annalen der Inquisition ist mir nur ein einziger Fall aus dem Jahre 1289 begegnet, wo Berengar Pomilli vor den Inquisitor Wilhelm von Saint Seine gebracht wurde. Er war ein verheirateter Kleriker aus Narbonne, der nach seiner eigenen Aussage dreissig Jahre lang in den Diözesen Narbonne, Carcassonne und an anderen Orten das Geschäft eines 'Quaestuarius' betrieben und zum Bau von Kirchen, Brücken und zu anderen Zwecken Almosen von den Gläubigen gesammelt hatte. Er hatte gewöhnlich während der Celebration der Messe zum Volke gepredigt und dabei die schimpflichsten Lügen vorgetragen. — dass das schwere Kreuz, welches Christus zum Richtplatz getragen habe, eine Last für zehn Mann gewesen sei; dass es, als die Jungfrau am Fusse desselben gestanden, sich vornüber gebeugt habe, damit sie dem Heiland die Hände und die Füsse küssen konnte, und dass es sich nachher wieder aufgerichtet habe. Ebenso hatte er viele Fabeln über das Fegefeuer und die Erlösung der Seelen vorgebracht; doch wurden diese Geschichten, die seine wirklichen Betrügereien darstellten, aus dem amtlichen Protokoll über sein Geständnis vorsichtig weggelassen. Als man ihn fragte, ob er selbst an diese Geschichten glaube, erkannte er die Gefahr, in der er schwebte. Gab er das zu, so stempelte er sich selbst zum Ketzer. Deshalb erwiderte er bescheiden, er wisse nur, dass er gewohnheitsmässig Lügen geäussert habe, und zwar zu dem Zwecke, um seine Hörer freigebig zu machen, und er bat darum, ihm sofort eine Busse aufzuerlegen. Worin diese bestand, können wir nicht ersehen [1]).

Dass Prozesse dieser Art selten waren, geht auch aus der Klage hervor, die das Konzil von Vienne im J. 1311 erhob. Diese Vagabunden, heisst es darin, gewähren vollkommenen Ablass denen, die Schenkungen an die Kirchen machen, als deren Vertreter sie sich aufspielen. Sie dispensieren gewohnheitsmässig von Gelübden, absolvieren von den Strafen für Meineid, Totschlag und andere Verbrechen. Sie nehmen ihren Wohltätern einen Teil der diesen auferlegten Bussen ab, befreien die Seelen ihrer Verwandten aus dem Fegefeuer und gewähren sofortige Zulassung ins Paradies. Alles das sollte für die Zukunft verboten sein. Da man sich jedoch nicht darauf verlassen konnte, dass die Inquisition die Ablassverkäufer zum Gehorsam zwingen würde, so wurde den Bischöfen befohlen, die Sache in die Hand zu nehmen und die Übeltäter zu bestrafen. Wie man erwarten konnte, war das auch eine

---
1) C. XI. § 2 Sexto v. 11. — Bern. Guidon. Practica P. v (ed. Douais, p. 199). — Eymericus pp. 107, 564. — Collection Doat, XXVI. 314 (vgl. den Anhang dieses Bandes Nr. IX). — *Lea, A history of auricular confession and indulgences in the latin church III (1896), 179 ff.

eitle Hoffnung. Bald darauf beklagte sich Johann XXII., dass diese Betrügereien ohne Einschränkung fortgesetzt würden, und befahl den Bischöfen und weltlichen Gerichten, sie zu unterdrücken, aber ebenfalls vergebens. Der Missbrauch dauerte fort, bis er die unmittelbare Veranlassung zur Reformation wurde. Nun schaffte das Konzil von Trient den Beruf der Ablasskrämer ab, weil er, wie es eingestand, den Gläubigen grosses Ärgernis gegeben, und weil alle Bemühungen, ihn zu bessern, sich als nutzlos erwiesen hätten [1]).

Wichtiger noch war die Untätigkeit der Inquisition gegenüber der Simonie. Diese war der fressende Krebsschaden, an dem die Kirche das ganze Mittelalter hindurch krankte, die Quelle, aus der fast alle Übel entsprangen, mit denen sie die Christenheit heimsuchte. Vom Höchsten bis zum Niedrigsten, vom Papste bis zum geringsten Geistlichen herab war sie der allgemeine Fluch. Wer nur die Sakramente zu verkaufen hatte, machte daraus ein Handelsgeschäft. Wer aber vermöge seiner höheren Stellung über Pfründen und Beförderungen, über Dispense und gerichtliche Entscheidungen verfügte, schämte sich nicht, diese Dinge als seine Ware auf offenem Markte anzubieten. Infolge dieser Art von Beförderung war die Kirche mit käuflichen und habgierigen Menschen erfüllt, deren einziges Ziel darin bestand, sich durch Erpressung Geld zu verschaffen und in schimpflichen Lastern zu schwelgen. Um die Mitte des dreizehnten Jahrhunderts predigte Berthold von Regensburg, dass Simonie die schlimmste der Sünden sei, schlimmer als Totschlag, Ehebruch, Meineid; sie mache aber jetzt die Menschen so verrückt, dass sie glaubten, durch sie Gott einen Dienst zu erweisen [2]). Unwillkürlich lenkten sich aller Augen auf den Hl. Stuhl als die Urquelle all dieses Unheils. Eine treffende populäre Satire, die im dreizehnten Jahrhundert im Umlauf war, zeigt, wie bitter das empfunden wurde:

> Hier beginnt das Evangelium nach den Marken Silbers. In jenen Tagen sagte der Papst zu den Römern: Wenn des Menschen Sohn kommen wird vor den Thron unserer Majestät, dann saget zunächst zu ihm: Freund, warum kommst Du? Und wenn er weiter klopft, ohne Euch etwas zu geben, dann werfet ihn in die äusserste Finsternis. Und es geschah, dass ein armer Geistlicher an den Hof des Papstes, unseres Herrn, kam und ausrief: Habt Mitleid mit mir, ihr Torwächter des Papstes, denn die Hand der Armut liegt

---

1) 2 Clement. v. ix. — Marca Hispanica, p. 1456. — Concil. Senonens. ann. 1485, Art. ii. c. 8 (D'Achery, i. 758). — Concilium Tridentinum, Sess. xxi., De reformatione c. 9.

2) Bertholdi a Ratispona Sermones (Monachii, 1882) p. 93.

auf mir. Ich bin arm und hungrig: ich bitte Euch, helft meiner Not. Da aber wurden sie zornig und sagten: Freund, Deine Armut gehe mit Dir zu Grunde; weiche von mir Satan, denn Du hast den Geruch des Geldes nicht. Wahrlich, wahrlich ich sage Dir, Du wirst nicht eingehen in die Freude Deines Herrn, bis Du Deinen letzten Heller hergegeben hast.

Da ging der arme Mann fort und verkaufte seinen **Mantel** und seinen Rock und alles, was er hatte, und gab es den Kardinälen und Torhütern und Kämmerlingen. Aber sie sagten: Was ist das unter so viele? Und sie warfen ihn zum Tore hinaus, er aber weinte bitterlich und fand nichts, was ihn tröstete. Dann kam an den Hof ein reicher Geistlicher, fett und breit und schwer, der einen Menschen im Zorne erschlagen hatte. Erst gab er dem Torhüter Geld, dann dem Kämmerer, dann den Kardinälen; sie dachten aber, sie würden noch mehr empfangen. Aber als der Papst und Herr hörte, dass die Kardinäle und Diener von dem Geistlichen so viele Geschenke empfangen hatten, wurde er sterbenskrank. Da sandte ihm der reiche Mann eine Latwerge von Gold und Silber, und sofort war er geheilt. Der Papst und Herr aber rief die Kardinäle und Diener zu sich und sagte zu ihnen: Brüder, nehmt Euch in acht, dass Euch niemand mit leeren Worten verführe. Ich gebe euch ein Beispiel, auf dass wie ich selbst nehme, so auch ihr nehmet![1])

Selbst der unerschrockene, mit einem unbeugsamen Willen ausgestattete Gregor VII. versuchte im elften Jahrhundert vergebens, den unausrottbaren Fluch zu beseitigen. Das Übel wurde nur breiter und tiefer, je weiter die Kirche ihre Macht ausdehnte und im Hl. Stuhle zentralisierte. Simonie wurde zwar in dem kanonischen Recht als Ketzerei angesehen und wie Ketzerei mit lebenslänglicher Ver-

---

1) Carmina Burana (Breslau, 1883) pp. 22—3. — Folgendes war ein Lieblingsthema bei den Poëten jener Zeit:

„Cardinales, ut praedixi,
Novo jure crucifixi
Vendunt patrimonium.
Petrus foris, intus Nero,
Intus lupus, foris vero
Sicut agni ovium". (Ebd. p. 18.)

Und dieses Übel hatte die ganze Kirche ergriffen:

„Veneunt altaria,
Venit eucharistia,
Cum sit nugatoria
Gratia venalis". (Ebd. p. 41.)

Der ehrliche Franziskaner Johann von Winterthur schrieb alles Unheil, das die Kirche beherrschte, ihrer Käuflichkeit zu.

„Ecclesiam nummus vilem fecit meretricem,
Nam pro mercede scortum dat se cupienti.
Nummus cuncta facit nil bene justitia,
Cunctis prostituens pro munere seque venalem,
Singula facta negat vel agit pro stipite solo;
Divino zelo nulla fere peragit."

(Vitodurani Chron. ann. 1343.)

bannung bedroht. Als solche stand sie unter der Gerichtsbarkeit
der Inquisition. Hätte diese dem Hl. Stuhle zur Verfügung stehende
Organisation die unermüdliche Energie entfaltet, womit sie so viele
Generationen hindurch die Katharer und Waldenser verfolgte, so
hätte dieses immer weiter um sich greifende Geschwür mit der Zeit
geheilt und die Kirche gereinigt werden können; aber sie erhielt nie
Anweisung, Simonisten zu verfolgen, und davon, dass sie es freiwillig unternommen hätte, findet sich keine Spur in ihren Protokollen.
Hätte irgendein übereifriger Beamter einen so unerwünschten Versuch gemacht, so würde er schleunigst eines anderen belehrt worden
sein; war doch die Simonie nicht nur eine direkte Einnahmequelle
für die Kurie durch den Verkauf der Beförderungen, sondern auch
eine indirekte durch den Verkauf von Dispensen an die, welche
durch sie irregulär geworden waren. Es scheint fast ein Widersinn im Ausdruck zu sein, vom Hl. Stuhle zu sagen, dass er Dispense
wegen Ketzerei erteilte, und doch war das etwas Herkömmliches.
Die Legaten und Nuntien, die ins Ausland geschickt wurden, waren
ermächtigt, das Geld der Gläubigen einzusammeln durch Erteilung
von Dispensen für jegliche Art von Rechtsunfähigkeit und Irregularität; unter den erwähnten Übeln aber nahm die Simonie einen hervorragenden Platz ein. Das wurde noch schlimmer, als Johann XXII.
den Verkauf von Absolutionen systematisch betreiben und alle Einnahmen dem päpstlichen Pönitentiar zufliessen liess, als der Laie Vergebung der Simonie für sechs Groschen, der Kleriker für sieben und der
Mönch für acht Groschen erhalten konnte. Man kann sich leicht
denken, warum die Inquisition eine Ketzerei nicht unterdrückte, die
in jeder Beziehung so einträglich war. Tatsächlich wurde denn auch
die Simonie, obwohl sie nach kanonischem Rechte als Ketzerei galt,
praktisch niemals als solche behandelt. Wilhelm Durand führt in
seinem 1271 geschriebenen 'Speculum iuris' Formeln für Privatleute
an, um simonistische Bischöfe, Priester und Mönche anzuklagen; aber
weder er noch seine zahlreichen Kommentatoren erwähnen das geringste davon, dass die Simonie dem Prozessverfahren gegen Ketzerei
unterlag[1]).

---

1) C. 7, 20, 21 Decr. P. II. Caus. 1. Q. 1. — Thomas Aquin., Summa, Sec.
Sec. Q. 100. Art. 1. — Glossa Bernardi; Glossa Hostiensis (Eymericus pp. 138, 143,
165). — Eymericus p. 318. — Berger, Registres d'Innocent IV. Nr. 2977, 3010,
4668, 4718. — Thomas, Reg. de Boniface VIII. Nr. 547, 554, 557—8, 644, 726,
747. — Taxae sacrae Poenitentiariae, ed. Friedrichs p. 35; ed. Gibbiugs, p. 3
(cf. Van Espen, Dissert. in Jus canonicum noviss. P. III. p. 699). — Durandus, Speculum iuris, Lib. IV. Partic. IV. Rubr. de simonia.

Clemens IV. bildete eine Ausnahme, indem er die Habgier der Kurie

627 Man kann sich kaum eine übertriebene Vorstellung machen von der Verderbnis, die die Kirche bis tief ins Mark durchdrungen hatte, weil die Kirchenstellen von unwissenden und weltlich gesinnten Männern besetzt wurden, die nur darauf bedacht waren, den ihrer Sorge anvertrauten Gemeinden die Summen wieder auszupressen, mit denen sie die Pfründe erkauft hatten. Stephan Palecz erklärte in einer Predigt, die er vor dem Konzil von Konstanz hielt, dass es kaum eine Kirche in der Christenheit gebe, die frei sei von dem Makel der Simonie; Männer aller Art führten vielmehr einen verzweifelten Kampf miteinander, um die Ehren, den Reichtum und den Luxus zu erlangen, die eine geistliche Pfründe mit sich bringe; infolgedessen würden unwissende, faule und schlechte Menschen befördert, die nicht einmal als Schäfer oder als Schweinehirten Beschäftigung finden würden. Die Käuflichkeit des Hl. Stuhles war in der Tat so schamlos, dass es Dialektiker und Juristen von hohem Ansehen gab, die allen Ernstes zu behaupten wagten, der Papst könne überhaupt keine Simonie begehen. Das ist nicht überraschend, wenn man sieht, einen wie ausgeprägten Geschäftssinn Päpste wie Bonifaz IX. besassen. Als dieser kein Geld mehr hatte, um seine Soldaten zu bezahlen und die Kosten seiner grossen Bauten zu bestreiten, setzte er unversehens beinahe alle Prälaten ab, die sich gerade am päpstlichen Hofe aufhielten, und viele abwesende dazu, oder er machte sie zu Titularbischöfen und verkaufte dann den Meistbietenden die auf solche Weise freigewordenen Stellen. Viele Unglückliche, die nicht imstande waren, ihre Pfründe zurückzukaufen, trieben sich nun am päpstlichen Hofe umher, ohne Brot zu finden, und die Verwirrung und Zwietracht, die dadurch in vielen Provinzen entstand, war unbeschreiblich. Dietrich von Niem, dem

---

zu unterdrücken suchte. Als im J. 1266 Johann von Courtenai zum Erzbischof von Reims gewählt wurde und sein Bistum mit einer Schuld von zwölftausend Livres belastete, um das Hl. Collegium zu bezahlen, exkommunizierte ihn Clemens sofort und forderte ihn auf, die Namen aller derer zu nennen, die an dem Raube teilgenommen hätten. Allein derselbe Clemens IV. machte sich kein Gewissen daraus, dem Beispiele seines Vorgängers Urban IV. in den Unterhandlungen, welche zu dem Kreuzzuge Karls von Anjou gegen König Manfred führten, zu folgen. Simon, Kardinal von S. Cäcilia, der zu dem Zwecke nach Frankreich geschickt wurde, war mit besonderen Vollmachten ausgestattet, Dispense für mangelndes Alter, Fehler der Geburt oder andere Unregelmässigkeiten, die bei der Erwerbung von Pfründen hinderten, sowie für die Cumulation von Pfründen und für Heiraten innerhalb der verbotenen Grade zu erteilen, und er war angewiesen, diese Gunstbezeugungen freigebig so zu gewähren, dass dadurch alle dem Unternehmen entgegenstehenden Hindernisse beseitigt würden (Urbani PP. IV. Epistt. 32—35, 40, 64—5, 68; Clementis PP. IV. Epistt. 8, 19, 20, 41, 383, bei Martène, Thesaurus II.). — *Vgl. Lea, A history of auricular confession and indulgences II (1896), 161 ff.

wir die Kenntnis dieser Tatsache verdanken († 1418), war selbst fünfunddreissig Jahre lang in päpstlichen Diensten gewesen und wusste, was er sagte, wenn er die glänzende Freigebigkeit der deutschen Prälaten mit dem schmutzigen Geize der Italiener verglich, die nichts aus christlicher Nächstenliebe gäben, sondern ihr ganzes Sinnen und Trachten darauf richteten, sich und ihre Familien zu bereichern. Aber wenn sie sterben, sagt er, dann kommen die Steuererheber der päpstlichen Kammer und nehmen alles an sich; man kann sich keine Vorstellung machen von dem Zustande des Verfalls, in dem sich die italienischen Kathedralen und Klöster infolge dieser Plünderungen und dieser Raubgier befinden; sie sind nahezu unbenutzt und unbewohnt. Was die päpstliche Kammer selbst angeht, so haben ihre Beamten harte Köpfe und Herzen von Stein, ihre Brust ist der Barmherzigkeit noch weniger zugänglich als Stahl. Sie sind so erbarmungslos gegen die Christen, wie es nur die Türken oder Tataren sein können. Den neu beförderten Prälaten nehmen sie alles weg. Können diese nicht bezahlen, was die Kammer fordert, dann müssen sie sich zu einem masslosen Preise und unter furchtbaren Eidschwüren Stundung erkaufen, und wenn sie noch irgend etwas für die Heimreise zurückbehalten haben, so wird ihnen auch dieser letzte Rest noch ausgepresst, so dass, wer ihren Klauen entgeht, in Wahrheit sagen kann: 'Cantabit vacuus coram latrone viator'. Geht ihr nach Rom, um tausend Goldgulden zu zahlen, und es wird ein einziger zu leicht befunden, so dürft ihr nicht eher abreisen, als bis ihr ihn durch einen schwereren ersetzt oder das Fehlende zweimal in Silber gezahlt habt. Und wenn die versprochene Summe nicht binnen einem Jahre bezahlt wird, so wird der Bischof wieder ein einfacher Priester und der Abt wieder ein einfacher Mönch. Niemals gesättigt, müssten diese Beamten eigentlich ihren Platz bei den höllischen Furien, bei den Harpyen und bei dem stets durstenden Tantalus haben. Poggio († 1459), der vierzig Jahre lang päpstlicher Sekretär war, sagt umgekehrt von denen, die sich um Beförderung bewarben, sie seien dieser Beamten würdig. Es seien träge, unwissende, schmutzige Männer, die zu guten Zwecken nicht zu gebrauchen seien, die an der Kurie herumlungerten und nach Pfründen oder nach irgendeiner andern Gunst haschten, die sie etwa erlangen könnten. Ein anderer päpstlicher Beamter erzählt, dass Bonifaz IX. die deutschen Bischofsstühle mit ungeeigneten und unfähigen Personen besetzte; wer am meisten bezahle, bekomme die Pfründe. Viele zahlten für eine Stelle zehnmal so viel als ihr Vor-

gänger; denn einige Erzbistümer kosteten vierzigtausend, andere
29 sechzigtausend und noch andere achtzigtausend Gulden[1]).

Vergebens legte Gerson dar, dass der päpstliche Anspruch auf
die ersten Einkünfte der Pfründen Simonie sei Vergebens klagten
und protestierten die Konzilien von Konstanz und Siena, vergebens
bemühte sich das Konzil von Basel, reformierende Bestimmungen zu
treffen. Vergebens war auch der Versuch, den König Karl VII. von
Frankreich und der deutsche König Albrecht II. in den Tagen der
Pragmatischen Sanktion des Jahres 1438 unternahmen, die Annaten
und Erstlingseinkünfte für Simonie zu erklären; Eugen IV. protestierte dagegen. Das päpstliche System war eben zu stark, als
dass man sich davon hätte befreien können. Bis in die Zeit der Reformation hinein blieb die Simonie das Gift, das den ganzen kirchlichen Organismus durchsetzte[2]).

1) Von der Hardt, I. XVI. 841. — D'Argentré I. II. 228. — Theod. a Niem,
De schismate Lib. II. c. XIV; ejusd. Nemus unionis, Tract. VI. c 36, 37, 39.
— Poggii Bracciol. Dialogus contra hypocrisim. — Gobelinus Person, Cos-
midromius Aet. VI. c. 85 (*hrsg. von M. Jansen (1900) S. 140). — *Vgl. G.
Schneider, Die finanziellen Beziehungen der florentinischen Bankiers zur
Kirche (1899); Haller, Papsttum und Kirchenform I (1903), 154 ff.; Gottlob, Die
Servitientaxe im 13. Jahrhundert (1903); Sauerland, Urkunden und Regesten
zur Geschichte der Rheinlande aus dem Vatikanischen Archiv III (1905) S. XL. ff.

Über die Frage, ob ein Papst Simonie begehen könnte, wurde lange
gestritten. Auf dem Konzil von Lyon, 1245, fragte ein Kardinal den Bischof
Guiard von Cambrai, ob er es für möglich halte, worauf dieser nachdrücklich
in bejahendem Sinne antwortete (Thomas Cantimprat., Bonum Universale, Lib. II.
c. 2). Thomas von Aquino ist derselben Meinung und fügt hinzu, dass je
höher die Stellung des Übeltäters, desto grösser die Sünde sei (Summa, Sec.
Sec. Q. 100, Art. 1, Nr. 7). Allein die Verkäuflichkeit des Hl. Stuhles war zu
notorisch, als dass sie hätte verborgen bleiben können; so suchte man nach
Gründen, um zu beweisen, dass der Papst ein Recht habe, Pfründen zu verkaufen. Darüber vgl. das im J. 1404 unter Bonifaz IX. geschriebene 'Aureum
speculum papae' P. II. c. 1, sowie den mühevollen Versuch Wilhelms von
Occam, die Behauptung zu widerlegen. Die sinnreichen Mittel und Wege,
die die Kurie anwandte, um den Bittstellern den letzten Groschen abzunehmen, werden geschildert in P. I. c. v des 'Speculum'. Der Verfasser scheut
sich nicht auszusprechen, dass die Kurie sich im Stande der Todsünde be-
fände (Fasciculus rerum expetendarum et fugiendarum II. 63, 70, 81, 461).
Alle, welche den Zustand der Kirche beklagten, wandten ihre Blicke unwillkürlich nach dem Hl. Stuhle, als der Quelle der Verderbnis und der Demoralisation. Man kann sich wohl nichts schrecklicheres denken, als den Bericht, den
um diese Zeit Kardinal Matthäus von Krakau in einem Tractat 'De squaloribus
Romanae curiae' (Ib. II. 584—607) darüber verfasst hat. — *Vgl. für die Simonie
die Ausführungen von A Schulte, Die Fugger in Rom I (1904), 115 ff. und von
H. Schrörs in der Zeitschrift für katholische Theologie XXXI (1907), 268 ff.

2) Gerson, Tract. de symonia. — D'Argentré I. II. 234. — Goldast,
Constitutiones imperiales I. 402.

In dem Buche 'La déploration de l'église militante' von Jean Boucher,
geschrieben 1512, wird die Simonie als die Hauptquelle der Verwirrung folgendermassen geschildert:

Zu diesem Gifte aber, das von oben her die Kirche verseuchte, kam ein anderes Übel, das von unten ausging und sie nicht weniger demoralisierte, nämlich die Immunität, wodurch der Klerus der weltlichen Gerichtsbarkeit entzogen wurde. Das Volk war empört, wenn es sah, wie geistliche Totschläger und Verbrecher jeder Art nach einem Prozess vor den kirchlichen Gerichtshöfen, der nichts anderes als eine Komödie war, frei umhergingen. Dazu kam, dass diese Straffreiheit des Klerus Scharen von elenden und nichtswürdigen Menschen, die in der Tonsur Sicherheit vor der Justiz suchten, in die Nähe der Kirche lockte. Die Strafrechtspflege der Kirche war indessen nicht die einzige Quelle dieses Ärgernisses und Unrechtes, sondern das Privileg der Geistlichen erstreckte sich auch auf das bürgerliche Recht und erzeugte weitere Missbräuche dadurch, dass Geistliche oftmals unsichere Ansprüche aufkauften und die Gegenpartei alsdann durch kostspielige Vorladungen bis zur Erschöpfung quälten[1]).

Bei einem solchen System kann man sich leicht vorstellen, wes Geistes Kinder die Prälaten und die Priester waren, von denen die Kirche überall heimgesucht wurde. Nikolaus von Clémanges hat um das J. 1400 über diese Dinge eine Schrift verfasst, die wir, von den rhetorischen Übertreibungen abgesehen, im ganzen für richtig halten dürfen. Darin sagt er: Da die Bischöfe gezwungen sind, alles Geld, das sie aufbringen können, zur Erlangung ihres Sitzes zu verwenden, so widmen sie sich ausschliesslich der Gelderpressung und vernachlässigen vollständig ihre Hirtenpflichten und das geistliche Wohl ihrer Herden; wenn aber zufällig einer von ihnen diesen Dingen seine Sorge zuwendet, dann wird er als seines Standes unwürdig verachtet. Das Predigen gilt ihnen als entehrend. Jede Beförderung und

---

        „Ceste sixte gloute et insatiable
        Du sanctuaire elle a fait ung estable,
        Et de mes loys coustume abhominable.
        Ha, ha, mauldicte et fausse symonie!
        Tu ne cessas jamais de m'infester...
        Pour ung courtault on baille un bénéfice;
        Pour ung baiser ou aultre malefice
        Quelque champis aura ung eyesché;
        Pour cent escus quelque meschant novice,
        Plein de luxure et de tout aultre vice,
        De dignitez sera tout empesché."

(Bull. de la Société de l'histoire du protestantisme français, 1856, pp. 268—9).

1) Vaissette, éd. Privat. x. Pr. 242, 254. — Synod. Urgellensis ann. 1364 (Villanueva, Viaje literario, T. xi. p. 325 f. — Vgl. Lea, Studies in church history, 2. Ausgabe, p. 210 sqq.

jede priesterliche Funktion wird verkauft, ebenso jede bischöfliche Handlung wie das Auflegen der Hände, die Beichte, die Absolution und die Erteilung von Dispensen; zu ihrer Rechtfertigung erklären sie offen, sie hätten nichts umsonst bekommen und seien darum auch nicht verpflichtet, etwas umsonst zu geben. Die einzigen Benefizien, die sie ohne Bezahlung verleihen, sind die, welche sie ihren Bastarden oder ihren Possenmeistern übertragen. Auch aus ihrer Rechtsprechung ziehen sie Geld. Die grössten Verbrecher können sich Freisprechung erkaufen, während die Anwälte der Bischöfe Anklagen gegen unschuldige Bauern schmieden, von denen diese sich loskaufen müssen. Vorladungen unter Androhung der Exkommunikation, Vertagungen und erneute Vorladungen sind die Mittel, durch die sie auch die Hartnäckigsten erschöpfen und zwingen, die Sache mit gewaltigen Unkosten beizulegen, die zu der ursprünglichen mässigen Geldstrafe hinzukommen. Die Menschen leben lieber unter den grausamsten Tyrannen, als dass sie sich dem Gericht der Bischöfe unterwerfen. Abwesenheit von dem Bistum ist die Regel. Viele Bischöfe sehen ihre Diözese niemals, und doch sind sie noch besser als die residierenden, da diese durch ihr böses Beispiel auch noch das Volk verderben. Da man das Vorleben derer, die in den Priesterstand eintreten wollen, nicht prüft, sondern nur untersucht, ob sie imstande sind, den ausbedungenen Preis zu zahlen, so ist die Kirche voll von unwissenden und unsittlichen Männern. Nur wenige können lesen. Sie treiben sich in Schenken und Hurenhäusern herum und verschwenden Zeit und Kraft mit Essen, Trinken und Spielen. Sie streiten, fechten und lästern Gott, und sie eilen aus den Umarmungen ihrer Konkubinen an den Altar. Die Domherren sind nicht besser. Da sie zum grössten Teile Befreiung von der bischöflichen Jurisdiktion erkauft haben, so begehen sie ungestraft alle Arten von Verbrechen und Skandalen. Was die Mönche angeht, so vermeiden sie insbesondere alles, wozu sie sich durch ihr Gelübde verpflichtet haben — Keuschheit, Armut und Gehorsam — und sind ausschweifende und zuchtlose Vagabunden. Die Bettelmönche, die vorgeben, die Pflichtvergessenheit des Weltklerus wieder gutzumachen, sind doch nur Pharisäer und Wölfe in Schafskleidern. Mit unglaublichem Eifer und durch grenzenlosen Betrug suchen sie überall nach zeitlichem Gewinn; sie geben sich mehr als alle anderen Menschen den Freuden des Fleisches hin, dem Schmausen und Trinken, und besudeln alles mit ihren brennenden Begierden. Was aber die Nonnen angeht, so verbietet es der Anstand, ihre Klöster zu schildern, da diese nichts anderes als Hurenhäuser sind, so dass eine, die den Schleier nimmt, dasselbe tut, als wenn sie eine öffentliche Prostituierte würde [1]).

Man könnte vermuten, dass diese Schilderung die Übertreibung eines verbitterten Asketen sei, wenn sie nicht von dem einstimmigen Zeugnis aller derer bestätigt würde, die den Zustand der Kirche vom dreizehnten Jahrhundert an beschreiben. Als der hl. Bonaventura die Bettelmönche gegen die Anschuldigung verteidigte, sie griffen in ihren Predigten die Laster des Weltklerus an, bestritt er das, und zwar mit der Begründung, derartige Angriffe seien doch ganz zwecklos. Denn wenn die Bettelmönche die Schande der Geistlichen in ihrem vollen Umfange enthüllen würden, dann müssten diese alle vertrieben werden; es bestehe indessen keine Hoffnung, dass ihre Nachfolger besser wären, denn die Bischöfe würden keine würdigen Männer aussuchen. Ausserdem würden sie durch ein solches Unterfangen dem Volke alles Vertrauen zu der Kirche nehmen, und die Ketzerei wäre dann nicht mehr zu zügeln. In einer anderen Abhandlung erklärt er, dass fast alle Priester gesetzlich unfähig seien, ihr Amt zu verwalten, entweder weil sie es durch Simonie erhalten oder weil sie Verbrechen begangen hätten, die Amtsentsetzung zur Folge haben müssten. Nicht selten, sagt er, werden Frauen von Priestern überredet, dass es keine Sünde sei, mit einem Geistlichen Geschlechtsverkehr zu pflegen [2]).

Im J. 1305 schrieb König Friedrich von Sizilien in einem vertraulichen Briefe an seinen Bruder Jakob II. von Aragonien, dass ihm Zweifel gekommen seien, ob das Evangelium eine göttliche Offenbarung oder eine menschliche Erfindung sei, und zwar aus drei Gründen. Der erste sei der Charakter des Weltklerus, besonders der Bischöfe, der Äbte und der anderen Prälaten, die aller geistlichen Haltung bar durch den schlechten Lebenswandel, den sie offen vor aller Welt führten, einen vergiftenden Einfluss ausübten. Der zweite Grund sei der Charakter der Ordensgeistlichkeit und besonders der Bettelmönche, die durch ihre Sitten und ihren Lebenswandel alle, die sie beobachteten, in Erstaunen setzten. Sie seien Gott so gänzlich entfremdet, dass sie dem Weltklerus und den Laien ein Recht gäben, sich mit ihnen zu vergleichen. Ihre Schlechtigkeit sei so offenkundig, dass er fürchte, das Volk werde sich eines Tages

---
1) Nic. de Clemangis. De ruina ecclesiae, cap. XIX—XXXVI (*die Autorschaft des Nikolaus von Clémanges ist nicht sicher, vgl. Bess in der Realencyklopädie³ IV (1898). 141).
2) S. Bonaventura, Libellus apologeticus Quaest. I; Tractatus quare **fratres Minores praedicent**.

gegen sie erheben; denn sie inficierten jedes Haus, in dem sie aus- und eingingen. Der dritte Grund sei die Pflichtvergessenheit des Hl. Stuhles, der ehemals, wie es heisse, Legaten durch die Reiche schickte, um sich nach dem Stande der Religion zu erkundigen, jetzt dies aber nur noch zu weltlichen Zwecken tue. Wir sehen, sagt er, dass er ohne Unterlass bemüht ist, Schismatiker umzubringen, aber nie, dass er sich angelegen sein liesse, sie zu bekehren. Es bedurfte der ganzen Beredsamkeit Arnalds von Villanova, um Friedrich zu überzeugen, dass das alles mit der Wahrheit des christlichen Glaubens vereinbar sei. Darauf unternahm es der König, eine Reformation in seinem eignen Königreich einzuführen, und er begann dabei mit sich selbst[1]).

Marsilius von Padua mag vielleicht ein verdächtiger Zeuge sein, wenn er behauptet, die Verderbnis der Masse der Geistlichen sei eine allgemein anerkannte Tatsache; sie beraubten die Armen, sie seien unersättlich in ihrer Gier, und was sie ihren Herden abnähmen, das verschwendeten sie in Ausschweifungen; Knaben, ungebildete Männer, Personen unbekannter Herkunft erhielten Pfründen, und die Bischöfe verdürben mehr Seelen durch ihr Beispiel als sie durch ihre Lehren retteten. Aber sein Zeitgenosse Alvarus Pelayo, der Franziskaner und Pönitentiar Johanns XXII., ist über allen Verdacht erhaben, und er schildert (1332) die Kirche seiner Zeit als vollständig verweltlicht. Es gebe keinen Vorgang im weltlichen Leben, an dem Priester und Mönche nicht geschäftigen Anteil nähmen. Was die Prälaten angehe, so könne er sie nur mit der Lamie der Sage vergleichen, einem Ungeheuer mit menschlichem Kopf und dem Leib eines Tieres, einer Furie, welche ihre eigene Brut in Stücke reisse und alles vernichte, was sie erreichen könne. Die Prälaten, sagt er, belehren ihre Herden nicht, sondern plündern sie aus und zerstückeln sie. Das Brot, das den Armen zukommt, wird vergeudet an Spassmacher und Hunde. Glaube und Gerechtigkeit haben die Erde verlassen. Menschlichkeit oder Güte gibt es dort nicht. Die gierige Flamme des Zornes und des Neides vernichtet die Kirche und beraubt die Armen durch Betrug und Simonie. Die Hl. Schrift und die Kirchengesetze werden als Fabeln angesehen. Durch ihre Ungerechtigkeit mehren die Priester und Prälaten das Unheil; denn sie verdrehen öffentlich das Gesetz, sie fällen falsche Urteilssprüche, sie fügen Blut zu Blut; denn viele Menschen gehen zugrunde durch die Betrügereien und Machenschaften der Geistlichen. Sie glossieren

---

1) Pelayo, Heterodoxos españoles I. 721—3, 735—6.

und erklären das Gesetz, wie es ihnen beliebt. Die Doktoren, die Prälaten und die Geistlichen vergiessen das Blut der Gerechten. Sie wandeln den breiten Weg, der zum Verderben führt, und wollen den schmalen Pfad, der zum ewigen Leben leitet, weder selbst betreten noch durch andere betreten lassen. Diese Schilderung wird vollauf bestätigt durch einen Brief Papst Benedikts XII. an den Erzbischof von Narbonne, worin er ihm vorhält, wie in seiner Provinz, die erst kürzlich durch die unermüdlichen Anstrengungen der Inquisition von der Ketzerei gesäubert worden, die Geistlichkeit vollständig demoralisiert sei[1]).

Benedikts XII. wohlgemeinter Reformeifer war fruchtlos. Nach seinem Tode wurden die Dinge womöglich noch schlimmer. Unter Clemens VI. blühten die Laster jeder Art üppiger denn je. Im Jahre 1351 hielt ein Karmeliter, der vor dem Papste und den Kardinälen predigte, ihnen ihre Schmach vor, in Ausdrücken, welche alle erschreckten, so dass er sofort entlassen wurde. Kurz darauf wurde ein an den Papst und seine Kardinäle gerichteter Brief an den Toren der Kirchen angeschlagen. Er war unterzeichnet: 'Leviathan, Fürst der Finsternis', und war datiert aus der Mitte der Hölle. Leviathan grüsst darin seinen Stellvertreter, den Papst, und seine Diener, die Kardinäle, mit deren Hilfe er Christus überwunden habe; er lobt sie wegen aller ihrer Laster und schickt ihnen die guten Wünsche ihrer Mutter, des Stolzes, und ihrer Schwestern, des Geizes und der Wollust, sowie der übrigen, die sich dank ihrer Hilfe des Wohlergehens erfreuen. Clemens VI. wurde dadurch tief erschüttert und fiel in eine gefährliche Krankheit, aber der Schreiber wurde nie entdeckt. Als Clemens im nächsten Jahre starb, war die Mehrheit der Kardinäle geneigt, Johann Birel, den Prior der grossen Chartreuse, zu wählen. Aber der Kardinal Elias von S. Vitale warnte sie: ihr Günstling zeige solchen Eifer für die Kirche, sei ein Mann von solcher Gerechtigkeit und Billigkeit und sehe so wenig auf die Person, dass er sie schleunigst in ihren frühern Stand zurückversetzen werde; ihre Rennpferde würden in vier Monaten in Lasttiere umgewandelt werden. Über diese Aussicht erschreckt, wählten sie sofort Innocenz VI.[2]).

Diese Angaben werden aber bestätigt durch die Schilderung, die

---

1) Marsilius Patav., Defensor pacis II. XI. cf. cap. XXIII. XXIV. — Alvarus Pelagius, De planctu ecclesiae Lib. II. Art. VII (*vgl. Sauerland, in der Westdeutschen Zeitschrift XXVII (1908), S. 297). — Baluze et Mansi, III. 24—5.

2) Chron. Glassberger ann. 1335. — Mathias v. Neuburg, Chron. ann. 1351 (Böhmer, Fontes IV. 280). — Historia ordinis Carthus. (Martene, Ampl. Coll. VI. 187).

um dieselbe Zeit Petrarca von dem päpstlichen Hofe in Avignon entwirft; seine glänzende Beredsamkeit kann sich nicht genugtun in der Bekundung seines Unwillens, und die Einzelheiten, welche er anführt, um seinen Eifer zu rechtfertigen, lassen sich hier gar nicht wiedergeben. Avignon ist das westliche Babylon. Nichts, was von Assyrien oder Ägypten oder selbst vom Tartarus erzählt wird, kann ihm gleichkommen, denn das alles sind Kindergeschichten im Vergleich zu dem, was hier geschieht. In Avignon findet man Nimrod und Semiramis, Minos und Rhadamanthes, den Cerberus, der alles verschlingt, Pasiphaë unter dem Stier und Minotaurus, ihren Spross. Hier herrscht Verwirrung, Finsternis und Schrecken; es ist keine Stadt, sondern eine Höhle von Gespenstern und Teufeln, die Schmutzgrube aller Laster, die Hölle der Lebendigen. Gott wird hier verachtet, das Geld angebetet, die Gesetze werden mit Füssen getreten, die Guten verhöhnt, bis kaum noch einer da ist, über den man spotten kann. Eine Sündflut ist nötig, aber es würde keinen Noah geben, keinen Deukalion, sie zu überleben. Avignon ist das Weib in Purpur und Scharlach gekleidet, das in seinen Händen eine goldene Schale voll Abscheulichkeiten und voll von dem Schmutz ihrer Unzucht hält. Er kehrt immer und immer wieder mit unvermindertem Zorn zu diesem Gegenstand zurück. Gelegentlich weist er hin auf einen der Kardinäle als einen Mann von edlerer Seele, der gut hätte sein können, wäre er nicht Mitglied des hl. Kollegiums geworden. Auch die Spottlust Boccaccios (um 1360) befasst sich mit diesem Gegenstande. Vom Höchsten bis zum Niedrigsten hat sich jeder am päpstlichen Hofe den abscheulichsten Lastern hingegeben. Dieser Anblick bekehrt einen Juden, der sich sagt: Das Christentum muss von Gott sein, denn es breitet sich aus und blüht trotz der Schlechtigkeit seines Oberhauptes. Rulman Merswin (um 1380) lässt die ganze Kirche an unserem Auge vorüberziehen, Päpste, Kardinäle, Bischöfe, religiöse Orden und Weltklerus, und er findet, dass alle pflichtvergessen, selbstsüchtig, habgierig und der Sinneslust ergeben sind[1].

Gregor XI., der eifrigste Verfolger der Ketzerei im vierzehnten Jahrhundert, der unaufhörlich gegen die Brüder vom freien Geiste, gegen die Waldenser und die Fraticellen tätig war und sich rühmen

---
[1] Petrarca, Liber sine titulo, Epistt. VII. VIII. IX. XII. XVI. — Decamerone, Giorn. I. Nov. 2. — Merswin, De IX. rupibus libellus, cap. V.—XIV.

Petrarca's Zorn über den päpstlichen Hof ist erklärlich, wenn die abstossende Geschichte wahr ist, welche zum Verständnis für die rätselhaften Anspielungen in seiner zweiundzwanzigsten Canzone angeführt wird:
„Mai non vo' più cantar com' io soleva."

konnte, wenn sein Namensvetter und Vorbild Gregor IX. die Inquisition gegründet habe, so habe er sie wieder hergestellt und über Deutschland ausgedehnt, erhielt trotz all seines Eifers, die Einheit des Glaubens zu erzwingen, durch die hl. Brigitta in göttlichem Auftrage folgende Botschaft des Herrn übermittelt:

„Höre, Gregor XI., die Worte, die ich Dir sage, und gib sorgfältig Acht auf sie. Warum hassest Du mich so? Warum sind Deine Kühnheit und Anmassung gegen mich so gross, dass Dein weltlicher Hof meinen himmlischen zerstört? Voll Hochmut beraubst Du mich meiner Schafe. Den Reichtum der Kirche, welcher mein ist, und die Güter der Gläubigen der Kirche erpressest und nimmst Du und gibst sie Deinen weltlichen Freunden. Du nimmst ungerechterweise die Habe des Armen und vergeudest sie schamlos mit Deinen weltlichen Freunden. Was habe ich Dir getan, o Gregor? Geduldig habe ich Dich zur höchsten Priesterwürde aufsteigen lassen; ich habe Dir durch Briefe vom Himmel meinen Willen kundgetan, habe Dich gewarnt, Deine Seele zu retten, und habe Dir Deinen Leichtsinn vorgehalten. Wie denn belohnst Du meine vielen Gunstbezeugungen? Warum duldest Du, dass an Deinem Hofe der gemeinste Stolz, unersättlicher Geiz, die mir so verhasste Üppigkeit und die alles verzehrende Simonie herrscht? Auch ergreifst Du und führst weg von mir zahllose Seelen, denn beinahe alle, die an Deinen Hof gehen, stürzest Du in das Feuer der Hölle... Umgürte also Deine Lenden und fürchte Dich nicht. Erhebe Dich, und versuche tapfer, die Kirche zu bessern, die ich mit meinem Blute erkauft habe, und sie wird in ihren früheren Zustand zurückgeführt werden, wenn auch jetzt ein Hurenhaus in grösserer Achtung steht, als sie. Gehorchst Du meinem Befehl nicht, so wisse wahrlich, dass Du verdammt werden wirst, und jeder Teufel der Hölle wird ein Stück von Deiner unsterblichen und unvergänglichen Seele haben."

In einer anderen Vision erhielt die hl. Brigitta Befehl, dem Papste den beklagenswerten Zustand aller Grade des Klerus darzustellen. Die Priester seien eher Kuppler des Teufels als Geistliche Gottes. Die Klöster seien nahezu verlassen, die Messe werde in ihnen nur dann und wann celebriert, die Mönche wohnten in ihren Häusern und schämten sich ihrer Nachkommen nicht, oder sie zögen herum, häufig in Waffen, die unter ihren Mänteln verborgen seien. Die Türen der Nonnenklöster ständen Tag und Nacht offen, und sie seien eher Bordelle als fromme Zufluchtsstätten. Das ist der Inhalt der wiederholten Enthüllungen der hl. Brigitta; nichts, was Wiclif oder Huss von der Verworfenheit des Klerus sagen konnten, übertrifft die Heftigkeit ihrer Anschuldigungen[1]).

Die hl. Katharina von Siena (1347—1380) war ebenso freimütig in

---

1) Revelationes S. Brigittae Lib. I. c. 41; Lib. IV. c. 33, 37, 142.
Die hl. Brigitta wurde 1391 von Bonifaz IX. kanonisiert. Nach Beendigung des Schisma wurde die Kanonisation 1419 von Martin IV. bestätigt. Beide Päpste schreiben ihre Enthüllungen dem hl. Geiste zu.

ihren Inspirationen. In ihren Briefen an Gregor XI., Urban VI. und die Würdenträger, die ehrerbietig ihren Verkündigungen als der Stimme Gottes lauschten, ist das beständige Thema die in allen Klassen der Hierarchie herrschende Verderbnis und die Notwendigkeit einer sofortigen Reform. Dem Papst Gregor XI. verkündet sie, dass Gott ihn schwer strafen würde, wenn er die Kirche nicht von ihren Unreinigkeiten säubere. Der Herr verlange von ihm, dass er die Gleichgültigkeit und Furcht ablege, ein andrer Mann werde und die Überfülle der Ungerechtigkeit ausrotte. Dem Papste Urban VI. sagt sie, es sei ihm zwar nicht möglich, dem Übel ein Ende zu machen, das überall in der Christenheit, besonders aber von der Geistlichkeit, begangen werde; doch solle er wenigstens versuchen, was in seinen Kräften stehe. Die Prälaten, sagt sie, kümmern sich um nichts als um Vergnügen und Ehrgeiz; sie sind teuflische Dämonen, die die Seelen ihrer Untertanen entführen, sie sind Wölfe, die mit der göttlichen Gnade Handel treiben. Was die Priester angeht, so sind sie das grade Gegenteil von dem, was sie sein sollten; sie verderben alles, was sie berühren. Ihr ganzes Leben ist verderbt, sie sind nicht wert, Menschen genannt zu werden, sondern eher Tiere, die sich in ihrem Schmutz und in all der Schlechtigkeit wälzen, nach der ihre bestialischen Begierden verlangen. Sie sind nicht Hüter der Seelen, sondern sie verschlingen sie oder liefern sie dem Höllenwolfe aus. Alle diese Warnungen fanden indessen taube Ohren, und während des Schisma sank die Kirche in einen womöglich noch tiefern Abgrund der Abscheulichkeit[1]).

Im J. 1386 konnte Telesphorus, der Einsiedler von Cosenza, das Schisma nur durch den Reichtum und die Verweltlichung des Klerus erklären, den Gott allein bessern könne, wenn er ihm alle Temporalien entziehe und ihn so zwinge, nach dem Evangelium zu leben. Obwohl Heinrich von Langenstein (um 1390) dem Telesphorus die prophetischen Gaben abstritt, so sah doch auch er die Simonie, den Geiz, den Stolz, den Luxus und die Eitelkeit der Geistlichen als die selbstverständlichen Ursachen der Kirchenspaltung an, und er konnte sich diese Laster nur dadurch erklären, dass Gott in seinem Zorne seinen Dienern bisweilen erlaube, nach ihren eignen schlechten Begierden zu handeln. Selbst wenn das Schisma geheilt werden sollte, so wird die Kirche, wie er voraussieht, immer tiefer sinken bis zur Ankunft des Antichristes. Diese scheint ihm nahe bevorzu-

---

[1] Epistole della santa Caterina da Siena, Lett. 9, 13, 14, 15, 17, 18, 21, 35, 38, 39, 41, 44, 50, 91 etc. (Milano 1843).

stehen; denn in der grenzenlosen Ungerechtigkeit der Welt sind gegenwärtig alle Anzeichen dafür vorhanden. Die unersättliche Habgier und Ehrsucht des Klerus und der Laien veranlasst sie, jeden zu unterstützen, der ihnen weltlichen Vorteil verspricht, und sie werden sich vereinigen, um dem Antichrist zu helfen, die Welt zu erobern. Schlimmer, sagt er, als früher die Angriffe der Ketzerei waren, ist der Friede, den die Kirche jetzt nach Überwindung der Ketzer geniesst; denn nun können die bösen Geister die Tugenden ausschliessen und die Laster an deren Stelle setzen — in dem Munde eines begeisterten Anhängers der Kirche ein vernichtendes Urteil über das Ergebnis der Tätigkeit der Inquisition [1]).

Diese Klagen werden ferner bestätigt durch das Konzil von Pisa im Jahre 1409, das Alexander V. bat, eine Reform der Kirche an Haupt und Gliedern herbeizuführen, sowie durch die Reformer, die auf dem Konzil von Konstanz zusammenkamen in der Hoffnung, dort diese Aufgabe erfüllt zu sehen, — Johann Gerson, den Kardinal Peter von Ailly, den Kardinal Zabarella, Bernhardus Baptizatus und Dietrich Vrie. Nikolaus von Clémanges wurde oben schon erwähnt; die anderen zogen ebenso scharf und mit ebensovielen Einzelbeschwerden gegen die Übelstände zu Felde. Aber auch die Reformpläne, die das Konzil zur Erwägung aufstellte, schildern in beredten Worten das Übel, das sie zu beseitigen gedachten. Zunächst stellten König Sigmund und die Deutschen gemeinsam mit den Franzosen und Engländern die Forderung auf, dass vorerst die Reform durchgeführt und dann an Stelle des abgesetzten Johann XXIII. ein neuer Papst gewählt werden solle, aber das enge Bündnis, welches König Sigmund und Heinrich V. von England schlossen, machte die Franzosen stutzig. Diesen Umstand verstanden die Anhänger des Papstes geschickt zu benutzen, um sie zu gewinnen, und die Aussichten auf Reform wurden so verzweifelt, dass Sigmund ernstlich daran dachte, alle Kardinäle, als die Hauptgegner für die Durchführung der Reform, verhaften und von Konstanz wegbringen zu lassen. Als sie das erfuhren, dachten sie nicht etwa daran, nachzugeben; sie setzten vielmehr ihre roten Hüte auf und gingen damit auf die Strassen, zum Zeichen, dass sie bereit seien, das Martyrium auf sich zu nehmen.

---

1) Telesphorus, De magnis tribulationibus (Venet. 1516, fol. 11). — Henrici de Hassia Lib. contra Telesphori vaticinia c. I. II. X. XX. XXXVI. XXXVII. XLI. XLII (Pez, Thesaur. Anecdotorum T. I. P. II, S. 507 ff.).

Heinrich schrieb im Namen Lucifers, des Fürsten der Finsternis und Kaisers des Acheron, an die Fürsten der Kirche einen ähnlichen Brief, wie der, welcher 1351 Clemens VI. beunruhigte (Pez, Dissert. a. a. O. p. l. XXIX).

Zu gleicher Zeit setzten sie ein Schriftstück auf, worin sie die Engländer und die Deutschen als Wiclifiten und Hussiten bezeichneten. Die Deutschen antworteten mit einem energischen Protest, in dem sie nun auch offiziell den Zustand der Kirche schilderten in Ausdrücken, die ebensowenig an Deutlichkeit zu wünschen liessen wie die, welche Nikolaus von Clémanges gebraucht hatte. Der Hl. Stuhl, heisst es darin, ist allein verantwortlich für alle diese Missbräuche; denn sie gehen einhundertundfünfzig Jahre zurück in eine Zeit, wo die stets wachsenden Ansprüche der Kurie diese in den Stand setzten, mit ihren Lastern die ganze Christenheit anzustecken. Mit besonderem Abscheu weisen sie hin auf die Praxis der päpstlichen Pönitentiarie, eine Einrichtung, die noch schlimmer sei als die gewöhnliche Simonie. Denn dort würden die Verbrechen nach dem Grade ihrer Abscheulichkeit taxiert, und mit der Sünde würde ein empörender Handel getrieben. Die Kirche, so sagen sie zum Schluss, hat die Verehrung der Laien verwirkt. Sie wird von ihnen verachtet und eher als eine antichristliche denn als eine christliche angesehen. Die standhafte Haltung der Deutschen wurde jedoch erschüttert durch den Tod ihres stärksten Verbündeten, des Bischofs Robert Hallam von Salisbury; dann wurden zwei von den Prälaten, auf die sich König Sigmund am meisten verlassen hatte, durch Geschenke gewonnen, die Sache zu verraten, der Erzbischof Johann von Riga und der Bischof Johann von Chur. Jenem, der seiner beständigen Streitigkeiten mit dem Deutschen Ritterorden müde war, wurde das reiche Bistum Lüttich, diesem das Erzbistum Riga versprochen. So bröckelte der Widerstand ab, und Martin V. wurde gewählt. Die Franzosen sahen bald, welchen Irrtum sie begangen hatten, und wandten sich an König Sigmund. Dieser aber wies sie nun kurzer Hand an den Papst. Ihn hätten sie gewählt, und er besitze jetzt die ganze Macht, die Reform zu gewähren oder zu verweigern. Nun erledigte das Konzil nur noch einige Gesetze von untergeordneter Bedeutung, es beschloss, dass regelmässig in kurzen Abständen allgemeine Konzilien abgehalten werden sollten, und vertagte sich dann schnell[1]).

Wir haben früher gesehen, wie auch auf dem Konzil von Siena im J. 1424 die Reform geschickt umgangen wurde. Zu Basel ging es

---

1) Libellus supplex oblatus Papae in concilio Pisano (Martene, Ampl. Coll. VII. 1124—32). — Von der Hardt, IV. 1414, 1417—18, 1422—23, 1426—27, 1432. — Rymer X. 433—6. — Gobelinus Person, Cosmidromius Aet. VI. cap. 96 (*hrsg. von Jansen S. 223 ff.).

nicht besser. Im J. 1435 richtete Bischof Andreas von Minorca an den Kardinallegaten Julian Cesarini eine Vorstellung, in welcher er sagte:

„Übeltaten, Sünden und Ärgernisse haben sich besonders unter den Geistlichen so sehr vermehrt, dass, wie der Prophet sagt, die verfluchte Lüge, Diebstahl und Ehebruch, Simonie, Mord und viele andere Verbrechen die Erde überschwemmt haben. Geiz und Herrschsucht sowie der schlechte und abscheuliche Lebenswandel der Geistlichen sind die Ursache alles Unglücks der Christenheit. Die Ungläubigen und die Ketzer sagen, wenn der christliche Glaube und das Gesetz des Evangeliums wahr und heilig wären, so würden die Prälaten und Priester nicht leben, wie sie es tun, und die geistlichen Herrscher könnten keine solche Verwirrung und kein solches Ärgernis in der Christenheit anrichten, ohne dass sie sofort von dem Herrn Jesus Christus, dem Stifter des Evangeliums und der Kirche, bestraft würden."

Weiterhin forderte Bischof Andreas das Konzil auf, durch eine unumstössliche Entscheidung die gottlose Lehre einiger Kanonisten zu verdammen, dass der Papst keine Simonie begehen könne. Zwei Jahre später, 1437, erklärte der Dominikaner Johann Nider, die allgemeine Reform der Kirche sei aussichtslos infolge der Verderbtheit der Prälaten und des bösen Willens des Klerus. Einzelne Reformen seien zwar möglich, aber auch schon ausserordentlich schwierig. Das Konzil, sagt Nider, ist in den sechs Jahren seines Bestehens noch nicht einmal imstande gewesen, auch nur ein einziges Nonnenkloster zu reformieren, obwohl ihm zu diesem Zwecke die ganze Macht des weltlichen Armes zur Verfügung stände[1].

Allerdings versuchte das Konzil, einige Reformen einzuführen; aber Eugen IV. und seine Nachfolger weigerten sich, diese Beschlüsse anzuerkennen. Gerade in Deutschland und Frankreich traten die alten Missbräuche mit ihren beklagenswerten Folgen von neuem wieder zutage. Die Schriftsteller dieser Periode schildern in ebenso kräftiger Sprache wie ihre Vorgänger die überhandnehmende allgemeine Verderbtheit der Kirche während der letzten Jahre des 15. Jahrhunderts. Einige Beispiele werden zeigen, dass sie nicht übertreiben. Im Jahre 1459 starb zu Arras im Alter von achtzig Jahren der Domherr und Vorsitzende des Kapitels von Arras, Nicasius Levasseur. Er besass Töchter, und er hatte nicht nur mit diesen Blutschande getrieben, sondern auch mit einer Enkelin — und Tochter zugleich —, die er mit einer von ihnen erzeugt hatte. Indessen das sittliche Empfinden der Kirche und des Volkes war so abgestumpft, dass dieses Ungeheuer an allen Festtagen beim Gottesdienste

---

[1] Andreae Gubernac. Concil. P. II., III., v. cap. 2 (Von der Hardt, VI. 175, 179, 209). — Nider, Formicarius Lib. I. c. VII.

wie es heisst „très honorablement" amtierte, und der Chronist bemerkt hierzu nichts weiter, als dass er seine Funktionen sehr würdig erfüllt habe. Als im J. 1474 Papst Sixtus IV. starb, wurde die Nachricht von seinem Tode in Rom mit einem Freudenjubel aufgenommen; bei dieser Gelegenheit wies man weniger darauf hin, dass er Pfründen an den Meistbietenden verkauft und viele anderen Kunstgriffe angewandt habe, um Geld zu erpressen, als vielmehr darauf, dass er die Knaben, die er zur Befriedigung seiner widernatürlichen Wollust missbrauchte, mit reichen Bistümern und Erzbistümern belohnte. Von Männern wie Innocenz VIII. und Alexander VI. konnte man nur noch eine Steigerung dieser Verderbnis erwarten. Papst Julius II. war mehr Condottiere als Priester; als die politischen Verhältnisse ihn zwangen, das Laterankonzil zu berufen, wagten dennoch einige ernste Männer wie Jakob Wimpheling zu hoffen, er wolle der sittlichen Plage, die alle Kirchen heimsuchte, ein Ende machen. Als Julius gestorben war und Leo X. die Arbeiten der versammelten Väter leitete, richtete Gianfrancesco Pico della Mirandola einen Brief an den Papst, worin er wiederum die Übelstände schilderte, deren Beseitigung durch Reformen dringend notwendig sei. Der Brief enthält die alten Klagen: der Gottesdienst werde vernachlässigt; die Kirchen würden von Kupplern und Freudenknaben verwaltet; die Nonnenklöster seien Lasterhöhlen; die Rechtsprechung werde durch Hass oder Gunst bestimmt; die Frömmigkeit sei im Aberglauben erstickt; das Priesteramt werde gekauft und verkauft; die Einkünfte der Kirche würden nur für die gemeinsten Ausschweifungen verbraucht, und das Beispiel der Priester entfremde das Volk der Religion. Der Verfasser einer kleinen, um das Jahr 1500 gedruckten anonymen Abhandlung fühlt sich sogar verpflichtet, durch mühsam zusammengestellte Citate zu beweisen, dass die Unzucht dem Klerus verboten sei, und er schreibt die allgemeine Verachtung, die man für die Kirche hege, dem offenkundigen Schandleben ihrer Mitglieder zu. Um vollständig ermessen zu können, welche Wirkung diese Entsittlichung der Kirche auf das Volk ausübte, muss man sich gegenwärtig halten, dass der Klerus eine übernatürliche Macht beanspruchte und ausübte, die ihn zum Richter über das zukünftige Schicksal eines jeden machte; hing doch das Seelenheil des einzelnen weniger von seinem persönlichen Verdienste als von den Dienstleistungen derer ab, die über die Sakramente verfügten. Den lähmenden Einfluss dieser Vorstellung auf die Sittlichkeit ersieht man aus dem Geständnis einer Hexe namens Anna Miolerin, die im Jahre 1506 in Süd-Tirol verbrannt wurde. Sie schrieb die Schuld an der Ausbreitung des Hexentreibens den sinnlichen und trunkenen Priestern zu, die unfähig seien, in ordnungsmässiger Form den Beichtenden die Beichte abzunehmen oder die Kinder zu taufen, so dass diese, da das Sakrament sie nicht genügend schütze, leicht eine Beute Satans würden. Die Priester, so sagte sie, sollten die Kinder in ehrfürchtiger Weise taufen und die zur Ceremonie gehörigen Worte sorgfältig wiedergeben [1]).

Von der Entsittlichung des Mönchtums gibt uns der Abt Johannes Trithemius (1510) eine eindrucksvolle Schilderung. Der grosse Benediktinerorden, die Mutter und das Muster aller übrigen Orden, war auf das weise und verständige Prinzip der Abwechselung zwischen produktiver Arbeit auf dem Felde und religiösen Übungen im Hause gegründet worden. Aber, so sagt Trithemius, draussen sind die Mönche träge und eitel, im Hause sind sie den fleischlichen Lüsten ergeben; nichts haben sie, was ihnen zur Zierde gereicht, als nur das Gewand, und auch dieses ist meistens vernachlässigt. Niemand denkt daran, die vergessene Ordenszucht wiederherzustellen. Die Klöster sind Ställe für Kleriker, Festungen für Kriegsleute, Märkte für Händler oder Freudenhäuser für Dirnen geworden, das grösste Verbrechen kann sündlos darin wohnen. Die Äbte sinnen nur auf die Befriedigung ihrer Begierden und Eitelkeiten, ihrer Sinnenlust, ihres Ehrgeizes und ihrer Habgier, während die Brüder nur Mönche dem Namen nach, im übrigen aber Gefässe der Leidenschaften und der Sünde sind. Einen bestätigenden Blick in das Leben, das in diesen Niederlassungen geführt wurde, gewährt uns der 1501 zum Abte des bayrischen Klosters Formbach gewählte Angelus Rumpler in einem Bericht über seinen unmittelbaren Vorgänger Leonhard, der die Abtei seit dem J. 1474 verwaltet hatte. Dieser war ein besonderer Freund der Anwendung der Folter gewesen, und verfügte dabei über zahllose sinnreiche Abwechselungen. Ein Mönch namens Engelschalk, ein Mann mit guten natürlichen Anlagen und guten Sitten, war geflohen, weil er die Tyrannei des Abtes nicht ertragen konnte; er war aber erkrankt und wieder ins Kloster zurückgebracht worden. Man warf ihn in das Gefängnis der Abtei, einen Raum ohne Licht und

---

1) Fasciculus rerum expetendarum et fugiendarum I. 68, 417; II. 105 (ed. 1690). — Herm. Ryd de Reen, De vita clericor. (ibid. II. 142). — Mém. de Jacques du Clercq, liv. III. ch. 43. — Steph. Infessurae Diarium urbis Romae ann. 1474 (Eccard, Corpus historicum medii aevi II. 1939; *vgl. dazu Pastor, Geschichte der Päpste II (1889), 553 ff.). — Wimpheling, De vita et moribus episcoporum (Argentorati, 1512). — De munditia et castitate sacerdotum (sine nota, sed Parisiis c. 1500). — Rapp, Die Hexenprozesse und ihre Gegner aus Tirol, p. 148.

Luft, der nur einen schmalen Spalt hatte, um dadurch dem Gefangenen die Nahrung zu reichen. Hier starb er, ohne dass man ihm das Viatikum gab; selbst seine Bitte um einen Beichtvater schlug man ihm ab. Als er im Sterben lag, kamen der Abt und einige Mönche in seine Zelle; sogleich floss ihm das Blut in Strömen aus der Nase, zum Beweis, dass sie seine Mörder waren. Übrigens bewegte sich der Abt Leonhard im Rahmen seiner gesetzlichen Befugnisse; denn im Jahre 1459 ermächtigte Pius II. alle Prioren des Karmeliterordens, die Folter anzuwenden zur Strafe für alle schwereren Vergehen der Mönche, allerdings mit der Einschränkung, dass die Folter nur in Gegenwart zweier älteren Brüder und nicht mit solcher Strenge angewendet werden dürfe, dass dadurch Tod oder Verstümmelung verursacht werde. In ganz Italien war der Zustand der religiösen Orden ebenso beklagenswert; Burchard schildert um das Jahr 1500 auch die Klöster in Rom als wahre Bordelle. Es liegt auf der Hand, dass, wenn viele diese klösterlichen Zufluchtsstätten aufsuchten, der Grund hierfür nur selten in ihrer Frömmigkeit zu sehen war [1]).

Unter der Leitung einer solchen Kirche musste notwendigerweise auch der sittliche Zustand der Laienwelt unsagbar tief sinken. Die Inquisition hatte durch ihr Verfahren allerdings die Gleichförmigkeit des Glaubens erzwungen; so lange der Glaube gesichert war, hatten Verbrechen und Sünden vergleichsweise wenig Bedeutung; sie bildeten vorwiegend eine Einnahmequelle für die Verkäufer der Absolutionen. Die Hölle und das Fegfeuer, sagt Dietrich Vrie ironisch, würden leer sein, wenn nur genug Geld da wäre. Der künstliche Sittenkodex, der auf diese Weise aufgestellt wurde, spiegelt sich wider in einer Offenbarung der hl. Jungfrau an die hl. Brigitta: kein Papst, so beschmutzt von Sünde und Laster er auch sein mag, kann seine absolute Macht, zu binden und zu lösen, verlieren, wenn er nur frei ist von Ketzerei. Es sind viele schlechte Päpste in die Hölle gekommen, aber die gesetzlichen Handlungen, die sie auf

---

1) Joannes Trithemius, Liber lugubris de statu et ruina monastici ordinis c. I. III. — Angeli Rumpleri Hist. Formbach. Lib. II (Pez. Thesaurus I. III. 446, 451—2). — Privilegia fratrum de Monte Carmeli, p. 70 (Matriti, 1700). — Pastor, Geschichte der Päpste, III. 125. — J. Burchardi Diarium sive rerum urbanarum commentarii 1483—1506 (ed. Thuasne) I. 79.
1329 wurde dem Abt von La Grasse durch Beschluss des Parlaments von Paris auf Lebenszeit das Recht der hohen Gerichtsbarkeit entzogen, und die Abtei wegen Verübung von Mordtaten, ungesetzlichen Foltern und anderen Verbrechen zu einer Geldstrafe von dreissigtausend Livres für den König und sechshundert Livres Schadenersatz an die Opfer verurteilt. — A. Molinier, bei Vaissette (ed. Privat) IX. 417.

der Erde vorgenommen haben, werden von Gott alle anerkannt und bestätigt. Alle Priester, die nicht Ketzer sind, spenden gültige Sakramente, gleichgültig, wie sittlich verdorben sie auch sein mögen. Rechtgläubigkeit war also das allein Wesentliche, Tugend dagegen etwas ganz Nebensächliches. Dass unter einem solchen System Religion und Moral ganz verschiedene Kategorieen wurden, ersieht man aus den oben angeführten Bemerkungen Papst Pius' II., die Franziskaner seien ausgezeichnete Theologen, aber sie machten sich nichts aus der Tugend[1]).

Hier liegt in der Tat das unmittelbare Ergebnis des von der Inquisition durchgeführten Verfolgungssystems vor. Ketzer, die anerkanntermassen Muster der Tugend waren, wurden im Namen Christi rücksichtslos ausgerottet, während in demselben heiligen Namen die Rechtgläubigen für ein paar Geldstücke sich Absolution von den gemeinsten Verbrechen erkaufen konnten. In einer Kirche, wo hartnäckiges Verharren bei irgendeinem nebensächlichen Irrtum im Glauben, etwa der absoluten Armut Christi, als ein unverzeihliches Verbrechen galt, wo die berufenen geistlichen Führer des Volkes das Beispiel des Lasters, der Ausschweifung und der Verachtung für die heiligsten Dinge gaben — in einer solchen Kirche mussten naturgemäss alle sittlichen Begriffe verwirrt und Recht und Unrecht hoffnungslos verwechselt werden. Es hat vielleicht niemals eine gemeinere Gesellschaft in der Welt gegeben als die Europas im vierzehnten und fünfzehnten Jahrhundert. Die Schilderungen, die uns Froissart von dem Glanz und den feinen Umgangsformen des Rittertums gibt, bezaubern uns; die mystischen Träumereien Ruysbroecks und Taulers zeigen, dass das religiöse Leben in einigen seltenen Seelen noch nicht ausgestorben war: aber die Masse der Bevölkerung war versunken in die Tiefen der Sinnlichkeit und der rohesten Verachtung des Sittengesetzes. Dafür sind, sagt Alvarus Pelayo, die Priester verantwortlich, mit denen verglichen die Laien Heilige sind. Um aber einen Begriff von dieser verhältnismässigen Heiligkeit zu geben, entwirft er, nicht ohne vor Scham zu erröten, zur Unterweisung der Beichtväter ein furchtbares Bild von der allgemeinen Unsittlichkeit, die nur noch durch Feuer und Schwefel vom Himmel geheilt werden könne. Die Chronisten berichten zwar nur selten über die sittlichen Zustände ihrer Zeit. Indessen hebt Philipp Meyer in seinen

---

[1] Gerson, De reform. eccles. c. XXIV (von der Hardt, I. v. 125–8). — Theod. Vrie, Hist. concilii Constantiensis Lib. IV. Dist. VII. — Revelationes S. Brigittae Lib. VII. cap. VII.

Annalen von Flandern zum Jahre 1479 hervor, es lasse sich gar nicht beschreiben, wie überall Meineid, Gotteslästerung, Ehebruch, Hass, Streit, Zank, Mord, Raub, Diebstahl, Erpressung, Spiel, Hurerei, Schwelgerei, Geiz, Unterdrückung der Armen, Notzucht, Trunkenheit und ähnliche Laster herrschten, und er führt als Beispiel dafür die Tatsache an, dass in dem Gebiet von Gent innerhalb von zehn Monaten in Badehäusern, Bordellen, Spielhäusern, Schenken und an anderen ähnlichen Orten nicht weniger als vierzehnhundert Mordtaten begangen worden seien. Als im J. 1396 Johann der Unerschrockene seine Kreuzfahrer zur Zerstörung von Nikopolis führte, empörten ihre Verbrechen und cynischen Schwelgereien selbst die Türken und veranlassten sogar Bajazet, der, wie der Mönch von Saint-Denis zugibt, weit besser als seine christlichen Feinde war, zu strengem Tadel. Da wo derselbe Schriftsteller moralische Betrachtungen über die Niederlage von Azincourt (1415) anstellt, kommt er zu dem Schluss, dass sie der allgemeinen Verderbnis der Nation zuzuschreiben sei. In einem Wechsel von zügelloser Lust und von Blutschande, sagt er, vollzieht sich der Geschlechtsverkehr; der Handel ist nichts als Lug und Trug; der Geiz enthält der Kirche ihre Zehnten vor, und die gewöhnliche Unterhaltung besteht aus einer Folge von Blasphemieen. Die Kirche, die von Gott errichtet ist zum Vorbild und zum Schutz für das Volk, ist pflichtvergessen in jeder Beziehung. Die Bischöfe bevorzugen aus den niedrigsten und verbrecherischsten Beweggründen einzelne Personen; sie salben sich selbst mit dem letzten Tropfen Öl, den sie ihren Herden auspressen; sie haben nichts Heiliges, Gerechtes, Weises oder auch nur Anständiges an sich. Lukas Wadding (1640) ist ein Zeuge, der über jeden Verdacht erhaben ist; durch sein gewissenhaftes Studium der Originalquellen erhalten seine Ansichten Gewicht und Bedeutung, und wir dürfen ihm vollen Glauben schenken, wenn er von Italien zu Anfang des 15. Jahrhunderts folgende Schilderung entwirft: „Um diese Zeit war Italien in Laster und Schlechtigkeit versunken, in den Kirchen herrschte keine Andacht, bei den Laien kein Glaube, keine Frömmigkeit, keine Scham, keine sittliche Zucht. Jeder fluchte seinem Nächsten; die Parteien der Guelfen und Ghibellinen überschwemmten die Strassen der Städte mit dem Blut ihrer Brüder; die Wege waren versperrt von Räubern, die Meere von Piraten unsicher gemacht. Eltern erschlugen freudigen Herzens ihre eignen Kinder, wenn sie zufällig zur Gegenpartei gehörten. Die Welt war erfüllt von Zauberei und Beschwörungen; die Kirchen waren leer, die Spielhäuser aber überfüllt." — Diese Schilderung entspricht so sehr den

Behauptungen der Zeitgenossen, dass es nicht angeht, sie etwa als Äusserung eines missmutigen Puritaners zu verwerfen. Auf alle Fälle war Aeneas Sylvius kein Puritaner, vielmehr ein Mann, der durch sein abenteuerliches Leben vielleicht besser als irgendein anderer seiner Zeitgenossen mit dem Zustande der ganzen Christenheit bekanntgeworden war. Er aber schreibt im Jahre 1453: „Ich fürchte die Türken aus folgendem Grunde. Ob ich auf die Taten der Fürsten oder die der Prälaten sehe, ich finde, dass alle gesunken, alle unwürdig sind. Nicht ein einziger handelt recht, nicht einer kennt Mitleid oder Wahrheit. Rücksicht auf Gott gibt es nicht auf Erden; ihr seid Christen dem Namen nach, aber ihr handelt wie Heiden. Verwünschung, Falschheit, Mord, Diebstahl und Ehebruch sind unter euch verbreitet, und ihr häuft eine Bluttat auf die andere. Was Wunder, wenn Gott, erzürnt über eure Verbrechen, euch unter das Joch Muhameds, des Anführers der Türken, eines zweiten Nebukadnezar, beugt; denn ihr seid entweder geschwollen vor Stolz, oder raubsüchtig aus Geiz, oder grausam im Zorn, oder gelb vor Neid, oder blutschänderisch in der Wollust, oder erbarmungslos in eurer Grausamkeit. Ihr schämt euch nicht des Verbrechens, ihr sündigt so offen und schamlos, dass es scheint, ihr findet euer Behagen darin." In wie hohem Grade die Kirche dafür verantwortlich war, ergibt sich aus dem trostlosen Zustande Roms unter Innocenz VIII., wie er in dem Tagebuch Infessuras geschildert wird. Schandtaten jeder Art waren straflos, so lange der Verbrecher Geld hatte, um sich mit der päpstlichen Kanzlei abzufinden. Als dem Vizekanzler, dem Kardinal Rodrigo Borgia, deswegen Vorwürfe gemacht wurden, antwortete er mit frommer Frivolität, Gott wolle nicht, dass der Sünder sterbe, sondern dass er zahle und lebe. Eine Zählung der öffentlichen Weiber ergab sechstausendachthundert, und als der Gouverneur der Stadt in einem Dekret allen Geistlichen befahl, ihre Konkubinen zu entlassen, liess ihn Innocenz VIII. rufen und trug ihm auf, das Dekret zurückzunehmen, indem er sagte, alle Priester und Mitglieder der Kurie hielten solche, und es sei dies keine Sünde. So ist es leicht, das im Till Eulenspiegel angeführte Sprichwort zu verstehen: der Mensch geht fromm nach Rom und kehrt verdorben zurück. Rom war wirklich eine Kloake und eine Quelle des Verderbens für die ganze Christenheit [1]).

---

[1]) Alvarus Pelagius, De planctu eccles., Lib II. Art. I. II — Meyer, Annal. Flandriae (ed. Kervyn de Lettenhove), ann. 1479. — Religieux de S. Denys, Hist. de Charles VI. Liv. xvi. ch. 10; Liv. xxxv. ch. 8. — Wadding.

Das war also das Ergebnis der Theokratie, die Gregor VII. einst in dem ehrlichen Glauben gegründet hatte, sie werde das Reich Christi auf Erden verwirklichen. Eine Macht, wie sie die Kirche beanspruchte und ausübte, konnte nur von einer übermenschlichen Weisheit richtig gehandhabt werden. Die menschliche Natur war viel zu unvollkommen, als dass sie diese Macht nicht missbraucht hätte zur Befriedigung ihrer weltlichen Leidenschaften und ihres Ehrgeizes, und die unausbleibliche Folge war, dass die menschliche Gesellschaft in eine immer tiefere Verderbnis geriet, je mehr die Verfolgung die Einheit des Glaubens erzwang. Unter der Herrschaft dieses Zwanges wurde, wie gesagt, der Glaube der einzige Gegenstand von hervorragender Bedeutung, das sittliche Leben wurde ihm völlig untergeordnet, und so musste sich naturgemäss eine durchaus künstliche und willkürliche Auffassung vom Leben und seinen Pflichten herausbilden. Wenn einer, um die Gunst Satans zu gewinnen, die Eucharistie mit Füssen trat, in dem Glauben, dass sie der Leib Christi sei, so unterlag er nicht den Strafen für Ketzerei; tat er es aber, ohne an die Gegenwart Christi zu glauben, so war er ein Ketzer. Wenn einer Wucherzinsen nahm und wusste, dass er damit unrecht tat, so kam er mit einer verhältnismässig geringen Strafe davon; glaubte er aber, dass er dazu berechtigt sei, so wurde er verurteilt. Nicht die Tat an sich, sondern die Anschauung des Täters war es, was die Schwere der Schuld bestimmte; vorsätzlich verübtes Unrecht wurde milder behandelt, als die Gewissenhaftigkeit dessen, der mit den Forderungen des Glaubens nicht vertraut war. So trat an die Stelle des göttlichen Gesetzes, auf das die Kirche gegründet zu sein behauptete, das menschliche Recht, von denen verwaltet, die aus seinem Missbrauche Nutzen zogen. Die Doctoren des Civilrechts hielten, wie Kardinal Peter von Ailly sagt, die kaiserliche Jurisprudenz für bindender als die Gebote Gottes, während die Professoren des kanonischen Rechtes lehrten, dass die päpstlichen Dekretalen wichtiger seien als die hl. Schrift. Eine solche Theokratie, die sich praktisch als über Gott stehend dünkte, konnte, sobald sie jede Abweichung vom Glauben unterdrückt hatte, nur zu diesem Ergebnisse führen[1]).

---

ann. 1405, Nr. 7. — Aeneae Silvii Opera inedita (Atti della Acad. dei Lincei, 1883, p. 558—9). — Steph. Infessurae Diarium urbis Romae (hrsg. von O. Tommassini (1890) S. 264 ff.). — Ulenspiegel, xxxiii. Historie (hrsg. von Lappenberg, 1854): „Gang geen Rome, frommer man, kum herwider nequam."

1) Petrus Alliacensis, Principium in cursum Bibliae (Fascic. rerum expetend. II. 516). — Bernardi Comens. Lucerna inquisitorum s. v. Haeresis. Nr. 21.

Wenn wir im Gegensatz dazu den schlichten Ernst betrachten, womit Scharen von demütigen Ketzern die grössten Beschimpfungen und den grausamsten Tod erduldeten, weil sie durch ihre Lebenshaltung den Willen Gottes bekunden und ihm gehorchen wollten, so erkennen wir, ein wie wertvolles Material für die Entwicklung des wahren Christentums und für die Vervollkommnung des Menschengeschlechtes bis tief hinab in die dunkleren Schichten der Gesellschaft vorhanden war. Wir können jetzt sehen, wie weite Fortschritte die Lage der Menschheit hätte machen können, hätte man diesen Sauerteig die ganze Masse durchdringen lassen, anstatt ihn mit Feuer auszubrennen. Nicht organisiert und ohne Widerstandskraft, konnten die Ketzer den gegen sie aufgebotenen überlegenen Kräften nicht stand halten. Macht, Stellung und Reichtum sahen sich bedroht durch ihre praktische Auslegung der Lehren Christi. Der Stolz der Theologen auf ihre Meinung in dem weiten Gebiete der mit emsigem Fleiss ausgebildeten scholastischen Gelehrsamkeit, die feste Überzeugung, dass die Rettung der Seele nur durch die Kirche zu erlangen sei, das Bewusstsein von der Pflicht, die verseuchten Schafe auszurotten und den Weinberg des Herrn vor den Verheerungen der ketzerischen Füchse zu bewahren: alles das vereinigte sich, um einen Conservatismus zu schaffen, gegen den selbst die heldenhafte Ausdauer der Sektierer nutzlos war. Es gibt wenige Seiten in der Geschichte der Menschheit, die rührender sind, wenige Berichte von Selbstaufopferung, die begeisternder sind, und wenige Beispiele, die deutlicher die Höhe zeigen, zu der sich die Seele über die Schwachheit des Fleisches zu erheben vermag, als diejenigen, die wir herauslesen können aus den fragmentarischen Aktenstücken der Inquisition und den dürftigen Hinweisen der Chronisten auf die verabscheuten Ketzer, die so eifrig verfolgt und so erbarmungslos ins Jenseits befördert wurden. Es waren unwissende, hart arbeitende Männer und Frauen — Bauern, Handwerker und dergleichen — die sich nur schwach bewusst waren, dass das Gesellschaftssystem ihrer Zeit ungerecht war, dass die Gebote Gottes übertreten und vernachlässigt wurden, und dass die Menschheit einer höheren Entwicklung fähig sei, wenn sie nur den göttlichen Willen finden und ihm folgen könne; Menschen, die — ein jeder in seinem bescheidenen Kreise — danach strebten, die unergründlichen und furchterweckenden Rätsel des Daseins zu lösen, unter Hangen und Bangen ihr eignes Seelenheil zu sichern und ihre Mitmenschen in dieser schweren Aufgabe zu unterstützen, — vergessene Märtyrer der Wahrheit, die nur aus sich selbst die Kraft zogen, den Qualen des Martyriums zu trotzen. Keine ehrgeizigen Ziele lagen vor ihnen, um sie zu verlocken, die sicheren und ausgetretenen Pfade zu verlassen; keine teilnehmende Menge umgab ihren Holzstoss und ermutigte sie in ihrer furchtbaren Heimsuchung; Verachtung, Hass und Abscheu war ihr Los bis zum letzten Atemzuge. Ausser im Rückfall konnte jeder von ihnen das Leben retten durch Widerruf und Rückkehr in den Schoss der Kirche, die anerkannte, dass schon von einem weltlichen Gesichtspunkte aus ein bekehrter Ketzer mehr wert sei als ein verbrannter. Aber die standhafte Entschlossenheit, welche die Orthodoxen als satanische Verhärtung des Herzens bezeichneten, kam so häufig vor, dass sie gar nicht überraschte[1]).

Dieses für die Förderung der Menschheit unschätzbare Material wurde indessen wie Spreu aufgelesen und in den Ofen geworfen. Die Gesellschaft durfte sich, solange sie rechtgläubig und gefügig war, in der ganzen Schlechtigkeit wälzen, die eine entartete Phantasie aussinnen konnte. Nachdem das oberste Ziel, die Gleichheit des Glaubens, erreicht war, wurde auf den sittlichen Zustand der Menschheit als etwas Unwichtiges weiter kein Wert gelegt. Allein der Abstand zwischen dem Ideal des Christentums und seiner Verwirklichung war zu unnatürlich, als dass ein solcher Zustand für immer hätte bestehen bleiben können. Zum Glück war innerhalb wie ausserhalb der Kirche noch ein Sauerteig, der weiter arbeitete. Während die hl. Brigitta dem Papst Gregor XI. ihre Offenbarungen in die unwilligen Ohren donnerte, schärfte Wilhelm Langland, der Mönch von

---

1) Man sollte es kaum für möglich halten, dass es in dem aufgeklärten 19. Jahrhundert noch Menschen gibt, die kühn genug sind, das Verfahren der Kirche gegen die Ketzer zu verteidigen. Und doch geschieht es, aber — und das ist ein Zeichen für den Fortschritt der Menschheit — nicht in der Weise, dass man die unumstösslichen Tatsachen der Geschichte zu rechtfertigen sucht, sondern in der Weise, dass man sie kühn leugnet. In einem kürzlich erschienenen Werke versichert uns der Kanonikus P. Claessens, päpstlicher Geheimkämmerer, zunächst, dass er nach einem langen und ernsten Studium der Originalquellen mit gewissenhafter Unparteilichkeit und mit der dem Geschichtsschreiber geziemenden Ruhe schreibe, um uns dann mitzuteilen, dass die kirchliche Strafe für öffentliche und hartnäckige Ketzer die einfache Exkommunikation ist, und dass die Kirche sich niemals gestattet habe, irgend einen direkten Zwang auszuüben, sei es zur Bekehrung der Juden und Heiden, sei es, um verirrte Christen in den Schoss der Kirche zurückzuführen. Er ist indessen vorsichtig genug, zugleich den Vorbehalt zu machen, dass die Kirche das unbestreitbare Recht habe, physische Mittel anzuwenden, um diejenigen, welche getauft worden sind, zur Erfüllung der so übernommenen Pflichten zu zwingen. — Claessens, L'Inquisition et le régime pénal pour la répression de l'hérésie dans les Pays-Bas du passé (Tournhout, 1886) p. 5.

Malvern, seine scharfen Pfeile, mit denen er die Mönche und Prälaten angriff, indem er das gemeine Volk daran erinnerte, dass Liebe 647
und Wahrheit die einzigen wesentlichen Eigenschaften des Christentums seien —

> „Love is leche of lyf and nexte owre lorde selve,
> And also the graith gate that goth in-to hevene;
> For-thi I sey as I seide ere by the textis,
> Whan alle tresores ben ytryed, treuthe is the beste.
> Now have I tolde the, what treuthe is, that no tresore is bettere,
> I may no lenger lenge the with, now loke the owre lorde!"
>
> (Vision I. 202—207).

Alle diese warnenden Stimmen blieben jedoch unbeachtet, und die Stunde, wo die Oberherrschaft des Priestersystems unbestritten dastand, wo es gegen alle Angriffe gesichert zu sein und keine Angreifer zu haben schien, war zugleich der Anfang seiner Niederlage. Die Inquisition hatte zu erfolgreich gearbeitet, und der Sieg der Kirche war so vollständig gewesen, dass die alte Maschinerie ganz aus dem Gange gekommen und verrostet war, weil sie nicht mehr täglich gebraucht wurde. Die Inquisition flösste schon längst nicht mehr den alten Schrecken ein. Abgesehen von einem gelegentlichen Streifzug gegen die Bauern der Alpentäler, oder einer an den Juden von Palermo geübten Erpressung, oder der Anregung einer Hexenverfolgung, hatte sie ein Jahrhundert lang wenig zu tun. Es fehlte ihr der Antrieb zur Tätigkeit oder die Gelegenheit, durch die Gewissheit ihrer Rache und die Schrecken ihrer Brandopfer Eindruck auf die Gemüter zu machen.

Zur selben Zeit hatte das grosse Schisma der Verehrung, die die Geistlichkeit und die Laienwelt dem III. Stuhle entgegenbrachten, einen schweren Schlag versetzt; das zeigte sich auf den grossen Konzilien von Konstanz und Basel. Geschickte Leitung lenkte zwar die unmittelbaren Gefahren ab, welche durch diese Parlamente der Christenheit drohten. Die Kirche blieb theoretisch eine Autokratie, anstatt in eine konstitutionelle Monarchie verwandelt zu werden. Aber nichtsdestoweniger war das alte unbedingte Vertrauen auf den Stellvertreter Gottes dahin, während die Bestrebungen des wahren Christentums unter dem Drucke immer stärker wurden. Die Erfindung der Buchdruckerkunst kam hinzu, um nach allen Richtungen Aufklärung zu bringen. Es bildete sich allmählich ein lesendes Publikum, das andere Quellen der Bildung besass und benutzte, als die Kanzel und den Hörsaal, die bis dahin das Monopol der Kirche gewesen waren. Die Bildung war nun tatsächlich nicht mehr bloss das Vorrecht der Geistlichen. Die Renaissance der Wissenschaften verbreitete unter einer täglich wachsenden Klasse das Verlangen nach Kenntnissen und den Geist kritischer Forschung, der unmerklich die altgewohnten Ansprüche der Kirche auf Verehrung und Gehorsam der Menschheit unterminierte.

Abgesehen von Spanien, wo die Rassenunterschiede das Problem besonders verwickelt machten, verschwor sich alles, um die Inquisition zu entwaffnen und sie ihrer Macht zu berauben in dem Augenblick, wo sie am dringendsten nötig gewesen wäre. Die Übereinstimmung in der Rechtgläubigkeit war so erfolgreich erzwungen worden, dass die Päpste des fünfzehnten Jahrhunderts, versunken in weltliche Sorgen, welche die Inquisition nicht zu stillen vermochte, sich kaum die Mühe gaben, ihre Organisation aufrecht zu erhalten. Ebenso verlangte weder das Volk noch die Ortsgeistlichkeit nach Verteidigern des Glaubens, es sei denn, dass der Hexenwahn irgendwo nach Opfern rief. Scholastische Controversen wurden meistens von den Universitäten entschieden, die sich einen grossen Teil der Jurisdiktion des Hl. Officiums angemasst hatten, und die bischöflichen Ordinarien schienen die Aufgaben, die seit undenklichen Zeiten in ihre Rechtssphäre gehörten, fast vergessen zu haben.

Obgleich Deutschland im allgemeinen immer so rechtgläubig gewesen war, dass die Inquisition dort schwach blieb und niemals vollkommen organisiert wurde, so wurde es doch der unvermeidliche Mittelpunkt, von dem die Empörung ausging. In England und Frankreich hatte die kraftvolle, auf ein geeintes Volk gestützte Monarchie den päpstlichen Angriffen und Anmassungen bestimmte Grenzen gesetzt. In Italien wurde der Papst stets mehr als ein weltlicher Fürst denn als das Haupt der Kirche angesehen, und seinen politischen Vergrösserungsplänen wurde von den Ghibellinen immer Widerstand entgegengesetzt. In Deutschland jedoch hatte die päpstliche Politik der Zwietracht und des Bürgerkrieges verhängnisvollen Erfolg gehabt. Seit dem vorzeitigen Tode Ludwigs des Bayern (1347) gab es keine Centralgewalt mehr, die stark genug war, das Volk und die Ortskirchen vor der Habsucht und dem Ehrgeiz der Vertreter des hl. Petrus zu schützen. So war, als Luther auftrat, die öffentliche Stimmung empfänglich für Reformen, das Volk war zur Auflehnung geneigt, und ein organisiertes Werkzeug zur schnellen Unterdrückung dieser Neigung war nicht vorhanden. Zudem erschien, wie schon (Bd. II, S. 485) hervorgehoben wurde, Luthers scholastische Erörterung der Schlüsselgewalt anfangs zu unbedeutend, als dass man ihr besondere

Aufmerksamkeit zugewandt hätte. Als dann die Erörterung einen grössern Umfang annahm, waren keine Mittel zur Hand, sie schnell zu unterdrücken, und ehe die Kirche ihre schwerfälligen Streitkräfte aufmarschieren lassen konnte, hatte das Volk Luthers Sache zu der seinigen gemacht in einem Lande, wo man, wie der Sachsenspiegel zeigt, eine ererbte und vorschriftsmässige Bereitwilligkeit zur Verehrung des kanonischen Rechtes nicht kannte. Zeit, Ort und Person trafen glücklich zusammen, und die Ära moderner Civilisation und Denkfreiheit brach an, trotz der Tatsache, dass die Reformatoren ebenso streng wie die Orthodoxen darauf bedacht waren, der dogmatischen Unabhängigkeit Grenzen zu setzen.

Unser Überblick über die Torheiten und Verbrechen unserer Vorfahren hat uns ein Bild voll tiefen Dunkels enthüllt. Wir haben gesehen, wie das eigensinnige Herz des Menschen, der im Zwielicht umhertastete, unter den besten Impulsen Elend und Verzweiflung über die Mitmenschen brachte und von der verblendeten Meinung bestimmt war, dadurch Gott einen Dienst zu erweisen. Wir haben auch gesehen, wie ehrgeizige und skrupellose Köpfe diesen Wahn missbrauchten, um ihre Habgier und Herrschsucht zu befriedigen. Und doch birgt, richtig beurteilt, dieser Überblick eine Fülle von Hoffnung und Ermutigung in sich. In dem unruhevollen Streben der modernen Gesellschaft, wo man eine sofortige Erlösung sucht von der Fülle der Leiden, die auf der Menschheit lasten, und wo ungeduldige Geister die ganze bestehende Gesellschaftsordnung umstürzen möchten — in der Hoffnung, auf ihren Trümmern eine neue Ordnung der Dinge zu begründen, in der man nichts kennt von dem unvermeidlichen Elend, — ist es gut, gelegentlich rückwärts zu schauen, um den Schleier zu lüften, der die Leidenschaften und die Leiden vergangener Geschlechter verhüllt, und dadurch den erreichten Fortschritt richtig zu ermessen. Die menschliche Entwicklung vollzieht sich langsam und unregelmässig; wer nur einen bestimmten Zeitpunkt ins Auge fasst, dem scheint sie stille zu stehen oder gar rückwärts zu schreiten, und nur durch Vergleichung von Perioden, die durch lange Zeiträume getrennt sind, kann der Fortschritt erkannt werden. Unser ausgedehnter Rückblick in die Vergangenheit hat uns gezeigt, wie es noch vor wenigen Jahrhunderten als die heiligste Pflicht des Menschen galt, unverdiente Leiden über andere zu verhängen, und wir ersehen hieraus, wie viel für das Reich Christi, das Reich der Liebe und der Menschenfreundlichkeit, seitdem gewonnen worden ist.

Wir haben gesehen, wie die Anwendung der geistlichen und der weltlichen Gesetze kaum etwas anderes war als eine Organisation des Unrechtes und der Ungerechtigkeit; wir haben gesehen, auf welchem Tiefstand das sittliche wie das geistige Niveau der christlichen Völker sich befand. Wir haben ferner gesehen, dass das Zeitalter des Glaubens, nach dem romantische Träumer voll Sehnsucht zurückblicken, nichts anderes war als eine Zeit der Gewalt und des Betruges, in der das Übel fast als unumschränkter Gebieter zu herrschen schien und die landläufige und immer von neuem auftauchende Meinung rechtfertigte, dass die Herrschaft des Antichrists schon begonnen habe. So unvollkommen die menschlichen Einrichtungen auch heute noch sein mögen, der Vergleich mit der Vergangenheit lässt uns erkennen, wie wunderbar sie trotz alledem sich schon vervollkommnet haben, und die Tatsache, dass dieser **Fortschritt** fast ausschliesslich das Werk der letzten beiden Jahrhunderte ist und dass diese Entwicklung von Tag zu Tag mit beschleunigter Geschwindigkeit sich weiter vollzieht, gewährt dem Soziologen die erfreulichste Ermutigung. Grundsätze sind herrschend geworden, die, wenn man sie natürlich und gesund sich weiterentwickeln lässt, die Zukunft der Menschheit ganz anders gestalten werden, als ihre Vergangenheit gewesen ist. Die grösste Gefahr für die heutige menschliche Gesellschaft bilden jene ungeduldigen Theoretiker, die die Welt mit einem Schlage bessern wollen, anstatt in dem Kampfe zwischen Gut und Böse hilfreiche Hand zu leisten und den ewigen Gesetzen zu vertrauen. Könnten sie sich überzeugen von dem so schnell erreichten Fortschritt und von seiner stetigen Weiterentwicklung, so würden sie wahrscheinlich ihren Eifer zügeln und ihre Tatkraft mehr auf weisen Aufbau als auf unbesonnene Zerstörung richten.

Wenige Worte werden danach genügen, um den Entwicklungsgang der mittelalterlichen Inquisition zusammenzufassen. Sie brachte ein System der Jurisprudenz zur Geltung, das das Strafrecht aller ihrem Einflusse unterworfenen Länder infizierte und die Verwaltung der Strafjustiz auf Jahrhunderte hinaus zu einem blutigen Hohne machte. Sie lieferte dem Papsttum eine mächtige Waffe, um seine politischen Herrschaftsansprüche zu verwirklichen, sie führte weltliche Herrscher in Versuchung, dieses Beispiel nachzuahmen, und sie missbrauchte den Namen der Religion zu den niedrigsten weltlichen Zwecken. Sie reizte die krankhafte Neigung zu doktrinären Verirrungen so sehr, dass schon die unbedeutendsten Meinungsverschiedenheiten imstande waren, eine sinnlose Wut zu erzeugen und ganz Europa zu erschüttern. Als dann aber später der Atheismus in den höheren Kreisen Mode wurde, blieben ihre Blitze aus. Energisch nur im Bösen, versagte sie, als es galt, ihre Macht für die Tugend zu entfalten. Sie erzeugte beim Volke die Meinung, dass die einzigen Sünden, die Unterdrückung erheischten, in dem Zweifel an der Zuverlässigkeit der Kenntnis der Kirche über das Unbekannte und in der Teilnahme am Hexensabbat beständen. Das einzige Verdienst, das sie in ihrer langen, mit Blut und Feuer gezeichneten Laufbahn aufzuweisen hat, war die Unterdrückung der gefährlichen Lehren der Katharer; aber auch hier kann ihre Wirksamkeit als überflüssig bezeichnet werden, da diese Lehren den Keim der Selbstzerstörung in sich trugen; eine höhere Weisheit hätte darum ruhig abgewartet, bis sie von selbst verschwanden. So muss das Urteil der unparteiischen Geschichte dahin zusammengefasst werden: Die Inquisition war das ungeheuerliche Produkt eines verfehlten Eifers, den Selbstsucht und Herrschgier sich zunutze machten, um das höhere Streben der Menschheit zu ersticken und ihre niedrigeren Triebe anzustacheln.

Anhang.

I.

Geständnis eines Mannes, der Spiritualen und Begarden Unterkunft gewährt hatte (um 1330).
Vgl. oben S. 72.
(Paris, Bibliothèque Nationale, Collection Doat, XXVII. fol. 7.)
Das Dokument ist eines von zweiundzwanzig gleichartigen. Die Aussagen sollten offenbar einer Versammlung von Sachverständigen unterbreitet werden.

Johannes de Petra, sartor, filius quondam Guillelmi de Petra, oriundus de parrochia Vallis diocesis Mimatensis, habitator Montispessulani, sicut per ipsius confessionem in judicio sub anno Domini MCCC vigesimo sexto mense Novembris et Januarii factam legitime nobis constat a tribus vel quatuor annis ante tempus confessionis factæ per eum de infrascriptis contra Guillelmum Verrerii de Narbona et Petrum Dayssan de Biterris pro hæresi fugitivos in domo propria multo tempore receptavit, cum eis comedit et bibit et ad diversa loca in eorum societate ivit, multosque alios fugitivos et alios de credentia beguinorum combustorum etiam in dicta domo sua vidit, et cum eis comedit et bibit frequenter, et etiam fratrem Raimundum Johannis apostatam ab ordine Minorum et a fide fugitivum in dicta domo propria ad prandendum invitavit, sibique comedere et bibere de suis bonis dedit, in festo fratris Petri facto per eos in Montepessulano interfuit et comedit, aliasque multipliciter et diversimode cum ipsis fugitivis et quibusdam aliis de credentia beguinorum conversatus fuit, non cum omnibus simul et semel, sed diversis vicibus, aliquando cum uno, alias cum duobus vel pluribus, sicuti veniebant, sciens eos esse tales. Item ab eis fugitivis et beguinis seu aliquibus eorum errores infrascriptos audivit, videlicet: quod beguini, qui fuerant condemnati et combusti in Narbona, Capitestagno, Biterris, Lodeva et Lunello et alibi, fuerant boni homines et catholici, et fuerant indebite et injuste condemnati, et quod erant sancti et martyres gloriosi; et idem audivit a quodam, quem nominat, dici de fratribus Minoribus Massiliæ combustis, videlicet quod erant injuste condemnati, et quod erant mortui sancti martyres gloriosi, et erant in paradiso, et quod tenuerant sanctam vitam et bonam et viam veritatis et paupertatis, et quod propter hoc inquisitores condemnabant eosdem. Item audivit ab eodem quem nominat, quod dominus papa, qui nunc est, non est verus papa, sicut fuit sanctus Petrus, nec habet illam potestatem, quam dominus Jesus Christus dederat beato Petro, quodque si fuisset verus papa, non consentiret nec sustineret, quod dicti beguini et fratres Minores condemnarentur, qui tenebant viam Dei et veritatis. Item quod cardinales et alii prælati ecclesiæ Romanæ sustinebant et faciebant prædictas condemnationes propter favorem et timorem dicti domini papæ, dicens ipse Joannes, quod inductus per dictum hominem prædictos errores credidit, scilicet dictos condemnatos credidit fuisse injuste condemnatos et esse sanctos et martyres gloriosos et esse in paradiso, credidit etiam quod dominus papa non esset verus papa propter condemnationem prædictorum, sicut a prædicto homine et pluribus aliis, quos nominat, se asserit audivisse, et fuit in credentia prædictorum errorum ab illo tempore citra, quo prædictus homo sibi prædictos errores dixit, usque ad illud tempus, quo fuit in Montepessulano arrestatus de mandato inquisitoris, et tunc pœnituit, ut asserit, de prædictis. Item audivit a quibusdam, scilicet a predicto Guillelmo Verrerii et aliis, quod si unus homo fecisset votum eundi ad Sanctum Jacobum, quod melius faceret, si daret pecuniam illam, quam expendere posset, in via pauperibus latitantibus et non aliis, qui publice mendicabant, quia s. Jacobus vel aliquis alius sanctus non indiget oblationibus, quæ sibi offerebantur. Item quod si unus homo promiserit alicui sancto vel beatæ Mariæ virgini unam candelam vel ejus valorem, daret pauperibus, et hoc credidit ipse loquens et in ipsa credentia stetit per unum annum vel quasi, sicut dixit; committens prædicta a prædicto tempore citra celavit ea nec confiteri voluit, donec captus est et longo tempore sub arresto positus et denique in muri carcere detentus fuit, et contra proprium juramentum de prædictis celavit et negavit expressius a principio veritatem, nec dictos fugitivos detexit nec capi procuravit, dicens se pœnitere.

II.

Papst Johann XXII. befiehlt die Auslieferung des Peter Trencavel und seiner Tochter an den Inquisitor von Carcassonne (Avignon, 1327 März 21).

Vgl. oben S. 85; Bullarium Franciscanum v, nr. 654.

(Archives de l'Inquisition de Carcassonne.—Doat, XXXV. fol. 18.)

Johannes episcopus, servus servorum Dei, dilecto filio Michaeli Monachi de ordine fratrum Minorum, inquisitori hæreticæ pravitatis in partibus Provinciæ auctoritate apostolica deputato, salutem et apostolicam benedictionem. Ex insinuatione dilecti filii Joannis de Prato de ordine fratrum Prædicatorum, inquisitoris hæreticæ pravitatis in partibus Carcassonensibus auctoritate apostolica deputati, nuper accepimus, quod Petrus Trencavelli de Aurilhat Biterrensis diocesis, qui olim de crimine hæresis delatus et vehementer suspectus captus extitit et in muro inquisitionis Carcassonæ positus et detentus, de quo muro postmodum temerariis dicitur ausibus aufugisse, quodque factis subsequenter rite processibus contra eum, ipsoque reperto de crimine hujusmodi culpabili et resperso, in sermone publico Carcassonæ de eodem fuit crimine condemnatus tanquam hæreticus, necnon et Andræa ejusdem Petri filia, de prædicto crimine vehementer suspecta et etiam fugitiva, mancipati tuis carceribus detinentur. Cum autem negotio fidei expediat, quod præfati Petrus et Andræa, ut de aliis per ipsos ut fertur infectis ipsorumque fautoribus in eis partibus possit haberi certitudo plenior, inquisitori restituantur prædicto, nos qui negotium hujusmodi ubique cupimus, Domino cooperante, prosperari, præfati inquisitoris in hac parte supplicationibus inclinati, discretioni tuæ per apostolica scripta mandamus, quatinus eidem inquisitori vel ejus certo nuncio prædictos Petrum Trencavelli et Andræam filiam ejus restituere, cessante difficultatis obstaculo, non postponas. Datum Avinione decimo secundo Kalendas Aprilis, pontificatus nostri anno undecimo.

III.
Urteil über die Naprous Boneta (1325).
Vgl. oben S. 92.
(Doat, XXVII. fol. 95.)

In nomine Patris et Filii et Spiritus Sancti, Amen. Cum nos fratres Henricus de Chamayo Carcassonæ et P. Bruni Tholosanus inquisitores, et Hugo Augerii et Durandus Catherini commissarii supradicti per inquisitionem legitime factam invenimus et per confessionem vestram fatam in judicio legitime nobis constat, quod tu Naprous Boneta, filia quondam Stephani Boneti de Sancto Petro de la Cadiera diocesis Nemausensis, habitatrix Montispessulani, contra veram fidem catholicam et ecclesiam Romanam sacrosanctam, potestati et auctoritati sanctæ sedis apostolicæ et domini summi pontificis detrahendo, de potestate et auctoritate ipsius vicarii domini nostri Jesu Christi ac sacrosanctæ ecclesiæ principatum et fundamentum indissolubile et claves ac sacramenta blasphemando et quantum in te est totaliter enervando, et male ac perverse sentiendo de fide, plures articulos sacris canonibus contrarios, hæreticales et erroneos sustinuisti et adhuc sustinere niteris animo pertinaci, sicque tam graviter in crimine hæreseos deliquisti, prout est tibi lectum et recitatum intelligibiliter in vulgari; idcirco nos inquisitores et commissarii antedicti, præfati illius vestigiis inhærentes, qui non vult mortem peccatoris, sed magis ut convertatur et vivat, te Naprous Boneta prædictam tantos et tam enormes errores et hæreses, ut præmittitur, sustinentem et defendere volentem protervia improba et anima pertinaci, sæpe ac sæpius caritative prius per nostrum prædecessorem multipliciter monitam et rogatam iteratis vicibus, nihilominus requisivimus, rogavimus, monuimus et per probos viros religiosos et sæculares moneri et rogari salubriter et humiliter fecimus, ut a prædictis erroribus resilire et eos revocare verbo et animo ac etiam abjurare velles, redeundo fideliter et veraciter ad sanctæ matris ecclesiæ unitatem, quæ claudere non consuevit, imo potius aperire gremium ad eam redire volenti; tu vero monitiones et requisitiones hujusmodi et preces admittere hactenus recusasti et adhuc etiam recusas, tuæ sævitiæ inhærens et insuper asserens, te velle in ipsis erroribus et hæresibus, quos veros et catholicos asseris, vivere atque mori, nolens nostris et peritorum proborumque virorum in sacra scriptura et in utroque jure doctorum consilio credere, quoquomodo attento per nos et viso per experientiam manifestam, quod per impunitatis audaciam fiunt, qui nequam fuerunt, quotidie nequiores, ex nostro compulsi officio, ad quod cum diligentia exercendum ex præcepto sanctæ obedientiæ obligamur, nolentes sicuti nec debemus tam nefanda et totæ ecclesiæ et fidei catholicæ obviantia periculosissime ulterius tolerare, de multorum virorum religiosorum et sæcularium peritorum in utroque jure super præmissis consilio præhabito diligenti, Deum habentes præ oculis, sacrosanctis evangeliis Jesu Christi positis coram nobis, ut de vultu Dei nostrum prodeat judicium et rectum appareat coram Deo oculique nostri videant æquitatem, hac die, loco et hora, præsentibus per nos peremptorie assignatis ad audiendum diffinitivam sententiam, sedentes pro tribunali, Christi nomine invocato, te Naprous, in et cum his scriptis pronuntiamus, judicamus et declaramus esse hæreticam et hæresiarcham impœnitentem et in tua duritia pertinacem, et (cum) ecclesia non habeat, quid ulterius faciat de talibus, te tanquam hæreticam et hæresiarcham impœnitentem et obstinatam relinquimus curiæ sæculari, eamdem curiam rogantes, prout suadent canonicæ sanctiones, ut tibi vitam et membra citra mortis periculum illibata conservet.

IV.

Geständnis eines Fraticellen in Languedoc (1329).

Vgl. oben S. 172; Bullarium Franciscanum v, nr. 785, 874.

(Doat, XXVII. fol. 202.)

Frater Bartholomeus Brugniere, sicut per ipsius confessionem sub anno Domini MCCCXXVIII. mense Februarii factam in judicio legitime nobis constat, quod quibusdam, quos nominat, dixit: „Loquamur de istis papis", intelligendo, sicut dixit, de domino Joanne papa XXII. et de illo Italico sic intruso, et subjunxit in veritatem: "Modo dum missam celebrabam et fui in illo puncto, in quo est orandum pro papa nostro, steti ibi aliquandiu cogitans et hesitans, pro quo istorum paparum orare deberem, et dum sic stetissem per aliquod spatium, non procedens ultra, cogitavi quod unus illorum ecclesie regimen usurpabat, alio existente vero papa, et idcirco volui, quod oratio mea esset pro illo, qui juste regimen ecclesie tenebat, quicunque esset ille." Nec dixit, quid determinasset se ad unum nec ad alium predictorum. Item dixit duobus fratribus Predicatoribus: "Vos alii fratres habetis bonum tempus in isto papa in istis partibus, et fratres nostri malum, sed in Lombardia cum illo papa Italico est totaliter contrarium". Dixit enim, quod audiverat, quod in creatione illius pape italici fuerunt septuaginta prelati. Item dum citatus veniret ad inquisitoris penitentiam et jurasset ad sancta Dei evangelia, certa hora in ejus presentia comparere, hoc non obstante non comparuit, sed abscondit se nolens venire ad inquisitoris mandatum. Item frequenter audivit multos fratres sui ordinis, qui dicebant quod bene staret, quod Deus daret domino Joanni pape tales facendas, quod de negotiis illius ordinis non recordaretur, quia videbatur dictis fratribus, quod dictus dominus papa non haberet aliquid pungere vel restringere nisi ordinem eorumdem, et dixit seipsum dixisse predicta cum aliis; causam suam et dictorum fratrum quare ista dicebant assignavit, quia dominus papa revocaverat constitutionem, per quam dicebant procuratores suos esse procuratores ecclesie Romane. Item dixit, quod audivit frequenter a multis fratribus sui ordinis, fratrem Michaelem, quondam suum ministrum generalem, esse injuste depositum et excommunicatum. Item dixit, quod dum semel predicabat, dixit ista verba: "Dicitur, quod habemus duos papas, et tamen ego credo unum esse verum papam," et, aliquibus verbis interjectis, subjunxit hec verba: "Teneant se ergo cum fortiori." Item dixit, quod dum semel in magna societate fratrum diceret: "Utinam iste antipapa esset de ordine Predicatorum, vel de statu alio" respondit unus de fratribus: "Plus volo, quod dictus antipapa sit de ordine nostro, quia si esset de statu alio, tunc nec ipsum nec istum Joannem papam haberemus amicum, et tandem istum Italicum habemus amicum." Cujus dicto applauserunt omnes presentes, dicentes: "Bene comedit se et rodit semetipsum modo iste papa Joannes;" et videbatur ipsi, qui loquitur, sicut dixit, quod de ruina et infortuniis ecclesie, que domino Joanni pape contingebant, tempore sui regiminis, multum gaudebant. Hec omnia audivit ipse, qui loquitur, nec revelavit. Item, mense Maii sequenti ipse predicta verba, que debuit dicere in sermone, videlicet: "Habemus duos papas, teneamus nos cum fortiori" revocat tanquam falso confessata per eumdem, quam confessionem fecerat, sicut dixit, metu carceris et catene et jejunii et aque, de quibus sibi plurimi minabantur, ut dixit. Premissa omnia alia asserit esse vera, dixit tamen quod, istis non obstantibus, nunquam credidit quin dominus noster papa Joannes XXII. esset verus papa. Postque, anno quo supra, die nona Septembris, sentiens et videns se convictum per testes super verbis predictis in ipso sermone prolatis, rediit ad confessionem predictam, et ab ipsa revocatione penitus resilivit et se supposuit misericordie inquisitoris.

(Doat, XXXV. fol. 87.)

Joannes episcopus, servus servorum Dei, dilecto filio inquisitori heretice pravitatis in partibus Carcassonensibus auctoritate apostolica deputato salutem et apostolicam benedictionem. Exposuit nobis dilectus filius Raimundus de Ladots ordinis fratrum Minorum, ejusdem ordinis procurator generalis, quod licet Bartholomeus Brugniere, olim predicti ordinis, jamdudum, suis culpis et delictis exigentibus, per dilectum filium Geraldum Ottonis, ipsius ordinis generalem ministrum, ab eodem ordine fuerit per sententiam diffinitivam expulsus, tu tamen ipsum ratione criminis heresis, de qua se respersum reddidit et convictum, cum habitu dictorum fratrum detines tuis carceribus mancipatum. Sane, quia in opprobrium redundaret fratrum et ordinis predictorum, si dictus Bartholomeus, postquam sic expulsus extitit ab eorum ordine, ipsorum habitum in carceribus gestaret predictis, discretioni tue per apostolica scripta mandamus, quatenus habitum ejusdem Bartholomei prefato procuratori vel dilecto filio guardiano fratrum ejusdem ordinis Carcassone studeas quantocius assignari. Datum Avinione decimo sexto Kalendas Octobris, pontificatus nostri anno quintodecimo (16. September 1330).

V.

Auszug aus dem Geständnis des Cecco von Ascoli (1327 Dezember).

Vgl. oben S. 501 Anm., und Döllinger, Beiträge zur Sektengeschichte des Mittelalters II (1890) S. 585 ff.

Senza nissuna opressione di forza per sua libera e spontanea voluntà costituito dinanzi a noi in giudizio disse e confessò, che mentre che fu citato e ricevuto per il religioso e reverendo Fr. Lamberto del Cordiglio del ordine de' Predicatori, inquisitore dell' eretica pravità della provincia de Lombardia, comparse dinanzi a lui e confessò in giudizio, che elli aveva detto e dogmatizato publicamente, leggendo che un uomo poteva nascere sotto la costellazione, che necessariamente fosse rico o povero e d'esser decapitato o appiccato, se Iddio non mutasse l'ordine della natura, nè altrimenti potesse essere parlando della potenza di Dio ordinata, ovoro ordinaria, benchè per potenza assoluta di Dio potesse essere altrimenti.

Ancora che aveva detto in una certa sua lezione, che dal segno dell'ottava sfera nascono homini felici di divinità, i quali si chiamano dijnabet', i quali mutano le leggi secondo più o meno, come fu Moyse, Ermete, Merlino o Simone Mago.

Ancora che egli aveva detto e dogmatizato, perchè Cristo figliolo di Dio ebbe nella sua nascita la Libra nel decimo grado d'essa per ascendente, che per ciò doveva essere giusta la sua morte per destinazione, e doveva morire di quella morte e modo che morì, e perchè Cristo ebbe il Capricorno nell'angolo della terra, però nacque in una stalla, e perchè ebbe lo Scorpione in secondo grado, però doveva esser povero, e perchè l'istesso Cristo ebbe Mercurio in Gemmini in casa propria nella nona parte del cielo, però doveva avere scienza profonda data sotto metafora.

Ancora perchè aveva detto, che l'istesso Anticristo era per venire in forma di buon soldato et accompagnato nobilmente, ne verrà in forma di poltrone, como venne Cristo accompagnato da poltroni —

— Ancora disse e confessò, che doppo la predetta abiurazione e penitenza ... confessò d'aver osservato le costellazioni de' corpi celesti, e che secondo il corso della stella crede, che nascono i costumi degli huomini e azioni e fini, e che secondo queste cose giudicò nel comprare e vendere, per argomentare il bene e schifare il male, et ancora nel fare essercizij et altre azzioni umane.

Ancora disse e confessò, che quando fu interrogato da un certo Fiorentino rispose, che credeva esser vere quelle cose, che si contengono nell'arte magica o negromantia, e replicando il medesimo Fiorentino che, se fosse vero, i principi e potenti huomini nel mondo acquisterebbero tutto, rispose e disse, che non s'acquistano, perchè non sono in tutto il mondo tre astrologi, che sappiano servirsi bene di quell'arte, e questo disse aver detto per se medesimo, perchè fece più in quell'arte astrologica che alcun altro, che fosse stato da Tolomeo in qua —

— Pronunciamo in questi scritti il predetto maestro Cecco eretico a sentire questa sentenza e costituto in nostra presenza, di essere ricaduto nella cresia abiurata e di essere stato relasso, e per questo doversi rilassare al giudizio secolare, e lo rilasiamo al nobil soldato e cavaliere illustrissimo signor Jacopo da Brescia, vicario fiorentino di questo ducato presente e recipiente, che lo debba punire con debita considerazione, e di più che il suo libretto e scritto superstizioso pazzo e negromantico fatto dal detto maestro sopra la sfera, pieno di eresie, falsità e inganne, et un cert' altro libretto volgare intitolato Acerbo, il nome del quale esplica benissimo il fatto, avenga che non contenga in se maturità o dolcezza alcuna cattolica, ma v' abbiamo trovato molte acerbità eretiche, e principalmente quando v' include che si appartengono alla virtù e costume che riduce ogni cosa alle stelle come in causa, e dannando i loro dogmi e dottrine e riprovandoli, deliberiamo e comandiamo per sentenza doversi abbrucciare, et al eretico desiderando togliere la vena della fonte pestifera per qualsivoglia meato derivino —

Il sopradetto signor vicario immediatamente e senza dilazione mandando per il capitano e sua famiglia il predetto maestro Cecco al luogo della giustizia dinanzi ad una moltitudine grande radunata di popolo in quel luogo, lo fece abbrucciare, come richiedevano li suoi errori, sino alla morte sua penale, et a terrore et esempio di tutti gli altri, come riferiscono di aver visto con li proprii occhi signor Vandi dal Borgo, Borghino di Maestro Chiarito dal Prato, Manovello di Jacopo e Giovanni Serafino, familiari dell' Uffizio, andando all' istesso luogo, come in Firenze e publico e per evidenza del fatto manifesto.

VI.

Verurteilung des Karmelitermönchs Petrus Recordi wegen Zauberei (1329 Januar 17).

Vgl. oben S. 507, 514.

(Archives de l'Inquisition de Carcassonne. — Doat, XXVII. fol. 150.)

In nomine Domini amen. Quoniam nos frater Dominicus, Dei gratia et apostolicæ sedis Appamiæ episcopus, et fratres Henricus de Chamayo Carcassonæ et P. Bruni Tholosanus ordinis Prædicatorum inquisitores hæreticæ pravitatis in regno Franciæ auctoritate apostolica deputati, per tuam confessionem propriam in judicio legitime factam coram reverendo patre in Christo domino Jacobo, tunc Appamiæ episcopo nunc vero Sedis Apostolicæ cardinalis[1]), et postmodum coram nobis per te recognitam, et etiam duobus vicibus confirmatam legitime invenimus et nobis constat, quod tu, frater Petrus Recordi, ordinis beatæ Mariæ de Carmelo, a quinque annis ante confessionem per te factam in judicio de infrascriptis et citra diversis temporibus et locis, diabolico seductus consilio et libidinis ardore succensus, voto castitatis, quod in professione tui ordinis emiseras, pro dolor! violato, multa gravia et enormia commisisti sortilegia hæresim sapientia, modis et conditionibus variis et abominabilibus, etiam recitatione indignis, et inter alia quinque imagines cereas diversis temporibus successive fecisti et fabricasti, multas et diversas dæmonum conjurationes et invocationes dicendo, dum dictas imagines fabricabas, et quamplurima venenosa etiam immiscendo, et sanguinem bufonis terribili et horribili modo extractum infra dictas imagines infundendo et ipsas imagines supra unam tabulam tapazeto vel panno coopertam prostratas de sanguine narium tuarum in ventre spargendo et etiam de saliva tua immiscendo, intendens per hoc diabolo sacrificare, quas imagines sic factas et aliis modis recitatione indignis ponebas clandestine in limine hospitiorum aliquarum mulierum, quas cognoscere volebas carnaliter, et de quarum numero tres isto modo habuisti et carnaliter cognovisti et duas alias cognovisses carnaliter, nisi de loco ad locum per ordinem tuum transmissus fuisses; et cognitis eisdem mulieribus et cum eis actu luxuriæ perpetrato,

---

1) Jakob Fournier (später Papst Benedikt XII.) war am 18. Dezember 1327 zum Cardinal von S. Prisca befördert, vorher aber von Pamiers (1317 bis 1326) nach Mirepoix (1326 März 3) versetzt worden (vgl. Eubel, Hierarchia catholica 1198—1431 S. 44, 94, 360). Der Prozess des Peter Recordi muss also jedenfalls mehrere Jahre gedauert haben.

dictas imagines recipiens easdem in flumine jaciebas et unum papilionem dabas diabolo in sacrificium, et ejusdem diaboli praesentiam per ventum aut alias sentiebas, credens dictas imagines habere virtutem astringendi dictas mulieres ad amorem tui vel, si consentire nollent, per daemones affligendi, et in dicta credentia stetisti per sex annos vel circa, usque captus fuisti. Item quamdam de imaginibus praedictis in ventre percussisti, et inde sanguis exivit. Item cuidam personae, quam sciebas esse de haeresi culpabilem, in muro de Alemannis detentae favorem impertivisti, quamdam cedulam manu tua scriptam, cum qua se defenderet, scribendo et tradendo eidem, et multa alia sortilegia commisisti, quae prolixum esset referre et audientibus forte taediosum. Multociens in confessionibus tuis variasti et revocasti eas saepius contra juramentum proprium temere veniendo. Demum tamen ad cor rediens ad istas confessiones pristinas redeundo et eas ratificando et approbando tanquam veras, dixisti te corde et animo poenitere et velle redire ad viam veritatis et sanctae matris ecclesiae unitatem, supponens te humiliter misericordiae ejusdem sanctae matris ecclesiae ac nostrae, et petens absolutionis beneficium a sententia excommunicationis, quam pro praemissis culpis incurreras, tibi per nos misericorditer impendi, offerendo te paratum portare et complere humiliter pro posse poenitentiam, quam pro praedictis et aliis per te commissis tibi duxerimus injungendam. Idcirco nos episcopus et inquisitores praefati, attenta gravitate culparum tuarum praedictarum et aliarum, quae commisisti, et revocationes varias, quas fecisti, considerantes rectae intentionis oculo quod, si talia nefanda crimina transirent impune, forsitan ad eadem vel similia imposterum iteranda facilius relabereris et mala malis ultimaque pejora prioribus aggregares; quodque si austeritatem justitiae et rigorem apud te vellemus cum totali severitate judicialiter exercere, gravibus poenis et quasi insupportabilibus punire deberes, quia tamen ecclesia non claudit gremium redeunti humiliter misericordiam et gratiam postulanti, aestimantes et per experientiam aestimantes, te corde bono et intentione non ficta demum fuisse confessum et recognovisse de te et aliis veritatem, necnon toto posse ad promotionem negotii inquisitionis existens in carcere cum quibusdam personis de haeresi culpabilibus et delatis, veritatem super dicto crimine celantibus et confiteri nolentibus, ad confitendum multipliciter induxisti multaque gravia, quae ab ipsis audiveras, revelare curasti, de quibus in fidei negotio et dictae inquisitionis officio bonum spirituale non modicum provenit et in futurum etiam provenire poterit, Domino annuente, propter quod majori gratia et misericordia te reddidisti in hoc casu spiritualiter digniorem, et insuper pensato · dicti ordinis tui honore, cui quantum bono modo poterimus deferre volumus, et ipsius confusionem effugere, gratiose in facto hujusmodi procedentes, te praefatum fratrem Petrum Recordi a sententia excommunicationis, qua ligatus eras pro culpis praedictis, abjurata primitus per te in judicio coram nobis omni imaginum talium indebita fabricatione, adoratione et daemonum sacrificiis et immolatione, ac credentia sortilegiorum aliorum quorumcumque haereticam sapientium pravitatem, et aliam quamcumque et specialiter omnem fautoriam haereticorum et etiam haeresim necnon credentiam et receptationem et fautoriam sortilegorum et haereticorum quorumcumque, de peritorum consilio super hoc habito misericorditer duximus absolvendum, et sedentes pro tribunali, sacrosanctis Dei evangeliis positis coram nobis, ut de vultu Dei nostrum prodeat judicium, et oculi nostri videant æquitatem, rectum quoque appareat coram ipso, hac die loco et hora præsentibus tibi per nos peremptorie assignatis, de prædictorum peritorum consilio, in et cum his scriptis, per hanc nostram diffinitivam sententiam dicimus et pronunciamus, te fuisse sortilegum ac immolatorem dæmonum et fautorem hæreticorum et te tanquam talem et corde non ficto ut asseris pœnitentem et ad sinum matris ecclesiæ reversum, et nostris mandatis obedire paratum, promittentemque pro posse tuo complere pœnitentiam tibi per nos injungendam, in et cum eisdem præsentibus scriptis te primitus omni sacerdotali et quocumque alio ecclesiastico seu clericali ordine dicimus et decernimus degradandum, et te sicut præmittitur postquam degradatus fueris ad agendum pœnitentiam pro commissis ex nunc pro tunc et ex tunc pro nunc ad perpetuum carcerem in Tholosano conventu tui ordinis tibi per nos deputatum sententialiter condemnamus et etiam adjudicamus; in quo quidem carcere in vinculis et compedibus ferreis detineri et panem et aquam dumtaxat pro omni cibo et potu tibi ministrari volumus et mandamus, ut ibidem perpetuo peccata tua defleas et panem pro cibo doloris et aquam pro potu tribulationis habeas et recipias patienter; ita quod vivere inibi sapiat tibi mortem, et mors quam ibi tuleris tibi vitam tribuat sempiternam. Verum si, quod absit et Deus avertat, te in posterum, antequam ad dictum carcerem venias vel in ipso fueris intrusus, diabolico instinctu fugere contigerit vel ipso carcere modo quolibet exire vel frangere absque nostro speciali mandato vel licentia et negligere aut non complere pœnitentiam prædictam tibi per nos impositam, volumus, ordinamus, et præsentis scripti serie declaramus absolutionem per nos et gratiam tibi factam penitus esse nullam, et te tanquam impœnitentem ficteque et dolose conversum pristinæ excommunicationis vinculo fore totaliter irretitum. Porro, ne priores et fratres dicti conventus, ubi fueris in carcere detrusus, negligenter aut scienter te permiserint evadere vel licentiam dederint evadendi vel procurantibus assenserint, opem vel auxilium dederint scienter, protestamur eisdem et auctoritate qua fungimur nobis et nostris in officio successoribus potestatem specialiter reservamus procedendi contra ipsos et eorum quemlibet, prout de jure, stylo, cursu, usu et privilegiis inquisitionis fuerit procedendum; retinemus autem nobis et nostris in hoc officio successoribus liberam potestatem et auctoritatem mutandi in dicta pœnitentia et eam mitigandi vel minuendi vel ipsam totaliter remittendi, si et quando et prout de peritorum consilio nobis visum fuerit faciendum, et in favorem tui ordinis super degradatione actualiter facienda de speciali gratia dispensamus, et dictam degradationem facere nec fieri volumus ob reverentiam ordinis memorati. Lata fuit hæc sententia anno Domini MCCC vicesimo octavo, die Martis in crastino festi s. Marcelli (17. Jan. 1329), indictione XII., pontificatus sanctissimi patris et domini, domini Joannis divina providentia papæ XXII. anno decimo tertio, in aula episcopali urbis Appamiæ, præsentibus venerabilibus et discretis viris (sequuntur 43 nomina), testibus .. et notariis. . . .

VII.

P. Johann XXII. ersucht den Erzbischof von Toulouse und seine Suffragane sowie den Inquisitor von Toulouse, die schwebenden Zaubereiprozesse zu Ende zu führen und die Akten nach Avignon zu schicken; er verbietet dem Inquisitor, bis auf weiteres neue Zaubereiprozesse zu beginnen (1330 November 4).

Vgl. oben S. 512.

(Archives des Frères-prêcheurs de Toulouse. — Doat, XXXIV. fol. 181.)

Johannes episcopus, servus servorum Dei, venerabilibus fratribus archiepiscopo Tholosano ejusque suffraganeis et dilecto filio inquisitori hæreticæ pravitatis in regno Franciæ per sedem apostolicam deputato, Tholosæ residenti, salutem et apostolicam benedictionem. Dudum venerabilis frater noster Guillelmus episcopus Sabinensis scripsit tibi, fili inquisitor, de mandato nostro per suas litteras in hac forma:

Guillelmus miseratione divina episcopus Sabinensis religioso viro inquisitori hæreticæ pravitatis in partibus Tholosanis salutem in Domino sempiternam. Sanctissimus pater noster et dominus, dominus Johannes divina providentia papa vicesimus secundus, optans ferventer maleficos infectores gregis dominici effugare de medio domus Dei, vult, ordinat vobisque committit, quod auctoritate sua contra eos, qui dæmonibus immolant vel ipsos adorant aut homagium ipsis faciunt, dando eis in signum cartam scriptam seu aliud quodcumque, vel qui expressa pacta obligatoria faciunt cum eisdem, aut qui operantur vel operari procurant quamcumque imaginem vel quodcumque aliud ad dæmonem alligandum seu cum dæmonum invocatione ad quodcumque maleficium perpetrandum, aut qui sacramento baptismatis abutendo imaginem de cera seu re alia factam baptizant sive faciunt baptizari, seu alias cum invocatione dæmonum ipsam fabricant quomodolibet aut faciunt fabricari, aut si scienter baptismus seu ordo vel confirmatio iterantur; item de sortilegis et maleficis, qui sacramento eucharistiæ seu hostia consecrata necnon et aliis sacramentis ecclesiæ, seu ipsorum aliquo, quoad eorum formam vel materiam utendo eis in suis sortilegiis seu maleficiis abutuntur, possitis inquirere et alias procedere contra ipsos, modis tamen servatis, qui de procedendo cum prælatis in facto heresis vobis a canonibus sunt præfixi. Ipse namque dominus noster præfatus potestatem inquisitoribus datam a jure, quoad inquisitionis officium contra hæreticos necnon et privilegia ad prætactos casus omnes et singulos ex certa scientia ampliat et extendit, quoadusque duxerit revocandum. Nos itaque præmissa omnia vobis significamus per has nostras patentes litteras de præfati domini nostri papæ speciali mandato, facto nobis ab ipso oraculo vivæ vocis. Datum Avenione die vicesima secunda mensis Augusti anno Domini MCCC vicesimo, pontificatus prædicti domini papæ anno quarto.

Sane noviter intellecto, quod errores et abominationes in eisdem litteris comprehensi in partibus illis, de quibus in litteris ipsis habetur mentio, adhuc vigent, nos cupientes super ipsis, ne deinceps pullulent, plenius providere, discretioni vestræ præsentium tenore committimus et mandamus, quatinus omnes inquisitiones, quas auctoritate litterarum hujusmodi vos, fratres archiepiscope et suffraganei, prout quemlibet vestrum tangit, et tu inquisitor præfate, cum singulis eorundem insimul, vel tu inquisitor solus per teipsum inchoastis, si completæ non fuerint, vos, archiepiscope et suffraganei, quilibet vestrum videlicet in sua diocesi per se vel alium, quem ad hoc deputandum duxeritis, et tu, inquisitor prædicte, insimul celeriter compleatis; quas postquam compleveritis, una cum illis, quæ jam per te solum, præfate inquisitor, forsitan sunt completæ, nobis sub vestris sigillis fideliter interclusas quanto citius poteritis transmittatis, ut eis visis quid faciendum sit tam super illis, de quibus fuerit inquisitum, quam super omnibus cæteris, de quibus nondum est inceptum inquiri, plenius et certius, auctore domino, disponamus. Tu vero, inquisitor prædicte, super illis, de quibus adhuc inquirere non cœpisti prætextu dictarum litterarum, nisi forsan aliud a nobis receperis in mandatis, te nullatenus intromittas. Per hæc autem non intendimus vobis vel vestrum alicui quantum ad illa, quæ a jure vobis alias sunt permissa, in aliquibus derogari. Datum Avinione secundo Nonas Novembris, pontificatus nostri anno decimo quinto[1]).

VIII.

Beschluss des Rates von Venedig in Sachen der Hexen von Brescia (1521 März 21).

Vgl. oben S. 612.

(Archivio di Venezia, Misti Cons. X. Vol. 44, p. 7.)

1521, die 21. Martii in Cons. X. cum additione. È sta sempre instituto del religiosissimo stato nostro in scontar li heretici et extirpar cussi detestando crimine, siccome nella promission del serenissimo principe et capitular de conseieri nei primi capituli se leze. Dal che sine dubbio è processa la protectione che sempre el signor Dio ha havuta della republica nostra, come per infinite experientie de tempo in tempo se ha veduto. Unde essendo in questa materia de i strigoni et heretici da proceder cum gran maturità, però l'andarà parte che chiamado nel collegio nostro el rev^{mo} legato intervenendo i capi di questo conseio li sia per el ser^{mo} prencipe nostro cum quelle grave et accomodate parole pareranno alla sapientia de sua serenità dechiarito, quanto l'importi che questa materia sia cum maturità et justicia rite et recte et per ministri, che manchino de ogni suspitione, tractata et terminata in forma che iuxta la intention et desiderio nostro tutto passi iuridicamente et cum satisfaction dell' honor del signor dio et della fede catholica. E però ne par debino esser deputadi ad questa inquisitione uno o doi reverendi episcopi insieme cum uno venerabile inquisitor, i qual tutti siano de doctrina, bontà et integrità prestanti ac omni exceptione majores. Azò non se incorri nelli errori vien ditto esser seguiti fin questo jorno et unitamente cum doi excellenti doctori de Bressa habbino a formar legitime i processi contra i dicti strigoni et heretici. Formati veramente i processi (citra tamen torturam), siano portati a Bressa, dove per i predicti cum la presentia et intervento de ambi li rectori nostri et cum la corte del podestà et quattro altri doctori de Bressa della qualità sopradicta: siano lecti essi processi facti cum al dir etiam i rei et intender, se i ratificheranno i loro dicti o se i voranno dir altro

---

[1]) Das entsprechende Schreiben an den Erzbischof von Narbonne und den Inquisitor von Carcassonne ist gedruckt bei Hansen, Quellen S. 6.

nec non far nove examinatione o repetitione et etiam torturar, se cussi indiciaranno. Le quel cose facte cum ogni diligentia et circumspectione, se procedi poi alla sententia per quelli a chi l' appartien, iuxta el conseio dei sopranominati. A la execution de la qual servatis omnibus premissis et non aliter, sia dato el brachio secular; et questo che se ha a servar neli processi da esser formati nel advenir, sia medesimamente servato et exequito neli processi formati per avanti; non obstante che le sententie fusseno sta facte sopra de quelli. Preterea sia efficacemente parlato cum dicto rev^{mo} legato e datogli cargo che circa la spese da esser fatte per la inquisitione el facci tal limitatione che sia conveniente e senza extorsion o manzarie, come se dice esser sta facte fin al presente. Sed in primis se trovi alcun expediente, che lo appetito del danaro non sia causa de far condennar o vergognar alcuno senza aver cum minima culpa, sicome vien divulgato finhora in molti esser seguito. Et deve cader in consideratione, che quelli poveri di Valcamonica sono gente simplice et de grossissimo inzegno, et che hariano non minor bisogno de predicatori cum prudente instructione della fede catholica, che de persecutori cum animadversione, essendo uno tanto numero de anime quante se ritrovano in quelli monti e vallade.

Demum sia suaso el rev^{mo} legato a la deputation de alcune persone idonee, qual habbino ad reveder et investigar le manzarie et altre cose mal fatte, che fusseno sta commesso fin questo jorno ne la inquisitione, et che habbino ad syndicar et castigar quelli che havesseno perpetrati de i mancamenti, che si divulgano cum murmuration universale. Et questo sia facto de presenti senza interposition de tempo per bon exemplo de tutti.

Et ex nunc captum sit: che da poi facta la presente execution cum el r^{mo} legato se vegni a questo conseio per deliberar, quanto se havrà ad scriver alli rectori nostri de Bressa et altrove sicome sarà indicato necessario. Et sia etiam preso, che tutte le pignoration ordinate et facte da poi la sospension presa a dì XII. Dicembre proximo preterito in questo conseio siano irrite et nulle, ne haver debbino alcuna executione.

De parte — 24. De non — 1. Non sinceri — 2.

IX.

Geständnis eines Ablasskrämers (1289 März 28).

Vgl. oben S. 699.

(Doat, XXVI. fol. 314.)

Anno Domini MCCLXXXIX quinto Kalendas Aprilis Berengarius Pomilli, clericus uxoratus de Narbona, predicator questuarius, citatus comparuit Carcassone coram fratre Guillelmo de Sancto Secano inquisitore, et juratus super sancta Dei evangelia dicere veritatem, requisitus per dictum inquisitorem sponte recognovit et dixit, quod officium questuarii exercuerat pro fabrica pontium et ecclesiarum et pro aliis negotiis triginta annis vel circa in diocesi Carcassone et Narbone et quibusdam aliis. Dixit etiam, quod in diocesi Carcassonensi infra annum pluries predicavit publice clero et populo, dum missa solemniter celebrabatur, et inter alia predicavit, ut dixit, quod qui daret ei pro hospitali Sancti Johannis unam poneriam bladi, pro dicta mensura haberet triginta missas. Item dixit quod crux, in qua pependit dominus Jesus Christus et quam portavit in suis humeris, erat adeo magna et tanti ponderis, quod decem homines essent onerati de ea portanda. Item dixit quod, cum beata Virgo staret ad pedem crucis, ad preces ipsius crux inclinata est ad eam versus terram, et ipsa osculata est pedes et manus filii sui, dum penderet in dicta cuce, et iterato crux se erexit. Dixit etiam, quod beata Maria Magdalena quandocumque esset peccatrix et exposita operibus luxurie, non tamen se exponebat hominibus effectu libidinis vel desiderio voluptatis carnalis, sed cum ipsa vocaretur Maria et Christus debebat concipi et nasci de Maria, credebat quod Christum debebat concipere et parere, et se diversis hominibus exponebat. Dixit etiam se predicasse quedam fabulosa de purgatorio et de liberatione animarum benefacto eleemosinarum et missarum, que tamen in scriptura (non) reperiuntur, sed dixit se a bonis hominibus audivisse; et ista predicavit in presentia fratris Berengarii de ordine hospitalis sancti Johannis, qui moratur Narbone. Requisitus, si predicta que superius scripta sunt, credit et credidit esse vera, respondit quod non, sed falsa et mendosa et erronea, sed ea predicavit, ut moveret homines, quod darent sibi aliquid. Dixit etiam, quod predicta predicavit in ecclesiis de Podio-Nauterio, de Aragone, de Villasicca, de Sancta Eulalia, de Comelano, de Monteclaro, de Roffiaco. Inquisitus, si intelligit latinum, respondit quod non. Super quibus petivit penitentiam et indulgentiam, quam predictus inquisitor voluerit sibi injungere. Hec deposuit coram predicto inquisitore, presentibus fratribus de Leva, Petro Regis, Joanne de Felgosio, ordinis fratrum Predicatorum, et me Raimundo de Malveriis, notario inquisitionis, qui hec scripsi et recepi.

Druckfehler, Berichtigungen und Zusätze.

(Vgl. Band II, S. X.)

Zu Band I, S. 350 vgl. P. Braun, Die Bekämpfung der Ketzerei in Deutschland durch die Päpste bis zum Laterankonzil von 1215 (Archiv für Kulturgeschichte IX [1911], 475).

Zu Band II, S. 398. Über den Ursprung der Beginen vgl. jetzt Greven, Die Anfänge der Beginen (1912), und dazu G. Kurth, De l'origine Liégeoise des béguines (Extrait des Bulletins de l'Académie royale de Belgique, 1912, Nr. 7).

S. 402, Anm. 2. Arens in der Zeitschr. für Kirchengeschichte XXXIII (1912), S. 84 ff., tritt für 1277 als Jahr der Trierer Synode ein.

S. 416, Z. 3 v. u. Das Provinzialkonzil in Köln fand 1307 statt.

S. 434. Flagellanten 1349, vgl. dazu Berlière, in der Revue Bénédictine XXV (1908), 334 ff.

S. 487. Zum Vorgehen der römischen Kurie gegen Luther vgl. Pastor, Geschichte der Päpste IV[1] (1906), 247 ff.; Kalkoff, in der Zeitschr. für Kirchengeschichte XXXI—XXXIII (1910—12); Barge, Das Vorgehen der Kurie gegen Luther, 1518—21 (Neue Jahrbücher für klass. Altertum, Geschichte usw. XIV [1911], 277 ff.).

S. 508. Vgl. J. Martinu, Die Waldesier und die husitische Reformation in Böhmen (Wien, 1910).

Zu Band III, S 5 Anm. 1. Das Chronicon fratris Jordani ist neu herausgegeben von H. Böhmer, Collection d'études et de documents VI (Paris, 1908).

S. 4. Zum Armutsstreit vgl. K. Balthasar, Geschichte des Armutsstreits im Franziskanerorden bis zum Konzil v. Vienne (1911).

S. 58. Zu Arnald von Villanova vgl. P. Diepgen, Arnald von Villanova als Politiker und Laientheologe (1909); zu seiner Schrift über die Verwerflichkeit der Zauberei vgl. Diepgen, im Archiv für Kulturgeschichte IX (1911), 385 ff.

S. 71, Anm. 1. Zur 'Cronica delle tribolazioni' vgl. F. Tocco, in den Rendiconti della r. Accademia dei Lincei, Serie V, Bd. 17 (1908).

S. 380. Zu Johann Petit vgl. C. Kamm, in der Römischen Quartalschrift 26 (1912), S. 1.

S. 576, Anm. 1: lies Rotomagense statt Rotamagense.

S. 646. Vgl. A. Gottron, Ramon Lulls Kreuzzugsideen (Berlin 1912).

Register zu Band I—III.

A.

Abälard, „Sic et Non" I. 62.
Abendmahl, hl., — siehe Eucharistie.
Abessinien, Dominikaner-Missionen in, I. 334.
— Inquisition in, I. 398.
Ablässe, Lehre über die, I. 46.
— vollkommene, I. 47; II. 6. 39.
— Verkauf der, I. 49 f.
— gegen die Kirche angewendet, I. 206.
— für Inquisitoren, I. 268.
— für Missionstätigkeit, I. 333.
— verworfen von Johann Vitrier, II. 152.
— — von den Waldensern, II. 168.
— — von Luther, II. 485.
— — in Prag, 1393, II. 501.
— — von den Wiclifiten, II. 504.
— — von Huss, II. 514.
— Widerstand des Volkes gegen die, II. 515.
— verliehen von Johann XXII., III. 74.
— dem Savonarola auf dem Scheiterhaufen gewährt, III. 265.
— Missbräuche, III. 276 f.
— als Entgelt für die Einführung der Folter dem Könige Eduard von England angeboten, 1310, III. 340.
— für die Verfolgung der Hexen, III. 610.
Ablasskrämer — siehe Quaestuarii.
Ablehnung des Richters, I. 502.
Abruzzen, Zufluchtsstätte der Katharer, II. 276.
Abschwörung der Büssenden beim Autodafé, I. 438.
— der Verdächtigen, I. 510.
— der geständigen Ketzer, I. 511. 512.
— auf dem Scheiterhaufen, I. 606.
— ihre Notwendigkeit, II. 543.
— gefordert von Huss, II. 554. 556.
— in umgeänderter Form dem Huss angeboten, II. 557 f.

Abschwörung des Hieronymus von Prag, II. 569.
— der Johanna d'Arc, III. 418.
— bei Zauberei, III. 558.
— nicht gefordert von Savonarola, III. 264.
— — von Gilles v. Rais, III. 542.
Abschwörungsformeln, II. 559.
Absetzbarkeit der Inquisitoren, I. 385.
Absolution, allgemeine, I. 46.
— Zusammenwirken von Bischof und Inquisitor bei der, I. 376.
— der Familiaren, I. 426
— gegenseitige, der Inquisitoren, I. 471.
— priesterliche, unnütz, I. 516.
Abundia, Domina, Nachtgespenst, III. 552. 597.
Abwesende, Verfahren in absentia gegen, I. 449.
— Konfiskation ihres Vermögens, I. 564.
Acciajuoli, ihre Schulden bei Clemens VI., II. 312.
Accon, Fall von (1291) III. 277.
Accursio, Frà, Inquisitor v. Florenz, sein Verfahren gegen die Ghibellinen, III. 228.
— verbrennt Cecco v. Ascoli, III. 500.
Accusatio, I. 347. 447.
Acerinus, hl., I. 514.
Achaia, Templer verfolgt in, III. 324.
Ad conditorem, Bulle Johanns XXII. vom 8. Dezember 1322, über die Frage der Armut des Franziskanerordens, III. 149.
Ad extirpanda, Bulle Innocenz' IV. vom 15. Mai 1252, über die Verfolgung der Ketzer, I. 377. 380. 471. 571; II. 242; III. 216. 486.
Ad providam, Bulle Clemens' V. vom 2. Mai 1312, über die Aufhebung des Templerordens, III. 366.
Adalbert, Bischof, lehrt die Anrufung unbekannter Engel, III. 464.

Adam, angebl. Inquisitionsverfahren gegen, I. 452.
— v. Bremon, seine Schilderung der nördlichen Kirche, III. 207.
— v. Como, Inquisitor, seine Strenge, II. 275.
— von Marisco (Marsh), Franziskaner, sein Glaube an Pseudo-Joachim, III. 15.
Adamiten in Böhmen, II. 590.
Adeline, Wilhelm, Professor in Paris, wegen Zauberei zu lebenslänglicher Gefangenschaft verurteilt (1453) III. 572. 575. 598.
Adoptianismus, I. 243.
Advokaten, der Ketzer, Strafe für, I. 360.
— dem Angeklagten verweigert, I. 496; II. 546; III. 329.
— Gefahren für, I. 497; III. 578.
— vom Inquisitor ernannt, I. 499; III. 578.
— der Johanna d'Arc angeboten, aber von ihr abgelehnt, III. 414.
Ächtung der Ketzer, I. 358. 360; II. 219.
Ägidius, dritter Schüler des hl. Franziskus, I. 295; III. 4. 30.
— Erzbischof v. Bourges, arm gemacht durch Clemens V., I. 19.
— Cantor, Gründer der Sekte der „homines intelligentiae" in Brüssel, II. 461.
— v. Cortenuova, Graf, beschützt die Ketzer, II. 248.
— Erzbischof v. Narbonne, verurteilt Olivisten, 1299, III. 55.
— Romanus (Columna), Gegner des Averrhoismus, angeklagt in Paris (1285) III. 629 f.
Ägypten, Glaube an Incubi, III. 434.
— Glaube an Ligaturen, III. 471.
— Magie in, III. 438.
Aeneas Sylvius — siehe Pius II.
Ärzte, Waldenser als, II. 163.
Äsir, ihre Zaubermacht, III. 455.
Affirmative apostoli, I. 504.
Afrika, Inquisition in, I. 397.
Agnus dei, III. 462.
Agobard, hl., Erzbischof von Lyon (814 bis 841) leugnet die Zauberei, III. 467.
Agostino Luciano, Bischof der Calixtiner, II. 644.
Agrippa von Nettesheim, Cornelius, über den Verdacht der Ketzerei, I. 509.
— sein Glaube an Joachim, III. 13.
— verteidigt eine Hexe, III. 609.
Ahriman, Einfluss der Idee des, III. 429.
Aicardus, Erzbischof v. Mailand, leitet das Verfahren gegen Matteo Visconti, III. 225.

Aikonhead, gehängt wegen Ketzerei (1696) I. 396.
Aimeric Castel, Sohn des Castel Fabri, II. 74. 78. 97. 100 110. 654.
Aimery de Collet, Katharerbischof, II. 28.
Akademie von Rom, III 636.
Akkads, wollüstige Geister der, III. 434.
Akten — siehe Protokolle
Alaman v. Roaix, Ketzer, I. 569. 616.
Alanus v. Lille, Doctor universalis, widerlegt die Waldenser, I. 87.
— leitet den Namen Katharer von Kater ab, III. 554.
Albanesen (Albanenser), Katharer-Sekte, I, 127; II. 219.
Albanien, Inquisitor gesandt nach, II. 353.
— griechische Kirche in, III. 692, 694.
Albano, Peter v. Colmieu, Kardinal v., I. 318. 372. 414; III. 480.
Alberich v. Ostia, Kardinallegat, widerlegt Eudo v. Stella, I. 72.
— verfolgt Heinrich v. Lausanne, I. 77.
Alberich von Romano (Bruder Ezzelinos), seine grausame Hinrichtung, II. 257.
Albericus, erster Inquisitor in der Lombardei, 1232, II. 228.
Albero v. Merheim, Priester, seine Ketzerei, I. 68.
Albert, Herzog v. Sachsen, beschützt Gregor v. Heimburg, II. 476.
— Cattaneo, Archidiakon v. Cremona, päpstl. Nuntius und Kommissar, sein Kreuzzug gegen die Waldenser, II. 179. 300.
— v. Halberstadt, Bischof, wegen Ketzerei verurteilt, II. 445.
— v. Kempen, Inquisitor, verbrennt Martin v. Mainz, II. 448.
— v. Pisa, Franziskaner-General, III. 8.
Albertini, Arnaldus, Inquisitor v. Valencia, Anhänger des Lullus, III. 659.
Alberto, Johann, Inquisitor v. Turin, Widerstand gegen seine Inquisition, II. 292.
Albertus Magnus, über die Ortlieber, II. 367.
— besiegt Wilhelm v. Saint-Amour, III. 25.
Albi, Henricianer in, I. 77.
— Kampf gegen die Katharer in, I. 129.
— Streit zwischen Bischof und Inquisitor, I. 406.
— der Viguier v, rechtsunfähig gemacht, I. 424.
— Bestechung des Inquisitors v. Carcassonne durch die Gemeinde, I. 535.

Albi, Inquisition in, II. 10.
— Aufstand, 1234, II. 13.
— Eifer gegen die Ketzerei, II. 43.
— appelliert an Philipp III., den Kühnen (1280) II. 63.
— Streit mit Bischof Bernhard, II. 73. 84.
— Verhaftung von Bürgern, 1299, II. 76. 82. 87. 89.
— Verfolgung der Dominikaner, II. 88.
— Unterbrechung der Verfolgung, II. 94.
— rettet sich durch Bestechung, II. 97.
— Bittschrift des Klerus gegen die Inquisition, II. 98. 651.
— Bittschrift der Geistlichen an die Kardinäle betr. Klagen über die Inquisition, II. 98. 651.
— Zustand des Gefängnisses in, II. 101.
— Gefangenen von, Verzögerung in ihren Prozessen, II 102. 652.
Frage bezüglich ihrer Schuld, II. 112.
— „Versöhnung" v., II. 111.
— Bischof v., eingekerkert, I. 135.
sein Anteil an den Konfiskationen I. 577.
— Konzil v. (1254) regelt die Inquisition, I. 355. 381. 392. 425. 483. 486 496. 531. 547. 568. 590; II. 54.
Albigenser, Name für Katharer, I. 127.
— -Kreuzzüge, I. 162.
Albik v. Unicow, Erzbischof v. Prag, II. 511.
Albizio, Kardinal, über Ketzerverbrennung, I. 599.
— über politische Ketzerei, III. 224.
Albrecht v. Österreich, König v. Böhmen, seine Regierung, II. 615.
Alchimie, nicht als Verbrechen angesehen, III. 538.
— Hilfe Satans dazu nötig, III. 491. 532.
— von Arnald v. Villanova betrieben, III. 57.
— Ansicht des Lullus über, III. 650.
Alcoran des Cordeliers, I. 293.
Aldhelm, hl., seine Probe der Enthaltsamkeit, III. 123.
Aldobrandini, Accursio, Fall des, I. 483.
— Frà, Inquisitor, verfolgt Armanno Pongilupo, II. 272.
Alexander II., Papst (1061—73) seine Laxheit, I. 36.
Alexander III., Papst (1159—81) befreit die Templer von den Erpressungen der päpstlichen Legaten, I. 19.
— über die Verleihung von Pfründen an Minderjährige, I. 28.
— regelt die Testamente, I. 33.
— tritt für die Exemtion der Mönche ein, I. 39.

Alexander III., seine Milde gegen die Katharer, I. 124. 246.
— seine Massregeln gegen die Ketzerei, I. 130
— verbietet die Gottesgerichte, I. 343.
— seine Unsicherheit hinsichtlich der Bestrafung der Ketzer, I. 345.
— seine Milde gegen Zauberei, III. 475.
Alexander IV., Papst (1254—61) begünstigt die Bettelmönche, I. 318.
— verurteilt Wilhelm v. Saint Amour, I. 321.
— seine Bulle von 1258 an die Franziskaner-Missionare, I. 333.
— beschränkt die Inquisition der Legaten, I. 356; II. 55.
— hebt die Mitwirkung der Bischöfe bei den Urteilen auf, I. 375.
— revidiert die Bulle Ad extirpanda, I. 380.
— zwingt Mantua zum Gehorsam gegen die Inquisition, I. 382.
— Fall des Capello di Chia, I. 384.
— über die Absetzbarkeit der Inquisitoren, I. 385.
— befiehlt die Gefangennahme des Niccolò da Vercelli, I. 443.
— gestattet den Inquisitoren die Anwendung der Folter, I. 471.
— lässt Ketzer als Zeugen zu, I. 486.
— mildert die Rechtsunfähigkeit der Nachkommen von Ketzern, I. 558.
— beansprucht die Konfiskationen, I. 571.
— suspendiert die Inquisition in Besançon, I 593; II. 133.
— Strafe für Rückfall, I. 611.
— über Rückfall in den Verdacht der Ketzerei, I. 612.
— über unerfüllte Bussen, I. 614.
— seine energische Förderung der Inquisition, II. 250.
— befiehlt den Kreuzzug gegen Ezzelin von Romano, II. 256.
— sein Verfahren gegen Uberto Pallavicino, II. 258. 259.
— betreibt eifrig die Unterdrückung der Ketzerei, 1258, II. 269.
— führt die Inquisition in Böhmen ein, II. 489.
— veranlasst Johann v. Parma zur Abdankung, III. 26.
— über die Frage der Armut, III. 30. 31.
— predigt den Kreuzzug gegen Manfred, III. 218.
— bewilligt der Inquisition eine beschränkte Jurisdiktion über Zauberei, III. 489 f.

Alexander IV., sein Verhalten gegen die griechische Kirche, III. 695.
— über Quaestuarii, III. 698.
Alexander V., Papst (1409—10) begünstigt die Bettelmönche, I. 328.
— sorgt für die Ausgaben der Inquisition, I. 596; II. 154.
— befiehlt die Verbrennung des Talmud, I. 622.
— befiehlt die Unterdrückung der Bücher Wiclifs, II. 506.
— befiehlt die Unterdrückung des Hussitismus, II. 511.
— seine Instruktion an den Inquisitor der Provence, Pontius Feugeyron, II. 175; III. 231.
Alexander VI., Papst (1492—1503) die von ihm verhängte Exkommunikation in Frankreich nicht beachtet, II. 152.
— duldet die Waldenser, II 180.
— sein Verfahren gegen Savonarola, III. 242—250. 262.
— befiehlt die Verfolgung der Hexen, III. 610.
— rehabilitiert Giovanni Pico della Mirandola, III. 641.
— geht der Frage der unbefleckten Empfängnis aus dem Wege, III. 673.
— sein Cynismus als Kardinal Rodrigo Borgia, III. 722.
Alexander VIII., Papst (1689—91) kanonisiert Capistrano, II. 633.
Alexander v. Alessandria, Franziskanergeneral, III. 67.
— v. Hales. über die Armut der Franziskaner, III. 9.
— v. Kempen, Inquisitor, verbrennt den Begardenführer Martin v. Mainz in Köln (1393) II. 448.
Alexianer, II. 398.
Alexius Comnenus bekehrt die Paulicianer, I. 100.
Alfons I., König v. Aragon, seine Vermächtnisse an die Ritterorden (1133) III. 271.
— der Wahrsagerei ergeben, III. 483.
Alfons II., König v. Aragon, verfolgt die Waldenser (1192) I. 89.
— verhängt die Konfiskation über die Begünstiger der Ketzerei, I. 562.
Alfons V., König v. Aragon, begünstigt den Lullismus (1415 u. 1449) III. 656.
Alfons IX., König v. Kastilien, gewinnt die Schlacht von Las Navas de Tolosa (1212) I. 189.
Alfons X., der Weise, König v. Kastilien, seine Gesetze über Ketzerei (1255) I. 248; II. 207.
Alfons X. über jüdische Bücher, I. 621.
— über geheime Künste, III. 484.
— über Leugnung der Unsterblichkeit, III. 627.
— als der Antichrist bezeichnet, III. 26.
Alfons XI., König v. Kastilien, behält die Templergüter in Besitz, III. 378.
Alfons I., König v. Neapel, sein Humanismus, III. 633. 634.
Alfons II., König v. Portugal, verfolgt die Ketzerei (1211) II. 213.
Alfons v. Poitiers, Graf v. Toulouse (1249—71) heiratet Johanna v. Toulouse (1237) I 231.
— verlangt die Verwendung von Synodalzeugen, I 355.
— wandelt die Konfiskationen um, I. 577.
— sein Eifer für die Inquisition, I. 581. 590. 591; II. 51.
— erweitert die Inquisitionsgerichtsbarkeit, III. 490.
— sein Tod, 1271, II. 60.
Alfons v. Almarzo, Benediktinerabt, seine Ketzerei, II 211.
Alfons v. Portugal, Ketzer, 1459 zu Lille verbrannt, II. 158.
Alfons v. Spina, über die Todesstrafe, I. 599.
— über die Lage in Spanien, um 1460, II. 211 f.
— erklärt die Astrologie für Ketzerei, III. 502.
— glaubt nicht an den Hexensabbat, III. 554.
Alfons Tostado, Bischof v. Avila, über die spanische Inquisition, II. 210.
Algisius, päpstlicher Pönitentiar, lässt Ketzer frei, I. 505.
— wandelt Strafen um, I. 529.
Alibi, Beibringung des, I 500.
Allart über die Einkünfte des Templerordens, III. 284.
Alma mater, Bulle Clemens' V. vom 4. April 1310, über die Vertagung des Konzils von Vienne, III. 336.
Aloutier, Johann, Dominikaner, leugnet die Sündlosigkeit der hl. Jungfrau, III. 674 f.
Altburg, Beguinen vertrieben aus, II. 470.
Altenesch, Schlacht bei (1234) III. 213.
Alter, für die Übernahme von Pfründen, I. 28; II. 495.
— für Inquisitoren, I. 418.
— der Verantwortlichkeit, I. 449. 487; II. 454.

Altes Testament, verworfen von den Katharern, I 101. 628.

Amadeus VI., Graf v. Savoyen, zur Verfolgung aufgefordert (1375) II. 171. 293.

— VII., Graf v. Savoyen, seine Lauheit (1387) II. 289. 294.

— VIII., Herzog v. Savoyen, zum Papst gewählt (Felix V.), 1439, II. 608.

— IX., der Heilige, Herzog v. Savoyen, bekehrt Ketzer auf gütlichem Wege, II. 298.

— v. Landi, sein Prozess, II. 305.

— v Lingonis, Inq. in Carcassonne, II. 147.

Amalrich v Bena, seine Ketzerei, II. 363

— beeinflusst den deutschen Mystizismus, II. 402. 408.

Amalricianer, ihre Unterdrückung, II. 364.

— ihre Lehre von den drei Zeitaltern, III. 19.

Amasis v. Ägypten, durch Zauberknoten gefesselt, III. 471.

Amauri v. Montfort, I. 207. 208. 209. 210. 212. 213. 221. 230.

Amaury v. Tyrus, Regent v. Cypern, verhaftet die Templer, III. 349.

Ambrosius, hl., exkommuniziert den Kaiser Maximus, I 240.

Amelius v. Toulouse bekehrt Katharer, I. 129.

Amiel v. Lautrec, Abt v. S. Sernin, seine angebliche Ketzerei, II. 144.

Amiel v. Perles, Katharer, I. 439; II. 114. 116. 271.

Amiens, Bischof v., weigert sich, Hexen zu verbrennen, III. 595.

Amistance, die, v. Narbonne, II. 14.

Amizzoni, Lanfranco de', Inquisitor, III. 111.

Amositen, Sekte der Böhmischen Brüder, II. 646.

Amselfeld, Schlachten auf dem (1389 und 1448) II. 347. 353.

Amulette, Reliquien getragen als, I. 53.

Anagni, Kommission v., verurteilt Joachim, 1255, III. 18. 24.

— Zunahme der Ketzerei in, 1258, II. 269.

Anathem, Verachtung des päpstlichen Anathems ist Ketzerei, III. 205.

Anbetung, bei den Katharern, ist ein wichtiger Beweis der Ketzerei, I. 105. 503. (Siehe auch Veneration.)

Ancona, Mark, Kongregation der Clarener in der, III. 44.

— Laxheit der Franziskaner in der, III. 38.

Ancona, Mark, Fraticellen verfolgt, III. 197. 198. 199.

Ancyra, Konzil v., 314, sein angeblicher Canon über den Sabbat, III. 551.

Andreani verspottet die Inquisition, zu Pisa verbrannt, II. 319.

Andreas II, König v. Ungarn, II. 333.

— v Caffa, Inquisitor der Tartarei, I. 398.

— Erzbischof v. Granea, beruft ein Konzil (1482) III. 252.

— Bischof v. Minorka, über die Verderbtheit der Kirche (1435) III. 716.

— v. Prag, verurteilt (1389) II. 501.

— Saramita, Guglielmite, III. 103. 105. 107. 108. 110. 111. 113. 114.

— v. Segna beschützt die Spiritualen, III. 44.

Andres, Abtei, ihr Streit mit ihrem Mutterhause Charroux, I. 25.

Angeberei, Notwendigkeit der, I. 456. 491. (Siehe auch Verrat)

Angeklagter, Verhör desselben, I. 458.

— Eingangseid desselben, I. 445.

Angola de la Barthe, ihr Satanskind, III. 435.

Angelo Ricciardino, Inquisitor, verfolgt die Waldenser, II 300.

Angelo v. Verbosa, Schüler des Jakob della Marca, II. 350. 357.

Angelsächsische Gesetzgebung über Zauberei, III. 473.

Angelus v. Clarino (v. Cingoli), seine Verurteilung, III. 36.

— seine Auswanderung, III. 42.

— seine Rückkehr nach Italien, III. 43.

— wird zum Führer der Spiritualen gewählt, III. 4.

— sein Urteil über die Clementinen, II. 105; III. 66.

— seine Friedfertigkeit, III. 70.

— abermals eingekerkert und freigelassen, III. 78.

— von den Olivisten als Apostat und Antichrist bezeichnet, III. 90

— sein Tod, 1337, und seine Seligsprechung, III. 71.

Angermünde, Luziferianer verbrannt in, 1336, I. 511; II. 425.

— Waldenser unterdrückt, II. 473.

Angrogna, Waldenser von, II. 221. 292. 300.

Anhalt, Flagellanten verbrannt in, II. 464.

Anjou, Zahl der Ketzer in, I. 140.

— Synode v. (1294) über Zauberei, III. 480.

Ankläger, entmutigt vom Inquisitor, I. 447.

Ankläger, Bürgschaft verlangt vom, I. 448.
Anklagen wegen Ketzerei, ihr politischer Nutzen, III. 216.
Annibaldo, Senator v. Rom, seine Gesetze gegen Ketzerei, I. 363.
— — nach Aragon gesandt, II. 183.
— — nach Mailand gesandt, II. 227.
— — nach Deutschland gesandt, II. 376.
Anno v. Köln, hl., seine Toleranz, I. 245.
Anrufung der Heiligen, ihre Wirkung, I. 55.
— der Dämonen — siehe Dämonen.
Ansbach, Waldenser-Bischof in, II. 394.
Anschauung der Seligen, die, III. 660.
Anselm v. Canterbury, hl., I. 10
— über die Empfängnis der hl. Jungfrau, III. 666. 667.
Anselm, Domherr in Lüttich, seine Toleranz, I. 245.
Anstellung der Bischöfe, I. 6.
— der Inquisitoren, I. 385; II. 306.
— der Notare, I. 422.
Anteile an den Konfiskationen, I. 571.
Antichrist, Glaube an den, III. 589.
Anton v. Brescia, Dominikaner-Inquisitor, II. 307.
— Bischof v. Massa, sein Feldzug gegen die Waldenser, II. 172.
Antoninus v. Florenz, hl., über die Templer, III. 372.
Antonio v. Padua, Frà, Inquisitor v. Treviso, sein Misserfolg in Venedig, II. 284.
Antonius v. Padua, hl., Franziskaner, verfolgt die Ketzer, I. 220.
— gegeisselt auf Befehl des Generals Elias, III. 7.
— seine Kanonisation, 1233, I. 286.
Antwerpen, die Kirche v., im 11. Jahrhundert, I. 70.
— Ursprung der Lollarden in, II. 398.
Anwälte — siehe Advokaten.
Anzeichen für Ketzerei, I. 482.
Anzeige, Verpflichtung zur, I. 256. 456.
Apollonius v. Tyana, III. 440. 441.
— überliefert die Ars notoria III. 492.
Apostasie bekehrter Juden, II. 68.
Apostaten, Konfiskation verhängt über, I. 561.
Apostel (Pseudo-Apostoli, Apostolische Brüder, Apostolische Kongregation, Dolcinisten), III. 117.
— ihr Wachstum, III. 118.
— ihre Strenge, III. 122 f.
— ihre Lehren, III. 123. 125. 136.
— ihre Organisation, III. 127.
— verfolgt in Spanien, II. 209.
— verbrannt in Lübeck, II. 458.

Apostoli (Berufungsbriefe an den Papst), I. 404.
— Benutzung von, I. 504.
— bei Hexenprozessen, III. 578.
Apostolische Nachfolge (Succession) bei den Waldensern, II. 643.
— bei den Böhmischen Brüdern, II. 644.
— bei den Calixtinern, II. 644.
Appellationen, nach Rom, ihr entsittlichender Charakter, I. 20.
— von der Inquisition an den Papst, I. 504.
— bestraft, II. 66.
— verweigert bei Hexenprozessen, III. 578. 593.
Apuleius, sein Prozess wegen Zauberei, III, 443.
Apulien, Niederlassungen der Waldenser in, II. 279. 291. 301.
Aquila, B. v., getötet auf Veranlassung des Papstes Urban VI., I. 625.
Aquileja, Naturkultus in, II. 342.
Aquitanien, Katharer entdeckt in, I. 120.
— Zahl der Ketzer in, I. 140.
— Konfiskationen in, II. 121.
Arabische Literatur über Zauberei, III. 483.
Aragon, Waldenser verfolgt in (1192) I. 89.
— dem heiligen Petrus unterworfen, I. 175.
— Inquisitoren ernannt, I. 338.
— Gesetzgebung Jakobs I., I. 358. 362.
— Unterwerfung des Staates unter die Inquisition, I. 331.
— Konfiskation wegen Ketzerei, I. 562.
— Ausgaben der Inquisition, I. 594.
— Jüdische Bücher beschlagnahmt, I. 621.
— Schmähschriften über die Kirche, II. 3.
— Verlauf der Inquisition in, II. 181.
— Arnald v. Villanova, III. 61.
— Spiritualen in, III. 95.
— Fraticellen, III. 190.
— Kreuzzug gegen Peter III., 1284, III. 215.
— Vermächtnisse Alfons' I. an die Ritterorden, 1133, III. 271.
— Verfahren gegen die Templer, III. 351.
— Eigentum der Templer, III. 376.
— Gesetze über Zauberei, III. 484.
— Streit über Lullus, III. 653.
Arbeit, vorgeschrieben in der Benediktiner-Regel, III. 718.
— in der Franziskaner-Regel, I. 290. 295.
Archidiakone beseitigt, I. 346.

Archive der Inquisition, I. 424.
Ardingus, Bischof v. Florenz, seine Bestimmungen über die Verfolgung, I. 366 f.
Argentière, Waldenser v., II. 165. 172. 176. 179.
Arianer, Verfolgung durch die, I. 242.
Aristoteles, seine Werke unterdrückt, I 63. 620; II. 365.
Arius, seine Schriften unterdrückt, I. 239.
Arles, Konferenz v. (1211) I. 185.
— Konzil v. (1234) befiehlt die Verwendung von Synodalzeugen, I. 355.
— — regelt die bischöfliche Inquisition, I. 370.
— — befiehlt die Einkerkerung der Bekehrten, I. 541.
— Konzil v, 1265, verurteilt die Joachimiten, III. 28.
Arlottus v. Prato, Generalminister der Franziskaner, verurteilt die Schriften Olivis, III. 48.
Armanno Pongilupo v. Ferrara, Fall des, I. 451; II. 271.
Armen Katholiken, Orden der, I. 276.
— Leute in Italien, die, I. 83.
— v. Lyon, die, I. 83. 85.
Armenien, Franziskaner-Missionen in, I. 334.
— Inquisition in, I. 397.
— Pauliciner in, I. 99.
— Spiritualen gesandt nach, III. 38.
Armut, ihre Verdienstlichkeit, gepriesen von Pons (im Périgord), I. 79.
— gepredigt von Durandus v. Huesca, I. 275.
— angenommen von den Dominikanern, I. 284.
— eingefügt in die Franziskaner-Regel, I. 290.
— Eifer des hl. Franziskus für die, I. 295.
— verteidigt von Bonaventura, I. 321. 323.
— übertriebenes Lob der, II, 399.
— ihre Verdienstlichkeit angezweifelt, II. 416; III. 148.
— Erklärung des Thomas v. Aquino über die, III. 1.
— Übertreibungen der, unter den Franziskanern, III. 5. 6.
— Zwistigkeiten, verursacht durch die, III. 7.
— Gelübde der, sein Widersinn, III. 84.
— vollkommene, der Apostel, III. 137.
— Reaktion gegen die, III. 147.

Armut, Verachtung der, durch die laxeren Franziskaner, III. 192. 196.
— der Templer, III. 273.
Armut Christi, behauptet von Bonaventura, I. 321.
— behauptet in der Bulle Exiit, III. 33.
— - in Frage gestellt, III. 146.
— für Ketzerei erklärt, III. 151.
— wird eine europäische Frage, III. 156.
— Abschwörung des Glaubens an die, III. 180.
— die Ketzerei der Fraticellen über die, III. 184.
Arnald v. Castelbo, Vicomte, seine Verurteilung, II. 190.
— Morlana, Seneschall v. Foix, II. 64.
— Novelli, Cisterzienserabt v. Fontfroide, später Bischof v. Albi, II. 94. 652.
— v. Pellagrua, päpstlicher Legat, leitet den Kreuzzug gegen Ferrara, III. 220.
Arnald v. Villanova, seine Laufbahn, III. 57.
— vermittelt zugunsten der Spiritualen, III. 62.
— seine Beschreibung der Inquisitoren, II. 280.
— seine Schriften verurteilt, III. 95.
Arnest, Erzbischof v. Prag, verfolgt die Ketzerei, III. 497.
Arnold, Katharer, verbrannt in Köln (1163) I. 115.
— v. Brescia, I. 80.
— Catala, Inquisitor, II. 8. 10. 13.
Arnold v. Citeaux, Abt, zum Legaten ernannt, I. 153.
- - befiehlt die Predigt des Kreuzzugs, I. 162.
— leitet den Kreuzzug, I. 169.
— seine Grausamkeit gegen Béziers, I. 171.
- - überträgt Montfort das konfiszierte Gebiet von Béziers und Carcassonne, I. 177 f.
— erhält das Erzbistum Narbonne, I. 17. 188.
— leitet den Kreuzzug in Spanien, I. 188.
— unterstützt Raimund VI., I. 204.
— exkommuniziert Montfort, I. 206.
— sein Tod, I. 219.
Arnold Dominique, seine Ermordung, II. 17 f.
— Garsia, aus Albi, widersetzt sich der Inquisition, II. 88. 108. 109.
— Bischof v. Lisieux, III. 475.
— Erzbischof v. Trier, kauft sich los von dem Besuche päpstlicher Nuntien I. 18 f.

Arnoldisten, I. 83.
Arnsberg, Graf v., der Ketzerei angeklagt, II. 384.
Arrabbiati. die Gegner Savonarolas, III. 243. 250.
Arras, Bischof v., verbrennt Begarden, II. 141.
— die Vauderie von (1459/60) I. 565. 584; III. 435. 580.
Arrengerius, Erzbischof v. Ragusa, II. 331.
Ars, die, des Raimund Lullus, III. 651.
— notoria (die Kunst, alles zu wissen), III. 483. 492.
Artikel De haeretico comburendo, in England (1401) I. 248
— die vier der Hussiten, II. 592. 608. 609.
— die fünfundvierzig des Wiclif, II. 510. 550.
Artisson, Robert, ein Dämon, III. 516.
Artois, Katharer in (1153) I. 122.
Artus III., Herzog v. der Bretagne, verbrennt Zauberer, III. 600.
Asche der Ketzer, in den Fluss geworfen, I. 82. 618; II. 478. 562; III. 265. 423. 679.
Aschersleben, Flagellanten von, II. 464.
Asien, Inquisition in, I. 397.
Askalon, Einnahme von, III. 274
— 80 Hexen gehängt in, III. 448.
Askese, ein Kennzeichen der Ketzerei, I. 96.
— dem Manichäismus verwandt, I. 110
— der Katharer, I. 106. 111.
— des hl. Dominikus, I. 280.
— der Observanten, III. 203
— des Templerordens, III 270.
— der Ortlieber, II. 404.
— des Petrus Martyr, II. 242
— der Waldenser, I. 94; II. 168.
— Folgen der übertriebenen, I. 267 f.
Assalit, Arnaud, seine Rechnungen, I. 592.
Assisen v. Clarendon (1166) I. 125. 348. 538.
— v. Jerusalem, über Ketzerei, I. 399.
— — schweigen über Zauberei, III. 486.
Assisi, Kirche des hl. Franziskus in, III. 4.
Assistenten der Inquisitoren, I. 418.
Assyrier, ihr Lil und Lilith, III. 434.
Asti, Einführung der Inquisition in, 1254, I. 361; II. 250.
Astrolabium, Strafe für den Gebrauch des, III. 475.
Astrologen, verwendet zum Nutzen der Kirche, II. 257.

Astrologen, verbrannt von Ramiro I. von Aragon (1050) III. 483.
Astrologie, verboten in Rom, III. 444. 493.
— ihre Verbindung mit der Nekromantie, III. 479. 501.
— erlaubt in Spanien, III. 484.
— ihr Ursprung, III. 492.
— stillschweigend geduldet im Mittelalter, III. 493.
— verurteilt als Fatalismus, III. 494 495.
— verurteilt in Frankreich, III. 502.
— benutzt von Heinrich III. v. England, I. 220.
— Glaube des Marsilius Ficinus an, III. 639
— — des Pomponazzi an, III. 642 f.
Astruchio v. Piera, Jude, seine Ketzerei, II. 198.
Asylrecht, versagt den Ketzern. II. 134.
Athelstan, König v. England, über Zauberei, III. 473.
Atto v. Vercelli, Bischof, über Engelkultus, III. 464.
— über Geistliche als Zauberer, III. 469.
Aubinas, Konzil v, 1208, I. 166.
Aubry, Huguet, Teilnehmer an der Vauderie v. Arras, III. 588 594.
Auch, Erzbischof Bernard v., mit der Verfolgung beauftragt, I. 149.
— Waldenser in, II. 165.
Audeneham, Arnald v., Marschall, Statthalter v. Languedoc, verteidigt die Inquisition, II. 146.
Aufnahme in den Templerorden, III. 302. 305.
— von Ketzern, Strafe für die, I. 360. 515.
Aufschub des Urteils, bei Inquisitionsprozessen, I. 467; II. 102. 652.
Aufsicht, Bücher, unterstellt einer beständigen, I. 556
Auguren, III. 446. 450. 455.
— Gesetze über, III. 449.
Augustin, seine Missionstätigkeit in England, III. 452.
Augustiner, Orden der, III. 35. 116.
Augustinus, hl., über Verfolgung, I. 237. 240.
— glaubt nicht an Incubi, III. 434.
— über magische Verwandlung, III. 442.
— über die Wirksamkeit des Gebetes, III. 446.
— glaubt nicht an Astrologie, III. 493.
— über die Anschauung der Seligen, III. 660.
Ausflüchte, vorgebracht von den Angeklagten, I. 462. 463.

Ausgaben (Kosten) der Inquisition, unmässig, I. 427. 591; III. 613.
— Art ihrer Deckung, I. 372. 383. 588; II 146 154. 172. 283
— für Verbrennung der Ketzer, I. 619.
Ausgang des Hl. Geistes, III 691.
Ausgesöhnte Bekehrte, Konfiskation für, I. 568.
Ausgrabung toter Ketzer, I. 260. 451. 619.
— weltliche Behörden dazu gezwungen, I. 557.
— unterlassen im Falle der Stedinger, III. 213.
Auslieferung an den weltlichen Arm — siehe Überlassung.
Aussätzige, Barmherzigkeit der Franziskaner gegen, I. 291.
— Schule der Waldenser für, II. 394.
— verfolgt, 1321, II. 430
— bemitleidet von den Spiritualen, III. 92.
Aussöhnung (Rekonziliation, Versöhnung), Bedingungen zur, II. 556.
Autodafé oder Sermo, I. 434. 437.
— erstes, in Paris, 1297, II. 136.
— erstes, in Rom, 1231, II 226.
Auvergne, Besitzungen der Templer in der, III. 283.
Auzon, Freibrief v., 1260, I. 454. 472.
Avegliana, Missachtung der Inquisition in, II. 295.
Averrhoes, III. 624.
Averrhoismus, III. 627.
— des Limoux Noir, II. 118.
— Duldung desselben im 15. Jahrhundert, III 642.
— allenthalben gelehrt im 16 Jahrhundert, III. 645.
— in Aragon, II. 191.
— in Kastilien, II. 207.
— in Portugal, II. 214.
Averrhoisten, ihre Zahl, III. 630. 631.
Avignon, belagert von den Kreuzfahrern, I 223.
— die Magistratspersonen bei den Verhören anwesend, I. 422.
— Inquisition eingeführt in, II. 131.
— Waldenser in, II. 165.
— der schwarze Tod in, II. 429.
— Fraticellen verbrannt in, III. 189.
— Petrarcas Beschreibung von, III. 711.
— Konzil v , 1209, über das Predigen, I. 27.
— — richtet die bischöfl. Inquisition ein, I. 352.
— Konzil v., 1457, bestätigt die unbefleckte Empfängnis, III. 672.

Avignonet, Blutbad v., 1242, II. 37.
Avis, Orden v , Fortsetzung des Templerordens in Portugal, III. 359.
Aymon Picard verwirft die Transsubstantiation, II. 161.
— Bischof v. Vercelli, seine Gefangennahme, I. 13.
Azzo IX. v. Este, nimmt Ezzelin gefangen, 1259, II. 257.
— X., Fürst v. Ferrara, greift ein in das Verfahren gegen Armanno Pongilupo, II. 272.

B.

Babylon, die Zauberei im Gesetzbuch des Hammurabi von, III. 438
Bafomet, angebliches Idol der Templer, III 304.
Bagnolesen (Bajolenser) I. 108; II. 219.
Baines, Bischof Peter A., apostolischer Vikar in England, über die unbefleckte Empfängnis, III. 686.
Balardi, Thomas, Pfarrer v. Rivara, seine Untersuchung gegen Hexen, III. 579.
Balbinus, Jesuit, sein Lob über Huss, II. 509.
Balduin v. Toulouse, sein Schicksal, I. 188.
Bamberg, Streit mit seinem Bischof, II. 607.
— die Franziskanerklöster müssen die Disziplin der Observanten annehmen, III. 195.
— Hexen in, III. 614.
— Konzil v., 1491, über die Ketzerei, II. 471. 482.
Bandello, Vincenz, Dominikaner, später Ordensgeneral, leugnet die unbefleckte Empfängnis, III. 672
Barbara, Kaiserin, ihr Charakter, II. 614.
Barbaren, Toleranz bei den, I. 242.
— ihr Glaube an hilfreiche Geister, III. 433.
— ihre Magie, III. 453.
— die Zauberei in ihren Gesetzbüchern, III. 461.
Barben, Wanderprediger der Waldenser, II. 279. 302.
Barcelona, seine Unterwerfung unter Karl d. G., II. 181.
— Inquisition organisiert in, II. 186 f
— besondere Inquisition für, II. 202 f.
— beklagt sich über Eymericus, III. 654 f.
Barilotto, unterschiedsloser Geschlechtsverkehr bei den Fraticellen, III. 201. 202. (Siehe auch Ketzerei.)

Lea, Inquisition III. 48

Baroni, die, in Florenz, beschützen die Ketzerei, II. 237. 238.
— Verfolgung gegen sie, II. 239.
Barozzi, Pietro, Bischof v. Padua, beschützt Nifo, III. 644.
Bartholomäus v. Braganza, Bischof v. Vicenza, II. 252. 264.
— v. Cervere, Dominikaner, seine Ermordung, II. 297.
— Augustinermönch in Dordrecht, als Ketzer verurteilt, II. 409.
Bartolino v. Perugia, Frà, Franziskanerinquisitor, seine Untersuchung in Todi, III. 168.
Bartolomeo de Tybuli, Inquisitor in Nubien, I. 398.
Bartolommeo Ghiscolo v. Parma, Franziskanerspirituale, sein Glaube an Joachim, III. 21.
Bartolus, Jurist, seine Verlegenheit bezüglich der Hexerei, III. 597.
Basel, seine Aussöhnung (1348) III. 176 f.
— Beguinen verfolgt in (1400) II. 459.
— Konzil v. (1431—43) angekündigt, II. 603.
— — schafft die Annaten ab, II. 604.
— — sein Streit mit Eugen IV., II. 605. 608.
— — verhandelt mit den Hussiten, II. 605. 608. 609. 611. 612.
— — seine Entscheidung über den Laienkelch, II. 540. 615.
— — verbrennt Nikolaus v. Buldesdorf, III. 99.
— — erlässt ein Dekret zugunsten der Observanten, III. 195.
— — lehrt die unbefleckte Empfängnis, III. 671.
— — Misserfolg seiner Reformen, III. 716.
Basilius, Zauberer, in Rom um 500 verbrannt, III. 451.
Bassani, Giacobba dei, Guglielmitin, III. 110. 113.
Bauern, ihre traurige Lage, I. 301.
— bosnische, helfen den Türken, II. 348.
— böhmische, in den Stand der Leibeigenschaft zurückgeführt, II. 611.
— ihre Sympathie mit den Stedingern, III. 210.
Baum und Quelle, verehrt von den Slaven in der Provinz Aquileja, II. 342.
Bayern, die Inquisition in, II. 393.
— Judenmetzelei, II. 430.
— Waldenser in, II. 451.
Beamte, bischöfliche, ihr Charakter, I. 23. 25.

Beamte, weltliche, zur Unterstützung der Inquisition verpflichtet, I. 381.
Beaucaire, Belagerung des Schlosses, I. 206.
— Verbot des Waffentragens, I. 427.
Beauffort, Payen de, Ritter, sein Fall, III. 585. 587. 591. 594.
Beaumanoir, über Zauberei, III. 481.
Beaurevoir, Schloss, Gefängnis der Johanna d'Arc, III. 406.
Beauvais, Bischof v., seine Gefangennahme, I. 13.
Bech, Jakob, v. Chieri, Katharer, sein Verhör und Geständnis, II. 287.
Bedford, Regent, über die Johanna d'Arc, III. 392.
— kauft Johanna d'Arc von Johann v. Luxemburg, III. 405.
Beerdigungen — siehe Bestattungen.
Befleckung der Sakramente, I. 68.
— durch Blut, I. 250.
Begarden und Beguinen (siehe auch Ortlieber und Brüder des freien Geistes), ihr Ursprung, II. 397.
— Bemühungen zu ihrer Unterdrückung, II. 401.
— Verwirrung in betreff ihres Namens, II. 402.
— Anfang der Verfolgung, II. 416.
— verurteilt v. Konzil v. Vienne (1311) II. 418.
— verfolgt auf Grund der Clementinen, II. 420.
— als Tertiarier der Bettelorden, II. 420. 470.
— strenge verfolgt, II. 437. 438. 442. 445. 448. 456. 458. 467.
— ihre Häuser konfisziert, I. 594; II. 441 f. 444.
— beschützt von den Bischöfen, II. 447.
— Wasmods Urteil über die, II. 450.
— beschützt vom Konzil v. Konstanz, II. 465.
— unterstützen die Reformation, II. 471.
— in Böhmen, II. 492. 498. 590.
Begnadigungsrecht vorbehalten dem Hl. Stuhle, I. 373. 554.
Begräbnis, Ketzer hat kein Anrecht auf ein, I. 260.
Begräbnisse — siehe Bestattungen.
Begünstigung der Ketzerei, ihre Bestrafung, I. 360. 515. 562.
— Rückfall in die, I. 613.
— Advokaten, schuldig der, I. 497.
Beguinen — siehe Begarden.
— oder Olivisten v. Languedoc, III. 55. 86. 90.

Beguinenhöfe, II. 400.
— Kanon v. Vienne in betreff der, II. 418.
— ihre Vernichtung auf Grund der Clementinen, II. 420.
Behinderung der Inquisition, I. 391. 425; II. 63. 79.
— wird verursacht durch Bestreitung des Hexenaberglaubens, III. 565. 603.
Beichtamt, seine Vernachlässigung durch die Priester, I. 311.
— seine Verschwiegenheit nicht gewahrt, I. 488.
Beichte, gemeinschaftliche, I. 46.
— benutzt als Zauberformel, I. 55.
— bei einem Laien ist genügend, I. 87.
— ihr Gebrauch bei den Katharern, I. 112.
— Streitigkeiten über die, I. 311. 313.
— üblich bei den Waldensern, II. 164. 167. 178.
— Ketzerei betreffs der, in Spanien, II. 212.
— unnötig nach der Lehre Wiclifs, II. 504.
— beibehalten von den Calixtinern, II. 593.
— verspottet von den Taboriten, II. 597.
Beichtgeheimnis, Verletzung desselben, I. 488.
Beichtvater, der Inquisitor als, I. 445.
— Zeugenaussage des, I. 487.
Beirut, Titularbischof Johann v., Dominikaner, seine Tätigkeit im Falle der Vauderie v. Arras, III. 581. 583. 591. 592.
Beisitzer im Prozesse gegen die Jungfrau v. Orléans, III. 408.
Beissera, Ketzerin in Albi, Fall der, II. 13.
Bekehrte Ketzer werden eingekerkert, I. 360. 541.
— Konfiskation für, I. 566.
— Juden, II. 68.
Bekehrung darf nicht erzwungen werden, I. 271.
— Zeit bewilligt zur, I. 438.
— durch körperliche Qualen bewirkt, I. 466.
Bela IV. v Ungarn, seine Kreuzzüge gegen Bosnien, II 335—7.
Belgrad, Sieg bei (1456) II. 631.
Bellarmin, Kardinal, verurteilt Raimund Lullus, III. 658.
Belohnung für den Verrat der Mitschuldigen, I. 457.
Bembo, Kardinal, beschützt Pomponazzi, III. 641.

Benedikt XI., Papst (1303—4) versucht, Klerus und Bettelmönche zu versöhnen, I. 325.
— entzieht den Bischöfen die Oberaufsicht über die Gelder, I. 376.
— unterdrückt die Erpressungen, I. 534.
— regelt die Konfiskationen, I. 571. 574.
— begünstigt die Inquisition v. Languedoc, II. 90.
— verurteilt im voraus Pequigny, II. 91.
— befiehlt die Verhaftung des Bernhard Délicieux, II. 92.
— hebt die über Philipp den Schönen verhängten Censuren auf, II. 93.
— gewährt den Ghibellinen Verzeihung, II. 267.
— führt die Inquisition in Sizilien ein, II. 280.
— setzt Jacopone v. Todi in Freiheit, III. 45.
— legt Arnald v. Villanova eine Busse auf, III. 61.
— ladet Ubertinus v. Casale vor, III. 65.
— hebt das Urteil gegen die Colonnas auf, III. 220.
— sein Verhalten gegenüber der griechischen Kirche, III. 694.
— sein Tod, der Magie zugeschrieben, III 61.
Benedikt XII., Papst (1334—42) betreibt eifrig die Inquisition in England, I. 397.
— verfolgt die Waldenser, II. 169.
— annulliert die Gesetze von Siena, II. 310.
— verfolgt die Katharer von Dalmatien und Kroatien, II. 342 f.
— ernennt Inquisitoren in Böhmen, II 492.
— erbaut den Palast in Avignon, III 75.
— verwirft das Gesuch des Philipp v. Mallorka, III. 91.
— befiehlt die Unterdrückung der Dolcinisten, III. 139.
— weist die Unterwerfung Ludwigs d. Bayern zurück, III. 174.
— sucht die Fraticellen zu unterdrücken, III. 178.
— annulliert die Verurteilung der Visconti, III. 229.
— verbrennt Zauberer, III. 518.
— lehrt die unbefleckte Empfängnis, III. 665.
— über die Verderbtheit des Klerus, III. 710.
— verurteilt Peter Recordi, III. 737.

Benedikt XIII., Gegenpapst (1394—1409) beschützt Vincenz Ferrer, II. 199.
— teilt die Inquisition von Mallorka, II. 201.
Benedikt XIII., Papst (1724—30) über die Heiligkeit Savonarolas, III. 267.
Benedikt XIV., Papst (1740—58) betrachtet Savonarola als Heiligen, III. 267.
— über Raimund Lullus, III. 658.
— über die unbefleckte Empfängnis, III. 685.
Benediktiner, ihre Verderbtheit, I. 42; III. 718.
— als Inquisitoren, II. 131.
Benefizien — siehe Pfründen.
Benevent, Schlacht bei, 1266, II. 261.
— Tanzplatz der Hexen bei, III. 559.
Benigno, Frà, Inquisitor v. Padua, seine Erpressungen, I. 534.
Berard, Thomas, Grossmeister der Templer, kauft Sidon, III. 305.
Bérard Tremoux, Inquisitor v. Lyon, eingekerkert (1458) II. 157.
Berater der Inquisitoren, I. 420.
Berengar, Bischof von Carcassonne, von den Ketzern vertrieben, I. 152.
Berengar v. Frédol, Kardinal, führt die Untersuchung gegen die Templer, III. 315 322.
Berengar II., Erzbischof v. Narbonne, sein Prozess und seine Absetzung (1212) I. 17.
— geht nicht gegen die Ketzer vor, I. 151.
Berengar v. Palau, Bischof v. Barcelona, organisiert die Inquisition in Barcelona, II. 187.
Berengar v. Tours, seine Ketzerei, I. 245.
— wegen Magie angeklagt, III. 472.
Bergamo, Konferenz der Waldenser in (1218) I 84; II. 196.
— Duldung der Ketzerei in (1232) II. 228.
— seine Gesetze gegen die Inquisition (1264) II. 260
— Hartnäckigkeit der Ketzerei, II. 270. 305.
— Hexen von, Streit über die (1521) I. 603; III. 610.
— Konzil v. (1311) lässt die bischöfliche Inquisition wieder aufleben, I. 402.
Berger, W , seine Beweisführung über den Geleitsbrief für Huss, II. 529 f.
Berichte — siehe Protokolle.
Berlaiges, achtzig Ketzer verbrannt in (1249) I. 601; II. 50.

Bern, Ketzer verbrannt (1277) II. 397.
— Beguinen verfolgt, II. 459.
— Dominikaner verbrannt in (1509) II. 483; III. 676 ff.
— Hexen in, III. 596 f.
Bernabo Visconti, als Ketzer verurteilt, III. 229.
Bernard Aguile, erster Inquisitor von Mallorka, 1315, II. 200.
Bernard Poitevin v. Toulouse, appelliert an den Bischof, II. 9.
Bernardino v. Cona, Graf, als Ketzer verurteilt (1328) III. 228.
— v. Feltre, Franziskaner, II. 310; III. 673.
— hl., v. Siena, Führer der Observanten, II. 305; III. 194.
Bernardo del Bosco, päpstl. Nuntius, II. 305; III. 610.
Berner v. Nivelles, Ketzerei des, II. 134.
Bernezzo, Prozesse in, II. 297.
Bernhard, hl., seine Verurteilung der Kirche, I. 18. 27. 56.
— über das Studium des römischen Zivilrechtes, I. 63.
— tritt Heinrich v. Lausanne entgegen, I. 77.
— tritt Arnold v. Brescia entgegen, I. 81.
— erkennt die Tugenden der Katharer an, I. 112.
— seine Unsicherheit in betreff der Behandlung der Ketzer, I. 246.
— billigt das Gottesgericht bei Ketzerprozessen, I. 342.
— verfasst angeblich die Templerregel, III. 270.
— leugnet die unbefleckte Empfängnis, III. 666.
Bernhard Inquisitor v. Aragon, II. 191.
Bernhard Aspa, Franziskanerspiritual, III. 81.
Bernhard Audoin v. Montaigu, Ältester der Katharer in der Lombardei, II. 271.
Bernhard v. Castaignet (Castanet), Bischof v. Albi, als Inquisitor (1299) I. 399
— seine Freigebigkeit, I. 578.
— seine Ketzerverfolgung, II. 72. 76.
— seine Aufnahme in Albi, II. 84.
— wird zum Kardinal von Porto ernannt (1316) II. 84.
— der Inquisitionsgewalt beraubt, II. 100.
— sein Verfahren gegen die Gefangenen von Albi, II. 652.
— sein Tod (1317) II 84.

Bernhard v. Caux, Inquisitor von Toulouse, veröffentlicht Urteile in seinem Namen, I. 373.
— Jakob I. von Aragon beklagt sich über ihn bei Innocenz IV. (1248) I. 440.
— zeigt Milde gegen Ketzer, I. 543. 616.
— seine Freigebigkeit, I. 591.
— bestraft Rückfällige mit Einkerkerung, I. 609.
— seine Tätigkeit in Languedoc (1245 bis 1246) II. 48.
— der Ketzerhammer genannt, II 48.
Bernhard v. Combret, Bischof v. Albi, sein Abkommen mit Ludwig d. Heiligen, I. 577.
Bernhard v. Como, Inquisitor, beweist die Wirklichkeit des Hexensabbats, III. 557.
Bernhard Délicieux, Franziskaner, sein Charakter und seine Laufbahn, II. 80
— behindert die Inquisition, I. 391.
— über Fälschung der Protokolle I. 425; II. 77.
— über die Hoffnungslosigkeit der Verteidigung, I. 503; II. 650.
— verteidigt Castel Fabri, I. 498; II. 79.
— greift die Inquisition an, II. 75. 85. 88. 89. 91. 93.
— seine Verhaftung und Wiederfreilassung, II. 92. 93.
— vor Philipp dem Schönen in Toulouse, 1304, II. 93. 650.
— verhandelt mit Ferrand v. Mallorka, II. 95. 96.
— sein Verrat verziehen, II. 98.
— appelliert an Clemens V., II. 99.
— sein Glaube an Joachim, III. 13. 82.
— seine Beziehungen zu Arnald v. Villanova, III. 61.
— appelliert an Johann XXII., III. 78.
— angeklagt wegen Zauberei, III. 510.
— sein Prozess und sein Schicksal, II. 108.
— sein Tod, 1320, II. 110.
Bernhard l'Espinasser (der Dornschneider), II. 56.
Bernhard Guidonis, Inquisitor v. Toulouse, über die Mitwirkung der Beamten, I. 381.
— über die Clementinen, I. 386. 507. 535; II. 104.
— über Verhalten und Charakter des Inquisitors, I. 411.
— über Wanderverhöre, I. 414.
— über die Vorteile der Gnadenfrist, I. 416.

Bernhard Guidonis über Beschränkung der Zahl der Familiaren, I. 429.
— nimmt den Eid des Gehorsams entgegen, I. 430.
— verlangt die bischöfliche Mitwirkung, I. 433.
— sein grosses Autodafé, 1310, I. 439.
— billigt die Folterung, I. 473.
— über den Beweis der Ketzerei, I. 483.
— entlarvt einen falschen Zeugen, I. 492.
— über die Advokaten der Ketzer, I. 497.
— über die Busse des Kreuztragens, I. 525.
— Strafen, die er von 1308—22 verhängte, I. 553. 615. 617.
-- über die Todesstrafe, I. 598.
— über rückfällige Begünstiger der Ketzerei, I. 613.
— über unerfüllte Bussen, I. 614.
— verbrennt den Talmud, I. 622.
— seine Laufbahn in Toulouse, II. 113. 116.
— seine Darlegung der Waldensischen Lehren, II. 167.
— vertreibt Dolcinisten nach Spanien, II. 209
— über die Überreste Olivis, III. 50.
— seine Beschreibung der Olivisten, III. 93
— — der Apostel, III. 138.
— als Nuntius nach der Lombardei gesandt, 1316, III. 222.
Bernhard, Abt v. Hirsau, vertreibt die Beguinen, II. 470.
— v. Montesquien, Ritter, Ketzer, I. 582.
— Pontius in Carcassonne, sein Prozess, I. 501.
— du Puy, Inquisitor von der Provence, I. 441.
— v. Puycerda, Inquisitor, verfolgt die Spiritualen, III. 95.
— Raimund, Katharerbischof in Toulouse, I. 135. 137.
— v. Rajano, Ritter, II. 278. 664.
— Travesser, Dominikanerinquisitor, ermordet, II. 187.
Berthold, Bischof v. Chur, von Ketzern ermordet, 1233, II. 392.
Berthold v. Regensburg, Franziskaner († 1272) seine Predigten, I. 300.
— über die Verdienstlichkeit der Betrachtung, III. 2.
— bestreitet die Dispensationsgewalt des Papstes bezüglich der Mönchsgelübde, III. 31.

Berthold v. Regensburg über Simonie, III. 700.
Berthold, Bischof v. Strassburg, verfolgt die Begarden (1335) II. 424.
Berti de' Calci, Frà Michele, Fraticelle, verbrannt zu Florenz (1389) III. 185.
Bertrand, Bischof v. Albi, wandelt gegen Geldzahlungen die Strafen von Ketzern um, I. 577.
— de la Bacalairia, Hersteller von Kriegsmaschinen, II. 45.
— Blanc, Dominikaner, klagt die Inquisition an, II. 99.
— v. Bordes, Bischof v. Albi, missachtet die Befehle Clemens' V., II 102.
— v. Cigotier, Inquisitor der Grafschaft Venaissin, II. 131; III. 49.
— v. Clermont, Inquisitor v. Carcassonne, II. 59. 76.
— Erzbischof v. Embrun, päpstl. Nuntius, über Ausschreitungen der Familiaren, I. 428. 636; II 311.
— Bischof v. Metz, sein Streit mit den Waldensern, II. 362.
— Piero, stellvertretender Inquisitor in Savoyen, seine Tätigkeit, II. 297.
— v. Poyet (Poyeti), Kardinallegat, Sohn oder Neffe des Papstes Johann XXII, III. 75. 153. 166. 223.
— v. Sartiges, Templer, III. 332. 336.
— Kardinal v. St. Johann und St. Paul, päpstlicher Legat in den Albigenserkreuzzügen, I. 207. 209.
— de la Tour, Franziskanerprovinzial v. Aquitanien, Kardinal v. San Vitale, III. 78. 148. 166. 222.
Berufung — siehe Appellation.
Besançon, Prozess des Erzbischofs Gerhard v. Rougemont von, I. 15.
— Erzbischof v, bedient sich der Magie, I. 343.
— Inquisition in, I. 593; II. 132. 167.
— Werwölfe verbrannt in (1521) II. 162.
Beschlagnahmung (Sequestration) des Eigentums der Angeklagten, I. 579. 583.
— der Templer, III. 323.
Beschwörung, die Messe gebraucht zur, I. 55.
— zauberische, III. 442.
— christliche, III. 452.
Besoldung der Inquisitoren, I. 588. 592. 595.
Bestätigung, das auf der Folter gemachte Geständnis bedarf der, I. 477 f.
Bestattungen, Streitigkeiten bei, I. 33. 314; III. 272.

Bestechlichkeit und Begehrlichkeit der römischen Kurie, I. 218; II. 98. 100; III 704.
— der Inquisitoren, I. 533.
Besuche bei Gefangenen, I. 544.
Bethlehemskapelle, Hussens Predigten in der, II. 509.
Betrachtung, Verdienstlichkeit der frommen, III. 2.
Betrüger, die drei, III. 626.
Betrug und List, angewandt zur Erlangung eines Geständnisses, I. 463.
Bettelmönche, befreit von der bischöflichen Jurisdiktion, I. 306.
— gebraucht als päpstliche Beauftragte, I. 309.
— ungeheuere Machtvollkommenheiten ihnen übertragen, I. 312.
— ihr Streit mit der Universität Paris, I. 315. 322.
— ihre Privilegien beschnitten durch Innocenz IV., I. 317.
— ihre Privilegien wiederhergestellt durch Alexander IV., I. 318.
— als Inquisitoren, I. 335. 356.
— ihre Streitigkeiten mit dem Klerus, I 311. 314. 325 326.
— ihre Dienste während des schwarzen Todes, I. 325.
— angestellt als Inquisitoren in Deutschland, II. 377.
— angegriffen als Ketzer, II. 421.
— geschmäht und verfolgt von den Flagellanten, II. 433 f.
— angegriffen von Arnald v. Villanova, III. 59.
Bettelorden, die, I. 271.
— ihr Charakter, I. 297.
— päpstliche Begünstigung der, I. 305.
— ihre Dienste für das Papsttum, I. 308; III. 216.
— ihre Missionstätigkeit, I. 333.
— ihre sittliche Entartung, I. 330. 341; III. 707 f.
— Immunitäten, beansprucht für die, I. 404.
— Streitigkeiten zwischen den, I. 339; II. 81 f. 153 f. 192. 245; III. 111. 670.
— nicht approbierte, ihre Zahl, III. 35. 116.
Bevollmächtigte der Inquisitoren, I. 419.
Beweggründe zur Verfolgung, I. 262.
Beweise, gegen die Templer, Charakter derselben, III. 300. 302 f.
— auf welche Weise erlangt, III. 332 f.
— zugestutzt, III. 361. 364.

Beweise bei Hexerei, III. 565. 568.
(Siehe auch Zeugenaussagen).
Béziers, Bischof v., lehnt die Verfolgung ab, I. 152.
— Überwiegen der Ketzerei in, I. 152.
— Peter v. Castelnau bedroht in, I. 157.
— Eroberung und Blutbad von, I. 171.
— Versammlung von Sachverständigen in (1329) I. 435.
— Ketzerei des Ungehorsams in, II. 71.
— der schwarze Tod in, II. 430.
— Raimund Roger, Vicomte v. Béziers, bemüht sich, Frieden zu schliessen, I. 166.
— — leistet dem Kreuzzuge Widerstand, I. 170.
— — seine Gefangennahme und sein Tod, I. 173 f.
— Kloster der Spiritualen in, III. 47. 68. 78.
— Konzil v. (1233) über Missbräuche im Mönchswesen, I. 45.
— — organisiert die bischöfl. Inquisition, I. 370. 524. 568.
— Konzil v. (1243) Raimund VII. drängt eifrig auf die bischöfliche Inquisition hin, II. 42.
— Konzil v. (1246) ordnet die Ernennung von Synodalzeugen an, I. 355.
— — regelt die Inquisition, I. 372. 414. 419. 432. 450. 489. 495. 517. 519. 521. 524. 527. 542. 547. 555. 568. 576. 579 590. 609; II. 48.
— Konzil v. (1299) über die Ausbreitung des Katharismus, II. 76.
— — verurteilt die Olivisten, III. 55. 56.
Bezirke der Inquisitoren, I. 413.
Bianchi, Pilgerfahrten der, II. 460.
Bibel, Verbot der, I. 145; III. 687 f.
— Verbot von Übersetzungen der, III. 688.
Bidon de Puy — Guillem, Mitglied der Sekte „de Pexiarcho", I. 506; II. 141.
Bilderverehrung, verworfen von Matthias v. Janow, II. 500.
— — von den Wiclifiten, II. 504.
Billon, Martin, Inquisitor, fordert die Auslieferung der Johanna d'Arc, III. 404.
Bingen, Waldenser verbrannt in (1392) II. 450.
Biscaya, Fall des Alfons v. Mella, III. 191.
Bischöfe, ihre Wahl und Anstellung, I. 6.
— militärischer Charakter der, I. 10.
— können nicht in den Himmel kommen, I. 14.
— Verfolgung gegen sie ist aussichtslos, I. 15.

Bischöfe, Schändung ihres Amtes, I. 15—18; III. 706—9. 722
— Missbrauch mit ihren Briefen, I. 21.
— ihre Erpressungen, I. 23.
— ihr Streit mit den Bettelmönchen, I. 311.
— Ursprung ihrer Jurisdiktion, I. 345.
— Inquisition in den Pfarreien durch die, I. 349.
— ihre Gleichgültigkeit gegenüber der Ketzerei, I. 352.
— verantwortlich für die Verfolgung der Ketzer, I. 370.
— aufgefordert zur Unterstützung der Inquisitoren, I. 368.
— regeln die Inquisition, I 371.
— ihre Mitarbeit mit den Inquisitoren, I. 407; II. 94. 101. 104. 156; III. 536.
— ihre Mitwirkung bei den Urteilen, I. 372. 373. 432.
— ihre Eifersucht gegenüber den Inquisitoren, I. 392. 400; II. 146.
— verpflichtet, die Inquisitionsurteile durchzusetzen, I. 373.
— ihre Anwesenheit bei der Folterung erforderlich, I. 476.
— ihr Anteil an der Aufsicht über die Gefängnisse, I. 551; II. 104.
— als Assistenten der Inquisitoren, I. 418.
— als Inquisitoren, II. 182. 224.
— ihre Jurisdiktion in Zweifel gezogen, I. 400.
— Unterscheidung der Anklagen nach den Jurisdiktionen des Bischofs und des Inquisitors, III. 538.
— Überlassung ihrer Jurisdiktion über die Ketzerei an die Inquisition, II. 658.
— nicht unterstellt der Jurisdiktion der Inquisition, I. 389.
— zum Gehorsam gegen die Inquisitoren verpflichtet, I. 389.
— ihre Jurisdiktion über die Inquisitoren, I. 406; II 86. 94. 101. 147 f.
— den Inquisitoren untergeordnet, II. 22.
— übertragen ihre Gewalt auf die Inquisitoren, I. 433.
— haftbar für die Ausgaben der Inquisition, I. 450. 588; II. 154. 172. 197.
— bemühen sich, Anteil an den Strafgeldern zu erlangen, I. 376. 401. 571. 574. 575.
— klagen über die Milde der Inquisitoren, II. 49.
— Appellationen von den, I. 504.
— beschützen die Begarden, II. 447. 456.

Bischöfe, ihre Verpflichtung zur Armut, III. 149.
— ihre Klagen über die Templer, III. 273.
— beauftragt, die Prozesse gegen die Templer zu führen, III. 320.
— beauftragt, die Folter anzuwenden, III. 324.
— Untersuchung gegen Zauberer, ihnen vorbehalten, III. 488.
(Siehe auch Episkopat.)
Bischöfe, deutsche, widersetzen sich der Inquisition, II. 384. 392.
Bischöfe, französische, widersetzen sich der Inquisition, II 126.
— beauftragt, der Inquisition zu helfen, II. 128.
Bischöfe der Katharer, I. 103. 132.
Bischöfe v. Languedoc nehmen Ländereien in Besitz, II. 3.
Bichöfe der Waldenser, I. 91; II. 596. 644.
Bischöfliche Censur über die Presse, III 689.
Bischöfliche Gerichtshöfe, ihr Charakter, I. 21. 34 ; III. 706. 707. 709.
— Anwendung der Folter bei denselben, I. 623.
Bischöfliche Inquisition, I. 349. 370. 399.
— ihre Einrichtung versucht von Lucius III (1184) I. 350.
— eingerichtet vom Konzil v. Avignon (1209) I. 352.
— von neuem versucht von Honorius III. (1224) II. 224.
— neu geregelt (1243 u. 44) I. 371. ähnlich der päpstlichen Inquisition, I. 407.
— in Aragon, I. 363; II. 182.
— in Böhmen, II. 498 f.
— in England, I. 395.
— in Köln, I. 403; II. 407. 422 f. 424
— in Mainz, II. 450.
— in Narbonne, I. 370. 374.
— in Toulouse, II. 9 f.
— von Raimund VII. eifrig betrieben, II. 40—42.
— in Strassburg, II. 419.
— im Falle der Templer, III. 320. 324.
— in Westfalen, II. 424.
— in Venedig, II. 282. 308.
Bischöfliche Jurisdiktion, Missbrauch derselben, I. 23.
— ihr Wachstum, I. 345.
— allein anerkannt in Deutschland, II. 396.
— über Ablasskrämer, III. 700.

Bischöfliche Jurisdiktion, über Zauberei, III. 507. 527.
— über Hexerei, III. 572.
Bischöfliche Mitwirkung mit der Inquisition, I. 372. 432. 437; II. 86 f. 94. 101. 104. 156; III. 512.
Bischöfliche Suprematie, von neuem behauptet, II. 147.
Bischöfliche Vermittlung — siehe bischöfl. Mitwirkung.
Bischöflicher Widerstand gegen die Inquisition, II. 146. 448.
Bischöfliches Amt, Schändung desselben, I. 15-18; III 706—9. 722.
Bistümer, Verkauf der, I. 8 f.
Bitte un Gnade, I. 255. 598.
Bizenus, Eleutherius (Ulrich v. Hutten), feiert den Triumph Reuchlins, II. 484.
Bizochi (wandernde Bettelmönche), III. 40. 83.
Blässe, ein Zeichen der Ketzerei, I. 121. 239. 342.
Blanc, Humbert, Templer, Präzeptor der Auvergne, unternimmt einen Kreuzzug, III. 280.
— in England verhaftet und verurteilt, III. 311.
Blanche, Regentin v. Frankreich, ihre Schwierigkeiten, I. 225. 226.
— ihre Beziehungen zu den Pastoureaux, I. 302. 303.
Blasius Boerii, Schuster aus Narbonne, unterstützt die Olivisten, III. 82.
Blasius v. Monreale, Inquisitor, II. 299.
Blasphemie, Strafe für, I. 264; II. 136.
— nützlich für die Inquisition, I. 536.
Blaubart, III. 546.
Bleiche Farbe — siehe Blässe.
Bloemaert, Hadewig, widerlegt von Johann v. Ruysbroeck, II. 427.
Blouyn, Johann, Viccinquisitor v Nantes, verhört Gilles v. Rais, III. 536.
Blut Christi, Streit über das, II. 192.
Blutbad v. Béziers (1209) I 171.
— v. Marmande (1218) I. 209.
— v. Cesena (1376) I. 625; III. 231.
— v. Avignonet (1242) II. 37.
— v. Fabriano (1449) III. 200.
Blutschande, Verzeihung wegen, I. 36.
Bluturteile, dem Klerus verboten, I. 250.
— Pflicht der Kirche, sie zu fällen, I. 600.
Boccaccio, über den Florentiner Inquisitor, I. 536.
— über die Templer, III. 372.
— Geschichte von den drei Ringen, III. 631.

Boccaccio, über die Verderbtheit der Kurie, III. 711.
Böckeler, Nikolaus, Inquisitor, verfolgt die Winkeler in Strassburg, II. 455.
— verurteilt Johann Malkaw, III. 233.
Böhmen, II. 488.
— Flagellanten in (1260) I. 305.
— Franziskaner-Inquisitoren in, I. 338.
— Ketzer fliehen nach, II. 303.
— Luziferianer in, II. 406.
— Erbitterung über den Tod des Huss, II. 563.
— kündigt Rom den Gehorsam auf, II. 579.
— seine Lage (im Jahre 1418) II. 583.
— Misserfolg der Kreuzzüge, II. 589. 599. 605.
— religiöse Spaltung in, II. 590.
— Handelsverkehr mit, verboten, II. 601.
— Furcht vor seinem Einflusse auf Deutschland, II. 606 f.
— Bauernschaft zur Leibeigenschaft zurückgeführt, II. 611.
— Friede mit dem Konzil v. Basel, II. 612.
— Reaktion unter Sigmund, II. 614.
— Obergewicht der Calixtiner, II. 615.
— die Lage unter Podiebrad, II. 616 f.
— Mission Capistranos in, II. 627.
— seine Unabhängigkeit von Rom, II. 634.
— seine abnorme Lage, II. 637.
— Templerbesitzungen in, III. 374.
— ein Konzil in, warnt vor Zauberern, III. 472.
— Kanones gegen Zauberei, III. 519.
Böhmische Brüder, ihr Ursprung, II. 640 f.
— ihr Glaube, II 643.
— ihre Sittenzucht, II. 615.
— ihre Vereinigung mit den Waldensern, II. 474. 643 f.
— ihre Gesandtschaft an die Waldenser in Savoyen, II. 300
— Verfolgungen gegen sie, II. 646.
— ihr Missionseifer, II. 647.
Böse, das, Personifikation desselben, III. 429.
Böser Blick, III. 547.
Böswilligkeit macht die Zeugenaussage ungültig, I. 487; III. 577 f.
(Siehe auch Todfeindschaft.)
Bogomilen (Gottesfreunde), manichäische Sekte, I. 100. 242.
Bolbonne, Verstümmelung der Mönche von, I. 181.
Bologna, Einschränkung des Waffentragens, I. 427.

Bologna, Missbräuche der Familiaren in, I. 428.
— Johann Schio in, II. 230.
— Verfall der Inquisition in, II. 319.
— Konzil v. (1309) über die Templer, III. 348.
Bonaccorso, Philippo, Franziskaner-Inquisitor v. Treviso, I. 339.
Bonageta, Petrus, Franziskaner, seine Ketzerei, II. 198.
Bonagratia (Boncortese) v. Bergamo, Franziskanerkonventuale, greift das Andenken Olivis an, III. 54.
— verteidigt die Konventualen, III. 65.
— von Clemens V. verurteilt, III. 68.
— von Johann XXII. eingekerkert (1323) III. 150.
— entflieht zu Ludwig d. Bayern, III. 166.
— sein Tod, 1347, III. 175.
Bonagratia v. S. Giovanni, Franziskanergeneral, III 33. 48.
Bonato, Franziskanerspiritual, verbrannt, 1335, III. 95.
Bonaventura, hl., Franziskanergeneral, über das Elend der Verdammten, I. 270
— sein Kardinalat, 1273, I. 295.
— antwortet Wilhelm v. Saint-Amour, I. 321.
— erwidert Gerhard v. Abbeville, I 323.
— über die Verderbtheit der Franziskaner, I. 331.
— verfolgt die Spiritualen, III. 26.
— sein Eifer für die Armut, III. 29.
— sein Mystizismus, III. 29.
— seine Reformbestrebungen, III. 32.
— leugnet die unbefleckte Empfängnis, III. 668.
— über die Verdorbtheit des Klerus, III. 708.
Boncampagno di Prato, Franziskanerspiritual, seine Genügsamkeit, III 30.
Boni Homines (Boushommes), Name für Katharer, I. 127.
Boni Johann, Inquisitor v. Besançon, verbrennt zwei Werwölfe (1521) II. 162.
Bonifatius, hl., seine Unterdrückung der Ketzerei, I. 345.
— seine sagenhafte Inquisition, II. 205.
— unterdrückt die Zauberei, III. 464.
Bonifaz VIII, Papst, 1294—1303, sein Charakter, III. 57.
— begünstigt die Bettelmönche, I. 306.
— versucht die Begräbnisfrage zu lösen, I. 315.
— versucht, Klerus u. Bettelmönche zu versöhnen, I. 325.

Bonifaz VIII. über die Absetzbarkeit der Inquisitoren, I. 385.
— unterstellt die Bischöfe den Inquisitoren, I. 390.
— setzt die bischöfliche Jurisdiktion wieder in Kraft, I. 401.
— ermächtigt die Inquisitoren zur Ernennung von Kommissaren, I. 419.
— hebt das Amt des Generalinquisitors auf, I. 444.
— befiehlt, die Namen der Zeugen zu verschweigen, I. 490.
— über die Erpressungen der Inquisitoren, I. 534.
— verschärft die Rechtsunfähigkeit der Nachkommen, I. 558.
— verbietet die Konfiskation vor der Verurteilung, I. 579.
— unterstellt die weltlichen Behörden der Inquisition, I. 600; II. 72.
— seine Gefangennahme zu Anagni, II. 62.
— sein Streit mit Philipp dem Schönen, II. 70 f.
— droht dem Aimeric Castel, II. 74.
— befiehlt die Verfolgung des Aimeric Fabri, II. 78.
— Ketzereien, ihm zugeschrieben, II. 105; III. 508.
— tritt ein für Peter v. Fenouillèdes, II. 120.
— entscheidet den Fall des Armanno Pongilupo, II. 272.
— Fälle von Milde, II. 274.
— erkennt Friedrich III v. Aragon als König v. Sizilien an, II. 280.
— organisiert die Inquisition in Slavonien, II. 339.
— verurteilt die Ortlieber, II. 416.
— hebt alle Erlasse u. Privilegien Cölestins V. auf, III. 39.
— verfolgt die irregulären Bettelmönche, III. 40 f.
— verfolgt die Spiritualen, III. 43.
— kerkert Jacopone v. Todi ein, III. 45.
— legt Arnald v. Villanova Stillschweigen auf, III. 60.
— sein Streit mit den Colonnas, III. 220.
— versucht, die Ritterorden zu verschmelzen, III. 278.
— erzwingt die Unterwerfung der Templer unter den Ordensmeister, III. 286.
— seine Bulle Unam Sanctam, III, 635. 691.
Bonifaz IX., Papst (1389—1404) ernennt Bruder Vincenz v. Lissabon zum Inquisitor für Spanien, I. 594.

Bonifaz IX. ermächtigt den Dominikanerprovinzial von Spanien zur Ernennung von Inquisitoren, II. 210.
— tadelt die Grausamkeit der Inquisitoren, II. 297.
— ernennt Inquisitoren für Sizilien, II. 322.
— seine Verfügungen in betreff der Begarden, II. 456.
— ernennt Inquisitoren für Deutschland, II. 457.
— unterdrückt die Bianchi, II. 460.
— verkauft Dispense an die Franziskaner, III. 192.
— seine finanziellen Auskunftsmittel, III. 703. 704 f.
Bonn, Tanchelmiten verbrannt in, I. 71.
— Katharer verbrannt im 12. Jahrhundert, I. 125.
Bonrico di Busca, Stellvertreter des Podestà v. Mendrisio, stellt der Inquisition keine Leute und wird deshalb verurteilt, I. 431.
Bordeaux, Reichtum der Templer in, III. 283.
— Konzil v., 1255, über Bluturteile, I. 250.
Bos homes oder bos crestias, Name für Katharer, I. 130.
Bosnien, Zuflucht der Katharer in, II. 288.
— Verlauf des Katharismus in, II. 330.
— Inquisition organisiert in, II. 339.
Bougres, Name für Katharer, I. 126.
Bourges, Pastoureaux in, I. 304.
— Inquisitor von, II. 157.
— Konzil v. (1225) I. 217.
— Konzil v. (1432) über die Waldenser, II. 176.
Brabant, Lollarden in, II. 418.
Braccio v. Montone, sein Unglaube, III. 635 f.
Braine, Katharer, verbrannt in (1204) I. 144.
Brancaleone, Senator v. Rom, Kreuzzug gepredigt gegen ihn, II. 256.
Branda, Kardinallegat, sein Reformdekret, II. 601.
Brandeis, Synode v. (1490) II. 645.
Brandenburg, Teufelsanbetung in (1337) II. 425 f.
— Waldenser in, II. 474. 498.
— Besitzungen der Templer in, III. 374.
Brandmarkung wegen Ketzerei, II. 206.
Brandt, Sebastian, verhöhnt die Dominikaner, II. 483.
Braunsberg, Gesetze von, über Zauberei, III. 487. 599.

Brehal, Johann, Inquisitor, rehabilitiert Johanna d'Arc, III. 427.
Bremen, Erzbischöfe v., u. die Zehnten, III. 207.
— Konzil v. (1230) über die Stedinger, III. 209.
Brennon, Roger, Pfarrer v. Sainte Croix in Metz, verteidigt Hexen, III. 609.
Brescia, Bischof von, über den Streit betreffs des Blutes Christi, II. 194.
— Ketzerunruhen in (1224) II. 221.
— erobert von Ezzelin von Romano, II. 257.
— Fall des Guido Lacha, II. 273.
— Ketzerei in (1457) II. 305.
— Streit über die Hexen von, I. 603; III. 610.
Breslau, Johann v. Pirna in, II. 493.
— Grausamkeit des Kaisers Sigmund in, II. 588.
— Capistranos Tätigkeit in, II. 625.
Bretagne, Katharer in der (1208) I. 123
— keine Ketzer in der, I. 140.
— Zauberer u. Ketzer in der, III. 600.
Bretonelle, Johann, Franziskaner, Professor in Paris, über das Blut Christi, II. 193.
Briançon, Verfolgung in, II. 170. 176. 180.
Briefe, päpstliche, ihr entsittlichender Charakter, I. 20.
— Fälschung derselben, I. 21.
Brigandi, I. 138.
Brigitta v. Schweden, hl., über die Bettelorden, I. 332.
— ihre freimütige Sprache, II. 416.
— über Johann XXII., III. 77.
— über die Fraticellen, III. 178.
— über die Verderbtheit der Kirche, III. 712.
Brixen, Bischof Georg v., verweist den Inquisitor Heinrich Institoris aus seiner Diözese, III. 604.
Brocken, Hexentanzplatz auf dem, III. 559.
Brot durch Gott!, II. 400. 470.
— geweihtes, der Katharer, I. 103.
— — der Waldenser, II. 164.
— — in Wein getaucht bei der Eucharistie, II. 540.
— und Wasser als Gefängniskost, I. 546. 549.
Brücken, Geldbussen verwendet für, I 529.
Brüder, apostolische — siehe Apostel.
— böhmische — siehe Böhmische.
— des Bruders Philipp v. Mallorka, III. 91. 183.

Brüder der Einsiedeleien, III. 194.
— des freien Geistes (siehe auch Ortlieber), ihr Ursprung, II. 366.
— — in Frankreich, II. 136. 140. 461. 658.
— — in Deutschland, II. 402. 416.
— — in Böhmen, II. 590.
— des Kreuzes, II. 462. 464.
— vom gemeinsamen Leben, II. 409.
Brüderschaft der Armut oder Turlupinen, Name für Begarden in Frankreich, II. 140.
— der hl. Cäcilia, II 43.
Brügge, Tanchelm vertrieben aus, I. 71.
Brünn, Dominikanerskandal in, I. 307.
— Kaiser Sigmund in (1419) II. 586.
Brüssel, Ortlieber in, II. 427.
Brugliano, Orden der Observanten gegründet in, III. 194.
Brugnière, Bartholomäus, Franziskaner, verurteilt, III. 171.
Bruno, Erzbischof v. Köln, hl, I. 10.
— Bischof v. Segni u. Abt v. Monte Cassino, wirft dem Papste Paschalis II. Ketzerei vor, III. 206.
Buchdruckerkunst, bei den Böhmischen Brüdern, II. 646.
— verworfen von den Observanten, III. 491.
Buda, Konzil v. (1268) über Bluturteile, I 251.
— Verhinderung eines Konzils in, II. 338.
Bücher, Verbrennung von, I. 619.
— Luthers, verbrannt, II. 320.
— Wiclifs, verbrannt, II. 510.
— des Huss, verbrannt, II. 560.
— des Arnald v. Villanova, verbrannt, III. 95 f.
— astrologische, verbrannt, III. 503.
— der Wahrsagekunst u. Magie sollen verbrannt werden, III. 494. 512.
— Villenas, verbrannt, III. 547.
— Censur der, III. 687.
Bürger, Pflicht der, die Inquisition zu unterstützen, I. 381. 431.
Bürgschaft, verlangt vom Ankläger, I. 448.
— verlangt vom Angeklagten, I. 453. 532.
— ihre Form, I. 533.
— als Sicherheit gegen eine etwaige spätere Konfiskation vom Verkäufer gefordert in Florenz, I. 588.
Büssende, ihr Geständnis protokolliert I. 423.
— Überwachung derselben, I. 432. 556.

Büssende, ihre Abschwörung beim Autodafé, I. 438.
Bulgari (Bugari, Bulgri), Name für Katharer, I. 126.
Bulgarien, seine Unterwerfung unter Rom, II. 331.
— Inquisitor geschickt nach, II. 353.
Bulle In coena domini über Fälscher, I. 22.
— Georg Podiebrad verflucht in der, II. 637.
Burchard, Graf v. Oldenburg, Anführer des Kreuzzuges gegen die Stedinger, III. 211.
Burginus, Begarde in Konstanz, II. 460.
Burgund, Ketzer in, I. 140.
— Inquisition eingeführt in, II. 123. 132.
— Franziskanerminister von, führt die Oberaufsicht über die Inquisition, II. 156.
— Waldenser in, II 166.
— Hexerei in, III. 597.
Burgunder, Name für Waldenser, II. 166
Burkard III., Erzbischof v. Magdeburg, und die Templer, III. 342.
Burkard, Bischof v. Worms, erwähnt nichts von Ketzerei, I. 244.
— leugnet die Macht der Tempestarii, III. 468.
— über den Glauben an Zauberei, III. 470.
— über den Kannibalismus der Hexen, III. 562.
Burzet, Herr v., getötet durch einen Liebestrank, III. 523 f.
Busse, Brüder u. Schwestern der, der dritte Orden der Franziskaner, I. 299.
— Sakrament der, sein Verkauf, I. 31.
Bussen, nicht erfüllte, I. 442. 530. 613.
— inquisitorische, I. 512. 516.
— Umwandlung der, I. 528.
— der Einkerkerung, I. 541.
— Recht der Umwandlung vorbehalten, I. 553.
— das Rasieren des Kopfes, II. 381.
— für das Sakrileg der Templer, III. 312.
— nicht autorisierte, der Flagellanten, II. 434.
— für Zauberei, III. 465.

C.

Cabasse, Raimund, stellvertr. Inquisitor, verbrennt die Katharina Sauve wegen waldensischer Lehren zu Montpellier (1417) II. 175.

Cabestaing, Konzil v. (1166) I. 131.
— Olivisten verbrannt in, III. 86
Cäsarius v. Heisterbach, über schlechte Prälaten, I. 15.
— über die Zuchtlosigkeit der Mönche, I 41
— über die Ausbreitung der Ketzerei, I. 141
— über die Freiheit der Heiligen, II. 364.
— seine Dämonenlehre, III. 431. 433.
Cäsarius v. Speier, Franziskanerprovinzial von Deutschland, Spiritual, sein Märtyrertod, I239, III. 7.
Cagots, die, Volksstamm in den Pyrenäen, keine Nachkommen der Katharer, II. 117 f.
Cahors, Inquisition in, II. 10.
Cajetan, Kardinal, Legat für Deutschland, sein Verfahren gegen Luther, II. 486.
Calcagni, Ruggieri (Ruggero), Inquisitor v. Florenz, seine Energie, I. 367; II. 238.
Caligula, angebliche Ursache seines Wahnsinnes, III. 412.
Calixtiner — siehe Utraquisten.
Calixtus II., Papst (1119—24) verurteilt die Katharer, I. 129.
Calixtus III , Papst (1455—58) begünstigt die Bettelmönche, I. 328.
— spornt die Inquisition an, II. 298. 305.
— befiehlt einen Kreuzzug gegen die Türken, II. 630.
— ladet Rokyzana ein, II. 634.
— befiehlt die Rehabilitation der Johanna d'Arc, III. 427.
— befiehlt die Verfolgung von Hexen, III. 610.
— begünstigt Lorenzo Valla, III. 633 f.
Calvinisten, Waldenser schliessen sich ihnen an (1530) II. 301.
Cambrai, Ketzerei im 11. Jahrhundert, I. 122.
— Fall der Marie v. Canech, I. 536.
— Ketzer verbrannt in, II. 127. 360.
— Sekte der Homines intelligentiae in, II. 461 f.
— Verwünschungsmesse der Domherren gegen den Bischof, III. 505.
Camerino, Bischof Franziskus v., begünstigt die Fraticellen, III. 179.
— Gentile, Herr v., vorgeladen wegen Begünstigung der Fraticellen, III. 180.
Canavese, Hexen im Val (1474—75) III. 563. 577—580.

Cane della Scala, Herr v. Verona, Haupt der Ghibellinen, III. 222. 228.
Canidia, Hexe, bei Horaz erwähnt, III. 441.
Cannemann, Johann, Franziskanerinquisitor, unterdrückt die Waldenser in Angermünde, II. 473.
Canterbury, Pilgerreisen nach, als Busse über Ketzer verhängt, II. 33.
Capello di Chia, wegen Ketzerei verurteilt, I. 383; II. 269.
Caracalla verfolgt Magier, III. 444.
Caraman, Katharerkonzil von (1167) I. 132.
Carbonello, Lorenz, Missionar der Fraticellen in Tunis, III. 188.
Carcassonne, Vorherrschen der Ketzerei in, I. 152.
— Eroberung von, I. 173.
— Versammlung der Sachverständigen in, 1329, I 435.
— Inquisitionsgefängnis in, I. 548. 550. 553.
— appelliert an Philipp III, II. 58.
— Verschwörung zur Vernichtung der Inquisitionsprotokolle in, I. 425; II. 63.
— appelliert wieder an den König und an den Papst, II. 65.
— kämpft mit der Inquisition, II. 73. 74. 75. 89.
— seine Verzweiflung und sein Verrat, II. 95 f.
— seine Bestrafung, II. 97.
— klagt die Inquisition an bei Papst Clemens V., II. 99.
— Untersuchung durch die Kardinäle in, II. 100.
— Verachtung für die Dominikaner, II. 147.
— Streit zwischen zwei Beworbern um das Inquisitorenamt, 1124, II. 153.
— Verfolgung der Waldenser in, II. 165.
— das Kloster den Spiritualen eingeräumt, III. 68.
— Olivisten verbrannt in, III. 86.
— Konzil v. (1310) über die Templer, III. 331.
Carieulx, Peter du, Mitgefangener bei der Vauderie v. Arras, III. 584. 588.
Carino da Balsamo, Mörder des Petrus Martyr, I. 514; II. 243.
Carnaschio, Rio, III. 131. 138.
Carpentras, Konklave von, II. 106.
Carta de Logu, Inquisitoren in der, I. 349
Casser, Eroberung von, I. 180.

Castel Fabri, Fall des, I. 498. 502; II. 74. 78.
Castelbo, Ketzer verfolgt in, II. 185 187.
Castelnaudary, Belagerung von, I. 187.
Castor und Pollux, III. 447.
Castres, Verhaftung des Johann Ricoles in, II. 90.
— Waldenser in, II. 166.
Castruccio v. Lucca, verurteilt als Begünstiger der Ketzer, III. 228.
Catalan Fabri, Inquisitor, ermordet von Waldensern, II. 168
Catalano, Inquisitor, ermordet, II. 243.
Cato, seine Furcht vor der Wahrsagerei, III. 449.
Cauchon, Peter, Bischof v. Beauvais, III. 404.
— beansprucht Johanna d'Arc, III. 405.
— beginnt ihren Prozess, III. 407.
— liefert sie dem weltlichen Arme aus, III. 421.
Cavalcanti, Aldobrandino, Inquisitor von Florenz, I. 366.
Cazzagazzari (Katharerjäger), Spottname für die Beamten der Inquisition, I. 126.
Cecco d'Ascoli, Astrologe, III. 497.
Ceccone, Ser, Notar, fälscht die Geständnisse Savonarolas, III. 260. 264.
Cella, Peter, aus Toulouse, verbindet sich mit Dominikus (1214) I. 281.
— seine Urteile als Inquisitor im Quercy (1241—42) I. 520. 524 ; II. 32. 659 ff.
— verfolgt die Waldenser, II. 164.
Celliten, Name für die Lollarden, II. 398.
Censur, literarische, der Inquisition übertragen (1369) II. 443; III. 687.
Cerdana, Inquisition in, II. 200.
Cesarini, Julian, Kardinal, Legat für Deutschland (1431) II. 604. 605.
Cesena, Blutbad von (1376) I 625 ; III. 231.
— Wunder des Petrus Martyr in, II. 235.
Chakamin, ägyptische Zauberer, III. 438.
Châlons, Katharer von, I. 121. 245.
— Konzil von (813) über Vermächtnisse, I. 32.
Chamonix, Hexenprozess in (1462) III. 577.
Champagne, Inquisition in der, II. 134. 654.
Charroux, Abtei, ihr Streit mit der Abtei Andres, I. 25.
Chartres, Konzil von (1366) über Zauberei, III. 518.

Châtelet, das Pariser, bestraft Zauberei, III. 520 f.
Chiabaudi, Francesco, Inquisitor, seine Hexenprozesse, III. 577. 579.
Chiaravalle, Cistersienserkloster bei Mailand, III 104 112. 115.
Chieri, Katharer in, II. 287.
Chiersy — siehe Quiercy.
Chieti (Theate), Geldbusse auferlegt der Stadt (1304) I. 447.
Chiliasten in Böhmen, II. 591.
Chilperich I., König der Franken, seine Grausamkeit gegen Zauberer (584) III. 463.
Chindasvind, Kg der Westgoten, seine Gesetze über Zauberei (um 520) III. 451.
Chinon bei Tours, Templerhäupter verhaftet in (1309) III. 320. 322.
— Johanna d'Arc in, III. 388
Chiuso, Fraticelle, seine grausame Folterung und seine Standhaftigkeit, III. 200.
Christentum, heidnische Einflüsse auf das, III. 452.
Christian V., König v. Dänemark, Strafe für Gotteslästerer (1683) I. 264.
— v. Prachaticz, Anhänger des Huss, II. 567. 584.
Christine v. Pisa über Johanna d'Arc, III. 396.
Christliche Theurgie, die, überwindet die heidnische, III. 445.
Christoph, Kg. v. Schweden, seine Gesetze über Zauberei (1441) III. 487.
Christophorus, hl., Macht seines Bildes, I. 53.
Christus, von Savonarola zum König von Florenz proklamiert, III. 241.
— Streit über sein Blut, II. 192—196.
— sein Horoskop, von Cecco gestellt, III. 499. 735 f.
— seine Inkarnationen, III. 115. 116
— Streit in betreff seiner Durchbohrung mit der Lanze, III. 50. 234.
— Stelle seiner Empfängnis, III. 675.
— seine Armut — siehe Armut.
— Miliz Jesu Christi, I. 299.
Chrysostomus, hl., über Verfolgung, I. 240.
— über die Exkommunikation v. Toten, I. 258.
— über Dämonen, III. 430.
— glaubt nicht an Incubi, III. 434.
Cincinnati, Perfektionisten in, III. 115.
Circumcisi, I 97.
Ciruelo, Pedro, über die Ars notoria (1521) III. 492.

Cisterzienser, versuchen die Bekehrung der Albigenser, I. 156.
— geben ihre Missionstätigkeit auf, I. 159.
— predigen den Kreuzzug, I. 162.
— Opposition des Klerus gegen die, I. 314.
— wegen Zauberei bestraft (1323) III. 514.
Citeaux, Abtei von, Zahlungen an die, II. 2.
Civilrecht, römisches, sein Wiederaufleben, I. 63.
Claessens, P., Kanonikus, über das Verfahren der Kirche gegen die Ketzer, III. 725.
Clafeld, Verfolgung in, II. 382.
Clarener, Kongregation der Spiritualen, III. 44. 71.
Claudius, Bischof von Turin, Bilderstürmer, I. 243.
Clemens IV. (Guidonis Fulcodius), Papst, 1265—8, verlangt die Freilassung des Bischofs von Verona, I. 13.
— begünstigt die Bettelmönche, I. 323 f.
— vermittelt in den Streitigkeiten der Bettelmönche, I. 339.
— bestätigt die Mitwirkung der Bischöfe bei den Urteilen, I. 375.
— setzt die Bulle Ad extirpanda durch, I. 380.
— erweitert die Macht der Inquisitoren, I. 400. 632.
— über die bischöfliche Jurisdiktion, I. 400.
— über die Geheimhaltung der Namen der Zeugen, I. 490.
— über unerfüllte Bussen, I. 531. 614.
— über die Konfiskation, I. 564.
— über die Nichtbezahlung der Ausgaben der Inquisition durch die Bischöfe, I. 588.
— über die jüdischen Bücher, I. 621.
— über apostatische Juden, II. 68.
— verfolgt die Ketzer von Rousset, II. 131.
— unterstellt die Inquisition in Burgund dem Franziskanerminister von Burgund, II. 156.
— spornt die Inquisition an, II. 260.
— hilft den Anjous bei der Eroberung Neapels, II. 261.
— richtet Manfred wegen Ketzerei, III. 219.
— ermächtigt die Franziskaner zur Annahme von Vermächtnissen, III. 32.
— begünstigt die Templer, III. 273.
— begünstigt Roger Bacon, III. 617.
— unterdrückt die Simonie, III. 702 f.

Clemens V., Papst (1305—14) seine Wahl II. 91.
— seine Plünderung von Kirchen, I. 19.
— vermehrt die bischöfliche Oberaufsicht und Verantwortlichkeit, I. 376. 401; II. 103.
— über Bestrafung von Inquisitoren, I. 386.
— schränkt die Zahl der Familiaren ein, I. 428.
— verlangt die bischöfliche Mitwirkung bei den Urteilen, I. 432
— schränkt die Anwendung der Folter ein, I. 474.
— über Missbräuche der Inquisition, I. 507. 534.
— untersucht die Inquisition von Languedoc, I. 551; II. 92. 100. 651.
— vermittelt zugunsten der Stadt Carcassonne, II. 97.
— tritt vergeblich für die Gefangenen von Albi ein, II. 102. 652.
— beschützt die Juden, II. 103.
— seine Verurteilung der Beguinen, II. 418.
— über das Prozessverfahren des Bischofs Bernhard von Castaignet, II. 652 f.
— über die Ketzer von Langres, II. 657.
— beschützt die Spiritualen, III. 62. 64. 66. 67.
— verfolgt die italienischen Spiritualen, III. 69.
— ordnet Kreuzzüge gegen Dolcino an, III. 129. 131. 133.
— unterdrückt die Anhänger des Geistes der Freiheit, III. 141.
— ergreift von Ferrara Besitz, III. 220.
— lässt Jakob v. Molay zu sich kommen, III. 280.
— hält die Anklagen gegen die Templer für unglaublich, III. 292.
— ist unwillig über die Verhaftung der Templer, III. 315.
— befiehlt die Verhaftung der Templer in ganz Europa, III. 316. 321. 338. 342. 344. 349. 351. 357 f.
— suspendiert die Prozesse in Frankreich, III. 316.
— trifft ein Abkommen mit Philipp, III.319.
— befiehlt die Wiederaufnahme der Prozesse, III. 321.
— seine Bullen vom 12. August 1308, III. 323.
— seine Befehle, die Folter anzuwenden, III. 324. 340. 350. 354. 360.
— drängt auf Verfolgung in Deutschland, III. 343.

Clemens V. sendet eine Kommission in den Kirchenstaat, III. 345.
— befiehlt die Verbrennung der rückfälligen Templer, III. 349.
— hebt den Templerorden auf, ohne ihn zu verurteilen, III. 364 f.
— bemüht sich, das Eigentum der Templer den Hospitalitern zu sichern, III. 373.
— beansprucht das Eigentum der Templer in Morea, III. 378.
— sein Tod, II. 105, 421; III. 369.
Clemens VI., Papst, 1342—52, über die Pflicht des Kaisers zur Verfolgung, I. 253.
— verteidigt die Bettelmönche, I. 326.
— erneuert das Amt des Generalinquisitors, I. 444.
— verfolgt Inquisitoren, I. 572.
— dehnt die Inquisition auf Touraine aus, II. 140.
— verfolgt die Waldenser, II. 170. 192.
— entscheidet den Streit über das Blut Christi, II. 193.
— ordnet eine Untersuchung gegen die Inquisition in der Lombardei an, II. 303.
— sein Verfahren gegen Florenz, II. 313.
— bestraft apostatische Juden, II. 320.
— seine Vermittlung in Bosnien, II. 344.
— tadelt Karl IV., II. 429.
— verdammt die Flagellanten als Ketzer, II. 434.
— über Benefizien an Minderjährige, II. 495.
— gestattet dem Herzog Johann von der Normandie den Laienkelch, II. 540.
— weist die Unterwerfung Ludwigs des Bayern zurück, III. 175.
— die Deutschland auferlegte Absolutionsformel, III. 176.
— verfolgt die Fraticellen, III. 180.
— warnt den Orient vor den Fraticellen, III. 188.
— befiehlt die Verfolgung des Fraticellen Jakob Justi, III. 190.
— ermuntert Gentile v. Spoleto, III. 193.
— sein Vorgehen gegen die Maffredi v. Faenza, III. 230.
— sein Verhalten gegenüber der griechischen Kirche, III. 692.
— der Kirchenstaat unter, III. 710.
Clemens VII. (früher Kardinal Robert v. Genf), Gegenpapst in Avignon (1378—94) seine Grausamkeit, I. 625; III. 231.
— erneuert das Mandat des Inquisitors Borilli, II. 174.
— nimmt die unbefleckte Empfängnis an, III. 671.

Clemens VIII., Gegenpapst (1424—29) III. 397

Clemens VII., Papst (1523 – 34) unterstellt die Bettelmönche der Inquisition (1530) I. 406.

Clemens VIII., Papst (1592 – 1605) will Savonarola kanonisieren, III. 267.

Clemens XIV., Papst (1769—74), hebt den Jesuitenorden auf (1773) III 365.

Clementinen, Verzögerung ihrer Veröffentlichung (1312—17) II. 420; III. 66.
— ihre Bestimmungen, II. 104.
— Einschränkung der Folter in den, I. 474.
— Geringschätzung der, I. 551.
— eingeschärft in Mailand (1388) II. 304.
— beobachtet bei den Hexenprozessen, III. 572.
— Verfolgung der Beguinen, veranlasst durch die, II. 418. 420.

Clermont, Bischof v., sein Verfahren gegen die Templer, III. 325.
— Konzil v. (1095) über die Kommunion, II. 540.

Cluson, Val, Blutbad im (1488) II. 179.

Cölestin III., Papst, 1191—98, tritt ein für Philipp v. Dreux, Bischof v. Beauvais, I. 13.
— exkommuniziert Raimund VI. v. Toulouse, I 146.

Cölestin IV., Papst, 1241, sein kurzes Pontifikat von 19 Tagen, II. 28.

Cölestin V. (Peter von Murrone), Papst, 1294, beschützt die Spiritualen, III. 39.
— seine Akte annulliert, III. 39 f.
— verhöhnt von den Konventualen, III. 40.

Cölestin, Papst der Spiritualen, III. 70. 72.

Cölibat des Klerus, seine Wirkung, I. 3. 35.
— nicht beachtet in Böhmen, II. 488.
— — in Ungarn, II. 619.

Cognati, Thomas, Inquisitor v. Wien, II. 474.

Colmar, Verhaftung von Begarden und Beguinen in (1290) II. 416.

Colombini, Johannes, gründet den Orden der Jesuaten, 1367 approbiert, III. 192.

Colonna, die, ihr Streit mit Bonifaz VIII., III. 220.
— Ottone — siehe Martin V.

Columbus, Franziskaner begleiten ihn, I. 334.

Commines, Philipp v., sein Glaube an Savonarola, III. 239.

Como, nimmt die Gesetze Friedrichs II. an (1255) I. 361.
— Beamte erschlagen von Hexen, III. 560.
— Datum der Entstehung des Hexenwesens in, III. 597.

Como, Zahl der Hexen, III. 603.
— ihre Verfolgung, III. 610. 611.

Compactaten, Prager, die vier Artikel der, (1420) II. 592.
— angenommen zu Basel (1433—1436) II. 609. 612.
— endgültig verworfen von Rom (1452) II. 627.
— beschworen von Ferdinand I. (1526) II. 639.

Compagnacci, die, Gegner Savonarolas, III. 243. 247. 255. 256. 257.

Compagnia della Fede (Glaubensgenossenschaft) in Florenz, II. 239. 240.

Compiègne, Belagerung v. (1430) III. 403.

Compostella, Pilgerfahrten nach, II. 33.
— Dolcinisten in, II. 209; III. 119, 138.

Conciliator differentiarum, der, des Peter v. Abano (1303) III. 496.

Concorrezaner (Concorrezzenser), I. 108. 118; II. 219.

Conde, Johann, Inquisitor v. Barcelona, II 202 f.

Conformitatum, Liber, Buch über die Ähnlichkeit zwischen Christus und Franziskus, I. 293.

Connecte, Thomas, Karmeliter, verbrannt (1433) III. 235 f.

Consolamentum, die Geistestaufe der Katharer, I. 104. 106.

Contarini, Jakob, Doge von Venedig, sein Amtseid (1275) II. 282.

Contumacia — siehe Nichterscheinen.

Corasse, der Herr v., und sein Dämon Orton, III. 433.

Cordes, zwei Dominikaner erschlagen in (1233) II. 13.
— klagt die Inquisition an (1306) II. 100.
— Versöhnung von (1321) I. 540; II. 111.

Cordoba, Professoren der Magie an der Schule zu, III. 483.

Cornelis, Wilhelm, aus Antwerpen, seine Ketzerei bezüglich der Armut, II. 399.

Cornille, Martin, aus Arras, der Zauberei angeklagt, III. 586. 593. 596.

Corrado Coppa und seine Frau Giaccobba, eine Guglielmitin, III 109 f.

Cortenuova, Schlacht bei (1237) II. 233.

Cossa, Balthasar — siehe Johann XXIII.

Cossolament — siehe Consolamentum.

Cotereser (Cotereaux), Freibeuter, I. 137. 230.

Cotta, Dionysius, Anhänger der Guglielma, III. 104. 105.

Covenansa, la, bei den Katharern, I. 101.

Coventry, Bischof v., der Zauberei angeklagt, III. 508.

Register zu Band I—III.

Credentes, bei den Katharern, I. 103. 114; II. 11.
— Strafe für, I. 360. 363; II. 11. 207
Cremona, Friedrich II. verleiht seinen sizilianischen Ketzergesetzen allgemeine Gültigkeit durch das Edikt von (1238) I. 248.
— Hexen verfolgt in, III. 610.
Crescenzio Grizzi von Jesi, Franziskanergeneral, Anhänger der Konventualen (1244) III. 9.
Crivelli, Leonhard, Generalinquisitor der Lombardei (1518) III. 642.
Crocesegnati — siehe Kreuzbrüder.
Crucigeri, Orden der, I. 299.
Crudacio, Abt von, als Inquisitor gegen die Templer nach Deutschland gesandt, III. 343.
Cum inter nonnullos, Bulle Johanns XXII. vom 12. November 1323, über die Armut Christi, III. 151.
Cumanen, Märtyrertod von Dominikanern unter den, II. 333.
Cuneo, Ketzer verbrannt in, II. 297.
Curatoren für Minderjährige bei der Folterung, I. 449.
Cypern, gekauft und verkauft von den Templern, III. 271.
— Templer nehmen ihre Zuflucht in, III. 278. 280.
— Zahl der Templer in, III. 283.
— Untersuchungen gegen die Templer in, III. 350.
— Befehle zur Folterung der Templer in, III. 360.
— Templerbesitzungen in, III. 374.
— griechische Kirche in, III. 694. 696.
Cyprian über Toleranz, I. 237.
— über die Exkommunikation von Toten, I. 258.
Cyprioten, die, sind angeblich Abkömmlinge von Dämonen, III. 436.
Cyrillus, Prophezeiungen des, III. 14.

D.

Dämonen, wohltätige, III. 433.
— eingeschlossen in Steine, Ringe, Spiegel oder Bilder, III. 512. 524.
— Anrufung derselben, bei den Westgoten, III. 451.
— — allgemein im 13. Jahrhundert, III. 477 f.
— — geleugnet von Roger Bacon, III. 479.
— — bestraft in Spanien, III. 484.
— — ist Ketzerei, III. 491.

Dämonen, Anrufung durch Gilles v. Rais, III. 532.
— — für Hexen notwendig, III. 560.
— Verehrung derselben, II. 367. 379 f. 426; III. 226. 479. 550.
Daemonialitas III. 435.
Daemonium meridianum, Nachtgespenst, III. 552.
Dämonologie, christliche, III. 430.
Dänemark, Inquisition eingeführt in (1403—1421) I. 397; II. 457.
Dalmatien, Katharer in, I. 118; II. 341.
— Franziskaner-Inquisitoren in, I. 338.
Damiani, Francesco, Inquisitor v. Spoleto, aus Todi vertrieben, III. 167.
Dandolo, Doge von Venedig, lässt die Inquisition in Venedig zu (1289) II. 283.
Daniel v. Giussano, einer der Mitverschworenen gegen Petrus Martyr, später Dominikaner und Inquisitor, I. 528; II. 243. 244. 267.
Darc, Familie, geadelt, III. 398.
— Jakob, Vater Johannas, sein Traum, III. 387.
— Isabella, Mutter Johannas, rehabilitiert Johannas Andenken, III. 427.
Dauphiné, Inquisition eingeführt im (1292) II. 131. 165.
— Ausgaben der Inquisition im, I. 595.
— Verfolgung der Waldenser, II. 168. 171. 176.
— Amalricianer im, II. 366.
David v. Augsburg, II. 393.
— v. Dinant, Professor in Paris, I. 620; II. 363.
De haeretico comburendo, kgl. Erlass in England (1401) I. 245. 396.
De periculis novissimorum temporum, Abhandlung des Wilhelm v. Saint-Amour, I. 320.
— unterdrückt durch Ludwig XIII., I. 323.
Declaratio Quatuor Magistrorum, III. 9.
Defensor Pacis, der, des Marsilius v. Padua, III. 157. 158.
Demetrius, Führer der Bogomilen, verbrannt (1118) I. 100.
Denisette, in Arras verbrannt wegen Zauberei, III. 580. 584.
Denkweise, die, nicht die Handlungsweise des Angeklagten ist Gegenstand des Inquisitionsverfahrens, I. 446; III. 723.
Denunciatio, I. 347.
Deonarii, Name für Katharer, I. 127.
Deutsche Magie, III. 454.

Deutschland, Katharer in, I. 121. 124.
— Übersetzungen der Hl. Schrift in Metz und Trier (1199, 1231) I. 144. 145.
— Gesetzgebung über Ketzerei, I. 248. 358.
— Grausamkeit des Strafrechts, I. 264.
— Flagellanten in (1260) I. 305.
— Dominikaner-Inquisition in, I. 338.
— Unabhängigkeit des Episkopates, I. 372.
— Bischöfliche Inquisition in, I. 403.
— Alter der Zeugen, I. 487.
— Konfiskation, I. 564. 567.
— Ausgaben der Inquisition, I. 594.
— Verlauf der Inquisition in, II. 359.
— Innocenz VI. erhebt einen dreijährigen Zehnten (1355) II. 496.
— Verderbtheit der Kirche, II. 601.
— Schilderung des Kardinals Cesarini, II. 606.
— Eindringen der hussitischen Lehren, II. 606 f.
— Klagen über die Nichtbefolgung der Bestimmungen des Konzils v. Basel II. 634.
— Ludwig der Bayer und das Papsttum, III. 152.
— Franziskaner unterstützen Ludwig den Bayer, III. 172.
— absolviert durch Clemens VI., III. 176.
— Wirkungen des grossen Schisma in, III. 232. 234.
— Schicksal der Templer, III. 342. 367.
— Gesetzgebung über Zauberei, III. 486.
— Censur der Bücher, III. 687. 689.
— Gründe seiner Empfänglichkeit für die Reformation, III. 727 f.
Deutschritter, unterstützt von den Stedingern, III. 210.
— ihr Rückzug aus dem Osten, III. 280.
— der Ketzerei angeklagt (1307) III. 289.
Dezemviralgesetze — siehe Zwölftafelgesetze.
Diana, der Dämon, III. 552.
Didius Julianus bedient sich der Katoptromantie, III. 476.
Diefenbach, seine Theorie über den Hexenwahn, III. 608.
Diego v. Azevedo, Bischof v. Osma, I. 156.
Dienende Brüder der Templer, III. 275.
Diener, Zeugenaussagen der, I. 487.
Diether v. Isenburg, Erzbischof v. Mainz, II. 476. 479 f.
Dietrich v. Apolda — siehe Theoderich v. Thüringen.
— v. Freiburg, Magister, über die Anschauung der Seligen, III. 661.

Dietrich v. Niem, über die päpstliche Kurie, III. 703 f.
Diniz, König v. Portugal, rettet die Templer, III. 359.
Diocletian, seine Gesetze gegen den Manichäismus, I. 249.
Diözesaninquisition durch die Bischöfe, I. 349; III. 535.
Diotesalvi v. Florenz, Katharer (um 1150) I. 127.
Dispensation von Pluralität, I. 29.
— von Simonie, III. 702.
— von Gelübden, päpstliche Macht zur, III. 31. 86.
Djed (Grossvater), das Oberhaupt der Katharer-Kirche in Bosnien, II. 346.
Dolcinisten — siehe Apostel.
Dolcino, sein erster Brief, III. 123.
— seine Laufbahn und sein Charakter, III. 124 f.
— sein Andenken bis heute erhalten, III. 136.
Dominae nocturnae, Nachtgespenster, III. 552.
Dominikaner, verursachen angeblich den Tod Innocenz' IV. durch ihre Gebete (1254) I. 318.
— ihre Verluste durch den Schwarzen Tod, I. 327.
— ihre sittliche Entartung, I. 330.
— ihre Missionstätigkeit, I. 333; II. 333.
— als Inquisitoren, I. 335. 367; II. 227.
— ihre Streitigkeiten mit den Franziskanern, I. 339; II. 81. 192. 245. 339. 340; III. 173. 670. 672.
— Immunitäten beansprucht für die, I. 400.
— ihr Wachstum in Toulouse, I. 221; II. 6.
— ermordet zu Cordes (1233) II. 13.
— ihre Unruhen in Toulouse, II. 19. 20.
— bitten, von der Inquisition enthoben zu werden, II. 42.
— verfolgt in Albi (1302) II. 88.
— Inquisition in Frankreich ihnen anvertraut, II. 129.
— Inquisition von Aragon in ihren Händen, II. 188.
— reformierte Kongregation der, II. 162.
— Frage betreffs des Blutes Christi, II. 192.
— ihre Weigerung, an die Stigmata zu glauben, II. 245.
— angegriffen in Neapel (1235) II. 277.
— als Inquisitoren in Deutschland, II. 378.
— ermordet durch Flagellanten, II. 434.

Dominikaner, ihr Streit mit den Humanisten, II. 483.
— greifen Arnald v. Villanova an, III. 60.
— ihre Haltung gegenüber Ludwig dem Bayern, III. 173.
— verehren Savonarola als Märtyrer, III. 267.
— ihr Realismus, III. 621.
— verurteilen Lullus, III. 658. 659.
— leugnen die unbefleckte Empfängnis, III. 669. 670.
— ihre Streitigkeiten über diese Frage, III. 674. 675. 676. 681. 682.
Dominikanergebiet in Frankreich, II. 131.
— in Italien, II. 263.
Dominikanerlegende über die spanische Inquisition, II. 204.
Dominikanerorden, Gründung des (1214) I. 281.
— nimmt die Armut an, I. 284.
— sein schnelles Wachstum, I. 285. 298.
— zählt 1337 12 000 Mitglieder, I. 286.
Dominikanerprovinziale, mit der Ernennung der Inquisitoren betraut, I. 369.
Dominikus (Domingo de Guzman), hl., sein erstes Auftreten, I. 156.
— seine Laufbahn und sein Charakter, I. 277 ff.
— sein Missionseifer, I. 333.
— nicht verantwortlich für die Inquisition, I. 335.
— Busse, vorgeschrieben von, I. 517 f.
— Legende von der Gründung der Inquisition durch, II. 204.
Dominikus v. Pescia, Mönch v. San Marco in Florenz, Gefährte Savonarolas, III. 242. 244. 253. 258. 264. 265.
Dompfründen, Papst beansprucht Erträgnisse von, I. 218.
— Johann XXII. beansprucht das Recht der Verleihung von, III. 74.
Domremy, Geburtsort der Johanna d'Arc, III. 384. 385.
— von Steuern befreit, III. 397.
Donatisten, Verfolgung der, I. 236. 237. 240.
Donnici, Gabriel, seine Sekte der Heiligen, III. 144.
Dorso, Konrad, Dominikaner, seine Ketzerverfolgungen, II. 378. 388.
— ermordet, II. 391.
Douai, Ketzer verbrannt in, II. 127. 141.
— Deniselle, verbrannt in, III. 584.
Douceline, hl., III. 20.
Drachenfels, Hans, Bürgermeister von Strassburg, gezwungen, Ketzer zu verbrennen (1458) I. 603.

Drändorf, Johann v., Priester, in Heidelberg verbrannt (1425) II. 471 f.
Drei Ringe, Boccaccios Geschichte der, III. 631.
Droit de marquette, I. 301.
Druguria — siehe Trau.
Du Prat, Johann, Inquisitor v. Carcassonne, reklamiert Peter Trencavel, III. 85. 732.
Du Puy, sein Werk über die Templer, III. 372.
Dualismus, I. 98. 100.
— der Katharer, I. 106. 108. 118
— christlicher, III. 430.
Dubois, Jakob, Dechant, und die Vauderie von Arras, III. 581. 589. 591. 594.
Duldsamkeit, Duldung — siehe Toleranz.
Duns Scotus, Franziskaner, nach Köln gesandt (1308) II. 417.
— sein Realismus, III. 621.
— über die unbefleckte Empfängnis, III. 669.
Duprat, Kardinal, vermittelt das Konkordat zwischen Frankreich u. Rom (1516) II. 149.
Durand, Bischof v. Albi, II. 43. 45.
Durand Boissa, Bürger von Cordes, Fall des, I. 469.
Durand, Wilhelm, Bischof v. Mende, über Ligaturen, III. 470.
— über Zauberei, III. 480.
— über die Anschauung der Seligen, III. 663.
— über Prozesse wegen Simonie, III. 702.
Durandus v. Baldach, Spiritual, verbrannt (1325) III. 95.
— v. Huesca, Gründer der Gemeinschaft der Pauperes Catholici, I. 275.
Durango, Ketzerei des Alfons v. Mella in (1442) III. 191.
Duranti, Peter, Inquisitor, verhört die Gefangenen von Montségur, II. 46.
Dusii, wollüstige Geister der Gallier, III. 434.
Duval, Simon, Inquisitor, seine Formeln, I. 414.

E.

Eberhard v. Châteauneuf, verbrannt, I. 144.
Ebioniten, ihre Toleranz, I. 235.
Ebner, Margarete, Dominikanerin, unterstützt Ludwig den Bayern, III. 173.

Eck, Dr. Johann, Gegner Luthers, II. 485.
Eckart, Fall des Meisters, I. 403; II. 407.
Eduard u. Guthrum v. England, ihre Gesetze über Zauberei, III. 473.
Eduard der Ältere, Kg. v. England (901—24) über Zauberei, III 473.
Eduard II., Kg. v. England (1307—27) sein Verhalten gegenüber den Templern, III. 338.
— liefert das Eigentum der Templer aus, III. 375.
Eduard III., Kg. v. England (1327—77) macht Florentinische Kaufleute zu Sklaven, II. 317.
Eduard VI., Kg. v. England (1547—53) hebt die Verfolgungsgesetze auf, I. 396.
Egilbert, Erzbischof v. Trier, III. 472.
Egiza, König der Westgoten, seine Gesetze über Zauberei, III. 451.
Ehe, verboten bei den Katharern, I. 106 f.
— Auflösung derselben wegen Zauberei gestattet, III. 470.
Ehefrauen, verraten durch ihre Männer, I. 417.
— gezwungen, ihre Männer anzuzeigen, I 482.
— Zeugenaussagen von, I. 487.
— Mitgift der, nicht konfisziert, I. 570.
Ehegatten, müssen sich gegenseitig anzeigen, I. 482.
Eid, der Kardinäle im Konklave, I. 7.
— Verfolgungseid der Herrscher, I. 252.
— gegenüber Ketzern ist nicht bindend, I. 256; II. 535; III. 206.
— verlangt von den Inquisitoren, I. 394.
— des Gehorsams gegen die Inquisition, I. 430.
— Eingangseid des Angeklagten, I. 445.
— Angeklagter genötigt, ihn abzulegen, I. 461.
— Verweigerung desselben, bestraft mit Verbrennung, I. 607.
— gefordert von den Bewohnern Languedocs, II. 43.
— der weltlichen Inquisitoren in Venedig, II. 282.
— päpstlicher Dispens vom, II. 537.
— verboten bei den Waldensern, I. 88. 96; II. 168.
— verboten bei den Katharern, I. 107.
— verboten bei den Böhmischen Brüdern, II. 641.
— verboten bei den Aposteln, III. 123. 137.

Eid, nicht verworfen von den Wiclifiten, II. 505.
— Reinigungseid — siehe Purgatio.
Eideshelfer — siehe Reinigung.
Eifer der Waldenser, I. 95.
— der Katharer, I. 114.
Eigentum der Kirche, Immunität desselben, I. 3. 38.
— persönliches, der Mönche, I. 42.
— Spitzfindigkeiten der Franziskaner, um Eigentum besitzen zu können, III. 6. 9.
— der Templer, III. 320. 321. 322.
Einfluss, verderblicher, der Inquisition, I. 623; III. 719.
Einführung in das ewige Evangelium, I. 319. 321; III. 22.
Eingangseid ist vom Angeklagten sofort bei seinem Erscheinen vor Gericht abzulegen, I. 445. 461. 607.
Einhard, Priester in Soest, verkauft Bussen, I. 31.
Einkerkerung — siehe Gefangenschaft.
Einzelhaft für Bekehrte, I. 549.
Eleonore v. Montfort, Gräfin v. Vendôme, führt Prozess mit dem Könige wegen konfiszierter Güter, I. 578.
Elias, Franziskanergeneral (1232—39) I. 331; III. 3—8
— Prophet, schlachtet 450 Baalspriester, I. 267.
— Patrice, Konsul v. Carcassonne, gehängt, II. 95. 97.
— Petit, Inquisitor, I. 397; III. 695.
Elincourt, Ketzer verbrannt in, II. 127.
Elipandus, Erzbischof v. Toledo, I. 243.
Elisabeth, Königin v. England (1558 bis 1603) hebt die Verfolgungsgesetze auf, I. 396.
— Herzogin v. Bosnien, verfolgt die Katharer, II. 338.
— hl., Landgräfin v. Thüringen, II. 371.
Elohim acherim, die anderen Götter, ihre Wunderkraft, III. 437.
Embrun, Verfolgung der Waldenser in, II. 164. 170. 176.
Emmerich, König v. Ungarn, II. 331.
Emmerich, Haus der Brüder vom gemeinsamen Leben in, II. 410.
Empfängnis, unbefleckte, der hl. Jungfrau, III. 666.
Endura bei den Katharern, I. 105. 106. 439.
Engelkultus, III. 464.
England, päpstliche Erpressungen in, I. 19.
— Katharer in, I. 125.

England, Strafe für Ketzerei, I. 248.
— königlicher Erlass De haeretico comburendo (1401) I. 248. 396.
— Grausamkeit des Strafrechtes, I. 263.
— Pastoureaux in, I. 304.
— Untersuchungen in, I. 348.
— Verfolgung wegen Ketzerei in, I. 394.
— peine forte et dure, I. 500.
— Gefangene, nicht in Ketten gehalten, I. 545.
— Konfiskation, I. 563.
— keine Verfolgung gegen Tote, I. 586.
— Johanna Southcote und Mary Ann Girling, III. 115 f.
— Prozesse gegen die Templer, III. 338.
— das Templergut den Hospitalitern gegeben, III. 375.
— Fall der Johanna d'Arc, III. 383.
— Bekehrung durch den hl. Augustin, III. 452.
— Zauberei unter den Angelsachsen, III. 473.
— Fehlen einer Gesetzgebung über Zauberei, III. 480.
— Zauberei im 14. u. 15. Jahrhundert, III. 517. 527.
Enguerrand v. Marigny, wegen Zauberei gehängt (1315) III. 509.
Enkel der Ketzer, ihre Rechtsunfähigkeit, I. 360.
Enrique v. Villena, Marquis (v. Aragon, Don), 1384—1434, über Zauberei, III. 546 f.
Enthaltsamkeit, Probe der, bei den Segarellisten, III. 123. 139.
Entlastungszeugen werden nicht zugelassen, I. 499.
Ephialtes, nächtliches Alpdrücken, III. 434.
Episcopi, Canon, III. 552. 556. 557. 586. 596.
Episkopat, seine Beziehungen zur Inquisition, I. 370 f.
— deutscher, sein Widerstand gegen die Inquisition, II. 338. 392.
Equitius, hl., treibt einen Teufel aus, III. 431.
Erasmus, Desiderius, v. Rotterdam (1467—1536) über die Bettelorden, I. 329.
— über päpstliche Kriege, III. 231.
— über Astrologie, III. 503.
— über scholastische Ketzerei, III. 623.
— veröffentlicht Vallas Kommentar zum Neuen Testament, III. 634.
Erfurt, Ketzer verbrannt in (1232) II. 377.
— Konstantin, Begarde, verbrannt, II. 425.

Erfurt, Judenverfolgung, 3000 Juden kommen um (1348) II. 430.
— Flagellanten wird der Eintritt untersagt, II. 433.
— Ketzer verbrannt von Kerlinger, II. 442.
Erich Blutaxt, König, lässt Zauberer töten, III. 459. 460.
Erichtho, Hexe, bei Lucan, III. 441.
Erigena, Johannes Scotus, sein um 870 verfasster Traktat De divisione naturae von Honorius III. verdammt (1225) II. 366; III. 621.
Erlaubnis zum Waffentragen wird verkauft, I. 428.
— zum Wiederaufbau ketzerischer Häuser, I. 540.
Ermengaudi, Bernhard, folgt 1386 dem Eymericus als Inquisitor v. Aragon, II. 199; III. 654.
Ermessende, Gräfin v Foix, ihr Andenken verurteilt (1269) II. 190.
Erpressungen, verübt durch Bischöfe, I. 23; III. 706. 707. 708. 709. 721.
— — durch Inquisitoren, I. 527. 533. 535. 636.
Ertränken, als Strafe für Ketzerei, II. 423.
— — für Zauberei, III 467.
Esclairmonde, Schwester des Grafen v. Foix, häretisiert, I, 152.
Esclarmonde v. Péreille, Katharerin, verbrannt, II. 37.
Esparago, Erzbischof v. Tarragona, lässt Ketzer verfolgen, II. 182.
Esquiu de Floyran, abtrünniger Tempelritter, seine angeblichen Erzählungen, III. 287. 288.
Essen von Menschen durch Hexen, III. 459. 460. 464. 465. 562.
Estaing, Anton d', Bischof v. Angoulême, verfolgt Ketzer, II. 180.
Estampes, Graf v., und die Vauderie v. Arras, III. 582. 585. 587.
Este, Frisco von, sein Kampf um Ferrara, III. 220.
— Obizzo u. Rainaldo v., wegen Ketzerei verurteilt, III. 228.
Eucharistie, Verkauf der, I. 31.
— als Fetisch gebraucht, I. 53.
— den Büssern auf dem Scheiterhaufen gereicht, I. 611.
— Streitfragen über das Verhältnis zwischen der physischen Materie u. dem Leibe Christi, II. 198.
— Wiclifs Lehre über die, II. 506.
— Verehrung der, in Böhmen, II. 541 f.

Eucharistie, Glaube der Böhmischen Brüder, II. 641.
— gebraucht bei Zauberei, III. 490.
— spitzfindige Frage des Königs Alfons v. Neapel über die, III. 634. (Siehe auch Transsubstantiation.)
Euchiten, manichäische Sekte, I. 100. 113.
Eudo v. St. Amand, Grossmeister der Templer, III. 274.
— v. Bures, seine Aufnahme in den Templerorden, III. 314.
— (Éon) v. Stella, Häresiarch in der Bretagne, I. 72.
— Bischof v. Toul, verfolgt die Waldenser, 1192, II. 164.
Eugen III., Papst (1145—53) seine Uneigennützigkeit, I. 25.
— verurteilt Eudo v. Stella, I. 73.
— seine Beziehungen zu Arnold v. Brescia, I. 81.
— verleiht dem Templerorden das rote Kreuz, III. 270.
Eugen IV., Papst (1431—47) begünstigt die Bettelmönche, I. 328.
— überträgt dem Franziskanergeneral das Recht der Ernennung und Absetzung der Inquisitoren, I. 386.
— begünstigt die Inquisition, I. 393. 633.
— verteilt die Konfiskationen, I. 574.
— befiehlt die Verfolgung von Exkommunizierten, II. 155.
— seine Vermittlung in Bosnien, II. 352.
— beschützt die Begarden, II. 468.
— betreibt als Kardinal eifrig den Zusammentritt des Konzils v. Basel, II. 604.
— sein Streit mit dem Konzil v. Basel, II. 605. 607.
— sein Verhalten gegenüber den Compactaten, II. 617.
— verfolgt die Hussiten in Ungarn, II. 618.
— erklärt Konkubinat für Ketzerei, II. 621.
— erneuert das Mandat Capistranos, III. 199.
— lässt Thomas Connecte verbrennen, III. 236.
— über die Macht der Hexen, III. 459. 561. 572.
— lässt Braccio v. Montone im Dome v. Perugia bestatten, III. 636.
Eugen Somma, Franziskaner, Nuntius und Inquisitor von Albanien, Bulgarien und Serbien, II. 353.

Eurich, König der Westgoten, verfolgt die Katholiken, I. 242.
Eusebius, seine Schilderung über Konstantin, III. 446.
— v. Dorylaüm, I. 236.
Eutyches, seine Ketzerei, I. 236.
Eutychianus, Papst (275—83) die fälschlich ihm zugeschriebene Inquisitionspraxis, I. 349.
Eutychius, Patriarch v. Konstantinopel, I. 259.
Everard, Dominikaner, Astrolog des Legaten Philipp, gefangen genommen, 1258, II. 257.
Everwach v. Stalum, bekehrter Zauberer, III. 478.
Everwin v. Steinfeld, Propst, appelliert an den hl. Bernhard, I. 79.
Ewiges Evangelium, sein Erscheinen (1254) I. 319; III. 22.
— verdammt zu Anagni (1255) I. 321; III. 25.
— seine Lehre, III. 23.
— sein Verfasser, III. 24. 25.
— seine Lehren erneuert, III. 53. 72.
— neue auf ihm beruhende Ketzerei, III. 55.
— sein Einfluss auf die Olivisten, III. 82. 89.
— sein Einfluss auf die Guglielmiten, III. 104.
— sein Einfluss auf die Apostel, III. 136.
— letztes Echo desselben, III. 99. 100. 652.
Ewiges Seelenheil, der Glaube an dasselbe und sein Einfluss auf die Ketzerverfolgung, I. 266.
Exekution — siehe Hinrichtung.
Exemption (Befreiung von der bischöflichen Jurisdiktion) der Klöster, I 39.
— der Bettelmönche, I. 306.
Exequatur für den Inquisitor Wilhelm von Auxerre, II. 134. 654.
— für den Inquisitor Heinrich Kalteysen, II. 155. 467. 658.
Exiit, qui seminat, Bulle Nikolaus' III. vom 24. August 1279, betreffs der Spiritualen, III. 33. 37. 40. 41. 146.
Exivi de Paradiso, Kanon des Konzils von Vienne vom 6. Mai 1312, betreffs der Spiritualen, III. 66.
Exkommunikation, ihre Wirkungen, I. 232.
— wegen Vernachlässigung der Verfolgung, I. 253.
— von Toten, I. 258.

Exkommunikation, Verharren in derselben ist Ketzerei, I. 450; II. 135. 155; III. 205. 230.
— durch die Inquisitoren, I. 559. 560.
— wegen der Weigerung, Ketzer zu verbrennen, I. 602; II. 26. 649.
— missbräuchliche Anwendung derselben, II 3.
— päpstliche, für ungültig erklärt, II. 152; III. 248.
— wegen Zauberei, III. 477. 488.,
Exkommunizierte Beamte, verpflichtet, der Inquisition zu helfen, I. 431.
Exsurge domine, Bulle Leos X. vom 15. Juni 1520, gegen Luther, II. 320.
Eylard Schöneveld, Inquisitor, verbrennt zwei Apostel in Lübeck u. Wismar, II. 458; III 140.
Eymericus, Nikolaus, Inquisitor von Aragon (1320—99), I. 388. 407. 414. 420. 423. 429. 490. 497. 570. 595. 613; II. 196 ff. 199; III. 501. 652 f.
Eyvind Kella, Zauberer, III. 474.
— Kinnrif, Zauberer, will sich nicht taufen lassen, III. 474 f.
Ezzelin v. Romano, lässt Franziskaner hinrichten, II. 309.
— beschützt Ketzer, II. 224. 247. 252.
— ruft Friedrich II. nach der Lombardei, II. 233.
— sein Charakter, II. 253.
— verfolgt von der Inquisition, II. 254.
— Kreuzzug gegen ihn, II. 255 f.
— als Ketzer dargestellt, III. 218.
— sein Glaube an Astrologie, III. 493.
— sein Tod (1259) II. 257.

F.

Fabianus, Franziskaner, zum Inquisitor von Bosnien ernannt (1323) II. 340.
— v. Bacsa, Observantenvikar von Bosnien, zum Inquisitor von Slavonien ernannt (1444) II. 352. 620 f.
Fabriano, Fraticellen verfolgt in, III. 198. 200.
Faciens misericordiam, Bulle Clemens' V. vom 12. August 1308, betreffs der Templer, III. 323. 324. 334. 342. 357.
Fälschung päpstlicher Briefe, I. 21.
— — der Gerichtsbarkeit der Inquisition unterstellt, III. 218.
— der Protokolle, II. 77.
— von Vorladungsbriefen der Inquisition, I. 493.
— der Geschichte hinsichtlich der Albigenser durch Papst Leo XIII., I. 169.

Fälschung päpstlicher Briefe, hinsichtlich der Calixtiner durch Papst Martin V., II. 594.
Faenza, Katharer in, I. 129.
— Waldenser in, II. 221.
— Fall der Maffredi in, III. 230.
Faidits, I. 201. 229; II. 55.
Falsche Dekretale über den Charakter der Ankläger, I. 485.
— Zeugen, I. 492 f.
— — bei widerrufenen Geständnissen, I. 479.
Falschmünzer, in siedendes Wasser geworfen, I. 264.
Familiaren, I. 426.
— absolviert von den Inquisitoren, I. 434.
— gefoltert in Venedig, 1356, II. 307.
— bewaffnete, Missbräuche derselben, I. 426. 636. 637; II. 304. 309.
Fantinus, päpstlicher Geschäftsführer, von Georg v. Podiebrad eingekerkert, 1462, II. 636.
Farinier, Wilhelm, Franziskanergeneral, III. 193.
Fasten der Katharer, I. 106.
— der Templer, III. 112.
Fastolf, Sir John, III. 393.
Fatalismus, gelehrt vom Bischof Albert v. Halberstadt, II. 445.
— in der Astrologie ist Ketzerei, III. 495.
Faune, wollüstige Gottheiten der Römer, III. 434.
Fazio v. Donoratico liefert den Gegenpapst Peter v. Corbara aus (1330) III. 169.
— degli Uberti über die hl. Jungfrau als Vermittlerin zwischen Gott u. den Menschen, III. 668 f.
Feenbaum (Frauenbaum), alter Buchenbaum bei Domremy, III. 386.
Fegefeuer, Lehre über das, bei den Waldensern, I. 87. 91; II. 167. 178.
— beibehalten von den Calixtinern, II. 584.
— verworfen von den Taboriten, II. 584. 597.
Feindschaft, tödliche — siehe Todfeindschaft.
Felix V. (Herzog Amadeus v. Savoyen), Gegenpapst (1439—49) vom Konzil v. Basel gewählt, 1439, II. 608.
— ordnet die Inquisition in Bernezzo, II. 298.
— seine Abdankung (1449) II. 617.
Felix de Guzman, Don, Vater des Dominikus, I. 278.

Felix v. Urgel, sein Adoptianismus, I. 243.
Fenouillèdes, Grafschaft, Konfiskation derselben, II. 120.
Ferdinand I., Kaiser, schwört, die Compactaten aufrechtzuerhalten (1526) II. 639.
Ferdinand IV. v. Aragon drängt zur Verurteilung des Huss (1415) II. 536.
Ferdinand V., der Katholische, v. Aragon (1479—1516) verstärkt die Inquisition in Aragon, II. 203.
— bestätigt das gefälschte Diplom Friedrichs II. (1477) II. 325.
— versucht vergeblich, die spanische Inquisition in Neapel einzuführen, II. 827.
— droht mit der Einberufung eines Generalkonzils (1482) III. 253.
— begünstigt den Lullismus, III. 656.
Ferdinand III., der Heilige, v. Kastilien, bestraft Ketzer mit Brandmarkung (1236) II. 206.
Ferdinand IV. v. Kastilien, sein Verfahren gegen die Templer, III. 358.
Fernando de Cordoba, für den Antichrist gehalten (1445) III. 589.
Ferrand v. Mallorka, Carcassonne angeboten dem (1304) II. 96.
Ferrara, Katharer in, I. 129; II. 219.
— Fall des Armanno Pongilupo, II. 271.
— Clemens V. ergreift Besitz von, III. 220.
— Konzil v. (1438) II. 620.
Ferrer, Inquisitor v. Carcassonne, seine Rache an Albi, II. 13.
— untersucht das Bluthad v. Avignonet, II. 40.
— exkommuniziert Raimund VII., II. 44.
— verhört die Gefangenen von Montségur, II. 46.
Ferrer, Vincenz, hl., bekehrt Waldenser (1401—1404) II. 174.
— angegriffen von Eymericus, II. 199.
— seine Mission in den Alpen (1403) II. 291. 297.
— verteidigt auf dem Konzil von Konstanz die Flagellanten (1417) II. 435.
— prophezeit den Antichrist (1412) III. 97.
Ferri, Noël, v. Amiens, wegen Zauberei verbrannt (1460) III. 596.
Ferris, Michael, Inquisitor v. Aragon, verbrennt Wicliften (1440) II 202.
Fest zu Ehren der Empfängnis der hl. Jungfrau, III. 666—673.
Fetischdienst, Neigung der Religion des Mittelalters zum, I. 51.

Feuertod für Ketzerei, zum ersten Male zum Gesetz erhoben durch Peter II. v. Aragon (1197) I. 89. 247.
— allgemein verbindlich gemacht durch Kaiser Friedrich II., I. 247 f. (Siehe auch Scheiterhaufen und Verbrennung.)
Feyjoo, Fray Benito de, über Raimund Lullus, III. 646.
Ficinus, Marsilius, Platoniker, sein Glaube an Savonarola, III. 239.
— sein Paganismus, III. 639.
Figuren oder Wachsbilder, in Griechenland, III. 440.
— in Rom, III. 442.
— in Spanien im 13. Jahrhundert, III. 484.
— angeblich von einer Dominikanernonne in Rufach (Elsass) angefertigt (1279) III. 488.
— ihre Anfertigung ist Ketzerei, III. 490.
— Benutzung derselben, I. 55; III. 511. 514. 517. 528.
— ihre Zauberkraft geleugnet von der Universität zu Paris (1398) III. 525.
Filius Major und Minor, Ämter bei den Katharern, II. 103.
Finnen, Zauberei bei den, III. 455.
Fiore — siehe Floris.
Fische, gegessen von den Katharern, I. 107.
Flacius Illyricus, sein Manichäismus, I. 110.
Flagellanten, ihr Erscheinen (1259) I. 304.
— ihr Ursprung (1349) II. 432.
— als Ketzer verdammt (1349) II. 434.
— Verfolgung der, II. 436. 448. 460.
— ihre Entwicklung zur Ketzerei, II. 462.
Flagge, Zacharias Georg, Pastor, in Hannover wegen Falschmünzerei verbrannt (1706) I. 264.
Flandern, Ketzerei Tanchelms, I. 70.
— Katharer in, I. 122. 123.
— Konfiskation in, I. 584.
— Ketzer verbrannt in, II. 127.
— Begünstigung der Beguinen in, II. 400.
— Tanzmanie (Veitstanz) in (1373) II. 446.
Fleisch, nicht gegessen von den Katharern, I. 107.
Florens, Graf v. Holland, sein Kreuzzug gegen die Stedinger (1234) III. 212.
Florentius, Erzbischof v. Arles (1262) Gegner der Joachimiten, III. 28.

Florenz, Katharer in, I. 129.
— weist die durch einen päpstl. Legaten geübte Inquisition zurück, I. 355.
— Gesetze über Ketzerei in (1227) I. 358.
— nimmt Gesetze gegen Ketzerei an, I. 361. 380.
— Inquisition gegründet in (1227) I. 366.
— Wirren, verursacht durch bewaffnete Familiaren, I. 428.
— Erpressungen durch den Inquisitor Piero di Aquila, I. 535; II. 311.
— Zerstörung von Häusern, I. 538.
— Konfiskationen in, I. 567. 572. 588.
— Veruntreuung durch Inquisitoren, I. 572.
— Mission des Dominikaners Johann Schio in (1233) II. 230.
— Erfolge des Inquisitors Peter v. Verona, (St. Petrus Martyr), seit 1244, II. 234. 236. 240.
— Gesetze zur Einschränkung der Inquisition, II. 315.
— der schwarze Tod in, II. 429.
— tritt für die Tertiarier ein (1322) III. 85.
— Gesetze gegen die Fraticellen, III. 181.
— Michele Berti de' Calci, Fraticelle, verbrannt (1389) III. 185.
— Fraticellen verfolgt in (1424) II. 319; III 197.
— Empfang Capistranos in (1456) III. 202.
— Ankunft Savonarolas in (1481) III. 238.
— Reaktion gegen den Puritanismus Savonarolas, III. 266.
— Folterung der Templer, III. 361.
— Konzil v. (1439—42) über die Anschauung der Seligen, III. 665 f.
— — über die unbefleckte Empfängnis, III. 671.
Florenz, Bischof v. Utrecht, II. 409.
Florio, Inquisitor, erregt Unruhen in Parma, 1279, II. 268.
Floris, Orden von, von Cölestin III. u. vom 4. Laterankonzil approbiert (1196 und 1215) III. 12. 15; vgl. Joachim.
Flucht aus dem Gefängnisse, ihre Häufigkeit, I. 552.
— gleichbedeutend mit Rückfall, I. 613.
Fluss Sajo, Niederlage der Ungarn in der Schlacht am (1241) II. 336.
Foetus, benutzt zur Wahrsagerei, III. 450.
Foix, Ketzerei in, I. 152.

Foix, verheert durch die Inquisitoren, II. 59.
Foix, Graf v., beansprucht das Recht, Ketzer zu verbrennen, I. 602.
— verfolgt von der Inquisition, II. 56.
Folquet v. Marseille — siehe Fulco v. Marseille.
Folterung, angewendet bei Priscillian, I. 239.
— Geistliche dürfen nicht dabei zugegen sein, I. 250.
— niedrigstes Alter für, I. 449.
— Einführung der, I. 470. 472.
— Strenge der, I. 473.
— Geständnis während der, gilt als frei abgegeben, I. 475. 478; III. 299 f. 540.
— Vorschriften über ihre Anwendung, I. 475.
— der Zeugen, I. 488.
— angewendet bei bischöflichen Gerichten, I. 623.
— angewendet bei weltlichen Gerichten, I. 627.
— verboten von Philipp dem Schönen, II. 66.
— der Bürger v. Albi, II. 76.
— des Bernhard Délicieux, III. 109.
— angewendet von Bernhard Guidonis, II. 116.
— verboten in Aragon, 1325, II. 192.
— von Familiaren, in Venedig, II. 307.
— nicht angewendet bei Huss und Hieronymus, II. 546. 572.
— angewendet bei den Guglielmiten, III. 113.
— im Prozesse Savonarolas, III. 259. 261. 263. 264.
— angeordnet für die Templer, III. 293. 324. 340. 350 f. 354. 360. 361.
— unbarmherzig angewendet gegen die Templer, III. 295. 299. 326. 340. 354. 361.
— nicht angewendet bei den Templern in Kastilien, III. 358 f.
— nicht angewendet bei der Johanna d'Arc, III. 414.
— Karl der Grosse erlaubt sie bei Zauberern, III. 465.
— ihre Wirkung bei Zauberern, III. 468.
— Verlängerung derselben, ihre Wirkung, III. 516 521 f.
— nicht angewendet bei Gilles de Rais, III. 540.
— wirkt mit zur Erzeugung des Hexenaberglaubens, III. 550. 554 f. 565.
— Verschwiegenheit während der, III. 569. 574.

Folterung, Strenge derselben bei Hexenprozessen, III. 594.
Forli, Stadt, ihr Streit mit Martin V. (1281) III. 222.
Formlosigkeit des alten Prozessverfahrens, II. 8.
Formosus, Papst (891—896) nach seinem Tode verurteilt (897) I. 259.
Fortescue, Sir John, Kanzler Heinrichs VI., über das Inquisitionsverfahren, I. 480. 627.
Fortsetzung der Folterung, I. 477; III. 574.
Francesco von Borgo San Sepolcro, Joachimit, III. 70.
Francesco v. Pistoja, Fraticelle, verbrannt zu Venedig (1337) III. 179.
Francesco della Puglia, Franziskaner, Gegner Savonarolas, III 247. 254.
Franche Comté, Inquisition in der, II. 133.
— Waldenser in der, II. 164. 167.
Frankfurt, Reichstag zu (1234) II. 389.
— Reichstag zu (1454) II. 629.
— Reichstag zu (1338) III. 174.
Frankreich, Ketzerei des Eudo v. Stella, I. 72.
— südliches, Charakteristik desselben, I. 72.
— Ketzereien in, I. 72.
— Ursprung der Waldenser, I. 83.
— Katharer in, I. 120. 122. 129.
— Cotereser, I. 137.
— Ketzerei im Nivernais, I. 141.
— Lage in Languedoc, I. 146 f.
— Innocenz' III. Bemühungen zur Verfolgung, I. 149.
— die Albigenserkreuzzüge, I. 162.
— Gesetzgebung über Ketzerei, I. 248.
— Grausamkeit des Strafrechtes, I. 264.
— Fulco v. Neuilly, I. 272.
— Arme Katholiken, I. 276.
— die Pastoureaux, I. 301.
— die Universität v. Paris und die Bettelmönche, I. 315.
— Konzil v. Rheims, 1287, gegen die Bettelmönche, I 325.
— geteilt zwischen Dominikanern und Franziskanern, I. 338
— Gesetzgebung gegen Ketzerei, I. 362.
— Unabhängigkeit des Episkopats, I. 372.
— Unterwerfung des Staates, I. 381.
— Einführung der Folter, I. 472.
— Konfiskation, I. 563. 564. 575.
— Ausgaben der Inquisition, I. 589. 594.
— Jüdische Bücher verurteilt, I. 621.
— Ketzer verfolgt in ganz, II. 54 f.

Frankreich, Einführung der Inquisition in (1233) II. 123.
— Waldenser in, II. 162.
— Amalricianer, II. 363.
— der schwarze Tod, II. 429.
— Pastoureaux (1320) II. 431.
— Juden und Aussätzige verbrannt, II. 430.
— Flagellanten unterdrückt, II. 433.
— Margarete la Porete, II. 655.
— Begarden in Langres, II. 657.
— Joachimitismus im Süden von, III. 20. 28.
— Franziskanerspiritualen, III. 46.
— Lage der Kirche in (1423) III. 77.
— Fraticellen, III. 189.
— Streit zwischen Konventualen und Observanten (1435) III. 195.
— Vernichtung des Templerordens, III. 289.
— Fall des Johann Petit, III. 379.
— Fall der Johanna d'Arc, III. 383.
— weltliche Gesetzgebung über Zauberei, III. 481. 608.
— Fall des Gilles v. Rais, III 529.
— Fall des Wilhelm Adeline, III. 572. 575. 598.
— die Vauderie v. Arras, III. 580.
— Averrhoistische Irrtümer, III. 627.
— die unbefleckte Empfängnis, III. 670 f.
Franquet d'Arras, von Johanna d'Arc gefangen genommen, hingerichtet, III. 402.
Franz I., König v. Frankreich (1515—1547) sein Konkordat mit Leo X. (1516) II. 149.
Franz Aimeric, Dominikaner, klagt die Inquisition an, II. 99.
Franz Borilli, Franziskanerinquisitor, seine Verfolgung der Waldenser, II. 170—4, 294. 296.
Franz v. Chioggia, venetianischer Inquisitor, unterdrückt den Naturkult der Slaven in Aquileja (1331) II. 342.
Franz v. Lautern, angeblicher Verfasser des Protestes v. Sachsenhausen, III. 155.
Franz v. Paula, hl., hält Savonarola für einen Heiligen, III. 267.
Franz Sancii, Olivist, eingekerkert, III. 79.
Franz v. Sickingen, unterstützt Reuchlin, II. 485.
Franz Silvestri, zum Inquisitor von Böhmen ernannt (1526) II. 639.
Franziskaner, zuerst als Ketzer verfolgt, I. 289.
— ihre Pflege der Kranken, I. 292.

Franziskaner, verbannt von Friedrich II. I. 308.
— verursachen den Tod Honorius' IV., I. 325.
— ihre Verluste beim schwarzen Tod, I. 327.
— ihre sittliche Entartung, I. 330; III. 192. 195.
— ihre Missionstätigkeit, I. 333.
— als Inquisitoren, I. 337.
— ihre Streitigkeiten mit den Dominikanern, I. 339; II 81. 192. 245. 339. 340; III. 173. 670. 672.
— der Inquisition unterstellt, I. 406.
— übernehmen die Verteidigung des Castel Fabri, II. 79.
— ihre Gegnerschaft gegen die Inquisition, II. 81. 82. 93; III. 111.
— Streit über das Blut Christi, II. 192.
— ihre Tätigkeit in Bosnien, II. 334. 355. 357.
— verfolgen Ketzer in Deutschland, II. 378. 392.
— ihre Tätigkeit unter den Hussiten, II. 633. 638.
— ihre Neigung zum Mystizismus, III. 2.
— ihre Spitzfindigkeit, die Armut zu umgehen, III. 6. 8. 9 32. 33.
— — von Johann XXII. unwirksam gemacht, III. 149.
— Ketzerei der Anhänger des Geistes der Freiheit, III. 140 f
— ihr Bruch mit Johann XXII., III. 149. 171.
— ihr Anschluss an Ludwig den Bayern, III. 154. 172.
— halten an der Lehre von der Armut Christi fest, III. 161. 166.
— ihre Sympathie für die Fraticellen, III. 178.
— asketische Bestrebungen unter den, III. 193.
— ihr Nominalismus, III. 621 f.
— halten Lullus für einen Heiligen, III. 658.
— leugnen anfänglich die unbefleckte Empfängnis, III. 669.
— behaupten sie später, III. 670.
(Siehe auch Konventualen, Spiritualen, Fraticellen, Observanten, Bettelmönche.)
— zwei, in Frankreich, wegen Ketzerei angeklagt, II. 147.
— ein, in Paris, seine Ketzereien (1226) III. 3.
— in Venedig, der Zauberei angeschuldigt (1422) II. 308; III. 611.

Franziskanergebiet in Frankreich, II. 132. 153.
— in Italien, II. 249. 263
Franziskanergewand, Sterbenden angelegt, I. 328.
Franziskanergüter sind Eigentum des Hl. Stuhles, III. 9. 67. 149.
Franziskanerinquisitoren, Dauer ihres Amtes, I. 386.
— in Böhmen, II. 489. 491.
— verbrennen Olivisten, III. 87.
Franziskanerorden, Gründung desselben, 1215, I. 288.
— sein Wachstum, I. 289.
— gegründet auf die Armut, I. 296; III. 2.
Franziskanerregel, von Gott offenbart, I. 290; III. 3. 33.
— dem Evangelium gleichwertig, III. 31.
— darf nicht kommentiert werden, III. 34.
— Milderung der, III. 6. 37. 66.
Franziskanerstatut gegen Zauberei (1312) III. 510.
Franziskus, hl., v. Assisi, I. 287.
— seine Verehrung für die Armut, I. 295.
— seine Verehrung für den Klerus, I. 312.
— erlöst seine Jünger aus dem Fegfeuer, I. 328.
— sagt die sittliche Entartung des Ordens voraus, I. 331.
— seine Missionstätigkeit, I. 333.
— seine Stigmata, I. 293; II. 245; III. 4.
— seine Annäherung an den Manichäismus, I. 110.
— begünstigt den Elias, III. 4.
— sein Verfahren gegen die Teufel, III. 433.
— sein Tod, 1226, und seine Kanonisation, 1228, I. 286.
Franziskus, Bischof v. Camerino, begünstigt die Fraticellen (1336) III 179.
Franziskus Marchisius, Archidiakon v. Salerno, Bischof v. Trivento (1361—79) Fraticelle, III. 186.
Franziskus v. Venedig, Freund des Marsilius v. Padua, verurteilt, III. 157.
Fraticellen, die, III. 90. 145.
— ihre Entwicklung in Italien, III. 177.
— ihre Päpste, III. 185. 197.
— ihre Zuflucht in Neapel und Sizilien, II. 280 f.; III. 177. 186.
— ihre Reliquien verehrt in Sizilien, II. 321; III. 186 f.

Fraticellen, ihre Verfolgung im 15. Jahrhundert, II. 319; III. 197.
Fratres de paupere vita, für Ketzer erklärt und verfolgt, III. 80. 83. 178 f.
Frauen sind weit mehr der Zauberei ergeben als Männer, III. 562.
Fredegunde, ihre Grausamkeit gegen Zauberer und Hexen, III. 462 f.
Freiburg i. B, Ketzerverbrennung in, 1280, II. 397.
Freie Gesellschaften, Ursprung derselben, I. 188.
Freies Geleit für Huss, II. 522. 528. 532 f.
— für Ketzer ist ungültig, II. 534 ff.
Freiheit, Anhänger des Geistes der, III. 140.
Freilassung, nicht Freisprechung der Büsser, I. 556. 643.
Freisprechung verboten, I. 507; III. 574.
Freiwilliges Geständnis, Aufforderung dazu, I. 415.
— Formel desselben, I. 478; III. 299. 540.
Frequenz der Ketzerverbrennungen, I. 615.
Freyssinières, Waldenser von, verfolgt, II. 164. 172. 176. 179.
— Auswanderung aus, II. 302.
Friedrich I., Kaiser (1152—90) sein Verfahren gegen Arnold v. Brescia, I. 81.
— über die Pflicht zur Verfolgung, I. 251.
— seine Gleichgültigkeit gegen die Verfolgung, I. 357.
Friedrich II., Kaiser (1215—50) über die Hartnäckigkeit der Katharer, I. 116.
— setzt den Feuertod für Ketzer fest, I. 247.
— erkennt seine Pflicht zur Verfolgung an, I. 253.
— seine Verfolgungspolitik, I. 261; II. 224. 276.
— seine Grausamkeit, I. 264.
— seine Streitigkeiten mit den Bettelmönchen, I. 308.
— richtet eine weltliche Inquisition ein, I. 364.
— seine Gesetze über Verdächtige, I. 450. 508.
— lässt Zeugenaussagen von Ketzern zu, I. 485.
— befiehlt die Zerstörung von Häusern, I. 538.
— befiehlt die Einkerkerung der Bekehrten, I. 541.
— verhängt die Rechtsunfähigkeit über die Nachkommen, I. 557.

Friedrich II., Kaiser, befiehlt die Todesstrafe für Rückfällige, I 608.
— beschuldigt die Lombarden, Ketzer zu sein (1236) II. 220.
— erobert die Lombardei (1237) II. 233.
— Fälschung einer angeblichen Urkunde Friedrichs zugunsten der Inquisitoren, II. 325.
— unterstützt die Inquisition in Deutschland, II. 377 f.
— unterstellt die Bischofstädte ihren Bischöfen, II. 383 f.
— nimmt den Franziskanergeneral Elias bei sich auf, III. 8.
— lobt die Stedinger, III. 210.
— Kreuzzug gegen ihn, III. 214.
— bestätigt die Schenkung der Markgräfin Mathilde, III. 215.
— vertreibt die Templer aus Sizilien, III. 276.
— sein Glaube an Astrologie, III. 485.
— die drei Betrüger des Menschengeschlechts, III. 626.
— verbreitet den Averrhoismus, III 627.
— Folgen seines Todes, II. 241.
— seine Gesetzgebung über Ketzerei, I. 359.
— — dem öffentlichen Rechte einverleibt, I. 254.
— — Eintragung derselben in alle Ortsstatuten angeordnet, I. 379; II. 242. 249.
— — eingeführt in der Provence, II. 165.
— — zurückgewiesen von Rimini, II 224.
— — eingeführt in Brescia, II. 225.
— — verworfen von Venedig, II. 281. 284.
— — aufgehoben für Toskana, II. 274.
Friedrich III., Kaiser (1440—93) seine Hoffnung auf Böhmen getäuscht, II. 616.
— vermittelt für Böhmen, II. 636.
— lässt den Erzbischof Andreas v. Granea einkerkern, III. 252.
Friedrich, König v. Neapel, bestätigt die Privilegien der Waldenser (1497) II. 302.
Friedrich III. v. Aragon, König v. Sizilien, anerkannt von Bonifaz VIII. (1302) II. 280.
— seine Beziehungen zu Arnald v. Villanova, III. 58. 59. 63.
— beschützt die Spiritualen, III. 69.
— ist der erwartete Befreier, III. 89. 124. 127.
— verhaftet die Templer, III. 345.
— über die Verderbtheit des Klerus, III. 708.

Friedrich III., König v. Sizilien, unterstützt die Inquisition (1373 u. 1375) I. 595; II. 322.
Friedrich v. Alvensleben, Präzeptor der Templer v. Brandenburg, wird Hospitaliter, III. 367.
Friedrich v. Blankenheim, Bischof v. Strassburg, schliesst sich dem Gegenpapst Clemens VII. an (1390) III. 232.
Friedrich von Österreich, seine bestrittene Wahl (1314) III. 152.
— weist die Hülfe Satans zurück, III. 515.
Friedrich, Bischof v. Regensburg, II. 496.
Friedrich, Wildgraf v. Salm, Templer, III. 343.
Friesen, ihre Streitigkeiten mit ihren Bischöfen, III. 209.
Friesland, hat keine Gesetze gegen Zauberei, III. 488.
Frignano, Thomas v., Franziskanergeneral, III. 194.
Froissart, seine Erzählung vom Dämon Orton, III. 433.
Fünfkirchen, konkubinarische Priester in, II. 619.
Fünfundvierzig Artikel Wiclifs, II. 510. 550.
Fuero Juzgo, Gesetze über Zauberei im, III. 451.
— seine Autorität im 11. Jahrhundert, III. 483 f.
Fuero Real, Gesetze über Ketzerei im, II. 207.
Fürsten, ihre Pflicht zur Verfolgung, I. 241. 251. 600.
— abgesetzt wegen Duldung der Ketzerei, I. 360.
Fulbert v. Chartres, I. 10.
Fulco (Folquet) v. Marseille, Bischof v. Toulouse, I. 201. 226.
— unterstützt Dominikus, I. 279. 281. 282.
— handelt als Inquisitor, I. 354.
Fulco v. Neuilly, Asket und Busaprediger († 1202) I. 143. 272.
Fulco v. Saint-Georges, Viceinquisitor v. Carcassonne, seit 1300 Inquisitor v. Toulouse, seine Macht eingeschränkt, II. 70.
— ladet Gegner der Inquisition vor, II. 81.
— Anklagen gegen ihn, II. 83.
— seine Absetzung (1301) II. 85.
— die Stadt Albi muss ihm ein Marmorgrabmal errichten, II. 111.
Fulcrand, Bischof v. Toulouse, I. 148.

G.

Gabriel, Papst der Fraticellen, III. 185.
Gabriel v. Barcelona, Inquisitor, II. 319.
Gabriel v. Verona, zum Inquisitor in Böhmen ernannt (1461) II. 636.
Gage, Thomas, Dominikaner, hält in Guatemala öffentliche Besprechungen über die unbefleckte Empfängnis ab, III. 683.
Galdr, erlaubte Zauberei, III. 456.
Gallier, wollüstige Dämonen der, III. 434.
Gallikanische Kirche, ihre Privilegien, II. 149.
Gallo, Peter, Ketzeroberhaupt in Vicenza, seine Bekehrung, II. 252.
Gallus v. Neuhaus, Inquisitor in Prag, II. 492.
Galosna, Antonio, Ketzer, II. 288.
Galvan, waldensischer Geistlicher in Toulouse, II. 7.
Garbagnate, Francesco, Guglielmite, II. 109. 225.
Garbagnate, Ser Mirano v., Priester, als Guglielmite verbrannt, III. 114.
Garigh, Piero, gibt sich als Sohn Gottes aus, III. 187.
Garinus v. Barro, von Johann XXII. zum Inquisitor von Genf ernannt (1326) II. 153.
Garric, Bernhard, Diener der Inquisition in Narbonne, bestochen, die Protokolle zu verbrennen (1285) I. 425; II. 64.
Garric, Wilhelm, Advokat in Carcassonne, 30 Jahre im Gefängnis, I. 426. 468. 522. 580; II. 75. 103.
Gascogne, Vorherrschen der Ketzerei in der, I. 180.
Gaston v. Béarn, I. 185. 191.
Gastone Torriani, Erzbischof v. Mailand, erneuert die bischöfliche Inquisition (1313) I. 402.
Gaudin, Thibaut, Grossmeister der Templer, III. 278.
Gavarnie, Reliquien von Templern in, III. 371.
Gazzari, Name für Katharer, I. 126.
Gebäude der Inquisition, I. 417; II. 162.
Gebeine, Ausgrabung der, I. 260. 451. 619; III. 213.
Gebet, seine Heilkraft, III. 446.
Gebrauch und Verbrauch, Streit über, III. 149.
Gebühren für Trauungen und Beerdigungen, I. 31.

Gefährlichkeit der Zeugenaussagen, I. 489.
Gefängnisschliesser, Regeln für die, I. 550. 644.
Gefängnisse der Inquisition, I. 417.
— unterstehen der bischöflichen Oberaufsicht, I. 374.
— vermehrt wegen der Zunahme der Ketzerei, I. 383.
— qualvoller Aufenthalt in den, I. 469.
— Geldbussen, bestimmt zum Bau der, I. 527.
— ihre Beschaffenheit, I. 546; II. 101.
— Sterblichkeit in den, I. 552.
— Flucht aus dem, I. 614.
— Mangel an denselben, II. 4.
— ihre Reform befohlen von Philipp IV., II. 94.
— Schwierigkeiten bezüglich ihrer Unterhaltung, II 172.
— Begardenhäuser verwandelt in, II. 442.
Gefängnisstrafe, wegen Ketzerei, I. 246. 541.
— Häufigkeit der, I. 542. 553.
— Umwandlung der, I 554.
Gefangene, Behandlung derselben, I. 544.
— Streit über ihren Unterhalt, I. 548.
— ihre Kost, I. 549.
— Menge der, I. 542. 546; II. 172 f.
Gefangenschaft der Untersuchungsgefangenen, I 469. 545.
— ist härter als Folterung, I. 469.
— im Falle des Huss, II. 517.
Gegenpäpste der Spiritualen, III. 41. 70. 72. 89.
Gegenreformation, der Eifer der, III. 646.
Gegenwart Christi im hl. Abendmahle, Lehre Wiclifs über die, II. 506.
— — in Böhmen, II. 510.
— — Huss zugeschrieben, II. 541. 544.
Geheime Künste, III. 428.
Gehorsam, blinder, bei den Franziskanern, I. 294; III. 2.
— Eid des Gehorsams, verlangt von den Beamten, I. 430.
— blinder, bei den Templern, III. 285.
Geisselung als Busse, I. 517. 519.
— als Folterung, III. 516. 594.
Geissler — siehe Flagellanten.
Geister, Welt der, III. 430.
Geistes der Freiheit, Anhänger des, III. 140.
Geistliche, ihre persönliche Immunität, I. 37.
— Immunität ihres Eigentums, I. 38.
— Vornahme von Operationen ist ihnen untersagt, I. 250.

Geistliche, Begünstigung der Ketzerei durch, I. 368.
— ketzerische, II. 3.
— Gerichtshöfe, ihre Jurisdiktion, I. 2. 346.
— — ihr Charakter, I. 24; III. 707. 709.
— — ihr Aufschwung im 12. Jahrhundert, I. 346
— — Zeugenaussagen vor ihnen, I. 481.
— — ihre Jurisdiktion zur Eintreibung von Schulden, II. 313.
— — ihre Jurisdiktion über Zauberei, III. 481 f.
— — ihre Jurisdiktion über Hexerei, bestritten in Frankreich, III. 608.
Gelasius I., Papst (492—96) über die Exkommunikation von Toten, I. 258.
Geld, Streit der Franziskaner in betreff desselben, III. 4. 33.
— Weigerung der Spiritualen, es zu erbetteln, III. 36.
Geldbussen, I. 371. 526.
Geldern, Bauernaufstand in (1268) I. 314.
Geldstrafen, als Busse auferlegt, I. 513. 526.
— Anteil daran den Inquisitoren nicht bewilligt, I. 371.
— Anteil daran den Inquisitoren bewilligt, I. 372.
— Missbräuche mit den, I. 533.
— Herrscher verpflichtet zur Eintreibung der, I. 378.
— Bischof hat keinen Anteil daran, I. 401.
— benutzt für die Ausgaben der Inquisition, I. 589.
— erhoben vom Staate in Venedig, II. 283.
Gelehrsamkeit, menschliche, verachtet von den Spiritualen, III. 10. 620.
Geleitsbrief — siehe Freies Geleit.
Gelübde, Umwandlung der, I. 49.
— Gewalt des Papstes, von denselben zu entbinden, geleugnet, III. 31. 86.
Gemistos Plethon, ungläubiger Philosoph, III. 636.
Genauigkeit der Protokolle, I. 379.
Generalinquisitoren, gelegentliche, I. 443. 638.
Genf, Streit zwischen Dominikanern und Franziskanern über die Inquisition in, II. 153.
— 500 Hexen verbrannt in, III. 613.
Genserich, verfolgt die Katholiken, I. 242.
Gent, Beguinenhöfe in, II. 400. 47

Gent, Unsittlichkeit in, III. 721.
Gentile, Herr v. Camerino, beschützt die Fraticellen, III. 180.
Gentile v. Spoleto, Fraticelle, III. 193.
Genua, Bulle Ad extirpanda aufgenötigt, I. 380.
Georg, Bischof v. Passau, seine Milde, II. 589.
Georg Koler, zum Inquisitor in Böhmen ernannt (1495) II. 639.
Georg Podiebrad, König v. Böhmen (1458—71) schickt eine Gesandtschaft an Ludwig XI. v. Frankreich, 1464, II. 594.
— erobert den Berg Tabor (1452) II. 611. 615.
— Herr von Böhmen, II. 616.
— seine reaktionären Konzessionen, II. 622.
— von Capistrano zur Unterstützung aufgefordert, II. 626. 628.
— zum Könige gekrönt, II. 634.
— sein geheimes Versprechen, II. 635
— als Ketzer verdammt (1463) II. 636.
— seine Vasallen von der Lehenspflicht entbunden, II. 536. 636.
— beschützt Gregor von Heimburg, II. 476.
— seine Bekehrung und sein Tod (1471) II. 637.
Gerald v. Blumac, Inquisitor, II. 99.
Geraldus, Franziskanergeneral, greift als päpstl Legat die Katharer in Bosnien an, 1339, II. 343.
Geraldus, Bischof v. Albi, II. 73. 102.
Gerard v. Abbeville greift die Bettelmönche an, I. 323.
Geraud v. Puy-Germer, I. 586.
Gerbald, Ritter, I. 41.
Gerbald, Bischof v. Lüttich, seine Gesetze über Zauberei, III. 465.
Gerbert v. Aurillac — siehe Silvester II.
Gerhard, Bruder, treuer Begleiter des Konrad v. Marburg, II. 372. 387.
Gerhard, Katharer in Oxford, I. 115.
Gerhard v. Borgo San Donnino, Joachimite, III. 21. 24. 26.
Gerhard I., Erzbischof v. Bremen, von den Stedingern unterstützt, III. 208.
Gerhard II., Erzbischof v. Bremen, greift die Stedinger an, III. 209.
Gerhard v. Elten, Inquisitor in Deutschland (1470—81) führt den Prozess gegen Johann v. Wesel, II. 480.
Gerhard Groot (1340—84) seine Laufbahn, II. 408.
— verurteilt die Astrologie, III. 501.

Gerhard Groot verfolgt einen Zauberer, III. 519.
— Gründer der Brüderschaft vom gemeinsamen Leben, II. 408; III. 519.
Gerhard v. Motte, verbrannt, I. 296.
Gerhard (Guiraud) de Niort, Beschützer der Ketzer, II. 14. 29. 31.
Gerhard (Geraldus) Odonis, Franziskanergeneral, III. 160. 166.
— über die Anschauung der Seligen, III. 663. 665.
Gerhard v. Rougemont, Erzbischof v. Besançon, sein Prozess, I. 15.
Gerhoh v. Reichersperg über kriegerische Prälaten, I. 12.
— über konkubinarische Priester, I. 68.
Gericht, weltliches, seine Tätigkeit im Anschlusse an die Inquisition bei Hexenprozessen, III. 576.
— geistliches oder kirchliches — siehe Geistliche Gerichtshöfe.
— Schwur-(Geschworenen-)Gerichte bei Zauberei, III. 475. 487, 517. 605.
Gerichtsbarkeit — siehe Jurisdiktion.
Gerichtshof der Inquisition hat anfänglich seinen Sitz im Kloster der Bettelorden, I. 417.
Germain Frevier, III. 171.
Germanicus Caesar, sein Tod, III. 441.
Germanus v. Auxerre, hl., III. 553.
Gerona, Konzil von (1197) über Waldenser, I. 89.
Geronimo d'Ascoli — siehe Nikolaus IV.
Gerson, Johann, Kanzler der Universität Paris, seine Feindschaft gegen die Bettelmönche, I. 328.
— über Toleranz, I. 605.
— verurteilt die Brüder vom freien Geiste, II. 141. 461.
— verurteilt Johann v. Ruysbroeck, II. 408.
— verurteilt die Flagellanten, II. 435.
— verteidigt die Beguinen, II. 466.
— über den Laienkelch, II. 542.
— sein Verzeichnis der Irrlehren des Huss, II. 549.
— sein Hass gegen Hieronymus v. Prag, II. 565. 569. 571.
— über den Fall des Johann Petit, III. 381.
— über Johanna d'Arc, III. 398.
— seine Lehre über die Dämonen, III. 525.
— über Averrhoismus, III. 631.
— verurteilt die Ars des Lullus, III. 651.
— über päpstliche Simonie, III. 705.

Gerücht, allgemeines, seine Wichtigkeit für die Überführung der Angeklagten, I. 476. 482.
Gervasius v. Tilbury, Kanonikus in Rheims, sein Abenteuer mit einem Katharermädchen, I. 123.
Geschenke, von den Inquisitoren empfangen, I. 537.
Geschlechtliche Ausschreitungen, zugeschrieben den Ketzern, I. 94. 111; II. 168. 379 f. 405. 464. 542; III. 109. 144. 184. 201. 202; vgl. Barilotto.
— zugeschrieben den Hexen, III. 560.
Geschlechtliche Verirrungen, I. 10. 56; III. 288. 531. 717.
Geschworenengericht — siehe Gericht.
Gesellschaft, Zustand der, im Mittelalter, III. 719.
Gesetze, welche die Inquisition hindern, sind ungültig, I. 379. 381. II. 310. 316.
Gesetzgebung, weltliche, gegen Ketzerei, I. 89. 125. 357.
— gegen Zauberei, III. 461. 465. 473. 475. 480.
Geständnis, freiwilliges, Hinwirken auf ein, I. 415.
— sorgfältig protokolliert, I. 423.
— vorgelesen beim Autodafé, I. 438.
— Wichtigkeit des, I. 455. 457; II. 543; III. 540.
— Erpressung des, I. 463.
— protokolliert als ein ohne Folterung abgelegtes, I. 475. 478; III. 299 f.
— Zurücknahme (Widerruf) des, I. 478. 607; III. 320. 333 f.
— erfordert Abschwörung, I. 511.
— Wahl zwischen Verurteilung und, II. 379. 381.
— verlangt von Huss, II. 554.
— der Templer, sein Charakter, III. 307.
— verlangt bei Hexenprozessen, III. 574.
Gewänder der Franziskaner, Streit über die, III. 78.
— Ketzerei bezüglich der, III. 83. 87. 88.
Gewebe, heiliges, der Katharer, I. 101.
Gherardo v. Florenz, Fall des, I. 451. 586.
Ghibellinen, beschützen die Ketzerei, II. 218. 224. 236.
— ihre Niederlage in Florenz, II. 240.
— zu Ketzern gestempelt und von der Inquisition verfolgt, II. 266; III. 217. 223. 227.
Gilbert v. Gembloux, Abt, über die Lage der Kirche, I. 45. 57.

Gilles Flameng, Advokat, III. 584. 592.
Gilles von Rais — siehe Rais.
Gilles v. Sillé, Genosse des Gilles v. Rais, III. 535. 545.
Giordano v. Rivalto, Frà, erklärt, dass die Ketzerei in Toskana ausgerottet sei (1304) II. 311.
Giorgio di Casale, Inquisitor in Cremona, verfolgt Hexen, III. 610.
Giovacchino di Fiore — siehe Joachim v. Floris.
Giovanni Borelli — siehe Johann v. Parma.
Giovanni di Borgo, Inquisitor der Mark Ancona, verfolgt Fraticellen (1337) III. 179.
Giovanni v. Salerno, Dominikanerprior in Florenz, der erste Inquisitor (1227--30) I. 366.
Girard, Prior v. Grammont, seine Weltlichkeit, I. 44.
Girardus v. Monteforte, Katharer, I. 115. 121.
Girling, Mary Ann, ihre Sekte, III. 116.
Gironde, Olivisten verbrannt in der (1319) III. 86.
Giulitta v. Florenz, Katharerin, I. 127.
Gläubige — siehe Credentes.
Gläubiger der Ketzer erhalten keine Bezahlung, I. 587.
Glagolitische Schrift und slavische Sprache bei dem katholischen Gottesdienste in Bosnien gestattet, II. 337.
Glaube, wichtiger als Moral, III. 723.
— und Vernunft, Gegensatz zwischen beiden, III. 652.
Glaubensgenossenschaft, die, (Compagnia della Fede) zu Florenz, II. 239. 240.
Gloriosam ecclesiam, Bulle Johanns XXII. (vom 23. Januar 1318) gegen die Fraticellen, III. 83.
Gloucester, Herzogin v., bestraft wegen Zauberei (1441) III. 528.
Glutto, Frà, Apostel, III. 118.
Gnade, Bitte um, eine Heuchelei, I. 255. 598; II. 561.
Gnadenfrist, I. 415.
— ihre Wirkung, II. 17.
— ihr Nutzen, II. 32.
Godin, Magister, Amalricianer, verbrannt, II. 365.
Goëtische Magie (die Anrufung böser Geister und der Gebrauch von unerlaubten Mitteln zu schlechten Zwecken), III. 440.
Goffredo, päpstl. Legat, seine Gesetze

über die Ketzerei in Mailand (1228) I. 358; II. 227.
Goffredo, schlichtet den Bürgerkrieg in Bergamo, II. 228.
Gokard, der Baum der Bäume, bei den Mazdeern, III. 573.
Gonsalvo v. Cordova, beschützt Neapel vor der Inquisition (1508) II. 327.
Gonsalvus v. Valboa, Franziskanergeneral, unterdrückt die Schriften Olivis, III. 52.
— reformiert den Orden (1310) III. 64.
— führt die Reformen des Kanons Exivi durch, III. 67.
Goslar, Probe für die Katharer in, I. 109.
— Katharer gehängt (1052) I. 121.
Gost oder Besucher, Stellvertreter des Djed bei den Katharern in Bosnien, II. 346.
Gott, angeblich der erste Inquisitor, I. 452.
Gottesfreund im Oberland, der, II. 411. 412.
Gottesfreunde, Gesellschaft der, II. 411.
Gottesfrieden, Beobachtung desselben, verlangt von Raimund VI., I. 167.
— Templer zu Hütern desselben gemacht (1191) III. 271.
Gottesurteil (Gottesgericht), angewandt zur Entdeckung von Ketzerei, I. 122. 342; II. 360.
— Feuerprobe im Falle Savonarolas, III. 254 ff.
Gottfried v. Ablis, zum Inquisitor von Carcassonne ernannt, II. 88.
— gewährt Carcassonne Rechtsschutz (1303) II. 76.
— erklärt den Viguier von Albi für rechtsunfähig (1306) I. 424.
— greift Pequigny an, II. 89. 91.
— erweist Philipp IV. gute Dienste, II. 94.
— verteidigt sich, II. 99. 100.
— die Oberaufsicht über die Gefängnisse wird ihm entzogen, I. 551.
— zieht die Fällung der Urteile hinaus, II. 102 f.
— seine Tätigkeit (1308—9) II. 113. 115.
Gottfried v. Bouillon, plündert die Abtei St. Trond, I. 11.
Gottfried v. Chambonnet, Templer, III. 332. 336.
Gottfried v. Charney, Templerpräzeptor der Normandie, III. 307. 368.
Gottfried v. Paris, über die Templer, III. 370.

Gottfried v. Péronne, Prior v. Clairvaux, I. 14.
Gottfried v. St. Omer, Mitbegründer des Templerordens, III. 269.
Gottlieben, Schloss, Gefängnis des Huss, II. 547.
— — des Papstes Johann XXIII., II. 548.
Gottschalk, seine Ketzerei, I. 243.
Gourdon, Wucherer von, bestraft (1285) I. 401.
— Ketzer in, II. 33.
Grabow, Matthäus, Dominikaner aus Wismar, zu Konstanz (1418) II. 416.
Gradenigo, Peter, Doge von Venedig, sein Amtseid, II. 284.
— weist die Inquisition zurück, II. 284.
Grado, Patriarchat, dem Inquisitor von Venedig zugewiesen, II. 308.
Grafschaft Venaissin, Inquisition eingeführt in der (1288) II. 131. 165.
Grágás, isländisches Rechtsbuch über Zauberei, III. 475.
Grammont, Priorie, ihre Gründung, I. 44.
— arm gemacht durch Clemens V., I. 19.
Gran, Synoden von (1450 und 1480) über konkubinarische Priester, II. 619.
Granada, Alfons v. Mella zu Tode gemartert in, III. 191.
Grand-Jury, Ursprung der, I. 349.
Gratian, über die Pflicht des Herrschers zur Verfolgung, I. 251.
Grausamkeit, die, des Mittelalters, I. 262 ff.
Gregor I., Papst (590—604) erzwingt die Armut der Mönche, I. 42.
— über die Leiden der Verdammten, I. 270.
— sein Dämonenglaube, III. 431.
— seine Duldsamkeit gegen heidnische Bräuche, III. 452.
Gregor VII., Papst (1073—85) sein Kampf gegen die Simonie, I. 8.
— entscheidet den Fall des Ritters Gerbald, I. 41.
— über die Messen konkubinarischer Priester, I. 68.
— tadelt den Glauben an Zauberei, III. 470.
— der Schwarzkunst beschuldigt, III. 472.
Gregor IX., Papst (1227—41) sein Charakter, II. 225. 380.
— über Sakramente in befleckten Händen, I. 69.
— beschützt Ludwig IX. v. Frankreich, I. 225.

Gregor IX., Papst, sein Verhalten gegen Amauri v. Montfort, I. 230.
— gibt die Provence an Raimund VII. zurück (1234) I. 231.
— reformiert die Armen Katholiken, I. 277.
— begünstigt die Bettelmönche, I. 306 f.; 312 f.
— tadelt die Dominikaner, I. 330.
— setzt den Franziskanergeneral Elias ab (1239), I. 331; III. 8.
— erste Ernennung von Inquisitoren, I. 336.
— versucht eine Inquisition durch Legaten, I. 355.
— seine Ketzergesetze von 1231, I. 363.
— — durch Europa gesandt, II. 182. 226. 236. 376.
— ernennt Inquisitoren in Florenz und Rom, I. 366 f.
— gründet die Inquisition, I. 368.
— über die Vorteile der Gnadenfrist, I. 417.
— befiehlt die Einkerkerung der Bekehrten, I 541.
— mildert die Konfiskation, I. 570. 579.
— über Ausgaben der Inquisition, I. 590.
— Pflicht der Kirche, Blut zu vergiessen, I. 600.
— befiehlt die Einkerkerung der Rückfälligen, I. 544.
— verurteilt jüdische Bücher, I. 620.
— erleichtert die Degradation ketzerischer Kleriker, II. 3.
— klagt über die Vernachlässigung der Universität Toulouse durch den Grafen Raimund (1236) II. 6.
— spornt Raimund VII. zur Verfolgung an, II. 16. 21. 25.
— suspendiert die Inquisition in Languedoc, II. 25.
— sein Verhalten gegen den Generalinquisitor v. Frankreich, Robert le Bougre, II. 126 f.
— gründet die Inquisition in Aragon, II. 182. 186.
— fordert Friedrich II. zum Kreuzzuge auf, II. 220.
— fordert die Lombarden zur Unterdrückung der Ketzerei auf, II. 226.
— greift die Ketzerei in Rom an, II. 226.
— sein Verhalten gegen Bergamo, II. 229.
— greift die Ketzerei in Piacenza an, II. 229.
— sein Verhalten gegen den Inquisitor Johann Schio von Vicenza, II. 230. 233.

Gregor IX., Papst, versucht die Einführung der Inquisition in der Lombardei, II. 233.
— greift die Ketzer in Viterbo an, II. 237.
— greift Ezzelin von Romano an, II. 252 f.
— verfolgt die Waldenser von Piemont, II. 293.
— verfolgt die Katharer in Bosnien, II. 333 ff.
— spornt Konrad von Marburg an, II. 374. 376.
— beauftragt Dominikaner mit der Inquisition in Deutschland, II. 377 f.
— befiehlt einen Kreuzzug gegen die Luziferianer, II. 381.
— spornt die deutschen Bischöfe an, II. 383.
— seine Wut über die Ermordung Konrads v. Marburg, II. 388.
— begünstigt die Beguinen, II. 400.
— seine spitzfindige Auslegung des Testamentes und der Regel des hl. Franziskus, III. 6 f.
— befiehlt den Kreuzzug gegen die Stedinger, III. 210.
— „versöhnt" die Stedinger, III. 213.
— seine politischen Kreuzzüge, III 214.
— beschuldigt die Hospitaliter, III. 277.
— bezeichnet Friedrich II. als Urheber der Äusserung über die drei Betrüger, III. 626.
— sein Verhalten gegen die griechische Kirche, III. 692. 693.
Gregor X., Papst (1271—76) erneuert die bischöfliche Mitwirkung bei den Urteilen, I. 375.
— erweitert die Macht der Inquisition, I. 400.
— Appellation an ihn im Falle des Armanno Pongilupo, II. 272.
— fordert die strenge Beobachtung der Franziskanerregel, III. 32 f.
— versucht die Unterdrückung der irregulären Bettelmönche, III. 35.
— versucht die Vereinigung der drei Ritterorden, III. 276.
Gregor XI., Papst (1370—78) erneuert die Inquisition in Palästina, I. 398.
— annulliert die Einschränkung der Familiaren, I. 428.
— ordnet die Inquisition in Portugal, I. 593; II. 214.
— sorgt für die Ausgaben der Inquisition, I. 595.
— verzeiht Bidon de Puy-Guillem, II. 141.
— seine grausame Verfolgung der Waldenser, II. 171.

Gregor XI, Papst, befiehlt die Bestrafung des Dominikaners Raimund de Tarraga, II. 198.
— spornt die Verfolgung in Korsika an, II. 287.
— verlangt die Revision der Statuten von Florenz, II. 316.
— seine furchtbare Bulle gegen Florenz vom 31. März 1376, II. 317.
— verbietet die Verehrung der Reliquien der Fraticellen, II. 321; III. 186 f.
— beansprucht die Konfiskationen in Sizilien, II. 322.
— verfolgt die Katharer in Bosnien, III. 346.
— gewarnt von dem Gottesfreund aus dem Oberlande, II. 415.
— ordnet die Inquisition in Deutschland, II. 440. 443.
— bestätigt die Konfiskation der Beguinenhöfe, II. 444.
— befiehlt die Unterdrückung der Flagellanten, II. 448.
— veranlasst eine Untersuchung betreffs der Begarden, II. 447.
— verlangt einen Zehnten von Deutschland, II. 496.
— verurteilt Milicz v. Kremsier als Erzketzer, II. 499.
— befiehlt die Verfolgung Wiclifs, II. 506.
— unterdrückt die Missionen der Fraticellen, III. 188.
— verfolgt Arnald Mutaner, einen Fraticellen, III. 190.
— exkommuniziert Bernabo Visconti, III. 229.
— bestätigt die Jurisdiktion der Inquisition über die Zauberei, III. 512 f.
— seine Verurteilung des Raimund Lullus, III. 653. 655. 656.
— bestätigt die Zensur der Presse durch die Inquisition, III. 688.
— sein Verhalten gegen die griechische Kirche, III. 696.
— die Drohung der hl. Brigitta gegen, III. 712.
Gregor XII., Papst (1406—15), hilft Sigmund, Bosnien zu erobern, II. 347.
— sein Verhalten gegen die griechische Kirche, III. 695.
Gregor XIII, Papst (1572—85), untersucht von neuem den Fall des Lullus, III. 657.
Gregor XV., Papst (1621—23), verbietet die Diskussion über die unbefleckte Empfängnis, III. 683.

Gregor, Neffe Rokyzanas, Mitbegründer der Böhmischen Brüder, II. 642.
Gregor von Fano über die Todesstrafe, I. 256.
Gregor v. Heimburg, für einen Ketzer erklärt (1460) II. 475. 637.
Gregor Heinze, Inquisitor in Schlesien (1463—66), II. 626.
Gregor v. Tours, über Benutzung der Zauberei zur Heilkunst, III. 462.
Griechen, ihre Behandlung durch die Lateiner, III. 694 f.
Griechenland, Inquisition in, I 398.
— seine anthropomorphische Mythologie, III. 434.
— Magie in, III. 440.
Griechische Kirche, ihre Beziehungen zu Rom, III. 691.
Griechischer Gottesdienst, in Venedig verboten, II. 308.
Grillot, Johann, Franziskaner, leugnet die unbefleckte Empfängnis (1495) III. 673.
Grimaldo, Inquisitor von Florenz, I. 586.
Grimerius, Bischof v. Piacenza, vertrieben (1204) II. 222 f.
Grimoald, Herzog v. Benevent, der Zauberei beschuldigt, III. 468.
Gristan, Abtei, ihre Mönche der Zauberei ergeben, III. 475.
Grönland, Mission der mährischen Kirche in, II. 648.
Grosses Schisma, sein Einfluss auf die Verfolgung, II. 174.
— gegenseitige Anklagen wegen Ketzerei, III. 231. 235.
— die dadurch in Deutschland hervorgerufenen Streitigkeiten, III. 232. 234.
Gualvez, Cristobal, Inquisitor v. Valencia, abgesetzt, II. 203.
Guardia Piemontese, Niederlassung der Waldenser in Kalabrien, II. 279.
Günstlingswirtschaft, I. 10; III. 717.
Guglielma v. Mailand, III. 102.
Guglielmiten, III. 103.
— ihr Schicksal, III. 113.
— die Visconti angeklagt als, III. 109. 223.
Gui Caprier, Seneschall von Carcassonne, von dem Inquisitor Nikolaus v. Abbeville bestochen, II. 76.
Guibert v. Nogent über Ligaturen, III. 470.
Guido, päpstl. Legat in Languedoc, I. 150.
Guido v. Auvergne, Graf, beteiligt sich am Kreuzzuge gegen die Albigenser, I. 164. 172.

Guido II., Bischof v. Cambrai, schont Margarete la Porete, II. 136.
Guido di Capello (Maltraverso), Inquisitor v. Vicenza, später Bischof v. Ferrara, verbrennt die Gebeine des Armanno Pongilupo (1301) II. 272.
— beansprucht Ferrara für die Kirche, III. 220.
Guido v. Coconate, Inquisitor, II. 267; III. 111. 112.
Guido Dauphin, Beamter des Templerordens, III. 307.
Guido de Levis von Mirepoix, wegen Ketzerei angeklagt, II. 77.
Guido, Erzbischof v. Mailand, kauft sich von einer Busse los (1059) III. 46.
Guido v. Montfort, I. 201. 204. 216. 222. 224.
Guido, Erzbischof v. Rheims, verbrennt Ketzer (1204) I. 343
Guido von Sesto, Inquisitor v. Mailand, II. 246.
Guido v. Thusis, Inquisitor der Romagna, hat 39 Assistenten, II. 273.
Guido v. Vaux-Cernay, Zisterzienserabt, später Bischof von Carcassonne, I. 176. 188.
Guidonis Fulcodins (Gui Foucoix) — siehe Clemens V.
Guillabert v. Castres, Katharerbischof in Toulouse, I. 216; II. 24. 36.
Guillot aus der Picardie greift die Bettelmönche an, I. 322.
Guion de Cressonessart, Schüler der Margarete la Porete, II. 137.
Guiraud d'Auterive, Fall des, I. 558.
Guiraud Valette, Franziskanerprovinzial der Provence, Konventuale, von Clemens V. abgesetzt (1311) III. 68.
Gulathingenses, Leges, über Zauberei (1274) III. 487.
Gumiel, Abtei v., I. 278.
Gyrovagi, wandernde Mönche, I. 43.

H.

Haare, den Hexen abrasiert, III. 569.
Haare, kurze, getragen von Johanna d'Arc, III. 399. 416.
Habonde, Dame, Herrin der Nachtgespenster, III. 552. 597.
Hadrian IV., Papst (1154—59), überwindet Arnold v. Brescia, I. 82.
Hadrian V., Papst (1276), beschützt Johann v. Parma, III. 27.
Hadrian VI., Papst (1522—1523), lobt Maximus, den Mörder Priscillians, I. 240.

Hadrian VI., Papst, befiehlt die Verfolgung der Hexen, III. 610.
Häresie ist nach dem Sprachgebrauch der Inquisition Bezeichnung für den Katharismus, I. 90. (Siehe auch Ketzerei.)
Häretikation, bei den Katharern, I. 104.
Haereticus indutus (oder vestitus), I. 101.
Häufigkeit der Verbrennung, I. 615.
Häuser der Ketzer zerstört, I. 358. 360. 538; II. 183.
Haft, Charakter der, I. 469. 545.
Hagen, Matthäus, Schneider v. Selchow, in Berlin verbrannt (1458) II. 473.
Haito II., König von Armenien, tritt in den Franziskanerorden ein, I. 334; III. 38.
Hako Hakonsen, seine Gesetze über Zauberei, III. 487.
Halberstadt, Bischof v., exkommuniziert den Erzbischof Burchard III. v. Magdeburg, III. 342.
Hall, Schwäbisch-, Waldenser in, II. 393.
Hamleypur, Zauberinnen, III. 457.
Hammer-Purgstall über Idole der Templer, III. 298.
Hammurabi, König v. Babylon, der babylonische Zauberglaube im Gesetzbuche des (1900 v. Chr.) III. 438.
Handel, seine Entwicklung gelähmt durch die Konfiskation, I. 585. 587.
Hans Böhm v. Niklashausen, priesterfeindlicher Ketzer, verbrannt (1476) II. 476.
Harald Harfagr, verfolgt Zauberer, III. 460.
Hartmann v. Kiburg verfolgt Ketzer, II. 389.
Hartnäckigkeit, mit Verbrennung bestraft, I. 351. 605.
Hartwig, Erzbischof v. Bremen, sein Streit mit den Stedingern, III. 208.
Haruspices, Gesetze über, III. 449.
Havemann über die Templer, III. 282.
Haymo v. Faversham, Franziskanergeneral, Spirituale, III. 2. 8.
Hebräische Magier, III. 439.
— Hexen, III. 448. 551.
Heidelberg, Johann Drändorf, Priester, wegen Hussitismus verbrannt in (1425) II. 472.
— Reform der Franziskaner in, III. 194 f.
— Hexen, verbrannt in 1446, III. 599.
Heidentum, wiedererweckt durch die Renaissance, III. 637.
Heidnische Einflüsse im Christentum, III. 451 f.

Heilige, ihre Anrufung verworfen von den Waldensern, I. 91; II. 167. 178.
— — von den Wicliffiten, II. 504.
— ketzerische, II. 206. 271—273.
— neue, Untersuchung bezüglich derselben, III. 105.
— — Kanonisation derselben, Rom vorbehalten, III. 475.
Heiligen, die, Sekte in Kalabrien, III. 144.
Heiliger Geist, Guglielma ist eine weibliche Verkörperung desselben, III. 103.
Heiliger Stuhl — siehe Papsttum.
Heiliges Land, Sache der Kirche ist wichtiger als die des hl. Landes, III. 214. 218.
— Ursachen der Misserfolge in demselben, III. 276.
Heilzauber (heilende Zauberei), verurteilt, III. 523. 524. 566.
Heinrich III., Kaiser (1039—56), hängt Katharer, I. 121.
Heinrich V., Kaiser (1106—25), seine Beziehungen zu Papst Paschalis II., III. 205.
Heinrich VI., Kaiser (1190—97), seine Gesetze über Ketzerei, I. 358. 538. 562.
Heinrich VII., Kaiser (1309—13), erneuert die Ketzergesetze Friedrichs II. (1312), II. 419.
Heinrich VII., König (1220—1235), über Konfiskation, I. 358.
— steht dem Grafen von Sayn bei, II. 385.
— ist gegen einen Ketzerkreuzzug, II. 386. 389.
Heinrich I., König v. England (1100—1135), seine Gesetze über Zauberei, III. 473.
Heinrich II., König v. England (1154—89), verfolgt die Ketzerei, I. 125. 133.
Heinrich III., König v. England (1216—72), steht Raimund v. Toulouse bei, I. 214.
— lässt Raimund im Stiche, I. 220.
— hemmt die grosse Untersuchung Grosseteste's, I. 350.
Heinrich IV., König v. England (1399—1413), verfolgt die Lollarden, I. 395.
— sucht die Zauberei zu unterdrücken, III. 527.
Heinrich V., König v. England (1413—22), verfolgt die Lollarden, I. 395.
Heinrich VI., König v. England (1422—60), seine Reise nach Paris, III. 398.
— seine Briefe über Johanna d'Arc, III. 423.
Heinrich VIII., König v. England (1509—47), seine Gesetzgebung über Ketzerei, I. 395.
Heinrich I., König v. Frankreich, verkauft Bistümer, I. 8.
Heinrich IV., König v. Frankreich (1589—1610), sein Tod vorausgesagt, III. 503.
Heinrich III., König v. Kastilien, über die Konfiskation, III. 210.
Heinrich IV., König v. Kastilien, begünstigt die Verfolgung, II. 211.
— sein Glaube verdächtigt (1464), III. 631.
Heinrich de Agro, Inquisitor in Deutschland, II. 439.
Heinrich v. Albano, Kardinallegat, über die Kirche, I. 57.
Heinrich II., Herzog v. Brabant, leitet den Kreuzzug gegen die Stedinger, III. 212.
Heinrich, Bischof v. Cambrai, und sein Kapitel, III. 505.
Heinrich v. Ceva, General der Fraticellen in Sizilien, III. 70. 90. 162.
Heinrich v. Chamay, Inquisitor v. Carcassonne (1325—30), beklagt sich über den Bischof v. Maguelonne, I. 393.
— erwirkt die Bestätigung der Vorrechte der Inquisitoren I. 430; II. 144. 145.
— seine Versammlung von Sachverständigen zu Narbonne, I. 435.
— entdeckt falsche Zeugen, I. 492.
— befiehlt die Zerstörung von Häusern, I. 539.
— verfolgt Tote, I. 586.
— verurteilt Katharer, II. 117.
— seine Tätigkeit, II. 138.
— verfolgt Waldenser, II. 169.
— verbrennt Olivisten, III. 86. 92. 733.
Heinrich v. Clairvaux, Haupt des Cistercienserordens, Abt, Kardinal v. Albano, predigt und leitet den Kreuzzug gegen die Katharer (1181), I. 133. 137.
Heinrich v. Finstingen, Erzbischof v. Trier, seine Laufbahn, I. 310.
Heinrich, Bischof v. Fünfkirchen, unterstützt die Bemühungen Jakobs della Marca gegen konkubinarische Priester, II. 619.
Heinrich v. Gent, Doctor solemnis, lehrt die Souveränetät des Volkes über seine Fürsten, III. 157.
Heinrich v. Hessen (Langenstein) bekehrt den Nikolaus v. Basel, Führer der Brüder des freien Geistes, II. 460.
— über die Verderbtheit der Kirche, III. 713.

Heinrich Institoris, Inquisitor in Deutschland (1474—1505), II. 480.
— verfolgt Ketzer in Böhmen, II. 639. 646.
— Verfasser des Hexenhammers, III. 557.
— verfolgt Hexen, III. 603 f.
Heinrch Kalteysen, Inquisitor in Deutschland, II. 467 f. 470.
— auf dem Konzil von Basel, II. 608. 609.
— Exequatur Philipps des Guten v. Burgund an (1431), II. 155. 658.
Heinrich, Erzbischof von Köln, von Papst Gregor IX. suspendiert (1231), II. 382.
Heinrich v. Latzenbock aus Chlum, Ritter, mit der Beschützung des Huss betraut, II. 523. 525.
Heinrich v. Lausanne. Häresiarch, I. 76.
Heinrich Minneke, Propst in Goslar, wegen Ketzerei verbrannt (1225) I. 353 f.; II. 368 f.
Heinrich v. Olmütz, Inquisitor, verfolgt die Waldenser, II. 453.
Heinrich Raspe v. Thüringen verfolgt Ketzer, II. 389.
Heinrich, Bischof v. Regensburg, verfolgt Ketzer (1466), III. 100.
Heinrich, Erzbischof v. Rheims, verfolgt Katharer, I. 124.
Heinrich v. Settala, Erzbischof von Mailand, verfolgt Ketzer, II. 236.
Heinrich v. Veringen, Bischof v. Strassburg, I. 343; II. 359.
Heinrich v. Virneburg, Erzbischof v. Köln (1306—22), verfolgt Meister Eckart, I. 403 ff.; II. 407.
— beginnt die Verfolgung gegen die Begarden (1306), II. 416. 422.
Heinricianer, Ketzerei der, I. 79.
Heinricianische Ketzerei besteht in der Abwehr päpstlicher Übergriffe, III. 206.
Heinz v. Müllenheim erschlägt den Ketzerrichter Konrad Dorso, II. 391.
Heisterbach, Abtei, ihre Wohltätigkeit, I. 40.
Helinand, Erzbischof v. Rheims, I. 9.
Hemmerlin, Felix, Chorherr in Zürich, greift die Beguinen an, II. 468.
— klagt über die Sendboten der Hussiten, II. 607.
Hengst, Heilzauberer in Ehningen, III. 567.
Hennegau, Lollarden im, II 418.
Hennins, weibliche Kopfbedeckungen in Flandern, III. 235.
Herard, Erzbischof v. Tours, über Zauberei (858), III. 466.

Herdsteuer, genehmigt von Innocenz III., I. 179. 185.
Heribert, Erzbischof von Mailand, unterdrückt die Katharer, I. 120.
Hermann v. Hetstede, Inquisitor in Deutschland, II. 445.
Hermann v. Minden, Dominikanerprovinzial v. Deutschland, über die päpstliche Dispensation von den Mönchsgelübden, III. 31.
Hermann Rijswick, wegen Averrhoismus verurteilt (1499) und verbrannt (1512), II. 483; III. 632.
Hermann, Priester in Soest, wegen Zauberei verbrannt, III. 477.
Hermannus Alemannus übersetzt Averrhoes, III. 627.
Herodias, nächtlicher Dämon, III. 552.
Herrscher, ihre Pflicht zur Unterdrückung der Ketzerei, I. 359. 360. 515. 600.
— dienstbar gemacht den Inquisitoren, I. 377. 381.
Herzegowina, verteidigt von den Katharern gegen die Türken, II. 356.
Hexe v. Endor, III. 489.
Hexe v. Eye, III. 528.
Hexen, ihr Pakt (Vertrag, Bündnis) mit Satan, III. 436 f.
— mit dem Tode bedroht im Mosaischen Gesetze, III. 447.
— ihre Macht, III. 459. 561.
— der Teufel hat sie nötig, III. 560.
— Kennzeichen der, III. 565.
— verlieren ihre Macht bei der Verhaftung, III. 569.
— Zauber(gabe) der Verschwiegenheit bei, III. 569. 570. 574. 594.
— haben Macht über Hexenrichter, III. 598.
— haben keine Macht über Hexenrichter, III. 570 f.
— sind Ketzer, III. 606.
— v. Brescia, Streit über die, I. 603; III. 611. 741.
— Prozessverfahren gegen, III. 574.
Hexenhammer, III. 607 f.
— verfasst von Heinrich Institoris, III. 557.
Hexenhebammen, ihre Verbrechen, III. 564.
Hexenmal, unempfindliche Stelle am Leibe der Hexe, III. 565.
Hexensabbat — siehe Sabbat.
Hexenverbrennung, Kirche verantwortlich für die, III. 594. 611.
Hexerei, III. 549.
— ihre Entstehung, III. 550.

Hexerei, unbekannt im 13. Jahrhundert, III. 506.
— Ursprung derselben, III. 556. 557. 596.
— Zweifel daran und Leugnung derselben ist strafbar, III. 525. 565.
— päpstliche Bullen gegen, III. 561. 565. 572. 600 603. 610. 611.
— nur heilbar durch Hexerei, III. 566.
— Ursachen ihrer Ausbreitung, III. 568. 602.
— das Volk glaubt nicht an, III. 595. 603. 611.
— Anreize zur, III. 601 f.
— unter der weltlichen Gerichtsbarkeit, III. 572. 608. 611.
— ihre Ausbreitung im 16. Jahrhundert, III. 613 f.
Heyden, Johann, Zauberer, III. 519.
Hieronymus, hl., über Verfolgung, I. 241.
— über Wahnsinn, erzeugt durch Askese, I. 268.
Hieronymus v. Ascoli — siehe Nikolaus IV.
Hieronymus v. Prag, sein Lebenslauf, II. 565.
— verbrennt die päpstlichen Ablassbullen, II. 514.
— überredet Huss zur Reise nach Konstanz, II. 521.
— sein Geleitsbrief, II. 530.
— sein Prozess in Konstanz, II. 568.
— seine Hinrichtung (1416), II. 576.
Hildebert v. Le Mans, Bischof, I. 10.
— über die päpstliche Kurie, I. 20. 22.
— widerlegt Heinrich v. Lausanne, I. 76.
Hildegard, hl., über die Missbräuche der Kirche, I 57.
Himmerode, Abtei, ihre Wohltätigkeit, I. 40.
Hincmar, Erzbischof v. Rheims, verurteilt Gottschalk (849), I. 244.
Hinduismus, im deutschen Mystizismus, II. 413.
— Hexenglaube im, III. 550 f.
Hinrichtung, Aufschub von 24 Stunden, I. 438.
— Ausgaben für die, I. 599.
— Einzelheiten der, I. 617.
Hippolytus v. Porto über die Kniffe der Zauberer, III. 476.
Hoffnungslosigkeit der Verteidigung, I. 503. 642.
Holland, Bauernaufstand in (1268), I. 314.
Holywood, Johann — siehe Sacrobosco.
Homines intelligentiae, Sekte in Brüssel, II. 155. 461.
Honorius III., Papst (1216—27), beklagt die Verderbtheit des Klerus, I. 58. 142.

Honorius III., Papst, seine Tätigkeit in Languedoc, I. 207. 209. 210. 213. 214. 221.
— seine Bemühungen zur Erlangung von Präbenden, I. 218.
— entwirft und bestätigt das Krönungsedikt Friedrichs II., I. 361.
— begünstigt die Dominikaner, I. 281. 312.
— verurteilt Heinrich Minneke, I. 353; II. 368
— ernennt Inquisitoren, II. 224.
— seine Bemühungen in Bosnien, II. 332.
— bestätigt die Rechtgläubigkeit Joachims, III. 16.
— setzt den Erzbischof Pedro Muñoz v. Santiago wegen Nekromantie ab, III. 481.
Honorius IV., Papst (1285—87), verwirft die Appellation der Stadt Carcassonne, II. 65.
— veranlasst die Unterwerfung Parmas, II. 268.
— lässt den Fall des Armanno Pongilupo unentschieden, II. 272.
— mildert die Verfolgung in Toskana, II. 274.
— verurteilt die Apostel, III. 120.
— sein Tod, durch die Gebete der Franziskaner verursacht, I. 325.
Honorius, Kaiser, sein Gesetz über Zauberei (409), III. 450.
Honorius v. Autun, über den Vorrang der Priester, I. 4.
— über die Pflicht zur Verfolgung, I. 251.
Hospitaliter, ihre Organisation, III. 270.
— ihre sittliche Entartung, III. 277.
— Belagerung von Rhodus, III. 280.
— Reichtum des Ordens, III. 283.
— bedroht, aber von Clemens V. beschützt (1307), III. 316.
— erhalten das Eigentum der Templer zugewiesen, III. 342. 366. 373. 374. 375.
— zahlen Pensionen an die Templer, III. 355. 357. 367. 375. 376.
— nehmen die Templer auf, III. 367.
Hostie, geweihte, ihre magische Kraft, I. 53. 54.
— eingetaucht in den geweihten Wein. II. 540.
— ihre Gewalt über Dämonen, III. 479 f.
— ihre Anwendung bei Zauberei, III. 490.
— ihre Verwendung bei den Hexen, III. 559.
Hradisch, Martin Loquis verbrannt in, II. 592.

Hrimthursar, böse Wesen in dem nordischen Aberglauben, III. 453. 456.
Hrvoje Vukćić, Woiwode in Bosnien, Katharer, II. 346. 347.
Hugo Aubriot, Fall des, II. 141.
Hugo v. Auxerre, Erzbischof, rottet die Ketzer aus, I. 143.
Hugo, Hufschmied in Carcassonne, stört die Dominikaner (1354), II. 147.
Hugo v. Digne, Joachimit, III. 20.
Hugo Gerold, Bischof von Cahors, sein Schicksal, I. 623.
Hugo Lenoir, Inquisitor v. Frankreich, sein Jurisdiktionsbezirk, II. 156.
Hugo v. Payens, Gründer des Templerordens, III. 269.
Hugo v. Peraud (Peraudi), Templer, Visitator v. Frankreich, III. 279. 280. 307. 329. 369.
Hugo v. Salm, Graf, Komthur des Templerordens, III. 343.
Hugolin v. Polignac, seine Betrügereien, I. 550.
Hugolinus, Erzbischof v. Kalocsa, sucht Bosnien zu erlangen, II. 332.
Huguenin de la Meu, Tagelöhner in Torcy, Zauberer, III. 600.
Hulda, nächtlicher Dämon, III. 552.
Humanismus, sein Einfluss in Italien, III. 632.
Humanisten, verspotten die Dominikaner, II. 483.
Humbert v. Beaujeu, Befehlshaber von Languedoc, I. 224.
Humbert II., Dauphin v. Vienne, verfolgt die Waldenser, II. 169.
Humbertus de Romanis, früherer General der Dominikaner, über die Ablasskrämer, III. 698.
Humiliati, I. 83; II. 221.
Hungerqualen, Anwendung der, I. 469.
— nicht angewendet im Falle des Huss, II. 546.
Hunnen stammen von Teufeln ab, III. 436.
Hunnerich verfolgt die Katholiken, I. 242.
Hunyady, Johann, Graf v. Transsylvanien, Regent von Ungarn, seine Vermittlung in Bosnien, II. 353. 354.
— sein Sieg bei Belgrad (1456), II. 631.
Huss, Johann, seine Vorläufer, II. 499.
— seine Laufbahn, II. 508. 509.
— sein Charakter, II. 509. 548.
— sein Anschluss an Wiclif, II. 513.
— exkommuniziert, II. 515.
— seine Übermacht in Böhmen, II. 517.
— sein Erscheinen in Konstanz erscheint notwendig, II. 520.

Huss, Johann, Notwendigkeit seiner Verhaftung, II. 526.
— sein Prozess, II. 536.
— seine unverzeihlichen Lehren, II. 549.
— gibt zu, dass Ketzerei bestraft werden müsse, I. 604 f.
— Bemühungen, seine Abschwörung zu erlangen, II. 555.
— seine Hinrichtung, I. 618; II. 561.
— als Märtyrer verehrt, II. 563. 579. 581.
Hussiten, die, II. 577.
— ihre Beziehungen zu den Waldensern, II. 176.
— ihre Geleitsbriefe zum Konzil v. Basel, II. 533.
Hussitismus in Deutschland, II. 466. 469. 471.
— verwachsen mit dem Waldensianismus II. 472 ff.; III. 744.
— in den Donauprovinzen, II. 618 f. 620. 621. 626.
— in Ungarn, II. 599. 618.
— in Polen, II. 566. 599. 620. 626. 628.
Hyacinth, hl, (Bruder Jackzo), Dominikaner, angeblicher Gründer der Inquisition in Ungarn, II. 333.

I.

Ibas v. Edessa, als Ketzer mit dem Banne belegt (553), I. 259.
Ibn Roschd (Averrhoes), († 1198), III. 624.
Idacius, Bischof, verfolgt Priscillian, I. 239.
Idol der Templer, III. 296. 303.
Iglau, Friedensschluss zu, II. 613.
Illuminismus des hl. Bonaventura, III. 29.
— der deutschen Mystiker, II. 411. 412. 414.
— der Ortlieber, II. 405.
Immunität (Befreiung von der weltlichen Gerichtsbarkeit) der Kreuzfahrer, I. 163.
— der Geistlichen, I. 2. 37; III. 706.
— der Familiaren, I. 426.
— der Mönche, entzogen bei Ketzerei, I. 351.
Impostoribus, De tribus, Verfasser dieses Buches, III. 626.
In absentia, das Verfahren, — siehe Abwesende.
In pace (vade in pacem), grausames System der klösterlichen Einkerkerung, I. 545.
Incubi, III. 434. 560. 606.
Indelebilis, Charakter, des Priesters, I. 4.
Index, Raimund Lullus auf den Index gesetzt, III. 656. 657.

Ingelger v. Anjou erobert die Reliquien des hl. Martin wieder, I. 52.
Ingheramo da Macerata, Podestà v. Rimini, verfolgt Ketzer, II. 224.
Inkarnationen Christi, III. 143. 187.
Innocenz II., Papst (1130—43), beansprucht die Feudalgewalt über die Benefizien, I. 7.
— über die Messen konkubinarischer Priester, I. 68.
— verurteilt Heinrich v. Lausanne, I. 76.
— verurteilt Arnold v. Brescia, I. 80.
— verfolgt die Katharer, I. 129.
Innocenz III., Papst (1198—1216), über den Vorrang der Priester, I. 4 f.
— beklagt die Simonie, I. 8.
— seine Prozesse gegen Bischöfe, I. 15.
— seine Uneigennützigkeit, I. 20.
— bestraft die Fälschung päpstlicher Briefe, I. 22.
— beansprucht Benefizien für seine Freunde, I. 28.
— beschützt Bischof Waldemar v. Schleswig, I. 37.
— verfolgt die Katharer in Slavonien, I. 118; II. 330.
— unterdrückt die Katharer in Viterbo, I. 128.
— erklärt der Ketzerei den Krieg, I. 141.
— führt die Ketzerei auf die Verderbtheit des Klerus zurück, I. 142.
— verbietet den Laien die Bibel, I. 145.
— hebt die Exkommunikation Raimunds VI. auf, I. 146.
— sein Verfahren gegen Languedoc, I. 149—205; II, S. X.
— beruft das IV. Laterankonzil, I. 202.
— seine Gesetzgebung über Ketzerei, I. 247. 260. 359. 431. 496. 562; III. 744.
— Treue darf den Ketzern nicht gehalten werden, I 256.
— veranlasst Fulco v. Neuilly, den Kreuzzug zu predigen, I. 274.
— approbiert die Armen Katholiken I. 275.
— approbiert den Dominikanerorden, I. 282.
— approbiert die Franziskanerregel I. 288.
— verbietet die Anwendung des Gottesgerichtes, I. 343; II. 360.
— setzt den Bischof v. Chur ab, I. 449.
— Ketzerei in Rom, II. 219.
— droht Mailand mit einem Kreuzzuge, II. 220.
— legt die Unruhen in Piacenza bei, II. 223.
— verurteilt die Irrlehre Joachims über die Trinität, III. 15.

Innocenz III., Papst, beschuldigt die Templer, III. 274.
— leugnet die unbefleckte Empfängnis, III. 667.
— sein Verfahren gegen die griechische Kirche, III. 692. 694.
Innocenz IV., Papst (1243—54), seine Wahl, II. 29.
— erteilt Dispensationen für Pluralität, I. 29.
— über die Immunität der Kreuzfahrer, I. 48, 162 f.
— schränkt die Armen Katholiken ein, I. 277.
— begünstigt die Bettelmönche, I. 306. 316.
— seine Bulle gegen die Bettelmönche, I. 317.
— totgebetet von den Dominikanern, I. 318.
— erzwingt die Annahme der Verfolgungsgesetze, I. 361.
— unterstellt die Bettelmönche der Inquisition, I. 406.
— seine Bulle Ad extirpanda, I. 377.
— seine Gesetzgebung über die Inquisition, I. 338. 373. 375. 385. 414. 426. 471. 489. 505. 522. 527. 529. 547. 554. 555. 565. 570. 571. 611. 636; II. 3. 42. 48. 49. 102. 131. 132. 186. 187. 188. 249 f. 263.
— über den Fall des Manfredo di Sesto, I. 515.
— schränkt die Anwendung des Interdiktes ein, II. 3.
— lehnt es ab, die Dominikaner von der Inquisition zu entbinden (1243), II. 42.
— hebt die Exkommunikation Raimunds VII. von Toulouse auf, II. 44.
— seine Freigebigkeit gegen Raimund, II. 50.
— ernennt Johann Schio zum lebenslänglichen Inquisitor für die Lombardei, II. 234.
— befiehlt die Verfolgung in Florenz, II. 238 f.
— benutzt den Tod Friedrichs II., II. 241.
— kanonisiert Petrus Martyr, II. 244.
— entfremdet sich Mailand, II. 248.
— befiehlt die Zerstörung des Schlosses Gatta, II. 249.
— geht gegen Ezzelin v. Romano vor, II. 255. 256.
— feuert die Inquisition zur grössten Strenge an, II. 269.
— versucht die Inquisition in Venedig einzuführen, II. 282.

Innocenz IV., Papst, unterstellt das Bistum Bosnien dem Erzbischof v. Kalocsa, II. 336.
— verbietet die Kreuzzüge gegen Bosnien, II. 337.
— befiehlt die Verfolgung in Böhmen, II. 489.
— erleichtert die Bestimmungen der Franziskanerregel über die Armut, III. 9.
— lässt den Kreuzzug gegen Friedrich II. predigen, III. 215.
— seine politische Macht, III. 215.
— sein Verfahren gegen die griechische Kirche, III. 692. 693. 694.
Innocenz V. (1276), erster Dominikaner-Papst, I. 286.
Innocenz VI., Papst (1352—62), sein Streit mit Venedig, II. 307.
— verlangt eine Revision der Statuten von Florenz, II. 316.
— befiehlt den Kreuzzug gegen Bosnien, II. 344 f.
— führt die Inquisition in Deutschland ein, II. 436.
— unterdrückt die Flagellanten, II. 446.
— ermächtigt den Inquisitor Bernhard du Puy zur Verfolgung der Juden, I. 441.
— verlangt einen Zehnten von Deutschland, II. 496.
— seine Mahnung an den Bischof Johann v. York (1355), II. 518.
— verfolgt Fraticellen in der Krim, III. 188.
— verbrennt Fraticellen in Avignon, III. 189.
— verfolgt Gentile v. Spoleto, III. 193.
— ladet Bernabo Visconti vor, III. 229.
— verurteilt die Maffredi v. Faenza, III. 230.
— sein Verfahren gegen die griechische Kirche, III. 692.
Innocenz VIII., Papst (1484—92), nimmt die Franziskaner von der Inquisition aus, I. 406; III. 202.
— über die Weigerung, Ketzer zu verbrennen, I. 603; III. 612.
— verurteilt Johann Laillier, II. 160.
— befiehlt einen Kreuzzug gegen die Waldenser, II. 178; 299 f.
— approbiert die Rekollekten, III. 180.
— behauptet die Existenz der Incubi, III. 435.
— seine Bulle Summis desiderantes (Hexenbulle), III. 603.
— spornt die Hexenverfolgung an, III. 603. 612.

Innocenz VIII., Papst, verurteilt Pico della Mirandola, III. 641.
— sein Verfahren gegen die griechische Kirche, III. 696.
— rechtfertigt die Unsittlichkeit der Kurie, III. 722.
Innocenz X., Papst (1644—55), vereinigt die Begarden mit den Tertiariern, II. 470.
Innsbruck, Hexen in, III. 605.
Inquisitio, I. 347.
Inquisition, die Gründung der, I. 341.
— bischöfliche, I. 350, 399.
— durch päpstliche Legaten, I. 353.
— weltliche, I. 363.
Inquisition, päpstliche, erster Versuch, I. 365 f.
— organisiert, I. 369.
— ihre Beziehungen zu den Bischöfen, I. 370 f.
— wird dauernd, I. 375.
— wird dem Staate übergeordnet, I. 377.
— organisiert durch die Bulle Ad extirpanda (1252), I. 377. 381.
— Widerstand gegen die, I. 391.
— verweigert ihre Akten den Bischöfen, I. 392.
— ihre Wirksamkeit, I. 408, 410, 440.
— ihre Organisation, I. 412.
— Geheimhaltung ihres Verfahrens, I. 420. 425.
— Berufung von ihr an den Papst, I. 504.
— ihre Strafbefugnisse, I. 512.
— ihre Beziehungen zur Konfiskation, I. 564.
— Sorge für ihre Ausgaben, I. 372. 383. 588.
— ihr Einfluss auf die Kirche, I. 557.
— ihr Einfluss auf die weltliche Justiz, I. 625.
— ihre Einrichtung in Toulouse, II. 8.
— ihre Einführung in Frankreich, II. 123.
— ihre Einführung in Aragon, II. 185.
— ihr Fehlen in Kastilien, II. 205.
— ihr Misserfolg in Portugal, II. 213 f.
— ihre Entwicklung in Italien, II. 227 f.
— ihr Verlauf in Neapel, II. 276. 320.
— ihre Einführung in Venedig, II. 281. 307.
— ihre Einführung in Bosnien, II. 339.
— ihr Anfang in Deutschland, II. 377 f.
— schliesslich eingerichtet in Deutschland, II. 436.
— ihr Anfang in Böhmen, II. 489.
— ihre Anwendung gegen die Hussiten, II. 577. 618. 621.

Inquisition, ihre Anwendung für weltliche Zwecke, II. 255. 256. 259; III. 167. 215. 292. 404.
— angewandt zur Vernichtung der Templer, III. 292.
— angewandt im Falle der Jungfrau von Orléans, III. 404.
— anfänglich nicht angewandt bei Zauberei, III. 488.
— angewandt bei Zauberei nur, wenn Ketzerei dabei in Frage kommt, III. 490.
— organisiert die Verfolgung der Zauberei, III. 505.
— ihre Jurisdiktion über Hexerei, III. 571.
— sie befördert den Hexenwahn, III. 601. 602. 607.
— Widerstand gegen ihre Hexenverfolgungen, III. 608. 610.
— Zahl der von ihr verbrannten Hexen, III. 613 f.
— ihre Gleichgültigkeit gegen den Averrhoismus, III. 631.
— bestraft die Erörterung über die unbefleckte Empfängnis, III. 683.
— ihre Bücherzensur, III. 687.
— was sie unterlassen hat, III. 691.
— ihre Jurisdiktion über die Ablasskrämer, III. 698.
— ist untätig gegenüber der Simonie, III. 700.
— ihr Misserfolg gegenüber der Reformation, III. 727.
Inquisitionsbezirke, I. 413.
Inquisitionsverfahren, I. 347. 445.
— sein Einfluss auf die Kirche, I. 623.
— sein Einfluss auf das weltliche Gerichtsverfahren, I. 625.
— seine Wirkungen, II. 379. 381.
— angewandt bei Zauberei, III. 574.
— bei weltlichen Gerichtshöfen, I. 448. 454. 626.
Inquisitoren, weltliche, I. 348.
Inquisitoren, päpstliche, ihre Ernennung, I. 368.
— zuerst Gehilfen der Bischöfe, I. 370.
— ihre Beziehungen zu den Bischöfen, I. 371. 374. 389. 406. 407.
— dürfen keine Geldbussen erheben, I. 371.
— dürfen Geldbussen erheben, I. 372.
— ihre willkürliche (diskretionäre) Gewalt, I. 384. 451. 491.
— ihre Kontrolle über die Gesetze, I. 361. 382.
— ihre Universaljurisdiktion, I. 388.
— erhalten Bischofssitze, I. 390.

Inquisitoren müssen dem Papste den Obedienz- und Treueid leisten, I. 394.
— Mindestalter derselben, I. 418.
— ihre Unwissenheit, I. 420. 433.
— verkaufen die Erlaubnis zum Waffentragen, I. 428.
— ihre Nichtachtung gegenüber der Sachverständigen-Versammlung, I. 436.
— handeln als Beichtväter, I. 445.
— ermächtigt zur Anwendung der Folter, I. 471.
— die Verteidigung ihnen anvertraut, I. 499; III. 578.
— nehmen Geschenke an, I. 537.
— ihr Luxus und ihre Extravaganzen, I. 591.
— können als Scharfrichter dienen, I. 600.
— unehrliche, II. 77.
Inquisitorische Exkommunikation, ihre Bedeutung, I. 560.
Insabbatati (Beschuhte), Name für Waldenser, I. 85.
Interdikt, missbräuchliche Anwendung desselben, II. 3.
— zur Eintreibung von Schulden, II. 313 f.
— Wirkungen desselben für den Handel, II. 317; III. 221.
Interrogatorien (Formulare für Verhöre), I. 459—62; III. 505. 506.
Irland, Observanten eingeführt in, III. 195.
— Verfahren gegen die Templer, III. 338. 341.
— Fall der Alice Kyteler, I. 396; III. 515.
Irregularität, Vermeidung der, I. 598. 600. 618.
Isarn Colli, sein Prozess, I. 469. 473; II. 102. 652.
Isarn, Dominikanerprior v. Villemier (Villomur), sein Gedicht, I. 27. 67; II. 12. 47.
Isidor, der hl., v. Sevilla, über die Pflicht zur Verfolgung, I. 242.
Island, Gesetze gegen Zauberei, III. 475. 487.
Italien, Arnold v. Brescia, I. 80.
— Entstehung des Waldensianismus, I. 76.
— Katharer von Monteforte, I. 120.
— Katharismus im 12. Jahrhundert, I. 126.
— Gesetzgebung über Ketzerei, I. 247.
— Grausamkeit des Strafrechtes, I. 264.
— Arme Katholiken in Mailand, I. 275.
— Flagellanten in (1259), I. 304.
— geteilt zwischen den Bettelorden, I. 338.
— die Ketzergesetze Friedrichs II., I. 359.
— Verfolgung in Rom, I. 363.
— Florenz, erste Inquisition in (1227), I. 366.

Italien, Unterordnung des Episkopates, I. 372.
— Überwachung der Mönche durch die Bischöfe, I. 376.
— Bulle Ad extirpanda, I. 377.
— Fall des Capello di Chia, I. 383.
— Einschränkung des Waffentragens, I. 427.
— erste Anwendung der Folter in, I. 471.
— Erpressungen durch die Inquisition, I. 534.
— Konfiskation, Verordnungen über, I. 565.
— Spezialverordnungen über Konfiskation in Florenz, I. 588.
— Ausgaben der Inquisition, I. 589.
— Hexen von Brescia, I. 603; III. 610.
— Verlauf der Inquisition in, II. 217.
— Hartnäckigkeit der Katharer, II. 287.
— Venturino v. Bergamo, grosser Dominikanerprediger, II. 431.
— Pilgerzüge der Bianchi (1399), II. 460.
— Flagellanten in (1448), II. 465.
— Franziskanerspiritualen in, III. 35.
— — ihre Empörung, III. 69.
— Guglielma v. Mailand, III. 102.
— Segarelli und Dolcino, III. 116.
— Entwicklung der Fraticellen, III. 177.
— päpstliche Eroberungspolitik in, III. 214.
— Tätigkeit Johanns XXII. in der Lombardei, III. 222.
— Rienzo und die Maffredi, III. 230.
— Savonarola, III. 236.
— Verfahren gegen die Templer, III. 344.
— Gesetzgebung über Zauberei, III. 485.
— Astrologie in, III 496.
— Hexenwahn in, III. 579. 610.
— Humanismus in, III. 632.
— sittlicher Niedergang, III. 721.
Ithacius, Bischof, verfolgt Priscillian, I. 239. 240.
Ivo v. Chartres, hl., I. 10.
— über Verfolgung, I. 251.
— über Verurteilung Toter, I. 259 f.
— über Zauberei, III. 470.
Ivo Favins, Priester, sein Fall, III. 572.
Ivo Gilemme, Priester, wegen Zauberei verbrannt, III. 526.
Ivo v. Narbonne, sein Bericht über die Katharer, II. 220.
Izeshne-Ritus der Mazdeaner, II. 539.

J.

Jacopo della Chiusa, Mörder des hl. Petrus Martyr, I. 440.

Jacopone da Todi, Franziskanerspiritual, I. 294; III. 45. 116. 620.
Jacquerie, Aufstand in Savoyen (1365), II. 293.
Jacquette, Herzogin v. Bedford, angeklagt wegen Zauberei, III. 529.
Jacquier, Nikolaus, Inquisitor, sein Flagellum (1458), III. 601.
— über die leibliche Gegenwart der Hexen beim Sabbat, III. 556.
— über die Todesstrafe für Hexen, III. 576.
Jakob I., König von Aragon (1213—76), wird Montfort als Geisel gegeben, I. 186. 198.
— bittet um Einführung der Inquisition (1254), II. 188.
— seine Gesetze gegen Ketzerei, I. 358; II. 182.
— beklagt sich über Bernhard v. Caux, den Inquisitor von Toulouse, I. 440.
— bewirkt einen Wechsel in der Inquisition in Narbonne, II. 50.
— seine Gesetze gegen Zauberei, III. 484.
Jakob II., König v. Aragon, seine Beziehungen zu Arnald v. Villanova, III. 58—62.
— geht gegen die Templer vor, III. 350. 351. 366. 376.
— gründet den Orden von Montesa (1319), III. 377.
Jakob I. v. Mallorka verhaftet die Templer, III. 355.
Jakob Autier, Katharermissionar, II. 114.
Jakob Bernhardi, Franziskanerinquisitor der Provence, verfolgt Waldenser, II. 168.
Jakob v. Brescia, Inquisitor der Lombardei, III. 635.
Jakob della Chiusa versucht Rainerio Saccone zu ermorden, II. 243.
Jakob v. Hochstraten, Dominikanerprior in Köln und Inquisitor, sein Streit mit Johann Reuchlin, II. 483.
Jakob della Marca (v. Montebrandone), Franziskaner-Observant, Inquisitor, II. 193.
— predigt über das Blut Christi, II. 194.
— unterdrückt die Katharer in Bosnien, II. 349.
— unterdrückt die Hussiten in Ungarn (1437), II. 618.
— sucht vergeblich die konkubinarischen Priester von Fünfkirchen zu unterdrücken, II. 619.

Jakob della Marca (v. Montebrandone) predigt den Kreuzzug gegen die Türken, II. 633.
— sein Bericht über die Fraticellen, III. 184.
— über ketzerische Päpste, III. 185.
— droht Sixtus IV. (1477), III. 196.
— unterdrückt die Fraticellen, III. 198.
Jakob v. Mies, Priester an St. Adalbert in Prag, führt den Laienkelch ein, II. 538.
Jakob de Morerio, "inquisiteur des Bougres", II. 140.
Jakob v. Palestrina, Kardinalbischof, päpstl. Legat in Ungarn, seine Bemühungen in Bosnien, II. 333.
Jakob v. Polignac, Schliesser des Inquisitionsgefängnisses in Carcassonne, seine Betrügereien, I. 548. 583.
Jakob v. San Gimignano, Spirituale, III. 69.
Jakob v. Soest, Inquisitor in Deutschland, II. 467.
— verfolgt Johann Malkaw, III. 234.
Jakob Sprenger, Inquisitor in Deutschland (1481—89), nimmt Teil an dem Verfahren gegen Johann v. Wesel, II. 480.
— ist nur Mitverfasser des Hexenhammers, III. 557, vgl. Institoris.
— seine Tätigkeit, III. 603 f.
— über das Zusammenwirken der Bischöfe und Inquisitoren, I. 407.
— über die Todesstrafe, I. 599; III. 576.
— über die Wachsamkeit der Dämonen, III. 432.
— über Incubi und Succubi, III. 435.
— verurteilt die Astrologie, III. 502.
— über Leugnung der Hexerei, III. 524.
— Erklärung des Sabbats, III. 556.
Jakob, Bischof v. Turin, bemüht sich, die Waldenser zu unterdrücken, II. 221.
Jakob de Voragine über den hl. Petrus Martyr, II. 244.
Jakob v. Wodnan, Gründer der Sekte der Amositen, II. 645 f.
Jakobinerkloster in Paris, Gründung desselben, I. 285.
Jakobiten, bekehrt durch die Dominikaner, I. 333.
Jakobus, Bischof v. Fermo, begünstigt die Fraticellen, III. 179.
Jamnici oder Höhlenbewohner, Name für die Böhmischen Brüder, II 646.
Janevisio, Bartolo, v. Mallorca, seine Ketzerei, II. 199.

Janko v. Wiersberg, s. Ketzerei, III. 100.
Jannes und Jambres, Zauberer des Pharao, III. 438.
Jarnsida, Gesetzbuch des Hako Hakonson (1258), über Zauberei, III 487.
Jayme, Bruder, v. Mallorka, II. 96.
Jean Lavite, bei der Vauderie v. Arras verbrannt, III. 580. 582. 584.
Jeremias, Katharer, genannt „der Erzbischof der Mark", sein Widerruf, III. 264.
Jerusalem, Königreich, Inquisition im, I. 398.
— Assisen von, lassen Zauberei unerwähnt, III. 486.
Jesi, Fraticellen verfolgt in, III. 198.
Jesolo, Zufluchtsort der Ketzer, II. 308.
Jesu Christi, Orden, in Portugal als Fortsetzung des Templerordens gegründet, III. 359.
Jesuaten, Orden der, von Urban V. approbiert (1367), III. 192.
— der Ketzerei angeklagt, II. 309.
Jesuiten, ihre Missionstätigkeit, II. 617.
— treten für Raimund Lullus ein, III. 658.
— treten für die unbefleckte Empfängnis ein, III. 685.
Jetzer, Johann, Dominikaner, seine Muttergotteserscheinungen und sein Prozess, II. 483; III. 677. 680.
Joachim v. Floris (Flora, Flore, Giovacchino di Fiore) (1145—1202), Abt, I. 113; II. 223; III. 11.
— seine Prophezeiungen, I. 319; III. 12 f.
— sein Irrtum bezüglich der Trinität, III. 15.
— seine drei Zeitalter (Ära), III. 17.
Joachimiten in der Provence, III. 20. 28.
Joachimitismus des Arnald v. Villanova, III. 59. 744.
— der Olivisten, III. 48. 53. 72. 89.
— der Guglielmiten, III. 103.
— der Apostel, III. 122. 123.
— der Fraticellen, III. 183.
— der Lullisten, III. 652.
Joch (Kreuz), hölzernes, als Busse getragen, I. 524.
Johann IX., Papst (898—900), über die Verurteilung Toter, I. 259.
Johann XXI., Papst (1276—77), seine Feindschaft gegen die Bettelmönche, I. 324.
— sein Schicksal, I. 325.
— seine Milde gegen die Stadt Sermione, II. 265.
— begünstigt Johann v. Parma, III. 27.

Johann XXI., Papst, verurteilt die averrhoistischen Irrtümer, III. 628.
Johann XXII., Papst (1316—34), seine Abstammung und Wahl, II. 107.
— sein Charakter und seine Grausamkeit, I. 623; III. 73 f.
— verkauft Ablässe, I. 49.
— beschränkt die Jurisdiktion der Inquisition, I. 389.
— verurteilt die Lehren des Meisters Eckart (1329), I. 404; II. 407.
— befiehlt die Auslieferung des Peter Trencavel, I. 411; III. 85. 732.
— über Missbräuche der Familiaren, I. 428.
— befiehlt die Verbrennung des Talmud, I. 622.
— befördert den Bischof Bernhard v. Castaignet zum Kardinal, II. 84.
— veröffentlicht die Clementinen (1317), II. 104.
— begünstigt die Inquisition, II. 110. 653.
— befiehlt die Unterdrückung der Waldenser in Turin, II. 292.
— seine Bemühungen in Bosnien, II. 339 f.
— beschützt die Beguinen, II. 422.
— verfolgt Venturino von Bergamo, II. 431.
— kerkert den Bischof v. Prag, Johann v. Drasik, ein, II. 490 f.
— sendet Inquisitoren nach Böhmen und Polen, II. 491.
— entbindet vom Lehenseid (1327), II. 536.
— verurteilt die Postille Olivis (1326), III. 53.
— verfolgt die Spiritualen, III. 69. 77. 79. 80. 94. 95.
— ladet alle Tertiarier vor, III. 85 f.
— wird als mystischer Antichrist bezeichnet, III. 89.
— greift die Frage von der Armut Christi auf, III. 145.
— suspendiert die Bulle Exiit, III. 147.
— erlässt die Bulle Ad conditorem (1322), III. 149.
— erlässt die Bulle Cum inter nonnullos (1323), III. 151.
— sein Streit mit Ludwig dem Bayern, II. 428; III. 152. 155. 174.
— verurteilt Marsilius v. Padua als Ketzer, III. 157.
— verfolgt die an die Armut Christi Glaubenden, II. 280. 281; III. 161.
— verhaftet Michael v. Cesena, III. 165.
— wird in effigie von Ludwig dem Bayern verbrannt, III. 167.

Johann XXII., Papst, weist die Unterwerfung Todis zurück, III. 169.
— sein Verfahren gegen den Gegenpapst Peter v. Corbara, III. 169.
— verfolgt die deutschen Franziskaner, III. 173.
— sein Verfahren gegen die Visconti, III. 109. 222. 225.
— sein Verhalten in der Templerfrage, III. 359. 367. 375. 376 f.
— befördert den Glauben an Zauberei, III. 510 f.
— Zauberer greifen sein Leben an, III. 511. 518.
— veranlasst die Ernennung von Spezial-Inquisitoren gegen die Zauberei, III. 511.
— seine Ketzerei bezüglich der Anschauung der Seligen, III. 662 f.
— sein Verfahren gegen die griechische Kirche, III. 695.
— seine Busstaxen, III. 74. 76. 702.
— seine Habsucht und sein Schatz, III. 74. 75. 76.
Johann XXIII., Papst (Balthasar Cossa), (1410—17), unterstellt die Inquisitoren den Provinzialen, I. 388.
— befiehlt die Prüfung der Schriften Wiclifs, II. 507.
— kerkert als Legat die Boten des Königs Wenzel ein (1408), II. 510.
— befiehlt die Unterdrückung des Hussitismus, II. 511. 520.
— verteilt Ablässe, II. 514.
— exkommuniziert Huss (1412), II. 515.
— beruft das Konzil v Konstanz, II. 518.
— seine Politik bezüglich des Huss, II. 526.
— sein Bruch mit dem Konzil, II. 548.
— seine Absetzung (1415) u. sein Schicksal, II. 549. 551.
— über den Fall des Johann Petit, III. 381.
Johann v. Luxemburg, König v. Böhmen, drängt zur Ketzerverfolgung, II. 491.
— veranlasst die Wahl seines Sohnes, des Markgrafen Karl v. Mähren, zum römischen Gegenkönig (1346), III 175 f.
Johann ohne Land, König v. England (1199—1216), unterstützt Raimund, I. 202.
Johann d. Gute, König v. Frankreich (1350—64), mildert die klösterliche Gefangenschaft, I. 545.
— erhält die Erlaubnis, das hl. Abendmahl unter beiden Gestalten zu empfangen, II. 540.

Johann I. v. Kastilien verurteilt die Astrologie (1387), III. 501.

Johann II. v. Kastilien verfolgt Alfons v. Mella, III. 191.

— verbrennt die Bücher Villena's (1434), III. 547.

Johann III., König v. Portugal (1521), ein beschränkter Fanatiker, II. 216.

Johann, Herzog v. Bayern, verhaftet Hieronymus v. Prag, II. 568.

Johann V., Herzog der Bretagne, und Gilles v. Rais, III. 530. 531. 533.

Johann, Graf v. Burgund, bittet um die Einführung der Inquisition (1248), I. 593; II. 132. 164.

Johann der Unerschrockene von Burgund lässt den Herzog von Orléans ermorden (1407), III. 379.

Johann v. Amant, wegen Zauberei hingerichtet, III. 511.

Johann v. Aragon, Inquisitor, seine Wunder in Bosnien, II. 343.

Johann Arnoldi, Inquisitor v. Strassburg, von den Winkeler bedroht, II. 455.

Johann, Bischof v. Arras, Kardinal, sein unchristlicher Charakter und Lebenswandel, II. 150.

Johann v. Arsis, Seneschall v. Rouergue, sein Eifer bei Konfiskationen, I. 580.

Johann v. Aumônes, seine Aufnahme in den Templerorden, III. 314.

Johann v. Baconthorpe, General der Karmeliter, Averhoist, III. 630.

Johann Baudier, Prozess und Gefangenschaft des, I. 579; II. 103. 121.

Johann v. Beaumont unterdrückt den Aufstand des Trencavel, II. 28.

Johann v. Beaune, Inquisitor, führt den Prozess gegen Bernhard Délicieux, II. 108.

— „versöhnt" Albi und Cordes, II. 111.

— schreibt eine Verteidigung der Bulle Quorumdam, III. 83.

— wirft die Frage von der Armut Christi auf, III. 146.

Johann v. Belesmes, Erzbischof v. Lyon, geht gegen Waldes vor, I. 86.

Johann Bertrand, Templer, sein Verhör, III. 336.

Johann v. Boland, Inquisitor, II. 445.

Johann v. Brescain, wegen ketzerischer Spekulationen verurteilt, III. 627.

Johann v Burgund (Jean de Bourgogne), zum Inquisitor gegen die Templer ernannt, III. 356. 357.

Johann v. Capistrano, Generalvikar der Observanten, sein Charakter, II. 623. 632.

— zum Inquisitor ernannt (1417), II. 304.

— verbietet dem seligen Thomas v. Florenz, seine Wunderkraft leuchten zu lassen, II. 306.

— spricht die Jesuaten von Ketzerei frei, II. 309.

— verfolgt die Juden, II. 324. 625.

— tadelt den Kardinallegaten Nikolaus v. Cusa, II. 541.

— als Inquisitor nach Böhmen gesandt (1451), II. 623.

— versucht die Franziskaner zu einigen, III. 195.

— verfolgt die Fraticellen, III. 198. 199.

— Verehrung des Volkes für, III. 202.

— sein Tod (1456) und seine Kanonisation (1690), II. 632 f.

Johann Carvajal v. Sant' Angelo, Kardinallegat, nach Böhmen gesandt, II. 616.

Johann v. Casemario, Kaplan Innocenz' III., verfolgt die Ketzer in Bosnien, II. 331.

Johann v. Chlum, seine Erklärung zu Konstanz, II. 517.

— begleitet Huss, II. 523. 526.

— protestiert gegen die Verhaftung des Huss, II. 528.

— seine Teilnahme für Huss, II. 554. 559.

— seine Unterwerfung, II. 576.

Johann v. Cormèle, Templer, sein Geständnis, III. 327

Johann Cossart, Generalinquisitor v. Frankreich, führt die Untersuchung gegen Johann Laillier, II. 159 f.

Johann v. Damaskus leugnet die unbefleckte Empfängnis, III. 667.

Johann Peter Donat, Kanonikus, ausgegraben und verbrannt, II. 7.

Johann v. Drasik, Bischof v. Prag, als Begünstiger der Ketzer von Johann XXII. vorgeladen und eingekerkert, II. 490. 491. 492.

Johann v. Dürbheim, Bischof v. Strassburg, verfolgt die Begarden, II. 419.

Johann Dumoulin, Inquisitor v. Toulouse, verfolgt Waldenser (1314), II. 169.

Johann Duprat, Inquisitor von Carcassonne, II. 64. 117; III. 85.

Johann, Bischof v. Elne, sein Streit mit bekehrten Juden, II. 202.

Johann v. Epila, Inquisitor v. Aragon, II. 203.

Johann v. Falckenberg, wegen Ketzerei eingekerkert, III. 381. 382.

Johann v. Faugoux, Inquisitor, II. 77. 99.
Johann Galande, Inquisitor, seine Grausamkeit, II. 63. 77.
Johann Gallus, Dominikaner-Inquisitor in Böhmen und im Orient, I. 397; II. 492.
Johann v. Gorelle, seine Irrtümer, I. 327.
Johann Graveran, Inquisitor von Rouen, II. 155; III. 410.
Johann v. Jenzenstein, Erzbischof v. Prag, II. 500.
Johann, Patriarch v. Konstantinopel, bringt die Anklage gegen Hieronymus v. Prag vor, II. 573.
— wird zum Inquisitor gegen die Hussiten ernannt, II. 578.
Johann Langlois, Priester, verwirft die Transsubstantiationslehre, II. 160.
Johann der Eiserne, Bischof v. Leitomischl, II. 520. 564. 578. 579.
Johann v. Llotger (de Lotgerio), Generalinquisitor v. Aragon, verfolgt Spiritualen, III. 95.
— verfolgt die Templer, III. 351. 354.
Johann v. Lothringen, Waldenser-Missionar, II. 166 f.
Johann v. Luxemburg, nimmt Johanna d'Arc gefangen, III. 403.
— verkauft sie an die Engländer, III. 405.
Johann II., Erzbischof v. Mainz, verfolgt Beguinen, II. 459.
Johann le Maître, Inquisitor, führt den Prozess gegen Johanna d'Arc, III. 410. 419. 421. 427.
Johann v. Malestroit, Bischof v. Nantes, und Gilles v. Rais, III. 533. 535. 546.
Johann Martin, Dominikaner, über Fälschung der Protokolle, II. 77.
Johann v. Maucochin, kgl. Seneschall, gezwungen, den Eid des Gehorsams zu leisten, I. 430.
Johann von Mecheln, Ketzer, II. 427.
Johann v. Meissen verfolgt Hussiten und Begarden, II. 471.
Johann v. Notoyra, Provinzialminister der Franziskaner, zum Inquisitor ernannt, II. 23.
Johann v. Nottingham, angeklagt wegen Zauberei, III. 517.
Johann Ocko, Erzbischof v. Prag, verfolgt die Ketzerei, II. 498.
Johann, Graf v. Oldenburg, unterwirft die Stedinger, III. 207.
Johann, Bischof v. Osimo, von Bonifaz VIII. zum Inquisitor v. Rom ernannt (1303), II. 275.

Johann v. Parma (Giovanni Borelli), Franziskaner der strengen Observanz, zum General gewählt (1248), III. 10.
— seine Bitte an Alexander IV. um einen Protektor und das Versprechen des Papstes, I. 318.
— sein puritanischer Eifer, III. 10.
— begünstigt den Joachimitismus, III. 20.
— das Ewige Evangelium ihm zugeschrieben, I. 319; III. 24.
— wegen Irrtümer angeklagt und abgesetzt (1257), III. 25. 26. 27.
Johann v. Penne verfasst die Berufungsschrift für Castel Fabri, II. 79.
Johann v. Pequigny, Vidame v. Amiens, von Philipp dem Schönen als „Reformator" nach Languedoc gesandt (1301), II. 83.
— sein Streit mit der Inquisition, II. 84. 88. 89. 90. 91. 145.
— sein Tod (1304) und seine Rehabilitation, II. 91. 92.
Johann v. Pera-Tallada — siehe Johann de la Rochetaillade.
Johann Philibert, Priester, schliesst sich den Waldensern an, verbrannt (1319), II. 165. 166.
Johann v. Pirna, Häresiarch, Fraticelle in Breslau, ausgegraben und verbrannt, II. 493.
Johannes, Erzbischof v. Pisa, verfolgt die Templer, III. 347. 361.
Johann v. Pouilly (Poliac), seine Lehre, dass die Beichte bei Bettelmönchen null und nichtig sei, von Johann XXII. für ketzerisch erklärt (1323), I. 325.
— Lebensfähigkeit seiner Lehre, I. 327. 328. 329; II. 159.
Johann, Student aus Prag, wegen Hussitismus in Olmütz innerhalb 12 Stunden verhaftet, gefoltert und verbrannt (1415), II. 565.
Johann Primi, Franziskanerspiritual, eingekerkert, III. 56.
Johann du Puy verfolgt ketzerische Geistliche in Limoges, II. 155.
Johann v. Ragusa, Dominikaner, sein Bericht über Bosniens, II. 353.
— über das Abendmahl unter beiden Gestalten, II. 540.
— zu Siena und Basel, II. 603. 608.
Johann v. Ragusa, Kardinallegat, absolviert Johann Malkaw, III. 235.
Johann Reuchlin, sein Fall, II. 483.
Johann Ricoles, Fall des, II. 90.

Johann de la Rochetaillade (von Pera-Tallada oder de Rupescissa), Joachimit, eingekerkert, III. 96 ff.
Johann Roger, Spirituale, III. 94.
Johann v. Rutberg, der angebliche Gottesfreund im Oberland, II. 412.
Johann v. Ruysbroeck, (1294—1381), Mystiker, II. 408. 427.
Johann v. Saint-Michel, Dominikaner in Toulouse, II. 20.
Johann v. Saint-Pierre, Inquisitor von Toulouse, I. 610; II. 48.
Johann v. Saint-Seine, Inquisitor, II. 77.
Johann v. Salisbury (Johannes Parvus), († 1180), über den Vorrang der Priester, I. 4.
— über den Tyrannenmord, III. 379.
— über Zauberkraft, III. 470 f.
— über Katoptromantie, III. 476.
— über die Ketzerei bei der Zauberei, III. 490.
— über Astrologie, III. 494.
— über Traumdeuterei, III. 504.
— über das Verzehren von Kindern durch Hexen, III. 562.
Johann v. Samosata, I. 99.
Johann Schio v. Vicenza, Dominikaner, seine Laufbahn, I. 268; II. 230.
— von Innocenz IV. zum lebenslänglichen Inquisitor für die ganze Lombardei ernannt (1247), II. 234.
— „versöhnt" Vicenza, II. 264.
Johann v. Schwenkenfeld aus Schweidnitz, Dominikaner-Inquisitor in Breslau, ermordet (1341), II. 493.
Johann, Graf v. Soissons, beschützt die Ketzer, I. 122.
Johann, Priester in Strassburg, als Ketzer verbrannt (1212), II. 359 f.
Johann,. Prinz, Statthalter von Syrmien, II. 332.
Johann Tauler, Dominikaner, Mystiker, I. 110; II. 411; III. 173.
Johann Teisseire, Fall des, I. 107; II. 9.
Johann v. Tourne, Schatzmeister des Templerordens, ausgegraben und verbrannt, III. 335.
Johann v. Varennes, Priester, seine Ketzerei, I. 69
Johann Vidal, Fall des, I. 531.
Johann v. Vienne, päpstlicher Legat, seine Inquisitionsgewalt, I. 355.
— ordnet Wanderverhöre an, I. 414.
— nach Montpellier gesandt, II. 25.
Johann Vigoureux, Inquisitor, seine Grausamkeit, II. 63.
Johann v. Wesel (Johann Ruchrat aus Oberwesel), Vorläufer Luthers, sein Prozess, seine Gefangenschaft und sein Tod (1481), II. 478—482; III. 622.
Johann v. Wildeshausen (Johannes Teutonicus), zum Bischof von Bosnien konsekriert, später General des Dominikanerordens (1241—52), II. 334. 335.
Johann v. Winterthur, Franziskaner, über Johann XXII., III 172.
— über Simonie, III. 701.
Johann, Bischof v. York, wird von Innocenz VI. zum Einschreiten gegen die Ketzereien in seiner Diözese aufgefordert (1355), II. 518.
Johann, Erzbischof v. Zara, unterstützt die Ketzer, II. 341.
— vgl. Juan.
Johanna I., Königin v. Neapel (1343—82), unterstützt die Inquisition, II. 321.
— Cecco's Weissagung über sie, III. 498.
Johanna II., Königin v. Neapel, verfolgt die Juden (1427), II. 324.
Johanna, Gräfin v. Toulouse, Tochter Raimunds VII. und Gemahlin des Alfons v. Poitiers, I. 222. 226. 229; II. 60.
Johanna d'Arc (Darc) (1412—1431) III. 383.
— ihre Visionen und Stimmen, III. 386.
— der Glaube an, III. 393.
— Abhandlungen der Gelehrten über, III. 398 f.
— gefangen genommen zu Compiègne (1430), III. 403.
— ihr Prozess, III. 408.
— die Artikel der Universität Paris gegen, III. 415 ff.
— ihre Abschwörung und Versöhnung, III. 418.
— ihr Rückfall und ihre Verzweiflung, III. 420 f.
— ihre Hinrichtung, III. 422.
— ihre Nachahmerinnen, III. 425.
— ihre Rehabilitation, III. 427.
— ihre Seligsprechung (1909), III. 383.
Johanna Daubenton, verbrannt, II. 140.
Johanna de la Tour, Fall der, I. 545.
— vgl. Juana.
Johannes der Täufer, Wunderkraft seiner Reliquien, I. 52.
Johannes v. Jandun unterstützt Ludwig den Bayern, III. 157.
Johannes von Murro, Franziskanergeneral, Gegner der Spiritualen, III. 46.
— Gegner Olivis, III. 48.
— verurteilt das Andenken desselben, III. 52.
Johannisten, Name für die orthodoxen Franziskaner, III. 184.

Jolande, Herzogin v. Savoyen, verfolgt Waldenser, II. 298 f.
Jordanus, Inquisitor, verbrennt Luziferianer, I. 511; II. 425.
Joselmus, Wilhelm, Minorit, auf dem Konzil zu Siena, II. 602.
Joseph de Félicité — siehe Vercruysse.
Josephiten, asketische, priesterfeindliche Sekte, I. 97.
Jotunen, Erfinder der Runen, nordische Zauberwesen, III. 453. 456.
Jourdemayne, Margarete, Hexe von Eye, verbrannt, III. 528.
Juan I., König von Aragon, verbannt Eymericus, II. 199; III. 655.
Juana v. Aga, hl., Mutter des Dominikus, I. 278.
Jubiläum, Pilger beim (1300), I. 520.
Judas Ischariot, Ketzerei betreffs des, II. 199.
Juden, ihre Lage in Südfrankreich, I. 73.
— ihre Zulassung zu Staatsämtern ist ein Verbrechen, I. 159.
— unter den Karolingern, I. 244.
— dürfen nicht zur Taufe gezwungen werden, I. 271.
— Erpressungen Ludwigs IX., I. 577.
— müssen die Ausgaben der Inquisition decken, I. 596; II. 325.
— bekehrte (Neophyten), II. 68. 69. 202. 307.
— ihre Beziehungen zur Inquisition, II. 67 f., 103. 104. 105; III. 507.
— beschützt von Hugo Aubriot, Prévôt von Paris, II. 142.
— verfolgt in Neapel, II. 320.
— verfolgt in Sizilien, II. 322. 323. 324.
— vertrieben aus den spanischen Besitzungen (1492), II. 326.
— ausgeplündert von Philipp dem Schönen, III. 287.
— verfolgt in Frankreich (1321), II. 430 f.
— verfolgt während des Schwarzen Todes, II. 430.
— verfolgt von den Flagellanten, II. 433.
— von Reuchlin beschützt, II. 483.
— verfolgt von Capistrano, II. 625 f. 628.
— zur Bekehrung gezwungen in Spanien, II. 212.
— Magie bei den, III. 437 f.
— der Schwarze Tod wird ihren Zaubersprüchen und ihrem Gifte zugeschrieben, III. 518.
Judeninsel (in Paris), Molay verbrannt auf der, III. 369.
Judentum, Unterdrückung der Zauberei im, III. 447 f.

Judentum, Christen, die zum Judentum übertreten, sollen verbrannt werden, II. 208.
Jüdische Astrologen, in Aragon verbrannt, III. 483.
— Beisitzer des Inquisitors, II. 154 f.
— Bücher, verurteilt, I. 620.
— Apostaten, verfolgt, I. 441; II. 135. 324.
Jünglinge, zum Templerorden zugelassen, III. 302.
Julian, Kaiser, über die Intoleranz der Christen, I. 238.
Julian v. Sidon, III. 305.
Julius II., Papst (1503—13), bewilligt die Vorrechte Karls III. v. Savoyen, I. 475.
— verspricht die Unterdrückung der Inquisition in Neapel, II. 328.
— befiehlt die Verfolgung der Hexen, III. 610.
— unterdrückt die Ketzerei bezüglich der Empfängnis Christi, III. 675.
— bestätigt den Orden der Unbefleckten Empfängnis, III. 680.
Julius III , Papst (1550—55), befiehlt die Verbrennung des Talmud, I. 622.
Jungfrau, hl., ihr Bild gestohlen von den Venetianern (1206), I. 52.
— Verehrung der Dominikaner für die, I. 285; III. 676.
— unbefleckte Empfängnis der, III. 666.
Jungfrau v. Orléans — siehe Johanna d'Arc.
Jurados v. Sardinien, I. 349.
Juramentum de calumnia, Schwur des Anklägers und Angeklagten im Prozesse des Gilles v. Rais, III. 537. 539.
Jurisdiktion, geistliche, ihre Ausdehnung, I. 2.
— Universaljurisdiktion der Inquisition, I. 388.
— der Bischöfe über die Ketzerei, in Frage gestellt, I. 400.
— königliche, ihre Ausdehnung, II. 61.
— über Hexerei, III. 571.
Jus primae noctis, I. 301.
Justi, Jakob, Fraticelle, III. 190.
Justificatio ducis Burgundiae, These des Johann Petit, III. 379.
Justinian, Kaiser, verurteilt den Talmud, I. 620.

K.

Kälte, erzeugt durch Hexen, III. 600. 614.
Käuflichkeit der geistlichen Gerichtshöfe, I. 20. 22. 23. 24. 25; III. 703. 704. 709. 722.

Kairo, Märtyrertod der Templer in, III. 314.
Kaiser, seine Pflicht zur Ketzerverfolgung, I. 253.
Kaiserkrönung, Ceremonie der, I. 253.
Kaiserliche Gesetze gegen Magie, III. 444.
Kalabrien, Katharer in, I. 128; II. 276.
— Ansiedlungen der Walderer in, II. 279. 301 f.
Kalevala, Magie in der, III 455.
Kalocsa, Erzbischof Hugolinus v., seine Bemühungen zur Eroberung Bosniens, II. 332. 336.
Kalojohannes, Kaiser von Bulgarien, II. 331.
Kannibalismus der Hexen, III. 459. 562.
Kanonikate — siehe Domrfründen.
Kanonische Reinigung — siehe Compurgation.
Kapitäne der hl. Maria, Gesellschaft der, in Florenz, II. 239.
Kardinäle, Eid der, im Konklave, I. 7.
— Bestechlichkeit der, II. 98. 100.
Karl der Grosse, Kaiser (768—814), klagt über die Habgier des Klerus, I. 32.
— richtet die bischöfliche Inquisition ein, I. 345.
— seine Missi dominici, I. 348.
— seine Gesetze über Zauberei, III. 465.
Karl IV., Kaiser (1347—78), seine Wahl, III. 175 f.
— wird zur Ketzerverfolgung verpflichtet, 253.
— verteilt die Konfiskationen, I. 568.
— seine Unterwürfigkeit (der Pfaffenkaiser), II. 428.
— unterdrückt die Flagellanten, II. 433.
— organisiert die Inquisition in Deutschland, I. 594; II. 440.
— erweitert die Macht der Inquisition, II. 443.
— stattet den Inquisitor Johann von Boland mit Vollmachten aus, II. 445.
— sendet Cola di Rienzo nach Avignon, III. 230.
— Censuramt der Inquisition, III. 687.
Karl V., Kaiser (1519—56), Grausamkeit seines Strafgesetzbuches, der Carolina, I. 264.
— begünstigt den Lullismus, III. 656.
Karl II., König von England (1660—85), hebt die Todesstrafe für Ketzerei auf (1676), I. 396.
Karl IV., der Schöne, König von Frankreich (1316—28), teilt sich mit Johann XXII. in dessen Erpressungen, III. 73.

Karl IV., der Schöne, König von Frankreich, sein Leben bedroht durch Zauberei, III. 517 f
Karl V., der Weise, König von Frankreich (1364—80), beklagt sich über die Habgier Roms, I. 219.
— verbietet die Zerstörung der Häuser der Ketzer, I. 539.
— unterstützt die Inquisition, I. 595; II. 140. 173.
— befiehlt die Ketzerverfolgung, II. 172.
— lehnt die Teilung der Konfiskationen ab, II. 173.
Karl VI., König von Frankreich (1380 bis 1422), Anwendung von Zauberei zur Heilung seines Wahnsinns, III. 525.
— tritt ein für die unbefleckte Empfängnis, III. 671.
Karl VII., König v. Frankreich (1422—48), seine Unabhängigkeit von Rom, II. 149.
— über die Streitigkeiten unter den Franziskanern, III. 195.
— seine verzweifelte Lage, III. 384 f.
— empfängt Johanna d'Arc, III. 389.
— adelt die Familie d'Arc, III. 398.
— lässt Johanna im Stich, III. 406.
— will Johanna d'Arc rehabilitieren, III. 427.
Karl VIII., König v. Frankreich (1483—98), erlaubt die Verfolgung der Waldenser, II. 178.
— seine Beziehungen zu Savonarola, III. 241.
— schlägt ein Generalkonzil vor, III. 253.
Karl II. von Navarra bezahlt die Opfergabe für eine Leichenfeier (1372), I. 35.
Karl I. (Anjou), König von Neapel (1266—1285), stellt jedem Inquisitor nur einen Assistenten, I. 418.
— unterstützt die französischen Inquisitoren, I. 441.
— seine Habgier, I. 573. 579. 582. 646.
— bestreitet die Ausgaben der Inquisition, I. 589. 591.
— heiratet Sanche von der Provence, II. 29.
— erobert Neapel, II. 260 f.
— seine Macht in Italien, II. 262.
— seine eifrige Verfolgungstätigkeit, II. 277.
— seine Erlasse betreffs der Inquisition, II. 663.
— seine Pläne bezüglich Konstantinopels, III. 694.

Karl II. (Anjou), König von Neapel (1286—1309), verteilt die Konfiskationen, I. 573.
— bestreitet die Ausgaben der Inquisition, I. 589.
— ein eifriger Verfolger, II. 279. 665.
— verfolgt die Spiritualen, III. 43.
— beschützt die Spiritualen, III. 62.
— sein Kreuzzug gegen den Orient, III. 279.
Karl III., König von Neapel (1382—86), erhält Inquisitoren, II. 322.
— konfisziert das Eigentum des Bischofs von Trivento, III. 231.
Karl I., Herzog von Savoyen, ordnet eine Untersuchung gegen die Waldenser an, II. 299.
— gewährt den Waldensern Frieden (1490), II. 300.
Karl III., Herzog von Savoyen, erhält von Julius II. das Zugeständnis, dass die Inquisitoren an die Mitwirkung der bischöflichen Ordinarien gebunden sein sollen (1506), I. 475.
Karl Robert, König von Ungarn, seine Beziehungen zu Bosnien und sein Eifer zur Verfolgung der Katharer, II. 340 f.
Karl v. Banville, kgl. Statthalter, bedroht wegen seiner Beschützung der Ketzerei, II. 171.
Karl v. Valois, Bruder Philipps des Schönen, betreibt einen Kreuzzug gegen den Orient, III. 279.
— lässt Enguerrand v. Marigny hängen (1315), III. 509.
Karmeliter, Anerkennung des Ordens der, III. 35. 116. 121.
— sie citieren den Pseudo-Joachim, III. 14.
— ihr Averrhoismus, III. 630.
Karolingische Gesetzgebung über Ketzerei, I. 244.
— ihr Untersuchungssystem, II. 345.
— über Zauberei, III. 465.
Kastilien, Strafe für Ketzerei in, I. 248.
— Gesetz betreffs der Häuser von Ketzern, I. 539.
— Behandlung der jüdischen Bücher, I. 621.
— Verfahren gegen Ketzerei, II. 204.
— Fall des Alfons v. Mella, III. 191.
— Verfolgung der Templer, III. 357 f.
— Templereigentum, III. 377.
— Gesetze über Zauberei, III. 483 f.
— Astrologie verurteilt in, III. 501.
Katalonien, besondere Inquisition für, II. 202.

Kater, in den Versammlungen der Waldenser, II. 168.
— seine Verehrung, III. 297. 554.
— Alanus v. Lille leitet den Namen Katharer ab von, III. 554.
Katharer, I. 98.
— ihr Überwiegen in Languedoc, I. 149.
— ihr Wachstum während der Kreuzzüge, I. 210. 212. 216.
— bekehrt von Fulco v. Neuilly, I. 272.
— Anzeichen für, I. 482.
— von Languedoc, verraten von Raimund Grossi, II. 23.
— von Montségur, verbrannt, II 46.
— ihr unbezwingbarer Eifer, II. 47. 53. 65.
— ihre Zahl um 1250, II. 53.
— durch Wälder und Höhlen gejagt, II. 55 f.
— ihr Wiederaufleben, II. 76. 112.
— ihr völliges Verschwinden in Languedoc, II. 117.
— in Nordfrankreich, II. 123. 133.
— ihre Beziehungen zu den Waldensern, II. 163. 659 ff.
— in Aragon, II. 131. 184.
— in Leon, II. 205.
— ihre Zahl in Italien, II 219.
— ihr Hauptquartier in Mailand, II. 220.
— in Neapel, II. 276.
— in Venedig den Wucherern gleichgestellt, II. 282.
— ihr Fortbestehen in Italien, II 287.
— in Bosnien, II. 329.
— ihre Zahl östlich vom Adriatischen Meere, II. 337.
— heissen die Türken willkommen, II. 348.
— unterstützen die Türken (1453), II. 355.
— nehmen den Islam an, II. 357.
— ihr Verschwinden aus Deutschland, II. 361.
— in Orléans, ihre höllischen Gebräuche, II. 379.
— in Böhmen, II. 489.
— ihre angeblichen Beziehungen zu den Templern, III. 281.
Katharina v. Medici, eine Tertiarierin, I. 300.
Katharina de la Rochelle bei Johanna d'Arc, III. 426.
Katharina Sauve, eine Anachoretin, wegen waldensischer Lehren verbrannt (1417), II. 175.
Katharina, hl., v. Siena, ihre Stigmata, I. 293; II. 245.

Register zu Band I—III.

Katharina, hl., v. Siena, ihre freimütige Sprache, II. 416.
— über die Verderbtheit der Kirche, III. 712 f.
Katharina v. Thouars, Gattin des Gilles v. Rais, III. 529. 544.
Katharismus, wird im Sprachgebrauch der Inquisition als Haeresie bezeichnet, I. 90.
— Ursachen seines Misserfolges, I. 117; II. 286; III. 730.
— verschiedene Sekten des, in Piemont, II. 287 f.
Katoptromantie, Weissagung vermittels Zauberspiegel, III. 476.
Kaufleute, Florentiner, gefangen genommen infolge der päpstlichen Exkommunikation, II. 317.
Kaurzim, Ermordung der Calixtiner in, II. 586.
Kelch, den Laien entzogen, II. 539 ff.
Kematen, Waldenser in der Pfarrei, II. 394.
Kerlinger, Walter, Inquisitor in Deutschland, II. 438. 440. 445.
Kessel, Hexen-, III. 458. 459.
Kethene, Johann, Franziskaner, III. 9.
Ketten für Gefangene, I. 544.
Ketzer, Ableitung des Wortes, I. 126; III. 554.
— Treue darf ihnen nicht gehalten werden, I. 195. 256; II. 535.
— ihr Begräbnis verboten, I. 260.
— Mitleid mit ihnen ist Sünde, I. 269.
— Aussagen derselben, I. 354. 360. 485. 487.
— müssen gefangen gehalten und ausgeplündert werden, I. 361.
— Verbrennung unbussfertiger, I. 605.
— — rückfälliger, I. 609.
— Strafe wegen Verkehrs mit ihnen, II. 33.
Ketzerei, die, I. 61.
— unter dem Volke verbreitet, I. 66; III. 615.
— ihr Charakter, III. 723.
— verursacht durch die Verderbtheit des Klerus, I. 67. 94; II. 563. 606.
— sexuelle Ausschreitungen ihr zugeschrieben, I 94. 111; II. 379 f., 404 f., 423. 464. 542; III. 109. 144. 191. 201.
— gilt als schwerstes Verbrechen, I. 237. 238. 265.
— Unsicherheit bezüglich ihrer Bestrafung, I. 246. 308.
— Schwierigkeit der Prozesse wegen, I. 343.

Ketzerei, die, ist ein reservierter Fall, I. 488.
— festgestellt auf Grund dürftiger Zeugnisse, I. 489.
— Jurisdiktion über, I. 488. 516. 554.
— zieht Konfiskation nach sich, I. 563.
— erzeugt durch die Kirche, I. 605.
— Beschützung derselben in Languedoc, II. 5.
— ihre politischen Beziehungen in Italien, II. 216 251 f., 258; III. 214 f.
— ist ein wirksames Mittel, um einen politischen Gegner anzugreifen, III. 216.
— gegenseitige Anklage wegen Ketzerei beim grossen Schisma, III. 231. 235.
— ihr Einfluss auf das Volksempfinden, III. 662.
— Folgen ihrer Vernichtung, III. 714.
Ketzerei wegen Verweigerung des Zehnten, I. 30; III. 209.
— priesterfeindliche, I. 70.
— der Waldenser, I. 87; II. 167.
— der Katharer, I. 102.
— wegen Toleranz, I. 251.
— wegen Wuchers, I. 402.
— wegen Verharrens in der Exkommunikation, I. 450; II. 135.
— Papst Bonifaz' VIII., II. 105.
— der Amalricianer, II. 363.
— der Luziferianer, II. 379.
— der Brüder des freien Geistes, II. 403.
— der Flagellanten, II. 434.
— der Winkeler, II. 455.
— der homines intelligentiae, II. 461.
— der Brüder des Kreuzes, II. 462.
— des Hans Böhm v. Niklashausen, II. 476.
— des Johann v. Wesel, II. 478.
— der Wicliffiten, II. 503.
— bezüglich der Kommunion unter beiden Gestalten, II. 541.
— des Johann Huss, II. 549.
— der Hussiten, II. 592.
— der Böhmischen Brüder, II. 641.
— der Joachimiten, III. 23.
— der Franziskanerspiritualen, III. 69.
— der Olivisten, III. 87.
— der Guglielmiten, III. 102.
— der Apostel, III. 136.
— der Anhänger des Geistes der Freiheit, III. 140.
— bezüglich der Armut Christi, III. 151.
— des Ungehorsams, I. 257; III. 205. 214. 217. 691. 692.
— der Visconti, III. 223. 226.
— den Templern zugeschrieben, III. 302.

Ketzerei wegen Zauberei, III. 490. 506. 507.
— wegen Leugnung der Hexerei, III. 525.
— wegen scholastischer und averrhoistischer Lehren, III. 627.
— bezüglich der Anschauung der Seligen, III. 665.
— bezüglich der unbefleckten Empfängnis, III. 672.
— bezüglich der hl. Jungfrau, III. 674 f.
— bezüglich des Martyriums für die unbefleckte Empfängnis, III. 684.
— wegen Simonie, III. 701 f.
Ketzerische Päpste, Jakob della Marca über, II. 185.
Keuschheitsgürtel der Templer, III. 356.
Keynkamp, Werner, Prior der Brüder vom gemeinsamen Leben, II. 409.
Kilwarby, Robert, Erzbischof v. Canterbury, verurteilt Irrlehren, I. 394; III. 629.
Kinder, Zeugenaussagen der, I. 487.
— Verantwortlichkeit der, II. 454.
— zugelassen zum Templerorden, III. 302.
— dem Satan geweiht, III. 432. 561. 564.
— von den Hexen gegessen, III. 561. 562. 563.
— besuchen den Hexensabbat, III. 559 f. 564.
— ungetaufte, ermordet von Hexen, III. 563.
— von Dämonen, III. 434.
— von Ketzern, Rechtsunfähigkeit der, I. 360.
Kinderkommunion, II. 541. 584. 609.
Kinderkreuzzüge, I. 163. 300.
Kirche, die, I. 1.
— ihre Herrschaft im 12. Jahrhundert, I. 3.
— ist durch ihre Verderbtheit mitverantwortlich für die Entstehung der Ketzereien, I. 58. 67. 142; II. 563. 606; III. 183 f.
— ist verantwortlich für die Grausamkeit der Ketzerverfolgung, I. 238—54.
— lehnt die Verantwortung hierfür ab, I. 241. 597.
— ihre geistliche Jurisdiktion, I. 346.
— ihre anfängliche Scheu vor der Folterung, I. 471 (vgl. Folterung).
— ist verantwortlich für die Verbrennung der Ketzer, I. 251. 597; III. 612.
— ist verantwortlich für die Einführung der Güter-Konfiskation, I. 562.
— zwingt die weltliche Macht zur Ketzerverbrennung, I. 598.

Kirche, die, ihre Unterordnung unter den Staat in Frankreich, II. 61 f.
— unterdrückt die Magie, III. 448.
— ihre Jurisdiktion über die Zauberei, III. 450 f.
— ihre inkonsequente Haltung gegenüber der Zauberei, III. 469 f.
— ihre Stellung zu Astrologie, III. 494. 495.
— ist verantwortlich für die Ausbildung des Hexenwahnes, III. 547. 564 f. 572. 608. 610. 611.
— ihre Machtlosigkeit gegenüber dem Hexenwesen, III. 566.
— ihr Unglaube im 15. Jahrhundert, III. 632 f. 645.
— ihre Verderbtheit im späteren Mittelalter, III. 703. 706. 707.
Kirchen, Rechtsprechung nicht gestattet in, I. 250.
— Asylrecht der, II. 134.
— sind beschmutzt, nach der Lehre Wiclifs, II. 504.
Kirchenbauten, Bedrückungen durch, I. 26.
Kirchenstaat, Templer im, III. 345. — (Siehe auch Patrimonium St. Petri.)
Kirchliche Gerichtshöfe — siehe Geistliche Gerichtshöfe.
Kirchliches Gesetz, Templer sollen behandelt werden in Übereinstimmung mit demselben, d. h. gefoltert werden, III. 339.
Klerus, seine Trennung von der Laienwelt, I. 3.
— Charakter des, I. 27. 320; II. 601. 606; III. 706—710.
— Immunität des, I. 37.
— verachtet, I. 58; III. 706.
— Abneigung des Volkes gegen den, I. 140. 302. 303.
— seine Streitigkeiten mit den Bettelmönchen, I. 314. 323. 325.
— Ketzereien unter dem, II. 3.
— sein Widerstand gegen die Inquisition, II. 4.
Klippe des Angstgeschreis, III. 474.
Klösterliche Einschliessung, Strenge derselben, I. 545; II. 527; III. 79. 718 f.
Klokot, Adamiten verbrannt zu, II. 591.
Knaben, Alter der Verantwortlichkeit für, I. 449.
Knyvet, Sir J., sein Verfahren bei Zauberei, III. 527.
Köln, Tanchelm verurteilt in (1113), I. 71.
— Henricianer und Katharer in, I. 79.

Köln, Katharer bestraft im 12. Jahrhundert, I. 124.
— Zahl der Beguinen in, II. 400; III. 744.
— Verfolgung der Begarden in, II. 422. 437.
— Flagellanten verfolgt (1353), II. 436.
— Widerstand gegen die Inquisition in (1375), II. 447.
— Verbrennung des Begardenführers Martin v. Mainz in (1393), II. 448.
— Johann Malkaws Laufbahn, III. 234.
— eine Hexe getötet in (1074), III. 471 f.
— Hexen verbrannt in, III. 600.
— Konzil v., über fahrende Mönche, I. 43.
— Konzil v. (1307), verfolgt die Begarden, II. 416.
— — über die Dolcinisten, III. 139.
Könige unterstehen der Jurisdiktion der Inquisition, I. 388.
Königssaal, Kloster, Begräbnisstätte der böhmischen Könige, II. 495.
Kollegium der Abbreviatoren zur Abfassung der päpstlichen Breven, III. 636. 637. 638.
Koloman v. Ungarn, II. 333.
Kometen, Aberglaube bezüglich der, III. 503.
Kommissare der Inquisition, I. 419.
Kommission, päpstliche, zur Vernehmung der Templer, III. 328.
— appelliert an das Konzil von Sens, III. 334.
— ihre Sitzungen unterbrochen, III. 336.
— das Ergebnis ihrer Tätigkeit, III. 337.
Kommunion unter beiden Gestalten, II. 539 ff. 583.
— der Kinder, II. 541. 584. — (Siehe auch Eucharistie).
Kompromiss zwischen den Bettelmönchen und dem Weltklerus (1480), I. 329.
Konfiskation der Güter wegen Ketzerei, I. 247. 360. 560.
— Teilung der, I. 379.
— Bischof erhält keinen Anteil an der, I. 401.
— Gefängnisstrafe ist die notwendige Voraussetzung zur, I. 568 f.
— Umwandlung der, I. 577.
— vor der Verurteilung, I. 579.
— Gründlichkeit der, I. 581; II. 121.
— lähmt das ganze geschäftliche Leben, I. 585.
— des Vermögens toter Ketzer, I. 585.
— spornt die Verfolgung an, I. 596; II. 420.
— ihre Ergebnisse in Languedoc, II. 60. 120.

Konfiskation der Güter wegen Ketzerei, verboten von Ludwig XI. (1478), II. 177.
— erneuert von Karl VIII., II. 179.
— modifiziert in Spanien, II. 208. 210.
— beansprucht vom Staate, in Venedig, II. 283.
— in Sizilien, II. 322.
— in Deutschland, II. 376. 441.
— im Falle der Guglielmiten, III. 115.
— — der Templer, III. 287.
— — des Gilles v. Rais, III. 544.
— — der Vauderie von Arras, III. 584. 587.
Konklave, Eid der Kardinäle im, I. 7.
— nach dem Tode Clemens' V., II. 106.
Konkubinat, seine Rechtfertigung für Ketzerei erklärt, II. 621.
— des böhmischen Klerus, II. 495.
— des ungarischen Klerus, II. 619.
Konrad III., Kaiser (1138—52), weist Arnold v. Brescia zurück, I. 81.
Konrad IV., König (1250—54), begünstigt die Waldenser, II. 393.
— ernennt Uberto Pallavicino zu seinem Stellvertreter in der Lombardei, II. 247.
— sein Tod, II. 249.
Konrad v. Barenfels, Bürgermeister von Basel, III. 176.
Konrad II., Erzbischof v. Mainz, über die Bettelmönche, I. 327.
— verfolgt die Waldenser (1392), II. 450.
Konrad v. Marburg, Magister, seine Laufbahn und sein Charakter, II. 370.
— die ihm übertragene diskretionäre Gewalt als Inquisitor, II. 376.
— sein Verfahren und seine Grausamkeit, II. 381.
— seine Niederlage auf dem Provinzialkonzil zu Mainz (1233), II. 386.
— seine Ermordung (1233), II. 387.
— seine Mörder, II. 387. 391.
Konrad v. Megenberg, Domherr in Regensburg, schreibt gegen die Begarden, II. 426.
Konrad v. Offida, Spirituale, III. 45.
Konrad v. Porto, Kardinallegat, seine Tätigkeit in den Albigenserkreuzzügen (1220—24), I. 209. 212. 214.
— verurteilt den Propst Heinrich Minneke v. Goslar (1224), I. 354; II. 369.
— leitet das Konzil v. Mainz (1225), II. 374.
Konrad, Erzbischof v. Prag, II. 521.
Konrad v. Reifenberg, Bischof v. Hildesheim, I. 96.

Konrad v. Reifenberg, Bischof v. Hildesheim, sein Verfahren gegen Heinrich Minneke, II. 368. 369.
— predigt den Kreuzzug gegen die Ketzer, II. 389.
Konrad v. Thüringen, Landgraf, rottet die Ketzer aus, II. 389.
Konrad v. Vechta, Erzbischof v. Prag, begünstigt Huss, II. 512. 522. 527.
— widersetzt sich dem Gebrauch des Laienkelches, II. 538.
Konrad v. Waldhausen, Vorläufer des Huss († 1396), II. 499.
Konradin v. Hohenstaufen, seine Hinrichtung (1268), II. 262.
Konstantin der Grosse, Kaiser (306—37), seine Verfolgungsedikte, I. 238.
— befiehlt die Auslieferung Arianischer Werke, I. 620.
— siegt durch das Kreuz, III. 446.
— unterdrückt die Wahrsagerei, III. 449.
— seine angebliche Schenkung, III. 633.
Konstantin, Begarde, verbrannt, II. 425.
Konstantin, Paulicianer, I. 99.
Konstantinopel, Zahl der Katharer in, II. 337.
— lateinische und griechische Kirche, III. 693.
— Wirkung der Eroberung von (1453), II. 628.
— Konzil v., über die Exkommunikation Toter, I. 259 f.
— Konzil v. (869), mischt geweihten Wein in Tinte, II. 542.
— Konzil v., setzt für Bogomilen die Strafe der Verbrennung fest, I. 242.
Konstantius, Kaiser (337—61), verfolgt die Wahrsager, III. 449.
Konstanz, Katharer in, im 11. Jahrhundert, I. 122.
— Ortlieber in (1339), II. 426.
— Burginus, Begarde, verbrannt, II. 460.
Konstanz, Konzil v. (1414—18), einberufen (1413), II. 518.
— über die Flagellanten, II. 435.
— über die Begarden, II. 465.
— über das freie Geleit, II. 535.
— inquisitorischer Charakter seines Verfahrens, II. 542. 543.
— verurteilt Huss (1415), II. 550.
— verurteilt Hieronymus v. Prag (1416), II. 575.
— sein Verfahren gegen Böhmen, II 564. 578. 582.
— befiehlt die Verbrennung der Hussiten, I. 255.
— appelliert an Kaiser Sigmund, II. 581.

Konstanz, sein Drekret „Frequens", II. 600.
— seine Massregeln bezüglich des Schismas, III. 235.
— der Fall des Johann Petit, III. 380.
— sein Misserfolg inbetreff der Reformen, III. 714.
Konstanz, Synode v. (1463), über Lollarden und Beguinen, II. 470.
Konstanze, Königin v. Aquitanien, und die Katharer v. Orléans, I. 120.
Konstanze v. Ungarn, Königin v. Böhmen, († 1240), III. 102. 107.
Konventschwestern (willige Arme), Sekte der Begarden und Beguinen, II. 440.
Konventualen, Franziskaner-, die, ihr Ursprung, III. 8.
— verfolgen die Spiritualen, III. 25. 36. 42. 44. 63. 87.
— verhöhnen Papst Cölestin V., III. 40.
— unterstützt von Bonifaz VIII., III. 45.
— unterdrückt von Clemens V., III. 64. 67.
— greifen Gentile v. Spoleto an, III. 193.
— ihre Streitigkeiten mit den Observanten, III. 195.
— ihr übermässiger Laxismus, III. 196.
— bekämpfen die Rekollekten, III. 203.
Konzile, allgemeine, gefürchtet vom Papsttum, III. 603. 604; III. 252.
Kopf, Idol der Templer, III. 296. 303.
Koran, übersetzt von Robert v. Rétines, I. 63.
Koranda, Wenzel, Priester der Taboriten, II. 584. 585. 591.
Kornspeicher und Weinkeller, durch den Kanon Exivi den Franziskanern verboten, III. 67.
— Ketzerei bezüglich der, III. 78. 80. 83. 88.
Korsika, Franziskaner-Inquisition in, II. 287.
— Templer verfolgt in, III. 324.
Kost der Gefangenen, I. 549.
Kosten der Inquisition — siehe Ausgaben.
Kosti, hl. Gewebe der Mazdeer, I. 101.
Kostka v. Postupitz, Gesandter des Georg Podiebrad an Ludwig IX. v. Frankreich, II. 594.
Krasa, Johann, gemartert, weil er die Unschuld des Huss beteuert, II. 588.
Kreta, Zauberer von, III. 440.
— Griechische Kirche in, III. 696.
Kreuz, entehrt durch die Templer, III. 305.
— auf Templermänteln ist angeblich unverbrennbar, III. 343.

Kreuz, Fetischismus mit dem, III. 446.
— -Zeichen, Schutzmittel gegen Hexen, III. 566.
Kreuzbrüder, Gesellschaften von Rittern zur Unterstützung der Inquisition, II. 246.
Kreuze, Strafe des Kreuztragens, I. 523. 643.
— — unbekannt in Deutschland, II. 381.
— — erste Anwendung in Deutschland, II. 419.
— — umgewandelt in eine Geldbusse, III. 115.
— Strafe für das Ablegen der, I. 442. 614.
— in Form einer Schere, II. 409.
Kreuzfahrer, Immunität der, I. 48. 163.
— ihre wilde Grausamkeit, I. 180
— ihre sittliche Entartung, III. 721.
— können sich von ihren Gelübden loskaufen, I. 49. 222. 230. 231.
Kreuzträger — siehe Crucigeri.
Kreuzzüge, Ursprung der Ablässe für, I. 46. 47.
— gepredigt von Fulco v. Neuilly, I. 274.
— als Busse auferlegt, I. 521; II. 33. 50. 448.
— zum erstenmale gegen die Ketzerei angewendet (1181), I. 137.
— gegen die Albigenser, I. 162.
— gegen die Gegner des Papsttums, I. 49; II. 255 f ; III. 214. 220.
— gegen Ezzelin von Romano, II. 255 f.
— gegen Manfred v. Neapel, II. 261; III. 218.
— gegen die Katharer in Bosnien, II. 334. 336. 345. 347. 353.
— gegen die Ketzer in Deutschland, II. 385. 388.
— gegen die Hussiten, II. 588. 599. 604. 609. 611.
— gegen die Hussiten eifrig betrieben (1452), II. 627.
— gegen die Türken (1455), II. 630.
— gegen Böhmen (1468), II. 637.
— gegen Dolcino, III. 128. 130. 131.
— gegen die Stedinger, III. 210.
— gegen Viterbo, III. 214.
— gegen Friedrich II., III 214.
— gegen Aragon, III. 215.
— gegen Ferrara, III. 220.
— gegen die Visconti, III. 223. 227.
— gegen die Maffredi, III. 230.
— Kinderkreuzzüge, I. 163. 300.
Kriegerische Bischöfe, I. 10. 12. 13.
Krim, Missionen der Fraticellen in der, III. 188.
Kritya, Zauberbilder der Vedas, III. 437.

Kroatien, Wiclifitismus in, II. 618.
Krönungsedikt Friedrichs II., von der päpstlichen Kurie entworfen, I. 361.
Kröten, gebraucht zur Hexerei, III. 573.
Krone, Ausdehnung ihrer Jurisdiktion in Frankreich, II. 61.
Küsse, unsittliche, der Templer, III. 288. 296. 312.
Kulin, Ban v. Bosnien, Katharer, II. 330.
Kunst des hl. Georg, III. 4.2.
Kurie, päpstliche, ihr Charakter, I. 22. 703. 710 f.
— ist verantwortlich für die Verderbtheit der Kirche, II. 602; III. 715.
— ihre Beziehungen zu den deutschen Prälaten, II. 382.
— verurteilt den Sachsenspiegel, II. 396.
Kurland, Adam von Bremens Bericht über die Zauberei in, III. 455.
Kuttenberg, Hussiten verfolgt in, II 583. 587.
— Reichstag zu (1485), II. 638.
Kyteler, Lady Alice, wegen Zauberei angeklagt, I. 396; III. 515.

L.

La Charité, Ketzerei in (1202) I. 144.
— Robert le Bougre, Inquisitor in, II. 124
— Niederlage der Johanna d'Arc bei, III. 401.
La Grasse, Abtei, wegen zahlreicher Verbrechen verurteilt, III. 719.
La Palu, Hugo de, Graf v. Varax, sein Kreuzzug gegen die Waldenser, II. 179.
La Trémoille, Günstling Karls VII., Gegner der Johanna d'Arc, III. 394. 400. 401.
Labarum, das, III. 446 f.
Lacha, Guido, Erzketzer, in Brescia als Heiliger verehrt, II. 273.
Lacordaire, Dominikaner, über den hl. Dominikus (1842), I. 336.
Lactantius, über Toleranz, I. 238.
Ladice v. Cyrene, Prinzessin, benutzt Zauberknoten, III. 471.
Ladislaus I., König v. Böhmen (1452—57), seine Minderjährigkeit, II. 616.
— fordert Capistrano zur Mässigung auf, II. 628.
— flieht vor den Türken, II. 631.
— sein Tod, II. 634.
Ladislaus II., König v. Böhmen (1471—1516), duldet die Utraquisten, II. 638.
— verfolgt die Böhmischen Brüder, II. 646.

Ladislaus II., König v. Böhmen, Brief der Waldenser von Savoyen an, II 300.
Ladislaus v. Neapel, ernennt Hervoje Vukcić zum Herzog von Spalato, II. 347.
Ladislaus III., König v. Polen, befiehlt die Verfolgung, II. 491.
Ladislaus V., König v. Polen, verfolgt die Hussiten (1424), II. 599.
Ladislaus IV., der Cumane, König v. Ungarn, seine Unreligiösität, II. 338.
Lagny, Abt v., päpstlicher Inquisitor in England, III. 339.
— Johanna d'Arc in, III. 402.
Laienwelt, die, Spendung der Sakramente durch Laien bei den Waldensern, I. 92.
— ihr Unglaube an die Wirklichkeit des Hexenwesens, III. 576. 611.
— ihre Verderbtheit, III. 719.
Laillier, Johann, Ketzerei des, I 329; II. 158 f.
Lambert de Cingulo, Inquisitor v. Bologna, verurteilt Cecco von Ascoli (1324), III. 499.
Lambert v. Foysseux, wegen Ketzerei verbrannt (1319), II. 112.
Lambert, der Stammler (le Bègue), Priester in Lüttich, angeblicher Stammvater der Begarden, II. 397; III. 744.
Lambert, Bischof v. Strassburg, Gegner der Beguinen, II. 447.
Lamberto del Cordiglio, Inquisitor der Romagna, verurteilt Ghibellinen, III. 228.
Lamiae, Nachtgespenster, III. 552. 562.
Landucci, Lukas, seine Enttäuschung über Savonarola, III. 261.
Landulfo, Inquisitor, legt der Stadt Chieti eine Geldbusse auf, I. 447.
Lanfranc v. Canterbury, I. 10
Langham, Erzbischof v. Canterbury, verurteilt Irrlehren (1368), I. 394.
Langland, Wilhelm, über die Ablasskrämer, III. 698.
— über Liebe und Wahrheit, III. 726.
Langres, Fall eines Domherrn in (1211), I. 344.
— Ketzer von, II. 657.
— Provinzialsynode v. (1404), über Zauberei, III. 526.
Languedoc, Überwiegen der Ketzerei in, I. 74.
— Waldenser in, I. 86; II. 162 ff., 659.
— Ausbreitung des Katharismus in, I. 133. 140.

Languedoc, Lage der Kirche in, I. 147.
— Kreuzzüge in, I. 162.
— Organisation der Inquisition, I. 369.
— Unterwerfung des Staates, I. 381.
— erste Anwendung der Folter (1254), I. 472.
— päpstliche Einmischung in die Inquisition, I. 505.
— Busspilgerfahrten in, I. 520.
— Clemens V. untersucht die Inquisition, I. 551.
— Konfiskation, I. 564. 575 577.
— Ausgaben der Inquisition, I. 590.
— Verlauf der Inquisition in, II. 1.
— Beziehungen derselben zu Paris, II. 131 f.
— Tätigkeit des Inquisitors Heinrich v. Chamay, II. 138 (vgl. Heinrich).
— Obergewalt des Parlaments, II. 144.
— Niedergang der Inquisition, II. 161.
— Verfolgung der aus Languedoc vertriebenen Ketzer durch Karl v. Anjou in Neapel, II. 276 ff. 663.
— Dokumente betreffend die Inquisition, II. 649—54.
— Joachimitismus in, III. 20.
— Fraticellen in, III. 188.
— Dolcinisten in, III. 138. 140.
Lantelmo v. Mailand, seine Strafe und Kaution, I. 532; II. 229 f.
Lanzenstich Christi, Ketzerei bezüglich desselben, III. 50. 234.
Laon, Zauberer in (1390), III. 520.
Lapina, Donna, in Florenz, wegen Ketzerei verurteilt, III. 141.
Lappländische Zauberer, III. 459.
Larneta, Versammlung der Katharer in (1241), II. 28.
Las Navas de Tolosa, Sieg Alfons IX. v. Kastilien über die Mauren bei (1212), I. 189.
Lateiner im Osten, ihr Charakter, III. 277. 696.
Lateinische Königreiche des Ostens, Griechische Kirche in denselben, III. 693.
Lateinische Zauberei, III. 441.
Laterankonzil (1102), über die Ketzerei des Ungehorsams, III. 205.
Laterankonzil (1112), erklärt den Eid und die Bullen Paschalis' II. für nichtig, III. 206.
Laterankonzil (1139), I. 7.
— verurteilt Arnold v. Brescia, I. 80.
— verurteilt die Katharer, I. 129 f.
— über die Pflicht der Verfolgung, I. 251.

Laterankonzil (1179), Waldenser erscheinen vor demselben, I. 86.
— verurteilt die Ketzerei, I. 136.
— über die Pflicht der Verfolgung, I. 251 f.
— schränkt die Templer ein, III. 271.
Laterankonzil (1215), seine Einberufung (1213), I. 202.
— befiehlt das Predigen, I. 27.
— verurteilt Missbräuche, I. 47. 50.
— Erfolglosigkeit seiner Reformen, I. 58.
— verurteilt Raimund VI. von Toulouse, I. 204.
— über Bluturteile, I. 250.
— Dominikus anwesend, I. 282.
— erneuert den Orden der Crucigeri, I. 299.
— macht die sakramentale Beichte obligatorisch, I. 311.
— verbietet die Gottesgerichte, I. 343.
— befiehlt die bischöfliche Inquisition, I. 352.
— seine Gesetzgebung über Ketzerei, I. 359.
— über abwesende Verdächtige, I. 450.
— verurteilt die Lehren Amalrichs v. Bena, II. 366.
— verurteilt den Irrtum Joachims von Floris, III. 15.
— verbietet vergeblich die nicht zugelassenen religiösen Orden, III. 116.
Laterankonzil (1512—17), schränkt die Bettelmönche ein, I. 329.
— verurteilt philosophische Irrtümer, III. 641 f.
— richtet die Censur der Presse ein, III. 689.
Laurentius von S. Agatha, Inquisitor gegen Hexen, III. 603.
Lavaur, Belagerung von (1211), I. 186.
— Kirche von, Geldbussen für die, I. 529.
— Konzil v. (1213), I. 190. 191.
— Konzil v. (1368), verurteilt die Dolcinisten, III. 140.
Lazzaretti, David, v. Arcidosso, Sektirer, III. 142.
Le Mans, Heinrich v. Lausanne predigt in, I. 76.
Ledred, Bischof v. Ossory, verfolgt Alice Kyteler, I. 396; III. 515.
Legate — siehe Vermächtnisse.
Legaten, päpstliche, ihre Erpressungen, I. 18.
— ihre Inquisition, versucht, I. 353. 355.
— — abgeschafft, II. 55.
Lehnseid (Eid der Lehnstreue) wird durch Ketzerei gelöst, II. 535 f.

Lehnsherr muss anerkennen, dass die Länder ketzerischer Vasallen verwirkt sind, I. 164 f.
Leichname, Gewinn gezogen aus denselben, I. 33. 314.
— Ausgrabung derselben, I. 260. 451. 619; III. 213.
Leidrad, Erzbischof, bekehrt 20000 Felicianer, I. 243.
Leo I., Papst (440—61), regelt die Erträgnisse der Beerdigungen, I. 34.
— drängt auf Verfolgung, I. 241.
— über die Exkommunikation von Toten, I. 258.
Leo X., Papst (1513—22), sein Konkordat mit Frankreich (1516), II. 149.
— begünstigt die Bettelmönche, I. 329.
— über falsche Zeugen, I. 494.
— über die Weigerung, Ketzer zu verbrennen, I. 603; III. 612.
— sein Schwanken im Falle Reuchlins, II. 484.
— seine Anweisungen betreffs Luthers, II. 486
— reorganisiert den Franziskanerorden (1517), III. 71. 195.
— verurteilt philosophische Irrtümer, III. 641 f.
— richtet die Censur der Presse ein, III. 689.
Leo XIII., Papst (1878—1903), seine irrige Darstellung der Albigenserkriege, I. 169.
Leo, Bruder, Franziskaner, zerbricht den Opferschrein zu Assisi, III. 4 f.
Leon, Katharer in, I. 204.
Leonardo de Tibertis erhält Templereigentum, III. 373.
Leonhard, Abt des Klosters Formbach, seine Grausamkeit, III. 718 f.
Leonore v. Liminanna, verbrannt, II. 202.
Lerida, Bischof v., seine Unkenntnis über die Grundsätze der Verfolgung, II. 188.
— Konzil von (1237), verfolgt Ketzer, II. 185.
Leugnen, hartnäckiges, gilt als Beweis der Unbussfertigkeit und wird mit dem Tode bestraft, I. 454, 607.
Leutard, Ketzerei des, I. 119.
Levasseur, Nicasius, Domherr in Arras, seine Unzucht, III. 716.
Levin v. Wirsberg, seine Ketzerei, III. 100.
Levone, Hexen von, III. 563. 577.
Lhotka, Versammlung der böhmischen Brüder in (1467), II. 643 f.

Liber Conformitatum, Buch über die Ähnlichkeit zwischen Christus und Franziskus (1385), I. 293; III. 13.
Liber De tribus impostoribus, III. 626.
Liberatus v. Macerata, Franziskanerspiritual, III. 36. 38. 41. 42. 43. 44.
Licinius, seine Niederlage, III. 446.
Liebestränke (Liebeszauber, Philtra), in Ägypten, III. 439.
— in Griechenland, III. 441.
— in Rom, III. 442. 443.
— bei den Normannen, III. 456.
— gebraucht von Mummolus, III. 463.
— Busse für, III. 466. 469.
— Ehe geschieden wegen, III. 470.
— Strafe dafür im 13. Jahrhundert, III. 481. 484.
— — in den Sizilischen Konstitutionen, III. 485.
— als Ketzerei betrachtet, III. 491.
— ein Fall vor dem Pariser Châtelet (1390), III. 520 ff.
— Fall in Velay, III. 523 f.
— gebraucht von Hexen, III. 561.
Ligaturen — siehe Zauberknoten.
Lilith, wollüstiger Geist der Assyrier, III. 434.
Lille, Konfiskation in, I. 584.
— Ketzer verbrannt in, II 127. 155. 158. 176.
Lille (Grafschaft Venaissin), Konzil v. (1251), verlangt die Auslieferung der Inquisitionsprotokolle an die Bischöfe, I. 392.
— überweist die Konfiskationen den Bischöfen, I. 575.
Limoges, Geistliche aus, wegen Ketzerei verfolgt, II. 155.
— Konzil v. (1031), über das Predigen, I. 26. 27.
Limoux, Ketzer von, ihre Strafe gemildert, I. 505.
— Bürger von, gehängt, II. 97.
Limoux Noir, als Ketzer verbrannt, II. 118.
Lipan, Niederlage der Taboriten in der Schlacht bei (1434), II. 611.
Lisiard, Bischof v. Soissons, verfolgt Katharer, I. 122.
Lisieux, Klerus von, kerkert Fulco v. Neuilly ein, I. 273.
— Konzil von (1448), über Zauberer, III. 573.
Lissabon, Kirche beansprucht Vermögen Verstorbener, I. 34.
— Ketzerei des Thomas Scotus, II. 214.
Litaneien der Dominikaner wirken Wunder, I. 318.

Litaneien zu den hl. Olivisten, III. 90.
Liticz, Niederlassung der Böhmischen Brüder, II. 643.
Litis contestatio, I. 450; III. 580.
— im Prozesse des Gilles v. Rais, III. 537.
Liutgarda, Äbtissin, angebliche Hexe, III. 472.
Liutprand, seine Gesetze über Zauberei, III. 463 f.
Llobet, Juan, Anhänger des Raimund Lullus, III. 650.
Lodève, Olivisten verbrannt in, III. 86.
Lodi, Bischof Jakob v., über die Pflicht zur Verfolgung, I. 253.
— seine Predigt bei der Verurteilung des Huss, II. 560.
— seine Predigt bei der Hinrichtung des Hieronymus v. Prag, II. 574 f.
Loki, III. 453.
Lollarden, II. 397 f.
— unterdrückt in England, I. 394 ff.
— in Hennegau und Brabant, II. 418.
— verbinden sich mit den Flagellanten, II. 436.
— Verfolgung gegen sie (1396), II. 456 f.
— Betteln verboten den, II. 470 f.
Lombardei, Katharer in der, I. 120. 219 ff.
— Zuflucht für Ketzer, II. 52. 247. 259. 270.
— bischöfliche Inquisition in der, I. 402.
— Bemühungen zur Einrichtung der Inquisition, II. 224. 233.
— Drohungen Gregor's IX., II. 226.
— erster Inquisitor in der (1232), II. 228.
— Johann Schio stiftet Frieden in der, II. 231.
— Ermordung des Petrus Martyr (1252), II. 243.
— Organisation der Inquisition, II. 249. 250. 251.
— Niedergang der Inquisition, II. 303.
— Ghibellinen verurteilt wegen Ketzerei, III. 228.
— Prozesse gegen die Templer, III. 347.
— Überhandnehmen des Hexenwahns in der, III. 610.
— Irrtümer im 16. Jahrhundert, III. 642.
Lombardische Liga, ihre Auflösung, II. 231.
Lombres, Gespräch von, I. 130.
London, Katharer verbrannt in, I. 126.
— Konzil von (1311), über die Templer, III. 341.
— Konzil von (1328), über die unbefleckte Empfängnis, III. 669.
Longino Cattaneo, Stellvertreter Dolcinos, III. 127. 135.

Longobarden, Gesetze gegen Zauberei bei den, III. 463.
Looz, Graf v., wegen Ketzerei angeklagt, II. 384.
Lope de Barrientos, Bischof v. Cuenca, Dominikaner, verurteilt die Verwünschungsmessen, III. 504
— verbrennt die Bücher Villenas, III. 547.
Loquis (Martin Huska), Führer der Sekte der Chiliasten, II. 591. 592.
Lorenz v. Fermo, Observant, sein Asketentum, III. 203.
Lorenzo de' Medici beruft Savonarola nach Florenz (1489) III. 238 f.
Lorica des hl. Patrick (Zauberhymne), III. 452.
Loskaufen, das, von Bussen, I. 518.
— von Gelübden, Handel damit, I. 222. 230. 231.
Loswerfen, das, zur Erforschung des göttlichen Willens, bei den Germanen, III. 454
— bei den Böhmischen Brüdern, II. 644.
Lothringen, Inquisitoren ernannt, I. 338; II. 120.
— Waldenser in, II. 164. 167.
— Untergang der Templer, III. 341.
Loups garoux — siehe Werwölfe.
Lucardis, Mitglied der Sekte der Luziferianer, in Trier verbrannt (1231), II. 376.
Lucchino Visconti wünscht ein christliches Begräbnis für seinen Vater Matteo, III. 229.
Lucius III., Papst (1181—85), verurteilt die Arnoldisten, I. 83.
— verurteilt die Waldenser, I. 86.
— sein Dekret vom Jahre 1184, I. 139.
— über die Pflicht zur Verfolgung, I. 252.
— exkommuniziert alle Ketzer, I. 260.
— verbietet die Gottesgerichte, I. 343.
— schafft die Immunität der Mönchsorden hinsichtlich der Ketzerei ab, I 404.
— versucht die Gründung einer bischöflichen Inquisition, I, 350.
— über Konfiskation, I. 562.
— bestimmt die Todesstrafe für Rückfällige, I. 608; III. 744.
Ludwig der Bayer, Kaiser (1314—47), seine umstrittene Wahl, III. 152.
— sein Bruch mit Johann XXII, II. 428; III. 163. 167.
— sein Bündnis mit den Franziskanern, III. 154.
— verfolgt Franziskaner, III. 172.

Ludwig der Bayer, Kaiser, als Antichrist bezeichnet, III. 97.
— nutzt die Ketzerei Johanns XXII. über die Anschauung der Seligen gegen diesen aus, III. 663.
— sein Tod, III. 176.
Ludwig VII, König von Frankreich (1137—80), fordert eine Reformation der Kirche, I. 15.
— drängt zur Verfolgung, I. 124.
— von Raimund VI. angerufen zur Unterdrückung der Ketzerei, I. 133.
Ludwig VIII., Löwenherz, Kg. v. Frankreich (1223—26), seine Albigenserkreuzzüge, I. 195. 201. 209. 213. 214. 219—224.
— seine Gesetze über Ketzerei, I. 358. 563.
Ludwig IX., der Heilige, König v. Frankreich (1226—70), schränkt die Immunität der Kreuzfahrer ein, I. 48.
— ist ein Franziskaner-Tertiarier, I. 300.
— seine Gesetzgebung über Ketzerei, I. 248. 362. 563.
— schränkt die Anwendung der Folter ein, I. 472.
— über das Inquisitionsverfahren, I. 495.
— sorgt für Inquisitionsgefängnisse, I. 548.
— seine Beziehungen zur Konfiskation, I. 563. 568. 570. 575. 576. 577. 579. 587.
— bestreitet die Ausgaben der Inquisition, I. 590.
— befiehlt die Verbrennung des Talmud, I. 621.
— seine Beziehungen zu Raimund VII., II. 3. 16. 25. 41 f., 50.
— seine Unabhängigkeit vom Papsttum, II. 62.
— gibt verwirkte Gebiete zurück, II. 120.
— sein Abscheu vor der Ketzerei, II. 123
— unterstützt den Inquisitor Robert le Bougre, II. 126.
— spornt die Inquisition an, II. 130.
— begünstigt die Beguinen, II. 400.
Ludwig X., der Zänker, Kg. v. Frankreich (1315—16), nimmt die Gesetze Friedrichs II. an, I. 362; II. 110.
Ludwig XI., Kg. v. Frankreich (1461—1483), schafft die Pragmatische Sanktion ab, II. 149.
— unterdrückt die Inquisition im Dauphiné, II. 177.
— beschützt die Waldenser in Savoyen, II. 299.

Ludwig XII., Kg. v. Frankreich (1498—1515), beschützt die Waldenser, II. 179 f.
Ludwig XIII., Kg. v. Frankreich (1610—43), unterdrückt die Werke des Saint-Amour (1632), I. 323.
Ludwig, Kg. v. Ungarn, sein Kampf gegen die Katharer in Bosnien, II. 344.
— sein Kampf gegen die Maffredi v. Faenza, III. 220.
Ludwig v. Bourbon, Kardinal, über Zauberei, III. 526.
Ludwig de Caliga, Inquisitor für Deutschland, II. 438 f.
Ludwig v. Durazzo, Herzog, seine Empörung (1362), II. 321; III. 186.
Ludwig, Herzog v. Orléans, seine Ermordung (1407), III. 379.
— der Zauberei beschuldigt, III. 526.
Ludwig, Bischof v. Paris, begünstigt Johann Laillier, II. 159.
Lübeck, Dolcinist verbrannt in, II. 458.
Lüttich, Katharer von, I. 120. 122.
— Geist der Duldsamkeit in, I. 245.
— Beguinen in, II. 397.
— Tanzmanie in, II. 446.
— Konzil von (1287), schränkt die Beguinen ein, II. 402.
Lugardi, Heinrich, Inquisitor v. Palermo, seine gefälschte Urkunde Friedrichs II., II. 325.
Lukas, hl., sein Bild der hl. Jungfrau, I. 52.
— Streit über seine Reliquien, II. 357.
Lukas, Erzbischof v. Gran, über Simonie, I. 20.
Lukas v. Prag, Abgesandter der Unitas Fratrum, besucht die Waldenser in Savoyen, II. 300.
Lukas, Bischof v. Tuy, über die den Ketzern geleisteten Eide, I. 256.
— über die Schwere des Verbrechens der Ketzerei, I. 265.
— über die Gleichgültigkeit der Bischöfe, I. 353.
— über die Katharer in Leon, II. 205.
Lullisten, ihre Extravaganzen, III. 652. 654. 655.
— verteidigen die unbefleckte Empfängnis, III. 652. 671.
Lullus, Raimund, III. 630. 646.
— als Ketzer verurteilt, II. 199; III. 656. 657.
— seine Seligsprechung, III. 658 f.
— seine Schriften, III. 650.
— Streit über dieselben, III. 652 f.
Lunel, Olivisten verbrannt in, III. 86.

Lupold, Bischof v. Worms, I. 12.
Luserna, Tal der Waldenser, II. 221. 292. 298.
Luther, nicht verurteilt von der Inquisition, II. 320.
— seine ersten Schritte zur Reformation, II. 485 f.
Luziferianer, I. 116.
— ihre Abstammung von den Amalricianern, II. 367.
— Fall des Propstes Heinrich Minneke in Goslar, II. 368.
— in Trier (1231), II. 376.
— verfolgt von Konrad v. Marburg, II. 379.
— ihre abscheulichen Riten, II. 379 f.
— Zweig der Ortlieber, II. 405.
— ihre Zahl in Österreich, II. 406.
— Verfolgung gegen sie, I. 511; II. 405 f. 425 f.
— unter den Flagellanten, II. 464.
— in Böhmen, II. 490.
Lyblac, Zauberei bei den Angelsachsen, III. 473.
Lykanthropen — siehe Werwölfe.
Lyon, Fest der unbefleckten Empfängnis, III. 666.
— Konzil v. (1244), setzt Friedrich II. ab, I. 308.
— Konzil v. (1274), über die Bettelorden und nichtautorisierten Bettelgesellschaften. III. 416; III. 35.
— — sein Verbot umgangen, III. 119.
— — plant die Vereinigung der Ritterorden, III. 276.

M.

Maastricht, Flagellanten ausgewiesen, II. 458.
Macedonien, Paulicianer in, I. 118.
Maculistae, Spottname für die Dominikaner als Gegner der unbefleckten Empfängnis, III. 673. 676.
Madrid, Fest der Empfängnis in, III. 671.
Mädchen, Alter der Verantwortlichkeit, I 449.
Mähren, Waldenser in, II. 501.
— Unwille über den Tod des Huss, II. 546.
— Capistranos Erfolge, II. 624 f.
— dem Matthias Corvinus zugewiesen, II. 637.
Mährische Brüder — siehe Böhmische Brüder.
Männerkleidung, getragen von Johanna d'Arc, III. 399. 416. 419.

Maffredi v. Faenza, Fall der, III. 230.
Magdeburg, Verfolgung der Begarden, II. 424.
— Flagellanten unterdrückt, II. 433.
— Ketzer verbrannt von Kerlinger, II. 442.
— Vertreibung des Erzbischofs, II. 606.
— Schicksal der Templer, III. 342.
— Synode v., verfolgt Begarden, II. 456 f.
Magie, benutzt zur Entdeckung der Ketzer, I. 342.
— Tod Benedikts XI. (1304), zugeschrieben der, III. 61.
— ihr Alter, III. 437.
— verboten in Rom, III. 443. 444.
— in den nordischen Ländern, III. 454.
Magie, heilige, der mittelalterlichen Religion, I. 51; III. 429 ff.
— zum Schutze gegen Hexerei, III. 566. 571.
— angewandt, um den Zauber der Verschwiegenheit zu brechen, III. 570.
Magineth, Idol der Templer, III. 304.
Magnus Hakonsen, seine Gesetze über Zauberei (1274), III. 487.
Magonia, Zauberland, III. 467.
Maguelonne, Bischof v., kauft die Grafschaft Melgueil, I. 202.
Mailand, Katharer von Monteforte, verbrannt in (1034), I. 121.
— ist ein Mittelpunkt der Ketzerei, I. 126; II. 220.
— arme Katholiken in, I. 275.
— Gesetze über die Ketzerei (1228), I. 358; II. 227.
— bischöfliche Inquisition eingeführt, I. 402.
— Verbot des Waffentragens, I. 427.
— weltliches Kriminalverfahren in, I. 448.
— Erpressungen der Inquisition in (1515), I. 537.
— Inquisitionsverfahren angenommen, I. 626.
— Waldenser-Schule in, II. 221.
— Roland v. Cremona als Inquisitor in, II. 229 f.
— Einfluss des Petrus Martyr, II. 235 f.
— Petrus Martyr als Inquisitor, II. 242.
— Rainerio Saccone als Inquisitor, II. 264. 251.
— Uberto Pallavicino als Podestà, II. 258.
— Amadeus v. Landi, Fall des, II. 305.
— die Guglielmiten, III. 102.
— lässt Matteo Visconti im Stiche, III. 225.
— Inquisition von Matteo Visconti vertrieben, III. 226.

Mailand, Strafe für Zauberei, III. 508.
— Konzil von (1287), über Widerstand gegen die Inquisition, II. 268.
Maillotins, Aufstand der (1382), befreit Hugo Aubriot aus dem Gefängnisse, II. 143.
Maimonides über die göttliche Weisheit, III. 624.
Mainatae, wandernde Strolche, I. 138.
Maine, Inquisition ausgedehnt auf, II. 140.
Mainz, Waldenser verbrannt in (1392), I. 91; II. 450.
— Beguinen verfolgt, II. 459.
— Widerstand gegen päpstliche Erpressungen, II. 496.
— Behandlung der Templer in, III. 343.
— Konzil v. (813), über Vermächtnisse, I. 33.
— Konzil v. (1233), über Ketzerei, I. 567; II. 385.
— Konzil v. (1233), über den Grafen v. Sayn, II. 385.
— Konzil v. (1234), absolviert den Grafen v. Sayn, II. 390.
— Konzil v. (1259 oder 1310), verurteilt die Beguinen, II. 401.
— Konzil v. (1261), über Ablasskrämer, I. 50.
— — drängt auf Verfolgung der Ketzer, II. 395.
— Konzil v. (1310), gegen Begarden und Beguinen, II. 416.
Maiolati, Dorf in der Mark Ancona, Ketzernest, zerstört auf Befehl Martins V., III. 198.
Maistre, Joseph de, Graf, sein Irrtum, I. 255.
Majestätsverbrechen, Konfiskation bei, I. 561.
Majorales, Bischöfe der Waldenser, I. 93.
Malatesta, Sigismondo, Herr v. Rimini, seine philosophische Ketzerei verurteilt (1461), III. 676.
Malcolzati, Sibilia, Guglielmitin, III. 107. 114.
Malebranca, Latino, Kardinal und Generalinquisitor, I. 444.
Malefica (herbaria), III. 452.
Malkaw, Johann, seine Laufbahn, III. 232.
Malleus maleficarum — siehe Hexenhammer.
Mallorka, französische Besitzungen von, II. 96.
— Inquisition in (1315), II. 200.
— Franziskanerstreitigkeiten, III. 196.
— Verfahren gegen die Templer, III. 355. 375 f.

Mandate der Inquisitoren, ihre Dauer, I. 385. 386.
— Missbräuche bezüglich der, II. 157.
Manenta Rosa, rückfällige Ketzerin, I. 409.
Manfred, König v. Sizilien, lässt den Bischof v. Verona frei, I. 13 f.
— päpstlicher Hass gegen, II. 258.
— unlautere Mittel des Papstes bei der Betreibung eines Kreuzzuges gegen, II. 218; III. 703.
— das Verfahren wegen Ketzerei gegen, III. 219.
— seine Niederlage und sein Tod (1266), II. 261; III. 219.
— seine Toleranz gegen Ketzer, II. 277.
— seine Neigung zum Averrhoismus, III. 627.
Manfred Clitoro v. Giussano ermordet Petrus Martyr und zwei andere Inquisitoren, II. 243.
Manfred v. Dovaria, Inquisitor in Mailand, verfolgt Guglielmiten, III. 110.
Manfreda v. Pirovano, Guglielmitin, III. 103. 105. 108. 110. 111. 113. 114.
Manfredo, Frà, Inquisitor v. Parma, verbrennt Segarelli (1300), III. 121.
Manfredo di Sesto, Fall des, I. 514.
Manichäer, erkennbar an ihrer bleichen Gesichtsfarbe, I. 122. 214. 342.
— unter dem römischen Recht, I. 456.
— verweigern den Laienkelch, II. 539.
Manichäismus, I. 99. 118.
Mantua, Katharerbischof in (1273), II 270.
— die Bulle Ad extirpanda aufgezwungen, I. 380.
— Montes pietatis (Leihhäuser) in, II. 310.
— Fürstenversammlung von (1459), II. 475.
Manuel, König v. Portugal, lässt die Inquisition wieder aufleben, II. 215 f.
Mapes, Walter, über Waldenser, I. 86.
— über die Ausbreitung der Ketzerei, I. 140.
— über die Verderbtheit der Ritterorden, III. 274.
Marc Aurel, Kaiser, sein Glaube an Liebeszauber, III. 443.
— nimmt zu Christus seine Zuflucht, III. 445.
Marchisio Secco, Mönch von Chiaravalle, Guglielmite, III. 104. 115.
Mare magnum, Name für die Bulle Virtute conspicuos Bonifaz' VIII. vom Jahre 1296 über die Vorrechte der Bettelorden, I. 306 f.

Margarete v. Foix, Markgräfin v. Saluzzo, unterstützt die Inquisition, II. 300 f.
Margarete la Porete (v. Hennegau), Beguine, verbrannt in Paris (1310), II. 136. 655. 657.
Margarete v. Trient, Gefährtin Dolcinos, III. 127.
— ihre Hinrichtung, III. 134.
Margot de la Barre, verbrannt wegen Zauberei (1390), III. 521.
Maria die Blutige, Königin v. England (1553—58), Verfolgung unter ihr, I. 396.
Maria Roberta, Fall der, I. 582.
Maria v. Valenciennes, II. 141. 461.
Marie du Canech von Cambrai, Fall der, I. 536; II 148.
Marienvergötterung, Olivi getadelt wegen, III. 47.
— Zunahme der, III. 668.
Marion l'Estalée, wegen Zauberei verbrannt, III. 521.
Marmande, Blutbad von, I. 209.
Marokko, Inquisition in, I. 397.
Marseilles, Streitigkeiten zwischen den Bettelmönchen, I. 399.
— erobert von Raimund VII., II. 25.
— die vier Märtyrer von, III. 81. 89.
— Strenge der Inquisition von, III. 87.
Marsilius v. Padua, über Ketzerei, II. 428.
— seine kirchenpolitischen Ideen, III. 157.
— über die Verderbtheit der Geistlichen, III. 709.
Martin IV., Papst (1281—85), begünstigt die Bettelmönche, I. 325.
— bewilligt Spezialprivilegien für Florenz, I. 588.
— versagt das Asylrecht den Ketzern, II. 134.
— befiehlt einen Kreuzzug gegen Aragon, II. 280; III. 215.
— konfisziert die den Bürgern von Forli geschuldeten Gelder, III. 223.
Martin V. (Ottone Colonna), Papst (1417—1431), seine Wahl, II. 582.
— begünstigt die Dominikaner, I. 340.
— unterstellt die Inquisitoren den Provinzialen, I. 388.
— ordnet die Inquisition in Dänemark an, I. 397.
— dispensiert einen Inquisitor wegen seines jugendlichen Alters, I. 418.
— gibt die Inquisition in Genf den Dominikanern zurück, II. 153.
— gibt den Juden in Avignon das Recht,

einen Beisitzer der Inquisition zu ernennen, II. 154 f.
Martin V. (Ottone Colonna), Papst, Fall des Peter Freserii, II. 201.
— sucht die Inquisition zu stärken, II. 319.
— ernennt einen Inquisitor in Neapel, II. 324.
— beschützt die Brüder vom gemeinsamen Leben, II. 410.
— beschützt die Beguinen, II. 465 f.
— ladet als Kardinal Otto Colonna Huss vor, II. 513. 549.
— ordnet die Inquisition in Böhmen an, II. 582.
— bemüht sich, Deutschland zu reformieren, II. 600 f.
— sein irriges Urteil über die Calixtiner in der Bulle Permisit Deus vom 25. Okt. 1427, II. 594.
— vereitelt die Reform in Siena, II 602.
— gezwungen, das Konzil v. Basel zu berufen, II. 603 f.
— verfolgt die Fraticellen in Aragon, III. 190 f.
— sucht die Konventualen und Observanten zu einigen, III. 195.
— sucht die Fraticellen zu unterdrücken, III. 196. 197. 198.
Martin, König v. Sizilien, schränkt die Inquisition ein, II. 323.
Martin, Inquisitor, verfolgt Begarden, II. 448.
Martin, Kardinal, seine Uneigennützigkeit, I. 8.
Martin l'Advenu, Beisitzer im Prozesse der Johanna d'Arc, III. 414. 421.
Martin, Bischof v. Arras, verteidigt Johann Petit auf dem Konzil von Konstanz, III. 382
Martin v. Bomigny, Domherr, sein Diebstahl von Reliquien, I. 52.
Martin Gonsalvo v. Cuenca, angeblicher Sohn Gottes, II. 198.
Martin, Henri, über die Templer, III. 371.
Martin v. Mainz, Begardenführer, in Köln verbrannt (1393), II. 448.
Martin del Prete, Häresiarch einer Katharersekte, II. 288.
Martin v Rotenburg predigt gegen Gregor v. Heimburg, II. 475.
Martin, hl., v. Tours, seine Reliquien, I. 51.
— über die Hinrichtung Priscillians, I. 239.
Martinique, Verurteilung wegen Verdachtes der Zauberei in (1823), I. 627.

Mas Deu, Verfahren gegen die Templer in, III. 355.
Mascae, Nachtgespenster, III. 552.
Mascato de' Mosceri, Rechtsgelehrter in Padua, klagt über Erpressung, I. 534.
Massaccio, Fraticellen vertrieben aus, III. 199.
Mastixbaum des Raimund Lullus, III. 647.
Mathilde v. Savoyen, reformiert die Franziskaner, III. 194 f.
Matteo v. Ancona, Führer der Apostel, III. 120.
Matthäus, Franzose, erster Abt der Dominikaner, I. 283.
Matthäus v. Acquasparta, Franziskanergeneral (1287—89), III. 37. 48.
Matthäus v. Cataria, Inquisitor, II. 323.
Matthäus v. Chieti, Inquisitor von Assisi, verfolgt die Bizochi, III. 41.
Matthäus v. Lothringen, Bischof v. Toul, sein Prozess und seine Absetzung, I. 16.
Matthäus v. Rapica, sein Streit mit bekehrten Juden, II. 202.
Matthias v. Agram, II. 340.
Matthias Aychard, Umwandlung seiner Busse, I. 529.
Matthias v. Bodici, Gegenpapst der Spiritualen, III. 41.
Matthias Corvinus, König v. Ungarn (1457—90), seine Vermittlung in Bosnien, II. 355 f.
— sein Kreuzzug gegen Böhmen, II. 637.
Matthias v. Janow, II. 500. 538.
Matthias v. Pontigny, Inquisitor in Sizilien, I. 389.
Matthias v. Tivoli, Franziskaner, gründet einen asketischen Orden, III. 203.
Maupetit, Jacotin, seine Schmähschrift, III. 591.
Mauren in Spanien, zur Bekehrung gezwungen, II. 212.
Maurillac, Einnahme von, I. 200.
Mauritius, Inquisitor von Paris, I. 504; II. 137.
Mauvoisin, Robert, seine Grausamkeit, I. 181.
Maxentius, sein Vertrauen auf die Magie, III. 446 f.
Maximus, Kaiser, lässt Priscillian hinrichten (385), I. 239.
Mazzolino Silvestro — siehe Prierias.
Meaux, Bischof v., seine Ketzerei bezüglich der Ungültigkeit der von unreinen Händen gespendeten Sakramente, II. 160.

Medina, Cortes v. (1464), II. 211.
Medizin, Geschicklichkeit der Waldenser in der, II. 163.
— heilige, III. 446. 462.
— Astrologie ist ein notwendiger Teil der, III. 496.
Meineid, päpstliche Dispens für, II. 537.
Meineidige, Kreuze für, I. 523.
Mekassoph, Zauberer oder Hexenmeister bei den Juden, III. 439. 448.
Melgueil, Grafschaft, verkauft an den Bischof v. Magnelonne, I. 202.
Melioramentum oder Veneration, Ceremonie bei den Katharern, I. 105.
Melita v. Monte-Meano, Katharer-Missionarin, I. 127.
Menge der gefangenen Ketzer, I. 542. 546; II. 172.
Menn forspair, weissagende Männer bei den Germanen, III. 454.
Menschenopfer, bei der Magie, III. 441. 444. 450.
— bei der Alchimie, III. 533.
Mercato, Michele, leugnet die Unsterblichkeit, III. 639 f.
Merlin, Prophet und Zauberer, angeblicher Sohn eines Dämon, III. 436.
Merovinger, Toleranz der, I. 243.
— ihre Grausamkeit bei Zauberei, III. 462 f.
Merswin, Rulman, Gottesfreund, seine Askese, II. 413 f.
Messen, Verkauf von, I. 31 f.
— angewendet zu Beschwörungen, I. 55.
— Verwünschungsmessen, III. 504 f.
Metz, Waldenser in, I. 144; II. 361.
— Begarden verbrannt in (1335), II. 424.
— Cornelius Agrippa rettet eine Hexe (1519), III. 609.
Metza v. Westhoven, Beguine, verbrannt (1366), II. 438.
Michael, Inquisitor v. Aragon, seine Gefangennahme, I. 530.
Michael de Causis (v. Deutschbrod), Gegner des Huss in Konstanz, II. 524. 525. 540. 569.
Michael v. Cesena, Franziskanergeneral (1316—1328), setzt das Mandat der Inquisitoren auf 5 Jahre fest, I. 386.
— setzt die Bulle Exivi durch, III. 73.
— verfolgt die Olivisten, III. 81. 83.
— regelt die Kleidung, III. 87 f.
— hält die Lehre von der absoluten Armut Christi aufrecht, III. 149. 160.
— sucht den Frieden zu wahren, III. 160.
— abgesetzt (1328), III. 166.

Michael v. Cesena, Franziskanergeneral, über die Anschauung der Seligen, III. 663. 664.
— sein Tod (1342), III. 175.
Michael di Lapo, Inquisitor v. Florenz, II. 315.
Michael v. Marseille, Franziskanerinquisitor der Provence, verweigert die Auslieferung des Peter Trencavel, I. 410 f.; III. 85.
Michael Monachi, Inquisitor v. Marseille, führt die Untersuchung gegen die Olivisten, III. 80.
— nimmt Peter Trencavel gefangen, III. 84 f.
Michael Pisanus, Inquisitor v. Treviso, sein Missgeschick, II. 307.
Michaelisten, Name für Fraticellen, III. 184.
Michelet, seine sonderbare Beweisführung über die Templer, III. 307.
Middleton, Richard v., tritt als Ankläger gegen Olivi auf, III. 48.
Mignard, seine Behauptungen über die Templer, III. 298.
Milano Sola, Führer der Apostel, III. 128.
Milderung von Urteilen, I. 554.
Milicz v. Kremsier, Vorläufer des Huss, II. 499.
Militärischer Charakter der mittelalterlichen Prälaten, I. 10. 12. 13.
Miliz Jesu Christi, dritter Orden des hl. Dominikus für Laien, I. 299.
Milo, Legat, seine Zweideutigkeit gegenüber Raimund, I. 166. 167.
Minderjährige, Benefizien an, I. 28; II. 495.
— Verantwortlichkeit derselben, I. 449.
Minerva, Nachtgespenst, III. 552.
Minerve, Katharer verbrannt in, I. 115. 180.
Minneke, Heinrich, Propst, als Luzifer ianer verbrannt (1225), I. 353 f.; II. 368 f.
Minoriten — siehe Franziskaner.
Miolerin, Anna, Hexe, über unwürdige Priester, III. 717 f.
Miravet, Belagerung der Templer in, III. 352.
Mirepoix, Marschälle v., beanspruchen die Konfiskation, I. 575.
— beanspruchen das Recht der Verbrennung, I. 601.
Mishna, Strafe für Magie in der, III. 448.
Missbräuche der Familiaren, I. 426.
— der Inquisition in Geldangelegenheiten, I. 533.
— bei der Konfiskation, I. 580.
— Missi dominici Karls d. Grossen, I. 348.

Missionseifer der Bettelorden, I. 333.
— der Böhmischen Brüder, II. 647.
— der Fraticellen, III. 187 f.
— der Katharer, I. 113.
— der Waldenser, I. 88. 95.
Mitgift der Frauen wird nicht konfisziert, I. 570.
Mitleid mit Ketzern ist Sünde, I. 269.
Mitra für verurteilte Ketzer, II. 560. 575; III. 422. 584. 590.
Mitschuldige, ihr Aussagen, I. 485.
Mitwirkung der Bischöfe bei den Urteilen, I. 372. 373. 375 400.
Mladen Subić erobert Bosnien (1314), II. 339.
Mladenowic, Peter, sein Eifer für Huss, II. 553.
Modestus, Präfekt, überliefert Katholiken dem Tode, I. 239.
Mönche, verachtet, I. 59.
— ihre Immunität aufgehoben bei Ketzerei, I. 351.
Mönchsorden, ihre sittliche Entartung, I. 39; III. 707. 708. 718.
Mönchtum, sein Charakter, I. 297.
Moissac, Inquisition in, II. 10.
Molay, Jakob von, zum Grossmeister des Templerordens gewählt (1297), III. 279.
— von Clemens V. nach Frankreich berufen, III. 280.
— rechtfertigt den Orden vor Clemens V., III. 291 f.
— sein Geständnis, III. 296.
— dem päpstlichen Urteile vorbehalten, III. 320.
— lässt die Templer im Stiche, III. 329.
— seine Verbrennung (1314) III. 369.
Moldau, Hussitismus in der, II. 619. 621.
— Capistrano sendet Hilfsinquisitoren nach der, II 626.
Molitoris, Ulrich, über Incubi, III. 434.
— über Hexerei, III. 605 f.
Monaldus, Franziskanerprovinzial, Gegner der Spiritualen, III. 38.
Monarchen, ihre Pflicht zur Ketzerverfolgung, I. 251. 359. 360. 515. 600.
Moneta v. Cremona, Dominikaner, seine Ketzerverfolgung in der Lombardei und das geplante Attentat gegen ihn, II. 230.
Mongano, Schloss, Zufluchtsort der Ketzer, II. 248.
Mongolen, ihr Einfall in Ungarn (1241), II. 336.
Mongri, Wilhelm v., Erzbischof v. Tarragona, II. 184. 187.

Mont-Aimé (Mont-Wimer), 183 Ketzer verbrannt, II. 128.
Mont-Wimer, Schloss, Mittelpunkt des Katharismus, I. 119; II. 128.
Montauban, Ketzer verurteilt, II. 32. 33.
— Hauptquartier der Waldenser, II. 163.
Montcucq, Ketzer verurteilt, II. 32. 33.
Montes pietatis, Name für Leihhäuser, II. 310.
Montesa, Orden von, III. 377.
Montoison, Priorie, Ermordung zweier Inquisitoren in, II. 168.
Montpellier, Mangel an Kirchen in, I. 312.
— Provinzialkapitel der Dominikaner in, verbietet Geldbussen (1242), I. 527.
— bittet um Hilfe gegen die Ketzer, II. 25.
— ist Besitz der Könige von Mallorka, II. 96.
— Olivisten verfolgt in, III. 86.
— Parlament von (1293), II. 67.
— Konzil v. (1195), über Ketzerei, I. 139. 140. 147.
— Konzil v. (1215), setzt Raimund VI. ab, I. 200 f.
— — richtet die bischöfliche Inquisition ein, I. 352.
— Konzil v. (1224), I. 215.
Montségur, Ketzerfestung, II. 36. 38. 41. 45.
Moral, getrennt von der Religion, II. 536 f.; III. 719. 723.
Morea, Templereigentum in, III. 378.
Moritz der Spanier, II. 366.
Morosini, Marino, Doge von Venedig, sein Amtseid (1249) II. 282. 666.
Morret, P., Fall des, I. 500.
Morselle, Johann, Dominikaner, seine Ketzereien über die hl. Jungfrau, III. 675.
Mosaisches Gesetz über Zauberer, III. 447.
Moses, seine Zaubermacht III. 438.
Mouçon, Johann v., Dominikanerprofessor in Paris, leugnet die unbefleckte Empfängnis, III. 670.
Mühlberg, Johann, Inquisitor in Deutschland, verfolgt Beguinen, II. 459.
Mühldorf, Schlacht bei (1322), III. 152.
Mühlhausen, Beguinenhöfe konfisziert (1370), II 444.
Müller, Johann, predigt den Hussitismus in Franken (1450), II. 472.
Muhamet II., erobert Bosnien (1463), II. 355 f.
— seine Niederlage bei Belgrad (1456), II. 631.

Mummolus, Günstling des Merowingerkönigs Chilperich, wegen Zauberei grausam gefoltert, III. 463.
Muñoz, Pedro, Erzbischof v. Santiago, macht sich der Nekromantie schuldig, III. 483.
Murad II. erobert teilweise Bosnien (1424), II. 349.
Muratori über die unbefleckte Empfängnis, III. 685.
Muret, Schlacht bei (1213), I. 197 f.
Murus, an den Stadtwällen erbaute Zellen, Gefängnis der Inquisition, I. 417. 516.
— largus und strictus, I. 544.
Musonius, Babylonier, eingekerkert wegen Magie, III. 444.
Mutaner, Arnald, Fraticelle, III. 190.
Myndekin, Sophie, Waldenserin, II. 451.
Mystizismus, Neigung der Franziskaner zum, III. 2.
— deutscher, im 14. Jahrhundert, II. 407. 410. 412.

N.

Nachkommen der Ketzer, ihre Rechtsunfähigkeit, I. 360. 557.
Nachsicht durch die Inquisitoren geübt gegen jährliche Zahlungen, I. 537.
Nacktheit, Sündelosigkeit im Zustande der, ist ein Beweis für sittliche Vollkommenheit, II. 404. 416. 590.
Naczeracz, Peter v., Inquisitor in Mähren, II. 493.
Nämd, Schwurgericht in Schweden, zuständig für Zauberei, III. 487.
Naevius, Lucius, Praetor, verfolgt Zauberer (184 v. Chr.), III. 443.
Najac, Kirche von, Geldbussen zugunsten der (1258), I. 529.
— Bestrafung der Ketzer von, I. 580.
Nakvasa, Priester, Calixtiner, sein Märtyrertod, II. 586.
Namen der Zeugen vorenthalten, I. 489; II. 545; III. 578.
Nantes, Katharer in (1208), I. 123.
— Hinrichtung des Gilles v. Rais in (1440), III. 543 f.
Napoleon I. lässt das päpstliche Archiv nach Paris bringen (1810), III. 362.
Naprous Boneta, Olivistin, in Carcassonne verbrannt (1325), III. 89. 91. 733 f.
Narbonne, Untersuchung gegen den Erzbischof Berenger II. v., I. 17.
— hebräische Schule in, I. 74.
— Disputation mit den Waldensern in (1190), I. 86.
Narbonne, erkauft Befreiung vom Kreuzzuge, I. 173.
— Schleifung von, I. 201.
— unterwirft sich Montfort, I. 208.
— abgetreten an die Krone, I. 229.
— bischöfliche Inquisition in, I. 370. 374.
— Vernichtung der Protokolle, I. 425.
— Bischöfe zur Verurteilung gezwungen, I. 433.
— Versammlung der Sachverständigen (1328), I. 435.
— Streit über das Recht der Ketzerverbrennung, I. 602.
— Unruhen in (1234—38), II. 13 f.
— Erzbischof v., belagert Montségur, II. 45.
— Ermordung zweier Beamten und Vernichtung der Protokolle der Inquisition, II. 50.
— Waldenser in, II. 164.
— Kloster der Spiritualen in, III. 68.
— Olivisten verbrannt in, III. 86.
— Fest der Empfängnis in (1327), III. 669.
— Konzil von (1227), I. 225.
— — befiehlt die bischöfliche Inquisition, I. 353.
— Konzil von (1229), über die Busse des Kreuztragens, I. 524.
— Konzil von (1244), über die Pflicht zur Verfolgung, I. 253.
— — regelt die Inquisition, I. 371. 440. 481. 489. 517. 519. 526. 531. 542. 547. 554. 608. 613.
— Konzil von (1374), verurteilt die Dolcinisten, III. 140.
Narbonne (Spanien), Diego v., Inquisitor, seine unschicklichen Behauptungen über die hl. Jungfrau (1642), III. 685.
Nardi, sein Glaube an Savonarola, III. 239.
Narses, von Pelagius I. zur Verfolgung gedrängt, I. 242.
Naturalisten, Sekte der Katharer, I. 109.
Naturanbetung in Lausanne, II. 291.
— bei den Slaven, II 341.
Naturwissenschaft, Studium der, an der Pariser Universität für drei Jahre aufgehoben, II. 365.
Navarra, Opfer bei Totenmessen in, I. 34.
— Inquisitoren ernannt, I. 338.
— Lokal-Gesetze in, I 359.
— Konfiskation in, I 564.
— Inquisition in, II. 186.
— Verfolgung der Templer, III. 357.
Neapel, ein Assistent dem Inquisitor bewilligt, I 418.
— französische Inquisition in, I. 441.

Neapel, Anwendung der Folter bei der Inquisition in, I. 471.
— königliche Gefängnisse für Ketzer benutzt, I. 549.
— Konfiskation in, I. 573. 579.
— Ausgaben der Inquisition bezahlt, I. 589.
— erobert von Karl v. Anjou, II. 261; III. 219.
— Inquisition in, II. 276. 663.
— Einwanderung der Waldenser in, II. 279. 301.
— Rückgang der Inquisition, II 279. 302. 320. 324.
— spanische Inquisition nicht eingeführt, II 327.
— Flagellanten (1361), II 446.
— Einfluss des Arnald v. Villanova, III. 59.
— Spiritualen und Fraticellen beschützt von König Robert, III. 162.
— Fraticellen in, III. 162. 179. 186.
— Innocenz IV. wird Herr von (1254), III. 215.
— Verhaftung der Templer, III. 314
— griechische Kirche in, III 691 f. 697.
Negative Apostoli, I 504; III. 573.
Nekromantie bei den Normannen, III. 454.
— im 13. Jahrhundert, III. 477.
— ihre Verbindung mit der Astrologie, III. 501.
— notwendig zur Alchimie, III. 532.
Nelipić, kroatischer Graf, greift die Katharer in Bosnien an (1337), II. 342.
Neophyten — siehe Juden.
Nepotismus, I. 9; III. 75.
Nero, Kaiser, unterdrückt die Magie, III. 444.
Nestorianische Bücher, Verbrennung der, (435), I. 620.
Neuerwachte Wissenschaft, ihr Paganismus, III. 638 f.
Neues Testament, Katharer-Übersetzungen des, I. 112.
— Vallas Verbesserungen des, III. 634.
Neuhofen, Waldenserschule für Aussätzige in, II. 394.
Neunte Fels, der, bei den Begarden, II. 414.
Neuplatoniker, ihre Theurgie, III. 440. ihr Christentum, III. 639.
Neustadt bei Wien, Versammlung in (1455), II. 629.
Nevers, Dechant v., angeklagt wegen Ketzerei (1199), I. 143.
Neysesser, Johann, Franziskaner, sein Fall, III. 491

Niccolò da Vercelli, Dominikaner, Fall des, I. 442.
Nicetas, Katharerbischof, I. 132.
Nicht bewiesen, Urteil, lautend auf, I. 507; III. 574.
Nichterfüllte Bussen — siehe Bussen.
Nichterscheinen, Strafe für, I 450. 607.
Nichtigkeit der Verkäufe und Vermächtnisse der Ketzer, I. 582.
Nicolas, der Maler, verbrannt (1204), I. 144.
Nicosia, Konzil von (1350), über die griechische Kirche, III. 695.
Nider, Johann, Dominikaner (1380—1438), über eine durch körperliche Qualen bewirkte Bekehrung, I. 466 f.
— über Begarden, II 469.
— sein Bericht über das Hexenwesen, III. 506.
— hält die allgemeine Reform der Kirche für aussichtslos, III. 716.
Nifo, Agostino, Professor in Padua, unterwirft sich der Kirche, III. 643.
— antwortet dem Pomponazzi, III. 644.
Nikolaus II., Papst (1058—61), über konkubinarische Priester, I. 68.
Nikolaus III , Papst (1277—80), ist als Kardinal Cajetano Orsini als Generalinquisitor tätig. I. 443.
— über jüdische Apostaten, II. 68.
— rächt die Ermordung des Inquisitors Konrad Pagano, II. 267.
— unterdrückt die Ketzerei in Anagni, II. 269.
— bietet Johann v. Parma den Kardinalshut an, III. 27.
— veröffentlicht die Bulle Exiit, III. 33.
— bestätigt die Verurteilung Bacon's, III. 619.
Nikolaus IV., Papst (1288—92), vermittelt in den Streitigkeiten der Bettelmönche, III. 339.
— überträgt die Kontrolle über die Geldbussen den Bischöfen, I. 376.
— über die dauernde Gültigkeit des Inquisitoramtes, I. 385
— befiehlt die Inquisition in Palästina, I 398.
— befiehlt die Auslieferung von Gefangenen, I. 410.
— über die Weigerung zur Ketzerverbrennung, I. 602.
— organisiert die Inquisition in Burgund, II. 133.
— setzt die Gesetze Friedrichs II. in der Provence durch, II. 165.
— verteidigt die Stigmata des hl. Franziskus, II. 245.

Nikolaus IV., Papst, spornt die Inquisition an, II. 274.
— befiehlt die Inquisition in Venedig, II. 283. 284.
— befiehlt den Kreuzzug gegen Bosnien, II. 338 f.
— sendet Johann v. Parma nach Griechenland, III. 28.
— verurteilt als Franziskanergeneral Hieronymus v. Ascoli die Traktate Olivi's, III. 47.
— unterdrückt die Spiritualen, III. 48 f.
— verurteilt die Apostel, III. 121.
— sucht die Ritterorden zu verschmelzen, III. 278.
— erweitert die Jurisdiktion der Inquisition über die Zauberei, III. 572.
Nikolaus V., Gegenpapst (1328—30), III. 164. 169 f.
Nikolaus V., Papst (1447—55), begünstigt die Bettelmönche, I. 328.
— reorganisiert die französische Inquisition, II. 156.
— trennt Katalonien von Aragon, II. 202.
— ernennt Inquisitoren für Kastilien, II. 210 f.
— befiehlt die Verfolgung des Alfons v. Almarzo, Benediktinerabtes in Compostella, II. 211.
— seine Milde gegen die Waldenser, II. 298.
— legt Amadeus v. Landi Stillschweigen auf, II. 306.
— verfolgt die Juden, II. 324.
— sein Vorgehen in Bosnien, II. 353
— gliedert die Beguinen als Tertiarier den Bettelorden an, II. 470.
— sendet einen Legaten nach Böhmen, II. 616.
— billigt die Beschlüsse des Konzils von Basel, II. 617.
— verwirft die Compactaten, II. 617. 621.
— sendet Capistrano nach Böhmen, II. 623.
— verbrennt Fraticellen, III. 200.
— gibt Erlaubnis zur Anwendung von Zauberei, III. 567.
— begünstigt Lorenzo Valla, III. 634
— sein Verfahren gegen die griechische Kirche, III. 696.
— sein Tod, II. 629.
Nikolaus v. Abbeville, Inquisitor v. Carcassonne, sein willkürliches Prozessverfahren und seine Grausamkeit, I. 498; II. 66. 72—79.

Nikolaus v. Abbeville, Inquisitor v. Carcassonne, seine Absetzung (1302), II. 88.
— ein Marmorgrabmal ihm errichtet, II. 111.
Nikolaus Bailly forscht der Kindheit der Johanna d'Arc nach, III. 409.
Nikolaus v. Basel, Führer der Brüder des freien Geistes, II. 460.
Nikolaus v. Bethlehem, Hussite, II. 588
Nikolaus v. Buldesdorf, als Ketzer verbrannt (1446), III. 99.
Nikolaus v. Clémanges über die Verderbtheit der Kirche, III. 706.
Nikolaus v. Corbie, Bischof v. Avignon, I. 224.
Nikolaus v. Cremona, Inquisitor, sichert sich die Geldbussen, I. 528.
Nikolaus v. Cusa, sein Streit mit Herzog Sigmund v. Österreich, II. 475.
— zurechtgewiesen von Capistrano, II.541.
— verlangt die Unterwerfung Böhmens, II. 627.
— widersetzt sich der Kanonisation Capistranos, II. 632.
— setzt die Reform der Observanten durch, III. 195.
Nikolaus Eymericus, Inquisitor v. Aragon, (1360—94), seine Laufbahn, II. 196; III. 652; vgl. Eymericus.
— über die Unabhängigkeit der Inquisitoren, I. 388.
— über die Mitwirkung der Bischöfe, I. 407.
— über Wanderverhöre, I. 414.
— empfiehlt rechtskundige Assistenten, I. 420.
— über die Ernennung von Notaren, I. 423.
— über die Beschränkung der bewaffneten Familiaren, I. 429.
— über die den Zeugen drohenden Gefahren, I. 490.
— über die Rechtsbeistände für Ketzer, I. 497.
— seine Ansicht über Konfiskation, I. 570.
— über die Armut der Inquisition, I. 594.
— über rückfällige Begünstiger, I. 613.
— verurteilt die Astrologie, III. 501.
Nikolaus, Franziskanerprovinzial von Frankreich, III. 38.
Nikolaus v. Girgenti, Franziskaner, II. 321.
Nikolaus v. Houppeland, seine Ehrlichkeit im Falle der Johanna d'Arc, III. 408.
Nikolaus Jacquier, Inquisitor in Schlesien (1466—68), II. 626.

Nikolaus Johannes, Bischof v. Schleswig, Inquisitor in Dänemark, I. 397.
Nikolaus v. Kalabrien, als Ketzer verbrannt, II. 198.
Nikolaus, Bischof v. Nazareth, Inquisitor in Prag, II. 522.
Nikolaus Loyseleur, Beisitzer im Prozesse gegen Johanna d'Arc, III. 409. 414. 422.
Nikolaus v. Péronne, Inquisitor v. Cambrai, I. 536; II. 148.
Nikolaus v Pilgram, Führer und Bischof der Taboriten, II. 595. 598.
Nikolaus v. Rupella über jüdische Bücher, I. 620.
Nikolaus v. Santa Maria, Abt, II 314.
Nikolaus v. Schlesien, Führer der Nikolinisten, II. 474.
Nikolaus v. Strassburg, Inquisitor der deutschen Provinz, I. 404.
Nikolaus v. Trau, Inquisitor in Bosnien, II. 351 f
Nikolaus v. Vilenowić, Priester in Prag, verhaftet wegen seines Waldensianismus, II. 512.
Nikolinisten, Anhänger der Böhmischen Brüder, II. 474.
Nilus, hl., sein Vertrauen auf das Gebet, III. 446.
Nîmes, wiederholte Folterung der Templer in, III. 361.
Ninoslaw, Katharer, Ban v. Bosnien (1232—50), II. 332—337.
Niort, Herren von, Fall der, I. 482; II. 23. 29.
Nivelles in Brabant, Beguinenhof in, II. 400.
Nivernais, Ketzerei im, I. 143.
Noffo Dei, seine Lügen über die Templer, III. 287.
Nogaret, Wilhelm v., nimmt Bonifaz VIII. zu Anagni gefangen (1303), II. 62.
— bereitet den Angriff gegen die Templer vor, III. 289 f.
— nimmt den Pariser Tempel in Besitz, III. 294.
— spioniert bei der Vorführung Molays, III. 329.
— von einem Templer vor den Richterstuhl Gottes geladen; sein Tod, III. 370.
Nominalisten, III. 620.
Non compos, nicht zurechnungsfähig, Einwand des, I. 502.
Nonnenklöster, ihre sittliche Entartung, III. 705 f. 712.
Norbert, hl, I. 10.
— seine Bemühungen in Antwerpen, I. 71.
Nordhausen, Konrad v. Marburg vertreibt die gottlosen Nonnen aus dem Nonnenkloster von (1227), II. 375.
Nordhausen, Begarden verbrannt von dem Inquisitor Kerling (1369), II. 442.
Nordische Zauberei, III. 454 ff.
Normandie, Hexen in der, III. 598. 600.
Northfield, Thomas, Dominikaner v. Worcester, der Zauberei verdächtig, III. 528.
Norwegen, Inquisition eingerichtet in (1421), I. 397.
— Magie in, III. 454.
— Unterdrückung der heidnischen Zauberei, III. 474.
— Gesetzgebung über Zauberei, III. 487.
Notabeln, zugezogen zum Autodafé, I 431.
Notare, I. 422 f.
— dürfen keinen Widerruf aufsetzen, I. 479; II. 67.
— Gefahr bei Aufsetzung von Appellationen, I. 497 f.; II. 79 f.
— ernannt von den Inquisitoren, II. 443 f.
Notoria, Ars. die Kunst, alles zu wissen, III. 483 492.
Novate, Jakob v., Guglielmite, III. 106.
Nürnberg, entzieht Gregor v. Heimburg seinen Schutz, II. 476.
— schränkt die Almosen an die Franziskaner ein, III. 64.
— Nürnberger Protest Ludwig des Bayern (18. Dezember 1323), III. 154.
Nuñez Sancho v. Roussillon befiehlt die Ächtung der Ketzer (1217), I. 358.

O.

Obedienz- und Treueid, von den Inquisitoren dem Papste geleistet, I. 394.
Obergewalt der Krone in Frankreich, II. 144.
Obizzo, Bischof v. Parma, und Segarelli, III 120. 121.
Obrigkeiten müssen schwören, die Ketzerei auszurotten, I. 560.
Observanten oder Franziskaner von der strengen Observanz, gegründet 1368, III. 194.
— nehmen die Kongregation der Clarener in sich auf, III. 71.
— ihr Missionseifer, II. 349.
— bekommen die Oberhand, III. 195.
— vernichten die Fraticellen, III. 202.
— benutzt gegen Savonarola, III 246.
— verurteilen die Buchdruckerkunst (1471), III. 480.
Occam, Wilhelm v., Franziskaner, über die Armut Christi, III. 151.

Occam, Wilhelm v., Franziskaner, verteidigt Ludwig den Bayern, III. 166. 167.
— erneuert den Nominalismus, III. 621.
— sein Tod (1347- 50), III. 175.
Ochsen, von Hexen gegessen und wieder lebendig gemacht, III. 563.
Octavian, Legat, verurteilt Eberhard v. Châteauneuf (1201), I. 144. 344.
Odin, seine Kenntnis der Runen, III. 456.
Österreich, Inquisition in, I. 338; II. 393.
— Luziferianer in, II. 406. 425.
— Waldenser in, II. 455. 473.
— Befehl zur Verhaftung der Templer in, III. 343.
Offiziale, bischöfliche Richter, ihre Erpressungen und Ungerechtigkeiten, I. 24. 25.
— ihre Befugnisse, I. 346.
Olaf, hl , sein Missionszug nach Finnland, III. 458.
Olaf Tryggvesson, sein Kampf gegen das Heidentum, III. 458.
— seine grausame Verfolgung der Zauberer, III. 474.
Olaus Magnus, über die Zauberei in den nordischen Gegenden, III. 488.
Oldegardi, Catella und Pietra, Guglielmitinnen, III. 114.
Oldenburg, Grafen v., ihre Kämpfe mit den Stedingern, III. 207.
Oldradus v. Tresseno, Podestà v. Mailand, verfolgt Ketzer, II. 236.
Oler, Peter, v. Mallorka, Spirituale, verbrannt, III. 95.
Olier, Jean Jacques, seine Annäherung an den Manichäismus, I. 110.
Olivi, Petrus Johannes (1248—1298), Franziskanerspiritual, über die Verdienstlichkeit der Betrachtung, III. 2.
— erkennt Bonifaz VIII. an, III. 41.
— seine Laufbahn, III. 46.
— sein Tod, III. 49.
— seine Reliquien, III. 50.
— nicht verurteilt vom Konzil v. Vienne, III. 50.
— Joachimitismus ihm zugeschrieben, III. 53.
— Bitte um einen Kultus für ihn, III. 63.
— seine Schriften von der Inquisition verboten, III. 81.
— über das päpstliche Dispensationsrecht, III. 88.
— übertriebene Verehrung für ihn, III. 92.
— schreibt die Armut für die Bischöfe vor, III. 149.

Olivi, Petrus Johannes, über den Widerspruch zwischen dem Gelöbnis der Armut und dem Besitz von Eigentum, III. 150.
— angezogen im Proteste von Sachsenhausen, III. 155 f.
— verehrt von den Fraticellen, III. 184.
Olivisten, ihr Joachimitismus, III. 48.
— ihre revolutionären Lehren, III. 72.
— zur Rebellion getrieben, III. 78.
— leugnen die päpstliche Autorität, III. 82. 88.
— Sympathie des Volkes für sie, III. 84.
— zahlreich verbrannt, III. 86.
— ihre Heiligen und Märtyrer, III. 89 f.
— ihre Liebe und Menschenfreundlichkeit, III. 92.
— ihre Lebensweise, III. 93.
— ihre Ausrottung, III. 94.
Oller, Geronimo, Priester und Astrologe in Barcelona, sagt den Tod Heinrichs IV. v. Frankreich voraus, III. 503.
Olmütz, Inquisition in der Diözese (1335), II. 492.
— Johann, Student aus Prag, verbrannt (1415), II. 565
Ombriano, Ermordung zweier Inquisitoren in, II. 243.
Oneiroskopie (Traumdeutung), III. 503.
Opfer, Weissagung aus denselben, III. 455
Opfergaben bei Totenmessen, I. 34.
Oppert, seine Erklärung für das Wort Labarum, III. 446.
Opstallesboom, Gesetze von, handeln nicht über Zauberei, III. 487 f.
Ordalien — siehe Gottesurteil.
Ordelaffi, Basilio, seine Ketzerei, III. 269.
Ordelaffi v. Florenz, Kreuzzug gegen die, III. 230.
Ordenamiento v. Alcalà, kastilisches Gesetz, sagt nichts von Ketzerei (1348) II. 208
Ordibarier — siehe Ortlieber.
Ordinarien — siehe Offiziale.
Organisation der Inquisition, I. 369.
— ihre Wirksamkeit, I. 440.
Origenes, seine Dämonologie, III. 431.
Orléans, Wahl eines Bischofs für, I. 10.
— Katharer in, I. 120; II. 379.
— Pastoureaux in, I. 303.
— Belagerung von, III. 384. 391.
— Jungfrau von — siehe Johanna d'Arc.
Orozco, Geronymo, Abt von Gumiel, I. 278.
Orsini, Cajetano, Kardinal v. San Nicolò, General-Inquisitor, I. 443.

Orsini, Cajetano, Kardinal v. San Niccolò, General-Inquisitor, besteigt als Nikolaus III. den päpstlichen Stuhl (1277), I. 444.
Orsini, Napoleone, Kardinal, Beschützer der Spiritualen, III. 39. 44. 62.
Ortlieb v. Strassburg, II. 366.
Ortlieber (Ortlibenser), I. 97.
— ihr Ursprung, II. 363.
— in Passau, II. 394.
— in Schwaben, II. 402.
— Ursprung und Entwicklung ihrer Lehre, II. 403.
— ihr Mystizismus, II. 406. 408. 414.
— verurteilt von Bonifaz VIII. (1297), II. 416.
— — von dem Konzil v. Vienne (1311), II. 418.
— ihr Missionseifer, II. 418.
— ihre Verfolgung in ganz Deutschland, II. 422—26.
— verbunden mit den Flagellanten, II. 436.
— ihre Zunahme in Langres, II. 657 f.
— Censurierung ihrer Bücher, III. 687 f. (Vgl. Brüder des freien Geistes)
Orton, Dämon, III. 433.
Ortspolizei-System der Inquisition, I. 432.
Orvieto, Katharismus in, I. 127; II. 269.
Osasco, Geringschätzung der Inquisition in, II. 295.
Osma, Diego v. Azevedo, Bischof v., widmet sich der Bekehrung der Albigenser, I. 156.
Ostgoten, ihre Gesetze über Zauberei, III. 451.
Osthanes, persischer Magier, III. 440.
Oströmisches Reich, Gesetze gegen Zauberei, III. 449 f.
Otbert, Inquisitor, sein Gehalt, I. 592.
Otto IV., Kaiser (1198—1218), angerufen von Raimund VI. v. Toulouse, I. 165.
— seine Gesetze über Ketzerei, I. 247. 358. 538 562.
— befiehlt die Ächtung der Ketzer in Ferrara (1210), II. 219.
— befiehlt die Verfolgung der Waldenser in der Diözese Turin, II. 221.
Otto, Bischof v. Konstanz, sein Streit mit Huss, II. 525.
Otto, Erzbischof v. Magdeburg, seine Milde, II. 424.
Ottokar II., König v. Böhmen, bittet den Papst Alexander IV. um Ausrottung der Ketzerei, II. 489.
Oxford, Katharer von, I. 115. 125.

Oxford, unechte Briefe der Universität Oxford über die Rechtgläubigkeit Wiclifs, II. 507.
— Konzil v. (1222), verbrennt einen Juden, I. 249. 394.
Oxista, Michael, Patriarch v. Konstantinopel, verbrennt Bogomilen, I. 242.

P.

Pace v. Pesamigola, Ritter v. Bergamo, II. 239.
Pace v. Vedano, Inquisitor, leitet das Verfahren gegen die Visconti, III. 226. 229.
Padua, Erpressungen der Inquisition in, I. 534.
— Bischof v., zur Verfolgung ermahnt, II. 237.
— Plünderung durch die Kreuzfahrer, II. 257.
— errichtet Peter v. Abano eine Ehrensäule, III. 497.
— Averrhoismus gelehrt in, III. 645.
Päpste, Berufung an die, I. 504.
— können allein die Ketzerei verzeihen, I. 554.
— reissen die Konfiskationen an sich, I. 573.
— ketzerische, Jakob della Marcas Meinung über, III. 185.
— beanspruchen Universalgewalt, III. 217. 691.
— ihr Verhalten gegen die griechische Kirche, III. 691.
— über Simonie, III. 703. 704. 705.
Päpstliche Abneigung gegen allgemeine Konzilien, II. 604.
— Ansprüche auf das Recht der Bestätigung des Kaisers, III. 152.
— Archive nach Paris gebracht (1810), III. 362.
— Autorität, geleugnet von den Olivisten, III. 82.
— Begünstigung der Bettelorden, I. 305.
— — der Ritterorden, III. 272.
— Bevollmächtigte, Bettelmönche verwandt als, I. 309.
— Briefe, Missbrauch mit denselben, I. 20.
— — Fälschung derselben, I. 21.
— Bullen gegen Zauberei, III. 511 f.
— — gegen Hexerei, III. 561. 565. 572. 600. 603. 610. 612.
— Dispensation von Gelübden, III. 31. 86.
— Einmischung in die Inquisition, I. 505.
— Erpressungen in Deutschland, II. 495. 634.

Päpstliche Inquisition, ihre Wirksamkeit, I. 408.
— Interessen, wichtiger als Palästina, III. 214. 218.
— Kreuzzüge zur Förderung weltlicher Interessen, I. 49; III. 215.
— Reisen, ihre schädlichen Folgen, I. 19.
Pagan, Herr v. Bécède, Führer der Katharer, I. 226; II. 16.
Paganismus — siehe Heidentum.
Pagano, Konrad, Inquisitor, ermordet, II. 267.
Pagano . v. Pietra Santa, Fra, wegen Ketzerei verfolgt, III. 40.
— unterstützt die Guglielmiten, III. 111 f.
Palästina, Inquisition in, I. 398.
Palecz, Stephan v., Professor in Prag, über Ketzerei, I. 265; III. 616.
— seine Beziehungen zu Huss, II. 509. 510. 514.
— verbannt aus Prag, II. 517.
— Feind des Huss in Konstanz, II. 527. 540. 543.
— hört Huss Beichte, II. 556.
— klagt Hieronymus v. Prag an, II. 569.
— über Simonie, III. 703.
Palencia, Ketzer in, II. 206.
Palestrina, Fraticellen vertrieben aus, III. 199.
Palma auf Mallorca, Franziskanerkirche in, III. 196
— Lullus' Verehrung in, III. 649 f.
Palmieri, Matteo, v. Pisa, sein Fall, III. 640.
Pamiers, Versammlung der Sachverständigen in (1329), I. 435.
— Bischof v., verhaftet wegen Verrats (1301), II. 77. 83.
— Juden von, der Inquisition unterstellt, II. 104.
Pampelona, Streit um Leichen in, I. 314.
— Inquisition eingeführt in, II. 186.
Pandolfo v. Soriano, Beschützer der Ketzer, II. 269.
Pantaleon, Dominikaner-Inquisitor in Abessinien, I. 398.
Pantheismus, der Amalricianer, II. 363.
— seine Anwendung auf Satan, II 367. 405.
— entwickelt von den Ortliebern, II. 403 f.
— Meister Eckart, angeklagt des, I. 404; II. 407.
Paoluccio da Trinci aus Foligno, Stifter der Observanten, III. 187. 193 f.
Papelards, volkstümliche Bezeichnung für die Amalricianer, II. 366.

Papsttum, Obergewalt des, I. 1.
— erlangt das Recht der Anstellung, I. 7.
— Appellationen an das, I. 504.
— Ungehorsam gegen dasselbe ist Ketzerei, I. 257; III. 205. 217. 691. 692.
Paramo, Ludwig v., Inquisitor in Sizilien, über das Inquisitionsverfahren Gottes gegen Adam und Eva, I. 453.
— über die Zahl der verbrannten Hexen, III. 614.
Parenti, Johannes, Franziskaner-General, gewählt (1227), III 4.
— abgesetzt (1232), III. 5.
Parete Calvo, die kahle Wand, Zufluchtsort der Dolcinisten, III. 129. 135.
Paris, Vertrag v. (1229), I. 227—230.
— Dominikanerorden, eingeführt in, I. 285.
— Einschränkung des Waffentragens, I. 427.
— erstes Autodafé in Paris (1310), II. 136.
— Turlupinen in, II. 140 f.
— Fall des Hugo Aubriot, II. 141.
— der schwarze Tod in, II. 429.
— Inquisition v., ihre Jurisdiktion erweitert, II. 55. 130. 131.
— verlangt den Prozess gegen Johanna d'Arc, III. 407.
— Konzil von (829), über Zauberei, III. 466.
— Konzil von (1212), über Zauberei, III. 476 f.
— Konzil von (1350), über bischöfliche Inquisition, I. 406. — (Siehe auch „Universität Paris".)
Parlament v. Paris, Ausdehnung seiner Jurisdiktion, II. 61.
— beansprucht die höchste geistliche Jurisdiktion II 144. 145. 147. 161.
— verteidigt die Pragmatische Sanktion, II. 149.
— verurteilt Johann Laillier, II 159.
— beansprucht die Jurisdiktion über Zauberei, III. 482. 520. 572.
— Gesetze gegen Astrologie, III. 503.
— rehabilitiert die Vauderie v. Arras, III. 591 f.
Parma, die Gesellschaft der „Ritter Jesu Christi" gegründet zu, II. 237.
— Volksaufstand gegen die Inquisition, II. 268.
— Gerhard Segarelli, III. 117. 120.
Partenay, Herr v., sein Fall, I. 504; II. 137.
Paschalis II., Papst (1099—1118), über bekehrte Ketzer, I. 122.

Paschalis II. Papst, über die Kommunion, II. 540.
— seine Ketzerei, III. 205 f.
Pasquale, Bartolomeo, Podestà, verurteilt Hexen, III. 577.
Passagier, Sekte, I. 97.
Passau, der Inquisitor von, der sog. Passauer Anonymus, I. 59. 141; II. 393.
— verjagt seinen Bischof, II. 607.
Passerino v. Mantua, Führer der Ghibellinen in der Lombardei, III. 222. 228.
Pastoralis praeeminentiae, Bulle Clemens' V. vom 22. November 1307 gegen die Templer, III. 316. 344. 347. 351. 355.
Pastoureaux, die, I. 301; II. 431.
Pastourel, ein Schäfer, tritt als Nachfolger der Johanna d'Arc auf, III. 426.
Pastre, Giuliano oder Martino, Waldenser-Missionar, gefangen genommen, II. 292.
Patariner, Name für Katharer, I. 126.
Paternon, Filippo, Katharer-Bischof, I. 365.
Patrick, hl , seine Lorica (Zauberhymne), III. 452.
Patrick, Konzil v., über Zauberei, III. 469 f.
Patrimonium St. Petri (der Kirchenstaat), Inquisition im, II. 269.
— Inquisitoren im, II. 270.
— Templer im, III. 345.
Paul II., Papst (1464—71), verurteilt Podiebrad als Ketzer, II. 637.
— lässt Kreuzzug gegen Böhmen predigen, II. 637.
— bekehrt Fraticellen, III. 200 f.
— über Agnus dei, III. 462.
— verfolgt die Akademie, III. 636 ff.
Paul III., Papst (1534—49), verteidigt das Andenken Savonarolas, III. 266 f.
Paul IV., Papst (1551—59), lässt die Werke Savonarolas prüfen, III. 267.
— verurteilt Lullus, III 656.
Paul V., Papst (1605—21), erlaubt den Jesuaten, die Priesterweihe zu empfangen, III. 193.
— verurteilt Lullus, III. 657.
— verbietet die Diskussion über die unbefleckte Empfängnis, III. 682.
— erklärt die Lehre von dem Martyrium für die unbefleckte Empfängnis für ketzerisch, III. 684.
Paul Klesić, bosnischer Woiwode, II. 346.
Paul v. Samosata, I. 99.
Paulicianismus, I. 99.

Paulus, hl., Apostel, über Verfolgung u. Toleranz, I. 234.
— sein Sieg über die Magier, III. 445.
Pauperes Catholici — siehe „Arme Katholiken".
Pavia, Konzil v., 850, über Liebestränke, III. 469.
Pavo, Anton, Inquisitor, ermordet in Bricherasio, II. 293.
Peckham, Johann, Erzbischof v. Canterbury, verurteilt den Averrhoismus, I. 394; III. 629.
Peine forte et dure, I. 500.
Peinigungen, körperliche u. geistige, des Angeklagten, I. 467.
Peitavin Borsier, Katharer, II. 12.
Pelagius I., Papst (555—60), drängt zur Verfolgung, I. 242.
Pelagonia, zerstört von den Kreuzfahrern, I. 118
Pelayo Alvarus, Bischof v. Silva, Pönitentiar Johanns XXII , Franziskaner, über Veruntreuungen der Inquisitoren, I. 572.
— über Dolcino, III. 139.
— über die Armut, III. 147.
— über Incubi, III. 435.
— leugnet die unbefleckte Empfängnis, III. 669.
— über die Verderbtheit der Geistlichen, III. 709.
— über die Verderbtheit der Laien, III. 720.
Pelisson, Wilhelm, Inquisitor, seine Tätigkeit, II. 10.
Penhaiben, Ägypter, wegen Zauberei verurteilt (1300 v. Chr.), III. 438.
Peniscola, Papst der Fraticellen in, III. 197.
Perfecti — siehe Vollkommene.
Perfektionisten, Sekte in Cincinnati, III. 115.
Périgord, Ketzer in, I. 79.
— Bischof v , foltert Templer, III. 326.
Péronne, Frau aus der Bretagne, verbrannt, III. 425.
Péronne, Ketzer verbrannt in, II. 127.
Perosa, Tal von, Waldenserniederlassung, II. 221. 292. 296.
Persant, Johann v., wegen Zauberei verbrannt, III. 513. 514.
Personal des Gerichtshofes der Inquisition, I. 419.
Perugia, Gesetze zur Einschränkung der Inquisition, II. 315.
— Generalkapitel der Franziskaner zu (1322), über die Armut Christi, III. 149.

Perugia, Hauptquartier der Fraticellen, III. 185. 187.
Peter I., König von Aragon, unterstellt Aragon dem hl. Stuhle (1089), I. 175.
Peter II., König v. Aragon, verfolgt die Waldenser, I. 89.
— erhebt zuerst die Strafe des Feuertodes für Ketzerei zum Gesetz (1197), I. 89. 247.
— seine Beziehungen zu Raimund VI. v. Toulouse, I. 146.
— vernachlässigt die Verfolgung, I. 155.
— sein Charakter, I. 174.
— vermittelt in Languedoc, I. 190.
— sein Tod bei Muret (1213), I. 198.
Peter III, König v. Aragon, erhält Sizilien (1282), II. 280.
— Kreuzzug gegen ihn, III. 215.
Peter IV., König v. Aragon, sein Glaube an Astrologie, III. 501.
— begünstigt den Lullismus (1369) III. 653.
Peter der Grausame von Kastilien, sein Glaube an Astrologie, III. 501.
Peter v. Abano (Apono) (1250 - 1316), III. 496. 502.
Peter d'Ailly, Bischof v. Cambrai, Kardinal, seine Intoleranz, I. 605.
— erkennt die Inquisition an, II. 155.
— verurteilt den Karmeliter Wilhelm v. Hildernissen (1411), II. 462.
— verurteilt den Dominikaner Matthäus Grabow (1418), II 466.
— sein Verfahren gegen Huss, II. 554. 559.
— begünstigt Hieronymus v. Prag, II. 571.
— sein Glaube an Joachim, III. 13.
— sein astrologisches Werk, III. 494. 501 f.
Peter v. Albalat, Erzbischof v. Tarragona, organisiert die Inquisition in Aragon, II. 187.
Peter Amiel, Erzbischof v. Narbonne, I. 219. 226. 370; II. 14. 29 f.
Peter v. Aquila, Inquisitor v. Florenz, verkauft die Erlaubnis zum Waffentragen, I. 428.
— seine Erpressungen, I. 535.
— seine Veruntreuungen, I. 578.
— seine Dienste u. sein Lohn, II. 312.
Peter v. Aragon, Edelmann v. Carcassonne, sein Fall, II. 275.
Peter Autier, Führer der Katharer, seine Laufbahn, II. 114—116.
— verbrannt (1310), II. 116.
Peter v. Benevent, Kardinallegat, sein Betrug, I. 199. 200.

Peter v. Bern, Richter im Simmental, Hexenverfolger, III. 563. 570. 596.
Peter v. Blois, Archidiakon v. Bath, lehnt die bischöfliche Würde ab, I. 15.
— über bischöfliche Ordinarien, I. 25.
— über Schwarzkunst, III. 471.
— über die Jungfrau Maria, III. 668.
Peter v. Bologna, Prokurator des Templerordens, III. 332. 336. 337.
Peter v. Bracciano, Franziskanerinquisitor, ermordet, I. 514; II. 248.
Peter le Brousart, Inquisitor v. Arras, III. 581.
Peter Bruni, Inquisitor, seine Tätigkeit, II. 189.
Peter v. Bruys, I. 74.
Peter v. Cadreyta, Inquisitor v. Aragon, ermordet, II. 190.
Peter Cantor, lehnt die Annahme der Bischofswürde ab, I. 15.
— über geistliche Missbräuche, I. 23. 26. 31. 57.
— mahnt zur Toleranz, I. 246.
— hilft Fulco v. Neuilly, I. 273.
— missbilligt die Gottesgerichte, I 342.
Peter v. Castelnau, Cisterzienser, päpstlicher Legat, I. 151. 154. 157.
— seine Ermordung (1208), I. 160 f.
Peter Cella, Inquisitor v. Toulouse, I. 609; II. 8. 10. 18. 22. 23.
— Liste seiner Urteile (1241—42), II. 32. 659.
Peter Chelcicky, tadelt die Taboriten, II. 598.
— sein Einfluss auf die Böhmischen Brüder, II. 641.
Peter v. Cherrut, seine Aufnahme in den Templerorden, III. 314.
Peter v. St. Chrysogono, Kardinal weist eine Bestechung zurück, I. 8. 134.
Peter v. Colmieu, Erzbischof v. Rouen — siehe Albano, Kardinal v.
Peter v. Corbara, Gegenpapst der Fraticellen (1328 –30), III. 164. 169.
Peter v. Dresden, veranlasst die Kommunion unter beiden Gestalten in Prag, II. 538.
Peter Fabri, Inquisitor v Embrun, seine Armut, I. 596.
— verfolgt Waldenser, II. 176.
Peter, Vicomte v. Fenouillèdes, II. 120.
Peter Flotte, Einfluss des, II. 62.
Peter Floure, Inquisitor v. Reims (1411 bis 1420), II. 148.
Peter Freserii, Einsiedler, wegen Ketzerei angeklagt, II. 201.

Peter de l'Hôpital, Vorsitzender im Prozesse des Gilles v. Rais, III 537. 540. 542 f.
Peter v. Lugo, Apostel, III. 119. 138.
Peter v. Luna — siehe Benedikt XIII.
Peter, Erzbischof v. Mainz, begünstigt die Templer, III. 348.
Peter Mauclerc, macht eine Verschwörung gegen Ludwig VIII., I. 223.
Peter Mauran, sein Fall, I. 134.
Peter v. Montbrun, Erzbischof v. Narbonne, stellt eine Untersuchung an gegen die Inquisition, II. 77.
Peter v. Mulceone, Inquisitor v. Toulouse, fälscht Protokolle, II. 78.
Peter v. Murrone — siehe Cölestin V.
Peter v. Osma, Lehrer an der Universität Salamanca, seine Ketzerei, II. 212.
Peter v. Parenzo, hl., ermordet, I 127.
Peter Paschalis, Inquisitor, ermordet von den Waldensern, II. 168.
Peter v. Pilichdorf, sein angeblicher Traktat über die Waldenser, II. 451.
Peter, Kaufmann v. Poitiers, wegen Zauberei angeklagt, III. 482.
Peter Probi v. Castres, II. 88. 108. 109.
Peter Raymund, Kathaier, seine Endura, I. 439.
Peter Raymund Dominique, sein Fall, I 543.
Peter Roger v. Mirepoix, Teilnehmer an dem Blutbade von Avignonet, II. 38.
Peter v. Ruffa, Inquisitor von Piemont, ermordet, II. 292.
Peter Sanche, Katharermissionar, II. 114.
Peter di Ser Lippo, toskanischer Inquisitor, II. 316.
Peter v. Tonenes, Inquisitor v. Aragon, II. 190.
Peter v. Tornamire, sein Fall, I. 421. 502.
Peter Tort, über Korn- und Weinvorräte der Franziskaner, III. 87.
Peter des Vaux, Waldensermissionar, II. 163.
Peter v. Verona (St. Petrus Martyr), sein Lebenslauf, I. 54; II. 234.
— seine Tätigkeit in Florenz, II. 239.
— Inquisitor v. der Lombardei, II. 241.
— ermordet (1252), II. 243.
— Schicksal seiner Mörder, I. 514.
Peter v. Voix, Inquisitor v. Evreux, II. 151.
Peter Waldes — siehe Waldes.
Peter Zwicker, Provinzial des Cölestinerordens, Inquisitor in Deutschland, I. 337; II. 452

Petit, Johann, Lehrer an der Sorbonne, sein Fall, III. 379.
— beschuldigt den Herzog v. Orléans der Zauberei, III. 527.
Petosiris, astrologische Tafeln, III. 493
Petrarca, über den Neffen Johanns XXII., Bertrand v. Poyet, III. 228 f.
— über Astrologie, III. 501.
— über Averrhoismus, III. 631.
— über den päpstlichen Hof in Avignon, III. 711.
Petrobrusianer, die, I. 75.
Petroc, hl., Diebstahl seiner Reliquien, I. 52.
Petronella v. Valette, verbrannt wegen Zauberei, III. 482. 516.
Petrus, hl, Apostel, sein Sieg über Simon Magus, III. 445.
Petrus v. Ceplanes, Priester v. Cella, seine Ketzerei, II. 199 f.
Petrus Damiani, hl., über den Charakter des Klerus, I. 7.
Petrus Guidonis, zum Inquisitor in Toulouse ernannt (1342), II. 146.
Petrus v. Lucca, Augustiner-Kanoniker, seine Ketzerei über die Empfängnis Christi, III. 675.
Petrus Lombardus, über die Qualen der Verdammten, I. 270.
— angegriffen von Joachim v. Floris, III. 15.
— leugnet die unbefleckte Empfängnis, III 667
Petrus Martyr, St. — siehe Peter v. Verona.
Petrus de Palude, Dominikaner, über die Templer, III. 371.
Petrus de Rivo, seine Irrtümer, III. 622.
Petrus Venerabilis, Abt von Cluny, päpstlicher Legat in Languedoc, widerlegt den Koran, I. 63.
— widerlegt die Petrobrusianer, I. 76
— über den Talmud, I. 620.
Pexiarcho, de, ketzerische Sekte, II. 141.
Pézénas, Olivisten verbrannt in, III. 86.
Pfalzel, 118 Hexen verbrannt in (1586), III 614.
Pfefferkorn, sein Streit mit Reuchlin, II. 483.
Pferde, den Göttern geweihte, bei den Germanen zu Vorzeichen benutzt, III. 455.
Pflicht zur Ketzerverfolgung, I. 201.
— des weltlichen Herrschers zur Verbrennung der Ketzer, I. 600.
— — zur Verbrennung der Hexen, III. 612.

Pfründen, Missbräuche bei der Verleihung von, I. 27 f.; II. 496; III. 705—7. 709. 717.
— Häufung der, I. 29.
Pharees, Simon, Astrologe, sein Fall, III. 502.
Philadelphia, Bischof v., Papst der Fraticellen, III. 185.
Philipp I., König v. Frankreich (1060—1108), seine Exkommunikation, I. 5.
— verkauft Bischofssitze, I. 9. 10
Philipp II., August, König v. Frankreich (1180—1223), seine Uneigennützigkeit, I. 8.
— sein Verhalten gegenüber den Albigensern, I. 154. 160. 164. 165. 195. 205. 210.
— sein Tod und dessen Wirkungen, I. 212.
— sein Vermächtnis an die Ritterorden, III. 271.
— verlässt seine Gemahlin Ingeborg v. Dänemark wegen Zauberei (1193), I. 159 f.; III. 470.
Philipp III., der Kühne, König v. Frankreich (1270—84), erhält Toulouse, I. 231.
— besucht Languedoc, II. 60.
— Appellation der Stadt Carcassonne an, II. 63.
— sein Kreuzzug gegen Aragon, III 215
Philipp IV., der Schöne, König v. Frankreich (1285—1314), über die Tortur, I. 472.
— sein Streit mit dem Bischof v. Albi, I. 578.
— verurteilt den Talmud, I. 621.
— über die Konfiskationen in Albi, I. 644.
— seine Reformen bezüglich der Inquisition, II. 66. 67. 69. 86. 94.
— sein Verfahren gegen die Juden, II. 67. 68. 87; III. 287. 507.
— sein Streit mit Bonifaz VIII., II. 62. 70. 105; III. 291.
— sein Verhalten gegenüber Languedoc, II. 72. 82. 84. 85. 93. 95. 97. 98.
— seine Exequatur für einen Inquisitor in der Champagne und Brie, II. 134. 654.
— sein Verfahren gegen die Templer III. 284. 285. 290. 293. 294. 315. 318. 319. 328. 329. 334. 364. 369.
— sein Tod, III. 369.
Philipp V., der Lange, König v. Frankreich (1316—28), erzwingt die Wahl Johanns XXII., II. 107.

Philipp V., der Lange, König v. Frankreich, verfolgt Aussätzige und Juden, II. 430.
— der Plan, ihm die Templerbesitzungen zu geben, III. 286 f.
— seine Abmachungen mit den Hospitalitern bezüglich des Templereigentums, III. 378.
Philipp VI. v. Valois, König v. Frankreich (1328—50), unterstellt den Staat der Inquisition, I. 430; II. 139.
— lässt das Inquisitionsgefängnis in Carcassonne ausbessern, I. 548.
— über die Schulden von Ketzern, I. 581.
— über die Konfiskationen in Albi, I. 645.
— dehnt die königliche Jurisdiktion aus, II 194.
— unterdrückt die Flagellanten, II. 433.
— macht einen Einfall in die Lombardei, III. 223.
— bestätigt die Jurisdiktion der Inquisition, III. 512.
— über die Anschauung der Seligen, III. 662. 663.
Philipp II., König v. Spanien (1555—98), begünstigt den Lullismus (1597), III. 656. 657.
Philipp III., König v. Spanien (1598—1621), erstrebt die Kanonisation Lulls', III 657.
Philipp, Herzog v. Achaia und Rumänien, verhaftet die Templer, III. 344.
Philipp der Gute, Herzog v. Burgund, über die Konfiskation, I. 584.
— befiehlt seinen Beamten Gehorsam gegen den Inquisitor Heinrich Kalteysen, I. 599; II. 155. 467. 658.
— belagert Compiègne, III. 403.
— sein Verhalten bei der Vauderie v. Arras, III. 585. 587. 592.
Philipp I., Graf v. Flandern, verfolgt die Katharer, I. 124.
Philipp, Nekromant, III. 477.
Philipp, Dominikaner, General-Inquisitor v. Abessinien, I. 334.
Philipp Bonaccorso, Inquisitor v. Treviso, reinigt die widerspenstige und zum Gehorsam gezwungene Stadt Sermione (1276), III. 265.
Philipp v. Dreux, Bischof v. Beauvais, I. 13.
Philipp, Bischof v. Fermo, päpstlicher Legat in Ungarn, II. 338.
Philipp v. Mallorka, Franziskanerspiritual, III. 90.

Philipp v. Marigny, Erzbischof v. Sens, sein Verfahren gegen die Templer, II. 656; III. 334.
Philipp v. Montfort, sein Gewinn aus den Konfiskationen, II. 121
Philipp, Magister, Kanzler der Universität Paris, I. 29.
Philipp, Erzbischof v Ravenna, päpstlicher Legat, leitet den Kreuzzug gegen Ezzelin (1256), II. 256.
Philipp, Bischof v Sidon, bei den Calixtinern, II. 644.
Philippus Neri, hl., seine Verehrung für Savonarola, III. 267.
Philosophie, ihr Gegensatz zur Theologie, III. 623. 628.
Philtra —. siehe Liebestränke.
Physiognomik, Wissenschaft der, III. 485.
Piacenza, Katharer in, I. 129.
— Unruhen in (1204), II. 222 f.
— Unruhen inbetreff der Ketzerei, II. 229, 251 f. 265.
Piagnoni, Parteigänger Savonarolas, III. 242. 247. 257.
Pichardus, Begarde, stiftet in Böhmen die Sekte der Adamiten, II. 590.
Picken, Hineinstechen von langen Nadeln in den Leib der Hexe zur Entdeckung des Hexenmals, als Ersatz für die Folter in England, III 565.
Pico della Mirandola, Gianfrancesco, sein Glaube an Savonarola, III. 239.
— über den Hexensabbat, III. 556.
— drängt auf Reformen, III. 717.
— seine Irrtümer (1487), III. 640.
Piemont, Waldenser in, I. 474; II 221. 291.
— Konfiskationen in, I. 573
— Katharismus in, II. 287.
Pierre Cardinal, Troubadour, seine Gedichte, I. 59; II. 2. 15.
Pierre Julien, Franziskaner, Fall des, I. 436.
Pietro v. Assisi, sein Fall, I. 466.
Pietro Balsamo, sein Fall, I. 514.
Pifferi, Francesco, Professor in Siena, sein Kommentar über die Sphära von Sacrobosco, III. 498 f.
Pifres, Name für Katharer, I. 127.
Pignerol (Pinerolo), Statuten v., über Ketzerei, I. 358; II. 222.
— Misserfolg der Inquisition in, II. 295.
Pikarden kommen nach Böhmen; sind zweifellos Begarden, II. 590.
Pilardi, I. 138.
Pilgerfahrten, als Busse auferlegt, I. 520.
Piombino, Fraticellen verfolgt in (1471), III. 202.

Piphili, Name für Katharer, I. 127.
Pisa, Ketzer verbrannt in, II. 238. 319.
— Johann XXII. in effigie verbrannt in (1329), III. 167.
— seine Citadelle den Florentinern von Karl VIII. nicht zurückgegeben, III. 242.
— Konzil v. (1409), bittet Alexander V. um eine Reform der Kirche an Haupt und Gliedern, III. 714.
Piso Gneius tötet Germanicus Caesar, III. 441.
Pistoja, Einschränkung des Waffentragens, I. 427.
— Gesetze zur Einschränkung der Inquisition, II. 316.
Pius II. (Aeneas Sylvius), Papst (1458—64), stellt die Franziskaner unter die Jurisdiktion ihrer eigenen Generalminister, I. 406.
— ändert Bussen um, I. 530.
— bewirkt die Aufhebung der Pragmatischen Sanktion, II. 150.
— vermittelt die Freilassung des Inquisitors v. Lyon, II. 157.
— über den Streit betreffs des Blutes Christi, II. 194.
— bestätigt die Inquisition v. Barcelona, II. 203.
— seine Vermittlung in Bosnien, II. 355.
— belegt Tirol mit dem Interdikte, II. 475.
— seine Achtung für Huss, II. 509. 576.
— Ketzerei löst den Lehenseid, II. 536.
— seine Schilderung des Berges Tabor, II. 596. 598. 638.
— sein Verhalten gegen Böhmen, II. 616. 622. 630. 635. 636. 637.
— seine Bemühungen für einen Kreuzzug (1454), II. 629.
— seine Charakteristik Capistrano's, II. 632.
— seine Meinung über die Franziskaner-Konventualen, III. 195.
— seine Toleranz, III. 635.
— befiehlt die Verfolgung von Hexen in der Brétagne, III. 600.
— seine Verteidigung der weltlichen Macht des Papsttums, III. 634.
— über die Sittenlosigkeit Europas, III. 722.
— sein Mangel an Ehrfurcht, III. 634.
— über die Ketzerei des Ungehorsams, III. 692.
Pius III., Papst (1503), sein Anerbieten an Savonarola (1497), III. 249.
Pius IV., Papst (1559—65), unterstellt die Bettelmönche der Inquisition, I. 406.

Pius V., Papst (1566—72), seine Bulle 'Multiplices inter', II. 536.
Pius IX., Papst (1846—78), kanonisiert die Märtyrer von Avignonet (1866), II. 39.
— gestattet die Feier des Festes des „seligen" Raimund Lullus, III. 658.
— veröffentlicht das Dogma von der unbefleckten Empfängnis (1854), III. 686.
Platina, B., sein Streit mit Papst Paul II., III. 636.
Plovier, Franz, verfolgt Waldenser, II. 179.
Pluralität (der gleichzeitige Besitz mehrerer Pfründen), I. 2.
Poenae confusibiles (demütigende Bussen) I. 516. 523.
Poggio Bracciolini, päpstlicher Sekretär auf dem Konzil zu Konstanz, II. 573.
— sein Streit mit Lorenzo Valla, III. 634.
— über die päpstliche Kurie, III. 704.
Polen, Waldenser in, II. 451.
— Inquisition in, II. 491. 492. 626.
— Hussitismus in, II. 566. 599.
— Bündnis zur Ausrottung der Ketzerei, II. 620.
— Capistrano's Besuch, II. 628.
Politianus, Angelus, über Hexen, III. 611.
— über die 'Ars' des Lullus, III. 651.
Politik und Ketzerei, ihre Beziehungen, II. 217; III. 216.
Politische Tätigkeit der Bettelmönche, I. 308.
— Verwendung der Inquisition in den päpstlichen Streitigkeiten, III. 215.
— Ketzerei, benutzt von der Kirche, III. 205.
— — benutzt vom Staate, III 268.
Pollentianus, sein hässlicher Ritus der Schwarzkunst, III. 450.
Pomilli, Berengar, Ablasskrämer, seine Lügen, III. 699. 742.
Pommern, Waldenser in, I. 93; II. 451. 473.
Pomponazzi, seine ungläubigen Lehren, III. 642.
Pomponius Laetus, platonischer Philosoph, III. 637. 638.
Pons, Ketzerei des, in Périgord, I. 79.
Ponsa, Bischof v. Bosnien, päpstl. Legat, II. 335.
Pont de l'Arche, Templer verbrannt zu (1310), III. 335.
Pontius Arnaud, ein falscher Zeuge, I. 492.
Pontius Bautugati, Olivist, sein Martyrium, III. 52.
Pontius v. Blanes (v. Espira), Inquisitor, vergiftet, II. 187.

Pontius Carbonelli, hl., Lehrer des hl. Ludwig v. Toulouse, III. 52.
Pontius, Inquisitor v. Carcassonne, sein Verfahren gegen den Grafen v. Foix, II. 58.
Pontius Delmont, Inquisitor im Quercy, II. 18.
Pontius de l'Esparre, Inquisitor, seine energische Tätigkeit, II. 25.
Pontius Feugeyron, Inquisitor der Provence, seine Aufträge, II. 153; III. 281. 571 f.
Pontius, Erzbischof v. Narbonne, tritt dem Katharismus entgegen, I. 131. 137.
Pontius v. Poyet, Inquisitor v. Toulouse, I. 592; II. 60. 120.
Pontius v. Rodolle, seine Toleranz, I. 155.
Pontius v. Saint-Gilles, Inquisitor in Toulouse, seine Tätigkeit, II. 11. 17.
Ponzinibio, Gianfrancesco, Jurist, über den Verdacht der Ketzerei, I. 509.
— über den Sabbat, III. 557.
Popelicaner, Name für Katharer, I. 127.
Poppo, Erzbischof v. Trier, Liebeszauber verübt an, III. 471.
Portugal, Kirche beansprucht Vermögen Sterbender, I. 34.
— Misserfolg der Inquisition in, I. 593.
— Verlauf der Inquisition in, II. 213.
— Spiritualen in, III 96.
— Templer beschützt in, III. 359.
Potho v. Prüm, Benediktiner, über die Kirche, I. 57.
Pothon de Xaintrailles, Ritter, Waffengefährte der Johanna d'Arc, III. 385. 402. 426.
Poyet, Bertrand v., Kardinallegat, Neffe des Papstes Johann XXII., III. 75. 153. 166. 223.
Prädestinationslehre Gottschalks, I. 243.
— Wiclifs, II. 505.
Praeputium Christi, als Reliquie in der Laterankirche verehrt, II. 193.
Prag, Dolcinisten verurteilt in, aber freigelassen, II. 191.
— päpstliche Inquisition, II. 492. 511.
— belagert von Sigmund, II. 589.
— Niedermetzlung der Taboriten, II. 610.
— Reaktion unter Sigmund, II. 614.
— Konzil v (1301), über Ketzerei, II. 490.
— Konzil v. (1412), verurteilt Neuerungen, II. 506.
— Konzil der Calixtiner (1421), II. 593.
— Konzilien von, über Zauberei, III. 519.
Pragela (Pragelato), Waldenser im Tale, grausam verfolgt, II. 179. 294. 296. 297.

Pragmatische Sanktion (1438), II. 149; III. 705.
Prato, Katharer in, I. 129.
Predigen, das, vernachlässigt, I. 26.
— bei den Waldensern, I. 84.
— Erlaubnis zum, von den päpstlichen Legaten erteilt, I. 157.
— Streit über, I. 311.
— eingeschränkt in England, I. 395.
— verlangt von den Wicliflten, II. 505.
— in Böhmen, II. 513.
Predigermönche, I. 283.
Predigtamt, Vernachlässigung desselben, I. 26.
Prégent de Coétivy, III. 545.
Prelati, Francesco, Zauberer des Gilles v. Rais, III. 532. 533. 539.
Presse, Zensur der, III. 688.
Prierias, Silvester, Magister Sacri Palatii, verurteilt Luther, II. 320.
— behauptet die Existenz der Incubi, III. 435.
— über die Ketzerei der Zauberei, III. 491.
— prüft die Wirklichkeit des Hexensabbats, III. 557.
— über die Todesstrafe für Hexen, III. 576.
— über die Ausdehnung des Hexenwesens, III. 610.
— greift Pomponazzi an, III. 644.
Priester, ihre Immunität, I. 2; III. 706.
— ihr Vorrang vor der Laienschaft, I. 4.
— ihre Anwesenheit nötig bei Aufsetzung von Testamenten, I. 33.
— ihre Unsittlichkeit, I. 35; III. 713
— verdrängt von den Mönchen, I. 312.
— verpflichtet, der Inquisition zu helfen, I. 431.
— ihre Zeugenaussagen, I. 487.
— Ausübung der Magie durch, III. 475.
Priesterfeindliche Ketzereien, I. 68.
Priesterfeindschaft der Waldenser, I. 91.
— der Flagellanten, II. 463.
— des Wiclif, II. 504 f.
— der Olivisten, III. 72. 136.
— der Apostel (Dolcinisten), III. 136.
Priesterlicher Charakter indelebilis, I. 4.
Priesterwirtschaft in der mittelalterlichen Religion, I. 51.
Priscillian, hingerichtet (385), I. 239.
Priscillianisten, erkennbar an ihrer bleichen Gesichtsfarbe, I. 121. 122. 239.
Prokop Rasa oder der Grosse, preist die Waldenser, II. 595 f.
— Nachfolger Ziskas (1424), II. 599.
— seine freimütige Sprache in Basel, II. 608.

Prokop Rasa (oder der Grosse) fällt in der Schlacht bei Lipan (1434), II. 611.
Prophezeiungen, häufig im Mittelalter, III. 237.
Protokolle der Inquisition, eingefordert von den Bischöfen, I. 392.
— ihr Umfang, I. 422.
— ihre Genauigkeit und Vollständigkeit, I. 424.
— Fälschung der, I. 425; II. 77. 78.
— versuchte Vernichtung der, I. 425; II. 63.
— Abschriften angeordnet, I. 443.
— Auszüge werden nicht geliefert, I. 452.
Prouille, Kloster, gegründet (1206), I. 279.
Provence, der Kirche überwiesen, I. 229.
— zurückgegeben an Raimund VII. von Toulouse, I. 231; II. 17.
— Franziskaner-Inquisitoren in der, I. 338.
— Ausgaben der Inquisition, I. 591.
— Inquisition in der, II. 25. 54. 131.
— Gesetze Friedrichs II., eingeführt in der, II. 165.
— Ursprung des Joachimitismus in der, III. 20.
— Fraticellen in der, III. 188.
— Verhaftung der Templer in der, III. 344.
Provinzialen, ermächtigt, Inquisitoren zu ernennen, I. 369.
— ihre Kontrolle über die Inquisitoren, I. 385.
— unterworfen der Gerichtsbarkeit der Inquisitoren, I. 388.
— von Burgund, ihre Oberaufsicht, II. 156.
Prozessakten — siehe Protokolle.
Prozesse, gegen Bischöfe, ihre Schwierigkeiten, I. 15.
— vor den geistlichen Gerichtshöfen, ihre Einträglichkeit, I. 24.
Prozessverfahren, gegen Ketzer, seine Schwierigkeiten, I. 342 ff.
— der Inquisition, I 445.
— summarisches, I. 452.
— seine Heimlichkeit, I. 452 ff.
— seine Willkür, I. 453. 491.
Ptacek, Ulrich, Statthalter von Böhmen, Vertreter der Calixtiner, II. 616.
Publicani, Name für Katharer, I. 127.
Puigcercos, Bernhard, Inquisitor v Aragon, II. 191 f.
Purgatio canonica, der Reinigungseid, durch den der Angeklagte und eine Anzahl seiner Standesgenossen schwört,

dass die Anklage unbegründet sei, I. 347. 508. 510. — (Siehe auch Reinigung.)
Puritanismus der Calixtiner, II. 594.
Putagi, Guido, organisiert die Apostel, III. 120.

Q.

Quaden, Marc Aurels Sieg über die, III. 445.
Quaestuarii oder Ablasskrämer, I. 50; III. 697. 742.
Quercy, Inquisition im, II. 23. 32.
Quéribus, Schloss von, Ketzernest, erobert, II. 55 f.
Querio, Jakob v., Dolcinist, in Avignon verbrannt, III. 138.
Quia nonnunquam, Bulle Johanns XXII. vom 26. März 1322, über die Armut Christi, III. 147. 161.
Quia quorundam, Bulle Johanns XXII. vom 10. November 1324, über die Armut Christi, III. 155.
Quiercy, Konzil von (849), I. 244.
Quilibet tyrannus, Satz des Johann Petit, vom Konzil zu Konstanz verurteilt, III. 382.
Quintilla über die Taufe, I. 236.
Quod super nonnullis, Bulle Alexanders IV. vom 13. Dezember 1258, über die Inquisition, I. 385; III. 489.
Quorumdam exigit, Bulle Clemens' V. vom 7. Oktober 1317, über die Armut und den Gehorsam, III. 80. 81. 83.

R.

Rabanus Maurus, Erzbischof v. Mainz, verurteilt Gottschalk, I. 244.
Radak, Graf, seine Verräterei, II. 356.
Radewyns, Florenz, Oberhaupt der Brüder vom gemeinsamen Leben, II. 410.
Radivoj ladet die Türken nach Bosnien ein, II. 349.
Radomjer, Djed (Oberhaupt) der bosnischen Katharer, II 346.
Radulf v. Ligny, Inquisitor v. Lothringen, und Margarete la Porete, II. 136.
Ragusa, Katharismus in, II. 331 f.
Raimbaud de Caron, Templer, Präzeptor v. Cypern, sein durch die Folter erpresstes Geständnis, III. 300.
Raimonde Barbaira, I. 531.
Raimonde Manifacier, ihre Kreuze, I. 525.
Raimund V., Graf v. Toulouse, unterdrückt den Katharismus, I. 132.

Raimund V., Graf v. Toulouse, seine Gleichgültigkeit gegen Ketzerei, I. 137.
— seine Gesetze gegen die Ketzerei, I. 181.
Raimund VI., Graf v. Toulouse (1195—1222), sein Regierungsantritt, I. 145.
— seine Macht, I. 146.
— seine Gleichgültigkeit in religiösen Fragen, I. 146.
— schwört, die Ketzer zu vertreiben, I. 151.
— wiederholt exkommuniziert, I. 157. 162.
— Busse und Absolution, I. 166. 167.
— nochmals exkommuniziert, I. 168.
— führt die Kreuzfahrer, I. 169. 173.
— appelliert an Innocenz III., I. 182.
— wird abgewiesen, I. 184.
— greift zu den Waffen, I. 187.
— unterwirft sich bedingungslos, I. 199.
— verurteilt vom Laterankonzil, I. 204.
— verteidigt Toulouse, I. 207.
— sein Tod (1222), I. 211.
— bleibt unbeerdigt, I. 211.
Raimund VII., Graf v. Toulouse (1222—1249), ermutigt von Innocenz III., I. 205.
— führt den Aufstand in der Provence an, I. 207.
— seine Abmachungen, I. 211. 215. 216. 217.
— erlaubt die Verfolgung, I. 220.
— widersetzt sich dem Kreuzzuge, I. 223.
— nimmt Friedensbedingungen an, I. 227.
— seine Haltung und seine Beweggründe, I. 232. 233.
— seine Haltung gegenüber der Kirche, II. 15.
— seine Gesetze von 1234, I. 362. 524.
— 538. 563; II. 16.
— vermittelt in Toulouse, II. 18.
— bewirkt eine Vertagung aller Inquisitionsprozesse, II. 26.
— seine Empörung (1242), II. 41.
— seine Aussöhnung mit dem Papsttum (1243), II. 43.
— sein Verfolgungseifer, I. 601; II. 49. 50.
— sein Hoffest (Weihnachten 1244), I. 146.
— unternimmt endlich den Kreuzzug, I. 521. 522; II. 50.
— sein Tod (1249), II. 51.
Raimund, Magister, seine Irrtümer verurteilt, III. 627.
Raimund d'Alfar, Bailli v. Avignonet, Anstifter des Blutbades, II. 37 f., 40.
Raimund Aurioli, Spirituale, eingekerkert, III. 56.

Raimund v. Baimiac, Katharerbischof im Val d'Aran, I. 135. 137.
Raimund Calverie, Konfiskation seiner Habe, II. 121.
Raimund v. Castiran, Archidiakon v. Léza, in Avignonet ermordet, II. 38.
Raimund Costa, Bischof v. Elne, verhört Templer, III. 355.
Raimund Delboc, Führer der Katharer, II. 68.
Raimund Dupuy organisiert die Hospitaliter, III. 270.
Raimund v. Felgar (du Fauga), entwirft Gesetze gegen Ketzerei, I. 362.
— wird Bischof v. Toulouse (1232), II. 6.
— seine Tätigkeit, II. 9. 10. 11. 12. 16. 30.
— aus Toulouse vertrieben, II. 19.
Raimund Bernhard de Flascan, Bailli v. Mazères, Diener des Grafen v. Foix, II. 58.
Raimund Gaufredi, Franziskaner-General (1289—95), begünstigt die Spiritualen, III. 37. 38. 48.
— verurteilt Roger Bacon, III. 619.
— abgesetzt von Bonifaz VIII., III. 38. 40.
— sein Tod, III. 64.
Raimund Godayl oder Didier, Führer der Katharer, II. 66.
Raimund du Got, Kardinal, Neffe des Papstes Clemens' V., seine Bestechlichkeit, II. 100.
Raimund Gozin, Dominikaner-Inquisitor v. Toulouse, seine Streitigkeiten mit seinen Ordensbrüdern, II. 161.
Raimund Grossi, bekehrter Katharer, seine Verräterei, II. 23.
Raimund Johannes, Olivist, III. 72. 85.
Raimund de Malleolis wegen Ketzerei verurteilt und freigesprochen, II. 188.
Raimund Martius gründet die Inquisition in Tunis, I. 397.
Raimund v. Pennaforte, über die Pflicht zur Ketzerverfolgung, I. 257.
— über Rückfall, I. 608.
— seine Instruktionen, II. 184.
— auf dem Konzil v. Tarragona (1242), II. 187.
Raimund v. Péreille, Besitzer v. Montségur, Beschützer der Katharer, II. 36. 47.
Raimund v. Tarraga, bekehrter Jude, Dominikaner, wegen Ketzerei angeklagt, II. 198.
Raimund Vitalis, sein Fall, I. 558.
Rainald, Erzbischof v. Ravenna, begünstigt die Templer, III. 347.

Rainaldus, Papst der Fraticellen, III. 185.
Rainerio Saccone (Sacchoni), bekehrter Katharer, über die Zahl der Katharer, II. 53. 219. 337.
— seine Ermordung versucht, II. 243.
— als Inquisitor von Mailand, II. 246. 248. 250. 258.
— sein letztes Auftreten (1262), II. 263.
Rainerio, Bischof v. Vercelli, greift Dolcino an, III. 129. 133.
Rainier, Legat in Languedoc, I. 150.
Rais, Gilles v., begleitet Johanna d'Arc, III. 390. 530.
— Fall des, III. 529.
— als Urbild des Ritters Blaubart, III. 546.
Rais, Maria v., Tochter des Gilles v. Rais, III. 544 f.
Ramiro I., König v. Aragon, verbrennt Zauberer (1050), III. 483.
Ramon Durfort, Inquisitor von Mallorka (1332), II. 200.
Ramon Sa Guardia, Templer, Präzeptor von Mas Deu, III. 352. 355. 356. 357.
Raoul, Cistersiensermönch v. Fontfroide, päpstlicher Legat in Languedoc, I. 151. 159.
Raoul v. Nemours, Magister, verrät die Amalricianer, II. 364 f.
Rasez, Bischofssitz der Katharer, II. 216.
Rasieren des Kopfes als Busse, II. 381.
Rationalismus bei den Katharern, I. 109.
Raud der Starke, Zauberer, III. 458.
Ravenna, Edikt v., Erlass Friedrichs' II. über die Ketzerverfolgung (1232), I. 247; II. 378.
— Konzil v. (1311), über die Templer, III. 348.
Ravensburg, Hexen verbrannt in, III. 604.
Realisten, III. 620.
— Huss Anhänger der, II. 508.
— verfolgen Johann v Wesel, II. 479.
Reccared, König der Westgothen, seine Gesetze über Zauberei, III. 451.
Rechtsbeistand — siehe Advokaten.
Rechtsgelehrte, Zuziehung derselben don Inquisitoren empfohlen, I. 420.
Rechtsunfähigkeit der Nachkommen von Ketzern, I. 360. 424. 557. 634.
Rechtswesen, Einfluss der Inquisition auf das, I. 625.
Reconciliation — siehe Aussöhnung.
Recordi, Peter, Karmeliter, wegen Zauberei verurteilt, III. 514. 737.
Redwald, König v. Ost-Anglien, sein Christentum, III. 452.

Reformation, Ketzer tragen bei zur, II. 471. 474.
— Einfluss der Brüder vom gemeinsamen Leben auf die, II. 410.
— Mahnungen zur, in Frankreich, II. 158 f.
— ihr Herannahen, III. 726.
— ihr Einfluss auf die Philosophie, III. 645.
Reformierte Kongregation der Dominikaner, II. 162.
Regensburg, Waldenser in, II. 394. 488 f.
— Begarden verfolgt, II. 427. 469
— Heinrich Grünsleder, Priester, wegen Hussitismus verbrannt, II. 471.
— Ketzer gebrauchen Zaubermittel, III. 569.
Regnans in coelis, Bulle Clemens' V. vom 12. August 1308, über die Templer, III. 323.
Rehabilitation der Johanna d'Arc, III. 427.
— der Vauderie von Arras, III. 592.
Reich, päpstliche Lehre von der Obergewalt über das, III. 152.
— seine Unabhängigkeit vom Papsttum behauptet (1338), III. 174. 176.
Reichstag v. Frankfurt (1338) behauptet die Unabhängigkeit des Reiches, III. 174.
Reims, Katharer in, im 11. Jahrhundert, I 122.
— Rückgang der Inquisition in, II. 147.
— Krönung Karls VII. (1429), III. 395.
— Konzil v. (1148), verurteilt Katharer, I. 130.
— Konzil v. (1157), befiehlt die Gottesgerichte für Ketzer, I. 342.
— Konzil v. (1287), gegen die Bettelmönche, I. 325.
— Konzil v. (1301, 1303), über die Exkommunikation, II. 135.
Reinhold v. Strassburg appelliert an Innocenz III. wegen der Anwendung der Gottesurteile, II. 360.
Reinigung, kanonische, durch Stellung von Eideshelfern, I 37. 347. 471. 508. 509.
— im Falle des Grafen von Sayn, II. 389.
— der Templer, III. 318.
— bei Prozessen wegen Zauberei, III. 487.
(Siehe auch Purgatio.)
Reiser, Friedrich, Bischof der Taboriten, zu Strassburg verbrannt (1458), II. 472.

Rekollekten oder Orden der strengen Observanz, III. 203.
Relaxatio — siehe Überlassung.
Religiöse Gebräuche, als Zauberformeln benutzt, I. 51.
Religiöser Folterer (religiosus tortor), III. 360.
Religion, Charakter der mittelalterlichen, I. 45.
— ihre Trennung von der Moral, III. 719. 720. 723.
Reliquien, ihre Zaubergewalt, I. 51.
— Streit über, II. 357.
— des Huss verehrt, II. 563.
— der Olivisten verehrt, III. 90.
— des Savonarola verehrt, III. 265.
— magische Verwendung der, III. 462.
— verspottet von Pomponazzi, III. 642.
Renaissance, ihre Einwirkung auf die Moral, III. 237.
— ihr Einfluss in Italien, III. 632.
Renaud v. Chartres, Erzbischof v. Reims, III. 394.
Renaud v. Chartres, Inquisitor, widersetzt sich der Verbrennung Rückfälliger, I. 610.
Renaud v. Provins, Templer, Präzeptor v. Orléans, III. 332. 336. 337.
Reservierter Fall, Ketzerei ist ein, I. 488. 516
— Zauberei ist ein, III. 480.
Revergade (oder Neuve), Jeannette, in Velay wegen Zauberei verbrannt, III. 523.
Revocatio — siehe Widerruf.
Rhense, Kurverein v., behauptet die Unabhängigkeit des Reiches (1338), III. 174.
Ricchini, Dominikaner, über den hl. Dominikus, I. 336.
Ricci, Katharina, hl., ruft Savonarola als Heiligen an, III. 267.
Richalm, Abt v. Schönthal, seine Dämonologie, III. 432.
Richard I. Löwenherz, König v. England (1189—1199), und der Bischof v. Beauvais, I. 13.
— seine Antwort an Fulco v. Neuilly, I. 274.
— verkauft Cypern an die Templer, III. 271.
Richard III., König v. England (1483—1485), beschuldigt die Herzogin Jacquette v. Bedford der Zauberei, III. 528 f.
Richard, Bruder, seine Verehrung für Johanna d'Arc, III. 394.

Richard, Bruder, beschützt die Péronne und die Katharina de la Rochelle, Nachahmerinnen der Johanna d'Arc, III. 425.
Richard, Erzbischof v. Armagh, gegen die Bettelmönche, I. 326.
Richard, Erzbischof v. Canterbury, über die Exemtion der Mönche, I. 39.
Richard Neveu, Archidiakon v. Lisieux, von Philipp IV. nach Languedoc gesandt, II. 83.
Richter, Angeklagter hat das Recht, ihn abzulehnen, I. 502.
— Hexen sind machtlos gegenüber dem, III. 570.
Rienzo, Cola di, sein Glaube an Joachim von Floris, III. 13.
— verbindet sich mit den Fraticellen, III. 181.
— als Ketzer verurteilt, III. 230.
Rieti, Verfolgungsgesetze aufgenötigt, I. 361.
— Apostel in, III. 139.
Riez, Bischof v., päpstlicher Legat in Languedoc, I, 190. 192.
Rimini, Verfolgungsgesetze aufgenötigt, I. 361.
— Katharer in, I. 129; II 224.
Ringe, Dämonen eingeschlossen in, III. 511. 524.
Ripaille, Abtei, II. 222.
Ripuaria, Lex, über Zauberei, III. 461.
Ritter des Glaubens an Jesus Christus, I. 209.
Ritter Jesu Christi, II. 237.
Ritterorden, die, III. 270.
— Pläne betreffs Vereinigung derselben, III. 276. 278. 280.
Ritus, der Katharer, I. 103.
Rivara in Piemont, 2 Hexenprozesse in (1474), III. 579.
Robert der Fromme, König von Frankreich, verbrennt Katharer in Orléans (1017), I. 115. 245.
Robert der Fromme (der Gute), König v. Neapel (1309—1343), überweist aus seinem Konfiskationsanteile 50 Unzen Gold dem Bau der Kirche des hl. Petrus Martyr in Neapel, I. 567; II. 278.
— unterstützt die Inquisition, II. 320.
— betreibt die Alchymie, III. 57.
— erstrebt die Obergewalt in Italien, III. 152.
— beschützt die Spiritualen, III. 162.
— verhaftet die Templer, III. 344.

Robert der Fromme (der Gute), König v. Neapel, sucht das Templereigentum zu behalten, III. 374.
— über die Anschauung der Seligen, III 664.
Robert, Graf v. Flandern, III. 205.
Robert, Bischof v. Aix, wegen Zauberei angeklagt, III. 511.
Robert v. Arbrissel bekehrt Katharer, I. 129.
Robert v. Baudricourt, Ritter, u. Johanna d'Arc, III. 387.
Robert le Bougre (le Petit), bekehrter Patariner und Inquisitor in Frankreich, seine Laufbahn, II. 124 ff.
Robert v. Genf, Kardinal, seine Grausamkeit, I. 625; III. 231. (Siehe auch Clemens VII.)
Robert Grosseteste, Bischof v. Lincoln, über die Verderbtheit der Kirche, I. 20. 23. 58.
— führt die Ketzerei darauf zurück, I. 143.
— bittet um Mönche, I. 313.
— seine grosse Untersuchung, I. 350.
Robert Patta, Graf v. Giussano, wegen Ketzerei verurteilt, II. 248.
Robert v. Rétines übersetzt den Koran, I. 63.
Robert, Graf v. Roussillon, wegen Ketzerei verurteilt, II. 184.
Rodez, Bischof v., sein Prozess, I. 578.
— seine Inquisition, I. 580.
Rodrigo, F. J. G., verteidigt die Kirche, I. 604.
Rodrigo v. Cintra, Inquisitor v. Portugal, bestätigt (1394), II 214 f.
Rodrigo, Erzbischof von Compostella, nimmt Dolcinisten gefangen, II. 209.
Rögnvald Rettilbein, wegen Zauberei verbrannt, III. 460.
Römisches Recht, Wiederaufleben desselben, I. 63.
— sein Einfluss, I. 346; II. 61.
— Ketzerhäuser, I. 538.
— Rechtsunfähigkeit der Nachkommen, I 557.
— Konfiskation, I. 561.
Roeskilde, Inquisition in (1400), II. 457.
Roger Bernhard II., der Grosse, Graf v. Foix, I 185. 229; II. 56.
Roger IV, Graf v. Foix, und die Inquisition, II. 57.
Roger Bernhard III., Graf v. Foix, und die Inquisition, III. 58. 59. 190.
Roger Bernhard IV, Graf v. Foix, II. 59. 61.

Roger II., König v. Sizilien, führt die Konfiskation ein, I. 561.
— seine Gesetze über Zauberei, III. 485
Roger, Templer, erobert Thessalonich, III. 279.
Roger Bacon (1214—94), seine Laufbahn, III, 617.
— über das römische Recht, I. 346.
— über Zauberei, III. 479.
— über Alchimie, III. 491.
— über die Ars notoria, III. 492.
— über Astrologie, III. 495.
Roger v. Briqueville, Vertrauter des Gilles v. Rais, III. 535. 545.
Roger, Bischof v. Châlons, und die Katharer, I. 121. 245.
Rohacz, Johann, hussitischer Baron, hingerichtet, II. 614 f.
Rohle, Wenzeslaus, Pfarrer in Prag, greift die Ablässe an (1393), II. 501.
Rokyzana, Johann, kalixtinischer Erzbischof v. Prag, über freies Geleit, II. 533.
— spendet Kindern das hl. Abendmahl, II. 541.
— seine Ansicht über die Eucharistie, II. 598.
— sein Ehrgeiz, II. 611. 621. 628. 629. 634. 635.
— seine Flucht aus Prag, II. 613. 614.
— seine reaktionären Zugeständnisse, II. 622.
— als Ketzer verurteilt, II. 637.
— verfolgt und duldet die Böhmischen Brüder, II. 643.
Roland le Cozic, Inquisitor v. Frankreich, II. 156.
Roland v. Cremona, Magister, sein Eifer in Toulouse, II. 7.
— seine Laufbahn als Inquisitor, II. 229.
— führt die Untersuchung gegen Ezzelin, II. 255.
Rom, Magie im alten, III. 441.
— Gesetze gegen Magie, III. 443.
— Vorherrschen der Astrologie, III. 492 f.
— magische Gebräuche im 8. Jahrhundert, III. 464 f.
— Unruhen, erregt durch Arnold v. Brescia, I. 81.
— Ketzer, zur Aburteilung gesandt nach, I. 345.
— Ketzerei in, II. 219. 269. 302.
— Gesetzgebung gegen Ketzerei (1231), I. 363; II. 226.
— Fraticellen bestraft (1467), III. 201.
— Thomas Connecte verbrannt (1433), III. 236.

Rom, Sterblichkeit der Seele, gelehrt in, III. 643 f.
— sein Zustand unter Innocenz VIII., III. 722.
— Konzil v. (1413), verurteilt Wiclif, II. 507.
Romagna (Romagnuola), Inquisition in der, II. 264. 273.
— Ghibellinen als Ketzer verurteilt, III. 228.
— Prozesse gegen Templer, III. 347.
Romancio, Übersetzungen der hl. Schrift in, verboten, I. 363.
Romano, Kardinal v. St. Angelo, päpstlicher Legat, I. 214. 216. 227. 354.
Romolino, Franziskus, führt den Prozess gegen Savonarola, III. 263.
— findet keine Ketzerei in seinen Schriften, III. 266.
Rondinelli, Giuliano, Franziskaner, erklärt sich bereit, sich einem Gottesurteil zu unterziehen, III. 255.
Rorich, Franziskaner, I 310.
Rosell, Pedro, Lullist, III. 652.
Roselli, Nikolaus, Inquisitor v. Aragon, II. 190. 192. 193.
Rosenkranz, Verehrung des, I. 197.
Rossano, griechischer Ritus in, III. 692.
Rossi die, de', ihr Sieg in Florenz, II. 240.
Rostain, Erzbischof v. Embrun, verfolgt die Waldenser, II. 179 f.
Rostock, Frau verbrannt, II. 458.
Rotelfinger, Nikolaus, in Bern, seine Ketzerei über die hl. Jungfrau, III. 680.
Rothar, König der Longobarden, seine Gesetze über Zauberei (643), III. 464.
Rouen, Jean Graveran zum Inquisitor ernannt (1431), II. 155.
— Prozess der Johanna d'Arc, III. 410.
— Konzil v. (1050), über Simonie, I. 8.
— Konzil v. (1189), über Zauberei, III. 476.
— Konzil v. (1231), über Advokaten, I. 25.
— Konzil v. (1445), über Zauberer, III. 575.
Rousset, Ketzer v., verfolgt, II. 131. 184.
Roussillon, unabhängige Inquisition in, II. 200.
— Templerbesitzungen in, III. 284.
— Verfolgung der Templer in, III. 355.
Rubello, Monte, Sitz der Dolcinisten, III. 130. 135.
Ruddlan, Statut v., schweigt über Zauberei (1283), III. 480.

Rudolf v. Habsburg, König v. Deutschland (1273—92), bestätigt Inquisitoren, II. 395.
Rudolf, Bischof v. Würzburg, verbrennt Hans Böhm v. Niklashausen (1476), II. 477 f.
Rückfällige Fraticellen werden zur Rekonziliation zugelassen, III. 197.
— werden verbrannt, III. 200.
Rückfall in die Ketzerei, Verbrennung für, I. 258. 351. 360. 608. 609.
— im Falle der Johanna d'Arc, III. 420 f.
— nicht mit dem Tode bestraft, I. 484. 610; II. 666.
— in den Verdacht der Ketzerei, I. 510. 612.
— in den üblen Ruf der Ketzerei, I. 613.
— in Begünstigung der Ketzerei, I. 613.
— Widerruf ist, I. 479. 608; III. 325. 334. 348. 367. 368. 369.
Rufach, Nonne wegen Zauberei angeklagt (1279), III. 488.
Ruggero Calcagni, seine Tätigkeit als Inquisitor v. Florenz, I. 566. 609; II. 238.
— wird Bischof v. Castro, II. 240.
Rumänien, Templer verhaftet in, III. 344.
Runcarier, Sekte der, I. 97.
Runen, III. 454. 456.
Ruptarii, I. 138.
Rustand, päpstlicher Legat, fordert eine masslose Unterstützung für den Papst Alexander VI., I. 19.
— predigt den Kreuzzug gegen Neapel, III. 218.
Ruteboeuf, Troubadour, über die Bauern, I. 301.

S.

Saaz, Peter v., früherer Chiliast, Vertreter der „Waisen" in Basel, II. 592.
Sabbat, Hexen-, III. 459.
— Ursprung des Glaubens an den, III. 550.
— Streit über den, III. 555.
— Einzelheiten desselben, III. 559.
— Essen von Menschen und Tieren, III. 562.
— Besuch desselben ist ein tötliches Verbrechen, III. 577.
— Vorbereitungen für den, III. 588.
— Wachstum des Glaubens an den, III. 597.
— ist eine Sinnestäuschung, III. 606.
— zahlreicher Besuch desselben, III. 612.

Sachsen (Land), Dominikanerprovinzial v., I. 390.
— Inquisitoren in, II. 425. 457.
— Waldenser in, II. 451.
Sachsen, die, Unruhen unter ihnen wegen der Zehnten, I. 30.
— Gesetze Karls des Grossen über Zauberei, III. 465.
Sachsenhausen, Protest von (1324), III. 154.
Sachsenspiegel, Strafe für Ketzerei im (1230), I. 248; II. 396.
— Zerstörung der Häuser im, I. 540.
— Zauberei im, III. 486.
Sachverständigen, die, verpflichtet, der Inquisition zu helfen, I. 383.
— Versammlung der, I. 433. 434. 435. 494. 635.
Sacquespée, Anton, von Arras, sein Prozess wegen Zauberei, II. 585.
Sacrobosco, Johann v., seine Sphaera, III. 498.
Saddarah, die, I. 101.
Saga, Hexe bei den Römern, III. 442.
Sagana, Hexe bei Horaz, III. 441.
Saint-Amour, Wilhelm v., I. 317.
— sein Buch 'De periculis novissimorum temporum', I. 320.
— seine Sendung nach Rom, I. 321.
— über das Ewige Evangelium, III. 24. 25. 28.
— wird gerechtfertigt, III. 148.
Saint-Felice-de-Caraman, Katharerkonzil in (1167), I. 132.
Saintes, Bischof Wilhelm d'Erré von, foltert die Templer, III. 326.
Sakramente, Verkauf der, I. 31; III. 707.
— ihre Zaubergewalt, I. 51.
— höllische, der Katharer, I. 111.
— der Waldenser, I. 83; II. 164.
— ersetzt durch Geisselung, II. 463.
— überflüssig unter der Ära des hl. Geistes, III. 16 f. 23.
— verworfen von den Olivisten, III. 89. 92.
— nichtig in ketzerischen Händen, III. 178.
— Ungültigkeit der von unreinen Händen gespendeten, I. 68. 69. 70. 83.
— — gelehrt von den Waldensern, I. 87. 88; II. 167. 178.
— — von den Katharern, I. 103.
— — von Johann Vitrier, II. 152.
— — von Bischof v. Meaux, II. 160.
— — von den Böhmischen Brüdern, II. 643.
— — von den Fraticellen, III. 182.
— — nicht zugegeben von Wiclif, II. 505.
— — von Huss, II. 545.

Sakrilegische Gebräuche bei der Aufnahme der Templer, III. 305.
Salamanca, Konzil v., spricht die Templer frei, III. 359.
Salica, Lex, über Zauberei (560), III. 458. 460. 461.
Salimbene, sein Joachimitismus, III. 21. 26.
— über die Untersuchung bezüglich neuer Heiliger, III. 105.
Saluzzo, Verfolgung der Waldenser in, II. 300.
Salvestro Maruffi, Mönch von San Marco, Vertrauter Savonarolas, III 242. 244. 258. 262.
Salvus v. **Cassetta**, Inquisitor in Sizilien, II. 325; vgl. II. 159.
Salzburg, Luziferianismus in (1340), II. 426
— Konzil v. (1291), über die Verschmelzung der Ritterorden, III. 278.
— Konzil v. (1386), gegen die Bettelmönche, I. 327.
— Konzil v. (1418), erkennt die Inquisition an und kommt ihr zu Hilfe, II. 467.
Samariter, ihr Glaube an Zauberkünste, III. 438.
San Marco (in Florenz), erstürmt, III. 257.
San Martino, Tal der Waldenser, II. 221.
Sancha, Gemahlin Roberts v. Neapel, erhält Ferrara von Clemens V., III. 221.
Sanche Mercadier, Katharermissionar, II. 114.
Sanche Morlana, Archidiakon in Carcassonne, Ketzer und Verschwörer, II. 64.
Sancho II. v. **Mallorka**, sein Verfahren gegen die Templer, III. 357. 375 f.
Sancta Romana, Bulle Johanns XXII. vom 30. Dezember 1317, gegen die Fraticellen, III. 83 94.
Sandalj Hranić, Magnat der Herzegowina, Katharer, II. 346. 349.
Sangershausen, Flagellanten verbrannt in, II. 463.
Santa Sabina, Kardinal v., seine Schuldforderung an die Acciajuoli v. Florenz, II. 312.
Sarabaitae, I. 43.
Sarazenen, dürfen nicht zur Taufe gezwungen werden, I. 271.
— Pflege der Zauberei bei den, III. 483.
Sardinien, erste Ketzerei in, I 119.
— weltliche Untersuchungen in, I. 319.
— Inquisition eingeführt, II. 275.
— Templer verfolgt, III. 324.
Sarrazin, Johann, Franziskaner, seine Ketzerei, I. 307.

Satan, überwunden von der Eucharistie, I. 54; III. 479 f.
— bleibt nicht immer verdammt, II. 367. 464.
— mittelalterliche Vorstellung vom, III. 429 f.
— deutsche Vorstellung vom, III. 454.
— Verträge (Bündnisse) mit, III. 486. 478. 524
— seine Aufgabe als Versucher, III. 491.
— seine Macht, Menschen zu versetzen, III. 515. 554.
— Hexen sind nötig für, III. 560.
— Kinder geweiht dem, III. 564.
— Grenzen seiner Macht, III. 606.
— seine Treulosigkeit, III. 606.
Saveuse, Philipp v., seine Tätigkeit bei der Vauderie von Arras, III 585. 589. 592.
Savi dell' eresia, weltliche Inquisitoren in Venedig, II. 284
Savi, Domenico, v. Ascoli, Sektierer, verbrannt, III 141 f.
Savigliano, Antonio v. — Siehe Secco.
Savini, Nikolaus, Inquisitor in Metz, verfolgt Hexen, III. 609.
Savonarola, Girolamo, III. 236.
— über Astrologie, III. 494. 503.
— über den Unglauben der Kirche, III. 632. 645.
— sein „Crucis triumphus", III. 652.
Savoyen, besondere Vorrechte bewilligt an, I. 475.
— unterstellt der Inquisition in der Provence, II. 131.
— Waldenser von, II. 222. 291. 293. 300. 301.
— Statuten von (1513), II 301.
— 800 Hexen verbrannt in, III. 614.
Sawtré, Wiclifit, verbrannt (1400), I. 395.
Sayn, Graf v., sein Prozess, II. 384. 385. 389. 390.
Scavius, Zauberer, Urheber der Hexerei in der Berner Gegend, III. 597.
Schadeland, Johannes, zum Inquisitor für Deutschland ernannt (1348), II. 429. 436.
Schadenersatz — siehe Talio.
Scharfrichter, Inquisitor als, I. 600
Schatz, Konrad, über Zauberei, III. 605.
Scheiterhaufen, der, I. 597. — (Siehe auch Feuertod und Verbrennung.)
Schenkung, Konstantinische, verderblich für die Kirche, II. 449.
— verworfen von den Waldensern, II. 472.
— — von den Böhmischen Brüdern, II. 641.

Schenkung, Konstantinische, bestritten von Valla, III. 634.
— Leugnung derselben Ketzerei, III. 635.
Schere, Kreuze in Form einer, als Busse, II. 409.
Schisma, grosses — siehe Grosses.
Schisma ist Ketzerei, III. 691.
Schismatiker, Inquisition gerichtet gegen, II 175.
Schlafdorn, III. 456.
Schlesien, Ketzerei in, II. 493.
Schleswig, keine Gesetze über Zauberei, III. 488.
Schmidt, Konrad, Flagellant, II. 462.
Schöneveld, Eylard, Inquisitor in Deutschland, II. 458.
— Heinrich, wahrscheinlich mit Eylard identisch, verbrennt Flagellanten (1414), II. 463.
Schorand, Ulrich, Kaplan, bei der Hinrichtung des Huss, II. 561.
Schottland, Ketzerverfolgung in, I. 396.
— Verfahren gegen die Templer, III. 338. 341.
Schreiber, Missbräuche der, I. 427.
Schrift, hl., Gebrauch der, bei den Ketzern, I. 95 112. 144.
— Verbot der, I. 145. 363; III. 687. 688.
— Verachtung für die, in den Schulen, III. 618.
Schuld, der Ketzer, von vornherein angenommen, I. 448.
— zieht die Konfiskation nach sich, I. 567.
Schulden der Ketzer, konfisziert, I. 587.
— der Kreuzfahrer, aufgehoben, I. 163.
— Verfahren der Inquisition zur Eintreibung der, II. 313.
Schuldforderungen der Ketzer, konfisziert, I. 581; III. 222.
— der Templer, sequestriert, III. 324. 372.
Schuldverschreibungen von Ketzern sind ungültig, I. 537.
Schwaben, Ortlieber in, II. 367. 426.
— Waldenser in, II. 451
Schwabenspiegel (1275), Strafe wegen Ketzerei im, I. 248; II. 396.
— französische Übersetzung des, II. 175.
— Zauberei im, III. 486.
Schwarzer Tod, II. 429.
— Dienste der Bettelmönche beim, I. 325.
Schweden, Inquisition angeordnet, I. 397; II. 457.
— Gesetze über Zauberei, III. 487.
Schweigen während der Folterung, I. 477; III. 570. 574.
Schweiz, Ketzerei im 11. Jahrhundert, I. 122.

Schweiz, Inquisition in der französischen, II. 133.
Schwur, Angeklagter gezwungen zum, I. 461.
Schwurgericht — siehe Gericht
Scobaces, Name für Hexen in der Normandie. III. 598.
Scotisten, III. 621.
Scotus, Michael, sein Ruf als Zauberer, III. 485. 486.
— verbreitet den Averrhoismus, III. 627.
Sebislav v. Usora, Herzog, II. 335.
Secco (Setto), Antonio, v. Savigliano, Inquisitor, verfolgt Waldenser in Piemont, I. 416. 527; II. 287. 294.
Seelenheil, das ewige, Einfluss des Glaubens an, I 266
Seelenwanderung bei den Katharern, I. 101. 108.
Seelenzustand, den, des Angeklagten festzustellen, ist die Aufgabe des Inquisitors, I. 446; III. 723.
Segarelli, Gerhard, III. 117.
— seine Lehren, III. 122.
Seid, böse Zauberei bei den nordischen Völkern, III 456. 457.
Seleucia, Erzbischof v., Fraticelle, III. 188.
Seligen, die Anschauung der, III. 660.
Sendgerichte, I. 348. 353. 392; II. 130.
Senftenberg, Michael v., Pfarrer, Mitgründer der Böhmischen Brüder, II. 642.
Senlis, Streit über die Verfolgung von Zauberinnen, III. 482
— Templer verbrannt in, III. 335.
Sens, Erzbischof v, erhebt Einspruch gegen die Inquisition, I. 369; II. 126.
— Konzil v (1223), I. 212.
— Konzil v (1310), über die Templer, III. 333. 334. 335.
Sentenzen, die, des Petrus Lombardus, I. 270; III. 618.
Sequestration — siehe Beschlagnahmung.
Serbien, Inquisition in, II. 353.
Sergius III., Papst (904—911), verurteilt den Papst Formosus (905), I 259.
Sermione, von Ketzerei gereinigt, II. 265.
Sermo generalis oder Autodafé, I. 434. 437.
Setto — siehe Secco
Severus, Septimius, Kaiser, verfolgt die Christen (202), I. 348.
Sevilla, Konzil v. (618), über die Verurteilung Toter, I. 259.
Sibylla v. Ma'sal, Beguine, in pace eingeschlossen, II. 401.
Sibylle Borel, ihr Fall, I 511.

Sicard, Bischof v. Albi, verfolgt Katharer, I. 129.

Sicard v. Lavaur, päpstlicher Inquisitor in England, verfolgt Templer, III. 339.

Sicci, Antonio, v. Vercelli, seine Erzählungen über die Templer, III. 289. 304.

Sidon, von den Templern gekauft, III 305.

Siegfried, Erzbischof v. Mainz, hemmt Konrad v. Marburg, II. 382.

— beruft ein Konzil (1233), II. 384.

Siena, Gesetze zur Einschränkung der Inquisition (1340), II. 310.

— Konzil v. (1423), spornt die Inquisition an, II. 471.

— — drängt zur Verfolgung, II. 601.

— — verfügt die Anstellung von Inquisitoren, II. 602.

— — umgeht die Reform, II. 602.

— — über die Fraticellen, III. 197.

Siete Partidas, las, Gesetze über Ketzerei, II. 207.

— Gesetze über Zauberei, III. 484.

Siger v. Brabant, Domherr v. Lüttich, der Ketzerei verdächtig, II. 133 f.

Sigmund (Sigismund), Kaiser (1410—37), sein Verfahren gegen Bosnien, II. 347. 351.

— wählt Konstanz zur Abhaltung des Konzils, II. 518.

— sein Geleitsbrief und seine mündlichen Zusagen an Huss, II. 528.

— seine Tätigkeit in Konstanz, II. 530. 552. 555 562.

— seine Bemühungen für eine Reform, III. 714.

— sein Verfahren gegen die Hussiten, II. 580. 583. 586. 587. 588. 589. 605. 607. 614.

— sein Tod (1437), II. 615.

Sigmund (Sigismund), Erzherzog v. Österreich, exkommuniziert (1460), II. 475.

— stellt eine Untersuchung an über das Hexenwesen, III. 605.

Silvester II. (Gerbert v. Aurillac, Erzbischof v. Reims), Papst (999 - 1003), Eid von ihm in Reims verlangt (991), I. 119.

— sein Ruf als Zauberer, III. 469.

Simon v. Amatore, Inquisitor v. Sizilien, seine Laufbahn, II. 323.

Simon v. Bacska, Archidiakon v. Fünfkirchen, exkommuniziert Jakob della Marca (1438), II. 620.

Simon, Erzbischof v. Bourges, I. 401.

Simon Brisetête, Seneschall v. Carcassonne, beschützt die Juden, II. 68.

Simon Duval, Inquisitor, seine Tätigkeit, II. 133.

Simon Magus, III. 445.

Simon v. Montesarculo, Dominikaner, Folterung des, I. 309.

Simon v. Montfort, sein Charakter, I. 176.

— nimmt die Eroberungen der Kreuzfahrer an, I. 177.

— leitet die Kreuzzüge, I. 178. 179. 186. 198 200. 204. 207.

— angeblich Mitglied des Dominikanerordens, I. 180.

— sein Tod (1218), I. 208.

— seine Gesetzgebung über Ketzerei, I. 247.

Simon v. Novara, Inquisitor v. Bologna, seine Unkenntnis, II. 319.

Simon ben Shetach verfolgt Hexen, III. 448.

Simon v. Tournai, seine Blasphemie, III. 624. 626.

Simone Filippi, Inquisitor der römischen Provinz, verfolgt Dolcinisten, III. 139.

Simone del Pozzo, Inquisitor v. Neapel, II 317. 321.

Simonie, allgemein verbreitet, I. 8. 24. 31; III. 700.

— päpstliche, in Böhmen, II 495.

— ist Ketzerei, III. 701.

— Streitfrage wegen der päpstlichen, III. 703. 704. 705.

Sinibaldus de Lacu, Inquisitor der römischen Provinz, verfolgt Pandolfo, II. 269.

Sirmium, Tätigkeit des Jakob della Marca, II. 620.

Siscidentes, I. 97.

Sittenreinheit ist weniger wert als Rechtgläubigkeit, III. 56. 723.

Sixtus IV., Papst (1471—84), über die Stigmata der hl. Katharina von Siena, I. 293; II 245.

— bestätigt den Kompromiss zwischen den Bettelmönchen und dem Weltklerus (1480), I. 329.

— beschränkt die Inquisitoren, I. 339.

— über das Recht der Absetzung der Inquisitoren, I. 386.

— über die Jurisdiktion über die Bettelmönche, I. 406.

— befiehlt die Verfolgung der Waldenser, II. 177.

— setzt den Inquisitor Jakob Borelli wieder ein, II. 203.

— setzt den Inquisitor Cristobal Gualvez ab, II. 203.

— befiehlt, Peter v. Osma zu verhören, II. 212.

Sixtus IV., Papst, erhebt Einspruch bei Ludwig XI. v. Frankreich, II. 299.
— befiehlt die Unterdrückung der Hussiten, II. 474.
— hebt die Verurteilung der Schriften Olivis wieder auf, III. 51.
— bedroht von Jakob della Marca, III. 196.
— seine Furcht vor einem allgemeinen Konzil, III. 251.
— verurteilt es, Antworten von Dämonen zu verlangen, III. 491.
— geht der Frage der unbefleckten Empfängnis aus dem Wege, III. 673.
— gestattet die Wiederherstellung der römischen Akademie, III. 638.
— seine Unsittlichkeit, III. 717.
Sixtus V., Papst (1585—90), betreibt die Verehrung des Petrus Martyr, II. 245.
— über Dominikus als Inquisitor, I. 335.
Sizilien, Inquisition eingerichtet in, II. 277. 280.
— Zuflucht der Fraticellen, II. 280. 321; III. 186.
— — der Spiritualen, III. 41. 69.
— Weiterbestehen der Inquisition in, II. 320.
— die gefälschte Urkunde Friedrichs II., II. 325.
— spanische Inquisition eingeführt, II. 326.
— Einfluss des Arnald v. Villanova, III. 59.
— Verhaftung der Templer, III. 345.
— griechische Kirche in, III. 691. 696.
Sizilische Konstitutionen, über Ketzerei, I. 247. 364. 561.
— über die Folter, I. 471.
— über Zauberei, III. 485.
Slaven in den Albigenserkreuzzügen, I. 165.
— Naturverehrung bei den, II. 342.
— ihr Glaube an Verwandlung, III. 457.
Slavisches Christentum, II. 330.
Slavonien, Katharismus in, II. 329.
— Inquisition organisiert in, II. 339.
Soderini, Paolo Antonio, Anhänger Savonarolas, III. 251. 257.
Soissons, Unsicherheit in der Bestrafung der Ketzer, I. 345.
— Konzil v. (1403), über Zauberei, III. 526.
Solenfant, Georg, wegen Ketzerei verbrannt zu Rouen, III. 423.
Solidarität bezüglich der Verantwortlichkeit wegen Ketzerei, I. 262.
Solms, Graf v., seine Reinigung (1234), II. 390.

Sondershausen, Flagellanten in, II. 464.
Sonnen-Anbetung, in Savoyen, II. 291.
— widerlegt durch Marsilius Ficinus, III. 639.
Sonntag, Autodafé veranstaltet am, I. 437.
Sophie, Königin v. Böhmen, unterstützt Huss, II. 509.
— versucht, den Frieden zu wahren, II. 586.
— begünstigt die Pikarden, II. 590.
Sordello, sein Abenteuer mit Ezzelin, II. 253 f.
Sortes sanctorum, Gebrauch der, I. 177. 288.
Sotomayor, Graf Johann v., Gründer der Rekollekten, III. 203.
Soulechat, Dionysius, Professor in Paris, seine Ketzerei über die Armut Christi, III. 189.
Southcote, Johanna, ihre Sekte, III. 115.
Souverän, zur Ketzerverfolgung verpflichtet, I. 251. 563. 600.
Spalato, Katharer in, II. 330. 342.
Spanien, Ketzerei des Vilgardus, I. 119.
— Verfolgung der Arianer, I. 242.
— der hl. Dominikus, I. 277.
— die Konfiskation, I. 574
— Verlauf der Inquisition, II. 181.
— Apostel, III. 138.
— Fraticellen, III. 189.
— Verfahren gegen die Templer, III. 351.
— Templereigentum, III. 375.
— westgotische Gesetze über Zauberei, III. 451.
— Gesetzgebung über Zauberei, III. 483.
— Leugnung der Unsterblichkeit, III. 627. 631.
— Streit über Lullus, III. 657.
— Verehrung der hl. Jungfrau, III. 684.
Sperimento del fuoco, in Sachen Savonarolas, III. 253.
Speronisten, Name für Katharer, I. 127.
Speyer, Peter Turnow verbrannt (1426), II. 472.
Spina, Bartholomäus de, Magister Sacri Palatii, über den Hexensabbat, III. 558.
Spini, Doffo, Führer der Compagnacci, Gegner Savonarolas, III. 243. 256. 258.
Spione, Benutzung derselben im Gefängnisse, I. 465.
Spiritualen, Franziskaner-, die, III. 1.
— ihr Ursprung, III. 8.
— verfassen die Prophezeiungen Pseudo-Joachims, III. 14.
— nehmen den Joachimitismus an, III. 20.

Spiritualen, Franziskaner-, ihre Auflehnung gegen das Papsttum, III. 41.
— ihr italienischer Zweig, III. 41. 42. 43. 69. 161.
— ihr französischer Zweig, III. 46.
— sein Joachimitismus, III. 52. 53.
— s. ine Leiden, III 56.
— ihre Verfolgung durch die Konventualen, III. 63.
— Diskussion vor Clemens V., III. 64
— erhalten drei Klöster in Languedoc, III. 68.
— ihre Gegenpäpste, III. 70. 72. 89.
— verfolgt von Johann XXII., I. 433; III. 80.
— ihre Anhänglichkeit an ihre Kleidung, III. 88.
— ihre Abteilungen, III. 90.
— in Aragon, III. 95.
— ibre Beziehungen zu den Guglielmiten, III. 112.
— ihre Beziehungen zu den Aposteln, III. 122.
Spoleto, Ketzerei der Anhänger des Geistes der Freiheit, III. 141.
St. Gallen, Abtei, I. 12.
St. Gilles, Peter de Bruys verbrannt in, I. 74.
— Raimunds Busse in, I. 166.
St. Malo, Katharer in, I. 123.
St. Trond, Abtei, I. 11. 40. 42.
Staat, seine Pflicht zur Ketzerverfolgung, I. 242. 251. 563. 600.
— dienstbar gemacht der Inquisition, I. 360. 519.
— seine Beamte der Inquisition unterstellt, I. 430; II. 55. 72. 654. 658.
Städelin, Schüler Poppo', Miturheber der Hexenwesens in der Schweiz, III. 597.
Städtische Freiheiten in L nguedoc, I. 73.
Stanislaus v. Znaim, erst Freund, dann Feind des Huss, II. 509. 510. 517.
Starac oder Ältester, bei den Katharern in Bosnien, II. 346.
Statuten der Templer, III. 299.
Stedingor, ihr Fall, III. 207.
Steiermark, Waldenser verfolgt, II. 453.
Steinegger, Heinrich, Prokurator des Dominikanerklosters in Bern, verbrannt, III. 678. 679.
Steinigung für Zauberer, III. 460.
Stephan VII., Papst (896 97), verurteilt Papst Formosus (897). I. 259.
Stephan, Bischof der Waldenser, II. 473 f. 644.
Stephan, Missionar der Apostel, verbrannt, III 121.

Stephan Confaloniero v. Olgiate, Teilnehmer an der Ermordung St. Petrus' Martyr, Urteil gegen ihn, I. 514; II. 243.
Stephan Dabisa, König v. Bosnien, II. 346.
Stephan Dragutin, Statthalter v. Bosnien, verfolgt Katharer, II. 338.
Stephan Dusan der Grosse, Kaiser v. Serbien, II. 343.
Stephan v. Gâtine, Inquisitor v. Toulouse, I. 592; II. 59. 60.
Stephan Kostromanić, Ban von Bosnien, II. 340. 341. 342. 343.
Stephan Mascot, Katharer, besucht die Katharer in der Lombardei, II. 53.
Stephan Ostoja, König v. Bosnien, II. 346. 347.
Stephan v. Saint-Thibéry, Franziskaner-Inquisitor v. Toulouse, 1242 ermordet, I. 338; II. 23. 37 f.
Stephan v. Sissy, Marschall des Templerordens, widersetzt sich Urban IV. (1264), III. 273.
Stephan Tempier, Bischof v. Paris, verurteilt den Averrhoismus (1270), III. 628.
Stephan v. Thiern, hl, seine Wunder, I. 44.
Stephan Thomas Ostojić, König v. Bosnien, II. 351.
Stephan Tomasević, König v. Bosnien, II. 348. 354. 355 356.
Stephan v. Tournay, I. 22. 138.
Stephan Twartko, König v. Bosnien, (1353—91), II. 344.
Stephan Twartko II., König v. Bosnien, II 347 349. 351.
Stephan v. Verberie aus Soissons, wegen Gotteslästerung angeklagt (1308), II. 136.
Stephan Vuk appelliert an Urban V., (1368), II. 345.
Stephan Vukcić, Herrscher v. Südbosnien, II. 351. 352. 354. 356.
Stephanus v. Combes, Inquisitor v. Toulouse, verfolgt Dominikaner und Franziskaner, III. 231.
Sterbebett, Widerruf auf dem, I. 487.
Sterblichkeit der Gefangenen, I. 552.
Stertzer, I 43.
Stettin, Waldenser verfolgt, II. 452.
Stigandi, Zauberer, III 459.
Stigma diabolicum, III. 556.
Stigmata (Wundmale Christi), des hl. Franziskus, I. 293; III. 4.
— Streit der Bettelmönche darüber, I. 262; II. 245.

Stigmata (Wundmale Christi), der hl. Katharina v. Siena, II. 245
— der Guglielma v. Mailand, III. 103.
— des Wilhelm des Hirten, III. 426.
— des Johann Jetzer, III. 677.
Strafen, Grausamkeit der, im Mittelalter, I. 262.
— für Ketzerei, Unsicherheit in den, I. 344.
— — auferlegt von der Inquisition, I. 512. 560. 597.
Strafrecht, weltliches, I. 263. 448.
— Einfluss der Inquisition auf dasselbe, I. 625.
Stralsund, Priester verbrannt (1403), II. 458.
Strassburg, Verfolgung der Waldenser (1211), II. 359.
— Inquisitor Konrad Dorso ermordet, II. 391.
— Verfolgung der Begarden, II. 418. 424. 438. 459.
— Streit um den Bischofssitz, II. 420.
— der schwarze Tod, II. 429.
— Sekte der „Winkeler" verfolgt, II. 455.
— Reform der Observanten eingeführt in, III. 194.
— Abenteuer des Johann Malkaw, III. 232.
Streitigkeiten zwischen den Bettelmönchen und dem Weltklerus, I. 314. 325.
— zwischen den Bettelorden, I. 338. 339; II. 81 f. 153 f. 192. 245; III. 111. 195. 670.
— zwischen dem Weltklerus und den Ritterorden, III. 272.
— zwischen den Ritterorden, III. 276.
Striga (lamia), III. 452.
Strix, Hexe bei den Römern, III. 442.
Stronconi, Johann, Provinzial der Observanten, III. 194.
Studenten, frei von der weltlichen Gerichtsbarkeit, II. 315.
Succubi, III. 431. 560. 606.
— auf dem Konzil von Konstanz, II. 519.
Sueiro Gomes, erster Dominikanerprovinzial von Spanien, versucht die Einführung der Inquisition in Portugal, II. 214.
Sünde, Lehre von der Unfähigkeit zur, II. 364. 365 f.
— bei den Ortliebern, II. 404.
— im deutschen Mystizismus, II. 413.
— bei den Anhängern des Geistes der Freiheit, III. 140 f.
Summis desiderantes, Hexenbulle Innocenz' VIII. vom 5. Dezember 1484, III. 603.
Swestrionen, II. 457.
Symbol der Katharer zu ihrer Erkennung, II. 220.
Synagoga Satanae, I. 111.
Synagogen, jüdische, abergläubische Benutzung derselben, II. 131.
Synodal-(Send-)gerichte, I. 348. 349.
Synodalzeugen (testes synodales), I. 349. 353. 355. 392; II. 130.
— im Prozess des Gilles de Rais, III. 535.

T.

Tabor, Berg, Festung der Taboriten, II. 585. 587.
— von Georg Podiebrad erobert (1452), II. 611. 615.
— beschrieben von Äneas Sylvius, II. 640.
Taboriten, ihre Lehren, II. 584. 591. 596.
— ihre Beziehungen zu den Waldensern, II. 595.
— ihre Niederlage bei Lipan (1434), II. 611.
— Unterdrückung der, II. 614. 615. 639 f.
Tacquet, Johann, in Arras, sein Fall, III. 584. 587.
Tänzer, Sekte der, II. 446.
Täuschung, angewendet zur Erlangung eines Geständnisses, I. 464.
— üblich in Hexenprozessen, III. 574. 584. 594.
— im Prozesse der Johanna d'Arc, III. 409.
Täuschungen, hervorgerufen durch Zauberei, III. 459.
— beim Sabbat, III. 551.
Tagliacozzo, Schlacht bei (1268), II. 262.
Taillebourg, Schlacht bei (1242), II. 41.
Talio (Schadenersatz), Ankläger verpflichtet zur, I 347; II. 397.
— Gefahr des, I. 447.
— für falsches Zeugnis, I. 494.
Talisman, geweihter, I. 53.*
Talmud, Verurteilung des, I 620; II. 175.
— Strafe für Magie im, III. 448.
Talon, Berengar, Franziskaner, Lehrer im Kloster Narbonne, behauptet die Armut Christi, III. 146.
Tanchelm, I. 70.
Tanz, eigentümlicher, der Hexen, III 560.
Tanzwut, die, II. 446.
Tarantaise, Verfolgung in der, II. 171.
— unterstellt der Inquisition der Provence, II. 293.

Taria, Mädchen, Kardinal der Guglielmiten, III. 108. 115.
Tarnkappe, die, III. 457. 474.
Tarragona, Konzil v. (1238), über Schmähschriften, I. 3.
— Konzil v. (1242), regelt die Verfolgung, I. 519; II. 187.
— Konzil v. (1291), unterstützt die Inquisition, II. 191.
— — über Leugnung der Unsterblichkeit, III. 627.
— Konzil v. (1297), verfolgt die Spiritualen, III 95.
— Konzil v. (1310), über die Templer, III. 353.
— Konzil v. (1312), spricht die Templer frei, III. 354.
Tartarei, Inquisition in der, I. 398.
Tartaren — siehe Mongolen.
Tarvesina — siehe Treviso.
Taus, Sieg der Hussiten über die Kreuzfahrer bei (1431), II. 605.
Taxen der Pönitentiarie, III. 74. 702.
Telchinen, III. 440.
Teleonarii, Name für Katharer, I. 127.
Telesphorus v. Cosenza, sein Glaube an Joachim, III. 13.
— über die Verderbtheit der Kirche, III. 713.
Tempestarii, Wetterzauberer, Strafe bei den Westgoten für, III. 451.
— ihre Macht bei den Normannen, III. 458.
— geleugnet und zugegeben von der Kirche, III. 467. 468.
— der Glaube daran allgemein beim Volke verbreitet, III. 467.
— zugelassen in Spanien, III. 485.
— Stürme und Hagelwetter, erregt von Hexen, III. 561.
Templer, ihre Klagen über die Erpressungen päpstlicher Legaten, I. 19.
— Fall der, III. 269.
— Frage nach ihrer Schuld oder Unschuld, III. 279. 297 f. 371.
— ihre Behandlung in Frankreich, III. 314 f.
— ihre Führer dem päpstlichen Urteile vorbehalten, III. 320. 324. 313. 367.
— nicht überführt in England, III. 341.
— freigesprochen in Deutschland, III. 344.
— zum Geständnis gezwungen in Neapel, III. 345.
— freigesprochen in Bologna, III. 348 f.
— nicht überführt in Cypern, III. 350 f.
— freigesprochen in Aragon, III. 354.

Templer, freigesprochen in Mallorka, III. 356.
— — in Kastilien, III. 359.
— — in Portugal, III. 359.
— zum Geständnis gezwungen in Toskana, III. 361.
— Befehle Clemens' V. zu ihrer Folterung, III. 360.
— nicht verurteilt vom Konzil von Vienne, III. 363.
— endgültige Bestimmungen über sie, III. 367.
— Schicksal der Akten über ihren Prozess, III. 362.
Templerbesitzungen, beschlagnahmt, III. 323.
— Verfügung darüber, III. 366. 372.
Templerorden, Gelegenheit zur Verteidigung versprochen dem, III. 323. 328.
— Gehör ihm verweigert in Vienne, III. 363.
— ohne Überführung aufgehoben, III. 364 f.
Temporalien (Einkünfte der Geistlichen), Wiclifiten verwerfen die, II. 504.
Tento v. Agen, Katharerbischof, II. 36.
Termes, Belagerung von, I. 179. 180.
Terric, Ketzer, verbrannt, I. 143.
Tertiarier, Franziskaner-, in Frankreich als Beguinen bezeichnet, II. 402.
— Beguinen werden, II. 420. 422. 470.
— werden Olivisten, III. 55. 84.
— verfolgt in Aragon, III. 95.
Tertiariererorden (Brüder und Schwestern der Busse oder Der dritte Orden der Minoriten oder Franziskaner), vom hl. Franziskus gegründet zur Aufnahme von Weltleuten (1221), I. 299.
Tertullian, seine Unduldsamkeit, I. 236. 237.
— seine Klage über heidnische Theurgie, III. 445.
— über prophetische Träume, III. 504.
Testament des hl. Franziskus verbrannt, III. 38.
Testes synodales — siehe Synodalzeugen.
Tetzel, Johann, Inquisitor in Norddeutschland, Gegner Luthers, II. 485 f.
Teufelsanbetung, den Katharern fälschlich zugeschrieben, I. 115; II. 379.
Texerant oder Textores (Weber), Name für Katharer, I. 127.
Thoate — siehe Chieti.
Thedisius, Legat, I. 166. 183. 190. 192. 215.
Theobald, Graf von der Champagne, verhandelt mit Amauri, I. 210. 223. 227.

Theoderich v. Thüringen (Dietrich v. Apolda), über Konrad v. Marburg, II. 370. 375.
Theodor I., Papst (642—49), mischt geweihten Wein in Tinte (646), II. 542.
Theodor, Astrologe Friedrichs II., III. 485.
Theodor v. Canterbury, sein Bussbuch über Zauberei (680), III. 465.
Theodor v. Montferrat, Markgraf, I. 13.
Theodor v. Mopsuestia, I. 259.
Theodoret v. Cyrus, sein Fall, I. 259.
Theodorich, König der Ostgothen, seine Gesetze über Zauberei, III. 450 f.
Theodosius II. verbrennt die Nestorianischen Bücher, I. 620.
Theodwin, Bischof v. Lüttich, seine Unduldsamkeit, I. 246.
Theologie, scholastische, III. 616.
— ihr Vorrang vor der hl. Schrift, III. 618.
— ihr Streit mit der Philosophie, III. 623. 628
— wird nicht vernunftgemäss gelehrt, III. 650.
— beseitigt durch die Reformation, III. 645 f.
Theophilus v. Cilicien, Archidiakon, sein Pakt mit Satan, III. 479.
Theurgie (Wunderwirkung), griechische, III. 440.
— christliche, im Kampfe mit der heidnischen, III. 445. 458. 461.
— magische, III. 524 f.
Thibaud, Herzog v. Lothringen, verfolgt die Templer, III. 341.
Thiebault, Herzog von Lothringen, tötet den Bischof Matthäus v. Toul, I. 16.
Thierry, Katharerbischof, I. 144. 156.
Thomas I., Graf v. Savoyen, sein Gesetz gegen Ketzerei in den Statuten v. Pignerol, I. 358; II. 222.
Thomas von Apulien, seine revolutionären Ketzereien und sein Joachimitismus, II. 143; III. 99.
Thomas v. Aquino, hl., Dominikaner, über die Bestrafung der Ketzerei, I. 257. 598.
— über die Sünde der Ketzerei, I. 265.
— über die Verbrennung Rückfälliger, I. 611.
— antwortet dem Wilhelm v. Saint-Amour, I. 320.
— widerlegt Joachim, III. 16.
— über die Entziehung des Laienkelches, II. 540.
— Zugeständnisse betreffs der Armut, III. 1.

Thomas v. Aquino, hl., Dominikaner, leugnet die Macht des Papstes, von Gelübden zu entbinden, III. 86.
— über die Ketzerei des Ungehorsams, III. 217.
— über Incubi und Succubi, III. 436.
— lehrt die Macht der Zauberer über das Wetter, III. 467.
— über die Ars notoria, III. 492.
— über die Erlaubtheit und Unerlaubtheit der Astrologie, III. 495.
— über Wahrsagen aus Träumen, III. 504.
— über die Anschauung der Seligen, III. 660 f
— leugnet die unbefleckte Empfängnis, III. 669.
— über päpstliche Simonie, III. 705.
Thomas v. Aquino, Bischof der Fraticellen, III. 183.
Thomas v. Aversa, Inquisitor, I. 472; II. 244. 280; III. 43
Thomas, hl., v. Canterbury, Wirkung der Anrufung desselben, I. 55.
Thomas v. Cassacco, Inquisitor, II. 288. 290. 294.
Thomas v. Casteldemilio, Spirituale, grausam eingekerkert, III. 37.
Thomas v. Celano über die Franziskanerregel, III. 31.
Thomas v. Chantimpré, seine Dämonologie, III. 432.
— gibt die Macht der Tempestarii zu, III. 468.
— über die Fähigkeit der Dämonen, Menschen zu versetzen, III. 554.
— über die Ablasskrämer, III. 697.
Thomas v. Como, Inquisitor, III. 110.
Thomas v. Courcelles, Beisitzer im Prozesse der Johanna d'Arc, III. 409.
Thomas v. Florenz, der selige, lässt seine Wunderkraft leuchten und erlöschen, II. 306.
Thomas Germanus, Abgesandter der „Unitas Fratrum", besucht die Waldenser in Savoyen, II. 300.
Thomas Heron, Generalinquisitor in Frankreich (1478—81) II. 159.
Thomas, Bischof v. Lesina, päpstlicher Legat in Bosnien, II. 352.
Thomas Scotus, abtrünniger Mönch, seine Ketzereien, II. 214.
Thomas v. Stitny verteidigt Wiclifs Abendmahlslehre, II. 511.
Thomisten, III. 621.
Thracien, Paulicianer verpflanzt nach, I. 99. 118.

Thüringen, Flagellanten verbrannt, II. 463 f.
Thurgau, Ortlieber verbrannt im Schweizer, II. 367.
Tiberius, seine Gesetze über Haruspices, III. 449.
Tiem, Wenzeslaus, Dechant v. Passau, seine unwürdigen Ablasspredigten, II. 514. 524.
Tiepolo, Jakob, Doge v. Venedig, sein Amtseid enthält nichts von Ketzerei (1229), II. 281.
Tinctoris, Johann, seine Abhandlung über Hexerei, III. 596.
Tirol, Hexen in, III. 562. 604.
Tod, Macht der Hexen, ihn zu verursachen, III. 561.
Todesstrafe wegen Ketzerei, I. 247.
— Verantwortlichkeit der Kirche für die, I. 251. 597.
— Häufigkeit der, I. 614 f.
— wegen Hexerei, III. 575. 582. 595.
— der Hexen, Kirche verantwortlich für die, III. 611 f.
Todfeindschaft (Feindschaft, die dem Feinde nach dem Leben trachtet), macht die Zeugenaussage ungültig, I. 486. 487.
— ist das einzige Verteidigungsmittel, I. 486. 498. 501; II. 545; III. 578.
Todi, Inquisitionsverfahren gegen, III. 167.
Tötung von Menschen, verboten bei den Waldensern, I. 88; II. 168.
— bei den Katharern, II. 109.
— bei den Böhmischen Brüdern, II. 641.
Toldos Jeschu, Geschichte Jesu, I. 623.
Toledo, Einfluss der Schule von, I. 62.
— Konzil v. (694), verbietet Verwünschungsmessen, III. 504.
— Konzil v. (633), über priesterliche Zauberei, III. 469.
— Konzil v. (1291).
Toleranz, in den ältesten Zeiten, I. 120 f. 243.
— ist Ketzerei, I. 251. 604.
— in Languedoc, II. 1.
— geübt von den Türken, II. 357.
— gelehrt von den Gottesfreunden, II. 415.
Tommasino v. Foligno, Franziskaner-Tertiarier, Busspediger († 1377), II. 317.
Tommaso di Scarlino verfolgt Fraticellen in Toskana (1471), III. 202.
Tonale, Monte, bei Brescia, Hexensabbat abgehalten auf dem, III. 612.
Tonsur, Beseitigung der, II. 560.
Torcy, Zauberer in, III. 600.

Torralba, Eugen, sein Geständnis, III. 644.
Torriani, Pier, Podestà v. Bergamo, II. 228.
Torsello, Katharerbischof in Florenz, I. 366; II. 237.
Tortur — siehe Folterung.
Toskana (Tuscien), Zahl der Katharer in, II. 219.
— begünstigt von Honorius IV., II. 274.
— Einschränkung der Inquisition, II. 310.
— keine Ketzer mehr in, II. 311.
— Tertiarier verfolgt, III. 85 f.
— Fraticellen verfolgt (1471), III. 202.
— Verfolgung der Templer, III. 347. 361.
Tote, Verfolgung gegen, I. 155. 258. 451. 501. 556; II. 60.
— — auf fünf Jahre beschränkt in Spanien, II. 208.
— Widerruf auf dem Sterbebett, I. 487.
— unerfüllte Bussen derselben, I. 530.
— Konfiskation ihres Vermögens, I. 564. 585.
Totenmessen, Gewinn aus, I. 33 f.
— zu Zauberzwecken, III. 504.
Toul, Prozess gegen Matthäus v. Lothringen, Bischof v., I. 16.
Toulouse, Ketzerei in (1178), I. 134.
— Edikt zur Vertreibung der Ketzer (1202), I. 151.
— Edikt bezüglich Prozesse gegen Tote, I. 155.
— Interdikt verhängt über, I. 181.
— drei Belagerungen von, I. 186. 207. 209.
— soll auf die königliche Familie übergehen, I. 229.
— Sterblichkeit im Gefängnisse von, I. 553.
— Exkommunikation wegen Weigerung zur Verbrennung der Ketzer, I. 602; II. 649.
— Beschützung der Ketzer in, II. 6 f.
— erste Anstellung von Inquisitoren, II. 8 f.
— Unruhen in (1235), II. 19.
— Exkommunikation der städtischen Behörden, II. 26. 649.
— Absetzung des Inquisitors Fulco v. Saint-Georges, II. 85.
— Besuch Philipps des Schönen, II. 93.
— Bernhard Guidonis zum Inquisitor ernannt (1307), II. 113.
— Eid, abgelegt in die Hände des Inquisitors, II. 146.
— Erzbischof v., suspendiert die Inquisition, II. 146 f.
— Streit zwischen Inquisitoren in (1414), II. 153.
— Ohnmacht der Inquisition, II. 161.
— Verfolgung von Waldensern, II. 166. 169.

Toulouse, Olivisten verbrannt, III. 86.
— Zauberer bestraft (1274), III. 482.
— Hexen verbrannt, III. 599.
— Konzil v. (1119), gegen Katharer, I. 129.
— Konzil v. (1229), schärft den Beamten die Pflicht der Verfolgung ein, I. 253. 381.
— — handelt als Inquisitionstribunal, I. 354.
— — verbietet den Laien den Besitz der hl. Schrift, I. 363.
— — über die Zerstörung der Häuser, I. 538.
— — befiehlt die Einkerkerung der Bekehrten, I 541.
— — über den Unterhalt der Gefangenen, I. 546.
— — über Rechtsunfähigkeit, I. 557.
— — über Ausgaben der Inquisition, I. 590.
— Grafen v, ihre Macht, I. 145.
— Haus, erloschen, II. 51.
— Bischofssitz, seine Armut, I. 148.
— — sein Reichtum, I. 576.
Touraine, Inquisition ausgedehnt auf die, II. 140.
Tournay, Hexen freigesprochen, III. 595 f.
Tours, Konzil v. (813), über Vermächtnisse, I. 32.
— Konzil v. (1163), über Einkerkerung und Konfiskation, I 562.
— Konzil v (1239), ordnet Synodalzeugen an, I 355; II. 130.
— Nationalversammlung in (1308), III. 318.
Traducianismus bei den Katharern, I. 108.
Tränen der Hexen — siehe Weinen.
Träume, arabische Abhandlungen über die Auslegung der, III. 483.
— Wahrsagerei durch, III. 503.
Transitus sancti patris, Bericht über den Tod Olivis, III. 49. 93. 184.
Transsubstantiation, Einführung der, I. 244.
— geleugnet von Peter v. Bruys, I. 75.
— geleugnet von Heinrich v. Lausanne, I. 77.
— von den Waldensern geglaubt, I. 91; II. 150. 178. 449.
— geleugnet von Wiclif, II. 506.
— Huss bekennt sie, II. 544.
— aufrecht erhalten von den Calixtinern, II. 591.
— Lehre der Taboriten über die, II. 597 f.
— vermieden von den Böhmischen Brüdern, II 641.

Transsubstantiation, Abnahme des Glaubens an die, im 15. Jahrhundert, II. 160 f.; III. 645.
Trapani, Streit über die Stigmata in (1473), II. 245.
Trau (Druguria), Katharer in, I. 118; II. 342.
Traumdeutung — siehe Oneiroskopie.
Traumgebilde, der Hexensabbat ein dämonisches, III. 551.
Trencavel, Peter, sein Fall, I. 410; III. 84.
Trencavel, Raimund, Sohn des Roger Trencavel, Vicomte von Béziers, Führer des Aufstandes von 1240, II. 27.
Trencavel, Roger, Vicomte v. Béziers, seine Vergehen, I. 135. 137.
Treue, darf Ketzern nicht gehalten werden, I. 195. 256; II. 535.
Treueid — siehe Obedienzeid.
Treuga dei — siehe Gottesfrieden.
Treuga Henrici (1224), deutsches Gesetz, über Zauberei, III. 486.
Treviso (Tarvesina), Mark von, Katharer in der, I. 129.
— Streitigkeiten der Bettelmönche, I. 339.
— Ketzerei geduldet, II. 223.
— den Dominikanern zugewiesen (1302), II. 263.
— ihre Beziehungen zu Venedig, II. 281. 307.
Triaverdins, I. 138.
Trient, Konzil v. (1547—63), rehabilitiert Raimund Lullus, III. 656 f.
— lässt die Frage der unbefleckten Empfängnis offen, III. 682.
— schafft die Ablasskrämer ab, III. 700.
Trier, Katharer in, I. 124.
— Gebrauch der Bibel bei den Ketzern in (1231), I. 145.
— Streit über den Erzbischofssitz v. (1259), I. 310.
— drei Ketzerschulen in (1231), II. 377.
— Freisprechung der Templer, III. 343.
— Verbrennung von Hexen, III. 614.
— Konzil v. (1227, 1277 oder 1310), untersagt den Beguinen das Predigen, II. 402.
— Konzil v. (1310), über Ketzer, II. 418; III. 139.
— — über Zauberei, III. 488.
Triest, Katharer vertrieben aus, II. 330.
— Insubordination gegen Rom in (1264), II. 338.
— lehnt sich auf gegen den Inquisitor Fabianus, II. 340.
Trilles, Martin, verbrennt Wicllfiten, II. 202.

Trinacria — siehe Sizilien.
Trinität, Joachims von Floris Irrtum über die, III. 15.
Trithemius, Johannes, Abt, über den Reichtum der Templer, III. 282.
— über die Verderbtheit der Mönche, III. 718.
Trolla-thing, nächtliche Versammlung der Hexen, III. 459. 551.
Trolldom oder 'seid', gottlose Zauberei, III. 457.
Trolls, böse Wesen, III. 453.
Troubadours, ihr Urteil über die Inquisition, II. 2.
Troyes, Ketzer verbrannt (1200), I. 144.
— erobert von Johanna d'Arc, III. 394.
— Konzil v. (1128), organisiert den Templerorden, III. 270.
Türken, ihre Toleranz gegen die Christen, II. 357.
Türkische Eroberungen, unterstützt von Christen, II. 347.
Tunis, Inquisition in, I. 397.
— Lorenzo Carbonello, Fraticelle, Missionar in, III. 188.
Turbato corde, Bulle Clemens' IV. (1268), zur Anfeuerung der Inquisitoren, II. 68.
Turin, Waldenser in, II. 292.
Turlupinen, Name für Begarden, II. 110. 176.
Turriani, Joachim, General der Dominikaner, III. 239. 263 266.
Tuscien — siehe Toskana.
Tyrannenmord, die Lehre von der Erlaubtheit desselben ist Ketzerei, III. 380 f.
Tzimisces, Johann, Kaiser, verpflanzt die Paulicianer nach Thracien, I. 99. 118.

U.

Uban Prijesda, bosnischer Magnat, II. 334. 337.
Ubertino v. Casale, Führer der Spiritualen, III. 59.
— verteidigt Olivi, III. 54.
— erhält die Erlaubnis, in den Benediktinerorden einzutreten, III. 79.
— verrät die Segarellisten, III. 122.
— seine Beweisführung über die Armut Christi, III. 149.
— flieht zu Ludwig dem Bayern, III 161.
Ubertino v. Corleone, Franziskaner, entschlüpft der Inquisition, II. 304.
Uberto Pallavicino, vertreibt die Flagellanten, I 305.
— von König Konrad IV. zu seinem Stellvertreter in der Lombardei ernannt (1253), II. 247.
Uberto Pallavicino, beschützt die Ketzer, II. 251 f. 258.
— besiegt Ezzelin, II. 257.
— Inquisitionsverfahren gegen ihn, II. 259.
— seine Unterwerfung (1266) und sein Tod (1268), II. 262.
Ucitelji, Lehrer der Katharer in Bosnien, II. 346.
Überführung, Beweggründe zur Erlangung einer, I. 455.
Überlassung (relaxatio) der Verurteilten an die weltlichen Gerichte, I. 597.
— Urteil auf, nicht verlesen in der Kirche, I. 438.
— ist die Strafe für Unbussfertige und Rückfällige, I. 479. 609; III. 334.
Übertragung ihrer Vollmachten an die Inquisitoren seitens der Bischöfe, I. 433.
Übler Ruf der Ketzerei, Rückfall in denselben, I. 613.
Ültschi, Franz, Sub-Prior des Dominikanerklosters zu Bern, verbrannt (1509), III. 678 f.
Uguccione Pileo nimmt Johann Schio in Vicenza gefangen, II. 232.
Ulm, Begarden verfolgt, II. 469.
Ulmer, Herr v., wegen Zauberei angeklagt, III. 509.
Ulrich III., Abt v. St. Gallen, I. 12.
Ulrich v. Rosenberg, Statthalter in Böhmen, Vertreter der Katholiken, II. 616.
Ulrich der Wilde, Protonotar Ludwigs des Bayern, III 155.
Ulrich v. Znaim, Vertreter der „Waisen", seine freie Sprache zu Basel, II. 608.
Umbilicani, III. 117.
Umwandlung der Gelübde, I. 49.
— der Bussen, I. 518. 528.
— der Bussen bei Toten, I. 531.
— der Einkerkerung, I. 554.
— der Konfiskation, I. 577.
Unam Sanctam, Bulle Bonifaz' VIII. vom 18. November 1302, über die Obergewalt des Papstes, III. 217. 690.
Unbefleckte Empfängnis, die, III. 666.
— Orden der, III. 680.
Unbussfertige Ketzer müssen verbrannt werden, I. 479. 605. 609.
Unerfüllte Bussen, I. 530.
Unfähigkeit zur Sünde, Lehre von der, II. 405.
Ungarn, seine Oberherrschaft über Bosnien, II. 330.

Ungarn, Dominikaner-Missionare in, II. 333.
— Einfall der Mongolen (1241), II. 336.
— Ladislaus IV. widersetzt sich dem Hl. Stuhle, muss sich aber unterwerfen, II. 338.
— Kreuzzüge gegen Bosnien, II. 345.
— Eroberung Bosniens durch die Türken (1463). II. 358.
— Flagellanten in, II. 446.
— Waldenser in, II. 451. 454.
— Hieronymus v. Prag predigt den Hussitismus, II. 566.
— Überwiegen des Hussitismus, II. 599. 618.
— Verfolgung der Hussiten, II. 618. 620.
— Priesterkonkubinat, II. 619.
— päpstliche Erpressungen, III. 76.
— griechische Kirche, III. 692.
Ungehorsam gegen die Kurie, ist Ketzerei, I. 257; III. 205. 214. 217. 691. 692.
Unglaube des Volkes hinsichtlich der Hexerei, III. 595. 603. 610.
— der Kirche im 15. Jahrhundert, III. 632. 645.
Universidad Lulliana zu Palma, III. 651.
Universität Bologna, lehrt die Verfolgung der Ketzer, I. 361.
— nimmt den Averrhoismus an, III. 630.
Universität Köln und Johann Malkaw, III. 234.
— verfolgt Johann v. Wesel, II. 480.
— über den Hexenwahn, III. 565.
Universität Löwen, III. 622. 623.
Universität Padua, Averrhoismus an der, III. 497. 630.
Universität Paris, ihr Streit mit den Bettelmönchen, I. 315. 328.
— verurteilt Margarete la Porete, II. 137. 655.
— greift Hugo Aubriot an, II. 142.
— verurteilt Thomas v. Apulien, II. 143.
— tritt ein für die Pragmatische Sanktion, II. 149.
— greift in Staatsangelegenheiten ein, II. 150 f.
— ihre unbestrittene Autorität in theologischen Fragen, II. 151.
— verdrängt die Inquisition, II. 152.
— weist Johann Laillier zurück, II. 159.
— trifft Entscheidung über das Blut Christi, II. 193.
— verurteilt Arnald v. Villanova, III. 60.
— verurteilt Dionysius Soulechat, III. 189.
— entscheidet sich für die Abhaltung eines Generalkonzils (1497), III. 253.

Universität Paris, befragt in betreff der Templer, III. 317.
— verurteilt Johann Petit, III. 380.
— ihr Eifer gegen Johanna d'Arc, III. 405. 407. 415.
— verurteilt nicht die Astrologie, III. 494.
— verurteilt die Astrologie, III. 508.
— über Verwünschungsmessen, III. 505.
— ihre Artikel über Zauberei (1398), III. 524.
— ihr Glaube an den Antichrist, III. 589.
— verfolgt Wilhelm Adeline, III. 599.
— ihr Nominalismus, III. 622.
— verurteilt Johann Fabre, III. 623.
— verurteilt philosophische Irrtümer, III. 627.
— Raimund Lullus lehrt an der, III. 651.
— begünstigt die unbefleckte Empfängnis, III. 670. 671. 673. 674.
Universität Prag, gegründet (1317), II. 494.
— Wiclifs Schriften, gelesen an der, II. 507.
— Revolution an der, II. 511.
— verteidigt Huss und Hieronymus, II. 580.
— erklärt sich zugunsten des Utraquismus (1417), II. 583. 584.
— nimmt die vier Artikel der Calixtiner an, II. 592.
Universität Toulouse, I. 228; II. 5. 6.
Universität Wien, des Hussitismus verdächtig, II. 566.
Unsterblichkeit, Leugnung der, III. 625. 627. 628. 631. 632. 636. 639. 641 f. 643.
Unterhalt der Gefangenen, I. 546 f.; II. 172 f.
Unterirdische Gottheiten in der römischen Zauberei, III. 441.
Unterschlagungen seitens der Inquisitoren, I. 572; II. 314.
Untersuchungsverfahren, das, allgemeine Anwendung desselben, I. 348.
— der Bischöfe, I 349.
— Wanderverhöre, I. 414.
— des Bernhard v. Caux, II. 48.
Unverletzlichkeit der Geistlichen, I. 37.
Unwissenheit, kein Verteidigungsgrund, I. 503.
Urban II., Papst (1088—99), exkommuniziert Philipp I., I. 5.
— bewilligt einen Ablass für Kreuzfahrer, I. 47.
Urban III., Papst (1185—87), schränkt den Reichtum der Templer ein, III. 271.

Urban IV., Papst (1261—64), verlangt die Freilassung des Bischofs v. Verona, I. 13.
— tadelt die Franziskaner, I. 311.
— schreibt die bischöfliche Mitwirkung bei Urteilen wieder vor, I. 375.
— annulliert Gesetze, welche die Inquisition behindern, I. 382; II. 260.
— erweitert die Macht der Inquisitoren, I. 400. 419.
— setzt einen Generalinquisitor ein (1262), I. 443.
— beansprucht die Konfiskationen, I. 571.
— reorganisiert die Inquisition von Aragon, II. 189.
— betreibt den Kreuzzug gegen Manfred, III. 218 f.
— setzt Stephan v. Sissy, Marschall des Templerordens, ab, III. 273.
Urban V., Papst (1362—90), erkennt die bischöfliche Inquisition an, I. 406.
— verfolgt die Waldenser, II. 170.
— verfolgt die Fraticellen, II. 321; III. 184. 185.
— seine Vermittlung in Bosnien, II. 345.
— ernennt Inquisitoren für Deutschland, II. 438.
— begünstigt Milicz v. Kremsier, II. 499.
— approbiert den Orden der Jesuaten (1367), III. 192.
— verurteilt Bernabo Visconti, III. 229.
— überweist das Templereigentum in Kastilien den Hospitalitern, III 378.
Urban VI., Papst (1378—89), seine Grausamkeit (1385), I. 624.
Urban VIII., Papst (1623—44), schränkt die Bettelmönche ein, I. 341.
Urgel, Bischof Pontius v., exkommuniziert den Grafen Roger Bernhard den Grossen v. Foix, II. 185.
— Verfolgung der Ketzer in, II. 187 f. 190.
— Fraticellen in, III. 190.
Uri, Begarden verfolgt, II. 469.
Urrea, Michael v., Bischof v. Tarazona, Nekromant, III. 518 f.
Ursprung des Bösen, III. 430.
— des Hexenwesens, III. 549.
Urteil, das, I. 512.
— gefällt vom Inquisitor im eigenen Namen, I. 372.
— gefällt vom Inquisitor auf Grund der vom Bischof übertragenen Vollmachten, I. 433.
— bischöfliche Mitwirkung bei dem, I. 372. 373. 375. 432.
— auf Überlassung an den weltl. Arm, nicht verlesen in der Kirche, I. 438.

Urteil, Recht zur Abänderung des Urteils bleibt vorbehalten, I. 553.
Utraquismus (Abendmahl in beiden Gestalten), seine Entstehung in Böhmen, II 538.
— wird vorherrschend, II. 583.
— Streit wegen des, in Iglau, II. 613.
— verhindert die Vereinigung Böhmens mit Rom, II. 621.
— erlangt Duldung, II. 638.
Utraquisten, ihre Lehren, II. 592.
— ihr Puritanismus, II. 591.
— ihr Sieg bei Lipan (1434), II. 611.
— erlangen die Oberhand in Böhmen, II. 615.
— reaktionäre Edikte bei den (1454), II. 622.
— übertriebene Verehrung der Eucharistie, II. 641.
— ihre Besorgnisse bezüglich der apostolischen Nachfolge, II. 644.

V.

Val Camonica, Hexen verbrannt im, III. 612.
Val-Pute (oder Val-Louise), Waldenser in, II. 165. 172. 176. 179.
Vala oder Prophetin, Verkörperung der Nornen oder Schicksalsgöttinnen, III 454.
Valence, Konzil v. (1248), schränkt die Competenz der Bischöfe ein, I. 373.
— bedroht die Advokaten der Ketzer, I. 496.
— über die Busse der Kreuze, I. 524.
— über unerfüllte Bussen, I. 613.
— befiehlt die Verfolgung der Zauberer durch die Bischöfe, nicht durch die Inquisitoren, III. 488.
Valencia, Ketzerei in, II. 199.
— besonderer Inquisitionsbezirk, II. 201.
— Fraticellen in, III. 190.
— Templereigentum in, III. 377.
— Fuero v., über Zauberei, III. 484.
— führt Klage über Eymericus, III. 654.
Valens, Kaiser, lässt Katholiken töten (370), I. 239.
— Verfolgung der Magie durch, III. 449 f.
Valentin v. Brünn, Inquisitor in Böhmen, II. 639.
Valentin, Bischof v. Makarska, II. 344.
Valentine v. Mailand, Gemahlin des Herzogs Ludwig v. Orléans, der Zauberei verdächtig, III. 527.
Valentinian I., Kaiser, setzt für Zauberkünste die Todesstrafe fest, III. 449.

Valla, Lorenzo, seine Laufbahn, III. 633.
Valladolid, Begünstigung der Bettelmönche in, I. 328.
Valori, Francesco, Anhänger Savonarolas, III. 247. 251. 257.
Valsesia, Erinnerung an Dolcino im, III. 136.
Vasquez, Martin, erster portugiesischer Inquisitor, II. 214.
Vaticinia pontificum, pseudo-joachimitisches Werk, III. 14.
Vatter, Johann, Prior des Dominikanerklosters in Bern, verbrannt, III. 678 f.
Vauderie (Vaudois, Vaudoisie), Bezeichnung für Hexenwesen, II. 176 f.; III. 580.
— von Arras, III. 580.
— ihre Gefährlichkeit, III. 583.
— Bezeichnung für den Hexensabbat, III. 584.
Vaudois, Wiedergabe für das Wort „Käczer" (Catharus) in der französischen Übersetzung des Schwabenspiegels, II. 175.
— fälschliche Bezeichnung für Katharer, II. 289.
Vaudoises, französische Bezeichnung für Hexen, II. 176.
Veitstanz, II. 446.
Veltlin, Verfolgung der Ketzer, II. 267.
Vence, Prozess des Bischofs v., I. 16.
Venedig, Verbrennung wegen Ketzerei, I. 248; II. 666.
— Einschränkung der bewaffneten Familiaren, I. 429.
— Konfiskationen, I. 573.
— Ausgaben der Inquisition, bezahlt, I. 589.
— Verlauf der Inquisition, II. 281. 307.
— weist die Gesetze Friedrichs II. zurück, II. 281. 283.
— Zuflucht der Ketzer, II. 283.
— exkommuniziert von Clemens V., III. 220 f.
— seine Milde gegen die Templer, III. 349.
— Gesetze gegen Zauberei, III. 485.
— Hexen von Brescia beschützt, I. 603; III. 610. 741.
— Pomponazzis Buch „De immortalitate animae" verbrannt, III. 644.
— Verhalten gegenüber der griechischen Kirche, III. 696.
Veneration bei den Katharern, I. 105. 503. — (Siehe auch Anbetung.)
Venetien, Zahl der Waldenser in, II. 302.
Venturino v. Bergamo, Dominikaner, Wirkungen seiner Busspredigten (1334), II 431.
Ver, Johann v., Dominikaner, leugnet die unbefleckte Empfängnis, III. 674.
Verantwortlichkeit der Minderjährigen, I. 449 486.
— der Allgemeinheit für die Grausamkeit der Ketzerverfolgung, I. 262 f.
— der Kirche, der Päpste, der Bischöfe für die Verfolgung — siehe diese Worte.
Verbannung als Strafe für Ketzerei, I. 150 247. 517; II. 191.
Verberati, Bruderschaft in Genua, II. 460.
Verbrecher, ihr Zeugnis zugelassen, I. 485.
Verbrennung Lebender eingeführt, I. 242. 247.
— Recht und Pflicht der weltlichen Gewalt zur, I. 600 f.
— das letzte Mittel gegenüber Ketzern, I. 605.
— Rückfälliger, I. 609.
— Häufigkeit der, I. 614 f.
— Verlauf der, I. 617.
— Ausgaben für die, I. 619.
— der Templer wegen Zurücknahme ihrer Geständnisse, III. 334. 349. 367. 369.
— ausschliessliche Strafe für Hexen, III. 576.
— von Büchern — s. Bücher (siehe auch Feuertod und Scheiterhaufen).
Vercruysse (Joseph de Félicité), seine Lehre über die Empfängnis der hl. Jungfrau, III. 686 f.
Verdacht der Ketzerei, I. 360. 484. 508.
— Bestrafung desselben, I. 607. 627.
— Rückfall in den, I. 612.
— Leugnung der Hexerei rechtfertigt den, III. 525.
Verdächtige Ketzer, Reinigung für, I. 471.
— verurteilt in absentia, I. 450.
— unfähig zur Bekleidung öffentlicher Ämter, II. 183.
Verdammten, die Seligen freuen sich über die Qualen der, I. 269.
Verderbtheit der Kirche, die, trägt die Schuld an der Entstehung der Ketzerei, I. 58. 142; II. 563. 606; III. 183 f.
Verehrung — siehe Veneration.
Verfeil, Misserfolg des hl. Bernhard in, I. 78.
Verfolgung, I. 234.
— abhängig von der Konfiskation, I. 593.
— ihr Einfluss auf die Moral, III. 720.
— ihre Konsequenzen, III. 724.
— von Bischöfen, Advokaten, Notaren, Toten — siehe diese Worte.

Vergiftung von Feldern durch Zauberpulver, III. 468.
Verhaftung, geheime Nachforschungen vor der, I. 453 f.
— Voruntersuchung erforderlich zur, II. 155.
— vernichtet die Macht der Hexen, III. 569.
Verhör des Angeklagten, I. 458. — (Siehe auch Interrogatorien.)
Verjährung bei Ketzerei, I. 585.
Verkäufe der Ketzer sind nichtig, I. 582.
Verkauf von Pfründen, I. 27.
— von Ablässen, I. 49. 50. 222. 230; III 697.
— der Erlaubnis zum Waffentragen, I. 428.
Verkehr mit Ketzern ist strafbar, II. 33.
Vermächtnisse für fromme Zwecke, I. 32.
— die Franziskaner werden zum Empfange derselben ermächtigt, III. 32. 33 f.
Vermögen, Ansprüche der Kirche an das von Verstorbenen hinterlassene, I. 34. (Siehe auch Konfiskation.)
Vermögensentäusserungen der Ketzer sind unwirksam, I. 582.
Vernichtung der Protokolle versucht, I. 425; II. 63.
Verona, Bischof v., gefangen genommen von Manfred, I. 13.
— Statuten von, gegen Ketzer (1228), I. 254. 471. 538.
— weltliche Inquisitoren in, I. 349.
— Verbot des Waffentragens, I. 427.
— Grausamkeit des Johann Schio in, II. 231.
— Fortdauer der Ketzerei in, II. 270.
— Konzil v., (1184), — siehe Lucius III.
Veronica, hl., v. Binasco, ihre Vision bezüglich der Empfängnis der hl. Jungfrau, III. 674.
Verrat, der bekehrte Ketzer ist verpflichtet, seine Glaubensgenossen zu verraten, I. 456. 491.
Versammlung der Sachverständigen, I. 421. 432. 434. 435.
— nicht üblich in Nordfrankreich, II. 137; III. 415.
Versammlungen, nächtliche, von bösen Frauen, sind eine Fiktion; der Glaube an ihre Wirklichkeit ist Ketzerei, III. 553.
Verschleppungen, unnötige, zur Erlangung eines Geständnisses, I. 467 f.
Verschwiegenheit der Inquisitoren, I. 420. 425. 452; III. 112.
— den Zeugen eidlich auferlegt, II. 100.

Verschwiegenheit der Inquisitoren, nicht beobachtet im Prozesse des Gilles v. Rais, III. 536.
— im Templerorden, III. 288.
— — Verdacht dadurch geweckt, III. 350.
— Gabe der, bei Hexen — siehe Hexen.
Versöhnung — siehe Aussöhnung.
Verstocktheit — siehe Hartnäckigkeit.
Verteidiger — siehe Advokaten.
Verteidiger des Glaubens, Gesellschaft der, in Mailand, II. 259.
Verteidigung, die, I. 495; III. 579.
— dem Angeklagten praktisch unmöglich gemacht, I. 452. 499. 503.
— dem Inquisitor überlassen, I. 499.
— Hoffnungslosigkeit der, II. 381. 481. 545; III. 578.
— im Falle der Templer, III. 327. 330. 333. 336. 362.
— der Ketzerei — siehe Begünstigung. (Siehe auch Advokaten.)
Verteilung der Geldbussen und Konfiskationen, I. 379. 571.
Verträge, mit Ketzern, dürfen nicht gehalten werden, II. 535 ff.
— mit dem Satan, III. 478. 524.
Vertrag v. Paris (1229), I. 227.
Vertus, Katharer in (1000), I. 119.
Verurteilung ist tatsächlich unvermeidlich, I. 506; III. 574.
Verwandeln, Zauberer können sich, III. 457.
— Hexen können sich, III. 561.
Verweigerte Apostoli, I. 504.
Verweltlichung der Kirche, I. 5.
Verwünschungsmessen, III. 505.
Vesper, sizilianische (1282),. II. 280.
Veyleti, Johann, Inquisitor, verfolgt Waldenser, II. 178.
Vézelay, Katharer in (1167), I. 122.
Vicenza, Erpressung des Inquisitors von, I. 534.
— Johann Schio eingekerkert, II. 232 f.
— Ketzerei geduldet, II. 252.
— absolviert und wieder ausgesöhnt, II. 264.
— Hartnäckigkeit der Ketzerei, II. 270.
— Empfang Capistranos in, III. 202.
Vienne, Konzil v (1311), seine Canones, II. 104; III. 66.
— über Missbräuche der Inquisition, I. 474. 535.
— verurteilt die Beguinen, II. 418.
— über die Irrtümer Olivis, III. 50.
— entscheidet zugunsten der Spiritualen, III. 66.

Vienne, Konzil v., über die päpstliche Dispensationsgewalt, III. 88.
— zusammenberufen zur Verhandlung gegen die Templer, III. 321. 323.
— auf den 1. Oktober 1311 vertagt, III. 336.
— Schicksal seiner Akten, III. 362.
— verweigert dem Templerorden Gehör, III. 363.
— verfügt über das Templereigentum, III. 366.
— beschliesst die Gründung von Schulen für orientalische Sprachen, III. 648.
— über die Anschauung der Seligen, III. 661.
— über Ablasskrämer, III. 699.
Vigoros v. Bocona, Katharerbischof, II. 24.
Vikare der Inquisition, I. 419.
Vilgardus, Grammatiker in Ravenna, seine Ketzerei, I. 119.
Villani, seine Mitteilung, dass es in Florenz keine Ketzer mehr gebe, II. 311.
— über den Nachlass Johanns XXII., III. 75.
— über die Macht und den Reichtum der Templer, III. 282.
Villehardouin, Isabella v., Fürstin v. Achaja, III. 43.
Villemagne, Kloster, Heirat der Mönche von, I. 131.
Villena, Marquis v. (Don Enrique v. Aragon), III. 516.
Vincenz v. Lissabon, Inquisitor v. Spanien, II. 209.
— Inquisitor v. Portugal, II. 215.
Visconti, ihre Grausamkeiten, I. 625.
— ihr Streit mit Johann XXII., III. 223.
— ihre Aussöhnung mit dem Papsttum, III. 229.
Visconti, Galeazzo, wegen Ketzerei verurteilt, III. 227.
Visconti, Girolamo, Frà, Verfasser eines Buches über Hexen, III. 610.
Visconti, Matteo, verurteilt wegen Guglielmitismus, III. 109.
— sein Prozess wegen Ketzerei, III. 223. 226.
— seine Bekehrung und sein Tod (1322), III. 225.
— seine Verurteilung für null und nichtig erklärt (1341), III. 229.
Viterbo, Kampf mit den Katharern, I. 128.
— greift Capello di Chia an, I. 384.
— Einführung der Inquisition versucht in, II. 237.
— Ketzer bestraft von Gregor IX., II. 237.

Viterbo, Widerstand gegen die Inquisition, II. 269.
— Kreuzzug gegen (1238), III. 214.
— Fall der Templer in, III. 345. 346.
Vitrier, Johann, Franziskaner, seine Ketzereien, II. 152.
Vivet, Jünger des Peter Waldes, I. 85.
Vivian, Katharerbischof in Toulouse, II. 53. 277.
Vivianus v. Bergamo, Inquisitor der Lombardei, II. 241.
Vivianus Bogolo, Katharerbischof, II. 252. 264.
Vogelflug, Weissagung aus dem, III. 455. 483. 485.
Vohet, Philipp v., päpstlicher Gefängniswärter v. Sens, bedroht die Templer mit Verbrennung, III. 325.
— bezeugt ihre Unschuld, III. 334.
Volk, sein Enthusiasmus, I. 163. 300. 301.
— begünstigt die Bettelmönche, I. 313.
— Meinung desselben ist von Wichtigkeit für die Überführung des Angeklagten, I. 454. 482.
— Souveränetät desselben über seine Fürsten, gelehrt von Heinrich v. Gent, III. 157.
— glaubt nicht an Hexerei, III. 595. 603. 611.
Vollkommene (perfecti), bei den Waldensern, I. 93.
— bei den Katharern, I. 103. 105. 114; II. 11.
— — ihre Zahl, II. 53. 54.
— werden mit dem Feuertode bestraft, II. 11.
Vollkommener Ablass, I. 47.
Vollkommenheit der Brüder des freien Geistes, II. 403.
— der Anhänger des Geistes der Freiheit, III. 140.
Voodooism, Bezeichnung für die Zauberei der Neger in den französischen Kolonien, III. 580.
Vorausverurteilung des Angeklagten, I. 454; III. 529.
Vorladung, Geheimhaltung der, I. 452.
Vorläufer des Huss, II. 499.
Vormundschaft, Konfiskation bei, I. 582.
Vox in excelsis, Bulle Clemens' V. vom 22. März 1312, über die Templer, III. 364.
Voyle, Johann, Inquisitor der Provence, verfolgt Waldenser, II. 176.
Vulcan, König v. Dalmatien, II. 330.
Vulgata, ihr entstellter Text, III. 618.
— verbessert durch Lorenzo Valla, III. 634.

W.

Wadding, Lukas, betreibt die Heiligsprechung Capistranos, II. 632 f.
— über die sittlichen Zustände in Italien im 15. Jahrhundert, III. 721.
Waffentragen, Recht der Familiaren zum, I. 426.
— Erlaubnis zum, verkauft von den Inquisitoren, I. 428.
Wahl der Bischöfe, I. 6.
Wahnsinn, Einwand des, I. 502.
Wahrsagerei, römische Gesetze gegen, III. 444.
— christlicher Eifer gegen, III. 447. 449.
— Einschränkungen unter den Westgoten, III. 451.
— bei den Germanen, III. 454.
— das Konzil v. Paris über (829), III. 466.
— Duldung im 12. Jahrhundert, III. 475.
— bestraft in Spanien im 13. Jahrhundert, III. 484.
— als Ketzerei betrachtet, III. 490.
— durch Träume, III. 503.
— Macht der Hexen zur, III. 561.
Wainamoinen, sein Zaubergesang, III. 455 f.
Waisen, die, Partei der Hussiten, II. 599.
Waldemar, Erzbischof v. Bremen, unterstützt von den Stedingern, III. 208.
Waldemar, Bischof v. Schleswig, sein Fall, I. 37.
Waldenser, ihr Ursprung, I. 85.
— ihre Abweichungen vom Glauben, I 86. 91; II. 167. 449. 643.
— verfolgt in Aragon, I. 89; II. 192.
— ihre Organisation, I. 91. 92.
— ihre Tugenden, I. 93. 94.
— in Metz, I. 144; II 361.
— verbrannt in Maurillac, I. 200
— von Piemont, I. 358. 474; II. 221. 291.
— ihre Erkennungszeichen, I. 482.
— ihr Ruf als Ärzte, II. 34.
— ihre Laufbahn in Frankreich, II. 162.
— ihre Beziehungen zu den Katharern, II. 163. 659.
— — zu den Hussiten, II. 176. 473.
— in Valencia, II. 201. 202.
— ihre Anzahl in Italien, II. 221.
— Konferenz in Bergamo (1218), II. 222.
— ihre Auswanderung nach Neapel, II. 279. 291. 301.
— in Strassburg, II. 362.
— in Deutschland, II. 393. 449.
— erstes Auftreten in Böhmen, II. 488.
— Entwicklung in Böhmen, II. 490. 491. 498. 501. 512. 584.

Waldenser, ihre Verbindung mit den Taboriten, II. 584. 595.
— ihre Verbindung mit den Böhmischen Brüdern, II. 474. 643 f.
Waldensianismus, Ursachen seiner Lebenskraft, II. 286 f.
— seine Verwandtschaft mit dem Wiclifitismus, II. 505.
Waldes, Peter, v. Lyon, I. 83. 84.
— Legende von seiner Missionsreise nach Böhmen, II. 488.
Wallachei, Inquisition in der, I. 398.
Walleys, Thomas, Dominikaner, verfolgt, III. 662.
Walpurgisnacht, die, III. 459 f.
Walram, Graf v. Jülich, Erzbischof v. Köln, organisiert die bischöfliche Inquisition, II. 424.
Walter v. Brügge fordert Clemens V. vor den göttlichen Richterstuhl, III. 370.
Walter der Lollarde, aus Holland, Begardenmissionar, verbrannt in Köln (1336), II. 422 f.
Walter v. Montbrun, Bischof v. Carcassonne, der Ketzerei beschuldigt, II. 77.
Walter v. Neapel, Tempelritter, III. 347.
Walther, Bischof v. Strassburg, I. 11.
Walther v. d. Vogelweide, über die Kirche, I. 59.
Wanderverhöre, I. 414.
Wasmod, Johann, v. Homburg, Domdechant in Mainz, seine Abhandlung gegen die Begarden, II. 450.
Wazo, Bischof v. Lüttich, und die Katharer, I. 121. 245.
Weigerung, des Angeklagten, sich zu verteidigen, ist Böswilligkeit, I. 500.
— Bussen zu vollziehen, I. 614.
— bestrafte Ketzer zu verbrennen, I. 254. 602.
Weiler, Anna, Dienstmagd des Friedrich Reiser, verbrannt, II. 473.
Weinen, Unfähigkeit der Hexe zum, ist ein unfehlbares Zeichen ihrer Schuld, III. 575.
— Fähigkeit der Hexe zum, ist eine List des Teufels, III. 575.
Weltliche Beamte, der Inquisition unterstellt, I. 430; II. 55. 72. 654. 658.
Weltliche Gerichtsbarkeit über Zauberei, III. 481. 508. 520.
— über Hexerei, III. 571. 573. 608. 611.
Weltliche Gerichtshöfe, Prozesse vor denselben, I. 448. 454.
— Gebrauch der Folter, I. 470.
— Einfluss der Inquisition auf dieselben, I. 625.

Weltliche Gesetzgebung über Ketzerei, I. 357.
— über Zauberei, III. 480.
Weltliche Inquisitoren, ihre Einführung versucht, I. 363; II. 183.
— in Venedig, II. 282. 284.
Weltliche Zwecke, Inquisition gebraucht für, II. 312; III 215.
Wenzel, König (1378—1400), abgesetzt wegen Vernachlässigung der Verfolgung, I. 253.
— seine Gleichgültigkeit gegen die Religion, II. 448.
— unterstützt Huss, II. 509.
— nimmt teil an der Revolution an der Universität, II. 511.
— verbannt die Gegner des Huss, II. 517.
— widersetzt sich der Einführung des Laienkelches, II. 538.
— bedroht von seinem Bruder Sigmund, II. 581. 583.
— sein Tod (1419), II. 585.
— seine Vorliebe für verbotene Künste, III. 519
Wenzel v. Duba, von Kaiser Sigmund zum Begleiter des Huss nach Konstanz bestimmt, II. 523.
Wenzel, Schuhflicker aus Prag, Chiliast, verbrannt (1421), II. 591.
Wertheim, Graf v, II. 477. 480.
Werwölfe (Loups-garoux, Lykanthropen), Zauberer, die sich in einen Wolf verwandeln können, zu Besançon verbrannt (1521), II. 162.
— bei den Römern, III 442
Westgoten, ihre Gesetze über Zauberei, III. 451.
Wetterzauberer — siehe Tempestarii.
Wibald, Abt v. Corvey, III. 475.
Wiclif, Johann (1320—84), Massregeln gegen ihn, I. 394.
— seine Laufbahn, II. 502.
— Verehrung für ihn in Böhmen, II. 508. 510.
— verurteilt vom Konzil v. Konstanz, II. 550.
Wicllfiten, in Frankreich, II. 158.
— in Spanien, II. 201. 202.
Wiclifitismus, seine Lehren, II. 503.
— ist verwandt dem Waldensianismus, II. 505
— verbreitet in Böhmen, II. 507. 509.
Widernatürliche Verirrungen, I. 10. 56; III. 288. 531. 717.
Widerruf des Geständnisses, verboten, II. 68.

Widerruf des Geständnisses, Verfahren beim, I. 478.
— ist gleichbedeutend mit Rückfall, I. 479. 608; III. 325 334. 348. 367. 368. 369.
— ist kein Rückfall, III. 335. 348.
— auf dem Sterbebette, I. 487.
Widerstand gegen die Inquisition, I. 360.
— in Narbonne, II. 13 f.
— in Toulouse, II. 19.
— in Carcassonne und Albi, II. 63 ff.
— in Florenz, II. 238.
— seitens der Führer der Ghibellinen, II. 252.
— in Parma, II. 268.
— in Viterbo, II. 269.
Wiederbelebung verschmauster Kinder und Tiere durch Hexen, III. 562.
Wiederholung der Folterung, I. 477; III. 574.
Wien, Nikolaus v. Basel, verbrannt in (1409), II. 460.
— Waldenserbischof Stephan verbrannt, II. 474.
— Hieronymus predigt den Hussitismus, II 566.
Wilbrand, Bischof v. Utrecht, sein Kreuzzug gegen die Friesen (1230), III. 209.
Wilhelm der Eroberer, König v. England (1066—87), bedient sich einer Zauberin, III. 473.
Wilhelm, Apostel, in Lübeck verbrannt (1402), II. 458.
Wilhelm, Franziskaner, I. 310.
Wilhelm Arnaud, Bischof v. Carcassonne, handelt als Inquisitor, I. 399.
Wilhelm Arnaud, Inquisitor v. Toulouse, handelt im Auftrage des päpstlichen Legaten, I. 369.
— zum Inquisitor ernannt (1233), II. 8.
— seine Tätigkeit, II. 10. 22.
— aus Toulouse vertrieben, II. 19.
— exkommuniziert Toulouse, II. 21.
— exkommuniziert die Behörden von Toulouse, II. 21. 26. 649.
— verfolgt die Herrn v. Niort, II. 30.
— seine Ermordung in Avignonet (1242), II. 39.
Wilhelm Autier, Katharerführer, II. 114.
Wilhelm v. der Auvergne, Bischof v. Paris, über Pluralität, I. 28.
— verdammt scholastische Irrtümer, III. 627.
— über die Anschauung der Seligen, III. 660.

Wilhelm v. Auxerre, Inquisitor in Frankreich, Exequatur des Königs Philipp des Schönen an (1285), II. 134. 654.

Wilhelm v. Beaujeu, Grossmeister der Templer, fällt bei Accon, III. 278.

Wilhelm v. Bordes, Erzbischof v. Embrun, bekehrt Waldenser, II. 170.

Wilhelm Calverie von Cordes, sein Prozess, I. 469. 473. 479; II. 10 f.

Wilhelm v. Cobardon, Seneschall v Carcassonne, regelt die Konfiskation (1271), II. 60.

— verfolgt Waldenser (1271—74), II. 165.

Wilhelm v. Esseby, Franziskaner, I 294.

Wilhelm v. Falquet, Katharer, seine Missionsreisen nach der Lombardei, II. 53 f.

Wilhelm v. Fenasse, Konfiskation seines Vermögens, I. 581.

Wilhelm Fournier, Katharer, seine Reisen nach Italien, II. 53.

Wilhelm Fransa, Ketzer, als Zeuge benutzt, II. 108.

Wilhelm v. Gennep, Erzbischof v. Köln, verfolgt die Ketzer, II. 436. 437.

Wilhelm Giraud, Papst der Olivisten, III. 89.

Wilhelm v. Hildernissen, Karmeliter, Führer der „homines intelligentiae", II. 461.

Wilhelm der Hirte, Nachfolger der Johanna d'Arc, III. 426.

Wilhelm Johann, Katharer, sein Verrat und seine Ermordung, II. 114.

Wilhelm Lefèvre aus Arras, wegen Zauberei verfolgt und freigesprochen, III. 586. 593. 596.

Wilhelm v. Mas-Saintes-Puelles, Teilnehmer am Blutbad v. Avignonet, II. 40.

Wilhelm v. Montanagout, Troubadour, über die Inquisitoren, II. 2.

Wilhelm, Herr v. Montpellier, bittet um einen Legaten zur Unterdrückung der Ketzerei, I. 150.

Wilhelm de la More, Templermeister v. England, III. 341.

Wilhelm v. Morières, Inquisitor v. Toulouse, II. 86. 91.

Wilhelm v. Mulceone, Inquisitor, II. 77.

Wilhelm, Erzbischof v. Narbonne, handelt als Inquisitor, I. 374.

Wilhelm Pagès, Katharermissionar, II. 66.

Wilhelm v. Paris, Inquisitor, unterstützt den Inquisitor Fulco v. Toulouse, II. 85.

Wilhelm v. Paris, Inquisitor, verurteilt Margarete la Porete, II. 136 f., 635.

— befiehlt die Verhaftung der Templer, III. 293.

— sein Verfahren gegen die Templer, III. 295.

Wilhelm, Goldschmied in Paris, Amalricianer, II. 363. 365.

Wilhelm Pelisson, sein Bericht über die Gründung des hl. Offiziums (1233), II. 8. 18. 20.

Wilhelm Pierre, Dominikanerprovinzial, verteidigt die Inquisitoren vor Philipp dem Schönen (1304), II. 93.

— behauptet, dass es in Languedoc keine Ketzer mehr gebe, II. 112

Wilhelm v. Plaisian, Sprecher Philipp des Schönen im Prozesse gegen die Templer, III. 319. 321. 322. 329.

Wilhelm, Erzbischof v. Rheims, verfolgt die Katharer, I 123. 124.

Wilhelm Ruffi, Apostel, verbrannt, III. 139.

Wilhelm v. Saint-Seine, Inquisitor v. Carcassonne, verhängt die Exkommunikation wegen Hinderung der Inquisition (1292), II. 67.

— sein Verfahren gegen den Quaestuarius Berengar Pomilli, III. 699. 742.

Wilhelm Salavert, sein Prozess, I. 468. 478; II. 102. 652.

Wilhelm Sicrède, Fall des, I. 456.

Wilhelm v. Solier, I. 354. 486.

Wilhelm, Kardinal v. S. Stefano, Generalinquisitor, I. 444.

Wilhelmine Tornière, Ketzerin, verbrannt, II. 117.

Wilhelm v. Tudela, sein Gedicht, I. 140. 153.

Wilhelm, Inquisitor v. Valencia, bedroht von König Jakob II. v. Aragon, III. 61.

Wilhelm, Abt v. Vézelai, seine Unsicherheit in der Bestrafung von Ketzern, I. 345.

Wilhelm v. Villars und die Inquisition, II. 145.

Wilhelm, hl., von der Wüste, Orden desselben, III. 121.

Wille, letzter, Anwesenheit eines Priesters nötig bei Aufsetzung desselben, I. 33.

Willige Arme, Sekte der Begarden und Beguinen, II. 440.

Willkürliche Bussen, I. 540.

Willkürliches Prozessverfahren. I. 453.491.

Wilnsdorf, Hauptquartier der Ketzer, vom Landgrafen Konrad v. Thüringen zerstört, II. 389.

Wimpheling, Jakob, erhofft eine Reform der Kirche, III. 717.
Windesheim, Kloster der Brüder vom gemeinsamen Leben, II. 410.
Winkel in Thüringen, Flagellanten verbrannt, II. 463.
Winkeler, Sekte der, verfolgt, II. 455.
Wirt, Wigand, Dominikaner in Frankfurt, sein Streit über die unbefleckte Empfängnis, III. 677 f.
— sein Widerruf, III. 680 f.
Wismar, Begarde verbrannt in, II. 458.
Wok v. Waldstein, Günstling des Königs Wenzel, verbrennt päpstliche Ablassbullen, II. 514.
Wolsey, Kardinal, seine Reformbestrebungen in England, II. 4.
Worcester, Konzil v. (1240), über Erbschaften, I 34.
Worms, Reichstag von (1231), über Konfiskationen, I. 567; II. 376.
Wucher, der Gerichtsbarkeit der Bischöfe unterstellt, I. 401.
— der Inquisition unterworfen, I. 402.
— Ketzerei bei, I. 446; III. 723.
— ausgeübt von Bischöfen, I. 536.
— Strenge bei der Auslegung der Kanones gegen, I. 536.
— Rückfall in, mit Einkerkerung bestraft, I. 610.
Würzburg, Ortlieber in (1342), II. 426.
— Hussitismus unterdrückt in, II. 472.
— Hexen verbrannt in, II. 614.
— Konzil v. (1287), verurteilt die Apostel, III. 119.
— Konzil v (1446), über Begarden, II. 470.
Wundarzneikunst, ihre Ausübung den Geistlichen verboten, I. 250.
Wunder, falsche, der Katharer, I. 113.
— in dem Albigenser-Kreuzzuge, I. 172.
— bewirkt von Capistrano, II. 623.

Y.

Yatudhana, der Zauberer der Vedas, III. 437.
Ybañez, Rodrigo, Meister der Templer von Kastilien, III. 358.
York, Ketzer gefunden in, I. 114.
— Templer in, III. 339. 341.
Ypern, Kirchenrat in, I. 312.
Ysarn, Arnaud, Fall des, I. 442.

Z.

Zabarella, Kardinal, Gegner des Huss auf dem Konzil von Konstanz, II. 549 f.

Zabarella, Kardinal, bietet Huss eine gemilderte Abschwörung an, II. 559.
— wirkt für Hieronymus v. Prag, II. 571.
Zaccaria, Matteo, sein Zeugnis über die Glaubenstreue der in Ägypten gefangenen Templer, III. 314.
Zacharias, Papst (741—52), seine Anweisungen an Bonifatius bezüglich der Ketzerei, I. 345.
— unterdrückt die Engelverehrung, III. 464.
Zanchinus Ugolini, seine Abhandlung über die Ketzer, I. 257; II. 273.
— über die gemeinschaftliche Verantwortlichkeit von Bischof und Inquisitor, I. 374 ff.
— über die Unwissenheit der Inquisitoren, I. 420.
— über die Einschränkung der Familiaren, I. 429.
— über willkürliches Prozessverfahren der Inquisitoren, I. 453.
— über Konfiskationen, I. 566. 570.
— über die Verehrung neuer Heiligen, III. 105.
— über Astrologie, III. 495.
— über die Jurisdiktion über Zauberei, III. 507.
Zanino del Poggio, Mailänder Adliger, führt Waldenser nach Neapel, II. 279.
Zanino v. Solcia, Domherr in Bergamo, sein Fall, II. 305; III. 635.
Zaptati (Beschuhte), Name für Waldenser, I. 85.
Zara, Katharer in, II 334. 341. 342.
Zauber der Verschwiegenheit bei Hexen — siehe Hexen.
Zauberei, III. 429.
— geduldet bei den Barbaren, III. 461.
— ist ein reservierter Fall, III. 480.
— weltliche Gesetzgebung gegen, III. 480.
— den kirchlichen und weltlichen Gerichtshöfen unterstellt, III. 482 f.
— ist Ketzerei, III. 491. 507.
— Verhöre der Inquisition über, III. 505.
— behandelt von der Inquisition als Ketzerei, III. 506.
— Zunahme derselben im 14. Jahrhundert, III. 513.
— bekannt als Vauderie, II. 176. 177; III. 580.
— Definition der Universität Paris über (1398), III. 524.
— von Franziskanern in Venedig (1422), II. 308; III. 611.
— überwunden durch Zauberei, III. 470. 570.

Zauberei zu Heilzwecken — siehe Heilzauber.
— zur Erregung von Liebe (Liebeszauber) — siehe Liebestränke.
— zur Erregung von Stürmen (Wetterzauber) — siehe Tempestarii.
Zauberer, werden lebendig verbrannt, I. 249.
— in Martinique, zu lebenslänglicher Galeerenstrafe verurteilt (1823), I. 627.
— ihre Verträge mit Satan, III. 436.
Zaubergewalt, die, der Reliquien und Sakramente, I. 51.
Zauberknoten, III. 442. 471.
Zauberkränze, III. 521.
Zaubermittel zur Ertragung der Folterung, III. 569.
Zauberspiegel, III. 476.
Zauberstab oder 'seidstaf', III. 456.
Zaubertränke, III. 439. 441. 442 456. 463. 466. 484. 491. 524. — (Siehe auch Liebestränke.)
Zbinco, Erzbischof v. Prag, II. 506. 507. 509. 511.
Zeger, Generalvikar der Franziskaner-Observanten, II. 638.
Zehnte, der, Streitigkeiten wegen desselben, I. 30; III. 207. 208.
— verworfen von Tanchelm, I. 70.
— päpstlicher, verweigert in Frankreich (1502), II. 152.
— — verweigert in Deutschland (1355 und 1372), II. 496.
Zengg, Ketzerei in, II. 342.
Zeno, Kaiser, verweigert den Arianern Duldung, I. 242.
Zepperenser, Name für Begarden, II. 470.
Zerstörung von Häusern — siehe Häuser.
Zeugen, Gefahren für, I. 355 489.
— in Prozessen, I. 420.
— Folterung der, I. 475. 488. 627.
— Charakter der, I. 485.
— Alter der, I. 486.
— Aussagen von Todfeinden müssen verworfen werden, I. 487.
— ihre Namen geheim gehalten, I. 489; II. 545; III. 578.
— vereidigt in Gegenwart des Angeklagten, I 490.
— Zurücknahme der Aussage, I. 491. 493.
— tötliche Feindschaft der, die einzige Verteidigung, I. 486. 487. 498. 500; II, 545; III. 578.

Zeugen, falsche, I. 492. 493. 639.
— unfähig gemacht im Falle des Huss, II. 545.
— eidlich zum Stillschweigen verpflichtet, II. 100.
— gesammelt gegen die Templer, III. 289 f.
— Entlastungszeugen, Seltenheit derselben, I. 499.
— Synodalzeugen — siehe dies Wort.
Zeugenaussagen, I. 480.
— rechtfertigen die Folterung, I. 475.
— von Ketzern entgegengenommen, I. 360. 486.
— unbedeutende, genügen zur Überführung, I. 489.
— Vorenthaltung der, I. 355. 491.
— Zurücknahme der, I. 491. 493.
— falsche, I. 492. 493. 639.
— bei Rückfall, I. 612.
(Siehe auch Beweise.)
Zion, Bergfestung der Taboriten, eingenommen, II. 614.
Ziska, Johann, Anführer des Aufruhrs in Prag (1419), II. 585.
— zerstört Kirchen, II. 586.
— befestigt den Berg Tabor, II. 587.
— verbrennt Adamiten (1421), II. 591.
— sein Tod (1424), II. 599.
— Schutzheiliger des Berges Tabor, II. 640.
Zölle, ungesetzliche, verurteilt von der Kirche, I. 137.
Zoen, Bischof v. Avignon, päpstlicher Legat, II. 43.
— der Inquisitionsgewalt beraubt, I. 356; II. 55.
— hält das Konzil v. Albi ab (1254), I. 374.
— verfolgt Waldenser, II. 165.
Zoppio, breitet die Ketzerei der Dolcinisten aus, III. 139.
Zürich, Begarden verfolgt in, II. 468.
Zungen, rote, getragen wegen falschen Zeugnisses, I. 493.
Zurücknahme des Geständnisses — siehe Widerruf.
Zweifel, der, an Glaubenslehren ist schon Ketzerei, I. 446.
Zwölftafelgesetze, über Magie, III. 443.
Zyto, Lieblingszauberer des Königs Wenzel, seine Zaubereien, III. 519 f.